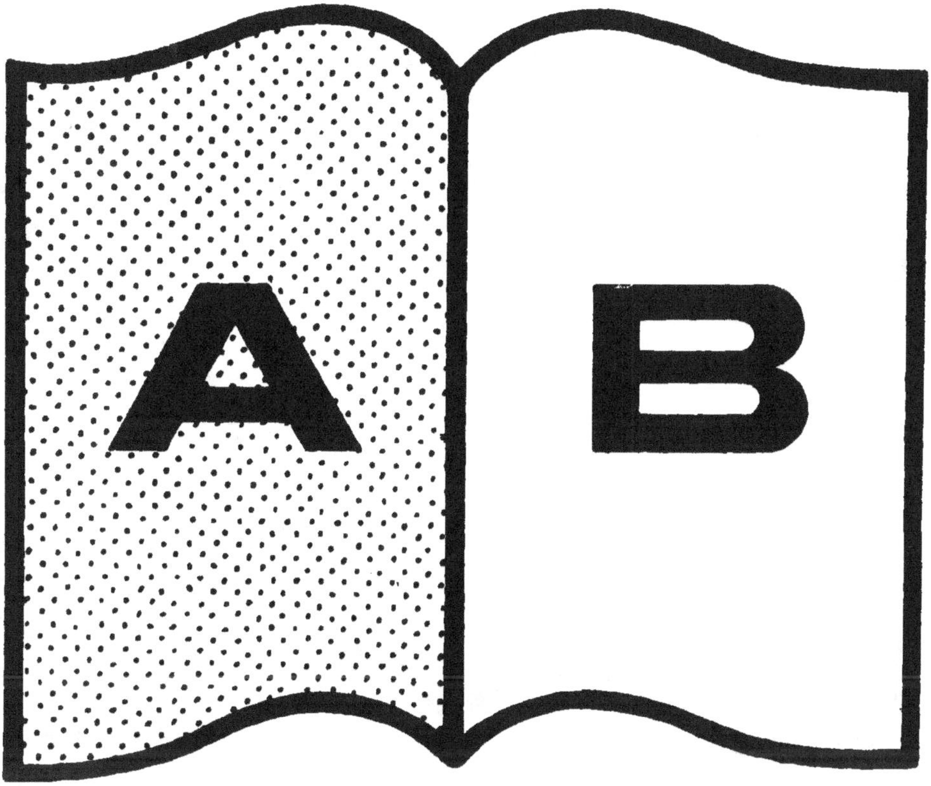

Contraste insuffisant

**NF Z 43**-120-14

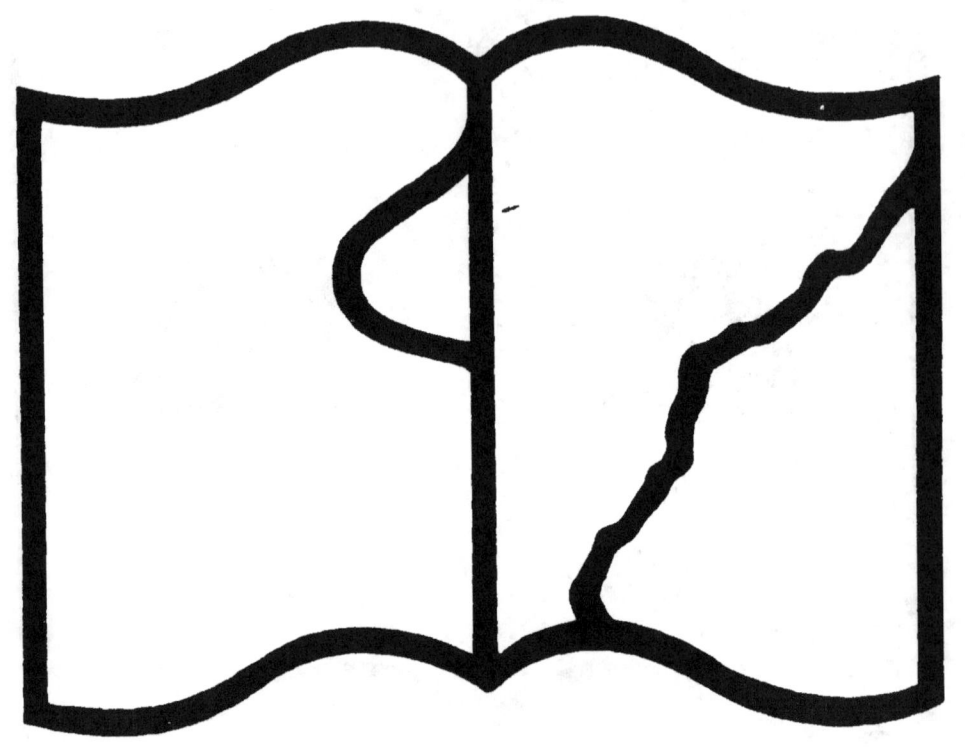

Texte détérioré — reliure défectueuse

**NF Z 43**-120-11

# Reliure serrée

Lk 512

# METROPOLIS REMENSIS HISTORIA.

# METROPOLIS REMENSIS HISTORIA,

A FRODOARDO PRIMUM ARCTIUS DIGESTA,
NUNC DEMUM
ALIUNDE ACCERSITIS PLURIMUM AUCTA,
ET ILLUSTRATA,
ET AD NOSTRVM HOC SÆCVLVM
FIDELITER DEDUCTA.

## TOMVS I.
IN QUO

Remorum gentis origo, vetus dominium, Christianæ religionis per Prouinciam Belgicam initia, & incrementa, Archiepiscoporum vera successio, Basilicarum natales, & in ijs sacra lipsana, publici Conuentus, incolis aspersi fauores, & alia id genus quatuor libris distinctè referuntur.

*Studio, & labore* Dom. Guilelmi Marlot *Doctoris Theologi,*
*S. Nicasij Remensis M. Prioris, & Finiensis Cellæ prope*
*Insulas Administratoris.*

INSULIS,
Ex Officinâ Nicolai de Rache, sub Biblijs aureis.

M. DC. LXVI.

VERISSIMUM ILLUD DE FRODOARDO, CUIUS HI-
STORIAM ILLUSTRAMUS, DICI POTEST, QUOD
OLIM ACCINEBANT APUD CICERONEM DE
VARRONE OMNIS ANTIQUITATIS
PERITISSIMO, ROMANI.

*Nos in nostrâ urbe peregrinantes, errantésque tanquam hospites, tui libri quasi domum deduxerunt, ut possemus aliquando, qui, & ubi essemus agnoscere, tu ætatem patriæ, tu descriptiones temporum, tu sacrorum iura, tu Sacerdotum, tu domesticam, tu bellicam disciplinam, tu sedem regionum ac locorum aperuisti.*

# ILLVSTRISSIMO
## AC
# REVERENDISSIMO
### ECCLESIÆ PRINCIPI DOMINO
# NICOLAO
## COLBERT,
### LVCIONENSIVM EPISCOPO
## ET BARONI,
### REGI AB OMNIBVS
### CONSILIJS &c.

**M**ETROPOLIS nostræ Historia tuis sub auspicijs nunc tandem prodit, ( Præsvl Illvstrissime ) & eò alacriùs, quò illustrandæ antiquitatis labor expletur, cùm de te noua scribendi seges exurgit, vberiórque sit in dies ingenitâ tibi ad omne bonum propensione, ac tuæ dignitatis eminentiâ,

# EPISTOLA.

nentiâ, quæ ob id vel maximè Popularibus nostris carior est, quòd ex ipsa ortus sis Metropoli, fauftéque hoc æuo inter Gallicanæ Ecclesiæ lumina ingenij dotibus, ac vitæ meritis reniteas.

Habet nescio quid voluptatis dudum animis infixa recordatio, eorum præsertim quæ cum iucunditate conspeximus, nec facilè excidunt animo, quamuìs ætas ad occasum properet. Egregiam naturæ tuæ indolem intelligo, PRÆSVL ILLVSTRISSIME, quam Remis, cùm puer amœnioribus literis dares operam, miratus sum, prominentésque igniculos virtutum tuarum indices, quas velut domesticas sic colis, vt proprium ac peculiare tibi insigne videantur.

Inter has, iam tum elucebat insita φρόνησις, vt cum Græcis loquar, quæ ingenij mentem acuit, ad rationis normam eleuat, virtutésque continet omnes ex Socrate : adeo vt ex vultu, gestibus, corporis habitu, ab ipsa iuuenta te futurum Episcopum præferret. Sic planè tuâ prudentiâ virtutum omnium duce, palam ostendebas, cursum ætatis non expectandum in festinatione virtutis.

Decurso deinde liberalium artium studio, profanæ, sacræque sapientiæ te totum sic feliciter impendisti, vt plaudentibus, ac benè precantibus ijs, quorum præcipuè interest, in totius Europæ famosissimo Licæo, vbi Ingenij vires probantur, ac certatur de præmio, doctrinæ palmam obtinueris : tum regiæ Bibliothecæ præfectus, quò mentem scientiarum auidam scriptorum multiplici lectione pleniùs satiares, breui ad ordinis fastigium es prouectus, in quo quàm peruigili curâ

commissæ

# EPISTOLA.

commissę tibi Ecclesię sollicitudinem impendas, famâ notius est, quàm exilis oratio complecti possit.

Meritò gratulatur sibi Gallica nostra Campania, quòd nobilem Colbertiorum familiam aluerit, è qua, hac præsertim ætate, plures tam sago, togáque, quàm infulis illustres prodeant: quos inter, ea stirps siue surculus, cuius flos integerrimus es, Gentilitium stemma in altum sic prouehit, vt is qui ętate præeminet, ob vastum ac viuidum ingenium, Regis Christianissimi arcanorum particeps sit, ac fisci Regij administer fidissimus : Germanus alter ex eadem quoque vrbe genitus, præter insignem Picardię Pręfecturam libellorum supplicum Magisterio superadditam, cum Marchione Brandeburgensi pactum nuper firmauerit, faustéque foederatos Batauię Ordines pacificarit cum Monasteriensi Episcopo. Quartus, qui Parisijs ortus est, Catapultariorum Militum Dux Prætorius à Rege selectus , regię custodię incubet: adeo vt ex partitis hisce muneribus, quadrilustri radio tota Gallia vestri nominis splendore conspergatur.

Hęc magna quidem sunt, & illustria, at ipsis titulis, quòd speciosius reor, vigor ingenij tui est, (PRÆSVL ILLVSTRISSIME) morum suauitas, candor mentis, ac innata, spectabilísque comitas demerendis hominibus nata, quæ virtutibus alijs cùm sit ornamento, efficiet prorsus, vt nomen tuum non trabibus aut saxis, sed monumentis æternæ laudis postmodum inscribatur. Te igitur quem sacer vestit honos, suspicit hoc opus, ac in tuę amplitudinis sinum, eò iustiùs conuolat, quòd nostræ Metropoli nouum lumen accedas, inter

ipsius

## EPISTOLA.

ipsius decora, quibus recensendis peculiariter incumbo, iure connumerandum. Scio has cuiuscumque laudis & obsequij testificationes pre modestia admodum tibi graues esse, ac molestas, sed nè inter tot literatos, qui in te Sacri Ordinis apicem meritò venerantur, vltimus, quamuis remotior & extra regni fines, gratulaturus accedam, hoc meæ obseruantiæ pignus seu opusculum multis titulis tibi debitum offerendum duxi, dedicandúmque. Quod si benignè illud suscipiens, tuis insignibus ornatum vulgari patiaris, spretis inuidiæ dentibus securè se teri manibus sinet ; & æternùm tibi deuinctus manebit

*Illustrissimæ tuæ Amplitudinis*

Humillimus seruus

GUILELMUS MARLOT.

*Finis prope Insulas idibus Iuly*
*An.* CIↃ. IↃCLXVI.

# METROPOLIS REMENSIS HISTORIÆ.

#### PROÆMIUM.

OPULUM Remensem à primâ origine, ad nostram ætatem, sexcentos supra bis mille, & amplius annos perstitisse narratur, adeò vt nunc quoque haud ignobiliter florere, propè quis miraculum putet. Ita enim domi, forísque, inter varios fortunæ casus, se rebus gerendis idoneum præbuit, & docilem, vt veteres eum iuxtà, ac noui celebrarint Auctores.

Quare cùm eius initia, vt & postrema, operæ pretium sit cognoscere, nè ipsa rerum diuersitas aciem mentis obtundat, diuersos status compendio referam, quò progressus ipsius, & inclinatio, rursúmque, religione apud eum firmiter stabilitâ, felicior eiusdem conditio, ac tutior, sub Francorum Regibus, cunctis euidenter pateat.

Primus ab ipsa gentis origine ad Julium Cæsarem, qui Gallias Romano subjecit Imperio, eò nobis occultior est, quò totâ hac temporum intercapedine, vix certi aliquid ex incorruptis historiarum monumentis hauriatur. Rem tamen fortiter gessisse augurari licet ex fama nominis, quam sibi supra æquales ante Cæsaris aduentum, comparauerat.

Secundus à Julio Cæsare ad Francos, notior quidem est, at minus nobilis, ob Principis Populi latè dominantis per Gallias Imperium, Remenses licèt, ceteris sub jugum missis, speciem libertatis retinuerint.

Tertius à condita Francorum Monarchia, qui Romanos à Gallijs expulere, in sæculum nostrum, partim obscurus, partímque notus est: hunc ob longioris temporis tractum iuxtâ ternas Regum Dynastias dispertiam: Sic enim res gestæ clariores fient, si ad regni vicissitudines, ac periodos aptè referantur. Opus sat laboriosum, vt quod tot sæcula inuoluat, & supra vires, nisi facem Frodoardus scriptor admodum diligens, & syncerus prætulisset, qui primas origines, & ipsis originibus proxima, remotioráque ad suum sæculum feliciter quidem detexit, at exiliùs pro ingenio, & diplomatum copiâ, quæ integra passim se vidisse testatur, & ampliùs non extant. His autem rugosam antiquitatem referentibus æui dente sublatis, enitendum pro virili fuit, vt aliunde jactura hæc suppleretur. Euolutis igitur veterum auctorum collectaneis, variísque codicibus MSS, seu membranis hinc inde lustratis & excussis, quo res scitu dignæ insignis

nostræ

## PROÆMIUM.

noſtræ Metropolis per annorum circulos, & quidem vberiùs tractarentur, tanta ſeges paulatim exurgit, vt in duos tomos meas lucubrationes partiri, ac vtroſque quadripartito diuidere coactus ſim, & ſic octo libris per capita diſtinctis, totum opus abſoluo.

Prior, qui nunc tandem prodit, populi, ac religionis primordia continet à Beato Xyſto Belgarum Apoſtolo, ad Pontificatum Adalberonis, quo tertia Francorum Dynaſtia feliciter incipit. Poſterior, quem Frodoardi ſupplementum voco, hiſtoriam per Succeſſiones Archiepiſcoporum ad noſtram ætatem perſequitur, prelúmque iam diu abſolutus expectat.

Erunt forſan qui viſâ ſcriptionis mole, vel Prioris tomi argumento, res pridem à Frodoardo diſcuſſas continentis, melius ſiluiſſe dictitent, cùm domeſticæ, peregrinǽque hiſtoriæ ſeriem felici ſuperiorum ſtylo conditam, vel attentiore curâ, vel præſtantiore facundiâ, nemo compos mentis ſe traditurum ſperare poſſit. Alij ſat multa de fidei noſtræ primordijs, primíſque Antiſtitibus publici iuris facta, & vſque ad nauſeam. At Remenſis Hiſtoriæ ſupplementum, à nemine hactenus vulgatum, aggredienti, poſterioribus priora nectere licuit, nè Lector jejunus abiret. Deinde non deſunt apud Frodoardum parciùs, vel obiter dicta, & quæ luce indigent, ſunt & quædam miraculis implexa, quibus ſeries hiſtoriæ nonnihil interrumpitur, vt attentiùs hunc legenti pateſcit.

Sed hæc vtcumque animaduerſa, haud in magno ponam diſcrimine, dum quod intendit animus; populi Remenſis inter Belgas nominatiſſimi, aliquo tandem modo natales prodeant, vetus item dominium, virtus, religio, mores, prudentia; quid actum de eo labente Galliarum ſtatu, an primæuus ſplendor ſubinde euanuerit, quæ fortuna, Francis, Burgundionibus, Vandalis poſtmodùm in Gallias irruentibus, & exactis Romanis, an præceps jerit, de quo quis ambigat? cum ſtet adhuc nomen gentis, Metropolíſque inter celebriores pulchrè caput attollat.

Hæc igitur eo ordine, ſed ſtrictim, priuſquam de fidei propagatoribus quicquam dicatur, præmittenda ſunt. Ciuili ſtatu ſub Regibus Francorum in ſubſequentes libros remiſſo, ob rerum cum religione, (cui præſertim incumbo) geſtíſque Archiepiſcoporum mixtam connexionem: vix enim vlla eſt Ciuitas inter Gallos (niſi me ſuſcepti negotij fallat amor) quæ pro fluxis illis, ac dudum obſoletis prioris æui honoribus, majores prærogatiuas cum Chriſtianiſmo receperit, aut vbi religio ſuſcepta ab Apoſtolis, tenaciùs culta, illuſtrata nobiliùs, ac majori ſtudio conſeruata, vt ex dicendis patebit, ſi breuiter orſis ſucceſſus proſperos Deus afflauerit.

INDEX

# INDEX CAPITVM
## LIBRI PRIMI.

CAP. I.  De Nomine, Finibus, & Diuisione Galliæ Belgicæ, in qua Remorum Metropolis sita est.

CAP. II. De Remorum gentis origine, & quis Auctor, Institutórque eius fuerit.

CAP. III. Remorum latissimi fines, quot apud eos oppida, de Metropoli eorum Durocorto, & de Oppido nomine Bibrax, an illud stet adhuc, & ubi sit.

CAP. IV. Veteris vrbis Durocorti, Portarum præsertim, Situs, ac Soli descriptio.

CAP. V. Insigniores vetustatis aliquot Reliquiæ, quæ restant in vrbe Remensi.

CAP. VI. Qualis fuerit vetus politia Remorum, horum Legati ad Cæsarem, Belgarum vires, & copiæ, & quinam inter eos famâ, & virtute præstarent.

CAP. VII. Bibrax Remorum Oppidum ob Fœdus ictum cum Cæsare obsident Belgæ, & quàm prudenter Remi Fœdus illud inierint.

CAP. VIII. Remi celebres sub Augusto & Successoribus, Viæ militares è Durocorto prodeuntes, & cui præsertim vsui fuerint.

CAP. IX. Motus Ciuitatum per Remos post Vitellij excessum pacati.

CAP. X. De Gallicanarum Prouinciarum diuisione, & quot Ciuitates Remensi antiquitùs subjectæ.

CAP. XI. Quid actum in Prouincia Remensi sub alijs Imperatoribus vsque ad Diocletianum.

CAP. XII. Partito orbe Romano, Treuiris fit Cæsarum sedes, hac & Remi multa patiuntur vsque ad perfectè stabilitum in Gallia Francorum imperium.

DE PRIMIS Belgarum Apostolis Xysto, & Sinicio, & cur Remis Archiepiscopalem sedem fixerint.

CAP. XIII. An Xystus & Sinicius Remorum Archiepiscopi ab Apostolorum Principe, vel Successoribus destinati.

CAP. XIV. Successionis Rem. Archiepiscoporum iuxta Frodoardi epocham initium, Suessionensium quoque ac Catalaunensium Episcoporum in BB. Sinicio, & Memmio.

# INDEX CAPITUM Lib. I.

*Sanctus Xystus I. Archiepiscopus.*
*Sanctus Sinicius II. Archiepiscopus.*
*Sanctus Memmius I. Catalaunensis Episcopus Xysti*
    *Comminister, & suffraganeus.*

**Cap. XV.** *An SS. Xystus, & Sinicius Confessores, vel Martyres habendi sint.*

**Cap. XVI.** *De primis Martyribus Vrbis Remensis, & an supplicio affecti sub Nerone.*

**Cap. XVII.** *Sanctus Amantius III. Remorum Archiepiscopus.*
    *De Diuitiano quem Sinicius Augustæ Suessionum præfecit.*
    *De alijs doctinæ Euangelicæ præconibus in Prouincia Remensi.*

**Cap. XVIII.** *De interpontificio in Ecclesia Remensi post Amantij obitum, & an veris, & historicis nitatur rationibus.*

**Cap. XIX.** *Quod procul ab vrbibus Christiani primùm suos Conuentus egerint, de Cœmeterijs eorumdem, & quo numero habendæ SS. Xysti, & Timothei Basilica.*

**Cap. XX.** *Sacri iterum verbi Satores per Remensem Prouinciam mittuntur, quàm acerbè eos exagitarit Rictiouarus, & an Episcopali dignitate fulserint.*

**Cap. XXI.** *De corporibus Remis iuxta Basilicam Sancti Xysti nuper repertis, quibus claui ferrei erant impacti, & quid de ijs sentiendum sit.*

    GALLICANIS *Ecclesijs pax reddita sub Constantino.*

**Cap. XXII.** *Ecclesiastica Remorum Metropolis origo, quot sub ea Episcopatus, & ordo inter eos, de ritu præstandi sacramenti ab Episcopis aliquid, & de iure Metropolitanorum.*

**Cap. XXIII.** *Fines Prouinciæ Belgicæ, longitudo quoque, & latitudo Remensis Diœcesis, quot vrbes in ea, celebriores pagi, Abbatiæ, Prioratus.*

**Cap. XXIV.** *An Remensis Archiepiscopus Primati subjectus aliquando fuerit, vel ipsemet Primatis dignitate fulgeat.*

**Cap. XXV.** *Betausius IV. Archiepiscopus. Sub eo, Remensis Prouinciæ Episcopatus aliquot restituuntur.*

**Cap. XXVI.** *Aper V. Archiepiscopus.*

**Cap. XXVII.** *Dyscholius à Frodoardo omissus, an Chorepiscopus tantùm, vel Remorum Archiepiscopus fuerit.*

**Cap. XXVIII.** *Basilica S. Agricolæ Remis conditur à Iouino, quis Iouinus ille fuerit, gesta ipsius, posteritas, & tumulus.*

    *Iouini tumulus, vel Cenotaphium.*

**Cap. XXIX.** *Sanctus Maternianus VII. Archiepiscopus, Benedicta Martyr in Laudunesio floret.*

**Cap. XXX.** *Sanctus Donatianus VIII. Archiepiscopus, huius in Flandriam translatæ reliquiæ clarent miraculis.*

*Sanctus*

## INDEX CAPITUM LIB. I.

CAP. XXXI. *Sanctus Viuentius IX. Archiepiscopus, Morinis iterum Euangelij lux affulget.*

CAP. XXXII. *Seuerus X. Archiepiscopus B. Martini celebris memoria per Prouinciam Remensem.*

*GALLICANÆ Ecclesiæ lugubris status sub Arcadio & Honorio Imperatoribus, cum Sedi Remensi, post Seuerum, B. Nicasius suffectus est.*

CAP. XXXIII. *B. Nicasius XI. Rem. Archiepiscopus suæ Sedis Basilicam dicat Virgini Deiparæ, prædicit vrbis, totiúsque Prouinciæ excidium ob fœdos Christianorum mores, concio eiusdem ad Barbaros, & Martyrium.*

CAP. XXXIV. *An sub Hunnis, Attila Rege, vel sub Vandalis Vrbs Remorum obsessa, Præsúlque Nicasius interfectus.*

CAP. XXXV. *Vandali, relicto Durocorto, per Diœcesim grassantur, Oriculum, & Sorores eius apud vicum Sindunum mactant, Laudunum ab his non capitur, Treuiros Franci diripiunt, & incendunt.*

CAP. XXXVI. *Baruc XII. Archiepiscopus, eo sedente Francorum in Gallia conditur Imperium, & B. Remigius nascitur.*

CAP. XXXVII. *Baruchius XIII. Archiepiscopus.*

CAP. XXXVIII. *Barnabas XIV. Archiepiscopus, an à Sancta Sede Apostolica Phrygium seu Pallium acceperit.*

CAP. XXXIX. *Bennadius XV. Archiepiscopus, condit testamentum, Attila Belgium vastat.*

CAP. XXXX. *Cleri Remensis primordia, Sacraque ædes quibus vrbs velut gemmis in diademate collucentibus exornata renitebat ante Remigij Pontificatum.*

PRIMI

# PRIMI LIBRI
## EPITOME.

QUOD scitu dignum de vetustissima Remorum gente à probatis auctoribus ( Romanis præsertim ) ante Christi aduentum, & sub Cæsaribus expiscari licuit, velut operis proludium primis capitibus præmitto, vt fidei natales expeditiùs postmodum aggrediar in Xysto, quem ab Apostolorum Principe cum Collegis Remos missum, Dei verbo Belgarum populis illuxisse certior fama est. Missionis tamen eius epocham, iuxta Frodoardi calculum breuiter excutio; Timothei quoque egregij Athletæ Christi, ac Martyrij bracteâ insigniter cum socijs laureati, quem tardiùs licèt, in eadem palæstra, plures per Belgium secuti sunt diuinæ legis Præcones. Hiatu deinde in Præsulum successione ad Imperium Constantini ægrè superato, Ecclesiasticam Metropolim Rem. quæ toto persecutionis tempore in cunis fuit ac vagientis instar, in Concilio Arelatensi I. per Betausium repræsentatam, ac nulli vnquam Primati, præter Romanum, subditam, exertis rationibus ostendo, robustiorem licèt deinde factam, ac Virgini dicatam à Nicasio, qui sub Vandalis gloriosè occubuit. Clerum autem ab ortu fidei natum apud nos, Archiepiscoporum curâ & testamentis adoleuisse, ac ditiorem effectum ( Francis in locupletissimo Galliarum solo pedem figentibus) subinde refero, vrbémque nostram mox sacris, ceu coronâ, splenduisse Basilicis, in religionis decus, ac domesticæ pietatis insigne monimentum.

# METROPOLIS REMENSIS HISTORIÆ LIBER PRIMVS.

*De Nomine, Finibus, & Diuisione Galliæ Belgicæ, in qua Remorum Metropolis sita est.*

## CAPUT PRIMUM.

ACTURUS de Remorum Metropoli, quæ præcipuum inter totius Galliæ celebriores, dignitatis locum iure sibi vendicat, ab ipsâ Belgicâ (cuius gremio insidet, potiorísque partis Caput est) & ab illius Finibus, & Partitione auspicandum censui, quò Lector in ipso limine, velut ob oculos, quæ, qualísque fuerit, ante, & post susceptam Fidei lucem, penitiùs agnoscat.

Qui traditis à Beroso fidem adhibent, volunt Belgicam, à Beligio, vel Belgio 14. post Samothem, Gallorum Rege, qui & Bellouacensis, belli gloriâ inter Belgas præcellentis populi auctor est, nomen fuisse sortitam; Beligij quidem meminit Plutarchus in Camillo, Justinus quoque lib. 24. sed an is idem sit, vel diuersus à priore, non satis compertum. Alij è contrà, à Bauaco, inclytâ scilicet vrbe, à plerísque post Guisium inaniter decantatâ, dictam putant: aut certè à vico, qui Belgicus ab Atrebatesij incolis nominatur, vt tradit Baldricus lib. 2. cap. 24. At non desunt & inter literatos viri eximij, qui neglectis eiusmodi fontibus, Belgicæ nomenclationem referunt ad Nationis genium, & indolem, ita vt Belgæ idem sint ac feroces,

*Belgica vnde.*

*Iacob. Guisius in Annalibus hannoniæ l. 1. Illustra. Galliæ Belgica.*

A aspéri,

asperi, pugnaces ; cuius opinionis esse dicitur Adrianus Junius in sua Batauia capite vltimo ; à quo Georgius Cassander non dissentit, qui prædictam Belgicæ nuncupationem, censet à gentis indole potiùs sumendam esse, quàm ab Heroibus, pridem à Beroso, & Manæthone excogitatis, deducítque hanc à verbo *Balgen*, quod pugnare significat, vel à *Belgen* : irasci, & excandescere, cùm verisimile sit, populos vt plurimùm, à virtutibus, vel vitijs quibus assuescunt fuisse denominatos.

Innatus hic Belgarum ardor ad bellum, sat clarè describitur à Cæsare Commentariorum lib. 1. *Gallorum omnium* ( inquit ) *fortissimi Belgæ, propterea quod à cultu, atque humanitate prouinciæ longissimè absunt : miniméque ad eos mercatores sæpe commeant, atque ea quæ ad effeminandos animos pertinent important, proximíque sunt Germanis qui trans-Rhenum incolunt, quibus-cum continenter bellum gerunt.* Et lib. 2. à *Remis* Cæsar se accepisse dicit ; tantum fuisse Belgarum omnium *furorem*, in belli fœdere aduersùs Romanos ineundo, vt ne Suessiones quidem fratres, & consanguineos suos deterrere potuerint, quin cum eis consentirent. Omitto hîc Isidorum, qui Belgicam à bellis dictam asserit, quibus pridem fatigata est, & interdum grauiter laborat, & fatigatur.

*Belgicæ amplitudo & limites.*

Quàm verò spatiosa esset, & quibus circumscriberetur terminis, iam ex ipso Cæsare, cui in hoc, velut historiæ Gallicæ Principi, gnaróque locorum omnes meritò obsequuntur, explicandum est. Gallos hic, iam olim patriâ linguâ Celtas vocatos, à Belgis, Matronâ, Sequanáque diuidit ; sícque distinctos, ad inferiorem partem Rheni versùs Septentriones primo, tum ad orientem Solem producit ; adeò vt Oceano Germanico, ac Rheno ab eius ostijs, ad Rauracos, Heluetiósque tota Belgica concludatur.

Prædicta Belgicæ amplitudo ( si Plinium excipias, à Scaldi hanc ad Sequanam metientem ) ab omnibus ferè Geographis admittitur, qui Sequanam à Matrona recepto, ad Oceanum, veteris Belgicæ limites rectè definiunt ; ex quibus patet, latissimè hanc porrectam fuisse, si cum alijs Galliarum partibus comparetur.

*A quibus infessa populis.*

Belgicam Cæsaris æuo varios incoluisse populos, liquet ex eodem auctore lib. 2. Nobiliores inter eminent Remi, qui proximi Galliæ ex Belgis sunt, Suessiones, Bellouaci, Veromandui, Verocasses, Morini, Menapij, Atrebates, Neruij, Treuiri, & minores quidam alij, quorum iam exoleta sunt nomina, ac sedes prorsus incognitæ, quibus tamen perscrutandis, plerósque curam & studium impendisse video, quò rebus pridem inueteratis, & obsoletis, quod difficile reputat Plinius, aliquam lucem adferant. Sed his, quibus per otium licet, relictis, sufficit quòd Belgica, sub Metropoli Remorum eósdem ferè alat populos, qui primis sæculis claruêre, & hos verè indigenas, & ad nostram vsque ætatem feliciter propagatos, licet iuxta

varias

# HISTORIÆ. LIB. I.

varias fortunæ vices, varios quoque conditionis status, cum ipsa Regione subierint, de quibus obiter suo loco.

Primus ab obitu Cæsaris Status, quoad Limites, statim occurrit: Vniuersâ siquidem, per Romanos, in prouinciæ formam redactâ Galliâ, Augustus qui Julium in imperio excepit, Belgicam tripartitò diuisisse traditur, in Germaniam Superiorem, in Germaniam Inferiorem, & in Belgicam propriè dictam. Priores duas veteris Belgicæ partes, cis Rhenum, & in fundo Gallico, Germanias ideò nuncupasse reor, quod incolæ per frequentes Teutonum insultus, & irruptiones cedere coacti, (si non pulsi, & ejecti) mutatis linguâ, & ornatu, nouos quoque mores induissent. Tertia verò Galliæ Belgicæ præcipua pars, mole ferè media, ab Germaniarum Occidentalibus terminis in Oceanum æquè porrecta, ab Austro Matronâ, Sequanáque fluminibus penè conclusa, Belgicæ nomen constanter, & indiuisè retinuit, ad Constantini tempora. Sub quo multiplicatis Galliarum Prouincijs vsque ad XVII. Belgica iterum in duas, Primam, & Secundam secta est, quibus totidem assignatæ Metropoles, Treuiri, & Remi: an alterius, quæ pridem sola fuisset diuisione; quis certò dixerit? cum Tacitus lib. 4. post Ciuilis defectionem, Belgas nutantes referat, quòd apud eos Caput non esset, vnde ius, auspiciúmque peteretur.

*Belgicæ diuisio.*

*Sub diuisio.*

Has porrò Metropoles, ideò Sorores vocat B. Remigius, quòd eódem edicto confirmatæ, (vt creditur) pari auctoritate, in sibi subditas Ciuitates, ius dicerent. Quamuis Remorum Metropolis, (vt Senior) ampliorem dotem consecuta sit, & Æmulæ in hoc prælata, quod vndecim Ciuitates sub se habeat, & ferè populorum Capita, vt Suessiones, Veromanduos, Atrebates, Bellouacos &c. in amœno, & arridenti solo positas, syluis, & arboribus intermixto, fluuijs quoque, & canalibus irriguo, ita vt nemo sit, qui Remis, supra Treuiros, (quæ tres tantum sub se habuit) nescio quid eminentiæ non indulgeat.

*Duæ in ea Metropoles, Remi, & Treuiri, & quot singulis assignatæ Ciuitates.*

Tam insignis prærogatiuæ causa, non à Durocorti situ (vt opinor) petenda est: non enim in vmbilico Belgicæ, quò facilius alijs præsit, sed in extremis prouinciæ oris posita est, quatuor leucas à Matrona, qui Celtas à Belgis dispescit: nec item iuxta famosi cuiusdam Fluuij ripam, vnde commeatus ad alias Ciuitates facilè deduci possint, sed prope Vidulam, ad onerarias naues hactenus ineptum, qui vago flexu, campestrem planiciem irrigat, pratáque perluit. Si quid igitur claritudinis in ea fuit, prædictæ partitionis tempore, id à Gentis vetustate, à Ciuium fama, & ab icto cum Romanis fœdere sumendum est, qui quod naturâ deerat, arte suppleuerunt, structis aggeribus, seu vijs publicis in ea, & circùm, quarum ope, iter commodè haberetur per vtriúsque Belgicæ vicos, ad remotiores Ciuitates.

Relictâ Treuirorum Metropoli, cuius eximia dignitatis, & excellentiæ

A 2

cellentiæ decora, satis supérque Belgici quidam Scriptores, veteris suæ Metropoleos obliti, referunt, de Remensi (Spartam iam diu à me susceptam obiturus, pro vt Deus dederit) tractare aggrediar: si prius de Remorum gentis, & Vrbis origine, iuxta Frodoardi methodum, quædam capite sequenti præmiserim.

*De Remorum gentis Origine, & quis Author, Institutórque eius fuerit.*

## CAPUT II.

Quis primus gentis Remorum, ac Vrbis conditor fuerit, non eadem fama est. Vetus fuit opinio, Remum Romuli fratrem, Ciuitatis Remorum institutorem fuisse, ac Nominis auctorem; quæ eò improbanda videtur, quòd vrbe Româ, geminis auctoribus, Romulo Remóque fundatâ, Remum indubitati Scriptores ferant interfectum, cùm Nouæ vrbis, saltu irrisisset angustias, nec illum priùs à fratre recessisse, dum vno partu editi, & inter Pastores educati, vrbem constituisse reperiantur.

*Florus lib. I.*

Altera, quæ Frodoardo haud multùm displicet, putat à militibus Remi, patriâ profugis, Remorum vrbem conditam, vel gentem institutam, *cùm mœnia* (inquit) *Romanis auspicijs insignita, & editior porta Martis, Romanæ stirpis propagatoris ex nomine vocitata, priscum ad hæc nostra cognomen reseruauerit tempora. (uius etiam fornicem prodeuntibus dextrum, Lupa, Remo Romulóque paruis vbera præbentis, fabulâ cernimus innotatum. Medius autem duodecim mensium, iuxta Romanorum dispositionem, panditur ordinatione desculptus. Tertius, qui & sinister, Cycnorum, vel Anserum figuratus auspicio. Nautæ siquidem Cycnum bonam prognosim prodere ferunt, vt ait Æmilius.* Hæc ille, cui astipulatur Sanctorum Xysti, & Sinicij primorum Archiepiscoporum Biographus, de horum aduentu in vrbem Remos sic disserens. *Cuius portam intrantes, statùmque loci considerantes, vident historiam suæ gentis, in foribus eiusdem Ciuitatis sculptam. Siquidem hæc Ciuitas à Romanis constructa, ex nomine Remi, fratris scilicet Romuli, Remis fertur nuncupata.* Ad id alludit Hincmarus, libello aduersus Gotheschalcum. *Roma caput mundi,* (inquit) *& Remis Ciuitas campestris, & temporum antiquitate, & conditoris dignitate, ante alias Ciuitates habentur Illustres.*

*In hist. Rem. lib. I. c. I.*

*Ex MS. Nicasiano.*

Et hæc ob vocum Remi, & Remorum similitudinem seu analogiam, inualescente nomenclaturâ, pridem recepta fuit opinio, vulgíque mentibus constanter hæsit; donec vulgatis Berosi, & Manæthonis, ab Annio Viterbiensi operibus, innotuit, apud Celtas, Regem

gem nomine Remum vixisse, quem Recentiores quidam, veluti Apollinis tripode, vel Sibyllæ folijs proditum, auidè arripientes, gentis Remorum fundatorem, ac Nominis inditorem pro certo venditant: Sic enim habet Manætho, in Supplemento Berosij. *Quartus Ægyptijs Imperat Ammenelphus annis XXVII. cuius anno quarto, apud Celtas regnat Remus, à quo Remi.* Addit Viterbiensis Annius, in Notis, *quis fuerit Remus Celtarum Rex, nondum comperi: Sat est ab eo Remenses Gallos dictos, quos Lucanus libro primo, & Cæsar in Commentarijs commemorant.*

Manæthonis commentum, ijs qui à centum annis, de vrbium, populorúmque initijs scripserunt, eo magis arrisit, quod prior opinio, nihil probabilitatis præ se ferat; inter quos eminet Richardus Vitus lib. 1. Historiæ Britannicæ, qui Remensem Ciuitatem, ab Remo, Nannetis, Celtarum & Britanniæ Regis filio, anno ab orbe condito 2754. tempore Ragau, Phalegis filij, ædificatam, & nomen sortitam scribit; quem sequuntur Joannes le Maire, Ægidius Corrozet, Franciscus Belforest, Andreas du Chesne, Ferreolus Locrius, ac inprimis V. C. Nicolaus Bergier popularis noster, in Historijs, & Artibus liberalibus, Juréque ciuili, ad miraculum doctus; qui rationes, ab Insignibus Romanorum fornicibus portæ Martis incisis, à Frodoardo adductas, egregiè refellit; quod Anni distributio in duodecim menses, posterior sit, ex Macrobio lib. 1. Saturn. cap. 14. Centorino, & Dione Cassio; Cycnorúmque excubiæ, quæ sub Camillo contigerunt, præsciri non potuerint à militibus Remi, cùm mœnia vrbis Remensis conderent: Supponit enim, ab illis, hæc, in gloriam gentis, mœnibus nostris consultò apposita, quod Frodoardus non asserit.

Quicquid sit, vltimus hic Auctor, tot virorum nixus suffragijs, standum putat famæ rerum, ( ab his scilicet recèns evulgatæ ) cùm certam vetustas derogat fidem; ambabúsque ( vt dicitur ) vlnis, Remum Celtarum Regem, à Manæthone excogitatum, velut Remensis populi auctorem, suscipit; cuius Genealogiam, ac posteros, duobus libris editis, ingeniosè admodum, & fusè prosequitur, Ac velut Berosus, & Manætho, diuino quodam afflatu, latiùs prodiderint, quod Moses capite 10. Geneseos, compendio digessit, vbi agitur de posteritate Japhet Patriarchæ: (vult enim ille Samothem à Japhet fuisse prognatum, quamuis hunc, inter eius filios, Moses non numeret) sic horum inhæret doctrinæ, vt dicat Samothem, quem multi cum Gomero aptè confundunt, ( binominis siquidem esse potuit ) post dispersionem populorum in turri Babel, pro sorte Gallias accepisse, à quo Heroas illos prodijsse docet, qui posthàc Populis Nomina indiderunt: Vnde fit, vt quemadmodum Chananei, priores Terræ Sanctæ accolæ, à Chanáan filio Cham Noaci Nepote nomen hauserunt, ac se pedetentim in tot propagarunt populos, quot erant

*Lib. præsertim 2. histor. Remens.*

Capita familiarum, (Sidonij enim à Sidone venerunt, Jebuſæi à Jebuſæo, Amorrhæi, ab Amorrhæo) ſic Galli, primùm Gomeritæ dicti, à Gomero, vel Samothei, à Samothe, poſtmodum verò Celtæ, Galli, Galatæ, ſeſe per omnes regiones, cis Alpes effudere, ſub Ducibus à Beroſo, & Manæthone, longâ ſerie recenſitis, puta Mago, Sarone, Longhone, Narbone, Lugdo, Beligio, Remo, Namnete, peculiarémque ſinguli Populum inſtituerunt, vt ſic Gallia Incolis vacua, ſenſim repleretur, Noménque ſuum poſteritati commendarent.

Subdit Bergerius, ex verbis Manæthonis (ſi caſtè interpretentur) conuinci non poſſe, Vrbem Remorum, à prædicto Remo fuiſſe conditam; eo quod Ciuitatis, & Vrbis, non idem ſit apud Auctores vſus, & ſignificatio: Vi tamen rationis, ac diſcurſus, poſſe aliquatenus inferri: tum quod Julij Cæſaris æuo, celebris eſſet, ac populoſa; ad eam enim legimus Conuentum totius Galliæ ab eo indictum: tum quia conueniens erat, vt Remus, qui ſibi nomen immortale parabat nouam Rempublicam ſtabiliendo, Vrbem quoque in meditullio conderet, quæ eſſet veluti Regia ſedes vbi negotia gererentur, totiúſque nationis Caput, ſic enim Dardanus Troiam ſimul cum populo condidit, Dido Cartaginem, Romulus Romam.

*Alij volunt Troiam captam & euerſam an. M. M. D. C. C. C.*

Cùm igitur ex Manæthone (inquit) aliíſque pateat, Remum Celtarum Regem, populum Remenſem condidiſſe eo tempore quo Troia euertebatur à Græcis, euerſámque funditus anno mundi 3012. vt ipſe computat cum Genebrardo, ſi à numero 5754. qui eſt annus mundi reſpondens anno Chriſti 1608. quo ſcribebat Bergerius, annos 3012. detraxeris, qui iam effluxerant cum Troia capta eſt, reſtabunt 2684. Cúmque Remorum Ciuitas incœperit eo tempore, quo Troia vidit exitum, euidenter ſequitur, ſexcentis octoginta quatuor annis ſupra bis mille ſtetiſſe, trecentis ſcilicet nonaginta quatuor annis ante Romam conditam, iuxta Liuij, & Eutropij Chronologiam; 406. ante Olympiadas, vt Euſebio placet; & mille nonaginta ſex annis, ante Chriſti Incarnationem.

Et his quidem, de tempore, ac modo propagationis populorum à poſteris Japhet, conſentiunt ſacri codices, nec refragatur Hieronymus lib. de quæſtionibus Hebraicis. Quod verò ſpectat ad egregiam hanc Regum ſeriem, à Beroſo, & Manæthone confictam, quos Populorum, ac Vrbium Gallicarum dicunt auctores, non idem apud omnes iudicium. Sunt enim eruditione, ac doctrina viri celebres, qui Beroſum Annianum, ac Manæthonem, non natiuos, ſed ſuppoſititios putant: eóſque velut fabularum textores, & garrulos, ab Hiſtoricorum ciuitate explodunt. Horum rationes hîc euulgare non vacat, aut his longiùs immorari, id vnum dico: licet Manæthonis Ægyptij ſcripta ſincera haberemus, adhuc luxata foret ipſius auctoritas, cùm mendacij, falſitatis, & ignorantiæ conuincatur à Theophilo Antiocheno, lib. 3. ad Antolycum, cuius hic verba lubet referre. *Manæthos plurima*

*In Biblioth. Patrū tom. I. editionis Pariſ.*

## HISTORIÆ. LIB. I.

*plurima de Ægyptijs fabulatus est, etiam blasphemam linguam soluit in Mosem, & Hebræos quorum ductor extitit. Nam ait eos Ægyptô propter lepram qua infecti fuerant, esse ejectos. Dum autem testatur eos fuisse Pastores, & bellum gessisse cum Ægyptijs, nequit exactam temporum computationem assignare... Interim tamen mentitur, dum eos leprosos fuisse comminiscitur... quod autem Manæthos plurimùm aberrarit in temporum computatione, ex prædictis apparet, & ex Rege Pharaone, à quo sunt Ægyptô pulsi Hebræi; ait enim Manæthos, post exactum populum, Pharaonem regnasse annis 22. mensibus quatuor, at Pharao è contrà, dum hostiliter Hebræos abeuntes persequitur, submersus est in mari Rubro. Præterea quod scribit, eos, quos ipse Pastores nuncupat, debellasse Ægyptios, egregiè mentitur...* Idem ferè Facit. lib. 5. histor. ubi Iudæos ex Ægypto ejectos refert quod Scabies eos turpauerat.

Quod si ita est. Cùm Theophilus Manæthoni suppar sit, ac penè æqualis, ille enim sub Marco Antonino Vero, hic sub primis Cæsaribus vixit, viderint qui Manæthonem tanti faciunt, an ipsi auscultandum in ijs quæ ab eo referuntur, de Gallorum Regibus, populorúmque fundatione, à quibus tanto interuallo aberat: si tamen eiúsmodi Regum series ei tribuenda sit, cuius haud dubiè Eusebius meminisset in texenda Chronologia: vel potiùs Annio fabularum concinnatori, cui facilè admodum fuit, ex Vrbibus, Regum nomina fingere, à Lugduno scilicet Lugdum, à Remis Remum, & sic de alijs, vt quæsito colore, earum vetustatem, & initia verisimiliùs assereret. Nusquam audaciùs fabulari licuit quàm in eiúsmodi rerum primordijs: Nota est apud Iustinum, Ægyptiorum cum Scythis contentio de generis vetustate, Ægyptijs asserentibus, se ab initio rerum fuisse, imò tribus annorum millibus ante alios, si Diodoro credatur. De eadem re, pari ambitione decertant quindecim vrbes apud Tacitum, singulæ antiquitatis gloriam, ac prærogatiuam ex fundatorum claritudine sibi vendicantes; & Marcellinus Timagenem narrat ex multiplicibus libris reperisse Aborigenes primos in Gallicis regionibus visosesse, Celtas nomine Regis Amabilis, & matris eius vocabulo, Galatas dictos, adeo difficile est hæc primordia rimari, quæ Deus occulta esse voluit. Fabulosè Ægyptij suâ antiquitatē iactabāt, tredecim millium annorū sibi arrogantes, adeo vt venditarent primos homines inuentos, esse in Ægypto, ob Nili fertilitatem.

Quísque igitur Gentis cunabula nostræ scrutetur vt volet. Illud vnum indubitatum puto; à filijs Japhet (cui Noë benedictionem impertijt) puta Gomer, Magor, Madai, Jauan, Thubal, post dispersionem populorum, quæ contigit in turri Babel, Gentes duxisse originem. Ab ijs verò, qui ex Oriente in Galliam postmodum appulerunt, plures ortas Familias, quibus distincti, iuxta regionum varietatem, propagati sunt Populi: Cur verò hi Remi, alij Suessiones, Ambiani, Veromandui dicti, & quid primitùs hæ voces significent, cùm vetus lingua Gallica pridem exoleuerit, nisi quis harioletur, certò explicari non potest. Vnde sapienter & rectè Frodoardus noster lib. 1. c. 1. *Mirari quis non debet* (inquit) *Vrbis nostræ conditionem, vel originem non in propatulo dari, cùm de ipsius Gentium, vel Orbis Dominæ, Isidoro* Iusti lib. 2. Diod. sic. l. c. 2.

Suspicantur ex Gomer Gomaros di-

**8**     METROPOLIS REMENSIS

*ctos, vel Cimbros seu Galatas Hierony. Isidorus & alij. Vide Hiero. lib.de quæst. Hebraicis, & in præfatione epist. ad Galatas.*

Isidoro teste, oriatur plerúmque dissentio, vt eius diligenter agnosci non possit origo. Si igitur tantæ Ciuitatis, certa ratio non apparet, non mirum, si in aliarum opinione dubitatur, vnde nec historicos varia scribentes imperitè, condemnare debemus, quia Antiquitas ipsa creauit errorem.

---

*Remorum latissimi Fines, quot apud eos Oppida, de Metropoli eorum Durocorto, & de Oppido nomine Bibrax. An illud stet adhuc, & vbi sit.*

## CAPUT III.

QUàm latè patentes primis sæculis fuerint Remorum agri, aliunde peti non potest, quàm à Julio Cæsare, summo, ac propemodum singulari Historiæ Gallicæ auctore, ac Magistro. Ex varijs enim Commentariorum locis constat, Remos, Sequanis, ac Mediomatricibus, Treuiris, Veromanduis, Suessionibúsque confines, horúmque partim in Belgicâ, partim in Celticâ, situm fuisse dominium. Et vt à Belgicâ ordiar, iuxta terminos à prædicto Auctore 

*Lib.1.statim in initio.*

præscriptos. Certum est totum hunc terræ Tractum à Matrona vsque ad Mosam, & vltrà, vbi Arduennæ Syluæ fines sunt, Remorum extitisse ditionis. Id conuincunt verba lib. 5. vbi de Induciomaro Treuirensi, Cæsar hæc habet. *At Induciomarus, equitatum, peditatúmque cogere, iísque, qui per ætatem in armis esse non poterant, in Syluam Arduennam abditis, quæ ingenti magnitudine, per medios fines Treuirorum, à flumine Rheno, ad initium Remorum pertinet, bellum parare instituit.* Hic eodem libro de legionum in Hiberna distributione. *Quartam* ( inquit, scil. legionem ) *in Remis, cum Tito Labieno in confinio Treuirorum hyemare iussit.* Ex quibus constat vtrósque populos hac parte confines fuisse. Inde Hubertus Thomas lib. de Tungris, & Eburonibus, putat Remorum agros Septentrionem versùs ad Sabim peruenisse, his verbis : *Hiberna Labieni ( quantùm coniecturâ, & di-*

*Hodie Sambrâ vulgus nominat.*

*mensione assequi possum ) Lobiense Monasterium nunc esse opinor ex nominis allusione, ad Sabim fluuium, loco excelso, & ( vt scribit Cæsar ) positum in Remis, & confinio Treuirorum, tam latè Remi, & Treuiri dominabantur.* Sabis igitur, & Arduenna Sylua horum fines terminabant, extántque adhuc villæ aliquot Remensis Diœcesis trans Mosam, quæ probant Diœcesum distributionem, factam vt plurimùm iuxta cuiúsque Ciuitatis territorium.

Altera pars versùs Occasum longissimè, ac latissimè protendebatur : Remi enim, quicquid Matronam inter & Sequanam interjacet, vbi nunc maior Campaniæ pars, cum Bria ferè integra, occupabant.

Vnde

## HISTORIÆ. Lib. I.

Vnde cùm Strabo inter accolas, qui iuxta fluenta Sequanæ commorantur Remos, collocat, intelligendus omnino est, de latissima hac dominij parte, quæ Tricassinos, Parisienses, Senonenséfque pertingit. Patet igitur quàm lata, & spatiosa esset horum ditio seu Respublica.

Hîc minùs perspectam horum opinionem satis mirari non possum, qui Essuos, apud quos legio vna hiemauit, intra fines Remorum, aut eis saltem vicinos omnino esse contendunt, quasi ijdem sint Essui, ac Regitestensis Comitatus incolæ, ob ea verba Cæsaris lib. 5. *Concilio Gallorum Samarobrinæ peracto, quod eo anno frumentum in Gallia, propter siccitatem angustius prouenerat, coactus est aliter, ac superioribus annis exercitum in Hibernis collocare; Legionésque in plures Ciuitates distribuere: Ex quibus vnam in Morinos ducendam C. Fabio Legato dedit, alteram in Neruios Q. Ciceroni, tertiam in Essuos L. Roscio, quartam in Remis, cum T. Labieno in confinio Treuirorum hiemare iussit:* Vbi hac distributione, Essui Neruios inter, ac Remos à Cæsare videntur collocati, hoc est, ab Axona ad Sabim, qui penes Namurcum, & Leodiensium oppidum influit.

Marlianus forsan huic errori ansam præbuit, ob breuem hanc in indice obseruationem (*Galli Retelois appellant*) malè à quibusdam intellectam quasi Regitestenses nostros apertè designauerit: At locum Cæsaris satis ibidem explicat, *Essui* (inquit) *sunt populi pacatissimi, & quietissimi, proximi Ciuitatibus quæ Armoricæ appellantur; remoti à Belgio vltra centum millia passuum:* hos inter Celtas fuisse coniectura est, fortè in Normannia, aut Britannia citeriori. Cæsar igitur Essuorum nomine nusquam Regitestenses, vel tractum hunc terræ, vbi Regitestensis est Comitatus, intellexit, cum Legiones in distinctas Ciuitates distribuerit, nulla verò extet inter Remos, & Treuiros Ciuitas, sed vtríque populi sint contermini.

*Essuos, Plinius Hassos vocat lib. 4. c. 17. quem P. meius Gallicè sic vertit Hassi, les habitans du Retelois.*

Longè pariter à vero exorbitat cuiusdam Recentioris commentum, qui Essuos vult esse Tieraschiæ habitatores prope Vrbinum, Montem-Cornutum, & Guisiam, Tieraschiæque nomen dici quasi terra Essuorum, cum ex ipso contextu pateat à Belgarum Ciuitatibus Essuos procul abesse. En verba Cæsaris. *Ad hunc modum distributis legionibus, facillimè inopiæ frumentariæ sese mederi posse existimauit, atque harum tamen omnium legionum Hiberna, præter eam, quam L. Roscio in pacatissimam, & quietissimam partem ducendam dederat, millibus passuum centum continebantur.* Si hoc spatio, quinquaginta leucis scilicet, suas legiones (præter eam cui Roscius præfuit apud Essuos) Cæsar conclusit, sanè Tieraschij, aut Regitestenses Essui non sunt, qui tanta intercapedine ab Remis, aliísque Belgis distabant. De Regitestensi pago plura tom. 2.

*Lib. de hallucinatione Gallica. notæ minum l.16.*

Quod ad Tieraschiam attinet, notant viri literati ex Strabone Arduennam Syluam à ripis Rheni, vsque ad Neruios, Eburones, Menapios,

B

napios, Atrebatésque peruenisse, & sic regionem his conterminam ditionis Remorum, cui Tieraschia nomen est, olim syluis pariter fuisse coopertam, quæ licet versùs Guisiam, & Ruminiacum succisæ sint, subinde tamen ex stirpibus renascuntur. Cùm ergo extirpatis arboribus, cultura data est, terra sicca dici cœpit ex Guisio in Historia Hannoniensi, quasi terra siccata, vnde Aubertus Miræus de Hildrico Laudunensi Monacho loquens, refert eum Abbatem extitisse Sancti Michaëlis in Terrascha, vel Monasterij S. Michaëlis in Sarto, vt loquitur Guisius.

Jam verò quot oppida intra ingens illud spatium fuerint, quo Remorum ditio concludebatur, vix est aliquis qui certò, vel ex textu Cæsaris, affirmare possit: Hic tamen lib. 2. haud obscurè significat plura apud eos fuisse, cùm de Iccij, & Andebrogij primorum Ciuitatis legatione verba faciens, hos referat dixisse, *Paratos se esse, & obsides dare Romanis, & Imperata facere, & oppidis recipere, & frumento, cæterísque rebus iuuare*; Duo tamen de multis oppida ab eo recensentur, Durocortum, & Bibrax, quamuis verisimile sit in hoc Suessionenses fratres, & consanguineos æquasse, apud quos oppida numero duodecim fuisse ijdem legati Remenses disertè commemorant; Censet enim Bergerius Catalaunum, Laudunum, & aliquot alia nobis incognita, Municipia Remorum extitisse, quamuis de Catalauno sit dubitandi locus ex Notitia Imperij, vbi Ciuitas Catuellanorum legitur, quasi veterum Catuacorum pagus sit, vel Respub. quod tamen non officit quin priùs municipalis fuerit, cùm ibidem Ciuitas Bononiensis referatur, quæ inter Morinos antiquitus computabatur. Verius tamen est Catuacos nec Duacenses esse, vt vult Marlianus, nec Catalaunos; Notant enim viri docti mendum irrepsisse in textum lib. 2. Cæsaris, & pro Catuacis, Aduaticos reponi debere de quibus lib. 2. 5. & 6. loquitur. Nec obstat quod Cæsar de prædictis Remorum oppidis nihil dixerit, aut quod Bellouacis illustrioris famæ apud Belgas vnicum Bratuspantium assignet: Hi enim septentrionalibus Belgis à Germanis ortis vicini, paucas forsan vrbes, aut vicos in nostrum morem habuere, sed syluis, paludibúsque pro oppidis passim vtebantur: at cis Axonam, & Oesiam, seu Isaram habitantibus Belgis ( inter quos Remi, & Suessiones ) oppida fuere fossâ, vallo, mœnibúsque industriè munita, perinde ac Celtis, & Aquitanis, quod clariùs adhuc constabit in Remorum vrbe Metropoli, & oppido Bibrax; hoc enim vltimum omnibus quæ ad perfectam oppidi munitionem spectant, egregiè vallatum fuisse, Belgarum obsidio apud Cæsarem euidenter ostendit.

Et vt à Durocorto incipiam, nemo est qui primariam totius pagi per id tempus fuisse inficias eat, apertè id Cæsaris verba indicant lib. 6. cum vastatis regionibus post fugam Ambiorigis, exercitum se duarum cohortium damno Durocortum Remorum reduxisse asserit,

*Aduatici, vel Atuatici Neruijs proximi erant.*

*Lib. 2.*

in eúmque locum poſtea Galliæ Concilium indixiſſe, vt Senonum & Carnutum defectionem excuteret. Conſtat autem apud Vrbes Metropoles conuentus indici ſolere ex Liuio lib. 5. decad. 3. *Capita regionum* (inquit) *dicuntur, in quibus populorum Conuentus habebantur*, Item ex Canone Antiocheno, *in Metropoli Conuentus iuridici fieri ſolent à Præſidibus prouinciarum*: Strabonis teſtimonium pro Durocorto Metropoli Cæſaris locum illuſtrat, multúmque prodeſt ad ipſius commendationem: *A Treuiris, & Neruijs verſùs occaſum Senones ſunt, & Remi, itémque Atrebates, Eburones, Bellouaci: ad Sequanam Fluuium ſunt Pariſij Inſulam habitantes in flumine, & Vrbem Lutetiam, tum Meldæ, & Lexobij ad Oceanum: inter has gentes, Remi nobiliſſimi ſunt, & eorum Vrbs primaria Durocortora maximè incolitur, & Romanorum Præfectis Hoſpitium præbet.* Sic quotquot de Remorum populo verba fecere, vix vllus eſt qui horum Metropolis non meminerit: quamuis tam à Græcis, quàm à Latinis diuerſimodè ſcribatur, aliquando enim Δυρικόρτορα, Δουρικότορος, Δυροκότορον, Durocortorum, Durocotorum, Durocotoro in nominatiuo caſu, vt apud Conſentium, at Cæſaris Commentaria frequentiùs habent Durocortum, quod retinuimus.

*Hic μητρόπολις nomine Strabo vtitur.*

*Cæſar lib. 6. ſub finem Ptolom. l. 2. c. 9. Strabo lib. 4.*

Quod ad vocis etymon ſpectat. Bergerius, qui eruendis nominum radicibus multùm incumbit, vocabulum Durocortum ex matrice linguâ ſubtiliter ac ingenioſè deducit. *Dure* enim vel *Duren* (inquit) turrim apud veteres ſignificat, *Cort* verò villam, ſeu prædium, vt videre eſt apud Ciceronem lib. de Oratore, & poſtea dicetur: ex his autem ſimul iunctis, fit *Durecort*, vel *Durencort*, quod ſic eueniſſe ſcribit. Cùm primitùs homines in tugurijs, ceſpitibus, vel intextis arborum ramis, Hirundinum inſtar, habitarent, quæ tentoria Moſes Geneſ. 4. de filijs Jabel differens, appellat, deſcribitque Ouidius lib. Metam. 1.

*Tum primùm ſubiere domos, domus antra fuerunt.*
*Et denſa frutices, & iuncta cortice virga.*

Vrgente poſtea neceſſitate familias ſeparandi, ob propagationem, innata etiam creuit induſtria, qua artes paulatim excogitatæ ſunt ad habitacula validiùs conſtruenda, quibus & ab injurijs cœli homines, & à latrocinijs, incurſionibúſque hoſtium ſeſe faciliùs tuerentur. Nam ſtatim, excuſſo pudore, omne nefas in æuum latenter irrupit, fraus, dolus, & amor ſceleratus habendi, vel vt Ouidij Metamorp. lib. 1. habetur:

*Protinus irrupit venæ pejoris in æuum,*
*Omne nefas, fugère pudor, verúmque, fidéſque &c.*

Hinc fluxit duplex ædificij genus, primum arborum ramis, paxillíſque firmiter in terram defixis conſtans, κόρτος nomine Greco, vocatum

*Ex Cæsaris lib. 5.* catum est ( putat enim Bergerius Græcorum linguam, Matricem fuisse apud Gallos ) quod syllabæ detractione in *chors* vel *cort* sensim euasit, significátque locum septum, aut parietibus clausum. Cohors enim quasi quod coarctet omnia, vel circa quod pecus coerceatur : vsus tamen obtinuit vt chors, vel chortes prædia, seu villas tandem exprimerent.

Aliud ædificij genus, quo hostes procul à casis propellerentur, Galli *Dure*, vel *Duren* vocauere, quod idem est illis, ac turris, vel propugnaculum, vt Græcis πύργος, & Germanis *purg*, in quæ vocabula vetustiores Galliæ Vrbes vt plurimum desinunt : Ex prædictis igitur duobus vocabulis *Dure* & *Cort* Bergerius, scitè admodum, censet *Durocortum* coaluisse, ita vt idem sit ac *Turris-villa*: Interior enim pars vrbium domibus constat, exterior verò turribus ad terrendos, & propulsandos hostes.

Haud ineptè quis hîc quæsierit quo tandem modo factum vt, veteri voce neglectâ, primaria populi Remensis sedes aliud nomen induerit, dicatúrque passim apud auctores non Durocortum, sed Ciuitas, vel Vrbs Remorum. Bergerius censet id accidisse ex ignorantia eorum qui de Vrbium primordijs scripserunt : Nam cum distinctio quæ constituenda est inter hæc duo, *Ciuitas*, & *vrbs*, forsan eos fugeret ( quæ dubio procul magna est, cum Ciuitas vnitatem, & commune ius Ciuium, leges, politiam, & territorium complectatur, Vrbs verò nihil ampliùs dicat, præter ædificia mœnibus contenta ) nomen Ciuitatis Vrbi imposuerunt, quod valdè ambiguum est: sícque in Cæsaris Commentarijs cum legerent *Ciuitatem Remorum*, *Parisiorum* &c. verterunt Vrbem *Remorum*, *Parisiorum*, propria eorum nomina prætermittendo, quæ tandem euanuerunt vt inferiùs dicam, id factum sub Hadriano multi putant, cum vniuersa Gallia in XIV. Prouincias distincta est. Vnde in Notitia Imperij, vbi nomenclatura Prouinciarum, legitur, *Belgicæ secundæ Ciuitas Metropolis Remorum.*

Addi etiam potest, avulso per Romanos à Ciuitatibus Remorum, Suessionum, Parisiorum supremo dominatu, Vrbes primarias cum Territorio adjacente, retinuisse nomen Gentis ; non verò totum hoc terræ Spatium, quo potiebantur ante Romanorum aduentum, cui Galliæ, vel Belgij commune Nomen inditum est, eò quòd in vnius Prouinciæ formam vniuersa Gallia ab ijs redacta esset. Hinc apud Marcellinum, Galliæ nomen semper occurrit ; Vrbes verò Populi nomine significantur, vt de Juliano loquens lib. 16. *Per multa discrimina* ( ait ) *venerat Tricassas, & paulisper moratus, dum fatigato consulit Militi, Ciuitatem Remos, ( nihil protelandum existimans ) petit.* Hunc scriptores Christiani secuti sunt, qui nominibus Populorum, seu Ciuitatum sæpius vtuntur pro veteri Metropoleos vocabulo. Vt B. Hieronymus Epistolâ ad Agerochiam infra citandâ, S. Remigius Epistolâ

ad

ad Fulconem Episcopum à Sirmondo relatâ tom. 1. Concil. Galliæ, Gregorius Turon. lib. 4. & alij, apud quos, Vrbs, aut Ciuitas Remorum, vel Remi, pro Durocorto simpliciter legitur. Authores mediæ ætatis in his nonnihil immutarunt: Nam lectis apud Cæsarem nominibus Durocorto, Lutetia, Samarobrina, iunxerunt primitiuum nomen Gentis cum proprio, seu natiuo Vrbis præcipuæ, vt maior inesset rei narratæ perspicuitas: Sic passim legitur *Lutetia Parisiorum, Tulli Leucorum,* & Hincmarus Epistolâ ad Episcopos suæ Prouinciæ, de Vrbe Rem. sic scribit: *Hormisda Summus Pontifex, vices suas Remigio Durocortori Remorum antiquæ Metropolis Episcopo commisit.*

Oppidum aliud apud Remos Bibrax nomine dicebatur, erátque ab Axonâ, seu loco fluminis vbi Cæsar castrum posuit, millia passuum octo semotum, muris vndique septum, mœnibus & portis egregiè munitum, vt ex Belgarum obsidione ab eo relatâ abundè colligi potest: Quodnam verò illud sit, & an adhuc stet, obscura admodùm quæstio est: Quidam suspicantur esse villam *de Barbi*, haud procul ab Axonâ in Comitatu Regitestensi, putántque Castrum Cæsaris ibi fuisse vbi nunc est Regitestis Ciuitas, eò quòd collis vbi Cæsar castra posuerat, paululum ex planitie editus ab eódem describatur: at hoc dici nequit, cum Axona fluuius, qui per hæc loca perlabitur, non sit in finibus Remorum; horum enim ditio protendebatur eâ parte ad Arduennam syluam, vt vidimus.

Nonnulli Laudunum esse scribunt, eò quòd Laudunum alicubi Bibrax nominatur; vt in Chronico Normannorum vbi sic habetur. *Wilelmus verò, Rege, exercitúque suo Lugdunensi pago relicto, Laudunum (lauatum, qui & Bibrax dicitur, petit citò, antecedente Episcoporum Franciæ choro, quem omnis Clerus Laudunensis sedis, omnísque populus cum ingenti apparatu monastico suscepit.* Item in veteri MS Ecclesiæ Cathedralis; *Macrobius Prætor Romanus ædificauit Ciuitatem Laudunensem super montem excelsum valdè, qui anteà vocabatur Bibrax.* Et in tumulo Balduini Abbatis Sancti Vincentij, versus hic legitur:

*More pius, speculum Pacis, luménque Bibracis.*

Dudo, in Vita Wilel. Ducis, lib. 3.

Addit vir eruditus, qui Lauduni Antiquitatibus eruendis, multùm studij impendit, Laudunum Bibrax vocari à monte Bibraci vbi situm est, eóque pariter nomine, Vallem, quæ est Laudunum inter, & Abbatiam Sancti Vincentij indigitari in vita MS Sanctarum Promæ, & Benedictæ: Et hæc magni quidem essent ponderis, si Cæsar in colle edito, ac sublimi, Bibrax depinxisset, vt Alexiam Mandubiorum, & aliquot Gallorum Oppida, quin potius in plano sitam fuisse supponit, lib. 2. cum tantam vim lapidum, ac telorum narrat Belgas projecisse, vt in muro consistendi potestas esset nulli. Deinde qui fieri potest, vt primo impetu eam aggrederentur, factâque testudine muros subruerent;

rent; cum auctor vitæ Dagoberti de obsidione eiusdem Vrbis facta à Vandalis, sic loquatur. *Quæ Vrbs, licet obsidione vallari ab hostibus possit, tamen naturâ loci, & in cacumine saxi posita, munitionem robustam obtinuit, vt frangi nequeat à Barbaris: Nam cum eam Vandali, Huni, Chuni frustrà vallassent, nullâ aggerum arte imminente, non fundibulariorum iaculis, non armorum spiculis iacientibus, nec Arietum impulsionibus obtinere valuerunt.* Quæ verba repetuntur ab auctore vitæ S. Salabergæ. Quibus clarè patet, quantùm Bibrax Cæsaris à Lauduno differat.

*Pontauaire Pons vari vel pons varius, dictus forsan à Ritio varo, vel alio quodam duce Romanorum, ad hunc vsque mercatoria naues accedunt ex Marli.*

Est alia tandem opinio, quæ Branam, seu Brennacum esse asserit in finibus Remorum positam; nam Axona, per *Nouum Castellum, le Bac à Bery, & Pontauaire* transiens, (vbi Castrum Cæsaris fuisse dicitur) labendo versùs Septentrionem Remos à Suessionibus separabat; quos Suessiones, statim ac Bibrax à Belgarum impetu, & obsidione expedita fuit, Romanus exercitus aggressus est. Fauet Chilperici Regis diploma, relatum à Miræo, quo dotat Ecclesiam Tornacensem, vbi habetur: *Datum Bibrax, Chilperici anno primo, Indict XIII. in Dei nomine feliciter.* Hoc est anno 580. quamuis iam totis nouem decim annis regnasset, vt explicat V. C. Jac. Chiffletius in Anastasi Childerici, fol. 316. Chilpericum verò per aliquot menses, non Lauduni, quæ Childeberti erat, & vbi Brunichildis morabatur, sed apud Brennacum egisse probat Greg. Turon. lib. 5. cap. 34. & 39. At illud obstat, quod Bibrax intrà fines Ciuitatis Rem. reponi debet, Brennacum verò extra fuisse videatur, cum Suessionensis sit Diœcesis: Deinde Bibrax, respectu nostri, cis Axonam esse non potest ex contextu Cæsaris. Itaque optimè meo iudicio ratiocinantur, qui Bibrax, Brayum in Laudunesio esse dicunt; cum nihil horum repugnet; Sed circumstantiæ omnes, si benè expendantur, (situs nimirum in plano positus, & vltrà Axonam, Oppidi quoque ab eo distantia) illi conueniant.

---

*Veteris Vrbis Durocorti, Portarum præsertim, Situs, ac Soli descriptio.*

## CAPUT IV.

Durocortum, seu Metropolis vrbs Remorum, iuxta formam quam primitùs habuit, sphericæ videtur extitisse figuræ; licet ad latera quodammodo sit contractior (vt nunc etiam longiore figura protenditur) Circuitus quoque, seu amplitudinis, mediocris, sed gubernationi accommodæ, quam primi locatores, mœnibus, vallo, ac muris, ex sectis lapidibus, vndique vallarunt; quibus pariter erroris

sui

sui vestigia, & auspicia Romanorum insculpta si ( Frodoardo fides ) at Matrice Ecclesiâ senio labente, ad opus eius, tàm Portæ, quàm Muri, à Ludouico Imperatore concessa sunt, ex eodem Auctore. In ea Portæ principales, ad quatuor orbis plagas aptè dispositæ; quò facilior ad eam Negotiatoribus foret aditus.

Prima, ad Orientem, *Treuirensis* dicta est, ex prolixiori Testamento Sancti Remigij, quòd Remenses, & Treuiri essent contermini, fœderati, ac in Belgio longè celebres. Vetus hoc nomen, ad secundam Regum nostrorum dynastiam perstitisse, legitur in fragmento visionum Flotildis, quæ circà annum 940. floruit. Non ita post, Porta hæc, ( vt se habent res humanæ ) relicto priori, *Cereris* nomen induit, eóque insignitur apud Ægidium Leodiensem, in vita S. Alberti, forsan, quòd messis tempore, flauentibus spicis, eâ parte Campania renideret. *Regalis* quoque, apud eumdem Auctorem dicitur, cuius etymon ignotum mihi est, nisi quòd ea vicinis latior esset, & prominentior; Postmodùm verò, quod Capitalium criminum rei, in turri super eam erectâ concluderentur, Porta *Carceris* nuncupata est; eóque nomine celebratur in Charta anni 1150. apud S. Remigium; & in Rituali Remensi adhuc illud retinet, vocatúrque patrio idiomate *Porte Chartre*. Cognominis huius fontem suggerit pariter tabularium Archiepiscopatus vbi sic nominari dicitur, quòd Ogerius Danicus prædictæ turri, seu carceri mancipatus fuerit à Tilpino Archiepiscopo.

*Ecclesia Sancti Crispini, ad portam Treuiricam, Testa. S. R. Epist. Hincmari ad Ludo. Regem. Duchenius tom. 3. hist. fr.*

Secunda, præcedenti opposita, *Suessionensis*, seu *Suessionica* vocatur, in prædicto S. Remigij Testamento, vbi de Ecclesia Sancti Victoris; quòd iter præberet ad Suessiones Remorum fratres, & consanguineos, quíque eodem iure, & legibus vtebantur ex Julio Cæsare. Hæc pariter *Valesia*, seu *Galesia* dicitur apud Joannem Sarisberiensem, quòd per eam, pateret aditus ad vicinas Galliæ Celticæ Ciuitates, vt per *Treuirensem*, ad Germanicas; Celtas enim Cæsar per excellentiam Gallos nuncupat. Portæ quoque *Vidulæ* nomenclaturam habuit, à Vidulâ fluuio qui haud procul aberat, nunc verò mœnia Ciuitatis perluit. Joan. Sarisb. *Veneris* nomen illi indidit, Epist. 172. ad Henricum Comitem; ob pratorum scilicet viriditatem, quæ à Vidulâ irrigantur: quamuis non desint, qui sic vocatam putent, ob templum Veneris, quod ei proximum fuisse necesse est; vt Porta Martis, haud dubiè à fano Martis ei vicino, cognomen accepit. Nunc ob ferrum quod Mercatores venum habent, vernaculè *Porte aux Ferons* vulgò dicitur; mansítque hæc valuarum expers, ab eo tempore, quò muri dilatati sunt vsque ad Vidulam.

Tertia ad Austrum *Collatitia* vocatur, à conferendis mercibus, vt Frodoardo placet, lib. 4. cap. 46. ex Latino, olim apud Gallos ignoto, sic deductum nomen vetustatem non sapit; eò tamen vsus est B. Remigius in prolix. Testamento. Juxta hanc portam Arcus-triumphalis,

phalis erectus est, cuius maior pars, & media cum pilis & fornice adhuc restat, erátque initium viæ Militaris, seu Cæsareæ, quæ ducit ad Buxitum, & ad alia loca, in Itinerario expressa; de hac Frodoardus *Lib. 1. c. 4.* in vita SS. Timothei, & Apollinaris. *Illi cum magna fiducia, producti sunt extra Ciuitatem, via, quæ appellatur Cæsarea, in locum, qui Buxitus dicitur.* Prædictum portæ Collatitiæ nomen sensim obsoleuit, aliúdque ipsi impositum ab Ecclesijs in suburbio constructis, quæ cum antiquitùs, Basilicæ dicerentur, *Porta Basilicaris* appellata est, vel potius sic dici potuit, quod Basilicis, dudum, præ cæteris por- *Lib.4.c.46.* tis, abundasse feratur, vt prædictus Auctor innuit. Hæc, dilatato vrbis pomœrio, ampliùs non extat; sed ea quæ Basilicæ, seu Basileæ nomen retinet, pars est prædicti Arcus-triumphalis, quem Remenses Julio Cæsari, forsan, dicarant, in sui cultus, & obseruantiæ monimentum; quòd eos in Sequanorum locum, dignitatémque subrogasset. Viæ etiam, seu vici natiuum nomen, in *Barbastri* nomenclaturam transijt, à quingentis annis; Quin & eadem porta, *Bacchi* nomen præfert, in fundatione Hospitalis Sancti Antonij, ann. 1201. & in Necrologio Remensi, 15. Januarij, ob allusionem, vt puto, vocis Basilicæ, vel quòd crederetur effigies Bacchi sculpta in altiori parte fornicis hactenus superstitis ex Arcu-triumphali.

Quartæ versùs Aquilonem præcedenti è diametro oppositæ, Martis nomen inditum est, ab Arcu-triumphali altero, & iuxta eam structo: hanc tamen priùs aliter dictam facilè sibi in animum iudicet, qui Romanorum Theogoniam Gallis olim ignotam fuisse crediderit; Frodoardi æuo, Arcu, (cui Lupæ, Remo Romulóque vbera præbentis, fabula incisa est) pro Porta, veteri, vt reor, neglectâ, Ciues vtebantur, vt ipsemet indicat, lib. 1. *Probabiliùs ergo videtur, quòd à Militibus Remi, patriâ profugis, Vrbs nostra condita, cum & mœnia, Romanis auspicijs insignita, & editior porta Martis, Romanæ stirpis (veterum opinione) propagatoris ex nomine vocitata, priscum ad hæc quoque nostra cognomen reseruauerit tempora.* Huic autem vsui, Arcus deinceps, à quingentis fermè annis seruire desijt, & recens porta, haud procul erecta (si eadem priùs non fuit) quæ Martis quoque nomen hactenus constanter retinet; Arcus autem intrò tellure, ac ruderibus oppletus sensim negligi cœpit; donec his nostra hac ætate studiosè egestis, Auspicia Romana rursum Vetustatis Amatoribus patuêre.

Meminit Hincmarus cuiusdam portæ, quæ Patens ab eo vocatur, in vita Sancti Remigij, vbi de incendio à dæmone excitato differit, quod insigni miraculo extinctum est, & extra Vrbem, cum Incensore ab eodem Sancto Præsule ejectum. *Totum* (inquit) *flammarum globum ante se fugientem, per Patentem portam (sic enim tunc temporis vocabatur) quia portis alijs clausis, ob Ciuitatis custodiam, pro exeuntium, & introeuntium commoditate in die patebat, diuinâ potentiâ expulit;*

*pulit* ; *& aliâ portâ ad hoc officium deputatâ , præfatam portam clausit, & vt nunquam ab aliquo aperiretur, cum interminatione vindictæ, qui illam præsumeret aperire, prohibuit.* Fit etiam mentio eiusdem, in Itinerario S. Leonis IX. putántque nonnulli, hanc retro Ecclesiam Militum S. Joannis Hierosol. fuisse, quæ vulgo Templum dicitur : nullum enim de ea restat vestigium ; At verius est Posticæ potiùs, quàm Portæ nomen mereri, quo titulo indigitatur & alia, in veteribus Chartis, quam iuxta S. Dionysij ædem vidimus.

Cæterum, Remorum Vrbs, in lata, & patenti planitie sita est propè Vidulam amnem, qui è Campaniæ meditullio manans; tribus scilicet millibus à Catalauno, veluti linea diametralis hanc planitiem secat in duas partes, tum vario flexu per prata, & paludes, gyrando, perlabitur, & iuxta Oppidum Vaily, in Axonam influit: amplissimo item Montium ambitu, instar Amphitheatri, duabus circiter leucis ab ea distantium, cingitur, vnde res ad vitam necessarias Ciues abundè recipiunt : In decliui siquidem montium, vbi celebriores pagi, Vinum prodit melioris notæ : suprà sunt Syluæ, & Pascua : Planities verò, quæ Ciuitatem ambit, Villis, Prædijs, Cortibus, Agris, hinc inde splendidè ornatur. Hæc Campaniæ Remensis nomen, à veteribus primùm sortita est, ex Gregorio Turonensi, Hist. Franc. lib. 5. c. 19. quod toti Prouinciæ inditum.

Olim Populus Textrinæ, seu Textoriæ arti dabat operam, cuius meminit Cælius Rodiginus tom. 2. cap. 18. lib. 21. his verbis, *à Remis propagatum telæ genus, tenuitate præstantissimum, quòd ab illis, modò, luxata parum dictione, decurtatáue, Remense passim dicitur.* Vnde missas quondam velut insignes ad Bajazetum à Joanne Niuernensi Comite, telas, refert Monstreletius, datásque vt excellens, & singulare donum, Mappulas Remenses, seu Mantilia, Carolo IV. Imperatori, cùm Remos transijt, sub Carolo V. in chartis Scabinatus reperio.

*Pretiosū telæ genus Remense, communicata quoque alijs Galliarum populis textrina gloria. Ambr. Calep. in verbo Remi.*

Nunc Lanificio studet, quo aliud texturæ genus conficitur, & illud duplex, Primum tenue, quod à staminibus, seu filis operis textorij cui alia subtegmina intexuntur, vocant patriâ linguâ *Estamine*. Aliud paulò densius, nouâ quidem, & decussatâ texturâ, vulgari nomine dictum *Serge*, vel *Raze de Reims*, *de Chaalons* &c. à loco, nimirum, vbi frequentiùs texitur, celebre est per totam Galliam, támque copiosa ex eo hoc tempore fit mercatura, vt inde plures alantur familiæ. Vini quoque copia, quod in viciniâ crescit, ex nobilissimis est totius Galliæ, egregiéque conseruatur in Cellis vinarijs Remorum, ob Profundum & Cretam quâ camerantur, adhuc commercium auget, ditátque tam Mercatores vrbicos, quàm villarum incolas, qui vineas colunt. An ab vrbis origine ? Incertum : cum harum Cæsar non meminerit : De Vineis tamen, & Agris, æquè à Ciuibus cultis, nonnihil habetur in breuiori testamento Sancti Remigij, & apud Hincmarum Epistola ad Pardulum Laudunensem.

C

*Insigniores*

*Insigniores Vetustatis aliquot reliquiæ, quæ restant in Vrbe Remensi.*

## CAPUT V.

INter prophanæ Vetustatis reliquias, quæ visuntur in Vrbe, eminent prædicti Arcus-triumphales positi ad Austrum, & ad Septentrionem, de quibus, lib. 2. viarum Imperij, Bergerius docté, ac curiosè disserit ; censétque Julio Cæsari dicatos, quòd Paternam originem Septentrionalis, Australis vero Maternam mythologicè exprimat. Sunt & Viæ militares, seu Aggeres publici, qui ab eadem Vrbe prodeuntes, in varias Prouincias protenduntur, de quibus idem Auctor, copiosè lib. 3. cap. 39. & nos, cap. 8. huius lib. nonnihil dicemus. Sunt item Arenæ, seu Mons arenarum, in prospectu portæ Martis, Amphitheatri figuram exhibens, spectaculis idoneam, quod duplicis hemicycli instar, circumquaque spectandi vsum præbeat: Arenæ autem totâ in Galliâ frequentiùs vocantur, à potiori parte Amphitheatri, súntque vt plurimum, extra vrbes: At hæ, quæ Remis videntur paululum à mœnibus remotæ, præter relictum aggerem, nunc peculiare nihil continent : has quidam Cæsaris castrum credunt, & nuncupant apud Sammarthanos, cap. de Remorum Archiepiscopis.

*Fol. 286.*

Relucet quoque nonnihil Antiquitatis, in vicis, arctísque itineribus huc & illuc flexis, quæ vitium iuga, seu systadas imitantur, in Domibus humi depressis, aliísque, ex lapidibus in quadrum sectis, incultè licèt ædificatis, in tessellatis, & sectilibus aularum Pauimentis, nuper me præsente, sub viâ publicâ repertis, in veteri Mercato, iuxtâ Xenodochium maius, & in Horto, prope Velatas Sancti Stephani, cum effoderetur humus, pro spiramento aquarij sulci. Hæc, lapillis nigri, & albi coloris compaginata, ac quibusdam fasciolis, Limborum instar distincta, ramusculos floribus intertextos repræsentabant, absque vlla effigie, aut temporis epocha, seu charactere. Maxima quoque Numismatum vis, è ruderibus quotidie eruitur, Ex his præsertim, quæ sub Trium-viratu, sub Augusto, Hadriano, Antonino, & Marco Aurelio sunt cusa: haud vulgare extat, à R. P. Sirmondo, eminentis ingenij viro, pro sua humanitate ad me missum, in quo visitur figura Triceps ex vna parte, quæ Galliæ tres Partes, ( vt ipse interpretatur ) seu potiùs triplicem Potestatem politiæ Remorum, in Principe, in Senatu, & in Populo repræsentat: Ex aliâ verò Biga, seu Currus, duobus equis vectus, cui assidet Rhedarius alatus, seu Nationis Genius, cum hac Inscriptione, REMO.

Essedarios

## HISTORIÆ. LIB. I.

Eſſedarios enim Gallia Vetus habuit: hinc Diodorus. *In itinere* (inquit) *ac pugnâ Bigis vtuntur, quas Rhedarius, & Aſſeſſor ducunt.* At cum in ſingulari caſu, Vrbis noſtræ Nomen apud Auctores nuſquam reperiatur; ad quid Numiſma prædictum alludat, penès alios ſit iudicium.

*Chilpericus Rex Aureos quos Imperator miſit, oſtendit, habetes ex vna parte Quadrigam, & Aſcenſorem. Vide Gregor. Tiron. lib.6. cap. 2.*

A centum quoque annis, complures Arcæ pro condiendis corporibus, ( Græci Sarcophagos vocant ) Remis repertæ ſunt, quarum aliæ ex ſaxo malleis excauato, quædam verò, ex coco Latere, vel Argillâ fictiles. Saxeas aliquot vidimus iuxta puteos reductas ad communem vſum. Quæ ex humo confectæ, vt frequentiores, ſic inuentæ, ſtatim in fruſta, & puluerem abeunt. Oſſa tamen integra, aliquot reſtant, de quibus infra, cap. 21. vbi & an Chriſtianorum fuerint, penitiùs ſcrutabimur: hi enim veterem & meliorem conſuetudinem humandi cadauera frequentabant, ex Minutio Felice in Octauio. Vnde in Legibus Francorum Salicis, quæ ſub Faramundo ( vt quibuſdam placet ) vel certè ſub Clodoueo Rege, latæ ſunt, Crematorum Cadauerum nulla fit mentio, ſed Humatorum dumtaxat, tit. XVII. de Expoliationibus, & tit. LVIII. de Corporibus Expoliatis.

Bergerius, in Notis ad vitam Sancti Alberti Leodi. nondùm editis, refert, ſe Arcas vidiſſe nouem, in villâ de *Neuuelize,* ſupra riuulum de *Retourne,* quinque leucas à Durocorto; quarum ſingulæ, pergrandis hominis oſſa continebant, cum Enſe, ſeu Spathâ, & fictili vaſculo faſciâ circùm foliaceâ ornato, & vnctuoſo liquore pleno, quem loci incolæ luſtralem aquam putabant. Opinari quis poſſet ipſa vaſcula ex perpetuis his lampadibus eſſe quæ in veterum Sarcophagis olim reperiebantur: Hi autem qui corpora cremabant, horum cineres condebant in fictilibus vrnis quas Juuenalis Vrbes nominat, Satyra 10.

> *Vnus Pellæo Iuueni non ſufficit orbis,*
> *Cum tamen à figulis munitam intrauerit Vrbem,*
> *Sarcophago contentus erit.*

Aliquas pariter ex his, iuxta Remos repertas, idem Auctor aſſerit; vnámque oſſibus igne combuſtis plenam à Ruricola accepiſſe, ſub humo detectam, cum agrum repaſtinaret, quæ Tumulum ſat magnificè ſtructum lapidibus operiebat, vbi illud inſcriptum legebatur. *In honorem Marcelli.* Huius autem Nominis plures apud Romanos extitiſſe,

extitiſſe, hiſtorici fidem faciunt: Morem autem olim fuiſſe Clarorum Virorum cremandi corpora, Tacitus de Germanis, (à quibus orti Franci creduntur) apertè innuit his verbis. *Funerum nulla ambitio, id ſolum obſeruatur, vt corpora Clarorum virorum, certis lignis crementur: Struem rogi nec veſtibus, nec odoribus cumulant, ſua cuíque arma. Quorumdam igni & equus adijcitur. Sepulchrum ceſpes erigit. Monumentorum arduum, & operoſum honorem, vt grauem defunctis arbitrantur.* Sidonij ætate, circa annum 582. idem mos adhuc vigebat in Gallia cremandi Gentilium corpora, Chriſtianorúmque humandi, lib. 3. epiſt. 12. *Campus ipſe* (inquit) *dudum refertus erat, tam buſtualibus fauillis, quàm cadaueribus.* Quæ omnia, dicendis cap. 21. lucem adferent.

*Ex codice Bruxellenſi.*  Faramundum prope Remos terræ mandatum fuiſſe notat Jacobus Chiffletius. Vir vt eruditione, ſic Operibus Orbi notus, ex veteri Genealogia ab eo in Anaſtaſi Childerici I. Francorum Regis, laudatâ, vbi ſic habetur, *Sepultus eſt Faramundus Barbarico ritu, Remis extra Vrbem, Laudunum versùs, in monticulo qui Latinè pyramis dici poteſt*: Putat enim, idem Auctor, Belgicam Secundam, (cuius Remi caput) Vandalorum incurſu iam labefactatam, à Faramundo Rege occupatam, ad mortem vſque. In Verticibus autem montium, aut in ipſis certè Montibus, Nobiles ſepeliri ſolitos, Seruius Virgilij Interpres docet, lib. 2. Vnde natum eſt, vt super Cadauera, aut Pyramides fierent, aut ingentes collocarentur Columnæ. At quiſnam hic Monticulus, ſub quo Faramundus jacet, hactenus inauditum. Viſitur quidem acutus, & prominens terræ cumulus, retro Sancti Nicaſij, Orientem versùs, haud procul à viâ publicâ & Militari, quem ſuſpicari quis poſſet, erectum in formam Tumuli pro tegendis cuiuſdam Præfecti cineribus: tellure enim, vel ceſpitibus, aut quouis alio, vt ad manum venerat, Buſtum extruebant veteres, vnde Virgilius de Polydoro.

> *Ergo inſtauramus Polydoro funus, & ingens*
> *Aggeritur tumulo tellus.*

At poſteritas, antiquitatis licèt auida, intactum hunc terræ Aggerem huc vſque reliquit; nec ſcitur cui vſui quondam fuerit, aut quid intus lateat. De marmoreo Tumulo, qui Jouini, Equitum Magiſtri, ac Baſilicæ Sancti Nicaſij fundatoris, fuiſſe dicitur, opportunior erit infra dicendi locus. Nunc ad incepta redeo.

*Qualis*

*Qualis fuerit vetus Politia Remorum; horum Legati ad Cæsarem, Belgarum vires, & Copiæ, & quinam inter eos, Famâ, & Virtute præstarent.*

## CAPUT VI.

REmorum Ciuitate, cum suis Finibus, & Oppidis, Metropoli præcipuè, sic stabilitâ: quibus Moribus, & Institutis ad Iulium Cæsarem; quibus deinceps ad Francos vsque steterint, magna & difficilis quæstio est, si quis accuratam temporum historiam desideret. Veteris quidem Galliæ speciem, Cæsar, sexto præsertim belli Gallici Commentario, comprehendit; sed & alijs Commentarijs quædam aspersit, quæ cùm ad vniuersam Gentem promiscuè spectent, vnicuique Populo facilè possunt acommodari; vt quæ de vitæ, victúsque temperantiâ, de viribus, & solertiâ, de Belgarum fortitudine, eorúmque transitu in Britanniam belli inferendi gratia, de Religione, Studijs, Politia, & Magistratibus quibus singulæ Ciuitates regerentur: At prioribus his omissis, de Politia breuiter à nobis est agendum.

Quidam Aristocraticam fuisse dicunt, ob verba Cæsaris lib. 6. *In omni Gallia, eorum hominum, qui in aliquo sunt numero, atque honore, Genera sunt duo: Nam Plebs penè seruorum habetur loco, quæ per se nihil audet, & nulli adhibetur concilio: Alterum est Druidum: Equitum alterum. Illi Diuinis rebus intersunt, ac de omnibus ferè controuersijs publicis, priuatísque iudicant. Hi verò cum est vsus, atque aliquod bellum incidit, (quod solet quotannis) omnes in bello versantur, atque eorum, vt quisque est genere, copiísque amplissimus, ita circùm se Ambactos, Clientésque habet. Hanc vnam gratiam, potentiámque nouerunt.*

Nihil hîc auctoritatis, in infima plebe Cæsar videtur agnoscere: At ipsemet eôdem libro, quod penès populum sit Magistratum eligendi potestas, è contrario sic loquitur. *In Galliâ non solùm in omnibus Ciuitatibus, atque pagis, partibúsque, sed penè in singulis domibus factiones sunt, earúmque factionum sunt Principes, qui summam auctoritatem, eorum iudicio, habere existimantur, quorum ad arbitrium, iudiciúmque, summa omnium rerum, consiliorúmque redeat. Id eius rei gratiâ antiquitùs institutum videtur, ne quis ex plebe, contra potentiorem, auxilij egeret; suos enim quisque opprimi, & circumueniri non patitur, neque alter si fiat, vllam apud suos habet auctoritatem: hæc eadem ratio est in summâ totius Galliæ.*

Ex his liquidò constat, si benè expendantur, statum Democraticum,

ticum, quem libera Græcia, & Italia cupidissimè tenuerunt, in quo iustæ politiæ species omnes comprehenduntur, apud Gallos viguisse; quem tamen Aristocraticæ præcepto temperasse non abnuerim, in quo selectissimi è Republicâ, ac virtute præstantes, imperant. Erat enim summa Præfectura, seu Regis, aut Principis dignitas in annuo, vel longioris temporis legitimo Magistratu. Erat Aristocratica, in Senatu: & denique Democratica, in summâ Populi auctoritate, vnde & Senatores, & Magistratus existerent. Quod clarè patebit in Republica Remorum, magni nominis apud Belgas, quibus Jura, Leges, Imperium, Magistratus, cum Suessionibus consanguineis, & fratribus fuere communia: Hos enim & Senatum habuisse, & belli Principem seu Præfectum, aliundè peti non debet, quàm ex Hirtio qui Cæsarem suppleuit. Illustre siquidem hic nobis suppeditat exemplum libro 8. de Vertisco emerito, & capulari sene tunc Remorum Præfecto, cùm in Bellouacos bellum Cæsar iteratò mouisset. *Hic enim* (inquit) *præfecturam adeptus, cum vix equo, propter ætatem, posset vti, tamen, consuetudine Gallorum; neque ætatis excusatione in suscipiendo Magistratus honore vsus erat; neque dimicari sine se voluerat.*

Sic igitur Remos Principem habuisse, cùm à finibus arcendi essent hostes, palàm sit vel ex ipso Cæsare, qui & Galbæ Regis Suessionum, Corbei Bellouacorum, & Ambiorigis Eburonum meminit: Vltimus hic, vt constaret qualis esset huiusmodi dignitas, publicè fassus est, *sua esse eiusmodi Imperia, vt non minus haberet in se iuris multitudo, quàm ipse in multitudinem.*

*Cæsar lib. 5.*

At verò Senatum Remensem, ex Optimatibus constitisse, iuxta Aristocraticæ leges, probant ea quæ de Iccio, & Antebrogio Cæsar habet lib. 2. vbi Remorum Legati, ac Primi Ciuitatis prædicantur, & infrà, de Bibracis obsidione differens, Iccium, qui ex parte Remorum Oppido præerat, summâ nobilitate & gratiâ apud suos excelluisse asserit, quo nihil illustrius ad ipsius commendationem dici poterat. Quantâ verò Senatus polleret auctoritate ad Bellum, vel Pacem (in quibus stat Reipublicæ salus) Remorum fœdus cum Romanis, eò præsertim tempore initum, quo protritis, subactísque Celtarum Ciuitatibus, de tuendis proprijs finibus Belgæ anxiùs consultabant, satis supérque ostendit. Juuat hîc rationes ex ipsísmet Commentarijs referre, ne id perperàm factum quis existimet: *Cùm esset Cæsar in citeriori Galliâ, litteris Labieni certior sit, omnes Belgas contra populum Romanum coniurare, obsidésque dare; quòd vererentur, ne omni pacatâ Galliâ, ad eos victor exercitus adduceretur: quapropter duabus conscriptis ibidem Legionibus, Q. Pædium Legatum, ineunte Æstate, in vlteriorem Galliam misit; dátque negotium Senonibus, reliquísque Gallis, qui finitimi erant, vt ea quæ apud eos gerantur, secretò cognoscant, séque de his rebus mox faciant certiorem. Cùmque constanter omnes nuntiassent, manus*

*Anno à Româ conditâ 696.*
*Ante Christi Natiuit. Anno 58.*

manus cogi, exercitus in unum locum conduci; ad eos confestim proficiscendum ratus, re frumentaria prius comparata, castra mouet, ac diebus circiter XV. ad fines Belgarum peruenit.

*Iulius Cæsar anno ante Incarn.* 57.

Eò cum de improuiso, celeriúsque omnium opinione veniffet, Remi, qui proximi Galliæ ex Belgis funt, ad eum Legatos, Iccium, & Antebrogium primos Ciuitatis fuæ miferunt, qui dicerent fe, fuáque omnia in fidem, atque poteftatem populi Romani permittere; neque fe cum reliquis Belgis confenfiffe, neque contra Populum R. omnino coniuraffe, paratófque effe, & obfides dare, & imperata facere, & Oppidis recipere, & frumento, cæterísque rebus iuuare. Reliquos omnes Belgas in armis effe, Germanósque, qui ripas Rheni incolunt, fefe cum his coniunxiffe; tantúmque effe eorum omnium furorem, ut nè Sueffiones quidem fratres, Confanguineófque fuos, qui eodem iure, ifdémque legibus vtantur, vnum imperium, vnúmque Magiftratum cum ipfis habeant, deterrere potuerint, quin cum his confentirent.

Tam fubitæ deditionis caufas, infra reddemus. Nunc de Belgarum Gente, Viribus eorum, Auctoritate, prifcífque quorumdam Geftis, luculenter, & hiftoricè *Remos* differentes audiamus apud Cæfarem eôdem libro. Cùm, Cæfar, ab his quæreret, quæ Ciuitates, quantǽque in armis effent, & quid in bello poffent, fic reperiebat. Plerófque Belgas effe ortos à Germanis, Rhenúmque antiquitus transductos, propter loci fertilitatem ibi confediffe, Gallófque, qui ea loca incolerent, expuliffe, folófque effe, qui Patrum noftrorum memoriâ, omni Galliâ vexatâ, Teutones, Cimbrósque, intrà fines fuos ingredi prohibuiffent. Quâ ex re fieri, uti earum rerum memoriâ, magnam fibi auctoritatem, magnósque fpiritus, in re militari fumerent. De Numero eorum, omnia fe habere explorata Remi dicebant; propterea quod propinquitatibus, affinitatibúsque conjuncti, quantam quífque multitudinem, communi Belgarum concilio, ad id bellum pollicitus effet, cognouerant.

Plurimum inter eos, Belloüacos, & virtute, & auctoritate, & hominum numero valere: Hos poffe conficere armata millia centum; pollicitos ex eo numero lecta millia LX. totiúfque belli Imperium fibi poftulare. Sueffiones fuos effe finitimos, latiffimos, feraciffimófque Agros poffidere. Apud eos fuiffe Regem, noftrâ etiam memoriâ, Diuitiacum, totius Galliæ potentiffimum, (qui cùm magnæ partis harum regionum, tùm etiam Britanniæ imperium obtinuerit) nunc effe Regem Galbam: ad hunc propter iuftitiam, prudentiámque, fummam totius belli, omnium voluntate, deferri. Oppida habere numero XII. polliceri millia armata quinquaginta; totidem Neruios, qui maximè feri inter ipfos habeantur, longiffiméque abfint. XV. millia Atrebates, Ambianos X. millia. Morinos XV. millia. Menapios VII. millia. Caletes X. millia. Verocaffes, & Veromanduos totidem. Catuacos XXIX. millia. Condrufos, Eburones, Cærefos, Pæmanos, qui vno nomine Germani appellantur; arbitrari ad XL. millia.

De Treuiris hîc fermo nullus: hos enim priùs ad Cæfarem petitum auxilium

auxilium aduersùs Sueuos, qui ad ripam Rheni confediffent, mififfe legimus lib. 1. vnde Cæfarem, cùm bellum in Neruios pararet, fuis iuuiffe copijs ( equitatu præfertim ) Treuiros, idem afferit lib. 2. & fic Remi difficillimis hifce temporibus, non fibi, ac Reipublicæ foli, confuluiffe videntur, & hoc nec inconfultè, aut ignauiter, vt poftea dicemus.

*Plinius l. 4. c. 17. Belgicam à Scaldi ad fequanā ponit; Cæfar è contrà à Rheno ad sequanam.*

Ex breui, & hiftoricâ Remorum Narratione à Cæfare tranfcriptâ, cunctis patet euidenter, quinam inter Belgas potentiâ feu dominio, viribus, & auctoritate, alijs præcellerent, fumpto etiam hîc Belgicæ tractu cum Cæfare, prout à Rheno, & Oceano, ad matronam, fequanámque porrigitur. Clarum enim eft Belgas, qui nunc Francorum Regibus parent, vt Remi, Sueffiones, Bellouaci, longè alios Belgas tunc nobilitate fuperaffe. Et Sueffiones quidem, quibus cum Remis idem magiftratus fuit, & imperium. Primò ob famam Diuitiaci Regis, qui horum nixus ope magnæ partis harum regionum (*Belgicarum*) tum etiam Britanniæ principatum obtinuit; Oceanum enim Britannicum, adiunctis eum Remis & Sueffionibus, Veromanduis, Bellouacis, Ambianis, Atrebatibus, & Morinis vincendo, prædæ cupidine, fortifque fucceffu, fefe in hanc oram intulerat, vbi identidem Victor, plures è fuis, ceu Colonos, imperio nouo ftabiliendo reliquit; quod alibi Cæfar auctorum fummus facilè agnofcit, cum Maritimam partem à Belgis (*Citerioribus*) infeffam docet, eófque ijs nominibus Ciuitatum appellatos, ex quibus orti, eò peruenerant. 2. De Bellouacis, quod hi Belgas (*Vlteriores fcilicet, & Rheno vicinos*) gloriâ antecellerent, quis inficias eat, *Gallorum quidem omnium fortiffimi Belgæ* ( inquit Cæfar lib. 1.) confirmátque Hirtius lib. 8. at inter Belgas, Bellouacos, & virtute, & auctoritate, & hominum numero valere, ( ampliffimam enim habebant Ciuitatem ) idem Cæfar afferit; nec diffitetur Hirtius, cùm belli gloriâ Gallos omnes, Belgáfque Bellouacos præftare docet. Hinc eft quod hâc virtutis opinione confifi, dum, Romanis Alexiam obfidentibus, certus hominum numerus, cuique Ciuitati imperaretur, Bellouaci fuum numerum non contulerint, fed bellum fe fuo nomine, & arbitrio, cum Romanis gefturos dicerent, néque cuiufquam imperio obtemperaturos. Neruios quidem magnæ virtutis fuiffe fateor; Sed hi agreftes, feri, & vrbanitatis velut expertes, defcribuntur à Cæfare, cum Belgæ Celtis finitimi, horum cultum & humanitatem æmularentur. Denique virtutis, ac præftantiæ noftratium Belgarum, euidens fit illud argumentum; quod Eburones, Condrufi, Menapij, & alij minores Populi à Barbaris fæpiùs Rhenum traijcientibus impetiti, è patrio folo tandem migrare coacti funt, aut victoribus agros cedere, prifcis horum Nominibus abolitis, vel extinctis, laborat enim Annalium fides, vt hos aliquandò fuiffe credamus : imò de Tractu regionis quem incoluerint Neruij, Pæmani, Eburones, mira diffentio eft inter auctores. At Remi è contrà,

*Cæfar lib. 2. & lib. 7.*

contrà, Suessiones, Bellouaci, Veromandui, Ambiani, & Atrebates, primi-genium nomen adhuc retinent; horum sedes à nemine ignoratur, verique sunt locorum indigenæ, ac ferè soli Belgæ dicendi, si vsus obtineret: & si postmodùm quidam, Campani, aut Picardi dicti sint, non à victoribus, qui horum fines perruperint, à quibus pulsi, aut cum his permixti, nomina hæc induère, sed à regionis situ, & moribus Populorum, vt alibi dicetur; Et hæc obiter à me dicta sunt, quod Flandrici scriptores, quicquid roboris, dignitatis, & excellentiæ fuit apud Belgas, ob aliquot forsan vetustatis reliquias, à Romanis iuxtà Rhenum excubantibus relictas, cum Gentis nomine, & stemmate, nouis Hospitibus, nec aduentitijs modò, sed intrusis, & qui veros Indigenas è proprijs domibus exturbarunt, ad pompam adjudicent. Nunc pro Remis in Belgas Bibrax obsidentes, per Cæsarem gesta prosequamur.

IVL.CÆSAR ante Iucarn. Ch. au. 57.

*Bibrax Remorum Oppidum, ob fœdus ictum cum Cæsare, obsident Belgæ, & quàm prudenter Remi fœdus illud inierint.*

## CAPUT VII.

Rerum, quæ fiebant apud Belgas, summâ graphicè, & luculenter à Remis expositâ. *Cæsar hos vehementer cohortatus, liberalitérque oratione prosecutus, omnem Senatum ad se conuenire, Principúmque liberos obsides ad se adduci iussit, quæ omnia ab his diligenter ad diem facta sunt. Ipse Diuitiacum Æduum magnoperè cohortatus, docet quantoperè Reipublicæ, communísque salutis intersit, manus hostium distineri, nè cum tantâ multitudine, vno tempore confligendum sit. Id fieri posse si suas copias Ædui in fines Bellouacorum introduxerint, & eorum agros populari cœperint. His mandatis eum ab se dimittit.*

*Postquàm omnes Belgarum copias, in vnum locum coactas, ad se venire vidit, neque longè abesse, ab his, quos miserat, exploratoribus, & ab Remis cognouit, flumen Axonam, quod est in extremis finibus Remorum, exercitum traducere maturauit, atque ibi castra posuit; quæ res & latus vnum castrorum ripis fluminis muniebat, & post eum quæ essent, tuta ab hostibus reddebat, & commeatus ab Remis, reliquísque Ciuitatibus, vt sine periculo ad eum portari posset, efficiebat.*

*In eo flumine pons erat; ibi præsidium ponit, & in alterâ parte fluminis, Q. Titurium Sabinum legatum, cùm sex cohortibus reliquit, Castra in altitudinem pedum duodecim, vallo, fossâque duodeuiginti pedum munire iubet. Ab ipsis castris Oppidum Remorum, nomine Bibrax, aberat millia passuum octo: id ex itinere magno impetu Belgæ oppugnare cœperunt.*

Castra Cæsaris vltra Axonam. Castrū sen Castellum vbi miles in castris stabat.

Ægrè

## 26 METROPOLIS REMENSIS

*Ex his castra hiberna, & æstiua.*

Ægrè eo die sustentatum est. Gallorum eadem, atque Belgarum oppugnatio est. Hi vbi circumjectâ multitudine hominum totis mœnibus, vndíque in murum lapides iaci cœpti sunt, murúsque defensoribus nudatus est, testudine factâ, portis succedunt, murúmque subruunt, quod tum facilè fiebat: Nam tanta multitudo lapides ac tela conyciebant, vt in muro consistendi potestas esset nulli. Cum finem oppugnandi nox fecisset, Iccius Remus summa nobilitate, & gratiâ inter suos, qui tum Oppido præfuerat, vnus ex ijs qui legati de pace ad Cæsarem venerant, nuntios ad eum mittit, nisi subsidium sibi mittatur, sese diutius sustinere non posse. Eò de media nocte Cæsar, ysdem ducibus vsus, qui Nuntij ab Iccio venerant, Numidas, & Cretas sagittarios, & funditores Baleares subsidio oppidanis mittit, quorum aduentu, & Remis cum spe defensionis, studium propugnandi accessit, & hostibus, eâdem de causâ, spes potiundi Oppidi discessit. Itáque paulisper apud Oppidum morati, agrósque Remorum depopulati, omnibus vicis, ædificiísque, quò adire poterant, incensis, ad castra Cæsaris, cum omnibus copijs contenderunt, & à millibus passuum minus duobus castra posuerunt &c.

*Erant 237000. belgarum milia ex Cæsare.*

Ex his cuilibet compertum est, Remos, & Oppida apprimè munita habuisse, & armorum Præfectos, & Senatores, quibus incumbebat belli, & pacis, cum res exigeret, etiam inconsultis Fœderatis, aut reluctantibus, tractare negotia, adeò vt clariori testimonio impræsentiarum non sit opus.

Erunt tamen, qui præproperâ hac visâ deditione, Remis perfidiæ notam inurant, quòd, Belgis pro communi salute fortiter dimicantibus, primo congressu, Romanis manus dederint: At Celtis superatis, quorum ope Cæsar in Belgas aciem parabat, quo tandem salubriori consilio vti poterant? agri eorum plani, patentes, cuilibet obuij, horúmque potior pars apud Celtas iam subactos, hostes ad ianuam, domestica inter Ciuitates odia, disceptatio pro dominatu, strages populorum obstinatiùs resistentium, hanc ipsis facilè mentem indiderant, à qua, vel aliorum salus, aut imminens periculum, neutiquam eos deterrere poterat, aut debebat, cum vnicuíque tunc populo innata esset libertas faciendi quod vtilius sibi, aut securius videbatur. Sic igitur, expensis vtriúsque fortunæ documentis, & oblatâ meliori conditione, Cæsari Remenses spontè se submittunt, gnari obsequium cum securitate potiùs, quàm proteruiam, contumaciámque cum exitio præstare.

*Cæsar L. 6.*

At dubio procul Remos sapienter, & consultò fecisse, probant ea, quæ inde secuta sunt, & recèns apud Æduos exemplum: siquidem cum apud Gallos primitùs factiones duæ essent, earúmque, cum Cæsar in Galliam venit, alterius Principes haberentur Ædui, alterius verò Sequani, quorum magnæ erant Clientelæ: post aliquot prælia victores de Æduis Sequani, Principum filios ab eis velut obsides acceperant, coëgerántque publicè iurare, nihil se contra Sequanos consilij inituros:

at Cæ-

## HISTORIÆ. LIB. I. 27

at Cæsaris aduentu factâ rerum mutatione, Æduis, quòd fœderati Romanis, Obsides redditi, Clientelæ restitutæ, ac nouæ per Cæsarem comparatæ; sicque dignitate amplificatâ, sors eorum fortunatior longè facta est: quam æmulati Remenses, Romanis constanter adhærere decreuerunt: vnde subdit idem Princeps lib. 6. *Sequani principatum dimiserant* (clade à Romanis acceptâ) *in eorum locum Remi successerunt*, (populorum scilicet electione, ob dudum partam virtutis, ac prudentiæ famam) *quos quòd adæquare apud Cæsarem gratiâ intelligebant, ij qui propter veteres inimicitias nullo modo cum Æduis conjungi poterant, se Remis in Clientela dicabant, hos illi diligenter tuebantur: Ita & nouam, & repentè collectam auctoritatem tenebant: Eo tum statu res erat, vt longè principes haberentur Ædui, secundum locum dignitatis Remi obtinerent.*

Ex prædictâ igitur confœderatione maximum operæ pretium secutum est, Ipsis, & Clientibus: Etenim Suessiones, captâ Vrbe eorum principe Nouioduno, cum legatos ad Cæsarem de deditione misissent, *petentibus Remis*, vt conseruarentur, impetrarunt. Sic Carnutes ob defectionem lib. 6. descriptam, placandi Cæsaris ergò, legatos obsidésque ad eum mittunt, *vsi deprecatoribus Remis, quorum erant in Clientela.*

Belgis post aliquot annos, ob crebras eorum defectiones, ægrè superatis, Cæsar cum apud eos hyemaret, vnum illud propositum habuit continere in amicitia Ciuitates, nulli spem aut causam dare armorum, benemeritis præmia largiri, ijs præsertim qui pacto fœdere fideliter ei adhæsissent. Itáque Galliâ totâ, quæ à saltu Pyrenæo, Alpibúsque, & monte Gebenna, fluminibus Rheno, & Rhodano continetur, in Prouinciæ formam redacta, præter socias, & benemeritas Ciuitates, Cæsar in Italiam quàm maximis itineribus profectus est.

Quæ autem eiusmodi essent sociæ, & benemeritæ Ciuitates, & in quo harum prærogatiua consisteret, satis intelligi posse arbitror ex illarum distinctione à Stipendiarijs, & ab ijs quæ in seruitute viuebant: Certum enim est fœderatas Ciuitates aliquo in pretio habitas fuisse, iísque præter libertatem, suis legibus, ac consuetis Magistratibus vti permissum: de libertate est illud Suetonij in Augusto. *Vrbium quasdam Fœderatas, sed ad exitium licentiâ præcipites, libertate priuauit.* Quòd verò suis legibus, & Magistratu gauderent, Dio lib. 54. *Augustus Fœderatas vti Majorum suorum institutis permisit.* Inter has Remos extitisse patet ex Plinio lib. 4. histor. cap. 17. hæc enim, post semel percussum fœdus cum Romanis, nusquam ab eorum fide deflexit. Vnde hoc titulo sociæ, & benemeritæ vsa est cum Cæsaris opem efflagitaret aduersùs Bellouacos, qui duce Corbeo agros eius populabantur. *Pertinere* (ait) *ad dignitatem, & salutem suam, nullam calamitatem socios optimè de Repub. meritos accipere.* Imò Cæsar ipse idipsum profitetur lib. 5. sub finem, *tantam enim voluntatis commutationem* (defectio scil.)

*IVLIVS CÆ-SAR AB V.C.* 702.

*Anno à Roma condita* 704. *Hirtius l. 8. sub finem.*
*Suetonius in Iulio Cæsare.*

*Hirtius l. 8.*

attulit,

attulit, vt præter Æduos, & Remos ( quos præcipuo semper honore Cæsar habuit ) alteros pro vetere, & perpetua erga populum Romanum fide, alteros pro recentibus belli Gallici officijs, nulla ferè Ciuitas fuerit non suspecta nobis. Idem planè Cæsar agnoscit lib. 7. cum concilio Bibracte coacto sub Vercingetorige, Galli omnes aduersùs Romanos conspirassent: *Ab hoc concilio* ( inquit ) *Remi, Lingones, & Treuiri abfuerunt, quod amicitiam illi Romanorum sequerentur.*

<small>IVLIVS CÆ-SAR ANNO ANTE INCARN. 43.</small>

Cum igitur ab Æduis de pristino suo splendore per Cæsaris victorias nihil amissum fuerit, sed hi potiùs ius Senatorium in vrbe sint adepti, quod de Treuiris pariter dici potest, quos Romanis legionibus præfuisse, rexisséque Prouincias tradit Tacitus, licet defectionibus aliquot, amicitiæ fœdus, & obsequia plerúmque maculassent, fatendum quóque est Senatum Remensem nonnihil splendoris, dignitatísque, etiam subactâ Galliâ retinuisse, primorésque Ciuitatis quandóque ad honores euectos, vt de Julio Auspice, & de Jouino equitum, peditúmque Magistro per Gallias, ac postmodùm Consule sub Valentiniano dicemus.

His annectendum est, quod cum Remi, ob strenuitatem, optiméque jaculandi peritiam apud Gallos benè audirent, ad bella Ciuilia, inuitante Cæsare, aduersùs Pompeium certatim fuisse profectos, vt refert Lucanus lib. 1. de bello Ciuili, vbi aliquot Belgarum in armis fortitudinem pariter extollit his verbis.

<small>Dio lib. 41.
Appian. l. 2.</small>

——————— *Rura Nemetis*
*Qui tenet, & ripas Aturi, quà littore curuo*
*Molliter admissum claudit Tarbellicus æquor,*
*Signa mouet, gaudétque amoto Santonus hoste,*
*Et Biturix, longíque leues Axones in armis,*
*Optimus excusso Leucus, Remúsque lacerto,*
*Optima gens flexis in gyrum sequana frænis,*
*Et docilis rector rostrati Belga couini.*

<small>Alij legunt Suessiones, aut per Axones adsitos fluuio populos.</small>

Belgarum igitur operâ vsus, bello præsertim ad Pharsaliam, Cæsar, victo, pulsóque in Ægyptum Pompeio, cum quatuor ille vno tempore, triumphos egisset, miserè interijt anno V. C. 709. C. Octauio Sororis Nepote adoptato, atque hærede instituto.

<small>Dio lib. 44.</small>

*Remi celebres sub Augusto, & Successoribus, via militares è Durocorto prodeuntes, & cui præsertim vsui fuerunt.*

## CAPUT VIII.

Quo autem in pretio Remenses habiti post Cæsaris obitum, licèt obscurior disquisitio videatur, ex his tamen quæ scriptores obiter referunt, nonnihil elucet, vnde Ciuitatum status liber, vel seruilis dignoscitur. Constat siquidem, pacatâ Galliâ, Ciuitates, quæ priuilegijs donatæ fuerant, ijs vsas fuisse sub Augusto, *Nostra ætate* (inquit Strabo) *omnes pacati seruiunt,* (quisque scilicet suo ordine) *ac Romanorum à quibus subacti sunt, Iussis parent.* Igitur cum Augustus nulli genti absque iustis, & necessarijs causis bellum intulerit ex Suetonio, sic à nulla Ciuitate fœderatâ ablata libertas, nisi ad exitium suâ licentiâ, vt loquitur, præceps ierit: tanto enim amore apud exteros fuit, vt Reges amici, atque socij, singuli in suo quisque regno, Cæsareas vrbes condiderint, quod apud Belgas, Suessiones, Veromanduos, ac Treuiros præstitisse, adhuc probant nomina Augustæ Suessionum, Augustæ Veromanduorum, & Triberorum, vt alias hîc omittam, quæ ex hibernis, & æstiuis castris, ex horreis, & armamentarijs, & ex turribus per prouinciam belgicam à Romanis ipsis conditæ sunt, à quibus pleræque, ad hoc vsque tempus, nomen retinent.

Augustum anno ab V. C. 739. in Gallijs, vbi fida, feréque continua pax erat, ordinandis rebus triennium absumpsisse, Belgiúmque inuisisse Tacitus Annal 1. haud obscurè innuit, *dum fessa etiam ætate, toties in Germanias commeare potuisse. notat.* In his autem excursionibus Lugduni maximè, etsi forte Treuiris, Remisque morari solitum ex Dione conijcimus, tunc enim per Gallias vias Militares duci cœptas, nè Legionarij Milites otio torperent, multi arbitrantur. *Has solemnes, & publicas quidam vocant, alij Cæsareas,* è quibus septem ab Vrbe Remensi per Belgium, & apud Celtas protenduntur, quo celeriùs & sub manum annunciari, cognoscíque posset quid in quaque prouincia gereretur. N. Bergerius, iam à me laudatus, in insigni illo opere, quod de Vijs Imperialibus inscripsit, *Militares vias* ob id præsertim censet nominari, quòd hyemis tempore ad vltimos fines, & remotissimos Imperij exercitus transferrentur. Hinc dispositæ per vrbes armorum fabricæ, seu armamentaria, quà transeundum erat, de quibus in Notitia Imperij Occidentalis, vbi & habetur, præter Spatarias (quæ Remis fiebant sub Magistro Officiorum) Brambanicanorum quóque, alij legunt Barbaricanorum fuisse Collegium sub Comite largitionum,

*AVGVSTVS AN. AB VR. BE CONDITA 710.*
*Ante Christum natum 42.*

*Vide Tacit. ann. 11. & 12.*

largitionum, qui ex auro coloratis filis exprimebant hominum formas, animalium, & aliarum specierum imitatâ similitudine veritatem. Erat, & ibidem Gynæceum sub dispositione viri illustris Comitis Sacrarum largitionum pro texendis Principis, militúmque vestimentis, nauium velis, stragulis, linteis, & alijs id genus ad instaurandas mansiones necessarijs.

Et hæc alijs sanè vrbibus, vt monui, communia fuerunt, Suessionis enim, & Ambiani Spataria, & Scutaria fiebant, vt & Tornaci Ginæceum erat cum procuratore ex eadem Notitia, proinde nihil hîc peculiare Remos in altum euehit, præter viarum Imperij multiplicem concursum è Durocorto velut Belgici tractus principe promanantium, quas Romana manus, & industria aperuit, montosa complanando, & paludum lacunas multo silice, & glareâ laboriosè complendo: de his eleganter Carolus Boüillus, *Viæ militares id miraculi præsertim habent, quòd sublimiores sint vicinis agris, quòd inter insignia Galliæ opida iter conficiant, quòd silicinis lapillis, qui etiam vicinis agris desint, sternantur, adeo vt vel ab humo ebullijsse silices, vel ab æthere sublimi eos pluijsse quis iudicet.* Quæ omnia facilè Militares has vias, seu septemuium circa Remos intuentium oculis se sistunt, quamuis nonnullæ multâ sui parte sensim euanescant, ob terminorum quos adibant excidium.

*Vide Bergerium de vijs illis fusius disserentem.*

Primaria, quæ Remis Taruannam ducit, petenda est ex Antonini Pij (quod circumfertur) Itinerario. *Itur à Durocortoro* (inquit) *seu Remis, Fines, Augustam Suessionum, Aginnum, Augustam Veromanduorum, Cameracum, Nemetacum, Atrebatum, Taruannam: Inde ad Morinium mare per Bononiam, & Oceanum Britannicum.* Cæsarum quisquis Britanniam petebat, illâ viâ cum parte exercitus volunt diuertisse, alijs peditibus per Itianam tendentibus ad Itium portum, vt de Claudij itu, reditúque mox dicemus: imò Regibus Francorum, summi Pontificis Legatis, Episcopis, Sanctis deníque innumerabilibus opportuna, & trita fuit eadem via: Per hanc Eleutherij Papæ Legati in Britanniam missi ann. 181. Beatiss. quóque Maximus Rhegiensis Episcopus in Britanniam iturus Rhegio per Remos, & Morinos iter eâdem viâ arripuit ex eius vita. Idem dicendum de alia, quæ anguillari sæpius flexu, ob montium rigiditatem, & profunditates vallium per inferioris Germaniæ vrbes excurrens, ducebat ad Rhenum: *Durocorto Treuiros meditanti se offert, & subsequitur Vongo vicus, Epoissio vicus, Orolauno vicus, Audethanale vicus, Treuiros ciuitas, & paulo post Agrippina,* ex eodem itinerario. Hanc Claudius, Hadrianus, Seuerus, Probus, Maximilianus Cæsares, vt dicetur, hanc BB. Martinus, Hieronymus, Athanasius, Ambrosius, & alij tenuerunt cum iuere Treuiros, & adhuc multis in locis satis integra visendam se exhibet. Omitto alias de quibus Bergerius noster copiosissimè disseruit. Adeò vt ex multiplici concursu, & receptaculo viarum,

*Quidã hac via B. Petrum Apostolũ in Britanniã iuisse postquã Româ pulsus est sub Claudio, asserunt.*

viarum, quas Durocortum excipit, emittítque, claritudinem eius facilè agnoscas. Quæ cum totius Prouinciæ Caput esset, his, ad pompam, & commodum exornari debuit, quò facilior commeandi, contrahendíque facultas daretur ijs qui merces vltrò, citróque conuehunt, Remorúmque nomen ad remotiores plagas proferre. Juxta has siquidem, præter Vrbes, & Castella, Vici, Pagi, Sepulchra, Sacra quóque ac Prophana Ædificia quæ postmodùm condita reperiuntur, sita sunt, Veteres etiam Romanorum Vrnæ secundùm eas, & maxima Numismatum vis identidem detecta. {AVGVSTVS ann. reparati orbis. 1.}

Pace per Orbem perfectè stabilitâ, nascitur Christus Mundi Salus Imperij Cæsaris Aug. ann. 42. hic, quòd masculâ prole careret, Tiberium, (cuius extant apud Belgas, in Vbijs præsertim) belligerationis monimenta, vnâ cum Germanico adoptat. Varianâ interim clade Imperij quies nonnihil interrumpitur, bellum cientibus transrhenanis, in quos Germanicus missus est, at paulò pòst Nolæ Augustus obit, à nece Julij Cæsaris ann. 57. & à partu Virginis 14. {TIBERIVS. 14.}

Vulgatâ Augusti morte, Germanicus, qui in Gallijs agebat, quòd impensiùs pro Tiberio niteretur, Sequanos proximos, Belgarúmque ciuitates, Remos, Atrebates, Treuiros in verba eius adegit. Sub eo motus ab Æduis, & Treuiris exorti, ducibus Julio Floro, & Sacroviro, querentibus de grauitate foenoris, de tributorum impositione, & de sæuitia, ac superbia præsidentium: ob crebras eiusmodi Belgarum defectiones, continendis his octo legiones pridem ab Augusto Rhenum iuxtà impositæ fuerant. Tacitus 4. Annal.

Tradunt Sammarthani (totâ Galliâ ob eruditionem celebres) repertam nuper in agro Coloniensi inscriptionem quæ sic habet, *Marti Camulo ob salutem Tiberij Claudij Cæsaris, Ciues Remi templum constituerunt*, quod mixtim cum Romanis, Remenses aliquot in agrum Coloniensem aduersùs Lucium Florum missos arguit: item & bellicum horum studium Martis cultu, & in Cæsares obsequia: proximéque accedit ad id quod de statua Martis aureâ, & templo apud Neruios posito, Guisius lib. 3. Annalium Hannoniensium de Bauaci tumultibus disserens, & Lucius Tungrensis referunt; aiunt enim statuam è suo loco vi ereptam, Julij Cæsaris decreto, apud Remos asseruari iussam, pro qua paulò post inter Crispum, & Galbam grauis exoritur contentio, quam Augustus ocyùs diremit iubens, vt apud Bauacos reponeretur. Indéque factum vt ingens eum locum pristino more populi Belgici multitudo celebrauerit: quæ si vera sunt, Cæsaris in Remenses prædicant (ob foedus antiquum) beneuolentiam, & quod Romanorum mores hi prorsus induerent, superstitiosósque ritus assentatoriè sequerentur. Tiberium Augusti successorem excepit Caligula à partu Virginis anno 38. {Tiberius interyt an. 37.}

Morinis, instigante Guiderio Britanno, sub Caligula defectionem cogitantibus, Claudius imperator, qui æra 41. auspicatus est, omnem mouit {CALIGVLA. Ann. 38.}

CLAVDIVS CÆS. ANN. 41.

mouit lapidem quò Morinis in ordinem redactis, motus Britannicos compefceret, igitur ab Hoſtia Maſſiliam nauigans, pedeſtre iter, quod Iulius aperuerat, arenífque ſtrauerat Auguſtus, operæ pretium inire duxit, ex Suetonio: per Remos enim, & Morinos viam ad Oceanum rectà tendere dixi, pertranſitâ Teruannâ ex Itinerario: viam hanc vt commodiorem per populum ſibi fidum Claudius arripiens intra pauciſſimos dies ſine vllo prælio, & ſanguine ad deditionem rebelles compulit, tum compendiario vtens tranſiectu, & ſecuriori per Remos redijt, quod rectior, & ad perpendiculum ab Romanis curioſiſſimè elaborata, protenſáque via eſſet.

46.

Non diu ante Britannicam hanc expeditionem, B. Petrus Romæ ſedem conſtituerat, vt inde, velut à Capite, Chriſtianæ religionis latices in varias oras diffunderet. Audita igitur Claudij profectione, felicíque reditu (Deus enim Ethnicas molitiones ſæpius in Eccleſiæ commodum vertit) & quòd via vſque ad Belgas, remotioréſqne populos tereretur, ſubijt ei è Romanæ ſedis ſpecula Gallias meditanti, hos ſuaui Eccleſiæ iugo ſubijcere, miſſis Remos egregijs fidei cultoribus Xyſto, Sinicio, & Memmio, Treuiros Euchario, Valerio, & Materno, vt ex vtráque Vrbe, tanquam primarijs Belgij Capitibus, ſummum ius in omnes Belgas habentibus, ſacri pariter Imperij gubernatio proſiliret. Tam inſigne Remis ab Apoſtolo, nutu Dei, exhibitum beneficium Frodoardus lib. 1. c. 3. antiquo fœderi cum Romanis attribuit: nófque præterea ſecuritati viarum. Cum enim vix pauci abirent dies, quin Remis aliquem viæ illæ Cæſareæ ad alias vrbes deducerent, ob amplitudinem Curiæ, frequentiámque populorum, Xyſto integrum fuit multiplicem ſibi propoſitam Prouinciam obire, & hoc ab anno 46. vt poſteà videbimus.

NERO. 54. 68. 69.

Fecit etiam tenax, & explorata Remorum fides, vt Claudio ſublato, cum rerum potitus eſt Nero, annis non paucis placidè res Chriſtianæ fluerent, præſertim cum ex Tacito quietæ res vbíque eſſent per id temporis ingenio Ducum, ac fidelitate populorum. Vindex tamen Proprætor in Gallia defecit à Nerone an. 68. quo & hic extinctus eſt, quem excipiunt Galba, Otho, Vitellius intra vnicum ſolis circulum continenter abſumpti: Anno exeunte contigit Ciuilis audax, & præceps facinus, immaníſque conſpiratio quæ à Batauis per totum Belgium deflagrauit, de hac Remorum ſtudio conſopita, commodiùs capite ſequenti differemus.

*Motus Ciuitatum per Remos post Vitellij excessum pacati.*

## CAPUT IX.

VESPASIA-
NVS.
An. 70.

PRopensi in Romanos animi, firmæ fidei, ac exhibiti reipsa à Remis officij, certius, illustriúsque argumentum fingi non potest eo, quod statim à Vitellij excessu, nutante præsertim Imperio, claruit. Res Romanæ pessum ire cœperant ob Principum ignauiam, improbósque mores: factionum inter duces rumor per Gallias increbuerat, iámque plurimum insederat animis recuperandæ libertatis libido, cum Remi effrenatiùs sese extollentem defectionem, eâ quâ inter Belgas gratiâ pollebant, mira dexteritate compescunt. Hîc Taciti verba libet attexere ex 4. histor. lib. quo certior dictis fides adhibeatur.

*Claudio Ciuili, enumeratis seruitij malis, Batauos, cæterósque Belgas ad defectionem sollicitante, ipsísque spe libertatis iugum excutere cupientibus: pleræque Ciuitates, imprimis Treuiri, ac Lingones signa extulerunt, ac cupidine Imperij sustulere animos: Iulius quoque Sabinus, projectis fœderis Romani monumentis, Cæsarem se salutari iubet, magnámque, & inconditam popularium turbam in Sequanos rapit conterminam (iuitatem, ac Romanis fidam: Sequanorum prospera acie in Lingones, & Sabinum, qui festinatum temerè prælium pari formidine deseruit, ac voluntaria morte interijsse dicitur, belli impetus stetit, resipiscere paululum (iuitates, fásque, & fœdera respicere, Principibus Remis, qui per Gallias edixere, vt missis legatis in commune consultarent, libertas an pax placeret. At Roma cuncta in deterius audita Mucianum angebant. Nequaquam egregij duces: lectis tamen qui præessent, Legiones victrices, ac recens conscriptæ, superatis Alpibus in Galliam traducuntur, cum quibus juncta aliquot Britannicæ, & Hispanicæ accitæ.*

*Igitur venientis exercitus famâ, & suopte ingenio ad mitiora inclinantes Galliarum Ciuitates in Remos conuenere, Treuirorum illic legatio operiebatur, acerrimo instructore belli Tullio Valentino, is enim meditatâ oratione, cuncta in magnis Imperijs objectari solita, contumeliásque, & inuidiam in populum Romanum effudit, turbidus miscendis seditionibus, & plerísque gratus vecordi facundiâ. At Iulius Auspex è Primoribus Remorum vim Romanam, pacísque bona dissertans, & sumi bellum etiam ab ignauis strenuissimi cuiúsque periculo geri, iámque super caput legiones: sapientissimum quemque reuerentiâ, fidéque, iuniores periculo ac metu continuit: Et Valentini animum laudabant, consilium Auspicis sequebantur &c.* Quæ paulò post addit Tacitus scitu digna sunt, inde enim claret inter Ciuitates nullam Imperio antecelluisse. *Deterruit* (inquit)

E

VESPASIA-
NVS.
An. 71.
quit) plerósque Prouinciarum æmulatio, quod bello caput ? *vnde ius,*
*auspiciúmque peteretur. Quam si cuncta prouenissent sedem Imperio.lege-*
*ret ? nundum victoria, iam discordia erat, alijs fœdera, quibusdam opes,*
*virésque aut vetustatem originis per surgia iactantibus, tædio futurorum,*
*præsentia placuere. Scribuntur ad Treuiros litteræ nomine Galliarum vt*
*abstinerent armis impetrabili venia, & paratis deprecatoribus, (Remis)*
*si pœniteret.*

  Pacatis motibus ( nequicquam renitente Valentino-Treuirorum
Duce ) Ciuili item, & Classico, haud immemores præstiti officij ab
Remis hoc in discrimine, Romanos Imperatores fuisse suspicor: inprimis ex prærogatiua quam in amplissimum Belgij tractum mox obtinuerunt, cuius Remorum vrbs facta est Archipolis, ex honoribus Primarijs ciuium velut de Republica bene meritis postmodum delatis.
& ex celebri Academia quam apud eos Imperatorum edicto floruisse
patet ex Frontône Oratore Marci Aurelij Pædagogo apud Consentium
tractatu de duabus partibus orationis nomine, & verbo. *Et illa vestra*
*Athenæ* ( inquit ) *Durocortoro* &c. quæ refert folio 2031. ac si græcæ,
latinæque facundiæ per id tempus exercitium Remis viguisse asserat,
Auditoriúmque siue Athenæum ad recitationes publicas, & solemnes,
subsellijs & orchestris instructum: moris enim fuisse apud Romanos,
vt Scholæ publicæ erigerentur in vrbibus prouinciarum capitibus docet
Eumenius in Panegyrico pro Scholis instaurandis.

79.
80.
81.
TITVS
Domitianus.
Nerua.
TRAIANVS.
  Vespasiano, qui Tacitum Galliæ Belgicæ procuratorem præfecerat,
è viuis erepto, & Tito ad annum salutis 81. cuius, vt & Patris, mitiora quamuis fuerint Imperia, Præfectorum tamen malignitate, quidam è Gallijs ob religionem capite plexi sunt, & multo plures sub Domitiano & Nerua. Traianus horum successor, comitate quidem laudabilis, at in Christianos præter naturam immitis, ratus ipsorum incrementis, imminutum iri, in Gallia præsertim, Romanæ Reipub. decus, & potentiam, Fescenninum Præfectum iubet quanto cyus in præcipua capita Dionysium, & Lucianum animaduertere. Idolis nihilominus, & Oraculis in dies euanescentibus, Hadrianus qui Imperij fasces

HADRIA-
NVS.
117.
post eum suscepit æra 117. rebus in vrbe compositis, superiore Galliâ peragratâ, in Belgium concessit ex Spartiano, eam viam iniens, quæ Remis Treuiros ducit, inde Turnacum, Minoriacum, Castellum, Teruannam: Britanniam meditabatur nonnihil tumultuantem, at Præsidum

120.
curâ motibus compressis, aliò Galliam repetijt itinere, quod Teruanná ducit ad Atrebates, & Remos, quos longiore forsan dignatus est
domicilio, cupiens patriam superstitionem, quâ nihil antiquius habebat, tueri, eámque Remis de nouo, peregrinis ritibus sublatis, efflorescere. Non desunt, qui ab Hadriano Galliæ Prouincias (cum eas

122.
curiosiùs lustraret) in 14. sectas, eo quo mox dicturi sumus modo,
asserant, quamuis plerique refragentur, & ad aliud tempus id haud
incongruè remittant. Huius Imperatoris innumeri-poenè nummi,
etiam

etiam argentei, per totam Belgicam, sed Ribemontij maximè ad HADRIA-
Somonæ fluuij caput, eruuntur, vbi antiqua adhuc rudera, fornicésque NVS.
superfunt. Obijt Adrianus à partu Virginis 138.

*De Gallicanarum Prouinciarum Diuisione, & quot Ciuitates Remensi antiquitus subjectæ.*

## CAPUT X.

Remos inclytæ Prouinciæ caput sub Marci Aurelij Antecessoribus iam extitisse, eruditorum virorum sententia est, qui de Gallicanarum diœcesum diuisione nuper scripserunt. Augustus solidum corpus Galliarum in quatuor partes diuiserat, Narbonensem, Aquitanicam, Lugdunensem, & Belgicam : hanc idem subdiuisit in Germanias Superiorem, & Inferiorem, & Belgicam strictè sumptam. Sanè Germanias à Belgica Cæsaris auulsas sat clarè innuit Tacitus, dum in Augusti morte de exercitibus eis insidentibus disserit, probátque Illustrissimus D. de Marca ex inscriptione apud Gruterium pag. 375. num. 1. quæ Marci Aurelij principatu posita est cuidam Bussæo Procuratori à rationibus Prouinciarum Belgicæ, & duarum Germanicarum. Quidam Galliarum Prouincias in 14. sectas volunt sub Adriano, vt monui, & postmodùm auctas vsque ad 17. tempore Gratiani Imperatoris. At Remos Belgicæ caput extitisse sub initium Imperij Constantini probant acta Concilij Arelatensis 1. apud Sirmondum tom. 1. statim enim & immediatè post Italos subscripsisse refertur *Imbetausius Episcopus cum primigenio Diacono de Ciuitate Remorum*, vbi Metropolis quidem secundæ Belgicæ nomen desideratur. Vnde Ægidius Bucherius insignis vir litteraturæ, Belgici Romani lib. 1. c. 2. & lib. 8. cap. 10. meritò contendit Belgicam strictè sumptam simplicem primùm, ac indiuisam ab Augusto ad Constantinum vsque mansisse ex Plinio, Tacito, Ptolemæo, & Spartiano, qui Belgicæ semper indefinitè, indiuisímque meminisse videntur : à Constantino autem quàm tardissimè geminam factam, Primæ, & Secundæ nomen obtinuisse, in quibus celebriores hæ nominantur Ciuitates ab Ammiano, *Belgica prima Mediomatricos prætendit, & Treuiros domicilium Principum: huic annexa est secunda Belgica quâ Ambiani sunt vrbs inter alias eminens, Catalauni, & Remi.* Et sic Remos vsque ad vltimam hanc diuisionem Belgicæ simpliciter caput extitisse probabile est, præsertim cum Treuirensis Episcopus subscripsisse legatur post Remensem in Concilio Arelatensi anno Imperij Constantini 9.

Dubitat tamen idem Bucherius quænam Belgicæ adhuc indiuisæ Metropolis fuerit, Remorum ciuitas, an Treuirorum. Remis primas tribuere

*Plinius lib. 36. cap. 22. vbi de candido lapide disserit qui in Belgica Prouincia reperitur.*

**HADRIAN.** tribuere videtur Strabo lib. 4. dum recensitis aliquot Belgarum popu-
**An. 138.** lis sic ait, *Inter istas gentes Remi Nobilissimi sunt, & eorum vrbs primaria Duricortora maximè incolitur, ac Romanorum Præfectis hospitium præbet.* A quo nec dissentit Tacitus, cum de Julio Auspice disserens, vt cap. 8. vidimus, ait *edicto per Gallias conuentu, Treuiros in Remos conueniste.* Quod non modicam Remorum excellentiam euincit, fieri enim potest vt eo tempore Remi Belgicæ, quocumque modo sumptæ, præfuerint.

Augustæ verò Treuirorum fauet Mela lib. 3. c. 2. vbi hanc *opulentissimam* totius Belgicæ memorat, & Tacitus etiam de Treuiris ita loquitur lib. 4. Historiarum : *Ipsi plerúmque legionibus nostris præsident, ipsi has, aliásque Prouincias regitis &c.* At controuersiam hanc Ammianum libro 15. dirimere putat Bucherius, qui Belgas duabus iurisdictionibus regi asserit, quarum vnam Remis attribuit, aliam Treui-
*Per verbū* ris, quod verum est, sed iam partita Belgica, & apud Treuiros domici-
*illud,* \* an- lio Principum constituto. Sanè iure proprio ac Municipali tum regi po-
*tea, sat clarè* tuerunt eæ Ciuitates, quas Plinius lib. 4. c. 17. liberas appellat, Neruij,
*Plinius indi-* Veromandui, Suessiones, Syluanectes, Leuci, Treuiri \* antea liberi,
*cat Treuiros* & quas fœderatas subdit, Lingones, & Remi, sed hoc nihil ad proposi-
*libertatem* tum. Ex prædicta Prouinciarum diuisione effectum scribit Illustrissi-
*amisisse sub* mus de Marca in Appendice ad Claromontanum Concilium, vt anti-
*Vespasiano.* qua Gentium, Populorum, & Vrbium nomina, quæ leguntur apud Cæsarem, Strabonem, Plinium & Ptolemæum paulatim exoleuerint, præter ea quæ in Notitia Imperij, & ex inde in vsu Ciuili, & Ecclesiastico retenta sunt, vnde apud historicos post tertium sæculum, Ammianum scilicet, & alios frustra quæras vel Gennabum pro Ciuitate Aurelianorum, vel Agendicum pro Ciuitate Senonum, vel Durocortum pro Ciuitate Remorum, & alia id genus pridem exoleta nomina, Gentium quóque nomina, quæ Plinius, & Ptolemæus anxiè describunt, ferè abolita, in Prouinciarum nomenclaturam apud Notitiam recensitarum concesserunt, ita vt de priscis illis vocabulis irrito plerúmque labore non sit tantopere contendendum.

Ceterùm Galliarum hanc diuisionem imperiali edicto factam secuti sunt Summi Pontifices, & Ecclesia Gallicana in constituendis per Gallias Metropolitanis, cum ea diuisio in ea tempora incidat, quibus fides Christiana cœpit propagari, quod iuxta mores iam receptos sancitum
*Hæc diuisio* postea fuit Canonibus 4. & 6. Synodi Nicænæ. Ex quo tandem sequitur
*tam inæqua-* quod intendimus, Remorum Ciuitatem suum decus, pristinámque di-
*lis iniusta es-* gnitatem sub Cæsaribus Iulij successoribus retinuisse, cum amplissimæ
*set si Treui-* Ciuitates vndecim Imperio ipsius addictæ sint, licet Augusta Treui-
*rensis olim* rorum, quæ prima Belgica dicitur, tres tantum obtinuerit, vnde du-
*ius aliquod,* bium non est, quin cæteras præcelleret ob fundationis vetustatem, fœ-
*vel in Remē-* dera cum Romanis, vel Imperij, in cuius finibus posita erat, incolu-
*sem Ecclesiā* mitatem.
*primatū ha-*
*buisset, vt di-*
*cetur c. xxj.*

At

At cum duplicis generis effent eiufmodi Metropoles, Remorum ex HADRIAN.
illis fuit quæ Confulares dicebantur in Notitia Imperij, id eft quæ re- *An.* 138.
gebantur à Confularibus, cùm aliæ Galliarum vndecim Præfidiales effent: quamuis reuerà in alijs rebus æquale ius effet omnium prouinciarum, ita vt nulli ex Confularibus in alteram aliquod effet Imperium.
Vnde quod quidam dubitaffe videntur de prima Lugdunenfi fcilicet,
vel Belgica prima in fecundam, Macri iurifconfulti definitione ita re-
uincuntur, vt nullus fuperfit ambigendi locus, cum præfertim conceptis verbis hæc controuerfia terminata fit à Theodofio, qui præter antiquam Tyri Metropolim in Prouincia Phœniciæ, Berytum in nouam
Metropolim erexerat pari auctoritate cum prima, fic quoque in Ecclefia, Metropolitanæ antiquitus omnes, æquo iure inter fe agebant.

Porrò Belgicæ fecundæ, è qua tranfitus eft in Britanniam ( vt dixi )
tot fuiffe Ciuitates patet ex Notitia, Honorij Augufti, vt fertur, temporibus factâ, quas hîc fubijcimus.

### METROPOLIS CIVITAS REMORUM.

Ciuitas Sueffionum.
Ciuitas Catuellanorum vel Cata-
  launorum,
Ciuitas Veromanduorum.
Ciuitas Atrebatum.
Ciuitas Cameracenfium.
Ciuitas Turnacenfium.

Ciuitas Syluanectum.
Ciuitas Bellouacorum.
Ciuitas Ambianenfium.
Ciuitas Morinum, id eft
  Ponticum, feu Teruan-
  na.
Ciuitas Bononienfium.

Recentiores, pro Bononia, Laudunum habent,
Oppidum forfan fub Cæfaribus conditum.

Sic Belgica fecunda, eo Campaniæ hodiernæ tractu, qui ad Aqui-
lonarem, dexterámque Matronæ ripam protenditur, Bellouacis, Ambianis, Veromanduis, Artefijs, Hannonibus, feu Neruijs, Flandrífque
finiebatur.

Quæ autem Militarium dignitates per Gallias difpofitæ, quibus
Prouinciæ, feu Ciuitates regerentur, ex eadem Notitia colligi poteft,
nam præter Præfectum Prætorio Galliarum, Magiftrum Equitum per
Gallias, & Vicarium feptem Prouinciarum, erant Duces, & Comites
fub difpofitione viri Illuftris Magiftri Officiorum; Erant & Præfecti
Letorum Gentilium inter Remos, & Ambianos, ( forfan apud Laudunum à quibus fenfim vrbs illa fic creuit, vt Epifcopalis facta fit fub Clodoueo ) vnde videre licet quantum à vero aberrent qui Reges & Principes finxêre per Belgium, à quibus vrbes non modò quæ ftant adhuc, fed
& illuftriores familiæ ducunt originem, cum auctores melioris notæ, &
Gregorius Turonenfis, earum duntaxat dignitatum meminerint vfque
ad occafum Imperij.

*Quid*

*Quid actum in Prouincia Remensi sub alijs Imperatoribus vsque ad Diocletianum.*

## CAPUT XI.

ANTONI-
NVS PIVS.
138.

ANtoninus Pius ab Hadriano adoptatus, & Imperij Hæres anno 138. plusquam geminâ annorum decade Orbem nullo bello rexit ob Ingenium, Clementiam, & Sanctimoniam eximiè à Capitolino laudatus. Si veræ sunt Monstroliensium membranæ, eum visendi Gallicanas Prouincias cupido traxit: Vbi cum Ju-

143.

lio Aurelio æra 143. Vrbem condidisse referunt, quam ab adjacente flumine Somonobriuam appellant, diuisque sacrasse Numinibus, cum Julij Cæsaris ætate Castellum esset cum vico situm, vbi fluuius Samarobriua dictus, & in Veromanduis ortus sese in Frudim exonerabat; Frydis enim seu Frudis à Ptolemæo Somona vocatur, & aliquando Samara: At Samarobriuam Julij Cæsaris æuo amplam fuisse Ciuitatem patet ex Commentariorum lib. 5. cum ibi Gallorum Concilium indixerit, aliquandò hiemauerit, ac impedimenta excercitus, Ciuitatum obsides, literásque publicas, & frumentum reliquerit. Deinde Antoninum nullas expeditiones obijsse, vitæ eius Scriptor Capitolinus asserit. Sunt qui dicant legionem decimam octauam Remis posuisse, vt Belgas in officio contineret: Ceterum nihil crudele, nihil immane in Christianos excogitasse fertur.

MARCVS
AVRELIVS.
161.

At Marcus Aurelius, vt Patri moribus valdè dissimilis, ita Caligulæ par, & Lucius Verus auitæ superstitionis tenacissimi, non poterant non odisse eos, qui impietatis arguerentur, ideóque altero Im-

178.

perij anno, qui fuit 161. quinta coepit persecutio, quæ in Remorum, ac Treuirensium pagis ad annum 178. foedè desæuijt, hâc arbitrantur quidam satis probabiliter B. Timotheum, & socios Martyrij Lauream Remis consecutos. Sub Marco; vt scribit Spartianus, Didius Julianus, postea Imperator, Belgicam sanctè, & diu rexit.

COMMO-
DVS.
181.

Commodo imperante, & tributa, quæ alij Imperatores, vt ait Capitolinus, remiserant, seueriùs exigente. Treuiri, Verrico Duce, Romanam gentem Belgicâ protrusêre, exarsitque immane illud bellum Romanis infaustum à Guisio copiosissimè, & à Belgicis postea scriptoribus relatum. At Seuerus qui Didio successit ann. 194. belli neruos omnes in Belgicam contendit, donec eâ ægrè, cum reliqua Gal-

SEVERVS.
194.

lia in suum dominium redactâ, Ducibus qui apud Atrebates, & Teruannenses erant, comitantibus, stratâ sibi cruore viâ, cum numeroso exercitu Britannicam profectionem adornat, eò Cæsarem traxit filiorum intemperantia, & legionum nimio otio diffluentium ad defe-

ctionem

&ctionem procliuitas vt habent Herod. lib. 3. & Dio apud Xiphi. Cæsareæ copiæ Remorum itinere per medios Morinos ad Teruannam, inde in Britanniam felici admodùm exitu deductæ sunt : Nam breui ea Insulæ portio, quæ rebellarat, asserta est, muro per transuersam Insulam ducto, vt habet Spartianus. At Seuerus filiorum libidinem compescere impotens, mœrore extinctus est Eboraci, corpúsque per Morinos, & Remos cum pompa transfertur.

<small>SEVERVS. An. 194.</small>

Imperium mox adijt Bassianus Antoninus dictus Caracalla an. 212. quem Macrinus, Heliogabalus, Alexander, Maximinus subsequuntur ignauiâ, libidine, ac sæuitiâ celebres, adeo vt turbulentissimis hisce temporibus mirum videri non debeat si fidei sementem à Xysto Remis sparsam excrescentibus lolijs suffocatam dicturi simus frequenti hoc Cæsarum transitu, ac Præfectorum feritate ibidem domicilium habentium, aut si quid veræ lucis illuxerit, extinctum omnino fuisse, vel tenebris conditum. Post hæc, de Remis pauca admodùm leguntur ob iacturam 13. librorum Ammiani Marcellini: hic enim quod Herodianus, Spartianus, & alij carptim delibauerant, fusiùs explicandum susceperat. Maximas tamen calamitates passos testantur vlteriorum Belgarum crebræ defectiones, ob quas missi exercitus in subsidium, ac dispositæ stationes iuxta fluuiorum ripas. Præcipuum enim robur Rhenum iuxta, commune in Germanos, Gallósque subsidium octo legiones fuisse tradit Tacitus sub Tiberio Cæsar 4. Annalium. Quibus additas postea aliquot fuisse sub Commodo, Seuero, & alijs auguror, Verrico, & Sorrico ducibus in Belgio ob vectigalia defectionem apertè minitantibus : *Gallicanæ enim mentes, vt sese habent duræ, & retrogradæ, & sæpe Imperatoribus graues* ( inquit Lampridius ) *seueritatem Alexandri nimiam, & longè maiorem Heliogabali non tulerunt.*

<small>CARACALLA. 212.</small>

<small>*Ammianus testatur se à principatu Cæsaris Neruæ exorsum (vbi desijt Tacitus) adúsque Valenty interitũ an. 277. Historiam explicasse.*</small>

Auctæ sunt postmodum miseriæ ex iteratis Alamannorum incursionibus vltra Rhenum, ob quas Belgicæ Præfecti, deinde Cæsares Treuiris Rheno vicinioribus posuêre domicilium. Sub Valeriani principatu an. 255. Francorum nomen Romanis primùm audiri, & arma metui cœpêre, cum transito Rheno per inferiorem, superiorémque prouinciam Germaniam sese effuderunt: hoc Principe sat bonæ indolis, sed statim à Magis Ægyptijs corrupto, ex Dionysio Alexandrino apud Eusebium Histor lib. 7. c. 9. immanis recruduit persecutio, octaua à Hieronymo, & Orosio dicta, quæ in electissima quæque Christi membra desæuijt, vt dicam cap. 16. post hunc, Gallienum quoque, Claudium, & Aurelianum, quos prætereo.

<small>223. 224. VALERIANVS 255.</small>

<small>GALLIEN. CLAVDIVS AVRELIAN.</small>

Probus Imperium subijt ann. 276. qui pacando orbi vnicè studens, barbariem ipsam è Gallijs exturbauit, dum quadringenta Barbarorum millia ab ipso cæsa, & 70. Vrbes nobilissimæ captiuitate hostium vindicatæ memorantur apud Vopiscum. Zosimus lib. 1. Probum refert, vt Vrbes Germaniæ cisrhenanæ vexatas à Barbaris vindicaret, in Galliam contendisse ( viâ scilicet militari quæ Remis Treuiros ducit )

<small>PROBVS. 276.</small>

PROBVS. cit) & ob victoriam de his reportatam cognomen Francici, Maximi, & Germanici retuliſſe. Idem Imperator (cum vineæ non eſſent in Gallia vltra gradum 45. id eſt vltra Lugdunum, vt Strabo ſcribit lib. 4. omnibus Gallis permiſit, vt vites haberent, vinúmque conficerent, quod ſummâ alacritate deinceps præſtitum eſt, in Francica præſertim Campania Boreaiiore, in qua Remi, in alijs quóque pagis Matronam inter & Axonam, in Sparnaco, Culmiciaco, Laudumeſio, totáque viciniâ, cum maximo prouentu, & totius regionis emolumento.

---

*Partito Orbe Romano Treuiris fit Cæſarum ſedes: Hæc, & Remi multa patiuntur vſque ad perfectè ſtabilitum in Gallia Francorum Imperium.*

## CAPUT XII.

DIOCLE-
TIANVS.
284.

MAXIMIA-
NVS.
286.

293.

GALERIVS.
CONSTAN-
TIVS.

*Cur Auguſta Treuirorum Principum ſedes & domicilium facta ſit.*

PRioribus Diocletiani annis Bagaudæ ruſticum genus, plerámque Galliarum regionem fœdè vaſtantes, curas, ferrúmque Cæſaris in ſe acuêre, effecerúntque, vt Maximianum Herculeum in Imperij Collegam adſcitum Occidentis motibus ſedandis præponeret, qui ab Italia properans, Bagaudarum quidem imperitam, & confuſam manum militari virtute compeſcuit, ſed Cerauſius, qui Burgundiones Francóſque in Societatem allexerat (hunc Eumenius in Batauia, Aurelius Victor in Menapio Galliæ Belgicæ regione, natum dicunt) tam atrociter terrâ, marique bellum Romanis indixit, vt de Imperio in Gallijs actum multi crederent, niſi eum Maximianus paulò poſt ſimulatâ pace, deuinxiſſet.

Cùm res admodùm turbatæ eſſent, ait Eutropius, Romanum Orbem Diocletianus tripartitò diuiſit, Maximiano Herculeo in conſortium poteſtatis recepto, Flauio quóque Valerio Conſtantio, & Galerio Maximo Cæſarum titulo donatis: Vnde Herculio Italia, & Affrica, Conſtantio Gallia, Hiſpania, & Britannia, & Galerio Illyricum & Thracia ab eo commiſſæ ſunt. Omnes ab Auguſto Imperatores Romæ in Palatio habitauerant, quòd hæc Vrbs regionum Italiæ, ac totius Imperij Romani media haberetur: at factâ ipſâ partitione, Conſtantius cui Gallia ſorte obtigerat, Auguſtam Treuirorum ſedem habere cœpit, quò Barbarorum incurſionibus Rheno propinquior facilius obſiſteret.

Conſtantio autem, poſt obitum Cerauſij, in Britanniam, ſibi pariter commiſſam, pergente, Rheni cuſtodiam ſuſcepit Maximianus, à quo Tranſrhenanæ gentes, Francorum præſertim, penitùs excisæ: multa enim horum millia, qui Batauiam, aliáſque cis Rhenum terras infeſtabant, interfecit, depulit, abduxit: hoc eſt, in Romanas tranſtulit

nationes

nationes ex Eumenij Panegyrico. *Sicut tuo Maximiane nutu; Ner-* CONSTAN-
*uiorum, & Treuirorum arua iacentia velut postliminio restitutus, &* TIVS.
*receptus in leges Francus excoluit, ita nunc* ( post receptam Britanniam ) 297.
per victorias tuas Constanti Cæsar Inuicte, quicquid infrequens Ambia- 300.
*no, & Bellouaco, Tricassino solo, Lingonicoque restabat, Barbaro cultore*
*reuirescit.* Ex quibus patet mox à Constantio repressos Francorum insultus; duos enim cuneos per Belgium ruptis Rheni obicibus effusos
ingenti gloriâ obtriuerat, quorum aliquot in Treuirorum, Neruiorum,
Ambianorúmque deserta, vastatáque loca transtulit, prorsus vt Belgicæ nostræ pars interior ( priusquam Francis postea planè victoribus
tota pareret ) non paucis Francorum Colonis insideretur. An pariter
vltra Axonam, & Remos vsque? tacet Eumenius, at Sigonius lib.
de Imperio Occidentali fidenter id asserit, *Franci* ( inquit ) *ex intimis*
*suis sedibus in Ambianorum, Tricassinorum, Remorum, & Lingonum*
*deserta traducti sunt.* Quasi Transrhenani populi tunc, protritis bel-
licosissimis nationibus, ad Matronam excurrerint, quod non est verisimile.

Post has Cæsarum victorias, Diocletianus Imperator, curis om- 303.
nibus, Orbe iam pacato, vacuus, vtcúmque repressam hactenus animi rabiem, totis in Christianos habenis effudit. Qui lanienam Christi
sectæ addictorum sæuius exerceret, delectus Rictius Varus, multâ
vir feritate nobilis, qui ab Augustâ Treuirorum cœpit, tantâ Christianorum strage editâ, vt sanguineis riuulis in Mosellam defluenti-
bus, aquæ ipsæ natiuâ claritate remotâ, peregrino potiùs, quàm proprio colore rubèrent. Deinde secundam Belgicam percurrens, cuius
Remi caput, Turnacum venit, vbi Sanctus Piato, ob Christi fidem
quam intrepidè prædicabat, vertice minutus est. Augustam deinde Veromanduorum adijt, Quintinum à cœptis abstrahere cupiens, quem
truculentissimâ cæde peremit, inde Ambianum, Suessiones, Remos
frequenti transitû terrens, Fuscianum, & Victoricum, Crispinum,
& Crispinianum, Valerium, Rufinum & B. Macram excruciatos
immani plectit supplicio, vt postea dicetur.

Quàm lugubris per hæc tempora fuerit Belgicæ nostræ status,
probant hinc Barbarorum irruptiones non omninò repressæ, illinc
immanis Tyranni persecutio, quâ Edictis solo æquatæ Ecclesiæ, (pluribus enim in locis assurrexerant ) sacraria publica, & Christianorum
scripturæ igni traditæ. Remi his miseriarum flabris licet pariter con-
cussi fuerint, & attriti, non tamen prostrati vel extincti, imo nec
eorum Metropolis decor imminutus, cùm statim sub Constantino
Augusto Ambitausium Metropolitam habuisse legantur ex Arelatensi
Synodo, cui inter primos subscripsit ann. 314.

Constantinus à militibus Gallicanis, & Britannicis Imperator CONSTAN-
postea salutatus, ex Britannia in Gallias transijt, quas regendas sus- TINVS.
cepit an. 306. Hunc in Gallijs veram fidem hausisse, sat clarè testatur *An.306.*

F                    Sozomenus

CONSTAN-
TINVS.
An. 306.

Sozomenus his verbis. *Propter diſſidium cum Maxentio, facile tum erat ad Gallos Britannósque, & qui ea loca incolunt, ( apud quos conſpirant omnes imbutum religione Chriſtianâ Conſtantinum* (è regione ſcilicet quæ Rheno adjacet ) *iter ſuſcipere.* Imò & Crucis ſignum, quo victurus erat, oculis, animóque vidiſſe, cum è Treuiris per Galliam in Maxentium moueret exercitum, probabile eſt: vbi tamen, & à quo Catecheſi noſtrâ inſtructus ignoratur. Certius eſt, tyranno ſuperato, Belgas Noſtrates ſæpiùs inuiſiſſe, vt probant leges Beluaci datæ eo Conſulatum agente cum Conſtantio filio, quò veteranorum militum ſeditionem compeſceret, conceſsâ ipſis ab operibus publicis immunitate ad quæ Præfecti hos ſeueriùs cogebant, lege primâ quæ in 12. Cod. tit. 48. ſic habetur. *Cùm introiſſet principia, & ſalutatus eſſet à Præfectu & Tribunis, acclamatum eſt, Auguſte Conſtantine Deus te ſeruet; Adunati veterani exclamauerunt, Conſtantine Auguſte quo nos veteranos factos, ſi nullam Indulgentiam habemus &c.* Ipſe Conſtantinus dixit, *magnificentia mea hæc ſit, nè quis veteranus in vllo munere ciuili, vel in operibus publicis conueniatur. Publicani ab ipſis amoueantur &c. Datum Kal. May Ciuitate Bellouacorum Conſtantino Aug. & Conſtant. Cæſar. Conſulibus.* Ex his patet motam ſeditionem à Veteranis militibus, quòd extruendis vijs publicis operam dare recuſarent, vt ſequentia verba adhuc clariùs oſtendunt, *Otio & pace perfruantur, nullo munere ciuili, id eſt corporali ſeu perſonali, vel deportatiuo onere eos affici concedimus.*

326.
327.

Conſtant.
Conſtans,
Conſtanti.
336.
337.
355.

Sic Conſtantini Auguſti Clementiâ & liberalitate militum motus in Belgio compreſſi ſunt, & à Barbarorum excurſionibus aliquantiſper populus reſpirauit, eo viuis ſublato, filij eius Conſtantinus, Conſtans, & Conſtantius Gallias ſucceſſiuè obtinuerunt : hic Flauium Julianum quatuor & viginti annos natum Mediolani Cæſarem creatum, ad Germanos repellendos in Galliam miſit, quam Barbarorum graſſationibus liberam reddidiſſe gloriatur Epiſt. ad Athenienſes, tum Belgicæ ſecundæ varijs calamitatibus oppreſſæ præfecturam ſuſcipiens, Jouinum militiâ clarum Remis ſibi deuinxit ex Ammiano lib. 21. finxitque ſe cultui Chriſtiano tenaciter adhærere, quò faciliùs populos ad ſui fauorem pelliceret; ex quo ſequitur Gallos iam inde à multis annis initiatos, imò planè confirmatos fuiſſe in doctrinâ Euangelij.

IVLIANVS.
360.

IOVIANVS.
363.

VALENTI-
NIANVS.
364.

367.

Orbe Romano potitus poſteà, & ad bellum Perſicum pergens, Rheni præſidia incautè neglexit, quem apertis limitibus trangreſſi Alemanni, Gallias rurſum impunè peruagarunt. Has irruptiones Valentinianus, qui Jouianum excepit, vt penitus ſuccideret, Rhenum amnem à Rhetiarum exordio ad vſque feralem Oceanum magnis molibus communiuit, caſtra extruens, iiſque optimos Duces præficiens, inter quos Jouinus equitum Magiſter emicuit, de quo poſtea. Ad hunc, Conſulem anno 367. renunciatum cum Lupicino, binas conſtitutiones de

militari

## HISTORIÆ. LIB. I.

militari disciplinâ rectiùs instituendâ missas à Valentiniano Augusto; **VALENT.**
ac Remis latas legimus in Codice Theodosiano, lib. 13. tit. 6. quarum
prima est 27. mensis Januarij, altera 13. Februarij, sub quibus pariter
Consulibus alias etiam Remis promulgatas de prædijs Nauiculariorum
ad Dracontium Vicarium Affricæ idem Codex asseuerat lib. 4.

Alias quóque leges à Valentiniano editas Samarobriuæ Ambiano- **GRATIAN.**
rum, vbi Gratianum Imperij consortem asciuit, reperio lib. 8. tit. 7. 370.
& in Chronicis, Atrebatense solum, cœlo aquas negante, Lanâ, 371.
Manna vulgò vocant, cœlitùs cadente pingui rore permixtâ, miro
prorsùs modo fœcundatum: Valeriano in Quados bellum vertente,
& Gratiano, quem Christianissimum Principem vocat S. Ambros. 383.
Epist. 26. Hæreticos æquè, ac Barbaros, legum seueritate, & armis exagitante, Maximus, qui in Britannia sub Theodosio militaue- **MAXIMVS.**
rat, Imperij fasces arripuit, sedítque Treuiris, ad quem, occiso Gra- 387.
tiano, Theodosius Aug. mox S. Ambrosium pacem petitum misit. Cum 388.
è Belgio Aquileiam Maximus ob Theodosij victorias ire cogitur, Franci
Marcomere, & Sunnone Ducibus vltra Rhenum irrumpentes, Coloniæ Agrippinæ, Augustæ Treuirorum, aliísque Vrbibus metum in-
cussére, quorum pars maxima, commisso cum Romanis prælio, apud
Carbonariam ceciderunt.

Quàm acerbissima deinde fuerint tempora sub Valentiniano Junio- **VALENTI-NIANVS 2.**
re, & successoribus ob indomitam Barbarorum contumaciam, qui post **&**
ærumnosas jacturas, & vulnera, resumptis viribus, ac velut buccina ex- **THEODOS.**
citi, Gallicos limites persultarunt, narrant Marcellinus, Prosper, & 
Orosius: Vnde, labente Imperij statu, Tungros, Atrebates, Tre- **ARCADIVS &**
uiros, ac Remos extrema passos fuisse necesse est. Nusquam tamen **HONORIVS**
grauior calamitas incubuit, quàm sub Honorio imbelli, ac timido 396.
Principe, cum Stiliconis perfidiâ sublatis Rheni præsidijs ( vt est apud 400.
Claudianum ) ingens Barbarorum turbo Gallias peruasit, de quibus
graphicè Hieronymus Epistolâ ad Agerochiam de Monogamia his
verbis.

*Præsentium miseriarum pauca percurram, quod rari huc vsque resi-
demus non nostri meriti, sed Dei misericordia est. Innumerabiles ac feroces-
sima nationes vniuersas Gallias occuparunt, quicquid inter Alpes & Pyrenæum, quod Oceano & Rheno includitur, Quadus, Vandalus, Sarmata, Alani, Gepides, Heruli, Saxones, Burgundiones, Alamanni, &
ô lugenda Respublica! hostes Pannonij vastauerunt: Etenim Assur
venit cum illis. Moguntiacus nobilis quondam Ciuitas capta, atque subuersa est, & in Ecclesiâ multa millia hominum trucidata, Wangiones longâ obsidione deleti. Remorum vrbs præpotens, Ambiani, Atrebates, ex-* 406.
*tremíque hominum Morini, Tornacus, Nemetes.* &c. De hac vastatione
quæ contigit anno 406. Beato Nicasio Remensis Ecclesiæ clauum tenente, infra dicemus.

At cur inter tot clades, quibus Belgica præsertim miserè concussa
est

ARCADIVS & HONOR. 406.

est, Remorum vrbs *Præpotens* ab Hieronymo nominetur haud satis intelligo. Opinor tamen id ab eo, qui Belgicas peragrarat, non perperam dictum, & hoc vel ob Metropoleos ciuilis dignitatem, cui vndecim Ciuitates, & inter eas aliquot populorum Capita parebant, vel certè ob Ecclesiasticam per singulas Suffraganeas auctoritatem, quamuis vtérque hic nostræ Vrbis status Hieronymi æuo nonnihil à primæuo splendore defecisset, Barbaris Prouincias cis Rhenum ferro, flammísque vastantibus.

Quid verò sedatis miseriarum flatibus de ea actum, & quàm felix illi, faustúmque fuerit Clodoueo Baptisterium præbuisse, cum tertius hic status sit cum Ecclesiastico permixtus omnino, atque confusus, separatim à nobis, aut satis commodè sine eo explicari non potest. His igitur de veteri Gentis, ac Vrbis splendore prælibatis, ad fidei, religionísque cunabula properemus.

*DE PRIMIS BELGARUM APOSTOLIS XYSTO, & Sinicio; Et cur Remis Archiepiscopalem sedem fixerint.*

HActenus Ciuilem gentis Remorum statum, Belgicis rebus sub Romanis immixtum, eâ quâ licuit breuitate pertexui. Nunc memor feliciorem me, hoc est Sacrum seu Ecclesiasticum pariter, & fusiùs exponendum suscepisse, natales eius aggredior, & inquiro per quos Euangelicæ lucis radius Belgis affulserit. An statim ab Apostolorum diuisione, & cum primùm Discipuli diuino igne succensi profectionem, Petro iubente, ad Gentes arripuêre, an verò dilata sit Belgarum salus ad finem secundi sæculi. Quis missionis Apostolicæ dux fuerit, an is aliquali dignitate donatus, an & in Metropoli Remorum Archiepiscopalis sedes ab eo mox constituta. Posterioris quæsiti (nam priora capite sequenti expendam) obscurior disquisitio est, quis enim in tanta vetustatis caligine, Archiepiscopalis dignitatis originem certò proferat? Româ nihilominus hanc à Xysto aduectam, ac Remis ob nobilitatis titulos stabilitam suadere videntur Clementis ad Jacobum fratrem Domini epist. 1. cuius meminit Concilium Vasense anno 442. & Anacleti successoris epist. 2. in quibus Ecclesiastica ἱεραρχία sic præscribitur, vt in vrbibus, quæ essent Capita Prouinciarum, & vbi Archiflamines præsedissent, ibi constituerentur Primates, vel Archiepiscopi.

At cum in Belgica, Suessionum, Bellouacorum, Ambianorum, & aliquot aliorum primariæ Vrbes æquè essent, ac Remi, populorum Capita ante Cæsarem, ac Ethnicæ claritudinis compotes, consultiùs dicendum arbitror, Apostolos, vel eorum successores, posthabitis hisce Gentilitatis stemmatibus, rationem potiùs habuisse præsentis status vrbium,

## HISTORIÆ. LIB. I.

vrbium, quo tunc sub Romanis potiebantur, sedésque in his Archie- *ARCADIVS* piscopales instituisse, in quibus frequentior erat populorum concur- *& HONOR.* sus, ac Præfecti domicilium. Vnde cum Remorum Ciuitas ob præstita Romanis obsequia, pristinam retinuerit Ciuilis Metropoleos *Ciuitates* Majestatem, non mirum si Ecclesiasticâ Metropoli pariter à fidei *quæ per prag-* Præconibus ornata sit: huius opinionis fuisse videtur Doctiss. Sca- *gmaticâ Im-* liger tractatu de Ecclesiæ dignitatibus. *In ijs* (inquit) *Vrbibus in* *tropolitani* *quibus Præfecti Prætorio, Proconsules, Legatíque Consulares, ac Præsi-* *nominis ho-* *des agebant, in ijs Patriarchales sedes, Primatiales, ac Metropolita-* *nore deco-* *nas instituerunt:* Quod Concilij Chalcedonensis decreto conforme *Metropoli-* est: suprà autem vidimus ex Plinio, Præfectis Remos hospitium *tano iure* præbuisse; conuentum quóque ibidem Belgarum coactum sub Ves- *perfruatur,* pasiano, & sic suspicio prona est à Xysto Missionis Principe Remis *regit Eccle-* Archiepiscopatum meritò constitutum, quod ipsemet Frodoardus, post *siam Episco-* Fulconem, sat clarè indicat lib. 1. vt mox videbimus. *pus, priuile-* *gio Metro-* *politani Cō-* *cil. Chalced.*

---

*An Xystus, & Sinicius Remorum Archiepiscopi ab Apostolorum Principe,*
*vel à Successoribus destinati.*

### CAPUT XIII.

DE primis Gallicanæ Ecclesiæ fundatoribus, & quo tempore à se- *S.XYSTVS I.* de Romana missi, grauis inter Neotericos nuper exarsit contro- *ARCHIEP.* uersia: Plerísque, & quidem eruditione clarissimis, seriùs quàm *An. 46.* par sit, trans Alpes susceptam religionem asserentibus cum Seuero Sulpitio: Alijs verò maturatam à primo Christi sæculo fidei sementem, ídque fortissimis, ac minimè popularibus argumentis. At cum vtrímque acriter decertatum sit, résque, si non omnino soluta, ob refragantes animos, saltem penitus discussa sit, ac mirificè illustrata; Ne actum agere videar, generali hac quæstione prætermissâ, peculiarem aggrediar de primis scilicet Remorum Archiepiscopis, quos si à Beato Petro in Belgium destinatos exertis rationibus probauero, receptissimæ huic opinioni iam inde ab Apostolorum temporibus, fidem Christianam illuxisse Gallijs, haud leue fulcimentum accedet.

Est tamen in prædictorum sanctorum gestis, quæ extant apud nos, quod negotium facessat: apertè enim in ijs habetur non priùs à summo Pontifice in Galliam amandatos, quàm SS. Crispinus, & Crispinianus Suessionis Martyrij agonem sub Diocletiano, & Maximiano compleuissent. Actorum verba hîc attexere iuuabit. *Igitur eo tempore* *quo Diocletianus, & Maximianus Imperatores tyrannicâ dominatione* *persecutionem in Christianos excitauerant, multósque sanctorum diuersis* *afflictos passionibus Martyres Deo dignos peremerant: Sancti Dei Crispinus,*

F 3

S. XYSTVS I. ARCHIEP. An. 46.

& *Crispinianus, qui quondam cum multis alijs ab vrbe Roma Gallias pro Dei amore, & Euangelicæ prædicationis institutione adierant, in vrbe Suessionica verbum Dei populis annunciantes morabantur, vbi cum diu in*

Ex MS codice S. Nicasij Remensis. Item & S. Remi. ac Theod.

*studio Euangelizandi commanerent, Rictiouarus prædictorum Augustorum crudelissimus carnifex, illuc adueniens, tormentis eos varijs à fide Christi auertere elaborauit: sed Domino suo protegente, & adjuuante non valuit, sicque glorioso Martyrio consummati regna cælestia viri Sancti feliciter petierunt. Sed quia nonnulli in eadem vrbe per ipsorum prædicationem ad fidem Christi conuersi fuerant, & propter supradictam persecutionem admodum rari essent in Galliarum partibus Christi relicti Ministri, curæ fuit iam dictis Sanctis: licet in requie sancta assumptis, nè eorum labor imperfectus remaneret in terris, alios sibi in idem opus Vicarios procurare.*

*Denique ostenderunt se per visum Pontifici Romanæ Ecclesiæ, asserentes, & se per Martyrij gloriam ad regna assumptos cælestia, & oues pro quibus ipsi Domini exemplo fuderant sanguinem, pastoris absentiâ desolatas manere in terris, quare (inquiunt) has tibi commendamus animas. Tuum est ex hinc prouidere aliquos non segnes neque trepidos, verùm strenuos atque industrios Christi videlicet ministros, qui nostrâ vice Pastoris officio, oues quas Deo lucrati sumus regendas suscipiant. Post hanc beatorum Martyrum visionem, certus factus idem Pontifex, conuocato Clero, cæpit quærere quos in Gallias Euangelizandi gratiâ destinare potuisset: Consonans fuit testimonium omnium qui aderant præfatum Sanctum* Sixtum huic operi esse aptissimum, quippe quia vir esset totius prudentiæ,*

\* Sic scribitur à Froard. & in MSS. non Xystus.

*& mansuetudinis eruditus. Quid plura? ordinatur Episcopus, & ad solatium ei procuratur beatus Sinicius, tunc quóque ab eodem Pontifice presbyter consecratus, destinantur itáque in Gallias, & Dei adjutorio vrbem adeunt Remensem, cuius portam intrantes vident historiam suæ gentis in foribus eiusdem Ciuitatis exsculptam &c.*

Vetus hoc Lectionarium Alberico notum fuisse reor, cùm ipse pariter scribat in Chronico post obitum SS. Crispini, & Crispiniani missos à Româ Xystum & Sinicium, tantæque auctoritatis Bergerio visum est, cui cum Jacob. Sirmondo Areopagiticam traditionem conuellere tunc meditante arcta erat familiaritas, vt Euangelicæ prædicationis Epocham ad annum 306. vel 307. apud nos remittendam censuerit: huic adstipulatur nuperus quidam auctor historiæ Suessionensis necdum prælo commissæ, & complures alij, quorum potissimæ rationes hæ sunt. Prima, quod prædicti codicis stylus planus sit & simplex, nec multùm abhorrens à modo loquendi veterum Diaconorum, quibus nascentis Ecclesiæ res gestas, & Martyrum certamina conscribendi cura fuit. Character quóque, & codicis tegmentum antiquitatem præ se ferant quingentorum vel sexcent. annorum, extétque tam Remis in Bibliotheca Matricis Ecclesiæ, & apud S. Nicasium, quàm Suessionis. II. Quod ea opinio de missione Xysti & Sinicij

egregiè

## HISTORIÆ. Lib. I.

egregiè consentiat cum Gregorio Turonensi, qui Dionysium Parisiensem, Sauinianum, Martialem, & alios in Galliam missos refert sub Decio. III. quod ijdem Archiepiscopi in Missalibus & Breuiarijs passim Confessores prædicentur; Signum enim est eos vixisse sub Constantino, cùm, pace Ecclesijs redditâ, sedes Episcopales erigi cœperant per Gallias. IV. quod Breuiarij Remensis Auctor Xystum non auditorem fuisse Apostolorum dicat, sed eorum qui prope fulserunt ab Apostolis. V. admissâ hac opinione, quæ rationi conformior est, longum illud Interpontificium vitatur quod inde sequi necesse est, si ab Apostolis Xystum & Sinicium missos teneamus. Omitto alias quæ ex actorum varietate eruuntur, ob quas vtcúmque retenta traditio admodum nutat, & apud aliquos velut anilis & nugatoria habetur, vt quòd B. Memmius Xysti cooperator, in gestis Catalauni adseruatis missus dicatur, non à Petro, sed à Clemente: quòd Hincmarus in Opusculis referat prædictum Xystum ab alio Xysto Romano Pontifice Remensi Vrbi destinatum: quòd Betausius, qui Arelatensi Concilio subscripsit ann. 314. in eadem Ecclesia sepultus scribatur cum Xysto, & Sinicio, euidens enim indicium est ipsis immediatè, & nullo temporis spatio interposito, successisse.

Hæc Bergerius, & alij in schedulis necdum editis; qui licet spernendi non sint, sed apprimè docti, ac veritatis amantes, traditionis tamen ac veterum auctorum haud satis mihi æqui æstimatores fuisse videntur. Aliud enim est quod è fontibus auctoritatis nominatorum hominum, aut certè ipsius nunquam abruptæ traditionis perennat, aliud quod per vnius vulgi manus, ac temerariam loquacitatem allatum est, siue ab obscuris incultorum hominum testimonijs constat descendisse, qualis est noua hæc, & ignoti hominis Lectionarium scribentis opinio, cuius auctoritas, qua sese obtegunt aduersarij, tantâ testium luce obnubilatur, vt mirari non possim quomodo apud viros, alioquin eruditos, fidem obtinuerit.

Et vt à Frodoardo incipiam, qui Remensis Ecclesiæ natales perspectos habuit: verisimile non est eum vetustioribus neglectis codicibus, fictam, ac de nouo excogitatam opinionem evulgasse, cùm apud omnes diligens & sincerus scriptor habeatur. Nec, si monimentum aliquod vetustatis in Prouincia extiterit, credendum est eum latuisse; sed ei tanquam principis Ecclesiæ Canonico, ac fidei nostræ primordia dedita opera inuestiganti, quotquot erant Bibliothecæ facilè patuerunt. Hic igitur de BB. Xysti & Sinicij in Gallias aduentu luculenter, & historicè sic scribit. *Constat non solùm apud Ethnicos magni habitum Remorum populum, sed & apud primos Ecclesiæ Dei propagatores, adeo vt ipse beatissimus Ecclesiæ Christi princeps Petrus Apostolus vrbi nostræ B. Sixtum à se Archiepiscopum ordinatum, cum suffraganeorum auxilio censuerit delegandum, idoneos ei, ac necessarios in eâdem prouincia destinans socios, S. Sinicium scilicet Suessionicæ sedis*

*SXYSTVS I.*
*ARCHIEP.*
*An. 46.*

*Lib. 1. c. 3.*

*S. XYSTVS I.*
*ARCHIEP.*
*An. 46.*

*sedis primò, nostrum posteà Præsulem; ac beatum Memmium Catalaunicæ vrbis rectorem.*

Frodoardus qui de fœdere, & amicitiâ populi Remensis cum Romano priùs egerat, ei adscribendum putauit, quod B. Petrus in ipso propagationis fidei exordio nobis prospexerit, nec id immeritò, nam si alijs vrbibus Galliarum etiam remotissimis per id tempus missi diuini verbi præcones, & apud eas erectæ Ecclesiæ; *Prædicationis enim regni Dei* (inquit Hilarius) *non fuit lenta propagatio.* Cur non Remis quæ totius ferè Belgici tractus fuit, & est Metropolis? Sic eodem tempore ternos pariter vnicæ Trinitatis assertores ad Metropolim Treuirorum ab Apostolo missos legimus, Eucharium, Valerium, & Maternum ex Ottone frisig. Chronico. lib. 3.

*In Psalm. 147.*

Ac nè quis existimet hunc honorem de industriâ Remensi Ecclesiæ quæsitum, quò illustrior potiórque ob vetustatem euadat, Frodoardi sententia veterum testimonijs comprobanda est, Lotharij præsertim Imperatoris, cuius Epistolæ fragmentum ad Leonem Papam idem Frodoardus citat.lib. 3. cap. 10. quâ Remensis sedis B. Sixtus primus Episcopus Apostolorum discipulus prædicatur, quod Fulco Hincmari successor clariùs explicat aliâ Epistolâ ad Stephanum V. his verbis. *Sedem verò Remensem notum habeat ab Antecessoribus præ Gallicanis omnibus Ecclesijs semper fuisse honoratam, vt pote cum primus Apostolorum beatus Petrus primum destinauerit huic vrbi B. Sixtum Episcopum, & totius Gallicanæ regionis dederit ei Primatum.*

Joannes de Launoy vir politioris literaturæ, & antiquitatis strenuus indagator, pondere huius auctoritatis oppressus, negat id rectè dici posse, cùm in Gallia tunc necdum Primatus instituti: quod vltrò concedimus, si de eiúsmodi dignitatibus sermo sit, quæ iuxta Isidori collectionem institutæ sunt; At Primatus nomen hîc non eo sensu accipiendum est, sed pro eo qui principem locum in collegio obtinet, vel qui Synodis Prouinciæ præest ex Concilio Taurinensi Can. 2. Addi etiam potest id de vicibus Romani Pontificis per Galliam posse interpretari vt ex sequentibus liquet. *Hormisda quóque Papa Sancto Remigio vices suas commisit &c.* at verius est Fulconem respexisse ad sui sæculi morem quo Primatus per Gallias instituebantur; quicquid sit, Fulconis testimonium haud dubiè magni momenti est in hac materia, cùm pro obtinendo à Sanctâ sede priuilegio, Ecclesiæ suæ antiquitatem, & dignitatem inculcet, & extollat. Nec me fugit aduersarios hîc opponere Hincmarum Remensem Archiepiscopum Fulcone antiquiorem, qui Opusc. 55. cap. 16. ait B. Xystum Remorum Antistitem à Xysto Romanæ sedis Pontifice fuisse directum; Nam cùm ei sit Fulco suppar, æqualem cum eo habet auctoritatem, cui cùm accedat Frodoardi Fulconi supparis auctoritas, duo præponderabunt vni, præsertim cùm Frodoardus (vt dixi) deditâ operâ Ecclesiæ Rem. Historiam scripserit, ac diligenter, antequam publici iuris fieret, inuestigatis

accuratè

# HISTORIÆ. LIB. I.

accuratè prædictæ Ecclesiæ monumentis Hincmaro antiquioribus, eam emendauerit, vt ipse testatur in procemio.

His concinit Sancti Petri viui Senonensis Chronicon ante sexcentos annos editum, vbi & annus profectionis apponitur, *Anno* ( inquit ) 47. *S. Petrus Claudij ann.* 2. *Romam venit*... *& 25. annis ipsius Vrbis Papatum tenuit ; destinauit autem Prædicatores in partibus Occidentis, scilicet Sauinianum*... *Remis direxit Sixtum & Sinicium, Catalaunis Memmum.* Idem refert Chronicon Virdunense dictum, ab alijs Flauini, auctore Hugone Monacho S. Vitoni Virdunensis ad annum 48. hinc censet Bucherius Belgij Romani lib. 5. c. 1. & in disputatione Historicâ, S. Xystum eodem tempore missum in Belgicam secundam, quo destinatus Maternianus à Sancto Petro apud Treuiros, adeò vt simul hæ natæ sedes, simul creuisse videantur ob idque vocatæ Sorores à B. Remigio, quòd eis fidei lumen eodem sæculo affulserit, esséntque primariæ apud Belgas, vt è quâ Ciuitate, nempe regiâ, iura prophana reddebantur, redderentur & sacra, fidésque faciliùs è fonte in riuos emanaret. Idem quóque asserit Chronicon Antissiod. Martyrol. Romanum, & MS codex citatus à Vincentio Bellouacensi quem sequitur Feuardentius in Notis ad Irenæum. Bosquetius quóque vir eruditus, licet à partibus aduersariorum alicubi stare videatur, ex vetutissimo tamen Codice fragmentum nobis suppeditat pro Frodoardo quod hic reponimus. *Igitur B. Memmius Catalaun. Episcopus nobilis genere de Ciuitate Româ oriundus fuit, sed cùm à Sancto Petro Apostolo in Episcopum benedictus fuisset, in Gallias missus est, cum fratribus suis Dionysio Parisiensi, Xysto Remensi Episcopo*... *qui quasi fratres ex vno vtero esse noscuntur.* Dionysius hîc videtur additus, cùm alij in missione præcesserint: At MSS codices de nominibus tantùm solliciti, Chronologiam non curarunt, quam Recentiores operosiùs inuestigant.

Et quod ad Xystum, & Sinicium attinet, horum aduentus diuersimodè refertur ab auctoribus. Demochares censet apud Coluenerium Vrbi Remensi destinatos ab Apostolorum Principe ann. 57. Xystum verò martyrio coronatum 67. post decem annos Pontificatus. At cùm solâ conjecturâ nitatur, constétque Christianos non modò procul ab Vrbe Roma abire iussos, ob turbas pro religione à Judæis excitatas: sed & B. Petrum pariter ejectum ann. 51. nec Romam redijsse vsque ad annum 68. vt Ecclesiam Neronis tyrannide oppressam recrearet, B. Xystus ante egressum Petri mitti debuit anno scilicet 51. & sic sex annos in itinere compleuit iuxta Democharem, aut à partibus Orientis, in quibus S. Apostolus peregrinabatur ablegari, quod valdè incertum est. Est & alia opinio quæ ex Actis B. Memmij Catalaun. depromitur, BB. Xystum & Sinicium ordinatos quidem fuisse à S. Petro, missos verò sub Clemente anno 92. quod ab Alberico probatur cùm refert ad annum 96. missos S. Dionysium Parisi

Sanctinum

*S. XYSTVS I. ARCHIEP.*
*An. 46.*

*Vsum esse B. Petrum viarum militariũ compendio diximus cap. vj.*

Sanctinum Meldas, Memmium Catalaunum. At in rebus dubijs à Doctioribus, Baronio præsertim, non est facilè recedendum, qui, Romanâ sede stabilitâ, ad cæteras Occidentalis orbis partes tradit B. Petrum discipulos amandasse, inter quos Xystum & Sinicium primos Vrbis Remensis Archiepiscopos, post longam seriem aliorum, anno 46. recenset, quo Chronologiæ nostræ Epocham figere constituimus: nullâ habitâ ratione Manuscripti Codicis, seu Legendarij à Bergerio, & alijs tantoperè laudati, quo præsertim veluti suppedaneo fulciuntur. De eo siquidem dicendum arbitror, quod aliàs dixit Hincmarus de libello, cui titulus est de ortu Beatæ Mariæ, *Nos scilicet habere eum ad lectionem, non verò ad proferendam auctoritatem.* Deinde, cùm Frodoardus prædicti Codicis non meminerit, admodùm probabile est, post ipsius obitum confectum fuisse ab Auctore, qui gestis Sanctorum, seu legendarijs texendis dabat operam, quorum gestorum, cùm apud nos, ob vetustatem, nulla restaret memoria, eisdem Sanctis Apostolicas virtutes attribuit, quò celebriores apparerent, & ab Historiarum auidis prædicta eorum gesta legerentur.

Stet igitur tanquam certum à Christi natalibus ann. 46. Imperante Tiberio, Orientem Christianæ fidei Solem in Xysto, Sinicio, & Memmio, Remos, ac circumjectas Belgarum gentes suspexisse, suscepisséque, ad cuius ineuntis crepusculum, haud parùm splendoris Timothei, & Mauri agones attulisse, posteà videbimus. Nec nos præfatæ narrationes ( deteriores Nænijs, vt loquitur Guibertus, lib. 1. cap. 3. de pignoribus Sanctorum ) commoueant, qui & cap. 1. de Actis recèns suo tempore evulgatis sic loquitur. *Sunt quamplurimæ super quibúsque Sanctis relationes, quibus potiùs eorum præconium apud infideles impiari poterat, quàm aliquatenus illustrari, vbi enim etiam quæ vera sunt, adeò pannoso, & pedestri, & vt Poëtico vtar verbo, humi serpenti eloquio proferuntur, imo inconditissimè delatrantur, vt cum minimè sint, falsissima esse creduntur.* Quæ omnia meritò detorqueri possunt in eos, qui pro veterum gestis, fictas nobis relationes venditant, qualis ea procul dubio mihi videtur, quæ Sanctorum Xysti & Sinicij acta continet, eò adhuc magis improbanda, quòd in eódem Codice habeatur vita SS. Memmij Confessoris, & Mauri Martyris eiusdem styli, & hic ibi dicatur à B. Petro directus, ille verò à Sancto Clemente.

Aliæ rationes petitæ à titulo Confessoris, vel successionis hiatu diluentur infra commodiùs cap. 15. hoc vnum addo, quod maximi ponderis videbitur ad contrariam sententiam infringendam: si SS. Xystus, & Sinicius destinati dicantur anno 306. vel 307. vt contendit Bergerius, Ambo cum successore Amantio sex annos ad summum, in Pontificatu sedisse necesse est, cùm Betausius, qui quartus inter Remenses Archiepiscopos nominatur, Concilio Arelatensi subscripserit an. 314. An verò tam breuis mora pro tribus benè cohæreat, sedatis præsertim

tim perfecutionum turbinibus, & fub Chriftiano Principe, Lectoris esto judicium.

S. XYSTVS I. ARCHIE-PISCOPVS.
An. 46.

*Succeſſionis Archiepiſcoporum iuxta Frodoardi epocham, initium, Sueſſionenſium quoque, ac Catalaunenſium Epiſcoporum in BB. Sinicio & Memmio.*

## CAPUT XIV.

Sanctus Xyſtus patriâ Romanus, à B. Petro ordinatus, cuius & ipſe diſcipulus fuit, cum ſuffraganeorum auxilio in Gallias miſſus, Belgis fidei doctrinâ illuxit à partu Virginis 46. Huic in ſocios Sinicium, & Memmium Apoſtolus ſic imperium dederat, vt, quò quémque neceſſitas vocaret, arbitratu figeret ſuo: perpenſâ igitur quarúmque vrbium præſtantiâ, Durocortum Remorum nationis Caput, colendum ipſe aſſumens, primariam ibi ſedem conſtituit. Sueſſionicam pariter fertur hic fundaſſe Eccleſiam, & eam rexiſſe aliquamdiu (credo quòd nondum diuiſæ eſſent vtriuſque vrbis diœceſes, ſed pro vno, eodémque territorio haberentur) Sanè Sueſſionum fines Remis fuiſſe attributos, docet Hirtius lib. 8. Sueſſionicæ autem Eccleſiæ in Cathedralem erectæ, coadjutorem ſuum S. Sinicium præfecit, quem poſtea in ſede Remenſi habuit ſucceſſorem. Xyſti operâ Remis ab impio ſimulacrorum cultu (hæc enim vndique feriebant oculos) ad veram religionem adductis, breui factum eſt, vt tota regio, quæ tenebris animorum hactenus obſita fuerat, ad lumen veritatis ſeſe conuerterit. Quo verò anno Xyſtus, poſt multùm laboris tenello gregi impenſum, obierit, auctores non conueniunt: habent recentia MSS in cœlos auolaſſe poſt decem annos Præſulatus an. ſcil. 56. ac ſepultum in Eccleſia poſtmodum meritis eius dicata, quæ nunc illius ac Succeſſoris nomine decoratur: de hac, vt de Xyſti reliquijs, agam c. 17.

*Cur B. Xyſtus æquè Sueſſionum, ac Remorum I. Epiſcopus.*

*S. Sinicius Auguſtæ Sueſſionum Epiſcop. poſt Xyſtum, Remis præficitur.*

Sueſſionum primaria vrbs ad ripas Axonæ, ſub Auguſto (vt creditur) condita, gentis ac Cæſaris mixtim nomen retinens, ſat ampla & celebris Xyſto viſa eſt, vt eam ſimul cum Durocorto per ſeipſum excoleret, eíque mox in ſedem Cathedralem erectæ Sinicium daret, qui itineris eiuſdem comes fuerat, ac miniſtrando Dei verbo fidelis adjutor. Ob id, & quòd Sueſſiones Remorum fratres & finitimi eſſent, ſucceſſores eius inſigni gaudent prærogatiuâ, primíque in Comitijs velut Prouinciæ Decani poſt Metropolitam ſedent, ac ferunt ſuffragium, iiſque præſunt, Remenſi ſede vacante. Sinicius igitur pro ſua ſorte hanc vrbem nactus, firmando Chriſtianis legibus populo ſedulus cooperator incubuit: at audito Xyſti deceſſu, Nepote ſuo, vt fertur, S. Diuitiano Sueſſioni à ſe Pontifice ordinato, quoniam recèns inſtituta Rem. Eccleſia lacte adhuc tenera, nec ſatis idonea erat ad onus Pontificale perferendum, Remis Archiepiſcopalem ſubijt Cathedram, vbi pro animarum ſalute fideliter elaborans, bonúm-

*Nouiodunũ Cæſaris eua Sueſſionum Metropolim fuiſſe probabile eſt.*
*Ex Cæſare lib. 2.*

*S. SINICIVS II ARCHIE-PISCOPVS. An. 56. Auctor MS codicis Sancti Nicasij Remensis.*

que certamen decertans, cum decessore, vt in cœlis, ita & in terris meruit habere consortium, vnius eiusdémque templi, tumbǽque sortitus cum B. Xysto collega sepulchrum. Præfecturam eius vnius anni circulo quidam definiunt, quòd eodem die, & mense 1. Septemb. scil. natalis dies amborum celebretur ex Martyrol. Porro viris Apostolicis non displicuisse Episcoporum translationes de vna Ciuitate in aliam, cùm animarum salus id posceret, probatur Sinicij exemplo, primísque sæculis vsurpatas fuisse constat can. Apost. 14. Concil. Nicæn. 15.

### *S. Memmius I. Catalaunensis Episcop. Xysti comminister, & suffraganeus.*

Sinicio Remis Euangelicam Christi sagenam promouente. B. Memmius Catalauni haud segniùs se gerebat, quò verbi pabulo vitæ spiritualis auidos inescaret. Vrbis huius origo & vetustas peritos hactenus latent, quòd Gentis caput antiquitùs fuisse non legatur, vt Durocortum, & aliæ vrbes apud Cæsarem: primis tamen receptę fidei sæculis eam extitisse verissimile est, cùm inter Belgicæ secundæ clariores prædicetur ab Ammiano qui sub Constantini Nepotibus vixit, Catalaunorúmque ciuitas, cum alijs Metropoli Remorum subjectis numeretur in Notitia Imperij. Hæc ad Matronam jacet, qui mediam ferè Campaniam secat & interluit, patenti gratissima solo & situ, temperatissimo aëre, felici glebâ, ac suauissimis fructibus abundans. Huic igitur, qui eam Euangelij iugo subijceret, Memmius Xysti comminister datus est, quem à Clemente missum *MS. codex S. Timothei Remensis.* quidam MSS codices, quos Albericus sequitur, referunt; At verius est ab Apostolorum Principe sacro hunc imbutum oleo, & cum Xysto & Sinicio in Gallias amandatum, quod & Martyr. Romanum tradit nonis Augusti, vbi ciuis Romanus, & claris ortus parentibus dicitur. Memmij gesta, eiusdem planè fidei, ac ea SS. Xysti & Sinicij, de quibus cap. præcedenti, mira continent, & ea quidem Viro Apostolico digna, si vera sint, præsertim de eius aduentu in Galliam comitibus Donatiano & Domitiano, de ipso Domitiano ad vitam vestis B. Petri contactu reuocato, vt Maternus Treuirensis eiusdem Apostoli baculo suscitatus traditur, de *In Perticensi pago amplâ olim fuisse ciuitate referunt Annales Catal. apud R. P. Rapine, quæ toti regioni nomé dedit, idque adhuc testari rudera quâ restant, Nullibi tamen huiusce vrbis mentio habetur.* ipsius secessu in siluam de Buzere vrbi contiguam, quòd Ciuium Idola colentium ingens obstinatio monitis aures, & sacris legibus obstrueret, de amico eiusdem regressu in vrbem, cùm Toparchæ filium aquis suffocatum vitæ vsuram reddidisset, de Perticensi pago, & Ecclesia in eo condita, cui Leodegarium quendam præfecit, de Pomæ sororis eius Româ in Galliam accessu, & alia quædam à Breuiariorum concinnatoribus auidè excerpta, ac recèns publici iuris facta, quæ licèt alicubi desiderentur, suo tamen Martyrologio digna censuit illust. Sausseyus, vbi hæc sat copisè & luculenter digessit nonis Augusti. Memmij, & miraculorum eius præclarè meminit Gregor. Turon. de gloriâ Confess. cap. 66. vbi & mortuum ad vitam reuocasse scribit, quod & Martyrol. Remense 12. Cal. Januarij pariter affirmat: sunt qui volunt 80. annos expleuisse in Pontificatu, & his elapsis, placidè, & sine cruciatu obijsse.

Ceterùm

HISTORIÆ. Lib. I. 53

Ceterùm quòd Memmius Xysti socius sedem Catalauni fixerit, & quòd ea vrbs secundo loco scribatur in Notitia Imperij, Fulbertus Carnot. Catalaunensi Episcopo secundum pariter locum ei adscribit inter Remenses suffraganeos Epist. ad Deo datum, licèt Laudunensis ei sæpius præponatur, quòd Diœcesis eius à Remensi detracta sit, vt videbimus. Quis verò in Episcopatu Memmium exceperit, an Donatianus, vt vulgata habent gesta, & communis fert traditio, vel sedes eo obeunte vacauerit ad Constantini imperium, postea dicetur.

*S. SINICIVS II. ARCHIEPISCOPVS. An. 60. Cap. 17. & 25.*

*An SS. Xystus, & Sinicius Confessores, vel Martires habendi sint.*

## CAPUT XV.

ANsam dubitandi præbuit Martyrologium Romanum à Baronio ex varijs codicibus, & membranis insigniter auctum, ac locupletatum, vbi Cal. Septemb. sic habetur. *Remis in Gallia S. Xysti discipuli B. Petri Apostoli, qui ab eo primus eiusdem Ciuitatis Episcopus consecratus, sub Nerone Martyrij coronam accepit.* A quo id hauserit Emin. Cardinalis, ex Notis ad Martyrologium haud obscurè colligitur, vbi præter Adonem, & Vsuardum, de quibus infra, Antonium Democharem citat. lib. de Sacrificio Missæ; quasi ex tabulis Ecclesiæ Remensis, Martyrij nomen Xysto & Sinicio indiderit, cùm tamen contrarium omninò ex ijs euidenter elucescat. Vt verò id factum, breuiter suggero.

Cùm ad ornatum sui operis de Sacrificio Missæ, primos cuiúsque Ciuitatis Episcopos summâ diligentiâ perquireret Demochares, ad Jacobum Bridou Remensis Ecclesiæ pœnitentiarium sibi amicissimum pro Remensibus literas mittit; hic nescius forsan, aut anceps quid rescriberet de Xysto & Sinicio, cùm Frodoardus satis obscurè loquatur de genere mortis, quod prædicti Archiepiscopi obierunt, proprio genio Martyres fecit schedulâ ad Democharem transmissâ, quam nullo examine, sed ex fide auctoris, vt sæpe fit, suis operibus intexuit. Baronius hunc secutus est in Martyrologio, tanquam rerum Gallicanarum callentissimum, cui subcripsere quotquot postmodum conficiendis Martyrologijs studium impenderunt, ob reconditam prædicti Cardinalis eruditionem, honorémque Romano Martyrologio (vt par est) ab omnibus exhibitum, quod ex incorruptis Ecclesiæ monumentis se confecisse testatur.

Primaria ratio, quæ opinionem hanc probabilem reddit, petitur ex circumstantia temporis, quo prædicti Episcopi vixisse referuntur; putant enim quotquot sub Nerone, & Domitiano claruerunt, sanguine fuisse purpuratos, Saluatoris exemplo, cuius erant Præcones Euangelij: Cùmque Diuinum Officium, quod in Ecclesia Remensi quotannis celebratur, aduersarijs non faueat, Illustrissimus Sausseyus Tullensis Episcopus in Martyrologio Gallicano, & in Apologetico libello aduersùs Archiepiscopum Lugdunensem, contendit errorem irrepsisse in Breuiarium Remense

G 3

**METROPOLIS REMENSIS**

*S. SINICIVS II. ARCHIE-PISCOPVS.*
*An. 60.*

mense reformatum, & in Litanias, vbi S. Xystus cum Sinicio inter Confessores recensetur, putátque Remenses traditionem suam ejurasse, eò quòd Galesinius, Ferrarius in Topographia, Demochares, Coluenerius, Chanutius, & Robertus cum Baronio conspirent, multúmque exaggerat Martyrologij Romani editi sub Gregorio XIII. an. 1584. auctoritatem, quasi indubitatâ fide hoc esset tenendum.

Ac nè omni destitutus fundamento videretur, textum Frodoardi c. 3. lib. 1. citat, vbi de S. Sinicio sic loquitur, *Pro animarum salute fideliter elaborans, bonúmque certamen decertans, cum Decessore, vt in cœlis, sic in terris meruit habere consortium*: quasi verò id de Martyrio sit interpretandum, & Caput sequens, vbi agitur de S. Timotheo, hunc titulum non habeat. *De primis Martyribus Vrbis Remensis*. Inde enim potiùs inferri potest, aut B. Xystus Martyr non est, aut certè Timotheum in Missione non præcessit. Addi posset pro superiori sententia, nihil officere quòd Confessoris titulo in quibusdam Martyrol. & Diuino Officio Xystus indigitetur, cùm Eusebius Vercellensis pariter Confessor nominetur à B. Ambrosio, & Gregorio Turonensi, qui tamen Martyr scribitur in Martyrologio Romano 1. Augusti, quòd mortem subjerit sub Arianis: & Felix Nolanus promiscuè Martyr & Confessor prædicetur ab Augustino lib. de cura pro mortuis agenda cap. 1. & 5.

*Lib. de gloriâ Confesso cap. 1.*

In hac lite dirimenda, cauenda inprimis æquiuocatio, quæ circa nomen Confessoris vel Martyris subinde oriri posset: ex Tertulliano enim, & ex Cypriani Epistolis patet hæc nomina passim inter se confundi, vt notat Pamelius in Scholijs ad Epist. 9. At Ecclesia in conficiendis tabulis vnum semper ab altero secreuit, quò Sanctorum memoria distinctè, ac ordinatè peragatur. Nec verisimile est Ecclesiam Remensem sic se ingratam erga Tutelares suos exhibuisse, vt Lauream Martyrij ab ijs sciens abstulerit, si à veteribus delata fuisset, eò vel maximè quòd auctor legendarij superiùs allati, fidentiùs assertam traditionem euertat his verbis. *Nec putandum est* (inquit) *coronam illis defuisse Martyrij, quoniam licèt persecutor defuerit, ipsi tamen Crucem Christi in corpore suo iugiter circumferentes, quod animo proposuerant, non segniter executi sunt.*

Quòd si Diuini Officij, Missalis, Litaniarum, vetustiorúmque inscriptionum in capsis, & imaginibus habenda sit ratio, tanta nobis horum vis suppetit, vt sine Lectoris tædio vix media pars hîc posset adferri: MSS. codices, Antiphonalia, Gradualia, id etiam apertè testantur: vnde satis mirari non possum quomodo Sap. & Illust. Tullensis Episcopus dicat Remenses Patrum traditionem reliquisse, cùm huiúsce traditionis nullum extet vestigium, nec in Missalibus, nec in Martyrologijs, quæ cùm vetustatem spirent, vt ex charactere patet inspicientibus, majoris aut saltem æqualis sunt auctoritatis cum ipsis, quæ ab illo fidenter nobis opponuntur. Sic autem habet vetus Matricis Ecclesiæ Martyrologium. *Calend. Septemb. Remis depositio Beatorum Confessorum, pariterque eiusdem Vrbis Pontificum Xysti, Sinicij,*

## HISTORIÆ. LIB. I.

*nicij, atque Niuardi.* Coenobij S. Remigij Martyrol. *Calend. Sept. Remis Natale Sanctorum Xysti, Sinicij, & Niuardi Episcoporum.* Vbi *eo Episcoporum,* sinè addito, idem sonat ac Confessorum: Collegiatæ Ecclesiæ S. Timothei Rem. admodùm vetus Martyrologium clariùs id exprimit, *Remis Depositio Sanctorum Confessorum Xysti & Sinicij*: In veteri Romano Martyrologio Xysti nomen desideratur, Martyrologium Vsuardi nihil explicat, at Adonis disertè hæc habet. *Kal. Septemb: Sanctorum Confessorum Xysti & Sinicij.* Sic Baronianum omninò primum est, vbi Martyres prædicantur, nixum solâ auctoritate Democharis vt vidimus.

S. SINICIVS II. ARCHIE-PISCOPVS. *An.* 60.

Si recens hæc opinio de Martyrio SS. Xysti, & Sinicij adeò certa est & conspicua, vt Illust. Sausseius Tull. Episc. prætendit, saltem indicare debuerat quo genere mortis affecti sint, quando, & sub quo Imperatore: *Majores enim nostri,* ait B. Cipryanus Epist. 37. *tantùm honoris pro Martyrij veneratione dederunt, vt de passionibus eorum cuncta conscripserint, quò ad nostram notitiam peruenirent.* Nec est quòd omnes Petri discipulos Martyrij gloriâ decoratos respondeat, vt Baronius supponit, sequitúrque Ecclesia Leodiensis, cùm die festo octo Episcoporum, qui Materno successerunt, Officium de pluribus Martyribus celebrat; quamuis plures ex illis absque cruciatu vitam finierint, hoc non vsque adeò certum est, & indubitatum, vt passim obseruari debeat in præjudicium traditionis per multos annos conseruatæ. Deus qui conclusit ostijs mare, posuitque vectem, & ostia nè sese vlteriùs effunderet, & progrederetur, frænare non potuit tyrannorum impetus? præsertim cùm Romæ, Antiochiæ, & alibi haud pauci reperiantur absque Martyrio decessisse, vbi acrior vigebat persecutio, vt de Pudente Senatore, Paulo Narbonensi, Martiale Lemouicensi, Memmio Catalaunensi, Eucherio Treuirensi, Mansueto Tullensi, Lazaro Massiliensi, & plerisque alijs legimus; nihil igitur impedit quominùs traditioni à Patribus relictæ adhæreamus, quæ vbíque splendet apud nos, & sese conspicuam præbet; nisi quis Xystum & Sinicium Martyres vocet Molani eruditissimi scriptoris exemplo, qui tres Archiepiscopos Treuirenses, post Maternum, Martyrij laureâ decoratos asserit, quòd sub tyrannorum persecutionibus multa pro fide Christi passi sint, quo sensu Romani pariter multos Martyres appellant. Sic Eleutherius Papa in antiquis Martyrologijs reperitur adscriptus, vtrùm verò gladio sublatus sit, incertum. Martyris enim nomen apud Patres, tribui consueuisse, non ijs tantùm qui mortem, sed etiam qui cruciamentum aliquod Christi causâ subijssent, accipimus, vt patebit Acta Sanctorum legenti apud Metaphrastem, Surium, & alios, doctéque exponit B. Hieronymus lib. 3. Comment. in Mathæ cap. 20. inquirens quo modo Joannes Apostolus calicem Martyrij biberit, qui propriâ morte vitam finiuit, ait enim hunc bibisse calicem Confessionis, quem & Tres Pueri in camino ignis biberunt, licèt Persecutor non fuderit sanguinem; si aliud nihil intendant Aduersarij non obnitimur.

*Et D. Gregori lib. 7. epist.* 29.

*Iob* 38.

*De*

*De primis Martyribus Vrbis Remensis; Et an supplicio affecti sub Nerone.*

## CAPUT XVI.

NEc sub ineuntis fidei crepusculum Remensis Ecclesia solos habuit Patres, ac Fundatores Xystum, & Sinicium, sed & Martyrum fuit consecrata sanguine, ac triumphis insigniter redimita, Nerone in Christianos persecutionem exercente. Si Gestis habenda fides, quæ integra apud nos extant, ac se vidisse in Bibliotheca vaticana tradit Baronius in Notis ad Romanum Martyrologium die 21. Augusti, quorum tale est exordium. *Sub Nerone Imperatore Lampadio præside &c.* Si item Victorino Codici, qui sic incipit, *Timotheus in Ciuitate Remorum, imperante Nerone, à Lampadio præside, cum sacrificare Idolis recusaret &c.* cui Remensis consonat his verbis, *Nerone Imperatore, Lampadius Remis persecutiones exercuit. Audiens enim Sanctum Timotheum &c.* Magnum inde sumitur argumentum aduersùs eos, qui prima contendunt cum Scuero Sulpitio in Gallijs imperante Aurelio, visa fuisse Martyria; sed & priùs à nobis relata opinio de Missionis tempore primorum Vrbis Remensis Archiepiscoporum, plurimùm roboratur: Cùm ex his habeamus Maurum presbyterum, ac plures Christianos Remis extitisse, cùm sese Timotheus ad prædicandum accingeret. Etenim planè sequitur Concionatores aliquos Timotheum præcessisse, à quibus Maurus initiari debuit, alij autem excogitari non possunt præter Xystum & Sinicium ab Apostolorum Principe vrbi Remorum destinatos sub Epocha quam cap. xiij. præfiximus.

*Sic Chronicō Diuionense refert B. Benignum in Gallias venisse sub Seuero Imperatore ann. 195. cū Andochio, Tyrso, & Audeodato S. Policarpi discipulis.*

Sunt tamen qui putant Timotheum ex Discipulis fuisse Beati Policarpi, qui Romam venit sub Aniceto ob dissidia de tempore celebrandi Paschatis, quosdam enim à se fidei doctrinâ excultos in Gallias, imò in partes Belgij ac Burgundiæ (permittente Pontifice) amandatos, probant tabulæ Ecclesiasticæ; Illis conjecturæ sunt Timothei etymon, & quòd ab Orientis partibus missus dicatur. Quòd item præses eum Dijs sacrificare, edictis Imperatorum, ac legibus Romanis obtemperare compulerit, quas sub Trajano impensiùs propositas notum est. Addunt plebis rumorem, ac supplicij locum procul ab vrbe, seditionis vitandæ gratiâ, Neronis tempus non sapere, sed posteriorum Imperatorum. Nec eos verba illa morantur à Frodoardo posita, *sub ipso Neronianæ persecutionis articulo,* (quæ in Legendarijs quibusdam, maximè Monasterij S. Theodorici propè Remos, in omnibus item ferè Martyrologijs, & apud Surium desiderantur); Solemne enim

enim fuisse dicunt apud Romanos, vt Neronis titulo tanquam infamię notâ, Principes illi inurerentur, qui exutâ omni humanitate, in Ciues immaniter defæuissent: sic Commodus Marci Aurelij filius apud Lampridium acclamatur patriæ hostis, parricida, occisor senatus, carnifex, ciuium necator, impurus gladiator, sæuior Domitiano, Nerone impurior; quin & Tacitus eo nomine ( Neronis scil. ) Domitianum perstringit, & Greg. Turonensis vnum ex Regibus Francorum primæ Dynastiæ: Vigilius quóque Papa de Justiniano apud Paulum Diaconum *Ego* ( inquit ) *ad Iustinianum Imperatorem venire desideraui, sed Diocletianum inueni.* Sic igitur Actis Martyrum Neronis nomen irrepsisse dicunt, quamuis sub alio æquè crudeli Imperatore Martyrium compleuerint.

SEDES VA-CAT.
*An.* 63.

*Acta SS. Timothei & Apoll. Bibliotheca S. Timothei sic incipiunt.* Tempore illo, agente Lampadio præside, facta est persecutio in Christianos. Lampadius præses audiens S. Timotheũ prædic. &c.

Huic tamen sententiæ haud satis præsidij inesse puto, vt ob coniecturas nihili, multorum temporum traditio infringatur, eò vel maximè quod acta in Bibliothecis adseruata optimè cum Frodoardo cohæreant, si Beati Mauri vitam excipias, vbi hic S. Petri auditor, presbyter ab eo consecratus, Timothei comes, & cum eo in Gallias missus prædicatur, cùm tamen apud Frodoardum veluti incognitus, ac de repentè è tenebris in lucem pro Neophytis baptizandis prodeat, vnde hanc, & similes relationes à quingentis annis, quò lectiones diuino officio ministrarent, confectas supra monui, ne quispiam in his incautè erret, aut hallucinetur.

Quo verò genere mortis inuictissimi Athletæ Christi Maurus, & Timotheus pro fide occubuerint, ex actis MSS breuiter à nobis iam exponendum est: Lampadius sub Nerone, vrbi Remorum Præfectus, audiens Sanctum Timotheum à partibus Orientis recèns appulsum, Christi religionem palam, & fidenter propalare, ad se statim accersitum minis primò, ac legum seueritate terrere coepit, tum blanditijs, opúmque pollicitatione callidiùs delinire, vt à proposito desisteret. Cúmque his Timotheus neutiquam moueretur, sed quâuis rupe firmior responsum, quod olim ab Ecclesiæ Principe didicerat, improbo nundinatori gratiæ incussum, rependisset. Præses irâ percitus, iussit eum tormentis cruciari, plumbatis scilicet ac virgis ( erat enim flagellum ex funiculis, cui glandes plombeæ erant impactæ ) tum calce viuâ, & aceto aspergi plagas.

*Alius, fortè idẽ, Lampadius memoratur in vita SS. Claudij, & Nicostrati à Dæmone arreptus dũ quæstioni insisteret.*

*De his Prudẽtius hymno* 10.

Eo in cruciatu Christum orante Timotheo, vnus ex cædentibus, Apollinaris nomine, vidit duos Angelos stantes ad latus, plagas illius extergentes, atque hæc dicentes audiuit. *Confortare Timothee; ad te missi sumus, vt ostendamus tibi Dominum Christum pro cuius nomine pœnas sustines, & videas quæ aguntur in cœlis, Erige caput, & vide.* Aspiciens Timotheus vidit cœlos apertos, & Jesum ad dexteram Patris coronam manu tenentem ex Lapidibus pretiosis, dicentémque, hæc, quam vides, tibi parata est in præmium certaminis. His territus Apollinaris procidit ad genua Timothei,& compunctus corde se precibus

**SEDES VA-**
**CAT.**
*An. 63.*

*De hac Ho-*
*ratius, nec*
*seuerus vn-*
*cus abest, li-*
*quidúmque*
*plumbum.*

bus eius commendat, aítque pro Christo se quælibet tormenta libentissimè subiturum, cuius fulgorem viderat dum ei loqueretur è cœlo.

Præses confusus ad hæc verba, sisti iubet Apollinarem, & in os eius plumbum bulliens inijci ( erat enim pœna liquentis plumbi frequens apud Romanos ) cui cum infunderetur factum est frigidum tanquam glacies, hoc miraculo ex adstantibus plures sacræ militiæ nomen dederunt, quos statim nè tumultus oriretur, aut Credentium multitudo sensim cresceret, in vincula conjecit, plebe interim de Præfecti injustitia, & Tyrannide grauiter & palam conquerente.

Ipsâ autem nocte adueniens quidam presbyter nomine Maurus, cui deserti gregis post Sinicium, forsan, cura relicta, multitudinem Credentium vndâ tinxit baptismatis in nomine Christi, vidítque Apollinaris, dum baptizaretur, cœlos apertos & Angelum dicentem *Beatus es Apollinaris qui credidisti, & beati omnes qui tincti sunt in aqua, in qua es purificatus*. Illucescente die Lampadius generosos milites Christi adduci curat ante tribunal, & velut de stultitiâ correptos, quod insano homini, & Crucifixo crederent, constantésque in fide repertos, vltimâ sententiâ morti adjudicat. Sícque extra Ciuitatem ducti numero quinquaginta, capite plectuntur vndecimo Calend. Septembris, de his Martyrol. Remense eodem die hæc habet, *Remis passio S. Mauri presbyteri, & cum eo quinquaginta Martyrum, & aliorum plurimorum Sanctorum Martyrum*. Maurus enim pro Christo pariter cæsus capite, ipsorum meruit consortio renitere, Frod. c. 4.

*In MS codi-*
*ce S. Theo-*
*dorici legi-*
*tur, statim-*
*que jaculum*
*igneū de cœ-*
*lo, videnti-*
*bus nobis,*
*veniens in-*
*gressum est*
*in humero*
*eius, quasi*
*Auctor MS*
*supplicio*
*præsens fue-*
*rit.*

Postridie nihilo placatior redditus Præses, sed acriori adhuc irâ tumescens, Timotheum & Apollinarem coram adesse iussit, quos velut hominum infelicissimos grauiter increpat, minatúrque atrociora iam iam experturos, nisi Deos colant qui dudum Imperatoribus fuerant venerationi. Renuentibus illis, & Præsidem ( si pertinaciùs insisteret ) percutiendum vlcere pessimo à Supremo Numine è contra minitantibus, ille nè hâc audaciâ ( vt sibi videbatur ) Christi religio magis ac magis inualesceret, vtrósque gladio percutiendos pronunciauit. Illi ergo cum magna fiducia perducti sunt extra Ciuitatem, viâ quæ appellatur Cæsarea, in locum qui Buxitus dicitur, ibíque vltimo sunt supplicio affecti, & ab Angelis coronati die decimo Calend. Septemb. statímque, vt Sancti prædixerant, jecur Lampadij Præsidis ignito jaculo transfixum est, pœnásque Dæmonio arreptus, suæ crudelitatis miser exoluit.

Hæc passim MSS codices, quibus eo magis sidendum, quod plures è varijs Bibliothecis inter se collati omnimodè conueniant, hísque consentiat Albericus qui Remis ann. 62. Timotheum, & Apollinarem Martyrizatos scribit in Chronico, & sic forsan sede vacante post Sinicij obitum. Quidam addunt Lampadium bestijs, & auibus corpora Sanctorum discerpenda destinasse, nè eis debitus honor à Christianis redderetur, sed diligenter ab ijsdem nono Calend. Septemb. collecta sunt,

sunt, quibus vir spectabilis Eusebius Basilicæ instar extruxit tumulum, de quo, vt de primis Christianorum cœmeterijs, obiter paulò post agemus.

*S. AMANT.*
*III. ARCH.*
*An. 70.*

### S. Amantius 3. Remorum Archiepiscopus.

## CAPUT XVII.

Sanctus Amantius tertius à Frodoardo ponitur, ex Gestis quæ ampliùs non extant. Quibus verò hîc fulserit dotibus, quod incrementum sub eo Remensis susceperit Ecclesia, an palam, & liberè Pontifex, & vtrùm in cryptis ob sæuientes Præfectos toto vitæ cursu delituerit, ignoratur. *Primos enim Ecclesiarum Patres* ( vt ait Baldericus in Chronico Cameracensi ) *quædam vetustatis obscuritas à nostra seclusit memoria*, adeò vt cum Boëtio exclamare liceat, *Heu quàm multos clarissimos suis temporibus Viros, scriptorum inopiâ deleuit obliuio,* Apostolicos dixerim, de quibus acriter hoc æuo controuertitur; Quamuis igitur de Amantio vix certi aliquid scribi possit, Arbitror tamen, si verum sit post Sinicij obitum, & sede vacante, Beatum Timotheum ab Oriente Catechizandi gratiâ Remos veniisse, hunc non excessisse ante annum 90. cùm in actis prædicti Martyris & sociorum, nullius Antistitis mentio habeatur. Jacet Amantius in Ecclesia SS. Xysti, & Sinicij ex prolixiori Testamento Sancti Remigij, post eum sedes vacat vsque ad Constantini tempora.

*Alij vt Colben. & Demochares Amansium scribunt.*

*Lib.2.p.7.*

---

### De Diuitiano quem Sinicius Remensis Augustæ Suessionum præfecit.

Diuitianus, qui Suessionicam inijt Cathedram statim ac B. Sinicius Metropolim Remorum regendam suscepit, Amantij Archiepiscopi tempore floruit. Vir planè Apostolicus, Sinicio per omnia similis, à quo & ordinatus est; & successor adscitus ob egregios mores, & affinitatem: nepos enim illius fuisse fertur ex Frodoardo, at vnde id hauserit, mihi est incompertum. Arbitror ex actis quæ latent, aut penitus exciderunt. Martyrologium Remense ( vbi cuncta strictim referuntur ) nudum Diuitiani nomen habet, breui ornatum præconio, his verbis, *quinto Calend. Nouemb. Depositio Sancti Diuitiani Episcopi & Confessoris.* Depositio autem ea est qua homo vinculis carnalibus absolutus liber iturus ad cœlum terrenum corpus deponit, ex Sancto Ambrosio Sermone de depositione Sancti Eusebij. Sic tanti Præsulis cursum in Pontificatu, genus mortis, & annum, gestorúmque eius memoriam tempus edax obliterauit.

*De alijs Doctrinæ Euangelicæ Præconibus in Prouincia Remensi.*

PEr Belgij tractum, cis, & trans Axonam, Euangelicâ tubâ personante, Beatus Lucianus ab Apostolorum Principe tinctus & vnctus, vt fert traditio, excolendis Bellouacensibus dabat operam, habuítque Comites ac sui itineris & laboris socios Dionysium Parisiensem, & Regulum Siluanectensem. Si vera sunt quæ de his passim referuntur, Lucianus à Clemente missus est eo tempore, quò Amantius Remis ad inserenda fidelium animis Christianæ Doctrinæ rudimenta laborabat: à Juliano Præfecto vocatus vt sui instituti rationem redderet, infracto stetit animo, nec à prædicando verbo diuino destitit, donec Præsidis decreto capite minuitur, quod repentè collectum, ac manibus gestans, aliquamdiu hæsit, tyranno maior, & morti imperans, imò per aliquod spatium eo statu progressus est, vt non discreparet miraculo, qui par erat Dionysio. Obitum eius quidam assignant sub Trajano, at Acta eiusdem ab Eudone Beluacensi ante septingentos annos collecta, habent agonem Martyrij compleuisse sub Domitiano. De eo Martyrol. Vsuardi. *Sexto idus Januarij Beluaci Sanctorum Martyrum Luciani presbyteri, Maximiani* (Remense Martyr. habet Maxiani, Bellouacense Messiani) *& Juliani, quorum duo vltimi à persecutoribus gladio perempti sunt, Beatus verò Lucianus, qui cum Sancto Dionysio in Galliam venerat, post nimiam cædem, cum Christi nomen viuâ voce confiteri non timuisset, priorem sententiam & ipse excepit.* Hunc ab alio Luciano, Diocletiani tempore in Belgium misso, distinguendum esse, postea dicemus.

Præter Lucianum, Maxianum, & alios persecutionis turbine decussos, tam Beluaci, quæ Ethnicis Præfectis hospitium præbuit, quàm Parisijs, vbi Dionysius Martyrio sublatus est, insignis quidam Christi Confessor, Beatus nomine, Lauduni, tunc Remensis Diœcesis, in crypta latitabat, cuius adhuc (vt dicitur) aliquod restat vestigium, vbi sanctæ conuersationis redolens fragrantiâ, quosdam secretò ad fidei nostræ viridarium traxit. De eo Laudun. codex MS, ac Breuiarium lect. 5. & 6. sic loquitur. *Cum initio nascentis Ecclesiæ firmitas fidei, plantationísque nouella exurgeret, & per Beatissimorum Apostolorum Petri & Pauli prædicationem Romani Imperij ferocissima colla benignissimo Christi iugo substernerentur, armati Christo, & lumine scientiæ renitentes, ex inclyta Romanorum progenie viri ad erogandum talentum à B. Petro huc illúcque directi sunt. Inter quos etiam religiosissimus sacerdotali dignitate præclarus vir nomine Beatus sponte suâ progrediens velut inops progrediendo Laudunum diuertit, porro venerabilis Pater secretius vt delitesceret, superno ductu cryptam ingressus est &c.* Festi eius Martyrol. Laudun.

Laudun. indicat diem his verbis 7. *idus Maij Laudunò Clauato Depositio* S. AMANT. *Beati Confessoris.* De altero eiusdem nominis idem refert Baronius in III. ARCH. Martyr. 9. Maij, in Castro Vindocino, quod multi Vindocinum *An.* 90. Galliæ in Dioecesi Carnutensi interpretantur, quamuis non desint qui aliter sentiant & velint vt oppidum illud non Galliæ sed Germaniæ sit, nomine Vindische, ad Areolæ fluuij ripam sinistram, dictum Vindonissa apud Tacitum, distinctum ab eo cuius meminit Frodoard. in Chronicis ad ann. 941. & in historia lib. 4. cap. 24.

De Siluanecto, veteris olim Dominij Remorum in Celtica, quòd *Siluanectū.* fidei lucem per id tempus receperit multi asserunt. Potuit enim illuc diuini verbi radius penetrasse per Xysti, vel Sociorum prædicationes, aut certè Dionysij Parisiensis curâ ob vicinitatem. Sicut enim Morinis, quòd Secundæ Lugdunensi proximi essent, Victricius Rotomagensis iuit suppetias, cùm diuini luminis iubar ab his defecisset, sic pariter Siluanecto Dionysius Parisiensis prouidere potuit per Regulum sui itineris Comitem, vt creditur, & Discipulum, quem primum Episcopum ea vrbs agnoscit, famáque tenet in ea primo sæculo Episcopalem constituisse Cathedram, quamuis quidam aduentum eius remittant ad Diocletiani tempora ex quibusdam Lectionarijs, sociéntque eum cum Quintino, Valerio, & alijs de quibus cap. xx. Reguli meminit Martyrol. Remense 3. *Calend. Aprilis apud Castrum Siluanectum, Depositio Sancti Reguli Episcopi, & Confessoris.* Castri nomen hîc, (quo etiam Vsuardus vtitur) strictè sumi non debet pro loco vbi in campis Miles stabat, sed pro Opido potiùs Castrorum militarium ritu, vallo & fossis clauso vt mediæ ætatis auctores vsurpant post Ammianum.

Alijs vrbibus Metropoli Remorum subjectis, ijs præsertim, quæ vltra Suminam sitæ sunt, tardiùs fidei splendor illuxit; vel quòd nullæ forsan tunc essent (tractus enim ille Flandro-Belgicus sub Romanis incultior, sylluis, & paludibus plerúmque inuius erat) aut vix in eas deductæ essent Coloniæ: (hæ siquidem ex castris, seu statiuis, vbi Romani excubabant, & ex domibus circum erectis sensim coaluerunt) vel certè quod incolæ agrestes, inconditi moribus, & accessu difficiles viderentur. Vnde fit, vt quamuis Xysti, Luciani, & aliquot aliorum laboribus his quiddam lucis impertitum sit, illud barbarie quâ infuscabantur mox euanuit: dilatáque est ob id horum certa conuersio vsque ad Imperium Diocletiani, cum Apostolicorum virorum cuneus, duce Quintino, in Belgium concessit, adeò vt quæ de Firmo Ambia- *Ambianū.* nensi leguntur, quasi sub finem secundi, aut initium tertij sæculi sedem Episcopalem Samarobriuæ fixerit, incerto prorsus nituntur fundamento, cum in Gestis ipsius apud nos seruatis, & quæ sic incipiunt: *Temporibus priscis, quibus Christiana fides illustrante gratiâ per diuersa Orbis climata florere cœpit &c.* à B. Honesto Sancti Saturnini Discipu- *Ex Biblio-* lo ad fidem conuersus dicatur, Beatus verò Saturninus finem viuen- *thec. Re-* di fecerit anno 254. Mitto quæ de Siagrio (alij Sagericum vocant) *mensi.*

quidam

**S. AMANT.**
**III ARCH.**
*An. 90.*
*Cameraċū.*

quidam ex Epitome Chronicarum Nurimbergæ compilatarum ann. 1493. referunt, vbi ab Euaristo Papa, qui sedere cœpit ann. 112. vrbi Cameracensi directus traditur, cum veteribus æquè hic incognitus sit, ac Candidus ille Remensis Archiep. quem ex prædictis Chronicis auidè Nuperus quidam auctor arripit, quò è ruderibus hinc inde collectis Historiæ Remensis hiatum vtcumque repleat. Quare cum nec Remis, quæ totius Prouinciæ Metropolis est, nec Augustæ Suessionum, nec Bellouaci, nec certè Catalauni secundo sæculo vlli Rectores legantur præfuisse (nam de Donatiano & Domitiano an reuera Memmio statim successerint, scrupulum mouet Baronius in Notis ad Martyrol. 7. & 9. Augusti, fatendum necessariò est tot turbinibus per id temporis concussam Gallicanam Ecclesiam, vt in ea celebriores Episcopatus vacauerint, quod an ita sit curiosiùs est perquirendum.

*De Interpontificio in Ecclesia Remensi post Amantij obitum, & an veris, & Historicis nitatur rationibus.*

## CAPUT XVIII.

*Nonnunquā Ecclesia tantis Gentiliū pressuris afflicta, & fœdata est, vt si fieri potest, Redemptor eam ad tempus deseruisse videatur. Beda lib. 2. cap. 28. in c. 6. Marci.*

POst Amantij Præsulis excessum, quamdiu Remensis Ecclesia digno Rectore vacua resederit, haud facilè panditur: frequentibus siquidem persecutionum concussa flabris, ac fœdata, (cruore sub Æthnicis Principibus stagnante Galliâ) caput vix attollere poterat, nedum libertatis aliquod signum edere, adeò vt post præmissos nostræ fidei Patres, nullus apud nos, (imò nec in tota Belgica) certò reperiatur infulis redimitus ad Imperium vsque Constantini. Ita Frodoardus libro 1. capite 5. quod an consultè, ac veraciter dictum ab eo, aut temporis edacitate ab Ecclesiasticis potiùs tabulis horum nomina penitùs exciderint, meritò quis dubitare posset: tot enim annorum hiatus quorumdam sic perstringit animos, vt satiùs esse ducant Episcoporum Gallicanorum Epochen (similem enim Ecclypsim ferè omnes Ecclesiæ patiuntur) sub Decio, vel Diocletiano figere, quàm vetustatis studio origines adeò interpolatas, & intercisas fateri, quæ solâ, nec satis firmâ, aut certè priuatâ fulciuntur traditione: Præsertim cùm Patriarchalium Ecclesiarum continuata series ab Eusebio, aliisque historicis exquisitè proferatur, vbi longè grauior, quàm in Gallia tempestas desæuijt. Tyrannorum quidem minis vltro concedunt viduari potuisse sedes Episcopales, at non per integra duo sæcula; putant enim sedatâ tempestate Seniores è Clero,ijs consulere confestim debuisse, nè inter æstuantes infesti maris vndas religio veluti nauis absque remige diutiùs fluctuaret.

Et hæc appositè quidem satis ab illis proferuntur, at si Remensis
Ecclesiæ

Ecclesiæ statum ( vt alias omittam ) post primorum Martyrum Timothei & Apollinaris, aliorúmque è populo carnificinam, de quo capite sequenti, attentiùs expenderint, hoc illis vsquequaque inauditum non videbitur: imò facilè agnoscent rationes quæ à Prælatorum electione per continuam successionem petuntur minimi esse momenti, licet succedanea posteritas perinde à prima origine pendeat ac ramus à trunco, aut riuus à scaturigine. Etenim cum electio, genuina Pastorum matrix, libertatem in Eligentibus supponat, si hæc opprimatur Præfectorum tyrannide, frequenti Cæsarum per Remos transitu, bellis intestinis, aut tumultibus populorum, quid mirum si Pontificiæ sedes tamdiu orbitate languescant.

*INTERPONTIFICIVM. An. 100.*

*Vide cap. 8. vbi de vijs publicis.*

Jam verò quantùm terroris innata Neronis sæuitia per orbem incusserit, grauiter, & strictim ex vitis Cæsarum refert Tertullianus in Apologetico. *Orientem* (inquit) *fidem primus Romæ Nero cruentauit* ( post exhibitæ scil. mansuetudinis aliquot annos ) *totus sub hoc monstro mundus ingemuit, per omnes Prouincias rabies eius exarsit, in immensum grassata est.* Et licet, eo extincto, remissior visa sit ob frequentes Principum mutationes, statim Imperante Domitiano recruduit, quem Neronianæ sæuitiæ hæredem nominat Eusebius. Hunc, post Neruam, excepit Trajanus, qui peregrinas religiones, & sodalitia Edicto vetuit, quo amplissima Præsidibus data facultas Christianis pœnas infligendi. Hoc enim B. Clemens, veluti Christianorum supremus Rector, pulsus in exilium, ac paulò pòst morti addictus est à Præfecto Aufidiano. Hoc motus populares per Prouincias excitati. Hoc pariter Episcopi complures ad marmora, & ad bestias condemnati. Vnde fit, vt relictis Ouibus, in syluas, & deserta multi confugerint.

*An. 66.*

*86.*

*100.*

Notum Plinij 2. ( cui post Consulatum tributa fuerat Bithynia administranda ) ad Trajanum rescriptum, & Trajani ad eundem, quod iure redarguit ac sugillat Tertullianus in Apolog. Nota Hadriani successoris ad superstitionem propensio, & odium in Christianos: sub eo ad Catecumbas Alexander Papa legitur concessisse ex Actis Faustini & Iouitæ Martyrum. jussu ipsius Saluius quidam Iulianus compegit edictum, quo statutum est debere omnes Ciuitates sequi leges Romanæ vrbis, cuius occasione Christiani passim exagitati, quod ipsorum institutis aduersarentur: de ijs appositè Tertull. in Apolog. *Quales ergo truces leges istæ, quas aduersus nos exercent iniusti, turpes, dementes, vani, quas Trajanus ex parte frustratus est, vetando inquiri Christianos, quas nullus Hadrianus, nullus Verus impressit.* Per turpes hos, ac iniustos intelligens Lampadium, Fecenninum, Valerianum, & alios perfidiæ, & feritatis Ministros, quorum nequitia insontium sanguine fora stagnabant. Antoninus eo quidem mitior fuit, at si nil ab ipso crudele tentatum, saltem ipsius conniuentia illustriores è Clero Xystus, Telesphorus Alexander, aliíque complures in Italia, & Gallia præfectorum gladio perierunt.

*120.*

*133.*

*154.*

Vasseburgus

INTERPON-
TIFICIVM.
*An.* 100.

Vaſſeburgus de Gallicanæ Eccleſiæ calamitatibus diſſerens in vita S. Saluiani, refert nemine Epiſcopale onus ſuſcipiente, ob perſecutionem, Antiſſioderenſes Clericos ad Xyſtum I. pro Epiſcopo obtinendo miſiſſe, qui ad eos inſignem pietate virum nomine Peregrinum deſtinauit. Addit præterea Eccleſias Metenſem, & Virdunenſem recreatas per id tempus aduentu B. Patientis Joannis Euangeliſtæ diſcipuli, poſt multos Orbitatis annos. Imperante verò Lucio Commodo, cum de Romanorum iugo excutiendo Galli cogitarent, Ducibus Godefrido Tungienſi & Werico Treuirenſi, quorum copiæ majorem Belgij partem occupabant, tantam per vrbes increbuiſſe miſeriam, vt incolis penitùs deſertæ permanſerint.

163.

Quid dicam de Marco Aurelio? nónne priuatis ad Proconſules datis reſcriptis, Chriſtianos iuſſit aut Dijs ſacrificare iuxta leges Romanas, aut varijs exagitari ſuplicijs? patet id ex ſynceriſſimis Martyrum Viennenſium, & Lugdunenſium actis quæ recitat Euſebius: ex actis item SS. Martyrum Victoris, & Coronæ, ſed & temerario populorum impetu, in quibuſdam prouincijs, acerbam perſecutionis procellam per ſingulas vrbes inualuiſſe ſub eodem Marco, idem auctor teſtatur. Eadem acriùs exarſit inſtante bello Marcomannico, cum Imperator accitis vndíque ſacerdotibus Romam omni genere luſtrauit. Tunc ſpectatiſſimi inter Chriſtianos ad necem quæſiti, ac præter Martyres Athanacenſes in Gallia, Tergemini fratres paſſi ſunt apud Lingonas, apud Cabillonem Marcellus, & Valerianus, & alijs locis permulti alij.

183.

Quod autem Seuerus Sulpitius de hac perſecutione, quam quintam nominat, breuiter agens, tùm primùm in Gallijs dicat viſos fuiſſe Martyres, vnde quis ſuſpicari poſſet, beatum quóque Timotheum Remis ſub Marco occubuiſſe, vt opinantur quidam, Manifeſtiſſimi erroris poterit argui ex tabulis Eccleſiaſticis, quibus palam ſit complures longè antè, cis Alpes, conſecutos Martyrium. Commodus hæreditarij Imperij, poſt Aurelium ſolus adminiſtrator, licèt negotium Chriſtianis nullum faceſſiſſe legatur, ſed ipſius procacitas in Senatores & Magiſtratus fuerit debacchata, à Gentilibus tamen ob Religionem inuiſi, & calumnijs impetiti, Seueri paulò pòſt Imperatoris ſæuitiam non effugerunt. A Præfectis ſiquidem innoxij, & inauditi crucibus impoſiti ſunt, vel beſtijs, aut igni viui obiecti, vel ad metalla damnati. Habet Euſebius quintâ hâc perſecutione Chriſtianos adeò fuiſſe perturbatos, vt iam omnes exiſtimarent Antichriſti aduentum appropinquaſſe, ac proinde mundi interitum breui adfore: hanc vt declinaret B. Zacharias, S. Irenæi ſucceſſor, ſepulchro ſe abdidit per multos dies, vbi à beato Benigno Lugduno tranſeunte anno 195. repertus dicitur ex Chronico Diuionenſi fol. 355.

195.

Neminem latet, qui Gregorium Turone. Legerit lib.1.cap.32.quantâ acerbitate ſub Gallieno Aug. Rex Alamannorum Chrocus commoto
exercitu

exercitu Gallias peruagarit, cunctásque ædes à Renatis piè erectas
solo æquarit, & vt Sanctum Priuatum Gabalitanæ vrbis Episcopum
in crypta Memmatensis montis latitantem, aliósque alibi metu conclusos excarnificarit, donec apud Arelatum comprehensus meritas
pœnas luit. Hæc nempè lugubris Gallicanorum Præsulum sors fuit
sub Ethnicis Principibus! certò quidam asserunt immani hac vastatione aliquot vlterioris Belgij vrbes direptas fuisse, Bauacúmque à recentioribus Belgis magnificè celebratam penitus euersam.

 Ac nè quis putet Ecclesiam respirasse ijs interuallis, quæ leguntur inter
duas persecutiones, & sic interim à Clero Episcopos potuisse eligi, quò
animabus prouiderent; Seuerus Sulpitius docet Maximinum, qui
inter sextam & septimam imperauit, persequendis præsertim Episcopis intendisse, *Interjectis deinde annis viij. & xxx. pax Christianis fuit,
nisi quod medio tempore Maximinus Ecclesiarum Clericos vexauit*. Eusebius quóque auctor est prædictum Imperatorem, propter odium
quo flagrabrat in familiam Alexandri prædecessoris, in qua plures
erant Christiani, iussisse solos Ecclesiarum præsides, tanquam doctrinæ Euangelicæ præcones trucidari. Ruffinus idem refert cap. 19.
lib. 6. legitúrque sub Alexandro August. cùm Valerianus, Cæciliæ
consilio & hortatu, vndis Baptismalibus lustrari percuperet, Vrbanum Pontificem in cryptis Martyrum delitescentem reperisse, & tamen prædicti Principis Imperium pacatius prædicatur omnibus alijs
quæ fuerunt à Nerone. Tandem Beatus Cipryanus tradit epist. 82.
Valerianum Senatui mandasse, vt Episcopos, Diaconos, ac Senatores
exagitaret, qui Christianæ legis conuincerentur: idem Præfectis Prouinciarum sedulò imperatum, vt subuersis, vesanâ hâc calliditate, Catholicæ Ecclesiæ columnis, ædificium penitùs corrueret. *Huic persecutioni* ( inquit ) *quotidie insistunt in vrbe, vt si qui oblati fuerint animaduertantur*, ea nimirum immanitate quam Sanctus Leo luculenter sic describit Sermone in Natali B. Laurentij, *Cum furor Gentilium potestatum in electissima quæque Christi membra sauiret, & eos
præcipuè qui ordinis erant Sacerdotalis impeteret, in Leuitam Laurentium.... impius persecutor efferbuit &c*. His accedit haud leuis conjectura Galliarum Præfectos vrgendis Imperatorum edictis pertinaciter incubuisse, cùm nulli Episcoporum conuentus, nulla Synodus,
( si Lugdunensem excipias sub Irenæo ) nullæ constitutiones per ea
tempora legantur, Romæ verò, vel in Affrica omnino non defuerint,
quod indicium est raros admodùm fuisse Episcopos, & forsan nullos
in Belgio ob persecutiones.

 Nec tam longum Interpontificium nouum alicui, aut inauditum in
Ecclesijs censeri debet. Etenim si Gregorius Turonensis primo, & vltimo historiarum libro, Turonensem Ecclesiam post S. Gatianum, per
annos triginta septem sine Pontifice ingemuisse tradit, obluctantibus
nostræ fidei hostibus; si sæuiente Decio in Christianos, & Fabio Pontifice

**INTERPON-TIFICIVM.**
*An. 280.*

tifice abſumpto, annum integrum ſedes Romana vacauit, tametſi tanti erat de ſupremo Chriſtiani populi Principe conſtituendo prouideri; ſi Francorum, Vandalorum, & Hunnorum incurſionibus aliquot Epiſcopatus orbati manſerunt in prouincia Remenſi, (vt poſt Diogenem vacauit centum annos ſedes Cameracenſis) & in Germania, quos B. Remigius, Barbaris expulſis, aut ad fidem conuerſis, reſtituit; ſi Britannicæ Eccleſiæ per Anglorum irruptionem annorum facilè 150. interruptionem agnoſcunt! ſi denique regnantibus Chriſtianiſſimis Regibus ius Metropolicum ceſſauit in Gallia per ſexaginta & ampliùs annos ante Pipini tempora ex Bonifacij Epiſtolis ad Zachariam I. cui mirum videri poterit, naſcente adhuc Eccleſiâ, tot interregna ſpiritualia in pleriſque Ciuitatibus reperiri? procellâ adhuc perſecutionum detonante, & fulminante in Chriſtianos. Hi tamen ob id Paſtorum ope non ſunt deſtituti à Sacerdotibus, qui Eccleſiæ politiam conſeruabant (vt par eſt credere) ſed Senex aliquis pietate, ac doctrinâ præſtans de illis curam agebat, tanquam Oeconomus, & Pater ſpiritualis, licet characteris Epiſcopalis expers, & ſic inter Epiſcopos non numeretur. Hoc factitatum in Eccleſia Virdunenſi, referente Vaſſeburgo, legimus, vbi quidam dictus Arator, proprium enim nomen excidit, Fidelium mentes, vt egregius cultor, diuinarum ſcripturarum vomere ſulcabat, quod Remis pariter & alibi obſeruatum fuiſſe non ambigimus à S. Amantio, vbi Interpontificum incipit, ad Betauſium vſque, qui quartus numeratur à Frodoardo Remenſis Eccleſiæ Archiepiſcopus.

---

*Quòd procul ab Vrbibus Chriſtiani primùm ſuos Conuentus egerint, de Cœmeterijs eorúmdem, & quo numero habendæ SS. Xyſti, & Timothei Baſilica.*

## CAPUT XIX.

EX his quæ Frodoardus retulit ſub finem 3. & 4. capitis de Baſilicis Sanctorum Xyſti, & Synicij, Martyrúmque Timothei, & Apollinaris, palàm fit Remis aliquot Eccleſias primis ſæculis extitiſſe, quibus Sacri Conuentus fierent, ac Fidelium corpora ſepelirentur: quod vt clariùs adhuc pateat, de veteribus Baſilicis, Cœmeteriorúmque vſu nonnihil diſſerendum eſt.

Eccleſiæ nomen ab ipſis fidei cunabulis variè vſurpatum conſtat ex Canonicis ſcriptoribus, qui Chriſti Euangelium græco idiomate prodiderunt: vel enim hoc nomine Fidelium cœtus, qui per orbem vniuerſum, per Prouincias, & pagos ſparſi ſunt intelligitur, vt frequentiùs apud D. Paulum ad Corinthios 1. cap. 16. indicátque Martyr Ignatius

Ignatius Epistola 6. ad Magnesianos, vbi & Syriæ, Antiochiæ, *INTERPON-*
Smyrnæ, & Ephesiæ Ecclesiarum meminit : vel materialis locus in *TIFICIVM.*
quem Fideles ad Synaxim conueniebant, & cui Ecclesiæ nomen ob *An.280.*
id inditum est metonimicè. Ecclesias vltimâ hac significatione, erectas fuisse apud nos probant non modò principum Ethnicorum Edi-
cta de Ecclesijs Catholicorum solo æquandis, de quibus disserit Eu- *Lib. 8. c. 2.*
sebius; sed vsus ipse, in quem potissimùm erant destinatæ, id planè
conuincit. Et quidem cùm pauci admodùm essent Fideles, primíque
Ciuitatum Episcopi vt aduentitij haberentur, Ecclesias palam, ac
primitùs erigere non licuit, sed priuatæ domus, aut ampliora co-
rum membra, quæ cœnacula dicebantur ( vt Lucas tradit ) horum mi- *Actor 2.*
nisterio cesserunt, patétque id ex Actis Pudentis Senatoris Petri Dis- *Baronius ad*
cipuli, cuius domus in Titulum, seu Ecclesiam Pastoris nomine pro *an. 44.*
Sacris celebrandis, ipso consentiente, mutata est; Gregor. quóque
Turon. lib. 1. cap. 30. de Discipulis Pauli, & Martialis Biturigas
ingressis, ac Christum prædicantibus, verba faciens, refert eos par-
uam adhuc ædificandi facultatem habentes, Ciuis cuiusdam domum,
de qua Ecclesiam facerent, postulasse.

Vtcúmque harum potiundi sese occasio obtulerit: tradunt Historiæ Fideles ab exordio conuentus suos egisse in suburbijs, saltem procul à mœnibus Vrbium, vel quòd primi, quos Deus suâ gratiâ ad
se traxit, vilis essent conditionis ( vt Gregorius ipse fatetur ) vel
quòd in vrbibus Sodalitia fieri vetitum esset Imperatorum edictis,
aut denegata facultas publicè nouam religionem profitendi. Philo.
apud Eusebium lib. 1. hist. refert primos Christianos, quibúsvis vitæ curis depositis, extra vrbium mœnia progressos in locis solitarijs, & hortis à conspectu populi remotis domicilia collocasse; Idem
quóque Metaphrastes in vita B. Eugeniæ; tradit enim eam cum Eunu-
chis Protho & Hiacintho per vrbis Romæ suburbia transeuntem psal-
lentes Christianos audiuisse. *Omnes Dij gentium Dæmonia, Deus autem cœlos fecit:* id pariter obseruatum in Gallia docet Auctor vitæ
MS Sancti Juliani Cenomanensis Episcopi, Vaseburgus quóque in
historia Virdunensi, & Frodoard. noster agens de Ecclesijs SS. Xysti,
& Timothei, quæ in Remensi suburbio multos annos steterunt, nunc
verò intra vrbis pomœrium inclusæ, Clericis ibidem diuino cultui
mancipatùs præbent stipendium.

Hæ præterea Fidelium vsui pro sepeliendis corporibus cesserunt,
nè promiscuè cum Infidelium cadaueribus ponerentur, dictæ ob id
Cœmeteria, de quorum Etymo consulat Baronium qui volet: Nota
sunt Romæ Cœmeteria Callisti, Callepodij, & aliorum, ex loci etiam
natura nomine comparato plerúmque distincta, vt & Remis Cœmeteria Agricolæ, Christophori, Dionysij. Alicubi, vrgente persecutione, in locis subterraneis seu cryptis corpora sepulturæ tradebant,
quales apud nos extitisse suspicor ex verbis sequentibus prolixioris

I 2         testamenti

INTERPON-　teſtamenti B. Remigij, *Eccleſiæ, quam in honore omnium Martyrum*
TIFICIVM.
*An.* 280.　*ſupra cryptam Remorum ædificaui, ſolidos duos,* licèt ampliùs de ea nul-
*Perſecutio-*　lum ſuperſit veſtigium. At ſæpius vel intra loci, ſeu Eccleſiæ ambi-
*nis tempore*　tum, ſi inſigniores è Clero eſſent & populo, aut Martyrio decorati,
*adeo ſollici-*　vel circum vndique Eccleſiam eorumdem, in loculis excauatis con-
*tos fuiſſe*
*Chriſtianos*　debantur corpora, quorum haud ita pridem ſat magnus numerus
*legimus Sy-*　Remis repertus eſt iuxta Eccleſias SS. Xyſti, & Timothei, vel in
*naxes agere,*　locis contiguis de quibus cap. xvij.; totum enim illud ſpatium ad
*ſeu etiam(vt*
*habent acta*　multa ſtadia infernè cretaceum eſt. In his porro locis non modò ſuo-
*Martyrum)*　rum corpora Chriſtiani tumulabant, ſed & perſecutionis tempore de-
*Dominicum*　liteſcentes, verbo vitæ, cibóque Euchariſtico paſcebantur ex Actis S.
*celebrare,*
*hoc eſt in-*　Stephani Papæ id nominis primi, hinc illud in more poſitum erat, vt
*cruentũ ſa-*　cùm Imperatores Chriſtianis negotium faceſſere vellent, edictis publi-
*crificium,vt*
*nefas puta-*　cis à prædictis cœmeterijs eos arcerent, *Area non ſint* ſucclamant
*rent illud*　Affricani Gentiles apud Tertullianum, hoc eſt, Cœmeria claudantur.
*quacumque*
*de cauſa o-*　　Pace Eccleſijs redditâ lucrum putarunt Chriſtiani, etiam magni
*mittere.*　nominis, ſi iuxta Sanctorum ſepulchra in veteribus Cœmeterijs extra
*Ex Iſidoro l.*　vrbes conderentur; Neque enim tunc legibus Romanis permiſſum erat
*15.cap.*2.　intra vrbium mœnia ſepelire, niſi forſan quis clanculum Parentis cadauer in proprijs ædibus ſepeliendum occultaret. Vnde per multos
annos Cœmeteria pro foribus ſtabant Ciuitatum vt notat S. Chri-
ſoſtom. ſermone de fide & legibus, meminítque Hieronymus Cœme-
terij Antiocheni Chriſtianorum ante portam Daphniticam. At ſummâ rerum ad Chriſtianos Principes redactâ, cùm Epiſcopis liberum
fuit de rebus Eccleſiaſticis pro arbitratu diſponere, cœperunt diſtin-
gui Eccleſiæ à Cœmeterijs, ipſáque Cœmeteria tam intra, quàm
extra vrbes mortuis ſepeliendis deſignari.

　　Ceterùm loca diuino cultui dicata diuerſimodè etiam apud nos ap-
pellata fuiſſe reperio: Primùm enim *Tituli* dicta ſunt, vt B. Mauricij
Eccleſia in prolixiori teſtamento S. Remigij, ſumpto vocabulo à re-
*Ex Baronio*　bus fiſcalibus, cum tituli impoſitione rem aliquam fiſcus ſibi vindi-
*in Notis ad*　cabat, quod ædibus ſacris poſtmodùm contigit, collocato in eis ſa-
*Martyr.*　lutiferæ Crucis vexillo. Item *Domus Oratoriæ,* cuius nomenclaturæ
Euſebius meminit in oratione de laudibus Conſtantini. *Memoriæ,*
quòd in memoriam Martyrum erigi ſolerent, *Martyria,* ob eorúmdem ſepulturam, *Baſilicæ,* velut Regum habitacula, quòd in ijs Rex
Regum coleretur. *Templa* rariùs, nequaquam verò *Fana,* & *Delubra,*
vt improbè Neoterici quidam ea vocant. At frequentiùs *Eccleſiæ,*
quibus & peculiare cuiuſdam Sancti nomen impoſitum, vt inter ſe di-
ſtinguerentur. Sunt enim qui dicant Petro adhuc viuenti dicatas fuiſſe
Eccleſias, noménque ipſius prætuliſſe: At Remenſes nominibus Sanctorum Xyſti, & Sinicij, nec non & Timothei inſignitæ ( quod
eorum corpora in ijs quieſcerent ) à primis ſæculis ad noſtram ætatem peruenerunt, permanéntque adhuc ( vt creditur ) pari ferè admiratione,

miratione, ac Petri Memoria ab Aniceto Romæ super corpus eius in Vaticano extructa, quam, velut miraculum, refert Baronius perseueraſſe in poſterum, nec tot diriſſimarum perſecutionum turbinibus proſtratam, ex Caio antiquo Theologo, in Annalibus. Prior Eccleſia, quæ eſt Sancti Xyſti, neque opere vel ædificio conſpicua eſt, loci ſanctimonia ſufficit ad præſidium ſimul, & ornamentum, ſed claris dudum hæc illuſtrata fuit miraculis, Fidelium quóque enituit dotata muneribus ex Frodoardo, vnde congregatio duodecim Clericorum olim dicitur in ea extitiſſe, donec refrigeſcente charitate, Deo inibi militantium chorus deficere, & vnius cœpit eſſe templum presbyteri titulus, quò fit, vt oſſa Sanctorum Xyſti & Sinicij ab inde tranſlata fuerint, ac primùm in Eccleſia Sancti Remigij poſt altare Sancti Petri, eorum Præceptoris, poſita, deinde verò, diſtractis ijſdem oſſibus, pars horum notabilior Matrici Eccleſiæ data eſt, quædam alia Anſchario Bremenſi ab Ebone pariter conceſſa ex Alberto Crantio in ſua Metropoli, Caput verò B. Xyſti Nicaſianæ Baſilicæ, vbi hodiéque cum Sinicij brachio religioſè conſeruatur: Hîc inquirere poſſet aliquis, an vetus Eccleſia S. Xyſti trium Confeſſorum pridem nobilitata reliquijs, ea omnino ſit quæ ſtat adhuc prope Sanctum Timotheum; nam præter ſectos in quadrum lapides quibus exteriùs parietes compacti ſunt, nihil ferè antiquitatis præ ſe fert; At cum B. Remigius diſertè eam deſignet in ſuo teſtamento, non eſt quod ſcrupulum hîc moueamus.

Alia quæ eſt Sanctorum Timothei, & Apollinaris ab Euſebio condita, qui & per eorum verbum credidit, vt miraculis, ſic & aliorum fuit Sanctorum exornata pignoribus, quæ infra commodiùs à nobis referentur; B. Remigius qui in ea ſibi tumulum præparari iuſſerat, eius meminit in ſuo teſtamento, reperitúrque congregationem viginti Clericorum, aliquando verò duodecim in ea fuiſſe, vt tempore Theodorici Regis, quando ei plures reditus, & prædia data ſunt, donec religione pariter deficiente ad vnum eſt redacta Presbyteri titulum. Tilpinus Archiep. ſacris Timothei, & Apollinaris oſſibus, veteri ea promouens tumulo, ſepulchrum decentius inſtruxit, quæ diſtinctis nunc lipſanothecis adſeruantur: quinquaginta verò ſociorum Martyrum reliquiæ ciſtis incluſæ, in crypta veteri latent adhuc, quarum partes ſat notabiles nuper à Canonicis varijs Eccleſijs, etiam extra diœceſim, liberaliter collatæ, eò longiùs Sanctorum nomen propagabunt, quò ad remotiſſimas vrbes delatæ à Fidelibus venerationem recipient, ſic enim ijſdem pro Tutelaribus habitis, cultus eorum ac memoria magis ac magis inclareſcet.

*INTERPONTIFICIVM.*
*An. 286.*

CAPVT

*Sacri iterum verbi Satores per Remensem Prouinciam mittuntur, quàm acerbè eos exagitarit Rictiouarus; Et an Episcopali dignitate fulserint.*

## CAPUT XX.

Ecclesijs ob iteratas Persecutiones, Præfectorúmque nequitiam in Gallia impensè laborantibus, summi Pontifices, quibus Christi gregis cura demandata, in hoc præsertim incubuerunt, vt viri fide præstantes, ac strenui per Prouincias ope destitutas subinde mitterentur, donec horum inuictis labore & patientiâ, propagante se fide, Gentes, abdicatis tandem erroribus, in vnum ouile coalescerent.

Inter eos, qui sub finem tertij sæculi Prouinciam Remensem illustrarunt, velut stellæ emicant SS. Quintinus, Lucianus, Piato, Fuscianus, & Victoricus, Crispinus, Crispinianus, Valerius, Rufinus & alij, quos longâ serie prædictorum Martyrum Acta ante septingentos annos edita, seu reconcinnata referunt; licet in ijs quædam sit diuersitas, quæ dissidij materiam viris eruditis nuper, qui de Dionysio Parisiensi scripsere, suppeditauit. Ac nè singula percurram, quod tædiosum esset, vitæ Sancti Piationis Turnacensium Apostoli fragmentum profero, quod multorum instar erit, sic autem habet.

*Hos venisse scribit Ferreolus Locrius sub Stephano Papa an. 259. alij sub Marcello.*

*Quo tempore Maximianus Augustus per arua Galliæ præsidebat, Sancti viri Fuscianus, & Victoricus, cum duodenario numero sociorum per ordinem glomerati, vnâ cum Venerabili Dionysio Præsule, Comitibus Rufino, Crispino, Crispiniano, Piatone, Marcello, Regulo, ab vrbe Roma cursu intrepido progredientes intra fines Galliæ peruenerunt.* Meyerus qui eadem Acta curiosiùs peruoluit, refert pariter Quintinum origine Romanum Zenonis Senatoris filium ab Marcellino Episcopo aquâ sacrâ imbutum, cum prædictis venisse in Gallias, Ambianis prædicasse, ac Veromanduis, denique capite truncatum ab Rictiouaro, huic concinunt ea quæ habent Molanus in Indice Sanctorum Belgij, Guisius cap. 29. lib. 7. Chronicon Hannoniense, Breuiarium S. Audomari, Claudius de la Fons, & alij apud Baronium in Notis ad Martyrologium 31. Octob. & 2. Decemb. vbi quot, & quales quique cruciatus ab immani tyranno pertulerint distinctè refertur.

Quo verò tempore in Galliam venerint, licet nominatim Gesta non indicent, conijci tamen potest ex anno Martyrij, quem Historici passim remittunt ad annum 302. vel 303. qui fuit 19. vel 20. Diocletiani Imperatoris, vnde fit, vt Genebrardi sententia, & Democharis

charis, qui tempus profectionis horum ab Italia assignant sub Clemente (quòd in plerisque legendarijs Dionysius Sanctorum Piatonis & Fusciani comes fuisse legatur) longè à vero aberret: Nam licèt hic annumeretur cum alijs duodecim in vita Piatonis, Sanctorúmque Fusciani, & Victorici, & apud Petrum de Natalibus, extétque Epistola Galliæ Episcoporum Parisijs congregatorum ad Eugenium 2. in quâ legere est B. Dionysium in Gallias cum duodecim socijs venisse, non vsquequaque verum est, nec probatur ab omnibus; sunt enim Acta Bibliothecæ præsertim Corbeiensis, & S. Germani, imò & Sancti Remigij Remensis, in quibus Dionysij nomen desideratur, vt notant Recentiores, qui pro Sandionysianis steterunt, deinde quid vetat duos Dionysios, & duos Lucianos admittere, (quædam enim Acta Lucianum cum Quintino conjungunt) cùm Romæ duo Xysti primus, & secundus, intra centum & viginti annos legantur, & Harigerus duos Maternos admittat, vnum missum à B. Petro, alterum sub finem tertij sæculi.

Paschasius Radbertus, qui anno octingentesimo quinquagesimo primo finem hîc viuendi fecit, de profectione prædictorum Martyrum ab vrbe Roma satis confusè loquitur in vita SS. Valerij & Rufini; ait enim eódem anno quo Diocletianus iussit, vt Christiani Dijs sacrificarent, Martyres à nobis relatos consilium inijsse veniendi in Gallias, *Vndeuicesimus* (inquit) *agebatur annus Imperij Diocletiani, mensis Martius, dies solemnis Paschæ:...* At is incidit in annum 303. ex Chronico Eusebij, & sic eódem anno subijsse Martyrium necesse est, quo Româ sunt egressi; opinor exitum cum aduentu Paschasium confundere, maturius enim in Gallias profectos, quàm Diocletiani gladius in eos sæuiret, probat legendarium Sancti Theodorici prope Remos his verbis: *Audiens hæc Diocletianus quondam Romanæ Reip. Princeps... ad consortium Imperij, vel laboris olim sibi Commilitonem Herculeum Maximianum Cæsarem fecit* (an. scilicet 286. ex Baronio) & paulò pòst, *eódem tempore Beatissimus Piatus Sanctis Martyribus consociatus est,* Quintino, Lucio, Luciano, *qui pariter egressi Gallias adierunt.* Adde quod ex prosa à Fulberto Carnotensi edita, habemus S. Piatonem ter dena millia ad fidem conuertisse, quod sine mora temporis vix fieri potest, vnde probabiliter dici posset venisse sub Probo Imperatore, pace Gallijs datâ post cladem Alemannicam relatam à Vopisco, & à Greg. Turonensi lib. 1. cap. 32.

En igitur nouus Prædicatorum cuneus in aciem prodit aduersùs vtriúsque ordinis potestates, qui fidei clypeo accincti, & calceati pedes in præparatione Euangelij pacis, per Remensis Prouinciæ Vrbes intrepidè volitant, sepultam penè in eis religionem suscitaturi; quâ verò alacritate, studio, & constantiâ id præstiterint, quantósque labores exantlarint firmando Christianis legibus populo, non est

quod

INTERPON-
TIFICIVM.
An. 290.

quod Lectorem prolixiori sermone frustra oneremus, satis enim copiosè hæc proferuntur ex veteribus membranis deprompta ab ijs, qui describendis Sanctorum gestis operam nauarunt, quibus propriâ industriâ additum nihil, aut omissum suspicari licet, præsertim si illi habenda fides, qui vitam Sancti Quintini collegit: quod & fatetur Paschasius in vita SS. Rufini, & Valerij. *Non gestorum ( inquit ) fidem corrumpimus, sed nostro sub eloquio piorum scriptorum texuimus historiam.* Securè igitur hos quisque adire potest, qui scire voluerit quàm fortiter decertauerint inuictissimi Athletæ Christi, & quàm exquisita subierint supplicia, sub omnium, quotquot hactenus fuerunt, sæuissimo Tyranno.

Dubium tamen hic moueri potest, an prædicti Martyres à Sancta sede missi, in Episcopos vncti fuerint; id enim postulasse videntur Apostolica munia quibus singuli perfuncti sunt, per Remensem Prouinciam. Et, vt à Piatone ordiar, non desunt, qui eum non modò Pontificatus peruncum oleo, sed & Chrysolium, & Eubertum affirment, quòd hi animis hominum excolendis, rebúsque ad Pontificium munus spectantibus Piatoni operam commodarint. De Firmino Ambianensi per idem quóque tempus agonem passo, nemo ambigit, cùm disertè Remense Martyrologium id referat 7. Calend. Septemb. his verbis, *Ambianensium Ciuitate Natalis B. Firmini Martyris primi Episcopi eiusdem Ciuitatis.* Duobus enim Firminis ornatos Ambianenses agnoscit Volateranus, testantúrque Martyrologia. Regulo Siluanectensi ordinis quóque fastigium attribuit Martyrologium Sancti Timothei Remensis; At Victoricum & Fuscianum Episcopos fuisse negat Ferreolus Locrius in Chronico Belgico folio 5.: de Fusciano dubitat Belforestius; at Rem. Martyrol. de his indefinitè sic loquitur, 3. *Idus Decemb. Ciuitate Ambianis Passio Sanctorum Victorici, Fusciani, atque Gentiani præclarissimorum Martyrum,* quod & repetit 5. Idus Julij de horum Inuentione differens. Igitur cùm vetera nutent monumenta, nec certò verificari possit de omnibus quòd sacro oleo imbuti fuerint, seu Episcopi consecrati, opinor seruandam esse cuiúsque vrbis traditionem: sanè Quintinum, Crispinum, Valerium, & Rufinum Episcopali charactere fulsisse hactenus nemo asseruit, nec cum Infulis pinguntur Remis, aut vllibi ( quod sciam ) pro Episcopis habentur, idque non ob artes mechanicas quibus fortè vitam tolerarunt, has enim ipsémet Apostolus exercuisse fatetur, nec abnuit Augustinus libello de opere Monachorum, sed quòd vetustiora Martyrologia solo hos Martyrum nomine indigitent; Remense 2. *Calend. Nouemb. in Gallijs oppido Viromandensi Sancti Quintini Martyris, 3. Idus Decemb. Ciuitate Ambiani Passio Sanctorum Victorici Fusciani, atque Gentiani Martyrum; 18. Calend. Julij in territorio Ciuitatis Suessionis Passio Sanctorum Rufini & Valerij Martyrum.* Nec de his aliter sentit Frodoardus lib. 4. cap. 52.

*Quidā Firminum passum scribūt sub Rictionaro alij sub Longino, & Sebasti.*

cap. 52. & 53. vbi eorúmdem gesta ex vetustis codicibus copiosè retulit. *INTERPONTIFICIVM. An.* 290.

De Piatone aliter fama tenet, iam enim haud paucorum mentibus Belgarum insidet Turnacensium primum hunc fuisse Episcopum, horúmque opinio, eò mihi probanda videtur, quòd successorem mox habuerit, qui Agrippinensi Synodo cum Dyscholio Remensi subscripsit, quamuis conjecturâ hæc potius, quàm certi Scriptoris auctoritate nitatur, qui ante septingentos annos floruerit, nec ei suffragentur Martyrologia, Remense inprimis vbi sic habetur: *Calend. Octob. Ciuitate Tornaco Sancti Piatonis Martyris*: Romanum Presbyteri dumtaxat titulum addit, at ea non tanti momenti sunt, vt à verisimili, & iam receptâ traditione recedamus, præsertim cùm horum fides vacillet in Firmino Ambianensi, qui 7. Calend. Octob. Martyr tantùm scribitur, Idibus verò Januarij Episcopus & Martyr. his verbis, *Ambianis Inuentio, & Translatio Corporis Sancti Firmini Episcopi, & Martyris.* Nec Audoëni auctoritas, quâ Bucherius vtitur lib. 7. cap. 10. Belgij Romani, prædictam opinionem conuellit; eò quòd S. Piato Martyr tantùm ab Audoëno vocetur in vita S. Eligij lib. 1. cap. 32. imò potius eam corroborat si benè expendatur, cùm alios ibidem relatos Pontifices, per dignitatem Episcopalem idem Audoënus pariter non designet.

*Catullus in suo Turnaco Syntag. primo, vbi Piatonis presulatum validissi. suadet rationibus.*

Cruciatibus ( quos quísque pro Christo patienter tulit ) liberè prætermissis, de Sanctis Valerio, & Rufino, quibus Remensis Diœcesis forte obtigerat, ex MS Codice Remigiano nonnihil addendum est, quò ipsorum aduentus ab vrbe Roma, labores impensi, & exitus clariùs innotescant; sic autem habet. *Cùm Quintinus, Lucianus, Valerius, & Rufinus cum alijs, Româ patriâ relictâ, in Gallias peruenissent, elegissentque sibi locum in quibus prædicarent, Rufinus & Valerius antiquam vrbem Remorum Galliæ Metropolim venerunt, at munus suum explendi cùm eis facultas non suppeteret, paululum ab vrbe digressi, super fluuium Vidulam, Credentium non modicam turbam, tam virtutibus, quàm fidei luce irradiarunt. Rictiouarus, rabie Quintini Martyrio necdum expletâ, per id temporis Remos venit, Christianos, quos ibi reperiret, cruciatibus, ac morte ad cultum Deorum coacturus, & quibusdam neci datis, per aggerem publicum inde arripiens iter, obuios habuit, in territorio Suessionensi iuxta Vidulæ decursum ( siue vt alibi legitur ) super Licij fluminis vnda, haud procul à Villa quæ patrio nomine* Basoche, *nominatur, viros insignes Rufinum & Valerium in fide Christi enutritos, ac Regalium horreorum Custodes, quos statim per satellites comprehendi iussit. Cúmque in Christi confessione se fideles ac strenuos præbuissent, plagis afflictos diuturnâ macerauit retrusione, donec inuicti reperti, capitalem subière sententiam decimo octauo Calend Julij.* Idem ferè habet Frodoardus cap. 53. lib. 4. vbi addit Sanctos carcere retrusos Angelicâ dignatos fuisse visitatione & consolatione,

K vt

## METROPOLIS REMENSIS

*INTERPON-TIFICIVM. An. 303.*

vt de Sancta Macra superiùs dixerat. Post aliquod tempus cùm BB. Valerij & Rufini sacratissima pignora Remos deducerentur, Deo fauente factuu est vt ibi manerent aggrauata, vbi pauperibus eleemosynas largâ manu porrexerant, eo igitur in loco extructa est Basilica, cuius meminit Sonnatius in suo testamento. Agit idem auctor de alia translatione Remis facta, Nortmannis Gallias prædantibus, & de miraculis quæ in ea contigerunt loco citato, quem consulat Lector si velit.

*In loco qui Basilica dicitur morati sunt. Inde nomen sortitũ Rasothes vita MS.*

*Idem scribitur de Sálto Paulo Leone equulei pœna, & lampadarũ exnstione cruciato in Martyrol. Rom. 6. Calend Augᵃ*

Passa quóque est sub eodem Præfecto Beata Macra inauditos cruciatus prope vrbem Fimas sex leucis à Durocorto. Hæc cùm à teneris in fide Christi exculta, minas persecutorum nihili facere didicisset, ab ipsius corpore immaniter mammillæ abscissæ sunt, tum in carcerem detrusa, vbi Angelorum consortio dignatur, & mox super prunas, & testulas accensas volutata, immaculatum Deo reddidit spiritum octauo idus Januarij. Corpus haud procul à loco, vbi passa est, extitit tumulatum, donec multo post, Virgine cuidam Bubulco apparente, in Ecclesiam beati Martini de Fimijs relatum est, quò ab incolis honorificentiùs coleretur, de ea Martyrol. Remense *Octauo idus Januarij, in territorio Remensi Passio Sanctæ Macræ Virginis*, & 6. Nonas Martij in eodem Martyrol. ferè idem habetur: quem verò finem acceperit Rictiouari sæua crudelitas, Acta Sanctorum ( quos multis afflictos supplicijs Suessione interfici jussit) Crispini & Crispiniani declarant apud Surium 15. Octob. & ex his Baronius tom. 2. Annalium, an. 303.

supérque colligi potest ex Gestis SS. Rufini & Valerij supra citatis; sed nihil æquè opinionem hanc probabilem reddit, ac tormenti genus quo vsus est in Beatum Quintinum ex vitæ ipsius Auctore. *Iussit* (inquit) *Rictiouarus vocari fabrum, vt faceret duas sudes ferreas quibus B. Martyr à ceruice ad crura transfigeretur, & alios decem clauos, qui inter vngulam, & carnem figerentur.* Acta quóque Inuentionis Reliquiarum prædicti Martyris à B. Eligio, referunt ossa ipsius, ac cerebrum clauis transfixa reperta. *Clauos etiam miræ magnitudinis quos tempore passionis persecutores corpori eius infixerant, ex cerebro, cæterísque artubus abstractos sibi pro reliquijs sequestrauit.* Idem legitur in vita Sancti Piatonis Turnacensium Apostoli. Nam priúsquam Cranium à Capite abscinderetur, iussit Rictiouarus clauos ardentes digitis infigi, quos pariter reperit Beatus Eligius, cùm sacra ipsius pignora in ditiorem capsam transferret; Antiquitus enim Christiani cum corporibus, instrumenta passionis, quibus ad cruciandum vsi fuerant Carnifices, sepeliebant; id quod Marcus Velserus probat in historia Inuentionis Sanctæ Crucis, quæ cum clauis inuenta est, confirmatúrque ex S. Ambrosio sermone de Sanctis Agricola & Vitale, vbi hæc habet, *Nos legimus Martyris clauos*, Vnde in Martyrol. 4. Nouemb. sic legitur, *Agricolam plurimis clauis Cruci affigentes interemerunt.* Et ex prædicto Velsero qui Coloniæ refert extare quædam capita Virginum ex sodalitio Sanctæ Vrsulæ, quibus sagittarum acumina visuntur adhuc infixa.

His addi posset ex Chronico Diuionensi, in digitos Sancti Benigni subulas decem acutissimas, & igne candentes Ministros Aureliani infixisse; item ex Eusebio quod de Maximi crudelitate refert in vita Constantini, *Nam neque ignis* (inquit) *neque ferrum, neque claui impacti, neque agrestes belluæ illi satisfacere potuerunt*: Vt omittam ea quæ habet Martyrologium Romanum vndecimo septembris de Sanctis Fusciano, & Victorico, & de Philomeno 29. Nouemb. *Philomenus* (inquit) *manibus, pedibúsque, ac demum capite clauis confixo, Martyrium consummauit.* Antonius Gallonius lib. 1. de cruciatibus Martyrum pag. 232. Mombritius, & alij; quin & eodem supplicio vsum fuisse Lampadium erga Sanctos Martyres Timotheum & Apollinarem probabile est, cum Acta translationis eorumdem fidem faciant clauos in capsa penè similes repertos fuisse ijs qui prædictis corporibus nuper inuentis erant infixi, vnde adhuc dubium restat; an hi ex horum numero censendi sunt, qui sub Rictiouaro cum Martyribus flagrantissimæ persecutionis tempore pœnas dederunt; In supplicij quidem acerbitate nonnulla conformitas est ex Gestis Sanctorum, quos idem Præfectus immaniter cruciauit.

At hæc non eo animo à me relata sunt, vt velim pro certo persuadere quod Deus incognitum esse voluit: in ijs enim quæ ad cultum Sancto-

BETAVSIVS IV. ARCHIEPISCOPVS. *An.* 306.

*Audoënus l.* 2. *cap.* 6.

rum spectant, fides tardior esse debet, cùm S. Gregorius ad Augustinum Anglorum Episcopum scribat, *si corpus, quod à populo cuiusdam Martyris esse creditur, nullis ibi miraculis coruscat, locus obseretur*. Scio complura etiam Sanctorum Corpora humi defossa tempore persecutionis postmodum reuelatione cognita fuisse, aut miraculis patratis ad tumulum : igitur cùm nihil tale contigerit in tumulorum apertione, nec vllus ibidem character Religionis appareat, Doctioribus facilè quid de ijs sentiendum sit, relinquo, licèt Christianos fuisse valde probabile sit, meritóque in locis sacris reponi debeant, donec veritas, Deo volente, clariùs enitescat.

*BETAVSIVS IV. ARCHI-EPISCOPVS.*
*An. 306.*
*307.*
*308.*

## GALLICANIS ECCLESIIS PAX REDDITA SVB CONSTANTINO.

Ecclesia, tot vbíque persecutionum flatibus concussa, ad exitum tendere quodammodò videbatur. Jámque de subactis, deletísque Christianis Ethnici columnas erexerant ; cum Diocletianus, & Maximianus, depositâ purpurâ, sese Imperio abdicant, & Constantium Chlorum in partem regiminis feliciter asciscunt ; tunc enim post duram, diuturnámque ducentorum, & septuaginta annorum captiuitatem paululum hæc respirare, virésque resumere visa est, robustiórque mox fieri sub Constantino Constantij Primogenito, quem ei, Diuino suffragante Numine subrogatum, docent Chronographi anno 306.

Hoc igitur tempore concessa Ecclesijs Occidentalibus vbíque pace, bene vsus Marcellus Papa, & quòd major in dies ex Gentilibus ad Ecclesiam fieret accessio, vt Titulorum in vrbe Roma, sic & Episcopalium sedium restitutioni ( quantum Imperij status patiebatur ) incubuit. Necdum enim caligines omninò discussæ erant, Maxentio tyrannidem in Christianos adhuc exercente ; At eo repentinâ diuinitùs plagâ, ob perfidiam, extincto, cum timor omnis esset sublatus, Eusebius, Melchiades, & Syluester summi Pontifices eam Religioni felicitatem procurarunt, quam Eusebius Cæsariensis graphicè depingit lib. 1. & 2. de vita Constantini. *Videre erat* ( inquit ) *dedicationum festiuitates per vrbes singulas, Ecclesiarum nuper exædificatarum consecrationes. Frequentes Episcoporum in vnum conuentus, peregrinorum ab exteris regionibus accedentium concursus, mutuas populorum beneuolentias, decoros Ecclesiæ ritus redditos, & immensam de pace restituta Fidelium lætitiam.*

*Sirmondus l. 1. Concil. Galliæ de Cõcil. Arelat.*

Rebus igitur prosperè succedentibus sub tanto Principe, incredibile dictu est quantùm incrementi susceperint Ecclesiæ Gallicanæ, quibus post longum interstitium Rectoribus orbatis, statim prouisum fuisse, non est quòd quis ambigat, cùm tot Episcopi Gallicani paulò post

Arela-

Arelatensi synodo sese præsentes exhibuerint, inter quos elucet Be- BETAVSIVS
tausius Remensis cum Metropolitani prærogatiua, de quo, prælibaIV. ARCHItis, quæ de titulo Metropoleos, ac diœcesis limitibus pro instituto *An*.308.
nostro necessaria videbuntur, iuxta præscriptum à nobis ordinem differemus.

*Ecclesiasticæ Remorum Metropolis origo, quot sub ea Episcopatus, &*
*ordo inter eos, de ritu præstandi sacramenti ab Episcopis,*
*& de Juribus Metropolitanorum aliquid.*

## CAPUT XXII.

DE Ecclesiasticarum Prouinciarum origine, quando, & à quo
institutæ, & quis Diœcesum seu Parochiarum in Gallia fines
præscripserit, affatim alij dixerunt, clarúmque est iuxta Prouinciarum Ciuilium diuisionem, ijs tantùm vrbibus Metropolitas
attributos, quæ inter cuiúsuis Prouinciæ celebriores primarium locum
tenerent. Patet hoc ex Concilio Taurinensi, & ex Innocentij I. epistola ad Alexandrum Antiochenum, vbi dicitur iuxta pristinum Prouinciarum morem, Metropolitanos numerandos: Morem autem pristinum in Gallijs non ad diuisionem Augusti in quatuor Prouincias
referri oportere, sed succedentium Imperatorum, sub quibus sectæ
sunt vsque ad 17. Vnde inferre licet nulli Prouinciæ Ciuili defuisse *Vide quæ su-*
Metropolitanum Episcopum, ex quo Hierarchicus Ecclesiæ ordo per-*pra diximus*
fectè stabilitus est: quod de Remensi (quæ Secunda Belgica dicitur) *cap*. 10.
probat ex Baronio, Spondanus ad annum 314. cùm Imperatorem
Constantinum scripsisse tradit ad præcipuos Occidentalis Ecclesiæ
Metropolitanos, vt ipsi cum duobus alijs (quos vellent) suarum
Prouinciatum Episcopis, conductu publico, ad Concilium Arelatense ocyùs properarent, cui Imbetausius (post Italos) cùm primus omnium tanquam Metropolita subscripserit, clarum inde habetur ante
Concilium Nicænum, Archiepiscopali dignitate Remensem Ecclesiam fulsisse, quam ad Beatum Xystum Belgarum Apostolum Fulco *Frodoard.l.*
Archiepiscopus & Martyr haud ineptè reuocauit. 4. *cap*. 1.

Sic igitur à Principe Ciuitate Metropolitanam Xystus, vel Betausius saltem, sortitus prærogatiuam, vrbes non modò quæ Capita essent populorum in Belgio ante Cæsarem sub se habuit, sed & Catalaunum, & Siluanectum sub Augusto forsan exortas, quorum
territoria à veteri Remorum dominio auulsa, parochijs seu Diœcesibus instituendis materiam præbuerunt. Diœceses quidem, vt vulgò dicitur, cuiúsque Episcopatus vetus adæquant territorium, ab
eo scilicet tempore institutum, quo in 17. Prouincias Galliæ sectæ
sunt

**BETAVSIVS IV. ARCHI EPISCOPVS.**
*An.* 308.

sunt, & Prouincijs certus Ciuitatum numerus attributus. Nam Cæsaris æuo, vt Remorum, sic & Suessionum, & Neruiorum amplissima erant dominia, ex quibus postmodum nonnihil detractum est : ex Suessionensi pro augenda Veromandensi Diœcesi, & ex Neruiensi pro Cameracensi constituenda, vnde inter Nouiodunum, quæ Suessionensis Reipublicæ Princeps fuit, & Augustam Suessionum, seu inter vtriúsque Vrbis Episcopos, lis necdum sopita erat sub Carolo Magno pro terminis cuiúsque Diœceseos ex Frodoardo lib. 2. cap. 18.

Sic ex veteri Remorum dominio, quod latissimum fuisse ostendi cap. 3. huius libri, plures fluxere Diœceses, Catalaunensis præsertim ; Catalaunum enim antiquitùs peculiaris cuiúsdam populi Caput extitisse non legimus, vnde necesse est vt successu temporis, & Ciuitatis nomen, & territorium ex alio detractum habere cœperit: sic è Morinis duas pariter fluxisse Diœceses seu Ciuitates dicam lib. 2. cap. 9. Rursum sub Clodoueo, quòd Remensis Diœcesis latior esset, iterum eadem secta est, & in ipsius subsellio erecta Laudunensis, vt habet Hincmarus in Opusculis.

Has porrò Diœceses, vigente adhuc per Gallias persecutione, suis necdum omnino distinctas fuisse terminis probant aliquorum Episcoporum Gesta, quibus patet hos nulli Sedi necessariò affixos verbum Dei discurrendo per Vrbes & Castella disseminasse, donec, pace Orbi redditâ, in vrbibus quæ celebriores essent sub Metropoli, quietiùs pedem fixerunt Episcopi, Hierarchicúsque Ordo clarescere cœpit iuxta Concilij Nicæni Canones, quibus superiorum Prælatorum in inferiores iura confirmata : meminit Baronius diuisionis Prouinciarum per Dionysium factæ anno 270. quarum quidem descriptiones minimè extant modò, sed in diuisione Parochiarum luculentam facit mentionem idem Pontifex epist. 2. ad Seuerum Cordubensem quæ habetur tomo Conciliorum ; probabiléque est hanc Hincmarum vidisse ex his quæ in Laudunensem Episcopum scripsit. Hic tamen Suffraganeas Ecclesias, seu Episcopatus Remensi Metropoli subjectos iuxta Imperij Notitiam retulit Epistolâ ad Remensis Prouinciæ Episcopos cap. 18. hoc ordine.

| Suessionensis. | Atrebatensis. | Siluanectensis. | Morinensis. |
| Catalaunensis. | Cameracensis. | Bellouacensis. | Bononiensis. |
| Veromandensis. | Turnacensis. | Ambianensis. | Laudunensis. |

Durocortum igitur antiqua Metropolis duodecim sedes Episcopales sub se pridem habuit ex Hincmaro : quod & alibi fusiùs adhuc confirmat, at ex his quædam, certis euentuum causis accidentibus, vt loquitur in Opusculis, alijs Ciuitatibus subjectæ suum priuilegium perdiderunt, vt Bononia, quæ diu mansit Teruannæ subjecta, & Veromanduum

manduum, seu Augusta Veromanduorum, Episcopalis saltem dignitas BETAVSIVS IV. ARCHI-
apud Nouiodunum translata ; Lauduni tamen montis Castro in Ca- EPISCOPVS.
thedralem Ecclesiam postmodum erecto ; quod in Notitia desideratur, *An.* 308.
& præcedentibus addito, Episcopatus remanent numerò vndecim sub
Metropoli, qui aliter ab Auctore Chronici Antisiodorensis, & apud
Andræam du Chesne, & aliter in Bullis Alexandri, & Innocentij 3.
( vbi veteres Archiepiscoporum Clientelæ ) quoad ordinem recensentur, quæ diuersitas dissidij fomitem sæpius præbuit inter Episcopos
pro loci prærogatiua ; de hac, seu de ordine sedendi in Prouincialibus
synodis ab Archiepiscopis præscripto , agam tomo sequenti. Nunc
typum delineo, seu formam præstandæ fidelitatis, & obedientiæ ab
Episcopis, & Abbatibus Metropolitano, seu etiam Ecclesiæ Remensi, eo
planè ritu, quem ex veteri Codice sub Guidone de Royá, non tam edito, quàm reconcinnato descripsi, vbi Suffraganeorum adhuc Episcopatuum ordo, eorúmque propria insignia graphicè repræsentantur, &
Aræ Principis figura ( vbi vota fiebant ) valde tunc vsitata, & quæ alicubi etiámnum visitur, maximè in vetustioribus Belgij Ecclesijs.

## 82 METROPOLIS REMENSIS

BETAVSIVS IV. ARCHI-EPISCOPVS. *An.* 308.

Quamuis ex depictis Ecclesiarum Stemmatibus, recens hæc tabula videatur, ritus tamen præstandi sacramenti vetustissimus est, huiúsque meminit Hincmarus Opuscul. cap. 1. ad Juniorem Hincmarum Episcopum Laudunensem vbi eum sic alloquitur. *Post fidei Confessionem, specialiter coram aliis Episcopis, qui tuæ consecrationi adfuerunt de Obedientia tuæ Metropolitanæ, atque tuo Metropolitano regulariter exhibenda, te obseruaturum manu propriâ confirmasti, & quando tibi librum sacrorum Canonum, & regulam Pastoralem B. Gregorij coram Altari Sanctæ Mariæ in manum misi, obtestans vt obseruares viuendo &c.* antiquitus igitur cùm Canonicæ in Ecclesia vigerent Electiones à Metropolitanis confirmandæ, in his enim horum auctoritas elucebat quàm maximè, duo hæc religiosè à recèns electis, seu consecratis præstabantur, Professio fidei coram Episcopis Prouinciæ, & Obedientiæ Sacramentum Ecclesiæ Metropolitanæ; postmodùm ob Reseruationes à Pontificibus introductas, quibus accesserunt gratiæ expectatiuæ, id ad puram ferè cæremoniam reductum est, quâ quisque Episcopus teneretur, antéquam aliquod Episcopale munus obiret, se Ecclesiæ Metropolitanæ iuramento deuincire, iuxta sacros Canones, eâ formâ, quam hîc ex prædicto Codice subijcio.

*Ego N. Sanctæ sedis Apostolica gratiâ N. Ecclesiæ ordinandus, vel ordinatus Episcopus, huic Metropolitanæ Ecclesiæ, nec non Reuerendiss. D. D. N. Archiepiscopo Remensi Metropolitano meo secundum sacros Canones, & Decreta dictæ Sanctæ sedis Apostolicæ, sacris Canonibus & Legibus promulgata, pro viribus me obediturum promitto, & pro eiúsdem Metropolitanæ Ecclesiæ publicis, & priuatis negotijs consilio, studio, & societate me laboraturum, nullúmque absque illius consensu in magnis negotijs, & arduis ordinationibus assensum me præbiturum, nisi in eo quod ad meam propriam Parochiam seu Diœcesim pertinebit, profiteor, & huic meæ Professioni coram Deo, & Sanctis eius sub testimonio quoque præsentis Ecclesiæ subscribo, atque manu propriâ supradicta firmo. Actum &c.*

Prædictæ subiectionis fides ab Episcopis, vt plurimùm, exhibebatur ad altare Principis ædis, nonunquam in Archiepiscopali palatio, vel in portæ Martis domo, & aliquando in Capitulo sede vacante verbis aliquot immutatis, vt videre est ad calcem Martyrologij Rem. Ad hanc ( lite etiam intentatâ cùm omitteretur ) Episcopos se teneri suo sigillo sæpius fassos fuisse idem Codex asseuerat, quem consulat qui volet.

De iuribus Metropolitanorum in suis Prouincijs consentaneè ad sacros Canones, ac Pontificum decreta, copiosè disserunt Canonistæ, quæ paucis hîc subtexo. Metropolitani est Episcoporum suæ Prouinciæ Electiones approbare, & eorúmdem fidei professionem excipere, *ex Hincmaro supra,* Suffraganeos suos ordinare *cap. quod sedem.* Cognoscere de translationibus eorúmdem ad alios Episcopatus,

rationésque

rationésque expendere propter quas fiant. *Iuo Epist.* 169. Horum abusus corrigere, vnde iurisdictionem in subditos suorum Suffraganeorum habet, si ipsi negligant facere iustitiam *Cap.. dicto §. sanè.* Est etiam Judex Officialis sui Suffraganei *Cap.* 10. *de Officijs*, potéstque eum punire *cap. in tantum* 26. *de appellat.* Potest conuocare Prælatos Prouinciæ ad Concilium Prouinciale *Cap. de pœnit.* in eo Concilio Júdex est principalis *Can. de eo, dist.* 50. Et, si ibi Canonem ediderit, ligat ad eius obseruantiam omnes subditos totius Prouinciæ, *Glossa sent. in cap. Rom.* Indulgentias intra Prouinciam licet ei Canouica formâ concedere *Cap. penult. Glossa* 1. *de pœnit.* potest excommunicatos à Suffraganeis ad cautelam absoluere mediante appellatione *Cap. Vener.* Est Judex ordinarius totius Prouinciæ, & eius curam gerit vniuersaliter, sed non singulariter, *Glossa in cap. Past.* potest Diœceses intra Prouinciam contentas visitare modo à Jure præscripto. Ad celebranda Diuina Officia ordinem quem Metropolitani tenent, obseruare debent Prouinciales *Cap.* 27. *Concilij Epaon:* habiti an. 517. & hoc ex Concilio Venet. Can. 15. vbi dicitur. *Rectum ducimus vt vel intra Prouinciam nostram, Sacrorum ordo, & psallendi vna sit consuetudo.* Addere his possem dedicationes Ecclesiarum, Reliquiarum translationes; erectiones Monasteriorum, & alia id genus magni-momenti antiquitus rarissimè fieri inconsulto Metropolitano, cuius nomen, vel etiam annus Pontificatus in Actis, honoris gratiâ, inscribebantur, vt clarum fiet his, qui curiosiùs Acta hæc percurrere voluerint.

BETAVSIVS IV. ARCHIEPISCOPVS.
*An.* 308.

---

*Fines Prouinciæ Belgicæ, longitudo quoque, & latitudo Remensis Diœcesis, quot Vrbes in ea, celebriores pagi, Abbatiæ, & Prioratus.*

## CAPUT XXIII.

QUàm verò nobilis, lata, & spatiosa sit Remensis Prouincia, quæ secundæ Belgicæ nomen obtinet, clariùs ostendi non potest quàm ex Dynastijs, seu Comitatibus intra ipsam contentis, sunt enim ex illustrioribus totius Galliæ, item ex magnificis vrbibus quas amplitudo, opes, & elegantia mirificè commendant, ex pagorum copiosissimo numero, & ex fluminibus quibus tota ad amœnitatem irrigatur, sed his quæ instituti mei non sunt prætermissis, fines tantùm breuiter delibo. Longitudo eius à Principatu Joinuillensi Diœcesis Catalaunensis haud procul à finibus Burgundiæ Ducatus, ad Oceanum septentrionalem, vbi vrbes de Nieuport, Ostenda, Antuerpia, veteris olim dominij Francorum,

**BETAVSIVS IV. ARCHIEPISCOPVS.**
*An. 308.*

rum, vsque ad Scaldis Ostia protendebatur: fluuius hic Remensem à Coloniensi discriminabat, fuítque leucarum circiter octoginta sex: latitudo verò ad vltimum Siluanectensis Episcopatus pagum leucas quinquaginta, à Siluanecto verò ad Antuerpiam sexaginta continet, adeò vt, præter Campaniæ majorem partem, quâ Aquilonem aspicit, Insulæ quóque Francicæ, quâ Boream; Veromanduos etiam, Ambianos, seu Picardiæ incolas, Morinos, Flandros, Atrebates, Hannoniósque suo ambitu complecteretur. Nunc avulsione Episcopatuum Cameracensis, in Archiepiscopatum erecti, Turnacensis, & Atrebatensis, ac mediæ partis Teruannensis, contractior est, intra Regni limites vtpotè redacta, restántque octo Episcopatus tantùm sub Metropoli.

*An Episcopatuũ à Remensi Metropoli substractio, Regis Christianiss. consensu, & Archiep. Rem. facta sit, dicam tomo 2.*

Diœcesis limites, olim etiam protensiores fuerunt, Laudunensi Ecclesiâ necdum per Remigium in Cathedralem erectâ, eo enim regente Remensis Diœcesis decurtata est pro nouâ hac stabilienda, à Præsulatu autem Remigij, longitudo eius leucarum est viginti quinque, latitudo circiter quindecim, habétque ad ortum Treuirensem, Catalaunensem ad meridiem: Ad occasum verò, & Aquilonem Suessionensi, & Laudunensi Diœcesibus terminatur. Haud procul à Fimis, viâ quæ Brennacum ducit, extat lapis quo Remensis à Suessionensi separatur: ob id multi putant Vrbem hanc *Fines* vocari, quòd Remorum ditio hîc finiretur, vnde vetus Itinerarium sic habet, *Augusta Suessionum Fines Durocortorum Remorum.*

Sunt in prædicta Diœcesi Vrbes vndecim præter Durocortum, quæ aliarum est Metropolis, mœnibus, fossis, & vallo munitæ, quas hîc seorsim cum majoribus Pagis exhibeo, quòd de his interdum occurret differendi locus: Sic autem numerantur ordine Alphabetico.

| Vrbes Diœcesis Remensis. | Celebriores Pagi. |
|---|---|
| Carolopolis ad ripam Mosæ, *Charleville.* | Auennacum, *Auenay,* |
| Castrum porcense super Axonam, *Chateau-portian.* | Altmons, siue Altus mons, *O-mont.* |
| Culmisciacum, *Cormiscy.* | Attiniacum, *Attigny.* |
| Doncherium supra Mosam, *Donchery.* | Castrum Reginaldi, *Chasteau Regnauld.* |
| Fines, seu Fimmæ prope Vidulam, *Fimes.* | Duziacum vel Duodeziacum, *Douzi.* |
| Maceriæ supra Mosam, *Maizieres.* | Fons Mauberti, *Maubert-fontaine.* |
| Mosomum supra Mosam, *Monzon.* | Grande pratum, *Grand pré.* |
| Regiteste prope Axonam, *Rethel.* | Monsfalconis, *Mont-faucon.* |
| Rupes Regia, *Rocroy.* | Ruminiacum, *Rumigny.* |
| Sedanum supra Mosam, *Sedan.* | Senucum, *Senuc.* |
| Sparnacum iuxta Matronam, *Espernay.* | Vindenissa, vel Vindonissa, *Venderesse.* |

# HISTORIÆ. LIB. I.

His addi poſſunt Corbeniacum *Corbeny*, Caſtellio *Chatillon*, Rociacum *Roucy*, & Virtutum *Vertu*, ex alijs Diœceſibus ob vicinitatem.

BETAVSIVS IV. ARCHI-EPISCOPVS. *An.* 308.

In Diœceſi Remenſi 469. vel 477. rurales Parochiæ numerantur, & ſecundariæ, quas ſuccurſus vocant, 335. in ſeptemdecim Claſſes ſeu Decanatus diſtinctæ; Chriſtianitatis hîc Decanatum excipio ex Vrbanis Parochijs, & aliquot è Vicinia conflatum, ſecus octodecim numerari debent, horum nomina paſſim referuntur hoc ordine.

| | | |
|---|---|---|
| Decanatus de Montana. | De Hermondiuilla. | De Lauanna. |
| Sancti Germani Montis. | De Launeo. | De Ruminiaco. |
| De Macerijs. | De Regiteſte. | De Moſomo. |
| De Duno. | De Grandi Prato. | De Cernaco in pago Dulcomenſi. |
| De Caſtello. | De Attiniaco. | |
| De Vidula. | De Sparnaco. | De Betniuilla. |

Nouem ex Ruralibus Majoris Archidiaconi curæ, & viſitationi ſubſunt, reliqui octo Archidiaconi Campaniæ. Habent ſinguli Decani propria ſigilla, & ad hos circulares literæ mittuntur ab Archiepiſcopo pro Synodorum conuocatione ex Frodoard. lib. 3. cap. 28.

Sunt item Collegia Canonicorum ſeptem ( primario hîc inſignis Metropolis incluſo ) alioquin rectiùs ſex Collegiatæ Eccleſiæ dici debent. S. Symphoriani, S. Timothei, S. Balſamiæ. Montis Falconis in Argonia, Macerienſis, & Braquenſis.

Abbatiæ tam rurales, quàm vrbicæ ſunt 24. de quibus Gallia Chriſtiana nouæ editionis differt Alphabetico ordine, & nos iuxta cuiúſque fundationem, quam tamen in enumerando hîc non ſequemur.

| | | | | | |
|---|---|---|---|---|---|
| S. Remigij | O.B. | S. Stephani in vrbe | O.A. | De Caluo monte | O.P. |
| S. Nicaſij | O.B. | S. Claræ in vrbe | O.F. | Bellæ Vallis | O.P. |
| S. Dionyſij | O.A. | De Igniaco | O.C. | De Signiaco | O.C. |
| S. Petri ad Moniales | O.B. | Septem Fontium | O.P. | Vallis Regiæ | O.C. |
| S. Theodorici | O.B. | Altiuillaris | O.B. | Vallis Dei | O.C. |
| De Eſlano | O.C. | Moſomenſis | O.B. | Bonifontis | O.C. |
| De Landeuijs | O.A. | S. Baſoli | O.B. | De Longo Vado | O.P. |
| De Auennaco | O.B. | S. Mart. Sparnac. | O.A. | De Caherio | O.C. |

Cartuſia montis Dei.

Abbates non exempti, & Abbatiſſæ eligi non poterant inconſulto Archiepiſopo, & factâ electione, obedientiæ votum præſtabant

**BETAVSIVS IV. ARCHI-EPISCOPVS.**
*An.* 308.

bant Ecclesiæ Remensi sub hac forma, quam ex supradicto Codice descripsi.

*Ego N. permissione diuinâ humilis Abbas Monasterij Sancti N. Diœcesis Remensis ordinis Sancti B. vel A... huic Sanctæ Remensi Ecclesiæ, & Capitulo eiusdem debitam reuerentiam, subjectionem, & obedientiam secundùm Statuta Sanctorum Patrum, & regulam Sancti N. me exhibiturum promitto, & propriâ manu firmo, & subscribo, actum vel iuratum per me Abbatem supra majus Altare dictæ Remensis Ecclesiæ, tactis Sacrosanctis Euangelijs die, & anno tali.*

Præter Abbatias, recensentur quoque diuersi ordinis quadraginta quatuor Prioratus & Præpositurę in Polypticis libris, seu Censualibus : ingens Capellaniarum numerus, Patronatuum, minorúmque Beneficiorum : vnde patet quanto studio, & impensis apud nos radicata sit religio, in hoc præsertim Synagogâ Judæorum longè excellentior, quòd iuxta Malachiæ vaticinium in omni loco offeratur Thimiama supremo Numini, & sacrificium mundum, síntque per omnes vicos erectæ, & dotatæ Ecclesiæ luculentissimum Christianæ fidei argumentum, vt ait Procopius lib. 1. de bello Gothico.

---

*An Remensis Archiepiscopus Primati subjectus aliquando fuerit, vel ipsemet Primatis dignitate fulgeat.*

## CAPUT XXIV.

*Dupleix in tractatu qui inscribitur, les memoires des Gaules.*

Qui de veterum Episcopatuum Notitia haud ita pridem scripsere, quò omnes Galliæ Metropolitanos sub certis Primatibus reducerent iuxta Prouinciarum in septemdecim distributionem, tradunt Antistites primariæ sedis, cuiúsque partis Galliarum ius habere in alios, qui secundariæ aut tertiæ præsunt: ita vt primæ Lugdunensis Archiepiscopus respectu secundæ & tertiæ, Lugdunensis Primas meritò dicatur, & Belgicæ primæ Archiepiscopus respectu secundæ. Hoc quoque nixus fundamento Illustriss. Abricensis Episcopus in suo libro de Notitia Prouinciarum, veros Primates subtiliter excutiens, Remensi Archiepiscopo hunc titulum non modò abjudicat, sed Primati quondam paruisse, adductis quibúsdam rationum momentis, fidenter asserit, siue Treuirensi, ob prædictam Prouinciarum velut subordinationem, aut saltem Arelatensi, quòd hic Vicariatum à Gregorio I. petente Childeberto, per regnum Austrasiæ obtinuerit, at quàm consultò id ab his traditum sit, operosiùs à nobis est examinandum.

*Idem sentit Ægidius Bucherius in Belgio Rom. l. 1. c. 2.*

Ac primùm Prouincias non eo fine in varios gradus partitas, vt secunda à prima penderet supra Macri Jurisconsulti auctoritate monuimus, imò Camdenus vir multæ lectionis. Primam sic vocari putat, quòd

vrbi

vrbi Romæ propinquior esset, secunda remotior. Deinde certissimum puto ab Imperatoribus Hadriano, vel Constantino Treuirim non ideò primæ Belgicæ Metropolim dictam, quòd Remos dignitate præcelleret, aut in eam ius aliquod haberet, cùm vel ex Tacito pateat Belgicâ adhuc indiuisâ manente, Belgicarum Ciuitatum nullam primas tenuisse. Remósque potiùs tunc excelluisse probat ipsámet Prouinciarum distributio, cùm vndecim illi Ciuitates attributæ fuerint, tres verò Augustæ Treuirorum: quòd si persultantibus Rhenum Barbaris, Præfecti Prætorio Galliarum sedes facta sit, ac nobilissimum Principum domicilium ( vt Ammianus loquitur ) aduentitius hic splendor sensim exoleuit prædictæ Vrbis iteratâ vastatione, Remensis verò Primatus è contra plurimùm auctus est Clodouei baptismo, vt Rupertus luculenter agnoscit lib. 1. de Diuinis Officijs cap. 27. tom. 2. cuius hîc verba referam. *Inter cæteros Galliarum Archipræsules* ( inquit ) *meritò Remensis auctoritate præeminet, quia videlicet antiqua Metropolis cùm esset, accessit & hoc, quòd eius Pontifex B. Remigius ab ipso Deo missus, gentem Francorum simul cum Rege primus perduxit ad fidem Catholicam, quam eius missionem Hormisda Pontifex approbans, eidem Remensi Pontifici vices suas delegauit per omne regnum Ludouici, & Remensis Ecclesiæ primatum adaugens, summâ auctoritate confirmauit.*

Nec in verbo Primatus hîc vim faciendam puto, clarum enim sit ex Conciliorum subscriptionibus, primis his sæculis Galliarum Metropolitas inter se æquales fuisse, nec Primatem alium agnouisse præter summum Pontificem, qui cùm synodis omnibus præsens adesse non posset, vices suas interdum cuidam magni nominis Antistiti delegabat. Hoc autem munus, quod multi perperam cum Primatu confundunt, in sollicitudine potiùs, quàm in iurisdictione versabatur, nec sedi cuidam in perpetuum affixum, vt egregiè aduertit Hincmarus in Tractatu de iure Metropolitanorum c. 4. & alibi de Vicariatu Bonifacio concesso agens dicit, *Ob reformandam Christianitatis Religionem huic à Gregorio datum supra omnem Galliam, vt ea quæ reperiret contra Christianam Religionem, & Canonum instituta, ad normam rectitudinis reformaret, hac lege tamen, vt Metropolitanorum iura intemerata manerent.*

Jura illa, respectu Remensis, Adrianus I. declarat Epistolâ ad Pippinum Regem, *Statuimus vt Remensis Ecclesia* ( sicut antiquitus fuit ) *Metropolis permaneat, & qui in ea ordinatus est Episcopus, Primas ipsius Diœcesis sit, & in sola potestate summi Pontificis.* Hinc enim patet Vicariatus Arelatensi Archiepiscopo, vel Bonifacio Moguntinensi concessos, nihil de pristina Remensis sedis prærogatiua detraxisse, aut vllam dependentiam arguere Metropolitanorum ab illis tanquam veris Primatibus. Noua siquidem, seu propria Primatum vsurpatio in Occidentem inuecta non est ante Isidori Collectionem, quæ ex Epistolis

**BETAVSIVS IV. ARCHI-EPISCOPVS.**
*An. 308.*

lis veterum Pontificum huic compilationi infertis primùm irrepfit, vt idem Hincmarus explicat Epift. 8. cap. 22. vifis enim eiúfmodi Epiftolis in quibus Primatum mentio habebatur, quidam hanc dignitatem fibi deberi contenderunt, & inter hos qui primis fedibus præerant.

At Hincmarus eo viuens tempore, quo id fiebat, Anfegifi Senonenfis primatui acriter non modò fefe oppofuit ex lib. citato, vbi tamen Primatus nomen confundit, cum vicariatu S. R. E. *Sine Primicerio,* (inquit) *vel Primate à fede Apoftolica delegato, Prouinciæ Cifalpinæ nonaginta annos manferunt Metropolitanis fingulis fuo iure feruato.* Sed etiam Tetgaudo Treuirenfi, Primatum aliorum exemplo, quòd primæ Belgicæ præeffet, audaciùs fibi vindicanti reftitit, Epiftolâ ad eúmdem, cuius fragmentum citat Frodoardus lib. 3. c. 21. his verbis, *Tetgaudo de Primatu, quem ab Hincmaro deferri debere fcripferat fedi Treuirorum, refpondit idem Hincmarus à fede Remorum nunquam illi fuiffe delatum:* quamuis reuerâ hic in Concilio Romano cap. 2. Primas nominetur, & in Annalibus Bertinianis anno 863.

Cur autem Hincmarus Treuirenfi nihil deferendum duxerit, illud effe arbitror quòd Remenfis eádem dignitate fulgeret, vt apertè idem fuggerit in Opufculis ad Nepotem fuum Laudun. Epifcopum c. 16. *Velis nolis Sanctus Hormifda Papa tibi oftendet Primatem effe huius Prouinciæ illum, qui in fede Beati Remigy apud Remorum Metropolim eft ordinatus Epifcopus, fed & Adrianus Papa Tilpino talia fuæ auctoritatis priuilegia, & fibi commiffæ Ecclefiæ dedit.* Ibi etiam Vicariatum à Primatu non diftinguit. Hormifdæ fiquidem Refcriptum, à Sirmondo velut fpurium rejectum, ab Hincmaro verò Laudunenfi veterum decretalium collectore nufquam oppugnatum, (quamuis ei multum noceret) de Vicariatu tantùm, Adriani verò Epiftola de Primatus dignitate in ampliffima fignificatione loquatur, quatenus independentiam à quacúmque alia fede præter Romanam inuoluit. Prædictam verò independentiam feu dignitatis augmentum, non tantùm Hincmarus, fed & Rupertus fupra, & Brouuerius citandus à Vicariatu Remigio ab Hormifda conceffo manaffe facilè agnofcunt, nullâ miffionis B. Xyfti Belgarum Apoftoli factâ mentione.

At Fulco, Hincmari fucceffor, vtrúmque conjungit Epiftolâ ad Stephanum 6. *Sedem verò Remenfem notum habeat ab Anteceffóribus fuis præ Gallicanis omnibus Ecclefijs femper fuiffe honoratam, vt potè cùm primus Apoftolorum Sanctus Petrus primum deftinauerit huic vrbi Sanctum Xyftum Epifcopum, & totius Gallicanæ regionis dederit ei Primatum. Hormifda quoque Papa Sancto Remigio vices fuas in Galliarum partibus commiferit.*

Ob prædictas Remigio vices datas à Sancta fede Apoftolica, quidam putant Remenfes Archiepifcopos Pallio antiquitus fummæ auctoritatis infigni ornari folitos. *Conceffio pallij* (inquit Doctiffimus Hallier) *fignum erat* αυτοκεφαλίας, *& independentiæ in ordinationibus,*

*ita*

# HISTORIÆ. LIB. I. 89

ita vt Metropolitanos, qui pallio insignirentur, prioribus temporibus Primati alicui non legamus obnoxios esse consueuisse. Sic pallium, seu phrygium summi honoris, & plenitudinis Pontificiæ, Cœlestinus Papa ad Cyrillum Alexandrinum misisse, cùm vices suas ei delegauit contra Nestorium anno 430. tradit Balsamon in Nomocanone Photij, & Hincmarus Pallium pro genio suæ Ecclesiæ sibi à Leone 4. traditum contendit Epistolâ ad Nicolaum primum.

*BETAVSIVS IV. ARCHIEPISCOPVS. An.308. Vices cum Pallio simul concedi solitas tradit D. Gregor. lib. 4. Epis. 51. c. 95. quod verò ( inquit ) in eis iuxta antiquum morem vsum pallij, & vices sedis Apostolicæ postulast. &c.*

Quicquid sit, siue Remensis Ecclesia suam independentiam, quâ Primatus dignitas fundatur, ab Xysto acceperit, siue à Remigio, cui Hormisda vices suas delegauit, aut certè à collatione pallij, quo Remenses insigniuntur à multis retro temporibus, illæsa hæc hactenus remansit, nec quispiam hanc deditâ operâ temerare nisus est, ante nouellum Historicum, qui habitâ ratione distinctionis Prouinciarum Galliæ in Primam, & Secundam, omnes Metropolitanos certis Primatibus obnoxios esse debere contendit, & hoc nomine Remensem Treuirensi, nisi hic extraneo Principi pareret : At id nusquam visum, vel auditum, etiam cùm vtráque vrbs, cum suis annexis, eiúsdem Monarchiæ finibus concluderetur, vnde cùm primùm illatis in Galliam, ac receptis eiúsmodi dignitatibus, Treuirenses ( quòd primæ Belgicæ Metropolitani essent ) de Primatu vel hiscere cœperunt ; acriter obstitere Remorum Archiepiscopi, non Hincmarus tantùm, sed & Raynaldus sub Callisto 2. Concilium Remis celebrante, vt refert Ordericus Vitalis, & Samson coram Eugenio 3. Adalberone Treuirensi primas sibi deberi nequicquam asserente, cùm Remensis eâdem dignitate fulgeat, ambæque Ecclesiæ Sorores dicantur in testamento Sancti Remigij ob eandem priuilegiorum, & auctoritatis participationem, & æqualitatem ; nomine fratris siquidem, præter cætera necessitudinum vincula, & communitas apparet, & dignitatis æqualitas ex Panegyrico Flaui, Constantino dicto.

Ad probationis cumulum, R. P. Brouuerij viri doctissimi, iuuat hîc verba referre, qui expensis vtrímque rationibus de Remensis Ecclesiæ nobilitate sic differit *Beati Clementis & Anacleti Pontificum Epistolis perspicuè traditur, in Metropolitarum, & illustrium sedium assignatione multo maximè prisci splendoris & potentiæ habitam rationem, vt nobiliores ferme vrbes auctoritate sacrorum cæteris eiúsdem Prouinciæ & Diœcesis longè anteirent. Quare nec existimem improbabile, haud paulo ampliorem antiquitus Remensi sedi Diœcesim attributam ; multáque extra ordinem ( vt solet ) eidem Regum gratiâ, & Beati Remigij, gloriâ, vel Romanæ sedis indulgentiâ contigisse, & eidem Beato Remigio, & eius Ecclesiæ, ac eius successoribus concessa, vt Belgica secunda Primatum haberet, imò Galliarum omnium Patriarcha esset, vicésque Apostolici in eis gereret ; satis extat compertum ex indulto Hormisdæ summi Pontificis, ac successorum, vnde & de iure Treuirorum præsuli, adeò nihil Remensem Archiepiscopum voluisse concedere vnquam ; sed eò*

M vtrím-

*utrimque sit descensum, ut æqualiter inter se partitâ dignitate in syno-dis, & ordinationibus unâ jus dicerent, ipsǽque Ecclesiæ se tanquam sorores agnoscerent, quo nomine B. Remigius ipse suo in testamento Treuericam dignatus est appellare. At enim vero ut rarum, nedum diuturnum in summo fastigio est consortium, subinde commutatâ hac specie gubernationis ita utrimque ius temperare placuit, ut quis quem ordinationis ætate superasset, is alterum publicis in cœtibus & conuentibus anteiret, quod ius vetus scriptor apud Aimoinum lib. 5. cap. 21. disertè quoque in Regis consecratione præsente Hincmaro obseruatum annotauit.*

Brouuerio concinit Illust. Tullensis Episcopus D. du Sauſſay vir eloquentiſsimus in libello Apologetico aduersùs Senonensem Primatem, vbi Remensem Archiepiscopum omnibus Primatibus Galliæ multò insigniorem agnoscit, quod solus ipse Franciæ Protoparius, nobiliſsimi Ducatus, & Apostolicæ legationis ordinariæ honore eniteat.

Abricensis Episcopi objectiones, quas ipse in Opusculo de Prouinciarum Galliæ Notitia studiosè congessit, quò probet Remenses Archiepiscopos inter Primates accenseri non poſſe, reducendósque sub Arelatensi, partim exhaustæ sunt, & ex dicendis obiter adhuc soluentur. Quædam enim confundunt Vicariatum cum Primatis dignitate, supponúntque Primatus viguiſſe in Gallijs sub primæ stirpis Regibus quod apertè falsum est; imò vero si prædicti Vicariatus quídquam probarent, idem incumberet Lugdunensi, & Treuirensi ostendere quomodò Arelatensi pariter non essent obnoxij, cùm hic vices summi Pontificis gesserit per Galliam Lugdunensem, & Austrasiam. Quædam præterea fundantur in subscriptionibus Conciliorum, quo incertius nihil est ad eruendam Præsulum prærogatiuam, vt Concilia vel leuiter peruoluenti patebit, vbi simplices Episcopi sæpius ante proprium Metropolitanum subsignarunt.

Quod spectat ad Gregorij VII. Epistolam, quâ idem Auctor vtitur, vbi Pontifex Remensem Archiepiscopum Primati subjectum aliquando fuisse asserit, Responderi posset id dictum sine probatione ad Manaſsis proteruiam confringendam, vt infra ad annum 1080. latiùs ostendetur, 2. eruditiſsimus Scriptor, qui de veterum Galliæ Metropolitanorum independentia nuper diſſeruit, monet prædictam Epistolam ab Amanuensi Pontificis scriptam fuiſſe iuxta receptam tunc opinionem jurisdictionis primæ Prouinciæ cuiúsque partis Galliarum, in secundam & tertiam, vnde arrepta occasio Primatus instituendi post vulgatam præsertim Isidori collectionem, vt supra diximus.

*Betausius quartus Archiepiscopus, sub eo Remensis Prouinciæ Episcopatus aliquot restituuntur.*

## CAPUT XXV.

BETAVSIVS IV. ARCHIEPISCOPVS. *An.*308.

Betausius post longum Interpontificium sub Marcello summo Pontifice sedi Remensi suffectus, quartus numeratur inter Archiepiscopos. Cuias autem fuerit, an è Gallia oriundus, vel ex ipsius vrbis Romæ gremio in has oras à Sede Apostolica peculiariter missus, non satis compertum. Quidam ex nominis varietate, è Græcia in Gallias amandatum suspicantur; cùm MSS Codices eum nonnúnquam *Ambitausum* vel *Ambitausium*, aliquando *Imbetausum*, sæpius *Betausum* vel *Betausium* nominent. Demochares hunc Sancti Eusebij Pontificis ex sorore nepotem, & à Miltiade Papa anno 312. consecratum tradit sine certo Auctore: Remísque Ecclesiam SS. Apostolorum, seu Sancti Symphoriani, qui sub Aureliano Martyrij palmam obtinuerat, ædificasse, quò, crescente Fidelium numero, ijs recipiendis ad synaxim amplior daretur locus, *Hoc enim temporis tractu* (inquit Seuerus Sulpitius) *mirum est quantùm inualuerit religio Christiana.* Quod verò subdit à Siluestro Metropolitam creatum, vel eiúsdem Pontificis auctoritate Remensem Ecclesiam factam Metropolitanam, cum Frodoardo non concordat, qui B. Xystum ab Apostolorum Principe Archiepiscopum ordinatum cum suffraganeorum auxilio Vrbi Remorum dicit delegatum lib. 1. cap. 3.

309.
310.
312.
313.

Hic igitur Betausius cum Primogenito, vel Primigenio Diacono suo, primus ex hac Belgica Prouincia Arelatensi primæ interfuit synodo relatæ per Marinum Episcopum Beatissimo Papæ Siluestro, Volusiano, & Aniano Consulibus, Siluestri Pontificatus anno 1. Imperij Constantini 9. à partu Virginis 314. Vnde in elencho Episcoporum, qui ex Gallia rogatu Constantini Arelate conuenerunt, primus à Sirmondo collocatur, quamuis quidam alij Betausio præponantur in synodica ad Siluestrum Papam: Putátque idem Auctor corruptè in MSS pro Amantio Remensi Episcopo, Ibethanium, seu Betausium legi, at à Frodoardo ob meras conjecturas recedere nolui.

314.

In ea synodo, cui sexcenti Episcopi interfuere (si Adoni fides) Cæciliani, & Donatistarum causa iterum discussa est; pertinax contentio, quæ Affricam vexabat, pro parte, composita, & de Baptismo Hæreticorum Ecclesiæ lex tradita, eiúsque iterandi praua consuetudo, quæ in Affrica inoleuérat, penitus repressa in posterum, atque interdicta. Quid præterea actum, tradunt historiæ Ecclesiasticæ,

*Ducenti tátium ponuntur ab Augusti lib. 1. contra Parme c.* 5.

BETAVSIVS IV. ARCHI-EPISCOPVS. *An.*308.

& Conciliorum acta, quæ confulat lector fi velit. Quod verò fpectat ad Betaufij labores, & quantùm eo regente inualuerit Chrifti religio (ipfius enim nomen, omni perfecutione dimotâ, vbique tunc feliciter inclamari cœpit) an deftructis Idololatriæ reliquijs, fauente inprimis Conftantini præfentiâ (hunc enim per id tempus veniffe in Galliam, ac Beluaci leges tuliffe, retuli cap. 12.) primariæ fedis in vrbe fundamenta jecerit, vel præter Sancti Symphoriani Bafilicam, quæ tunc Archiep. fedes facta putatur, alias quoque Beatiffimis Chriftophoro, Cofmæ & Damiano, atque Mauritio dicatas funditùs excitarit, certò à nobis quicquam affirmari non poteft. Supra nominatus Demochares tradit Betaufium fediffe ann. 14. egiffe verò animam 327. 10. Februarij, quod adhuc incertum eft, jacet in Ecclefia Beati Xyfti cum prædeceffo-ribus ex prolixiori teftamento Sancti Remigij.

327.

Metropolis Vrbis Remorum Epifcopali fede poftliminiò reftitu-tâ, alijs quoque ei fubjectis fedibus, Epifcopos datos fub Conftantino par eft credere, & hos vel Româ miffos, vel certè Summi Pontificis decreto, Metropolitanâ auctoritate conftitutos, faltem poft Concilium Arelatenfe; ipfius enim tempore, necdum per Prouinciam Epifcopos reftitutos arbitror, cùm ex his, vt iuffum fuerat ab Imperatore, nullus cum Betaufio Metropolita ei interfuerit: At paulò poft quorúmdam elucent nomina in Actis Concilij Agrippinenfis, cui cum Dyf-cholio Remenfi fubfcripfere an. 346. vel 47. Mercurij fcilicet Sueffionenfis, Donatiani Catalaunenfis, Superioris Neruiorum, & Eulogij Ambianenfis: verifimile eft alijs Ciuitatibus necdum inftitutos, aut faltem reftitutos Epifcopos, ob crebras Alemannorum graffationes per Belgium, vt monui cap. 12.

De Donatiano lis fuboriri poffet, ob Catalaunorum traditionem, qui Memmij Collegam hunc, & cooperatorem fuiffe contendunt, fediffeque ftatim poft eum anno circiter 116. at cùm Memmium è contra Xyfti coadjutorem Frodoardus vocet, nec Donatiani meminerit, Baronij conjecturæ fupra relatæ inhærendum fatius duxi, qui Donatianum Catalaunenfem putat Concilio Agrippinenfi interfuiffe, mendúmque irrepfiffe apud Harigerum, vbi in Actis ab eo in lucem editis, Donatianus Cabillonenfis legitur, non Catalaunenfis.

Grauior difficultas eft de Superiore qui nullius peculiaris Vrbis Epifcopus vocatur, fed Neruiorum, id eft totius territorij, feu tractus vetuftiffimæ gentis valde celebris apud Cæfarem, vnde fit vt aliquot vrbes Bauacum fcil. Turnacum, & Cameracum intra prædicti Neruiorum territorij ambitum contentæ, hunc fibi, & cum eo primariæ Sedis prærogatiuam certatim venditent, de quarum diffidio nuper differtatiunculam emifi. Arbitror vel Superiori, quòd firmam alicubi fedem figere, ob Barbarorum excurfiones, facultas non daretur, Gentis titulum inditum fuiffe, vel ibi pro primariæ vrbis nomine (Turnaci fcilicet) Gentis nomen pofitum.

*Aper*

*Aper quintus Archiepiscopus; Treuiris B. Athanasius iussu Constantini exulat.*

## CAPUT XXVI.

APer ex Romano presbytero à summo Pontifice Siluestro, post tertiam Synodum congregatam an. 328. Remorum consecratur Archiepiscopus auctore Antonio Demochare, qui & sedisse annos 22. scribit, obijsse verò 350. at hic sibi ipsi aduersatur, cùm in Elencho Archiepiscoporum, Dyscholium ex Agrippinensi synodo, & ex lib. MS S. Mariæ Atrebatensis, Apro successisse velit; prædicta autem synodus, cui Dyscholius subscripsit, habita sit anno 347. Nec mirum quòd in figenda Chronologia Auctores inter se dissentiant, cùm de duobus his, ac quatuor sequentibus Archiepiscopis, nihil certi apud nos habeatur, nec extet quispiam qui certò prodiderit sub quo Consule, vel quos singulorum vita habuerit exitus; eò quòd Ecclesiarum Belgij, imò totius penè Galliæ memoriam aboleuerit facta per Vandalos & Hunnos subuersio. De quinque his Archiepiscopis, qui immediatè B. Nicasium præcesserunt, illud tantùm habemus ex prolixiori testamento S. Remigij, quòd quiescant in Basilica S. Martyris Agricolæ, quamuis sepulturæ locus, ob iteratas reparationes postmodùm manserit incognitus.

Apri nomen prætulisse alij duo pariter leguntur, primus apud Nicolaum Camuzatium in Misselaneis Historiæ Trecensis, vbi ortus dicitur ex pago *de Traineant* in Campania, nouem leucas à Trecis, fuítque primò causarum actor, seu patronus, tum asceta, postremò Tullensis Episcopus an. 420. cui B. Paulinus tertiam Epistolarum inscribit; meminitque huius Martyrol. Remense 17. Calend. Octob. *Tullo depositio Sancti Apri Episcopi & Confessoris.* Alter parens B. Lamberti Tungrensis Episcopi fuit, quem velut è regali prosapia ortum celebrat Historia Leodiensis.

Remis Apro sedente, insignis Doctor Athanasius Alexandriæ Patriarcha Treuerim relegatus, à Beato Maximino, qui vrbis infulas gerebat, & à totius regionis Episcopis honorificè, velut inuincibilis Athleta, ac fidei Orthodoxæ aduersùs Arrianos acerrimus defensor, susceptus est. Constantinus qui hæreticorum fallacijs se nimiùm facilem ac credulum præbuerat, eodem anno egit animam, partitóque eius Imperio inter filios, Galliæ Constantino natu majori obtigerunt, in quas cùm aduenisset an. 338. Augustæ Treuirorum reperit Athanasium iam duos annos exilij sui compleuisse, quem paulò post, renitentibus Arrianis, propriæ sedi restituisse fertur: at cùm hæretici nullum

336.

Constantinus junior. 338.

340.

94 METROPOLIS REMENSIS

APER V.
ARCHIEPIS-
COPVS.
*An.* 328.
*Constans*
*Gallias oc-*
*cupat.*

345.
346.

nullum non mouerent lapidem quò Athanasium è medio tollerent, Constans, qui post fratrem Orientis Imperij habenas moderatus est, inter tot aduersa ei auxilio fuit, consensitque vt Sardis iuxta Illyrium & Thraciam generalis synodus haberetur, ad quam Athanasius liberè perrexit, & complures alij Galliæ Belgicæ Episcopi, inter quos Dyscholius Remorum nominatur. De quo studiosè hîc inquirendum est, an in Album Archiepiscoporum sit admittendus.

*Dyscholius à Frodoardo omissus, an Chorepiscopus tantùm, vel Remorum Archiepiscopus fuerit.*

## CAPUT XXVII.

QVi Frodoardi Collectaneis scrupulosiùs adhærent, ab Archiepiscoporum indiculo, vel maximè Dyscholium eradendum arbitrantur, quòd huius prudens Historicus non meminerit, putántque se ( concessâ Dyscholio solâ Chorepiscopi dignitate ) Conciliorum Actis, quibus ipse subscripsit, abundè satisfecisse. Quæ fuerit Chorepiscoporum dignitas, gradus, & ministerium, liquidò patescit ex voce χώρα quæ regionem significat, quasi certarum regiuncularum speculatores essent, vt explicat Hincmarus, iísque incumberet omnem sacerdotalem totius regionis sibi commissæ conuersationem corrigere, atque dirigere; vnde fit, vt hac instructus auctoritate Dyscholius, Concilijs Sardicensi, & Agrippinensi interesse, ac subscribere potuerit. Cùm énim prioribus sæculis, Lauduno Castro necdum in sedem Episcopalem erecto, Remensis Diœcesis ampla admodùm esset, & spatiosa, Chorepiscoporum ministerio indigebant Archiepiscopi, vel potiùs eo vsi sunt, vt quietiùs forsan viuerent: refert Concilium Antiochenum cap. 10. hos manuum impositionem percepisse, ac velut Episcopos consecratos, licèt ibídem moneantur, vt sui officij memores sint, nec vltra sibi concessa quicquam præsumant; verum quidem est Damasi Papæ Epistolâ ad Episcopos Affricæ ( quam Hincmarus vt legitimam recipit, alij verò velut spuriam reijciunt ) haberi eiúsmodi dignitates dudum ( hoc est ante Damasi Pontificatum ) ab Ecclesia exoleuisse; at perseuerasse potuerunt in Gallia, conniuentibus Episcopis, cùm de his Regiensis synodus adhuc loquatur, & Zacharias I. ad Pipinum Palatij præfectum Epistolâ datâ an. 747. quamuis modum ipsis ( quòd sibi nimiùm arrogarent ) impositum fuisse non negauerim, cùm de his grauiter conqueratur Hincmarus ad Leonem Papam apud Frodo. lib. 3. cap. 10. & Epistolâ ad Nicolaum I. vbi de Gothescalco disserit, qui contra regulas, & sede vacante, à Chorepiscopo Remensi fuerat presbyter ordinatus. Sic igitur cùm

*Hincmarus*
*Epistolâ de*
*translatione*
*Episcoporũ.*

Chore-

Chorepifcoporum ampla quondam fuerit auctoritas in Ecclefia faltem Gallicana, & Dyfcholius eo vixerit tempore quo minifterium eius vfui effe poterat, ob Diœcefis amplitudinem, fatis appofitè concluditur eo nomine Concilijs interfuiffe, ac titulo tenus vocari Archiepifcopum.

DYSCHOL. VI. ARCHIEPISCOPVS. *An.* 346.

Nec ea opinio conjecturis fidem facientibus omnino vacat, quarum prima eft, quòd poft Ambianenfem Epifcopum Rem. Ecclefiæ fuffraganeum fubfcripfiffe legatur in Concilio Sardicenfi, at hoc parum, aut nihil probare dicam alibi, 2. ex prolixiori B. Remigij teftamento petitur, vbi quatuor Epifcopi in Ecclefia Sancti Xyfti quiefcere dicuntur, in Ecclefia verò Jouiniana quinque; vnde infertur non plures quàm nouem admittendos ante S. Nicafium, 3. ex Epiftola Ebonis (forfan Hincmari) ad Balduinum Ferreum Flandriæ Marchionem apud Molanum, quæ difertè indicat Donatianum feptimum fuiffe fedis Remenfis Archiepifcopum, 4. ex Hincmari Epiftola ad iuniorem Hincmarum Laudunenfem, vbi Sanctum Remigium vocat XV. Remorum Archiepifcopum. Hæ rationes ex eòdem fonte prorfus manant, nituntúrque folâ auctoritate teftamenti Sancti Remigij, de qua nonnihil poftea. Id deinde quod de Chorepifcoporum dignitate, & officio profertur, valdè incertum eft, cùm ab Ecclefia, non quidem nomen, fed eorum poteftas Dyfcholij tempore refciffa penitus effet & abrogata, ex Concilio Laodiceno, vbi Can. 57. dicitur, *Quòd non oportet in vicis & pagis Epifcopos conftituere, fed periodeutas* id eft Circumcurfatores, quales depinguntur in libello de Miniftris Remenfis Ecclefiæ, relato ad calcem Frodoardi.

His ergò ritè perpenfis, potiora mihi videntur Conciliorum Acta, in quibus Dyfcholius abfolutè vocatur Remorum Epifcopus, ignofcendúmque eft Frodoardo, quem Agrippinenfia Acta fortaffe latuerunt, quæ fi nota fuiffent, haud dubiè Dyfcholium æquè inter Archiepifcopos repofuiffet, ac Betaufium, cuius nomen ex Actis Concilij Arelatenfis ei tantùm innotuit: verum quidem eft in Sardicenfibus Dyfcholij tantùm nomen haberi fine addito vocis Remorum, in quo Frodoardus decipi potuit, at Agrippinenfia ab Harigero relata, adeò clarè loquuntur, vt nullus relinquatur ambigendi locus: proinde cùm Dyfcholius duobus his Concilijs interfuerit, cenfeo gratis vocari Chorepifcopum à Coluenerio in Scholijs ad Frodo. cùm in Agrippinenfi aduersùs Eufratam Pfeudoarchiepifcopum Photini veneno infectum, qui Chrifti Diuinitatem negabat, definitiuam cum alijs Epifcopis tulerit fententiam his verbis. *Qui Chriftum Deum negat, in Ecclefia non poteft permanere, dicente Domino, qui me negauerit coram hominibus, negabo eum coram patre meo qui eft in cœlis, & ideò Eufratam inter fratres meos arbitror, & rectè cenfeo effe Epifcopum non permitti.* Dyfcholius qui hîc fe aliorum Epifco-

Episcoporum fratrem nominat, Sardicensis synodi anno sequenti coactæ ( vt quidam volunt ) Acta ab Osio Cordubensi missa, vt legitimus Pastor recepit, quibus & subscripsit cum Serbatio Tungrensi, Mercurio Suessionensi, & Superiore Turnacensi. Quo verò anno Dyscholius obierit, & vbínam iaceat, æquè mihi ignotum est, ac patria, parentes, & ingressus ad Pontificatum.

*Basilica S. Agricolæ Remis conditur à Jouino, quis Jouinus ille fuerit, Gesta ipsius, posteritas, & tumulus.*

## CAPUT XXVIII.

EXigit hîc temporis ratio, vt quod Frodoardus de Jouino Galliarum Præfecto, & Basilica Sancti Agricolæ paucis, & obiter retulit, paulò vberiùs explicem, id enim succedentium Archiepiscoporum Historiæ lucem adferet, ac vrbi Remensi decus, quæ tam illustris viri visendo gaudet Mausoleo. Vetus traditio fuit posteris consignata, Jouini Agricolam fuisse consanguineum, qui sub Diocletiano Martyrij agones, cum Vitale famulo, apud Bononiam Italiæ feliciter compleuit. Huic robur addit quòd solius Agricolæ, tanquam præcipui Tutelaris, mentio fiat in testamento S. Remigij, veterésque membranę hunc Vitali præponant, quamuis huic de more postponi deberet, quòd seruus Magistrum ad Martyrij palmam præcesserit. Vtcúmque verò Jouinus Agricolæ cultor, vel ob sanguinis nexum, quod magnum est, vel ob miracula, quæ longè latéque meritis ipsius percrebuerant; constat hunc in prospectu Remorum editiori loco Basilicam Agricolæ nomine, velut regnantis Christi, post euersos Gentilitatis ritus, trophæum erexisse, cui census, & prædia, præter loci ambitum, liberaliter contulit, pro Dei seruorum stipendijs, qui ab hinc, ad Geruasium prædictæ Ecclesiæ restauratorem, Diuinum in ea persoluerunt officium.

Quàm verò sublimis esset sacra hæc ædes, & magnifica, cùm non stet ampliùs, Frodoardo habenda fides, ac Geruasio, qui ingemuisse fertur cùm eam senio labentem conspexisset; probatúrque ex eò quòd Remenses Archiepiscopi, postpositâ S. Xysti Basilicâ, prædecessorum nobilitatâ pignoribus, in ea sepulturam elegerint, hinc enim alijs suburbanis Basilicis elegantionem tunc fuisse, & à frequenti populo cultam haud ineptè quis arbitretur; eò vel maximè quòd è Bononia nuper in Aruerniam à Mamatio præsule BB. Agricolæ, & Vitalis reliquiæ translatæ essent ex Gregor. Turon. lib. 2. c. 16. cuius translationis festum, ibi, ac Remis agitur V. Calend. Decembris. Cæterùm prædictam Agricolæ Basilicam magnificè decoratam,

# HISTORIÆ. LIB. I.

tam, his versibus ( vt alibi factitatum legitur ) Fundator Illustris aureo prætitulauit decore.

*DYSCHOL. VI. ARCHIEPISCOPVS.*
*An. 305.*

> *Felix militiæ sumpsit deuota Jouinus*
> *Cingula, virtutum culmen prouectus in altum:*
> *Bisque datus meritis, equitum, peditúmque Magister;*
> *Extulit æternum sæclorum in sæcula nomen.*
> *Sed pietate graui, tanta hæc præconia vicit,*
> *Insignésque triumphos religione dicauit,*
> *Vt quem fama dabat, rebus superaret honorem;*
> *Et vitam factis posset sperare perennem.*
> *Conscius hic sancto manantis fonte salutis,*
> *Sedem viuacem moribundis ponere membris;*
> *Corporis hospitium lætus metator adornat,*
> *Reddendos vitæ saluari prouidet artus,*
> *Omnipotens Christus iudex venerabilis, atque*
> *Terribilis, pie, longanimis, spes fida precantum;*
> *Nobilis eximios famulis non imputat actus,*
> *Plus iusto fidei, ac pietatis præmia vincant.*

*Cingulū est symbolū fortitudinis & constantiæ, hunc Gentiles dicabant Marti, olim cingulū militiæ adimebāt Imperatores Nobilibus quò eos cogerent fidē Catholicam abjurare. Euseb.lib.8. cap.4.*

Quis verò, quotúsque fuerit insignis hic Jouinus, quâ pollens virtute bellicâ, quàm strenuè se gesserit sub quatuor Imperatoribus, & quomodò ob partas in grassantes Alamannos victorias, vrbis Romæ Consul renunciatus, vix cuiquam ignotum puto, qui Marcellinum peruoluerit; Hunc Remis ortum, ac ibidem Militiæ tyrocinium expleuisse, tradit nobiscum D. Tristan in eruditissimis suis Commentarijs, quod ad eiúsdem vrbis commendationem plurimum facit: inde enim confirmatur quod cap. 9. diximus, Remenses sub Cæsaribus nonnihil pristini sui splendoris retinuisse, ac inter Primores, & præcipuæ nobilitatis Viros, aliquot, ob amicitiæ fœdus cum Romanis, ad dignitates euectos, quod alijs quoque vrbibus postea concessum docet Panegyr. Constant. *Post edictum Antonini Pij* ( inquit ) *allecti in senatum potentiores ex omnibus Prouincijs.* Hinc Senatus ex totius orbis flore constans; Spectatæ virtutis specimen primùm Jouinus exhibuit sub Constantio, cùm Julianus recèns Cæsar ab eo creatus, secundæ Belgicæ varijs calamitatibus oppressæ gubernaculum suscepit. Hic enim Remis existens, quæ totius Prouinciæ erat, & est Metropolis, Jouinum sibi deuinxit tunc militiâ clarum, ac rebus gerendis aptissimum: adhuc enim Julianus cultui Christiano adhærebat: tum Constantio in Persas expeditionem mouente, profecturus per Martianas siluas prope alueum Istri fluminis, nè paucis comitantibus multitudinem offenderet, consilio solerti, per itinera Italiæ nota quosdam properatores cum *Jouino* misit, & Jouio, quò diffusi per varia, opinionem numeri præberent immensi.

*Ammianus Marcellin. lib. 21. & sequentib.*

*Iouinus Iuliano notus sub Constātio Imper. An. 355.*

Aquileia, situ, opibus, murísque circumdata validis, à duabus legionibus

DYSCHOL. *legionibus Constantiacis inuasa, cùm Julianus ageret apud Nas-*
VI. ARCHI-
EPISCOPVS. *sum, nè quid magni oriretur,* Iouinum Magistrum equitum *venien-*
*An.* 350. *tem per Alpes, Noricósque ingressum, ad id quod exarserat quo-*
*quomodò corrigendum, redire citiùs imperat. At ipse Iulianus haud*
*Iulianus Io-* *diu post cognitâ morte Constantij, discursis Thracijs, Constanti-*
*uini operâ*
*vtitur post* *nopolim introijt, ac sæpe doctus certius fore id obsidium, quàm ve-*
*Constantij* *rendum. Immone cum Comitibus alijs ad hoc destinato, remouit*
*obitum*
*An.* 361. *exinde* Iouinum, *alias, quæ potiores flagitabant, necessitates actu-*
*rum.*

Hic igitur Julianus Constantinopoli insigni pompâ, velut Imperator, exceptus, Secundo Sallustio præfecto prætorio summam agi-
tandarum quæstionum, vt fido, commisit, Mamertino, & Neuitâ
adiunctis, itidem *Iouino Magistro equitum* per Illyricum recèns promoto, qui omnes transgressi Chalcedona, præsentibus Tribunis,
causas vehementiùs æquo bonóque spectauerunt &c.

Juliano deinde in Persas (contradicentibus fatis) profecto, ac
fortiter inter cuneos decertante, equestri hastâ percusso: Jouianus
ad culmen Imperij prouectus, quò lectos exploratæ industriæ, fi-
deíque haberet Comites, Lucillianum socerum suum (oblatis Magisterij equitum codicillis) properare iubet Mediolanum, Malacha-
rium verò, missis insignibus, *Iouino* succedere armorum Magistro
per Gallias, geminatâ vtilitate præspeculatâ (inquit Marcellinus)
*Iouinus sus-* vt dux (*Iouinus scil.*) meriti celsioris, ideóque suspectus abiret è
*pectus Ionia-* medio, & homo inferioris spei ad sublimiora euectus, Auctoris sui
*no præfectu-*
*ram abdica-* nutantem adhuc statum studio fundaret ingenti; at paulò post, tri-
*re cogitur* ste à Cursoribus nuntium adfertur, quòd Lucillianus Mediolanum
*qua paulò*
*post ab eode* ingressus, cum Tribunis, cognito quòd Malarichus magisterium re-
*ornatur, ex* cusauit, effuso cursu petierat Remos, ortáque seditione cum alijs
*Ammiano l.*
*25. & ver-* fuerat vitâ sublatus. His lætum addebatur, missos à *Iouino* milites ad-
*sib.supra re-* uentare, nunciantes æquo animo Jouiani Imperium amplecti exer-
*latus, pro E-*
*pitaphio.* citum Galliarum; confestim in Gallias ablegatur Arintheus ferens
litteras ad *Iouinum* vt constanter ageret suum obtinens locum, eíque
mandatum est, vt animaduerteretur in concitatores tumultus & seditionis &c.

Valentiniano in Jouiani locum subrogato, & Valente ad Imperij
consortium assumpto, *Iouini* adhuc clarior fortuna fuit, hoc præsertim tempore, cùm per vniuersum orbem Romanum, bellicum ca-
nentibus buccinis excitæ gentes sæuissimæ, limites sibi proximos per-
sultabant: Gallias, Rhetiásque simul Alamanni populabantur, Sarmatæ Pannonias &c. actâ siquidem tranquilliùs hyeme, concordissi-
mi Principes percursis Thracijs Noëssum aduenerunt, vbi in subur-
*Iouinus à* bio, quod tertio lapide à Ciuitate disparatur, quasi mox separandi
*Valentinia-* partiti sunt Comites; & Valentiniano quidem, cuius arbitrio res
*no dux eligi-*
*tur lib.* 26. gerebantur, *Iouinus* euenit dudum promotus à Juliano per Gallias
Magi-

Magister armorum, & Dagalaiphus, quem militiæ rectorem pro- DYSCHOL.
uexerat Iouianus: in Orientem verò sequuturus Valentem, ordina- VI. ARCHI-
tus est Victor &c. EPISCOPVS.
*An.* 350.

Alamanni igitur, superatis Galliarum limitibus, per prouincias
effusis, Dagalaiphus à Parisijs occurrit, eóque diu cunctante, cau-
santéque diffusos per varia Barbaros semet adoriri non posse, accitó-
que paulò post, vt cum Gratiano etiam tum priuato, susciperet insignia Consulatus, *Iouinus equitum Magister* accingitur, & instructus, *Iouinus A-*
paratúsque obseruans vtrúmque sui agminis latus, venit prope lo- *lamannis so-*
cum Scarpona, ( Vicus est etiámnum Lotharingiæ ad Mosellam ) *lus se oppo-*
vbi inopinus majorem Barbarorum plebem antequam armaretur, tem- *nit, eósque*
poris breui puncto præuentam ad internecionem extinxit. Exultan- *prope Cata-*
tes innoxij prælij gloriâ milites ad alterius globi perniciem ducens, *launum cæ-*
sensímque incedens *Rector eximius* speculatione didicit fidâ, direptis *dit & fugat.*
propius villis, vastatoriam manum quiescere prope flumen, iámque *lib. 27.*
aduentans, abditúsque in valle, densitate arbustorum obscurâ, videbat leuantes alios, quosdam comas rutilantes ex more, potantés-
que nonnullos; & nactus horam impendiò tempestiuam, signo repen-
te per lituos dato, latrocinalia castra perrupit &c. hoc prospero rerum effectu, quem virtus peregerat, & fortuna, auctâ fiduciâ, *Ioui-*
*nus* militem ducens, diligenti speculatione præmissâ, in tertium cu-
neum, qui restabat, properè castra commouit, & maturato itinere omnem prope Catalaunos inuenit ad congrediendum promptissimum,
tantísque animorum lacertis Miles eminuit, vt hostium quatuor
millibus saucijs, sex altera interficeret millia: ipse verò non amplius ducentis amitteret; exin progressus vlterius, reuertens vbi
nullum repererat, didicit Regem hostilium agminum cum paucis
captum ab hastarijs suffixum patibulo; Ideóque iratus, in Tribu-
num animaduertere statuit, ausum hoc, inconsultâ potestate supe- *Ex lib.* 27.
riore, fecisse.

Post hæc redeunti Parisios, post claritudinem rectè gestorum, *Iouino re-*
Imperator lætus occurrit, eúmque postea Consulem designauit; il- *deunti post*
lo videlicet ad gaudij cumulum accedente, quod ijsdem diebus Pro- *victoriā Im-*
copij susceperat à Valente caput transmissum. Sic igitur cum virtu- *perator oc-*
tute, ac bellandi peritiâ sibi ad dignitates per gradus iter parasset *currit, eúm-*
Iouinus, ad Consulatum vrbis æternæ tandem peruenit, quem cum *designat.*
Lupicino, qui Procopium deuicerat, feliciter gessit ann. 366. iuxta
Cassiodorum.

Quod spectat ad illustris Iouini posteritatem, censet prædictus
Dom. Tristan vir summæ eruditionis, diu Remis perseuerasse post
ipsius obitum, inde verò ob crebras Barbarorum irruptiones, quibus
Prouincia Remensis miserè per hos dies vsque ad annum 407. attrita fuit, traductam in Gothiam, narrátque ex Sidonio Apollinare
poëmate, quod Narbo inscribitur, filiam habuisse Consentio insigni

Philo-

DYSCHOL. Philosopho, ac Poëtæ, & ex nobilioribus Galliæ Narbonensis iu-
VI. ARCHI-
EPISCOPVS. gatam. Romæ adhuc extat Epitaphium, quod vni ex filiabus Jo-
An. 350. uini positum censet E. Card. Baronius, cui exarata sequens in-
scriptio.

*Fl. Jouina quæ vixit
Annis tribus, D. XXXII. depos
Neofita in pace XI. Kal. Octob.*

Putat idem Auctor filiam hanc trium annorum, & 32. dierum, Neophitam dici, quòd diem clauserit parentibus iam baptismate ad fidem initiatis, propriâ enim electione Christiana fieri non potuit, nixus hâc opinione quòd Jouinus ante obitum Juliani, Gentilitios ritus necdum abjecisset; At id Historiæ nostræ refragatur, cùm Julianus Imperij fasces susceperit anno 360. Basilica vero Sancti Agricolæ, cuius Jouinus est Auctor, sepulturæ locum præbuerit Archiepiscopis Rem. ann. 350.

Non legimus filios reliquisse, quò nomen suum longiùs propagaret, quamuìs aliquod dubium sit an Jouinus, & Sebastianus Cæsares nominati à Militibus, sub Honorio & Arcadio Imperatoribus, ab eo prodierint, Jouini nomen, & locus vbi tyrannidem exercuerunt, Narbona scil. & quòd Jouinus hic primæ Nobilitatis vocetur apud Gallos ab Orosio, multùm valent ad id persuadendum, eò vel maximè, quòd 33. anni tantùm effluxerant ab obitu Valentiniani, sub quo senior Jouinus claruit, ad prædictos Cæsares. At his libenter prætermissis, quæ instituto non prosunt, ad Jouini tumulum veniamus.

JOVINI

HISTORIÆ. LIB. I. 101

DYSCHOL.
VI. ARCHI-
EPISCOPVS.
*An.* 351.

## JOVINI TUMULUS, VEL CENOTAPHIUM.

Visitur in Ecclesia Sancti Agricolæ, nunc Beato Nicasio sacrâ, ad latus dextrum propylei majoris, Tumulus marmoreus peritâ ad miraculum manu delineatus, ac cæsus, quíque spectatoribus admirationem parit. Tribus hic columnis subnixus, parieti adhæret, quem traditio fert esse Jouini; hunc siquidem cum sex Archiepiscopis in ea Ecclesia quiescere docet B. Remigius in prolixiori

N 3 testa-

DYSCHOL. testamento; vno lapide Tumulus constat, & octo pedum cum dimi-
VI. ARCHI- dio est longitudinis, Latitudinis quatuor cum dimidio, altitudinis
EPISCOPVS. verò trium pariter cum dimidio. A parte supera excauatus est, instar
An. 350. arcæ, & apertus, suntque tres intus concauitates, duobus intersti-
tijs ex eodem saxo distinctæ, & separatæ. In antica, quæ partibus alijs
pulchrior est, & sola prominet, venationis amplissimæ pugna marmori egregiè sculpta conspicitur, quam Princeps aliquis equo genero
sissimo insidens, multis comitantibus, tentat absoluere, restátque illi immanis quidam Leo, toris, comísque ceruicum fluctuantibus,
in eum maximo impetu insiliens, confodiendus, hastâ quidem à gut-
ture ad costas iam transfixus, sed in quem, extenso brachio, alteram rursum vult infigere, ne Venatorem humi prostratum, ac Leoni
ferocienti hoc in discrimine clypeum opponentem, discerpat.

Proximè adstat Eques barbatus, manu jaculum gestans Leonem
confixurus, si flexu, Principis ictum, elusisset. Comitantur alij pe-
dites circum brachia tortâ veste, è quibus nonnulli regionis incolæ
videntur, vbi pugna fiebat, suntque ex parte nudi, ac quercus inter eos, quò pateat ad oram nemoris pugnam fieri, vel in loco arboribus consito, muris aut sepibus vallato. Principi adjacet miles
galeatus, clypeum sinistrâ ( forsan Principis ) dextrâ verò hastam
gestasse videtur, quæ nunc est à marmore auulsa. Juxta eum stat
Puerulus duodecim annorum, mantello tantùm fibula sub mento re-
ligato, sed ita supra scapulas reuulso, vt nudus omnino appareat;
præ manibus habet galeam, ( vt videtur ) Principis, aut cuiúsvis alterius è comitatu.

A tergo Senex quidam barbatus adstat veste Romanâ, alius item
Junior proximè accedens ad physiognomiam præcipui Venatoris, &
captiuus Persa, aut Armenius fræno veredum seu venatorium ducens
equum, in cuius antilena Vrsus, vel Leo alligatus, cuius pars capitis tantùm apparet; tam verò Principis, quàm prædicti Senioris
equi, ferarum exuuijs ornantur, quas ab ipsis forsan prostratis de-
traxerant. Sunt præterea Canes torqueati ad venandum idonei, &
sub pedibus deuicti iacent Ceruus, Aper ingentis magnitudinis, Da-
ma, vltimum ( vt videtur ) trahens suspirium.

Quid sibi velit pugna hæc venatica, & quis Princeps Leonem
feriens, qui præ sua vastitudine intuentibus est admirationi, viri
aliquot eruditi, quísque pro genio conati sunt aperire, N. Berge-
Folio 269. rius ὁ μακαρίτης, in insigni suo opere viarum Imperij, refert explicationem D. Colin Remensis Ecclesiæ Thesaurarij, qui in ea fuit opinione, vt Venator præcipuus repræsentet Hadrianum Imperatorem, quem venatu frequentissimè Leonem manu sua occidisse refert Spartianus in Hadriano ; & quamuis eam omnino non approbet Bergerius, quòd in mente volueret Aprum Calydonium
à Meleagro occisum, ac sæpius in veteribus tumulis repræsenta-
tum,

tum, eam tamen vt ingeniosam iuxta, ac eruditam laudat, & extollit.

Dominus Tristan, qui prædicti Tumuli figuram inseruit post Hadriani numismata, censet pugnam hanc aliam non esse ab ea, quam Jouinus ipse habuit cùm in procinctu Persico Julianum sequeretur. Hoc vt probet, tradit ex Ammiano Marcellino, Imperatori per Duram desertum opidum pergenti, oblatum à militibus immanissimi corporis Leonem, multiplici telorum iactu, cùm aciem peteret, confossum (forsan à Jouino duce) néque enim verisimile est eum tot facinoribus clarum, aliorum spoliis tumulum suum ornare voluisse, & hæc quidem appositè ab eo dicta sunt; crediderim tamen referendum esse id omne ad pugnam, quam excisâ Majozamalchâ, Juliani Comites habuerunt. Marcellini verba hic attexere iuuabit, quò majorem rei repræsentatæ lucem adferant; *Pergentes itáque, protinus ad lucos venimus, agrósque pube variorum seminum lætos, vbi reperta regia Romano more ædificata, quoniam id placuerat, mansit intacta; Erat enim in hac eadem regione, extentum spatium, & rotundum loricæ ambitu circum clausum, destinatas regiis voluptatibus continens feras, ceruicibus iubatis Leones, armísque hispidos Apros, & Vrsos, (vt sunt Persici) vltra omnem rabiem sæuientes, alia lecta immania corpora Bestiarum, quas omnes diffractis portarum obicibus Equites nostri venatoriis lanceis; & missilium multitudine confoderunt:* Hic omnis generis feræ prostratæ, vt in tumulo repræsentantur; Nec aberat Puerulus, qui in eo stat inter Venatores: idem enim Auctor tradit paulò ante, ex præda vrbis Majozamalchæ, Julianum Imperatorem, vt erat paruo contentus, mutum Puerum oblatum sibi suscepisse gesticularium, multáque nutibus venustissimis explicantem, ac tribus aureis partæ victoriæ præmium iucundum existimasse; & gratum &c. quæ omnia quàm aptè ad tumulum quadrent, quísque iudicabit.

Si cui mirum videatur quòd in viri Christianissimi Tumulo, prophana historia nihil pietatis præ se ferens insculpta sit, sciat hoc primis his sæculis, quibus Æthnicismi indifferentes ritus, ac cæremoniæ necdum prorsus erant antiquatæ, ab Ecclesiæ primoribus toleratum, Bosiúmque referre lib. de Roma subterranea, in Arca, quæ Helenæ Constantini Matris reliquias conclusit, non ita pridem Romæ reperta, lanceis Milites, ac sagittis instructos extare, vt occurrentes confodiant, quæ iuxta cuiúsque genium moraliter possunt interpretari.

DYSCHOL. VI. ARCHI-EPISCOPVS.
*An.* 351.

*Lib.* 23.

*Lib.* 24.

*Quod ritus aliqui Gentilium vtiliter ab Ecclesia retenti, ac postmodū à SS. Ambrosio & August. correcti, docet Baron. ad An.* 44. 58. 377. 418.

*Sanctus Maternianus VII. Archiepiscopus, Benedicta Martyr in Laudunesio floret.*

## CAPUT XXIX.

AB his qui è Remorum Archiepiscoporum catalogo Dyscholium expungunt, Maternianus sextus ordine collocatur, cùm eo recepto, septimus omninò ac verè dicendus sit: hunc Materni IX. Mediolanensis Archiepiscopi fratrem vterinum facit Demochares, censétque iam ætate prouectum à Iulio Pontifice ordinatum, missum in Gallias anno circiter 351. quid in Præsulatu egerit insignis hic senex, & prudentiâ clarus, quàm fortiter Arianismo restiterit, qui suæ perfidiæ venenum longè latéque spargebat, conniuente in primis Constantio Magni Constantini filio, quamuis nihil scriptum reperiatur, augurari tamen licet ex eo, quòd prædictæ hæreseos impia dogmata prouinciam Remensem non infecerint, an hic Concilio Arelatensi anno Christi 353. conuocato, cum quibusdam Gallicanis integræ fidei Episcopis, interfuerit non legimus, quamuis dubitandi locus non desit, probabiléque sit librum de Synodis, quem S. Hilarius in Phrygia exulans ad Episcopos vtriúsque Germaniæ, & Belgicæ conscripsit, recepisse an. 358. quò fidei integritati Gallorum suorum, hactenus conseruatæ, consuleret, eósque de ijs quæ in Oriente fiebant admonitos aduersùs Arianorum fraudes egregiè communiret; illud enim apud omnes constitit, vnius Hilarij beneficio, Gallias tunc piaculo hæresis feliciter liberatas, ait Seuerus Sulpitius lib. 2.

Maternianus Ariminensi Concilio cum Gallicanis Episcopis, Seruatio Tungrensi, Fegadio Agennensi, & alijs interesse non potuit vergentibus annis ad obitum, quem contigisse reperio non 7. Iulij, sed 30. Aprilis, post nouem annos regiminis 359. de eo Martyrologium Remigianum hæc habet, *pridie Calend. Maij Natalis Sancti Materniani Remensis Archiepiscopi, qui sextus eandem rexit Ecclesiam.* Sepultus iacuit in Basilica Sancti Agricolæ per trecentos annos, donec eximiam tanti Præsulis sanctitatem, Deo miraculis reuelante, ossa ipsius ab Hincmaro effossa sunt, anno 852. & ad Ludouicum Germaniæ Regem Imperatoris Ludouici filium missa, qui lætanter ea suscepit, ac honorificè reposuit in Ecclesia Egmondana.

Materniano regente, apud Augustam Veromanduorum, iuxta fluenta Suminæ, vbi via publica transit ad Ambianensem Ciuitatem, veniens contra Lugdunum Clauatum, Corpus S. Quintini Martyris, requirente Eusebiâ Romanâ, miraculosè repertum est, cùm ibi sub aquis cœno coopertum diu latuisset, primǽque huius Inuentionis

nis dies Solemnis habetur per Prouinciam Remensem, quam stupendo inter cruciatus patientiæ exemplo, & sanguine consecrauit. De ea Martyrolog. Remense, 24. *Junij*, *Ambianis Inuentio Corporis Sancti Quintini Martyris.*

S. MATERN.
VII. ARCHI-
EPISCOPVS.
*An.* 359.

Per id quoque temporis in Laudunensem pagum, Remensis tunc Diœcesis, venit insignis meriti Virgo Benedicta nomine, Romæ orta, duodecim alijs comitata virginibus, quarum duæ, Romana scilicet, & Leoberia, Bellouacum concesserunt, vota ad sepulchrum Sancti Luciani Martyris redditurę, vbi & Romana Martyrij palmam est assecuta.

Benedicta verò transactis aliquot annis Lauduni, solitudinis amans cellulam erexit iuxta Isaræ alueum, in villa quæ Auriniacum dicitur, ibíque post eximiæ virtutis insignia, Matroclo præside, gladio cæsa, migrauit ad Sponsum 8. idus Octobris; de ea Remense Martyrologium. *In pago Laudunensi ( vel in territorio Lauduni Clauati ) cœnobio Auriniaco Passio Sanctæ Benedictæ.*

Gesta ipsius MSS post trecentos annos in tumulo eiusdem reperta fuisse tradit Clariss. vir *D. de Lalain* causarum actor peritissimus, qui Lauduni hoc sæculo floruit, iisque haberi S. Benedictam cum quadam collactanea, & seruula sua Laudunum venisse ( *Quod*, inquit, *antiquior ætas Bibrax appellari voluit* ) eámque postea à Matroclo sceleftissimo iudice interemptam, quem Aloisius Lipomanus Macrobium vocat, húncque tempore Rictiouari sub Diocletiano vixisse; quæ si vera sunt, sequitur ad aliud tempus Benedictæ Martyrium esse referendum. Vitam Sanctæ Romanæ, in qua de Benedicta, & Leoberia agitur, publici iuris fecit R. P. Lucas Dacherius, vt virtutis, sic & Antiquitatis studiosissimus Spicilegij tom. 2.

*In excerptis necdum editis.*

---

*Sanctus Donatianus VIII. Archiepiscopus, huius in Flandriam translata Reliquiæ clarent miraculis.*

## CAPUT XXX.

Donatianus ortu Romanus, filius Cornelij, & Luciniæ, Materniano subrogatur ann. 360. ex Demochare; Nec enim hîc Meyerus Frodoardo anteponendus, qui in Chronicis ad annum 861. narrat se reperisse Donatianum fuisse origine Romanum, nobilissimis Cornelio, & Lucinia ortum parentibus, ab Dionysio vrbis Romæ Episcopo sacris ablutum Fontibus, creatúmque ab eodem Remorum Pontificem circiter salutis annum ducentesimum septuagesimum: sic enim Rem. Archiepiscoporum series à Frodoardo tradita inuerteretur, quod inconsultè, & absque grauiori testimonio

360.

*S. DONAT. VIII.ARCH. An.367.* nio fieri non debet, eò vel maximè quòd, si illo sedisset æuo, non minùs truculentam Rictiouari effugisset manum, quàm cæteri duodecim de quibus cap. 20.

Quàm spectatæ virtutis fuerit Donatianus, & quanto studio incubuerit, vt Verbi diuini pabulum Ouibus non deesset ( licèt vitæ ipsius Acta, vt prædecessoris perierint ) conijci potest ex glorioso, ac eminenti Confessoris titulo, quo in Dypthicis Ecclesiasticis insignitur; & ex verbis D. Hieronymi, qui se huius ætatis Gallicanorum Episcoporum encomiasten præbet libro aduersùs Vigilantium, *Flectebatur* ( inquit ) *leni iugo Christi ferocitas Gallorum, curuabatur Imperio fidei ceruicositas Germanorum, & Gallicanus Cothurnus, qui monstra non habuit, sed viris fortibus semper, & eloquentibus abundauit.*

Ex his verò, qui inuincibili strenuitate, & eloquentiâ, Gallias tantopere illustrarunt, extitisse Donatianum par est credere, qui & hanc laudem, & egregiè facta in pascendis Ouibus mirâ sanctitate cumulauit. Hunc in Fastis 14. Octobris obijsse reperio, quo die Festo duplici memoria eius celebratur in Ecclesia Cameracensi vt ait Demochares, qui & annum addit 390. sine certo Auctore: de Donatiano hoc vnum ex prolixiori testamento S. Remigij colligimus, fuisse tumulatum in Basilica S. Agricolæ, vbi varijs ( vt fertur ) claruit miraculis. Tradunt Flandrici scriptores sub Carolo Caluo, Ebone Archiepiscopatus Remensis Clauum tenente, Sacra Donatiani pignora ad Balduinum Ferreum missa, ac maritimas in partes Episcopij Turnacensis perlata; anno vt supputat Anton. Sanderus 838. in Hagiologio Flandriæ pag. 133. De hac translatione loquitur pariter Frodoardus lib. 1. cap. 5. agitque Molanus ad Vsuardum 14. Octobris. *Iac. Pamelius Burg. Canon. Octob. 14.* Pamelius, & Laurent. Surius: At hanc sub Hincmaro contigisse necesse est, alioquin Chronologia non rectè cohæreret, cùm Ebo ad Balduini tempora non peruenerit, qui inauguratus dicitur à Meyero, & tanquam regni Francorum Comes ad fidem receptus an. 863. vt aduersùs Danos, & omnem Septemtrionalem Barbariem, perpetuus foret regni Galliarum propugnator; Ebonis autem, ante Balduini fortè natalem, à sua sede pulsi, referatur obitus ad ann. 855. vnde fit, vt prædicti Ebonis Epistola ad Balduinum, quam Molanus, & alij scriptores suis intexuerunt Chronicis, ob id primùm valdè suspecta sit, deinde quòd falsò in ea dicatur tàm Remigij, quàm Donatiani, & aliorum gesta Vandalorum vastatione fuisse deleta, cùm Vandalorum, imò & Hunnorum in Gallias irruptio Remigij ætatem longè præcesserit.

Transmissionis reliquiarum Sancti Donatiani causam idem Meyerus excutiens, addit Caluum Regem, & Ebonem Archiepiscopum, ( Hincmarum dicere debuit ) ad confirmandam Flandriæ pacem, simul vt rudis, ferocísque gentis cultu religionis remolescerent animi, Diui

Donatiani

Donatiani Remensis olim Pontificis reliquias in Flandriam misisse, quod quidem Sacrum Balduinus donum reuerenter suscipiens, Turholt primùm, inde Bruggias comportauit, sedémque illi dedit in Virginis ædicula, quæ nunc est Diui Donatiani, in Cathedralem erecta anno 1559. hanc vario signorum splendore decoratam postmodùm fuisse meritis Sancti Donatiani, tradunt Flandrenses, cuius, vti totius oræ Tutelaris, sunt studiosissimi.

S. DONAT. VIII. ARCH. *An.* 367.

Metropolim administrante Donatiano, ab anno Constantij 19. ærâ 355. S. Martinus, posito militari cingulo, in Gallijs cœpit concionari, eodem tempore quo S. Victricius, è Morinis oriundus, arma posuit, vt pacis & Christi arma indueret, factus postea Rotomagensis Episcopus: horum meritis forsan euenit, quod ab Orosio, & Hieronymo ad annum 367. memoratur, apud Atrebates Lanam pluisse: equidem cùm solis ardor jactam sementem decoxisset, eodem anno defluente Lanâ, tellus omnis se varijs frumenti generibus copiosè induit; sed id pariter aliam Dei benignitatem innuebat, quòd exorti essent qui Ecclesiam Euangelico vellere, sacróque Virginitatis flore nobilitarent; inter quos gloriam merentur sacratissimæ Virgines Libaria, Susanna, Ida, Manna, Gertrudis, SS. Eliphij, & Eucharij sorores, quæ sub Juliano Apostata (vt fertur) Martyrium compleuerunt anno 362. tres primæ coluntur in territorio Tullensi, duæ posteriores in Diœcesibus Remensi, & Catalaunensi: Mannam ab Angelo velum accepisse, Catalaunensi Episcopo cunctante, nè Patris in se, opibus & auctoritate pollentis, animum Ethnicismo tenaciter adhærentem concitaret, tradunt Annales Catalaunenses, vbi & dicitur ab eodem trucidata anno 380. ac multò post translata à Brunone Episcopo Tullensi in pagum de Poussay 15. Maij an. 1016.

*De his Baronius in annal. ad an.* 362. *ex Surio, tomo* 5. *die* 18. *Oct.*

380.

Gertrudis verò vt castimoniâ Mannæ par, sic & pressuris, ac triumphali agone fuisse narratur. Gesta ipsius, quæ extant in MS codice Monasterij de Bello loco, referunt à Parentibus mira quoque passam fuisse, ob fidei constantiam, & virginitatis propositum, à quo cùm nec verberibus, aut blanditijs dimoueri posset, plurimis tandem ab ijs sauciata, & transfixa sagittis, vitæ cursum glorioso certamine coronauit. Sacras ipsius reliquias Parochia de Vaudulet, Remensis Diœcesis, adhuc religiosè conseruat, vbi & clarent miraculis, & annuatim processionaliter circumferuntur die Veneris post festum Ascensionis Domini, confluente magnâ vicinarum gentium frequentiâ, quæ opem sæpius, ac leuamen, Virginis intercessione, in morbis suis recipiunt.

*Sanctus Viuentius IX. Archiepiscopus, Morinis iterum
Euangelij lux affulget.*

## CAPUT XXXI.

Beatus Viuentius tàm celsis inculpatæ vitæ meritis, quàm claro fulgens Pontificatus ordine nonum locum occupat, quem Laudunensis Ecclesiæ Clericum fuisse vult Demochares, ordinatúmque à Siricio Romano Pontifice, qui Petri Solium conscendit an. 385. Chronologiæ huic adstipulantur annales Atrebatenses apud Ægidium Bucherium, quibus patet Diogenem, natione græcum, ab eodem Siricio missum ann. 390. & à Viuentio Remensi Antistite Episcopali charactere insignitum, vt Cameracensibus Christi Euangelium prædicaret; fertur quarto Pontificatus anno obijsse 13. Augusti ex Coluenerio, vel septimo Septembris iuxta Molanum. At Martyrologium Remense hoc habet 6. *idus septembris Remis Ciuitate, Natalis Sancti Viuentij Episcopi, & Confessoris.* Tumulatus in coemeterio Agricolæ haud incognitus mansit ob sanctitatis signa, quæ sub Ebone Archiepiscopo inclarescebant, vnde effossâ terrâ, sacræ ipsius reliquiæ super fluuium Mosam translatæ sunt, & instructâ Braquis Ecclesiâ, Clericis harum cura demandata, vbi, pluribus dicuntur enituisse miraculis.

Viuentio Metropolim feliciter gubernante, Morinenses, qui fidei lucem prædicationibus SS. Fusciani, & Victorici receperant sub Diocletiano, ad Gentilitatis caligines, & superstitiosos ritus reuersi, iterum ad fidem, studio Victricij Rotomagensis Archiepiscopi, reuocantur, cuius Parochia seu Diœcesis Morinorum fines attingebat. S. Paulinus Nolensis Epistolâ 22. huius rei meminit ad prædictum Victricium his verbis. *Sicut terra Zabulon quondam, & Nephthalim via maris trans Jordanem Galilæa, & qui sedebant in regione vmbræ mortis lucem viderunt magnam, ita & nunc in terra Morinorum, seu orbis extrema, quam barbaris fluctibus fremens tumidus tundit Oceanus, gentium populi remotarum, qui sedebant in tenebris via maris arenosâ extra Jordanem antéquam pinguescerent fines deserti, in ea ortâ sibi perpetuam Sanctitatem à Domino luce gaudentes, corda aspera Deo intrante posuerunt. Vbi quondam deserta siluarum, ac littorum pariter Insulas, aduenæ Barbari, aut latrones incolæ frequentabant. Nunc Venerabiles, & Euangelici Sanctorum chori, vrbes, oppida, Insulas, Ecclesijs, & monasterijs, plebe numerosâ, pace consonâ celebrant &c.*

Ad Victricij labores alludit Martyrolog. Rom. *Sanctus Victricius* (inquit) *sub Juliano pro Christo cingulum abijciens, & Episcopus factus*

&us, *Morinorum*, *& Neruiorum gentes indomitas*, *verbi prædicatione*, *ad fidem Christi perduxit*, Confirmátque S. Augustinus Paulino coæuus, Epist. ad Hesychium, ad Oceani etiam littora, in Occidentalibus partibus, Euangelij tubam insonuisse; partes illæ Occidentales sunt Flandria littoralis, vbi nunc Grauelinga, Neoportus, Ostenda, & alia loca Brugas vsque, partim Morinensi, partim Turnacensi Episcopatibus subdita ante nouorum erectionem. Indefesso Victricij labore ostensum quoque est, futile ac vanum omnino fuisse Ethnicorum vaticinium, qui maleuolam, inuidámque mentem leuaturi, ob fidei Christi incrementa, stultè commenti sunt Christianam religionem 365. annos minimè excessuram, vt habet idem S. August. lib. 18. de Ciuitate Dei cap. 54.

S. VIVENT.
IX. ARCHI-
EPISCOPVS.
*An.*390.

*Seuerus X. Archiepiscopus. B. Martini celebris memoria per Prouinciam Remens.*

## CAPUT XXXII.

Seuerus è Presbytero Veromandensis Ecclesiæ, si Demochari credatur, electus Remensis Archiepiscopus, paucos admodum rexit annos; nec sciri potest quando cœperit, vel desierit. Hoc vnum de eo legitur quòd quiescat in Ecclesia Sancti Agricolæ, absumptus 15. Januarij, quamuis sepulturæ locus, vt & prædecessorum, ob frequentes eiusdem Ecclesiæ à fundamentis reparationes, hactenus manserit incognitus.

397.

Maximo tyrannicè post Gratiani necem Gallias occupante, Beatus Martinus, Remensis Prouinciæ Vrbes, & oppida peragrauit, venítque Treuerim, Maximum ibi agentem rogaturus, vt à sanguine eorum, qui Prisciliano Hæretico adhæserant, abstineretur; satis, supérque dictitans quòd Episcopali sententiâ Hæretici iudicati. Probabile est Sanctissimum Præsulem transeundo, aliquot caritatis officia populis exhibuisse, cùm statim post ipsius excessum, cultus sit ab ijs, ac binæ Remis erectæ Ecclesiæ, ipsíque velut Patrono dicatæ ante Præsulatum Sancti Remigij: imò Annales Morinenses referunt, cùm apud Bononiam, & Teruannam duo fana Deum Martem suspicerent, vti primarijs Ciuitatibus, velut Remis, tunc in more positum vidimus, & mordicus à Romanis horum integritati consultum esset, quòd antiquorum delubrorum euersione, Ciuitatum splendori non parum detraheretur, beatum Victricium Morinorum Apostolum dedisse operam, vt illa vero Numini cederent, & ancillarentur, Martinúmque, cuius miraculis tota Gallia personabat, Tutelarem post Deum agnoscerent. Hinc S. Martini celebris memoria per Remensem Prouinciam statim ab ipsius

*Gregr. Turon. lib.* 1.
*num.* 43.

obitu

SEVERVS X. ARCHIEPI-SCOPVS. *An.* 398.

obitu, ( quem quidam ad annum 397. alij verò ad 399. vel 400. remittunt ) fauſtè viguit, præſertim in Prouincia Remenſi, per quam ſæpius, Treuiros pergens, iter habuerat, cùm ex quodam MS codice habeamus B. Oriculum ( qui per id tempus vixit in vico Sinduno ) Eccleſiam ſub inuocatione Principis Apoſtolorum, ac Martini condidiſſe.

Nec id mirum; cùm vndis Baptiſmi ſalutaribus elutum hunc Chriſto adjunxerit Belgica noſtra ſecunda, quem mundo peperit Pannoniæ ſuperioris Sabaria, Catechumenum aluit Italia, & Antiſtitem parem Apoſtolis habere meruit Prouincia Lugdunenſis tertia.

## GALLICANÆ ECCLESIÆ LUGUBRIS STATUS
*ſub Arcadio & Honorio Imperatoribus, cùm ſedi Remenſi, poſt Seuerum, Beatus Nicaſius ſuffectus eſt.*

TOt, tantíſque Gallia ſub finem quarti ſeculi, & ſequentis initium concuſſa eſt, & attrita miſerijs, vt poſt breuem felicitatis moram, mirari quiſquam ſatis non poſſit Dei præpotentis conſilia pro arbitratu populis tranquillitatem, aùt bella largientis. Æternæ ſiquidem memoriæ Conſtantinus ad liberandum orbem à tyrannicis immoderationibus Dei prouidentiâ natus, perſecutionum ſquallore deterſo, ſecuræ libertatis munera reddiderat, nuſquam vt videbatur finiendæ, cùm, eo ad Superos tranſlato, tanta miſeriarum labes ſub filijs, ac nepotibus Gallicis incubuit terris, quanta vix vnquam legitur accidiſſe.

Et vt ab Idololatriæ reliquijs necdum penitus extinctæ abſtineam ( adhuc enim morientia palpitabant membra ) incredibile dictu eſt quot hæreſibus Eccleſia conſpurcata, quàm varij ac flebiles Cæſarum caſus, quot Tyranni cis Alpes aduersùs legitimam auctoritatem emerſerint, eo præſertim tempore, quo Romano ad exitum vergente Imperio, gentes hactenus incognitæ perfractis Imperij limitibus Gallias pertentarunt. Quibus vt occurreretur, conſcripti Milites, ac in Belgium miſſi, vnde ex horum commercio corrupti Gallorum mores; ceruicoſitas erecta, bellorúmque aſſiduitate, ſeu rerum abundantiâ ( vt vult Saluianus lib. 6. & 7. de prouidentia ) Dei ac religionis contemptus inter eos ſenſim irrepſit, quem Cælites vindicaturi, Gallias Wandalis diripiendas permittunt Imperatoribus Arcadio, & Honorio.

*Tunc quaſi conjuratione totius mundi cócuſſis partibus orbis vndiq; bellu extitit, Trebell. Pollio. Idem Ammi Marcell. l. 25. 26.*

Hos mox ſecuta eſt ingens Hunnorum colluuies ſub Attila, nec vſquam ærumnarum finis, donec ſtabilito Francorum Imperio, Galli captiuitatis iuga, fatigatis, ac nimiùm oppreſſis ceruicibus, excuterent. Inde verò factum credimus, quod ex S. Paulino aduertit Gregor. Turonenſis lib. 2. cap. 13. vt per calamitoſa hæc tempora cæleſti

diſpenſatione

dispensatione viri sanctitate, ac doctrinâ illustres, putâ Victricius Rotomag. Exuperius Tolosanus, Diogenes Atrebatensis, Firminus Ambian. & alij ad Episcopatus per Gallias assumpti fuerint, quò plebs fidelis his oppressa malis, caritatis solatio recreata, ad salutis anchoram impensiùs recurreret. Hos inter meritò eluxit B. Martyr Nicasius commissæ sibi Ecclesiæ lux & columen, qui, Vandalis Remorum vrbem obsidentibus, Gregem non deseruit, sed veri Pastoris functus munere, eum ad sublimioris vitæ pascua feliciter deducens, æternum sibi nomen comparauit.

SEVERVS X. ARCHIEP. *An.* 400.

*B. Nicasius XI. Remensis Archiepiscopus, suæ sedis Basilicam dicat Virgini Deiparæ, prædicit vrbis, totiúsque Prouinciæ excidium ob fœdos Christianorum mores, concio eiusdem ad Barbaros, & Martyrium.*

## CAPUT XXXIII.

DE exordio præsulatus Beati Nicasij, qui vndecimus Remensis Ecclesiæ gubernaculum tenuit, nihil à veteribus proditum reperio, quod lucem fœneret; vnde tanti viri natales, iuuenta, gradus ad Clericatum, & anni Pontificatus hactenus latent incogniti. Idem planè Gestorum ipsius Concinnatoribus accidisse reor, quod eiusdem æui Historicis, quibus Imperij res accuratè persequi sola cura fuit; illi siquidem, posthabitis Nicasij primordijs, de Barbarorum in Gallias irruptione, de vrbium casu, regionúmque deprædatione, & de collapsa per id temporis Ecclesiastica disciplina amplissimè differunt, quò forsan, veluti ex opposito, tanti Martyris virtus, animi magnitudo, pietas, & constantia, velut radij Solis inter mundi nebulas, clariùs enitescant.

Frodoardus, cui vetustiores Membranæ notæ fuerunt, insignem hunc Pontificem creditæ sibi Ecclesiæ non modò exornatorem ( dùm vrbs, & Diœcesis placidissimâ pace fruerentur ) sed & eiusdem, bellis ingruentibus, Rectorem validissimum extitisse refert; hoc, Vandalis Gallias vastantibus, infra patebit: de ornatu clarum est prædicti auctoris testimonium; *Fertur enim* ( inquit ) *suæ sedis Basilicam, quæ priùs fuit in Ecclesia quæ dicitur ad Apostolos, in honore Virginis Deiparæ diuinâ reuelatione fundasse, quam proprio quoque sanguine consecrauit.* De Nicasio illustrius nihil dici potuit, nec ad pietatis eius commendationem excellentius; quod cùm ante Ephesinum, & Chalcedonense Concilia, vbi Nestorio Maternitatis hosti anathema proclamatum, ab eo præstitum sit, & eodem ferè anno, quo in Africa Nominatissimæ Cœlestis Deæ, quæ perperam sibi Reginæ cœli titulum arrogauerat, fanum funditus euersum est,

*Delubrum Matris Deorū euersum est an.* 399. *Cultus B. Mariæ auctus an.* 431. *quo Nestor. condem.*

*S. NICASIVS XI ARCHI EPISCOPVS An. 400.*

est, pariter hunc Conciliorum decisiones de cultu Virginis propagandæ feliciter anteuertisse, ac eumdem claro, & propemodum singulari exemplo per Gallias propagasse.

*Sic Acta Martyrum Thyrsi, & sociorum referunt Capitolium Treuiris mutatum fuisse in Ecclesiam.*

Addit idem auctor Basilicam, Diuæ Virgini sacram, in vrbis Arce à Nicasio fuisse collocatam, quod notatu dignum est, sic enim eadem vrbs, quæ Durocortum dicebatur à Turre, ex quo hæc in Virginis ædem conuersa est, quæ *Turris Dauid* appellatur, longè potentiori firmari cœpit propugnaculo, fidâ ipsius custodiâ & præsidio.

Præter hæc, Nicasium eximij Concionatoris partes expleuisse, gesta ipsius referunt, id enim, hoc tempore, & effrænata morum licentia, & Hæreseos virus vndique pullulans omnino postulabat: vnde acres non modò hic ad virtutem stimulos Diœcesanis subijcere sedulò nitebatur, sed ad inferenda horum animis fidei Christianæ documenta impensè laborabat, nè Schismatis labes (Arianismi præsertim) eos inuaderet pro quo radicitùs extirpando, vel longiùs à Diœcesi eliminando, multùm operæ contulisse tradit S. Oriculi Biographus.

Idem Beatissimus Antistes Angelicâ præmonitione instructus, futuram longè ante dicitur præscijsse Gallorum internecionem, ob fœdos Christianorum mores, & noxiæ prosperitatis securitatem, ob concupiscentiæ vitia, sordes, ingluuiem, ac religionis contemptum: hinc fit, vt cùm salutis aliorum, suorum præsertim, studio æstuaret, totus fuerit in vitijs redarguendis, quò diuinæ animaduersionis gladium ab eorum ceruicibus procul auerteret. Portabat caritatis humeris anxius peccatorum crediti sibi Gregis pondus, mori paratus pro omnibus, vt salui saltem fierent in die furoris Domini: hanc igitur pro sceleribus paratam Dei vindictam, nè ad animam perueniret, humilitatis spiritu, & contrito corde placaturus, ad exprimendas è peccatorum vomicis criminum sordes sedulus vacabat, indefessis studijs ad pœnitentiam populum prouocans, vt quem incauta prosperitas ad offensionis impulerat foueam, hunc patienter suscepta calamitas ad purgationis gratiam, & salutis portum induceret.

Sub huius tempestatis turbinem (ait Frodoardus) renitebant in Gallijs Beatiss. Aurelianensis Episcopus Anianus, Sanctus quoque Lupus Tricassinus, Beatus Seruatius Tungrensis Antistites, & alij qui hanc à Gallorum ceruicibus cum B. Nicasio, Dei indignationem, suis precibus amoliri conabantur, si forsan prioris vitæ pertæsi, ad pœnitentiam, & verum Dei cultum haud perfunctoriè recurrerent; At, ijs verba salutis spernentibus ob gulæ illecebras, & mentem in vitijs obduratam, en subitò Vandalorum gens Dei offensionis iram in diuersas vindicatura Prouincias commota, accelerat, subuersisque oppidis & Ciuitatibus obuijs, ac vniuersâ regione depopulatâ, vrbem Remorum obsidet, aliud nihil præter sanguinem spirans, eorum præsertim, quos Deorum suorum inimicos, ac proprijs moribus contrarios arbitrabatur. Hoc in discrimine insignis Præsul Nicasius cum suis viuere,

## HISTORIÆ. LIB. I.

uere, ac mori constanter instituit, ne fugiendo, Christi videretur deserere ministerium; Magis enim metuebat ne lapides viui extinguerentur, quàm si lapides, & ædificia in rogos, & fauillas abirent. Vrbs interim obsidione, & oppugnationibus premebatur, cùm fatigati Ciues excubijs, labore, & inediâ, furentibus vndique Barbaris, ac machinis fortiter Vrbem concutientibus, ad Sanctum Nicasium in oratione prostratum accurrunt, solatium ab eo, velut Filij à Patre, requirentes: interrogant quid vtilius faciendum decernat, aut Gentium deditione pati seruitutem, aut vsque ad mortem viriliter pro salute Vrbis dimicare. Beatus Nicasius qui Ciuitatem Remorum subuertendam diuinitùs acceperat, vehementer eos cohortatur in vera fidei confessione fideliter persistere, tempus adesse non pugnandi armis visibilibus, sed probis moribus, non corporalium fiduciâ virium, sed spirituali exercitatione virtutum; hanc supernam docens iusto Dei iudicio Peccantium sceleribus excitatam indignationem, quam si patienter vt filij pietatis, & ad flagella parati susciperent, promissa Regni cœlestis præmia essent percepturi.

*S. NICASIVS XI. ARCHI-EPISCOPVS. An. 406.*

Aderat germana soror Nicasij Eutropia, plebem pariter verbis, & exemplo ad Martyrij certamen prouocans, cùm adueniente irruptionis die, Vrbem præsidio destitutam inuadunt, & expugnant Barbari. B. Nicasius, comperto hostium fragore, Sancti Spiritus virtute subnixus, almâ comitante Sorore, cum hymnis, & canticis spiritualibus, ad ostium Basilicæ Sanctæ Virginis, quam in vrbis Arce fundauerat, stolâ indutus, peractis Missarum solemnitatibus fidenter occurrit, statimque, vt ferratas acies instare conspexit, indicto manu silentio, sic fatur. *O victricia arma, & vtinam in Christo! ô nutibus diuinis ministra fortitudo! quare contra naturam humanæ conditionis, victoriam dignitatis vestræ in rabiem conuertitis? Nam veri iuris titulus quondam Nobilium bellatorum meritò inscriptus erat, parcere humilibus, & debellare superbos. Et ecce plebs Christiana, humilis, & deuota Deo suo, vestris in conspectibus prostrata, remissionem peccatorum, in isto regenerationis suæ loco, ad mortem vsque obediens expectat, dum tempus acceptabile, diésque salutis adhuc fulget: Pœnitemini & vos pro sceleribus vestris, Deum verum agnoscentes, cuius indignatione filios miserationis eius corripientes, vitam cum sanguine quotidie immolatis, nè fortè indignatio ipsa, quæ sit filijs ad correptionem & salutem, vobis fiat stipendium tartareæ damnationis; quòd si verbum veritatis respuitis, & trucidare Oues meas perseuerante impietate quæritis, me primum pro ipsis victimam, in holocaustum sumentes Diuinæ Majestati libate. Vt pariter digni promissionum cœlestium beatitudine quantociùs mereamur inueniri.*

*Hæc oratio ad Barbaros ex MS codice decerpta apud Frodoardû desideratur.*

Vix finierat, cum inter gladios persequentium, adjunctâ sibi indiuiduâ Comite Eutropiâ positus, vim tyrannicam Præsul expertus est. In eum siquidem ad limen Ecclesiæ humiliter Prostratum, Dauidicam

P hanc

*S. NICASIVS XI. ARCHI-EPISCOPVS. An. 406.*

hanc Hymnodiam piè ac reuerenter canentem *Adhæsit pauimento anima mea*, trux miles confestim stricto mucrone iussus irruit ; nec tamen insequente gladio ceruicem cæsi, verbum pietatis ab ore defecit, sed capite in terram cadente, immortalitatis ( vt traditur ) sententiam prosecutus est dicens *viuifica me secundum verbum tuum.* Adhuc locus, vbi inclytus Martyr occubuit, visitur in naui Majoris Ecclesiæ, à pauimento paululum in quadrum erectus, cui lapis rotundus, instar molæ; superpositus est, clatrísque ligneis cingitur ob fusi sanguinis reuerentiam, lapidi orbiculato sequentes versus exarati leguntur veteri charactere.

*Forma fit exempli, Nicasius hostia Christi,*
*A cuneo tristi, mactatus ad ostia templi,*
*Factâ cæde gregis, Pastorem plebs pia, toto*
*Ad summi voto, comitatur pascua Regis.*

Beata soror Eutropia sentiens se velut Ethnicorum cupidini reseruatam, quòd eorum ferocitas esset circa se nonnihil mitigata, super Fratris interfectorem, ausu plúsquam fœmineo insiliens, oculos ipsius digitis proditur eruisse ; At mox à circumstantibus ferro iugulata, Victoriæ palmam, cum germano Christi Pontifice, cæterísque triumphatoribus meruit adipisci : fuere siquidem nonnulli tam ex Clero, quàm ex Laicali statu huius constantiæ Comites, inter quos Florentius Diaconus, & Jocundus clarissimi habentur, quorum capita seruantur adhuc in Matrice Ecclesia retro majus altare.

Expletâ cæde, Barbaros de constantia Virginis, & de profani spiculatoris subitaneâ mulctatione stupefactos, subitus horror inuasit, horrendo reboante Basilicâ sonitu, quasi cœlestis exercitus patratæ cædis vindex adesset; Vnde relictis spolijs, per diuersa fugiunt, diuinam metuentes vltionem : diu Ciuitate manente solitariâ, Ciuium pars maxima, qui ad montes, & siluas fugerant, noctu à longè promicantes ex ea, ac sese attollentes radios cernere, alij dulces Angelorum cantus audire, qui vacuâ vrbe Sanctorum corporum custodes remanserant. Vnde cœlestis Victoriæ reuelatione confortati, ad ea sepelienda lætanter redeunt, & inestimabilis odore suauitatis recreati, quæ ex corporibus efflabat, congruis circa Ciuitatem locis veneranter recondunt.

Beatissimi verò Nicasij Præsulis, ac Sororis eius Sacratissima, in Cœmeterio S. Agricolæ, longè scilicet ante fundato, collocant membra, vt appareat Diuini Numinis instinctu ad celebritatis ipsius dignitatem magis, quàm ad Jouini Christianissimi Conditoris ipsius sepulturam fuisse præparatum : Plurimis siquidem miraculis coruscantibus, prædicta Ecclesia Nicasij nomen, veteri relicto, sensim induit, ac in ea B. Remigius morandi traditur habuisse consuetudinem, quatenus Sanctorum Martyrum meritis, vt erat spiritu semper,

HISTORIÆ. LIB. I.

S.NICASIVS
XI. ARCHI-
EPISCOPVS.
An.406.

per, ita proximus redderetur, & corpore. Extabat adhuc tempore Frodoardi ædicula secus altare, vbi Deo beatissimæ speculationis hostias, à turbis remotus, piè consueuerat immolare, istúcque degebat diuinis intentus officijs, cùm audito incendij vrbis nuncio, ad illud extinguendum citò properans, Sanctorum fultus auxilio, lapidibus Ecclesiæ graduum deinceps expressa reliquit vestigia: in diuinę opis seu etiam patrati miraculi memoriam, lapides aliquot, quibus impressa mansere vestigia, visuntur hodiéque affixi iuxta valuas Ecclesiarum S. Remigij, S. Petri veteris, & Templi, seu Equitum S. Joannis Hierosolymitani.

Cùm ad prædictam Ecclesiam suppetias petituri Ciues frequentiùs conuolarent, prodentibus miraculis, Corpora SS. Nicasij, ac Sororis Eutropiæ exhumata sunt, quo tempore incertum. Et quidem Beatissimi Præsulis pars cuidam Turnacensi Episcopo, qui forsan præsens aderat, tradita est, vt scribit Frodoardus cap. 7. quam Turnacum pertulit, vbi tantis refulsit miraculis, vt etiam tum, non per Diœcesim modò, sed per totam Flandriam celebri Festo colatur eius memoria. Altera verò, simul cum corpore Sanctæ Eutropiæ, sub Fulcone Archiepiscopo (quòd Ecclesia esset extra vrbis pomœrium) ad Matricem Ecclesiam delata est, & reposita retro majus Altare. Horum adhuc cernitur sepulchri locus in naui, seu pronao Ecclesiæ S. Nicasij, tumulo lapideo coopertus, cui innituntur quatuor columnæ, quæ arcam marmoream sustentant, vbi aliquot sociorum Beati Nicasij pignora olim recondita fuisse creduntur. Ad oram tumuli hæc leguntur Gallico idiomate. *Cy est le lieu, & la place, où que Monsieur S. Nicaise jadis Archeuesque de Reims, & Madame Sainte Eutrope sa sœur furent inhumés, apres que furent Martyr pour la loy Chrestienne.*

P 2          Arca

*S. NICASIVS XI. ARCHI EPISCOPVS An. 406.*

Arca columnis innixa septem pedum longitudinis est, & duorum latitudinis : in facie, quæ dextrum latus Ecclesiæ respicit, insculpta visitur in albo marmore boni Pastoris effigies, cui adsistunt ex Apostolorum cœtu hinc inde duo Proceres, ad dextram Dauid cum fistula, & Goliath Clypeo tectus, post, Ezechiel volumen cœlesti manu sibi porrectum recipiens, ad lęuam, Job trunco, vel stercori insidens, quem Amici ipsum visitaturi conueniunt : in lignea coronide, quæ operimentum sustinet, olim hi versus legebantur, vt nunc etiam in capsa argentea super majus Altare, vnde videntur transcripti.

*Te canit ordo Christi sacer Propheticus iste,*
*Lucet vt eloquio, nitet hic radiante metallo,*
*Significatiuis promens sacra dogmata verbis*
*Cœtus Apostolicus, doctrinæ luce coruscus.*

Remos sub Geruasio Præsule è Solo Turnacensi, diuinitùs (vt creditur) relatas fuisse BB. Martyrum Nicasij & Eutropiæ reliquias alibi dicemus, cuius Relationis dies (hoc nomine distincta à Natali, & à Translatione mensis Julij insignioribus festis) 27. Septembris, Festo de duplici, celebratur, vt & alia, licèt minùs celebris, Relatio, quæ incidit in mensem Februarium, & sic patet quadruplici festo quotannis, in propria Ecclesia cultum Nicasium.

*An sub Hunnis, Attilâ Rege, vel sub Vandalis vrbs Remorum*
*obsessa, præsulque Nicasius interfectus.*

## CAPUT XXXIV.

Grauis inter Auctores dudum emersit discordia de tempore Remorum excidij, & interitus Beati Nicasij, ac sociorum, ob quædam Frodoardi subobscura verba, quæ dubitandi materiam suppeditant. Quidam, nec inferioris notæ, inter quos elucent Sigebertus, Albericus, B. Antoninus, Meyerus, Cenalis, Molanus, & alij, scribunt prædictam Galliarum vastitatem contigisse sub Attila, qui collecto quingentorum millium hominum exercitu, in Gallias erupit an. 451. Marciano Aug. & Adelphio Consulibus secundùm aliquos, vel 453. horum rationes breuiter perstringam, nè in re satis superque discussa, longiùs immorer.

Prima est, quòd Hunnorum persecutio longè celebrior sit in historia, quàm Vandalorum : hanc Gregorius Turonensis vix tetigit, cùm Hunnorum è contrario distinctè referat lib. 2. cap. 6. & 7. Ducis copiosissimi exercitus nomen, & Patriam, vrbium euersiones, incendia, terrorem quoque quem toti Orbi incussit : quin & Sidonius in Panegyrico ad Majorianum, iter à Pannonia in Belgium describit his verbis.

*Et*

*Et iam terrificis diffuderat Attila turmis*
*In campos se Belga tuos &c.*

Vnde transacto Rheno, captis, direptisque insignioribus primæ Belgicæ vrbibus, Metensi, Treuirensi, Tungrensi, idem Attila Secundam ingressus, quam Sequana separat à Lugdunensi, Trecensem obsedit, cui Beati Lupi precibus, Nicasij Præsulis coætanei, ex Frodoardo, nihil damni intulit iuxta sequens distichum.

*Dùm bella cuncta perderent,*
*Orando Trecas muniyt.*

Secunda ratio ex defectu Chronologiæ deducitur, quæ frequentiùs deest in MSS codicibus; Nam in ijs, licèt habeatur Moguntium, Vangiones, Remósque deletos Vandalicâ in Gallijs pesecutione, id eos nihil moratur, cùm Frodoardus de Sancto Oriculo, verba faciens lib. 1. cap. 8. Vandalos cum Hunnis confundat, videamúsque hos omnes, qui ex Alamannia in Gallias proruperunt ab anno 406. vsque ad Francos, pro Vandalis apud Scriptores haberi, ob parem inter eos, in deuastando affinitatem: vnde fit vt, eâ ratione quâ Comitatus Flandrici incolæ adhuc Burgundiones vocantur, quamuis à Ducatu Burgundiæ procul absint, ob aspera bella, quæ olim exarserunt inter Francos, & Burgundiæ Duces, sic & Vandali promiscuè sumantur pro Hunnis à quibusdam, qui temporis nullâ habitâ ratione, B. Nicasij Martyrium assignant ann. 453. sub Attila, quamuis hic in Gallias posteriùs irruerit, quos secutus est Auctor inscriptionis incisæ lapidi principis Altaris Ecclesiæ B. Nicasij.

Tertia nititur in hoc, quòd SS. Lupus Trecensis, & Anianus Aurelianensis Episcopi à Frodoardo æquales aut Synchroni ponantur, qui Vandalorum persecutionem videre non potuerunt, vt ex horum Pontificatus Epocha cuilibet patebit, Lupus enim Trecensis electus dicitur ann. 427. S. Anianus Obijt 453; biennio post Attilam (vt quidam volunt) in campis Catalaunicis proffligatum. De Seruatio Tungrensi velut coætaneo, cum alijs ab eódem Auctore numerato, postea dicetur.

His addi potest Barbaros, qui Nicasio necem intulerunt, ab eódem Frodoardo Paganos, seu falsorum Deorum cultores nominari, quod de Vandalis dici non potest Baptismo Christi initiatis, licèt tunc in Arianismum turpiter deflexissent, at hoc nullius est momenti; in illa enim innumerabilium, ac ferocissimarum Gentium colluuie, quæ Remos obsederunt, nè Pannonij quidem, hoc est Hunni defuere ex Hieronymo; hi enim victo & interfecto Valente Augusto, Pannoniam annis L. tenuerunt, ex eáque, vt Jordanes scribit, ab Romanis, adiutoribus Gothis, sunt pulsi.

Tandem Beatæ Genouefæ Biographus tradit inclytam hanc Adolescentulam

S. NICASIVS XI. ARCHI-EPISCOPVS. *An.* 406.

lescentulam, consecratam à Villico Episcopo Carnotensi, adhuc viuente Nicasio, qui sub Hunnorum tyrannide Martyrio coronatus est, Præsule Durocortori, id est Remorum; at in codicibus MSS Ecclesiæ Remensis, eiusmodi circumstantia, non legitur, nec si legeretur, vt fit in Gestis B. Germani à Constantio Lugdunensi editis, quicquam euinceret, cùm ingens illa gentium multitudo, quæ tunc in Gallias irruperat; nunc Vandali, nunc Hunni à Scriptoribus no-

*Lib.*1.*c.*24. minentur. Adde quod ex Aimoino colligimus Genouefam, non à Villico Carnotensi, sed à Sancto Germano Antisiodorensi consecratam.

Hæc igitur prima opinio, quæ medij æui Auctorum fuit, exploditur à recentioribus, qui E. C. Baronium secuti, tradunt B. Nicasium occubuisse, vrbémque Remorum captam anno 406. pridie Calend. Januarij, cùm Vandali, Rege Gunderico Godigiscli filio, Sarmatæ, Alani, Gepides, transito Rheno, Arcadio septimùm, & Theodosio septimùm Consulibus, Gallias sunt ingressi, cui sententiæ maximam lucem adfert quod in fine capitis sexti citatur à Frodoardo ex Epistola S. Hieronymi ad Ageruchiam, vel Agerochiam, quam Baronius scriptam docet ann. 407. alij 408. vbi Sanctus Doctor sic loquitur.

*Præsentium miseriarum pauca percurram, quòd rari huc vsque residemus non nostri meriti, sed Domini misericordia est, innumerabiles, & ferocissima nationes vniuersas Gallias occuparunt, quicquid inter Alpes & Pyrenæum est, quod Oceano, & Rheno includitur, Quadus, Vandalus, Sarmata, Alani, Gepides, Heruli, Saxones, Burgundiones, Alamanni, &, O lugenda Respublica! Hostes Pannonij vastarunt. Etenim Assur venit cum illis. Moguntiacum Nobilis quondam Ciuitas capta, atque subuersa est, & in Ecclesia multa millia hominum trucidata: Vangiones longâ obsidione deleti, Remorum Vrbs præpotens, Ambiani, Atrebatæ, extremíque hominum Morini, Turnacus &c.* Hæc Hieronymus; quæ de obsidione Remorum, vicinarúmque vrbium Galliæ Belgicæ, Recentiores interpretantur.

Aduertendum tamen ex MSS Codicibus, prædictam Remorum vrbem, quam Hieronymus præpotentem nominat, obsessam quidem fuisse à Barbaris, & captam, non excisam aut direptam, vt de Aurelianensi sub Hunnis B. Aniani precibus seruata, loquitur Sidonius Apolli lib. 8. epist. 15. Et eò faciliùs ab ijs expugnatam, quod maior pars Ciuium, hostium numero territa, ad densissimas siluas, & montium munitiones profugisset, relictis in vrbe paucissimis, quos Nicasius deserere pietatis causâ noluit; Nam insperato terrore perculsi Barbari, quasi propinquum hostem haberent, extra portas statim prorumpunt, diffugiúntque.

Quòd verò prædicto tempore contigerit Remorum obsessio, ac Nicasij Martyrium, non autem sub Hunnis, vt Sigebertus notat

ex

HISTORIÆ. LIB. I.

ex vulgaribus, vt verisimile est Francorum Annalibus, seu verius ex corrupta traditione ab mediæ, & vltimæ ætatis Auctoribus, probari posset primùm ex Frodoardo, qui inter Nicasium, & Remigium quatuor Archiepiscopos sedisse refert, de quibus cap. 9. At cùm B. Remigius obierit an. 530. iuxta veriorem epocham, Episcopatus sui an. 74. ætatis verò 96. sequitur cum factum fuisse Episcopum an. 456. Et sic pro quatuor intermedijs Archiepiscopis, restarent tantùm anni tres quod est incredibile.

S. NICASIVS XI. ARCHI-EPISCOPVS. An. 406.

Saluianus, qui vixit an. 528. Vandalorum meminit, miseriarúmque quas Belgicæ vrbes passæ sunt lib. 7. de gubernat. Dei, *Excitata est* ( inquit ) *in perniciem nostram, ac dedecus gens ignauissima, quæ de loco in locum pergens, vniuersa vastaret: ac primum de Solo patrio effusa est in Germaniam primam, post cuius exitum, arsit regio Belgarum* &c.

Hincmarus quoque Epistolâ ad Episcopos Prouinciæ Remensis cap. 13. vbi hanc proponens quæstionem, an tempore persecutionis Pastori liceat gregem deserere, concludit id non licere, si periculum immineat animarum, exemplo beati Nicasij, *Sic fecit*, inquit, *S. Nicasius Remorum Episcopus, qui tempore Vandalorum, in persecutione generali, suam non deseruit Ciuitatem, & intra parietes Ecclesiæ Martyrio meruit honorari, sic eodem tempore Sanctus Anianus, sicut in sacris Historijs legitur, sic Sanctus Lupus* &c.

Nec cum veritate stat Vandalorum, & Hunnorum persecutionem apud Auctores semper fuisse confusam; Ab his enim sæpius Vandali distinguntur ob longam temporis moram, quæ vnam ab alia sufficienter discriminat: Prosper Aquitanicus refert pridie Kal. Januarias Arcadio VI. & Anicio Probo Consul. Vandalos & Alanos trajecto Rheno Gallias ingressos. Idem pariter Cassiodorus, Victor, Orosius, & Gregor. Turon. lib. 2. cap. 2. hos præterea diserté indicat Ebonis Epistola, vel quisquis huius est Auctor, ad Balduinum Ferreum: Breuiaria, Hymni, Antiphonæ, vnde & die festo S. Nicasij adhuc Remis canitur:

*Iniqua gens Vandalica*
*Summi furoris viribus,*
*Ouile Christi concutit,*
*Caputque cædit Præsulis.*

Addi etiam potest inter prædictos vitæ, ac morum Sanctitate præstantes viros, qui suis precibus hanc vastationem auertere conabantur, Beatum Seruatium Tungrensem recenseri, qui sub Attila vixisse non potuit, cum præsens ipse Concilijs Agrippinensi, & Sardicensi adfuerit ann. 346. & 347. alioquin plusquam centum annis Episcopio præfuisset, quod æquè incredibile est, ac Sigeberti commentum, qui trecentis eum annis vixisse scribit: Vnde Baronius censet Legationem,

*In notis ad Martyrol. 13. May.*

nem, quâ functus est, B. Seruatius ad Limina Apostolorum, de qua Gregor. Turon. lib. 2. cap. 5. referendam esse, non ad tempora Attilæ Regis, sed ad atrocissimas clades, quibus tota ferè Gallia à Vandalis est deuastata. Quod nihilominus absque Parachronismo dici non potest, cùm B. Seruatius finem viuendi fecerit sub Constantio Imperatore an. 360. Quare sapienter, & appositè monet Hadrianus Valesius inter Francicæ Historiæ scriptores facilè Princeps & Coryphæus, Criticorum incuriâ duos Seruatios in vnum coaluisse, quos necessariò distinguere Chronologia iubet, cùm prior Agrippinensi synodo interfuerit, & centum annis à posteriori Seruatio, seu Azauatio, (vt loquitur) discrepet, quem Deum obsecrasse, vt à Ciuitate Tungrorum, totáque Galliâ Hunnos sæuos, & immanes simulacrorum cultores auerteret, scribit Greg. Turonensis: & sic arbitror Frodoardum, qui Nicasij coætaneos facit Lupum, Seruatium, & Anianum, horum secutum esse opinionem, qui volunt Nicasium sub Attila occubuisse, vel per hæc verba cap. vj. *Sub huius tempestatis turbinem*, Vandalicam persecutionem cum Hunnica confudisse, vel certè temporis rationem, quo quísque vixerit, cum Hincmaro Epist. citatâ, non habuisse.

Lupum, qui in Autographis desideratur, suppleuit idem Auctor ex prædictâ Hincmari Epistolâ ad Episcopos Prouinciæ Remensis: potuit tamen hic Vandalorum persecutionem vidisse, si 52. annis Episcopatui Tricassino præfuit vt refert Massonius, Sanctus quoque Anianus à Sidonio laudatus epist. 15. lib. 8. vtríque persecutioni interesse potuit, si verum est obijsse ann. 453. cùm S. Euurtius, qui eum præcessit in Episcopatu migrasse dicatur ann. 385. de his forsan promiscuè Frodoardus locutus est, quamuis Coætanei non sint, quòd horum quísque suorum temporum calamitates defleuerint.

Eiúsdem auctoritatis est, quod profert Albericus de Sancto Alpino Catalaunensi, quem à Nicasio consecratum fuisse asserit ann. 446. cùm id sine vade proferat, & ex errore forsan Librariorum, cùm euidenter ponendum sit ann. 406.

Tandem Vita MS Sancti Oriculi apud vicum Sindunum, cum duabus sororibus per id tempus Martyrio coronati, ab Auctore qui ante septingentos vixit annos exarata, habet prædictum Oriculum Beati Nicasij Discipulum fuisse, ac cæsum à Vandalis, vbi & horum patria, mores, ferocitas, ac iter per quod in Gallias, Arcadio & Honorio Imperatoribus ingressi sunt copiosè referuntur, sine temporis Epocha, quæ ex superioribus tamen circumstantijs facilè potest suppleri.

*Vandali, relicto Durocorto, per Diœcesim grassantur; Oriculum, & Sorores eius apud vicum Sindunum mactant. Laudunum ab his non capitur, Treuiros Franci diripiunt, & incendunt.*

## CAPUT XXXV.

Quas deinde clades Vandalorum incursionibus, capto Durocorto, Belgica nostra passa sit, præter hæc quæ Hieronymus tradit Epistolâ ad Agerochiam, pleráque alia Metaphrastes, Baldricus, & Surius ex Gestis Martyrum hausta referunt, quæ saltem hîc obiter attingemus; ea inprimis, quæ in Beati Oriculi Actis habentur expressa, vbi vetus eorum Auctor, à quo plura Frodoardus decerpsit, Vandalos narrat per Vrbes, & Castella Remensis Diœceseos impunè vagantes tyrannidem exercuisse, vicúmque Sindunum in Dulcomensi pago ingressos, *Oriculum* Dei seruum in Ecclesia diuinis meditationibus defixum, & ad aram humiliter prostratum, vbi purum cordis sacrificium offerre consueuerat, reperisse, quem foras violenter tractum, & in vicinum montem, cum duabus Sororibus *Oricola*, & *Basilica* virtutum eiúsdem æmulis perductum, velut Deo dicatas hostias mactant, Christóque triumphali, ac tergemino conjungunt Martyrio.

Addit idem Auctor Oriculum (postquam decollatus est) caput suum in quodam fonte lauasse, quo cruoris guttas abstergeret, eóque signum Crucis, quod adhuc manifestè apparere dicitur, in petra digito figurasse, tum proprium manibus caput ferentem, sepulchrum, quod sibi condiderat, expetijsse; Adhuc silex integer permanet (inquit codex Remigianus) & in signo, seu figura Crucis rubeus Sanguis apparet, quod Frodoardi verbis consonat: at bellis pro religione, præterito sæculo, sæuientibus, Heterodoxus quidam hunc minutatim confregit, honori Martyris inuidens in rei memoriam religiosè ab incolis delato. Tam Oriculi, quàm Sororum corpora vno dudum sarcophago recondita, tempore Seulphi Archiepiscopi extracta feruntur è terra, humo priùs sponte patefactâ, & loculo, in quo jacebant, vltro sursum mirabiliter eleuato, ac in eodem simul (vt priùs) capulo reposita. At anno circiter 1060. vt habet idem codex MS, cùm Abbas Herimarus Oriculi, Sororúmque tumulum decentiùs ornare vellet, horúmque Reliquias in diuersis tribus arculis separatim condere, res aliter successit ac disposuerat; ossa siquidem Sororum, ad ossa Fratris nullo tangente redierunt, & familiari amplexu in vnum sese conjunxerunt.

Veteres item tradunt Membranæ, Beatum Aderium in eadem Diœcesi

S. NICASIVS cefi apud Chaniacum, vicus eft vbi celebris Prioratus, Barbarorum
XI. ARCHI-
EPISCOPVS. gladio iugulatum, cuius Reliquiæ, cùm diu latuiffent, fanitate Fe-
*An.* 408. bricitanti ad tumulum eius proftrato miraculosè redditâ, fub Gerua-
fio Præfule innotuerunt.

    * Per id quoque tempus ( Auctore Fortunato ) Augufta Veroman-
duorum Rem. Metropolis fuffraganea ab Hunnis, Vandalis, & Alanis euerfa eft, cuius euerfionis, feu etiam extinctionis Epifcopatus
in ea pridem erecti, meminit Hincmarus in Opufculis. Laudunum
edito colle fitum capi potuiffe negat Beatæ Salabergæ Biographus,
& Gefta Dagoberti Regis, vbi fic habetur. *Nam cùm eam vrbem
Vandali, Hunni, Chuni fruftra vallaffent, nullâ aggerum arte imminente, non fundibulariorum iaculis, non armorum fpiculis iacientibus, nec*
*Baldericus* *arietum impulfionibus obtinere valuerunt.* At Cameracum, feu potiùs
*in Chronico,*
*Molanus in* Atrebatum expugnatum ab illis, & in eo Diogenem natione Græ-
*Nat. Ferreo* cum, primúmque eiufdem loci Epifcopum à Beato Nicafio confe-
*locrinu.* cratum, & à Barbaris interfectum tradunt Annales Belgici; Sedu-
num quoque, Audematunum Lingonum, & Vefontionem vrbes
Vfuardus, & Sigebertus, qui & Defiderium Lingonicæ Ecclefiæ
Epifcopum, cum Vincentio Archidiacono, multífque Opidanis iugulatum addunt. Ex quibus patet verum effe ( quod Saluianus ait
lib. 6. & 7. de prouidentia ) Vandalos, cæterófque Barbaros per
Germaniam cognomine Primam, deinde per Belgicam, & Aquitaniam iter feciffe, & Profper in præfatione lib. de prouident. vel
Gallus quidam æqualis Profperi, Galliam, & Aquitaniam à Vandalis,
& Gothis per annos X. depopulatam, Caftella rupibus ( Laudunum
excipe ) Oppida montibus præaltis, Vrbes magnis fluminibus impo-
fitas, Barbarorum dolis, aut virtuti patuiffe.

    Dùm hæc à Vandalis geruntur, Arcadius Auguftus moriens, Suc-
cefforem Imperij Orientis filium Theodofium, annorum feptem puerum, reliquit, Honorio defide, & imbelli Occidentis curam habente,
à quo præcipui Duces cùm turpiter deficerent, vbique paffim exo-
riuntur Tyranni, in quos accerfita Barbarorum auxilia; ijs autem
413. obuia quæque vaftantibus, regni Burgundionum cis Rhenum conditi initium capit, Francíque rurfum, turbato ftatu, è fuis fedibus
exciti, Auguftam Treuirorum diripiunt; notat enim Sigebertus in
Chronico Francos fæpe in Gallias tranfeuntes anno Honorij Principis XVI. diripuiffe primâ irruptione, fecundâ etiam incendiffe vrbem Treuirorum, quam vrbem, fummam, & opulentiffimam, poft
feptem circiter annos à Barbaris, id eft à Francis, tertiò expugnatam, exuftam, & euerfam, Opidanos alios captos, alios interfectos,
415. nonnullos ambuftos, reliquos fpoliatos ac nudatos fuiffe narrat Sal-
416. uianus lib. 6. de Gubern. Dei, indignatúrque paucos Nobiles, qui
tribus continuis patriæ excidijs fupererant, quafi pro folatio Ludos
Circenfes ab Imperatoribus, hoc eft ab Honorio, & Conftantio
Placidiæ

Placidiæ scil. Sororis Honorij viro, & in Imperij societatem assumpto, petijsse, nec impetrasse.

Hæc nobilissimæ vrbis fata eo magis lugenda sunt, quòd non modò Prouinciæ Belgicæ prima esset Metropolis, sed Cæsarum regia, inclytáque sedes, occasione à nobis relata cap. 12. rarò enim è Gallia Cæsares excessisse, in repellendis Francorum, & Alamannorum continuis bellis occupatos, Augustámque Treuirorum vtriúsque gentis finibus ferè mediam interpositam, annos ampliùs centum Regiam habuisse Marcellinus docet, donec Honorij æuo ignaui ac desidis, qui se Rauennæ muris concluserat, ob varios Tyrannorum exortus, & Gentium incursiones, Gallia miserè vexanda Barbaris relicta est.

Ex quibus manifestè patet ambas Belgarum Metropoles, Remensem, & Treuirensem socias, ac Sorores, eúmdem ferè casum sortitas fuisse, hanc vetustate populorum, ac Domicilio Principum claram, illam verò non minùs antiquitate, quàm fœdere eum Romanis, & ditione in sibi subditas vrbes, ( ob quam *Præpotens* à Hieronymo memoratu ) illustrem : in hoc tamen ab Æmula seu Sorore dissimilem Remos reperio, quòd à Vandalis quidem capta, sed non euersa aut incensa, vt Treuiri, quæ tam ab Hunnis, quàm à Francis quartò excisa dicitur, & quòd Remi è miseriarum gurgite pedetentim, & feliciter emergens, Remigij Præsulatu, & Francorum baptismate paulò post clarior euaserit.

*Baruc XII. Archiepiscopus, eo sedente Francorum in Gallia conditur Imperium; Et B. Remigius nascitur.*

## CAPUT XXXVI.

Beatissimo Nicasio, & Eutropiâ post Vandalorum fugam, quâ licuit funebri pompâ in Cœmeterio Sancti Agricolæ tumulatis: actum de sufficiendo ei Præsule, qui res Ecclesiæ, & Vrbis sedulò curaret. Clerus, & Populus qui post cladem remanserant ex tam lugubri casu, veluti post nubila radiante Sole paulisper releuati, virum probatæ vitæ Baruc, vel Baruch nomine eligunt, quem Præpositum Remensis Ecclesiæ fuisse tradit Demochares, sed vnde ? & an adeò vetus apud Remenses Canonicos Præpositorum nomenclatura, non explicat : quo anno obierit incertum, nisi ex promotione Successoris, quam prædictus Auctor assignat sub Leone I. anno à partu Virginis 458. at cùm vadem non habeat, probabilius puto, tringinta circiter annos rexisse, ac fato functum an. 440.

Toto hoc temporis spatio, quo Baruc clauum tenet, & à Barbaris diruta restaurat, omnibus ferè partibus corruit res Romana, non

BARVC XII. ARCHIEP. *An.* 410. non tam vitio Principum, quàm semibarbari Stiliconis nequitiâ, qui suæ perfidiæ pœnas luit anno 408. Vandalis siquidem, quos ab extremis Alamanniæ littoribus acciuerat, in Hispaniam profectis, impellente Constantino (vt quidam volunt) recèns à militibus in Augustum electo, vt desolatæ Reipublicæ mederetur, Alaricus Gothorum Rex Romam eodem anno obsidet, capit, dirumpit, sícque truncato Romani Imperij capite in vna vrbe, vt Hieronymus loquitur, totus Orbis interijt; contigit enim statim post hanc vastationem magnâ Dei vindictâ vniuersum fermè Romanum Imperium,

*Per id tēpus Faramundus regnat in Francia.* 420. tum maximè Gallias dedi Barbaris gentibus incursandas, quæ vel vocatæ à Tyrannis, aut Imperatoribus, vel alijs ipsæ occasionibus ex diuersis partibus eò confluentes, eásdem miserè depastæ sunt.

Gothi Athaulpho Rege, Narbonensem, & Aquitaniæ partem occuparunt, Burgundiones Germaniæ populi bellicosissimi, regionem hanc, quæ Araris, vulgo Saonæ, fluuio alluitur, Franci verò multoties Gallias ingressi, non ampliùs deprædari, sed inuadere, & sedem ibi figere, præsidijs Rheni neglectis, constituunt, primùm sub Faramundo, cuius Prosper meminit, hunc in Belgicam Secundam penetrasse, ibidémque sepultum prope Remos, quidam asserunt, acriùs

435. 436. postmodùm sub Clodione, qui è Toringorum finibus magno numero egressi, protritis Romanis, in Carbonariam siluam venerunt, cúmque Turnaco, & Cameraco vrbibus, primo impetu expugnatis, proximos Atrebatum agros peruasissent, ab Aëtio inhibiti, ac repressi dicuntur, à Sidonio Appollin. non tamen penitus expulsi à Gallijs, vt ex rerum Francicarum Scriptoribus constat.

Tot calamitatum, quibus Galliæ concutiebantur, miserti Cœlites (inquit Hincmarus) de finiendis ijs Francorum conuersione decernunt, quòd cùm Montano Monacho diuinitùs innotuisset, superno afflatus Numine, Ciliniæ nunciat breui se habituram ex Æmilio filium nomine Remigium, cui saluandus foret populus committendus, quod statim, vt prædixerat, euenit, summo Reipublicæ Gallicanæ bono, vt postea dicemus.

*Baruchius XIII. Archiepiscopus.*

## CAPUT XXXVII.

441. Baruchius tertius decimus Remorum Archiepiscopus præcedentis Frater ordinatur anno 458. si Coluenerio fides: at Chronologia hæc cum infra dicendis non benè cohæret, vt videbimus; Sedit anno vno ex eodem Auctore, Romæ apud S. Leonem Papam absumptus: sciat Lector, velim, Democharem me, vel Coluenerium perinde habere, quòd illius hic in suis Scholijs Notas approbet.

*Barnabas*

*Barnabas XIV. Archiepiscopus. Et an à S. Sede Apostolica Phrygium, seu Pallium acceperit.*

## CAPUT XXXVIII.

BArnabas XIV. numeratur, æquè incognitus, ac præcedens: hic, si sæpiùs à me laudato Demochari credatur, Romæ fuit ordinatus à Beato Leone, à quo & Pallium accepit anno 460. quo pariter obijt in synodo Venetica, an id inconcussâ veritate nitatur, paucis examinemus. Primùm non satis constat an primi, Occidentalium præsertim Prouinciarum, Episcopi tunc Pallio de more à summis Pontificibus insignirentur, verum quidem est ( vt multi docent ) Sancto Germano Autisiodorensi Pallium missum fuisse à Cælestino Papâ ann. 429. & Cyrillo Alexandrino ab eodem, anno 430. ex Balsamo in Nomocanone Photij; At ijs, cum Pallio, velut summi honoris, ac plenioris potestatis tesserâ, Vicaria Præfectura pariter credebatur, Huic vt Concilio Ephesino præesset, Alteri verò in Angliam velut destinato aduersùs Pelagianos, vnde opinantur Quidam, & rectè, Pallium primitùs concessum fuisse illis, qui vices summi Pontificis agerent, quòd adhuc euidenter colligitur ex Gregorij Papæ lib. 4. epist. 51. cap. 95. vbi & concessio Pallij, & Vicariatus simul conjunguntur his verbis, *Quod verò, in eisdem* ( litteris ) *iuxta antiquum morem, vsum Pallij, & vices sedis Apostolicæ postulasti &c.*

Notant Sammarthani in Auxentio Arelatensi ex Epistola Vigilij Papæ, primum hunc inter Gallicanos Antistites fuisse, qui per legatos Pallium à Sancta Sede Apostolicâ petierit, cui tamen idem Pontifex dare distulit, donec certiorem fecisset Imperatorem, consentiente autem Imperatore Justiniano, & rogante Childeberto Rege, non solùm Pallij vsum concessisse Pontificem, sed etiam vices suas in Gallia ann. 545. quòd, an reuerâ ita sit, viderint alij: verisimile est, autem inter Rem. Archiepiscopos, Remigium hanc plenioris potestatis prærogatiuam accepisse; cùm per regnum Clodouei I. Vicarius Apostolicus creatus est, vt postea videbimus.

Quod spectat ad synodum Veneticam, cui Barnabas interfuisse tradit Demochares, si quis ob id ei fidem abroget, quòd Barnabæ nomen in subscriptionibus desit, responderi facilè posset obijsse ante absolutam synodum; at obstat quòd hæc coacta sit non anno 460. vt vult Demochares, sed 465. iuxta veriorem Jacobi Sirmondi calculum, & sic licèt Barnabas sederit anno vnico, vt Prædecessor, nihil ferè restaret pro Successore; Nam quòd remittat præsulatum Sancti Remigij ad annum 470. vnde sequitur obijsse ann. 544. post synodum Aruernensem,

BARNABAS XIV ARCH. *An.*448. Aruernensem, cui subscripsit Flauius Remensis Archiepiscopus, Chronologia hæc seriem temporum, quæ ex incorruptis Historiæ monimentis colligitur, funditus euertit, vt videbitur; dicendum ergo Barnabam fato functum anno circiter 448. vel 450.

 Hoc anno, inquit Locrius ex Stephano Forcatulo lib. 5. de Gallorum Imperio, & Philosophiâ, Francis in Belgica sensim inualescentibus, atque adeò ipsi Celticæ minitantibus, Galli nihil, quod sustinendo hosti necesse videbatur remittentes, habitis in Oppido Remensi Comitijs, Valerium Cauarinum Parisiorum, Senonúmque Regulum exercitui præficiunt, quò in Francos aciem mouerent; pugnatur acerrimè, sed fortunâ ancipiti, donec de pace cogitatum, nuptijs Polienæ Cauarini filiæ cum Chlodione depactis, quæ hâc amicitiæ significatione vetera odia penitùs diremerunt, vt sub communi Gallorum voce, commune etiam Cœlum, Solúmque Franci participarent. *Chlodionem Meroueus excipit. An.*448. De Cauarino, & prædictis Comitijs silent Francici Auctores: scribit tamen Hincmarus lib. de vita S. Remigij Francos Turnaco, & Cameraco expugnatis, & hinc vsque ad Suminam, parte Prouinciæ Belgicæ occupatâ, ibi diu sub Chlodione, & Meroueo Regibus consedisse, imò Meroueum in Oppido Ambianorum Samarobriuâ, quam Chlodio Regiam elegerat, Regem salutatum Rorico tradit; ex quibus patet totam hanc nostræ Prouinciæ partem, cui Belgicæ secundæ nomen est, tunc à Francis fuisse subactam; Nam Australior pars in quâ Suessiones, Remi, Catalauni, Syagrio adhuc parebat ex Sidonij Epistolâ ad Principium Suessio. Episcopum.

*Bennadius XV. Archiepiscopus, condit testamentum, Attila Belgium vastat.*

## CAPUT XXXIX.

449. **B**Arnabam excepit Bennadius, vel Bennagius, qui Remensem Ecclesiam rerum suarum testamento fecit hæredem, cum Fratris sui filio, quem de sacro fonte susceperat. Hæc Frodoardus, qui pretium fecisset operæ, si nobis non fragmenta, veluti Diplomatum, ac Testamentorum analecta, quæ ipse manibus contrectauit, sed antigrapha integra, nec truncata reliquisset ; meliùs enim consultum fuisset Posteris, qui inde pro illustranda antiquitate multùm lucis hausissent. Bennadius igitur Remensi Ecclesiæ vas quoddam ab Antecessore suo Barnaba sibi testamento pariter relictum delegat, cùm illud in proprios vsus distrahere posset. Solidos item viginti ad eiusdem Ecclesiæ reparationem, cum agellis, & siluis. Presbyteris quoque solidos octo, Diaconibus quatuor, ad Captiuos viginti, Subdiaconibus duos, Lectoribus vnum ; Ostiarijs, & Exorcistis vnum ; Sanctimonialibus,

ctimonialibus, & viduis in Matricula positis, tres, rogátque Ecclesiam  BENNAD.
suam, vt in se ducat collatum, quicquid Presbyteris, Diaconibus, ac  XV. ARCHI-
diuersis Clericorum scholis, Captiuis quoque, & Pauperibus, pro refri-  *An.*449.
gerio sui, fuisset in commemoratione deuotum.

Ceterùm ex his in prædicto testamento fideliter enumeratis, patet Remensem Ecclesiam copioso Clero his temporibus, Collegijs, Sanctimonialibus, Matriculis, ac Xenodochijs instructam; & nobilitatam: Quin & prædijs, ac reditibus dotatam ante stabilitum Francorum Imperium, sícque non horum munificentiâ omnes Regni Cathedrales fundatas, vt quidam volunt, licèt abundè postmodum ab his sint locupletatæ; Hinc pariter elicitur Remenses Canonicos ab originec voto paupertatis, imò nec peculiari cuiúsdam Patris regulâ obstrictos fuisse, quæ proprium quiddam habere prohiberet, in quo à Religiosis, seu Canonicis regularibus, vt vocant, valdè erant dissimiles, cum Clericis in societate cum Augustino viuentibus habere proprium non liceret, communísque vitæ formam hi voto edito sequerentur, ex serm. 49. de diuersis cap. 2. & 4. sed nec succedentibus temporibus puros Augustinianos extitisse puto, quod inferiùs adhuc clariùs constabit, vbi de eorum religione aliquatenus tepefactâ, Conciliorum auctoritate, & Archiepiscoporum studio in meliorem statum restitutâ nonnihil dicemus. Quo verò anno Bennadius objerit certiùs sciri non potest, quàm ex initio Præsulatus S. Remigij Successoris, qui cùm electus fuerit an. 456. cogimur Bennadij exitum assignare eodem anno, quod latiùs infra probabitur.

Viuente adhuc Bennadio contigit Gallias iterum deprædari ab Hunnis sub Attila, ob rationes fusius à Jordane relatas apud Hadrianum Valesium tom. 1. rerum Franci. fol. 154. Hic igitur, comitantibus eum Quadis, Burgundionibus, Alanis, Sarmatis, aliísque nationibus ei subjectis (agmen ipsi fuisse quinquies centies mille refert Priscus 451. historicus apud Massonium in libello de calamitatibus Galliarum) Rhenum transijt Marciano Augusto, & Adelphio Consulibus ann. 451. & aliquot quidem Galliæ vrbes primo impetu simulatione partim, partim vi cepit, Diuiodorum Mediomatricorum oppidum, Augustam Treuirorum, Autisiodorum, malè quidam asserunt Durocortum Remorum post annos XLIII. à sua ipsius per Alanos, & Vandalos inuasione, iterum captum & excisum, pejùs Nicasium cum Eutropiâ ab ijs cæsum: Augustobonæ Tricassium oppido pepercit Attila, Lupi Episcopi precibus flexus, agris inter Rhenum, & Ligerim depopulatis & excisis, Aurelianos peruenit, quò eâ vrbe expugnatâ vlteriùs progrederetur; At cognito Aëtij Romani exercitus Ducis sub Valentiniano aduentu, & Visigothorum auxiliarium, aliarúmque Gentium, quæ vel fœderatæ Romanis, vel vicinæ idem periculum formidabant, ab Aurelianis, & Ligeri fluuio rursus ad Sequanam, mox in Campaniam cedendo deflexit, vbi acriter pugnatum, ex Cassiodoro,

qui

**BENNAD.**
**XV. ARCHI-**
**EPISCOPVS**
*An. 456.*

qui Vifigothorum viribus Attilam fufum memorat. Addit Ifidorus Theodoricum Vifigothorum Regem, redintegrato prælio contra Hunnos, in Campis Catalaunicis fuperatum occubuiffe, vbi Mauriacus Campus tribus leucis Catalauno abeft; incipit enim apud Spinetum, vbi hodie Virginis Deiparæ Auguftiffimum templum : Jordanes etiam Prifcum fecutus, Mauriacos vocat Campos vltra Matronam, vbi dimicatum eft, aitque in longitudinem leucas centum, in latitudinem feptuaginta patere. Sunt qui dicunt Mauriacos dici ab oppido ad ripam Sequanæ pofito quod Meriacum nunc *Mery* vocatur; Attila cruento hoc certamine plagâ acceptâ, coactus eft viribus Aëtijs, ac Vifigothorum falutis causâ petere tumulum, paulò editiorem, præaltis foffis cinctum, in quibus aquæ refidis copia ftagnaret, ibíque copias reducere, Alpino tunc Catalaunorum Epifcopo pias preces pro Romano exercitu ad Superos fundente : Alpinus hic fuit Lupi Tricaffini difcipulus, in cuius

*Ex MS Co-*
*dice Remen-*
*fi.*

Vita MS hæc de Sancto Nicafio leguntur. *Tunc temporis, Remenfi Metropoli vita Angelica vir beatiffimus Nicafius præfidebat, quíque vir inclytus Martyr poftmodum Chrifti eximius, multis fignorum virtutibus clarus, veluti lucerna fuper Candelabrum pofita, vt luceat his qui in domo Dei funt, corufco effulgurabat lumine &c.* Quifquis Geftorum Alpini auctor fuerit, in eo fuit errore, quem fupra notauimus, S. Nicafium fub Hunnis occubuiffe Martyrio.

---

*Cleri Remenfis primordia, facráque Ædes quibus vrbs velut gemmis in Diademate collucentibus exornata renitebat, & cingebatur ante Remigij Pontificatum.*

## CAPUT XXXX.

CLeri Remenfis origo, eadem penè fuit, ac noftræ fidei, & religionis : ftabilitâ fiquidem Matrice Ecclefiâ, quæ fedes effet Epifcopi Româ miffi, è Neophytis, quos primùm hic excoluerat, verbi minifterio ftudiosè vacans, doctrinâ clariores felecti funt, & ordinum perceptione, velut in fortem admiffi; quorum operâ in inftituenda plebe Epifcopus ipfe ( cum tot quotidie ad fe venientibus confulere non effet integrum ) vteretur. Vtriúfque ftudio totius Diœcefis ( qualifcúmque tunc fuit ) regimen ftabat, Sacráque miniftrabantur, juxta cujúfque gradus, & officium, quod primis etiam fæculis fuit multiplex : Erant enim præter Oftiarios, Lectores, & Exorciftas, Diaconi, & Presbyteri, è quorum gremio, obeunte primario Paftore, quidam alius celfioris meriti legebatur, vt in exercitu Imperator, cui omnes velut in fublimiori gradu conftituto parebant, dicebatúrque Epifcopus, hoc vt Romæ, fic & in

Gallijs

Gallijs religiosè obseruatum tradit Hieronymus Epistolâ 85. ad Euagrium.

BENNAD. XV. ARCHIEPISCOPVS *An* 456.

Paulò post, pro Vrbium amplitudine, sacræ ædes à Fidelibus erectæ sunt, ( quod Romæ pariter per varias vrbis regiones factitatum legimus ) harum aliquæ Tituli nomine gaudebant, quòd in his animarum cura haberetur à Presbyteris, quædam Martyria dictæ, aliæ Cœmeteria, vel Xenodochia, Oratoria, Basilicæ, de quibus cap. 19. breuiter egimus, Ecclesiam Scriptores nostri propriè appellarunt Cathedram Episcopi, majorémue, ac vetustiorem cujúsque Ciuitatis Ecclesiam, cùm cæteræ omnes plerúmque potiùs Basilicæ, vel Oratoria, quàm Ecclesiæ vocarentur.

Porrò autem, vt Episcopi, sic Presbyterorum, Diaconorum, cæterorúmque munia ( quò pro se quísque, & vbi opus esset, suum officium & nosceret, & impigrè exequeretur ) non ita post diuidere, necesse fuit: Itaque summa rerum, hoc est animarum curandarum onus Presbyteris commissum est, Diaconis verò, vt viduis, pupillis, & Fidelibus egenis ex Christianorum eleëmosynis ab ipsis custoditis subuenirent, cura demandata, iísque injunctum, vt Presbyteris præsto essent Sacra facientibus; nè autem Presbyterorum administratio in promiscuo esset, Euaristi Pontificis exemplo, vel etiam Hygini, qui Clerum composuit, & distinxit gradus ex Damaso apud Anastasium, Tituli seu Parochiæ majoribus in Vrbibus confusionis tollendæ causâ diuisæ sunt, ac terminis distinctæ, vt singuli ab inuicem discreti, Sacramenta cupientibus exhiberent.

Hæc Ministrorum distinctio patet ex Concilijs, Arelatensi præsertim, cui Betausius Remensis interfuit an. 314. vbi præter Episcopi, ac Presbyteri nomina, Diaconi quoque, Lectoris, & Exorcistæ leguntur, quibus cujúsque Episcopalis Ciuitatis Clerus constabat; patet etiam ex Bennadij Archiep. testamento, vbi pro ordinum varietate, diuersæ quoque Clericorum classes indicatæ. Inter hos qui in Matrice Ecclesia degebant, vt Archiepiscopo proximi, sic & officio, gradu, & auctoritate præstantiores semper fuerunt, erántque velut ipsius familia, & à consilijs. Crescente horum numero supra Ecclesiæ reditus, Imperiali edicto cautum est, vt albo seu Matriculæ tantùm inscripti ( quæ vulgo canon, à quo Canonici, quamuis in Laodicena synodo χανονικοὶ ψάλται, Cantores regulares nominentur à Psalmodia, & canticis certis diebus, quasi ex regula cani solitis ) ex bonis Episcopij, quæ tunc erant communia alerentur: Horúmque curam habebat Episcopus sub dispositione Administri, seu Oeconomi nè rerum temporalium nimiâ sollicitudine vrgerentur.

*Vide epist.* 1. *Vrbani Papæ* 1. *cap.* 2. *&* 3.

Cæteri in alijs residebant Ecclesijs, quæ apud nos variæ fuerunt, ac multiplices, vt videre licet in prolixiori testamento Sancti Remigij, vbi de Ptochijs loquitur, de Cœnobijs, Martyrijs, Diaconijs Xenodochijs, & Matriculis, item de Titulis, aliísque sacris ædibus à suis prædecesso-

BENNAD.
X.V. ARCHI-
EPISCOPVS.
An. 456.

prædecessoribus piè & liberaliter constructis, quarum maior pars Sanctis Martyribus consecrata est, qui sub Ethnicis Imperatoribus agonem compleuerunt, lubet igitur eas referre eodem prorsus ordine ab eo recensito, quo omnibus pateat, quàm amplas, altásque radices tunc Christianismus egerit in vrbe Remensi.

## VETERUM ECCLESIARUM NOMENCLATURA.

1. Ecclesia Sancti Victoris ad portam Suessionicam ampliùs non extat, sed loco ipsius Crux erecta est Victoris nomine, qui Massiliæ passus legitur sub Diocletiano, & Maximiano. De ea rituale Remense, vbi agitur de supplicationibus Rogationum.

2. Ecclesia Sancti Martini ad portam Collatitiam, ea pariter pridem esse desijt, ei duos solidos legat Remigius in suo testamento.

3. Ecclesia Sancti Hilarij ad portam Martis: huius velut veteris Parochiæ meminit etiam Frodoardus lib. 4. cap. 48. nunc solo æquata est, restabat adhuc cœmeterium Sancti Merolilani sepulturâ celebre, quod nuper, ob bellorum tumultus, euersum est.

4. Ecclesia Sanctorum Crispini & Crispiniani ad portam Treuiricam Crucis erectione tantùm cognoscitur. Huius meminit Rituale Remense diebus Rogationum: adhuc enim Clerus Remensis ( vt antiquitùs ) Vrbem circumcundo, Sanctorum, quibus hæ quatuor dicatæ sunt Ecclesiæ, præconium canit in Litanijs majoribus.

5. Ecclesia Sancti Petri infra Vrbem, quæ curtis Dominica in Remigiano testamento, nunc Sancti Petri veteris dicitur, adhuc stat éstque præcipua vrbis Parochia: Cors enim, Cortis, vel Curtis idem est ac Vrbs in Capitul. Caroli magni lib. 3. cap. 19. Dominica, id est regalis, sic Missi Dominici, Missi Regales dicuntur.

6. Ecclesia supra cryptam Remorum in honore omnium Martyrum à B. Remigio extructa, cùm per auxilium virtutis Dei, Vrbem ab igne Dæmonis nequitiâ suscitato penè exustam eripuit; ea putatur esse quæ nunc Sancti Protomartyris titulo splendet. Vnde vicus illi vicinus Martyrum nomine indigitatur Gallicè, *la ruë des Martyrs*.

7. Ecclesia, quàm pro eodem signo virtutis Dei in honorem Sancti Martini, & omnium Sanctorum infra Vrbem idem Sanctissimus Præsul ædificauit: ea vbi sit ignoratur, forsan illa est quam Præceptor templi, dono Capituli Remensis pridem occupat.

8. Diaconia infra Vrbem, quæ dicitur ad Apostolos, Sancto Symphoriano Augustodunensi sacra Canonicorum nunc Collegio gaudet, de qua lib. 2. tom. 2. huius operis; quid sint Diaconiæ, & in quem vsum erectæ, Gregorius I. Epist. 24. ad Ioannem religiosum, Zonaras, & Balsamon in Concilium Chalcedonense, Zacharias Papa Epist. 7. disse-

## HISTORIÆ. LIB. I.

7. differunt: Onufrius quoque Veronensis libello de præcipius vrbis Romę Basilicis folio 29. & 30. vbi hęc habet. *Loca antiquitùs, vel recèns fabricata, Diaconis, in quibus permanerent, tradita fuerunt, quæ postea ab eorum nomine Diaconiæ vocatæ sunt. Hæ sacræ ædes, siue Ecclesiæ in honorem Sanctorum dicatæ, proximas domos habentes ( quemadmodum aliæ vrbis Basilicæ & Tituli ) sine animarum cura erant, idcirco neque Tituli, neque Parochiæ dicebantur, sed Diaconiæ, Diaconi autem pecunias Egenis per suas regiones distribuebant* &c.

BENNAD. XV. ARCHI-EPISCOPVS. *An.*456.

9. Ecclesia, seu Titulus Sancti Mauricij in via Cæsarea, adhuc Parochia est, cui adjacet Prioratus ordin. S.B. quem R. P. S. I. possident; de Tituli nomine pluribus agit Baronius in Martyrologio, Spondanus, & alij. Hincmarus in constitutionibus, pro Decanis suæ Diœceseos, de Titulis sic loquitur, *inquirendum cuius Sancti honore prætitulatus sit Presbyter ,. & cap.* 12. *quot cerarios habeat ipse Titulus , cap.* 17. *nullus aliquo Xenio apud sæcularem Ecclesiam illam obtineat, quæ Titulus per se constans antea extitit.* Concil. Meldense cap. 54. Titulos Cardinales vocat in vrbibus & suburbijs ann. 845. Onufrius, *Non in omnibus sacris ædibus animarum cura gerebatur, sed tantùm in Titulis quibus præerant Presbyteri :* Hinc patet Ecclesiam S. Mauricij apud Remos ab antiquo Parochiam fuisse.

*Vide etiam Innocentium* 1. *epist. ad Decentium cap.* 5.

10. Ecclesia Jouiniana Tituli Beati Agricolæ, vbi ipse vir Christianissimus Jouinus conditus est, Beatus quoque Martyr Nicasius cum plurimis societatis suæ Martyribus. Hæc Sancti Nicasij Basilica vocatur in testamento Sonnatij, & Landonis, quòd in ea funeratus sit, Agricolæ cœmeterium à Frodoardo lib. 1. cap. 6. nunc longè celebris est Abbatia Ordinis Sancti Benedicti.

11. Ecclesia Sanctorum Martyrum Timothei, & Apollinaris de qua cap. 19. & infra tom. 2. agemus, in ea duodecim, & aliquando viginti Clericorum congregationem fuisse, vt tempore Theodorici Regis, tradit Frodoardus cap. 4.

12. Ecclesia Sancti Joannis, vbi Beatus Remigius Benedicti filiam suscitauit, memoratur in vita S. Remigij ab Hincmaro editâ, éstque adhuc Parochia in vrbe.

13. Ecclesia Sancti Xysti de qua cap. 15. egimus, hæc quoque Clericorum enituit ministerijs decorata ad decem, vel duodecim, vt Sonnatij Præsulis tempore, nunc Parochiæ titulo insignitur.

14. Ecclesia Sancti Martini in solo Remensis Ecclesiæ posita adhuc claret, vetustatémque spirat vt præcedens, si fabricam spectes, de ea Frodoard. lib. 4. c. 49. vbi ex traditione refert hanc Clericorum olim habuisse congregationem, nunc in vrbe haud ignobilis Parochia est.

15. Ecclesia Sancti Christophori Martyris in Lycia sub Decio Imperatore, vbi Beatus Remigius post obitum conditus est, Remensis Ecclesiæ ab antiquo cœmeterium fuit ex Frod. lib. 1. c. 17. nunc insignis Abbatia Ordinis Sancti Benedicti.

R 2          16. Ecclesia

**BENNAD.**
**XV. ARCHI-**
**EPISCOPVS.**
*An.*456.

16. Ecclesia Sancti Germani, quam Beatus Remigius in solo Remensi ædificauit : pars illius à quibusdam creditur esse Oratorium illud, quod adjacet Ecclesiæ Sancti Remigij ad latus, versùs meridiem, seu Sacellum Sancti Marculfi.

17. Ecclesia Sanctorum Martyrum Cosmæ, & Damiani in solo Remensis Ecclesiæ posita, à quinquaginta annis solo æquata est, in ea pridem Canonici aliquot fuerunt, at his exactis, vetus hæc Ecclesia cum loci ambitu, R. Patribus Sancti Francisci de Paula dono Cardinalis à Lotharingia cessit, qui ibidem sui Ordinis claustrum excitarunt.

18. Matricula Sanctæ Mariæ quæ dicitur Xenodochium ; an maius Hospitale sit, quod iuxta Cathedralem Ecclesiam visitur, incertum mihi est.

19. Ecclesia Sancti Quintini Martyris, vbinam sit, adhuc latet.

20. His si addas Principem, & omnium Matricem Ecclesiam Virgini Deiparæ sacram, quam Beatus Martyr Nicasius in Arce Ciuitatis fundauit, quæ Sancta, & Venerabilis vocatur in vtróque testamento Sancti Remigij, erunt numerò viginti, quibus longè plures dilatato vrbis pomœrio, emergentibus in Ecclesia nouis Ordinibus, postmodum additæ sunt, octauo præsertim, decimo tertio, & decimo septimo sæculo ; At veteres à nobis recensitæ ( nonnullis exceptis ) extant adhuc, licèt à fundamentis quædam sæpius restructæ sint, de quibus, vt de recèns excitatis, erit suo loco fusiùs agendum.

# LIBRI SECVNDI
## EPITOME.

FELICIOREM, post turbine decussas nascentis Ecclesiæ rosas, Remorum Metropolis statum aggredior, tot vernantem lilijs, ac floribus, clarorum scilicet cuiúsque conditionis hominum, doctrinâ, pietate, ac sanctimoniâ, vt ternæ annorum centuriæ, quas liber hic secundus complectitur, aurea totius Sanctitatis ætas meritò vocari possit, ac debeat. Cùm enim, inualescente Arianismo, fides miserè tepuisset in Oriente, hæc incrementum Clodouei Lauacro, haud mediocre suscipiens, ardentiùs incalescere cœpit, præsertim in Gallia, quæ totius Occidentis potior pars est, & illustrior, adeò vt non vna Prouincia modò, vel Diœcesis, sed quælibet Ciuitas, aut Oppidum, vberem cuíque scribendi segetem affatim suppeditet, siue infulis decoratos spectes, siue præcellentes in Clero, virtute magnos, religione sublimes, siue etiam Ascetarum germina nouâ plantatione propagata, aut in Parthenonibus Virgines, leni, sed diuturno Martyrio consummatas.

Messis hæc, si alicubi ferax, & prorsus immensa videatur, maximè in Metropoli Remensi, quæ hoc æuo per Remigium ipsum primò, tum per ipsius, ac Beati Columbani in Austriam feliciter appulsi discipulos, tot virorum illustrium propagine claruit, vt nulli etiam ex insignioribus totius Europæ secunda sit; ac nè horum copiâ improuidè obruar, sumpto à Clodouei Cathechista initio, hos tantùm prosequar, quorum Acta majorem historiæ lucem adferent, & hoc, quò temporis ratio aptiùs cohæreat, iuxta varias Regum primæ Dynastiæ vices, quas hîc breuiter ad eiúsdem occasum vsque deducam, qui & libri huius pariter finis erit.

R 3    INDEX

# INDEX CAPITVM

### LIBRI SECVNDI.

CAP. I. *LABENTI Imperio inserta Francorum Monarchia fide Christi stabilitur in Gallijs, fitq́ue augustior Ministerio Sancti Remigij.*

CAP. II. *Sanctus Remigius XVI. Remorum Archiepiscopus à Montano prædictus antequam natus, raptus ad Pontificatum, potiùs quàm electus, virtutibus, ac miraculis clarus.*

CAP. III. *De quibusdam à Remigio patratis miraculis.*

CAP. IV. *Quantâ fulserit eruditione, & dicendi peritiâ beatus Remigius, & an aliquot diuinæ Scripturæ libros interpretatus sit.*

CAP. V. *De conuersione Francorum, & Chrismate cœlitùs misso in Baptismate Regis Clodouei.*

CAP. VI. *De cœlesti Chrismate dissertatiuncula.*

CAP. VII. *Quo die, loco, & anno Baptizatus Clodoueus.*

CAP. VIII. *B. Remigius donis muneratur à Francis, Clodoueum consolatur ob Sororis obitum, bellum Gothicum ab eo susceptum approbat, fit legatus Apostolicus.*

CAP. IX. *Chronologiæ varietas circa Vicariatum B. Remigio à S. S. Apostol. concessum.*

CAP. X. *Episcopatus à Remigio per Belgium restituti.*

CAP. XI. *An Remorum Ciuitas caput regni Theodorici. B. Remigius senium ei exprobrantes, & inuasorem Mosomagensis Ecclesiæ literis increpat; eiúsdem obitus, & sepultura.*

Exemplar testamenti à Beato Remigio editi. &c.

CAP. XII. *Prolixius testamentum Sancti Remigij à Coluenerio editum propositis vtrímque rationibus excutitur, & probatur.*

CAP. XIII. *De insignioribus B. Remigij discipulis in tres classes distributis, in primis verò de Sancto Arnulfo, & vtrùm Turonensis Arcchiepiscopus fuerit.*

CAP. XIV. *De Sancto Theodorico Beati Remigij discipulo. Et de primordijs Abbatiæ, quæ Montis hor, vel Montis aurei dicitur.*

CAP. XV.

## INDEX CAPITUM Lib. II.

**Cap. XV.** *De S. Gibriano, Fratrúmque eius aduentu ex Hibernia in Campaniam Gallicam, de horum quoque Cellulis, Pœnitentia, & Obitu.*

**Cap. XVI.** *Bertaldi secessus apud Caluum Montem.*

**Cap. XVII.** *Romanus XVII. Archiepiscopus, sub eo floret Atolus, & obit S. Theodoricus.*

**Cap. XVIII.** *Flauius XVIII. Archiepiscopus, interest Concilio Aruernensi, an Sancti Medardi Suessionensis priuilegio subscripserit.*

**Cap. XIX.** *Sanctus Theodulfus insignis cœnobij Montis aurei Abbas, malè cum alio eiusdem nominis confunditur à Trithemio.*

**Cap. XX.** *Mapinius XIX. Archiepiscopus. Cur ad Tullensem Synodum à Rege vocatus non venerit, & de Suauegotta Regina.*

**Cap. XXI.** *Quædam scitu digna quæ sub Mapinij præsulatu contigerunt.*

**Cap. XXII.** *Ægidius XX. Archiepiscopus, increpatur a synodo Parisiensi, quòd Episcopum ordinauerit contra Canones in Castro Dunensi.*

**Cap. XXIII.** *Beatus Basolus Remis ab Ægidio suscipitur, petítque, eo probante, Viriziacense cœnobium, asceticam ibi vitam professurus.*

**Cap. XXIV.** *De Campania Remensi, & quis ei antiquitùs præfuerit, de nominibus quoque Galliæ Belgicæ populis recens impositis, quibus præsertim Prouincia Remensis coalescit.*

**Cap. XXV.** *Ægidius ob susceptas ad Chilpericum legationes malè audit, ac velut læsæ-Majestatis reus exautoratur.*

**Cap. XXVI.** *Romulfus XXI. Archiepiscopus, Remensem Ecclesiam bonorum suorum facit hæredem.*

**Cap. XXVII.** *De Balsenno Sancti Basoli Nepote Viriziacensem cellam post eum incolente, an à Balsemio Martyre distingui debeat.*

**Cap. XXVIII.** *De Sancto Sindulfo Recluso, & Sacerdote.*

**Cap. XXIX.** *Sonnatius XXII. Archiepiscopus, modum ritè ministrandi Sacerdotibus præscribit.*

**Cap. XXX.** *Sigiberto Theodorici prole extincto, Chlotharius integram Francorum Monarchiam adipiscitur, præficitque Austrasiæ regno filium Dagobertum.*

**Cap. XXXI.** *Sonnatius cogit synodum, conditque testamentum.*

**Cap. XXXII.** *Viri Sanctitate illustres qui Prouinciæ Remensis Episcopatibus præfuerunt tempore Sonnatij Archiepiscopi.*

**Cap. XXXIII.** *De SS. Balderico, & Boua Monasterij Sancti Petri Remensis fundatoribus.*

**Cap. XXXIV.** *Abbatissarum Regalis Parthenonis S. Petri Catalogus.*

Cap. XXXV.

# INDEX CAPITUM LIB. II.

**Cap. XXXV.** *Sanctus Baldericus Asceticæ vitæ cultor, montis Falconis condit Cænobium, & quo tempore ibidem Monachis Canonici subrogati.*

**Cap. XXXVI.** *Leudegiselus XXIII. Archiepiscopus, & quo anno Rex Dagobertus obierit.*

**Cap. XXXVII.** *De Flauio, Syluio, & Aetherio, quibus Remensis Archiepiscopi nomen tribuitur, & an inter legitimos Archiepiscopos accensendi.*

**Cap. XXXVIII.** *Anglebertus XXIV. Archiepiscopus. Basilica Sancti Remigij à multis frequentatur: Eligius Quintini Martyris sepulchrum detegit, illudque, ac Collegarum auro, & gemmis exornat.*

**Cap. XXXIX.** *Lando XXV. Archiepescopus, bona sua Ecclesijs impertit, Turrimque auream, hoc est Ciborium fieri jubet, quo altare Beatæ Mariæ cooperiatur.*

**Cap. XL.** *Sanctus Niuardus XXVI. Archiepiscopus à se extructis cænobijs Regum exemplo, bona liberaliter impendit, obitus eius, & sepultura.*

**Cap. XLI.** *Sanctus Niuardus petente Berchario fundat Altumuillare cænobium.*

**Cap. XLII.** *Abbatum Altiuillarensis cænobij indiculus.*

**Cap. XLIII.** *Sanctus Reolus XXVII. Archiepiscopus, Amandi Trajectensis testamento subscribit, fundat Orbacense cænobium, defungitur.*

**Cat. XLIV.** *De SS. Guntberto, & Berta, monasteriisque ab ijs ædificatis, primo Remis, altero, quod Auennacum dicitur, quinque leucis procul à Durocorto.*

**Cap. XLV.** *Sanctus Rigobertus XXVIII. Archiepiscopus, collapsam Canonicorum Religionem in meliorem statum restituit, mittitque Pippino Eulogias, & quid sint Eulogiæ.*

**Cap. XLVI.** *Sanctus Rigobertus ob ingressum in vrbem Carolo denegatum, à sua sede exturbatur, obitus eius, & corporis translationes.*

**Cap. XLVII.** *An S. Rigoberto à sua sede expulso, præsul aliquis apud Remenses Episcopale munus obierit, de Martelli verenda morte, & de Bonifacij studio pro Rem. sede restituenda.*

**Cap. XLVIII.** *Abel XXIX. Archiepiscopus, nè suo fungatur officio à Milone Pseudo-episcopo impeditur.*

**Cap. XLIX.** *Quot in Ecclesia Remensi Dignitates, Canonicatus, & Præbendæ. Et de Præpositi dignitate qui præst Capitulo.*

LIBER

# METROPOLIS
REMENSIS
HISTORIÆ
## LIBER SECVNDVS.
DE
# REMORVM
ARCHIEPISCOPIS,
REBUSQUE SCITU DIGNIS,
QUÆ PER PROVINCIAM,
ET
DIOECESIM CONTIGERUNT,
A B. REMIGIO
FRANCORVM APOSTOLO
AD TILPINUM XXX.
ARCHIEPISCOPUM.

METROPOLIS REMENSIS
# LIBER SECVNDVS.
De Remorum Archiepiscopis, qui sub primi stemmatis Regibus vixerunt, à B. Remigio ad Tilpinum.

---

*Labenti Imperio in serra Francorum Monarchia fide Christi stabilitur in Gallijs, fitque augustior ministerio Sancti Remigij.*

### CAPUT PRIMUM.

REMIGIJ præsulatus initium in id tempus incidit, quo labente in Gallijs Romano Imperio, Francorum Monarchia sublimioribus aucta est incrementis: vt enim quod oritur senescere, sic quod augetur, incœpisse necesse est. Hæc Faramundo, & Clodione Regibus, nutante adhuc fortunâ, in cunis erat: adoleuit sub Meroueo, à quo primæ Dynastiæ Reges Merouingi dicti, cùm Aëtio Romanorum Duce (qui Attilam profligarat) à Valentiniano falsâ suggestione interfecto, res Romanæ pessum ire cœperunt. Eadem occupatis Gothis in Hispania, & absente Romano exercitu, robustior effecta est, datúmque Francis firmas tandem, post varios euentus, figere in nobilissimo Galliarum solo radices, Imperiúmque Childerico, qui Samarobriuæ Ambianorum Regiam habuit, proferre vsque ad Sequanam. At ei sub Clodoueo per Siagrij necem, qui vltimus Romanorum Suessione tenuit, virilem statum consecutæ, nihil post tot victorias ad felicitatis cumulum deesse videbatur, quàm vt fidei ornamentis, Christíque insignibus præfulgeret.

Hoc tandem supremâ Dei bonitate feliciter contigit, cùm Francis in pugna apud Tolbiacum, ad internecionem penè ruentibus, voto nuncupato de suscipienda fide, quam Remorum Præsul Remigius prædicabat, idem Clodoueus de Alamannis anno regni XV. victor euasit. Hâc igitur partâ victoriâ, Rex, coruscantibus miraculis, Lustrali aquâ

S. REMIG.
XVI. ARCH.
*An. 452.*

aquâ sanctificatur, & vnâ cum ipso maxima exercitus pars, eo tempore, quo nullus in vniuerso Orbe esset Princeps Catholicus, ob idque Successoribus insignes titulos reliquit, ac prærogatiuas, quas ijdem religiosè hactenus fouent, & tuentur.

Cùm igitur de Sanctissimo hoc Præsule Remigio, qui XVI. est inter Remenses Archiepiscopos, paulò vberiùs à me sit agendum, Gesta ipsius proprio ingenio evulganda non putaui, nec ex vulgi loquacis sermonibus, quibus veterum Acta plerúmque suffarcinantur, sed partim ex Hincmaro omnium primo (post Fortunatum) qui deditâ operâ hæc in ordinem digessit, si non iisdem planè verbis, quod tædiosum esset, ob ea quæ concionatoriè nimiùm protrahit, saltem eódem sensu, & fide, partim etiam ex alijs Codicibus hinc inde collectis, sed certis (vt reor) & authenticis, quibus breuiores notas in margine adnectam, quò historiæ veritas magis, ac magis elucescat.

*Sanctus Remigius XVI. Remorum Archiepiscopus, à Montano prædictus antequam natus, raptus ad Pontificatum potiùs, quàm electus. Virtutibus, ac Miraculis clarus.*

## CAPUT II.

Oriente igitur Francorum Monarchiâ, huic quoque clarissimum coortum est lumen Beatus Remigius, cuius ope eadem cæteris per Orbem Hæreseon densitate inuolutis, & ad veram lucem caligantibus, Fidei radio diuinitùs illustrata, subinde mirabiliter

*Ex Hincmaro.*

effulsit. Hunc Pontificem, antequam conciperetur, futurum Montanus Monachus, asperam in reclusione vitam ducens, Ciliniæ Matri, velut à Deo missus, prædixerat.

Cuias verò Montanus hic fuerit, quâ præditus dote, & cuius Eremi Accola, conjecturis potiùs, quàm vetusti Scriptoris testimonio cognoscitur; conueniunt tamen in hoc ferè omnes manuscripti Codices cum Hincmaro, conceptionis Remigij Vatem hunc, ac Prænuncium fuisse, quod ad prædicti Pontificis nomen, munerísque, ad quod destinabatur, præstantiam probè cognoscendam, multùm confert, quasi Francorum Doctorem peculiaris hæc prærogatiua, quam piè (licenter tamen vt quidam volunt) expendit Hincmarus, omnino deceret, qui (velut Sol) exortu suo, Ethnicæ prauitatis, & ærumnarum caligines, iuxta Montani vaticinium, dispellere deberet.

Montanus igitur hic, (quem Turiani Alamannorum Regis filium Nuperus quidam scriptor fuisse scribit, Cellámque supra Charum fluuium prope Juuiniacum incoluisse) pertæsus miseriarum, quibus dudum

## HISTORIÆ. LIB. II.

dum concussa premebatur Gallia, totum se pœnitentiæ actibus manci- *S. REMIG.* pauerat, vigilijs, & inediâ corpus indesinenter atterens, quò Deus *XVI.ARCH.* gementium flexus lachrymis, publicis aliquando calamitatibus finem *An.452.* daret. Montani preces Deo gratas fuisse probauit euentus; nam cùm seriùs solito, quâdam nocte, meditationes protraxisset, fessum ac viribus exhaustum lenis quidam sopor oppressit, sibíque velut à sensibus rapto, visus est interesse Cœlitum consortio, qui de lugubri Gallicanæ Ecclesiæ statu, & de modo eam ocyùs subleuandi seriò consultabant: Statímque è secretiori loco vbi jacebat, clarè & intellibigiliter audire, velut è cœlo voce delapsâ, Deum captiuitatis, seu miseriarum compedes soluere statuisse, oppressísque misericorditer subuenire, vt ipse deinceps notus esset Gentibus, Regésque cum populo eódem fidei nexu colligati, ad eum puriori mente colendum accederent; Ob id Ciliniam, egregiæ virtutis fœminam, breui habituram filium nomine Remigium, cui Gentis Francorum conuersio committeretur: Et quod omnem superat admirationem, idem Montanus, vt olim Samuel, ter monetur, vt Ciliniam horum certam faciat, quæ Deus per eam esset facturus.

Hęc in flore iuuentutis ex Æmilio viro suo duos filios, Principium sci- *Richardus* licet Suessionum Episcopum, &... Patrem Sancti Lupi, eiúsdem Prin- *citatus à* cipij Successoris, pepererat, sed elapso deinde longioris vitæ cursu, *Larisuilla* adeò prouectæ erat ætatis, vt rursum generandæ sobolis nulla spes *niam tunc* adesset. Vnde Montani dictis vix Cilinia fidem adhibere poterat; At *90. fuisse* rei narratæ miraculum non defuit, nam Vates eâdem visione certus sit *annorum.* se recepturum corporis lumen, quo pridem priuatus fuerat, cùm primùm infantis Remigij lacte oculos perliniisset. Res prorsus euenit vt prædictum Parentibus fuerat, concipitur futurus Christi Pontifex, ac paulò post editus, & sacro Fonte renatus, lacte Matris hic oculos sui Vatis, Matre obstetricante perungens, lumen illi diuinâ gratiâ restituit. Montani huius Martyrol. Laudunense meminit 16. Calend. Junij his verbis, *In territorio Laudunensi oppido Fare, Montani Confessoris.* Corporis eius partem Velatæ Juuinianenses possident, Caput autem in Laudunensi sacrario adhuc seruabatur anno 1115. ex Herimanno.

Ortus est igitur puer Remigius, præconijs declaratus antequam na- *Hincmari* tus, & si Hincmaro fides, contra morem in Matris vtero *Sanctificatus*, *sententia de Sanctificatione S. Remi-*

*gy temeritatis nihil continet, quasi ex vtero Matris ad Heroicas virtutes destinatus fuerit, vt de Præcursore Christi scribit S. Ambrosius, Vngebatur, & quasi bonus Athleta exercebatur in vtero Matris, amplissimo enim virtus eius certamini parabatur. Cum ex Hegesippo B. Hieronymus lib. de scriptoribus Ecclesiasticus hæc habeat de Sancto Iacobo, Hic de vtero Matris Sanctus fuit. Et S. Bernadus de Sancto Victore lect. 8. O virum præcipuæ sanctitatis, qui ante Sanctus, quàm natus. At Fortunatus Remigium dumtaxat, antequam nasceretur, electum dicit, quem sequitur Frodoardus ibi.*

nomine designatus, antequam mundo cognitus, in pago Laudunensi (tunc Remensis Diœcesis) alto Parentum sanguine. Quidam putant Æmilium Remigij Patrem Comitem vel Ducem fuisse Laudunensem,

S 2                  alij

*S. REMIG.*
*XVI ARCH.*
*An.456.*

alij Sueſſionenſem, at Vetuſtiores de Æmilio, & Cilinia nihil præter hæc, *Erant ambo Nobiles genere, ac nominatiſſimi inter ſuos.* Locus etiam vbi puer editus, vulgò Cerniacum dicitur, villa in Lauduneſio: probabilius tamen eſt paternam domum apud Lauriniacum, vel Labriniacum extitiſſe, vbi Beatus Remigius oſſa ſuæ Genitricis poſuit, more tunc, ob perſecutiones, vſitatiſſimo, quod MS codex, ſeu regiſtrum viſitationis Eminentiſſ. Cardinalis Borbonij adhuc confirmat.

Quâ verò gente, & quàm eximiâ editus B. Remigius relatu Antiolij Sidonius Apollinaris epiſt. 14. lib. 8. ad Principium Sueſſionenſem Epiſcopum deſcribit hoc modo. *Qui Pater vobis? quique, qualéſque vos Fratres, quâ morum prærogatiuâ Pontificatu ambo fungamini ſollicitus cognoſcere ſtudui, gaudens cognouiſſe me memini, cui Patri quondam videlicet vos habenti, vix domus Aaron Pontificis antiqui meritò comparetur, de vobis cùm magna dixerit, majora tacuit:* quæ virtutum decora, æquè ad Æmilium, ac ad Filios pertinent.

Silentio hîc premendum non eſt, ſanctum Pontificem Remigium à pleríſque diuerſimodè nominari; quidam, nec ſubleſtæ fidei Scriptores, vt Fortunatus, Fredegarius, Rabanus, & Noxeri Martyrologium hunc Remedium dictum putant, quò ſignificaretur Francos à peruerſo, & Fanatico cultu, ad ſaniorem, ſaluberrimæ doctrinæ amuleto, reuocandos, vt egeſtâ infidelitatis ſanie, cum Gallis religionis fœdere arctiùs conjungerentur; At ex emendatioribus Geſtis, diuino Oraculo conſtat vocatum Remigium, quòd Eccleſiam Dei, (Remorum præſertim) in huius vitæ fluctuantis ſalo, recturus erat doctrinæ remis, & ad portum ſalutis æternæ, expanſis meritorum velis, feliciter perducturus: hoc nomen apud Sidonium, & Gregorium diſertè legitur, & in verſibus metricis ab ipſo, vt creditur, editis, quos iuſſu eiuſdem, aureo Calici inſcriptos fuiſſe narrat Frodoardus, refértque hoc modo.

*Hauriat hinc populus, vitam de Sanguine ſacro,*
*Injecto æternus, quem fudit vulnere Chriſtus,*
*Remigius reddit Domino ſua vota ſacerdos,*

*De Calice miniſteriali dato Eccleſia Conſtantin. à Conſtanti magno Imper. agit libellus de munificentia Conſtant. to. 2. Concil. Serrarius ue ad epiſt. S. Bonifacij.*

Vas illud magni pretij fuiſſe credendum eſt, cùm vltimâ Nortmannorum vaſtatione fuſum dicatur, datúmque in redemptionem Chriſtianorum, erat (vt multis placet) ex miniſterialibus Calicibus, quorum tunc frequens vſus fuit in Eccleſia, cùm Fideles ſub vtraque ſpecie communicarent, vnde hîc Deo dicatum dicitur, non conſecratum à Frodoardo.

Ceterùm quàm felix & fortunata fuerit Remigij familia, & quàm abundè, & liberaliter ſeſe in Parentes ipſius, & Domeſticos, velut ex radice in truncum, & rurſum è trunco in ramos, & frondes Diuinæ Gratiæ effuderint, mirari quis ſatis non poteſt, nec enim Æmilius,

&

## HISTORIÆ. LIB. II.

& Cilinia tantùm, sed & Fratres, Principius scilicet, & Alter, cuius nomen latet, Pater Sancti Lupi, Nepotes quoque, & Consanguinei sanctitate præditi dicuntur, vt Martyrologia referunt: imò Montanus Præcursor, & Nutrix Balsamia vocitata, Celsinus etiam Remigij collactaneus, ac miraculis clarus, in cuius, & ipsa Beata Genitrix, quiescit Ecclesiâ, quæ Nutricis hactenus nomen retinet.  *S. REMIG. XVI. ARCH. An.456.*

Scholæ Remigius puer traditus à Parentibus, breui coęuis, & majoribus natu, doctrinâ antecelluit, quos vt studijs, sic morum maturitate, prudentiâ, beneuolentiâ, officijs, & charitate vincere nitebatur: vnde Puerorum oblectamenta fugiens, sæpius ab ijs secedebat, quò secretiùs Deo, impensiúsque literis vacaret. Quod & ijsdem Laudu'ni persolutis, egregiè post hac ab eo præstitum legimus, cùm in solitudinis locum, qui ibidem hodiéque colitur, ex Hincmaro, propriæ saluti vacaturus, adhuc adolescens se recepit.  *Epigrāmata quæ Lauduni in argento ditlant,ex prolixiori testam.*

Vix ætatis vigesimum secundum annum attigerat, cùm defuncto Bennadio Remensi Archiepiscopo, omnium votis ad apicem Pontificatus raptus potiùs, quàm electus dicitur: facto siquidem ad eum populorum omnis ætatis, & conditionis concursu, Remigium Pontificem acclamantium, incredibile dictu est, quanto stupore mox correptus fuerit: at eo paululum, & prudenter à se excusso, cum fugæ non pateret aditus, iuueniles hic primùm annos obtendere, leges Ecclesiasticas, Conciliorum decreta, officij pondus, etiam expertis pertimescendum: cùm his alijsque rationibus obniti studeret, traditur coelestis radij super ipsius verticem subitò effulsisse lumen, ac cùm ipso lumine, coelitùs eius infusum capiti, vnguinis diuini Liquorem, cuius sacri Nectaris infusione, caput ipsius fuit illicò delibutum. Dei igitur vocatione, manifestissimo hoc indicio, patefactâ, accedente Præsulum Remensis Prouinciæ consensu, Remigius Pontificali benedictione consecratur, ad quod officium mirificè mox idoneus apparuit vt dicetur. Fuit autem vultu liberali, & ingenuo, corpore procerus, septem pedum fermè longitudinis, austerâ fronte, naso nonnihil aquilino, aliquatenus flauo, barbâ sat prolixâ, in incessu grauis, venerandus aspectu, ac vndique serenitatem præferens, & majestatem: animi verò pulchritudo, quæ virtute patebat, tanta fuit, vt solâ exterioris hominis specie, expressam in eo putares imaginem sanctitatis.  *Concil. Neocæsari Can. XI. prohibet nè quis Presbyter ordinetur ante annū ætatis trigesimum: Agathesis item Synod. & Arelat. 4.*

*B. Remigij effigies ex veteri codice.*

*De Quibusdam à Remigio patratis Miraculis.*

## CAPUT III.

QValem verò mox sese in Pontificatu exhibuerit, gestorum ipsius fidelis exscriptor, & encomiastes Hincmarus verbis partim à Fortunato emendicatis, partim etiam ex vetustis Codicibus abundè retulit, quæ perfectam Pastoris ideam graphicè repræsentant, Miraculorum quoque vim attexuit, quibus patet Elementis, Diabolo, ac Morti pro nutu Sanctissimum Præsulem imperasse, quod ex fidei, ac cordis puritate, castimoniâ quoque, & iugi cum Deo colloquio promanasse nemo est qui dubitet. Et vt paucis ea contraham, quæ prolixiùs ab Hincmaro referuntur, haud leue sanctitatis eius indicium fuit, quòd Passeres ad eum mensæ reliquias de manu excepturi intrepidè aduolabant, quò id spectantes Conuiuæ, Dominicis sese frequentiùs studerent mancipare seruitijs.

*Ex Fortunato.*

Apud Calmiciacum, cùm pastorali solertiâ Parochias circum iret, Cœco stipem petenti, ac Dæmonis infestatione vexato, pristinum lumen non reddidit modò, sed immundi Spiritus pestem ab eo procul abegit. Celtum adiens, dum spiritualibus colloquijs vitæ cœlestis, hospiti (Celsæ scilicet Sobrinæ suæ) propinat pocula, ac Minister vini sufficientiam non adesse Dominæ suæ nuntiat: Remigius re cognitâ, hilari eam consolatur vultu, tum ad Cellam accedit vinariam, vase reperto in quo tantillùm vini relictum fuerat, secus parietem flectit genua, cœlóque dirigit precem, tum adhibito Crucis signo, vinum cœpit intumescere, ac per obturamenti foramen exundans super pauimentum abundanter effluere. Cellarius rei nouitate perculsus exclamat, at à Præsule monetur nè Miraculum palam faciat: Sobrina factum comperiens villam ipsi, & Ecclesiæ perpetuò possidendam tradidit, de qua in prolixiori testamento.

*Oleum & Chrisma diuinitùs data ex Frod.*

Simile huic ab eodem Remigio Miraculum in olei fertur liquore patratum; Cùm enim ægrotus haud ignobilis, sed adhuc Cathecumenus ab eo inuiseretur, & se in extremis versari crederet, Baptismo tingi postulauit, Pontifex à Presbytero loci Oleum, & Chrisma requirens, cùm vtrúmque penitus in ampullis defecisse cognosceret, vacuas super altare adferri iussit, factáque oratione, plenas diuinitùs reperit, sícque infirmum Oleo cœlitus dato liniens, Ecclesiastico de more, baptizauit, ac cœlesti Chrismate perunxit, redditáque sanitate, tam animæ, quàm corporis, incolumitate donauit.

Naturæ humanæ Hostis, cui mille nocendi artes, immissis clam voracibus flammis, Remorum vrbem immaniter succenderat. Jam

parte

## HISTORIÆ. LIB. II.

parte ferè tertiâ consumptâ, reliquum victrix flamma lambebat, cùm tantæ stragis perlato ad Remigium nuncio, eo imperante mirabiliter substitit ignis; ad solitum siquidem, cùm se contulisset orationis præsidium, in Beati Nicasij Basilica, vbi tunc morandi habebat consuetudinem, Christi prostratus humiliter exposcit opem, surgénsque ab oratione, & exclamans cum gemitu *Deus, Deus, adesto voci meæ*, cursu concito per gradus ante ipsam lapidibus stratos Ecclesiam, properat, in quibus, ac si supra molle lutum, depressâ hodiéque ad memoriam Diuini miraculi signata visuntur vestigia, tum ocyùs Ciuitatem adiens, flammis fidenter se opponit, vt abscedant imperat, statímque ac, extensâ in eas dexterâ, signum Crucis cum inuocatione Christi edidit, flammæ visæ sunt fractæ, & in sese relisâ virtute cedere, ac instar ardentis globi fugere ante ipsum, quas insequens per patentem Portam expulit, quæ mox ab eo clauditur, ac æternùm, nè aperiretur, sub interminatione vindictæ prohibuit.

In memoriam tam celebris patrati Miraculi, Beatus Remigius duas struxit Basilicas ex prolixiori testamento, quarum alteram, quæ est Militum Sancti Joannis Hierosolym. haud procul à patente Porta positam, suis restruxit sumptibus Constantius Decanus anno circiter 1040. retro cuius summum Altare, serpentes duo hinc inde erumpunt è pariete, quasi in vrbem regredi conantes, ni impedirentur. Lapidi supra limen portæ, quâ itur in Ecclesiam, Versus sequentes insculpti, totius rei Historiam pandunt his verbis.

*Remigij meritum sic cœpit condere Templum,*
*Porta patens certis erat appellata figuris,*
*Hic pandens aditum, reliquis per bella negatum,*
*Forte dolis Sathanæ, succenditur ignis in vrbe:*
*At pius Antistes, cernens exurgere vires,*
*Ingemit ex adyto, Deus, & Deus, inquit, adesto,*
*Per lapides stratos, descendens inde Sacerdos,*
*Sicut molle lutum fecit dissoluere saxum,*
*Cúmque cito cursu paulùm distaret ab astu*
*Opposuit sese, Cruce Christi, tutus ab igne,*
*Sicque per hanc portam, pepulit cum Dæmone flammam*
*Post, vbi porta fuit, Constantius ædificauit &c.*

batur, ait *Hincmarus*, quia alijs portis clausis ob Ciuitatis custodiam, pro introëuntium commoditate die patebat.

At nihil æquè Remigij nomen longiùs propagare visum est, ac Tolosanæ puellæ, quam immundus vexabat spiritus, libertas tradita: Hæc enim præclaris orta natalibus Romam à Parentibus ad Sancti Petri sepulchrum deducitur, compertâque famâ Venerabilis Benedicti, qui in his partibus plurimis effulgebat virtutibus, Puellam ad eum perducere satagunt, qui adhibitis jejunijs, & oratione, cùm Serpentis

*S. REMIG.*
*XVI. ARCH.*
*An. 470.*

*Simile miraculum narratur de Sáncto Vrso Autiss. Episcopo in Chronico Autiss. pag. 65.*

*De lapidibus istis iuxta valuas Ecclesiarum affixis disseruit l. 1. c. 32.*

*Porta patens tunc vocabatur*

*Natus est B. Benedictus anno 480. eremum perijt an. 494. Obyt 545. Baron.*

*S. REMIG.*
*XVI. ARCH.*
*An. 470.*

Serpentis virus ab ea non valuisset eijcere, hoc tantùm responsi extorsit, se non exiturum nisi Beati Remigij exorcismo, tunc Parentes, tam ipsius Benedicti, quàm Alarici Gothorum Regis affatibus suffragati, eorúmque literis ad Sanctum Remigium datis ( vt fertur ) subnixi, Remos cum deuincta sobole virtutem eius deprecaturi perueniunt. Hic longâ luctatione se hoc opere indignum palàm humiliter fassus est, donec populi supplicantis precibus euictus, verbi præcepit imperio, vt Hostis à corpore, in quod ingressus fuerat, discederet.

Abcessit quidem ille, vi coactus, cum nimio vomitu, & obscœno fœtore, sed paulò post, recedente Pontifice, labore nimiùm fessa puella, & vitalis caloris expers spiritum exhalauit: Iteratis ergo precibus supplicantium turba recurrit ad Medicum, qui facinus se perpetrasse accusat, potiùs, quàm remedium attulisse; victus tamen iterum ad Sancti Joannis redit Basilicam, vbi corpus jacebat exanime, effusóque lachrymarum imbre, cùm ad pauimentum prostratus impensiús oraret, consurgens suscitauit mortuam, quam priùs purgarat obsessam.

Epistolæ Venerabilis Benedicti ad Beatissimum Remigium missæ, Remensis quidem Ecclesiæ scriptores meminêre, at nullus horum eam retulit, quæ illustrandæ historiæ multùm prodesset; imò de ea Frodoardus dubitanter loquens satis innuit fuisse sibi hanc, quæ extat ad calcem Chronici Cassinensis, & in MS Codice, quem penes me habeo, penitus ignotam, vnde meritò Emin. Cardinalis Baronius tomo 6. Annalium an. 507. suspectam hanc arbitratur, tum ex inscriptione, quæ ei videtur insolens, tum quòd Hincmarum hallucinatum putet Sancto Patriarchæ Benedicto literas adscribendo, quæ Patri Puellæ Tolosanæ debentur. Quicquid sit de conjecturis Baronij, quas haud ineptè Coluenerius excutit, non abnuerim S. Benedictum scripsisse ad B. Remigium, id enim ante Hincmarum, licèt obscurè, Fortunatus his verbis agnoscit, *Tunc Parentes eius, & ipsius Benedicti, & Alarici Regis Gothorum affatibus suffragati, cum deuinctâ Sobole ad S. Remigium peruenerunt.*

*Benedicti litera ex Chronico Cassinensi sic incipiunt.*

Vbi licèt de literis nihil, Benedictus tamen ibi à Parente clarè distinguitur, à quo non incongruè quis dixerit, vt & ab Alarico, commendatitias literas accepisse. Porrò ex Epistolâ Remigiano-

*Dominico sacerdoti Remigio, frater, & conseruus in Christo IESV, cœnobialis vitæ institutor Benedictus, æternæ Benedictionis munus, Sanctissimo tuo congratulans profectui, Sacerdos Regis summi, qui summi Capitis membra sumus, quod mihi deesse sentio, totum, laus Deo, possidere me credo in te. Ecce quod mea peccata fieri prohibuerunt, tuæ auctoritatis Sacerdotalia supplere habent merita, & desinant amodo circa me rumores hominum, cùm apud te constet omnium esse perfectionem virtutum. Hanc Captiuam, & ab Antiquo hoste obsessam tuæ delego Celsitudini; quatenus pro eius liberatione Sacram Hostiam offerre Deo debeas, & meam parnitatem victoriâ ipsâ non minimùm lætifices. Vale Sacerdotum Christi Limpidissime calcule.*

rum ad Cassinates patet prædictas literas non iisdem planè verbis, sed sensu dumtaxat ad eos, si quæ sunt, fuisse transmissas, *Caritati vestræ* ( inquiunt ) *exemplar Epistolæ non ferentes deesse, non eisdem*

# HISTORIÆ. LIB. II.

eisdem per omnia verbis; ejusdem tamen rationis vestigijs innitentes plenâ deuotione caraxauimus. Cùm igitur germana non sit, sed verbis forsan conficta, vt ipsi fatentur, hîc eam inserere operæ pretium non putaui.

S. REMIG.
XVI. ARCH.
An. 476.

*Quantâ fulserit eruditione, & dicendi peritiâ Beatus Remigius. Et an aliquot diuinæ Scripturæ libros interpretatus sit.*

## CAPUT IV.

NEc sanctitatis tantùm splendore radiabat præsul Remigius, vt frequenter ab eo patrata testantur miracula, sed & reconditioris doctrinæ fulgetris, rerum diuinarum scientiâ, dicendi quoque venustate, summis Oratoribus æmulus. Sidonius Apollinaris eum ab exundanti eloquio, & ineffabili commendatum sic affatur Epist. 7. lib. 9. quam Frodoardus suis inseruit Annalibus: *Non extat ad præsens viui hominis oratio, quam peritia tua non sine labore transgredi queat, aut superuadere; Etenim rarus aut nullus est, cui meditaturo par assistat dispositio per causas, positio per literas, compositio per syllabas. Ad hoc opportunitas in exemplis, fides in testimonijs, proprietas in epithetis, vrbanitas in figuris, virtus in argumentis, pondus in sensibus, flumen in verbis, fulmen in clausulis; structura verò fortis, & firma, coujunctionúmque perfacetarum nexa casuris insolubilibus, sed nec minùs hinc lubrica, & lenis, ac modis omnibus erotundata, quaque lectoris linguam inoffensam decenter expediat, ne salebrosas passa juncturas per cameram palati volutata balbutiat,* Et cætera quæ eleganter Sidonius ibidem prosequitur.

Sidonio Gregorius Turonensis suffragatur Historiarum lib. 2. *Erat B. Remigius egregia scientia, & Rhetoricis apprimè imbutus studijs, sed & sanctitate ita pralatus, vt Sylvestri virtutibus æquaretur.* Idem confirmant Marquardi Freheri vetus Chronicon, Hincmarus, Beda, Leo 9. luculentérque ostendit Francorum felix, & fausta conuersio, Discipulorum ingens numerus, quos optimis studijs, scripturæ præsertim, diligenter informabat, Scripta quoque eius Sidonij tempore eruditorum manibus trita, iteratæ Gallicanorum Episcoporum ad eum legationes, quò synodales horum conuentus suâ præsentiâ clariores redderentur : hæc & pleráque alia, si benè expendantur, multiplicis doctrinæ eius indices sunt, ac viui præcones.

Lib. 2. c. 31.

*Virum scientiâ multiplicem, atque adeo Cherubinis ipsis persimilè vocat Hincm.*

Ab hoc postremo vt incipiam, tradit Baldericus in Chronico Camerac. à Mamerto habitam synodum Viennâ vrbe, ad quam Galliarum Episcopi conuocati, Beatum Remigium, vt pote diuinis eloquijs erudi-

T

eruditissimum, & præstantioris gratiæ priuilegio illustrem, venire petierunt; hunc verò cùm prouectæ esset ætatis, & morbis obnoxius, adesse non potuisse, sed illuc ablegasse Vicarium suum Beatum Vedastum. His concinunt ea quæ habet Molanus in Catalogo Sanctorum Belgij : *Ipse etiam* ( inquit ) *B. Vedastus vice Sancti Remigij, cum Mamerto, & alijs Episcopis apud Viennam Galliæ vrbem conuenit, vbi solemnes Litaniæ ante Ascensionem sunt institutæ.* De Litaniarum vsu remissiore neglectarum, in Gallijs felici restitutione à Mamerto nullus dissentit, cùm id testetur Sidonius lib. 5. Epist. 14. ad Aprum, Gregorius Turonensis lib. 1. Hist. 2. cap. 34. extétque de ea decretum Concilij Aurelian. 1. can. 27. Synodi Viennensis epocha hîc tantùm controuertitur, quam Ado remittit ad annum 452. alij veriùs 474. at Remigij tunc ætas non multùm ingrauescebat, vnde probabiliùs dici potest, loci distantiam, vel Barbarorum incursiones ab itinere suscipiendo eum deterruisse. De alia synodo ad quam pariter à Celticis Episcopis vocatus fuit postea dicemus.

*Eâdem Epistolâ supra citata.*

Nunc ad Remigij Scripta, quæ ingenij, ac laboris indices sunt veniendum. Sidonius apertè innuit hæc suo tempore apud eruditos in pretio fuisse his verbis. *Quidam ab Aruernis Belgicam petens, ( persona mihi cognita est, causa incognita, nec refert ) postquam Remos aduenerat, scribam tuum siue bibliopolam pretio fors suai, officioue demeritum, copiosissimo, velis, nolis, declamationum tuarum schedio emunxit, qui redux nobis, atque oppidò gloriabundus, quippe perceptis tot voluminibus, quacúmque detulerat, quamquam mercari paratis,* * *quod Ciuis, pro munere ingessit, (Curæ mihi è vestigio fuit, hîsque qui student, cum meritò lecturiremus, plurima tenere, cuncta describere, omnium assensu pronunciatum, paucos nunc posse similia dictare, &c.* Et sub finem Epistolæ, *Aucupabimur nundinas inuolantum, & vltro scrinia tua, conniuentibus nobis, ac subornantibus, effractorum manus arguta populabitur, inchoabísque tunc frustra moueri spoliatus furto, si nunc rogatus non moueris officio...* Vtinam verò, inquit Georg. Coluenerius in Scholijs ad Frodoardum, in lucem aliquando proferantur, si ab æui dentibus absumpta non sint, ea Beati Remigij Scripta, de quibus sola restat Sidonij testificatio, queritúrque Baronius officioso furto hæc ab eo rapta non fuisse ; Refert idem Coluenerius Guillel. Eysengrein, in Catalogo testium veritatis, asserere, editis libris, Remigium adulterinas de Christi fide Arianorum opiniones acriter confutasse.

* *Alij legūt, quod tamen vt Ciuis nec erat iniustū &c.*

Prodierunt nuper Remigij in Epistolas Pauli Lucubrationes operâ R. P. Villapandi Societat. Jesu ; qui & prolusiori sermone ad Lectorem probabiliter ostendit Remigij Remensis, Archiep. esse, non autem Remigij Autisiodorens. solutis abundè rationibus, quæ obniti videbantur, vnde Coluenerius haud multùm abhorrens ab ipsius opinione, addit tam Bellarminum, quàm Cuthebertum Dunelmensem Episcopum

## HISTORIÆ. LIB. II.

Episcopum libris de veritate Corporis Christi in Euchariftia, citare ex Remigio Rem. Archiep. præclarum locum ex ipfis Commentarijs: fed an ipfi afcribenda fint meritò dubitant viri literati, non quòd Sacræ Scripturæ libros interpretatus non fit, cùm id difertè referat Breuiarium Romanum Calendis Octobris, fed ob citationes quafdam, quæ ipfis non arrident, vnde Platina in Formofo de Remigio Autifiodorenfi hæc habet, *Multa hic commentatus eft, & fcripfit in Matthæum potiffimùm, & Pauli Epiftolas, funt qui fcribant huius interpretationis Auctorem fuiffe Remigium Remenfem, non autem hunc de quo loquimur, vtcumque fit, conftat vtrumque doctiffimum fuiffe.*

Villapandus teftatur præterea, in varijs Monafterij Caffinenfis Codicibus, aliquot adferuari Homilias quibus Remigij nomen præfixum eft fine addito, quod & fapienter obferuatum fuit à Bibliothecæ Patrum Collectoribus, nè labor vnius alteri perperam tribuatur, quamuis non leue argumentum fit pro Autifiodorenfi, quod Gregorij magni textus in prædictis Commentarijs legatur, vt & in explanationibus fuper vndecim Prophetas pofteriores, ipfe verò vixerit poft obitum S. Remigij, fieri enim potuit ( & in hoc veteres non fatis aduertiffe puto ) quibufdam MSS Codicibus Remigij Rem. nomen forfan infcriptum fuiffe, eò quòd Autifiodorenfis Remigius aliquot annos Sacras Scripturas Remis interpretatus fit fub Fulcone, inde enim hallucinatio (fi quę fit) manare facilè potuit. Circumferuntur etiam quatuor indubitatæ Remigij Epiftolæ, quas Sirmondus poft Andræam du Chefne publici juris fecit, priores duæ funt ad Clodoueum, tertia ad Heraclium, Leonem, & Theodofium Epifcopos, & quarta ad Folconem Tungrenfem, de quibus nonnihil poftea. Recitat quoque Aimoinus Regis Clodouei Epitaphium ab ipfo ( vt credit ) Remigio compofitum. Quædam aliæ Epiftolæ ab Auctore Gallicani Martyrologij dudum promiffæ necdum lucem viderunt; quæ omnia fi rectè excutias, probant manifestè B. Remigium vt amœnioribus literis, quas fanctimoniæ gemmâ pulchrè inoculabat, fic & diuinarum fcientiarum luce inter Gallicanos præfules dubio procul enituiffe.

*De conuersione Francorum, & Chrismate cælitùs misso in Baptismate Regis Clodouei.*

## CAPUT V.

*Clodoueus regnat. An. 482. 486. 490.*

*Syagriū Ægidy filium Gallum origine Gregor. Turon. Regē Suess. appel. lat. Fredegar. Patricium Romanor. Principem Hincm. 1.*

Mortuo Childerico, cuius ossa nuper trans Scaldim in tumulo prope Turnacum reperta creduntur, Clodoueus Regni solium feliciter adeptus anno ætatis XV. Remigium, quòd virtute Sapientiæ, & Miraculorum eximiè reniteret, non reuerebatur modò, sed & eum varijs demereri studebat officijs, vnde Siagrio, qui Augustam Suessionum velut Regni paterni hæres, sub Romanis tenebat, in ordinem redacto, cùm secus vrbem Remorum per viam ( quæ hactenus ob Barbarorum per eam iter *Barbarica* nuncupatur ) transiret, noluit in eamdem Ciuitatem introïre, nè ab exercitu damni aliquid Oppidani paterentur: quidam tamen, ipso nesciente, Vrbem ingressi, sacra vasa ab Ecclesijs surripuêre, & inter ea Vrceum ex argento maximum, pulcherrimúmque miles abstulit, cuius jacturâ motus Remigius ad Regem cùm misisset, vt saltem hunc Vrceum recipere mereretur, Rex vocatis militibus apud Augustam Suessionum, rogat vt præuiâ partitione Vrceum sibi reddant: plerísque annuentibus, Francus inauditæ leuitatis qui rapuerat, elatâ voce, nihil quicquam ( inquit ) ô Rex inde, nisi sorte, recipies, eleuatáque bipenni Vrceum violenter percutit. Obstupescentibus hac temeritate cæteris, Rex dolorem pressit, apprehensúmque Vasculum Misso Præsulis reddidit, injuriam militis patienter dissimulans, quam anno sequenti, conuocato Concilio ad Campum Martium, vindicauit, vt videre est apud Gregor. Tur. qui non satis aperit an Vas furatum à milite, ad Ecclesiam Remensem pertineret, nec item Vrbis nomen vbi id contigit indicat; at Fredegarius, Hincmarus, Aimoïnus, & Frodoardus factum Clodouei recensentes, Remos nomine gentis clarè & concorditer indigitant, sícque vel ex hoc facto, discimus Remos qui hactenus Imperio Romano fideliter adhæserant, pulso fugatóque Syagrio, Francis fidei Christianæ non infensis, licèt Ethnicis, tum demum cum Australiori Prouinciæ parte manus dedisse, eósque non ab his vi coactos, sed spontè deditos, licèt ægrè à Rom. Imperio etiam labente se auelli paterentur, quos & Clodoueus Remigij respectu benignè tractauit; vnde mirum non est si B. Præsul, quòd Francos in fidem Christi pronos cerneret, dicatur Clodoueum in Regem cum alijs Antistitibus elegisse, vt dicam postea.

Toringis postmodùm ob incursiones & sæuitiam cæsis, ac subactis, Clodoueus Chilperici filiam fratris Gondobadi Burgundionum Regis,

gis, Chrothildem nomine Augustæ Sueſſionum conjugio ſibi copu-  *S. REMIG.*
lauit, quæ cùm Chriſtiana eſſet, viri animum ad Fidem flectere om- *XVI.ARCH.*
nimodis conabatur, nec valebat, donec exorto inter Clodoueum, *An.496.*
& Alamannos ad Tolbiacum Vbiorum ſexdecim leucis à Colonia
prælio, & Francis nimiâ cæde corruentibus, Rex Chrothildis moni-
torum memor, ſuaſus ab Aureliano Gallo Conſiliario ſuo, vt ſpretis *Ex Roricone*
Idolis Chriſto votum nuncuparet, ad Cœlum oculos ſuſtulit, & im- *lib. 2. & ex*
plorato Chriſti auxilio, vouit ſi victoriam de hoſtibus tuliſſet, ſe *Frodoard.*
Chriſtianam fidem ſuſcepturum: eodem inſtanti, iteratâ cum Alamannis pugnâ, ingenti ſtrage fuſi, fugatique ſunt, & gloriosâ potitus
Victoriâ, Regem ipſum interemit.

Cum victore exercitu, Barbaris pactâ ſalute, ac ditioni ſuæ ſubje- *Ex Vedaſti*
ctis, domum reuertentem Clodoueum per Ciuitatem Leucorum Tul- *Actis apud*
lum, B. Vedaſtus Presbyter excepit, & Baptiſmi deſiderio flagrantem *Surium 6.*
religionis principia edocuit, Remóſque deducens, Cœci curatione *Februar.*
mirabili, in propoſito fidei confirmauit. Addit Vedaſti Biographus
apud Surium 6. Februar. c. 2. Cœcum hunc Vedaſto obuium fuiſſe,
cùm Rex, ad pagum Vunginſe prope Reguliacam villam ſuper Axonæ
ripas ſitam, cum Vedaſto, & maximo populi comitatu adueniſſet:
quo Miraculo in fide Rex confortatus, nihil moratus in via, ad Sanctum Remigium properauit. Chrothildis de ipſius reditu certior facta *Ex Gregor.*
apud Remos Viro læta occurrit, de victis hoſtibus gratulatur, com- *Turon. l. 2.*
pertóque quòd ad inuocationem Chriſti victoria contigiſſet, confeſtim *cap. 27.*
Beatum Remigium accerſit, orat vt viam Salutis Regi aperiat, quem
Sanctus Sacerdos ſecretò conueniens monere cœpit, vt vnum Deum
Mundi conditorem, cuius beneficio inſperatam de hoſtibus palmam
tuliſſet, crederet, ac confiteretur.

Antiſtitis conſilio non recuſauit Rex voto ſe exſoluere: ſed Francis patrij moris tenacibus, materiam ſeditionis præbere metuebat.
Igitur viſum eſt apud exercitum habitâ concione hortari vniuerſos, vt
euerſis Idolis, Dominum ac Deum, cuius virtuti victoriam Alaman-
nicam deberent Chriſtum venerarentur. Hanc Clodouei concionem *Ex Aimoi-*
intercepit Francorum ſubita vox, quâ ſe Chriſtum colere paratos eſſe *no l.1. c.16.*
alacriter poſeſſi ſunt.

Lætus tam admirabili aſſenſu Remigius, (verbis hîc vtar Hinc- *Ex Hinc-*
mari) indicit eis jejunium, quòd Solemnis dies Paſchatis immine- *maro c. xx.*
ret: die verò Paſſionis Dominicæ, pridie ſcil. antequam Baptiſmi *& xxj.*
gratiam reciperent, poſt hymnos precéſque, Præſul Regium cubile *Et ex vita*
petijt, vt abſoluto curis ſæcularibus Rege, liberiùs ei committere *MS Sancti*
Sacri valeret myſteria Verbi: quo reuerenter à Cubicularijs admiſſo, *Vedaſti.*
Rex proſiliens obuius alacriter occurrit, & Oratorium Beatiſſ. Apoſtolorum Principis Petri, cubiculo Regis fortè contiguum, pariter
ingrediuntur. Cúmque diſpoſitis ſedibus Rex, & Regina conſediſſent,
inſtruente eos Remigio, repentè lux tam copioſa totum repleuit locum,

cum, vt claritatem Solis euinceret, & cum luce, vox pariter est audita, *pax vobis, ego sum nolite timere, manete in dilectione mea*, ac post hæc, recedente luce, incredibilis suauitatis odor in eadem domo remansit, vt euidenter ostenderetur, illuc Auctorem lucis, pacis, & suauitatis venisse, quem nemo eorum qui aderant, præter ipsum Remigium fulgore luminis percussi intueri valuerunt, tantáque claritatis gloria Sanctum Episcopum perfudit, vt splendor ex eo procedens, magis conspicuam domum reddiderit, quàm lucernæ ibidem lucentes.

Mox irradiatus vir Beatissimus Remigius, veteris Legislatoris exemplo, quæ ipsis, vel eorum forent euentura prosapiæ spiritu Prophetico traditur prædixisse (*Verba hæc, quæ addit Hincmarus, excerpta videntur ex prolixiori testamento sub finem*) qualiter scilicet successura eorum Posteritas, Regnum esset nobilissimè propagatura, atque gubernatura, & Sanctam Ecclesiam sublimatura, omnique Romanâ dignitate, Regnóque potiturâ, & Victorias contra aliarum gentium incursus adeptura, nisi forte à Bono degenerantes, viam veritatis reliquerint, & diuersorum vitiorum secuti fuerint anfractus, quibus negligi Ecclesiastica solet disciplina, & quibus Deus offenditur, ac per hoc Regna solent subuerti, atque de gente in gentem transferri.

Interea eundi via ad Baptisterium à domo regia preparatur, velis & cortinis depictis ex vtraque parte protenditur, & desuper adumbratur, plateæ sternuntur, Ecclesiæ componitur Baptisterium, balsamo, & cæteris odoramentis conspergitur, talémque gratiam Dominus subministrabat in populo, vt æstimarent se Paradisi odoribus refoueri. Sícque præcedentibus Sacrosanctis Euangelijs, & Crucibus cum hymnis, & canticis spiritualibus, atque litanijs, Sanctorúmque nominibus acclamatis, Sanctus Pontifex manum tenens Regis, à domo regia pergit ad Baptisterium, subsequente Reginâ, & populo, dum autem simul pergerent Rex interrogauit Episcopum dicens, Patrone hoc est Regnum Dei quod mihi promittis? Cui Episcopus, non est hoc (inquit) illud Regnum, sed initium viæ, per quam venitur ad illud.

Cùm verò peruenissent ad Baptisterium, Clericus qui Chrisma ferebat à populo ita est interceptus, vt ad Fontem venire nequiuerit: sanctificato autem Fonte, nutu diuino Chrisma defuit; & quia propter populi pressuram vlli non patebat egressus Ecclesiæ, vel ingressus, Sanctus Pontifex oculis, ac manibus protensis in cœlum, cœpit tacitè orare cum lachrymis, & ecce Columba subitò, niue candidior, attulit in rostro Ampullulam chrismate Sancto repletam, cuius odore mirifico super omnes odores, quos ante in Baptisterio senserant, omnes qui aderant inestimabili suauitate repleti sunt.

Accipiente autem Sancto Pontifice ipsam Ampullulam, species columbæ

## HISTORIÆ. LIB. II. 139

lumbæ difparuit, de quo Chrifmate fudit venerandus Epifcopus in Fontem facratum, vifo autem Rex tanto Miraculo, abnegatis Diaboli pompis, & operibus eius, petijt fe à Sancto Pontifice Baptizari, procedit nouus Conftantinus ad Lauacrum falutiferum in quo delendæ erant lepræ veteris morbi, & antiquæ peccatorum fordes diluendæ, diuino muneri obfequente B. Remigio, in quo diuinâ doctrinâ, & gratiâ virtutum alter videbatur reprefentari Syluefter.

*S. REMIG. XVI. ARCH. An. 497. Rex ergo prior popofcit fe a Pontifice Baptizari Greg. Turon.*

Ingreffo autem in Fontem vitalem Clodoueo, Sanctus Epifcopus dixit ore facundo, *Mitis depone colla Sicamber, adora quod incendifti, incende quod adorafti*, præceptis Salutaribus illum inftituens humili deuotione venerari Ecclefias ad cultum religionis ædificatas, vt Deum adoraret in eis, quas rigidâ profanitate incendere confueuerat, & Idola quæ in afylis fuis pro Deo adorare folebat, Fidei ardore fuccenfus deijcienda fuccenderet, & fic poft confeffionem orthodoxæ fidei, ad interrogationem Sancti Pontificis, fecundùm Ecclefiafticum morem, Baptizatus eft trinâ merfione in nomine Sanctæ, & indiuiduæ Trinitatis Patris, & Filij, & Spiritus Sancti, & fufceptus ab ipfo Pontifice de Sancto fonte peruncus eft Sacro Chrifmate cum figno Crucis Domini N. JESU CHRISTI. Baptizantur etiam de exercitu eius tria millia virorum, exceptis paruulis, & mulieribus, Baptizantur Sorores eius Albofledis, & Lanthildis vel Landechidis, & factum eft gaudium magnum in illa die Angelis in cœlo, & Hominibus deuotis in terra.

*Delibutufque eft Sacro Chrifmate Gregor.*

Clodouei Baptifmo plures Germaniæ, Galliæ, & Neuftriæ Epifcopos, id eft, ex vtrifque Belgica, & Germania, & ex Prouincijs Lugdunenfib. 2. 3. & 4. interfuiffe, vt diem tanto myfterio deftinatum fuâ præfentiâ infigniorem redderent, lubens agnofcit B. Remigius in prolixiori fuo teftamento, colligitúrque ex Auiti Viennenfis recens detectâ Epiftolâ, à quibus, vt ipfe ait, piâ ambitione Rex Aquis vitalibus immerfus flexâ ceruice fignatus, tum Chrifmate vnctus, deinde albis veftibus indutus eft, Albofledis autem, quam cum Fratre Baptizatam diximus, paulò poft à B. Remigio Virginitatis benedictionem accepit, Deóque facrata vfque ad obitum perfeuerauit ex Epiftolâ prædicti Remigij ad Clodoueum. Quod Gregorius Turonenfis, cui nota fuit eadem Epiftola, non fatis animaduertit.

*Conuerfionis Francorum per prædicationem Sancti Remigij*

*facta, non meminit Fortunatus, nec item Baptifmi Clodouei, aut Cœleftis Chrifmatis, fed ftatim poft refufcitatam puellam Tolofanam fcriptioni fuæ finem impofuit.*

Vbi de hac re nuntij Romam deferuntur, Anaftafius Pontifex, qui hoc anno federe cœpit, gratulatoriam Clodoueo mittit Epiftolam, quam ex Spicilegij tom. V. à R. P. Dacherio nuper edito hîc reponimus.

GLO-

S. REMIG.
XVI. ARCH.
An. 497.

*GLORIOSO ET ILLUSTRI FILIO CLUDOECHO,*
*Anastasius Episcopus.*

Tuum, gloriose Fili, in Christiana fide, cum exordio nostro in Pontificatu contigisse gratulamur. Quippe sedes Petri in tanta occasione non potest non lætari, cùm plenitudinem gentium intuetur ad eam veloci gradu concurrere, & per temporum spatia repleri sagenam, quam in altum iussus est mittere idem piscator hominum, & cœlestis Hierusalem Beatus Clauiger. Quod Serenitati tuæ insinuare voluimus per Eumerium Presbyterum, vt cùm audiueris lætitiam Patris, crescas in bonis operibus, impleas gaudium nostrum, & sis corona nostra, gaudeátque Mater Ecclesia, de tanti Regis, quem nuper Deo peperit, profectu: lætifica ergo, gloriosè, & illustris Fili, Matrem tuam, & esto illi in columnam ferream, &c.

*De cælesti Chrismate Dissertatiuncula.*

## CAPUT IV.

Sacri cœlitùs missi Chrismatis Miraculum literatis, plebeísque hominibus notum adeo erat, & exploratum nono sæculo, vt Hincmarus, qui id scripto primus euulgasse dicitur, vade non indiguerit ad illud firmiter persuadendum; sed ingenuâ solum, ac simplici narratione, quam è vetustioribus ( vt ipse asserit ) Remensis Ecclesiæ Codicibus excerpserat; Nec vlli tunc venit in mentem dictis eius refragari, vel leniter hiscere aduersùs dudum à Majoribus receptam traditionem, eámque non latenter ingestam, sed publicè, ornatè, ac velut ex suggestu promulgatam, vt cuíque palam sit ex Capitularibus, vbi de Caroli Regis inauguratione Metis celebratâ. Etenim cùm prædictus Hincmarus, sede Treuirensi vacante, pro sublimi hoc munere explendo, ab Episcopis primæ Belgicæ fuisset accitus; Hic adstantibus Franciæ, & Lotharingiæ regnorum vtriusque dignitatis Primoribus, ac lectissimo eruditorum virorum cœtu, qui Regum inaugurationibus, pompaticísque cæremonijs adesse solent, clarè, intelligibiliter, ac nemine contradicente præfatus est eodem momento, quo Rex inaugurandus erat: *Sanctæ memoriæ Dominum Imperatorem Augustum, Patrem scilicet Caroli iam coronandi in Regem Lotharingiæ, ex progenie Ludouici Francorum inclyti, per Beati Remigij Francorum Apostoli Catholicam prædicationem conuersi, vigiliâ Sancti Paschæ in Remensi Metropoli Baptizati, & cælitùs sumpto Chrismate, vnde adhuc habemus, peruncti, & in Regem sacrati duxisse originem per Sanctum Arnulphum.*

*In Prologo ad vitam S. Remigij.*

Quis

# HISTORIÆ. LIB. II.

Quis dicat Hincmarum tam perfrictæ frontis, vt historiam tanti momenti hactenus inauditam, sed recèns à se confictam, coram tam illustri confessu edicere, tantæ leuitatis, vt Sapientissimo Regi nugamenta quædam gerrarum confarcinare, tantæ improbitatis, vt ipsius templorum cæremonijs, sacrísque ritibus, ingestâ fabulâ, sacrilegum in modum illudere voluerit. Carolus Rex, cui solemne erat obscuriora quæque Scripturæ loca Sapientibus proponere, etiam in Castris, & inter bellorum tumultus, de re tam graui non sciscitatus esset? quotquot hîc aderant primæ nobilitatis, ac literaturæ viri, elingues, stupidi, vel fascinati ab Hincmaro, nè in fictam eiusmodi traditionem insurgerent? quis credat? nisi aliunde hunc vera proferre certiores essent, præsertim cùm fama seu traditio cælitùs demissi Chrismatis Galliæ Belgicæ finibus non concluderetur ampliùs, sed per totum iam Christianum orbem percrebuisset, eámque publicis testatam monimentis suâ historiâ dignam censuerit Aimoinus Hincmari penè æqualis, ac in Prouincia Senonensi enutritus, quam post Gregorium texuisse se dicit ex ijs, quæ per diuersos sparsa libros inculto erant sermone descripta, sic autem lib. 1. cap. xij.

*S. REMIG.*
*XVI. ARCH.*
*An. 497.*

*In Epistolâ nuncupatoria ad Abbonem Abbatem.*

*Cùm Sanctus Pontifex modum diuinæ Passionis recitasset, Rex ait illi, si ego cum Francis meis ibi affuissem, eius iniurias vindicassem, quòd verò grata, acceptabilísque Deo prædicti Regis fides fuerit, ostensum declarauit miraculum; Nam cùm fortè, qui Chrisma ferebat interclusus à populo deesset, Ecce subitò, non alius sine dubio, quàm Sanctus apparuit Spiritus in Columbæ visibili figuratus specie, qui rutilanti rostro Sanctum deferens Chrisma, inter manus deposuit Sacerdotis vndas Fontis sanctificantis.*

Ex prioribus illustris huius testimonij verbis, quæ nec apud Gregorium Turonensem, nec apud Hincmarum leguntur, patet euidenter Aimoinum ea quæ de Francorum conuersione retulit, ex Gestis, quæ prædictos Auctores fuerant hausisse, quid enim ei opus erat historiam de nouo condere, si nihil proprio studio, ac lectione partum adijciendum foret; præterea Chronici Centulensis Auctor nonnihil scitu dignum refert, quod ad rem facit: Diuum scilicet Dionysium eâdem nocte, quæ regium baptismum antecessit, Clodoueo adstitisse cœruleo in scuto Lilia prægestantem aurea, quibus argueretur fides, scientia, & dignitas equestris; quæ in Franciam Dei gratia deueheret; & dum ad Baptismi sacra ventum est, Columbam è cœlo detulisse Ampullulam oleo quo inungeretur delibutam; ad quod alludit eruditus quidam vir egregiâ hac Ecphonesi. *O candor lilij micans in Ecclesia, hoc Angelus infixit, Dionysius demonstrauit, Remigius Francorum Apostolus vnxit, Sanctus Ludouicus exaltauit, Francia nutriuit, Gallia decorauit.* Hinc forsan manauit opinio de Lilijs cælitùs missis in scuto, aut in virgula ostensis, vel certè in aëre expressis cùm Clodoueus sacro latice tingeretur, quæ à Viualdo, Forcatulo, & alijs latiùs explicatur; at hæc & similia ab insequentis æui Auctoribus tradita

S. REMIG. XVI ARCH. *An.* 497.

dita lubens omitto, quæ Clodouei Baptifmatis narrationem illuſtriorem quidem faciunt, ſed minùs certam; tot ſiquidem prodigijs fœta, & coaceruata eò Criticorum mentes vehementiùs pulſat, quò de his non niſi poſt plures annorum centurias quicquam proditum ſit.

*De Ampulla malè ſentit Meyerus, ad annum* 1399. *in Annalibus, & poſt eum Belgici ſcriptores.*

Quí enim fieri poteſt, ( inquiunt ) vt tam exquiſitum delati Chriſmatis miraculum ( de eo tantùm hîc loquor ) ſi in conſpectu, atque oculis tot Procerum eluxit, per omnes Prouincias, imò per totam Europam vulgatum non ſit, nec de eo Anaſtaſius Pontifex ad Clodoueum Epiſtolâ hoc anno miſsâ, nec Auitus Viennenſis Epiſtolâ pariter ad eundem, nec Gregorius Turon. narrandis miraculis admodum aſſuetus, nec Fredegarius ſcholaſticus meminerint, cùm cuique notum ſit, famam in majus omnia ferre, & celeriter minora quæque vulgare ſolitam.

*Auctor Chronici Mauriniacenſis.*

His addi poteſt quòd quidam delatum Chriſma narrent per Columbam, alij per Angelum, alicubi dicatur ſparſis per Eccleſiam radijs & odoribus, alibi verò ſimpliciter cœlo demiſſum: quæ omnia ( vt ab vltimis incipiam ) circunſtantias ad ſummum, non rei ſubſtantiam labefactant; Quis enim neſcit à Scriptoribus, etiam Canonicis, multa diuerſimodè narrari, quæ tamen indubitata ſunt, & fide certa, Veritas ſola per ſe ſtat, ſcriptorum genio non indiget, ac frequentiùs traditione noſcitur. Nec Epiſtolæ Anaſtaſij, aut Auiti Viennenſis recèns detectæ, vel Gregorij Turon. ſilentium multùm me mouent, non ob inficiale argumentum, inde ab aduerſarijs deductum: ſed quòd hi Auctores à Remis longiùs ſemoti, de euentu certò necdum aliquid didicerant. Optimè quidam Marſylius de gentium origine differens, magis credendum eſſe docet Genti ipſi, aut populis ei vicinis, quàm remotioribus, & externis.

*De bello Pelaſgico l.* 3.

Deinde cùm Remigij temporibus miraculorum operatio admodum frequens eſſet in Eccleſia, & hic inprimis eâ excelluiſſe dicatur, mirum non eſt quod ab externis Scriptoribus alio intentis, ea quæ palam omnibus erant, fiebántque apud nos neglecta ſint; quíſque tunc ſuam Spartam excolebat, de Domeſticis tantùm cura habebatur, vt hodiéque fit, & egregiè à Gregorio obſeruatum nemo non videt, qui totus eſt referendis BB. Martini, Juliani, & aliorum Galliæ Celticæ miraculis, cùm ipſe de Belgis pauca admodum referat, & ſi quid, vt de Remigio, illud obiter tantùm & perfunctoriè.

Nec audiendi ſunt qui putant, omnibus ritè perpenſis, non cum tanto apparatu, nec viſibili, ac radiante epiphaniâ demiſſum Chriſma in manus Pontificis, ſed vulgari oleo, cùm inſtaret hora, quâ tingi debuit Clodoueus, deficiente ( forſan quod Clericus vas deferens præ turba citò adeſſe non potuit ) porrectis in cœlum oculis cæleſte à Deo obtinuiſſe, nè quid ad Baptiſmi complementum deſideraretur, eo ferè modo quo ſupra contigiſſe vidimus in Cathecumeni

Baptiſmo,

Baptismo, sícque conscio tantùm Præsule, forsitan etiam Rege, pau- *S. REMIG.*
cisque alijs patratum fuisse demissi Olei Miraculum, quod velut à Deo *XVI. ARCH.*
pignus acceptum Remensi Ecclesiæ relictum est. *An. 497.*

Opinatio hæc, cuiuscumque sit, nè ab accepta dudum traditione
temerè recedatur, probanda non est, præsertim cùm Hincmaro ex
veteribus Membranis Historiam narranti, è Gallia Celtica succenturiatus accedat Aimoinus, & cum eo ad sæculum nostrum, cuiúsque
artis, linguæ, ætatis & professionis Scriptores, qui per Columbam, vel Angelum delatum Chrisma visibiliter referunt; hos sigillatim hîc recensere superuacaneum duxi, cum census, & Monimenta *Census &*
potiora sint Testibus, vt Jurisconsulti decernunt, *L. Census FF. de* *monimenta*
*probatione*, sacrum pignus, seu Ampullulam intelligo, quam ma- *publica potiora esse te-*
nibus etiam contrectarunt Summi Pontifices, Cardinales, Patriar- *stibus Senatus censuit.*
chæ, Archiepiscopi, Reges, Principes, & quotquot ad Inaugura- *L. Census*
tionem Remos aduolant. *FF. de probation.*

Scio quid præcipuè huius temporis obganniant Critici, & ad nauseam repetant; hi sunt qui Auctorum mediæ ætatis narrationes scrupulosiùs ad incudem reuocant, & audenter excutiunt, Gregorium Turonensem Francicæ Historiæ primarium huiúsce miraculi non meminisse, cùm de Clodouei Baptismo satis copiosè disseruerit: Hincmarum verò, qui primus id in lucem edidit, vt putant, auidè exceptum
ob eruditionis nomen, & auctoritatèm quâ in palatio pollebat, præsertim cùm tam Regno, quàm propriæ Ecclesiæ, cui impensiùs studuisse ferunt, eo commento consuleret.

Primæ objectioni pridem satisfecerunt haud vulgaris doctrinæ Viri
( inter quos meritò excellit Hubertus Maurus Remensis Ecclesiæ facundissimus Ecclesiastes libro de sacris vnctionibus.) Qui Gregorij
Turonensis Historiâ penitiùs perspectâ, lacunas aliquot in ea, materias inter se non satis cohærentes, omissiones quoque plurimas aduertunt, vnde truncatam eam censent & mutilam ad nos peruenisse:
addunt, quòd cuilibet planum est, pauca admodum, vt dixi, de rebus Ecclesiarum Galliæ Belgicæ attigisse, forsan quòd ei, in Celtico
Galliarum Tractu exorto, & Aruernicæ regionis indigenæ, notæ
non essent: pleráque autem omisisse quæ spectant ad Lugdunenses, & Aquitanicas, quarum hic peritior erat, quæ ab alijs quotidie supplentur feliciter, recipiuntúrque absque fidei jactura, aut
suppositionis scrupulo. Inter Recentiores qui accuratiùs res Francicas pertractarunt, Hadrianus Valesius pluribus in locis, præsertim verò in Addendis sub finem tomi 3. Gregorij, ac Fredegarij oscitantiam, & securitatem carpit, & sugillat, adeò vt ex horum Scriptis
nullum præter inficiale argumentum, & hoc inualidum, aduersùs receptissimam traditionem, sumi potest.

Quod secundò opponunt, Hincmaro ( in hunc inuidiæ pondus
præcipuè recidit ) creditum ob eruditionis famam, vel auctoritatem

quâ

quâ pollebat apud Principem, illud attulisse, meo iudicio retudisse est, cùm nihil æquè ineptum, aut contumeliosius traditum: tantùm enim abest, vt hac fretus fiduciâ dignisſ. Antistes aliquid audendum iudicauerit, quin potiùs sibi in scribendo consulebat quàm maximè, ob Aduersariorum vim quibus vndique premebatur. Etenim Peritis constat Germaniæ, & Lotharingiæ Præsules hostes habuisse infensissimos, ob Lotharij diuortium ab eo insigniter confutatum, & explosum: Episcopos item Prouinciæ Lugdunensis in causa Gothescalci diebus nostris ad inuidiam renouata, ac proprios Suffraganeos synodali sententiâ (cui præfuerat) exauctoratos: imò sæpiùs Regem ipsum Carolum quod liberiùs eum increparet, cui haud ingratum, sed iucundum, si quid ei falsitatis posset obijci. Vnde nusquam hic Præsul varia, & ad diuersos scribens, quicquam de suo prodidit, sed semper aliunde acceptum, vt ipsémet inculcat in Apologia aduersùs Obtrectatores, & nos etiam recentiorum errorum occasione, simili expurgatione pro ipso necdum editâ ostendimus, malè Sirmondum scripsisse hallucinatum Hincmarum, quasi primus, solâ nixus conjecturâ, dixerit Clodoueum vigiliâ Paschæ baptizatum, ob Auiti Viennensis auctoritatem contrarium asserentis Epistolâ ad prædictum Regem; cùm Fredegarius ei facem in hoc prætulerit, qui sub vltimis Regibus primæ Dynastiæ claruit.

Quod verò spectat ad prædicti Auiti Epistolam, statim (vt fertur) post Clodouei Baptisma scriptam, vbi de Columba cœlitus missa, & allato Chrismate nihil legere est, scio viros eruditos hanc magni facere, quòd elegantioribus verbis referat Regem seruis Dei inflexisse timendum caput, cùm sub casside crines nutritos salutaris galea sacræ Vnctionis indueret, vbi opportunior de cœlico Chrismate disserendi locus subesse non poterat. At huic objectioni dicendum valdè suspectam esse recèns hanc detectam Epistolam, cùm verisimile non sit Auitum Burgundo parentem tam liberè de Clodoueo loqui potuisse, eo præsertim tempore, quo in populares suos arma parabat. Deinde quis credat, tantum virum ignorasse Anastasium Imperatorem, quem ibi falsò Orthodoxum vocat, Eutichianæ hæreseos labe esse infectum? si in hoc errare potuit, cur non in alijs Baptismi circunstantijs? Anastasius verò Pontifex, cuius etiam Epistola profertur in contrarium, longiùs sanè aberat, cùm Remis Rex ablutus est; si quid tamen nosse potuit per nuntium, tanti Principis conuersionem cum tota gente Miraculis facilè prætulit. Nec propterea Auito, aut Anastasio tacentibus, Hincmaro deroganda fides, quòd tardiùs, & post tria sæcula ex Schedis necdum editis miraculum prodiderit, & eodem ferè tempore Aimoïnus, alioquin multa quæ de Sanctis referuntur à non coætaneis valdè suspecta essent, & dubia: sit illud exemplum, Eusebius Constantino valdè carus, & acceptus de Lepra eius per Lauacrum sanata, de Apostolorum apparitione, de Loco, & Ministro Baptismi,

Baptismi, & de splendore qui cœlitùs affulsit omnino tacuit, quæ alij *S. REMIG.*
postmodum fidenter euulgarunt; nec fastidit Em. Card. Baronius, *XVI. ARCH.*
pro lepra Constantini asserenda, Gregorij Tur. & Hincmari suffra- *An. 497*
gium, quò Silvestri Acta à quibusdam rejecta confirmet, quamuis ab *In Annalibus ad annũ*
eo tempore longiùs absint. *324. n. 30.*
*& seq.*

Aliud haud dissimile proferri potest de gemmata Corona, vbinam, quæso, Greg. Tur. habet, vel quispiam alius ante Hincmarum, Clodoueum exhortante S. Remigio, Regnum, hoc est Coronam cùm gemmis pretiosis auream B. Petro Apostolo misisse? si ergo Eusebius & Gregorius res sui temporis omiserunt quæ ab alijs commodè supplentur, cur non idem dici potest de Chrismate cœlitùs misso? eò vel maximè quod non minùs distet Gregorius à Constantino, quàm *Egregiè probat Hadr.*
Hincmarus à Remigio, cui Gesta tanti Præsulis ab interitu vindicata *bat Hadr.*
debentur. Cùm igitur Chrisma cœlitùs missum eiusdem sanctitatis *Valesius tra-*
illustre sit monimentum, vt hactenus creditum est (externis nequic- *ctatu de Ba-*
quam oblatrantibus, fixum apud nos, & inconuulsum permaneat. *silicis cap. 6.*
*nouis Auctorib. prisca*
*narrantibus*
*esse credendum.*

*Quo Die, Loco, & Anno Baptizatus Clodoueus.*

## CAPUT VII.

TRia Clodouei Regis Baptismo annexa sunt, de quibus controuerti solet, Dies, Locus, & Annus: Annum sequentibus Capitibus cum vicariatu Sancti Remigij excutiam, de Die, & Loco nunc agendum. Hactenus inualuerat Hincmari opinio, quam Fredegarius primùm euulgauit (nihil enim de se vnquam finxit, aut scripsit prædictus Antistes) Clodoueum in peruigilio Paschæ anno decimo sexto Regni sui Baptizatum; At deceptum hunc multi putant ex *Tertull. lib.*
veteri Ecclesiæ more, quæ non alijs diebus quàm Paschæ, ac Pente- *de Baptis. c.*
costes, Cathecumenis Baptismum conferri permisit: tamdiu enim *19. Leo 1.*
dilatum fuisse rei momentum prorsus non siuisse arbitrantur. *Omnis* *Epist. ad v-*
*dies Domini est, omnis hora, omne tempus habile Baptismo* (inquit *niuersos E-*
*piscopos Sco-*
Tertullianus) scilicet cùm grauis instat occasio, vel mortis pericu- *tia.*
lum ex Concilio Autisiodorensi cap. 18. Vnde Gregorius Turonen- *Concil. Au-*
sis refert diem Natiuitatis Christi Clotharij 2. Baptismo assigna- *tisiod. anni*
tum fuisse à Patre, si Gunthramnus Parisijs intra id tempus ad- *588.can.18.*
fuisset. *Lib. 8. c. 9.*

Deinde Nicetij Treuirorum Epistola ad Clodosoindam Alboini Longobardorum Regis vxorem probat nihil cunctatum fuisse Clodoueum post adeptam de hostibus victoriam, & simul ac domum rediit circa finem anni, Baptismum ei collatum à Remigio, instante Chrothilde, scilicet cùm Fidei dogmata probata cognouit, vt ibi habetur.

**S. REMIG.**
**XVI.ARCH.**
*An.*497.

Nodum adhuc diſſoluit Auitus viennenſis auctor Synchronus, qui Clodoueo Regi de ſuſcepta ab eo Chriſti fide & Baptiſmo gratulaturus inſigni Epiſtolâ, docet octauo Calend. Januarij in vigilia Natalis Domini celebratum, (non in vigilia Paſchæ) præſentibus multis Epiſcopis: Auiti hæc verba ſunt. *Gaudeat quidem Græcia habere ſe Principem* (Anaſtaſium Auguſtum) *legis noſtræ, ſed non jam, quia tanti muneris bono ſola mereatur illuſtrari, quòd non deſit & reliquo Orbi claritas ſua. Siquidem & Occiduis partibus in Rege non nouo, noui iubaris lumen effulgurat, cuius ſplendorem congrue Redemptoris noſtri Natiuitas inchoauit, vt eo die ad ſalutem regenerari ex vnda vos pateat, quo natum redemptioni ſuæ Cœli Dominum Mundus accepit. Igitur qui celeber eſt Natalis Domini, ſit & veſtri, quo vos ſcilicet Chriſto, quo Chriſtus ortus eſt Mundo.*

Comparat Auitus hoc loco Clodoueum Francorum Regem cum Anaſtaſio Auguſto, quem Principem Græciæ appellat, & legis noſtræ, hoc eſt Catholicarum partium (inquit H. Valeſius) quaſi, vt Clodoueus in Occidente poſt ſuſceptum Baptiſma, ſic in Orientis Imperio Anaſtaſius Catholicus fuerit, quem Eutychianorum hæreſim ſecutum eſſe conſtat, ſicque de Auiti fide, qui in hoc falſus eſt, aut certè de veritate Scripti, an germanus ipſius fœtus ſit, meritò quis dubitauerit; de re tamen parui momenti, & quæ hiſtoriæ ſubſtantiam non conuellit, ſentiat quilibet vt volet, niſi quis Hincmari, & Aimoini teſtimonijs tutiùs inhærendum putet, qui deditâ operâ de Clodouei Baptiſmo, poſt Fredegarium, quàm Alijs qui oſcitanter, & quaſi aliud agentes ſcripſerunt.

Quod ad locum ſpectat, nouum, & aliàs inauditum mouent ſcrupulum Sammarthani, ex citata Nicetij Treuirenſis Epiſtola ad Clodoſuindam Reginam, vbi dicitur. *Audiſti ab Auia tua Rodhildi qualiter in Francia venerit, quomodo Dom. Clodoueum ad legem Catholicam adduxerit, & cùm eſſet homo aſtutiſſimus, noluit acquieſcere, antequam vera cognoſceret. Cùm iſta quæ dixi probata cognouit, humilis ad Domini Martini limina cecidit, & ſe Baptizari ſine mora permiſit.* Hinc, vt reor, prædicti Auctores ſuis Collectaneis de Gallorum Antiſtibus, verba ſequentia, quæ dubitandi materiam ſubminiſtrant inſeruerunt abſque probatione. *Qua autem in vrbe, vel Durocortori Remorum, vel apud Turonos in Eccleſia Sancti Martini Clodoueus peruncius ſit, inter Auctores non conſtat*; quaſi Remigius, qui nemine adhuc contradicente Clodoueum abluit, jus haberet extra Prouinciam Sacramenta conferendi? quod vetant Canones, & quidem apud Cæſarodunum Turonum, quam Vrbem tum Alarico Veſigothorum Regi paruiſſe conſtat; aut commodum tunc fuiſſet, cum integro exercitu à loco pugnæ tam longo interuallo diſcedere; vel à ripa Rheni, ad flumen Ligerim contendiſſe Clodoueum, vt tam longè ab Auguſta Sueſſionum, quam interfecto Syagrio Regiam delegerat,

## HISTORIÆ. LIB. II.

S. REMIG.
XVI. ARCH.
An. 497.

legerat, in extremis Regni terminis, ac velut sub oculis Vesigothorum intingeretur. At discere potuerunt hoc æuo in Vrbe Remensi tres extitisse Basilicas Beato Martino sacras, quarum vna, admodum vetus, adhuc supereft, vbi Rex potiùs ablui potuit, aut certè in alia ad portam Collatitiam, quàm Turonis, cuius in citata Epistola nulla fit mentio; Remos verò deductum probat vita S. Vedasti ab Alcuino edita, nec dissentit Gregorius Turon. Nicetij autem Treuirorum Epistola Doctiss. Valesium, qui gratis nutasse videtur, mouere non debuit, quòd Martini ibidem designati nomen, ob signa atque virtutes, summæ Gallis ac Francis venerationi fuerit: potuit quidem Clodoueus ad limina Beati Martini Remis preces fudisse, & Baptizari in Metropoli, seu primariâ Durocorti Basilicâ, nec enim verba illa, *Ad Beati Martini limina cecidit*, si bene expendantur, aliud indicant.

Nostratium quidam dubitasse videntur, an in Cathedrali Remensi, vel in Ecclesia, quæ Sancti Petri veteris, aliàs curtis Dominica dicebatur, tinctus fuerit Clodoueus, quod præ alijs vrbis Oratorijs huius meminerit Hincmarus, vbi Rex à B. Remigio monitis ante Baptismum imbutus fertur salutaribus. Nec eos ab eodem Hincmaro addita morantur scilicet, quod prædictum Sancti Petri Oratorium cubiculo Regis fuerit contiguum, & quòd paulò post à domo Regis eundi ad Baptisterium via dicatur præparata, plateæ velis, aulæisque pictis, & cortinis ornatæ, Ecclesiæ quóque Baptisterium sparsum balsamo, cæterisque aspersum odoramentis, hæc enim omnia spatium euidentissimè supponunt, quod S. Petri Oratorio conuenire omnino non potest, palatio Regis contiguo. Deinde fons Baptismalis non in Oratorijs extabat antiquitùs, imò nec in Parochijs vrbium Episcopalium, sed in Matrice Ecclesia ex Gregorio Turon. vnde Fortunatus Leonem Burdegalensem hoc excipit elogio, quod Principem vrbis Ecclesiam flammis deturpatam, restruxisset.

*Item Gregori Turo l. 5. num. 11.*

*Instaurata etiam sacri est Baptismatis aula.*
*Quo maculas veteres Fons lauat vnus aquis.*

Refert item Onufrius libello de septem sanctioribus Ecclesijs vrbis Romæ fol. 151. vnum tantùm per singulas vrbes Fontem fuisse, siue locum vnicum quem Baptisterium vocauêre, prope majorem Ciuitatis Basilicam, quæ Mater Ecclesia vulgò dicitur ( quod scilicet in vnius Episcopi custodia esset ) conditum, idque ad nostra vsque tempora quibusdam in vrbibus obseruatum, in quo vno tingebantur pueri, iuuenes, senes, diuites, pauperes. Addit ob id Romæ propè majores vrbis Basilicas, Lateranensem scilicet, & Vaticanam Sanctos Pontifices Siluestrum inprimis, ex Constantini Augusti concessione elegantissima Lauacra siue Baptisteria construxisse. Idem de Baptisterio Remensi, cuius ornatum Gregorius Turon. graphicè depingit, sentiendum

*S. REMIG.*
*XVI. ARCH.*
*An. 467.*

*Greg. Turon. per hæc verba Ecclesiæ cōponitur Baptisterium, satis indicat se Cathedralē Ecclesiā intelligere lib. 2. c. 31.*

dum mihi videtur : Verba ipsius in Matrice Ecclesia Baptisterium fuisse suadent omnino, imò ibidem plures annos perseuerasse auguror ex Concilij in Verno palatio can. 7. Pipini Regis auctoritate celebrati ann. 755. quo vetatur nè publicum baptisterium in vlla Parochia sit, aut Presbyteri habeant licentiam Baptizandi nisi in necessitate. Legitur item in Appendice ad Chronicon Frodoardi destructum fuisse ab Adalberone Archiepiscopo arcuatum opus, quod erat secus valuas Ecclesiæ Sanctæ Mariæ Remensis, supra quod altare Sancti Saluatoris habebatur, & Fontes miro opere erant positi an. 976. vnde inferre licet post restructam Basilicam ab Hincmaro, Fontes conseruatos fuisse iuxta veterum morem, gratisque moueri dubium de loco vbi sacro Latice ablutus Clodoueus, ex allatis Hincmari subobscurioribus verbis, aut alijs hisce similibus, quæ habentur in Gestis S. Medardi à Fortunato ( vt dicitur ) exaratis, *In Ciuitatem Remorum venientes, in Basilica Sancti Petri, quæ nunc dicitur ad palatium, Regem Beatus Remigius Baptizauit, & de sacro Fonte Beatus Medardus suscepit.* Cum omnem, si quis sit, scrupulum, præter à nobis dicta, eximat Ludouici pij auctoritas, qui eo diplomate quo ad renouandam Rem. Ecclesiam murum Ciuitatis concedit apud Frodoardum lib. 2. cap. 19. ingenuè agnoscit, & fatetur in ea Metropoli Deo auctore, & cooperatore Sancto Remigio, gentem Francorum cum æquiuoco suo Rege eiusdem gentis Sacri fontis Baptismate ablui promeruisse, & septiformis Spiritus Sancti gratiâ illustrari. Sed & ipsum eumdem Regem nobilissimum ad Regiam potestatem Dei clementiâ perungi &c. an reuerâ Clodoueus in Regem à Remigio vnctus sit, quod negant Recentiores quidam, postea videbimus.

*Extat in Bibliotheca regia liber, quo Chrothildis Remensem Basilicam S. Petri intra muros ampliorem fecisse, agris dotasse, & Ecclesiasticis ornamentis instruxisse, atque dum vixit multùm dilexisse, atque coluisse dicis, quòd Rex Clodoueus vir suus eo in loco Baptizatus fuisset, sed hunc, de Chrothildis vita, librum post annum Christi 900. omninò compositum putat Doctiss. Valesius, eique fidem adhibendam non esse.*

---

*B. Remigius donis muneratur à Francis, Clodoueum consolatur ob Sororis obitum. Bellum Gothicum ab eo susceptum approbat, fit Legatus Apostolicus.*

## CAPUT VIII.

Remis igitur Deo volente, & cooperante Remigio, tam inclytæ Gentis completo Baptismate, vt hinc innotesceret quantæ molis erat Francorum Regem cum suo populo Christianæ religioni conjungi, Rex ac Proceres Regni sese Beato Remigio gratos, & magnificos exhibuerunt, datis per varias Prouincias prædijs, & possessionibus ; in Belgio cis, & trans Axonam, in Septimaniâ, & Aquitania

Aquitania (victis Vesigothis) item in Austria, & Toringia, Toringis Germanicâ gente superatis, quas hic diuersis statim Ecclesijs liberaliter erogauit, nè eum Franci rerum temporalium cupidum esse, aut ob id ad Christianitatem eos vocasse arbitrarentur. Inprimis verò Luliacum vel Juliacum, Codiciacum castrum, Bernam, Ecclesiæ Remensis veteri dominio adjunxisse dicitur ; Anisiacum quóque Laudunensi Ecclesiæ, quam auctoritate Concilij Africani Episcopalem erexerat, subijciens ei in Castro, licèt Remensis Diœcesis, constituto, Parochiam, cui Genebaudum carne nobilem; literísque tam sacris, quam sæcularibus eruditum præfecit Episcopum, qui relictâ conjuge S. Remigij (vt traditur) nepte, religiosum subierat votum.

S. REMIG.
XVI. ARCH.
*An.*467.

*Vide Hincmarū in vita S. Remigy, & prolixius testamentum.*

*De Anisiaco vide Frodoard. lib. 1. cap. 20.*

Genebaudi huius recens sublimati exitialis lapsus descriptus ab Hincmaro, haud multùm absimilis illi, quem Gregorius Turonensis refert de Vrbico Aruernensi lib. 1. cap. 44. Remigij studium erga Laudunensem Ecclesiam egregiè commendat, mirabilésque continet circunstantias, quas hîc breuitatis gratiâ prætereo, vt & donationem aliquot villarum Remigio factam à Rege, quæ illo spatio continerentur, quòd eo meridie quiescente, circumire posset, cùm idem prorsus de Sancto Rigoberto tradat Frodoardus. Emptionem quóque villæ Sparnaci, sumptibus Ecclesiæ Remensis ab Eulogio Gallo, cui tamquam lezæ-Majestatis reo Clodoueus indulsit rogatu S. Remigij; licèt hæc omnia manifestè probent quod intendit Hincmarus, Clodoueum Augustæ Suessionum commorantem post susceptum Baptisma, Remigij præsentiâ, & conuersatione admodum fuisse delectatum, eúmque habuisse à Consilijs, vel, vt quidam volunt, creatum ab eo Apocrisiarium, aut magnum Franciæ Eleëmosynarium quod ex dicendis, ampliùs constabit.

*Sparnacum argēit librarū quinque millibus vēdidit.*

Aulæ non sic addictus erat Remigius, vt à propria Diœcesi propterea se subduceret, imò frequentiùs ei adhærebat, raró in Comitatum pergens, quod literæ ad Clodoueum scriptæ, velut absentiæ indices, satis supérque testántur. Auditâ siquidem Albofledis Clodouei Sororis morte, quæ statim post susceptam fidem contigit, ob quam Rex mœrore supra modum afficiebatur, consolatoriam ad eum scripsit Epistolam, cuius meminit Gregorius Turonensis, citátque fragmentum, quam hîc ex Andræa du Chesne reponimus.

## Domino illustri meritis Clodoueo Regi, Remigius Episcopus.

ANgit me, & satis angit vestræ causa tristitiæ, quòd gloriosâ memoriâ germana vestra transijt Albochledis, sed consolari possumus, quia talis de hac luce discessit, vt recordatione magis suspici debeat, quàm

*lugeri,*

*lugeri, illius enim vita fuit quòd adsumpta credatur à Domino, quæ à Deo electa migrauit ad cœlos: viuit vestra fidei, etsi. est conspectus desiderio recepta, Christus impleuit, vt benedictionem virginitatis acciperet, quæ sacrata, non est lugenda, quæ fragrat in conspectu Domini flore virgineo, quo scilicet & coronâ tecta, quam pro virginitate suscepit. Absit vt à fidelibus lugeatur, quæ bonus odor Christi esse promeruit, vt per eum cui placet auxilium possit conferre poscentibus. Dominus meus, repelle de tuo corde tristitiam, animo rectè composito regnum sagaciùs gubernate, erectiora sumentes studio serenitatis consilia, læto corde membra conforta, mœroris torpore discusso, acriùs inuigilabis ad salutem. Manet vobis regnum administrandum, & Deo auspice procurandum, populorum Caput estis, & regimen sustinetis, Acerbitate nè te videant in luctu affici, qui per te felicia videre consueuerunt. Esto ipse animæ tuæ consolator, vigorem illius prouidentiæ continens ingenitæ, nè tristitia candorem tuæ menti subducat. De eius præsente transitu, quæ choris est junctâ virgineis (vt credo) Rex gaudet in cœlo. Salutans gloriam vestram, & commendo familiarem meum Presbyterum Maccolum, quem direxi, quæso vt tantis habeatis ignoscere, qui quòd occursum debui, exhortatoria destinare verba præsumpsi. Tamen per harum bajulum, si jubetis vt vadam, contemptâ hyemis asperitate, frigore neglecto, itineris labore calcato, ad vos auxiliante Domino peruenire contendam.*

Gundebaldo, & Godegisilo Chrothildæ Reginæ Patruis sectæ Arianæ sibi inuicem bellum inferentibus, Clodoueus Rex horum ditionibus Francorum Monarchiam augere statuit, ob rationes à Gregorio Turon. fusiùs explicatas lib. 2. cap. 32. & 33. paratâ expeditione, Clodoueum à Remigio vinum benedictum accepisse tradit Hincmarus, cum hoc mandato, vt tamdiu contra hostes dimicaret, quandiu vinum, quod ei vir Dei dederat, in vsu quotidiano sufficeret (vinum illud à Remigio missum Eulogiam fuisse dicam sub Rigoberto) de Victoria igitur sibi à Remigio prædictâ Rex securus, audacter in eos mouet exercitum, quos fugat, & prosternit supra Oscarum fluuium secus Diuionem castrum, Gundebaudóque in Auenione castro concluso, & pace per Aredium Consiliarium obtentâ, Clodoueus cum copijs redijt Parisios; statímque nuncios mittit ad Alaricum Gothorum Regem pro fœdere ineundo: At hic cùm per eósdem Clodoueum decipere tentasset, simultas subinde exoritur, quæ belli sequentis initium fuit.

Erectâ primùm rogatu Chrothildis Reginæ Parisijs in honorem SS. Petri, & Pauli Basilicâ, & coactâ Aurelijs Synodo, suadente Remigio, pro disciplina Ecclesiastica in melius reformanda, Clodoueus ob prædictam rationem, & quòd ægrè ferret Galliarum feraciorem partem subijci Arianorum Imperio, inde eos expellere decreuit, cuius rei Remigius certior factus, Regi, vt pridem fecerat, vas,

quod

HISTORIÆ. LIB. II. 163

quod vulgò flasconem vocant, vini à se Benedicti plenum dedit, hoc idem, vt antea, mandans, vt eò vsque ad bellum procederet, donec sibi suisque, quibus exindè dare vellet, hoc vinum de prædicto flascone non deficeret: bibit igitur Rex ex eo, plurésque suorum absque vini detrimento, donec interfectis Gothis, redijt ad propria. Hæc Hincmarus, qui Epistolæ Remigij ad Clodoueum non meminit, quam hîc quoque ex Andræa du Chesne reponimus.

S. REMIG.
XVI. ARCH.
An. 502.

### Domino insigni, & meritis Magnifico Clodoueo Regi, Remigius Episcopus.

*Rumor magnus ad nos peruenit, administrationem vos secundam rei bellicæ suscepisse. Non est nouum, vt cœperis esse sicut Parentes tui semper fuerunt. Hoc inprimis agendum, vt Domini iudicium à te non vacillet, vbi tui meriti, qui per industriam humilitatis tuæ ad summum culminis peruenit; quia quod vulgò dicitur, ex fine actus hominis probatur; Consiliarios tibi adhibere debes, qui famam tuam possint ornare, & beneficium tuum castum, & honestum esse debet, & Sacerdotibus tuis honorem debebis deferre, & ad eorum consilia semper recurrere. Quòd si tibi benè cum illis conuenerit, Prouincia tua potest meliùs constare. Ciues tuos erige, afflictos releua, viduas foue, Orphanos nutri si potius est quàm erudies, vt omnes te ament, & timeant; iustitia ex ore vestro procedat, nihil sit sperandum de pauperibus vel peregrinis, nè magis dona, aut aliquid accipere velis. Prætorium tuum omnibus pateat, vt nullus inde tristis abscedat. Paternas quascumque opes possides, Captiuos exinde liberabis, & à iugo seruitutis absolues. Si quis in conspectu vestro venerit, peregrinum se esse non sentiat, cum Iuuenibus iocare, cum Senibus tracta, si vis regnare, nobilis iudicari.*

Remigij consilijs detulisse Clodoueum par est credere, præsertim quoad Captiuorum redemptionem ex Epistolâ ad Episcopos post Gothicum bellum scriptâ, & Aurelianensi synodo præfixâ ( licet cum ea commune nihil habeat ) *De Captiuis tum Clericis, tum laicis Episcoporum arbitrio, & testimonio relaxandis.*

Paulò post Clodoueo gratulaturus de Victoria, in Aulam perrexit Remigius, ibíque Archicappellani munus obiens auctor fuit fundationis Ecclesiæ Ferrariensis Virgini Matri de Bethleem, ac SS. Sauiniano, & Potentiano Sacræ in Vastiniensi, si Chartæ nuper euulgatæ ab Illustriss. Tullensi Episcopo fides adhibeatur, cui B. Remigius subscripsit, & cum eo Marilicus, vel Maccolus, cuius nomen in Epistolâ consolatoria prædicti Pontificis ad Regem adhuc legitur, sic autem incipit.

*Archicapell. siue Apocrisiarius omnē Clerum Palatij sub cura & dispositione regebat Hincmarus.*

*In nomine Sanctæ, & Indiuiduæ Trinitatis Clodoueus Rex Francorum. Notum*

Ex Scrinijs Monasterij Ferrariensis.

S. REMIG.
XVI.ARCH.
An. 508.

*Notum fieri volo omnibus Sanctæ Matris Ecclesiæ fidelibus, quòd cùm certus factus fuerim de pietate Sacelli Bethleemitici fundati in honorem Genitricis à Sancto Sauiniano, & Potentiano, Coffino ( fortè Alcimo ) Paterno, aliisque Christi discipulis.... idque per (larissimum Remigium Remorum Pastorem, qui nil aliud verum esse pro certo affirmauit, & ita euenisse, cùm scilicet Christus ascendisset in Cœlum, Petrus, & alij Domini Apostoli per totum Orbem terrarum dispersi sunt, quemadmodum & alij septuaginta duo discipuli, quibus cùm alij in Galliam venissent, de quibus Sauinianus, Potentianus & alij, Antrum seu cellulam in pago Wastiniensi construxerunt, in quo vota possent Deo reddere, & ipsis orantibus sub nocte, magnus splendor ortus est, & inter hæc, ecce nascentis Christi, Virginis, & Joseph imagines in aere apparent, quibus rationibus, & quotidianis, quæ in eo fiunt, miraculis ; Ego Duce Spiritu Sancto cognoscens loci angustias... pro mea in Dei Matrem pietate, statui pro regia liberalitate templum Augustum, & majus construere, & quia in dicto Sacello inueni Anachoretas piè viuentes, pro remedio animæ meæ dedi illis quicquid in Vastinio possidebam.... data sunt hæc in Antro Bethleemitico præsentibus Morilico Abbate ann. ... Remigio Remorum Antistite, Eraclio Senonensium Præsule Indictione...* Heraclius hic Remigij Synchronus fuit, Remisque aderat dum Clodoueus lustralibus vndis Baptismi ablueretur 496. eóque sedente, Theodechildis Clodouei filia ex Chrothilde, insigne Monasterium ad Vrbem Senonas in vico viuo sub inuocatione Sancti Petri regali munificentiâ condidit, Remigio Remensi jam sene ex Chronico S. Petri viui, & Odoramno. Clodoueus hortatu Sancti Remigij, Religionis incremento, Ecclesiarúmque dotationi impensè studebat, quibus omnia dona, jura ; & possessiones Dijs quondam à Gentibus dicatas, quas Judæi suis Synagogis, & Hæretici falsis conuentibus ascripserant, vltro concessit, ex Historia Pictauiensi. Addit Marianus Scotus in vita S. Brigidæ, Clodoueum graui morbo laborantem suasum fuisse à Beato Remigio votum in ipsius tumulo nuncupare, quod filij postmodum expleuerunt. Ob hæc pietatis opera, & quòd recto corde ambularet ( inquit Gregorius Turon. lib. 2. cap. 40. Aimoinus lib. 1. cap. 16. ) *prosternebat quotidie Deus hostes sub manu ipsius, permansítque in eo vsque ad terminum vitæ, custodia Religionis, & Justitiæ vigor.*

Ceterùm cùm innotuisset orbi Christiano nouum electum fuisse Ecclesiæ Pontificem, post Symmachi obitum, idem Rex Christianissimus cunctorum præuenit obsequium, & superauit officia, dum

Ex Frodoardo c. 15. & Sigeberto.

suggerente Sancto Remigio, Coronam auream cum gemmis ( quæ Regnum appellari solet ) Beato Petro Apostolo misit, sed & Codicillos ab Anastasio imperatore pro consulatu sibi missos, cum corona aurea, tunicáque blattea sumpsit, & ab inde Consul, & Augustus appellatus esse memoratur.

Hormisda

HISTORIÆ. LIB. II.

Hormisda quoque Romanæ sedis Pontifex Sancto Remigio vices suas per Regnum Clodouei literis suis ad eum directis commisit, quas hîc ex Hincmaro subijcimus.

S. REMIG.
XVI. ARCH.
An. 508.
Ex Opusc. c.
1. aduersus
Laudun. E-
piscop. & c.
19. vita S.
Remigy.

### Dilectissimo Fratri Remigio, Hormisda.

SUscipientes plenâ fraternitatis tuæ congratulatione colloquia, quibus nos germanæ salutis tuæ lætificauit indicio corporali cum spiritualibus officijs incolumitas subnixa, congruum esse perspeximus hanc ipsam, quam mente gerimus verbis aperire lætitiam. Agis enim summi documenta Pontificis, dum & prædicanda facis, & ea insinuare non differs. Prærogatiuam igitur de nostri sumpsimus electione iudicij, quando id operatum te esse didicimus, quod cæteris agendum obnixiùs imperamus, vt in Prouincijs tantâ longinquitate disiunctis, & Apostolicæ sedis vigorem, & Patrum regulis studeas adhibere custodiam.

Vices itaque nostras per omne Regnum dilecti, & spiritualis filij nostri Ludouici, quem nuper adminiculante supernâ gratiâ plurimis, & Apostolorum temporibus æquiparandis signorum miraculis prædicationem salutiferam, comitantibus, cum gente integra conuertisti, & Sacri dono Baptismatis consecrasti, saluis priuilegijs quæ Metropolitanis decreuit antiquitas, præsenti auctoritate committimus: augentes studij huius participatione ministerij dignitatem, releuantes nostras eiusdem remedio dispensationis excubias, & licèt de singulis non indigeas edoceri, à quo iam probauimus acutiùs vniuersa seruari, gratius tamen esse solet, si iuris trames ostenditur, & laboraturis iniuncti operis forma monstratur. Paternas igitur regulas, & decreta Sanctissimis definita Concilijs ab omnibus seruanda mandamus: in ijs vigilantiam tuam, in his curam, & fraternæ monita exhortationis ostendimus, his eâ (quantum dignum est) reuerentiâ custoditis, nullum relinquit culpæ locum Sanctæ obseruationis obstaculum, ibi fas nefásque præscriptum est, ibi prohibitum ad quod nullus audeat aspirare, ibi concessum quod debeat mens Deo placitura præsumere. Quoties vniuersitas poscit religionis causâ Concilium, te cuncti Fratres euocante conueniant, & si quos eorum specialis negotij pulsat intentio, iurgia inter eos oborta compesce, discussâ sacrâ lege determinando certamina. Quicquid autem illic pro fide, & veritate constitutum, vel prouidâ dispensatione perueniat, eo fit vt & noster animus officij charitate dati, & tuus securitate perfruatur accepti. Deus te incolumem custodiat Frater Charissime.

Susceptâ hâc Epistolâ (inquit D. Spondanus ex Hincmaro) Remigius nihil cunctatus synodum Gallicanorum Episcoporum Remis collegit ad res Ecclesiasticas optimè dirigendas, & fidem Catholicam ab Hæreticorum contagione liberandam: in qua inter alia contigisse fertur, vt cùm Arianus quidam Episcopus acerrimus disputator diale-

X 3 cticis

*S. REMIG.*
*XVI.ARCH.*
*An.508.*

*Hincmarus*
*Hormisdæ*
*Epistolam quâ vices Remigio delegat, cum synodo non conjungit, vt vult Spondanus, nec verisimile est quòd Remis conuocata fuerit, cùm ad eam ab Episcopis vocatus dicatur Remigius, nec venerit nisi rogatus.*

cticis suis conclusionibus Catholicis omnibus insultaret, nimiáque inflatus arrogantiâ aduenienti ad locum synodi Sancto Remigio cum alijs nollet assurgere, solâ transeuntis vmbrâ mutus illico redditus fuerit, nec vltra valuerit quicquam eloqui, donec ad pedes Sancti Præsulis demisso supercilio procidens, nutibus veniam petijt, tunc enim iussus ab eo doctrinam Ecclesiæ de Trinitatis mysterio, & Christi Incarnatione confiteri, eam protinus facti pœnitens, palam, & liberè professus est.

*Ex Baronio*
*Doctiss. Spondanus.*

Prædictam synodum quidam scribunt conuocatam fuisse ann. 517. quòd Frodoardus eam Hormisdæ Pontificis ad Remigium literis, ac Clodouei morti subtexit, quam contigisse putant ann. 514. at synodi tempus Frodoardum latuisse legentibus patet, cùm de ea ex abrupto loquatur. Nec crediderim post publicam Trinitatis professionem à Clodoueo factam, & à Lanthilde ejuratam hæresim, ausum fuisse aliquem sub ditione Regis, qui tam acriter Arianos exagitabat, Arianismum palam & publicè profiteri. Extat quidem Collatio Episcoporum regni Burgundici ann. 499. habita aduersùs Arianos coram Rege Gundobaldo, quæ sic incipit, *Prouidente Domino Ecclesiæ suæ, & inspirante pro salute totius plebis cor Domini Remigij, qui vbique altaria destruebat Idolorum, & veram fidem potenter cum multitudine Signorum amplificabat &c.* quo illustrius nihil dici potuit ad Remigij commendationem, at quæ Signa hæc? dubio procul, quæ in Regis Baptismo contigerant: saltem patet ex his optimè vsum Clodouei conuersione Remigium, quò Arianismi reliquias radicitùs extirparet, cuius exemplum imitati Regni Burgundici Præsules (qui synodo Lugduni coactâ bellum Arianis indixerant) tantis hos constrinxerunt rationibus, vt ijs oppressi nihil præter conuitia responderint. Arbitror igitur longè ante Clodouei obitum, imò & ante Baptisma conuocatam synodum de qua hîc agit Frodoard. cap. 16. haud modicum tamen in Belgica Arianorum numerum latuisse ex eo procliue est opinari, quòd in ipsam non modò Regiam occultè irrepere, sed Clodouei Regis Sororem ad se rapere potuerint. At B. Remigius, qui excubias peruigil agebat, hanc sensim belluam suâ auctoritate succidit.

*Sic in prolixiori testamento aut B. R. Virtus diuina per me peccatorem plurima signa operari fecit in salutem gentis Francorum. Idē dicit prædicta Hormisdæ Epistola.*

*Chronologiæ*

# HISTORIÆ. LIB. II.

*S. REMIG. XVI. ARCH. An. 501. 504. 507.*

*Chronologiæ varietas circa Vicariatum Beato Remigio à S. Sede Apostolica concessum.*

## CAPUT IX.

Quæ de Aurelianensi synodo, Vogladensi pugna, Corona aurea Beato Petro missa, Vicariatu Sancti Remigij, & Clodouei excessu Capite præcedenti obiter diximus, præposterè ab Hincmaro relata sunt, & nullo temporis seruato ordine, vt ipse Lectorem monet in Prologo ad vitam Sancti Remigij: vnde si appositè ad veterem, & diu tritam Chronologiam reducantur, nihil prorsus difficultatis ingerunt; patet enim ex ea ante pugnam Gothicam synodum fuisse celebratam, tum missos ab Imperatore codicillos, ac Clodoueum fato functum anno. 514. sub Hormisda Pontifice, qui eodem anno, & ante obitum Clodouei, Remigio vices suas per regnum prædicti Regis peculiari bullâ concessit.

*Baronius vult Clodoueum, conciliato prius Numine, ac Gothicum synodo praponit, refertque Hormisdam inysse Pontificatum an. 508. Clodoueum verò obysse 514.*

Quotquot Sigeberti calculo subscribunt huius sunt opinionis, & Neotericis licet contradicentibus, nuper vir reconditioris doctrinæ firmissimis rationum momentis ostendit prædictam Chronologiam optimè cohærere, quam Hincmarus, & Sigebertus secuti sunt. Quòd si à vero forsan vterque deflectat, excusabilis lapsus est (vt ipse ait) qui ex tam caliginoso nascitur principio: ab obitu enim Clodouei pendet res ista, obitus autem Clodouei inuestigatio, cùm ex consulatu Felicis, & Concilio Aurelianensi, tum ex Sancti Martini excessu: at de his tam variæ, & pugnantes sunt sententiæ, vt nihil certi apud Auctores elici possit, cùm Felicis consulatum, sub quo Aurelianensis Synodus, alij assignent anno 509. 511. 512. & 514. De Sancti verò Martini excessu (à quo Clôdouei fata pendent) non minor, quoad temporis diuersitatem, dissentio est, ita vt nescias certissimè quo anno Clodoueus supremum diem obierit, nisi veteres sequaris, qui eum omnibus ritè expensis ad annum 514. referunt, quo nouus Rex Christianissimus Clodoueus, compertâ Hormisdæ Pontificis electione, obseruantiæ suæ, & obsequij tesseram erga eum testaturus, suggerente Sancto Remigio, **Coronam** auream cum gemmis B. Petro direxit, vt eo facto patenter ostenderet se Deo non fore ingratum vt loquitur Aimoinus, dum ad ipsius Apostoli sepulchrum insigne mitteret Regium, Coronam, insigne Regium hic auctor appellans lib. 1. c. 24. quæ Regnum ab Hincmaro, Frodoardo, & Sigeberto vocatur,

*R. P. Rob. Quatremaire O. B. lib. pro Sanmarden si priuil. aduers. Ioa. de Launoy.*

*Si B. Martinus excessit an. 402. & ab hoc anno ad obitum Clodouei fluxerint 112. vt Greg. Turon. videtur indicare, sequit. Clod. obysse an. 514.*

hanc

háncque gemmis diſtinctam, & ornatam quidam putant eſſe, quam ab Anaſtaſio receperat, quod Frodoardus non dicit.

Quâ etiam occaſione idem Remigius literis ſuis Hormiſdam ſalutans Pontificem, ſuſcepit pariter ab eò Epiſtolam ſuperiùs à nobis relatam, quâ ob præclaram meritorum excellentiam, & nobiliſſimæ ſedis prærogatiuam, factus eſt in regno Francorum Vicarius Romani Pontificis, ſaluis tamen priuilegijs, quæ Metropolitanis decreuiſſet antiquitas.

Eſt tamen recèns in lucem edita Chronologia à R. P. Sirmondo, quæ veterem, Sigeberti præſertim, explodit, quòd omnia triennij ferè ſpatio poſteriùs narrare ſoleat, quàm geſta referantur, vnde Clodouei Baptiſmum remittit ad annum 496. vel 497. Obitum verò 511. vel 512. putátque cum ſequentium Galliæ Conciliorum Epochis aptiùs cohærere. Ob id Hormiſdæ Epiſtolam ad Remigium, non ex eo tantùm quòd ſimilis legatur ab eódem Pontifice miſſa ad Joannem Tarraconenſem Epiſcopum ( id enim nihil officere probat Doctiſſ. Spondanus in Annalibus ad annum 417.) ſed quòd ſuæ vim inferat Chronologiæ, tomis Conciliorum intexere ( vt reor ) recuſauit. Quæ ſi vera eſt, multi enim eam hac tempaſtate ( ambabus vt dicitur vlnis ) amplectuntur, fuítque Auctoris Chronici Sueſſionenſis à R. P. Dacherio nuper editi, & Alberici. Dicendum erit mendum irrepſiſſe apud Hincmarum, nè grauiori cum Neotericis cenſurâ vtar, qui dubio admodum nixi fundamento, Hincmarum velut falſarium ſugillant; Et pro Hormiſda, Anaſtaſium forſan, cuius extat ad Clodoueum Epiſtola ſtatim ac Chriſto nomen dederat, reponendum; Cùm Vicariatu Remigium à Sancta Sede Apoſtolica donatum fuiſſe nullus inficiàs eat, ſed de eo præter Fulconem apud Frodoardum, Baldericus, Rupertus Abbas, Surius, Eminentiſſ. Cardinalis Baronius, Binius, & plures alij meminerint,

Nec veriſimile eſt Remigium poſt tot annos Sanctam Sedem certiorem reddidiſſe de conuerſione Francorum, aut tantopere ſummum Pontificem cunctatum ad Vicariam præfecturam Remigio delegandam, eo præſertim tempore, quo ſenectus eius grauioribus morbis premebatur. Imò ſtatim ac felix lætúmque hoc nuntium Sedi Apoſtolicæ innotuit, haud dubiè Remigio aucta poteſtas, nouíſque priuilegijs ampliata, quæ viris Apoſtolicis à ſummis Pontificibus concedi ſolent.

Quis verò auctæ auctoritatis fructus fuerit, & in quo præter Concilij conuocationem, de quo ſupra, Remigij ſtudium præſertim eluxerit, docet Hincmarus Epiſtolâ infra citandâ, clariùs autem ex certâ traditione Bucherius in Hiſtorica Chronologia ad annum 497. *Sanctus Remigius Remenſis Archiepiſcopus* (inquit) *Epiſcopos, & fidem Catholicam in Belgio reſtituit, Agricolaum Tungrenſibus dat Epiſcopum, qui reſidet Trajecti, Atrebatenſibus & Cameracenſibus Vedaſtum, Tornacenſibus*

# HISTORIÆ. Lib. II.

*bus Theodorum, Morinensibus Antimundum, forte etiam Coloniensibus Aquilinum*: horum pleráque licèt Metropolitani ius & auctoritatem non excedant, ea tamen quæ extra Prouinciam Remensem à Remigio constituta sunt, majorem, & à sublimiori Solio haustam potestatem requirere, nemo est qui dubitet, ea autem est quam è Vicariatu manasse supponimus.

S. REMIG.
XVI. ARCH.
An. 507.

*Episcopatus à Remigio per Belgium restituti.*

## CAPUT X.

VT à Cameraco ordiar, cuius, vt natalis, sic & receptæ in eo fidei exordium adhuc latet ( dubium enim est, an ea vrbs euersa fuerit à Vandalis, quod silet Hieronymus, vel ab Hunnis, licèt Bauaco Sedem Episcopalem illuc primis sæculis translatam pro certo tradat Bucherius in Belgio Romano ) Annales referunt sub initium nascentis Monarchiæ Francorum, Sede regiâ à Clodione, & Cathedrali fastigio Vrbem hanc honoratam fuisse à Remigio; Ecclesiámque eius cum Atrebatensi non tam vnitam, quàm vnius curæ relictam. De ea Baldericus in historia Cameracensi lib. 1. cap. 7. hæc habet, *Fauente Rege Clodoueo, Sanctus Remigius ordinatum Vedastum Cameraco, & Atrebato dirigit vrbibus*, liquet ergo, quòd Rex ille quantò impensiùs paternas sedes amauerat, tantò probatioris vitæ Pastorem eò loci delegauerat.

His consonant ea quæ in MS codice continentur, cui titulus est Gesta Sancti Vedasti. *Rex B. Vedastum Sancto Remigio commendauit qui* ( Vedastus ) *ibi* ( Remis ) *moratus, vita meritis, & virtutum claruit exemplis... quem Diuinâ disponente gratiâ ordinauit Episcopum, & ad prædicandum verbum Atrebatensem eum direxit ad vrbem.... fuit autem consilij, vt prædicta vrbi Pontificem faceret, quò Francorum gentem ad Baptismi gratiam paulatim docendo, ac de industria monendo attrahere curaret.* Et sic verum est quòd omnis Francorum populus ad fidem Remigij operâ, vel discipulorum peruenerit, vt ait Frodoardus lib. 1. cap. 13. Cúmque à Barbaris prædictæ Ecclesiæ direptæ, ac opibus seu reditibus spoliatæ fuissent, has earum possessionum participes fecit B. Remigius, quas à Clodoueo acceperat ex prolixiori testamento, vbi hæc verba habentur, *Ecclesiæ Atrebatensi, cui Domino annuente Vedastum fratrem meum Carissimum Episcopum consecraui, ex dono Clodouei Principis villas duas in alimonijs Clericorum deputaui, Orcos videlicet, & Sabucetum, quibus etiam pro memoria nominis mei solidos vinginti dari jubeo.*

*Ex vita MS S. Vedasti quæ est apud S. Remig.*

Quo verò anno prædicti Episcopatus in integrum restituti à Remigio,

S. REMIG. migio, ac Vedastus consecratus non eadem sententia apud Auctores,
XVI. ARCH. quos hic pluribus discutere non vacat: Arbitratur Bucherius anno 497.
An. 507. Vedastum insulas Atrebatenses induisse, vel an. 501. vt scribit in
Belgio Romano cap. 3. lib. 3. sed cum Cameraco æquè, ac Atrebato
Remigius Vedastum destinasse dicatur Episcopum, cur ipse Vedastus Atrebati potiùs jacente tum vrbe, quàm Cameraci regiâ, ac florente, in qua olim Chlodio, & tum Ragnacharius sedem habebat,
fixit domicilium? nimirum quia Cameraci Rex Ragnacharius etiam
post Clodouei Baptismum pristinæ cum suis idololatriæ contumaciùs
inhæreret, vt testatur Frodoardus lib. 1. cap. 13. tradit autem Thuanus codex sedem postmodum à Gaugerico translatam fuisse Cameracum, quamuis alij asserant id factum à Vedulfo an. 548. quod Atrebatium vrbs minùs exculta esset, & veteribus adhuc ruinis deformata, quò verò præscinderet ansam opinandi hoc facto Atrebatensem Ecclesiam Cameracensi sese subijcere, Archidiaconos duos reliquit, qui causas Diœceseos dirimerent, mansítque Atrebensis Ecclesia velut sub ipsius Cameracensis jugo vsque ad Vrbani secundi
Pontificatum, qui eam insigni diplomate à Cameraco auulsit an. 1092.
vt dicetur postea.

Turnaco, cuius, velut Neruiorum Metropolis, & non Bauaci
meminit S. Hieronymus, è ruinis excitato, Cathedralis pariter eius
Ecclesia in pristinum statum potiùs restituta est à Sancto Remigio,
quàm de nouo instituta, cùm ferè omnes Scriptores conueniant proprium habuisse Episcopum ante Vandalicam irruptionem, datúsque
est ei Theodorus, qui post tres annos præfecturæ obijt, anno 500.
Meyerus nescio quo nixus auctore scribit Eleutherium Theodoro successisse an. 484. at veriùs est sedem Turnacensem, ob Barbarorum
eluuiones, multos annos vacasse, & tandem restitutam, recepissèque
post Theodorum, B. Eleutherium S. Remigij discipulum anno, vt
habet Bucherius, 502. Eo adhuc superstite, sed annis graui, aut forsan ægroto, Medardum, qui Veromandensis erat Episcopus ab anno
517. Turnacensem pariter sedem rexisse fama est, probatúrque ex
Fortunato. Sed quo anno cœperit, incertum; certius vtrûmque Ouile curæ suæ relictum post Eleutherij fata, ab anno 546. vt acutè supputat Bucherius, rexissèque per 15. annos vsque ad obitum.

Veromandensi vrbe destructâ à Vandalis, Episcopi extorres patriâ, & nulli loco aut certæ sedi affixi manserunt vsque ad Sanctum
Medardum, qui Nouiomum eam transtulit ac stabiliuit consensu Regis, & Remensis Archiepiscopi, Fortunati verba sunt. *Beatus Medardus veritus iterandam Paganorum irruptionem Nouiomum Sedem
constituit Episcopalem, Metropolitani, & Comprouincialium eiusdem auctoritate, Regis & Procerum assensu &c.* Chronica in hoc quod ad Sedis
translationem spectat, consentiunt, de tempore pugnant inter sese.
Sigebertus affirmare nihil audet, tantúmque refert Medardum claruisse

anno

## HISTORIÆ. LIB. II.

anno 535. consecratúmque eódem die, quo Beatus Gildardus, sed non eodem anno: Meyerus ei astipulatur, prædictámque translationem ponit anno 535. *Medardus* (inquit) *Veromanduorum Episcopus ab Augusta Veromanduorum, Vandalorum, Hunnorúmque armis euersâ, Sedem Episcopalem Nouiomagum transtulit, illíque Turnacum post Eleutherij obitum subjecit.* At obstat, quòd Remigij tempore, qui tunc objerat, prædicta translatio fieri non potuerit.

S. REMIG. XVI ARCH. An.511.

De causa, vel tempore conjunctionis duarum Ecclesiarum, vt dixi, certò non constat ex Medardi vita sub Rege Theodeberto Clotharij pronepote, vt creditur, concinnata: imò, quod mirum est, ante Aicharium, cui Eligius successit, nullus Veromanduensis simul, ac Turnacensis Episcopi titulo insignitus reperitur, quamuis Medardum vtrámque Ecclesiam rexisse vulgaris traditio sit.

Qui nexas inter sese sub Medardo prædictas Ecclesias scribunt, vel Turnacensem Nouiomensi subjectam, non satis Fortunati verba expendisse mihi videntur qui sic habet; *Vtrúmque Ouile Pastor egregius (Medardus) consilio, & auctoritate Comprouincialium Episcoporum tempore Hormisdæ Papæ, sub Sancto Remigio tunc temporis Remorum Archiepiscopo, assensu Regis, & Curialium, totiúsque plebis acclamatione tandem suscepit, & vt vtrique Ecclesiæ Cathedralis semper honos maneret benignè concessit.* Si vtriusque Ecclesiæ mansit honos, ergo permixta iura non sunt, nec vnius alteri attributa, sed singularum cura vni Pastori commissa est, vt ex bullis Innocentij, & Eugenij infra patebit: vnde Episcopi se Turnac. & Nouiomensis Rectores mixtim vocitabant, conjunctione disiunctiua, vt loquitur Cousinus, ac duplici pedo Pastorali insignia, ob sibi æqualiter subjectas Ecclesias, exornarunt.

*Si tempore Hormisdæ & Remigij, Medardus vtrúmque Ouile suscepit, ergo Eleutherio adhuc superstite qui obyt an. 546.*

Morinis eadem quoque tempestate fertur Antimundum Gallum à Remigio datum Episcopum à quo in Flandris, & Mempisco prædicatum Euangelium, licèt apud eos priùs Beatissimi Fuscianus, & Victorinus Euangelij lucem detulerint, vt supra dixi. Quis hic Antimundus fuerit, & quali vir præditus indole, tradit Matthæus Desprès in Morinensi Chronico, vbi ait, *Haud procul Remis degisse pauperem in tugurio, literarum non omninò rudem, sed modestum. Quem pietas à forensibus ad munus sacerdotale, dein ad segregem vitam auocarat.* Hunc Remigij suasione, vt eloquio valebat, permotum tandem, Anachoreticâ vitâ relictâ Morinos excolendos suscepisse, vt deinceps cum mundo (quem fugerat) acriùs manus consereret, & ob id Antimundum vocatum puto, quæ nomenclatura apud posteros vnicè vsurpata natiuum nomen extinxit: Annum electionis Meyerus assignat 331. at Bucherius eo accuratior vult electum statim post Clodouei Baptisma 497.

*Alij Antimundū vocant Gallicè S. Aumont.*

*Hic Antimundus forsan B. Bertaldi comes fuit de quo cap. 16.*

Dubium est an Antimundus, qui Teruannæ præfectus est, simul etiam Bononiæ curam susceperit, hæcque antiquitùs sedes fuerit Episcopa-

S. REMIG.
XVI. ARCH.
An. 511.

*Vide qua di-
ximus supra
cap. 22. l. 1.*

lis : quidam scribunt à Dionysio Papa Diœceses, Parochiásque latiùs definitas fuisse, & quosdam populos majores, quales olim Morini, in duas Diœceses, seu Ciuitates, vt vocat Cæsar, fuisse discretos, scilicet in Teruannensem, & Bononiensem, ita vt horum Ciuitates seu Tractus duorum Episcoporum essent capaces, cùm scilicet Morini à Pontico seu Albauilla, vsque ad Antuerpos extenderentur : vnde cùm vtraque etiam Ciuitas in Notitia Imperij inter Metropoli Remorum subjectas computetur, Hincmarus veritus non est asserere Epistolâ ad Episcopos Remensis Prouinciæ cap. 18. Durocortum antiquam Metropolim sub se 12. Ciuitates olim habuisse, & in opusc. vt probet Nepotem suum Laudun. Episcopum iudicio suæ Prouinciæ stare debere, Pelagij Pontificis auctoritate vtitur completam Prouinciam definientis eam esse, quæ duodecim sedibus constaret, conclúditque quod in quæstionem vertimus, *Nam Atrebatis, Viromanduis, & Bononia, ex cuius territorio es natiuus, antiquiores sedes cum Episcopis proprijs in Remorum Prouincia extiterunt, quàm Castrum montis Lauduni inter sedes computaretur, in quo es ordinatus Episcopus, quæ à longo tempore certis euentuum causis accidentibus, alijs Ciuitatibus subjecta, suum priuilegium perdiderunt.*

Quod hic prædictas vrbes indistinctè, alijs tunc subjectas tradit, suáque prærogatiuâ cecidisse, de Bononia pariter intelligi potest, eo vel maximè quòd Beatus Audomarus in vita Sancti Eustachij apud Surium c. 3. Teruannæ, & Bononiæ Episcopus nominetur, & in vita S. Agili Resbacensis Abbatis, Audomarus Bononiæ & Haronoënsis oppidi Pastor laudabilis. Sic probabiliter dici potest prædictas Ecclesias vni Episcopo regendas B. Remigium commisisse. At Episcopo apud Teruannam vt plurimùm degente, Bononiæ decor sensim effluxit, nec vsquam quicquid Romæ vel Remis egerit, etiam grauiter conquesta per deputatos post Milonis obitum, proprium Episcopum nancisci potuit.

Hæc pro Bononiensis Sedis vetustate non vsque adeò firma sunt, quin nutare videantur, præsertim cùm Hincmari opinio solâ Imperiali Notitiâ fulciatur : at certum non est omnes in ea recensitas Ciuitates, & Metropoli Ciuili subjectas Episcopali prærogatiuâ fulsisse, patet hoc in Castello Ebrodunensi sub Bisuntina Metropoli, quod antiquitus Episcopalis Sedes non fuit. Deinde Bononienses Episcopi, qui Remigij ætatem præcesserunt, nullibi leguntur, nec horum quispiam adhuc meminit, quod magni momenti est ad priorem sententiam infringendam.

Inter Galliæ Belgicæ Ciuitates, quæ Metropoli Remensi subsunt, Laudunense Castrum Remigio sese præsertim obstrictum tenet, & fatetur, quòd cùm in Paganismo Municipij tantùm nomen haberet, in Episcopale solium ab eo erectum est, cui Genebaudum præfecit, eíque veluti in subsellio Remensis Metropolis considenti Parochiam

à pro-

à propria Diœcesi auulsam attribuit. Hincmarus refert Remigium id auctoritate Concilij Africani fecisse, cùm enim vetitum esset apud Græcos, Latinósque ne in Vicis, & Castellis, sed in Vrbibus Episcopi constituerentur ex Anacleti Epistola, Concilio Laod. cap. 37. & Toletano 12. & Africani Canones nihil tam speciale de populo frequentiore aut minùs frequenti cauissent, vt patet ex Carthag. 2. cap. 5. Beatus Remigius horum auctoritate vsus dicitur, quòd Laudun. Castrum tunc inter Ciuitates non computaretur, vnde Laudunensis Sedes sic nobilitata à Remigio, & suis opibus ditata, propter hoc, Episcopo vacans, erat specialiter in prouidentia Archiepiscopi Remensis ex Frodoardo lib. 3. cap. 28.

*S. REMIG. XVI ARCH. An. 511.*

Erectionis tempus assignat Sigebertus anno æræ Christianæ 500. *Collatis* (inquit) *à Clodoueo Rege multis prædijs Ecclesiæ Remensi, Remigius ibi Sedem Episcopalem esse constituit...* huiúsque ob id videtur esse opinionis quòd Clodoueum Baptizatum putet an. 499. at si anno 496. vt Recentiores volunt, Baptismus contigit, prædicta erectio statuenda est anno sequenti: neque enim lapsus Genebaudi primi Laudun. Episcopi ad Pontificatum Hormisdæ contrahi potest, quicquid dicat Hincmarus in opusc. cap. 16. B. Remigium iam in senecta sua Genebaudum ordinasse Episcopum, alioquin eo in custodiam retruso, Remigius ob ingrauescentes annos, diebus Dominicis interpolatis Laudunum ad sacrum perficiendum mysterium pergere, facilè non potuisset.

Porrò Genebaudus post ingenuam exomologesim, septennali pœnitentiâ peccati labe detersâ, inter Sanctos delatus est, Festúmque eius Lauduni celebratur 5. Septembris, habétque sacellum de nomine eius extructum Laudun. Ecclesia studio Guilelmi Episcopi cum annuis reditibus. At Remigius non Belgicæ tantùm, sed & Germaniæ inferioris Prouinciæ Episcopatuum curam habuit, si Meyero fides integra debetur, qui ex Catalogo Leodiensium Episcoporum hæc narrat ad annum 512. *Agricolaus filius Custodis Flandriæ de sententia Diui Remigij factus Episcopus Tungrorum, qui vndeuiginti per annos eam administrauit Ecclesiam:* Huic adstipulantur Anton. Sanderus, & Bucherius, qui Agricolaum huic Ecclesiæ suffectum putant, Sanderus ann. 496. Bucherius 497. quòd vero similius est: Addit hic Remigium, quòd Papali fulgeret auctoritate per Galliam, ob studium in Clodouei conuersione impensum, Coloniensi Ecclesiæ suffecisse Aquilinum, postquàm sedes vacasset post obitum Eruegisti.

*Obijt Genebaudus in pace Sanctis Dei cōmuneratus Frod. lib. 1. c. 14.*

De his Episcopatibus à Francorum Apostolo in integrum restitutis, Hincmarus sic loquitur Epistolâ ad Episcopos Prouinciæ Remensis c. 18. *Demum in Regno Clodouei nuper cum integra gente ad fidem conuersi per Sanctam prædicationem Sancti Remigij B. Hormisda vices suas per Belgicas, & quasdam Prouincias* (Remigio) *commisit, vt Dei Ecclesias, quas Franci adhuc Pagani deuastauerant, ad debitum statum reduceret, manente*

*Anastasium dicere debuit, vide supra.*

<small>S. REMIG. XVI. ARCH. An. 511.</small>

manente priuilegio *Arelatensis Ecclesiæ in sibi antiquitus delegatis Ecclesijs*, hoc fulti priuilegio Rem. Archiepiscopi Remigij successores, Primatus sibi nomen per Belgium jure sibi vendicarunt, vt alibi diximus ex Brouuerio in Notis ad Fortunatum lib. 3.

Huic autem operi, id est restituendis Episcopatibus per Belgium, & inferiorem Germaniam sedulò incumbebat Remigius, cùm Aurelijs synodus conuocatur Felice, & Secundino Consul. ( anno, vt multis placet ) 511. cui licèt Lupus Suessionensis, Hedibyus Ambianorum, Sophronius Veromanduorum, & Libanius Siluanectum, quatuor Remensis Ecclesiæ suffraganei, interfuerint, reliqui tamen eiusdem Prouinciæ, & alij superioris & inferioris Germaniæ, proprijs Ouibus intenti, cum Remigio Parochias peragrabant, quod ex prædictis manifestè conuincitur, alioquin vix concipias cur dignissimus Antistes Regis amicus, à Consilijs, & Francorum Apostolus, cum Vedasto Atrebatensi sese tam eximio tot Præsulum conuentui præsentem non exhibuerit. Haud ita post, Clodoueus Rex ex hac vita migrauit <small>Frodoard. lib. 1. c. 15.</small> (quòd Spiritu reuelante B. Remigius eodem momento cognouit) ipsæque Christianissimorum Regum primitiæ Deo oblatæ in cœlum sunt receptæ: sepultus est Parisijs in Basilica S. Petri, quam ipse Rex, hortante Chrothilde Reginâ, erexerat. Inditúmque eius sepulchro egregium Epitaphium versibus, vt creditur, ab Remigio elaboratum, quod hîc ex Aimoino adnectimus.

> *Diues opum, virtute potens, clarúsque triumpho,*
> *Condidit hanc Sedem Rex Clodoueus, & idem*
> *Patricius magno sublimis fulsit honore.*
> *Plenus amore Dei, contempsit credere mille*
> *Numina, quæ varijs horrent portenta figuris:*
> *Mox purgatus aquis, & Christi fonte renatus,*
> *Fragrantem gessit, infuso Chrismate crinem,*
> *Exemplúmque dedit, sequitur quod plurima turba*
> *Gentilis populi, spretóque errore suorum,*
> *Ductorem est cultura Deum, verúmque Parentem:*
> *His felix meritis superauit gesta priorum,*
> *Semper consilio, castus, bellísque timendus*
> *Hortatu Dux ipse bonus, ac pectore fortis,*
> *Instructas acies firmauit in agmine primus.*

Beatissima quoque Genouefa Parisiorum Patrona, quam Remigius Sanctissimam Christi Virginem, Carissimam Filiam, & Sororem vocat, octogenaria decessit 3. nonas Januarias, sepulta in Basilica Apostolorum, quam ob id postea, Ecclesiam S. Petri, & Sanctæ Genouefæ conjunctim vocauerunt: hanc à Germano Autisiodorensi in Britanniam proficiscente consecratam tradit Aimoinus; habuit à nongentis & ampliùs annis Basilicam sibi dicatam in prospectu Vrbis

Remorum

Remorum ex Landonis teſtamento apud Frodoard. lib. 2. cap. 6. cuius dedicationis Feſtum notatur in Pontificali MS Tilpini Archiep. apud Remigianos.

*An Remorum Ciuitas Caput Regni Theodorici. B. Remigius ſenium ſibi exprobrantes, & inuaſorem Moſomagenſis Eccleſiæ literis increpat, eiuſdem obitus, & ſepultura.*

## CAPUT XI.

Defuncto Clodoueo, Filij eius Regnum Francicum æqua lance inter ſe partiti ſunt: Childebertus Sedem conſtituit Pariſijs, Clotarius Sueſſione, Clodomiris Aurelijs, Remis Theodoricus ex veteri Hiſtoria, at huic Aimoinus refragari videtur, quoad regalem Theodorici Sedem. *Theodoricus* (inquit) *Sedem Regni ſortitus eſt Metis.* Item de Sigiberto I. Clotarij filio, *Sigiberto Mediomatricum, quæ & Metis, ceſſit. Theodorici patrui quondam ſubjecta dominatui, vrbs famoſa, & inclyta.* Vt hic Auctor de vrbibus Regnorum Capitibus Chariberti, Guntranni, & Chilperici loquens amplius nihil habet, quàm Chariberto v. g. Pariſiorum vrbs prouenit, ſic præcedentibus verbis, cùm Mediomatricum Sigiberto obueniſſe refert, ſatis indicat eam Regni Auſtraſiæ caput extitiſſe. At Gregorius Turonenſis eo antiquior, licèt de Theodorici Sede taceat, de Sigiberto tamen verba faciens conceptis verbis affirmat. *Sigibertum, obtento Theodorici regno, ſedem habuiſſe Remenſem,* cui concinunt Rorico, Iſidorus, Ado, Chronicon à Maquardo Freherio editum, Chronicon Sueſſionenſe, & Albericus. Crediderim promiſcuè Auſtraſios Principes Remis, & Metis primariam habuiſſe Sedem, quod Regino haud obſcurè innuit lib. 1. *Sigibertus Regnum Theodorici conſecutus eſt, Remiſque, ſiue Metis Sedem ſtatuit.* Hinc fit vt Regnum non Remenſe, aut Metenſe, ſed Auſtraſiæ ſæpius nominetur, non ab Auſtraſio Landonis filio Tungrenſi duce (vt quidam fabulantur) ſed quòd ea pars Galliæ, cæteris versùs Solis ortum & meridiem inclinatior, Orientalis Francia dicta eſt, Germanis Oſterich, Latinis vero Auſtria, vel Auſtraſia.

Agathias Græcus ſcriptor horum quatuor Regum virtutes, in alios æquitatem, inter ſeſe concordiam (ſaltem prioribus poſt Clodouei obitum annis) in rebus bellicis fortitudinem, ac in fide Chriſtiana præſtantiam ſtatim in ipſo ſcriptionis ſuæ limine deſcribit, quæ ſi ex ſæpius impertitis à S. Remigio benedictionibus promanaſſe quis dicat, haud multùm à vero aberrabit, cùm ipſemet multoties ſe generi Regio bene precatum fuiſſe aſſerat in prolixiori ſuo teſtamento; Ex quo patet

tet Filios etiam omnes Baptizatos ab eodem Remigio, qui Patrem in fide tanto studio educauerat. Fertur quoque eumdem ab illis obtinuisse, vt quoties (Remorum Vrbem) aut ingrederentur, aut præterirent, Captiui omnes è vinculis, & carceribus dimitterentur, quod quidem à posteris pariter Regibus fuit obseruatum. Insuper & B. Leonardo eiusdem Remigij discipulo ab iisdem concessum, vt quos vellet ipse liberaret.

Quod spectat ad Theodoricum, qui Remis Sedem tenuit, ex Gestis Sancti Theodorici Abbatis habemus ad Beatum Remigium direxisse, vt ægrotanti filiæ manum imponeret, quod Præsul, valetudine corporis correptus explere non valens, B. Theodorico, quem piè, castéque educauerat, id negotij commisit, qui Magistri iussa non expleuit modò, sed cùm defunctam reperisset, Oleo Sancto sensuum vijs pollice illinitis ad vitam restituit. Vnde Rex ingenti lætitiâ ob præstitam filiæ sanitatem exhilaratus, non tantùm discipulum, sed & Magistrum cupiens munificentiæ dono sublimare, villam quam dicunt Vanderam sitam super fluuium Maternam Patri Remigio, Gaugiacum verò in pago Remensi præcepto suæ auctoritatis Sancto contulit Theodorico, quod quidem præceptum adhuc extitisse in Archiuo Remensi Hincmari tempore, ac Carolo Caluo ostensum tradit Frodoardus lib. 1. cap. 24. Gaugiacum, cuius hîc meminit idem Auctor, villam putat esse Albericus, seu pagum, vbi modò est Abbatia Sancti Theodorici.

Ceterùm vt senectus etiam venerabilis Junioribus contemptui esse solet, sic B. Remigius, quòd Claudio cuidam Presbytero sacrilegij culpam haud multùm grauem, & veniâ dignam remisisset, à quibusdam Episcopis secretò indignè lacessitur, qui seniles annos audaciùs ei exprobrant, quibus hâc Epistolâ respondet, quâ videre est iam 53. annos compleuisse in Episcopatu.

*Dominis verè Sanctis, & merito Beatissimis in Christo Fratribus Heraclio, Leoni, & Theodosio. Remigius Episcopus.*

*Heraclius is est qui 15. inter Parisienses Episcopos numeratur, Theodosius, Autisiodo, ex Aurel. synodo.*

P*Aulus Apostolus in Epistola sua loquitur, Charitas nunquam excidit; qua vt tales ad me literas mitteretis in vestris sensibus non resedit. Nam pro Claudio fudi simplicem precem, quem vos non Presbyterum scribitis, vt in me indignationem vestri pectoris proderetis. Illum non abnego grauiter deliquisse, sed vos ætati meæ, etsi non meritis, decuerat detulisse, quod propitiâ Diuinitate sit dictum: Quinquaginta & tribus annis Episcopali sedi præsideo, & me appellauit tam procaciter nemo. Dicitis, meliùs vos fuisse non natos, hoc mihi fuerat opportunum, nè audissem transgressoris opprobrium. Ego Claudium Presbyterum feci, non corruptus præmio, sed præcellentissimi Regis testimonio, qui erat non solùm prædicator fidei Catholicæ, sed defensor. Scribitis Canonicum non fuisse quod iussit. Summo fungimini Sacerdotio? Regionum Præsul, Custos patriæ, Gentium trium-*

*triumphator injunxit, tanto in me prorupistis felle commoti; vt nec Episcopatus vestri detuleritis Auctori. Rogaui vt Claudius sacrilegij perpetrator pœnitentia seruaretur. Legimus námque, legimus quòd excidium cælesti denunciatione prædictum euaserunt per pœnitentiam Niniuitæ, quòd Joannes præcursor Domini in Euangelio prædicauit, vt regno appropinquante cœlorum, eam populi agerent, ne perirent; in Apocalypsi Angelis Ecclesiarum scribitur ex præcepto Domini Saluatoris, vt quæ dignè minus egerant, pœnitentiæ satisfactione corrigerent. De iracunda dictione sanctitatis vestræ intelligo, quòd lapsum non misereamini post ruinam, sed magis velle vos video nè conuertatur & viuat, cùm Dominus dixerit:* Nolo mortem morientis sed vt conuertatur, & viuat. *Hoc nos expedit sequi, hanc Dei voluntatem non prætermittere, sed tenere: quia nos posuit non ad iracundiam, sed ad hominum curam, & seruire pietati potiùs quàm furori. Ponitis in Epistola vestra quòd Celsus quidam, qui Claudio credidit, quò abductus, & vtrum viuat, aut sit mortuus ignoratis. Atque huius inquisitorem me esse præcipitis, & nescitis in sæculo, aut si apud inferos sit quærendus, & res suas à me vultis restitui, quas sublatas fuisse non noui, impossibilia præcipitis, vt impia peragatis. Annorum numero me esse scribitis Jubileum, irridentes potiùs, quàm pro dilectione gaudentes, cui vinculo Caritatis inrupto inciuiliter à vobis nec parcitur, nec desertur.*

S. REMIG.
XVI. ARCH.
*An.*523.

Jubilei nomen ob ætatis prolixitatem ab incolis Celti procaciter, ac derisoriè Beato Remigio impactum prodit Hincmarus. Cùm enim, Deo reuelante, cognouisset famem secuturam, ac de frugibus villarum Episcopij iussisset aceruos fieri, fame laboraturis postmodùm profuturos; incolæ inebriati cœperunt dicere inter se, quid ille Jubileus facere vellet ex his quas aggregauerat metis, sic enim aceruos patriâ linguâ vocabant, iisque statim suadente Diabolo ignem apposuerunt. Cuius rei Præsul certior factus, è Basilica-Corte ascenso eqno, celeriter ad compescendum occurrit, at frugibus in fauillas redactis, prædictos incendiarios, & qui eorum germine nascerentur ob tantum scelus, ponderositatis, ac gutturis calamitate mulctauit.

*Sic Briccius Diaconus postea Episcopus Turon. B. Martinum delirû vocabat. Greg. Tiron. lib.* 2. *c.* 1.

Est & alia Remigij Epistola apud Andræam du Chesne, quâ Episcopum Tungrensem, vt reor, Mosomagensem Ecclesiam Remensis Diœcesis inuadentem, satis acerbè carpit, & coërcet, cuius hic pericopem damus.

*Domino verè Sancto, & in Christo Beatissimo Fratri Falconi Episcopo. Remigius Episcopus.*

Q*Vantum comperi, rebus gestis, probaui, priùs curæ beatitudini tuæ fuit, vt mihi inferres injuriam, quàm salutationem deferres, ô adueniens principium quod dedisti, vt læderes Episcopos ante me, quàm Episcopum te viderem! Nimium citò pennis tenerulis euolasti, leuitate*

Z *animi,*

S. REMIG.
XVI. ARCH.
An. 525.

*animi, non maturitatis consilio. In ipso siquidem Episcopatus exordio jus ingredi tentas alienum, qui adhuc tuum verecundè debueras introire, fas ergò fuit vt inlicitis ordinationibus tuis à te credideris occupandam loci Mosomagensis Ecclesiam, quam Metropolitani vrbis Remorum sub ope Christi, sua semper ordinatione rexerunt: adhuc arbitror tua nescis, & jam aliena peruadis: mandas, vt audio, Colonorum tributa tibi portari, & præcipis vt reditus deferantur agrorum, datur intelligi quòd Ecclesiæ rem, non Ecclesiam concupisti, quando sollicitus exquisitor., quæ ego, ad quem iure veniebant, remisi potiùs, quàm quæsiui* cætera omitto, vbi agit de decimis quæ soluuntur à Colonis, quibus probatur manifestissimè Remensis, Tungrensisque Diœceseon confinia tunc, vti nunc, circa Mosomum ad Mosam oppidum ferè concurrisse, ac prouidè ab anno illo Christi præter propter 513. ad hunc vsque 1664. expirantem per annos 1160. nihil mutationis accidisse. Fertur S. Theodorici suggestione, B. Remigium, subuersis Meretricum latibulis, quadraginta Monialibus Cœnobium Remis extruxisse, quod cùm ab Auctore Frodoardo antiquiore scriptum reperiam, verba eius hic attexere non pigebit.

Ex MS codice S. acti Theodorici ante septingentos annos conscripto.

*Expulsis omnibus ad deceptionem animarum congestis, vsque ad solum, latibula Meretricum, quæ erant cauerna dæmonum, sicut ad præsens cernitur, subuertit, & quoniam locus ille spurcitiarum extra Ciuitatem erat positus, compositis infra muros domorum receptaculis numero quadraginta sanctimonialium, quo & ipsæ Meretriculæ erant, coæquato, inibi eas consilio B. Theodorici fidelis discipuli collocauit, & vnde sumptus corporis victu quotidiano haberent, penes largitatem Regis promeruit: instituit quoque vt idem numerus semper maneret, & sicut illæ lenociny opus perficientes reditum propry corporis Domino terreno persoluebant, ita istæ Regi cælesti corporis & cordis munditiam custodientes, cum fructu bonorum operum seipsas repræsentarent.*

529.

Post alia præclarè gesta ab insigni Præsule Remigio, quibus mirificè Remensem Ecclesiam illustrauit, traditur ei suæ resolutionis diem à Deo fuisse reuelatum, quòd sanctioribus viris pariter factum legimus: hâc fretus reuelatione, suum condidit testamentum, vt terrenis rebus procul abdicatis, superna contempletur attentiùs. Addit Hincmarus corporali lumine priuatum fuisse per aliquot dies, rursúmque ei restitutum in pignus futuræ beatitudinis, ad quam totis viribus anhelabat. Inualescente morbo sensit sibi exitus horam imminere, vnde celebrato Missæ sacrificio, & valedicto fratribus, post septuaginta quatuor annos in Episcopatu religiosissimè impensos, nonagesimo sexto ætatis suæ anno, idibus Januarij, cursu certaminis consummato, cum multiplici bonorum operum fructu, & animarum lucro, migrauit ad Christum.

Quo verò anno obierit discors est sententia inter Auctores: quidam Gregorij Turonensis auctoritate nixi, asserentis B. Remigium septuaginta annos & ampliùs in Pontificatu vixisse, & Hincmari septuaginta

tuaginta quatuor tribuentis putant obijsse anno 545. quod optimè cohæret, si verum sit Remigium inijsse Pontificatum an. 471. alij præsulatus annos contrahunt, diémque obitus assignant an. 541. eo quod Flauius Remigij successor Aruernensi concilio subscripsit. At néque hæc opinio, néque ea quæ sequuntur immobili veritate subsistunt, cùm Romanus federit intermedius, & Aruernensis synodus habita sit anno 535. Cùm igitur synodalia Acta majorem sibi vendicent fidem, quàm relata ab Historicis qui posteriùs vixerunt, cogimur Præsulatus Remigij epocham, seu initium remittere ad annum 456. finem verò eiusdem an. 530. sic spatium sufficiens relinquitur pro Romani præfecturâ, & Flauius eius successor, Aruernensi synodo poterit subscripsisse.

S. REMIG. XVI ARCH
An. 530.

Die funeris Sanctissimi viri, tradit Hincmarus feretrum in medio vico ita fuisse aggrauatum, vt deferri non potuerit ad Basilicam SS. Timothei, & Apollinaris, vbi sepulturam elegerat, sed nec ad SS. Xysti, & Nicasij tunc celebres, donec imploratâ Dei misericordiâ, & ordinante Clero, delatum est ad Ecclesiolam Sancti Martyris Christophori juxta vetus Cœmeterium sitam, ac eo loco sepultum, vbi Frodoardi tempore, habebatur altare Sanctæ Genouefæ.

Crux stat adhuc posita vbi feretrū fuit aggrauatum.

Haud multo post, Deus Remigij sanctitatem innumeris declarauit miraculis, inter quæ insigne illud à Gregorio Turonensi refertur, quod cùm lues inguinaria primæ Germaniæ populos deuastaret, Remenses ad Sancti sepulchrum opem petituros aduolasse, accensísque cereis, & hymnis per totam noctem decantatis, mane facto cognouisse majori adhuc propugnaculo vrbis ambitum, quàm mœnibus communiri, assumptáque Pallâ de Beati sepulchro, ac in modum feretri compositâ, vrbem & vicos circuisse, luémque prædictam vlteriùs, quasi præstitutum sibi terminum cerneret, non progressam, vbi Sanctissimum pignus delatum fuerat, ac ea quæ in principio peruaserat huius virtutis repulsu reliquisse. Adhuc eâdem Pallâ per vrbem delatâ, Remenses præsens remedium contra luem, nimiósque imbres, ac siccitates experiuntur, patétque ex his, primis nostris Francis id fuisse curæ, vt tumulis defunctorum insternerent Pallas, vt habet Greg. Turon. de Miraculis S. Martini cap. 54. & Miraculorum lib. 1.

De lue inguinaria Greg. Tur. lib. 4. n. 5. & de gloria Conf. c. 79.

Cùm Sancti Remigij sepulchrum nouis in dies, ac stupendis claresceret Miraculis, dilatata, & exaltata est ipsa Ecclesia, factáque crypta post altare, in qua sacratissimum pignus transferretur: detecto igitur effossâ terrâ loculo, penitus moueri non potuit: Superueniente nocte, ac multis luminaribus accensis, circa noctis medium sopor excubantes occupat omnes, quibus experrectis, inuenitur transuectus sacro cum thesauro sarcophagus in præparatum, non nisi manibus Angelorum, habitaculum deportatus.

Hâc translationis die Kalend. Octob. sumptæ sunt reliquiæ de capillis, casula, ac tunica ipsius, & integrum (licèt exsiccatum) Corpus

pus eiúsdem rubeo constat brandeo inuolutum: quo verò anno id contigerit haud satis liquet, sunt qui putant sub Aëgidio Archiepiscopo, alij sub Sonnatio, opinor non ita post luem inguinariam, Gregorio Turonensi jam mortuo, cùm huius non meminerit. Alias hic omitto translationes, de quibus infra, vt ad id quod grauius est, Testamentum scilicet ab Hincmaro laudatum, veniam, cui Breuioris nomen indidi, ad distinctionem eius, quod vulgò circumfertur, prolixiúsque, seu postremum vocamus.

*S. REMIG. XVI ARCH. An. 530.*

---

*Ex MSS Codicibus Abbatiarū SS. Remigij, Nicasij, & Theodorici prope Remos.*

Exemplar testamenti à Beato Remigio editi, in quo Lector attendat quia solidorum quantitas numero quadraginta denariorum computatur, sicut nunc solidi agebantur, & in Francorum lege salica continetur, & generaliter in solutione vsque ad tempora Magni Caroli perdurauit, velut in eius Capitulis inuenitur.

*In Nomine Patris, & Filij, & Spiritus Sancti.* Amen.

*Ego Remigius Episcopus Ciuitatis Remorum Sacerdotij compos, testamentum meum condidi iure prætorio, atque id codicillorum vice valere præcepi, si ei iuris aliquid videbitur defuisse.*

*Quandóque ego Remigius Episcopus de hac luce transiero, tu mihi hæres esto Sancta & venerabilis Ecclesia Catholica vrbis Remorum; Et tu Fili Fratris mei Lupe Episcope, quem præcipuo semper amore dilexi: & tu Nepos meus Agricola Presbyter, qui mihi obsequio tuo à pueritia placuisti, in omni substantia mea, quæ mea forte obuenit antequam moriar: præter id quod vnicuique donauero, legauero, donariue iussero, vel vnumquemque vestrum voluero habere præcipuum.*

*Tu Sancta hæres mea Remensis Ecclesia, Colonos quos in Portensi habeo territorio, vel de Paterna, Maternáque substantia, vel quos cum Fratre meo Sanctæ memoriæ Principio Episcopo commutaui, vel donatos habeo, possidebis, Dagaudum, Profuturum, Prudentium, Tennaicum, Maurilionem, Baudeleisum, Prouinciolum, Nauiatenam, Lautam, Suffroniam Colonas, Amorinum quoque SERVUM tuo dominio vindicabis.*

*Nec non Villas, agrósque quos possideo in solo PORTENSI, cum pratu, pascuis, syluis ad te testamenti huius auctoritate REVOCABIS.*

E regione hîc quædam notantur quæ desunt in breuiori testamento.

Dagaredum. Post SERVUM, adduntur in prolixiori testamento hęc verba, *Cum omnibus quos intestatos reliquero.*

Item post illud verbum PORTENSI hęc adduntur, *Tudiniacum A ver-*

## HISTORIÆ. LIB. II. 181

A verbo REVOCABIS, desunt duo integra folia quæ habentur in prolixi. testamento.

FUTURO EPISCOPO *Successori meo Amphibalum album Paschalem relinquo, stragula columbina duo, vela tria quæ sunt ad ostia diebus festis triclinij, cellæ &, culinæ.*

Vas argenteum decem, *& octo librarum inter te hæres mea, & Diœcesim tuam Ecclesiam Laudunensem factis patenis, atque calicibus ad ministerium Sacro-sanctum, pro ut volui, Deo annuente distribui.*

Aliud Argenteum *vas, quod mihi Dominus Illustris Hludouicus, quem de Sacro Baptismatis Fonte suscepi, donare dignatus est, ut de eo facerem, quod ipse voluissem, tibi hæredi meæ Ecclesiæ supra memoratæ iubeo turriculum & imaginatum Calicem* FABRICARI. *Quod faciam per me si habuero spatium vitæ, si autem clausero ultimum diem, tu Fili Fratris mei Lupe Episcope species ante dictas, tui ordinis memor, efficias.*

Compresbyteris *meis, & Diaconibus qui sunt Remis, viginti & quinque solidos æqualiter diuidendos in commune dimitto. Vitis plantam super vineam meam ad Suburbanum positam, simili modo communiter possidebunt cum Melanio Vinitore, quem do in loco Ecclesiastici hominis Albouichi, ut Albouichus libertate plenissimâ perfruatur.*

Subdiaconibus *solidos duodecim,* LECTORIBUS *solidos duos, Ostiarijs, & Iunioribus* SOLIDOS DUOS *Iubeo dari.* PAUPERIBUS *in Matricula positis ante fores Ecclesiæ expectantibus stipem duo solidi, vnde se reficiant* INFERENTUR.

Post verbum INFERENTUR, integrum folium deest quod in prolix. testamento habetur.

DE VACULIACO *Fruminium, Dagalaiphum, Dagaredum, Ductionem, Baudonicum, Vddulfum, Vinoseisam, liberos esse præcipio, Tennaredus qui de ingenua nascitur matre, statu libertatis vtatur.*

Tu *verò Fili Fratris mei Lupe Episcope, tuo*

*scilicet, & Balatonium, siue Plerinacu̅, & Vacculiacum, vel quæcumque in eôdem solo Portensi qualibet auctoritate possedi, integrè cum omnibus campis, pratis pascuis syluis &c.*

S. REMIG.
XVI. ARCH.
An. 530.

In prolixiori testamento legitur, *Vas argenteum triginta, & aliud decem & octo librarum.*

In prolix testaliter habetur sic, *Illud quoq̄ vas aureum decem librarum quod mihi &c.*

Post Fabricari additur, *Et Epigrammata quæ ego Lauduni in argenteo ipse dictaui, in hoc quoque conscribi volo, quod faciam &c.*

LECTORIBUS Ostiarijs & junioribus solidos octo jubeo dari.

PAUPERIBUS duodecim in Matricula positis.

dominio

*S. REMIG. XVI. ARCH. An. 530.*

*dominio vindicabis Nifastem, & Matrem suam mutam.*

Nuciam.

*Vineam quoque quam Enias Vinitor colit, Eniam, & Monulfum eius Filium Iuniorem iubeo libertate perfungi.* MELLOVICUM *porcarium, & Pascasiolam conjugem suam, Vernunanum cum Filijs suis, excepto, Vindragasio, cui tribuo libertatem, tuo iuri deputabis. Seruum meum de Cesurnico tuum esse præcipio.*

Æneas.
Æneam.
Melloficum
Pascasidem
Verninianum.

*Agrorum partem ad te, quam frater meus Principius Episcopus tenuit, cum sylvis, pratis, pascuis revocabis;* * *Seruum meum quem Mellouicus tenuit; Viteredum derelinquo, Teneursolum Capalinum, & vxorem suam Teudoresenam, tuo iuri dominióque transcribo.*

* De Mancipijs & seruorum manumissione, vide ea quæ habentur lib. 3. ad ann. 846.

*Teudouinia quoque ex mea præceptione sit libera. Edoueisam, quæ homini tuo sociata fuit, & eius cognationem retinebis. Vxorem Aregildi, & cognationem suam ingenuos esse jubeo.*

*Partem meam de prato quod Lauduni iuxta vos habeo ad vnitatem montium posito, & quæ Iouia sunt pratella quæ tenui, ad te* REVOCABIS.

Post Verbum REVOCABIS desunt sequentia, *Labrinacum tibi, vbi ossa Genitricis meæ posui, cum præfixis terminis deputaui.*

*Tibi autem Nepos meus Agricola Presbyter, qui intra domesticos parietes meos exegisti pueritiam tuam, trado, atque transcribo Merumuastem seruum, & vxorem suam Meratenam, & eorum Filium nomine Marcouicum. Eius Fratrem Medouicum jubeo esse liberum.*

*Amantium, & vxorem suam daëro tibimet derelinquo. Eorum Filiam esse præcipio liberam Dasouindam, Alaricum seruum tuæ deputo portioni, cuius vxorem, quam redemi, & manumisi, commendo ingenuam defendendam. Bebrimodum, & vxorem suam* MORAM *tuo dominio vindicabis. Eorum Filius Monacharius gratulabitur beneficio libertatis, Mellaricum, & vxorem suam Placidiam ad tuum dominium reuocabis, Medardus eorum Filius sit libertus, vineam quam Mellaricus Lugduni* FACIT, *tibi dono: Britobaudem seruum,* * *nec non etiam Gibericum.*

Moriam.

Medaridus.

Fecit.
* Adde *Meum.*

*Vineam quam Bebrimodus facit, tibi eatenus derelinquo, vt* DIEBUS *festis, & omnibus Dominicis, sacris Altaribus mea offeratur oblatio, atque annua* CONTINUA *conuiuia Remensibus Presbyteris, & Diaconibus præbeantur.*

Vt inde diebus.

Continua deest.
*Delegóque*

*Delegóque Nepoti meo* PRÆTEXTATO *Moderato Tortionem, Marcouicum, Innocentium seruum, quem accepi à Profuturo originario meo, cochlearia quatuor de majoribus,* Acitabulum, *lucernam, quam mihi Tribunus Friarcdus dedit, & argenteam caburam figuratam, filiolo illius Parouio,* Acitabulum, *& tria Cochlearia, & casulam, cuius fimbrias commutaui.*

 *Remigiæ Cochlearia tria, quæ meo sunt nomine titulata, Mantile illi quod habeo feriale transcribo. Hic hinaculum quoque dono illi, de quo* Gundebado *dixi. Delegóque Benedicta Filia mea Hilariæ Diaconæ Ancillam nomine Nocam, & vitium pedaturam, quæ suæ jungitur vineæ, quam Catucio facit, dono, & partem meam de Talpusciaco transcribo, pro obsequijs quæ mihi indesinenter impendit.*

 *Iuo Nepoti meo partem de Cosurnico, quæ mihi sorte diuisionis obuenit, cum omni jure quo tenui, atque possidi. Ambrosium quoque puerum ad jus illius, dominiúmque transmitto.*

 *Vitalem colonum liberum esse jubeo; & familiam suam ad Nepotem meum Agathimerum pertinere, cui vineam dono, quam posui Vindonissæ, & meo labore constitui, sub ea conditione vt à* Patribus, *suis omnibus diebus festis, ac dominicis pro commemoratione mea sacris Altaribus osferatur oblatio, &* Lugdunensibus *Presbyteris, ac Diaconibus annua conuiuia, Domino concedente, præbeantur.*

 *Dono Ecclesię Lugdunensi solidos decem, & octo, quos Presbyteri, & Diaconi inter se æquali diuisione distribuant, partem meam de secia ex integro ad se reuocet Ecclesia Lugdunensis.*

 *Commendo sanctitati tuæ,* Fili Fratris mei Lupe Episcope, *quos liberos esse præcipio, Cartusionem, & Auliatenam conjugem suam, Nonienem qui meam vineam facit, Sunnoueisam*

Prætextato.

Acetabulum.

Ipsius.
Gundebodo.

Ætio.

Partibus.

Laudunensibus.

Hic quædam omittuntur scilicet. *Dono Ecclesia Laudunensi ex villis, quas mihi Sanctæ recordationis præfatus Rex Ludouicus dedit, duas, Anisiacum, solidósque decem, & octo, quos Presbyteri, & Diaconi inter se æquali diuisione distribuant, partem meam de Secia ex integro ad se reuocet Ecclesia Laudunensis, & Lauscitam, quam mihi Carißima Filia & Soror mea, Virgóque vt (Credo) Christi Sanctißima Genouefa in vsibus pauperum Christi, tibi dandam ad integrum delegauit.*

Adde post Episcope, *Ex præfatis Villis, quos liberos esse præcipio Cartusionem &c.*

S. REMIG.
XVI ARCH.
An. 530.

*quam*

quam captiuam redemi, bonis parentibus natam, & eius Filium Leuberedum, *Mellaridum*, & *Mellatenam*, *Vasantem cocum*, *Casariam*, *Dagaresenam*, & *Haudoresenam Leonis Neptem*, & *Marcoleisum Filium Totnonis*. Hos totos, Fili Fratris mei Lupe Episcope, sacerdotali auctoritate liberos defensabis.

Tibi autem, hæredi meæ Ecclesiæ, *Flauianum*, & vxorem suam *Sparagildem* dono. Eorum filiolam parvulam *Flauarasenam* liberam esse constitui, *Fedamiam* vxorem *Melani*, & eorum paruulam Remenses Presbyteri, & Diaconi possidebunt.

*Cispiciolum* colonum liberum esse præcipio, & ad Nepotem meum *Ætium* eius familiam pertinere; ad vtrumque, id est, ad *Ætium*, & *Agatimerum* peruenire Colonicam *Passiacum*. Pronepti meæ *Prætextatæ* dono *Modorosenam*, *Profuturo Leudocharium* puerum trado, *Profuturæ* dari jubeo *Leudoueram*.

Lugdunensibus *Subdiaconibus*, *lectoribus*, *Ostiarijs*, & *Junioribus* quatuor solidos derelinquo. Pauperibus in Matricula positis solidus dabitur ad eorum Refectionem * Delegóque octo solidos Ecclesiæ Suessionum pro commemoratione nominis mei.

* Catalaunensi *Ecclesiæ* solidos sex, * Mosomagensi *solidos quinque*, Vongensi *agrum apud officinam molinarum*, quæ tibi est constituta.

Catarigensi *Ecclesiæ solidos quatuor*, totidémque Portensi pro commemoratione mei nominis Inferent.*

S. REMIG.
XVI. ARCH.
An. 530.

Leutiberedum.

Laudunensibus.

* Hæc adduntur in prolix. testam. post verbum Refectionem, Delegóque ex dato præfati Principis Salnonarias supra Moram, & decem solidos Ecclesiæ Suessonicæ pro commemoratione nominis mei. Nam Sablonarias supra Matronam hæredibus meis deputaui.

* Catalaunensi Ecclesiæ ex dato sæpedicti Filij mei, Gellonos supra Matronam, & solidos decem. Ecclesiæ S. Memmij Fascinarias ex donis præscripti Principis, & solidos octo.

* Mosomagensi solidos &c. Post verbum INFERENT hęc adduntur. Ecclesiæ Atrebatensi, cui, Domino annuente Vedastum Fratrem meum Carissimum Episcopum consecraui, ex dono iam dicti Principis villas duas in alimonijs Clericorum deputaui, Orcos vid. & Sabucetum, quibus etiam pro memoria nominis mei solidos viginti dari Iubeo.

Ursi Archidiaconi familiaribus vsus obsequijs, dono ei domi textilis Casulam subtilem, & aliam pleniorem, duo saga delicata, tapete quod habeo in lecto, & tunicam quam tempore transitus mei reliquero meliorem.

Hæredes mei, Lupe Episcope, & Agricola

Presbyter

## HISTORIÆ. Lib. II.

S. REMIG.
XVI. ARCH.
An. 530.

*Presbyter porcos meos inter vos æqualiter diuide-
tis, Friaredus, quem nè occideretur quatuordecim
solidis comparaui, duos concessos habeat: duodecim
det ad Basilicæ Domnorum Martyrum Timothei,
& Apollinaris cameram faciendam, hac ita do,
ita lego, ita testor, cæteri omnes exhæredes estote, suntote.*

*Huic autem testamento meo dolus malus abest,
aberitque, in quo si qua litura, vel caraxatura
fuerit inuenta, facta est me præsente, dum à me
relegitur, &* \* Emendatur.

\* Post vocem EMENDA-
TUR Verba quæ sequuntur
vltimam prolixioris testamenti partem conficiunt.

*Neque ei duo priora testamenta, primum quod ante qua-
tuordecim, & alterum quod ante septem condidi annos
obsistere, & obuiare poterunt* &c.

ACTUM REMIS *die & Consule præscripto,
intercedentibus, & medijs signatoribus.*

Peractum REMIS
die & Consule supra-
dicto.

† REMIGIUS *Episcopus testamentum meum
relegi, signaui, subscripsi, & in nomine
Patris, & Filij, & Spiritus Sancti, Domino adjuuante, compleui.*

\* V. C. PAPPOLUS interfui, & subscripsi.
       RUSTICOLUS interfui, & subscripsi.
V. C. EULODIUS interfui, & subscripsi.
       EUTROPIUS interfui, & subscripsi.
       EUSEBIUS interfui, & subscripsi.
V. C. DAUVEUS interfui, & subscripsi.

\* *Hi sex viri Clarissimi priuatis Sancti Remigij rebus interfuerunt, & ipsius testamento subscribentes nomina
subdiderunt Frodoard. lib. 1.
cap. 29.*

*Post conditum testamentum, imò signatum, oc-
currit sensibus meis vt Basilicæ Domnorum Martyrum Timothei, & Apollinaris Missorium Argenteum sex librarum ibi deputem, vt ex eo
sedes futura meorum ossium componatur.*

*Prolixius testamentum Sancti Remigij à Coluenerio editum, propositis vtrimque rationibus excutitur, & probatur.*

## CAPUT XII.

BReuius Sancti Remigij testamentum, neglectum ab alijs, hîc reponendum duxi, quod in pluribus MSS, iisque magnæ antiquitátis, extet apud nos sub finem operis, vitam ac miracula prædicti Remigij complectentis ab Hincmaro studiosè collecti, nullâ in eisdem prolixioris testamenti factâ mentione, quòd mirum videri potest, cùm solùm hoc hactenus à multis editum sit. Fateor quidem Prolixius quoque testamentum cum Breuiori à me repertum in aliquot MSS, at non eadem fide; Nam Breuius immediatè sequitur ( vt debet ) Opusculum Hincmari, Prolixius verò inter Miscellanea reijcitur, vt aliunde excerptum, & recentiori admodùm charactere, ita vt cum Hincmari opere nihil commune habeat. Cùm verò Frodoardi Autographum nancisci non potuerim, fortè, quod ablatum sit, vt fertur, ab Ecclesia Remensi, satis deprehendi non potest, an reuerâ Prolixius, quod deest in melioris notæ codicibus, vitæ Sancti Remigij insertum sit à Frodoardo post caput 17. libri 1. vel assutum, aut certe à recentioribus pro Breuiori suppositum.

Et quidem meritò quis suspicari posset aliud nullum ab Hincmaro cognitum testamentum præter Breuius à nobis evulgatum, quódque operi suo subjecisse testatur cap. 22. his verbis, *Condito si quidem testamento, cuius textum ad exemplum Episcoporum nostri, vel futuri temporis, qui illud legere voluerunt, huius opusculo subjungere vtile duximus*; At cùm Breuius tantùm subjunxerit, ex MSS quæ restant, quis dicat aliud agnouisse?

2. Cùm Prolixius testamentum ferè omnia, imò plura, & præclariora complectatur, quàm quæ ab Hincmaro de gestis Sancti Remigij in dicto opusculo relata sunt, si notum ei fuit, vti sanè non debuerat eâ verborum ambage per totam præfationem quâ probet veteribus membranis Clericorum incuriâ deperditis, aut ijs senio, ac situ detritis, in has se reductum fuisse angustias, vt schedulis quibusdam ei credendum fuerit, aut vulgi relationibus, cùm Prolixius testamentum gesta Sancti Remigij, (si Chrismatis miraculum forsan excipias ) abundè complectens, his omnibus longè præponderet.

3. Si vnquam sese opportunus prædictum testamentum citandi locus obtulit, maximè opusculorum libro aduersùs Episcopum Laudunensem, in Epistolis ad Summos Pontifices, in Caroli Calui inauguratione Metis celebrata, & in Epistolâ ad Ludouicum Transrhenensem,

fem, vbi Remenfem, ac Treuirenfem Ecclefias Sorores effe afferit ex *S. REMIG.* authenticis Scriptis, & antiquâ confuetudine. Item cùm de Primatu *XVI ARCH.* Remenfis Ecclefiæ, de Jure increpandi Reges, & Principes, & de per- *An.530.* uaforibus bonorum Ecclefiæ differit: mirum enim eft quòd hic qui datâ operâ de legatis à tanto Præfule, & eorum Raptoribus agit poft ipfius obitum Capitibus 27. 28. 29. & 30. nufquam prædicti teftamenti auctoritatem, & comminationes proferat, quæ majoris procul dubio effent ponderis quàm commentum aliàs ab eo, è Neuftrafijs excerptum, & libentiùs inculcatum de damnatione Caroli Martelli. Vnde fi quando illud defignare videatur in quibufdam Epiftolis, quarum fragmenta citantur à Frodoardo, id adeò obfcurè, & obiter, vt fatis innotefcat non habuiffe pro authentico.

Sed & à Frodoardo non magni exiftimatum, ex hoc augurari licet, quòd trium teftamentorum à Remigio conditorum non meminerit ( vt nec ipfe Hincmarus ) quòd nullibi, fi prædictum caput 17. *Cap. 17. me-* lib. 1. exceperis, de eo mentionem faciat: exempla legentibus paffim *minit quidē* obuia funt ( lib. 1. præfertim ) cùm de Ecclefia Sancti Xyfti loquitur *teftamenti S.* ( vbi & quiefcit ) Remigium ei aliquid legaffe tacet, de Ecclefia quo- *R. Frodoard.* que Sancti Agricolæ differens cap. 6. ibi fcitu digna, quæ funt in Pro- *fed an Prolixioris vel* lixiori teftamento, filet, quia defunt in Breuiori. Item de Ecclefia S. *Breuioris* Timothei, teftamentum quidem citat, & Appendicem, quibus B. Remi- *nefcitur.* gius legat ei duodecim folidos ad Cameram faciendam, & Mifforium argenteum, quia funt in Breuiori, at quatuor folidos eidem Ecclefiæ pariter ab eo legatos, & in Prolixiori recenfitos non retulit. Denique cap. 25. agens de Difcipulis Sancti Remigij, & viris Clariffimis qui teftamento fubfcripferunt, hos tantùm nominat qui in Breuiori recenfentur, ex quibus facilè quis inferat Prolixius ipfi effe ignotum, aut fufpectum.

Præter hæc, funt adhuc quædam circumftantiæ quæ fcrupulum mouent; fi enim fingulis feptennijs ( vt dicitur ) B. Remigius condebat teftamentum, & Prolixius vltimum fit, quomodo nihil emendatum, aut ablatum è primo ? Pueri qui in Breuiori nominantur nónne poft feptem, aut quatuordecim annos adoleuerant ? nulla nè mutatio facta in Perfonis, Amicis, Domefticis quibus legat ? Vela, Cafulæ, Amphibalus per hoc temporis fpatium non attrita, aut alia pro detritis comparata ? Nam eadem verba omnino quoad hæc repetuntur in vtroque: vnde quod additur. *Neque ei* ( prolixiori fcil. ) *duo priora teftamenta obfiftere, aut nocere poterunt*, omnino fuperuacaneum eft.

Fidem quoque ei apertè detrahit Miraculorum infolita jactatio, vt fufcitatæ Puellæ ab Alarico miffæ, & Signorum quæ virtute Dei operatus eft gentem Francorum ad fidem conuertendo, funt etiam vocabula quædam Sancti Remigij ætate inufitata, imò prorfus incognita, quis enim ante eum partem regni Francici, quæ Theodorico forte obuenit, Auftriam vocauit ? vbinam regioni illi, quam Rhodanus fepa-

Aa 2 rat

**S. REMIG.**
**XVI ARCH.**
*An.530.*

nat à Gothia, quámque Druentia perlabitur, separatim hoc tempore Prouinciæ nomen inditum? Extatne Gallicus scriptor, qui Archiepiscopi vocabulo vsus fuerit ante Concilium Matisconense, vt & Neustriæ, præsertim quatenus pars illa Regni à Gallia distinguitur; vt fit in prædicto testamento, indicátque hunc terræ Tractum iuxta mare, vbi nunc est Normannia.

Omitto quòd Formulæ per id tempus vsitatæ in eo desint, eas enim sigillatim discutere longum esset, & quòd in vtroque testamento annus, mensis, dies, indictio, ac Consulis nomen desiderentur. Cautum autem per leges vt omnia hæc sint in instrumento, vnde instrumentum definitur factum Notarij continens diem, mensem, annum, locum, testes, Bald. Consil. 444. lib. 1.

Tandem prolixioris testamenti pars posterior, quæ sic incipit, *Neque ei duo priora testamenta*, planè suppositia videtur, & addita ( vt suspicantur quidam ) ab auctore qui vixit sub Carolo Martello: id probant non modò Neustriæ nomen, quod hanc ætatem spirat, sed verba hæc, *Princeps ille quicumque sit moneatur*, quæ Carolum Martellum haud obscurè indigitant, qui res Ecclesiæ non in precariam, sed in beneficium primus suis dedit militibus, aut certè alium eo viuentem tempore quo Galliæ partes omnes vnico parebant Principi.

Deinde ius illud conuocandi Galliæ Episcopos, & Metropolitas ad Concilium quod ibi describitur, supponit prærogatiuam quæ in nullo extabat apud Gallos, ( si forsan excipias eos, qui Vicariatu à Sancta Sede Apostol. concesso fungebantur.) Nec conuocatio ad id vsque tempus facta est nisi consensu, & præceptione Regum vt habetur in titulis Conciliorum. Facultas etiam à Remigio suis Successoribus relicta increpandi Reges, quasi ad Remensem Ecclesiam spectet, valdè suspecta est, cùm nihil tale præsumptum sit toto temporis spatio, quo Reges inter se digladiabantur, nec status Regni id ferebat, partiti inter Clodouei Filios, quorum quísque Episcopos, & Metropolitas sibi obsequentes habebat.

At nihil æquè Neotericorum mentes torquet & exulcerat, ac illud quod sequitur, *Generi tantùm Regio, quod ad honorem Sanctæ Ecclesiæ, & defensionem pauperum, vnà cum Fratribus meis, & Coëpiscopis omnibus Germaniæ, Galliæ, & Neustriæ in Regiæ Majestatis culmen perpetuò regnaturum statuens elegi, Baptizaui, à fonte Sacro suscepi, donóque septiformis spiritus consignaui, & per eiusdem Sacri Chrismatis Vnctionem ordinato in Regem parcens* &c. Hoc inquam verè ab eo dici non potuisse contendunt. Non enim Clodoueus, vt Rex fieret est vnctus, ( quippe tum quintum decimum Regni annum agebat) sed vt Christianus fieret, Chrismate vnctus est, iuxta Sylueftri Pontificis decretum ex Anastasio.

*Sanxit Sylvester Papa, vt Presbyter Chrismate Baptizati summum liniret verticem.*

Postremò pars illa testamenti ( quæ cæteris grauior est ) susceptúmque Remigij laborem in Francorum conuersione, in Genus regium propensionem,

## HISTORIÆ. LIB. II.

pensionem, ac studium pro tuenda religione, deest integra in Priori testamento, quòd mirum est, cùm ea potiùs inculcari debuissent à Remigio, eo potissimum tempore, quo vegetiores erant sensus, majórque auctoritas, & cura sagacior, quæ minuuntur in senibus.

*S. REMIG. XVI ARCH. An. 530.*

IN PROMPTU è contrario haud minùs, validæ sunt rationes quę Prolixius hoc testamentum Sancto Remigio adjudicant; constat enim inprimis auctorem eius, quicumque sit, res antiquas Remenses, ac dudum obsoletas apprimè calluisse. Inde enim primorum Archiepiscoporum notitia, sepulturæ eorumdem, veterum Basilicarum, Jouini præsertim, portarum item Ciuitatis, Matricularum, Xenodochiorum, quin & Gestorum ipsiúsmet Remigij habetur, quæ aliàs æternùm obliuioni tradita mansissent: hæc autem nosse, ac valido stylo, à Legendarijs recentioribus prorsùs distincto prodere, pręter Remigium, quis potuerit, haud satis scio.

Secundò, Villæ, Comitatus, & Dominia hoc testamento contenta, ac diuersis legata Ecclesijs à Beato Remigio, adhuc extant, iísque potiuntur Remensis, Laudunensis, Atrebatensis, & aliæ minores per Diœcesim Basilicæ, nec alio titulo, quàm vi, & auctoritate prædicti testamenti. Vnde satis ineptè quidam sugillant has donationes Regum magnificentiam excedere, cùm legitimè, ac pacificè possessa rationibus potiora sint, nec hactenus extiterit aliquis, qui prædictas Ecclesias hæc ab alio accepisse, vel chartis, vel traditione acceperit.

Tertiò cùm lis mota fuisset propter Sparnacum, Juliacum, Culmisciacum villam, aliáque prædia, ( imò & propter Duodeciacum à Clodouualdo puero concessum, aut confirmatum ) quæ ablata fuerant ab Ecclesia Remensi Pastore viduata post Ebonem exauthoratum & Vasallis quibusdam, seu Fidelibus Caroli Regis commendata, vt inde quoddam temporale solatium haberent, in eius obsequio. Hic

*Duodeciacū à Clodouualdo confirmari potuisse, negabunt; quod admodum puer esset, nec sui*

juris, cum Fratres eius iugulati sunt, quorum necem Gregorius Turon. Bello Burgundico subtexit, ann. scil. 532. Remigio viuis sublato, at malè id inferunt, cùm Gregor. Turon. ibi ordinem temporis non seruauerit, vt patet ex verbis illius lib. 3. c. 18. vnde probabilius est Clodomeris Filiorum cædem maturiùs contigisse.

inspecto coram cœtu Fidelium suorum tam Ecclesiastici, quàm laicalis ordinis testamento Sancti Remigij, Casæ Sanctæ Mariæ, & Sancti Remigij iussit eadem cum omni integritate restitui, diplomate apud Frodoardum fideliter relato lib. 3. cap. 4. prædictæ autem possessiones in Breuiori testamento desiderantur.

Item Hincmarus Nantario scribens pro rebus Sancti Remigij disponendis in Wormacensi pago, dicit se non permissurum vt Coloni alijs suas operas præstent, aut cuilibet in ijs per aliquod tempus venari, eò quòd S. Remigius cum grandi maledictione, vel interminatione id fieri vetuerit, quod eodem lib. sæpius repetit, cap. 26. occasione cuiúsdam, qui res Sancti Remigij sitas in Prouincia sibi in benefi-

Aa 3 cium

cium dari petierat, subdens, se nulli homini dare ausum fuisse, quia Sanctus Remigius in suo testamento terribiliter contradixit. Item & pro rebus S. Remigij in Aquitania, & in Vosago ob eandem rationem; at huiusmodi prædia, & comminationes non leguntur in Breuiori testamento, sed in vltima parte Prolixioris.

IV. Roboratur ex contrariarum aliquot rationum solutione, illius præsertim quæ jactantiæ notam, vel vanitatis Remigio inurit, cùm filiam sibi ab Alarico missam dicit se ab Inferis reuocasse, nihil enim hoc à tam insignis viri humilitate abhorret, 1. cùm manum, quæ id Christi virtute peregit non nisi peccatricem nominet. 2. Apostoli in scriptura se eadem virtute miracula perfecisse sæpius narrant, & B. Paulus se raptum fuisse vsque ad tertium coelum, 3. in Vitis Patrum à Greg. Turon. confectis, S. Romanus de seipso ita loquitur, *Nosti enim quod mihi indigno Dominus meus gratiam tribuit curationum, multique per impositionem manus meæ, ac virtutem Crucis à languoribus sint erepti* &c. Remigij verba si cum his conferas nihil jactationis præferre reperies.

V. Vocabula opponunt aduersarij Sancti Remigij æuo inusitata scriptoribus Gallicis, vt Austriæ, Neustriæ, ita sit ; Aquitanicis hæc ignota fuerint ? at Belgicis, & Germaniæ vicinioribus populis, vnde hausta sunt, non item : habuerunt enim vtraque aliquod initium, vt & vox Archiepiscopi, quam ineptiùs vrgent aduersarij, alioquin defigendum est illius certum aliquod tempus. Austriæ vocabulo primitus Belgæ vsi sunt post Germanos, ad eam Galliæ partem significandam, quæ Orientalior esset, ac forte obuenerat Theodorico. Hinc Gregor. Turon. sæpius eiusdem oræ accolas Austrasios, & Austrasianos vocat : ijs Neustrasij erant oppositi, qui Occidentaliorem Galliæ partem incolebant, Neustriam dictam ab his qui vim vocabuli nouerant, cuius meminit auctor vitæ Sancti Lupi Senonensis qui vixit sub Brunichilde, & vitæ scriptor Dagoberti Regis, quamuìs contracta postmodum significatio fuerit ad septemtrionaliorem, quæ Normannis cessit sub Carolo simplice.

Idem dici debet de Prouinciæ vocabulo sumpto primùm pro ea parte Galliarum, quam subjugarunt Romani ante Julium Cæsarem, postea verò, & Gregorij ætate, imò multò ante pro illo Tractu juxta Rhodanum vbi Massilia, Arelas, & Aquæ Sextiæ, nam apud Cassiodorum Senatorem, & apud Auitum Viennnensem Episcopum qui Clodouei Regis, & Remigij æqualis fuit, Prouincia vocatur regio inter Druentiam, Rhodanum, Mare, & Alpes.

Vnum restat à nuperis Francis, auidiùs quàm par est, è Meyeri ac sequacium officina, velut ex Apollinis tripode depromptum, non rectè Clodoueum dici posse vnctum in Regem à Remigio, eò quòd iam decimum quintum Regni annum agebat, Hincmarum verò, qui id retulit in Caroli Calui inauguratione Metis celebrata, sæculi sui

morem

morem secutum fuisse, cum nullus legatur vnctus ante Pippinum &c. verùm qui hæc obijciunt, cogitent primò an vnctio Regiam dignitatem conferat, vel eam supponat, & ornet, Dauid scil. secundâ vnctione Rex necdum erat? tot Reges Francorum secundæ & tertiæ stirpis qui bis & ter vncti sunt, Reges non erant? & qui iam splendidè, & feliciter regnat in Gallia, Rex non erat cùm vnctus est? Clodoueus quidem ( & hoc vltrò fatemur ) Rex Francorum erat ante Baptismum & Vnctionem, imò & illius tractus, seu regionis quæ excurrit à Rheno ad Sequanam: sat multæ vrbes & populi, cis & trans Axonam ei parebant metu potiùs armorum, quàm amore, quid tum? Eò enim statu res erant, cùm per Gallias effusi Burgundiones, Franci, Vesigothi de Imperio certatim digladiabantur, vt Gallia ipsa, hoc est Episcopi, Nobiles, & Primi è populo prorsùs nescirent, quid hoc in discrimine agendum esset, hinc optimè Sidonius in Carmine ad Majorianum, cùm major belli moles ingrueret post Valentiniani cædem.

S. REMIG. XVI. ARCH. *An.530.*

———— *Mea Gallia rerum*
*Ignoratur adhuc Dominus, ignaráque seruit.*

Quod de eo pariter tempore dici potuit, cùm idololatriæ nebulâ Francos adhuc obcæcaret, at conuersionis horum vulgato rumore per Gallias, Episcopi spontè, vel vocati, Remos læti turmatim aduolant, Clodoueum cum Remigio suscipiunt, de proposito gratulantur, votis hunc totius Galliæ Regem exoptant, plebis nomine eligunt, vngunt, & vt in Ecclesiæ decus, ac pauperum defensionem perpetuò regnet, totáque eius posteritas, enixiùs Deum precantur. Quid hîc mentem cruciat? ab hinc Galli multo placidiores, & obsequentiores Francis effecti sunt, & qui sub horum Imperio necdum erant, eos habere Dominos summoperè cupiuisse docet Gregor. Turon. lib. 2. cap. 36. Ij vicissim à Gallis cultiores reddebantur, iuuabantúrque ad fines regni promouendos; & cùm Meroueus, & Childericus Samarobriuæ tantùm Regiam habuissent, mox Clodoueus Augustæ Suessionum, cæso Syagrio, deinde post deuictos Burgundiones, & Vesigotos Parisijs sedem constituit.

*Idem Saluianus l. 5. de vero Iudicio.*

Quòd addunt Hincmarum morem sui sæculi secutum fuisse, cùm de Clodouei vnctione facta per Remigium, Metis in Caroli inauguratione disseruit, nugæ sunt; Ludouicus Imperator diplomate relato apud Frodoardum lib. 2. cap. 19. idem omnino asserit ante Hincmarum ( nihil enim vsquam, vt sæpius monui, de suo cerebro finxit ) imò Prolixioris testamenti Auctor, quisquis ille fuerit, Ludouico antiquior est ( vixit enim Criticorum iudicio sub vltimis primæ stirpis Regibus ) idem dicit, & sic iuxta eos, secundùm morem sui sæculi loquutus est. Nec quod ajunt de Pippino, quod Judæorum ritus in sua inauguratione, quò plebi foret acceptior, obseruare voluit, quicquam valet; quasi
verò

verò Remigio, & alijs Episcopis prædicti ritus ignoti fuerunt, & non æquè ad manus haberent Sacra Biblia, ac Vesigothi, quorum Reges ante nongentos annos ab Episcopis vnctos fuisse libenter agnoscunt. Deinde Annales Bertiniani, & Metenses apertè innuunt Pippinum vnctum fuisse secundùm morem Francorum, ergo cùm vnctus est, mos erat Francorum antistitum Reges suos inungendi. Gregorium Turonensem hîc non moror, de cuius oscitantia sæpius aduersarij conqueruntur, vt vltimæ objectioni, quæ posteriorem testamenti partem acriùs perstringit, satisfaciam. Vbi Remigius multa suggerit de Increpando Rege ab Ecclesia Remensi, si forsan Peruasor existat, aut à religione deflexerit, de conuocandis, præuiâ admonitione, vicinioribus Archiepiscopis, & de Elogio segregationis à corpore Christi &c. Etenim vt primum peculiarem Ecclesiæ sollicitudinem excedere contendunt, sic vltimum penitus abhorrere, ab horum temporum more, quibus Metropolitæ æquales inter sese, nec vlli ius inerat alios conuocandi, nisi forsan Vicariatus potestas à Sancta Sede esset indulta.

Quibus respondetur, id non ita videri à ratione alienum, vt B. Remigius, qui sancti ambitione seruitij, membra regia vndis vitalibus confouerat, ( vt Auitus loquitur ) Successorem hortetur peculiariter id agere, quod generaliter incumbit omnibus Episcopis, ac re ipsa sæpius præstitum ex Gregorio Turon. cùm quispiam, culpâ publicâ, leges Dei violasset. Nec præcipit ibi ex jure conuocandos viciniores Archiepiscopos, sed ex sollicitudine pro communi Christianæ Reipublicæ bono, vt sic adunati tractent quid in hoc casu sit agendum. Cur autem hoc potiùs Remensi Ecclesiæ commendatum, quàm alijs, dici posset ob studium ab ea Francorum conuersioni impensum: ex hoc enim nonnihil splendoris, & prærogatiuæ ei relictum liberè fatentur Rupertus Abbas, Aimoinus, Iuo Carnotensis, & alij.

*Auctoris de Prolixiori testamento Judicium.*

VT breuiter, & ingenuè dicam quod sentio, arbitror nequaquam illa duo distinguenda esse testamenta, quasi Breuius multos annos alterum præcesserit, sed hæc à Remigio vltimo morbo laborante ( successiuè tamen) condita, Breuius primò à Notarijs exceptum est, cui viri Consulares à Frodoardo recensiti subscripsere. At cum Prouinciales Episcopi Remos de more Archiepiscopum visitaturi aduenissent, addita sunt quæ deesse videbantur in Breuiori, vel Testatoris genio, vt sæpe fit, nouis rebus in mentem occurrentibus, aut ipsis eidem suggerentibus Episcopis, qui Prolixiori testamento subscripserunt.

Et vt additiunculas omittam à me notatas in margine, quæ nullius ferè momenti sunt. De alijs tribus pariter à nobis obseruatis, sed

sed ob prolixitatem prætermiſſis, dubium verti poſſet, an verè à Remigio promanent. Et prima quidem quæ ab his verbis incipit. *Simili modo ſanctiſſima hæres mea*, finítque ad illa, *futuro Epiſcopo Succeſſori meo*, Criticorum bilem mouere non debet, aut dicant ipſi à quo Remenſis Eccleſia Celtum habuerit, Huldriciacam villam, Blandibaccium, Albiniacum, Coſlam & Gleni, Cruſciniacum, Faram, Sparnacum, Duodeciacum, Codiciacum, Juliacum, Terram de poteſtatibus, & alia quæ poſſedit in Auſtria, Toringia, Voſago, Prouincia, dicant quo titulo Atrebatenſis Eccleſia poſſidet Orkos, vel Orcos, & Sabucetum, quarum Eugenius Pontifex meminit, recenſétque velut à Remigio datas in ſuo diplomate apud Ferreolum Locrium in Chronico Belgico fol. 310. dicant, inquam, quo alio quàm prędicti teſtamenti iure Laudunenſis Epiſcopus Aniſiaco potitur, ſi veri Cenſores haberi velint.

In additione ſecunda, quæ ab alijs hiſce verbis orditur, *quibus Corcellam villam dudum deſeruire præcepi*, deſinítque ad illud, *De Vacculiaco*, quid inſertum eſt quod mentem pungat, non video, cùm minores ibi referantur donationes Remorum Baſilicis factæ à Remigio, & quidem eo ordine, vt à quoquam alio fieri non potuerit, vnde hactenus ab Aduerſarijs proditur nihil, quod hanc partem vel minimùm conuellat.

Venio ad vltimam quæ ſanè grauior eſt, & in quam vehementiùs Critici ſtilum acuunt; Exteri quidem, ob Chriſmaticam inaugurationem, Clodoueum enim vnctum nolunt, nè inde Reges noſtri alijs digniores videantur, Politici verò noſtrates facultatem horrent Remigij Succeſſoribus datam in improbos Principes comminationis telum exerendi, at miſsâ vnctione ſufficienter à nobis aſſertâ, iterum ſollicitudinem hanc, velut ſtatui Galliæ alienam improbantibus reſpondetur, fieri poſſe vt laudabilis hæc præcautio ab Epiſcopis, qui præſentes erant, cùm Remigius vltimam manum teſtamento adderet, & eo probante, inſerta fuerit; Hi ſiquidem neſcio quid mali præſagientes ex odiorum ſcintillis, quæ inter Clodouei Filios promicabant, zelo religionis ſuccenſi, cum mellitis ſermonibus nonnihil acrimoniæ, & quod terrorem incuteret, addendum cenſuerunt: Nec id inſolens videri debet, aut huius temporis Epiſcoporum curas & grauitatem excedere, qui non ex Aula præſertim, aut pro ingenio & nutu Principum ad infulas venerant. Si enim Germano Pariſienſi licuit ad Brunichildem Scribenti, vt Sigibertum à belli conſilio reuocaret hæc verba proferre. *Caueant nè cum Juda proditore, eum condemnationis ſortiantur effectum.* Si Fulconi Archiep. Remenſi, quò Carolum III. à fœdere ineundo cum Infidelibus id pariter proferre licuit. *Ego cum omnibus Coëpiſcopis meis te excommunicans æterno anathemate condemnabo.* Quid non ſimile potuerunt cum Remigio Francorum Apoſtolo, Vedaſtus, Medardus, Lupus, Genebaudus, & alij, quò magis Eccleſiarum paci, & ſecuritati conſulerent. Itaque omnibus rite expenſis, ſentio Prolixius hoc, de quo agitur, æquè ac Breuius verum, ac legitimum eſſe Remigij teſtamentum,

*S. REMIG.*
*XVI. ARCH.*
*An. 530.*

*Inde Atrebatenſium Canonicorū initia cœpiſſe tradunt MS codices Eccleſiæ Atreb. apud Locriū pag. 40.*

*Epiſtola hæc habetur in tomis Concilio.*

*Frodoard. l. 4 c. 5.*

testamentum, & vtrumque absque scrupulo ab antiquitatis Amatoribus recipiendum, nè quod à viris eruditis hactenus summo in pretio habitum, & vt insigne quoddam vetustatis pignus in Bibliothecis haud sine cura custoditum est, gratis velut Apocryphum posteritas abjudicet.

*De insignioribus B. Remigij Discipulis in tres classes distributis, inprimis verò de Sancto Arnulfo, & vtrùm Turonensis Archiepiscopus fuerit.*

## CAPUT XIII.

VT cœlum stellulis micat, harúmque luce perfunditur cùm serenum est, sic Prouincia Remensis discipulorum Sancti Remigij splendescit numero, & sanctitate decoratur. Ex his qui intimâ cum eo familiaritate conjuncti erant, ac velut domestici, plures tam è Clero, quàm ex Laicali ordine memorantur à Frodoardo, vt Agricola, Ætius, Agathimerus, Vrsus, Pappolus, quibus addi possunt Celsinus, Clodoaldus, & Leonardus, hunc Chronicon Centulense Remigij Germanum, propinquúmque facit, colítque maritima ad Bononiam ora, velut communem aduersùs naualem hostem Patronum. Alij ob eruditionis præstantiam ad Episcopatus prouecti, proprias Diœceses illustrarunt, inter quos eminent Vedastus Atrebatensis, Antimundus Morinensis, Medardus, Genebaudus, Lupus, & Agricolaus. Quidam verò, spretis huius sæculi curis, procul ab vrbibus in cellulis excubantes, posteris Asceticæ vitæ exempla reliquerunt, vt Theodoricus, Gibrianus, Helanus, Bertholdus: singulorum hìc Gesta persequi tædiosum esset, & forsan inutile, quòd ab alijs dudum prœlo mandata sint: at cùm de Arnulfo insignis prosapiæ viro, ac B. Remigij (vt creditur) familiari, apud Remenses Historicos altum sit silentium, haud abs re erit genus illius, vitæ studium, & finem ex codice Remigiano paucis referre, cuius tale est exordium.

Beatus Arnulfus nobilibus Francorum parentibus ortus, & genitus, inter Confessores Christi, & Martyres, Confessor & Martyr refulsit venerandus. Pater eius Quiriacus, & Mater Quintiana in paganismo educati, Beati Remigij prædicatione, qui dura quæque Barbarorum colla sternebat, ad Fidei lucem peruenerunt: vtrísque in ipso Baptismi fonte mutata sunt nomina, nam vir Rogatianus dictus est, vxor verò Eufrasia. Cúmque ante Baptismum Ambo essent steriles, omnia quæ in Vrbe Reiteste habere videbantur, Sancto Remigio obtulere, quò preces apud Deum funderet pro obtinenda prole, cuius & ipse foret spiritualis pater. His non multò post nascitur Filius, cui ab antiqua

Senatorum

## HISTORIÆ. LIB. II.

Senatorum prosapia Arnulfi nomen inditum, quem Salutaribus a- *S. REMIG.*
quis tinxit B. Remigius, & sacro Fonte suscepit: tum è pueritia *XVI. ARCH.*
egressus, vt liberalibus disciplinis imbueretur, eidem à Matre est *An. 530.*
traditus.

Cùm interim adolesceret, contigit Clodoucum Gentilem, Christianitatis quoque legibus subijci, quem B. Remigius Lustrali aquâ cum omni exercitu abluit, eíque Beatum Arnulfum impensè commendauit: Rex Baptistæ se gratum exhibere cupiens, Arnulfo Neptem suam, hoc est Sororis suæ filiam, Scaribergam nomine, in conjugem tradidit, cum Comitatu Remensi, eósque alijs honoribus cumulatos ad B. Remigium virtutibus imbuendos remisit, quòd ipse haud segniter præstitit, præceptis non modò ad piè, & laudabiliter viuendum datis, sed vt virginitatis iura inter se inuiolata seruarent, seriò admonuit.

Fide datâ de illibato pudoris flore custodiendo, Arnulfus in somnis Deum sibi hæc dicentem visus est, *Si quis non renunciauerit omnibus quæ possidet non potest meus esse Discipulus*: Hac voce exhilaratus, B. Remigio animi sui secretum pandit, Sponsáque suæ fidei relictâ, & sumpto Viatico, peregrinationis iter aggreditur, ac primùm Romam veniens, SS. Apostolorum inuisit limina, tum Constantinopolim pergit, postremò Hierosolymam. Inde rediens Rauennæ aliquantisper moram traxit, vbi eo orante mortuus ab Inferis resuscitatur: Arnulfus sibi cauens ne inanis gloriæ fauor irreperet, noctu aufugit ad Sanctum Remigium rediturus.

Emensis igitur tot terrarum spatijs, Remos reuersus, narrat Beato Remigio quæ sibi acciderant, præsertim quoad hominem suo aduentu resuscitatum; Sanctus Antistes hoc animo perpendens, consultis primùm è suo Pontificatu Primoribus, censuit hunc majori gradu sublimandum: Detonsis igitur capillis, Clericatui eum, aliísque ordinibus initiat, quibus per aliquot dies ministrauit. At hic cœlesti quodam instinctu permotus, peregrinationes redintegrare proponit, licentiáque à B. Remigio ægrè obtentâ, peregrè profectus, Tolosam ad Sancti Saturnini sepulchrum peruenit, Pictauum deinde lustrat, mox Turonorum Metropolim, vbi, nihil eo cogitante, ad Pontificatus culmen euectus est: Episcopo siquidem huius vrbis è medio facto, cùm Clerus *Idem fere de*
& populus in diuersa scinderentur, triduanum jejunium indictum est, *Rustico Aruernensi E-*
quo Deus eis tanto munere dignum reuelaret: Arnulfus recèns appul- *piscopo refert*
sus clam cum alijs prostratus orabat, cùm Angelus eum cunctis ad- *Greg. Turon.*
mirantibus in medium profert, & ait, *Quid moræ nectitis de eligendo* *lib. 2. nu. 13.*
*Pontifice, iste est Arnulfus, ignotus quidem vobis, at Deo charus,*
*tali dignus honore*; hac voce recreati Arnulfum id onus omnino recusantem rapiunt, deducunt in chorum, & altioribus subinde dignum subsellijs confestim extollunt, præsentántque vt ipsorum consecretur Episcopus.

*S. REMIG.*
*XVI. ARCH.*
*An. 530.*
*Alij à Remigio exorcistâ primò, ac paulò post Turonicum Episcopum factũ, quem Episcopatum per dies tantùm XVII. tenuit.*

Vix B. Pontifex in Præsulatus sui officio annum vnum, & aliquot menses expleuerat, cùm peregrinationis votum denuo aggreditur, varias regiones peragrando, Hispaniam præsertim, vbi Regem, Reginam, ac populum ad fidem conuertisse narratur, donec B. Remigij obitus, virtutúmque eius famâ vsque in Hispaniam crebrescente, Arnulfus in Galliam redire statuit, Remósque veniens in Basilica, vbi tumulatus fuerat, veluti affixus per aliquot dies hæsit. Cúmque sæpius ad eam, & iteratò rediret, Scaribergæ famuli, noctu eum euntem offendentes, fustibus tam atrociter contuderunt, vt grauiori ictu vulneratus, ac solo prostratus breui animam exhalarit, Martyrio coronatus 15. Calend. Augusti. Fertur paululum adhuc spirantem præcepisse vt corpus suum Turonos ad sedem quam rexerat deduceretur; plaustro impositum cum stetisset in campo Castrensi siluæ Aquilinæ in loco nomine Hibernio super fluuium Resbacis, vbi Comes Dordingus Ceruum venatibus agebat; Canes sarcofagi præsentiâ latratus officio priuati sunt, ac naturalis obliti sagacitatis, feram amplius non sunt insecuti, donec Comes se munificum erga Sanctum præbuit: Sequenti die Clericis cœptum iter perficere cupientibus, feretrum ita aggrauatum est, vt ijs quantumlibet annitentibus moueri non potuerit, vnde ibidem terræ mandatum est; hactenus MS codex, cui consonant ea quæ habent Antoninus, Bibliotheca Floriacensis, Molanus, & alij.

Victorinum Breuiarium de Arnulfi morte paulò clarius loquitur, *Monstrante Angelo, Turonensis Episcopus electus, post sesquiannum auditâ morte Sancti Remigij, Remos aduenit, ac Sponsam velo virginitatis induit, vnde irritata familia Arnulfum à Sancti Remigij oratorio exeuntem contrucidat.* Sigebertus ad annum 513. dissentit quoad Martyrij locum his verbis, *Sanctus Arnulfus Sancti Remigij in Baptismo Filius, post multos in prædicando Christum agones, Martyrizatur in silua Parisiorum Aquilina, & à Scariberga conjuge quondam sua, tumulatus est.* At ipse sepulturæ locum cum Martyrio forsan confundit, constat enim hunc plagis saltem Remis exceptum in via quæ Barbastrum dicitur, vbi nunc Crux erecta est, in huius rei monimentum.

Ceterùm an Beatus Arnulfus reuerâ Turonensis Archiepiscopus fuerit, meritò quis dubitare posset, cùm Gregorius in historia Francorum lib. 10. cap. 37. eorum texuerit indicem qui ante se ei Ecclesiæ præfuerunt: quidam auctor vitæ eius ab Hadr. Valesio laudatus tom. 1. Arnulfum Episcopum & Confessorem appellat, silet autem cuius vrbis fuerit Episcopus. At Martyrologia apertè id indicant, Remense præsertim, 15. *Calend. Augusti, Natalis Sancti Arnulfi Turonensis Episcopi.* Remigianum item eodem die *In silua, quæ Aquilina dicitur, festiuitas Beati Arnulfi Pontificis Turonensis, & Martyris, qui fuit Discipulus Sancti Remigij*: alia Martyrologia idem dicunt, licèt quædam Martyrij locum non satis explicent; clariùs mentem suam aperit Albericus, in Chronico, vbi & in silua Aquilina Sanctum Arnulfum sepultum dicit.

dicit. His addi potest Epistola Simonis Crespiensis ad Hugonem Cluniacensem data anno 1077. quâ Beatus Arnulfus Archiepiscopus vocatur & Martyr; apud Crespium enim in Prioratu à Galtero Comite fundato, prædicti Arnulfi Reliquiæ conseruantur. At Robertus in Gallia Christiana omnibus ritè examinatis, & quod à Sigeberto non vocetur Episcopus, Electum tantùm fuisse putat, quod verisimilius est.

S. REMIG.
XVI. ARCH
An. 530.

*DE SANCTO THEODORICO B. REMIGII DISCIPULO, Et de primordijs Abbatiæ quæ Montis Hor, vel Montis aurei dicitur.*

## CAPUT XIV.

Inter celebriores Beatissimi Remigij Discipulos, quos Asceticæ vitæ posteris exempla reliquisse diximus; Beatus enituit Theodoricus, humili quidem loco natus, villâ Alamannorum curte in pago Remensi, patre ignobili, & furto (vt dicitur) vitam tolerante, sed tot ab infantia præditus donis, vt virtutum radijs Natalium obscuritatem penitus expunxerit. Quod, Deo futuram ipsius sanctitatem reuelante, mox innotuit, cùm puteus nullis potuerit sordibus infici, vbi infantilium eiúsdem cunarum panniculi fuerant abluti.

B. Theodorici Pater Marcardus vocatur in MS codice.

Vt primùm adoleuit, perfectionis tactus desiderio, sublimiter à Remigio excultus, & institutus est, cuius etiam irradiatus exemplo, virtutes omnes sic imbibit, vt nec oblectamenta sæculi, nec carnis illecebræ iuueniles animos à Sancto proposito potuerint auocare. Quòd tunc vel maximè claruit. Nam ad pubertatis annos perductus, cùm Parentum studio sponsam sumere coactus fuisset, vixit tamen vt cælebs, vxorem nomine tenus habens, quam ad coelestium amorem pedetentim, ac feliciter attraxit; ea siquidem cùm carnali tabescens cupidine, nonnihil initio reluctari videretur, Susannæ Abbatissæ operâ, quæ Remis puellari præerat sodalitio, tot lachrymis ad idem propositum flexit, vt Remigij hortamentis, cui Theodoricus cordis arcanum aperuerat, ac vitæ coelestis dulcedine emollita, liberè tandem, quod multo gemitu precabatur, se pari voto illibati pudoris florem, Deo iuuante, seruaturam spoponderit.

Hoc ergo, quo nimium angebatur, expeditus onere, Desertum sibi quærendum proponit, quò familiariùs sub Beati Patris tutela Deo vacans, integrum vitæ cursum meditationi manciparet. Sylvula tunc erat in monte tribus à Durocorto millibus separato, vbi dudum Diuinis flagrans Remigius statuerat extruere coenobium, quò sub pij regimine Ductoris, quem excolendis virtutibus tenaciorem cerneret, cateruam

*S. REMIG.*
*XVI ARCH.*
*An. 530.*

cateruam Christi militantium colligeret fratrum. Illuc mittitur cum Susanna Theodoricus, cum Virgine Virgo, vt idoneum asceticæ vitæ habitaculum deligeret. Conscenso sinuosi montis vertice, dum huc, illúcque circunferunt oculos, subitò sublimi cœlorum mittitur Ales, per quam cœlos scansuro locus in terris Beato depromeretur Theodorico. Nam Aquila spatiando gyrans, & gyrando secans aëra, locum Monasterij capacem designauit: & vt accuratiùs Dei voluntas patesceret, vnius ferè horæ spatio, vbi Ecclesia construi debuit, lentis ad perpendiculum volatibus stetit, quod ipso Domini Natalis die, quadriennio continuo, nè casu id contigisse videretur, supra locum superuolando visa est monasterium mirantibus pluribus circum ire.

*S. Theodoricus Monachus à B. Remigio factus scribitur apud Albericum.*

Constructo igitur Oratorio, ea loci parte, quæ sibi diuinitùs monstrata est, aggregauit ibi aliquot viros Eremitarum instar religiosè viuentes, quorum consortio delectatum pariter fuisse B. Remigium probant Meretricum prostibula, quæ suggerente eodem S. Theodorico, cùm ad monasterium simul psalmos concinendo tenderent, subuertit. Cùm diu egregij Abbatis partes expleisset, Presbyterij honoris onus suscipiens, sacri verbi dispensationi tanto ardore incubuit, vt vicinorum Pagorum non modò accolas, sed & proprium Parentem, ad meliorem frugem hortando reduxerit, cœlo regenerans qui sibi in terris vitam impenderat, ob hæc, & alia virtutum opera, per Austriam famâ tanti viri peruagante, Theodoricus Rex, quem oculi dolor vehementissimè cruciabat, humano cessante remedio, seruum Dei accersiri iubet, quò diuinum experiretur auxilium, periculum enim erat nè lumen amitteret, at vir Dei virtutem sciens esse operationis diuinæ, non fragilitatis humanæ, corpus solo sternit Dei opem suppliciter petiturus, tum fusis precibus Olei sanctificati paululum summitati pollicis infudit, impressóque oculo salutiferæ Crucis signo, confestim Rex ab oculis valuit; hic, valetudine receptâ, multis honoribus seruum Dei sublimare volebat, at ille vt summissi erat animi, nec laudis appetens, blandè se excusat, imo nè Regi foret cognominis, petijt vt non Theodoricus de cætero, sed vocaretur Theodorio, Rex admiratus purissimæ mentis simplicitatem, petitâ benedictione, exosculatísque pij Sacerdotis manibus, honorificè hunc fecit ad suum reduci Monasterium.

Missum alterâ vice à Beato Remigio in aulam S. Theodoricum, vt eiúsdem Regis ægrotanti filiæ manum imponeret, quam & Spiritum exhalasse repertam, sensuum vijs Oleo Sancto perlinitis, ad vitam reuocauit, supra cap. 8. retulimus, vbi & de subuersis eo petente Meretricum latibulis actum est, at hîc omittere non possum, quod ibidem etiam tetigi, ob eiúsmodi curationes, Regem Præcepto suæ auctoritatis Gaugiacum in pago Remensi Sancto Theodorico contulisse, in quo præsertim legebatur, *Quomodo Rex Theodoricus pro resuscitatione Filiæ Sanctissimi Abbatis precibus obtentâ, non solum præfatam contulerit villam, sed & Magistro præcellentissimo* (Remigio) *cui Dominus tantam*

*tam gratiam contulerat, vt talem discipulum haberet, qui spiritus San-*    S. REMIG.
*cti dono, ficut & Magister, mortuos suscitaret, beneficentiæ gratia vil-*    XVI. ARCH.
*lam Vanderam obtulerit;* quod ad vtriusque commendationem multùm    *An.*530.
confert, Magistri scilicet, & Discipuli.

 Perseuerauit orationi, aliisque spiritualis vitæ exercitijs jugiter defixus insignis Abbas Theodoricus, sibi, totíque viciniæ sanctitatis merito perutilis, ac post multas virtutum patratas operationes, bono certamine ad victoriam perducto, Sanctis ei obuiantibus spiritibus, die Calend. Juliarum, eodem prorsùs quo in Monte-hor Aaron primus Ordinis Leuitici Sacerdos, cum gloria migrauit ad Christum. Inde quidam putant à Senioribus Monasterium montis *Hor* nuncupatum, quæ nomenclatura apud Surium legitur: quamuis *Mons aureus*, vel Monasterium *Montis or* dictum alicubi reperiam, sicut Mons Vaticanus, vbi Petrus Apostolus Cruci affixus, ob nobilem eius triumphum *Mons aureus* dictus est apud Spondanum an. 69. Sancti Theodorici vulgato transitu, præfatus Rex Theodoricus ad Monasterium properè cum magna venit Procerum multitudine, prærogatíque sibi non immemor beneficij, corpus Sanctissimi Abbatis proprijs ad tumulum euexit humeris, cuius animam Rex Angelorum radiantibus gemmis coronabat in cœlis: quidam referunt Nicetium Treuirensem, Hesperium Metensem, & Lupum Suessionensem humeris cum Rege corpus S. Theodorici in tumulum transtulisse. At Presbyter Adalgisus à Romano Archiepiscopo Rem. sepulturæ traditum scribit anno 533.

 Cuius verò instituti hic, & Ascetæ sub illo fuerint, quæsitum olim apud veteres, Benedictini non fuisse clarum mihi est, quicquid Trithemius scripserit, cùm B. Theodoricus in Eremum secesserit, multò ante Sanctissimi Mauri aduentum in Gallias, quem sub Chlothario contigisse an. 543. omnes ferè Auctores consentiunt. Opinor viuendi modum tenuisse à B. præsule Remigio præscriptum, iuxta id quod Cassianus refert Epistolâ ad Castorem Aptensem Episcopum, Gregor. quoque Turon. de B. Cæsario Arelatensi, & Godefrid. Vindocinensis obseruant, æuo suo in Gallicanis partibus plerósque Abbates pro suo arbitratu regulas Monachis statuisse: quamuis alicubi præter Conciliorum Euangelicorum obseruantiam, & aliquot forsan Sanctorum Statuta, Superioris nutus esset instar regulæ viuentis, & animatæ, quæ initiatos abundè in officio contineret.

 *Greg.Turon.*
*de B.Cæsario*
*Arelatensi*
*lib.9.Godef.*
*Vindocin.*
*sermone de*
*Sancto Benedicto, Sirmondus in*
*notis ad Sidonium A-*
*pollin.*

 Solitudini Montis Hor à Theodorico recèns creatæ, successit quidam Abbas cuius nomen, & res ab eo gestæ penitùs exciderunt, quem mox Beatus Theodulfus excepit, tertius post Beatum Theodoricum de quo cap. 19.

*De*

*De S. Gibriani, Fratrúmque eius aduentu ex Hibernia, in Campaniam Gallicam. De horum quoque Cellulis, Pœnitentia, & Obitu.*

## CAPUT XV.

Nihil æquè Remigij sanctitatem commendat, virtutúmque eius famam ad vltimas oras peruenisse testatur, ac Sanctorum Hibernorum Remos aduentus, qui non excolendi ingenij gratiâ, vt veteres illi Philosophi, quos ob id terras peragrasse inaniter jactitat antiquitas, sed longè sanctiori Consilio, & illecebrâ pellecti, patriâ extorres fieri, trajectóque Oceano in Gallias venire non dubitarint, quò Francorum Apostoli exemplo, præceptis, & conuersatione frui possent, quem velut lucidissimum Solem in Ecclesia Gallicana suspiciebant omnes, ac venerabantur.

*S. Hieronymus Epistolâ ad Paulinum.*

GIBRIANUS vnus ex illis est, quem per id tempus Oceanum transfretasse reperio, quamuis suscipiendi itineris, persecutio, vel hæresis ( vt dicetur ) alijs causam præbere potuerint. Sigebertus, ac Vincentius Bellouacensis hunc è Scotia ortum faciunt, quam nonnulli perperam confundunt cum Septentrionali parte Majoris Britanniæ, quasi hęc quæ nunc Scotiæ nomen obtinet, antiquitùs sic vocaretur, quod à vero prorsùs alienum est; constat enim ex veteri historia, Hiberniæ Insulam, de qua loquimur, & quæ meritò sibi hanc laudem vendicare potest, plures conspicuos doctrinâ, & pietate viros protulisse, veterum Scotorum fuisse sedem, vt Hieronymus ipse agnoscit in Prologo Commentariorum super Hieremiam Prophetam, *à Scotorum gentibus*, inquit, *Hibernia colitur*. Æthicus in descriptione Europæ, Claudianus in Panegyrico Consulatus Honorij, Prosper Aquitanicus in Chronico ad annum 460. & lib. aduersùs Collatorem in fine, idem de Palladio disserens, à quo Hibernia primùm Euangelij lucem accepit, ait hunc à Celestino Papa consecratum, vt Scotos ad fidem conuerteret; nomen Scotiæ illi Insulæ tribuens, quæ nunc communiter à Cosmographis Hibernia vocatur, quòd etiam repetit in Chronico sub Consulatu Dionysij, Florentij, Bassij quoque, & Antiochij. Hoc pariter Beda Venerabilis confirmat de gestis Anglorum lib. 1. *Hibernia Insula omnium post Britanniam maxima, ad Occidentalem plagam Britanniæ sita est*. Probus denique idem asserit, Marianus Scotus, Gocelinus, Sigebertus ad annum 432. & Cardinalis Baronius in Notis ad Martyrologium Romanum 17. Martij. Error inde manauit, quòd cùm Scotiæ nomen delatum fuisset ad partem septentrionalem Majoris Britanniæ ab Hibernis, qui ibi Præcones Euangelij fuerunt, vel qui tempore persecutionis

## HISTORIÆ. LIB. II.

tionis in eam confugerant; hactenus illi constanter inhæsit, confert- S. REMIG. que ad eam ab Anglia distinguendam, vnde accidit quod cùm in gestis XVI.ARCH. Sanctorum Hibernorum Scotiæ nomen legeretur, qui ijs reconcinnendis incubuêre, ei idem facilè indiderunt, non satis discussâ ratione talis denominationis.

FRODOARDUS noster accuratiùs his omnibus hæc duo Regna distinxit, nam Gibrianum Hibernum natione facit his verbis, *Aduenerunt in hanc Prouinciam* (Remensem) *septem fratres ab Hibernia, peregrinationis ob amorem Christi gratiâ, hi scilicet, Gibrianus, &c.* Hæc figuræ Ouanæ vergens ad meridiem habuit Beatum Patricium, fratrem Sororis S. Martini, Apostolum à B. Celestino missum an. 432. quamuis Palladius hunc (vt fertur) præcesserit: tanto autem studio præclarus hic Antistes prædictam Insulam suâ prædicatione excoluit, vt Sanctorum examina, velut inundatione factâ (vt loquitur D. Bernardus in vita S. Malachiæ) tandem effuderit, à quibus recaluit in Gallia religio, quæ Bellis Ciuilibus fœdè tepuerat, vt postea dicetur.

Laborant tamen auctores in assignando tempore, quo tam B. Gibrianus, quàm alij in Galliam appulerunt: Sancti Maglorij Parisiensis Martyrologium de Mandelo Hiberniæ Regis filio hæc habet: *Tempore Childeberti Regis, de transmarinis regionibus ad istas partes citra Oceanum habitabiles, innumerabilis cœtus Pontificum, Abbatum, & aliorum omnis conditionis & sexus transfretauit, inter quos Mandelus Filius Harsei in Hibernia Regis*: Vbi tacitè videtur indicare tempus, quo tot Hiberni, Ægyptijs Monachis merito, ac numero pares, tanquam greges Philosophorum ad littora Gallica migrarunt; quamuis de Gibriano, & Fratribus nominatim reuerâ non loquatur. Frodoardus qui obiter de horum egit aduentu, temporis Epocham nos latere voluit, at Sigebertus eo clariùs loquitur in Chronico ad annum 509. *Gibrianus Scotus cum Fratribus, & Sororibus in Galliam peregrinatus Vrbem Remensem vitâ, & morte illustrat.* Scilicet circa ætatem Francorum Apostoli, quod Breuiaria ex Gestis Sanctorum concinnata, communis traditio, & Sancti Helani Fratris S. Gibriani Acta, quem in Gallias tempore Clodouei Regis venisse referunt, apertè confirmant.

Mirabitur aliquis, qui fieri potuerit vt integra, & nobilis familia, qualis Gibriani haud dubiè fuit, sex scil. Fratres eius quos secum itineris socios habuit, & tres Sorores, Natali solo relicto, velut exules & exotici, Oceanum trajecerint, vt apud exteros in summa egestate viuerent, cùm Hibernia tunc Doctorum virorum inopiâ non laboraret, quorum consortio recreari possent & ad virtutem instrui. Verùm responderi potest hos inprimis doctrinæ & Sanctitatis Remigij famâ (vt dixi) fuisse allectos, quamuis Pictorum persecutio quosdam ad hoc mouere potuerit. Hi siquidem cum Scotis juncti, primùm Britannis veris loci indigenis, bellum intulerunt, at Britanni ab Anglis seu Saxonibus adjuti;

tam acriter Pictos insecuti sunt, vt in Hiberniam migrare compulerint, vbi tantas exercuêre immanitates, vt non vulgaris modò populus, sed & Nobiles, ac Regum Filij extorres fieri maluerint, quàm hostium præda, cum dispendio religionis. Posset etiam eiusmodi peregrinationis causa naturali genio prædictæ Insulæ populorum attribui, quam indicat Walafridus strabo lib. 2. vitæ Sancti Galli cap. 46. Frodoardus quoque hîc, & Henricus Autisiodorensis in prolusiori Epistola ad Carolum Caluum, *Alij* (inquit) *vltro sibi exilium indicentes pro Christo peregrinari volentes, & ignaros erudire cupientes, relictâ Hiberniâ, tanquam greges Philosophorum ad littora Gallica commigrabant*; quæ verba maximè ad Columbanum, & socios pertinere videntur. R. P. Dagoneau Cartusianus alias subtexit rationes in vita Sancti Gibriani, quæ morales potiùs sunt quàm Historicæ, horrorem scilicet vitiorum, quibus tota scatebat Hibernia, & Hæresis Pelagianæ metum, quæ ex Anglia in Hiberniam delata, mores hominum corruperat ex Prospero. Sanè Maxentiam, Mauram, & Brigidam, quò virginitatem seruarent, Bellouacum per id tempus petijsse docet Martyrol. & Serrarius narrat propter Hæresim Sabellianam Sanctum Kilianum, relictâ Hiberniâ Romam concessisse, inde Germaniam, vbi martyrio coronatus est.

Transfretandi igitur in Galliam, cùm statutum esset inter Fratres, Gibrianus itineris dux ipse fuit; erat Presbyterij honore decoratus antequam se viæ committeret, ex certioribus Gestis quæ Frodoardus secutus est, colligitúrque ex figura vitro impressa apud S. Remigium, vbi Gibrianus casulâ indutus coram fratribus Missam celebrat, eisque benedictionem impartitur cum peregrinationis tessera. Nomina Fratrum hæc sunt, Gibrianus, Helanus, Tresanus, Germanus, Veranus, Abranus, Petranus; Sororum verò, Francla, Promptia, & Possenna. Insignis hic cuneus Sanctorum, hos regiâ stirpe prognatos cuidam Codices asserunt, in Franciam appulsus, Campaniam petijt, inde Remos Remigij benedictionem recepturus, qui probato itineris consilio, singulis ad habitandum loca opportuna assignat supra Matronam, Helano Buxolium, Matugum Verano, vbi & sepultus est, Germano Auisium, Gibriano verò Sancto Sacerdoti vicum Cossa vocatum, sic non adeo erant locis diffiti, quin possent se inuisere aliquando, ac secum officiosè colloqui cùm opus esset. In his autem Cellulis quàm piè, ac religiosè vixerint, quis dicat? Solus nouit Deus qui bonorum merces est magna nimis.

Beatus Gibrianus cùm diu incruentum Deo sacrificium mundo corde obtulisset, jejunijs vacans, lachrymis, & orationibus, æternitatis stolam recepturus, spiritum suo Creatori reddidit octauo idus Maij, sepultúsque est primò iuxta publicum aggerem, vbi postea coruscantibus miraculis confluere solebat maxima populorum frequentia die depositionis eiusdem, quo scilicet migrarat a sæculo, vnde factum est, vt supra tumbam ipsius, Oratorij ædicula fuerit constructa, donec grassante

Norman-

Normannorum crudelitate, igne hæc cum alijs eiusdem pagi ædificijs, cremata est, & Sacræ Gibriani exuuiæ alio translatæ, vt postea dicetur.

Prædictis per Campaniam furentibus Barbaris, Cellulæ Hibernorum Eremitarum funditùs non modò euersæ sunt, sed & Bibliothecæ flammis exhaustæ, adeo vt de Gibriani fratribus vix certi aliquid proferri possit. Quidam dicunt Tresanum, cùm expers literarum esset, apud nobilem Campanum pascendis porcis operam impendisse, quod magnâ subacti animi demissione per aliquot annos fideliter præstitit, donec huius operis pertæsus, Laudunum pergens. B. Genebaudum Episcopum rogat, vt eo iuuante, Sacris ordinibus à S. Remigio, vel eo probante, initiari posset; jugi enim meditatione, & Dei auxilio, quamdam mysteriorum cognitionem acquisierat, quod facilè impetrauit. Quin & ipse ob eximiam pietatem, & scientiam diuinitùs acceptam susceptis ordinibus, à Genebaudo Præsule Marolij Pastor constitutus est, vbi reliquum vitæ in Dei, ac plebis obsequio laudabiliter transegit, exemptus 6. idus Februarij juxta Martyrologium Remigianum de eo sic differens, *6. Idus Februarij, in pago Remensi, Sancti Tresani transitus, qui fuit Presbyter sub Sancto Remigio, à Sancto Genebaudo Laudunensi primo Episcopo ordinatus, Frater Sancti Gibriani, apud Auennacum quiescit.* De Sancto Helano Gibriani fratre altero, Sancti Timothei Martyrologium hæc habet. *Nonas Octobris in pago, qui vocatur Buxiolus, Depositio Sancti Helani Presbyteri, & Confessoris*; Et de Sancta Posenna, idem Martyrologium, *9. Calend. Junij in vico Bausiono super fluuium Matronam, depositio Sanctæ Posennæ Virginis.*

*Bertaldi Secessus apud Caluum Montem.*

## CAPUT XVI.

DE Bertaldo admodum pauca, & quidem ex obscuris Codicibus leguntur, quæ Frodoardum, & eiusdem æui auctores penitus latuerunt. Filius is dicitur Theoldi Regis, qui cùm ex Hibernia in Castricensem pagum post multas peregrinationes, cum Amando sibi familiari, & Comite peruenisset, à B. Remigio locum hunc ad incolendum obtinuit, vbi quinquaginta annis pœnitens vixit, ita codex Remensis. Alij ab ineunte ætate in timore Dei enutritum, Sacra Palestinæ loca visitandi desiderio flagrasse referunt, iterque suscepisse Hierosolymæ vt supplex vota redderet, vbi mundi Seruator pro nobis immolari voluit.

Redux hic in patriam, arridentes sibi delicias conspiciens, mundanæ

*S. REMIG.*
*XVI. ARCH.*
*An. 530.*
*Forsan*
*\*Alimundo vel Antimundo de quo c. 10.*

gloriæ apicem, fugacésque rosas præ spinis Christi, paupertate, & secessu pro nihilo habere statuit: quod vt facilius exequeretur, Oceanum trajecit cum *Amando peregrinationum suarum socio, Remósque, emensis aliquot Galliarum regionibus, duce leone sospes peruenit, quem comitis loco toto itinere habuisse narratur, donec ad Castricensem pagum perductus, apud Caluum montem constanter hæsit, quem spinis, & sentibus laboriosè purgatum erectâ in fastigio cellulâ, arduâ Pœnitentiâ sanctificauit. Fertur prædictum leonem nusquam Bertaldum deseruisse, sed fidelem vbíque habuisse comitem, etiam cùm Remos pergeret S. Remigium visitaturus, à quo, cognitâ ipsius sanctimoniâ, ad sacros ordines idoneus repertus, Presbyter ordinatur, datâ insuper ei facultate extruendi Oratorium iuxta Cellulam, quod Caluomontano cœnobio Præmonstratensis ordinis dedit initium.

Bertaldus post aliquot annos in Ascetica vita impensos, ex tyrone fit Sacræ Philosophiæ Pædagogus, Discipulósque habere cœpit, quos ad virtutem informabat: inter quos duæ Virgines memorantur Oliua, & Libertas, quæ eo monente arctam viuendi rationem arripuerunt: harum memoria adhuc viget in totidem fontibus nomina Oliuæ, & Libertatis præferentibus in saltu, quem solitariam vitam degentes incoluerunt: adhuc febricitantes, & alijs morbis detenti inde aquam exhauriunt salubrem, vt fertur, pro sanitate recuperanda.

Bertaldus post quinquaginta annos abditæ quidem, & latentis, sed Deo cognitæ pœnitentiæ transactos, haud absque graui cum dæmonibus conflictu eum à proposito auocare conantibus, vitæ miserias, cum cœlestis gloriæ delicijs feliciter commutauit 16. Julij ann. circiter 545. ætatis 73.

*Auctor Officij BB. Patricij, Gibriani, Gütberti, & aliorum.*

Ex tot insignium virorum secessu, patet verum esse quod auctor quidam celebris, & pius scripsit de Beato Remigio, Diœcesim suam instar Ecclesiæ, quæ castrorum velut acies benè ordinata dicitur, excubiísque vallata, constituisse, in qua pariter essent, qui certis Stationibus distincti, vigilias agerent; in monte-hor versùs Aquilonem posuit Theodoricum. Ad meridiem Viriziacenses Anachoritas. Gibrianum, & Fratres suos ad Ortum. Bertaldum verò ad Occasum; sic ex Gallis; & Scotis collecti fortissimi milites continuò excubant aduersùs mundi Rectores, & Principes tenebrarum harum.

## DE SUCCESSORIBUS SANCTI REMIGII
### iuxta Frodoardi Elenchum.

Expletis quâ par erat reuerentiâ, & cultu Beati Remigij funeribus, actum de sufficiendo ei successore in sede Remensi: nec ob id diu cunctandum Comprouincialibus Episcopis fuit, cùm sat multi in Sancti Præsulis familia essent, vel in Clero, & quidem doctrinâ, ac morum probitate clari pro tanto munere subeundo. At

mirum

mirum videri poteſt, cur ijs poſthabitis, neglectiſque ſummorum Pontificum decretis, Celeſtini præſertim ad Narbonenſis, & Viennenſis Prouinciarum Epiſcopos, quibus cautum nè extranei, ſed loci indigenæ, & emeriti ad Epiſcopatus, & cuiúſque Eccleſiæ dignitates promouerentur, Abbas quidam Mentuniaci cœnobij extra Prouinciam Remenſem lectus fuerit. Niſi quis dicat à Clero, & Populo Aſceticæ vitæ, ac dudum probatæ virum expetitum, qui Remigio ſuccederet, quem eiúſdem propoſiti tenacem, & ex ſolitudine pariter extractum, ad ſedem Pontificalem fauſtè, ac feliciter prouexerant.

ROMANVS XVII. ARCHIEPISC. *An.* 530.

*Romanus XVII. Archiepiſcopus, ſub eo floret Atolus, & obit S. Theodoricus.*

## CAPUT XVII.

Romanus, cuius nudum nomen extat apud Frodoardum, Vigilij Papæ Conſobrinus, & Monachus Jurenſis, ex Demochare, Sancto Remigio ſubrogatur anno 530. hic ante adeptum Pontificatum in vico, cui nomen Mentuniacum, duabus ab vrbe Trecenſi leucis ſemoto, cœnobium condidiſſe traditur, quod à ſexcentis & amplius annis ſolo æquatum eſt: cúmque primus eiúſdem loci Abbas eſſet, excolendis virtutibus ſeriò incumbens, in Remenſem Archiepiſcopum euectus eſt, ex vita Sancti Leonis prædicti Romani apud Mentuniacum Succeſſoris, vt habet N. Camuſatius multæ antiquitatis vir in Promptuario Tricaſſino, vbi etiam tradit Sanctum Romanum adhuc Abbatem à Rege Clodoueo ſeniore confirmationem donationis quorumdam prædiorum impetraſſe, quæ Merobaudus Patricius eidem cœnobio liberaliter impertiuerat. Sanctus hic Leo Romani ſucceſſor, vulgò *Saint Lié*, legitur in Martyrologio Remenſi, *8. Calend. Iunij in territorio Tricaſſino depoſitio Sancti Leonis Confeſſoris & Monachi*, habétque ſat elegantem Baſilicam in ſummo Montis vertice, quo Durocortum arcuatim cingitur verſùs Occaſum: & quidem eâ parte quâ altiùs ſeſe erigit ſupra Curtem Dominicam, nam paulò poſt decliuior eſt, & ſenſim inclinat: erectior hic vertex, vbi ſacellum, mons Sancti Læti communiter vocatur; diſtátque duabus leucis à Durocorto.

*De Iurenſi Monaſterio olim S. Eugendi, nunc S. Claudij titulo claro in Comitatu Burgundiæ, Gregor. Turon.c.1.vita Patrum.*

Quid præclarè geſſerit Romanus ad infulas promotus haud ſatis conſtat, cùm hic quinque annis ad ſummum rexerit, abſumptus an. 534. Beati titulo donatur ab auctore Martyrologij Gallicani 29. Februarij, & à Demochare, qui & addit, referente Coluenerio, Chrothildem Reginam ſepeliſſe in Eccleſia Sanctæ Genouefæ Pariſijs an. 554. & corpus Childeberti Francorum Regis in æde Sancti Germani ad muros vrbis Pariſienſis an. 559. ſed vnde id hauſerit ſilet, nec veriſimile

534.

ROMANVS XVII. ARCHIEPISC.
An. 534

simile videtur, cùm à temporis exactiori calculo longiùs exorbitet, obieritque Chrothildis post Romanum, & eodem anno quo Theodebertus Rex scilicet 548.

Sub eo claruit vir caritate spectabilis Atolus, qui studio, & amore Sancti Remigij, vt in ipsius legitur Epitaphio, Xenodochia duodecim proprijs sumptibus struxit, sepultúsque est cum liberis post altare in Ecclesia Sancti Iuliani Remensis, cuius meminit Gregorius Turonensis lib. 3. c. 31. de gloria Martyrum, ac miraculi pridem facti meritis Sancti Iuliani Martyris, cùm sacræ eius reliquiæ Remensem Campaniam ingressæ, ad prædictam Ecclesiam deferrentur, quæ olim ante dilatatum vrbis pomœrium in suburbio fuit. Huius Ecclesiæ pinnaculum sequentes versus incisos pro epitaphio præferebat tempore Frodoardi.

*Hic igitur nullum lateat, quod terra retentat,*
*Ne quis si cupiat discere, cassus eat.*
*Subtus enim tria consistunt monumenta petrina,*
*In quibus almorum corpora condita sunt.*
*Hic Pater est Atolus, nato, natáque sepultus*
*Expectántque diem, nunc Domini properam.*
*Illius certè natus memoratur Elanus,*
*Nata deinde sua dicitur Eufrasia.*
*Qui placuere Deo, factis dictísque supremo,*
*Nunc pariter, quorum membra tenent loculum.*
*Is struxit bissena suis Xenodochia rebus,*
*Iure fouens plebes, diuitijs inopes.*
*Sic proprium censum cælum deuexit ad altum,*
*In quo suscepit, quod miserando dedit.*
*Hoc totum sub amore sacri, studióque Remigi,*
*Ob hoc prærutilum detinet ipse polum.*

534. Prædicti Atoli, Ecclesiæ Sancti Iuliani (vt creditur) fundatoris, & Filiorum pignora postmodum translata fuisse in Ecclesiam Sancti Remigij, ac iuxta tumulum eius condita refert Larisvilla libello de dignitate eiusdem Ecclesiæ his verbis, *sunt & alia gemma in eodem loco, hoc est tria corpora Sanctorum Atoli, Helani, & Eufrasiæ* ; at Reliquiarum index horum non meminit.

Eodem Romano adhuc superstite, Beatus Theodoricus Montis aurei iuxtà Remos primus Abbas constitutus à S. Remigio, post miraculorum insignia, felici cursu consummato die Kalend. Iuliarum, Angelis eum suscipientibus, migrauit ad Christum, cuius exequias Austrasiæ Rex Theodoricus celebrauit, summisso sanctitati humillimi Monachi Regali fastigio, vt supra diximus.

Idem Theodoricus Rex, quem velut à Paterna pietate non degenerem, miris Cassiodorus, & alij ob munificentiam extollunt laudibus,

dibus, testantúrque Vandera Remigio, & Gaugiacum in pago Re- *ROMANVS XVII. AR-*
mensi, Abbati Theodorico data apud Frodoardum, hoc eodem anno *CHIEPISC.*
534. regni verò 23. finem vitæ imposuit, quem à Romano Archiepis- *An. 534.*
copo sepulturæ traditum scribit Adalgisus; huic Theodebertus in re- *Theodoricus vocatur vir*
gno successit, moribus, ac bellicâ virtute clarus. *acer, agilis animo, bello*

potens, & astutus ingenio in vita MS S. Theodorici, de eo Cassiod.<br>lib. 11. epist. 1.

---

*Flauius XVIII. Archiepiscopus, interest Concilio Aruernensi, an Sancti Medardi Suessionensis Priuilegio subscripserit.*

## CAPUT XVIII.

CErtum prouectionis tempus Flauij ad Archiepiscopatum æquè
nobis incognitum esset, ac Natales ipsius, & Patria, nisi facem
præferret Aruernensis Synodus, quâ Remigij obitus, Romani
item Successoris, & prædicti Flauij electio ad veram Chronologiam re-
ducuntur: hæc igitur cùm anno 535. coacta fuerit ex Sirmondo, à quo
veteres dissentiunt, apertè sequitur hoc saltem anno Præsulatum adijsse
Flauium, cui subscripsisse legitur post Ruricium Episcopum Lemoui- *R.P. Caro-*
censem, vnde ansam arripiunt nonnulli, Primatis dignitatem Remensi *lus de Sancto Paulo in*
Archiepiscopo denegandi, quasi verò per id temporis Primatus vigerent *sua Metro-*
in Gallia, aut ex Conciliorum subscriptionibus sedium prærogatiuæ *poli.*
indubitanter colligantur, cùm ipsemet auctores obseruare facilè possent *Ioan. Filesa-*
Nicetium Treuirensem, cui prædictam vltro ascribunt dignitatem, in *cus de sacra Episcoporū*
iisdem Aruernensis synodi Actis subscripsisse post Flauium, imò & *auctori::te*
post simplices Episcopos, quos eminentissimæ dignitatis titulo dignatur *fol. 132.*
eadem synodus canone 2. his verbis, *Placuit vt sacrum quis Pontificij honorem non votis quærat, sed meritis, atque Eminentissimæ dignitatis apicem electione conscendat omnium* &c.

Quid deinde actum sit in Aruernensi synodo, Theodeberti Regis
anno secundo conuocatâ, consulat Lector si velit tom. I. Conciliorum, iudicétque ex Encomijs à Baronio Patribus concessis, qui huic
interfuerunt, qualis, quantúsque Flauius Remensis Archiepiscopus
fuerit, de quo in Membranis nihil præter nudum nomen habetur.

Sunt qui dubitant, an is sit qui Priuilegio Sancti Medardi Suessionensis à Gregorio primo concesso, cum Anserico eiusdem vrbis Epis- *Extat eius-*
copo subscripsisse legitur, cùm summus hic Pontifex Petri solium *modi Priui-legium, seu*
conscenderit an. 590. Flauij verò fata longè ante præcesserint: Crede- *epistola illud*
rem Chorepiscopum hunc, vel Suffraganeum eiusdem nominis, de quo *continens in*
Doubletius in Chartis Dionysianis, Remensis Archiepiscopi titulum *editione operum S. Gre-*
sibi forsan attribuisse, vt sæpius alibi factum est, nisi eadem emerge- *gory ann.*
ret *1613.*

**FLAVIVS XVIII. ARCHIEPISC.**
*An. 535.*

ret difficultas de Anferico Sueffionenfi, qui pariter, faltem in Antigrapho, habetur infcriptus. Verifimile eft, fi fubfcriptio vera fit (non enim defunt qui à Sciolis additam putant) ab Abbatibus inconfultè fuppleta nomina, nè fibi quicquam iuris Metropolitani Remenfes in eos arrogarent, quod feciffe Hincmarum reperio, qui Rothado Epifcopo Sueffionenfi refcripfit pro ordinatione Monafterij S. Medardi,

537.
& pro reftituenda in eo regula apud Frodoardum lib. 3. cap. 31.

540.
Flauium fubitaneâ morte abreptum decimo fuæ dignitatis menfe, 30. Augufti tradit Demochares, at id cùm ex falfa Concilij Arneruenfis epocha proferat, & fine auctore, verifimilius puto plures annos rexiffe, vbinam verò poft obitum fepultus fit, & an in Principe Ecclefia nefcitur, cùm mos forfan adhuc vigeret, quo defunctorum (etiam Chriftianorum) corpora, excipè Martyrum, & Confefforum, in Majoribus Ecclefijs minimè fepelirentur; de quo vide Concil. Bracarenfe cap. 36. Sub Flauij præfulatu, anno circiter 537. vel 540. ad

*Ferreolus Locrius remittit obitũ Sancti Vedafti ad an. 570.*
coelos migrat B. Vedaftus, quem Remigius fibi à Rege commendatum, Atrebatenfi Ecclefiæ præfecerat: ad eius merita declaranda, columna miri fplendoris obitum præfignauit, vt refert Molanus 6. Februarij ex Vedafti vita ab Alcuino Bedæ difcipulo confcripta, vbi & fediffe 40. annos afferit, tranflatio corporis eius I. Octobris fcribitur in Martyrologio Rêmenfi, de eo plura Baldricus lib. 1. cap. 7. & 9.

548.
*Aimoinus l. 2. c. 25.*
Theodebertus quoque Auftrafiæ Rex egregiè moratus, eloquióque affabilis (vt Aimoinus loquitur) anno regni fui 14. ex Burgundia Remos rediens, Mortalitatem exuit, vbi & fepultus creditur: Fortunatus ait Germanum S. Symphoriani Abbatem ad eum veniffe pro villis Auguftodunenfis Ecclefiæ, iifque impetratis, mortem ei prædixiffe, quæ paucis poft diebus in ipfo itinere euenit, cùm ex vrbe Cabillono Remos repeteret: Auctor Chronici ab Andræa du Chefne editi adhuc clariùs loquitur, *paucis (inquit) interim diebus, dum Remis remearet. Rex externâ febre vexatus, defecit.* Theodeberti magnificentiam, benignitatémque in fufcipiendis Dei famulis, quæ erga Maurum S. P. Benedicti difcipulum præfertim effulfit, in dotandis

*Fauftus in vita Sancti Mauri.*
quoque, exornandífque Ecclefijs egregiè commendat idem Fortunatus lib. 3. de Baptifterio Moguntino differens his verbis.

*Ecclefiæ fultor, laus Regum, Paftor egenûm,*
*Cura Sacerdotum; promptus ad omne bonum.*
*Cuius dulce iugum nullus gemuiffe fatetur,*
*Viuis adhuc meritis Rex in amore tuis.*

Ceterùm Francorum Reges per id tempus aureos nummos natiuo, ac Galliarum metallo cudiffe, non Romani imperatoris imagine, vt cæteri folebant, etiam Perfarum Reges, fed fuâ impreffâ tradit Procopius belli Gothici lib. 3. quamuis id à Iuftiniano conceffum falsò contendat. Chariberti nummum aureum exiguum quidem, fed fincerum & incor-

incorruptum pridem mihi oftendit antiquitatis amantiffimus Dom. Dey Doctor Sorbonicus, Regis vultu fignatum ex vna parte, ex alia verò vafculum feu calicem præferentem, ei ferè fimilem fe habuiffe Theodeberti Auftrafiæ Regis nummum afferit V. C. Iacobus Sirmondus, & Cæf. Baronius Regis Theodebaldi apud Hadrianum Valefium rerum Francicarum lib. 8.

FLAVIVS XVIII. ARCHIEPISC. *An*. 535.

*Sanctus Theodulfus infignis Cœnobij Montis aurei Abbas, malè cum alio eiufdem nominis confunditur à Trithemio.*

## CAPUT XIX.

FLauio Remenfe Epifcopium moderante fub Rege Theodeberto, floruit nobilis vir profapiæ, tertius poft B. Theodoricum, aurei montis Abbas Theodulfus, Aulicorum propinquitate ( vt Frodoardus loquitur ) ac venerabilium Monachorum feu Sacerdotum dignitate fublimis, qui calcatis huius fæculi pompis & honoribus, viam recti callis ftudiosè amplexus eft, vt ad cœleftia fecurus properaret: ingreffus fiquidem Sancti Theodorici fodalitium, Natalium fuorum immemor, vltimæ feruitutis famulatui libens fe fubmifit, humum raftro fodiens, & aratri vomere indefinenter profcindens iuxta Pfalmiftæ oraculum, *labores manuum tuarum quia manducabis, beatus es, & benè tibi erit*, laboriofo huic operi per XXII. annos cum duobus iuuencis fibi commiffis inuictus ac generosè perftitit laffitudini non parcens nec ætati. Dictu difficile eft quàm dura & afpera per varias temporis tempeftates feruus Dei pertulerit, cùm arduo huic non tantum intentus fuerit officio, fed ab agro rediens, vnam fæpe noctem, frequentiùs duas, peruigil hymnorum, pfalmorûmque laudibus excubarit. Illud quoque mirabile de eo narratur, quod cùm ab agricultura inclinato ad vefperum die, domum repeteret, virgam ftimuli fixiffe in terram, eámque mane, cùm fibi ad opus redeundum effet, ( noctu fiquidem radices egerat ) turgentem frondibus inueniffe, quæ fenfim robuftior facta, in excelfum creuit, diúque tranfeuntibus fuit admirationi, donec temerè & infolenter à quodam viatore fuccifa eft.

Suffectus in locum illius, qui fecundus præfuit à B. Theodorico, præfule Remenfi annuente, quafi rudis tyro religiofæ addictus paleftræ, nullam feffis artubus præftitit requiem, vigilijs corpus atterens, ieiunio, & oratione. Et vt priùs in opus manuum fedulò fe totum impenderat, fic poftea Dei laudibus adeò affixus fuit, vt diurnas preces, quotidie iterato, ac duplici curfu perfolueret, abfolutis fiquidem cum fratribus in Bafilica Sancti Hilarij, ab ipfo conftructa, officijs, quafi nihil ante geffiffet, iterum clam eadem attentè repetebat, vt duplex

FLAVIVS XVIII. AR CHIEPISC. *An.*548.

esset, duplici penso respondens, corona meriti; in ea toto vitæ cursu vixit exercitatione, gratiâ curationum, & alijs miraculis clarus, quorum nonnulla Frodoardus retulit, illud præsertim quod aduentu legati Austrasiorum contigit ( hos Superiores Francos more sui temporis vocat ) vbi Theodulfus Christi Sacerdos ab eo nominatur, quod Martyrologia prætermittunt.

Inter cætera, quæ Seruo suo Christus concessit, spectabile illud est, quòd cùm vsque ad nonaginta vixerit annos, canitie præclarus, aspectu iucundus, caritate plenus, sæculi contemptor gloriosus, nullo febrium dolore, nullâ corporis lassitudine, nullo variarum rerum casu confectus fuerit, sed alacriter muneri suo incumbens, illud expleuisse dicatur quandiu beata eius anima corpus vegetauit; cùm verò laboribus requiem impertiri Diuinæ bonitati placuit, modico febrium calore hunc aliquantisper permisit æstuare, quo correptus, Basilicam ingreditur dum Matutinorum solemnia fierent, & ad altare humiliter procumbens, Deo supplex commendauit animam, quam corporis ergastulo citò prænouerat absoluendam, tum depulsis noctis tenebris, aurorâ rutilante, comitantibus secum quibúsdam Monachis, Cellulam inde repetijt, & vale dicto fratribus, oculos ad cœlum eleuans, animam Sanctam Mundi naufragijs ereptam, Conditori lætus reddidit Calend. Maij, vt habetur in Martyrologio.

Quis autem Theodulfo successerit nullibi legitur, imò nec quamdiu viguerit perfecta hæc viuendi norma à Sanctissimis Abbatibus trita, quamuis aurei Montis Monasterium sacris horum exuuijs nobilitatum, varijs Archiepiscoporum donarijs legatur cumulatum, maximè verò Sonnatij, qui testamenti sui paginâ ad Basilicam Sancti Theodorici portionem suam de villa Germaniaco, cum mancipijs, & vineis delegauit, argentum quoque ad Sepulchrum domni Theodulfi fabricandum & exornandum, an verò sub hoc Archipræsule Monachalis ordo steterit adhuc integer, aut sub immediatè succedentibus à primæua sua dignitate deflexerit, non satis compertum, quod constat, illud est, Monachis Clericos ibidem haud ita post fuisse suffectos, quo tempore, lib. 4. dicetur.

Trithemius, & Arnoldus Wion Theodulfum nostrum cum alio eiúsdem nominis confundunt, cuius reliquias Augustæ Treuirorum adseruari scribit Coluenerius in Notis ad 1. librum Frodoardi, vbi & tempus eleuationis designat ex Thoma Cantiprano, at inconsultè id vulgasse præfatos auctores facilè probari potest, primùm ex citato Sonnatij testamento, Theodulfum enim apud aureum Montem tumulatum fuisse verba illa satis indicant, *Ad Basilicam S. Theodorici, argentum* ( do ) *ad sepulchrum domni Theodulfi fabricandum, vel exornandum.*

Præterea idem Frodoardus refert cap. 13. lib. 4. Heriueum R. Archiepiscopum cùm Basilicam Sancti Dionysij, studio Canonicorum Remensium restructam, consecraret, ad eam membra Sanctorum Rigoberti,

goberti, & Theodulfi Abbatis feruanda depofuiffe, indéque factum, vt eadem Ecclefia conjunctim Sancti Dionyfij, & Sancti Theodulfi vocaretur, docet in Chronico ad annum 931.

FLAVIVS XVIII. ARCHIEPISC. *An.*548.

Prædicti deinde Confefforis variæ tranflationes in vetuftis Codicibus defcriptæ, teftantur facras eius Exuuias alió nufquam fuiffe delatas, Prima fub Adalberone celebrata fuit, Lothario Rege præfente an. 976. cuius anniuerfaria dies quotannis celebratur 15. Aprilis cum officio proprio.

Secunda, contigit fub Raimbaldo Abbate an. 1100. quo pefte miferos Mortales in villis Monafterij contiguis depafcente, Sanctorum Theodorici, & Theodulfi feretra celebri fupplicatione per viciniam delata funt.

Tertia, licèt recentior, non minùs accurata fuit an. 1629. in qua apertis thecis Sancti Confefforis offa in formam corporis humani difpofita reperta funt cum plumbea lamina, cui verba hæc, fat veteri charactere, erant infcripta, *Hic requiefcit Sanctus Theodulfus tertius Abbas huius monafterij.* Haud ita poft anno fcil. 1632. corpora SS. Theodorici, & Theodulfi, Catalaunenfi Epifcopo facris operante, nouis thecis, affabre, & fubtiliori artificio elaboratis, condita funt, Annâ Auftriacâ Ludouici Franc. Regis 14. matre Tranflationis pompam regali fuâ præfentiâ illuftrante. Quæ omnia, cùm manifefte probent quod intendimus, fequitur Trithemium non fatis diftinxiffe Theodulfum aurei Montis Abbatem, ab alio eiúfdem nominis Caroli Magni nepote, quem integrum & à corruptione immunem, pauló ante quàm ipfe nafceretur, repertum Auguftæ Treuirorum afferit, quod de Remenfi Abbate dici non poteft, qui è tumulo leuatus eft an. 932. ex Frod. Cúmque hîc alijs errandi occafionem præbuerit Trithemius, libro quoque de viris illuftribus cap. 296. non minus à vero receffit, de alio Theodulfo vitiosè adhuc differens, quem è Laubienfi monacho ad Ecclefiæ Remenfis regimen affumptum fcribit, cùm nullus hoc nomine legatur in indice Remenfium Archiepifcoporum, vt amplius dicetur fuo loco.

Dd 2

MAPINIVS XIX. ARCH.
*An.* 538.

Alij legunt
Mappiniú.

*MAPINIVS XIX. ARCHIEPISCOPVS.*
*Cur ad Tullensem synodum à Rege vocatus non venerit, & de Suauegotta Regina.*

## CAPUT XX.

Mapinius solers ingenio, & egregiè facundus, imperante Theodebaldo, Episcopale culmen adeptus est anno circiter 548. hic conuocatâ Aurelijs synodo Regum consensu, & præceptione anno sequenti, illuc Protadium Remensis Ecclesiæ Archidiaconum direxit, quò res in synodo sancitæ majorem firmitatem haberent: vnde in præfatione sic legitur. *Ad diuinam gratiam referendum est, quando vota Principum concordant animis Sacerdotum*: huic præfuit Sacerdos Lugdunensis Archiepiscopus, quamuis nuper vicariam præfecturam Aurelianus Arelatensis Episcopus à Sancta Sede Apostolica obtinuisset per regnum Childeberti, Nestorióque in ea præsertim, maternitatis Deiparæ hosti anathema dictum, actúmque de disciplina Ecclesiastica, de Episcoporum promotione, de Prouincialibus synodis, de Xenodochiorum cura, & pauperum, iussúmque can. 20. vt incarcerati ab Archidiacono, vel Præposito Ecclesiæ diebus Dominicis visitentur.

549.

*Inde vetus illud manauit nomen Gall.* les Chartreries.

Per idem quoque tempus, Concilium Tullense Theodebaldi Regis iussu Calendis Iunij conuocatum est, propter molestias (vt dicitur) quas Nicetius Treuirensis Episcopus ab excommunitatis quibusdam iniustè patiebatur, ad hoc vocatus Mapinius (quòd synodi causam ignoraret) ire se posse negauit, nisi certior fieret à Rege; iteratis literis certior redditur, sed seriùs, quàm vt synodo adesse ad diem dictum liceret. Itaque cùm abfuisset, absentiam suam Nicetio, non velut Superiori, vt perperam Nuperus quidam auctor scripsit, sed modestè, ac ciuiliter per Epistolam consolatoriam excusauit hoc pacto.

*DOMINO SANCTO, ET IN CHRISTO BEATISSIMO*
*fratri Nicetio Papæ Mapinius Episcopus.*

*Evangelicæ lectionis doctrina testatur, regnum in se diuisum stare non posse. Si hoc de mundi amatoribus, & in terrena cupiditate manentibus, rectè & non immeritò credatur; indubitanter rectiùs de Sacerdotum personis sentitur, si discordantibus votis, ac studijs inter se diuidui comprobentur; aut quâ fiduciâ conditori nostro, qui nos in vnitate compagis, quod est corpus suæ Deitatis, viuere præcepit, preces oblaturi sumus, si nos vicissim à mutuâ caritate seponimus? vt quodam*

*loco*

## HISTORIÆ. LIB. II.

*loco Deificus sermo docet, studere nos conuenit, vt Frater Fratri adjuuans, sicut ciuitas munita, & fortis, inconcusso fundamine stare possit; scilicet vt vnius Fratris mœstitiæ omnes æquanimiter compatiendo participemus, mutuísque nos laboribus subleuemus.*

*Pro qua re, piissime ac multùm diligende Domine, & Frater indicamus nos literas Filij nostri Domini Regis Theodebaldi, excepisse, vt in Tullensium vrbe die Kalendarum Juniarum adesse deberem; nullam causam euocationis declarantes. Reciprocante paginâ, iudicauimus nos illuc accedere non debere, quia causam, conditionémque nos constabat ignorare. Iteratis Scriptis edocuit, beatitudinem vestram, dum aliquos Francorum pro zelo diuini timoris corripit, ac pro incestis conditionibus à communione Ecclesiastica remouet, scandala, seu anxietates multimodas sustinere.*

*De qua re non mediocriter ingemiscimus, quòd nos relatione vestrâ scire non feceritis, vtrùm de Canonica lectione damnentur, an pro Pastorali diligentia de mediocribus reatibus corrigantur, licèt nihil noui vos de his rebus inuenire posse cognoscimus, quod prisca Patrum solertia non potuit reperire: tamen absurdum esse videtur, vt à nobis recipiantur, qui à vobis secundùm seriem Canonum Ecclesiasticâ seueritate abdicamur; nouimus enim, si scienter hoc gerimus, quòd criminibus aliorum misceamur, si ignoranter reatui non subdamur.*

*Quapropter salutantes caritate debitâ indicamus; simúlque suademus, vt nos in omnibus participes tam tribulationum vestrarum incommodis, quàm prosperitatum commodis fieri studeatis. Nam nos mediante capite nostro, quod est Christus, nullis aduersitatibus à vestra anxietate diuellimur, nullisque asperitatibus à vestra caritate diuidimur. De qua re, si tam præsumptuosi non existimus, indicare præsumimus. Decuerat vt vestra consolatio pro huiusmodi conditionibus potiùs, quàm Regiæ vocationis nos conserere debuisset: quia pari modo, si nobis aliquid simile (quod in posterum arbitramur posse fieri) contigisset, statim ad vestram fraternitatem scripta direxissemus, vt nos congruo tempore, vel loco, corám positi videremus. Quamquam parere nos Regijs præceptis in bonis rebus, & conueniat & libeat; tamen non vestris minùs, si scriptis studio caritatis, non supercilio dirigantur dispectionis; quia amaritudo vestra, dulcedo nostra esse non poterit, nec abjectio vestra absque nostra dejectione constabit, & veneratio vobis debita, impensa nobis, non dinoscitur procul posita. Atque vtinam, vt præfati sumus, caritate suadente, ac paginâ decurrente, vestram nobis patefieri, decreuissetis animorum molestiam: cognoueramus, vtrùm compatimur molestijs vestris, an delectamur. Nam tacente, vt ipsi scitis Diuina, sola loquente viro humanitas intelligere potest. Hoc tamen peniùs nouerit vestra perfectio, si ad nos iterata scripta Domini Regis ante quinque vel sex dies Kalendarum Juniarum peruenissent, in die præfata præsentiam humilitatis nostræ in locum habueratis constitutum.*

Est & alia Mapinij Epistola ad Villicum Metensem Episcopum tomo primo Francicæ historiæ, qua ob impensam pascendis ouibus sollicitu-

*MAPINIVS XIX. ARCH. An. 550.*

*Ex his patet Nicetii aliquos Francorum, propter incesta conjugia ab Ecclesiasticâ communione remouisse, qua passim a primoribus Francorũ contrahi solebant.*

*Hinc patet Mapinum Regys literis ad synodum fuisse conuocatum.*

dinem,

dinem, ac cæteras animi dotes, verbis quæ mellifluam eius probant eloquentiam, prædictum Episcopum laudat & extollit.

### DOMINO SUO VILLICO PAPÆ, MAPINIUS Episcopus.

Felicem, Beatúmque te, Beatissime Pater, omnes vnanimiter prædicamus, cui superna pietas huiúsmodi tribuit intellectum, atque benignitatis affectum, vt singulari caritatis perfectione viuere comproberis, licèt Sancto Petro hoc à Domino dictum legamus, Pasce Oues meas, sed ad cunctos qui Sacerdotale funguntur officium pertinet præsens sententia. Tu verò cunctos supergrediens dulcedine singulari, qui non solum Oues tibi commissas pascere cerneris, sed aliarum Ouium Sacerdotes mellifluâ perfectione, atque deliciarum vbertate saginare non desinis. Testis est ille perscrutator renis, & cordis, non assentatione ista, sed veridicâ à nobis assertione conscribi. Quod si te Conditor, Redemptórque noster vsque ad sexagenarium numerum annorum, vt exoramus, prouexerit, eris cunctis præcipuus, & reliquis sacerdotibus anteponendus, & cuncti, qui vitæ tuæ instructione proficiunt, doleant te deesse, & se post te viuere ingemiscant. Salutantes igitur amore debito, amore sollicito precantes, gratias cum sedula relatione, laudésque referentes pro nobis misericordis Domini misericordiam exorare non desistas. Quapropter rogamus, vt nobis caritas vestra indicare dignetur, quantos solidos ad comparandos Porcos in illis partibus dirigamus, quia constat nobis donum à vobis muneris loco collatum, si hoc beneficium vobis ordinantibus fuerit repertum.

Suauegottæ Reginæ Mapinium inprimis carum fuisse testatur Frodoardus hîc, cùm hortatu ipsius, Ecclesiæ Remensi tertiam partem villæ Viriziaci ( vbi duodecim Anachoretarum collegium fuisse, docet vita S. Basoli ) testamenti paginâ delegauerit, quam partem ipse Præsul Theudechildi præfatæ Reginę Filiæ vsu fructuario per precariam, saluo Ecclesiæ iure, concessit, ita tamen vt post eius obitum, ad ditionem prædictæ reuocaretur Ecclesiæ. Multi Suauegottam, de qua Frodoardus, Vltrogotham Childeberti conjugem putant, sed re & nomine differt, veriúsque creditur Sigismundi Burgundionum Regis Filia ex Ostrogotha priore conjuge, cuius dimidiatum nomen tulit, & Theodorici Francorum Regis posterior vxor, de qua Theochildis, vel Theudechildis Theodeberti soror, cuius Fortunatus meminit, quòd ita mitis, & suauis esset, vt ab omnibus amaretur; hæc Theudechildis, teste Roberto in Chronicis, apud Senonas Monasterium Principis Apostolorum S. Petri Viui nomine, hodie notum, extruxisse fertur, amplis ædificijs ornasse, ac prædijs locupletasse, vbi & sepulta est; in ea siquidem vrbe, quæ Theodeberto, & Theodebaldo Austrasijs Regibus parebat, consenuit, ac decessit.

Mapinius

Mapinius alijs etiam à Rege obtentis prædijs Remensem ditauit Ecclesiam, de quibus apud nos nulla restat memoria, donec vitæ cursu feliciter consummato, post 22. annos præsulatus humana reliquit ann. 569.

MAPINVS
XIX. ARCH.
*An.* 559.
560.

*Quædam scitu digna quæ sub Mapinij Præsulatu contigerunt.*

## CAPVT XXI.

POst Theodebaldi Austrasiæ Regis excessum, quem septem annos rexisse tradunt Auctores, diémque obijsse ann. 554. Chlotarius regnum eius latenter, & callidè inuasit. Childebertus Parisiensis ægrè ferens se præuentum à Fratre, inito clam fœdere cum Chramno Chlotarij Filio ex Gunsinde, Saxones in eum commouet, quos cùm armis reprimere conaretur, idem Childebertus in Campaniam Remensem accedit, & vsque Remos ciuitatem properans, cuncta prædis, cædibus, & incendijs deuastat. Hæc Gregor. Turon. lib. 4. num. 17. & Fredeg. cap. 52. ex quibus patet Campaniæ nomen agris primùm, qui circa Remos sunt, inditum fuisse, & inde toti Gallicæ Campaniæ, quæ longiùs, quàm nunc, protendebatur, major siquidem regni Austriaci pars fuit cis Rhenum sub Merouingis, vnde ab vrbibus in ea sitis diuersimodè nuncupata est, nam vt Campania Remensis dicitur hoc loco, & lib. 5. n. 18. vbi de Meroueo in Campania Remensi latitante sermo est, & lib. 2. cap. 23. de gloriâ Martyrum, sic & Tullensis Campania, & quandóque Arciensis vocatur: de Ducibus Campaniæ, qui ei velut Rectores præfuerunt, alibi dicetur.

*Cap.* 39.

Eódem quoque tempore Beatum Medardum non minùs senectute, quàm sanctitate præcipuum, expleto huius vitæ cursu, ad Superos euolasse idem auctor tradit, quem Chlotarius totius Monarchiæ Francorum Rex, post Childeberti obitum factus, ægrotantem inuisisse dicitur, mortuúmque in prædio regali Croiciaco trans flumen Axonam, in conspectu vrbis Augustæ Suessionum posito sepeliri honorificè iussit, eiúsque tumulum cellulâ, vel paruo tugurio sepsit, dein amplissimâ Basilicâ, cui Sigibertus Austrasiæ Rex, ac Chlotarij filius magno censu ditatæ fastigium imposuit; Regino morti Medardi obitum Chlotarij continuò subtexit, at Gregorius ante Regis Childeberti excessum vult illum obijsse, cui Chlotarius triennio superfuit, quò ipsâ Basilicâ sumptuosè inchoatâ Regi sepulchrum instrueretur.

Refert idem Gregorius lib. 4. n. 19. ad Sancti huius sepulchrum vidisse se vinctorum compedes, átque catenas disruptas confractásque iacere, virtutis indices, ac subsidij in ægrotos, qui huc supplices opem petituri

563.

MAPINIVS XIX. ARCH. *An. 563.* petituri confluebant. His concinunt ea quæ tradit Nicetius epiftolâ ad Chlodofuindam Chlotarij filiam quæ Albouico Longobardorum Regi nupferat ex Greg. Tur. lib. 4. n. 3. *Quid de Domino Remigio, & Domino Medardo Epifcopis, quos tu credo vidifti, non poffumus tanta exponere, quanta mirabilia per illos Deum videmus facere, audifti ab Auia tua bonæ memoriæ Rodhilde qualiter in Franciam venerit* &c. ob hæc verba ( *quos tu credo vidifti* ) putat Doctiff. Sirmondus Medardi obitum, longè hanc Epiftolam, ( quam refert ad annum 565. ) præceffiffe.

Ceterùm per id tempus horum Confefforum ( Remigij præfertim ) tumulos miraculis claruiffe patet ex remedio Remenfibus opportunè collato, cùm lues inguinaria per varias Galliæ, & Germaniæ oras immaniter defæuiret an. circiter 565. iuxta Baronij epocham, qui de ea ibidem fufiùs differit ex Greg. Turon. lib. 4. n. 5. & de gloria Confefforum c. 79. & nos fupra nonnihil poft Remigij obitum : porro lues hæc inguinaria dicebatur, quòd, nafcente in inguine, vel in axilla vlcere, in modum ferpentis, interficeret.

565.

Chlotario viuis fublato 561. partita iterum eft Francorum dynaftia in tot partes, quot Rex ipfe reliquit filios, Chilpericus Sueffiones accepit, vnáque in ditionem Neruios, & Flandriam traxit : Sigibertus verò Ingundis filius, eam regni partem quæ Theodorico fuerat, fedémque Remis fixit ex Greg. Tur. Ifidoro, & Adone : vix regale hic folium confcenderat, cum Hunni fines regni eius hoftiliter deuaftant, quos ftatim confcripto milite vicit, ac profligauit ; At eo per internuncios fœdus cum ijs, pacémque componente, Chilpericus, vir alieni appetens, tumidus, nec æquo animo ferens Remos Sigiberto fratri parere, quòd ea vrbs ab Augufta Sueffionum Regiâ fuâ millia paffuum abeffet non ampliùs XXV. in ditionem eius confeftim irrupit, *Remósque opulentiffimam regni eius vrbem*, Aimoini verba funt lib. 3. cap. 6. improuifo impetu peruadit, & alias Ciuitates. Sigibertus victor à Chunis rediens, Sueffiones Ciuitatem vi occupat, ibíque inuentum Theodebertum Chilperici Regis filium capit, & ad Pontigonem in exilium tranfmittit, directóque in fratrem exercitu, Ciuitates quas ipfe abftulerat facilè vindicauit.

*Chilpericum apud Sueffionas & Parifios Vrbes regias Circos ædificaniffe, eófque populo fpectaculũ præbuiffe tradunt Greg. l. 5. & Aimoinus.*

Jonas in vita S. Columbani tradit Sigibertum virtuti addictiffimum fuiffe, excepiffeque ex Hibernia in Franciam recèns appulfum prædictum Columbanum cum focijs, qui pietatem è cordibus hominum ob bellorum motus penitus auulfam, & extinctam inftaurarunt : hi fumptibus à Pio Rege fuppeditatis, Deo famulari, ac Monafteria extruere cœperunt, Luxouium in Burgundia præfertim, vbi ex prima nobilitate iuuenes aliquot ab ijs ad virtutem culti, & ad infulas promoti Prouinciæ Remenfis Epifcopatus haud ita poft gloriosè rexerunt. Chariberto Parifienfi ann. 8. regni fui humana relinquente, Sigibertus ex Pictauienfi, ac Turonenfi Ciuitatibus ditionem fuam auxit, eíque

*A Scotia & Hibernia Columbanũ an. 602. veniffe fcribit Alberic. olim, quæ nũc Hibernia eft, Scotia dicebatur.*

## HISTORIÆ. LIB. II.

eíque nascitur Filius ex Brunichilde conjuge Hispana, cui in Baptismate Childeberti nomen indidit, habuítque post obitum Monarchiæ suæ sub curâ matris hæredem.

*ÆGIDIVS XX. ARCH. An. 569.*

---

*Ægidius XX. Archiepiscopus, increpatur à synodo Parisiensi quòd Episcopum ordinauerit, contra Canones, in Castro Dunensi.*

### CAPUT XXII.

ÆGidius magnâ claritudine generis, non eâ tamen quâ falsò quidam ei affingunt, Justiniani Imperatoris fuisse consanguineum; floruit sub Sigiberto, & Childeberto Austrasiorum Regibus, Demochares scribit eum, eùm adhuc Canonicus Remensis esset, V. synodo Aurelianensi interfuisse ann. 549. tum ad ordinis apicem euectum, & inauguratum, suscepisse Pallium à Joanne III. at vnde hoc? non probat. Huius decora graphicè & eleganter depinxit Venantius Fortunatus natione Italus, vir huius temporis Poëticis, & Oratorijs facultatibus excultissimus lib. 3. carmine 20. vbi pietatem, facundiam, & cæteras animi dotes commendat his verbis.

*Actibus egregijs venerande culmen Ægidi,*
*Ex cuius meritis creuit honore gradus,*
*Subtrahor ingenio, compellor amore parato,*
*Laudibus in vestris prodere pauca fauens.*
*Námque reus videor tantis existere causis,*
*Si solus taceam quicquid vbique sonat,*
*Sed quamuìs nequeam digno sermone fateri,*
*Da veniam voto me voluisse loqui.*
*Exijt in mundo gestorum fama tuorum,*    *Mundum.*
*Et meritis proprijs sidus in orbe micas.*
*Clarior effulges quàm Lucifer ore sereno,*
*Ille suis radijs, tu pietate nites.*
*Nil lupus insidijs cauto subducit ouili,*
*Te Pastore sacro peruigilante gregem,*
*Facundo eloquio cælestia dogmata fundis,*
*Ecclesia creuit te monitore domus,*
*Pontificis studio correctio plebis haberis:*
*Ne tenebræ noceant, semita lucis ades:*
*Cunctorum recreas animos dulcedine verbi,*
*Qui satias epulis, pascis & ore greges: &c.*

Hæc de Ægidio Præsule eò veriùs à Fortunato prædicantur, quòd ei notus

*Ægidivs XX. Arch. An. 572.* notus esset, & familiaris, huicque concinat Auctor vitæ Sancti Basoli à quo prædictus Ægidius vitæ laudabilis nominatur. Idem Fortunatus ex Presbytero lectus Pictauiensis Episcopus, rogatu Ægidij vitam B. Remigij compendio delibauit potiùs, quàm absoluit, vt testatur Hincmarus in præfatione: quin & Gregorius Auctor Francicæ Historiæ 10. regni Sigiberti an. 572. factus Turonensis Archiepiscopus flagrans desiderio visendi B. Remigij sepulchrum innumeris tunc miraculis illustre, Remos venit sub eodem Ægidio, à quo perhumaniter exceptus, & consecratus est in celebri conuentu, Sigiberti auctoritate conuocato, vt his versibus Fortunatus innuere videtur.

*Quem patris Ægidij Domino manus alma sacrauit,*
*Ut populum recreet, quem Radegundis amat.*

*Gregor. Turon. lib. 3. cap. 4. & 5.* Radegundis hæc Bertharij Toringorum Regis Filia Clotario I. nupserat, at repudiata, quòd ex ea liberos non susciperet, apud Nouiomum primò se religioni mancipauit, tum Pictauos adiens ibi Abbatiam Sanctæ Crucis extruxit; Gregorius itineris sui in Campaniam Remensem adhuc meminit lib. 3. miraculorum Sancti Martini cap. 17.

573. Ægidius Sigiberto Regi (ad quem Carnotensis pagus per Chariberti decessum nuper obuenerat) rem gratam facturus, Promotum quemdam in Castro Dunensi Episcopum consecrauit. Pappolus Carnotinus Episcopus id ægrè ferens, synodo Parisiensi ann. 573. coactæ (vt contentionem, quæ inter Gunthramnum, & Sigibertum Francorum Reges vertebatur Sanctiss. Præsules Gallicani sedarent) suggestionis suæ libellum obtulit, quem illi, vt par erat, receperunt, nihil enim tunc antiquius apud illos, quàm (præscriptis cuiúsque Parochiæ limitibus) nouitatibus obuiare. Tenor suggestionis libelli oblati à Pappolo extat in tomis Conciliorum, cui Sancta synodus spirituali fauore, & Canonico ritu respondens, hæc contra temerarios scripsit oblata.

*DOMINO SUO, ATQUE BEATISSIMO, ET meritis Apostolico Fratri Ægidio Episcopo, Philippus, Sabaudus, Priscus, Constitutus, Laban, Felix &c.*

Dum pro causis publicis, priuatorúmque querelis Parisius moraremur, vir Apostolicus Frater noster Domnus Pappolus Episcopus mediocritati nostræ detulit in querelam, in Castro Dunensi, Parochia denique Carnotina, quod Castrum nec ad territorium Ciuitatis vestræ, nec ad vestram Prouinciam manifestum est pertinere, à vobis contra omnem rationem, & contra Canonicam disciplinam Episcopum consecratum. Et licet secundum prisca Beatissimorum Patrum decreta, potuit huiúsmodi excessus in vestra injuria acerbiùs coërceri, sed nos caritatis iura seruantes, beatitudini vestræ indicamus, vt Presbyterum ipsum nomine *Promotum,*

## HISTORIÆ. LIB. II.

*Promotum, qui omissâ seueritate Canonicâ à vobis dicitur tàm temerè consecratus, vt iustè debeat de gradus ipsius dignitate deponi, sicut Canonum constituta sanxerunt, ad vos euocetis, vel vobiscum retineatis, vt iniuriam, nec Ecclesiæ, nec Sacerdoti suo vlterius debeat irrogare. Et quia à Fratre vestro Domno Germano Episcopo, ad petitionem Domni Constituti Metropolitani, vt ad synodum venire deberet, est præsentaneâ inuitatione commonitus, quod quóque Domnum Constitutum, & Domnum Germanum constat in synodum retulisse, & ad synodum venire distulit. Idcirco nouerit beatitudo vestra hoc apud vniuersum præsenti tempore Concilium constitutum, vt si memoratus Presbyter, aut propriâ contumaciâ, aut cuiuscúmque potestatis assentatione in prædictâ Dunensi Ecclesiâ præsumpserit sub huius subrepti honoris argumentatione vlterius residere, vel res Ecclesiæ ipsius ampliùs vsurpare, aut altaria benedicere, infantes confirmare, vel ordinationes per quascumque Parochias facere, aut Episcopo suo Fratri vestro Domno Pappolo resistere prauâ intentione præsumpserit, ab omni cœtu Episcoporum, vel à communionis consortio perpetuo anathemate feriatur. Et Frater noster Pappolus Episcopus, vel Ecclesia Carnotina Parochias quas huc vsque habuit sub sua ordinatione debeat auxiliante Domino gubernare; statuentes etiam vt quicumque de populo illo benedictionem memorati Promoti Presbyteri, post hoc edictum manifestatum, vel publicatum, aut expetierit, aut accipere contentus fuerit, à communionis consortio, vel ab Ecclesiæ liminibus arceatur. Data constitutio die 3. Iduum septembrium anno 12. Regum Domnorum nostrorum indictione 6. Parisius.*

ÆGIDIVS XX. ARCH.
*An.*573.

Dominus hic Constitutus erat Ecclesiæ Senonicæ Episcopus, Germanus verè Parisiaca.

Hæc à Patribus aduersùs Ægidium post Pappoli Carnotensis expostulationem sancita, leuitatis eum indubiè arguunt, & eò majoris quòd eiúsmodi promotiones dudum prohibitæ essent, & rursum vetitæ Canonibus Concilij Arelatensis 5. præsertim, & Aurelian. 3. c. 15. quamuis Promotum ab eo, iubente, vel ordinante Sigiberto Rege, fuisse consecratum doceat Gregorius Turon. lib. 7. cap. 17. nec inficientur prædicti Concilij Patres Epistolâ ad Sigibertum Regem datâ, sub die 5. iduum Septemb. ann. 12. Dominorum Regum, quâ rogant nè Promoti causam suscipiat. *Si* ( inquiunt ) *prauâ suggestione prauenti in hac tam obcœna, & Ecclesiæ vniuersæ contrariâ ordinatione, consensistis, ab huiúsmodi scandali defensione sinceritatis vestra conscientiam expietis, quia satius est, vt ille, qui ambitionis instinctu rem tam nefariam dolosâ ambitione competijt, per satisfactionem pœnitentiæ reatum suum abluere compellatur, quàm vestra puritas, quod auertat Deus, huius facinoris contagione maculetur &c.*

Obiter hic obseruare licet, quòd cùm temeraria hæc vsurpatio quorumdam exulcerarit animos, multúmque synodi Parisiensis Patribus ditplicuerit, cui præerant Arelat. Viennen. & Lugdunensis Metropolitæ, Ægidius tamen synodo sese sistere coactus non fuit, imò nec pœna in Metropolitanos à Canonibus sancita ei inflicta legitur, vt

Ee 2 paulò

paulò ante cuidam Episcopo in Concilio Carpentoractensi ann. 527. qui simile quid ausus fuerat: Ex quo infertur prædictos, quantâlibet dignitate fulserint, in Ægidium ius non habuisse, sed decretum tantùm ab eis, vt Promotus deinceps ab omni functione Episcopali abstineret: vnde licèt hic ann. 585. Concilio Matisconensi interfuisse dicatur, sedem tamen inter Episcopos non obtinuit.

Ceterùm ciuili ac fraterno in Gallijs bello sopito (quod anno præcedenti recruduerat) pax insperatò virtute Sancti Martini composita, noui belli obice iterum turbatur, conspirantibus in Sigibertum Chilperico, & Gunthramno fratribus. Cúmque se inuicem armis lacesserent, Theodobertus Chilperici filius victus pœnas luit nefandorum scelerum à militibus in Ecclesias perpetratorum, cùm interim Chilpericus (vt manus hostium distineret) *Remensem popularetur Campaniam.* Victor Sigibertus, cætera Rex optimus, ac verè Christianiss. ductus furore belli, quod sæpe lacessitus susceperat, cùm Chilpericum Turnaci obsideret, eiúsque mortem, dissuadente frustra S. Germano Paris. Episcopo, Epistolâ quæ extat in tomis Conciliorum Galliæ, meditaretur, ipse anno ætatis suæ 40. regni vero 14. dolo impiæ Fredegundis Chilperici vxoris, per Sicarios simulantes aliquid ei secretiùs velle suggerere, gladijs veneno infectis percussus interijt. Chilpericus egressus à Turnaco cum vxore & filijs eum vestitum ad Lambros vicum sepeliuit, vnde postea Suessionas in Basilicam Sancti Medardi, quam ædificauerat, translatus, secus Chlotarium Patrem suum sepultus est, quid inde secutum sit dicemus cap. 24.

---

*Beatus Basolus Remis ab Ægidio suscipitur, petítque, eo probante, Viriziacense cœnobium, Asceticam ibi vitam professurus.*

## CAPUT XXIII.

ÆGidij Præsulatum Beatissimi Basoli è Lemouico in vrbem Remos aduentus eximiè quidem extollit, & eò magis celebrat, quòd comiter hunc patriâ velut extorrem, & exoticum susceperit hospitem, probatóque itineris ac secessus consilio, Viriziacensibus impensè commendarit: de consueta hac Ægidij hospitalitate Fortunatus Poëta sic cecinit.

*Qui venit huc exul, tristis, defessus, egenus,*
 *Hic recipit patriam te refouente suam.*
*Quæ doluit tollis, gemitus in gaudia vertens:*
 *Exilium remouens, reddis amore lares.*
*Pauper habere cibum, meruit quoque nudus amictum,*
 *Inuenit hic semper, quæ bona quisque cupit. &c.*

Et

## HISTORIÆ. LIB. II.

Et vt ab ipso cœnobio, quod incolendum suscipit Basolus, ordiar, natales eius perscrutari æquè mihi difficile est, ac certò deffinire cuius instituti fuerint Anachoritæ qui illud primitùs occuparunt, præsertim si verum sit à primis fidei nostræ cunabulis extitisse, vt auctor vitæ Basoli videtur asserere, sedatis scilicet persecutionum flatibus, & cùm primùm vita Anachoritica, Athanasio eam miris, dum Romæ esset, extollente laudibus, propagari cœpit per Occidentem, cuius Belgium ( vbi Sanctus hic Doctor aliquandiu degit) pars est haud ignobilis : vnde si ex tam vetustis Solitarij Viriziacenses prodeant initijs, Sanctorum Antonij, vel Pachomij normam viuendi tenuisse fatendum est ; nec quicquam officit quòd idem Biographus tradat Viriziacenses Beati Columbani professos fuisse regulam, cùm primarius hic viuendi ritus cessare potuerit, Benedicti regulam per Austrasiam promulgante Columbano ; tam profunda vetustas certam à nobis rerum adimit notitiam, nec satis dignosci possunt, nisi forsan ex conjectura, cui nimiùm detulit Albericus, cùm Suauegottam reginam, & filiam eius Teudechildem, de quibus supra, Viriziacum fundasse scribit in Chronico. Igitur si fundationis antiquitas spectetur, nulli omnino in tota Diœcesi secundum est, sitúmque fuit primò ad radices montis, qui Campaniam Remensem finit & terminat, in loco Viriziacus dicto, ob siluarum densitatem, fontésque ibi amœniter scaturientes contemplationi aptissimo, vbi Asceticæ vitæ Solitarij duodecim egregiè dabant operam, cùm Ægidius Remensis Archiepiscopus SanctumBasolum ad se ex Aquitania venientem illuc mittendum censuit, quò iuuentæ solitudinis auidæ Veteratorum probata virtus stimulos admoueret. At cùm hic pugilatum acturus præfatum locum adiens luctatione cum hostibus, & incredibili pœnitentiâ postmodum mirè sanctificarit, celebrémque adhuc reddant ibidem adseruatæ eius Reliquiæ, operæ pretium duxi vitæ huius historiam à Frodoardo nimiùm, vt opinor contractam, & fortè præteritam, aut non visam, quibusdam quoad stilum immutatis, & omissis, referre, omissâ etiam præfatione, quâ Auctor, haud dubiè Benedictinus, se ante corpus Sancti Basoli excubias agere, ac patrocinij singularitate gaudere commemorat.

*ÆGIDIVS XX. ARCH. An.575.*

### VITA BEATISSIMI BASOLI EX VETUSTIORIBUS
*Schedis excerpta ab Auctore qui sub Artaldo Viriziacensis cœnobij restitutore floruit.*

Beatissimus igitur Basolus Vrbis Lemouicinæ ciuis nobilissimus, ac inclyto parentum germine exortus, videns ob arridentes mundi delicias parùm sibi tutam patriam, relictâ eâ, Remensem petijt Vrbem, vt Beati Remigij, de quo mira audierat, tumulum corporaliter inuiseret. Fertur comes ei adfuisse Angelus mox ac Lemouici fines excessit,

*Sanctus Domini Basolus ex territorio Lemouicino, regione Armorica, à partibus Aquitania oriundus Remos venit Frod. c. 3.*

ÆGIDIVS XX. ARCH. *An.575.*
*Auctor hic parua miliaria intelligit.*

cessit, cuius ductu, emensis interjacentibus pagis, ad famosissimi Ligeris alueum peruenit. Inde Neustriam ingressus, vlteriúsque cis Sequanam progrediens, patenti tandem planitie, Montem quem dicunt Remorum sibi à latere propinquum conspicatur deno milliario ab vrbe discretum.

Mons hic in vrbis prospectu, haud breuibus in gyro cingitur spatijs, paulatímque se in altitudinem erigens, vbi contractior est, statim blanditur oculis siluarum numerosa condensitas, ad cuius radices, eminente desuper vertice, vicus incolarum frequentiâ celebris diffunditur, cui antiquitas Viriziaci nomen imposuit. Et hic terminus est Rihetij saltuum, atque Campaniæ Remensis, cuius ascensa sublimitas gratum præstat, porrectis in longum oculis, aspectum in patulos Campaniæ sinus.

*Vel Rietij Frod. habet nemus Rigetinum.*

Vicus autem hic, quem ductis hinc inde mons ad Orientem brachijs valle subsidenti complectitur, à primis temporibus habuit non vilis fabricæ in decliui montis cœnobium, in quo competens Monachorum numerus, quem veterum sagax industria ad duodenarium contraxerat, mores, & actus iuxta Sancti Columbani instituta (vt in antiquarijs legitur) regebant, sub vnius Patris Imperio &c. visâ hâc amœnæ vallis structurâ, vir Sanctus, quod res erat, statim aduertit, illúcque Deo preces fusurus accessit, quasi mox futurus præfatæ solitudinis accola.

Per idem tempus, Remorum florente vicinio, tota pariter fulgebat Ciuitas distinctis Sanctorum fulgoribus adhuc in carne degentium, haud secus ac circulus cœlestis micantium compositis stellarum ordinibus, inter quos laudabilis vitæ summus Pastor Ægidius eminebat, quintus in hac sede à Beato Remigio admirandæ Sanctitatis Præsule, cuius egregias dotes Fortunatus Presbyter ex Italia ab eo in Gallias euocatus, metricè complexus est; quid verò postmodum in Regum obsequio, & quàm aduersa, variante Fortunâ, expertus sit, fusiùs alij prosequuntur.

Hic igitur Præsul Ægidius cùm legationibus toti regno notus esset, contigit eum in Comitatu Regis apud parentes Sancti Basoli officiosâ familiaritate suscipi, totámque familiam attentiùs conspicere; hinc ipsi Basolo prima tanti viri notitia, & cur eo de rebus spiritualibus in domo paterna differente, tanto desiderio flagrarit visendi tumulum Sancti Remigij. Breui enim post relictâ patriâ iter arripuit, vt dixi, & Angelo comite, vsque ad Rigetium, patentésque Remorum campos peruenit.

Vrbem ingressus Basolus, animi sui propositum pandit Archiepiscopo, rogátque vt sibi secretiùs conuersandi opportunum concederet locum: Deo prouidente factum est, vt ad illud mitteretur, in quod veniendo diuerterat cœnobium, duodenâ congregatione Monachorum: illic igitur consilio, & auctoritate dilecti Præsulis Ægidij perueniens,

comperto

comperto à fratribus defiderio, mox in focietatem fufcipitur, ac cui- ÆGIDIVS
dam Monacho, Komarcho nomine, ab eiúfdem loci venerabili Ab- XX. ARCH.
bate facris literis traditur imbuendus, qui tyrocinium ingreffus, præ- *An.*575.
luftrante Dei gratiâ, fic breui emicuit, vt non folum coætaneos, fed
majoris ætatis contubernales fapientiâ facilè fuperaret. Exactis qui-
búfdam annis in communi fratrum exercitio, cùm iam perfectè Vir
Dei inftructus & elimatus fuiffet, vitæ ftrictioris auidus quafi ad fin-
gulare certamen contra Diabolum pugnaturus in nemorofi Montis cacumine, Abbatis permiffu, locum fibi rurfum deligit, vt liberiùs cœlefti
vacaret contemplationi, vbi cellulâ cum oratorio conftructâ, per quadraginta annos tot ieiunijs ac laboribus pro Chrifto fufceptis carnem
attriuit, vt folus ille fciat, qui Beatis futurus eft indeficiens præmium
in cœlis.

Cùm autem fama fanctitatis eius longè, latéque percrebuiffet, *De Celliolis*
confluxit ad eum populorum ingens multitudo, confilia falutis quærens *ab aliorum*
ab eo, quem inter vepres, & dumeta inaudito viuendi genere promi- *cœtu fecretis*
cantem mirabatur: eo rudiores ad virtutem excolente, nouis dein- *Sozomenus*
ceps fignis nomen eius per viciniam magis ac magis cœpit clarefcere. *lib.* 6. *c.*31.
Nam cùm in Montis faftigio, vbi cellulam erexerat, aquæ penuriâ *vbi ait,* Has
laboraret, quadam die nifus eft è terræ vifceribus venam ad fuos vfus Cellulas
deducere: diu farculo effofsâ terrâ, cùm nihil inde emanaret, ad incolunt hi
preces eius fons confeftim erupit, cui, ad viri Dei obfequium, fic è quod in
vertice Montis profluenti, ad ima enim de fuperioribus delabitur, no- monaftica
men inditum eft *Legit Offa*, quafi ex officio medicaminis haurientium, difciplina
depulsâ infirmitate, Offa feu vires redintegraret; fons hic fub Sancti fummù eft
fepulchro quondam exiliens, nunc quodam de vafculo per Ecclefiæ peruene-
fundamenta prorumpit, hauftu dulcis, & ad potandum faluberri- runt, *Vide*
mus. *ea quæ habet*

In eminentiori montis vertice ad Aquilonem (vbi nunc Crux ere- *Concil. Ve-*
cta eft) inter condenfa filuarum fruteta frequentiùs vota Deo foluere *neticum de*
confueuerat, lectoriolo fculptoriæ artis palmo à terra prominenti vo- *Monachis*
luminibus fuperpofito, vt eò puriùs, quò fecretiùs, fiue fedens, fiue *ad folitarias*
in terra iacens pfalmodiæ, aut lectioni incumberet. Lectoriolum hoc *cellulas dif-*
feù menfula inter Ecclefiæ pignora reuerenter vfque hodie conferuatur. *cedentibus*
Manuum quoque labori haud parcens fructiferis arboribus plantaria *an.* 465.
confeuit, hortúmque pomorum, vt fic alternis exercitij vicibus peruigil aduersùs hoftem excubaret. Vnde ftatim omnibus qui de eo quicquam audierant, maximè verò nobilibus cœpit effe admirationi: nam
quidam præpotens, Attila nomine, cum in contiguam cellulæ filuam *Id etiam pa-*
venatum iuiffet. Aper quem auidiùs infequebatur, afcenfo montis cul- *tet ex Ne-*
mine, ad pedes Sancti prouolutus præfidium expofcebat, ille fortis *crologio ter-*
eius compatiens, perfecutores illico fic fiftit, vt & feram viderent ocu- *tio nonas*
lis fibi proximam, & tamen non poffent contingere. Attila Dei virtute *Nouembr.*
cognitâ, non tantùm quæ circa locum fui iuris erant, fed & villam *quo Attilæ*
*anniuerfa-*
*rium cele-*
*bratur.*

*Septem-*

*ÆGIDIVS XX ARCH. An. 575.* *Septemsalices* nuncupatam, & alia prædia Sancto viro contulit, quibus etiamnum gaudent Abbates, potiórque, imò nobilior sunt dotis pars Monasterij.

Post multa pietatis insignia, S. Basolus suæ resolutionis diem sentiens imminere; Nepotem suum Balsennum ex Aquitania accersit, indicátque sibi reuelatum esse quòd post obitum in eodem loco futurus esset ei successor, qui salutaribus eius monitis obtemperans, cum eo in timore Domini conuersatus est, donec Deo præmium tot laboribus decernente, idem Basolus per quadraginta annos Deo probatus, & excultus, depositâ carnis sarcinâ, cœlum ingreditur beatis Angelorum choris sociandus 6. Kalend. Septemb. Balsennus verò in eadem cella, vt vir Dei prædixerat, vsque ad exitum suum Beati Patris vestigia secutus perseuerauit.

*Obijsse legitur apud Frod. 6. Cal. Decemb. & in Martyrol. Remens. an. 592. vt scribit Albericus. verius 690.*

Hactenus auctor MS codicis ex veteribus schedis: quæ postea de suo addidit, luce, & supplemento indigent.

Beato igitur Basolo ad Superos translato, monachi de sepeliendo eius corpore anxiùs cogitant; Sed vbi, in eorum Ecclesia? an supra montem, non satis compertum, Lemouicinæ Vrbis MS. fert sepultum in veteri Monasterio, ac postmodum translatum vbi pœnitentiam suam expleuerat, Remense idem videtur innuere, refértque sarcophagum ab Hincmaro ex veteri Ecclesia sublatum, vt in noua collocaretur, quam ipse dedicauit sub titulo & inuocatione Sancti Martini. Non desunt tamen qui asserant S. Basoli corpus sepultum primitùs fuisse supra montem, cùm locus Sepulchri adhuc videatur in naui præsentis Ecclesiæ, quibus adstipulatur Frodoardus ipse, de fonte precibus eius à Deo obtento, sic disserens. *Orante illo, Dominus ei montis in vertice aquam produxit è silice, quæ sub Sancti Sepulchro fertur exilire, ac per Ecclesiæ fundamenta, quasi de vasculo sese perfundere.* Ex his inferre licet sepulchrum Sancti olim fuisse vbi nunc visitur, cùm fons sub eo dicatur emanare.

*Frodoard. in Chronic. ad an. 937.*

*Auctor citati MS est pariter eiusdẽ opinionis.*

Quicquid sit, vetere Monasterio Anachoritarum vetustate labente, Beatus Niuardus Rem. Archiep. aliud restruxit, rebúsque suis ditauit ex eódem auctore, *Domnus Niuardus omnem rem suam, pro animæ suæ remedio, ad loca sanctorum per instrumenta contulit, scil. ad Monasterium Altum villare, nec non ad Viriziacum, vbi Domnus Basolus quiescit in corpore: quæ Monasteria Domnus Niuo suo construxerat, aut restruxeret opere.* Patet igitur Viriziacum cœnobium vel de nouo constructum, vel saltem restructum à Niuardo, cui & Ecclesiam Beatæ Mariæ eiusdem villæ, cum locello, qui Wassiacus dicitur, contulit, sed & Solitarijs pridem expulsis, Benedictinos ab eodem substitutos puto, qui Beati Columbani statuta seruarent, quos & insigni priuilegio sub Perrone Abbate donauit ex Frodoardo, cuius hæc verba sunt. *Dedit quoque sub iure priuilegij, ad Monasterium S. Basoli Ecclesiam in Viriziaco, in honore Sanctæ Mariæ constructam, cum omnibus ad ipsam pertinentibus, simúlque*

*Lib. 2. c. 10.*

*Lib. 2. c. 7.*

# HISTORIÆ. LIB. II.

simúlque locellum, qui *Waffiacus* dicitur, immunitatem quoque ipsis Monachis sub Perrone Abbate ibidem Deo seruientibus instituit, vt nullus Ecclesiasticorum iudicum eos indebitè in aliquo inquietare præsumeret, sed eis quieto ordine sub Sancta Regula viuere, ac Deo seruire liceret. Ob id putant Vincentius Bellouacensis, Chopinus, & alij quidam prædictum Viriziacense cœnobium immune esse à iurisdictione Ordinarij. Quas postmodum idem subierit vices, & quo tempore, exactis Monachis, Clerici in eorum locum subrogati fuerint, quarto libro dicemus.

*ÆGIDIVS XX. ARCH. An. 576.*
*Chopin. l. 1. de iure Monach. sub finem.*

---

*De Campania Remensi, & quis antiquitùs ei præfuerit; de nominibus quoque populis Galliæ Belgicæ recèns impositis, quibus prouincia Remensis præsertim coalescit.*

## CAPUT XXIIII.

Campaniæ Remensis nomen apud Gregorium Turonensem, & MSS codices sæpius repetitum, monet me, vt originem eius breuiter explicem, statúmque Prouinciæ nostræ Ecclesiasticæ, cui, vt & præcipuis eius partibus, seu pagis, noua paulatim indita sunt nomina, de quibus hîc quoque paucis agendum est.

Et vt à Campania ordiar, hanc sub Clodouei I. Filijs, ita dici cœptam satis apertè indicat Gregorius Tur. lib. 3. cap. 15. de Attalo differens, qui Campaniæ iter arripuit versùs Remos, quò Barbari cuiúsdam minas declinaret: ab hinc enim Belgicam secundam ferè totam, quæ Austriaci regni potior pars fuit, Campaniæ nomenclaturam induisse certum est, cùm de Belgis, & Gallia Belgica apud prædictum auctorem altum sit silentium, quamuis Sidonij Apollinaris ætate protensi à Treuiris Remos vsque, vel Catalaunum campi, vetus nomen adhuc retineret, vt ipsemet ostendit de Auito Aruernensi Equitum Peditúmque Magistro loquens his verbis.

*Sidonius in Panegyr. Auiti, item & de Attila aduentu in Campaniam Gallicam. Et iam terrificis diffuderat Attila turmis,in Campos se Belgatuos.*

*Francus Germanum primum, Belgámque secundum*
*Sternebat, Rhenúmque ferox Alemanne bibebas &c.*
Et Ausonius Gratiani Pædagogus in Mosella,
*Et tandem primis Belgarum conspicor oris,*
*Niuomagum, diui castra inclyta Constantini.*

At quadripertitò diuisâ Francorum Monarchiâ, tota hæc regio, quæ excurrit, à Remorum montibus Rigetio nemore adumbratis ad Treuiros, Campania dicta est, à longis, latísque, & patentibus Campis, vt plerique arbitrantur, vel vt, hoc nomine, à Montosis & Siluestribus plagis sibi vicinis aptiùs distingueretur. Sed cur ipsi Campaniæ Remensis nomen inditum?

ÆGIDIVS XX. ARCH.
*An.* 576.

tum? cenferem id factum ob Vrbis prærogatiuam quæ totius regionis caput fuit, nifi in Appendice ad Greg. Turon. Campania Tullenfis, & Arcienfis pariter legeretur: quare haud ineptè quis opinari poffet, Campaniam quandóque Tullenfem vocari, aliquando Catalaunenfem, & Arcienfem, fæpius verò Remenfem, ab vrbibus quas fuo ambitu coërcet & complectitur, vt Oceanus, alicubi Normannicus, alibi Britannicus, vel Anglicus dicitur à Normannia, Anglia, vel Britannia prout harum regionum littora lambit.

Campania verò fic protenfa, quadruplo major erat eâ Præfecturâ, quæ nunc Campaniæ nomine audit fub vltimis Regibus, imò potiorem fuiffe partem Auftriacæ ditionis, magnáfque ei attributas fuiffe Regiones patet ex confpiratione Rauchinci Ducis, Vrfionis, & Bertefredi apud Greg. Tur. lib. 9. c. 9. Cùm enim interficiendi Childeberti Regis, regníque eius inuadendi confilium inijffent, tota Auftrafia, (quæ tribus alijs regnis Parifienfi, Sucffionico, & Burgundico latior fuit) fic diuidenda erat, vt Campaniæ regnum Theodeberto majori natu Childeberti filio, Theodorico minori reliquum paterni regni cederet. Ex quo videre eft quàm lata & fpatiofa Campania effet, quæ nè tota quidem (pars enim eius Burgundiæ attribuebatur) regni Auftriaci, tanti, ac tam longè latéque citra & trans Rhenum jacentis dimidium haberi potuit, nam flumen Alba, Campaniam Auftriacam à Burgundica diuidebat, cuius ad ripas pofitum erat Tricaffium, Burgundicæ pariter ditionis.

Auftriacæ Campaniæ, in qua Remi, Dux fuit Wintrio, hoc eft Prouinciæ Rector, Beatæ Chlodofindis Pater fub Childeberto, Lupus quoque eodem titulo fulget, cum quo Ægidius Rem. Archiepifcopus graues exercuit inimicitias, eúmque tam acriter infecutus eft, vt apud Laudunum Clauatum, Vrbem Campanienfis Ducatus, vxorem deponere, & ex Campania in Burgundiam profugere coactus fuerit: huic Filius fuit Joannes nomine, Dux pariter vocatus à Frodoardo lib. 2. cap. 4. Poft hos Waimeres Dux Campanienfis legitur fub Theodorico Clodouei 2. Filio. Drogo deinde Pippini ex Plectrude vxore Filius, qui Auftrudem Waratonis Majoris domus Regiæ Filiam duxit vxorem.

Jacob. Chiffletius libro, cui titulus eft Childebrandus ad laruas amandatus fol. 7. negat Drogonem Campaniæ Remenfis Ducem extitiffe, fed Campaniæ Brabanticæ, quod probat ex donatione villæ de Ham in pago Campaniæ facta per Pippinum, Monafterio S. Trudonis in Hasbania, villa autem de Ham reperitur in Brabantia quæ Dominij (inquit) erat Pippini: At villæ huius nominis non defunt in Campania Remenfi, è quibus vna eft admodum vetus Prioratu celebris prope Carolopolim. Nec iuuat quod ex Fredegario (rectiùs ex Appendicis Auctore ad Gregorium) Ducatum à Pippino Drogoni collatum non Campanienfem vocari, ait, fed Campanenfem, quod magis

ad

ad Campiniam accedit, cùm alterius appendicis auctor, ad calcem pariter Gregorij editus, Odonem Campanensem Comitem pariter vocet, qui Campiniæ Brabanticæ Dominus esse non potuit; Deinde quis dicat Pippinum qui latè dominabatur in Austrasia, pro vsufructuario prædio regionem rubis, ac vepribus tunc obsitam & obductam (vt Chiffletius vltro fatetur) Filio attribuisse, cùm Grimoaldus natu minor Filius ab eo Neustrasijs, ac Burgundionibus, qui tum communi ambo Francorum nomine appellabantur, præpositus fuerit. Adde Wandelinum Belgam lib. de Natali solo legum Salicarum fol. 82. docere hanc Brabantiæ partem, Taxandriam primùm vocatam à Marcellino, Campiniam dictam non fuisse ante annum 1200. Drogo igitur Campaniæ Gallicæ seu Remensis Dux fuit, quem Grimoaldus Frater eius excepit; post hunc alij non leguntur, quod sub Carolouingis Prouinciæ aliter administratæ sint, Remensis præsertim, quæ diuisa per Comitatus, à Missis Dominicis lustrabatur ex Capitularibus.

Porrò Duces apud Francos dicebantur Prouinciarum, exercituúmque ex his contractorum Rectores, qui Comitibus præerant, hoc est, vrbium Præfectis, atque Judicibus, Comites vni tantùm Ciuitati, vt quondam Remis B. Arnulfus, Duces pluribus, & vtrique erant ciuili, ac militari jurisdictione, & potestate spectabiles.

Ex dictis igitur patet Belgij vocabulum, ex quo Campaniæ nomen vsurpari cœpit, aliquatenus exoleuisse: imò & quibusdam Belgij regionibus Prouinciæ Remensis, noua imposita fuisse nomina, quæ prior ætas non nouerat, vt Morinorum regioni, seu etiam Neruiorum Flandriæ nomen à flatibus, vel fluctibus marinis ex Meyero ad ann. 1310. Flandrensis populi meminit Audoënus in vita Sancti Eligij lib. 2. Neruiorum item Austrasium tractui siluæ Carbonariæ nomenclatio indita est, de qua Gregor. Turon. lib. 2. c. 8. vel Hannoniæ, à Fluuiolo eiusdem nominis qui per eam fluit. Galliæ Celticæ pars cis Sequanam ab Agendico ad Matronam Bria seu Brigeium vocatur in testamento Dagoberti, vel Brigiensis saltus apud Aimoinum. Veromanduorum, & Ambianorum regio Picardiæ nomen obtinuit, cuius etymon licèt admodum recèns, hactenus latet: ludicrum agnomen puto à moribus populi, vel à locutione sub finem dictionis acutiore sumptum. Hæ autem regiones quæ veterum gentium nominibus designabantur, vt etiamnum Artesij, & Bellouaci, pro arbitrio Principum, vel etiam populorum noua hæc induerunt nomina, quæ curiosiùs hîc discutere operæ pretium non est.

Sufficit quòd Ecclesiastica Rem. Prouincia, varijs Diœcesibus constet, quæ hos populos inuoluit sub diuersis principibus degentes: Alij enim, Gallià in Tetrarchiam diuisâ, Austrasijs parebant, vt Remi Catalaun. Laudun. in Campania siti; alij Suessionum Regulis, vt Turnacenses, Nouiom. quidam Parisiacis, vt Bellouaci, & Ambiani, hi

228 METROPOLIS REMENSES

ÆGIDIVS
XX. ARCH.
*An.*576.

partitâ demum Galliâ in duos Orbes, Neustrasijs semper paruerunt, quòd ab his penderet Dentelini ducatus inter Sequanam, Isaram, & Oceanum. Cùm ergo multarum ditionum esset Remensis Archiepiscopatus, mirum non est quòd sub Remigij Successoribus, pauca admodum celebrata sint Concilia, cùm hæc Principum nutu cogi deberent: si leges Ecclesiasticæ siluerint inter tot regnorum motus & vicissitudines, sensímque conciderit disciplina Ecclesiastica, si denique neglectis plerúmque Cleri, & populi suffragijs, ab aula Regis Præsules assumerentur, vt quidam auctores indicant, videbimúsque postea; nunc Ægidij gesta paulisper intermissa prosequamur.

*Ægidius ob susceptas ad Chilpericum Legationes malè audit, ac velut lezæ Majestatis reus exautoratur.*

CAPUT XXV.

Gregor. Turon. *lib.*5.*c.*
1. *& lib.* 4.
*cap.*46. Aimoin. *lib.*3.
*cap.* 14.

SIgiberto Rege apud Victoriacum villam extincto (vicus est in pago Atrebatensi altero lapide à Duaco) Brunichildis Regina cum filijs Parisijs residebat, metu, & dolore oppressa: eâ quæ ageret nesciente, Gundeboldus Dux adprehensum Childebertum filium paruulum furtim abstulit, Regémque, collectis Primoribus, instituit. Vbinam? silet Gregorius, Aimoinus verò dicit metis coronatum. Anno primo regni eius Chilpericus Rex Parisios veniens Brunichildem apud Rotomagum exulare iussit, filias Meldis teneri. Haud multò post Meroueus Chilperici filius præfatam Reginam Patrui coniugem, illicitè sibi conjungens, Patri negotium facessit: subinde collecti de Campania Proceres Suessiones vrbem aggrediuntur, Sigiberti Regis sui mortem vlturi, at Chilperico præualente ad propria redeunt. Idem Rex Meroueum aggressus in Campaniam Remensem fugere, ac latitare compulit, vbi Fredegundis dolo interemptus est. Erant qui Ægidium Præsulem huius necis conscium, & auctorem arbitrabantur, quòd pridem Reginæ carus, & addictus esset. Inde enim mali labes, ac subsequentium obsequiorum exitialis origo, breuiter hîc à nobis exponenda.

581.

Childeberto post Patris necem impubere relicto, Ægidius inter Optimates præcipuus ac velut regni Administer, maximum se operæ pretium facturum credidit, si hunc cum Childerico, quod fines Austrasiæ regnum eius attingerent, susceptâ legatione conjungeret, fœdúsque inter hos iniretur aduersùs Gunthramnum paternarum vrbium detentorem: tunc enim in more positum fuisse apud Francos, vt Regij pueri adhuc pupilli sub Optimatum tutela essent, penes quos auctoritas esset, (etiam ijs, ac Reginâ nescientibus) pacem, vel bellum

lum pro libito decernendi, tradit doctiss. Valesius tomo 1. fol. ÆGIDIVS XX. ARCH.
308. *An.*583.

Aliquantò post rumore perlato quod Chilperico natus esset filius, Ægidius iterum legationis Princeps, fœdus aduersùs Gunthramnum percussum Sacramentis arctiùs firmandum incautè suggessit, quod Massiliæ partem hic indebitè retineret, quòd Perfugis (Lupo Campaniensi inprimis) Burgundia portus esset, ac subsidium, addebat velut à Chilperico acceptum (sed falsò vt multi putant) prædictum Regem necis Sigiberti participem fuisse, vnde Legati vltionem debitam velociùs inferri postulabant.

Ob has legationes, ac bellorum tumultus, incendia, cædes, rapinas quæ inde secuta sunt, populorum odia vehementer in se concitauit, maximámque pro obsequijs malè impensis inuidiam subinde consecutus est, post Chilperici præsertim obitum, quem intimè demereri studuerat: morte siquidem ipsius, mutatâ rerum facie, Gunthramnus Childeberti animum lenire, ac omni quo potuit officio deuincire cupiens, missis ad eum Legatis, petit vt ad se citiùs veniat ad colloquium, vbi hunc, quòd omni prole careret, suæ Monarchiæ declarat hæredem, traditâ ei hastâ regalis potestatis loco; tum summotis Arbitris, obtestatur per Deum nè cui arcana sua proderet, fidos deligeret Consiliarios, nec Ægidij Remensis, velut proditoris, consilijs ampliùs vteretur, aut lateri suo admoueret: altiùs siquidem Gunthramni animum penetrauerat Ægidij solicitudo, quò Chilpericum ad sibi bellum inferendum impulisset. 584.

Horum memor Childebertus, quæ à Patruo inculcata fuerant, facilè sibi datas in Ægidium suspiciones deinceps excepit. Nam cùm Rauchincus dux, Vrsio, Bertefredus, alijque Optimates interficiendi Childeberti, regníque eius inter se diuidendi consilium inijssent, ita vt regnum Campaniæ Theodeberto majori natu Childeberti filio, Theodorico minori reliquum regni paterni cederet, in summum discrimen regia domus adduci videbatur, si Conjurati facinus compleuissent. 587.

Verùm Gunthramnus Rex de tota re certior factus, clam ad Childebertum nuntios mittit, qui occultas insidias patefaciant: Rauchincus illicò accersitur de objecto crimine responsurus, cúmque vix habito sermone cum Rege securus, vt sibi videbatur, abiret, nefandi sceleris pœnas exsoluit: vxor eius quæ tunc gemmis & auro culta Basilicam SS. Crispini & Crispiniani Suessionis sepulchro ac Reliquijs insignem petebat, auditâ viri nece, per alium vicum gradum retorsit, & in Basilicam Sancti Medardi confugit, vt se Beati Confessoris præsidio tueretur. De fœderatis deinde pœna sumpta est, quæ Proceribus regni cognatione, amicitiâ, vel criminis societate cum eis conjunctis, tantum injecit metum, vt multi relictâ domo, & Austriâ in alias regiones profugerint. Ægidius Remorum Episcopus Vrsioni, & Ber-

*ÆGIDIVS XX. ARCH. An. 587.*

& Bertefredo amicissimus fuerat, ambósque ante sexennium ad Lupumâ Ducatu Campanensium, domóque expellendum, vt rara est inter Rectores Prouinciarum & Episcopos concordia, impulisse ferebatur, nec dubitabant plerique quin cum eis scelerata quoque consilia miscuisset. Igitur ad Regem delatus, confestim euocatur, tanquam suspectus, ad dicendam causam, purgandúmque facinus, & quoniam cogitati forsan sceleris sibi conscius venire non audebat, in Basilicam Sancti Remigij fides ei nomine Regis data inuiolatum fore si venisset, hunc enim conjurationis particicipem fuisse Sunegisilus post triennium tortus indicauit; venit itáque, Childebertúmque adijt multis muneribus sibi iratum placaturus, adeo vt qui tantummodo suspectus antea erat, precando veniam, reum se esse ostenderet, hâc nihilominus auro, & precibus obtentâ, susceptus à Rege in pace dimittitur, Lupo quoque Campaniæ Duci, qui eius impulsu à Ducatu dejectus fuerat, reconciliatur, cum magno Gunthramni mœrore dudum Ægidio infensi.

*590.*

Omnis de eo Præsule suspicio, si quæ esset, sopita videbatur Regis indulgentiâ, nisi hanc paulò post noua in Childebertum oborta conspiratio refricasset, quæ Ægidio nihil aduersi cogitanti funesta fuit, Sunegisilus quidam ( hunc Comitem stabuli aliqui volunt ) qui è Rauchinci conspiratione fortuitò euaserat, in deteriorem impegit, pro qua comprehensus tormentis addicitur, tamdiúque virgis lorísque cæsus est, vt vi pœnæ coactus ( computrescebant enim vulnera cùm primum decurrente pure claudi cœpissent ) & se in Regem coniurasse, & Ægidium Remorum Episcopum vnâ cum Rauchinco, Vrsione, & Bertefredo interimendi Regis Childeberti consilium inijsse declarauerit.

*Hunc homine à Fredegunde Regina missum fuisse ad percutiendum Childebertum scribit Frod. de eo Gregor. lib. 10. c. 19.*

Statim mittuntur Remos qui Ægidium Episcopum comprehendant, & Diuodurum Mediomatricorum adducant, quo custodiæ mandato, Rex ad causam cognoscendam iubet Episcopos initio Octobris Verodunum conuenire. At increpitus ab Episcopis quod antistitem inauditum ignominiosè rapi, & in custodiam trudi iussisset, ei Remos redire permisit, eâ lege, vt omnes, medio mense Nouembri, Veroduni adessent Ægidium audituri.

Cum venissent Verodunum, & inde Mediomatricos, ibi pariter Ægidius die constitutâ adfuit causam dicturus, Rex hunc inimicum sibi, regnique proditorem dictitans inquisitionem criminum Ennodio Duci Turonum mandat, qui sic Ægidium affatur. *Dic mihi Episcope, cur occultè desciscens à Rege, cuius in vrbe Episcopatus honore fruebaris, amicitiam cum Rege Chilperico iunxisti, qui semper Domino nostro Regi fuit inimicus, qui Patrem eius interemit, Matrem in exilium misit, pupilliq́ue regnum inuasit: cur in agris vrbium, quas Chilpericus iusto Regi per iniuriam ereptas, armis occupaueras, tu ab eo possessionum fiscalium prædia accepisti?*

Res-

Respondit Ægidius amicitiam sibi cum Chilperico fuisse, quam inficiari non possit, nec velit, se tamen Regi Childeberto fidem sinceram semper exhibuisse, & villas, quas Ennodius diceret, ab eodem accepisse, protulitque falsas donationis literas, quas se dedisse Rex, iisque subscripsisse Otto Referendarius negarunt. Sic Episcopus falsi conuictus est. Postea proferuntur Epistolæ Ægidij ad Chilpericum conuicijs, & probris in Brunichildem plenæ, & Chilperici ad Ægidium scribentis. *Nisi radice excisâ, culmum, qui natus esset, arere non posse*, quibus verbis Rex apertè significabat Brunichildem tolli opportere, vt Filius eius faciliùs opprimeretur.

Negauit Episcopus, has se Epistolas, vel suo nomine ad Chilpericum misisse, vel ab eo accepisse, sed puer familiaris eius adfuit, qui eas literas notarum titulis per tomos chartaceos comprehensas tenebat: quare nemo ex Episcopis, qui iudices consederant dubitauit ab Ægidio alias missas, alias acceptas esse: prolatæ sunt deinde pactiones quibus Childebertus, ac Chilpericus Gunthramnum eijcere, & regnum eius inter sese diuidere constituerant: negauit Rex has, se consentiente, ab Ægidio legato suo factas esse, acritérque in eum inuectus est: hoc Episcopus, quanquam cuperet, inficiari non potuit, è scrinijs enim thesauri Chilperici extractæ, in manus Childeberti venerant, interempto Chilperico.

Post diuturnam his de rebus altercationem, adfuit Epiphanius Abbas Basilicæ Sancti Remigij, affirmauitque Ægidium pecuniâ à Chilperico esse in legatione corruptum, atque vt fidus ipsi esset, duo millia aureorum, multáque alia pretiosa dona accepisse. Adstitere etiam qui cum Ægidio ad Chilpericum anno antequam interficeretur Legati fuerant missi, & dixere cum cum Rege, summotis arbitris, esse collocutum: inficiante Ægidio, arcanorum eius particeps Epiphanius indicat à quo, & in quem locum aurei essent allati, & quemadmodum de excidio regni Gunthramni conuenissent.

His auditis Sacerdotes attoniti, ac vicem Antistitis dolentes, quem tot malorum participem fuisse constaret, petunt à Rege vt antequam sententiam ferrent, quò diligentiùs causa cognosceretur, triduum ipsis concederet, vt sui purgandi reus spatium nancisceretur, die tertiâ illucescente, conueniunt in Ecclesiam S. Stephani, vt priùs fecerant Episcopi, & Ægidium causam dicere, ac objecta refellere, si posset, jubent.

At ille non minùs conscientiâ, quàm tot virorum testimonijs conuictus, & perturbatus ait. *Quid differtis reum vestrâ sententiâ damnare? propter crimen Majestatis dignum morte me esse fateor, qui Reipub. Regis, matrísque eius commodis semper sum aduersatus, quo impulsore multa bella gesta, multa commissa prælia.* Tum Episcopi ingemiscentes consacerdotis opprobrio, atque dedecori impetrauerunt à Rege vt vitam misero daret: lectísque Canonum sanctionibus, eum ab ordine

Sacerdotali

**ÆGIDIVS XX. ARCH. An. 590.**

Sacerdotali summouerunt, qui statim Argentoracum in exilium ductus est: Epiphanio S. Remigij Abbati, qui prædictorum conscius fuerat dignitas ablata, multa quoque auri, argentíque in huius Episcopi regesto pondera reperta, exceptis rebus ad Ecclesiam pertinentibus, regalibus thesauris illata sunt.

Talem sui Episcopatus exitum Ægidius sortitus est, ex summi honoris fastigio miserè deturbatus, amicorum ope nudatus, ac diuitijs, & ex Regis Consiliario exul factus, legationum suarum pœnas luens; ad cumulum suæ miseriæ illud etiam accessit, quòd Lupi Campaniensis, sibi dudum infensi, filium viuus successorem in sede Remensi habuerit: fœlix si proprij officij memor, Regum negotijs tam auidè se non implicuisset. Egregius cæteroquin Pontifex, ac de Ecclesia bene meritus, quam villis, mancipijs, ac nemoribus pretio comparatis, ditauit, obtento à Childeberto Rege immunitatis priuilegio, qui & Villarem in Vosago prope fluuium Saroam, tam ipsi, quàm Ecclesiæ Remensi, instrumentis adhuc manentibus Frodoardi tempore, inuenitur tradidisse.

---

*Romulfus XXI. Archiepiscopus, Remensem Ecclesiam bonorum suorum facit hæredem.*

## CAPUT XXVI.

ÆGidio igitur Patrum Concilij Metensis sententiâ exautorato, Romulfus ei in Archiepiscopatu sufficitur, vir illustris prosapiæ, Lupi Galli inferioris Aquitaniæ, vt quidam scribunt; & Campaniæ Ducis, hoc est Rectoris, filius, qui Sigiberto Regi fideliter adhæserat: habuit hic præter Romulfum Palatij Comitem, Ioannem sibi in Ducatu successorem, ac filiam quæ Godegisilo nupsit, copiarum in conspiratores Vrsionem, & Bertefredum strenuissimo Ductori. Sic Lupi familia inter clariores tam præfecturis, quàm opibus, & auctoritate fulsit: de Lupo Campaniensi, cuius pluribus in locis Gregorius Turon. meminit, præclarè Venantius Fortunatus lib. 7. carm. 9. sic cecinit.

*Greg. Tur. lib. 9. c. 12.*

*Antiqui proceres, & nomina celsa priorum,*
*Cedant cuncta Lupi munere victa Ducis &c.*

Facili hunc aditu fuisse idem auctor ait, vultu sereno, grauem, tranquillum, altitudine, & vigore ingenij præstantem, facundum, pro Reip. securitatè ac quiete spontè laborantem, vt pace, ita bello optimum extitisse, Saxones, ac Danos acie vicisse, ac Sigibertum principem palam dicere solitum, eum virum decus suum esse.

Palatij

## HISTORIÆ. Lib. II.

Palatij Comitis munere filius eius Romulfus fungebatur, cùm fa-  ROMVLFVS
ctus presbyter, ac ex presbytero lectus Remensis Archiepiscopus an-  XXI.ARCH.
no 590. tradit Demochares Pallium à Gregorio I. missum per Con-  *An.*590.
stantium Mediolanensem Archiepiscopum suscepisse, approbatâ causâ depositionis Ægidij, at in Chronologia nobiscum non sentit. De
hoc Antistite (si legata excipias) pauca admodum restant quæ referri
possunt, vnde crediderim eum prouectâ iam ætate ad Pontificatum
peruenisse.

Refert Frodoardus Lupum Romulfi patrem maximis excelluisse  594.
patrimonijs, eáque filijs reliquisse æqualiter inter se diuidenda; quæ
Romulfo sorte obtigerunt erant extra Ligerim, & in pago Pictauiensi, quorum pro majori parte testamenti paginâ Remensem Ecclesiam
fecit hæredem: quædam Fratribus ac Nepotibus dimittens, & quædam Matriculæ Sancti Martialis deputauit, ac Basilicæ Sancti Remigij, villam verò Lautiniacum super fluuium Caltajonem contulit Monasterio Puellarum Remis in honore Sancti Petri constructo, quam
villam dato pretio se memorat comparasse.

Alijs quoque Ecclesijs, tam Remensis, quàm Suessionici, vel Tu-
ronici Episcopij alia contulit donaria, sed & familiæ suæ partem
maximam ingenuitate donauit. Prædicti testamenti Archetypum in
Archiuo Remensis Ecclesiæ olim suo tempore conseruatum fuisse refert idem Auctor, cum Childeberti Regis præcepto. Rogatus enim
inclytus Rex à præfato Præsule per Sonnatium Diaconum virum venerabilem, suo diplomate supremam illius voluntatem libenter confirmauit, sanxitque nè vsquam terras, mancipia, villas, quæ ad loca Sancta delegauerat, ab hæredibus retineri, vel vsurpari possent,
sed ea sacerdotes quouis tempore vindicandi liberam haberent potestatem: quasdam etiam villas in territorio Metensi sitas, quarum caput est Ortiuallis, vel Oriuallis, quas domnus Ægidius à Vincentio
quodam coëmerat, cum Rege Childeberto commutauit pro alijs villis
in pago Remensi, id est Marciliana, & Arbidogilo, gallicè *Margil-
ly, Ardeuil*; Oratorium denique, in honore Sancti Germani, construxit
in atrio Sancti Remigij.

Romulfus post sex circiter, aut septem annos regiminis homi-  596.
nem exuit: vbi verò tumulatus sit æque ignoratur, ac annus suæ depositionis; quidam sat probabiliter putant sub Childeberto Austrasiorum Rege cum fato functum, quod hic testamentum eius scripto ap-
probarit; at quid vetat Childeberto, post concessum priuilegium,
Romulfum superfuisse. Albericus qui Sonnatium Romulfo Remis
successisse dicit anno 624. nouam inducit opinionem, quæ facilè con-
uelli potest, cùm euidens sit citiùs Sonnatium electum fuisse, vel ex
ipso Frodoardo, qui villarum commutationem hunc, cum Brunichilde,
fecisse asserit, hæc autem è viuis erepta est anno 613. ex quo infertur
maturiùs infulas Remenses induisse Sonnatium.

Gg  Childe-

**ROMVLFVS XXI. ARCH.**
*An. 596.*

Childebertus quoque Rex obijt ætatis anno 25. regni 22. cuius laudes graphicè referuntur à B. Gregorio 1. Epist. 5. & 7. Erat enim egregiæ indolis, strenuus, sapiens, & qui res Galliarum paululum inclinatas, in pristinum, ac florentiorem statum reducere poterat si diu vixisset, vt de eo Gunthramnus apud Gregor. Turonensem lib. 8. cap. 4. Francici Auctores obitum eius, & certissimè, remittunt ad annum Christi 596. quamuis Baronius hunc biennio ante Gunthramnum obijsse falsò dicat, cùm Burgundiam, regnum Gunthramni patrui, testamento eius adeptus sit, & aliquot annis tenuerit, vt Fredegarius docet. Ditiones eius inter Filios partitæ sunt, Theodeberto Austrasia obtigit; Burgundia Theodorico sub Auiæ tutela Brunichildis, quâ instigante, vt Fredegundi æmula, atrox, & plusquam ciuile bellum exarsit in Chlotharium II.

*De Balsenno Sancti Basoli Nepote Viriziacensem cellam post eum incolente, an à Balsenno Martyre distingui debeat.*

## CAPVT XXVII.

*Balsennum hunc vocat Coluenerius, & apud Frod. ab eo editum sic scribitur.*

Austrasiam regente Childeberto, Balsennus, quem è Lemouico Beatum Basolum accersisse dixi cap. 16. vt Viriziacensem Eremum incoleret, Patrui vestigijs firmiter inhærebat, virtutum æmulator studiosissimus, cùm, eo ad superos abeunte, cellulæ hæres relictus est: Quid postea gestum ab eo, & quàm arcta fuerit ipsius pœnitentia nescitur; Frodoardus præter perseuerantem eius in eremo habitationem iuxta Basoli vaticinium, cui velut obsequentem Filium in omnibus vsque ad obitum morem gessisse dicit, omnino nihil refert, nec euolutis sedulò Viriziacensis cœnobij codicibus, aliud expiscari licuit, tanta fuit nostratium in colligendis Sanctorum gestis oscitantia.

Sunt qui putant Balsennum non diu ibi perseuerasse post Basoli excessum ob Barbarorum grassationes, quibus fauere videtur eiusdem, vt creditur, Balsennij vita à Lemouico nuper vulgata, quam literis Gothicis exaratam ferunt, vbi Balsennus post aliquot annos Asceticæ vitæ apud Viriziacum impensos aliò secedere compulsus dicitur, cùm Vandali trajectis Rheni limitibus sese in Gallias hostiliter effuderunt, vastarúntque easdem, deprædatis, quæ circum Remos sunt Vrbibus, & Castellis: tunc enim relictâ cellulâ, quò iuxta monitum Euangelicum persecutionem declinaret, Martyrij lauream, quam non quærebat, inuenit. Securus siquidem per deuia montium, & abrupta vallium pergens, incidit in Barbaros haud procul à Trecis, cúmque hos relictâ Barbarie, ad meliorem vitam impensiùs hortaretur, exasperati
potiùs,

HISTORIÆ. LIB. II.

potius, quàm ipfius molliti fermonibus, ferociter hunc rapiunt, trahúntque ad vicinum monticulum, Caput ipfi amputant, quod manibus illico receptum geftans, gradiénfque inter medios hoftes, ftupendo miraculo milliarium emenfus, ad locum deftinatum depofuit.

ROMVLFVS XXI. ALCH. *An.*596.

Addit prædictus Codex, Lemouici Regis Filiam cœcam à natiuitate, monitam fuiffe diuinitùs pergendi in Campaniam Arcienfem; vbi Balfennij corpus in puteum à Barbaris projectum fuerat, quò nominis eius fama obliuione citiùs deleretur, promiffúmque illi lumen protinus recepturam, cùm primùm, extracto corpore, putei aquâ oculos fuos ablueret, quod iuxta monitum mirabiliter contigit, & nè indulti beneficij ingrata maneret, fepulturæ honorem reuerenter Sancto exhibuiffe prope Ecclefiam Sancti Petri; At ibi diu non latuiffe fubdit, nam cùm Herifindi Comitiffæ innotuiffet tanto fe diuitem effe thefauro in fundo fuo abfcondito, è tumulo hunc pluribus adftantibus, Comite inprimis Parifienfi, leuari juffit 16. Calend. Januarij, cui Caput enixiùs petenti liberaliter indulfit, quod velut immortale depofitum primaria Regiæ vrbis adhuc religiosè feruat Ecclefia: Corpus verò eleganti lipfanothecâ conditum in Caftelli fui facello conferuandum curauit.

Hactenus MS codex, cui concinit hiftoriæ Fragmentum à Nicolao Camufatio antiquitatis amantiffimo haud ita pridem editum in Promptuario Tricaffino, & Georg. Coluenerius in Scholijs ad Frodoard. vbi Balfennus ab eo Martyris titulo decoratur. At è prædictis relationibus Lemouicinis fumptæ conjecturæ, cogunt, vt credamus Balfemium Martyrem à Balfenno noftro ( fic enim legit Sirmondus ) multùm differre, cum Vandali in Gallias irruptionem fecerint fub initium quinti fæculi, quo Balfennus Sancti Bafoli nepos necdum lucem viderat, nec Lemouici à Clodouei Baptifmate alios præter Francorum Reges agnouerint, vnde Dominus du Peyrat in Opere, quod Regiæ Capellæ Antiquitates infcripfit, de Reliquijs Sancti Balfennij differens quæ in Prioratu de Ramery coluntur, tradit hunc S. Martini Turonenfis Archiepifcopi æqualem, & coætaneum fuiffe, quod cum geftis Lemouicinis aptiffimè concordat, vbi Vandalorum fit mentio. Sic nè duo inconfultè confundamus, aut ipfa traditio temerè conuellatur, cum Frodoardo rem indecifam relinquimus, donec veritas ipfa clariùs innotefcat.

*De Sancto Sindulfo Recluso, & Sacerdote.*

## CAPUT XXVIII.

Er id quoque tempus Remense territorium Sindulfi secessu, & virtutibus illustratur, cuius patria, parentes, & gesta penitus latent. Quidam hunc natales ex Aquitania traxisse volunt, comitémque fuisse Beati Basoli, cùm secretioris vitæ hic tactus desiderio, fugiendíque mundi fallaces rosas Remos venit; putant enim Sindulfum pedem in pago qui Alsontia dicitur, fixisse haud procul à Durocorto, quem constanter incoluit, longáque sanctificauit pœnitentiâ. Alij ex ipso pago ortum scribunt, cui eodem tempore, quo Basolus Viriziacensem Eremum petijt, reclusus hærebat, contemplationi iugiter affixus, corpus domans ieiunijs, vigilijs quoque macerans, & assiduâ lectione. Sanè cum Basolo Sindulfum coniungit Sigebertus in Chronico ad annum 567. his verbis *Basolus Abbas, & Sindulfus Presbyter, & Reclusus clarent in Francia*, ita vt æquales ambo, & coætanei reuerâ fuisse videantur.

Secessorum vitæ genus, à Sindulfo delectum, tunc enitebat in Ecclesia, qui vulgaribus trophæis non contenti, quæ Pugiles manent cùm latentes, & internæ Diaboli ab his calcantur insidiæ, sed aperto certamine, ac singulari conflictu cum eo congredi cupientes, vastos Eremi secessus adeunt Strenuorum lauream recepturi. Horum sæpius meminit Greg. Turon. in Historia Francica, & lib. de Vitis Patrum, Frodoardus quoque noster de Basolo disserens, & Almannus Altiuillarensis Monachus de Sindulfo, quem Anachoriticam vitam professum fuisse testatur, in qua cùm multos annos diuinis rebus speculandis seriò mentem impendisset Alsontiæ latebris tectus, ad aliud vitæ genus tandem se contulit, salutis præbens pabulum villicis totius Pagi, apud quos fouit inopes, consolatus est miseros, ægrotos quoque peculiari gratiæ dono sanauit.

Ob præclara hæc caritatis officia Frodoardus, qui describendis miraculis, quæ in corporis eius translatione fulserunt, totus est, putat hunc Alsontiæ Presbyterum, hoc est Pastorem fuisse animarum, quòd Deo in altari, incolísque spirituale præbuerit obsequium, Arbitror si non titulo, opere saltem, ac merito Pastorem dici posse, Presbyteri nomen id indicat, & quòd post obitum in eiúsdem pagi Ecclesia fuerit tumulatus.

Cùm miraculis claresceret Sindulfi sanctitas, quæ frequentiùs fiebant in Ecclesia vbi sepultus jacuit, Hincmarus Archiepiscopus hunc è tumulo post ducentos annos extrahendum censuit, sacrísque eius Pignoribus

## HISTORIÆ. LIB. II.

gnoribus Altumuillarense coenobium nobilitandum, ad quod nuper Româ fuerant aduectæ Helenæ Imperatricis Reliquiæ: Frodoardus qui ab Almanno ferè omnia hausit, quæ satis diffusè retulit cap. 9. lib. 2. ait Mulierem cæcam, Sindulfi meritis, visum recepisse in villa quæ Spida vocatur, mutámque ac debilem sanatam, cùm sacra ipsius ferentes pignora Remos aduentarent, quæ in Metropoli coram altari Beatæ Mariæ posita sunt, indéque, celebratis Missæ Sacramentis, delata ad Basilicam S. Remigij, tum ad Monasterium Anennacum, vbi, cum occurrentibus Monialibus, Claudus adueniens, priscum gressum recepit, contractáque mulier ac membris resoluta sospitati reddita. His ac similibus miraculis Serui sui sanctitatem patefacere voluit Deus, quò debitus ei honor redderetur. Perlata deinde sunt ad Monasterium Altumuillarense Sindulfi pignora, ac in ipsius Sacrario honorificè condita, éstque Parochiæ pagi Tutelaris Patronus, ybi Festum eius colitur 20. Octobris: de eo Remense Martyrol. 13. *Calend. Nouemb. in territorio Remensi, villa quæ dicitur Alsontia, Depositio Sancti Sindulfi Presbyteri & Confessoris.*

*Sonnatius XXII. Archiepiscopus, modum ritè ministrandi Sacerdotibus præscribit.*

### CAPUT XXIX.

SEde Remensi Pastore viduatâ, Sonnatius è gremio Canonicorum, conspirantibus votis, ac Rege Theodeberto annitente, Pontifex renunciatur anno circiter 600. eximiæ vir probitatis, & prudentiæ, qui sub Romulfo Prædecessore Archidiaconi fungens officio, rebus Ecclesiæ promouendis animum applicuerat; quod majori adhuc studio deinceps præstitit regimen adeptus, terris ac mancipijs dato pretio coëmptis, colonijs per villas Episcopij dispositis, & alijs cum Brunichilde Regina, pro vtriusque partis opportunitate commutatis. At decor domus Dei, & optimè constituta disciplina longè altiùs pectori eius insederat, quam statutis synodalibus diligenter vallare statuit, omissis quidem à Frodoardo, sed operi eius appendicis loco ex archiuo majoris Monasterij à Coluenerio studiosè adjectis, quorum hic seriem subijcimus.

### STATUTA SYNODALIA ECCLESIÆ
Remensis per Dominum Sonnatium.

1. SIne fide ( teste Apostolo ) impossibile est placere Deo, ideóque mandamus omnibus, vt exactè doctrinam fidei iuxta verbum Dei, & *Sancta*

*Hebr.* 11.

*Sanctæ Ecclesiæ Romanæ traditionem teneant, sequantúrque, & quicúmque Pastores sunt, quæ ad instruendum populum & gregem pertinent, discant; & sciant, & suos ad officia virtutum excitent.*

2. *Fidelibus piè Sacramenta ministrent, sempérque adferant, quod ad explicandam vtilitatem Sacramenti, & institutionem pertinet.*

*Psal. 146.*

3. *Mercedem non accipiant, sed in Deo confidant, qui dat escam pullis coruorum inuocantibus eum.*

4. *Baptizaturus sit sobrius, idque honestè expleat, verba attentè proferat, & debitè de parentibus informet.*

5. *Confirmationis Sacramentum habet donum roborantis spiritus Sancti, & vberiorem gratiam præfert, ideóque non negligatur.*

6. *Remissio peccatorum, & expiatio sanguini Christi Domini nostri nititur præcipuè, & ab eo pendet.*

*Prouerb. 27.*

7. *Curet Pastor ouem suam, & non negligat, ei iniungat interesse Missæ sacrificio diebus solemnibus, & Dominicis, agnoscat eius faciem, & si bis absit in anno, prohibeatur eidem Ecclesiæ ingressus, & careat Pastorali sepulturâ, & consolatione.*

8. *Nemo tempore Quadragesimæ pœnitentium Confessiones audiat præter Pastorem; huius enim interest ouem recognoscere, pro qua animam suam fœnerat Domino.*

9. *Sacro-sanctam Eucharistiam Sacerdos celebraturus se præparet, & probet, & vt minimùm bis in mense id faciat.*

10. *Feratur ægrotis vase honesto, & lumine antecedente, & præeunte, & quicúmque peregrinari volunt, illud ad viaticum suscipiant.*

11. *Et cur ad mortem damnatis renuitur? Cùm ijs maximè conducat ad spem & securamen certi decessus, & præsentis agonis.*

12. *Qui ad ordines promoueri volunt, habeant beneficium ad alimoniam sufficiens, idque ad examinationem virorum proborum, & iuratorum.*

*Matthæi 15.*

13. *Nulli tonsura detur nisi idoneo, & ad sacros ordines postea probabiliter ascensuro: quid opus enim mittere panem filiorum canibus, & spiritulia mundi amatoribus?*

*Ephes. 5.*

14. *In Matrimonio imago extat Sacro-sancti coniugij inter Christum, & Ecclesiam enati: ideóque vinculum est diuinitus firmatum, quod multum confert ad felicitatem rei familiaris, ad pacem inter partes, & ad proles suscipiendas.*

15. *Extrema vnctio deferatur laboranti, & petenti, eúmque Pastor in propria sæpius inuisat, & piè visitet, eum ad futuram gloriam animando, & debitè præparando.*

16. *De Clericis, luceant sicut stellæ, & perpetuæ claritates in firmamento Ecclesiæ, non sint ebrij, nugaces, & sæcularibus immixti.*

17. *Nec mulieres alloquantur, aut domi retineant, viuant in communi, & ædes pauperi patentes inhabitent.*

18. *Suffragia defunctorum omnino seruari præcipimus, & nè Missarum*

*Missarum solemnia, præter Fundatorum mentem alio modo conuertantur.*

19. *Sint Episcopi fideles, & assidui verbi Dei dispensatores, in hoc enim eorum caritas dignoscitur, si gregem pascant exemplo, & verbo.*

20. *Festa absque omni opere forensi excolenda, & cum debita veneratione celebranda hæc sunt. Natiuitas Domini, Circumcisio, Epiphania, Annunciatio Beatæ Mariæ, Resurrectio Domini, dies Pentecostes, Natiuitas Beati Ioannis Baptistæ, Apostolorum Petri, & Pauli, Assumptio Beatæ Mariæ, eiusdem Natiuitas, Andreæ Apostoli; & dies omnes Dominicales.*

21. *Ecclesiæ debitè dotentur ad alimoniam Pastoris, & Cleri, vt securiùs inuigilent super gregem, & de eius salute sint anxij, & solliciti.*

Notat Georg. Coluenerius quòd etsi in his Statutis, quibus de officio Pastorum, de modo Sacramenta ritè administrandi, ac festorum celebratione agitur, quædam sint quæ tantam non videntur redolere antiquitatem, vt quòd titulum Pastoris tribuat Parochis, qui Sonnatij ætate, & multò post Presbyteri tantùm aut Sacerdotes appellabantur, quod item festum Natiuitatis B. Mariæ inter festa absque forensi opere excolenda reponat, cùm Fulbertus qui vixit anno 1017. id primùm celebrasse dicatur, reijcienda tamen non esse, eò quòd fieri facilè potuerit, vt loco Presbyteri à recentiori aliquo positum sit nomen Pastoris, & Festum illud ab aliquo adjectum: scribit tamen S. Hildephonsus (qui eadem ætate vixit cum Sonnatio) in libro de virginitate & parturitione Beatæ Mariæ, Natiuitatem eius ex auctoritate totius Ecclesiæ celebrari, & venerari: quòd verò spectat ad nomen Pastoris, etiam Sonnatij tempore vsurpatum fuisse in Ecclesia probat can. 4. Concilij Remensis de quo postea. Per id tempus Beati Memmij Catalaunorum Apostoli tumulus miraculis inclaruit, è quibus illud memoratur in Annalibus, quòd cùm nimio æstu, & feruore Solis, exsiccatis vndique fontibus, aquæ penuriâ vicini laborarent, terra quæ tumulum ambit, visa est ex sese instar putei maximo hiatu patefieri, è cuius fundo vena aquæ tanta vbertate scaturiuit, vt breui puteus, quadraginta licèt pedum altitudinis, exundauerit, quò loci Incolæ cognoscerent à Beato Memmio, caritatis Fonte, opem in extremis esse petendam; adhuc puteus in prospectu Ecclesiæ perseuerat, ac febricitantibus Peregrinis, epota aqua sæpius præbet sanitatem.

SONNAT.
XXII. AR-
CHIEPISC.
*An.*613.

*A Chlothario post extinctam, cum Auia Brunichilde, Theodorici prolem, Dagobertus Austrasiæ præficitur, sitque Lidericus Flandriæ Custos, & Saltuarius.*

## CAPUT XXX.

THeodeberto Austrasiorum Rege prælio victo à Theodorico Fratre, inter quos lis erat exorta de regnorum limitibus, ac non multò post cum sua progenie ab eodem impiè occiso anno regni 17. cui tamen vnico anno prædictum Theodoricum superfuisse majores tradunt iuxta Columbani vaticinium, Brunichildis auia Sigibertum Theodorici Filium illegitimum in regnum sufficit, de quo Valafridus Strabo in vita Sanctæ Fridebergæ apud Surium.

At Chlotharius, ad quem iure deferebatur regni Theodorici successio, quòd nullos, præter spurios, reliquisset hæredes; spe illud potiundi, & odio proauiæ Brunichildis, collecto exercitu, Sigiberti copias fudit ( victoriâ adeptâ propter Catalaunensem Campaniam ex Appendice ad Gregor. Turon. ) ipsúmque captum, sed & quinque Fratres eiúsdem, vnâ cum Brunichilde, peremit.

614. Et hîc fuit tam celebris Reginæ casus, quam Sancti Vincentij Basilicam in suburbano Laudunensi, ac præclara alia ædificia extruxisse refert Aimoinus lib. 4. cap. 1. quidam etiam scribunt Vias militares Romanæ magnitudinis reliquias vetustate partim, partim incuriâ collapsas restituisse, vnde hodie in Belgica Atrebates, Neruij, Picardi, Campaníque Vias illas vulgò à multa calce substrata, & ab Auctore operis, Calcatas Brunichildis, & aliquando, ob duritiam, vel colorem glareæ, Vias ferratas dicunt: hoc pariter nomine Via à Bauaco Neruiorum, per Verbinum, & Catusiacum, Durocortum Remorum ducens, aliíque per Belgium publici aggeres vocantur, de his Joannes Iperius Bertinensis Chronographus.

615. Hac igitur Brunichilde cum spuria Regum prole sublatâ, totius Galliæ Monarchiam Chlotharius est consecutus, statímque, quò lapsa sub ignauis Principibus Ecclesiæ disciplina in melius reformaretur, regni Præsules Parisios euocat ad synodum, quæ Parisiensis V. dicitur; huic 79. Episcopos interfuisse refert Sirmondus ex codice Remensi, quorum nomina penitus exciderunt, & quoniam simoniaca Hæresis pridem synodorum Decretis iugulata, adhuc vigebat in Gallijs, nequicquam conquerente B. Gregorio, qui, vt penitus succideretur, sæpiùs ad Reges rescripserat, ad Brunichildem quoque reginam, & ad Vigilium Arelatensem, hoc Conuentu Parisiensi statutum est, can. 1. vt decedente Episcopo in locum eius ordinetur, quem Metropolitanus

*Sub Theod. & Theodeb. Regibus Simonia vigebat in Gallijs, & multi derepente ex Laicis fiebant Episcopi.*

cùm

# HISTORIÆ. LIB. II.

cum Comprouincialibus suis, Clerus vel Populus Ciuitatis elegerit.

Chlotharius anno 39. ab obitu Chilperici parentis, consortem sibi regni adsciuit Dagobertum ex Bertrude Regina susceptum, nè ipso superioris Galliæ rerum satagente (inquit auctor Appendicis) regni Proceres quippiam molirentur aduersi, eúmque per Boreales Austrasios Regem substituit, quos velut regni consors rexit, non enim se regnandi iure exuerat Pater, donec post prædicti Chlotharij obitum, Monarchiæ susceptæ ann. 16. paterni regni 44. Christi 628. idem Dagobertus, missis è regno Austrasiorum in Neustriam & Burgundiam fidelibus, qui Ducum & Gentium sibi gratiam conciliarent, ab omnibus vt hæres, & regnandi peritus incredibili lætitiâ susceptus est. Addit Aimoinus, Remenses Dagobertum aduenientem (quâdam vt reor prærerogatiuâ) primos suscepisse, memoratarum nationum Principibus, in eorum Vrbem, cum summo gaudio, turmatim confluentibus.

Flandriæ per id tempus palustris & saltuosæ, versus oram præsertim maritimam, vbi Turnacensis & Morinensis Diœcesum fines sunt, à Chlothario Lydericum Bucanum præsidem constitutum quidam memorant, quem in Arce Buca, cuius reliquiæ in vetustiori Lilæ Castello olim visebantur, sedem legisse, totique regioni, præstito Regi fidei Sacramento, velut Custodem & Saltuarium præfuisse asserunt, quô auulsis nemoribus & arbustis, quibus tota penè obducta erat, cultior pedetentim, frequentiórque redderetur, ita Meyerus & alij; at de Liderico, eiúsque prosapia, de Gigante ab eo strenuè prostrato, & occiso, & de furtiuis eius nuptijs cum Richildè Chlotharij Filia Suessione celebratis, Gallici omnino silent Auctores ; eradicandis autem sentibus Viri Sancti ex interiori Gallia, & ex Scotia illuc appulsi, multùm contulerunt, qui, erectis circum paludes & saltuosa loca Cellulis, vt in agris Sithiensi, Marchianensi. Elnonensi, Episcopis quoque, quorum Diœceses nimiùm tunc protendebantur, in excolenda plebe, & in euellendis funditus Ethnicismi reliquijs, vtiliter ac tempestiuè subsidio fuerunt, vt dicetur cap. 32.

*SONNAT. XXII. ARCHIEPISC. An.623.*

*628.*

*Aimoin. lib. 4. c. 17.*

*Buzelinus in Annalibus Belgicis ad an. 625.*

*Liderici nomen nec in huius æui Chronicis, nec in fund. Ecclef. legitur.*

---

*Sonnatius Remis cogit synodum, conditque testamentum.*

## CAPUT XXXI.

INclyto Rege Dagoberto Austrasiæ sceptra feliciter gubernante, Sonnatius Archiepiscopus ex titulo suæ Ecclesiæ Sedis Apostolicæ legatus (ait Auctor Martyrologij Gallicani) synodum cum alijs quadraginta, & eo ampliùs Galliarum Episcopis reperitur celebrasse, inter quos decem elucent Metropolitæ, & Sanctus Arnulfus Metensis Episcopus magni nominis hoc sæculo, quem Jonas tradit Dagoberti

**242   METROPOLIS REMENSIS**

SONNAT. XXII. ARCHIEPISC. An.627.

berti regni exordio ( Francici scilicet ) in eremum secessisse; nomina autem Episcoporum, qui synodo interfuerunt, præter Sonnatium præsidem, & Arnulfum, Frodoardus refert hoc ordine.

| | |
|---|---|
| Theodoricus Lugdunensis. | Godo Virdunensis. |
| Sindulfus Viennensis. | Ansericus Suessionensis. |
| Sulpitius Bituricensis. | Claudius Rejensis. |
| Medegiselus Turonensis. | Bertoaldus Cameracensis. |
| Senoco Elosanensis, vel Senocus Elusanus. | Agomarus Siluanectensis. |
| | Cæsarius Aruernensis. |
| Leontius Xantonensis. | Verus Rutenensis. |
| Modoaldus Treuerensis. | Agricola Gabalensis. |
| Chunebertus Coloniensis. | Lupoaldus Maguntiacensis. |
| Richerius Senonensis. | Willegiselus Tolosanus. |
| Donatus Vesontionensis. | Constantius Albiensis. |
| Auspicius Augustodunensis. | Namatius Egolesmensis. |
| Modoaldus Lingonensis. | ...sticus Caturcensis. |
| Ragnebertus Bajocensis. | Audericus Auscensis. |
| Childoaldus Abrincatensis. | Emmo Aresetensis, vel Arisitensis. |
| Bertegiselus Carnotensis. | Felix Catalaunensis. |
| Palladius Autisiodorensis. | Hadoindus Cenomannensis. |
| Gondoaldus Meldensis. | Magnebodus Andegauensis. |
| Leudebertus Parisiacensis. | Ioannes Pictauensis. |
| Chainoaldus Lauduni Clauati. | Leobarbus Namneticus. |

In ea synodo multa leguntur ab Episcopis vtiliter constituta, quæ sequentibus Canonibus numero 25. vel 27. ex vetustioribus schedis à Frodoardo sic referuntur.

De rebus Ecclesiæ, qualiter tractandæ sunt.

### I.

*De his quæ per precatoriam impetrantur ab Ecclesia; nè diuturnitate temporis ab aliquibus in ius proprium vsurpentur, & Ecclesiæ defraudentur.*

### II.
### De Clericis.

*Si qui rebellionis ausu Sacramentis se, aut scripturâ conjuratione constrinxerint, atque insidias Episcopo suo callidâ allegatione confecerint, si admoniti emendare contempserint gradu proprio omnino priuentur.*

### III.

*Vt Capitula Canonum Parisiis acta in generali synodo, in Basilica Sancti Petri, Lotharij Regis studio congregata, omni firmitate custodiantur.*

IV. Vt

## IV.

Vt si qui hæretici adhuc esse suspicantur in Gallijs, à Pastoribus Ecclesiarum perquirantur; & si veraciter fuerint inuenti, ad fidem Catholicam reuocentur.

## V.

Vt temerè nullus excommunicetur, & si excommunicatus existimat se iniustè damnatum, in proxima synodo habeat licentiam reclamandi: & si iniustè damnatus fuerit, absoluatur, sin autem iustè, impositum pœnitentiæ tempus exsoluat.

## VI.

Vt si quis iudex cuiuslibet ordinis Clericum publicis actionibus inclinare præsumpserit, aut pro quibuslibet causis absque conscientia, & permissu Episcopi distringere, aut contumelijs vel iniurijs afficere præsumpserit, communione priuetur. Episcopus tamen de reputatis conditionibus Clericorum negligentias emendare non tardet.

## VII.

Hi verò, quos publicus census spectat, sine permissu Principis, vel Iudicis, se ad Religionem sociare non audeant.

## VIII.

Si quis fugitiuum ab Ecclesia, absque Sacramento, quo ei iurandum est, vt de vita, tormento, & truncatione securus exeat, qualicumque occasione abstraxerit, communione priuetur. Similiter si quis ius sacramenti præstitum violauerit, communione priuetur.

## IX.

Ille verò qui sanctæ Ecclesiæ beneficio liberatur à morte, non priùs egrediendi accipiat libertatem, quàm pœnitentiam se pro scelere esse facturum promittat, & quod ipsi cononicè imponetur impleturum.

## X.

De incestis conjunctionibus.

Si quis infra præscriptum Canonibus gradum incestuoso ordine cum his personis, quibus à diuinis regulis prohibetur, se coniunxerit, nisi pœnitentiam sequestratione testentur, communione priuetur; & neque in palatio militiam, neque agendarum causarum licentiam habeant. Et quando prædicti incestuosi se coniunxerint, Episcopi seu Presbyteri in quorum diœcesi vel pago actum fuerit, Regi vel iudicibus scelus perpetratum annuntient, vt cùm ipsis denunciatum fuerit, se ab eorum communione aut cohabitatione sequestrent, & res eorum ad proprios parentes, perueniant, sub ea conditione, vt antequam sequestrentur, per nullum ingenium, neque per parentes, neque per emptionem, neque per auctoritatem regiam, ad proprias perueniant facultates, nisi præfati sceleris separatione pœnitentiam fateantur.

## XI.

Si quis homicidium sponte commiserit, & non violentiæ resistens, sed vim faciens impetu hoc fecerit, cum isto penitus non communicandum:

*SONNAT. XXII. ARCHIEPISC. An.627.*

*sic tamen ut si pœnitentiam egerit, in exitu ei communionis viaticum non negetur.*

## XII.

*Clerici etiam vel saeculares, qui oblationes parentum, aut donatas, aut testamento relictas retinere praesumpserint, aut id quod ipsi donauerint Ecclesijs, aut Monasterijs, crediderint auferendum, sicut ante Synodus sancta constituit, velut necatores pauperum, quousque reddant, ab Ecclesijs excludantur.*

## XIII.

*Vt Christiani Iudaeis, vel gentilibus non vendantur, & si quis Christianorum necessitate cogente mancipia sua Christiana elegerit venundanda, non alijs nisi tantùm Christianis expendat. Nam si Paganis aut Iudaeis vendiderit communione priuetur, & emptio careat firmitate. Iudaei verò si Christiana mancipia ad Iudaismum vocare praesumpserint, aut grauibus tormentis afflixerint, ipsa mancipia fisci ditionibus reuocentur. Qui tamen Iudaei ad nullas actiones publicas admittantur. Iudaeorum verò conuitia in Christianos penitus refutanda sunt.*

## XIV.

*Item si Clericus proficiscens de Ciuitate ad alias Ciuitates voluerit, aut Prouincias pergere. Pontificis sui Epostolis commendetur, quòd si sine Epistolis profectus fuerit manifestus, nullo modo recipiatur.*

## XV.

*Vt Episcopus mancipia, vel res ad ius Ecclesiae pertinentes, neque vendere, neque per quoscumque contractus, unde pauperes viuunt, post mortem alienare praesumat. Item de his qui Auguria, vel Paganorum ritus inueniuntur imitari, vel cum Paganis superstitiosos comedunt cibos, quos benigna placuit admonitione suaderi, vt ab erroribus pristinis reuocentur, quòd si neglixerint, & idololatris vel immolantibus se immiscuerint, pœnitentiae dignum tempus exsoluant.*

## XVI.

*Vt seruiles personae ad accusationem non admittantur, & qui personam susceperit accusantis, cùm vnum crimen non probatur, ad alia accusandum non admittatur.*

## XVII.

*Si quis in quolibet gradu vel cingulo constitutus, aut potestate suffultus, decedente Episcopo, res cuiuslibet conditionis in domibus vel agris Ecclesiae positas, ante reserationem testamenti, vel audientiam, ausus fuerit occupare, vel Ecclesiae repagula effringere, & supellectilem infra domum Ecclesiae positam contingere, vel scrutari praesumpserit, à communione Christianorum penitus abdicetur.*

## XVIII.

*Si quis ingenuum, aut liberum ad seruitium inclinare voluerit, aut fortasse iam fecit, & commonitus ab Episcopo se de inquietudine eius reuocare neglexerit, aut emendare noluerit, tanquam calumniae reum placuit sequestrari.*

XIX. *Vt*

## HISTORIÆ. LIB. II.

### XIX.

*Vt Clerici cuiuslibet ordinis, neque pro proprijs, neque pro Ecclesiasticis causis, aliter adire debeant forum, nec causas dicere audeant, nisi quas cum permissu, & consilio Episcopi agere eis fuerit omnino permissum.*

### XX.

*Vt in Parochijs nullus laïcorum Archipresbyter præponatur, sed qui senior in ipsis esse debet; clericus ordinetur.*

### XXI.

*Pontifices, quibus in summo sacerdotio constitutis ab extraneis duntaxat aliquid, aut cum Ecclesia, aut sequestratum, aut dimittitur, aut donatur; quia ille qui donat, pro remedio animæ suæ, non pro commodo Sacerdotis probatur offerre, non quasi suum proprium, sed quasi dimissum Ecclesiæ, inter facultates Ecclesiæ computabunt: quia iustum est vt sicut Sacerdos habet quod Ecclesiæ dimissum est, ita & Ecclesia habeat quod relinquitur Sacerdoti. Sanè quicquid per fideicommissum, aut Sacerdotis nomini, aut Ecclesiæ fortasse dimittitur, cuicumque alij postmodum profuturum, id inter facultates suas Ecclesia computatum retinere non poterit.*

### XXII.

*Si quis Episcopus res, quæ ab alia Ecclesia præsentaliter possidentur, quocumque ingenio, vel callidâ cupiditate peruaserit, aut sine audientia præsumpserit vsurpare, ac suis, vel Ecclesiæ suæ ditionibus reuocare, dum communione priuari non potest, vt necator pauperum, ab officio deponatur.*

### XXIII.

*Si quis Episcopus, excepto si euenerit ardua necessitas, pro redemptione Captiuorum ministeria Sancta frangere, pro qualicumque conditione præsumpserit, ab officio cessabit Ecclesiæ.*

### XXIV.

*Viduas, quæ se Domino consecrari petierunt, vel Puellas Domino consecratas, nullus neque per auctoritatem regiam, neque qualicumque potestate suffultus, aut propriâ temeritate rapere, aut trahere audeat; quòd si vtrique consenserint, communione priuentur.*

### XXV.

*Iudices qui super auctoritate, & edicto Dominico, Canonum statuta contemnunt, vel edictum illud Dominicum, quod Parisius factum est violauerint, aut contempserint placuit eos communione priuari.*

### XXVI.

*Vt decedente Episcopo in locum eius non alius subrogetur, nisi loci illius indigena, quem vniuersale, & totius populi elegerit votum, ac Comprouincialium voluntas assenserit. Aliter qui præsumpserit abijciatur à sede, quam inuasit potius quàm accepit. Ordinatores autem triennio ab officio administrationis suæ sedis cessare decernimus.*

De anno quo Remense hoc Concilium coactum est, non eadem apud auctores sententia, Sirmondus sub Dagoberto Rege, qui Chlothario

**SONNAT. XXII. ARCHIEPISC.**
*An. 627.*

thario Patri anno Christi 628. successerat, habitum fuisse arguit, quòd in Episcoporum, qui adfuerunt, Catalogo, Rusticus Episcopus Cadurcensis ex Clerico Palatino Dagoberti creatus Episcopus, septem tantùm annis præfuit, successorémque habuit Desiderium ann. 7. eiúsdem

*Dagobertus Austrasiæ Rex factus est an. 623.*

Dagoberti, hoc est anno Christi 635. quod si de annis Dagoberti sermo sit, quibus ante Patris obitum in Austrasia regnabat, citerior aliquanto Christi annus huic synodo certissimè conueniet, vnde Doctiss. Valesius synodum regnante adhuc Chlothario habitam contendit, cùm Arnulfus Metensis Episcopus, qui huic adfuit, viuo adhuc Chlothario secesserit in solitudinem ac decesserit: & Senocus Episcopus Elusatium, 43. regni Chlotharij anno in exilium sit missus, quem omnino antequam relegaretur, synodo interfuisse credendum est.

Deinde à prædicta synodo Remensi constituitur can. 3. vt decreta synodi Episcoporum Parisijs Chlotharij Regis studio congregatæ seruentur, vtque judices qui edictum Dominicum Parisijs datum violauerint communione priuentur, at si iam Chlotharius obijsset, Episcopi edictum bonæ memoriæ Chlotharij Regis appellauissent; ita Valesius tom. 3. lib. 18. quibus concluditur synodum Remensem habitam fuisse ante an. 628. quo Chlotharius obijt.

Ceterùm Sonnatius, vergente senectâ, rerum suarum condidit testamentum, quo plura diuersis donaria contulit Ecclesijs, de quibus Frodoardus, qui maximum fecisset operæ pretium, si tam istius testamenti, quàm veterum chartarum antigrapha scripto reliquisset: Basilicam tamen Sancti Remigij præcipuam sibi constituit hæredem, in qua & sepulturam elegit, cui, *& Missorium argenteum deauratum* deputauit, Cochlearia duodecim, & Salarium argenteum, portionem quoque suam de villari contulit, cum mancipijs, vineis, pratis, cæterísque adjacentibus, quæ dato pretio comparauerat.

Quid Missorij nomine intelligatur, explicuit Georg. Coluen. in scholijs, seu veterum vocum explicatione, citátque B. Remigij prolixius testamentum, vbi in appendice sub finem, Missorium hic argenteum sex librarum deputat Basilicæ SS. Timothei & Apollinaris: meminit eiúsdem vocabuli Greg. Turon. lib. 6. hist. Franc. c. 2. *Nobis* (inquit) *Rex Missorium magnum, quod ex auro, gemmísque fabricauerat in 50. librarum pondere ostendit*; & vita Dagoberti cap. 30. *In beneficij recompensationem Missorium aureum nobilissimum ex thesauris Gothorum Regi dare promittit.*

*Episcopos vasis Argenteis vsos fuisse in Gallia docet vita Leodegarij August. Episc.*

Jacob. du Breuil in c. 5 7. l. 3. Aimoini &c. Missorium Abacum fuisse putat. *Missorium aureum est supellex aurea, quæ vulgò* Buffet *dicitur,* idem Aimoinus habet lib. 4. cap. 25. de diuite, & egregia supellectile apud Calam reperta post obitum Chilperici, quam Missorium aureum vocat; Coluenerius tamen Missorium argenteum ibi, non pro Abaco, sed pro vase argenteo accipiendum esse probabiliter arbitratur.

Præter hæc, Sonnatius ad Basilicam sanctorum Timothei, & Apollinaris casas quasdam delegauit, tam iuxta ipsam Ecclesiam, quàm infra

infra Ciuitatem ad Basilicam Sancti Martini, quem peculiarem suum
Patronum dicit, villam Mutationis quam comparauerat, insuper &
aurum dedit, vnde calix inibi fieret.

SONNAT. XXII. ARCHIEPISC. *An.*633.

Ad Basilicam Sancti Iuliani recuperandam auri solidos V.

Ad Basilicam Sancti Nicasij similiter solidos quinque.

Ad Basilicam Sancti Ioannis solidos quinque.

Ad Basilicam Sancti Xysti similiter in auro solidos tres.

Ad Basilicam Sancti Mauricij solidos tres.

Ad Basilicam Sancti Medardi solidos tres.

Ad Monasterium Puellarum vineam in Germaniaco sitam cum quibusdam vasis ipsi Basilicæ profuturis.

Ad Basilicam, quæ dicitur ad Apostolos, auri solidos tres, cum alijs munusculis vnde calix fieret.

Ad Basilicam Sancti Petri in Ciuitate auri solidos tres.

Ad Basilicam domni Theodorici, portionem suam de villa Germaniaco, cum mancipijs, vineis, & cæteris ad ipsam pertinentibus; Argentum quoque ad sepulchrum domni Theodulfi fabricandum, vel exornandum.

Ad Basilicam Sancti Viti, vas quoddam argenteum ad calicem faciendum, & in auro solidos XV.

Ad Basilicam Sanctorum Martyrum Rufini, & Valerij in auro solidos XV.

Ad Basilicam Sanctorum Martyrum Crispini, & Crispiniani auri solidos XV.

Ad Basilicam Sancti Medardi solidos XV.

Ad Matriculam Sanctæ Remensis Ecclesiæ nonnulla contulit donaria.

CÆTERIS quoque Matriculis vel Congregationibus diuersa delegauit munera, quibusdam hæredum quoque suorum personis prædia quædam, eo tenore dereliquit, vt ad loca Sanctorum à se destinata post eorum reuerterentur decessum.

Mancipia nonnulla libertate donauit, additisque ditauit peculijs, quæ omnia regali præcepto roborata sunt.

SONNATIUS post 33. præsulatus annos, 20. octobris, obitâ morte, apud Sanctum Remigium, vti testamento suo ordinauerat, funeratur: tradit Demochares elapso plurium annorum curriculo, Deum, miraculis in tumulo coruscantibus, sanctitatem ipsius mundo reuelasse, temporibus præsertim Raynaldi, Samsonis, & Henrici Archiepiscoporum, sacráque eiusdem ossa ab Ecclesia Sancti Remigij ad Cathedralem fuisse translata 4. Nouemb. an. 1204. eleuationis pompam Widone Cardinale Prænestino celebrante, at hæc paulò post fortuito incendio, quo deformata Ecclesia, cum ingenti supellectile perierunt

*Martyrol. Galli 25. Octob. obijsse refert.*

*Viri sanctitate illustres qui Prouinciæ Remensis Episcopatibus præfuerunt, aut conuertendis erronibus strenuam nauarunt operam tempore Sonnatij Archiepiscopi.*

## CAPUT XXXII.

SUb initium septimi huius sæculi, sæuientibus per vniuersam Galliam bellorum turbinibus ob Regum simultates, & dissidia, fœdi adeò erant, & corrupti populorum mores, vt pleríque præter Christiani nomen, fermè nihil haberent; virtutes tunc penitus incultæ, vitia in quæstu, simoniæ pestis vbíque grassabatur; ambitus, perjuria, & alia id genus, quæ bono semente protrito passim omni ætate succrescunt, & pullulant. Vnde magnâ Dei prouidentiâ factum est, vt perditissimis hisce temporibus, Sanctissimus vir Columbanus ex Hibernia in Austrasiam venerit, vt & alij ex varijs partibus Selectissimi, quorum ope verus Dei cultus, veluti postliminiò restitutus, mirum in modum refloruit. Studium tamen, curásque suas, in Diœceses, Neruiorum præsertim, Atrebatum, & Morinorum impendisse reperio, quòd hæ protensiores essent, remotæ à Metropoli, & à propria sede Episcopali, populósque alerent admodum feros, syluestres, ac moribus inconditos, quos improbo labore, structis per agros Monasterijs, sensim cultiores, & ad virtutem aptos reddiderunt. Ordiar à Chanoaldo illustris familiæ, & ex nobilioribus Sancti Columbani Discipulis, qui Laudunensibus nobis vicinis, inter huius æui nebulas, doctrinæ ac pietatis facem intulit: Chagnerici hic vel Hagerici viri nobilis Theodeberti Regis conuiuæ Filius, Fratrem ( vt fertur ) B. Faronem Meldensem Episcopum, & Virginem Faram sororem habuit, factúsque è Monacho Luxouiensi Episcopus Laudunensis, synodo Remensi sub Sonnatio Metropolita conuocatæ subscripsit, exemptus anno circiter 662. si verum sit interfuisse dedicationi Corbeiensis Ecclesiæ. De eo Jonas in vita S. Eustasij præclarè disserit, Surius tom. 3. & Auctor vitæ sancti Faronis.

Eo adhuc clauum tenente, floruit Salaberga, regali, vt fertur, orta stemmate, Gunduino viro illustri, & Saretrude parentibus francis nata, cuius vitam nuper R. P. Menardus ex membranis S. Cornelij Compendiensis ad notas Martyr. Benedictini addidit: Hæc cùm pro suscipienda prole ( quam Deo consecratura erat ) votum ad altare S. Remigij nuncupasset, à viro postmodum emancipata, Monasterium in suburbio Lingonensis vrbis extruxit. At metuens nè hostium incursu, vel bellorum procellis cœptum à se opus rueret aliquando, quòd in regnorum Austrasiæ, & Burgundiæ confinio situm esset, de quo inter Francorum Reges plerúmque controuersia oriebatur, Laudunum secessit

## HISTORIÆ. LIB. II.

seceffit Sigiberti Dagoberti Filij principatu, vbi Attalo Chanoaldi succeffore Episcopo probante, & honorificè cum choro pfallentium in vrbem, fitu, & opere munitiffimam, ei occurrente, velatas virgines trecentas, ac ingentem Clericorum cœtum, choris difpofitis per turmas ad inftar Agaunenfium Monachorum in loco, vbi nunc Abbatia S. Joannis, aggregauit, ac feptem Bafilicas ibidem extruxit, ex quibus fua ætate quinque fuperfuiffe affirmat Guibertus, maximámque ab ipfa, Bafilicam S. Mariæ profundæ appellatam effe; de ea Martyrologium Remenfe his verbis 10. *Calend. Octobris, Laudnno Clauato, depofitio Sancta Salabergæ Abbatiffæ.*

SONNAT. XXII. AR-CHIEPISC. *An.633.*

Chanoaldi Frater Beatus Faro Meldenfis Epifcopus, Chylianum, aliàs Chilenum gente Scotum, profeffione Monachum, ad Atrebates eodem ferè tempore mittit, qui fopitum propè Chriftianæ fidei ignem, in cordibus errantium, concionibus, & charitatis ardore rurfum fufcitat, & accendit ex Auentino lib. 13. cap. 17. & Surio in eius vita; quiefcit hic Albiniaci, vbi & claruit miraculis, à Kiliano Herbipolenfi Epifcopo diftinguendus, qui cum Socijs in Germania Julij 8. Martyrio coronatus eft.

*Atrebati.*

Sanctus Acharius inter illuftres fui fæculi fpectabilis, & à Sancto Columbano ad virtutem excultus, Nouiomenfi Epifcopatui poft Ebrulfum fubrogatur ann. 610. Hic præfertim incubuit, nè Simoniæ labes, aut Hæreticæ prauitatis gregem commiffum inficeret. Vnde cùm ei lata & fpatiofa Diœcefis, ob Turnacenfis Ecclefiæ cum Nouiomenfi conjunctionem, Amando in curæ, ac follicitudinis partem adfcito, Tornacenfes inftruendi Prouinciam demandauit: eo interim Simoniacos verbo Dei laceffente & exagitante. A Rege Theodorico Ambianum miffus poft B. Honorij deceffum, dedit operam vt dignus ei in Præfulatu fufficeretur, B. Saluius fcil. cuius, vt puto, meminit B. Audoënus in vita S. Eligij lib. 1. cap. 35. obijt Acharius ann. 641. in Ecclefia SS. Petri & Pauli, nunc Sanctæ Godebertæ extra Nouiomum tumulatus.

*Nouiodunt.*

Amandus natione Aquitanus, patre Sereno, matre Amantia genitus, virtutum primitias Ogienfi Monafterio in Britannia confecrauit, tum à Chlothario factus Trajectenfium Epifcopus, Regionarium hunc quidam, hoc eft, nulli certæ Diœcefi affixum putant, in Mempifco præfertim, ac Gandaui, vbi duo ftruxit Monafteria, prædicauit, multífque tandem laboribus Gandenfes, ac feroces Scaldis accolas, arborum fimulachrorúmque cultores, ad puriorem Dei cultum reduxit. Cúmque, ob gentis obftinatam peruicaciam, illic parum proficere videretur, Dagobertus Rex diploma dediffe fertur, quo cogi eos voluit ad ritus noftræ religionis profitendos, vnde aræ Mercurij Dei eorum euerfæ, luci fuccifi, fana vbíque deftructa. Hic quoque in Beluacenfi agro arborem Dæmoni facram, fublatis præftigijs, dejecit, vt habet Erchangefilus Presbyter, & coætaneus, coërcuitque mucrone

*Gandani.*

*Beluaci.*

Euangelico

**SONNAT.**
**XXII. AR-**
**CHIEPISC.**
*An.633.*

Euangelico veteres Sicambrorum errores in Elnonensi palude ex Jona in vita Sancti Columbani, erecto ibi Asceterio Benedictino, quod etiamnum virtutibus, & diuitijs floret. Ob id Elnonensium decus vocatur à Meyero, qui & Discipulos eius memorat ad annum 661. quo obijsse dicitur 8. idus Ianuarij.

*Ambiani.*

Beatum Valericum Aruernensem, ac B. Columbani discipulum cum Richario, multum pariter laborasse pro radicitùs extirpandis idololatriæ reliquijs in Pontiuo, ac remotioribus Ambianensis Episcopij locis, docent ea quæ de his passim referuntur, præsertim apud Surium: adhuc enim tunc superstitiosos ritus viguisse in Gallia docet Concil. Remense can. 14. & Gregorij Papæ Epist. ad Brunichildem Reginam, *Hortamur vt cæteros subjectos vestros sub disciplinæ moderamine restringere debeatis, vt idolis non immolent, cultores arborum non existant &c.* Ex Luxouiensi sodalitio per ea etiam tempora Cameracensis sedes Beatum Aubertum Cameracesij territorij indigenam Episcopum suscepit, agente Dagoberto, quem Leudegiselus Metropolita Remensis consecrauit,

*Cameraci.*

adsistentibus Achario Nouiomensi, & Attola, verius Chanoaldo, Laudunensi Episcopis an. circiter 640. viri huius insignis sanctimoniæ gesta edidit Laurentius Surius ad diem 6. Febr. vbi corpus B. Vedasti transtulisse dicitur præsentibus SS. Audomaro Morinensi, & Lamberto Tungrensi, 658. hic subscripsit priuilegio Corbejensi ann. 664. sequenti exemptus, vel 668. de eo Martyrol. Remense 14 Decemb.

Teruannenses, quos ad Idolatriam reuersos post obitum SS. Fusciani, & Victorici, ad verum Dei cultum reuocauerat Victricius, rursúmque, eo abdicato, Antimundus B. Remigij discipulus, quòd nihil bonæ frugis retinuissent ob morum feritatem ad prauum procliues.

*Ternanna.*

Hoc pariter sæculo relapsi, Audomarum Præsulem, annitente Rege Dagoberto, & collaborante Achario Cameracensi (vt dicitur) receperunt; is natione Germanus, patriâ Constantiensis in Luxouiensi Monasterio rudimenta posuit, factus deinde Morinorum Episcopus, complures ad Gentilitios ritus relapsos ad veram pietatis lucem reduxit, nec destitit aliquando, donec superstitionis fibras penitus euelleret; Austrebertham gente Teruannicam flammeo Christi induit, apud Corbejenses subscribit Bertefredi Episcopi tabulis, luminibúsque captus in senectute rem diuinam fecisse dicitur. At ipse ante obitum meritis S. Vedasti visum recepit, diémque clausit 9. septemb. an. 661. vel 663. post 30. annos Prælaturæ.

Eligius genere Lemouix, parentibus ingenuis Eucherio, & Terrigia ortus, Achario successit in Episcopatu Nouiomensi 641. cuius vitam B. Audoënus Rotomag. copiosè fideliterque scripsit, plurimorum Sanctorum sepulchra, quòd aurifex esset, auro, argento, gem-

*Nouiodun.*

mísque, Dagoberto impensas præbente, exornauit, ac texit vndique, putà Germani Parisiensis, Piatonis Presbyteri, & Martyris, Quintini Veromand. Luciani Bellouac. Apostoli, & aliorum, quem ornatum

## HISTORIÆ. LIB. II.

tum ex auro & gemmis horum sepulchris imponi, & aliquando pallâ holosericâ velari solitum, vulgò tum repam, aut tumulam appellabant. At excolendis ouibus ipsi cura impensior, multúmque operæ insumpsit, vt à simulachrorum cultu truces Flandrorum animos ad veram pietatem reduceret. Vnde velut suum Apostolum tam Flandri, quàm Antuerpienses, Frisionésque venerantur. Hic Chlotharium Clodouei II. Filium Fonte excepit, Godebertham ex pago Ambianensi aureo suo annulo Christo despondit, decessítque vir planè Apostolicus 1. Decemb. post ingentem pecuniæ summam egentibus distributam annos agens ampliùs 70. circa initia regni Chlotharij junioris anno circiter 658. *SONNAT. XXII. ARCHIEPISC. An. 633. In Flandriâ. Antuerpiæ.*

Eligij in Palatio sodalis, & amicus Audoënus, qui & Dado, natus in vico Sanciaco ad quintum lapidem ab Augusta Suessionum, ex Dagoberti Referendario Rotomag. Archiep. factus, insignium virorum qui sub eo Rege florebant virtutis æmulus, in Brigeio saltu ad Resbacem fluuium ex B. Columbani regula Monasterium extruxit, instruxítque magnificè, primò Hierusalem, posteà à fluuio, Resbacense cœnobium cognominatum, eíque Agilum vnum è Columbani discipulis præposuit Abbatem, cui B. Filibertus successit. Audoëni Frater nomine Ado in aula quoque Regum Chlotharij, & Dagoberti auctoritate pollens, Monasterium haud procul à ripa fluminis Matronæ in saltu Jotrensi, fundóque suo nomine Jotrum ex Columbani disciplina construxit, adjutore Audoëno, dotauítque; nunc Puellarum percelebre cœnobium est in Diœcesi Suessionensi, decessit Audoënus vndecimo principatus Theodorici ann. 684. *In Brigeio.*

His quoque diebus Catalauni floruit Beatus Leudomarus Sancti Elaphij Frater, cuius oculus, longè post obitum, clarus, & integer repertus est, vt refert Cantiprat. Item in pago Flandrensi de Religione verba fecit Vrsmarus Suessionum Episcopus, & Abbas Lobiensis in Neruijs, qui Aldenburgi præcipuè versatus templum ibi ex materia excitatum Principis Apostolorum honori dicauit, vt habet Meyerus ad annum 669. quo & mortuus dicitur post 40. annos prælaturæ. An hic Regionarius tantùm fuerit, vel relictâ Diœcesi satis excultâ, ardore charitatis ad Flandros Euangelicam Christi sagenam publicarit, ex indice Suession. Episcoporum sat clarè elici non potest, cùm Ansericus per id tempus claruerit, qui synodo Remensi subscripsit. *Catalauni.*

Præter insignes breuiter à me relatos, sunt & alij innumeri diuersi ordinis, sexus, & conditionis his affines, vel in eorum schola educati, qui diuinâ luce irradiati per Remensem Prouinciam mirabiliter fulserunt, tot enim in Fastis reperiuntur, vt omnem excedant numerum, adeò vt ex his integrum confici facilè possit Martyrologium. Qui curiosiùs hos scire cupit Molanum adeat, Locrium, Sanderum, & alios Galliæ Belgicæ scriptores, haud enim alia vnquam ætas fuit piorum Monachorum feracior, nec vllibi plura vnquam, quàm in Belgio, ac nobiliora structa sunt Monasteria.

*De SS. Balderico, & Boua Monasterij Sancti Petri Remensis Fundatoribus.*

## CAPUT XXXIII.

INter Remensis Prouinciæ insignes, qui caliginoso hoc tempore veræ pietatis radios, velut astra, longè latéque sparserunt, potissimùm emicant Baldericus, qui & Baltfridus, & Boua, Frater, & Soror, ambo Regali, vt fertur, stirpe progeniti, duorúmque Monasteriorum apud nos fundatione celebres. At quo Parente editi? quæsitum aliàs, & adhuc in inuestigando laborant Annales. Frodoardus de his breuiter, & obscurè. *Plures apud nos* ( inquit ) *quondam sanctorum fuere Basilicæ, sed & Monasteria infra vel circa Remensem hanc vrbem, quæ modò non haberi probantur, duo tamen adhuc supersunt infra vrbem puellarum Monasteria, quorum vnum, quod superius ( a situ scilicet loci ) nuncupatur, S. Baldericus Presbyter, cum Sorore sua Boua, eiusdem cænobij postmodum Abbatissa, in honore Sanctæ Mariæ, vel Sancti Petri construxisse traditur: qui regali genere exorti fuisse referuntur, Patre scilicet, Sigiberto Rege, habentes neptem nomine Dodam castissimam Puellam, quæ desponsata fuisse fertur cuidam Magnati eiusdem Regis Sigiberti &c.*

Frodoardus hîc quidem, sed dubitanter, narrat Baldericum, & Bouam ex Sigiberto prodijsse, at cùm tres huius nominis Austrasiæ sceptra gesserint ( omitto enim Sigibertum claudum qui simulachra coluit ) haud facilè dictu est quis horum pater existat. Sunt qui putant Baldericum eum esse quem Sigibertus III. post aliquot orbitatis annos ex vxore suscepit. Cùm enim Rex diu sine prole mansisset, futurorum nescius, Childebertum Grimoaldi majoris domus Filium regni hæredem sibi delegerat, hícque velut regni Successor habebatur, donec obtentâ sobole, testamentum, vt decuit, rescissum est, ac Grimoaldo imperatum à Rege, vt Filius, cui Dagoberti nomen imposuerat, ad regni infulas eo adjuuante post suum obitum promoueretur. Grimoaldus è contra perfidus, ac nimiâ ambitione obcœcatus, Sigiberto viuis exempto anno 650. vel 654. regium puerulum insontem detonsum, consilio Didonis Pictauiensis Episcopi, & ipsius ductu, in Scotiam direxit exilio irreuocabili, filium verò suum, Childebertum scilicet, Austrasiorum regno sublimauit.

Addunt prædictæ opinionis auctores, Grimoaldum, mutato Dagoberti nomine ( quod in Baptismate acceperat ) Balderici nomen ei indidisse, quò Natalium eius claritudo & notitia penitus aboleretur, quamuis non desint qui dicant id factum ex more Benedictini ordinis

quem

## HISTORIÆ. LIB. II.

quem professus est. Sic aliàs Carli nomen Casimiro Regi Poloniæ impositum ferunt, in cœnobio Cluniacensi.

SONNAT. XXII. ARCHIEPISC. An. 633.

Et hæc quidem probabilitatis aliquid habere videntur, optiméque cohærent cum relatis ab Aimoino, si nihil in contrarium adferri posset; At Frodoardus tradit 1. Bouam sororem fuisse Balderici; in gestis autem Sigiberti 3. non legitur alios suscepisse filios præter eum qui in Scotiam ablegatus est. 2. In vita S. Audoëni à Fredegodo, B. Odonis discipulo iuxta Surium editâ, legimus prædictum Dagobertum Sigiberti 3. filium, quem Grimoaldus totundit, quiescere in Ecclesia S. Petri apud Rotomagum, cum Reginis Hardetrude, & Bertedrude, ex quo sequitur eumdem non esse cum Balderico apud Montem falconis tumulato. 3. Vita S. Wandragesili scripta ab auctore synchrono, refert prædictum Wandragesilum ad Baldericum in cœnobio Montis falconis degentem accessisse, vt in spirituali Philosophia ab eo instrueretur, reuocatúmque fuisse à Dagoberto Rege ad Connestabuli munus, quo priùs fungebatur, deinceps explendum: hoc autem clarè euincit Baldericum à Sigiberto 3. non traxisse originem, cùm is sit Filius Dagoberti. 4. Boua quæ prædicti Sigiberti pariter filia dicitur, dignitati Abbatiali apta, nec satis matura fuisset tempore Beati Niuardi Remensis Archiepiscopi, qui Monasterio Beati Petri, cui Boua tunc præerat, prædia contulisse narratur, cùm inter obitus Sigiberti, & Niuardi, sex anni dumtaxat intercesserint. His addi potest Wilelmum Malmesburiensem de Wilfrido Episcopo disserentem, tradere hunc ab Anglia expulsum ad Dagobertum Regem transrhenensem venisse, quem factione quorumdam Magnatum regno, domóque expulsum, Austriaci postliminio receperant, qui Wilfrido, ob exhibita sibi obsequia, cùm exul esset, Argentorensem contulit Episcopatum; ex quibus intelligitur Dagobertum, de quo supra, à quo susceptus est Anglus antistes an. 679. in Austria ætatis agentem 26. regnasse, qui sextus regni Theodorici annus erat: Auctor vitæ Salabergæ ad Austrudem filiam meminit belli initi pro finibus regnorum inter Theodoricum, & prædictum Dagobertum, quem Rotomagi conditum narrat auctor vitæ S. Audoëni supra citatus, & sic distinguendus omninò est à nostro Balderico. Priori, his rationibus, reprobatâ opinione, inquirendum superest quis tandem Balderici & Bouæ parens fuerit, Sigibertus primus, vel secundus: & hic quidem licèt breuis potentatus, si prolem tamen ex vxore reliquit, haud ineptè censendus est Balderici, & Bouæ pater; fieri enim potest ob Fortunæ casum, subuersámque à Chlothario, Brunichildis odio, familiam, vt infantuli à quodam in Monasteria detrusi fuerint: at cùm historiæ id taceant, imò ex his habeatur spuriam Theodorici Regis penitus extinctam prosapiam, & hic Sigibertus Theodorici posterioris Filius impubis obierit, hæret hîc animus, nec quicquam pro hac opinione dignum occurrit.

Vnde probabiliùs dici posset, prædictum Baldericum, & Bouam ex Sigiberto I. prodijsse. Refert enim Gregorius Turon. lib. 4. cap. 41.

SONNAT. XXII. AR-CHIEPISC.
An. 633.

ad Sigibertum Parisios regressum à Rotomago, Brunichildem conjugem cum filijs venisse, & cap. 1. lib. 5. ( prædicto Sigiberto interfecto apud Victoriacum) Brunichildem Reginam Parisijs cum filijs agentem ac vehementer conturbatam à Childerico pulsam in exilium, filias verò Meldis teneri præcepisse, ac præter Ingundim & Chlodosuindam, aliam fuisse quæ Historicos forsan præterierit, latuerítque alicubi in Austrasia cum Balderico, donec pacatis rebus, velut è latebris emergentes primò Remis Monasterium iuxta portam Basilicarem extruxerint, aliud in loco qui Mons Falconis dicitur ab euentu, quem Frodoardus explicat.

 Balderici ac Bouæ tempus, conditíque ab his monasterij vetustatem suadere videntur testamenta Romulfi, & Sonnatij Archiepiscoporum, quibus Puellarum Sancti Petri Monasterio aliquid legant, licèt ambigere quis posset an Monasterium, cuius in prædictis testamentis sit mentio, vetus illud sit, cui Susanna præfuit tempore Sancti Remigij, de quo Frodoard. lib. 1. c. 24. Probabilior conjectura est pro hac sententia quod Wandragesilus Baldericum conuenerit ad Montem Falconis anno circiter 630. vt ab eo vitæ Asceticæ rudimenta perdisceret, hoc autem supponit Baldericum annis maturum, & in vita coenobitica exercitatissimum antequam Sigibertus 3. adolesceret. Idem probat de Boua sorore, quod supra de prædijs à Niuardo eidem collatis, attulimus: sed an reuerâ Sigiberti Regis ambo nati sint, non desunt qui dubitent, cùm Frodoardus rem ante annos ampliùs trecentos pro incerta habeat. Ordericus quidem Vitalis Bouam Deo sacram Virginem Sigiberti ac Brunichildis liberis annumerat, sed sine auctore, & pro Balderico ( quòd Sigiberti primi filius fuerit ) stat Albericus in Chronico, vbi ex Historia Remensi ( vt ipse loquitur, quamuis id non dicat ) docet Sigibertum, qui immissu malæ vxoris suæ Brunichildis occisus est, & sepelitur Suessionis apud S. Medardum, præter Childebertum, alium habuisse filium, qui dictus est Sanctus Baldricus Presbyter & Abbas, húncque fecisse Remis monasterium Puellarum Sancti Petri.

 Has difficultates præsentiscens illust. Tullensis Episcopus, nè in parachronismum incideret, de Balderico & Boua sic scripsit in suo Martyrologio Gallicano, *vigesimo quarto Aprilis Bouæ & Dodæ Virginum, quarum altera Baldrici sanctissimi Presbyteri soror, à Sigiberto Rege Metensi in filiam adoptata, Monasterium Sancti Petri construxit, quod Niuardus consecrauit*. At vnde habeat Bouam à Sigiberto adoptatam, necdum ostendit.

 Ceterùm vt Balderici & Bouæ Natales, quoad peculiarem hanc circumstantiam, nonnullis obscuri videntur, dubiísque niti conjecturis, sic & tempus fundationis Monasteriorum, quæ ab ijs extructa sunt, aliunde probari non potest quam ex Frodoardo, cuius verba capitis 37. præsertim, superiùs à nobis relata sunt, vbi & indicare videtur

detur Sancti Petri cœnobium ab ijs extra muros vrbis Remorum fuisse conditum, *Quorum corpora* ( inquit ) *Bonæ scilicet & Dodæ Abbatissarum, in Ecclesia extra muros vrbis, vbi primum Puellarum fuerat Monasterium, tumulata diu quieuerunt, donec postmodum, reuelationibus quibusdam eleuata, ad hanc sunt Ecclesiam perlata, ibidémque venerabiliter collocata.*

SONNAT. XXII ARCHIEPISC. *An.* 633.

Quo autem anno id factum, & an noua ibi Ecclesia restructa, vbi pridem fuerat Susannæ cœnobium, quàm celebris prioribus his sæculis, quod vitæ genus velatæ Virgines excoluerint, an insignes quædam inter eas, vt prædictus auctor qui veteres membranas peruoluit nihil profert, sic & nos, præter aliquot Abbatissarum nomina ex Necrologio confusè excerpta, aliquid certò per trecentos annos proferre non possumus. At anno 1030. quo Oidila vixit, major claritas exoritur, vberiorémque materiam donationum codices subministrant, quibus patet altaria, patronatus, ac dominia Monasterio Sancti Petri ab Archiepiscopis, aliísque benefactoribus concessa : insignésque Vestales ex celebri hoc Parthenio prodijsse, ad regularis vitæ obseruantiam in alijs Monasterijs aut instituendam, aut postliminiò reuocandam.

Inter quas elucent Adela prima Montis Martyrum prope Parisios Abbatissa anno 1134. quam nonis Aprilis migrasse docet obituarium Sancti Dionysij Remensis. Elizabetha 4. eiusdem cœnobij Parisi. Abbatissa ex eodem Necrologio 3. Januarij, Elizindis Pratensis Abbatissa 23. Januarij, Fredezindis Sanctæ Mariæ Veruini 3. Febr. Legardis Aurigniacensis 21. Aprilis, Guiburgis de Morgiual 6. Octob. & complures aliæ, quæ satis indicant optimè constitutam apud eas religiosè viuendi formam per hæc tempora insigniter viguisse, donec, vt sors est rerum humanarum, tepescente religione, primæuus pietatis vigor, annitente Lenuncurtio Archiepiscopo, restitutus est anno 1520. quem Renata, prior huius nominis Abbatissa, incredibili studio fouit, augéntque in dies, ac feliciter conseruant quotquot ei hactenus successére, vnde plures ob famam virtutis inde Moniales, etiam nostro hoc sæculo, assumptæ sunt ad regimen Monasteriorum, quas hîc breuitatis gratiâ prætermitto.

Vnum hîc silentio premendum non est, ad regularis vitæ obseruantiam, diuini quoque Officij splendorem accedere, quod ibidem magno cultu & studio à Monialibus perficitur, Ecclesiæ thesaurariâ ad id magnam vim ornamentorum suppeditante, vbi Clericorum etiam inest numerus ; sunt enim quatuor Canonici, & totidem Capellani, qui singulis diebus præsto sunt iuxta vices suas ad munia quæque obeunda. Quod verò spectat ad ædificiorum elegantiam, Claustri ornatum & Capituli, Sacristiæ supellectilem, tapetes magni pretij, & holosericos, Aræ paratus, officinarúmque instructum, talia sunt recentiorum Abbatissarum curâ, & liberalitate, vt Regale hoc cœnobium

totius

totius Galliæ illustrioribus, quæ sibi ob horum præstantiam nomen aliquod peperêre, facilè possit comparari.

## SANCTI PETRI REMENSIS GAZOPHYLACIUM.

PRæstantes aliquot Sanctorum, maximo cum honore, Reliquias custodit auro, & argento conuestitas, gemmis, & vnionibus vt plurimùm conspicuas, variâ denique opificum arte, & industriâ elaboratas, quarum hæc summa est.

In insigni Phylacterio visuntur tot reliquiarum particulæ, quot in Regia Capella Parisiensi.

Spina item vna Coronæ Domini.

Pars sat notabilis vitalis ligni, in quo pro omnium salute Christus animam exhalauit.

Annulus catenæ Principis Apostolorum, & aliquot ex ossibus.

Dens Sancti Pauli Apostoli, & aliquot ex ossibus.

Mendibula S. Bartholomei Apostoli.

Corpus Sanctæ Bouæ Fundatricis, & primæ Abbatissæ.

Corpus Sanctæ Dodæ neptis eiusdem, ac in regimine Successoris: Duo hæc corpora in separatis capsis, argento partim vermiculato confectis, & egregiè cælatis inclusa, omnium venerationi supra clathrum majorem, qui chorum à Sanctuario separat, exponuntur.

Corpus Sanctæ Petronillæ: an Principis Apostolorum Filiæ, vel Monialis cuiusdam incertum, lego alicubi corpus B. Petronillæ in Galliam delatum à Joanna Regina Francorum vxore Philippi speciosi, in Sacrario Sanctæ Mariæ de Barra propè Theodorici Castrum Suession. Diocesis collocatum.

Capita trium præcedentium in Lipsanothecis separatis.

Caput Sancti Guilielmi Confessoris Aquitaniæ Ducis ( vt creditur ) in Capite argenteo Ducali coronâ supra verticem cincto.

Brachium item Sancti Guilielmi Confessoris.

Pars notabilior corporis Sancti Zenonis Martyris, Româ in Gallias delati per Emin. Cardin. Lotharingum, ex Bullâ Gregorij Papæ decimi tertij anno 1572. quam suo loco dabimus.

Os justæ magnitudinis Sancti Aigulfi Martyris.

Brachium vnius ex pueris Innocentibus qui ab Herode Ascalonita interfecti sunt.

Os sat longum sancti Balderici Confessoris fratris Sanctæ Bouæ.

Ossa aliquot Sanctæ Gordubæ Virginis & Martyris.

Sunt & aliæ Sanctorum exuuiæ quorum nomina hactenus incomperta manserunt.

In eodem sacrario, ditissimis vasis ad diuinum officium referto, seruatur & aliud phylacterium supernè in globum rotundum desinens, vbi plures includuntur Reliquiæ, quas hic sigillatim referre superuaca-

superuacaneum esset, cum minutiores sint, ac hinc inde è varijs thesauris emendicatæ.

*Abbatissarum Regalis Parthenonis Sancti Petri Catalogus.*

## CAPUT XXXIV.

Sancta Boua Sigiberti Regis, vt fertur, Filia, ac Sancti Balderici Soror, vixit sub Niuardo Archiepiscopo ann. 650. Frod. lib. 2. cap. 10.

Sancta Doda, Bouæ Neptis, quæ viro illustri ex aula Sigiberti Regis desponsata, vt in castitatis proposito permaneret, terrenum sponsum spernere suasa est ab Amita, eidem in Monasterij regimine successit, vtriusque festum eodem die sic notatur in Martyrologio Remensi, 6. *Calend. May Natale Sanctarum Bouæ, & Doda.*

Hildeburgis 14. Calend. Martij. Ex obituario Sancti Petri.

Fredesindis 17. Calend. Maij.

Hermengardis 27. Aprilis.

Elizabeth, & Ælidis 18. Calend. Maij.

Rixendis 10. Frebruarij.

Hildeburgis 16. Februarij.

Clara 16. Calend. Junij.

Fossendis Nonis Augusti.

Ragentrudis 19. Nouembris.

Renissendis 18. Augusti.

Himiltrudis 5. Calend. Septemb. ex Necrologio Rem. Ecclesiæ.

Donna Maria 14. Calend. Septemb.

Anna 6. Calend. Septemb.

Adelendis 3. Calend. Septemb.

Helendis 15. Calend. Septemb.

Christiana 10. Calend. Nouemb.

Oidila nominatur in charta Widonis Archiepiscopi, quâ altare Sancti Stephani Remensis Parthenoni Sancti Petri R. concedit sub conditionibus in ea relatis ann. 1035. ipsius hortatu idem Archiepiscopus scripto fassus est se nihil iuris habere in præpositura Sancti Petri 1052. cur ibi præpositura vocetur Rotundi Monasterij haud satis intelligo, Oidila excessit 29. Augusti ex obituario post 37. annos regiminis.

Sibilla vixit sub Widone Archiepiscopo, post tres annos præfecturæ exempta.

Fredesindis 2. obtinuit à Rainaldo Archiepiscopo altare, & patronatum de Vaulmonstreuil, quæ à Comite Rogerio vindicarat an. 1090.

SONNAT. XXII. ARCHIEPISC. *An.*633.

1090. altaria item Dauberiue, de Nogent, de Blanzi, & de Gocicourt à Manaſſe Archiepiſcopo 1100. altare de Godelancourt ab Herebaldo Laudunenſi Epiſcopo conſenſu Ebali Archidiaconi 1095. defungitur 15. Calend. Martij, poſt 29. annos regiminis.

Elizabeth legitur in Charta Rodulfi viridis 1124. Priuilegium generale obtinet ab innocentio 2. 1131. villam de Guiencourt à Pagano de Sancto Paulo milite cum Seruis, Ancillis, pratis ſub conditionibus in charta Barthol. Laudunenſis Epiſcopi contentis an. 1129. migrat 14. Aprilis ex obituario.

Ermengardis eo tempore vixit, quo Adela monialis Sancti Petri præfuit Montis Martyrum Parthenoni vt vidimus, vita conceſſit 5. Aprilis ex Epitaphio ſupra lapidem in Eccleſia exarato.

*Hic Hermengardis ſapiens, & religioſa*
*Abbatiſſa iacet, laudum meritis ſpecioſa.*
*Exequias cuius, quaſi nuncius & beneficus,*
*Cùm fieri debent februi denunciat idus.*

Sibilla 2. nominatur in charta Samſonis Archiepiſcopi pro decimis de Bacone 1151. ei Hugo Rociacenſis Comes, quod iura Sancti Petri in villa de Guiencourt vſurpaſſet, coram Samſone Archiepiſcopo, & Galtero Laudunenſi ſatisfecit 1157. iacet Sibilla in choro Eccleſiæ ſub tumba alba cui verſus ſequentes ſunt inſculpti.

*Hîc pia, magnifica, Matrum Matrona, pudica*
*Singula per geſta, prudens, patiens, & honeſta*
*Abbatiſſa Sibilla &c. obijt 30. Auguſti.*

Aſcelina migrat poſt annum ab electione reuolutum 17. Ianuarij ex Necrologio.

Sibilla 3. intra annum extincta ſub Henrico Archiepiſcopo.

Gila vel Gela in Chartularijs legitur an. 1165. & 1182. & in Necrologio 14. Martij vbi ſic habetur. *Donna Gela Abbatiſſa B. Petri Remenſ. B. memoriæ mater pijſſima, quæ reditus Eccleſiæ in veſtibus Dominarum aſſignauit, inſtituit, confirmauit*; Comes Grandi pratenſis Gilâ regente, dedit Monaſterio quicquid poſſidebat in villis d'Aire & de Balham, & Capellam Caſtri coram Guilelmo Archiepiſcopo, & ex conſenſu Henrici Comitis Trecenſis 1171.

Leduidis an. 1194. & 1198. exempta 16. Calend. Febr. 1200.

Elizabeth 2. an. 1290. 1276. & 18. Calend. Maij in obituario. Radulfus Comes Portianus, vel de Caſtro porcenſi excommunicatur ab Alberico Archiepiſcopo, quòd giſtum in Monaſterio Sancti Petri, Abbatiſſâ renitente, accepiſſet 1212. nec à cenſura ſoluitur donec ſcripto faſſueſt ſe ad id nihil iuris habere.

Guiburgis poſſeſſionem inijt menſe Auguſ. 1219. vixítque eo tempore quo regularis adhuc vigebat obſeruantia, abſque diſpenſationis
indulto

indulto, vt patet ex professionis syngrapha quæ adhuc superest, quamuis
Necrologium sub ea nonnihil immutatum referat, vbi 6. Januarij habetur, *Obijt donna Guiburgis Abbatissa, quæ vestiarium Monialium auxit &c.*

Sibilla 4. ab Innocentio 4. bullas obtinuit, primam aduersus eos qui se per literas Apostolicas in possessionem beneficiorum à Monasterio dependentium intrudebant, alteram nè literis Apostolicis conueniri possent per clausulam generalem *quidam alij*, de quibus 6. decretalium 1255. hæc quatuor Canonicos instituit pro diuini cultus incremento, quorum iura, & munia referuntur in charta an. 1257. obijtque 30. Augusti 1263.

Cecilia à Godefrido de Braine milite, & Heluidi vxore census annuos, iura, ac dominium acquisiuit, ob quæ Moniales iustitiâ potiuntur in vicis de Barbastro, Contray, & Neuve ruë, & iuxta parochiam Sancti Stephani; mortalitatem expleuit 15. Septemb. an. 1284. ex Epitaphio vernaculè scripto.

Maria prædicti cœnobij iura aduersus Archiepiscopum generosè tuita est, in ijsque à Philippo pulchro confirmatur sede vacante 1299. 19. legitur in Necrologio.

Euelina regimen adepta est 1297. cessit 1301. 15. Martij ex obituario, vbi & altera Euelina legitur Ecclesiæ custos seu thesauraria, quæ Beatarum Dodæ, & Petronillæ reliquias in argenteis lipsanothecis includendas curauit.

Isabella de Sancto Lamberto rexit ab anno 1301. ad an. 1306.

Euelina 2. obijt 8. Martij 1307. post vnicum annum regiminis.

Margareta de Sancto Lamberto iacet Parisijs apud P. Prædicatores 1315. de ea Necrologium 10. Januarij.

Maria de humonte, ea regente, Carmelitæ in vico Barbastri stabiliuntur an. 1323. donationes ab ea factas Monasterio refert obituarium vltimo septembris quo ipsa obijt 1328.

Cecilia de Sancto Lamberto, die Sancti Briccij 13. Nouemb. benedictionis munus suscepit, obedientiámque Ecclesiæ Remensi pollicita est 1328. migrat. 13. Septemb. 1340.

Maria de Sancta Libraria 7. Calend. Martij electa iurat. an. 1343. & 19. Nouemb. obijt 1343.

Joanna de alta vena ab Episcopo Suession. benedicitur die Natalis Domini, spondétque obedientiam Ecclesiæ Rem. 1343. de ea obituarium 22. Februar. *Joanna de alta vena Abbatissa ad opus vestiarium dedit &c.* vtrùm eadem sit cum Joanna de Arteuerne, quæ obijsse dicitur 18. Februarij 1363. in epitaphio, incertum, fortè ante obitum abdicauerat.

Maria de Besanne legitur ann. 1360. exempta 1362.

Catharina de Berieu, vel de Beru benedicitur 7. Octob. spondet obedientiam 21. Februar. 1362. cessit 15. Junij 1366.

SONNAT. XXII. AR-CHIEPISC.
*An.* 633.

Catharina de beau Rousseaux rexit ab anno 1366. ad ann. 1373.

Thomatia Thessart Archiepiscopi eiusdem nominis Soror, juramentum præstat Ecclesiæ Remensi 7. Octob. 1374. præfecturam gessit per 22. annos, egit animam 13. Maij 1394.

Mathildis de Longroy eligitur 7. Octob. 1395. abdicat in fauorem Joannæ de Riüery tempore Concilij Constant. 1439. defuncta 4. Aprilis eódem anno: legitur tamen.

Nicolaa de Cernay quæ fidelitatem promisit Ecclesiæ Rem. 1397. & Alis de Herbigni ex priore claustrali ad Abbatialem dignitatem promota ann. 1431. sublata è viuis 1438. hæ litem habuerunt cum Mathilde.

Joanna de Riuery à Mathilde in Successorem electa, juramentum præstat Archiepiscopo 29. Maij 1429. Bullam obtinet à Patribus Concilij Basileensis 12. Calend. Septemb. 1439. sede Apostolicâ vacante, pro bonis Monasterij à Mathilde alienatis dato pretio vindicandis, obijt 16. Septemb. 1471. ex Actis Capituli Rem. quibus facultas conceditur Abbatissam eligendi.

Jacoba de Lor electa ann. 1471. abdicat in fauorem sequentis, occidit 29. Junij 1474 ex obituario.

Jacoba du Boz, vel du Bois Antonij du Boz Domini de Maur in Diœcesi Remensi filia, Amitæ successit ann. 1474. defungitur 1. Augusti 1517.

Jacoba de grand Pré, Neptis præcedentis, benedicitur à Philippo de Lenoncourt 20. Augusti 1517. actum sub ea de religione in meliorem statum reformanda, pro qua secessit ad Montem Martyrum, inde Calam, Annâ de Brois Abbatissâ vallis gratiæ cum Sodalibus euocatâ laborante interim pro educandis iunioribus regiâ auctoritate, & Archiepiscopali. Jacoba post aliquot annos redijt, spondétque se statuta reformationis obseruaturam, obijt 6. Februarij 1529. vel 1532.

Post Jacobæ excessum, quatuor sibi Abbatissæ titulum vendicant, Margareta de Salezart, Claudia Morel, Anna de Broye, Jacoba de Bossus, quibus accessit Francisca d'Anglure: ipsis inter se litigantibus, Guilielmæ de Bon-Valet Moniali Montis Martyrum, ac ex reformatis præcipuæ Vicariatus datur in spiritualibus, & temporalibus, eóque titulo professiones excepit, donec Margareta de Salezart, quæ alijs superfuit, ius quod in Abbatiam habere videbatur, in manus Pauli III. liberè deposuit, qui Bullis Romæ datis 5. Calend Septemb. 1542. Renatam Fontis Eberaldi Priorem majorem elegit.

Renata, Claudij à Lotharingia primi Ducis Guisiæ filia, anno ætatis 20. possessionem inijt per procuratorem ann. 1542. septimo verò Decemb. benedictionis munus suscepit ab Emin. Cardin. Carolo à Lotharingia Rem. Archiepisc. Fratre: huic multis titulis Monasterium deuinctum est, æternúmque erit, ob ea quæ præclarè gessit in decus

ipsius,

ipsius, & ornamentum; ad superos excessit 3. Martij ann. 1602. jacet in choro iuxta sepulcrum Mariæ à Lotharingia Sororis Reginę Scotiæ, quæ Edimburgi obijt 4. Idus Junij tædio turbarum ob Religionem mœrore confecta, cuius corpus in Galliam ad Fratres Guisios delatum, Remis in æde S. Petri Mausoleo elegantissimo conditum est anno 1560.

SONNAT. XXII. AR. CHIEPISC. *An.*633.

Renata II. Henrici à Lotharingia Guisiæ Ducis, & Catharinæ Cliuiensis filia, fit Abbatissa ex dispensatione ob immaturam ætatem, 12. Mensis Aprilis 1602. benedicitur à Philippo du Bec Rem. Archiep. exempta 13. Junij 1626. anno ætatis 41.

Margareta Kilcaldi ex nobili Scotorum stirpe oriunda, à Gabriele de Sancta Maria Rem. Archiep. benedicitur ann. 1626. è viuis excessit 3. Februar; ann. 1639. ætatis 68.

Francisca à Lotharingia Caroli Ducis Guisiæ filia, ex Coadjutrice præcedentis Abbatissa renuntiatur ann. 1639. post aliquot annos præfecturæ ad Montem Martyrum translata.

Catharina Angelica Aurelianensis, Henrici Ducis de Longavilla filia naturalis, à Leonorio Archiep. benedicitur 23. Maij 1645. translata ad Abbatiam de Maubuisson, obijt mense Julio 1664.

Margareta Angelica de Bethune ex perillustri Bethuniensium Procerum, Comitúmque de Orual stirpe nata, Regis beneficio ad Abbatialem dignitatem sublimata præest, hodiéque superstes, an. 1665.

---

*Sanctus Baldericus Ascetica vitæ cultor, Montis Falconis condit cœnobium, & quo tempore ibidem Monachis, Canonici subrogati.*

## CAPUT XXXV.

Sanctus Baldericus condito Remis Monialium Sancti Petri cœnobio, alterum pro viris infra Diœcesim extruendum censuit, vbi ipsemet secretiùs Deo vacare, & cum electis sodalibus posset religiosè conuersari: procul igitur ab vrbe secedens, placitum tandem in finibus Austrasiæ reperit locum, quem dicunt Montem Falconis in Argonia, spinis quidem ac vepribus obsitum, sed quem proprijs manibus, & Discipulorum ope sordibus purgans, studiosè excoluit, ibíque fixit habitaculum.

Fertur Auem ( quam Falconem nuncupant ) præuiam, & quasi præducem itineris, dum Eremum expeteret, habuisse, quæ varios ducens per aëra gyros, ac per triduum eósdem repetens, non ambitum modò, sed inseßu locum designare videbatur vbi positum fuit, hodiéque habetur altare Sancti Petri; ab hoc euentu cœnobium sic vocitatum

SONNAT. XXII. AR-CHIEPISC. *An.*633.

vocitatum plurimi afferunt, vbi vir Dei collectis fecum Monachis, fub Sancta regula arctiùs viuere, cellafque componere cœpit, rufticâ quidem arte, & inconditâ, fed tot virtutum fparfas delibutafque odoribus, vt multi ad eum è vicinia, etiam nobiles, breui confluxerint, quorum largitionibus conftructa Ecclefiola, erectæ officinæ, & dotatum Monafterium.

*Idem etiam legitur in Chronico Fotallenenfi cap. 1.*

Tam inclyti viri famâ mirum in modum crebrefcente, vir quidam illuftris profapiæ, ac Pippini excellentiffimi Principis Francorum confobrinus Wandregifilus nomine, Palatij Comes fub Dagoberto, afceticæ vitæ rudimenta pofiturus, relictis fæculi pompis, ad Montem Falconis acceffit, vbi Baldericum infigniter eam profiteri audierat. Verba Surij, quæ ex geftis antiquioribus haufit, iuuat hîc proferre, quò dictis major fides adhibeatur. *Poftquam vir Sanctus Wandregifilus mundi huius oblectamenta deferuit, optabat in Sancto cœnobio diuinæ infiftere Philofophiæ, ac Monafticæ regulæ venerabilem animum tradere informandum. Ac primùm in loco qui dicitur Mons Falconis, cum viro Sancto nomine Baltfrido non multùm temporis habitauit &c.* Ex his Balderici hiftoria non nihil illuftratur, inde enim conditi à fe Monafterij elucet tempus, cùm paulò poft Wandregifilus Presbyter ordinatus fuerit à Sancto Audomaro Morinenfi ann. 646. vitæ quoque genus, & claritudo fubinde cognofcitur, licèt in nomine aliqua fit diuerfitas, quæ in legendarijs fæpius occurrit: quantis verò virtutibus in feceffu corufcarit Baldericus, quàm rigidæ innocentiæ, & vt alijs norma fuerit omnia patienter tolerandi, fufiùs gefta referunt, quæ nos vltro prætermittimus.

*Auctor vitæ S. Germani Antifiod. idem tradit, refertq; Monafterium Montis Falconis fundatum à Carolo Magno.*

Auctor vitæ illius quiddam inferit quod animaduerfione indiget: tradit enim Carolum Magnum, domitis Saxonibus, ab vrbe Autifiodorenfi Reliquias Sancti Germani poftulaffe, quibus Ecclefiam à fe recèns in Germania extructam locupletaret, cúmque miffi ab eo, obtentis à facrorum Cuftode pignoribus, per Montem falconis tranfeuntes moram ibi aliquamdiu traxiffent, inftarétque tempus iter cum Reliquijs peragendi, tanto pondere capulum, quo erant inclufæ, fuiffe aggrauatum, vt inde quantumlibet annitentibus moueri non potuerit, sícque hoc miraculo, cognouiffe altiori nutu ordinatum, vt prædictæ reliquiæ cœnobialem Balderici Ecclefiam exornarent, quæ Beato Germano ob id dedicata eft. Addit Imperatorem haud multò poft huius rei certiorem factum per Nuntios, Ecclefiam, & Baldericum vifitaffe, cui multos impertijt reditus, quibus XVIII. præbendæ dotatæ &c.

Sunt in hac relatione quæ probari poffent, vt Imperatoris tranfitus per Montem falconis, & regia ipfius liberalitas. At dici non poteft id accidiffe tempore Balderici, qui diu ante excefferat: vnde Frodoardus horum non meminit. Sed Balderici vitæ ftatu breuiter expofito, tradit hunc, omnibus in fuo cœnobio rite ftabilitis, ad Sororem

rem reuersum, Remísque vltimum sui cursus diem clausisse 12. Octobris, quo festum eius celebratur, vbi & sepultus tempore non modico requieuit.

SONNAT. XXII. ARCHIEPISC.
An.633.

Porrò quid actum de Balderici familia post ipsius obitum, an eiusdem propositi tenax, & per quot annos, silent historiæ: refert Frodoardus à Clericis, qui locum, exactis Monachis, postmodum incoluerunt, Balderici corpus delusis fraude custodibus Remis ablatum, & apud Montem Falconis relatum, vt & miracula quæ in itinere contigerunt: Addítque ad Ecclesiam Sancti Laurentij, vbi viuens sibi sepulchrum parauerat, venerabile corpus perlatum in suo reuerenter depositum fuisse Sarcophago, iugitérque in eo perseuerasse vsque ad tempora Caroli Regis, & Hincmari Archiepiscopi, quibus à Normannis fœdè depopulata est Gallia, *Tunc* ( inquit ) *Canonici sui Patroni corpus sepulchro leuatum super altare Sancti Laurentij posuerunt, quod dum fieret, tres guttæ sanguinis de capite ipsius defluxerunt, ita recentes, & calidæ, ac si de viuente corpore defluxissent.*

Lib.4.c.40.

Ex his patet ante Caroli Calui tempora Canonicos in Monachorum locum subrogatos, ac ex Monasterio Ecclesiam collegiatam constitutam, at quo anno id factum ex gestis Sancti Balderici satis colligi non potest, nisi quis dicat id contigisse sub finem Regum primi stemmatis, quo bellis emergentibus inter Palatij Præfectos, res Ecclesiæ ablatę sunt, ac euersa Monasteria, vt sæpius conqueruntur Zacharias, & Adrianus in Epistolis. Pro hac Clericorum subrogatione, faciunt ea quæ sanxit Hincmarus in synodo anni 874. *Presbyteri* ( inquit ) *nostræ Parochiæ dicuntur Ecclesias suas negligere, & præbendam in Monasterio Montis Falconis obtinere, sed & Canonici ipsius Monasterij Ecclesias rusticanarum Parochiarum occupare.* Monasterij nomen ibi pro Collegiata Ecclesia vsurpatur, vt passim apud medij æui auctores, & Concilia: quin & is, qui multos annos præfuit, Abbas dictus est, vt quidam Adalardus apud Frodoard. ann. 870. Vasseburgus contendit prædicti Montis Falconis Ecclesiam Virdunensi fuisse subjectam, citátque diploma Arnulfi Regis transrhenani an. 895. at hoc probat Argoniæ vlteriorem partem Imperatorum fuisse dominij, quamuis inficias ire nolim Episcopis Virdunensibus prædictum Monasterium in commendam fuisse collatum, quod Frodoard. in Chronico ad annum 941. haud obscurè innuit, vnde Adalbero 37. Virdunensis Episcopus eo potiebatur ann. 980. illúdque Rodulfo nepoti resignauit, quem vsque ad Richardum Abbatem vixisse tradit Vasseburgus in historia Virdunensi. At regularitatis vestigia sensim obliterata sunt, ac penitus deleta, noménque Abbatis in Præpositi nomenclaturam transijt à multis retro sæculis, cum legatur in Charta Godefridi Ducis ad Comitem Virdunensem pro immunitatibus prædictæ Ecclesiæ, aduersus Aduocatos rerum Ecclesiasticarum deprædatores.

*Leudegise-*

*Leudegiselus XXIII. Archiepiscopus, & quo anno Dagobertus Rex obierit.*

## CAPUT XXXVI.

Leudegiselus Episcopalem Cathedram inijt sub Dagoberto ann. 634. insignis vir prosapiæ, Sadregisili Aquitaniæ Ducis Filius, & Attilonis seu Attilæ Laudunensis Episcopi Frater ex Demochare, qui & Leudegillum, Leugillum, & Gillonem vocandum censet: at quis credat Dagobertum Sadregisili filios (si vera sit historia quæ de eo refertur) ad eminentiores huius regni præfecturas promouere voluisse? quem opibus, & honore nuper spoliauerat. Imo potiùs crediderim ex Leudegisilo prædictum Archiepiscopum oriundum, qui copias Guntheramni, ac Childeberti duxit in fallacem Gundebaldum, cuius meminit Gregor. Turonensis lib. 7. & 8. vel certè Leudegiseli filium, Nanthildis Reginæ Fratris, de qua auctor vitæ Dagoberti.

De Leudegiselo Præsule, præter Colonias in villis Episcopij dispositas, vel prædia empta de nouo, aut cum Abbone Tricassino Episcopo pro partis vtriusque opportunitate commutata, amplius nihil legitur apud Frodoardum: tradit Coluenerius in Notis ad Chronicon Cameracens. Beatum Aubertum ab eo Remis consecratum 21. Martij Sacro junctum operantibus Beato Achario Nouiomensi, & Attila, forsan Chanoaldo, Laudunensi: quo verò anno obierit incertum est; augurari tamen quis posset ante annum 641. mortalitatem exuisse, cùm Beatus Eligius electus anno tertio Clodouei II. in Nouiomensem Episcopum, Rotomagi, extra Prouinciam Remensem, consecrationis munus susceperit, absque ipsius assensu, vt volunt Canones.

De anno quoque obitus Dagoberti grauis est dissentio inter auctores: Moisacense Chronicon vult eum obijsse anno 640. Hermannus Contractus 641. Sigebertus 645. alij & veriùs 638. adeò vt in figenda Chronologia, assignandóque Sanctorum Episcoporum obitu, qui hoc tempore claruerunt, vix duo propter hoc inter se consentiant. Dagoberto igitur post 16. annos principatus erepto, Sigebertus ex Ragnetrude pellice genitus, annum octauum agens, Austrasia, cui iam admodum puer ab anno 633. præfectus fuerat à Patre, potitus est, habuítque pro majori domus Regiæ Pippinum Seniorem, qui ex Itta conjuge Grimoaldum postea Palatij præfectum per Austrasiam reliquit, Beggam quoque, & Sanctam Gertrudem. Tunc Majorum domus regiæ dignitas in tantum adoleuit, vt Grimoaldus ille Childebertum Filium, tonso, relegatóque Dagoberto,

Sigiberti

Sigiberti legitimo filio, Regem auſus ſit conſtituere, vt poſtea dicetur. LEVDEGIS. XXIII. ARCHIEPISC. An.640.

Clodoueus alter Dagoberti Filius adjutore Æga Præfecto Palatij, & Nanthilde Reginâ matre apud Maſolacum villam publicam, in Neuſtriæ & Burgundiæ regnum ſublimatur, cœpítque regnare ann. 638. quo deſijt Dagobertus, ac paulò poſt in villa regia Compendio Dagoberti theſaurus, gemmæ, veſtes, ſupelléxque pretioſa ex æquo inter duos Fratres diuiduntur.

*De Flauio, Syluio, & Ætherio, quibus Remenſis Archiepiſcopi nomen tribuitur, & an inter legitimos Archiepiſcopos accenſendi.*

## CAPUT XXXVII.

Eſcoporum ſeries, quæ ex vetuſtioribus chartis, vt plurimùm colligitur, adeo confuſa eſt & implexa, ob earum varietatem ſub Dagoberto, ac filijs Sigiberto & Clodouco II. vt certò agnoſci non poſſit, quis apud Remenſes Leudegiſelo ſucceſſerit, cùm tres vel quatuor eodem fere tempore occurrant Remenſis Archiepiſcopi titulo inſigniti, quorum primus legitur in fundatione Prioratus de Cruce S. Audoëni Flauius nomine, alter Syluius vocatur in Clodouei II. præcepto apud Doubletium. Tertiùs hos paululùm ſubſequitur ſub Childerico, & Ætherius nominatur, quartus eſt Angilbertus, cuius tantùm meminit Frodoardus. De his pauca eodem ordine.

Primus nobis innoteſcit ex charta S. Cornelij Compendienſis, quam ex autographo vetuſtate forſan detrito, aut tineis corroſo exſcribi curauit Philippus Pulcher, ſanciens, vt ei velut originali fides adhiberetur, ob illuſtrium virorum famam, quorum nomina præferebat, ſic autem incipit.

*In nomine Sanctæ & indiuiduæ Trinitatis, ego Dangobertus Chlotharij Minorum Francorum Regis filius, cùm poſt mortem Patris glorioſiſſimus atque excellentiſſimus Francorum florerem in regno, & omnia circumquaque noſtro ſubjugata ſilerent Imperio, quadam menſis May die, vnâ cum optimatibus, & primis Palatij in Cuziaco ſylua more Regum ſolito.... ſed dum in capiendis.... omnes vnanimiter teneremur, & in perſequen. ſinguli huc illuc diſcurrerent per ſaltus &c. ſubitò domnus Audoenus Archicapellanus noſter in quamdam gratam, ſed aridam incidit planiciem, in qua mirâ inſculptam ſerie Crucis Dominicæ reperit effigiem. Erat enim verò ab heri, & nudius tertius cœli ſerenitas, & ſol effrenis curribus, ſuo etiam claro lumine perluſtrabat terram, vidit, ſubſtitit, diriguit; & retrogradis curſibus ad nos vſque feſtinans retulit.* Iunioris.

*Properamus, vt dixerat, nos etiam vidimus, miramur imaginem, à*

*LEVDEGIS. XXIII. ARCHIEPISC. An. 640.*

*Ex arboribus in sylua prioratus Sanctæ Crucis, seu potius ex pecunia inde conflata S. Medardi Sueßion: Ecclesia nuper à fundamentis restructa est.*

Deo fore prodigium confitemur. Ergo idem domnus Audoënus, vt erat prudentissimus, sciens eumdem locum visitari, & à Domino frequentari, nostris effusus genibus ad ædificandam Basilicam sibi dari petijt, quem ab Isara fluuio è contra Galliæ villa tam magnâ saltus ambitione, & longè latéque circumiacentibus terris vsque ad Bellum-villare, & vsque ad eiusdem fluuij ripam impetrari promeruit, vbi in HONORE SANCTÆ CRUCIS Ecclesiam fabricauit, villulam quoque congregauit, ipsam denique Sancto Medardo nostrâ licentiâ, & voluntate condonauit, ob amorem Fratrum, cum quibus ab ipsis infantiæ rudimentis fuerat educatus, & liberalibus studijs non mediocriter, sed perfectè eruditus, quam ipso obnoxiùs orante ab omni dominatione, aduocatione liberam fecimus. Et vt firmum permaneret, has in testimonium litteras fieri iussimus, & coram Episcopis, Comitibus, Palatinis, nostro munitas nomine annuli nostri impressione muniuimus.

Signum inclyti Regis Francorum Dangoberti.

| | | | |
|---|---|---|---|
| *Signum Flauij Remorum Archiepis.* | | *Signum Mamini* | *Episcopi.* |
| *Signum Sulpitij Bituric. Archiepis.* | | *Signum Archeualri Majoris Domus.* | |
| *Signum Ambrosij Gaualitani* | *Episc.* | | |
| *Signum Faronis Meldensis* | *Episc.* | *Signum Brigaldi optimatis Palatij.* | |
| *Signum Amandi Traject.* | *Episc.* | *Signum Aigulfi Comitis.* | |
| *Signum Eligij Nouiomens.* | *Episc.* | *Signum Bertini Militis.* | |
| *Signum Leburij Carnotens.* | *Episc.* | *Signum Berthamari Militis.* | |
| *Signum Amalarij* | *Episc.* | *Signum Radonis Militis.* | |

Chartæ huius falsitatem stylus satis indicat, quamuis inde celebris prioratus Crucis Sancti Audoëni origo demonstretur, facit tamen vtcumque ad eius probabilitatem, quòd quidam Flauius Rem. Archiepiscopus subscripsisse legatur priuilegio Gregorij primi Monachis Sancti Medardi Suession. concesso; cùm enim prior Flauius, qui Aruernensi Concilio interfuit, vsque ad hoc tempus viuere non potuerit, planè sequitur alium eiusdem nominis Sedi Remensi præfuisse, at nec sic Chronologia aptè cohæret, posteriore hoc etiam Flauio recepto iuxta Chartam præcedentem, cùm aliunde constet Romulfum anno 594. quo Sanmedardensibus priuilegium confirmatum est, Sedem Remensem occupasse. Cætera non moror, quæ eidem Chartæ auctoritatem adimunt, probántque Flauium hunc supposititium esse, vt quòd Eligius inter Episcopos ibidem recenseatur, qui tertio regni Clodouei II. Episcopatum Nouiomensem adeptus est, & quòd alij quidam nominantur Præsules æquè, ac Flauius incogniti.

Syluius alter est qui Remensis Archiepiscopi titulo gaudet in chartis Sancti Dionysij à Doubletio editis, quibus bona Sadregisili Ducis Aquitaniæ à Dagoberto Rege fisco adjudicata, ac postmodum eidem Monasterio concessa confirmat Clodoueus II. anno regni 7. Christi verò vero 645. vbi etiam Succeſſores hortatur vt prædictum Monaſterium LEVDEGIS. foueant, & conſeruent, cum omnibus iuribus & priuilegijs quibus XXIII. AR. Baſilica Sancti Petri Romæ potiebatur ex conceſsione, & priuilegio CHIEPISC. Conſtantini. Hîc Chartæ Pericopen profero. *An.640.*

*Clodoueus Dei gratia Rex Francorum Filius Dagoberti Regis, omnibus Epiſcopis, Abbatibus, Ducibus, Comitibus, ſeu quacumque iudiciariâ poteſtate præditis: Quicquid pro vtilitate &c.*

Palladius Epiſcopus Bituricenſis obtulit, Clodoueus Filius Dagoberti glorioſiſsimi Regis ſubſcripſit.

| | |
|---|---|
| *Signum Arnulfi Metenſis Epiſc.* | *Signum Gundoëni Comitis Norman.* |
| *Signum Eligij Aurificis Nouion. Epiſc.* | *Signum Werpieni Comitis Britann.* |
| *Signum Landerici Pariſ. Epiſc.* | *Signum Charimundi Comit. Fland.* |
| *Signum Maurini Senon. Archiep.* | *Signum Mummoli Præfecti.* |
| *Signum Syluini Remenſis Archiep.* | *Signum Dadonis Rotom. Archiepiſ.* |
| *Signum Frenemundi Andegau. Epiſc.* | *& Cancellarij Regis.* |
| *Signum Vaberti Lemoui. Epiſc.* | *Data in menſe Octobri an. 7. regni* |
| *Signum Aigulfi Abbatis S. Dionyſ.* | *noſtri Clipiaco Palatio.* |

Charta hæc ſatis ex ſe ſuſpecta, longiori non indiget examine ob Comitum præſertim Normanniæ, & Flandriæ nomenclaturam his temporibus incognitam, deinde Arnulfum Metenſem inter Antiſtites emicuiſſe ſub Clodouco II. veriſimile non eſt, cùm multi auctores certæ fidei, aſſerant hunc Chlothario adhuc viuente, relicto Epiſcopatu, in ſolitudinem ſeceſsiſſe.

Ætherius pariter Remenſis Archiepiſcopi nomine decoratur in diplomate à Childerico Clodouei II. filio eidem Abbatiæ conceſſo 10 anno regni ſui, cui ijdem ferè Epiſcopi ſubſcripſêre, cum regni primoribus, at non abſque ſcrupulo, ob rationes prædictas, & quod Epiſcopi in eo relati, in Catalogis nuper editis non appareant. Eſt quidam Ætherius Ebredunenſis Epiſcopus qui per id tempus vixit, interfuitque Concilio Cabilonenſi Clodouei iuſſu habito regni eius ann. 6. Chriſti 650. an huic Rem. Epiſcopi titulus, Amanuenſis errore adſcriptus ſit, vel eius, qui chartam hanc commentitiam finxit curioſiùs inquirat qui voluerit.

*Anglebertus.*

*Anglebertus XXIV. Archiepiscopus, Basilica Beati Remigij à multis frequentatur, Eligius Quintini Martiris sepulchrum detegit, illúdque, ac Collegarum auro, & gemmis exornat.*

## CAPUT XXXVIII.

TRibus his falsò Remensis Archiepiscopi nomen præferentibus è vera serie explosis, Anglebertum vt legitimum, ac verum Leudegiseli successorem cum Frodoardo excipimus, parua enim inter eum, & Landonem intercapedo, tot Præsules interseri non patitur: hic Ægæ Magistri equitum seu Majoris domus per Neustriam sub Clodoueo II. ac pridem Dagoberti Regis à consilijs, quique palatium, & regnum condignè cum Regina Nanthilde gubernauerat, filius fuit. Vnde fit vt obsequia ab eo exhibita, & auctoritas quâ pollebat; filio iter præbuerit ad Archiepiscopatum obtinendum, quem paucis annis admininistrauit: Ex his quæ de eo satis obscurè leguntur, adducor vt credam hunc Remis haud diu hæsisse, aut statim fato functum, cùm nomen eius in actis publicis non legatur, Concilij præsertim Cabilonensis coacti anno 650. nec in priuilegio Sandionysiano.

Magnis, ac stupendis in Basilica Sancti Remigij coruscantibus miraculis, ob quæ propter loci angustiam dilatata hæc dicitur, & exaltata, ac venerabile pignus è loculo extractum post altare, Angelicis manibus vt Frodoardus loquitur, translatum. Frequens ad eam fiebat populorum concursus opem in necessarijs postulantium; Refert enim auctor vitæ Sanctæ Salabergæ, hanc, quòd prolis expers esset, voti gratiâ, Beati Remigij Pontificis, *qui Vrbem Remorum, Campaniámque tellurem virtutibus sacris,& miraculis illustrabat,* Basilicam expetijsse, ibíque vigilijs, & orationibus excubantem spopondisse, si voti compos foret, prolémque consequeretùr, se eam Domino dicaturam.

Et in Appendice ad Gregorium Turonensem habetur, Ermenfredum, qui Ægæ Majoris domus Clodouei II. filiam duxerat, cùm ob homicidium, Reginæ in se iram concitasset, mortis metu Durocortum Remorum vrbem Campaniæ Gallicæ, Regi Austrasiæ Sigiberto parentem, clam, & properè petijsse, atque in Basilicam B. Remigij tumulo, ac nomine claram, confugisse, vbi pluribus diebus delituit loci Religione tutus, donec Nanthildis Reginæ ira sedata est, & amicè cum hostibus ipse composuit. Ex quibus patet B. Remigij tumulum vnum ex illis Galliarum fuisse, ad quem voti causâ pij excubabant, & in quo criminum rei certum ab insequentibus experiebantur præsidium. De Moderanno Redonensi Episcopo, po, qui pariter ad tumulum Beati Remigij peregrinatus est regnante Chilperico, agemus lib. 3. cap. 2.

 Hoc quoque tempore Beato Eligio Nouiomensium Episcopo subijt in mentem primo consecrationis anno Sanctorum Martyrum corpora, quæ populis hactenus abdita fuerant, ardore fidei perquirere, inclyti præsertim Martyris Quintini, in eo loco ( haud procul ab vrbe Vermandensi ) vbi quondam Martyr ex fluuio eleuatus ab Eusebia in monte fuerat tumulatus, cúmque sagaci inquisitione per Basilicæ pauimentum huc illúcque perlustrasset, tandem in posteriore parte, quo nulla erat suspicio, locum effodiendum designat, defossâ igitur in altum vltra pedes decem, seu ampliùs terrâ; cùm nulla spes esset inueniendi, & iam media nox instaret, arrepto Eligius sarculo, rejectóque amphibalo, cœpit totis viribus terram ad lumen lampadum effodere, manibus, donec veterrimam reperit tumbam, sacrum thesaurum tegentem: tunc ingenti gaudio repletus sarculo auidissimè latus ferit sepulchri, forátoque tumulo, tantamox odoris fragrantia cum immenso lumine ex eo manauit, vt Sanctus Eligius fulgore luminis, suauíque odore perculsus, vix subsistere potuisset: nam & globus splendoris, qui è tumulo ad ictum ferientis processit, tantam vim suæ claritatis sparsit, vt cunctorum astantium obtutibus oculorum retusis, partem maximam regionis illius in diei claritatem mutaret.

 Tunc ergo sacrum corpus inuentum Eligius cum gaudio lachrymabili exosculatur, ac eo de profunda tellure eleuato, Reliquias sibi quas pridem concupierat, segregauit: dentes etiam pro languentium medela, ex maxilla sancta abstulit, & ex dentis vnius radice gutta sanguinis mirabiliter exiuit. Clauos quoque miræ magnitudinis, quos tempore passionis eius persecutores corpori infixerant, ex cerebro, & artubus abstractos, sibi pro Reliquijs sequestrauit, capillos etiam pulcherrimos Reliquijs separatos delegauit, deinde holoserico pretiosissimo obuolutum compositúmque honestissimè corpus summa cum diligentia citra altare transposuit. Tumbam denique ex auro, argentóque, & gemmis miro opere desuper fabricauit &c.

 Pari labore & industriâ reperit in territorio Medenantense vico Sacilinio Sanctum Martyrem Piatonem, cui similiter clauos prolixos ex corpore ablatos populis in argumentum monstrauit, tum corpore, sicut Martyrem decuit, in arcam auream reposito, Mausoleum desuper miro opere fabricauit, Suessionis quoque Ciuitate Sanctos Martyres germanos Crispinum & Crispinianum ex quadam crypta prolatos laminis aureis affabrè vestiuit, eorúmque memoriam insigni ornamento decorauit, nec non & Beluacus municipio Beatum Martyrem Lucianum collegam quondam Sancti Quintini inuentum decenter inclusit, additis hinc inde cùm crista laminis industriè dedolatis.

 Ob hæc, & quòd spargendo per diœcesim Dei verbo, populísque à

*marginalia:* ANGLEB. XXIV. ARCHIEPISC. *An.* 641. *Ex vita Sancti Eligij ab Audoeno conscripta lib. 2. cap. 6.*

**LANDO XXV. ARCHIEPISC.**
*An. 645.*

*Alterius Basilicæ Eligio sacræ haud procul à consinio Remensis vrbis meminit Audoën. lib. 2. c. 69.*

superstitionibus reuocandis laborem impendisset, tanti viri memoria celebris habetur per totam Galliam, plurésque ei erectæ sunt Basilicæ; Remis sat elegans fuit in suburbio Vidulæ, cuius præter angustum sacellum, restat ostium geminis valuis distinctum, & super vtriúsque limen aurificæ artis miracula visuntur coram Dagoberto facta, medium verò occupat pergrandis Eligij statua Episcopali habitu, quæ vrbem ingredientium sese oculis exhibet, alludítque ad hæc verba encomiastis Audoëni. *Aurificem inuitum detonsum constituerunt Custodem vrbium.*

---

*Lando XXV. Archiepiscopus, bona sua Ecclesijs impertit, Turrímque auream, hoc est Ciborium fieri iubet, quo altare Beatæ Mariæ cooperiatur.*

## CAPUT XXXIX.

*De Archiepiscoporum electione silet Frodoard. à Remigio, ad Ninardum vsque breuitatis gratiâ, at certũ est hos Cano-*

Lando vir claris ortus natalibus, frater Erchenualdi vel Erchinoaldi Majoris domus sub Clodoueo II. ex Appendice ad Greg. Turon. seu Magistri equitum Francorum, ( vt vult Demochares ) Angleberto successit an. 645. hic Sigiberti perquam familiaris fuisse traditur, ac ei suasisse vt 12. strueret Monasteria, de quibus Yepes in Chronico Benedictino, & alij, qui hoc consilium Remaclo Tungrensi tribuunt; litem quoque diu agitatam cum Felice Sancti Juliani

*nicè electos fuisse ex Conciliorum decretis, Regis quidem assensu, & sæpius ex Aula, formam eligendi Episcopos sub Regibus primi Stemmatis doctè exhibet Had. Valesius tomo 2. rerum Franc. lib. 13. pag. 283. plerúmque tamen Reges, non expectatis Cleri, populique suffragijs, per se Antistites eligebant, vt patet ex Greg. Turon. historia vbi de Quintiano, Euphronio, & alijs.*

Abbate, pro bonis ad Ecclesiam Remensem vltra Ligerim spectantibus, præfatus Præsul amicè composuit. Quid verò posthac toto Pontificatu ab eo præstitum, certiùs intelligi non potest, quàm ex ipsius testamento, quo patet multorum possessorem fuisse prædiorum; Etenim finem sibi instare sentiens, Remensem Ecclesiam rerum suarum constituit hæredem, hoc addito, quòd quæ alijs dederat personis, vel Ecclesijs, eadem Matrix Ecclesia, vel successor dispensanda curarent. Diuersis igitur Sanctorum Basilicis sequentia contulit donaria.

Basilicæ Sancti Remigij, vbi sepulturam sibi fieri delegit, villas, & munera.

Basilicæ Sancti Gaugerici, & Sancti Quintini argenti varia dona.

Item Basilicis atque Matriculis Remis, Sanctorum scilicet Timothei & Apollinaris.

Item Sancti Martini. Sancti Nicasij, & Sanctæ Genouefæ.

Monasterio quoque Sanctorum Theodorici, & Theodulfi.

Item ad Basilicam Sancti Germani, & Matriculam ipsius.

Item

Item Sanctorum Cosmæ & Damiani, & Sancti Juliani.
Item Sancti Petri ad Cortem.
Item Sancti Petri ad Monasterium Puellarum.
Ad Basilicam quoque Sancti Symphoriani quæ vocatur ad Apostolos.
Item Sancti Medardi, & Sanctorum Crispini & Crispiniani.
Item Sancti Victoris.
Item Sancti Mauritij.
Item Sancti Basoli.

Ecclesiæ quoque Laudunensi cuiúsdam villæ portionem suam delegauit, & Basilicæ Sanctæ Genouefæ ibidem constitutæ villam Appiam, cùm omni re ad se pertinente, tribuit.

TURRIM quoque auream, quam ad votum suum fabricari fecerat, super altare posuit Sanctæ Mariæ Remensis Ecclesiæ, patenas tres, & brachiale aureum; obijt 14. Martij anno 650. tumulatus, vt ipse præceperat, apud Sanctum Remigium.

QUID porrò per supradictam TURRIM intelligat Lando, satis copiosè explicat Coluenerius in notis ad verba illa prolixioris testamenti Sancti Remigij, *Iubeo Turriculum, & imaginatum calicem fabricari.* Vbi per Turriculum vel Turrim, Ciborium interpretatur, hoc est repositorium venerabilis Sacramenti Eucharistiæ, à figura sic nominatum: pari modo ex gestis Hugonis Fontellanensis Abbatis, qui vixit anno 720. habemus hunc Fontellanensi Ecclesiæ dedisse Turriculam auream pensantem libras sex quæ Ciborium planè significat, non pensile, sed per modum turris super Altare positæ, vt ex alijs Frodoardi verbis lib. 4. c. 19. colligi potest vbi de Seulfo Archiepiscopo differens sic loquitur, *Ciborium quoque super altare Sanctæ Mariæ argento aggressus est operire, quod opus morte præuentus explere non potuit.* Turris quoque Venantius Fortunatus meminit lib. 3. c. 23. in epigr. ad Felicem Bituricensem, quam absolutè Ciborium nominat Greg. Turon. lib. 1. de gloria Martyrum cap. 86. quamuis alio sensu Ciborium explicet cap. 28. de miraculis, *Habet etiam* (inquit) *quatuor columnas in altari quæ Ciborium sepulchri sustentant:* ad quod alludit Aimoinus de Ciborio miræ magnitudinis tractans, quod Gunthramnus super sepulchrum Sancti Marcelli in Basilica Cabilonensi poni iusserat.

At Ecclesiasticus vsus Ciborium frequentiùs pro conditorio accipit vel theca quæ Christi corpus, aut Sanctorum ossa reciperet, item & pro grandioribus machinis quæ turrium instar, & arcarum super altaris mensam erectæ nomen arcæ retinent, quomodo Ciborij arcem Rabanus appellat epig. 89. his admodum similes Remis vidimus ante triginta annos in Parochijs Sanctorum Iacobi, & Stephani.

Sigibertus Austrasiorum Rex, sub quo vixerat Lando Archiepiscopus, quòd prole orbus esset (vt arbitrantur quidam, quò Grimoaldi
tyrannidem

*marginalia:* S NIVARD. XXVI. ARCHIEPISC. An.651.

*marginalia:* Alij Imnechildem vocant.

tyrannidem excufent) Childebertum prædicti Grimoaldi Majoris domus filium in hæredem adoptat, ad id flexus (vt creditur) ob natales eiúſdem, & obſequia; erat enim Pippini ſenioris Majoris Palatij Regis Dagoberti filius, ac frater Sanctæ Gertrudis in Eccleſias quoque beneficus præſertim Remenſem ex Frodoardo. At paulò poſt naſcente Regi (fat adhuc iuuéni) filio ex Frideberga vxore, qui Dagobertus dictus eſt, teſtamentum abrogauit, prædictúmque puerulum Grimoaldi tutelæ commiſit; At hunc ipſe detonſum in Hiberniam ablegat, confeſtim ac Pater humana reliquit (primo ſcil. Februarij an. 550. ætatis viceſimo primo, regni verò octauo decimo) & Childebertum priùs adoptatum in regni ſolium euexit, à quo B. Niuardus, licèt potentatus eius admodum breuis fuerit, priuilegium obtinet.

*Sanctus Niuardus XXVI. Archiepiſcopus, extruendis cœnobijs, Regum exemplo, bona liberaliter impendit, obitus eius, & ſepulcura.*

## CAPUT XL.

Beatus Niuardus, qui & Niuo, ſuper Auorum, ac regalis affinitatis decus inſignis vir fuit ſanctimoniæ. Hic Emmæ Principis filius traditur, Blithildis frater, Bilihildem vocat Fredegarius, quam Childericus Auſtraſiorum Rex Clodouei 2. filius duxit vxorem, ex qua Mathildis prodijt Reoli Comitis vxor, de quo poſtea. Bilihildem Childerici vxorem fuiſſe hiſtorici noſtri libenter agnoſcunt, liberos verò reliquiſſe dubitant, nec facilè credent Childerici filiam Comiti nuptum datam, quòd Regum filiæ non niſi Regibus nubere ſolitæ eſſent. Nihilominus Aſſo hæc habet, Niuardum ſcil. Matrem habuiſſe Emmam, Fratres Childericum, cuius filiam Regulus Comes Remenſis duxit vxorem, & Gundebertum, vel Guntbertum Regis Optimatem virum illuſtrem, qui Monaſterium puellare Beati Petri Remis ad portam Collatitiam ſtruxiſſe fertur.

Vbi verò Niuardus ad virtutes excultus fuerit, non eadem eſt ſententia: Doubletius putat hunc inter Sandionyſianos Pariſi. ſub Aigulfo Abbate tyrocinium expleuiſſe, alij ſub Euſtaſio S. Columbani diſcipulo apud Luxouium, inde in aulam reuerſum, vt ibi aliquo munere fungeretur, ad infulas aſſumptum eâ ætate quâ plures alij magni nominis ex eodem clauſtro ad Epiſcopatus pariter per Belgium fauſtè ſunt prouecti. Frodoardus qui ſat ieiunè de Niuardi prædeceſſoribus diſſeruit, exiliùs adhuc de eo loquitur, omiſsâ ſiquidem eius progenie, quæ ſine dubio magna fuit, Illuſtriſſimi tantùm hunc titulo excipit, atque in Aula Regis antequam promoueretur conuerſatum, at quo anno renunciatus Pontifex non aperit: Opinor Niuardum, Childeberto

berto III. Grimoaldi Filio necdum è Solio armis Clodouei deturbato, ad Archiepiscopatum Remensem electum fuisse ann. 651. Epocham probant ea quæ idem auctor subdit de eodem, à Childeberto scilicet præceptum immunitatis Ecclesiæ Remensi obtinuisse super teloneis, & quibusdam tributis, sed & eo regente Grimoaldum virum illustrem Sancto Remigio villas suas Calmiciacum, & Victuriacum pro animæ suæ remedio contulisse: Grimoaldum autem perfidiæ suæ pœnas dedisse ann. circiter 652. tradunt auctores.

*S. NIVA PD. XXVI. ARCHIEPISC. An. 651. Grimoaldus præfectus palatij sub Sigiberto, & Childeberti Regis pater.*

Niuardus igitur Pontificale culmen adeptus, vt sol irradians virtutis nitore per totam Galliam resplenduit: verba hîc attexam quæ in B. Bercharij gestis leguntur. *S. Niuardus sanctitate, ac religionis magnitudine toto orbe famosissimus, cælestem vitam agens, Remensi sub Childerico præsidebat Ecclesiæ.... hic varijs generibus virtutum adornatus inter Francorum proceres Primus in aula Regis vitâ & conuersatione dignissimus. Fulgebat per id tempus ea Ciuitas Remorum Sanctorum stipata cohortibus, & licèt inter militares alas sub Principe suo Childerico, Capiti tamen suo consona diuini amoris cultus vrbs populosa spirabat.* His consonant ea quæ de eo referunt MSS codices, quibus patet hoc tempore Rem. Ecclesiam totius scientiæ, ac pietatis fuisse domicilium; rerúmque suarum incrementa sumpsisse studio S. Niuardi, qui eam insuper multùm locupletauit, emptis per diuersa loca fundis, domicilijs, & mancipijs, vel de nouo concessis, aut ab inuasoribus vindicatis.

Ac vt eos qui asceticæ vitæ operam dabant vnicè diligebat, dedit sub jure priuilegij ad Monasterium Sancti Basoli, quod restruxisse dicitur, Ecclesiam in Viriziaco in honore Sanctæ Mariæ constructam, cum omnibus ad ipsam pertinentibus, simúlque locellum qui Wasciacus dicitur. Immunitatem quoque ipsis Monachis sub Perrone Abbate, nè quisquam hos sub *Sancta regula* Deo seruientes inquietare præsumeret, vt supra reddidimus.

Clodoueo integram Francorum Monarchiam, Neustriam scilicet & Austrasiam, post fusum profligatúmque Childebertum obtinente, B. Niuardus regale præceptum ab eo obtinuit pro prædijs quibusdam in Malliaco super Vidulam à Vasallis sibi infidelibus recèns vindicatis; tam enim vrbs Remi ad flumen Vidulam, quàm maior pars agri Remensis Austriæ regno adscribebatur, tum constructo Altuillarensi cœnobio, auctoritate totius Concilij Præsulum Galliæ Namnetis celebrati, quicquid possessionum ei ante Episcopatum obuenerat, ad eum locum tradidit vt mox dicetur.

*652.*

Clodoueus qui sexto decimo regni, vno & vicesimo ætatis, Christi autem anno 654. obijt, tres ex Balthilde filios reliquit superstites, Chlotharium, Childericum, & Theodoricum, quorum major natu, qui vix quinque annorum esse poterat, Neustrasiorum ac Burgundionum Rex constitutus est, habuitque post Erchinoaldum pro Palatij Præfecto Ebroinum, quem Suessionicum fuisse multi putant, quod Augustæ

*654.*

M m Suessionum

**S. NIVARD. XXVI. ARCHIEPISC.**
*An. 660.*

*Sic Ambianensis pagus intra fines Dentelini Ducatus ad Neustria Reges spectantis continebatur, is erat inter Sequanam, Isaram & Oceanum. Patet etiam ex vita MS Sancti Valerici territorium Ambianense ad Neustrasios Reges pertinuisse.*

*Tom. 1. Concil. Galliæ folio 502.*

Suessionum sacrarum Virginum cœnobium extruxerit rogatu Drausionis pijssimi Episcopi, & Lentrudis conjugis: structum autem fuit primò inter muros vrbis & Axonam angusto loco, adeò vt puellas eò conuenientes capere vix posset, & fluuius Axona crebris inundationibus ruinam ædibus minitaretur, quare Lentrudis Ebroino persuasit vt aliò Monasterium transferret, vbi ab aquis crescentibus tutæ, & bellorum cladibus immunes Velatæ consisterent, ibi Regulum Remorum Archiepisc. filiam suam nomine Odilam, ex legitima vxore ante Clericatum susceptam, Deo consecrasse postea dicemus.

Quidam scribunt Corbeiense Monasterium, quod in pago Ambianensi Balthildis Chlotharij mater extruxerat, ab eodem Rege anno regni 5. immune à vectigalibus diplomate declaratum fuisse, idémque tam Chlotharij Reijs anno regni eius 7. quàm Balthildis Reginæ matris eius rogatu, illustri priuilegio nobilitatum à Bertefrido Episcopo; vbi idem Bertefridus venerabilibus Episcopis qui suis illud sigillis approbarunt sic loquitur.

*Dominis Sanctis, ac summi culminis apice Pontificalis Cathedræ specula præsidentibus in Christo Fratribus Niuoni, Genesio, Ethoaldo, Emmoni, Audoni, Audomaro, Audberto, Burgundo, Faroni, item Audeberto, Drausioni, Bertefridus Ambianensis Ecclesiæ Episcopus, licèt nos antiqua regula constituta salubri obseruatione custodire conueniat, tamen vtili prouisione tractantes constituimus, vt quod sacris deliberationibus non derogat, intrepida obseruatione conseruetur.... licèt Sancta Cartaginensis synodus à bona memoria Bonifacio facta, vel ipsius Epistolæ ad Liberium non prohibeant Monachos sub proprio priuilegio residere, vel libri B. Patris Augustini de gradibus Ecclesiasticis &c.* Inde patet B. Niuardum, qui primus, veluti Prouinciæ Caput, nominatur ( quamuis priuilegio non subscripserit ) sub quatuor vixisse Regibus, Childeberto, Clodoueo, Chlothario, & Childerico eius fratre. Item & priuilegia Monachorum iuri non esse contraria, vt ibi euidenter probatur auctoritate Sancti Augustini, ac Bertefridum Monachos ac Corbeiæ oppidum à sua iurisdictione liberè emancipando, partem suæ Diœcesis amputasse, B. Landerici exemplo, qui nuper Sandionysianis similè priuilegium concesserat sub Clodoueo II.

Childericus Chlotharij frater Austrasiæ Rex Mettis declaratus post Patris obitum, vix quimus erat cùm annitente Chinechilde Reginâ, alij Imnechildem vocant, Sigiberti Austrasiorum Regis vxore, Barisiacum villam in pago Laudunensi sitam Beato Amando Belgarum Apostolo contulit, cum omnibus villulis ad se pertinentibus, domibus, vineis, pratis, syluis, pascuis, & mancipijs, vt regius antea fiscus tenuerat, ad opus Monachorum, ita vt Apostolicus vir Amandus de ipsa villa Barisiaco quicquid voluerit, faciendi haberet potestatem: Donationis chartæ cùm propter imbecillem ætatem Childericus Rex subscribere non posset, prædicta Chinechildis regina subscripsit

*Ex Chartulario Amædino.*

die

# HISTORIÆ. LIB. II.

die Calend. August. an. 2. regnante Childerico. Paulo post Amandus Barisiacum in Abbatiam erexisse dicitur sub regula Sancti Benedicti, seu Domni Columbani Lauduno in Ciuitate 18. Calend. Septemb. anno quinto gloriosissimi Childerici Regis, præsente Attola Laudunensi Episcopo, quem Frod. Attilam vocat, cum quo Niuardus quasdam res commutasse dicit, pro vtriúsque Ecclesiæ Rem. & Laudunensis opportunitate.

B. Niuardus, antequam è viuis excederet, omnem rem suam tot illustrium virorum exemplo testamenti paginâ locis Sanctorum impertijt, Ecclesiæ Sanctæ Mariæ scilicet, Sancti Remigij, Altiuillarensi, & Viriziacensi, ac Monasterio Puellarum Remis, vbi Boba præesse videbatur Abbatissa, Sanctis quoque Rufino & Valerio, & alijs: tum à Deo recepturus gestorum vicem in Ecclesiola Sanctæ Mariæ apud Altumvillare cœnobium à se nuper constructa obijsse fertur, ac inde Remos ad Ecclesiam S. Remigij deportatus, vbi & honorificè sepultus est. Funebrem tanti viri pompam ab auctore vitæ S. Bercharij obiter descriptam paucis hic referre non pigebit. *Ad cuius exequias, Niuardi scil. tota Remorum Ciuitas ruit, Clerus & populus, ex vicinis etiam vrbibus multi adfuerunt, tanti Pastoris excessum admixtis pio mœrore Hymnorum solemnibus obsequijs adsignantes, cuius quidem corpus diuersis populorum caterius constipatum, vsque ad Basilicam S. Remigij à Beato Berchario, nec non à Sanctis Pontificibus, qui illa die illuc confluxerant, vniuersâ gregis sui multitudine prosequente, condigno honore defertur, ac excellenti Mausoleo condiendum, decentissimam ibidem accepit sepulturam.*

Quo verò anno B. Niuardus excesserit auctores non consentiunt, Sigebertus putat an. 661. Demochares 669. primo Septembris quo Festum ipsius in Ecclesia celebratur. Extant literæ Drausionis Suessionis Antistitis ad Comprouinciales Episcopos Niuonem Remensem Metropolitanum, Audebertum, Clementem, Bertefredum Ambianensem, Audomarum Bononiensem & Taruannensem, Augustæ Suessionum 6. Kalend. Julias datæ, anno decimo quarto regni Domini gloriosissimi Regis, quibus leges & statuta Sancti Benedicti à puellis Suessionici cœnobij Beatæ Mariæ seruari iubet, easdémque è Monasterio egredi vetat, quæ si veræ sint, suspicio enim non deest, Niuardum ad annum 668. quo & Chlotharius obijt, peruenisse necesse est, plures enim annos Archiepiscopatum tenuisse reor, cum Altiuillarensis Ecclesia sæpius sub eo destructa, & restructa referatur.

S. NIVARD.
XXVI. AR-
CHIEPISC.
*An.*669.

S. NIVARD.
XXVI AR-
CHIEPISC.
*An.* 669.

*Sanctus Niuardus, petente Berchario, condit Altumvillare cœnobium.*

## CAPUT XLI.

Ltiuillaris cœnobij, vt Niuardi munificentiæ, sic & Bercharij studio, qui primus ei præfuit, debentur primordia: hic tanto Præsuli notus ab infantia, cùm Aquitaniæ fines perlustraret, ardens desiderio animum ad virtutes excolendi, spretis propinquorum, & patriæ retinaculis, Remos venit, futurus cum eo eiúsdem vrbis, quæ famâ sanctitatis, ac diuini cultus odore fragrabat, ciuis felicissimus. B. Niuardus tali ac tanto suppare adepto, sanctioribus eum diuinæ scientiæ viris censuit copulandum. Ac primùm B. Remacli in aula Regis præpotenti subdidit magisterio, tum Patrum Luxoniensis Monasterij, vbi per aliquot annos vitæ spirituali posuit rudimenta, donec ijs sufficienter expletis, Remos reuersus, cum quibúsdam socijs, supplex à Niuardo locum petijt in sua Diœcesi, vbi recentis Asceterij fundamenta locaret. B. Pontifex nactus occasionem amoris sui specimen erga iam prouectum ordinem exhibendi, obtento priùs Concilij Præsulum Galliæ Namnetis iussu summi Pontificis conuocati, ac Regis assensu (annum silet Frod. nec Doctiss. antiquitatis indagator Sirmondus assignat) Ecclesiam primùm veteris cuiúsdam Monasterij, super ripam Matronę fluminis dudum siti, in loco villari nuncupato (sed à Barbaris diruti) restruxit, at cùm hæc haud multò post funditus cecidisset, alio in loco rursum nouam construxit, quæ & iterum traditur corruisse.

Quadam verò die veniens de villa Sparnaco, Berchario comite visum sibi est transito flumine debere paululum requiescere, sícque caput in sinum sedentis reclinans Bercharij, obdormiuit: & visum vidit Columbam scilicet locum syluæ leniter circumire, & in fago (arbor est glandifera) post varios in aëre gyros resedisse, id tertiò Columbam egisse sibi repræsentatur, donec cœlos repeteret: hanc visionem, sicut ipse in sommis, ita prædictus quoque Bercharius vigilans conspexit, vnde veluti compuuctus subindè hic collachrymatus est. Experrectus Præsul à somno, sentiens faciem suam lachrymis irroratam, interrogat, quæ sibi causa fletus existeret, accepítque eum propter sui ruinam fleuisse operis: mox inuicem sibi visa referentibus, Pontifex Bauonem quemdam Dei seruum, cuius erat ipsa possessio, prædictæ visionis fecit participem, qui cognitâ Præsulis voluntate hanc ipsi libenter obtulit, vnâ cum parte altera quæ Fratri Baldino obtigerat, narrátque illi discordiam quæ exarserat inter Theoderamnum tertiæ partis possessorem, & Reolum Comitem, pro filijs

*Remaclus Bunrix, ex Abbate Monasterij Solēniacens. Tungrorum fit Episcopus, ob sanctitatē à Dagoberto euocatus in aula claruit.*

*Sub Clodoneo 2. Namcieuse Concilium videtur connocatum.*

ipsius

ipsius ab eo peremptis in vltionem filiorum suorum, quos Reolus suspendi iusserat. Niuardus hunc Reolo, qui Neptem suam Chilperici filiam habebat vxorem, reconciliauit, obtinuítque ab eo, datis in concambium quibusdam prædijs, Syluæ partem quæ restabat: tum Præsul succidi iubens arbores, in honorem Sancti Petri, & omnium Apostolorum nouam ibi construxit Ecclesiam, & vbi resedisse columbam viderat, altare instituit, collectísque seruis Dei, Monasterium ordinauit, Altumvillare dictum, quod prioris respectu, in decliui montis fastigio esset positum. Priuilegium quoque idem Pontifex, Berchario petente, eidem Monasterio à se amplis possessionibus ditato, contulit, quo scilicet sancitur vt quandiu foret superstes in Monasterium ius retineret, & proprietatem, eo autem obeunte, Rem. Archiepiscopus tueretur illud & gubernaret, ipsi verò Monachi potestatem haberent Prælatum sibi regulariter eligendi, prout in descriptione Priuilegij continetur, quod Frodoardus (à quo prædicta) referre prætermisit, nos verò aliunde excerptum, aliquâ ex parte licèt mutilum, hìc exhibemus.

*BEATI NIVARDI PRIVILEGIVM ALTO-Villari cænobio concessum.*

IN nomine Patris, & Filij, & Spiritus Sancti, Amen. Egò Niuo, seu Niuardus, etsi peccator, Episcopus, dum omnes Episcopi fratres mei, & de viris Christianis.... præcipui in vnum conuenissemus, petijt nos Bercharius Abbas, vnâ cum fratribus suis, vt talem locum eis perquirere deberemus in nostra proprietate, vbi ipsi secundum Regulam patrum Sancti Benedicti, & Sancti Columbani viuere deberent, & pro nobis die noctúque Domini misericordiam debeant deprecari, vt in futurum veniam de peccatis mereamur obtinere. Sed cùm minimè sic talem locellum compendiosum in nostra proprietate inueniremus, quod ipsis Monachis ad Monasterium faciendum placuisset, repertus est nobis vnâ cum ipsis locellus qui dicitur Altiuillaris, in fine Remensis super Maternæ fluuium prope villam Disiacum, quem à Bauone, & Theoderamno de villis Ecclesiæ nostræ concambiuimus, vnde & ipsa instrumenta ex hoc in Archiuis Ecclesiæ retinemus, villam quoque Disiacum cum Ecclesia & Altari Beati Timothei Martyris in cuius parochia situs est Altivillaris locus, eidem Monasterio legaliter confirmamus.....

Sed sic pensitauit ipse Bercharius vnâ cum fratribus pro nouissimis temporibus, vt dum adjuuimus ipsum Monasterium, quod dicitur Altumvillare, quod ego pro æterna beatitudine, vel pro remedio animæ meæ ad Sanctam Regulam conseruandam ædificaui in honore Sanctorum Petri & Pauli, & Sancti Joannis, & cæterorum Martyrum & Confessorum, quorum pignora ibidem venerari noscuntur, in nostra potestate debeat esse, vt ipsos Monachos meliùs delectet secundùm disciplinæ ordinem, &

*regulâ viuere, vel quietos residere, & taliter nobis consenserunt de fratribus meis, & de Comitibus nostris Archidiac, & Abbatibus, vel ex Cler.. Rem. & de viris Illustribus quorum manibus subscriptiones, vel signacula subter tenens inserta, vt sicut iam supra dictum est, Monasterium ipsum Altiuilla*........ reliqua desunt, ea præsertim quę eligendi Abbatis libertatem continent, de qua Frod. cap. 7. lib. 2. sub finem.

Auctor vitæ Sancti Bercharij, quam N. Camusat vir insignis literaturæ publici iuris fecit, Altivillaris quoque Monasterij refert initia, vbi volatus quidem Columbæ meminit, at locum vbi extructum est à Niuardo, dominij sui fuisse tradit, sitúmque in decliui montis latere, quo subjacentia Matronæ fluminis longè latéque littora, mulcenti quadam visionis voluptate conspici queunt; addit Childerici Regis opitulante Clementiâ ad exitum opere feliciter perducto, ad Basilicæ consecrationem, cum Sancto Niuardo Metropolitano Pontifice, alios quoque Episcopos, Clerum, numerosam plebem, imò & Proceres Francorum benè multos conuolasse, quos Bercharius pari iucunditatis magnitudine lætus excepit: tum rebus, quæ ad vitæ regularis obseruantiam erant necessariæ aptè & congruenter dispositis, prædictum Bercharium vastam saltus Deruensis solitudinem petijsse, vbi aliquot cellas eodem Rege annuente construxit. Extat Bercharij Epistola in promptuario Tricassino, qua prædia ac redditus Monasterio de Puteolo largitur data Remis Ciuitate 8. Calend. Septemb. Childerico Rege præsente 4. regni ipsius, (hoc est anno 659. si regni Childerici in Austria tantum annos computes) ac Niuardi Rem. Archiepiscopi, Leodegarij Episcopi Augustod. & Walfadi Majoris domus sigillis roborata, quamuis Martyrologij Benedictini auctor, pro Niuardo, Reolum legendum putet, eò quòd verisimile non sit Bercharium, viuente adhuc Niuardo, ab Altovillari discessisse, inueniátque Childericum prædicto Monasterio Priuilegium rogatu ipsius concessisse, cui Reolus subscripsit, quæ omnia facilè conciliari possunt, si ratio habeatur annorum quibus in Austria tantùm regnauit Childericus, vel in Neustria simul & Austrasia.

Hîc meritò posset inquiri quis ordo primitùs apud Altumvillare fuerit obseruatus, at id satis supérque explicat Frodoardus his verbis, *Construxit Monasterium petente Berchario S. Niuardus, vbi cum Fratribus sub regula Patrum Benedicti, & Columbani viuere possent*, quibus nonnulli ansam arripiunt dubitandi an Columbanus, qui claruit in Austrasia sub Theodorico Rege, peculiarem Regulam texuerit à Benedictina distinctam. At his nuper abundè satisfactum est ab eruditis scriptoribus, dictúmque Columbani regulam à Benedictina non differre, aut saltem ei non esse contrariam, & sic vtrámque potuisse in eodem Monasterio obseruari, quòd conjunctiua particula (ET) satis indicat, quamuis Regulæ nomen hîc respectu Columbani latè sumatur, veriúsque sit statuta duntaxat hunc condidisse, vt ex vita S. Philiberti

## HISTORIÆ LIB. II.

berti apud Surium 20. augusti colligi potest, vbi sic habetur, *Legebat studiosè Basilij præclaras constitutiones, Macharij regulam, Benedicti decreta, Columbani instituta sanctissima, atque ita onustus virtutum aromatibus, sectatoribus suis egregiè de se exempla præbebat.* Sic Monachos Viriziacenses iuxta Columbani instituta mores & actus rexisse, ex MS codice diximus cap. 23.

Ceterùm felices ac prosperi tam illustris ab exordio cœnobij successus, per nouem sæcula explicari satis dignè non possunt, ob veterum monumentorum jacturam, quæ simul cum Ecclesia, Officinis, Bibliotheca, doctorúmque virorum lucubrationibus, heterodoxorum impietate ann. 1562. flammis absumpta sunt: sacris tamen lipsanis Monachorum studio, Remos ante incendium delatis, contumeliæ nihil illatum est. Adhuc in MS codice illustrium virorum aliquot leguntur nomina, qui vel religionis habitum in eo Monasterio suscepére, vel ex eo tanquam omnium virtutum palæstra post iuge exercitium prodeuntes, Pastorale onus subierunt; inter hos elucent potissimum Reolus, qui ex Comite Campaniæ fit Monachus hortatu Sancti Niuardi, Gedeon quoque Filius eius, item Theoderamnus ex Frod. Heriueus etiam, Adalbero, Raynaldus, Wido Rem. Archiepiscopi: Necrologium addit Henricum, Wilelmum, Albericum, Rotrodum Catalaunensem Episcopum, Hugonem Suessionensem, Petrum Carnotensem. Multos etiam insignioris notæ Abbates varijs cœnobijs eadem schola suppeditauit, Burchardum, & Hugonem Viriziaco, Deruensi Eurardum, & Nicolaum, Remigiano Simonem, Petrum, & Nicolaum, Mosomensi Petrum, & Rodulfum, Cluniacensi Petrum Venerabilem, Orbacensi Geruasium, Vincentiano prope Laudunum Hugonem, Elnonensi Absalonem. Ex quibus patet euidenter Altumvillare cœnobium pridem magni nominis fuisse ob arctioris vitæ disciplinam quæ in eo viguit, litterarúmque studia, cùm tot eiusdem doctrinâ celebres alumni ad Ecclesiasticas præfecturas peruenerint.

*Quàm pretiosis ditetur Sanctorum Pignoribus Altiuillaris cœnobij thesauraria.*

POssidet inprimis Corpus ferè integrum Sanctæ Helenæ Imperatricis Magni Constantini matris, quæ Sanctissimæ Passionis insigne monimentum, quod terræ visceribus abditum, tot támque multis annorum centurijs delituerat, vt seruis Dei illuscesceret, operante Dei virtute, post expleta pietatis exercitia, feliciter inuenit; ad hanc Ecclesiam, vbi tam illustris gaza adseruatur, frequens sit Peregrinorum concursus, ac inter eos veneficio laborantium, qui votis Deo per aliquot dies exhibitis, ope virginis Helenæ, sortilegij incantamenta ex-ore sæpius euomunt, ac sanitati restituuntur: relationis

S. NIVARD. XXVI. ARCHIEPISC.
*An.* 669.

nis Historiam prædicti corporis ad cœnobium Altumvillare infra reddemus ex codice Benigniano.

Corpus Sancti Niuardi Remensis Archiepiscopi prædicti cœnobij fundatoris in longiori capsa inclusum, argenteis imaginibus auro illitis decorata.

Corpus Sancti Sindulfi, qui in villa, quæ Alsontia dicitur, sex circiter millibus à Durocorto, sacerdotali functus officio innumeris post obitum claruit miraculis: relationem eius ad Altumvillare Monasterium describit Frod. lib. 2. cap. 9. Parochialis Ecclesia prædicti loci nomini eius consecrata est.

Caput Sanctæ Petronillæ virginis filiæ Beati Petri Apostoli, quæ nobilis viri conjugium spernens, acceptis triduanis ad deliberandum inducijs, tertiâ die sumpto Christi Sacramento emisit spiritum: putat Baronius in Baptismate potiùs more Majorum Petronillam dictam, cùm renata, quàm cùm nata est.

Præter hæc, visuntur sat notabiles partes Corporis cuiúsque Sanctorum Martyrum.

Sebastiani.
Blasij.
Polycarpi.
Vrbani.
Quiriaci.

} Albericus scribit in Chronico corpus Sancti Polycarpi Presbyteri, sodalis S. Sebastiani, translatum fuisse cum alijs ad Altumuillare cœnobium.

Hæ Sanctorum exuuiæ in lipsanothecis separatim inclusæ, quæ antiquitatem spirant & deuotionem, integræ ad nos permanserunt, reliqua verò supellex, ditiora scilicet Præsulum ornamenta, pictæ tabulæ, subsellia, tapetes quibus mirè splendebat Ecclesia, vnâ cum ædificijs, hæreticorum rabie, qui diu consensis muris irruperant, in fauillas abierunt anno 1562.

*Abbatum Altiuillaris cœnobij indiculus.*

## CAPUT XLII.

BErcharius ex Luxouiensi Monacho primus Abbas regularis, cuius hortatu Monasterium conditum est, rexit ante & post obitum Niuardi fundatoris, à quo Priuilegium obtinuit de quo capite præcedenti: hic susceptum onus ad culmen adduxit perfectionis, spiritualium donorum perfusus rore ex Niuardi vita apud Nicol. Camusat, relictóque ad tempus Altouill. cœnobio, vt Deruensium curam gereret, ab exlege cultro necatus Martyr occubuit 8. Octobris, ex eodem auctore.

S. Reolus curam suscepit Monasterij cum Archiepiscopatu iuxta votum

votum fundatoris, illúdque generosè tuitus est aduersus Gundebertum, qui res à Niuardo impertitas auferre nitebatur lib. 2. cap. 10. exemptus 7. Septemb. 688. vel 695.

S. NIVARD.
XXVI. AR-
CHIEPISC.
An.669.

S. Rigobertus alicubi Altiuill. Abbas legitur; probabile est tutelam ipsius suscepisse, & Abbatem, seu Prępositum à Monachis quemdam electū, eo praesertim tempore, quo Rigobertus à sua sede exulauit, quis ille sit, & quinam postea rexerint, nescitur, saltem horum nomina exciderunt.

Petrus sub Tilpino, & Ebone Archiep. claruisse creditur, vt versus sequentes indicant, in Altiuillarensi Euangeliorum libro exarati, quem auro, & ebore vestiuit, quamuis hic praeposterè forsan ponatur, & idem sit cum eo qui vixit anno 1085.

*Ebo Remense decus, Praesul, Pastórque coruscus,*
*Librum iussit agi, plenum spiraminis almi.*
*Abba humilis noster Petrus, placidúsque Magister;*
*Hunc auro interius Christi decorauit amicus,*
*Atque ebore exterius &c.*

Halduinus ab Ebone Diaconus ordinatus, à Lupo Catalaunensi Episcopo consecratur, lectúsque Altiuill. coenobij Abbas sede vacante, & Karoli Regis iussu, Archidiacono Remensi eum praesentante, in realem possessionem ab eodem Episcopo inducitur ann. 844. Frodoard. lib. 3. cap. 11. hic interfuit Translationi S. Remigij, vt quidam versus testantur, quos ipse in honorem eius conscripsit, item & synodo Carisiacae; vbi Gotheschalcus ob haeresim & proteruiam condemnatur. Eo regente vixit Teudegisus Altuillarensis Monachus, qui Româ corpus B. Helenae Imperatricis Remos intulit, vt postea dicemus. Hic Presbyter tantùm à Frodoardo nominatur; at Necrologium de eo haec habet, *Septimo Idus Martij, obijt Teugisus Monachus Altuillaris qui corpus Beatae Helenae asportauit*: claruit etiam Almannus vir haud vulgaris facundiae, qui historiam translationis stilo sat eleganti contexuit, huius fortè meminit Hincm. lib. 3. cap. 28.

Post Hilduinum, Abbas regularis nullus legitur vsque ad Nargaudum, vidétúrque Monasterium sub cura & dispositione Remensis Archiepiscopi mansisse per plures annos, cùm de eo epistolâ ad Egilonem Senonensem Hincmarus sic scribat, *Nunciatur de Cella nostra, quae vocatur Altumvillare, Monachum nostrum nomine Guntbertum aufugisse cum libris, eò quòd saepius correptus, quòd se Gotheschalco conjunxerit*: Praecipiátque apud Frodoard. Anselmo Monacho vt describat omnia quae in Monasterio Altuillarensi, ante ipsius Praesulis ordinationem, facta vel collecta fuerant: numerum quoque Fratrum ac famulorum, vt Missi Dominici ibi falsum nihil possint inuenire. Idem scribit Ratramno Monasterij Orbacensis Praeposito aequè ab Ecclesia Remensi dependentis: deinde ex epistola Hincmari quâ praecipit Monachis Altuilla, vt Viaticum Gotheschalco praebeant si signa poenitentiae

S. NIVARD. poenitentiæ exhibuerit, augurari licet Abbatem præter eum nullum
XXVI. AR-
CHIEPISC. extitisse, cùm huius non meminerit.
*An.*669.
  Rotmarus Abbas legitur apud Frodoard. in Chronico ann. 940. sed an Altuill. coenobij, incertum.

  Norgandus Remensi Concilio interfuit sub Leone IX. an. 1049. legitúrque 11. Maij in Obituario.

  Guerinus legitur in actis inaugurationis Philippi I. anno 1059.

  Lancelinus vel Jotzelinus in Chartulario Sancti Basoli an. 1076.

  Petrus in priuilegio Philippi I. pro Canonicis Compend. 1085.

  Nocherus curat sacras Helenæ Imperatricis Reliquias in ditiorem capsam transferri sub Raynaldo Archiepiscopo 1095. obijt 27. Januarij 1099. reperitur quoque 10. Calend. Julij in Necrologio.

  Hugo in varijs chartularijs ab anno 1000. vsque ad 1013. 4. nonas Junij exemptus.

  Ingelramnus in Chart. Nicasiano an. 1115. inijt societatem cum Remigianis, fato functus 25. Ianuarij 1144.

  Nicolaus legitur ann. 1144. 1149. 1153. in Chartul Remigiano.

  Guilelmus 1180. ad eum scribit Stephanus Tornac. Epist. 182.

  Odo in chartis Altui. 1192. & 4. nonas Febru. in Necrologio.

  Petrus II. ex Abbate Sancti Basoli electus Altuill. 1211. humana reliquit 7. Cal. augusti 1214.

  Petrus III. alias Arcadius 1230.

  Radulfus 1235. nonis Martij obijt.

  Galterus in tabulario S. Nicasij 1250.

  Guido in Remigiano Chartoph. 1263.

  Guilelmus 1363. nonis Aprilis egit animam.

  Thomas in Chart. Hospitalis Rem. 1275. & 1284. defungitur 4. nonas Aprilis.

  Henricus de Morcimport 1302. 17. Maij in Necrologio.

  Gerardus de Morigni 1308. 26. Maij mortalitatem expleuit.

  Radulfus II. ann. 1315.

  Theodoricus de Castres.

  Balduinus vouit obedientiam Ecclesiæ Remensi Sabbato ante Ramos palmarum 1319. cessit 8. Januarij ex Obituario.

  Guido promittit obedientiam 1338. migrat 1369.

  Odo iuramentum præstat Eccles. Rem. 1370.

  Lambertus spondet obedientiam Archiep. 1377. occidit 7. Calendas Decembris.

  Garnerus 1379. fatalem diem obijt 11. Calend. Junij ex Necrol.

  Joannes Becheron iurat ann. 1391. functus 1. Septemb. 1411.

  Guilelmus de Sancto Marco præstat sacram. 10. Decemb. 1413. exemptus 10. Septemb. 1429.

  Nicolaus vouet 8. Maij 1430. senio confectus abdicat 1447.

  Joannes le Prat interest Concilio Suess. 1455. decessit 14. Janu. 1474.

Gocelinus

Gocelinus, & Ogerius Danglure Episcopus Massili. litigant ann. 1500. forsan hic Abbatiam in Commendam obtinuerat.

Thomas Rogerus an. 1511. rexit viginti annos, Ecclesiam à fundamentis restruxit, quam Petrus Episcopus Calced. Rem. Ecclesiæ suffraganeus consecrat an. 1518. legitur 7. maij in Necrologio.

Galterus ex Ribodimonte Monacho in diœcesi Laudun. eligitur à Cœnobitis an. 1523. at Antonius Sanguin Protonota. Christianiss. Regis Eleëmosynarius, Episcop. Aurelian. Cardinalis de Medun. regijs fultus literis litem mouet, & Galterum expellit, absumptus 1559.

Petrus de Castellano Lingon. Francisci I. post Budæum Bibliothecar. Tullensis Episcopus, tum Matiscon. magnus Franciæ Eleëmosynarius, item Aureli. Episcopus sub Henrico 2. vir insignis literaturæ, de quo Cancell. Hospit.

*Castellane decus Musarum, & caste Sacerdos,*
*Vitis, ac merita frontem redimite coronâ.*

Bernardus de Castellano præcedentis nepos, abdicat in fauorem sequentis 1551.

Carolus Dalbene 1552.

Joannnes de Carauac 6554., eo regente Monasterium ab hæreticis combustum est ann. 1562.

Laurentius d'Albene Cardinalis Estensis 1563. defungitur Auenione 1571.

Bartholomæus d'Albene ex eadem gente 1590.

Alphonsus d'Albene 1609.

Bartholomæus d'Albene Agennensis Episcopus 1638. eo viuente, disciplina regularis, quæ lapsu temporis, & Abuatum incuriâ, à primæuo splendore defecerat, Patrum Congregationis Sancti Vitonis & Hidulphi studio, ac Rem. Archiepiscopi accedente consensu, in meliorem statum reformatur.

---

*Sanctus Reolus XXVII. Archiepiscopus, Amandi Trajectensis testamento subscribit, fundat Orbacense cœnobium, defungitur.*

## CAPUT XLIII.

POst Niuardi obitum, Reolus, alij Regulum vocant, in ætatis flore stirpis & animi præclarus, omnium votis ad Archiepiscopatum Remensem eligitur. Is alicubi Campaniæ Comes vocatur, hoc est, pagi alicuius in Campania, noménque eius adhuc retinet

S. REOLVS
XXVII. AR-
CHIEPISC.
*An. 670.*

tinet *Mons Reguli* tribus circiter leucis à Durocorto. Conjugem habuit ante Clericatum neptem B. Niuardi Childerici Regis filiam, cuius consanguinei, & nepotes in palatio nobilissimi Comites dispositioni plurimarum mancipati, & Majores aulæ regiæ appellantur in vita Sancti Niuardi, suscepítque ex vxore, Gedeonem, quem Altuillar. Monachum fecit, & Odilam, cui Monasterium ab Ebroino Suessione conditum ingressæ, villas aliquot in Remis & Bellouacis dedit: Alios præterea habuisse filios, quos Theodoramnus quidam interfecit, refert Frodoard. lib. 2. cap. 7. floruit autem Reolus sub Childerico, & Theodorico Regibus; Chlothario siquidem sublato post regni annos 14. non quatuor, vt habet Fredegarius, & Childerico in Austria regnante, Ebroinus qui velut palatij Præfectus rerum potiebatur, Theodoricum, mox ac frater excessit, Neustriæ ac Burgundiæ regnis præficere nisus est. At Childericus, cum Wlfado palatij sui Præfecto, auspicato veniens, ab omnibus Neustriæ Ciuitatibus magno fauore excipitur, & Rex consalutatur; subinde Ebroinus, quem ob sæuitiam omnes oderant, desertus à suis, & comam ponere iussus, apud Luxouium aliquamdiu delituit, donec Childerico à Bodilone interfecto ann. circiter 673. Theodoricus rursum, annitente Ebroino, Regni solium conscendit, regnátque annos 17.

Reolo igitur sub his Regibus ad infulas promoto, sed necdum à S. Sede Apostol. pallium adepto, Theofridus (à Flandricis scriptoribus omissus) post Sanctum Autbertum consecratur in Cameracensem Episcopum, assistentibus inclytæ recordationis Præsulibus qui in Chronico MS recensentur his verbis. *Sanctus Theofridus primus Abbas Corbeiensis assumptus ex Monasterio Luxouiensi in Burgundia, quem*

Verius anno 655.

*Sancta Bathildis fundatrix ann. 663. à Sancto Walberto expetiuit, & ad prædictum Monasterium conduxit, Abbas præfuit annis tribus, quibus expletis, Cameracensis consecratur Episcopus post mortem venerabilis viri B. Autberti, qui superiori anno dedicationi Ecclesiæ Corbeiensi interfuerat cum Episcopis septemdecim, scilicet Sancto Genesio Lugdunensi, Audoëno Rotomagensi, Audomaro Teruan. Eligio Nouiom, Pharone Meldensi, Drausio. Suession, Bertefrido Ambianensi, Crodoberto Paris. Cadoaldo Laudun. &c.* Hîc de consecratione per Reolum mentio nulla,

673.

forté quòd Pallium necdum suscepisset: mox illi delatum est per Archiepiscopum Arelatens. regni Childerici IV. (in Neustria scilicet) vt scribit Democharès.

Post Theofridi excessum, docet Coluenerius Vindicianum electum à Cameracensibus consecrationis munus accepisse à Metropolita Reolo 24. Julij anno 675. qui per id tempus Flandriam lustrans nouam Elnonensis cœnobij Ecclesiam, comitantibus aliquot Episcopis, dedicauit, subscripsítque testamento Sancti Amandi anno secundo Theodorici Regis 15. Calend. Maij 675. cuius initium tale est.

*In*

## HISTORIÆ. LIB. II.

*In nomine Domini nostri Iesu Christi. Ego Amandus miserrimus, & peccator, Credimus vbique nos pietatem regere &c.*

S. REOLVS
XXVII. AR-
CHIEPISC.
An. 675.

*Ego Amandus peccator hanc Epistolam à me factam*
*Conscripsi, & subscripsi.*
*Ego in Christi nomine Reolus ac si peccator subscripsi.*
*Ego in Christi nomine Mommolenus Episcopus subscripsi.*
*Ego in Christi nomine Vindicianus Episcopus ac si peccator.*
*Hanc Epistolam rogante Domino Amando subscripsi.*

Reolus Remos reuersus, totum se rebus Ecclesiæ suæ promouendis impendit, inerat ei vigor animi ingentibus negotijs par, eò acrior quòd vix sublimatus litigandum ei fuit cum Gundeberto Regis Optimate Niuardi fratre germano, pro rebus ab ipso Remensi Ecclesiæ delegatis: dicebat Gundebertus sibi ea iure deberi, quæ Niuardus ex patrimonio locis Sanctis impertierat; Reolus contra authenticis scriptis probabat ea ad Ecclesiam Sanctæ Mariæ, & Sancti Remigij, átque ad Monasteria Altumuillare, & Viriziacum, quæ prædictus Niuo suis restruxerat expensis, contulisse. Dum lis anxiè inter vtrúmque verteretur, eo tenore tandem, arbitris mediantibus, composita est, vt Gundebertus ea quæ vltra Ligerim fuerant Emmæ matris ipsorum, suo subderet Dominio, reliqua verò, quæ ad loca Sanctorum Niuardus legauerat, inconcussâ stabilitate permanerent.

Post hæc Reolus tam hæreditarijs, quàm emptitijs auxit Episcopium, quæ obiter perstringit Frodoardus ex archiuo Remensis Ecclesiæ, narrátque ei filiam nomine Odilam fuisse, quam ex nepte Sancti Niuardi, Childerici verò filiâ, in legitimo Matrimonio ante Clericatum susceperat, quæ cùm Deo sacrata esset, in Monasterio quod Ebroinus Suessione construxit, villas tamen ei tam in pago Remensi, vel Bellouagensi, quàm in partibus transligeranis hac lege tradidit, vt eidem Monasterio, post eius obitum, proficerent.

680.

*Filiam hanc*
*Childerici,*
*quidam A-*
*mathildem*
*vocant vt*
*Coluen.*

Wlfado in Austria Maiore Palatij defuncto, Theodorici Regis anno 7. Pippinus, & Martinus rerum potiuntur, Ducatúmque obtinent, inter hos, & Ebroinum Theodorici Præfectum Palatij discordia mox exarsit, quòd parem hic pati non posset, illi vero Austrasiæ parte non contenti, integrum dominatum ambirent: maximo igitur coacto exercitu, ambo in Neustriam contendunt, fit atrox prælium, magna cædes ex vtraque parte, victi tamen Austrasij terga vertunt, Martinum fugâ elapsum (nam Pippinus alio itinere festinus euaserat) Laudunum Clauatum vrbs Austrasiæ attributa excipit: at Ebroinus, victoriâ tumens, ad Martinum, qui se muris Lauduni incluserat, nuntios mittit, qui ei datâ fide, persuadeant, vt sine metu ad Regem Theodoricum veniat: Missi Episcopi Ægilbertus Parisinus, & Regulus Remensis, mandatúmque eis ab Ebroino vt Martinum quoquomodo deceptum adducerent. Antistites hominem fraude, ac fallacibus

*Ebroinus*
*duos Episco-*
*pos magni*
*nominis, per-*
*juros, & ho-*
*micidas fe-*
*cit. Valef.*
*lib. 22.*

*S. REOLVS XXVII. ARCHIEPISC. An. 680.*

cibus verbis aggrediuntur. Mos erat iurantibus, Beatorum tumulis, corporúmue Reliquijs manus imponere. Ipsi vacuas capsas contingentes, iurant inuiolatum, si venisset, Martinum fore: Martinus qui nullum dolum ab Episcopis suspicabatur, Lauduno egressus cum socijs ab Ebroini satellitibus interimitur ita Fredega. Martinus hic Chleodulfi filius erat, Arnulfi nepos, Pippiníque frater Patruelis, ex cuius pro-

*Ioan. Roberti, S. I. Auctor vitæ S. Huberti.*

sapia, si recentiori Auctori credimus, tertiæ Dynastiæ Reges trahunt orignem. Ebroinus post victos acie Austrasios, multò quàm antea impotentior, ac ferocior factus, sibi ipsi maturauit exitium, suæque crudelitatis meritas pœnas exsoluit interfectus ab Ermenfrido, Theodorici Regis ann. 9. ex Sigeberto.

In eius locum Waratus vir illustris ac bonæ frugi suffectus est, qui Ecclesiæ Sanctæ Mariæ, ac Sancti Remigij Remis Cruciniacum montem, Curbam villam, cum Aciniaco in Pago Tardonensi tradidit, iniítque societatem cum Pippino magni nominis Principe. At obeunte Warato, Franci Bertharium quemdam in quo strenuitatis parum inerat, insipientiæ verò ac leuitatis plurimùm, in Majorem domus regiæ statuunt; Cúmque hic Magnatum consilia, & amicitiam stolidè sperneret, indignantes Franci Andramnus, Reolus & alij multi, eo relicto ad Pippinum redeunt, qui Regibus deinceps sub iugum missis, & inani Regis nomine relicto, dominatum audacter arripuit, suíque aditum ad regiam dignitatem patefecit.

687.

Per id tempus conuocato apud Rotomagum concilio sub Ausberto Episcopo, in quo Fontellanensis (inter cætera) editum est priuilegium anno regni Theodorici XIV. Sanctus Reolus cum alijs interfuisse legitur, ac ei subscripsisse quo Monachis permissum est per succedentia tempora, secundùm Sancti Benedicti regulam, ex semetipsis sibi perennibus temporibus Abbatem eligere.

Illustrium Præsulum huius æui munificentiam Reolus sapienter æmulatus, qui suis expensis certatim Monasteria extruxerant, Orbacense condidit in loco, quem dono Theodorici Regis, suffragante Ebroino Majore Palatij, susceperat anno regni eius 14. vt scribit Albericus ad annum 690. impetrauítque à Monasterio Resbacensi sex Monachos, penes quos regimen esset Monasterij, quibus Leudomarum ex prædictis vnum, Abbatem præfecit, qui post Reoli obitum, licèt ab Odone fuerit expulsus, à Childeberto tamen Theodorici filio restitutus est. Eo viam vniuersæ carnis ingresso, B. Rigobertus Monasterium recepit, ac rexit, an vt Archiepiscopus, haud satis compertum, certius est prædictum Orbacense cœnobium deinceps mansisse in prouidentia Rem. Archiepiscopi, vnde eo inconsulto Abbatem eligere non licebat. Electus autem statim fidelitatem Ecclesiæ Remensi præstare tenebatur, quamuis ex alia Diœcesi: vice versâ Monachis ius inerat mittendi aliquem qui interesset electioni Rem. Archiepiscopi vt infra dicetur.

689.

Beatus Reolus post 26. regiminis annos, vt est in vita Sancti Gumberti,

berti, multos passus labores, & ærumnas difficillimis his temporibus quibus Majores Palatij Principatum ambiebant, ad æternæ quietis portum euolauit 7. Septemb. anno Christi 695. Corpus in Ecclesia Orbacensi sepulturæ mandatum traditur ex ipsius testamento, vbi sacræ ejusdem adseruantur Exuuiæ: at vita prædicti Reoli MS. tradit corpus in Ecclesiam Sancti Remigij fuisse deportatum, vbi & sepulturam sortitum est. Verba hîc subijcio: *Ad cuius exequias fama volans multimodas populorum conuocat turbas, suauissimis totum conditur aromatum odoribus sanctissimi Præsulis sacratissimum corpus, auro depictis componitur vestibus, nec non sericis inuoluitur linteis attentius, exemptus mundo Christi famulus feretro sustollitur diligentius, aureâ peplâ cumulatur, defertur ad Basilicam Sancti Remigij Pontificis, in cryptam deponitur ad læuam partem altaris Sancti Laurentij Martyris, ibi sepultus viuit in Christo sine fine.*

S. REOLVS XXVII. ARCHIEPISC.
An. 690.
3. Septemb. in Martyr. Gallicano.

Theodoricus Rex paulò ante obierat anno regni septimo decimo, Christi 690. vel 691. relictis ex Chrotilde vxore, (Dodam hanc quidam vocant) Clodoueo & Childeberto, quorum primus in ipso pueritiæ flore post quadriennium rapitur, alter verò an. 695. regnare cœpit, desiitque post annos septemdecim, extat Clodouei diploma Remis datum apud N. Camusat, quo Monasterio Deruensi quædam impertitur priuilegia mense Februar. die 15. ann. 2. gloriosi D. Clodouei, Christi 692.

695.

*De Sanctis Guntberto, & Berta, Monasteriisque ab his ædificatis, Auennaco præsertim, quinque leucas procul à Durocorto.*

## CAPUT XLIV.

NOn tot odoribus fragrat felix Arabia, quot eximiè stipata Sanctis Remorum vrbs oleuisse legitur sub Niuardo, qui caritatis igne succensi, virtutum quoque suarum odoramenta longè, latéque sparserunt: inter hos velut spirantes rosæ, seu lilia eminent Guntbertus, & Berta, Matrimonij quidem nexu conjuncti inuicem, at ambo, vt genere, sic & pari proposito, ac sanctimoniâ illustres, de quibus breuiter agendum.

Guntbertus, Godebertus, vel Gombertus.

Reolo Episcopij clauum tenente, Sanctus Guntbertus Niuardi Frater, & ex regni Optimatibus apud nos claruisse dicitur, qui cùm prole careret, & amplissimo gauderet patrimonio, illud Deo dicandum penitus statuit, & quidem Remis, vbi Monasterium Diuo Petro sacrum (distinctum tamen ab eo quod Baldericus cum Boua pridem struxerat) ad portam Collatitiam posuit, Regale seu fiscale nuncupatum à Frodoardo, quòd regali tunc subesset potestati. Eo rebus necessa-

rijs

rijs affatim instructo, Guntbertus extra natale solum peregrinari cupiens, ac Deo liberiùs famulari, relictâ conjuge, ac mundi illecebris, maritima loca petijt, vbi Monasterium aliud condidisse fertur. An priùs sumpto Religionis habitu, & expleto tyrocinio, Frodoardus non aperit: probabile est in Hiberniam concessisse, vt Sanctorum ciuis factus, Asceticæ vitæ delicias attentiùs degustaret, tum ibidem ab eo cœnobium conditum, forsan in littore Maris, vbi aliquamdiu sub Sanctæ Regulæ iugo, & institutione degit; At regionis oram ingressi Barbari, cunctáque rapinis & cædibus vastantes, cùm horum rabiem temperaturus isset obuiam, ceruice ab his minutus, occubuit Martyrij laureolâ coronatus. De Monasterij conditu in maritimis locis tacet Albericus in Chronico, & ieiunè admodum de Guntberti Martyrio sic loquitur. *D. Guntbertus fundauit quoddam puellarum Monasterium Remis ad portam Basilicam, qui postea cruce signatus vltra mare decollatus est pro Christo.* Martyrol. Remense adhuc exiliùs festum eius retulit his verbis; *3. Calend. Maij apud Auennacum Sancti Guntberti Regis.* Cur verò insigni hoc titulo decoretur ibi, haud satis intelligo, cùm Frodoard. hunc virum illustrem tantùm vocet lib. 4. cap. 46. & ex Regis optimatibus vnum, seu nobilissimum inter Francorum Proceres lib. 2. cap. 10.

Ceterùm puellare Guntberti Monasterium Remis structum, quod fiscale diximus, Ludouicus Imperator, indulto priùs immunitatis præcepto, Alpaidi filiæ suæ Begonis Comitis vxori dono dedit, eóque potita est, donec per precariam eiusdem Alpaidis, vel filiorum, in ius ac possessionem Remensis Ecclesiæ transijt: vestigij huius amplius nihil extat præter sacellum B. Patricio Hibernorum Apostolo sacrum, & iuxta illud adjacens atrium, quæ Bursarijs in locum bonorum Puerororum subrogatis, Eminentiss. Cardin. à Lotharingia, & Capituli liberalitate cesserunt, in quibusdam schedulis habetur à Gerbega Regina huic Monasterio datas olim fuisse Reliquias Sancti Gregorij, Sancti Guntberti, & partem capitis Beati Patricij quæ in eo conseruatæ sunt, cum dente Andreæ Apostoli, cuius meminit Frodoardus ibidem: visitur adhuc sequens Epitaphium in eodem sacello iuxta altare, Monialis cuiusdam ibi (vt creditur) cùm fratre tumulatæ.

> *Hoc Calsatij* (membra) *teguntur cespite, eiusque Sororis*
> *Compta velamine, Hildegardis est vocata, Virgo*
> *Manens corpore, pro quibus dic lector quæso*
> *Supplex flexo poplite, æternam piè Redemptor dona eis*
> *Requiem, ille quarto Calendarum obijt, illa quarto die Mensis*
> *ante finem July.*

*Bertû Franci leuem appellabant, at auctor lib. de vita Berta Abbatissa, clarum, fulgentem, splendidum interpretatur.*

Sancta Berta Guntberti vxor, & relicta, Virginum pariter condidit parthenonem apud Auennacum quinque leucis à Durocorto disparatum: fertur ipsi ab Angelo locum demonstratum fuisse, vbi fundamenta

damenta locaret „ qui tunc ab incolis *Vallis Aurea* dicebatur, & cùm  
ibi degens aquæ penuriâ laboraret, à proximæ fylüæ poffefforibus,  
datâ argenti librâ, fontem obtinuit duobus millibus à fuo cœnobio  
feparatum, riuus inde egreffus mox eam fecutus eft remeantem, ad-  
húcque oppidum interluit, & *libra* vocitatur, quòd tantidem fuerit  
emptus.

S. REOLVS XXVII. AR- CHIEPISC. *An.695.*

    Illuftris huius fundatricis Priuigni ( quòd bona fua largiùs Ecclefijs  
erogaret, inftigante Diabolo, ei necem intulerunt, at illi in bellu-  
inam feritatem verfi, fui fceleris ftatim pœnam dedere. Nepti verò  
Sancti Guntberti ( Montiæ nomine ) quòd cædis confcia fuiffet, noctu  
S. Berta dicitur apparuiffe, ac præcepiffe vt Guntberti corpus, ad-  
hunc locum referre curaret, quò fui criminis veniam mereretur: Hæc  
promiffi fignum petens, audiuit, mox ac iuffa compleffet, ex ore vel  
naribus fanguinem emanaturum, quod & accidit dùm corpus S. Gunt-  
berti iuxta pignus S. Bertæ conderetur: addit Frodoardus prædictæ Vir-  
ginis Corpus poft centum circiter annos inuentum effe integrum, pla-  
gáfque ipfius ita tunc recenti fluxiffe fanguine, ac fi eadem horâ fuiffent  
ingeftæ, de hac fic habet Martyrol. Remenfe, *Calend. May, in territorio  
Remenfi, vico qui vocatur Auenniacus, paffio Sanctæ Bertæ vxoris  
Sancti Gomberti Regis*, & Sigebertus ann. 661. *Sancta Bertha Martyr  
& Abbatiffa fanctitate claret in Gallia.*

    Ceterùm Auennaco Monafterio Abbatiffas ex ftirpe regia præla-  
tas fuiffe docet Hincmarus apud Frodoard: lib. 3. cap. 27. ad Irmingar-  
dem Auguftam refcribens, quæ prædicti Monafterij curam ac prote-  
ctionem fufceperat, vbi & conqueritur quòd fratres, ac feruientes Mo-  
nafterij Altuillaris multa paterentur incommoda ab hominibus Berthæ  
Abbatiffæ prædictæ Imperatricis filiæ, ex quo in hoc regnum deuene-  
rat. Et paulò poft, idem Archiepifcopus Teutbergæ Abbatiffæ refcri-  
bit, *Pro ordinatione Auennaci Monafterij; quam ipfe quondam cum Ir-  
mintrude Regina difpofuerat, de numero Clericorum, & Nonnarum, at-  
que de rebus villarum ipfius Monafterij, videlicet mille centum quin-  
quaginta manfis, fignificans fe difpofuiffe XX. Clericos, & XL. Nonnas  
ibidem confiftere poffe, victúmque eis prouidiffe, & res neceffarias, ac mi-  
niftrales inftituiffe, præter luminaria & cætera Monafterij neceffaria,  
oftendens quod Niuardus Remorum Archiepifcopus de rebus Remenfis  
Ecclefiæ Monafterium Altuillarenfe conftruxerit, & Frater eius de fuis  
proprietatibus, & quæ alij boni homines ad eundem locum dederunt Auen-  
nacum extruxerit Monafterium, quódque ad Ecclefiam Remenfem tra-  
diderit, vnde & chartæ habebantur id apertè pandentes, fed per re-  
gium donum, ficut & alia res huius Ecclefiæ; ab externis à longo retro  
tenebatur tempore &c.*

Frodoard. *Auenacum legit, alij A- uenniacum, vel Auena- cum.*

    Fulco poftmodum ab Odone Rege Auennacum Monafterium Re-  
menfi Ecclefiæ reftituendum curauit, obtinuítque à Formofo Papa pri-  
uilegium, quo & prædicta reftitutio confirmatur apud eumdem aucto-  
rem

S. REOLVS XXVII. ARCHIEPISC.
An. 695.

rem cap. 2. & 8. lib. 4. & cap. 29. refert tam Sancti Basoli, quàm Auennaci Abbatias ab Heriberto Comite Artaldo Archiepiscopo datas fuisse in solatium suæ exautorationis.

Quid inde gestum sit in eodem Monasterio per plures annos, prorsus ignoratur: vetustiores chartæ referunt facta bonorum temporalium accessione, Abbatissarum industriâ, Honorij secundi assensu, Velatas vltra numerum quadraginta auctas fuisse, at paulò post imminutus traditur ob penuriam, quæ bellorum vastitate, & agrorum neglectu secuta est, quibus Monasterium in tam arctas reductum est angustias, vt à Sancta Sede obtinendum fuerit priuilegium siue dispensatio succedendi in paternas opes.

Ecclesia vetustate fatiscens renouata est eo schemate quo etiamnum stat anno.... sacrísque Gomberti, & Bertæ fundatorum Corporibus gaudet, ac nobilitatur. Sancti item Tresani, ac vnius Virginum ex Sodalitio Sanctæ Vrsulæ: Româ haud ita pridem Sanctorum Eusebij, ac Justinæ Martyrum Reliquias suscepit, quæ ditissimo phylacterio D. Franciscæ de Beauuilliers Abbatissæ curâ reconduntur, tantúsque fit Peregrinorum, & ægrotantium in eam concursus ob miracula quæ singulis diebus clarent meritis Sanctæ Bertæ, vt inter totâ Galliâ celebriores meritò computari possit. Optassem huius Monasterij decora fusiùs hîc referre, cum accuratiori Abbatissarum indice, at Chartarum confusus ordo, ac plurium interitus, me ab hoc onere leuant, & eximunt, aliquarum tamen nomina hîc proferam, quæ carptim ex varijs Monasteriorum Chartophilacijs excerpsi.

### SERIES ANTISTITARUM AVENNACI Parthenonis.

Sancta Berta Guntberti vxor fundatrix, & Martyr obijt.. de ea Martyr. Remense Calend. Maij, Frod. lib. 4. cap. 47.

Bertha Lotharij Imperatoris, & Irmingardis filia, memoratur apud Frod. lib. 3. cap. 27.

Teutberga vixit sub Hincmaro Archiep. ex eodem auctore. Vide Annales Bertinianos, vbi Huberti cuiúsdam Clerici conjugati soror nuncupatur, & abjecta Lotharij, quæ ad fidem Caroli venit, cui Carolus Auenniacum Monasterium dedit ann. 864.

Berta III. Romam profecta est anno circiter 890. de ea Frodoard. lib. 4. cap. 1. an Auennaci Abbatissa incertum.

| | | | |
|---|---|---|---|
| Alix legitur ann. | 1050. | Helesindis vel Helissendis ann. | 1174. |
| Agnes ann. | 1086. | | |
| Cæcilia ann. | 1110. | Guilielma ann. | 1209. |
| Aluidis ann. | 1144. | Eustachia ann. | 1220. |

Isabella

## HISTORIÆ. LIB. II.

Isabella benedicitur ann. 1248. ex Chartulario Sancti Amandi in pabula vbi sic habetur, *Ioëllus miserat. diuinâ Rem. Archiep. vniuersis præs. literas visuris salutem in Domino. Nouerit vniuersitas vestra quòd nos in festo SS. Apostolorum Simonis & Iudæ ann. 1248. ad Monasterium Sancti Amandi in pabula Torn. Diœcesis personaliter accedentes, & Religiosæ Mulieri Isabellæ Abbatissæ de Aueniaco Rem. Diœc. munus benedictionis impendentes, nolumus per hoc Abbatis & Conuentus dicti Monasterij Priuilegia infringere &c.* adhuc Isabella legitur ann. 1266.

S. REOLVS XXVII. ARCHIEPISC. An.695.

..........................

Clarissa des Armoises. 1303. & 1317.

Maria fidem præstitit Ecclesiæ Remensi statim ac electa fuit ann. 1324.

Clementia vouit. 1333.

Ioanna d'Archier fidem præstitit mense Martio. 1338.

Gilla vel Gilleta mense Ianuario iurat. 1356.

Henrica mense Aprili. 1357.

Ioanna Dangreuault 20. Maij. 1360.

Ioanna, fortè eadem. 1395.

Nicolaa de Saux obedientiam exhibet 17. Decemb. 1397.

Nicolaa de Cernay. 1400.

Nicolaa de Craon primo mensis aprilis. 1410.

Margareta Daixne, à Godefrido Catal. Episcopo benedicitur. 1460.

Catharina de Craon. 1450.

Ioanna Thuret. 1499.

Francisca 1526. ipsius nomine M. Marcus Caillet Auennensis Canonicus Diœcesanæ synodo interfuit eodem anno.

Margareta de la Diepe. 1536.

Ludouica de Linange obijt an. 1577.

Petra seu Peretta de Bossu. 1580.

Francisca de la Mare cessit vltimo Martij. 1608.

Maria Francisca de Leui de Venta dour Franciscæ neptis an. 1609.

Francisca de Beauuillers permutatione factâ cum præcedenti mortalitatem exuit. 1625.

Benedicta de Gonsague Ducis Niuernensis, & Mantuæ filia. 1630.

Maria Cauchon de Treslon adhuc superest, Coadjutricémque elegit.

Mariam Bruslard de Sillery filiam sororis Leonorij d'Estampes Rem. Archiepiscopi.

S. RIGOB.
XXVIII. AR-
CHIEPISC.
An. 695.
696.

*Sanctus Rigobertus XXVIII. Archiepiscopus, collapsam Canonicorum Religionem in meliorem statum restituit, mittitque Pippino Eulogias, & quid sint Eulogiæ.*

## CAPUT XLV.

Uccessit in Pontificatu Remensi Reolo, magnarum virtutum viro, Beatus Rigobertus præfulgens Sanctæ Religionis lumen, ex Ribuariorum regione nobili prosapiâ satus, Patre Constantino ex eodem pago, Matre verò ex Portensi orta territorio. Quidam per Ribuariorum regionem pagum Ribodimontis intelligunt, alij Bruerias in Laudunesio, at Ribuariorum regio ea est, quæ in diuisione regni Lotharij Ludouicum inter, & Carolum nominatur, haud procul à Juliacensibus iuxta fluuium Ruram ex Frodoardi scito ad annum 929. in Chronico, qui & adhuc clariùs scribit ad ann. 923. Henricum primum Germaniæ Regem, & Robertum Franciæ inuasorem collocutos in pago Ribuariorum super fluuium Ruram. Rigobertus igitur non de Ribodimonte (vt vertit du Chesneau) sed ex prædicta regione ortus est, quam pariter designat Albericus de Rigoberto disserens in Chronicis. Hunc Reoli Patruelem, Comitem quoque, & Benedictinum Monachum vocat Demochares ex veteribus chartis, & quidem certiùs, vt reor, quàm id quod mox subijcit Reges Dagobertum, Chilpericum, & Theodoricum inaugurasse, sub quibus, inter varios fortunæ casus, præfecturam sanctè, & laudabiliter gessit, aut saltem Episcopi titulum infracto animo ad obitum vsque retinuit.

Anno igitur 696. Childeberto Francorum sceptra moderante, Rigobertus Remensis Ecclesiæ regimen suscipiens, quæ collapsa in Episcopio reperit pro viribus resarcire nisus est, incœpítque à Canonica

*Rigobertus canonicam Clericis religionem restituit.*

Clericorum religione nonnihil à primæuo statu collapsa, quam vt ad annos pristinos reuocaret, sufficientia Canonicis victualia contulit, prædia quoque, necnon & ærarium commune, vsibúsque eorum, quo nihil deesset, subsequentes addidit villas Gerniacum cortem, Musceium, Wlsiniacum riuum, Corcellas, & Ecclesiam S. Hilarij cum suburbio ad eam pertinente, vt in annua sui transitus die sufficiens inde Canonicis refectio pararetur, quod verò superesset communiter inter eos diuideretur.

Ex his videre est Canonicam religionem sub præcedentibus Archiepiscopis multùm à prisca sui institutione deflexisse, vel ob bellorum motus, quibus optimè constituta pessum ire consuescunt, vel quòd Canonici peculiare dominium non habentes, ab Episcopis, alio vt
plurimum

plurimùm intentis, victum expectarent: vnde fit vt torpor, & segnities ex penuria, dum ijs non consuleretur, facilè irrepserit. At Sanctus Rigobertus his, opportuno quidem tempore, & sapienter mederi cupiens, necessaria suppeditauit, & sic palmam meritò alijs præripuisse censendus est, qui simili per Galliam reformationi incubuerunt. Scio Crotegandum Metensem à multis prædicari, quòd tepefactam sub Martello Clericorum religionem renouarit, verba hic D. D'hemeré Doctoris Sorbonici referam, qui in Augusta Viromandensi huius videtur esse opinionis, *Cleri prope vniuersi status erat sæculo decurrente, decor omnis extinctus, primus Crotegandus, vel Droctegandus jacentem marcore expergefecit, & neglectam disciplinam Clericalem renouauit, qui sub Carolo Martello Galliarum Referendarius, & sub Pippino factus Episcopus Metensis, Clerum adunauit, & ad instar Cœnobij intra Claustrorum septa conuersari fecit, normámque eis instituit qualiter in Ecclesia militare deberent, quibus annonas, vitáque subsidia sufficienter largitus est, vt perituris vacare negotijs non indigentes, diuinis solummodò negotijs incubarent.* Hæc ille, qui Crotegandum Metensem strictiori viuendi modo, quem postmodum in claustris professi sunt Canonici, censet initium posuisse, quòd non inficior, at primum alimoniam, seu vitæ subsidia eis prouidisse negamus, cùm enim Crotegandus Rigoberto sit posterior, in hac re ei facem præferre non potuit.

Ex collapsa Canonicorum Religione meritò quis augurari posset post Reoli obitum Remense Episcopium aliquandiu vacasse, cùm verisimile non sit sub Sanctis Pontificibus adeò consenuisse disciplinam, vt reformatione indiguerit, imò Rigobertum, Childeberto penè ad regni exitum vergente, ad infulas promotum ex eo colligi potest, quod nullas Remensi Ecclesiæ ab eo collatas literas Frodoard. referat, soleat autem hic Auctor ex regijs chartis, Archiepiscoporum tempora deffinire. Sed nec postliminiò restitutam religionem, statim ac ipse renunciatus est arbitror, cum Gerniacam cortem, & Roceium vsibus Canonicorum delegauerit, vt vidimus, quæ eo iam per aliquot annos sedente, concessæ sunt, Gerniaca Cortis à Pippino, Rosciacus verò ab Abone Abbate.

Rigobertum Pippinus de Herstallo ob sanctitatis famam tanti faciebat, vt Carolum ex Alpaide filium aquis salutaribus abluendum, & sacro lauacro suscipiendum ei obtulerit, quo anno, & an post adeptum Pontificatum non constat, cùm Carolus annos circiter quinquaginta natus obierit ann. 741. Pippinus, de quo loquimur, is est Ansegisi filius Major domus Neustriæ, & Austriæ, qui sub vltimis Regibus 27. annos rexit, reliquítque ex Plectrude legitima vxore, Drogonem ducem Campaniæ, & Grimoaldum, ex Alpaide verò præfatum Carolum, & Childebrandum fratrem (vt quidam volunt) à quo tertiæ Dynastiæ Reges.

S. RIGOB.
XXVIII AR
CHIEPISC.
An. 698.

Id hausit ex
Walafrido
Strabone.

Quidã Carolum natũ
anno 696.
scribũt, Baptizatũ verò an. 698.

*S. RIGOB.*
*XXVIII. AR-*
*CHIEPISC.*
*An. 700.*

Pippino huic, Sanctus Præsul Rigobertus Eulogias sæpius mittere consueuerat, quò Principis animum suâ obseruantiâ, & obsequio magis ac magis deuinciret. Quid verò Eulogiæ significent accuratè docuit Illust. Albaspina Aurelianensis Antistes lib. 1. de veteri Ecclesiæ obseruatione, vbi ait *Genus quoddam fuisse communionis apud antiquos institutum, vt absentibus, pars aliqua, & societas esset cum Episcopo, & cæteris fidelibus qui in Matrice Ecclesia* ( vt vocant ) *morarentur*: Id patet ex Canone Pij I. apud Baronium, & ex Concilio Laodiceno, vnde sequitur, quòd cùm panis hic primitùs pro conseruanda vnione populorum eiúsdem vrbis, & Diœcesis institutus sit, vsurpari quoque potuerit pro confirmanda societate inter membra vnius Communitatis. Extat canon. 68. Concilij Aquisgranensis de Eulogijs in refectorio Presbyteris, & fratribus distribuendis ; quomodò id fieret, & quo ritu, Haëpthenius insignis doctrinæ vir ex veteri MS. Affligemij cœnobij in Brabantia graphicè depingit, quem eò lubentiùs hîc subijcio, quod idem ferè obseruetur solemnioribus diebus in Ecclesia Remensi, forsan post Concilium Aquisgranense.

*Hæc cæremonia qua pariter fit in præcipuis festis tempore Missæ apud Remenses, quoad vsum Hostiariæ desiuit ab eo tempore, quo mensa communis abrogata est.*

*Offerunt singuli* ( inquit ) *religiosorum in patena hostiam vnam, & aliquantum vini, vtrumque autem à Sacerdote, cum Diacono, & Subdiacono recipitur, & omnibus autem oblatis Hostijs, vnam Sacerdos eligit, & seorsim ad consecrandum ponit, similiter ex Calice, in quo omnium vinum receptum fuit, tantùm suo Calici infundit, quantùm ad celebrationem Missæ sufficit, reliquum vini in piscina mittitur. Hostiæ verò oblatæ duabus pixidibus congruo loco extra altare positis immittuntur, horâ autem prandij, in refectorium referuntur, & in mensa Superioris ponuntur, quas datâ benedictione, duo Sacerdotes, qui Matutinalem scilicet, & summam Missam celebrarunt, singulis distribuunt, vnus in latere Abbatis, alter verò in latere Prioris: sumuntur autem Hostiæ cum reuerentia assurgentibus his, qui eas accipiunt, eásque manducantibus antequam alia cibaria masticentur.*

Verum enim verò Eulogiæ non hoc sensu hic sumuntur à Frodoardo, sed pro munere quod ad sese inuicem mittebant Amici in pignus beneuolentiæ. Et sic ab Episcopis Benedictiones vocabantur, vt est apud Hieronymum ad Vitalem epist. 132. & apud Surium in Gestis S. Rigoberti; his haud absimiles fuêre quas B. Martinus Maxentio Imperatori, Remigius Clodoueo, Germanus Autissiodorensis Beatæ Genouefæ, & Rigobertus Pippino miserunt, de quo præsens est hic sermo, erat enim amoris sui tessera, quâ Principis familiam benedictionibus cumulari peroptabat, sunt tamen qui putant ab eo missas Pippino Eulogias, quo terrores à conscientia incussos ob publicum scortum cum Alpaide, & cædem S. Lamberti temperaret, quam Deus in filios Drogonem Campaniæ Ducem ( qui Adaltrudem Varatonis Majoris domus Francorum filiam duxerat ) & Grimoaldum Majorem Palatij vindicauit.

Quadam

Quadam die Rigobertus de Culmisiaco villa veniens, adijt Pippinum Majorem domus, præmissis ad eum Eulogijs à venatione redeuntem: Morabatur enim Pippinus in pagi cuiúsdam loco, quem Gerniacam cortem vocant, vbi tunc non villa erat, vt est hodie, sed sylua grandis, & fons ad quem Apri frequenter aduentabant, qui hodiéque illic permanet: Perpendens autem Pippinus quid pro Eulogijs viro Sancto posset rependere, prædictam Cortem liberè ei contulit, quam cùm gratam omnino esse comperisset, addidit, Clodouei exemplo, qui idem erga Beatum Remigium fecisse suprà vidimus, omnem in circuitu locum quem iter faciendo ambire posset, dum ipse meridiè quiesceret, quod nè quis commentum putet, narrat Frodoard. ad indicium tam memorabilis itineris, viridiores super illud, omni tempore, quàm in cæteris locis herbas apparere, nec res, vt Rigoberti cessere dominio, tempestate aut grandine læsas, quamuis simile in contiguis locis non contingat.

Subdit idem auctor, quasdam res Ecclesiæ Remensi à diuersis personis legatas sub Rigoberto quas hîc prætereo. Inter has quædam est ab Adone quodam Abbate data in pagi Laudunensis vico, qui dicitur Raosidus vel Rausidus quem Rouciacum esse puto, ob ea quæ de Ragenaldo scribit Frodoardus lib. 4. cap. 36. & in Chronico.

Anno 15. regni Childeberti, qui in annum Christi 709. incidit transfertur insigni pompâ corpus Beati Lamberti Leodium ab Huberto Aquitano Principe, vltimo Tungrensi siue Trajectensi, & primo Leodiensi Episcopo, eiúsdem vrbis conditore, & Arduennæ Apostolo, cui S. Rigobertus cum aliquot Remensis Prouinciæ Episcopis interfuit ex vita Huberti nuper edita, *Translationi corporis Sancti Lamberti* (inquit) *à Sancto Huberto factæ, adfuisse ferunt Annonem Archiepiscopum Coloniensem, Rigobertum Remensem Archiepisc. Vindicianum Episcopum Atrebatensem, Garulfum Tornacensem, Erchemboldum Morinensem.*

Obijt Childebertus Rex anno ætatis circiter 29. Christi 711. (quem ex interiore vitâ iustum, & æqui seruantem Auctores nuncupant) sepultúsque est in Basilica Cauciacensis Monasterij Sancti Stephani nomine, ac Reliquijs illustri: reliquit moriens Dagobertum filium superstitem annorum circa duodecim puerum, à quo Rigobertum Archiep. bonorum Rem. Ecclesiæ, ac Basilicæ Sancti Remigij immunitatem obtinuisse Frodoardus refert his verbis, *A Dagoberto denique Rege præceptum immunitatis suæ obtinuit Ecclesia, suggerens eidem Regi qualiter ipsa Ecclesia, sub præcedentibus Francorum Regibus, à tempore domni Remigij, & Clodouei Regis, quem ipse Baptizauit, ab omni functionum publicarum jugo liberrima semper extiterit, qui præfatus Rex hoc beneficium confirmare, vel innouare disponens, cum consilio Procerum suorum, statuit ad prædecessorum formam Regum, præcipiens vt omnes ipsius Sanctæ Ecclesiæ res tam in Campania, & infra vrbem & suburbanis, quàm in Austrasia, seu Neustria, vel Burgundia, seu partibus Massiliæ, in Rodonico,*

**286**    METROPOLIS REMENSIS

S. RIGOB.
XXVIII. AR-
CHIEPISC.
An. 715.

Rodonico etiam, Gaualitano, Aruernico, Turonico, seu Pictauico, Lemouicino, vel vbicumque infra regna eius ipsa Rem. Ecclesia, vel Basilica Sancti Remigij villas aut homines habere videbatur, sub integra immunitate omni tempore possent manere, sic quoque vt nullus iudex publicus in ipsas terras auderet ingredi, vt mansiones intrando faceret, aut qualibet iudicia vel xenia ibidem exigere vllatenus præsumeret &c. A filio quoque eiusdem Dagoberti, & à cæteris sui temporis Regibus immunitatis, ac teloneorum remissionis præcepta idem Rigobertus obtinuit, quarum præceptionum Regalium monimenta in archiuo Rem. Ecclesiæ adhuc seruabantur tempore Frodoardi.

---

*Sanctus Rigobertus ob ingressum in Vrbem Carolo denegatum, à sua sede exturbatur, obitus eius, & corporis translationes.*

## CAPUT XLVI.

POst Dagoberti Regis excessum, qui Childeberto 2. successerat, rexítque quinque annos, Chilpericus, quem Dagoberti filium fuisse scribit Frodoardus, regni gubernaculum suscepit an. 715. huic cùm Caroli Martelli indoles, ac bellica virtus valde suspecta esset,

*Ex MS codice apud Surium tom. 1. Frod. ait Rigobertum supra portâ Basilicarem morari consueuisse.*

Ragemfridum ad equitatus Magisterium seu Majoratum Palatij promouere statuit. Carolus hoc sibi iure debitum reputans, Regi ac Ragemfrido fortiter sese opposuit, conscriptóque milite, vtrúmque bello aggreditur. Cùm iam exardesceret, Carolus Remorum vrbem præteriens ad eam peruenit portam, in qua S. Rigobertus congruis extructis ædibus degebat, ( quò, apertis cœnaculi sui fenestris, loca Sanctorum facilius posset contemplari ) datóque signo Antistitem huiúsmodi compellat vocibus. *Domine Rigoberte iube portam Ciuitatis*

716.

*Tanta erat apud Francos Episcoporum auctoritas, vt non modò animarum, sed etiam corporum curam gererent, ita vt vrbes populósque sibi cõmissos quibus liberet tradere possent, vt videre est in Magnulfo Tolosano apud Greg. Tur.*

*aperiri, vt liceat mihi ire precatum ad Sanctam Mariam.* Cùm Episcopus nullum ei vociferanti redderet responsum, quod orationi esset intentus, tertiò eisdem vsus est vocibus, donec vir Dei eius valido clamore compulsus, sic ei responderit. *Porta hæc tibi non aperietur, nisi certò constet vtri vestrum cessura sit victoria. Si Dominus te voluerit victorem euadere, reuertenti tibi libens portam reserabo:* his auditis Carolus excandescens iuramento affirmauit, si victor rediret, non impunè id laturum Pontificem.

Porta hæc à plerísque Collatitia, hodie Basilicaris vocatur, ibíque portarum cæterarum totius vrbis Claues Rigobertus apud se reconditas seruabat. Basilicaris verò dicta idcirco putatur, siue quòd in eius circuitu, plures quàm apud alias portas, essent Basilicæ, siue quòd euntibus ad Basilicas, quæ in Sancti Remigij vico habentur, esset peruia, iusserat autem S. Rigobertus in pinnaculo templi Sancti Petri suis ædibus propinquo, ostium fieri, per quod in illud templum adjun-

ctis

&tis illi gradibus defcendere folebat ad orandum, atque inde reuertens per idem oftium ingrediebatur in Oratorium iuxta domum fuam fupra murum Ciuitatis extructum, ac Sancto Michaëli facrum, quod tempore haud exiguo ftetit, donec Alpaïdæ mariti iuffu, cui Ludouicus Imperator prædictum Monafterium dederat, folo æquatum eft.

S. RIGOB. XXVIII. AR. CHIEPISC.
*An.*717.

Carolus igitur, Chilperico, & Majori domus prælio fuperatis, adeptus Principatum, B. Rigobertum (vt comminatus fuerat) nihili ducens quòd eum è Sacro fonte fufcepiffet, ab Epifcopatu deturbauit, & cuidam Miloni, folâ tonfurâ Clerico, qui fecum ad bellum proceſſerat, bona Ecclefiæ diripienda conceffit; at quando id? an mox à pugna Vinciacenfi, quæ an. 717. contigit, indictione 15. die Dominica, 12. Cal. Aprilis, die 15. ante folemnitatem Pafchæ, qui erat annus primus Gregorij II. Papæ, vt refert Chronicon Fontellanenfe, non defunt qui ita fcribant; At recèns quidam Auctor & Doctus putat id quod de Rigoberto retulit Frodoardus accidiffe, non poft Vinciacenfe prælium, fed poft Sueffionicum anno fcilicet 718. Eudone Aquitano Chilperico Regi in Carolum fuppetias ferente, eò quòd Rigobertus à Rege Theodorico, qui circa annum 722. regnare cœpit, literas Ecclefiæ Remenfi impetrauerit, quibus Grimoaldi viri illuftris donatio villæ Calmiciaci confirmaretur, sícque non nifi poft quatuor aut quinque annos, quàm Carolus Ragenfredo, ac Eudone fuperatis, Principatum omnem Francorum occupauerat, Rigobertum expulfum fuiffe. Ob eiufmodi expulfionem à Sigeberto pariter relatam ann. 723. & quòd alios Epifcopatus regni Francorum laïcis hominibus idem Carolus violenter tradidiffet, Sanctorum iudicio fempiternis pœnis hunc (Eucherio Aurelianenfi Epifcopo reuelante) deputatum, ex Hincmaro, ac codicibus MSS Frodoardus retulit: at hiftoriam hanc de damnatione Caroli à Frodoardo ex Hincmari Epiftolis hauftam, quam à Neuftrafijs didicerat, Nuperi fcriptores refellunt vt dicam poftea. B. Rigobertus dominicis obtemperando præceptis, quibus iubetur fub perfecutione de Ciuitate in Ciuitatem fugere, feceffit in Vafconiam, ibíque aliquot annos exulans orationi inftabat ac Sanctorum Bafilicis de more perluftrandis. Milo in has regiones functus legatione, B. Rigobertum cafu reperit, mifertúfque fortis illius, pollicetur fe ei Epifcopium redditurum fi in Franciam redire velit: qui regreffus rogatur ab eodem Milone, vt res quas Ecclefiæ iam delegauerat, poffet retinere, cùm id fe facturum denegaret, & Milo inftaret vehementiùs, vir Dei altare tantùm Beatæ Mariæ petit fibi concedi, vt in eo Sacrum celebrare poffet, quo demum obtento, in Gerniaca corte reliquum vitæ meditationi, aliífque bonis operibus tranfegit, morífque ei fuit vrbem Remorum frequenter iuuifere, & in ara Beatæ Mariæ, vt optauerat, incruentum Deo facrificium offerre, tum Ecclefiam Sancti Mauricij in fuburbio, ac B. Remigij tumulum, inde per Sancti Theodorici Monafterium & Ecclefiam

718.

*Chilpericus qui & Daniël an.*721. *obyt in Palatio Attiniaco-villa regia.*

722.

723.

730.

735.

P p

*S. RIGOB.*
*XXVIII. AR-*
*CHIEPISC.*
*An.735.*

*18. Calend.*
*Iulij ex*
*Martyr. Re-*
*mensi, & ex*
*vetusto codi-*
*ce MS.*

clesiam Sancti Cyriaci de Culmisciaco, ad Sanctum Petrum de Gerniaca corte proprium reuerti domicilium.

His addictus exercitijs Præsul Rigobertus consenuit, consummatâque viriliter præsentis vitæ militiâ, sanctè obijt pridie nonas Januarias, tumulatúsque est in Ecclesia Beati Petri villæ prædictæ ad Australem plagam, vbi innumeris postmodum fulsit miraculis. Cúmque in dies magis ac magis inclarescerent, Hincmarus Rem. Archiepiscopus eum anno 864. ad cœnobium S. Theodorici translatum secus ipsius sancti tumulum posuit: post annos nouem prædicti Rigoberti ossa Remorum perferuntur ad vrbem, & in Basilica S. Dionysij honore dicata locantur, vbi Canonicorum tunc Remensium habebatur sepultura. Fulco Hincmari successor ( quoniam prænotata Ecclesia necessitate muri Ciuitatis ob infestationem Paganorum construendi euertebatur ) sacra inde Beati Præsulis pignora transferens ann. 892. in medio Matricis Ecclesiæ post altare Sanctæ Crucis collocauit, rursum quoque in pagum Viromandensem ad villam Nemincum nomine delata sunt, vt prædictæ villæ Beatus Confessor iniret possessionem, quam Odalricus Comes Ecclesiæ Remensi tunc temporis contulerat, & Fulco Præsul Canonicorum victui deputarat; At vrbi Remorum paulò post reddita, ad Ecclesiam Sancti Dionysij extra murum Ciuitatis vnâ cum Sancti Theodulphi Reliquijs illata sunt ann. 906. ac multos annos fidelium venerationi exhibita, donec eâ senio collabente, Remenses Canonici in majorem Ecclesiam retulerunt, vbi diuiti feretro inclusa conseruantur.

Quo verò anno inclytus vir Rigobertus humana reliquerit dissidium est apud Auctores. Baronius in notis ad Martyrol. 4. Januarij, putat vixisse vsque ad Pontificatum Adriani I. qui expulso Milone Tilpinum ad sedem Rem. electum confirmauit, cùm verò Adrianus Pontificatum inierit ann. 772. Rigobertus verò anno 695. quo Martellum è sacro Fonte suscepit, consequens esset Archiepiscopatum tenuisse 79. annis quod verisimile non est. Demochares Rigoberti obitum remittit ad ann. 749. fauétque opinioni eorum qui Abelem suffraganeum Rigoberto datum arbitrantur, quòd an ita sit, statim videbimus. Haræus denique obitum eius ponit an. 733. at cùm difficile sit in re incerta, quicquam certò statuere, crediderim Rigobertum excessisse an. 743. ante Concilium Suessionense, cùm de eo nulla in Canonibus mentio fiat, sed nec in Epistolis Zachariæ sum. Pontificis ad Rem. Prouinciæ Episcopos. Adde quòd si adhuc in viuis fuisset, faciliùs erat eum haud procul ab vrbe commorantem propriæ Sedi restituere, quàm Suffraganeis, aut Regionarijs Præsulibus eam quasi viduatam committere, præsertim cùm Martellus è medio sublatus esset, & Childericus post interregnum octo circiter annorum Franciæ datus.

*An S. Rigoberto à sede sua expulso, præsul aliquis apud Remenses Episcopale munus obierit; de Martelli verenda morte, & Bonifacij studio pro Remensi sede restituenda.*

## CAPUT XLVII.

Hic obiter inquirendum, quis Remensis Ecclesiæ curam susceperit Rigoberto exulante. Occurrunt inprimis duo magni nominis Præsules, qui solatium ei exhibuisse memorantur, primus petente Clero; alter summi Pontificis auctoritate. Vasseburgus de successione Treuirensium Archiepiscoporum disserens, ait Basino subrogatum Lithuinum ex sorore nepotem, qui Lotharingiæ Ducatum obtinuerat, erexítque Mediolanum Monasterium in eadem Diœcesi, at paulò post suam dignitatem pertæsum (ob Ciuium factiones) à Clero Remensi, & Laudunensi excitum, vt munia Episcopalia, Sacrósque ordines, absentibus Episcopis, administraret. Addit prædictum Lithuinum, vel Luituuinum Remis obijsse, cum fama sanctitatis an. 724. 29. Septemb. corpúsque suis redditum, ac tumulatum in Monasterio quod suis impensis erexerat.

*De eo Trithem. lib. 4. c. 72.*

Huic in eodem munere Theodulfus quidam suffectus dicitur, cuius meminit Trithemius lib. de viris illustribus, Rayssius quoque in Gazophylacio belgico, quem claruisse dicunt anno 730. hunc tamen & Abelem titulares tantùm fuisse Coëpiscopos putant ad Infidelium conuersionem, de his silet Historia Remensis, & horum loco Bonifacium agnoscit, cui velut S. R. E. Vicario generali à Gregorio 2. creato per inferiorem Germaniam an. 727. Remensis, & Treuirensis Ecclesiarum, quas Milo vsurpauerat, cura demandata est, cúmque ei multùm operæ impendendum esset vltra Rhenum, narrat quidam auctor Herluino Treuirensis Ecclesiæ regimen Bonifacium commisisse, tum Theodulfo, qui in Archiepiscoporum Catalogo desideratur.

737.

Quicquid sit, patet ex Epistola Hincmari ad Nicolaum I. Bonifacio Apostolicæ sedis legato aliquandiu, Remensis Ecclesiæ curam sicut & Treuirensis fuisse commissam, at nihilominus gemuisse sub Milonis tyrannide, non tantùm imperante Theodorico, sed & toto eo tempore quo Gallia sine Rege fuit, per septem scilicet annos ex Chronico Sancti Remigij, vel nouem iuxta Tilium, Carolo supremam auctoritatem obtinente. Chronicon Fontellanense meminit Landonis cuiusdam Remensis Archiepiscopi, quem in Fontellan. Cœnobij regimine tradit Hugoni successisse anno 12. Regis Theodorici nouissimi (qui erat Exarchatus Caroli annus septimus decimus) incarnationis verò Dominicæ 731. indictione decima quartá; rexisse autem per annos tres,

*Ex Spicilegio 3. Luca Dach. benedict. folio 208.*

*S. RIGOB.*
*XXVIII. AR-*
*CHIEPISC.*
*An. 639.*

*Dagobertus hic post patris obitum, regnare cœpit an. 712. Martyrg, à Satanacensibus prædicatur.*

ac sepulturæ traditum in Ecclesia B. Petri Apostolorum Principis apud Fontellanenses. Prædictum Landonem (si vera narrantur) distinguendum esse à priore Landone, qui vixit sub Sigiberto, nemo non videt, cùm sat magnum existat temporis spatium inter vtrumque: opinor posteriorem hunc nomine tenus Remensem Archiepiscopum vel Regionarium fuisse, vt de præcedentibus dictum est, vel fabulam narrari: Auctor enim ait Dagobertum Childeberti filium Remis à Landone Diademate solemni pompâ, præuiâ Episcopali benedictione, coronatum fuisse, rogatúmque ab agricolis Remensibus, suâ manu frumenta seuisse, quæ citiùs finitimis maturuerint, vberiúsque prouenerint, quod alibi non legitur, doctéque refellit Had. Valesius tom. 3. lib. 23.

*Tom. 3. l. 25.*
*pag. 542.*

*Refert hanc historiam Hincm. in prolog. ad vitam S. Remigij, fusius antè in epist. ad Ludouicum Germ. Regem qua extat in Capitul.*

At de Carolo Martello, paulò post differens, qui per id tempus obijt, Hincmarum (vt reor) acerbiùs exagitat, post huius æui scriptores ipsi infensissimos, quasi damnationis ipsius historiam commentus fuerit: putat enim eum. 1. Pugnantia loquutum, dum ait Eucherio Aurelianensi prædictam damnationem fuisse reuelatam, qui ante Carolum è viuis excesserat. 2. Non audiendum, dicentem eam accepisse ex relatione eorum qui apertioni tumuli interfuerunt, cùm ipse ad Episcopatum Remensem centum annos post Caroli obitum peruenerit. 3. Denique hallucinatum, dum refert Pippinum Regem, & Fulradum Capellanum ab Eucherio monitos, vt horum iussu Caroli sepulchrum aperiretur, qui necdum his dignitatibus pollebant.

*Sirmondus ex MSS. Abbatiarũ SS. Remigij, Nicasij, & Heriuallens. Petrus Pithæus apud Ducheni. tom. 2.*

Verùm ex fama damnationis Caroli, quæ per totam Galliam increbuerat, tum ex aliorum dictis, & scriptis prædictam Historiam suis operibus ea fide intexuit Hincmarus, qua Bernoldi, ac Flotildis visiones Neoterici quidam, ac summæ eruditionis viri retulerunt. Nec adeò imprudenter, & ineptè. Etenim cum Carolus ob tyrannidem longâ torsione, & verendâ morte consumptus dicatur in S. Bonifacij Epistola ad Ethelbaldum Merciorum Regem, facilè his quæ de eo vulgabantur creditum est, cuius pœnitentia non constabat. Obitus Eucherij epocha, cui præsertim innititur Valesius post Baronium, valde incerta est: Dionysius si quidem Petauius Chronologorum facilè princeps, Ration. temporum lib. 8. cap. 5. pag. 508. probat ex Sigeberto Eucherium Aurelianensem in exilium actum à Corolo, sequenti anno, post Caroli obitum, decessisse, quod ante eum docuerat Carolus de la Saussaye ex Chronico Monasterij Sancti Trudonis, qui in suis Annalibus per annum integrum ei superfuisse tradit.

Quod secundo loco obijcit de temporis intercapedine, prorsùs infirmum est, quid enim vetat Hincmarum adhuc puerum à senibus accepisse, qui præsentes apertioni tumuli fuerunt, sanè ipse ego, qui adhuc Dei gratiâ superstes sum, & hoc anno 1665. scribo, inaugurationis pompam Henrici II. certissimè accepi à senibus qui interfuerunt, quamuis hæc ann. 1547. peracta sit. Nec alicuius momenti est quod iussu Pippini Regis, & Fulradi regij Capellani, qui necdum his fulgebant

bant gradibus, tumulus dicatur apertus, vt prior conditio posteriori S. RIGOB.
plerúmque non officit, sic nec posterior priori; & passim videmus il- CHIEPISC.
lustres viros per majorem dignitatem denominari, licèt eis seriùs hæc An.740.
accesserit. Et hæc à me dicta sunt non animo prædictam historiam
tuendi, sed vt Hincmarum à conuitijs vindicem, qui nimiæ credulitatis
ad summum culpari posset, non verò mendacij & falsitatis.

Carolo igitur è viuis sublato 11. Kalend. Nouemb. æra Christi 741.
Sanctus Bonifacius Apostolicæ sedis legatus laborauit apud Zachariam  741.
Gregorij successorem pro Rigoberto sedi suæ restituendo, at is paulò
post excessit, Milone interim bona Episcopij pessumdante : cúmque aliqua spes esset sacrilegam prædam ab eo extorquendi, quòd Carlomannus, qui Ducatum post Patrem obtinuerat, pronior esset erga res sacras,
idem Bonifacius ad Zachariam ita rescripsit. *Notum sit paternitati ve-*
*stræ, quòd Carlomannus Francorum dux me accersitum ad se rogauit in*
*parte regni Francorum, quæ in sua est potestate, synodum incipere congre-*
*gare, & promisit se de Ecclesiastica religione, quæ iam longo tempore, id*
*est non minus quàm per sexaginta vel septuaginta annos calcata, & dissi-*  743.
*pata fuit, aliquid corrigere, & emendare velle, quapropter, si hoc Deo*
*aspirante veraciter implere voluerit, præceptum sanctæ Auctoritatis*
*vestræ habere, & sapere debeo. Franci enim, vt seniores dicunt, plus-*
*quam per octoginta annorum synodum non fecerunt, nec Archiepiscopum*
*habuerunt, modò autem maxima ex parte per Ciuitates, Episcopales se-*
*des traditæ sunt Laicis cupidis ad possidendum.*

Zacharias huius rei certior factus, hortatur Bonifacium vt sedulò huic Hoc anno
rei incumbat epistolâ quæ prima est in tomo I. Conciliorum Galliæ, Childericũ
vnde fit vt Pontifici morem gerens, Leptinis in Hannonia Concilium Theodorici
conuocauerit primo regni Childerici 3. an. 743. cuius præfatio sic inci- filiũ, vt qui-
pit, *In nomine Domini JESU CHRISTI, ego Karlomannus Dux, &* dam scribũt,
*Princeps Francorum anno Incarn. 743. 11. Kalend. May cum consilio ser-* post aliquod
*uorum Dei, & Optimatum meorum, Episcopos qui in regno meo sunt, cum* interregnũ
*Presbyteris ad synodum pro timore Christi congregaui, id est Bonifacium* apud Lepti-
*Archiep. & Buchardum, Regenfridum &c. vt mihi consilium dedissent,* nas Pippinus
*quomodò lex Dei, & Ecclesiastica religio recuperetur, quæ in diebus præ-* & Carolom.
*teritorum Principum dissipata corruit &c.* Regem salu-
 tant, vt ij cũ
 minore inui-
 dia regna-
 rent.

Zacharias, quod sancitum Leptinis fuerat, anno sequenti comprobauit, quo pariter in synodo Suessionis habita 6. nonas Martij sub Pippino Majore Palatij, ordinantur, Sacerdotum, & Optimatum consilio, per Ciuitates legitimi Episcopi, & super eos Archiepiscopi, Abel, Cap. 3.
& Artbertus : Ciuitates autem ad quas ordinati sunt, recensentur in
prædicta Zachariæ ad Bonifacium Epistola, quâ & approbat, quod in
ea synodo decretum fuit circa Abelis consecrationem Remensis Ecclesiæ Metropolitani, eíque Pallium transmittit ex epist. 4. vbi sic loquitur, *De Episcopis enim Metropolitanis Grimone, Abel, & Artberto,*
*quos per vnamquamque Metropolim per Prouincias constituisti, hoc per*
 *tuum*

*tuum testimonium confirmamus, & Pallia dirigimus ad eorum firmissimam stabilitatem.* Molanus censet prædictos tres titulo tenus Archiepiscopos fuisse, vt infidelium conuersioni incumberent, viderentque an horum operâ indigerent Ecclesiæ his Archiepiscopatibus subjectæ, vt verba hæc epistolæ 5. ad Bonifacium innuere videntur: *Nobis indicasti, quod & Concilium ordinante Deo, & Carlomanno præbente consensum, & contestante factum est, & qualiter falsos Sacerdotes, qui diuinum digni non erant attentare mysterium, à diuino munere suspendisti, & quia Archiepiscopos per singulas Metropoles ordinasses; reseruasti,* aliter reseraſti, *id est Grimonem in Ciuitate quæ dicitur Rodomas, Abelem in Ciuitate quæ dicitur Remorum &c.* Alij putant Abelem consecratum pro obeundo munere Episcopali adhuc viuente Rigoberto, ipsíque Coëpiscopum vel Suffraganeum datum ob hæc prædictæ Epistolæ verba citata, quæ nonnihil ambiguitatis continent, *Per singulas Metropoles*, at conjectura hæc subtilior mihi videtur, quàm stabili nixa fundamento, cùm æquè facilè fuerit Rigobertum, si tunc superstes esset, suæ sedi restituere, quàm Suffraganeum creare, aut Regionarium Archiepiscopum, qualem haud rectè fingunt Abelem fuisse, vt mox videbimus.

---

*Abel XXIX. Archiepiscopus, nè suo fungatur Officio à Milone Pseudoepiscopo impeditur.*

## CAPUT XLVIII.

ABelem igitur, quem ex albo Remensium Archiepiscoporum, quasi Rigoberto coadiutor, vel suffraganeus datus fuerit, quidam abradunt, cum Frodoardo vindicamus. Quis verò, & quantâ virtute præditus, docent Lobiensis cœnobij tabulæ, vbi patriâ Hibernus dicitur, & professione Monachus, tum ex eiúsdem loci Abbate, consecratus Remorum Archiepiscopus à Bonifacio Apostolicæ sedis Legato, cui statim Pallium mittit Zacharias Pontifex ex Epistolis, & Concilio Suessionensi supra citatis; non ob id præcipuè, vt infidelium conuersioni incumberet, quod Belgici scribunt auctores, sed ad eius firmissimam stabilitatem, & Ecclesiæ Dei augmentum, vt in meliori proficiat statu. Item pro adunatione, & reformatione Ecclesiarum, Epistolâ quintâ prædicti Pontificis, vnde inficias quis ire non debet, quin Abel æquè verus ac legitimus Pastor fuerit Remorum, ac Grimo cum eo consecratus Rotomag. quem Cl. Robertus retulit in indicem Rotomagensium Archiepiscoporum, post excessum præsertim B. Rigoberti, quem obijsse diximus an. 743. alioquin duo simul, & semel eiúsdem Ecclesiæ Titulares extitissent, Pallio ornati, & à sua sede extorres.

At li-

At licèt Abel summi Pontificis decreto electus, vt viduatæ Metropoli inuigilaret; Milone tamen obsistente, diu in ea ministrare non potuit, vt ipse Pontifex conqueritur epist. 12. ad Bonifacium; *De Milone autem, & eiusmodi similibus, qui Ecclesijs Dei plurimùm nocent, vt à tali nefario opere recedant, iuxta Apostoli vocem, opportunè, importunè prædica*: vnde Abelem à sede Remensi iam expulsum ab an. 748. factione Milonis, verisimile mihi est ex eiusdem Zachariæ epistola ad quosdam Archipræsules, & ad Remensis Ecclesiæ suffraganeos, vbi Abelis Archiepiscopi non meminit: igitur cùm tamdiu abfuerit à sua Ecclesia, nec Pippinus, & Carolomannus admodum de eo curarent nè Patris sui acta viderentur rescidisse, mirum non est quòd inde arripuerint quidam occasionem eum non numerandi inter Archiepiscopos, vt Baronius in notis ad Martyrologium, Molanus, & Rayssius: horum opinio probari quidem posset ex epitaphio S. Remigij, vbi Hincmarus vocat se 31. Remensem Archiepiscopum, & 16. à Remigio, quod stare non potest Abele computato inter Archiepiscopos, at si quis expungendus sit, vt stet Hincmari calculus, non hic, sed Ebo potiùs, de quo idem Hincmarus ad Nicolaum Papam, *Rescribere dignetur* ( inquit ) *Apostolica vestra auctoritas vtrum Ebonem inter Episcopos in sacris Dyptichis in Ecclesia nostra nominare permittam*. Deinde posteriorem Epitaphij partem, vbi hæc supputatio ponitur, non esse Hincmari alibi probauimus. Cùm igitur Ecclesiasticæ leges turbato rerum statu sileant, nec ob id Abel pacificè suo Archiepiscopatu frui potuerit, dignitate nihilominus sibi debita spoliandus non est, quam summi Pontifices ei non negarunt. Extat enim Adriani I. Epistolæ fragmentum, vbi Remensis Archiepiscopi titulo donatur apud Frodoard. *Sanctæ memoriæ* ( inquit ) *Bonifacius Archiepiscopus, legatus Sanctæ Romanæ Ecclesiæ, & præfatus amabilissimus Fulradus Franciæ Archipresbyter, tempore Antecessorum nostrorum Zachariæ, & Stephani successoris illius, multum laborauerunt, vt bonæ memoriæ prædecessor noster Domnus Zacharias Pallium Archiepiscopo Remensi Abel nomine, per deprecationem supradicti Bonifacy transmitteret, qui ab illo constitutus fuit, sed ibi permanere permissus non fuit: sed magis contra Deum ejectus est, & Remensis Ecclesia per multa tempora, & per multos annos sine Episcopo fuit*. Hæc Adrianus, quibus non negatur Abelem Remis aliquandiu substitisse, præsertim cùm Frodoardus testetur chartas ipsius nomine titulatas in archiuo Rem. Ecclesiæ reperiri. Adde quod ex tabulario Virdunensis Ecclesiæ referat Vasseburgus in vita Magdalini, Abelem consecratum Rem. Archiepiscopum à Bonifacio, haud leuis momenti pecuniæ summam contulisse pro restaurandis prædictæ Ecclesiæ ædificijs incendio deformatis, & exustis, quam ad Magdalinum Pippini Consanguineum misit, cuius liberalitatis specimen statim imitati sunt Hidulfus Treuirensis Archiepis. Crotogandus Metensis, & Jacobus Tullensis Episcopi.

Quid

*ABEL XXIX ARCHIEP.*
*An. 748.*

*Carissimis fratrib. Ragnifredo Rotom. Arch. Deodato Belluac. Remberto Ambianensi, Helizeo Nouiom, &c. in tom. 1. Concil. Gallia.*

*Frodoard. lib. 3. c. 13.*

750.

**ABEL XXIX ARCHIEP.**
*An. 751.*

Quid verò gesserit Abel postquam injuriosè, & violenter à Milone ejectus, tacent Annales, Coluenerius putat Lobium celebre in Belgio Monasterium redijsse, vbi ad Infidelium conuersionem studium & operam posuisse creditur, adeò vt sanctè viuendo, & prædicando pertigerit ad æternæ vitæ brauium 5. die Augusti, quo die Molanus de eo agit in natalibus SS. Belgij, scribítque Trithemius festum eius celebrari nono Calend. Octob. quò verò anno obierit incertum est, idem tamen Coluenerius censet ad annum 764. peruenisse, quod non probat, nec est verisimile.

Childericus, cœlebs Adolescens, Merouingorum Regum vltimus, quem, vt Prædecessores, Palatijs, opibus, & auctoritate, Regiæ domus Præfecti injustè spoliauerant, capite tonsus apud Bertinianos relegatur 751. vbi & obijt ann. 754. Pippinúsque Regium nomen & solium, quod Pater, & Auus eius tentare ausi non fuerant, Zachariæ Pontificis consilio, Procerúmque regni consensu, adipiscitur, vnctúsque est secundùm morem Francorum, vt habent Annales Bertiniani, & Metenses, per manum Bonifacij Archiepiscopi, cui Remense Episcopium commendatum ex Hincmaro fuisse diximus. Hinc Hubertus Maurus libro de Sacris Vnctionibus scripsit à Bonifacio, non vt Legato, vel Moguntino, sed vt Remensi Archiepiscopo vnctum Pippinum.

*Pippinus secundùm morem Francorum electus est ad Regem, & vnctus per manum Sanctæ memoriæ Archiepiscopi Bonifacij, Annales Bertini. Stephanus ordinauit secundùm morem Francorum Vnctione sacra Pippinum Annal. Meten. item Reginonis Chronic.*

752.   Stephanus III. factus Pontifex ann. 752. ad Pippinum in Galliam venit subsidium petiturus aduersùs Longobardos, Ambóque è Carisiaco Remos pergunt, vbi Pippino Pontifex munia Apostolica contulit, Frodoardus lib. 2. cap. 19. & lib. 3. cap. 20. Bonifacius post egregiè nauatam operam, à Frisionibus, quos ab Idololatria reuocare
754. studebat, indignè trucidatur anno 754. cuius Epitaphium ex Rabano refert R. P. Brouuerius in notis ad Fortunatum.

756.
757.
758.   Abel Archiepiscopus haud ita post apud Lobienses ad superos euolauit, Milone adhuc superstite, qui tandem viuis eripitur postquam Remense Episcopium, & Treuirense per quadraginta circiter annos dilapidasset, ex Hincmaro in præfatione ad vitam S. Remigij. Ijs sublatis, Pippinus, Pontificis hortatu, de legitimis Pastoribus subrogandis seriò cogitauit, an statim ab obitu Milonis, non constat, ob hæc verba Concilij in verno Palatio, *Pippinus ait non posse ad integrum omnes constitutiones Ecclesiasticas obseruare propter emergentes occasiones*: Refert tamen Cl. Robertus in Gallia Christian. ex Chronico MS, Lupum Senonensem Archiepiscopum ad Remensem Metropolim translatum
763. fuisse anno 763. vel 764. at de hoc Præsule nihil legitur apud nos, nec probabile est tamdiu sedem vacasse, quamuis non desint qui vsque ad hunc annum Abelem vixisse contendant.

Pippinus

Pippinus apud Attiniacum Palatium in Remensi Diœcesi synodum tenuit an. 765. cuius meminit Regino lib. 2. vbi bellum in Vaifarium rebellem, bonorúmque Ecclesiasticorum vsurpatorem conclusum est. Per id tempus contigit quod refert Frodoardus lib. 2. cap. 20. de correptione Pippini Regis à Beato Remigio facta, quòd Episcopij Laudunensis villam, nomine Anisiacum, sub censu retineret, virgis enim hunc acriter cæsum seu flagellatum narrat, adeò vt liuores in eius postea corpore apparerent, eo ferè modo quo Willerius quidam percussus dicitur à Beato Quintino, quòd à consuetis resipiscere nollet, vt tradit Cl. de la fons ex Auctore qui ante octingentos annos floruit.

*ABEL XXIX ARCHIEP. An.765.*

*De Canonicis Ecclesiæ Remensis, quot in ea Dignitates, Canonicatus, & Præbenda.*

## CAPUT XLIX.

Quæ de Canonicorum tepefacta religione sub Rigoberto, de prædijs quoque illorum vsibus delegatis dicta sunt, postulare videntur vt normam viuendi eorumdem paucis attexam, ab eo scilicet tempore, quo peculiare dominium habere cœperunt, nam ante B. Rigoberti Pontificatum, inquit Surius tom. 1. non dabatur eis panis, vt vocant, Canonicus, nec erant, vt sunt hodie, Canonici, sed Matricularij dumtaxat, hoc est, in Matricula seu Catalogo inscripti, & Præbendarij, quod ex Agathensi synodo can. 2. sumptum partim videtur, vbi de prædicta inscriptione in Matricula sermo fit an. 506. Ærario communi Canonicis Remensibus per Rigobertum, vt & Turonicis per Baudinum, concesso, perfectiùs horum religio stabilita est, arctiorique deinceps societatis fœdere colligata Conciliorum decretis, quibus sancitum, vt Canonici in claustris habitent, quò faciliùs ad horas canonicas possint occurrere, simul reficiantur, ac eodem in loco dormiant, vitam denique, morésque iuxta veterum Patrum scita aptè conuenientérque componant, quæ in fasciculum per articulos seu capitula, in Concilio Aquisgranensi collecta, ad calcem Martyrologiorum ferè omnium in membranis adhuc descripta leguntur.

*Surius in vita S. Rigoberti.*

*Greg. Tur. lib. 10.*

*Concil. Tur. 3. c. 23. & 24. Arelat. c.9. Meld. c. 5. Remens. sub Carolo Magno cap. 8. & 9. Capitular. lib.1. tit.85.*

Extat Ludouici Pij Imperatoris rescriptum de vijs publicis aliò transferendis, quæ impedimento esse possent ad claustra, & seruorum Dei, Canonicorum scil. Remensium, habitacula construenda apud Frodoard. lib. 2. cap. 19. qui & lib. 3. cap. 10. à Carolo Caluo eiusdem rescripti confirmationem Hincmarum obtinuisse tradit, quòd hic Canonicorum numerum auxisset; penes enim eum hoc æuo ius fuisse de præbendis Canonicis disponendi haud obscurè colligitur ex eodem

*A plerisque excerpta hæc Canonicorii regula vocantur.*

Qq       Auctore

ABEL XXIX ARCHIEP. *An.*765.

Auctore cap. 28. qui & alijs capitibus quiddam aspersit, quo vita, conuersatióque Canonicorum sat euidenter patescit, abundéque colligitur ex Concilijs ad marginem citatis ; nam licèt se rerum suarum proprietate, per Galliam maximè, Canonici non abdicassent, fasque eis esset linum induere, & carnibus vesci, in cauendis tamen vitijs, & amplectendis virtutibus Canonicorum, & Monachorum vita distare non debebat ex synodo Aquisgranensi c. 115. vbi ritè conuersandi norma describitur, tam ex Canonibus, quàm ex Isidori, Gregorij & aliorum Placitis, quæ ad mores præsertim Clericorum spectant.

Nunc quot essent sub Rigoberto Remis Canonici, & an fixus tunc eorum numerus, quis certò dicat? Est quædam vetus schedula, sed remotioris æui, quæ Canonicorum numerum profert, præmittítque ordinem Dignitatum seu Procerum tam Ecclesiæ, quàm Capituli, inter quos Archidiaconi quidem primas tenent in choro, Præpositus verò in capitulo, vocantúrque hi Remensis Ecclesiæ Ministri in indiculo ad calcem Frodoardi per modum appendicis rejecto, vbi eorum munia non modò, sed etiam præclara admodum quæ ad Canonicorum illius ætatis disciplinam spectant, referuntur, quæ consulat Lector si velit. Iuuat tantùm hîc proferre contenta in præfata schedula seu codice MS. formulas Sacramentorum exhibente fol. 35. quem ex vetustiori verbatim descriptum anno 1400. curâ Guilielmi Filastrij, patet ex initiali pagina quæ sic habet. *Vt nota sint successoribus nostris ea, quæ tam à Senioribus, quàm ex peruetustis libris Sanctæ, & Venerabilis Ecclesiæ Remensis didicimus, de numero Personarum seu Dignitatum, & Canonicorum præbendatorum, aliorúmque beneficiatorum in eadem Ecclesia ab antiquis temporibus retroactis institutorum & fundatorum, necessarium duximus, quò memoriâ non excidant, hæc scriptis mandare, nomina scilicet Personarum, Dignitatum &c.*

*Sciendum igitur est, quòd in dicta Sancta, & Venerabili Ecclesia Metropoli Remensi, ab antiquis temporibus institutæ fuerunt ac fundatæ nouem Dignitates inferiùs designatæ, & vnum Officium quod est electiuum. Item ad instar septuaginta duorum Discipulorum Domini nostri JESU CHRISTI fuerunt instituti, & fundati septuaginta duo Canonicatus, & totidem Præbendæ, quarum Præbendarum duæ fuerunt postmodum per Sanctam Apostolicam sedem diuisæ in quatuor semipræbendas, cum Canonicatibus integris.*

*Prædictarum autem nouem Dignitatum prima, & principalis est Dignitas Archiepiscopalis, quæ est Pontificalis, & electiua, cuius electio pertinet ad Capitulum pleno iure. Alia Dignitas est Præpositura, alia Decanatus, tertia Cantoria, tum Archidiaconatus Remensis vulgò Christianitatis dictus, qui ratione suæ Dignitatis introducere debet Dominum Archiepiscopum Rem. in sua prima receptione in Ecclesiam Rem. ac ipsum in realem possessionem, & corporalem inducere, vt & alios Episcopos, Abbates, & Abbatissas installare sui Archidiaconatus, exceptis Cistercienssibus : deinde Archidiaconatus Ecclesiæ Remensis alia Dignitas est*

*Campania*

## HISTORIÆ. LIB. II.

*Campaniæ dictus*, *Thesauraria item*, *Vicedominatus*, *& Scholarchia*: &c. (de Pœnitentiaria hic sermo nullus, quòd sub Cardinale Lotharingo in Dignitatem erecta sit) singulorum ibidem munia, iura, prærogatiuæ referuntur, vt & sacramenta quæ debent Capitulo : hócque inprimis additur velut à Senioribus, seu lege præscriptum, quòd nulli habenti Dignitatem, aut Officium in Ecclesia Remensi, ratione suæ Dignitatis vel Officij, assignatur locus in Capitulo eiusdem Ecclesiæ, nec vocem habet in illo, si non sit in ipsa Ecclesia Canonicus præbendatus, & in sacris ordinibus constitutus, nisi Præposito, Decano, & Cantori, dum tamen sint Canonici, licèt non præbendati, & in sacris ordinibus constituti, & hoc ratione præsidentiæ in Capitulo, quia aliàs nullam vocem habent.

ABEL XXIX
ARCHIEP.
*An.*765.

Patet etiam ex prædicto codice, præter Dignitates, 72. Canonicatus fuisse in Ecclesia Remensi, quod adhuc elicitur, ex veteri admodum scheda, cui titulus est, ONERA ANNUA, ET PERPETUA ARCHIEPISCOPATUS pag. 1. *Pro reditu dicto Lapiedleue debito die Iouis ante Pascha, cuilibet Canonico Ecclesiæ Remensis, Dignitatem habenti, siue Presbytero, siue non, & cuilibet alio Canonico Sacerdoti 2. solidi Parisi. cuilibet Canonico Diacono 18. denarij, cuilibet Canonico Subdiac. 22. denarij, & cuilibet Capellano antiquæ Congregationis dictæ Ecclesiæ 8. denarij, hoc anno 1387. Pro 42. Canonicis Sacerdot. 4. libræ & 4. solidi Parisi. Pro decem Diaconis, quorum vnus habet Dignitatem 15. solid. 6. den. Pro 14. Subdiac. quorum duo habent Dignitatem 17. solid. Pro octo pueris Canonicis 5. solid. 4. den. & pro 44. Capellanis 29. solid. 4. den. Pro toto 7. libræ 10. solid. 2. denarij Parisi. valen. 9. Franc 7. solid. 2. den. Parisi.*

Porrò ex 42. Canonicis Presbyt. 10. Diaconis, 14. Subdiac. & 8. Minoribus, fiunt 74. Canonici (post diuisionem scilicet duorum Canonicatuum in quatuor semipræbendas) ex quibus aliquot suppressi sunt, seu veriùs in alios vsus distracti, restántque tantùm 64.

De singulis Dignitatibus occurret alibi dicendi locus, nunc de Præposito qui victus præsertim impendia curabat, agendum : Erat enim is velut familiæ Administer, & Oeconomus, integrúmque eius officium fusè describitur in indiculo Ministrorum Ecclesiæ Remensis, quos Ebo inordinatè repererat, & in meliorem statum disposuit. Demochares qui Baruch ex Præposito Remensis Ecclesiæ, Archiepiscopum factum scribit, Dignitatem hanc Rigoberti ætate vetustiorem censet, forsan quod Oeconomi operâ indiguerint Archiepiscopi, cùm penes eos rerum temporalium esset plena administratio. Nunc quæ Præpositi partes sint, & quot hactenus apud Remenses hac dignitate fulserint, ex schedula, quam Sammarthanis commodauimus, breuiter expedio.

## PRÆPOSITI NOMENCLATURA, & Dignitas.

PRæpositus inter Capituli Rem. Dignitates primarium locum obtinet, de Archidiaconis híc nihil dico, qui cùm oculi sint Episcoporum, omnium primi sunt in Ecclesia Remensi, alios præcedunt in choro, & in vetustioribus chartis immediatè post Archiepiscopos subscripsisse noscuntur; at in Capitulo Præpositus omnibus præest, proponit quæ agenda sunt, & antiquitùs ( vt nunc etiam fit ) decreta seu schedulæ à Capitulo profectæ sic præfigebantur. *Præpositus, Decanus, Cantor, cæterique Remensis Ecclesiæ Canonici.* Hic nomine Capituli recipit Archiepiscopum sibi ab Abbate Sancti Remigij in iucundo aduentu præsentatum, refertque, & exponit, si præsens sit, quæ pro tuendis iuribus, Capitulari decreto sancita sunt.

*Hincmari rescriptum apud Frodoard. lib. 3. cap. 28.*

*pariter sic incipit.* Rodoardo Præposito, & cæteris fratribus Canonicis Ecclesiæ Remensis.

Adnotat Rhenanus Præpositi nomen Militaris officij fuisse sub Imperatoribus, vnde in libro, qui Notitia Occidentis inscribitur leguntur Præpositi Thesaurorum. Christiani veteres Episcopos eodem nomine indigitarunt, Apostolum imitati ad Hebræos vltimo. Idem nomen frequenter vsurpatum apud Regulares docet Augustin. Epist. 109. Frodoard. lib. 3. cap. 28. at Canonici Ecclesiarum Cathedralium, ex quo Præpositi dignitas claruit, constantiùs eam retinuerunt, cuius initium non perinde se habet apud omnes, fortè in Galliam ex decreto Concilij Remensis fluxit ann. 813. quo sancitum est vt Præpositi, & Vicedomini secundum regulas, & Canones constituantur, scilicet vbi necdum erant instituti. Præcipuum munus illorum ex capite 50. Concilij Moguntini colligitur, vbi tria Officiariorum genera distinguit, inter quos Præpositus eminet, tanquam legitimus Capitulorum Oeconomus, illius erat curam habere victus & vestitus Clericorum, contractus conficere, & alia id genus quæ habentur in indiculo citato: quamuis peculiare munus ibi relatum exoleuerit, ex quo Canonici simul panem frangere cessauerunt. Dignitas tamen Præpositi mansit cum honore, vigetque insigniter apud Remenses, præsidet in Capitulo, Canonicos adunat cùm opus est, incumbítque vt priuilegia sarta tecta permaneant, hinc fit vt in jucundo aduentu Rem. Archiepiscopi cùm hominium facit, non ambas jungat manus, sed sinistram dumtaxat paulisper ante pectus eleuet, dextrâ reseruatâ, vt dicitur, pro tuitione iurium Capituli. Porrò Præpositorum Remensium series hæc est.

Baruch, qui Beato Martyri Nicasio successit, Præpositus nominatur

tur à Demochare in Catalogo Archiepiscoporum, sed vnde id hauserit non probat.

Rodoardus omnium primus est certò à nobis repertus ex epist. Hincmari apud Frodoard. lib. 3. cap. 28. ann. 850.

Gisloldus vixit sub præfato Archiepiscopo ex eodem auctore ann. 860.

Theodacer adhuc nominatur apud Frodoard. lib. 3. cap. 28. ex quo inferri posset plures fuisse Præpositos in Ecclesia Remensi, vt olim in Carnutensi, vbi quatuor erant secundùm Iuonem, propter quadripartitum Canonicorum numerum, probabiliùs est Præpositum nostrum pluribus Decanis præfuisse ex Indiculo Ebonis, *Cuius prudentissima circumspectio* ( inquit, scilicet Præpositi ) *Decanus sibi suppositis inuigilare debet, nè vnus quidem à maximo vsque ad minimum, absque eius conscientia, vnius diei spatio nequaquam ab officio suo desit.*

Teudo vel Teuto legitur in Epistola excusatoria Cleri Remensis post electionem Fulconis tom. 2. Conciliorum Galliæ anno 883.

Balduinus floruit anno 900. vt notatur in Necrologio Remensi.

Odalricus I. nominatur à Coluenerio in notis ad Frodoard. hic successit Artaldo in Archiepiscopatu circa ann. 952.

Leudo in conuentione de villa Virtutis inter Heribertum Comitem & Canonicos Remenses tempore Adalberonis Archiepisc. quæ habetur in appendice ad Frodoard. 980.

Harduinus subscripsit priuilegio Vidonis Archiepiscopi pro vnione Altaris Sancti Stephani, cum Monasterio Beati Petri ad Moniales ann. 1036.

Albricus in collatione altaris de Cruny sub eodem Antistite, decessit 9. Calend. Maij ann. 1040.

Odelricus II. vir insignis pietate & doctrinâ legitur in Chartulario Igniacensi 1051. in fundatione Sancti Dionysij Remensis 1067. in priuilegio Philippi primi pro Monasterio Corboliensi ann. 1071. & in Necrologio 9. Calenda. Februar. vbi sic habetur. *Odelricus Præpositus, & Leuita, dedit alodium de Munitionibus, & alodium de Curte Salonis, super eius sepultura distribui debent duo sextarij Siliginis in pane, & vnus modius vini quotannis.* migrat 1075.

Leguntur in obituario, sine indictione temporis, Præpositi Ragenerius ij Idus Maij, Heroldus 15. Calend. Decemb. Raunus 5. Cal. Aprilis, Farmicus &c.

Manasses subscripsit donationi Altaris d'Athie factæ Monasterio S. Basoli per Manassem I. Archiep. 1076. recensetur etiam in Chartulario Nicasiano 1089. & 1090. hic MSS pluribus ditauit Bibliothecam Remensem, vbi pariter Thesaurarius eiusdem Ecclesiæ nominatur,

**ABEL XXIX ARCHIEP.**
*An.765.*

tur, quam Dignitatem Rodulfo Viridi, simul cum Præpositura, resignauit factus Archiep. an. 1095.

Rodulfus viridis in tabulario Remigiano, & Nicaſ. 1096. 1103. 1106. ad eum ſcribit B. Bruno ex Calabria in Cartuſia, eum ad ſe inuitans, & de propoſito relinquendi ſæculi iam ante concepto memoriam refricans, poſtea creatur Archipræſul.

Ebalus in Priuilegio Rodulfi Antiſtitis pro Cœnobitis B. Nicaſij 1119. & eodem anno in tabulario S. Simphoriani.

Fredericus enunciatur in chartis SS. Remigij & Timothei Rem. 1120. 1123. & in ſententia Rodulfi Metrop. pro controuerſia inter Monachos Sancti Præjecti, & Cluniaci.

Drogo memoratur 1144. pro iuſtitia Sancti Leodegarij in Chartul. Nicaſ. & 1076. obijt 6. idus Nouemb. 1178. ex Necrol.

Fulco frater Mariæ monialis Fontebraldenſis in cœnobio de Longueau vixit an. 1178. quo defunctus legitur in Charta Fontebrald. pro donatione quam fecerat Monaſterio Longæ aquæ à Guilel. Rem. Archiep. confirmata per manum Alexandri Cancell.

Hugo legitur in Priuilegio pro clauſura Monaſterij S. Nicaſij ann. 1181.

Blehardus claruit ann. 1188. de eo obituarium 8. Idus Febr. refert hæc, *Per hunc Rem. Eccleſiæ Hoſpit. habet altare de Ecreto, de cuius prouentibus idem Hoſpitale debet in ſuo anniuerſario dare centum ſolidos Clericis chori noſtri, & centum ſolidos pro refectione noſtra, item dare tredecim tunicas totidem pauperibus.*

Balduinus II. ann. 1194. 1201. 1206. poſtulatus fuerat in Archiepiſcopum, ſed non obtinuit, defunctus ij idus Septemb. ex obituario S. Timothei, iacet in clauſtro Igniacenſi.

*Nanteüil. Chaſtill. au canto dextre du chef vn Lyon paſſant de Gueule pour briſure.*

Milo de Nanteüil, filius Galcheri Caſtillon. ex Elindæ Dominæ de Nanteüil, Præpoſitus item de Roſoy, ſubſcripſit Priuilegio Canonicorum Sanctæ Nutricis an. 1210. vide Cheſnium in hiſtor. Geneal. eiuſdem familiæ, poſtea fit Epiſcopus & Comes Bellou. hunc Vincentius Bellouac. vocat virum pium & deuotum.

Balduinus III. vixit an. 1218. legitur in Necrologio S. Timoth. 3. Calend. Febru. humatus prope Capitulum Igniacenſe cum præcedente Balduino.

Thomas de Beaumes in Chartul. Nicaſ. fit Archiepiſcopus poſt Inhellum.

Hugo Rubeus eximitur ab actuali reſidentia per bullam Innocentij 4. cuius Capellanus erat an. 1245.

Henricus ſubſcripſit cuidam donationi pro Hoſpitali Sancti Antonij Rem. & in Chartulario Majoris Hoſp. 1262.

Philippus de Nanteüil in Chartul. Nicaſi. 1270.

Hugo III. memoratur in Chartis eiuſdem Eccleſiæ pro decimis Sancti Sixti 1274.

R....

# HISTORIÆ. LIB. II.

R... Præpositus in conuentione facta inter Capitulum Rem. & Nicasianos 1290.

Joannes de Soissons 1299. decanus item Laudun. adhuc legitur in fundatione Cardinalis S. Giricij 1312. executor fit testamenti Joannæ Drocensis Comitissæ de Roceio cum Episcopo Suession. 1. Octob. 1324.

Stephanus de Courtenay Roberti Archiep. nepos ex fratre Joanne Domino de Champignelles, Mater ei fuit Joanna de Sancerra, ex Canonico fit Præpositus, 1328. nominatur in societate quam inierunt Nicasiani cum Capitulo Rem. 1331. omnium votis ad Archiepiscopatum electus fuit an. 1352. at alius à Rege ei præponitur vt dicam tom. 2.

Reginaldus de Remis cuius memoria extat in conuentione facta inter Capitulum Rem. & Nicasianos pro modo incedendi in supplicatione Sancti Sacramenti.

Milo de Dormans legitur in Chartul. Nicasiano 1368. postea Episcopus Bajocensis, Bellouacensis, & Cancellarius Franciæ.

Nicolaus de Turribus in regesto veteri 1357. & in testamento Richardi Archiepisc. 1389.

Thomas de Alneto, colligitur ex actis Capitul. Ecclesiæ Rem. 1403. & in Capitulis Prouincialibus Parisijs conuocatis 1412.

Joannes Raimond. vicarius Generalis Reginaldi de Carnoto Archiep. vixit annis 1417. 1442. 1449. ex actis Capitul.

Jacobus de Caluo monte,    Iuo Gruyau.

Philippus de Longueil Præpositus Archidiac. Laudun. Senator Parisi. iacet prope scholam iuris in claustro Rem. cum hoc Epitaphio.

ABEL XXIX ARCHIEP.
An. 765.

Dazur à trois testes de Leopards d'or lampasses de Gueule.

*Extitit effectus meritorum laude suorum,*
*—— Præpositus fuit intus*
*Archidiaconus Laudunensis, Canonicúsque,*
*Consiliariúsque defuncti tempore Regis*
*M. C. quater, L. iunge, simul X. quatuor addas.*

Philippus de Longueil alter eiusdem nominis legitur in Chartul. S. Nicasij 1468.

Helias de Coldin Ludouico XI. Regi à Consilijs 1470. obijt 1484.

Henricus Jeofroy vixit 1483. ex Chartis Capituli. Joannes Bourgouin 1496.

Joannes Briçonnet 1497. postea Episcopus Lodouensis.

Opicurius de Rotharijs, adfuit conuentui Lugdunensi sub Ludouico 12. Rege 1510.

Oudardus Grand-Roux, functus die 9. Maij 1541.

Petrus Pinean, ex chartis Eccles. Rem. 1543. obijt 1549.

Joannes de Sailli interfuit Concilio Remensi sub Carolo à Lotharingia an. 1564. exemptus 14. Julij 1567.

Nicolaus

Nicolaus Cousin 1568.......... Ægidius Richer 1568.

Joannes de Pille Amanuensis Cardinalis à Lotharingia 1590.

Joannes Domartin Protonotar. S. R. E. 1606. fit postea Major Archidiaconus, & Vicarius generalis Capituli sede vacante.

Franciscus Cauchon Abbas vallis Regiæ & Longiuadi, Filius Domini de Trélon libellorum supplicum Magistri, & Annæ Brulart 1615.

Thomas Boucher Abbas Bellæ vallis, & vicarius Capituli sede vacante post decessum Ludouici à Lotharingia 1624.

Antonius Boucher præcedentis Nepos, adhuc muneri præposituræ serio incumbit 1665.

LIBER

# METROPOLIS
## REMENSIS
### HISTORIÆ
## LIBER TERTIVS.
### DE
# REMORVM
## ARCHIEPISCOPIS,
### REBVSQVE SCITV DIGNIS,
QVÆ PER PROVINCIAM,
ET DIOECESIM CONTIGERUNT
## A TILPINO,
VSQUE AD OBITUM
### HINCMARI.

# LIBRI TERTII
## EPITOME.

POST Rigoberti fata, Milone Sanctuarij reditus suos adhuc faciente, donec mors hos illi subtraxit, quo tandem modo suum jus, suámque dignitatem Remensis Metropolis diu oppressa receperit, ex regni statu, quem breuiter hîc subijcio, meliùs innotescet. Carolomanni secessu, qui rerum potiebatur in Austria, Pippinus totius regni opes, & potentiam sensim ad se traxit: Et vt mortalium animi in spem maximarum rerum proni sunt, Regium nomen haud dissimulanter affectans, in decimum annum ab inito Magisterio equitum, tantæ molis re protractâ, conniuentibus tandem Francis, imò suadentibus, & approbante Romano Pontifice, solium conscendit ann. 751. vnctúsque est à Bonifacio Moguntino, cui Episcopium Remense à Sancta Sede Apostolica, exule Rigoberto, commendatum diximus.

Tunc in Childerico, magni Chlodouei stirps penitus excisa, cui inertiæ, tenuis judicij, & stoliditatis notam inurunt huius æui auctores, quòd curâ in Magistros equitum remissâ, vim principatus resoluisset, Pippinum contra innumeris extollunt laudibus, ob indolem Imperio dignam, habitas de internis, externísque hostibus victorias, restituta sacra, sanctísque viris, summo præsertim Pontifici, honores exhibitos, vt ferè sit cùm finis, spes nouæ, clariórque fortuna blanditur.

*Childericus in Monast. S. Medardi Suessio. tonsuratus obyt Chro. Suess. ibid. Pippin. in Regem à Bonifacio vnctus est: at Bertinianorū membranæ, attōsum & monachum factū apud eos voluit, ac an. 754. quo obyt, magnifico tumulo donatum in S. Petri Basilica.*

# EPITOME.

At hic quantumuis Ecclesiarum, ac pietatis cultor, vt tamen ingenio solers, nobiles qui sub Carolo Patre Episcopatuum bona inuaserant, intempestiuè non lacessendos ratus, aliquandiu in sacrilega possessione sustinuit, donec rebus optimè stabilitis, & forsan vulgatâ de Caroli Martelli damnatione historiâ, in Verno Palatio, eo curante, sancitæ leges de Episcopis per Ciuitates constituendis, consensítque vt Miloni, qui per annos circiter quadraginta Remensem Archiepiscopatum foedè conculcauerat, vixisséque fertur ad annum 756. Tilpinus vir illustris, ac Sancti Dionysij alumnus subrogaretur: Hincmari verba hîc refero, quò dictis major fides accedat. *Cùm* (inquit) *tempore Pippini Regis Caroli Principis filij, reuelatio ostensa Eucherio Aurelianensis Ciuitatis Episcopo de damnatione æterna eiusdem Caroli, qui res Ecclesiarum diuiserat, fuit, idem Pippinus, sicut & aliarum Ecclesiarum Episcopijs, huic Remensi Episcopo partem de rebus Ecclesiasticis reddidit, & Tilpinum in hanc vrbem Remorum Episcopum ordinari consensit.*

*In præfatione ad vitam S. Remigy.*

Ab hoc igitur, qui excusso tyrannidis jugo, oppressæ Remorum Ecclesiæ nitorem reddidit, tertium hunc librum auspicamur, deducemúsque ad obitum Hincmari, cuius gesta eò accuratiùs à nobis exponenda sunt, quò hisce temporibus Gothescalci fautores mordaci stylo hæc carpere nisi sunt, conuitia in eum totis plaustris offundentes, nè ei, aut scriptis eius, vlla fides adhibeatur.

INDEX

# INDEX CAPITVM
## LIBRI SECVNDI.

CAP. I. TILPINUS XXX. *Archiepiscopus suæ sedis dignitatem, præcedentium Archiepiscoporum absentiâ penè extinctam, ab Adriano restitui procurat, quo anno obierit.*

CAP. II. *Rerum Archicœnobij Sancti Remigij Remensis, ab ipsius origine, ad nostram ætatem deducta series, & primùm Basilicæ eius initia ante Tilpini Pontificatum.*

CAP. III. *Benedictini apud Sanctum Remigium à Tilpino constituuntur.*

CAP. IV. *Abbatum, Præpositorúmque Catalogus qui cœnobio Sancti Remigij præfuerunt, à Tilpino Archiepiscopo, ad Hugonem Viromandensem.*

CAP. V. *Lapsam apud Remigianos disciplinam restitui curat Hugo Archiepiscopus, regularésque Abbates instituit, sub quibus extruitur ea, quæ adhuc stat, Ecclesia.*

CAP. VI. *De ornatu, & dignitate præcipui Altaris, & de septem Cardinalibus.*

CAP. VII. *Candelabrum, & Corona.*

CAP. VIII. *Pauimentum chori tessellatum.*

CAP. IX. *Beati Remigij Mausoleum, & quid in eo recondatur.*

CAP. X. *Ecclesiæ Sancti Remigij Cimelarchium.*

CAP. XI. *Regum, & illustrium virorum series, qui sepulturam apud Sanctum Remigium habere noscuntur.*

CAP. XII. *Regum largitionibus eximiè dotatum Sancti Remigij Monasterium, quot Cellarum parens, & altarium patronus.*

CAP. XIII. *Priuilegia Remigianis à summis Pontificibus indulta.*

CAP. XIV. *Abbatum Sancti Remigij Remensis Catalogus.*

CAP. XV. *Defuncto Tilpino, res Episcopij Remensis Carolus occupat, Witikindus in Attiniaco palatio Baptizatur, Saxones cum Francis fœdus ineunt, Leo 3. ab Imperatore Remis suscipitur.*

CAP. XVI. *Politia, seu ciuilis status Prouinciæ Remensis sub secundæ stirpis Regibus.*

CAP. XVII. *Wlfarius ex Misso Dominico fit XXXI. Archiepiscopus, Concilium Remis celebrat sub Carolo magno.*

CAP. XVIII.

## INDEX CAPITUM Lib. III.

**Cap. XVIII.** *Concilium Nouiomense. Stephanus Papa, & Ludouicus Imperator Remis colloquuntur, Wlfarij Archiepiscopi obitus.*

**Cap. XIX.** *Ebo XXXII. Archiepiscopus, Remensem Ecclesiam à fundamentis instaurat, hortatur Halitgarium Cameracensem libros de peccatorum remedijs edere, ad Danos disseminandi verbi Dei gratia proficiscitur.*

**Cap. XX.** *Ebo conspirationis in Imperatorem, aliorúmque criminum conscius, apud Theodonis villam Archiepiscopatu propria sponte se abdicat.*

**Cap. XXI.** *Quid actum toto decennio, quo vacauit Remensis Ecclesia, Remigiani cum Sandionysianis societatem ineunt. Ebo Lotharij decreto restituitur.*

**Cap. XXII.** *Hincmarus XXXIII. Archiepiscop. à Clero & populo expetitus consecratur, in Concilio Meldensi strenuè se gerit, laborat pro vindicandis rebus dudum à suâ Ecclesia subtractis.*

**Cap. XXIII.** *Dejecti Ebonis causam retractari petit Lotharius, at hic iudicij aleam subire non audet, Inchoatum Remensis Ecclesiæ Templum Hincmari studio perficitur & ornatur, qui & Francorum Apostolo egregium extruit Mausoleum.*

**Cap. XXIV.** *Hospitale, seu Xenodochium Remis condit Hincmarus, dotátque pro susceptione peregrinorum, & pauperum.*

**Cap. XXV.** *Sanctæ Helenæ Corpus Româ in Diœcesim Remensem per Teudisum Altiuillarensis cœnobij Monachum transfertur.*

**Cap. XXVI.** *Conuentus Carisiacus, in quo Gothescalcus ab Episcopis Germaniæ ad proprium Metropolitanum remissus, suæ perfidiæ pœnas soluit.*

**Cap. XXVII.** *Saniores Articulos quatuor edit Hincmarus aduersus Gothescalcum, iurgia hinc nata inter eum, & gloriæ suæ æmulos, prolatis vtrimque veterum sententijs, in posterioribus synodis comprimuntur.*

**Cap. XXVIII.** *Hincmari Archiepiscopi Capitula ad Presbyteros Parochiæ suæ, item & alia Capitula de rebus Magistri & Decani &c.*

**Cap. XXIX.** *Concilium Suessionense 2. de Clericis ab Ebone post exauctorationem perperam ordinatis, & legitima Hincmari successoris ordinatione, de Priuilegijs à Benedicto 3. & Nicolao I. eidem concessis, ac Prædictorum Clericorum in pristinum gradum restitutione.*

**Cap. XXX.** *Quid item actum in Concilio Suessionensi ob Normannorum grassationes, & de Sancti Callisti reliquijs ab Euerardo Comite obtentis.*

*Nicolai*

## INDEX CAPITUM LIB. III.

**Cap. XXXI.** *Rothadus Suession. Episcopus à Synodo quatuor prouinciarum, cui Hincmarus præfuit, exauctoratus, Nicolai I. auctoritate, ad quem appellauerat, restituitur.*

**Cap. XXXII.** *Hincmarum quo pretio habuerint summi Pontifices Nicolaus I. & Hadrianus II. ob insignem pietatis ac doctrinæ præstantiam, & sæpius exhibita in sedem Apostolicam officia.*

**Cap. XXXIII.** *Paci Reipublicæ, ac morum reformationi studet Hincmarus, Ludouicum à bello fratri inferendo synodali deterret Epistolâ; Balduinum ob raptam Iuditham anathemate percutit, Metis Carolum Caluum consecrat, arguitúrque à Baronio ob amariores literas scriptas ad Hadrianum II.*

**Cap. XXXIV.** *Hincmarus Laudunensis Episcopus ob varias molitiones tribus synodis impetitus, in Duziacensi, Carolo instigante, deponitur, iudicium in ea latum ab Hadriano II. improbatum, quòd reus Apostolicam sedem appellasset, probatur à Ioanne 8.*

**Cap. XXXV.** *Hincmari V. Capitula in synodo Remis data anno DCCCLXXIV. mense Iulio, alia item Archidiaconibus, Presbyteris &c.*

**Cap. XXXVI.** *De Archidiaconorum Remensium dignitate, & officio.*

**Cap. XXXVII.** *Carolo in Italiam proficiscente, Hincmarus Francos in officio continet, iura Metropolitanorum generosè tuetur apud Pontigonem, Remis Carolus de regno disponit, & de Bibliotheca apud Carisiacum.*

**Cap. XXXVIII.** *Ludouicum cognomento Balbum Hincmarus vngit Compendij, interest concilio Trecensi vocatus à Ioanne 8. in quo Hincmarus cæcus, porrecto reclamationis libello, licentiam obtinet Missam celebrandi.*

**Cap. XXXIX.** *Nouis Regibus Ludouico & Carlomanno benè administrandi præcepta dat Hincmarus, pro Nouiomensi, & Tornac. Episcopo eligendo egregiè decertat, Synodum cogit apud Sanctam Macram, de cultu imaginum optimè sentit.*

**Cap. XL.** *Ingressis in Prouinciam Remensem Barbaris, Hincmarus ad Sparnacum pergit, vbi moritur.*

**Cap. XLI.** *Decani dignitatis origo, eorúmque series qui hactenus eâ dignè perfuncti sunt in Ecclesia Remensi.*

METRO-

# METROPOLIS REMENSIS HISTORIÆ LIBER TERTIVS.

TILPINVS XXX. ARCHIEPISC. *An.*756. 760.

*Tilpinus XXX. Archiepiscopus, suæ sedis dignitatem, præcedentium Archiepiscorum absentiâ penè extinctam, ab Adriano restitui procurat, quo anno obierit.*

## CAPUT PRIMUM.

TILPINUS magni vir nominis, ac inter sui sæculi Proceres in aula præcipuus, ex S. Dionysij Parisiensis sodali, Sacrorúmque pignorum custode, fit Remensis Archiepiscopus anno 756. cuius hic fuerit, aut ex qua gente, silent Auctores, à Carlomanno Nouioduni designatum an. 769. promotum verò & consecratum fauente Carolo Magno, cui affinis fuisse dicitur, tradit Demochares, at prior Epocha certior est, vt adhuc patebit ex anno obitus eius.

Hic anno 1. Caroli Magni, Romano Concilio interfuit ex vita Stephani III. Cùm enim in ordinationis suæ exordio, summus hic Pontifex ad excellentes viros Pippinum, Carolum, & Carlomannum Reges Francorum, & Patricios Romanorum, Sergium Nomenclatorem misisset, deprecans vt aliquot Episcopos gnaros, & in Diuinis Scripturis, ac Sanctorum Canonum institutionibus eruditos, & peritissimos Romam dirigerent, pro cogenda synodo aduersus errores, & temeritatem Constantini Apostolicæ sedis inuasoris, & properante Sergio, inuenisset Pippinum ex hac luce migrasse anno scil. 768.

Tt                                                                                          circa

**TILPINVS**
**XXX. AR-**
**CHIEPISC.**
*An.768.*
*769.*

circa octauum Kalend. Octobris, quo pariter Carolus Magnus Nouiomi, & Carlomannus frater Suessione coronati sunt. Hi nihilominus Apostolicas literas benignè suscipientes, duodecim Episcopos è Francorum regionibus, vt petebat, dirigunt, quorum nomina, quæ Anastasij codicibus exciderant, ex schedis Panuuinianis suppleuit R. P. Sirmondus, sæpius à me, ob egregiè nauatam in illustranda antiquitate operam, meritò laudatus, inter quæ Tilpini Remensis nomen emicat, quò innuitur, quantæ tunc esset existimationis, & famæ in Clero Gallicano.

*770.*

Tilpinus ex Italia regressus, totum se Diœcesi, imò & Prouinciæ in pristinum splendorem restituendæ impendit; Et vt à propria Ecclesia, quæ sibi carior erat, inciperet, res ab ea longo Interpontificio direptas, per Actores Ecclesiasticos apud Judices legibus vindicare studuit, immunitatis quoque præceptum à Carlomanno Rege, primo mox regni eiusdem anno obtinuit, ad exemplar immunitatum quas ipsius prædecessores Reges huic contulerant Ecclesiæ; Item de chartis concrematis, quarum tunc temporis acciderat exustio: at illustris idem Carlomannus, vt se sortis humanæ memorem præberet, dedit, prædicti Præsulis rogatu, per chartarum instrumenta pro loco sepulturæ, vel remedio animæ suæ, villam Neuilliacum in pago Vrtinse sitam, cum omnibus terminis, & appenditijs, omnique integritate ad Basilicam S. Remigij, vbi sepulturam habere dignoscitur, ex charta ad calcem Frodoardi à Coluenerio edita, quæ incipit. *Defuncto Pippino Rege 8. Calend. Octobris in Monasterio Sancti Dionysij, filij eius Carlomannus, & Carolus secundùm dispositionem patris sui, & consilium regni Primorum, diuiserunt inter se regnum paternum, & eleuati sunt in Reges 7. Idus Octobris Carlomannus in Suessionis, & Caro-*

*In appendice ad Frodoar. fol. 166.*

*lus in Nouiomo, sicut in Annali regum habemus. Anno 4. regni sui infirmatus est Carlomannus infirmitate, quâ & mortuus est in Salmuntiaco, & ante obitum suum per præceptum regiæ suæ auctoritatis, quod habemus, tempore Tilpini Archiepiscopi, tradidit villam Nouilliacum cum omnibus ad se pertinentibus pro animæ suæ remedio, & loco sepulturæ, ad Ecclesiam Remensem Sanctæ Mariæ, & Basilicam S. Remigij, in qua sepultus est &c.*

*772.*

Adriano Papa ad summi Pontificatus apicem assumpto, Carolus Magnus se quoque Tilpini studiosum ostendit, directis ad Pontificem literis pro Pallio obtinendo, ac iuribus suæ Metropolitanæ, quæ pridem exoleuerant, in integrum restituendis, imò Tilpinum lugubres ad Pontificem literas, de collapso suæ Ecclesiæ statu misisse, palam fit ex Adriani Epistola, cuius meminit Frodoardus his verbis.

*Lib.2. c.13.*

*Tua fraternitas nobis retulit, quia faciente discordiâ inter Francos, Archiepiscopus Remensis, nomine Rigobertus, à sede contra Canones aejectus, & expulsus fuit, sine vllo crimine, & sine vllo Episcoporum*
*iudicio,*

# HISTORIÆ. LIB. III.

*iudicio, ac sine sedis Apostolicæ consensu, sed solummodo quòd antea non consensit in parte illius, qui postea partem illam, de illo regno ( Australiæ ) in sua potestate accepit, in qua parte Remensis Ciuitas est, & donatus, imo contra Deum vsurpatus, fuit........Miloni cuidam solâ tonsurâ Clerico.... Et quia alij Episcopatus de ipsa Remensi Diœcesi diuerso modo essent diuisi, & aliqui ex magna parte sine Episcopis consistentes, & ad alios Metropolitanos Episcopi, & Clerici ordinationes aliquando accipientes erant, & refugia indebita habebant, & à suis Episcopis iudicari, & distringi non sustinebant, & Clerici, & Sacerdotes, & Monachi, & Sanctimoniales sine lege Ecclesiastica pro voluntate, & licentia viuebant* &c. Ex his facilè conijci potest quàm arefacta fuerit religio sub Palatij præfectis, & in cuius confusionis barathrum Hierarchicus ordo deuolutus, quem vt iuxta mores pristinos resarciret Tilpinus, amplissimum ab Adriano Priuilegium obtinuit, cuius hîc fragmentum ex Frodoardo subijcimus.

TILPINVS XXX. ARCHIEPISC. An.772.

*Adrianus Episcopus seruus seruorum Dei Reuerentissimo, & Sanctissimo confratri nostro Tilpino Ecclesiæ Remensis Archiepiscopo.*

Qvia ad petitionem spiritalis Filij nostri, & gloriosi regis Francorum Karoli, præbente tibi bonum testimonium de sanctitate & doctrina Fulrado Amabilissimo Abbate, Franciæ Archipresbytero, pallium secundùm consuetudinem tibi transmisisse nos, cum priuilegio, vt Metropolis Ecclesiæ Remensis in suo statu maneret, bene memoramus. Et post aliquanta quæ de Sancto Rigoberto, & Abel superiùs iam præmissa sunt, cùm de rebus Ecclesiæ Remensis ablatis loqueretur subdit. *Et tua fraternitas iam ex magna parte ipsas res apud gloriosum filium nostrum Karolum, & antè ad Carlomannum fratrem eius impetratas habes, & ordinem ex aliqua parte, & in Episcopis, & in alijs, secundùm Canonicam, & Sanctæ Romanæ sedis auctoritatem directum habes: propterea petisti à nobis tibi & Ecclesiæ tuæ fieri Priuilegium ex auctoritate B. Petri Principis Apostolorum & S. Sedis Romanæ, ac nostra, vt quod perfectum habes in antè valeat permanere, & quod adhuc perfectum non habes, per nostram auctoritatem, possis auxiliante Deo, & B. Petro Apostolo ad perfectionem perducere* &c. Per quæ statuit inprimis summus Pontifex, vt Remensis Ecclesia, sicut & antiquitùs fuit, Metropolis permaneat, & suæ Diœceseos ( hoc est Prouinciæ Belgicæ) prima sedes sit, Tilpinúsque, qui in ea sede ordinatus est, eiúsdem Diœcesis Primas sit, quem in ea dignitate Pontifex auctoritate Apostolicâ confirmat, cum omnibus ciuitatibus quæ ab antiquo tempore Remensi Metropoli Ecclesiæ subiectæ fuerunt, interdicítque nè vllus Parochias, aut Ecclesias vel Ciuitates subtrahere, atque Diœcesim Remensem vllo vnquam tempore diuidere, vel eum ( Tilpinum ) aut futuris temporibus Remensem Episcopum, & Primatem illius Diœcesis præ-

**TILPINVS**
**XXX. AR.**
**CHIEPISC.**
*An.772.*

sumat de Episcopatu deijcere sine canonico judicio, & consensu Romani Pontificis, si ad sedem Romanam, quæ Caput est orbis terræ, appellauerit, sed in sola subjectione Romani Pontificis permanens, Diœcesim & Parochiam Remensem, adjuuante Domino, secundum Sanctos Canones gubernet. Et quoniam, vt Tilpinus questus fuerat, quidam ad alios Episcopos de ipsa Diœcesi Remensi accipiebant ordinationes, & habebant indebita refugia, hoc districtiùs prohibet, sancítque, ex Sacra auctoritate, vt in synodis comprouincialibus conuocandis, & in ordinationibus, ac dijudicationibus, Remensis Ecclesia, & Archiepiscopus talem habeat iurisdictionem, vt sacri Canones, & huius Sanctæ Ecclesiæ constitutiones docent &c.

780.

Fulradi testimonium pro Tilpino, & Caroli studium in dignitate ipsius altiùs promouenda, probant rebus gerendis strenuum hunc extitisse, pium, ac scientiâ clarum, vnde Sum. Pontifex Adrianus, ad quem sinistri nescio quid de ordinatione Lulli Episcopi, ac in Moguntina Ecclesia Bonifacij Successoris, peruenerat, injungit ei eâdem Epistolâ, vt assumptis secum Viomago, & Possessore Episcopis, & Missis Caroli Francorum Regis, diligenter inquirat, quæ in ipsius ordinatione peracta fuerant, fidem quoque ipsius, doctrinam, mores, vitam inuestiget, vt si aptus fuerit ad Episcopatum, expositam & conscriptam, & manu suâ propriâ subscriptam Catholicam fidem per missos suos cum literis ac testimonio suo ad eum dirigat, vt Pallio de more ipsi transmisso, ordinationem ipsius confirmet.

Ad solertiam quoque Tilpini facit, quod pro rebus Ecclesię reuocandis, tam in Francia, quàm etiam trans Ligerim impensè laborarit, obtinuerítque confirmationem traditionis Nouilliaci à Carolo, quam Germanus eius Carlomannus Rex, cum Bebriliaco villa ad Basilicam S. Remigij condonauerat. Pietatem eius commendat Reliquiarum SS. Timothei & Apollin. in ditiorem tumulum translatio, de qua Frodoard. lib. 1. cap. 4. & quòd Benedictinos, tepescente forsan Clericorum religione, apud S. Remigium inuexerit, vt dicetur infra. Doctrinam denique, sacrarum Codices Scripturarum quibus Canonici vtebantur Frodoardi tempore, ijs enim Cathedralem non modò instruxit Ecclesiam, sed & Sancti Remigij, adhuc extat vetus Pontificale Tilpini curâ descriptum, raræ antiquitatis, in ipsius Bibliotheca, Trithemius cuiúsdam libelli Tilpinum facit auctorem de gestis Caroli Magni,, vbi ipsemet fatetur cùm esset à secretis, se Regem secutum fuisse in Hispaniam, ac sæpiùs cum Saracenis manum conseruisse, hunc enim prælijs interfuisse, forsan ex hoc libello, scribunt Sabellicus, Vasseburgus & Bouchetius in Annalibus Aquitanicis. Imò quidam hunc Principum arcana detegendi, numeralibus licèt implexa literis, arte peritissimum fuisse pro certo asserunt, Regíque Carolo suasisse tot dotare Ecclesias quot essent in Alphabeto literæ, quarum vnicuique auream literam infixit, centum libras pensitantem, vbi fundationis annus legebatur

inscriptus.

## HISTORIÆ. LIB. III.

inscriptus. Compostellanam denique Ecclesiam ab eodem Tilpino consecratam assistentibus viginti ( quidam quadraginta numerant ) Episcopis. At Gallici scriptores, qui de Caroli reditu per Pirenæi saltum, & plaga exercitui suo inflicta à Saracenis disserunt, Tilpini non meminêre, nec Compostellanæ Ecclesiæ, quamuis non desint qui agnoscant Francos in Galleciam penetrasse.

Ceterùm longè à vero aberrant qui fabulosum libellum de gestis Francorum in Saracenos, Tilpino adscribunt, vbi de excessu Caroli agitur, cùm constet euidenter ex dicendis, Tilpinum ante prædictum Imperatorem obijsse; quidam ob id vel maximè Tilpino librum abjudicant, quòd dicatur in eo cum famosis Proceribus pugnasse, qui vulgò Pares Franciæ nominantur; Etenim cùm iuxta Canones, armorum vsus à grauitate Prælatorum penitus abhorreat, id præsumptum à Tilpino facilè sibi persuadere non possunt, nec hos moratur prædicti Tilpini ad Leoprandum Aquisgranensem Decanum Epistola quæ sic incipit.

*Tilpinus Dei gratiâ Archiepiscopus Remensis, ac sedulus Caroli Magni Imperatoris in Hispania consocius, Leoprando Decano Aquisgranensi salutem in Domino. Quoniam nuper mandastis mihi apud Viennam cicatricibus vulnerum aliquantulum ægrotanti, vt vobis scriberem qualiter Imperator vester famosissimus Carolus Magnus tellurem Hispanicam, & Gallicanam à potestate Saracenorum liberauit, mirorum gestorum apices, eiúsque laudanda super Hispanos Saracenos trophæa, quæ proprijs oculis intuitus sum quatuordecim annos perambulans Hispaniam, & Galleciam &c.*

Commentitia hæc Epistola, vel quisquis Auctor illius est, gestorúmque Caroli Magni, Tilpinum militarium suarum actionum Encomiastem fidenter inducit, quasi cum hostibus manu propriâ conflixerit, quod cùm Ecclesiæ decretis prohibitum sit, plerique rebus narratis religioni ducunt fidem, & auctoritatem adhibere; At si abscindantur quæ tempori non congruunt, reliqua haud multùm officere videntur, cùm Gregor. Turon. referat Saluianum, & Sagittarium Episcopos cum hostibus manum conseruisse, licèt id non approbet; discatúrque ex Capitulis, & Concilio Suessionensi sub Childerico, item ex Epistolis Lupi Ferrariensis, ad bellum sæpiùs profectos Episcopos, non tam precandi gratiâ, quàm hostem feriendi, vnde id cùm admodum frequens esset sub vltimis Regibus primi stemmatis, nec Episcopi à Magistris equitum perperam electi, suæ dignitatis rationem haberent, vt primùm modestiores ijs successêre, populus, cui hoc mirum in modum displicebat, supplex Imperatorem rogauit nè in posterum fieret, *Flexis omnes precamur poplitibus majestatem vestram, vt Episcopi deinceps, sicut hactenus, non vexentur hostibus, sed quando vos, nósque in hostem pergimus, ipsi proprijs resideant in Parochijs, & eorum Sacrosancta Mysteria Deo placitè peragere satagant,*

*TILPINVS XXX ARCHIEPISC. An. 780.*

*Vide notas ad Martyr. Rom. 25. Iuly, & Martyr. Ecclesiæ Aquisf. vbi sic habetur. Carolus Imperialis potentiæ gladio, & Sactæ prædicationis verbo, conuertit Guasconiâ, Hispaniâ, atque Galleciam, & triplici trophæo Saxoniam.*

*Papirius Massonus lib. 6. annalium Franc. libellũ hunc homini otioso attribuit qui post Caroli Calui Imperium vixit.*

790.

*Ex Capitul. Wormatiæ generaliter decretis.*

*gant, quosdam enim ex ijs in prælijs vulneratos vidimus, & quosdam perijsse &c.*

Sic igitur Tilpini historia, ob id præsertim explodenda non est, quòd ipse cum hoste dimicarit; vt cum prædicti libri auctore sentiunt omnes qui hunc inter huius sæculi Heroas accensent, quasi id nusquam gestum fuerit, sed quod vix credibile est virum adeò religiosum & literatum aliter Imperatorem, quàm suis consilijs ea in expeditione iuuisse, licèt spatha seu gladius ipsius à Sandionysianis Parisiensibus adhuc exhibeatur, in prædictæ historiæ monumentum. Ceterùm pro tanti viri Pontificatus diuturnitate, pauca admodum de eo in historijs leguntur, si quædam legata excipias quæ eo regente Remensi Ecclesiæ facta sunt. Adhuc visitur in prædictæ Ecclesiæ sacrario Casula violacea solibus aureis distincta, quæ Tilpini fuisse dicitur, & diploma Imperatorium, vbi nominatur, quasi prædia quædam à nepte Caroli Magni Monasterio S. Remigij concessa sint ad petitionem Tilpini Remorum Archiepiscopi, & Abbatis ann. 46. regni eius 13. Imperij, at illud ( quòd non cohæreat cum annis Pontificatus Tilpini ) infra referemus.

Est tamen in quo multùm laborant Auctores, Vincentius Bellouacensis præsertim, & Ferrarius in Topographia, hi siquidem nixi auctoritate Epitaphij ab Hincmaro confecti, quo dicitur sedem Remensem annos quadraginta & amplius occupasse, putant eum obijsse an. 810. eo quòd Abele eius prædecessor vitâ concessisse dicatur ann. 765. Sunt qui tardiùs obijsse volunt ob Chartas à Doubletio editas quibus ipse subscripsit, prima annum indicat 811. scripta enim refertur 44. regni Caroli Magni, altera eodem anno subscripta est quo diploma Remigianum, vbi Imperator inaudita quædam priuilegia Abbati, & Monasterio Sancti Dionysij impertitur, sancítque vt Abbas sit caput Ecclesiarum totius regni, vt insignia principatus Reges apud eum recipiant, vt Abbas Primatis dignitate gaudeat supra Archiepiscopos & Episcopos, absque assensu cuius confirmari non valeant aut Romam proficisci; iura hæc excutiant alij. Haud absimile priuilegium ex Beda Spondanus refert ad annum 965. Monasterio S. Columbani in Hibernia collatum, vbi inter alias Ecclesias tenuisse principatum dicitur, ita vt Abbatis iuri, ipsi Episcopi ordine inusitato deberent esse subjecti. Quod ad Dionysianum attinet, negotium facessunt quorumdam Archiepiscoporum nomina, quæ in indiculis Ecclesiarum desiderantur. Archiepiscopi deinde titulus Tolosano datus, qui Narbonensi tunc erat subjectus: postremò cùm Wlfarius Tilpini Successor sub Carolo Magno Concilium Remis coëgerit, subscripseritque testamento prædicti Imperatoris, qui fieri potest vt ad annum 814. Tilpinus vixisse dicatur? hic tamen præfato diplomati cum alijs subscripsit hoc ordine.

*Signum*

*Signum gloriosi & inuictissimi Imperatoris Caroli.*

| | |
|---|---|
| *Signum Tilpini Remen. Archiep.* | *Signum Arnulfi Turon. Archiep.* |
| *Signum Gosberti Bituric. Archiep.* | *Signum Nicolai Vienn. Archiep.* |
| *Signum Ioannis Lugdu. Archiep.* | *Signum Nescij Tolosani Archiep.* |
| *Signum Imberti Senon. Archiep.* | *Signum Seuerini Pictau. Episcop.* |

TILPINVS XXX ARCHIEPISC. *An.* 795.

Fauinus, cui nota fuit Charta restitutionis villæ de Nouilliaco vbi Tilpinus Archiepiscopus dicitur vixisse 23. post datam Nouilliacum villam à Carlomanno Rege, censet eum humana reliquisse an. 795. quod inde optimè deducitur, cùm ex Chronicis habeamus Carlomannum fato functum regni anno 4. mense decembri, æra Christi 771. Scio annalium Bertinianorum auctorem aliter sentire ad annum 789. *Hoc anno* (inquit) *vt computatum est, depositio fuit Tilpini Episcopi tertio nonas Septembris*; At Fauini opinio vero similior est, quam confirmat etiam trium Basilicarum apud Morinos consecratio, quas è Caroli gazis struxit Ingelbertus stupendo apparatu, quibus sacrandis ann. 798. cùm Episcopi Prouinciæ Rem. & Rotomagensis Archiepiscopus sese præsentes exhibuerint, Tilpinus verò interfuisse non legatur, haud leue argumentum est ante id tempus obijsse. Sic igitur cùm Tilpinus incœperit an. 756. sequitur rexisse per annos circiter quadraginta, vt habet Hincmarus in epitaphio. Dies obitus diuersimode adhuc legitur, in Necrologio Remensi ponitur Cal. Septembris, tertio nonas Septemb. in annalibus Bertinianis, vel quarto nonas alibi. At hæc parui momenti sunt. Corpus eius ad pedes Sancti Remigij tumulatum est, non vbi primò Sanctus hic Confessor sepulturam habuit, sed vbi tunc erat, post primam translationem, cum hoc epitaphio, quod Abbatum curâ parieti iuxta majus altare affixum est, qui vltimæ instaurationi Basilicæ, quæ stat adhuc, incubuerunt.

*Ex Chronico Centulesi.*

*Obijt Tilpin. 1. Septemb. ex codice Igniacensi.*

> *Hac requiescit humo, Tilpinus Præsul honoris,*
> *Viuere cui Christus vita, & obire fuit.*
> *Hunc Remi populo Martyr Dionysius almus*
> *Pastorem vigilem misit, & esse patrem.*
> *Quem pascens quadragenis est amplius annis,*
> *Veste senectutis despoliatus abit.*
> *Quartas cùm Nonas mensis September haberet,*
> *Mortua quando fuit mors, sibi vita manet.*
> *Et quoniam locus, atque gradus hos iunxerat, Hincmar*
> *Huic fecit tumulum, composuit titulum.*

Hinc Frodoard. scribit Tilpinū defunctum anno sui Pontificatus 47.

*Rerum Archicœnobij Sancti Remigij Remensis ab ipsius origine, ad nostram ætatem deducta series, & primùm Basilicæ eius initia ante Tilpini Pontificatum.*

## CAPUT II.

*TILPINVS XXX. ARCHIEFISC. An. 795.*

Sancti Remigij Basilicam paruis initijs, ( vt magnarum rerum sors est ) ad summæ claritudinis fastigium prouectam constat ex Frodoardo de Ecclesiola Martyri Christophoro sacra obiter differente, vbi Sanctissimi præsulis Remigij corpus tumulatum : hæc enim cùm ad hoc vsque tempus præ cæteris suburbij Remorum Basilicis ignobilis esset, & parum nota, vt pote nullius Confessoris nobilitata pignoribus, condito in ea Francorum Apostolo, tantis postmodum aucta est incrementis, vt cum regni Francici illustrioribus, de dignitate, opibus, & prærogatiuis meritò certare possit.

*Lib.1.c.17.*

Sunt qui scribant Chrothildem Miraculorum famâ pellectam, pro extruenda super sanctissimi viri tumulum ( quem inuiserat ) ampliori Basilica, noubque Clericorum Collegio, qui diuinas laudes assiduè ibi canerent, sumptus suppeditasse: at cùm veteres id latuerit, vero propius puto Clodouei largitionibus, eo licèt ignorante, primitùs locupletatam. Cùm enim Baptistæ Remigio multa contulisse legatur, & ex his aliquid sanctissimus Antistes Ecclesiæ, seu loco, vbi sepeliendus erat, testamento reliquerit, sequitur quicquid illud est, prædictam Ecclesiam æquè Clodoueo, ac Remigio velut benefactoribus hoc debere, quæ diuinitùs ordinata est vt sacratissimis eius membris præberet mausoleum. Clara sunt prolixioris testamenti verba quæ id explicant. *Res etiam* ( inquit ) *quas sæpe dictus Rex tibi* ( Ecclesiæ Remensi ) *in Septimania, & Aquitania concessit, & eas quas in Prouincia Benedictus quidam... ad vsum luminis tui, & loci vbi corpus meum iacuerit, continuatim deseruire præcipio, villásque in Austria siue Toringia.* Has Clodouei per Remigium donationes rogatu S. Rigoberti confirmatas à Dagoberto Rege, eásque immunitatibus auctas scribit Frodoardus lib. 2. cap. 11. Quod si loci dignitas crescit ex nobilitate fundatoris, Ecclesia hæc meritò supereminet omnes, quæ præter Proto christianissimum Regem, beatum quoque Remigium agnoscit fundatorem, cuius hæc verba sunt ex prædicto testamento. *Faram,* Gallicè la Fere, *eidem Episcopo Remensi, & sartatectis Ecclesiæ vbi iacuero, perpetualiter deseruire iubeo..... Celtus* ( saux ) *quam per manum meam* Celsa *Sobrina mea tibi tradidit, & Huldriciaca villa, quam Huldericus Comes mihi dedit, ei loco, vbi ossa mea Sancti Fratres Cœpiscopi Diœceseos tuæ ponenda elegerint, in tegumentis deseruiant, sítque locus ille Successoribus meis*

*Belforetius tom. 1. Cosmo. Vilette in Annalib. sæculo 6. an. 550. Guilel. Paradinus. 1.*

## HISTORIÆ. LIB. III.

*meis Rem. Episcopis peculiariter proprius, & in alimonijs ibidem militan-* COENOB.
*tium.* Omitto Matriculam, quam ibi Præful fanctiffimus perfeuera- REMIGIA-
re præcipit, vt Pauperes in ea pofiti, die noctúque pro eo depre- NVM.
centur.

 Corufcantibus in dies miraculis, eadem Bafilica, in quam ex varijs mundi partibus Peregrini conuolabant, Remigij nomen fenfim induit, & id haud longè poft eius obitum, eique præfuit Epiphanius de quo Greg. Turon. lib. 10. c. 19. an hic Gibehardo prior fit, qui Canonicorum cœtum ibidem dicitur aggregaffe ex Frodoardo, non fatis liquet: Hi duo Abbatis titulo gaudent fæculi pofterioris more, quo Canonicorum iuxta, ac Monachorum Præpofiti, Abbates alicubi vocabantur; quis autem poft hos præfuerit, filent auctores : forfan fub Archiepifcoporum cura perfeuerauit, qui prædictam Bafilicam certatim ditarunt donationibus, feréque omnes in ea, à Remigio ad Odalricum tumulati reperiuntur.

 De Romulfo præfule Frodoardus hæc habet, *Quædam ad Beati Re-* Lib.1.c.20.
*migij Ecclefiam deputauit, & Oratorium in eius atrio conftruxit in honorem Sancti Germani* : Sonnatius, fub quo dilatata Ecclefia, facratiffimúmque pignus poft altare in nouam cryptam tranflatum, præcipuam hanc bonorum fuorum fecit hæredem, Lando eidem Ecclefiæ, vbi fepulturam fieri fibi delegit, villas & munera delegauit. Niuardus quoque, partito inter Ecclefias patrimonio, in eadem fepultus eft, Reolus quoque, & Alij.

 Præter hæc, Chilperici Regis Francorum temporibus, nouæ donationis incremento refplenduit Moderamni Redonenfis Epifcopi liberalitate : hic enim obtentis à Fratribus Sancti Remigij, cuius tumulum inuiferat Reliquijs, ad Limina Apoftolorum proficifcens, in monte Bardonum metatus, eas in ilicis ramo fufpendit, vbi contigit miraculum illud de quo Frod. lib. 1. c. 20. cuius famâ ad Luitprandum Longo- *Paulus Dia-*
bardorum Regem perueniente, hic B. Remigij amore Bercetum Mo- *conus me-*
nafterium Moderamno delegauit, qui remeans ab vrbe Roma, quic- *minit huius*
quid fibi collatum fuerat à Rege, Beato Remigio confecrauit, abdi- *in Bardonis*
catóque Epifcopatu, Bercetum repetens, ibi vfque ad obitum modera- *Alpibus cô-*
tè conuerfatus eft. Cuius verò ordinis Bercetum illud Monafterium *ftructi lib.5.*
fuerit non fatis conftat, quicquid alij fcripferint, qui Moderamnum *c.27. Hinc-*
inter infignes Benedictinos recenfent, fanè cùm Raduinum eiufdem *mar. c.46.*
loci fodalem Canonicum vocet Hincmarus, Clericorum collegium fuiffe facilè quis fufpicari poffet, fic autem fcribit cap. 46. *Cuius loci* ( Berceti ) *Canonicus nomine Radoinus proceffu temporis* ( fub Ludouico Pio ) *amore Beati Remigij in Franciam veniens, in fuo Monafterio Monachus effectus eft, & pro fua probitate honorem Præpofituræ adeptus.* Frodoardi verba lib. 2. c. 19. aliud indicare videntur, expendat hæc Lib.2.c.19.
curiofiùs, aut certè conferat cum Hincmaro, qui voluerit.

 Ex his clarum relinquitur inclytam Remigij Bafilicam, Canonicis in

**COENOB. REMIGIA-NVM.**

cis in ea diuinum Officium explentibus, vt Frodoardus supponit, multos annos sub Abbatum, seu etiam Archiepiscoporum cura perseuerasse, ac vt illustrium Virorum sepulturâ, sic & eorum fulsisse donarijs & immunitatibus, quas hic enumerare longum esset, & cùm exolueuerint, forsan tædiosum, donec Canonicorum religione, ob bellorum motus octauo sæculo deficiente, Tilpini studio, qui Remensem Ecclesiam è lugubri statu, in pristinum & ampliorem reuocauit, prædictum Sancti Remigij cœnobium renouatum est, exactisque Canonicis, noui sodales, & incolæ inducti, de quibus breuiter agendum.

*Benedictini apud Sanctum Remigium à Tilpino instituuntur.*

## CAPUT III.

Tilpinus, ex asceta Dionysiano, ad sedem Remensem assumptus, se Benedictino ordini gratum exhibere cupiens, cuius habitum induerat, fauente inprimis Carolo Magno prædicti ordinis tutelari, & propagatore munifico, Monachos Clericis apud S. Remigium substituisse dicitur anno circiter 766. vnde verò hos extraxerit, an ex Monasterijs suæ Diœceseos, vbi monasticus tunc ordo vigebat, vel ex cœnobio, S. Dionysij in Francia, cuius ipse sodalis fuit, affirmare non ausim, cùm societas inter vtrumque Monasterium haud multò post contracta, id omnino taceat, Dionysianique, sub Ludouico Pio reformatione indiguerint: Imò nec pro certo edere Monachos primitùs à Tilpino apud Sanctum Remigium collocatos, quamuis id hactenus ex Frodoardo supposuerim; is enim recentior est, nec satis idoneus cui in re à sua ætate remotissima, sine hæsitatione credatur, præsertim cùm ipsemet dubitanter id referat, his verbis. *In cœnobio Sancti Remigij Monachos ordinasse, ac monasticâ vitâ eos traditur instituisse, cum Canonicos priùs idem cœnobium, à tempore Gibehardi Abbatis, qui eamdem congregationem ob amorem Dei, & Sancti Remigij reperitur aggregasse, ad hoc vsque tempus habuisse feratur*: Constat autem Abbates Clericis rarò præpositos fuisse ante Caroli Imperium, aut Clericos fratres vocatos, vt idem auctor hos appellat, qui sub Chilperico Moderamnum suscepisse narrat lib. 1. cap. 20. Siue igitur Monachi de nouo instituti à Tilpino, aut restituti, potuit selectos à se iuuenes, nec aliunde exceptos proprio studio sub Præpositi cura instituisse, nudâ ipsis regulâ propositâ, quam iuxta Conciliorum sanctiones ad amussim obseruarent, Germanici præsertim sub Bonifacio, & Liptinensis ann. 742. & 743. quibus præscribitur, *Vt Monachi, & Monasteriales iuxta regulam Sancti Benedicti cœnobia, & Xenodochia sua ordinare, gubernare, & viuere studeant*: vnde paulò post in Concilio Remensi sub Wlfario dicitur,

HISTORIÆ. LIB. III. 321

citur, *lecta est regula Sancti Benedicti, vt ad memoriam reduceretur Abbatibus minùs scientibus, qualiter & se, & suos secundùm eamdem regulam custodire valerent, atque gubernare*; quibus patet certis adhuc constitutionibus vallatam non fuisse, donec Abbatum conuentu Aquisgrani habito, liber editus est totiùs Monachalis ordinis perfectionem continens, vniformísque viuendi modus iuxta Regulam cunctis traditus, vbi & de Præposito nihil sancitur, præter id quod erat in vsu apud Remigianos: cùm enim Tilpinus sibi Abbatis titulum reseruasset, quem constanter retinuerunt Archiepiscopi Remenses vsque ad Hugonem, Præpositum sub se habebat, qui regularis disciplinæ curam gereret, exciperétque Profitentium vota, vt sic Laïcorum auiditati occurreretur, qui bonis Monasteriorum palam inhiabant, quod Carolus Magnus seriò prohibet in Capitularibus.

COENOB.
REMIGIA-
NVM.

Vt verò strenuissimus hic Imperator se munificum erga recèns stabilitum Remis sodalitium præberet, cuius institutionem approbarat. *Non enim aliter se victorem arbitrabatur, nisi interim omnia cœnobia in regnis suis iam constructa, supplemento aliquo adjuuaret*, vt biographi verbis vtar S. Bonifacij Moguntini, bona eidem Monasterio à Momiana liberaliter concessa celebri diplomate confirmauit, quod ex MS codice extractum bonâ fide mihi exhibuit prædicti cœnobij alumnus D. P. Pichart, à quo plura alia quæ infra subijcientur, hausimus

*Karoli Magni priuilegium, quo villas & prædia confirmat Quæ Momiana Neptis eius Remigianis concessit.*

*In nomine Sanctæ, & Indiuiduæ Trinitatis.*

*KArolus diuinâ fauente clementiâ Imperator Augustus. Si nós, qui Imperiali magnitudine prælati sumus, necessitates Ecclesiarum Dei ad petitiones venerabilium Præsulum nostro releuamus iuuamine, & res subtractas reintegramus, & nostra auctoritate reddendo restauramus, id nobis ad æternam vitam feliciter obtinendam profuturum liquidò credimus. Ideóque nouerit omnium Sanctæ Dei Ecclesiæ, nostrorúmque fidelium industria, qualiter nos pro amore Dei, & veneratione Beati Remigij Francorum Apostoli, ad petitionem domni, & Patris nostri Tilpini Remorum Archiepiscopi, & Abbatis concedimus, & confirmamus Sancto Remigio quasdam res, quas Venerabilis Momiana Neptis mea, eidem Sancto dedit in pago Euosiense in ducatu Wauerinse, in loco qui dicitur Sincimago, siue in monte Leutberto, cum omnibus ad easdem villas pertinentibus, concedimus etiam, & Imperiali auctoritate confirmamus, & donamus eidem glorioso Francorum Apostolo, quamdam forestam nostram quæ Waura vocatur, quam nobilissimus Comes Angelbertus cognatus meus eidem Sancto tradidit, sed quia de camera, & Feodo Imperiali erat, nos confirmare rogauit eamdem. Itáque regiam forestam Wauram, cum omnibus villis quæ in ea sunt scilicet Halisca, Milunbrica, & Brunuum, Semberlaca & Locoïna, &*

Vu 2 *Soalnea,*

COENOB. REMIGIANVM.

Soalnea, & Berseta, & Rahisco, & Sabstelo, & Nera, & Rinthamna, & Alon & Vrna, seu Valciteia, & Aldnia, & Blarica, Netosa, & Adratina etiam Cruptinum, & Vrinia, cum omnibus mansis, domibus, casis, cortibus, ædificijs, oleis, campis, pratis, pascuis, aquis, aquarúmque decursibus, mobilibus, & immobilibus, cum omni venatione, & porcorum pastione, & insuper omnem regalem justitiam Ecclesiæ S. Remigij Francorum Apostoli integrè transfundimus, & confirmamus, cum omnibus quæ ad forestam eamdem pertinere videntur. Vnde & hoc nostræ auctoritatis præceptum exinde fieri jussimus, per quod decernimus atque sancimus, vt nostris successorúmque nostrorum temporibus præfatæ res ad præscriptum sanctum locum perpetuâ stabilitate inuiolabiliter permaneant. Nullus habeat potestatem exinde aliquid minuere, vel subtrahere: Et vt hæc auctoritas pleniorem in Dei nomine obtineat firmitatem, & per futura tempora veriùs credatur, & diligentiùs obseruetur, manu propriâ subter eam firmamus, & annuli nostri impressione assignari jussimus.

*Signum Karoli Serenissimi Imperatoris.*

*Hæc verba omittuntur in Chronico Benedict. An. ab Incarn. 812. Indict. 6.*

Segbinus Notarius ad vicem Luituuardi Archicancellarij recognouit, & subscripsit. Data 2. Kal. Julij, anno ab Incarnatione Domini 812. indict. 6. anno verò regni domni Karoli Augusti 46. Imperij autem 13. actum Leodio.

*In Dei nomine feliciter.*

Huic diplomati officere videtur quod in eo Tilpini Præsulis mentio fiat, quasi tunc adhuc superstes esset, quem ann. 795. obijsse diximus, at cùm chartis Sandionysianis subscripsisse legatur ann. 814. eadem, imò major alijs cura incumbit parachronismum illum explicandi, quod nisi viso autographo, & ab exscriptoribus cum exemplari quo vsi sumus diligenter collato fieri non potest. Præterea Luituuardus Vercellensis Episcopus Caroli August. cognomine Crassi Archicancellarius fuit, vt Ratuerdus docet, & (vti omnes sciunt) apud eum plurimùm potuit, at Carolus Magnus eius Proauus nullum eo nomine Archicancellarium habuit, igitur nè Regij diplomatis fides vacillet, dicendum arbitror cum indictione, & anno, subscriptiones longè post obitum Caroli à Sciolo additas fuisse, vt in chartis similibus factum aliquando, viri eruditi nuper obseruarunt.

*Abbatum*

*Abbatum, Præpositorúmque Catalogus, qui cœnobio Sancti Remigij præfuerunt, à Tilpino Archiepiscopo ad Hugonem Veromandensem.*

## CAPUT IV.

TILPINUS Monachalis ordinis apud Sanctum Remigium restitutor, eiusdémque Rector, & Abbas, Ecclesiam senio detritam à fundamentis instaurat, quam Successores perfecerunt; hic donationes Momianæ, & Angelberti à Carolo magno celebri diplomate confirmatas suscepit, vbi Archiepiscopus & Abbas vocatur, Calend. Septemb. absumptus ann. 795.

Wlfarius Archiepiscopus & Abbas Monasterij Bibliothecam pluribus ditauit manuscriptis ex veteri scheda, vbi sic habetur, * *Hic codex conscriptus est in Monasterio S. Remigij, vbi ipse in corpore quiescit, ex præcepto pijssimi Abbatis Wlfarij, & Archiepiscopi, Erchanrao præposito sibi obediente.*

* Ebo ex suffraganeo Rem. Archiepiscopus, & Abbas, multos codices scribi curauit, quibus instructa Bibliotheca, in vno recensentur omnium nomina, qui sub regulæ iugo vixerunt à primæua institutione iuxta sequentem epigraphen, *Hic liber conscriptus est in cœnobio Sancti Remigij, ex præcepto domni Ebonis Archiep. Bertingario Præposito eius sibi obediente.*

* Ebone in palatio Regis frequentiùs agente, vel exautorato circa annum 834. alius Abbas suffectus legitur Deidonus nomine ex Concilio Senonensi sub Aldrico, qui, cum alijs Abbatibus in ditione Lotharij Imperatoris constitutis, subscripsit Priuilegio S. Remigij Senonensis hoc pacto, *Deidonus ex Remensi cœnobio Abbas* vide Spicilegij tom. 2.

Ebonem præcedentis nepotem præfectu-

*Erchanraus Præpositi fulgens honore, Monachis erudiendis, ac disciplinæ sedulò incubuit sub Tilpino, erat is primus post Abbatem iuxta reformationis statuta in conuentu Aquisgranensi,* De Præposito & Seniori Decano. *De his Capitula sic loquuntur*, post hunc, *Præpositum, sedeat Senior decanus seu Major Monachus, senior Decanus reliquis decanis præponatur, & Abbate vel præposito præsente, locum proprium teneat.*

* *Idem Erchanraus claruit sub Wlfario, quo regente actum de religione Clericorum, & regula Sancti Benedicti in Concilio Remensi.*

* *Bertingarius Præpositus ex inscriptione libelli professorum nomina continentis. Legitur etiam in Martyrologio.*

* *Raduinus, deposito Canonicali habitu ac regimine Berceti Monasterij, colobium induit Monachale in Asceterio Remigiano, honorémque Præposituram*

**COENOB. REMIGIA-NVM.**

ram obtinuisse patet ex Epistola Hincmari ad Carolum Caluum de erroribus Gotheschalci quæ sic habet, *Ebo ab ipsis penè incunabulis sub religione & habitu regulari nutritus in Remensis Ecclesiæ Monasterio, vbi requiescit Sanctus Remigius, in quo loco religiosam exegit ætatem, quo vsque à Domino Ebone Auunculo suo tunc Remorum Archiepiscopo, ibidem Diaconus, & Abbas Monachorum ad regularem ordinem tenendum constitutione Episcopali est ordinatus.* Eo ad Gratianopolitanum Episcopatum assumpto, vt Remensis Ecclesiæ, sic & Monasterij administratio ab Imperatore Fulconi data est.

Fulco Chorepiscopus, vel Rem. Episcopij administrator gratissimus & potentissimus Abbas, ac Ludouici imperatoris Presbyter nominatur in narratione Clericorum Rem. Ecclesiæ apud And. du Chesne tom. 1. f. 343. rexitque per nouem annos sine Ebonis reclamatione, ac post eum Notho per annum, & dimidium ex Concil. Suess. ad an. 866. hic igitur Abbatiam rexit Interpontificij tempore, iniitque societatem cum Sandionysianis an. 838. cuius decretum infra reddetur.

\* Hincmarus Ecclesiam à prædecessoribus inchoatam non perfecit modò, sed & rerum sacrarum supellectile, tumulo, lipsanothecis, & possessionibus immane quantum auxit, & ornauit; hic ordinis studiosissimus, ac regulæ sedulus cultor, Monachorum vota vt Abbas præsens excipiebat ex veteri scheda cuius hic tenor est.

*Ego Rotfridus initium conuersionis meæ diligenter attendens, considero quòd petitionibus primùm non facilis concessus est introitus, sed diu pulsanti mihi, vix hospitij locus est misericorditer attributus, in quo per paucos dies commoratus, Nouitiorum sum domum progressus, in qua dura & aspera mihi primùm à seniore sunt prædicata, & stabilitatis meæ promissio expetita, & ter in anno lecta atque tradita est regula, cum admonitione dicentis,* \* *Ecce lex sub qua militare vis, si potes obseruare,*

\* *Ex c. 58. regulæ S. Benedicti.*

adeptus est pro sua probitate, vt loquitur Hincmarus in vita S. Remigij, de eo Frodoard. lib. 2. cap. 19.

\* *Rotfridus præposituræ donatur sub Hincmaro, an is sit cuius hic Præsul professionem excepit, & ad quem scribit apud Frod. lib. 3. cap. 26. necdum comperi.* Codex MS Sancti Remigij, de pueris à parentibus oblatis, de prædicto Rotfrido hæc habet. Anno Domini 881. Calend. Nouemb. feria.... in missa sanctorum omnium, Hilduinus à Patre Achadeo, Præsule Rotfrido præposito in vice Abbatis, coram testibus Monachis Teutboldo Presbytero, Aldrado, Odelcalco, Sigloardo Subdiacono oblatus est. *Signum Achadei Comitis &c.*

ingredere,

ingredere, si verò non potes liber discede. *Hoc ergo videns ordinatissimum mihi, atque morosum spatium attributum, dubitationis aditum prætermisi, & vt me vestro corpori sociare dignemini humiliter deposco; Ego tam huius regulæ instituta, domino iubente, seruare promitto, & propter vitæ æternæ præmium, coram Deo, & Angelis eius me humiliter militaturum subijcio, ita vt ab hac die non mihi liceat collum de subiugo excutere regulæ, quia sub annali optione, aut excusare licuit aut suscipere; Et vt hæc professionis meæ petitio à vobis firmiter teneatur, ad nomen S. Remigij, vel quorum hîc Reliquiæ continentur, ac præsentis Abbatis, vid. Hincmari Archiepiscopi, conscriptam trado.*

Idem Hincmarus varijs codicibus Monasterij Bibliothecam instruxit, è qua R. P. Sirmondus multa se hausisse fatetur, quæ publici juris fecit, eóque rogante Carolus villas & prædia impertijt de quibus Frodoard. lib. 3. cap. 10. Obijt 21. Decemb. ann. 882. situs iuxta tumulum Sancti Remigij.

FULCO Archiep. & Abbas corpus S. Remigij ex Orbacensi Monasterio Remos solemni pompâ retulit, strenuus hic regularitatis assertor fuit, & vindex, vnde cùm Vedasti, & Bertini cœnobia, nè in profani Principis, deuenirent potestatem, tuenda suscepisset, à Winomaro (vt dicam) positis insidijs fœdè obtruncatur 15. Calend. Julias 900.

Heriueus è Matrice Ecclesia Corpus Sancti Remigij ad Monasterium reduxit, subscripsítque vt Archicancellarius donationi villæ Corbiniaci, vbi celebris est prioratus, habet MS codex sub eo Flotarium cœnobio S. Remigij filium suum obtulisse iuxta cap. 59. regulæ: rebus Sancti Remigij iuxta Rhenum ab Heriueo opportunè vindicatis ex Frodoard. lib. 1. cap. 20. mortalitatem hic exuit ann. 922. huius meminit Necrologium Remigian. 6. nonas Julij, & liber obituum his verbis. *Anniuersarium Heri-*

**COENOB. REMIGIANVM.**

*Thetboldus ex Seniori seu Majori Monacho fit præpositus post Rotfridum, legitúrque in epistola excusatoria Clericorum Remensium ad Rem. Prouinciæ Episcopos an. 883. hunc Sigloardus præceptorem habuit, de quo Frodoardus lib. 2. c. 15.*

De filijs oblatis Monasterio S. Remigij sub Heriueo Archiabbate, & alijs.

*Monachum aut paterna deuotio, aut propria professio facit Concil. Toletæ 4. vnde puer offerendus factâ sibi prius coronâ, manibus portans hostiam, & calicem cum vino, sicut mos est, post Euangelium, Sacerdoti qui missam celebrat à parentibus offertur, quâ oblatione à Sacerdote susceptâ, prædicti parentes inuoluunt manus pueri in palla, qua altare coopertum est, & cuius pars anteriùs pendet, & tunc eum suscipit Abbas. Ita Lanfrancus de pueris oblatis.*

uei

COENOB. REMIGIANVM.

*uei Archiepisc. qui fecit deaurari altare majus, deditque calicem majorem cum patena.*

Seulfus cum Archiepiscopatu Abbatiam tenuit, quam muro cinxit cum adjacentibus Ecclesijs, & domibus Frod. lib. 4. cap. 19. sub eo Rodulfus Rex, & Boso Comes Monasterio multa contulerunt, Seulfo viuis sublato. Successit.

Hugo puer quinquennis Heriberti Comitis filius, an. 925. rexítque per Oldaricum suffraganeum, donec regiâ auctoritate ejectus est an. 932. at Artaldo, qui ei suffectus fuerat, vicissim expulso post 8. annos regiminis, Archiepiscopatus & Abbatia, iterum Hugoni redduntur, de eo Frod. lib. 4. c. 29. Nec morâ, Ciuitatem Remensem adeuntes Episcopi, prætaxatum electum nostrum in Ecclesia Sancti Remigij dignitate sublimant Archiepiscopali. Eáque potitur per quinque annos, hic disciplinam apud Sanctum Remigium pessum ire sentiens ob bellorum motus, & Rectorum absentiam, aduocato Ercambaldo Floriacensi Abbate, eam restituere studuit, constituto regulari Abbate Hincmaro eiúsdem loci Monacho, de quo capite sequenti.

In fine voluminis 29. hæc leguntur.

*Otbertus Monachus factus in Monasterio S. Remigij per oblationem, & traditionem, quam fecit de eo Gerbertus an. Dom. 902. pridie Cal. Nouemb. feriâ .... indict. 5. & signauit petitionem, & traditionem cum testibus.*

*Albricus ad nomen Beati Remigij, & aliorum Sanctorum quorum Reliquiæ in eius sunt Ecclesia, filium suum obtulit, & tradidit Deo, & Domino Heriueo Abbati in eadem Ecclesia seu Monasterio mancipandum, & permansurum, sub testibus vid. D. Heriueo Archiepiscopo, cui oblatus est, Emardo fratre*

*eius, Guntardo, Sigeberto an. 907. idibus Februarij feriâ 5.*

*Stephanus à consobrina sua Relinde secundùm carnem consanguinitate affectu, & effectu oblatus est, anno 884. Rocherus ferè duodennis oblatus, & traditus à patre Gerardo &c.*

*Ritus hic recipiendi pueros à parentibus oblatos, ut à teneris collum iugo regulæ submitterent, fusiùs describitur in Cluniacensis cænobij Constitutionibus cap. 29. De pueris, quem hic breuitatis gratiâ non explico. De his quoque agit Gregor. II. Pontifex epist. 9. ad Bonifacium Episcopum tomo 1. Concil. Galliæ pag. 519.*

*Lapsam*

*Lapsam apud Remigianos disciplinam restitui curat Hugo Archiepiscꝰ regularésque Abbates institui, sub quibus extruitur ea, quæ adhuc stat, Ecclesia.*

## CAPUT V.

HUgo Præsul, qui Burgundiæ Monasteria pristino nitori à celeberrimo Cluniacensi Odone reddita, vel recèns instituta iuuenis peragrarat, statim ac sedi Remensi restitutus est, accito Ercamboldo prædicti Odonis discipulo, collapsam religionem apud Sanctum Remigium reparauit, & sic prior viuendi ritus, quicumque ille fuerit, institutus à Tilpino, post centum & septuaginta annos exoleuit. At quò se id seriò percupere testaretur, abdicato iure, quod in cœnobium Remenses Archiepicopi hactenus retinuerant, Regularis Abbatis electionem permisit, nè quid vlteriùs dispendij ex discordia pro Archiepiscopatu, aut dominorum mutatione pateretur.

Quid verò ab insigni Ercamboldo post electum Hincmarum inprimis præstitum, an hic intactis veteribus statutis, moribus tantùm reformandis incubuerit, vel iisdem abolitis, Cluniacensium leges inductæ sint, difficile dictu est. Opinor si non mox, pedetentim tamen fuisse receptas, cùm harum aliquot vestigia ad nostram ætatem perseuerarint, probaríque facilè possit ex hospitio Nouitiorum à dormitorio separato, ex norma profitendi, ex signis quibus Monachi vtebantur, quoties instabat necessitas aliquid expostendi, ex capitijs pelle contextis, ex minutionibus, & Auditorio communi, vbi cubantes lectioni dabant operam, ex nominibus magni Prioris, Camerarij. Infirmarij, locísque regularibus ad instar Cluniacensium dispositis, ex numerosa item, & confusa Psalmorum iteratione, vel vsque ad nauseam Psalmorum farsura, vt loquitur Petrus Blesensis ; tantam enim sibi dictus ordo per orbem Christianum Sanctitatis famam conciliauerat, vt per ducentos annos vix Monachalis societas erecta, quæ non ab eo, velut limpidissimo fonte, suas haurire consuetudines gestiret, donec labente ipsius statu, cætera quoque ordinis Monasteria sensim, vt fors est rerum humanarum, quadam velut contagione ab augustiori Patrum semita deflexerunt, Abbatibus pro dispensationibus obtinendis Romam certatim mittentibus, quò statutorum rigorem temperarent, vnde tandem ijs concessa facultas dispensandi cùm suis, in rebus quæ non essent de substantia regulę, celebri Rescripto Alexandri IV. quod in omnibus ferè cœnobiorum Chartophilacijs reperire est, vt & alia permulta, quæ amplissimam de priuilegijs, ac immunitatibus Benedictinorum hoc sæculo scribere cupientibus, segetem subministrant.

**ARCHI-**
**COENOB.**
**REMIGIA.**

Reductâ ad amuſſim apud S. Remigium regulari diſciplinâ Ercamboldi ſtudio, qui ſub Odone Cluniacenſi meruerat, Abbates pro ſuo quiſque genio, & dexteritate rebus Monaſterij amplificandis animum applicuerunt, adeò vt horum indefeſſo labore multùm ſplendoris, & incrementi ſenſim ei acceſſerit, vt de ſingulis breuiter infra dicetur. Etenim rebus ad vitam aſceticam ritè diſpoſitis, auctíſque reditibus, altarium præſertim conceſſione, Airardus regularium Abbatum ſextus, Præſulum aliquot Galliæ exempla ſecutus, qui anno à partu Virginis Milleſimo ſuas Eccleſias vetuſtate detritas, & collabentes in potiorem ſtatum renouare ſtudebant, ſuam pariter à fundamentis excitare propoſuit; Prior hæc Archiepiſcoporum ſumptibus extructa, & ab Hincmaro dedicata iuſtæ nihilominus erat capacitatis, vt conjectari licet ex Roberti Regis, Frederonnæ, & Lotharij inaugurationibus in ea celebratis; At cùm non adeò operoſi ædificij ſolidata eſſet munitione, vt Anſelmi verbis vtar, ob frequentes Barbarorum incurſiones, Airardus ille multo majorem & ſplendidiorem inchoare aggreſſus eſt ex communi ærario (vt creditur) ciuiúmque Remenſium largitionibus, quam Theodericus ſucceſſor, quòd nimiæ eſſet expenſæ, paululum contraxit, penéque completam Hincmaro Abbati reliquit, qui, vt auctoritate, ſic opibus pollens, fretúſque Leonis 9. beneuolentiâ, cogitare cœpit ſi quomodo fieri poſſet, vt à ſummo Eccleſiæ Hierarcha dedicaretur, quod ille dudum flagrans deſiderio votum explendi ad tumulum Sancti Remigij, rogatus à Abbate, lubens promiſit & feliciter executus eſt eâ magnificentiâ quam alibi retulimus, principémque Aram à ſe conſecratam illuſtri priuilegio commendauit.

Prædictæ Eccleſiæ fabrica trium Abbatum impendijs extructa, Petro Abbati, qui Cellenſis dicitur, minus ſumptuoſa viſa eſt, aut ſaltem imperfecta, cùm poſt centum circiter annos, nouo eam exteriori faſtigio & turribus exornare coactus ſit, eíque caput, & ventrem addere, vt ipſe loquitur Epiſtolâ ad Fratres de Monte Dei, *Caput Monaſterij noſtri renouare volentes, cum Dei adjutorio manum ad fortia mittimus, nobilem Eccleſiam noſtram tam in fronte, quàm in ventre, cui caput ſecundùm ſe deerat, fabricandam ſuſcepimus,* & Epiſt. ſequenti. *Caput Monaſterij noſtri renouare aggredior, & cum Dei auxilio iam opus inchoatum ridet, & ſequentis operis auſpicia nobilia ſpondet.* Hæc priori ſtructuræ addita, nonnihil venuſtatis reddunt, vt Propylæum versùs Meridiem Lenuncurtij ſumptibus extructum, & Roſa cum pinnaculo ipſi oppoſita ſub Philippo du Bec, ex quibus patet totam ædificij molem, ex partibus ſuperadditis, diuerſo tempore coaluiſſe, lignaria fabrica tota plumbo integitur cum Campanili medium occupante, & in faſtigio ſunt lilia, & floſculi alternatim poſita, quæ Regum largitionibus Baſilicam ditatam prædicant.

*De ornatu, & dignitate præcipui Altaris, & de septem Cardinalibus.*

## CAPUT VI.

VT venustior Ecclesiæ pars chorus, sic chori princeps Ara, ornatu ( vt solet ) & dignitate augustior apud Remigianos : abaci pars anterior ex puro auro Fulconis, & Heriuei Archiepiscoporum liberalitate facta creditur, quod horum imagines hinc indè promineant ad pedes Saluatoris sedentis in throno, qui medium occupat, eúmque directè intueantur, à dextris adstant Carolus, Judith, Ansgardis, Hudericus, Herisindis, Wandalidis ; è regione Sigibertus, Herisindis, adhuc Sigibertus, Lancindis, an pariter aliquid hi contulerint incertum, de Haderico vel Huderico & Herisinde dubitari posset ob hęc Frodoardi verba, *Hudericus Comes cum vxore sua Herisinde Fulconem Præsulem humiliter experijt, postulans vt ei locum sepulturæ* (B. Gibriano) *in dextra Ecclesiæ parte concederet, quo impetrato, & altari statuto, átque argenteo decore cooperto, illic decenter venerabilia deponuntur membra,* vnde Beati Gibriani Reliquiæ, vt olim, sic & nunc super illud cernuntur expositæ. Aram tabula marmorea operit Leucothei coloris, quam ex Anglia aduectam probat sequens inscriptio ad marginem incisa. *De summa hac dignitatis Ara ferro bipertita gentibus directa, ministrat Nordalbingorum in* welena. Habet hoc singulare quòd humiditatem nullo tempore contrahat : ponè Aram pyramis assurgit triplici velut contignatione distincta, inferior, quæ quadrata est, Beati Gibriani Confess. thecam continet : media Sanctæ Ciliniæ Matris S. Remigij, superior egregiâ lipsanothecâ instar pyramidis, brachium Sancti Philippi Apostoli continente, exornatur : sunt & alia artis ornamenta, vt columnæ marmoreæ, imagines, candelabra, & crux deaurata in fastigio.

At, quòd prædicti Altaris dignitatem mirificè adhuc commendat & extollit, Priuilegium est Leonis 9. ( qui proprijs illud manibus consecrauit ) quo sub pœna anathematis sancitur, nè vlla Ecclesiastici ordinis magna vel parua persona, in hoc Altari celebrare præsumat, nisi Remorum Archiepiscopus, & prædicti loci Abbas, & cui licentiam ipse concederet, permissa eadem licentia Canonicis Remensis Ecclesiæ bis in anno, in Pascha scilicet, & Rogationibus, septem Presbyteris legitimis ad hoc officium deputatis, quos & scientia ornet, morum grauitas, & vitæ probitas commendet, quòd hactenus inconuulsè seruatum est, septémque illi principales Presbyteri, qui super Aram per vices celebrant, vulgò Cardinales vocantur, ad instar septem Episcoporum Cardinalium, quos Stephanus 4. instituit, de quibus Onu-

frius

COENOB. REM GIANVM.

*Bulla hæc dabitur tom. 2.*

frius Veronenſis in libello de ſeptem Eccleſijs vrbis Romæ ſanctioribus, & iuxta priuilegium ab eòdem Leone 9. Colonienſi Eccleſiæ indultum. Quod autem ſeptem illi Presbyteri ab Abbate ſelecti Cardinales nominentur, id non fit tantùm ob animi dotes, & ornamenta, quæ in his elucere debent ex bulla Summi Pontificis, ſed ab vſu à multis retro ſæculis recepto, & quem ſcripto traditum reperio in veteri cæremoniali ante quingentos annos edito, item apud Poncardum tractatu de ſolemni dedicatione Baſilicæ Sancti Remigij, apud Petrum Gracilem Doctorem Theologum ordinis S.A. apud Nicolaum de Lariſvilla, & in decreto ſocietatis initæ inter Monaſteria S. Remigij & S. Nicaſij an. 1206. vbi, vt ſolis Prioribus quatuor S. Nicaſij datur facultas celebrandi in principe Altari S.Remigij à Leone 9. conſecrato, ſic viciſſim cautum eſt ex parte altera, nè ad altare Sancti Nicaſij alius præter vnum de ſeptem memoratis Presbyteris ( qui Cardinales appellantur ) celebret, quod in prædictæ ſocietatis renouatione iterum iiſdem ferè verbis inculcatur.

*Candelabrum, & Corona.*

## CAPUT VII.

AD gradus Sanctuarij ſtat viſendæ artis Candelabrum ex ære cyprio conflatum, non ductile, vt apparet, aut malleatione formatum; ſed fuſum, multúmque accedens ad colorem auri, altitudinis decem & octo pedum, latitudinis verò ſurſum, ramos versùs quindecim. Baſis cui innititur tot floribus, emblematis, & implexis ramuſculis reſperſa eſt, vt nihil venuſtiùs fingi poſſit; elucent enim in zonis Candelabri ſeu nodis, vt vocant ( qui truncum per aliquot interualla diuidunt ) hinc inde cryſtalla acuminata, & in pegmate etiam, cui alatæ figuræ ſubſternuntur, conſtátque totum opus octo diſtinctis partibus. Truncus vel haſtile, quod inde ſurſum faſtuosè aſſurgit, vtrimque habet tres calamos ſeu ramos æqualiter inter ſe diſpoſitos, & labroſos, qui cum ſumma parte haſtilis, ſeptifidum efficiunt Candelabrum, huic ferè ſimile de quo Exodus cap. 25. ſeptem enim cerei ramis ſingulis appoſiti, & accenſi diebus feſtis, ſeptiluſtris ſphæræ imaginem præ ſe ferunt, ſiue ſeptem ſtellarum.

Quidam putant Frederonnæ Reginæ ſumptibus emptum, ac Beato Remigio in cultus & obſequij pignus oblatum, quòd toti Francorum genti doctrinâ ſuâ præluxerit, at id, licèt ſub eo tumulata dicatur, adhuc incertum eſt.

Chori medium iuxta Aquilam, Corona occupat ingentis magnitudinis, & à fornicè catenis ferreis ſuſpenſa, cuius diametrum eſt decem,

cem & octo pedum, circumferentia verò quinquaginta quatuor, in ea sunt candelabra, parua quidem, sed totidem cryftallis diftincta, quæ felices hos annos repræfentant, quos B. Remigius in hac vita compleuit. Sunt quoque duodecim turriculæ, quibus circumferentiæ partes nectuntur, & in limbo aureo, qui coronam ambit, legitur Beati Joannis Euangelium de verbi æternitate vncialibus literis confcriptum, totum hoc opus ex æreis laminis confectum eft, quas à turricula in turriculam clathra ferrea fuftentant, an, vt fplendorem chori augeat, ab Abbatibus pofitum fit, vel in æternum facti Leonis noni monimentum, qui litem inter Remenfem & Treuirenfem Archiepifcopos exortam, fub initium Concilij fopire cupiens; Epifcopos in modum coronæ federe iuffit, non aufim afferere. Probabile eft B. Bernardum in Apologetico ad Guilielmum Abbatem his verbis ad illam alludere.

*Ponuntur dehinc in Ecclefia gemmatæ, non Coronæ, fed rotæ, circumfeptæ lampadibus, fed non minùs fulgentes infertis lapidibus. Cernimus & pro Candelabris, arbores quafdam erectas multo æris pondere, miro artificis opere fabricatas, nec magis corufcantes fuperpofitis lucernis, quàm quis gemmis. Quid putas in his omnibus quæritur? pœnitentium compunctio, an intuentium admiratio?*

Idem paulò poft in Pauimenti teffellati elegantiam, de quo poftea, inuehitur his verbis. *Vt quid faltem fanctorum imagines non reuerentur, quibus vtique ipfum, quod pedibus conculcatur, fcatet pauimentum, fæpe fpuitur in ore Angeli, fæpe alicuius fanctorum facies calcibus tunditur tranfeuntium, & fi non facris his imaginibus; cur vel non parcitur pulchris coloribus, cur decoras, quod mox fœdandum eft, cur depingis quod neceffe eft conculcari &c.* Ab aculeato hoc Abbate Petri Cluniacenfis æmulo, qui Ariftarchi perfonam induit, fi fequenti fæculo vixiffet, quo elegantiori fabricâ fubftructæ Ecclefiæ, campanilia inftar Pyramidum erecta; Nolæ ingentis magnitudinis fufæ, ornamenta Altaris auro & gemmis texta, Arcus, & Fornices deauratæ, quid aptiùs dici poterat quàm illud Perfij Saty 2.

> *Dicite Pontifices in facro quid facit aurum?*
> *Quid damus id fuperis,*
> *Compofitum ius, fafque animi, fanctófque receffus*
> *Mentis, & incoctum generofo pectus honefto.*

*Pauimentum Chori Tessellatum.*

## CAPUT XIII.

Chori pauimentum opere sectili, & segmentato confectum est, tessellatúmque dicitur, quod tessellis, seu paruis lapidibus intextum sit, de quo sic Bergerius lib. 2. Viarum Imperij. Pauimentum illud chorum implet, & exornat ab odeo ad majus altare, stratúmque est marmoreis frustis, tinctis quibusdam, & vermiculatis, tantóque studio nexis inter sese, & coagmentatis, vt figuræ quæ in eo sunt, ob varios colores velut penicillo depictæ videantur.

Chorum ingredienti per nauim Ecclesiæ, Dauidis figura citharam percutientis occurrit, cum hoc lemmate *Rex Dauid.* inter hanc, & Aquilam, quadrum apparet, varijs hinc inde sparsum figuris, Hieronymi inclyti doctoris effigies medium occupat, iuxtà quam figuræ visuntur, & nomina Prophetarum, Apostolorum, & Euangelistarum, qui veteris, & noui testamenti codices texuerunt, quos doctè & eleganter ille est interpretatus. Singulis propè, velut cuiúsque opus, adjacent libri ab ipsis editi, certísque figuris nominatim expressi, ex his quidam clausi, alij verò instar corticis, vt antiquitùs, complicati, Noui testamenti scriptores proximè Hieronymum, Veteris procul, & ad marginem.

Ad dextram chori quadra sunt quatuor modico interuallo diffita, primum egregio fluuiorum quatuor Paradisi Terrestris emblemate refulget, quos totidem homines hidriâ fundentes aquam pulchrè ac insigniter exprimunt cum hoc themate. *Tigris, Euphrates, Gehon, Phison*: quatuor figuræ quadri angula replent, Medium fœmina exutâ veste, quæ remum gestat, delphinóque insidet, cum hac epigraphe, *Terra, Mare.*

Quadrum aliud simplici ramo folijs egregiè conuestito decoratur, Tertium in angulis profert quatuor anni Tempestates, sequentibus verbis designatas, *Ver, Æstas, Autumnus, Hyems.* In medio stat hominis sat grandis effigies supra fluuium sedentis, cui præfixus est titulus, *Orbis terræ.*

In quarto septem sunt Artes liberales, quarum figuræ partim subsellijs chori conteguntur, partim oculis apparent, vt Sapientia retro minus horologium, quæ throno insidens, læuâ sphæram gestat, dextrâ verò baculum acuminatum, quo igorantiam & pigritiam ad pedes prostratas, & iacentes velut indignabunda ferit, cum hac inscriptione,

— *Septem*

## HISTORIÆ. LIB. III.

*—— Septem per partes diuidit Artes,*
*Estque sui iuris, hoc designare figuris.*

ARCHI. COENOB. REMIGIA.

Ad sinistram elucet quadrangulus, cuius longitudo, aliquantùm latitudinem superat, continétque binas fascias in orbem curuatas, æquales inter se, ac sibi contiguas: prior duodecim menses exprimit, posterior totidem signa Zodiaci, medium primæ fasciæ Mosis figura sedentis in cathedra, & Angelum genu ferentis decenter exornat, sub sequenti titulo.

*—— Lex, Moisique figuras*
*Monstrant hi proceres.*

Quæ supersunt figuræ sub chori subsellijs latent, vt Justitiæ, Fortitudinis, & Temperantiæ, Orientis item, Occidentis, & Septemtrionis; Prudentiæ imago sola apparet serpentem complicatum gestans, & Meridies hominis effigie ex inscripto nominum.

In medio fasciæ rotundæ duodecim Signorum, sunt Vrsæ suis stellis designatæ, quarum vna caudam habet ad pedem alterius, vt communiter in Cœlesti globo depinguntur.

Hæ & similes figuræ, quas minutatim referre longum esset, ex pictis tessellatis, flauis interlucentibus lapillis musiuo opere compactæ sunt, quorum majores vnguis latitudinem non excedunt, si aliquot excipias tumulos, jaspideásque crustas albopurpureas sphæricæ figuræ, quæ passim velut gemmæ in annulis intextæ, totius operis elegantiam mirificè complent & perficiunt.

Sanctuarium, in quod duobus gradibus ascenditur, aliud profert pauimenti genus eiúsdem omnino artis, in duas velut areolas ex frustis marmoreis instar alueoli diuisum: iuxta gradus Altaris, præter Abrahami sacrificium, & schalam Iacob, quædam etiam veteris testamenti apparent historiæ, quæ augustissimi typus sunt Sacramenti. Fama est huiusce pauimenti fabricam Widonis thesaurarij curâ inchoatam aut restitutam fuisse an. 1090. triginta annos post stantis adhuc Ecclesiæ restaurationem.

Porrò tessellatis lapidibus non modò Remigij Basilicæ adytum Remis stratum est, & exornatum, sed & S. Petri ad Moniales, & S. Symphoriani tantâ pridem venustate, & elegantiâ, vt hisce pauimentis, ob gyrantes per ea ramusculos, varijs diuersi coloris conspersos floribus, poëtæ illud meritò accini posset, si illæsa & integra majori studio ad nostram hanc ætatem peruenissent.

*Asarotes gracè prædicta paumēta vocatur, quasi latinè quis diceret non verrèda, Gallicè nō baloyables.*

*Varias vbi picta per artes*
*gaudet humus, superántque nouas Asarota figuras.*

Beati

*Beati Remigij Mausoleum, & quid in eo recondatur.*

## CAPUT IX.

REtro maius Altare, proſtat Sancti Remigij Mauſoleum, viſendæ pulchritudinis & magnificentiæ, eſt enim omnium, quotquot in Gallia ſunt, pulcherrimum, cuius hîc ex libello noſtro, qui inſcribitur tumulus Francorum Apoſtoli, typum reponimus. Moles hæc altiùs ad vicenos pedes, & ampliùs aſſurgit, quæ ſenis vtrimque ſtatuis, è candido, & læui marmore affabrè perfectis exornata, primos Franciæ Pares duodecim, tam exquiſito artificio exprimit, vt res tota ad majeſtatem compoſita, tota ad miraculum effecta videatur. Statuæ ſingulæ, ſingulis ex Jaſpide albopurpurea columnis, & totidem loculamentis in ipſa mole marmorea excauatis, diſcluſæ ab inuicem : hinc Pares de Clero ſex, illinc de prima nobilitate totidem laïci, ſuis quíque ſymbolis, & teſſeris ſacris, prophaniſque viſendi, ac ſpectabiles his paludamentum, illis trabeæ, his coronæ, illis infulæ, his torques equitum, & gladij, illis ad manum geſtamina litui Paſtorales. Denique omnibus certæ ac diſcriminales notæ, ſcuta honoraria, & quæ in Rege inaugurando quíque præferunt Regiæ Majeſtatis, ac Potentiæ ſymbola. Nititur deinde ſummis columnarum capitibus vndique circum oberrans commune epiſtylium, cui corona impoſita cum ſuis Zophoris, partiúmque projecturis miram operi elegantiam conciliat.

Hac autem columnari coronide, altè effultus eminet in totam ſepulchri molem arcellatus è candenti lapide fornix, æquabili in longum concameratione productus, niſi quod in extrema duo tympana arcuatim deſinens, in vtroque etiam medio latere, tympanum aliud aperit; ad poſticum verò in patente ſuper columnas poſteriores areola viſitur in eminenti ſolio reſidens ſanctus Remorum Præſul Remigius, qui medius Clodoueum inter, & aſſiſtentem ſibi à læua D. Theodoricum, tam natiuâ oris grauitate, tam venuſtâ oculorum, & frontis gratiâ, tam verendâ, & amabili vultus, & totius corporis majeſtate, accidentem ſibi, Deóque ſupplicem Clodoueum compellat, quaſi vel ei prima fidei pandat myſteria, vel mitiorem ferocitate iam poſitâ Sicambrum, ſuauiſſimo Chriſti jugo imperet colla ſubmittere.

Qua decliuior ſepulchri teſtudo ſupernè ad latera ſe inflectens in coronidem incumbit, videre eſt in capſulis quinquaginta quatuor diſpoſita duplici in longum ordine anaghypha, vtrimque viginti ſeptem, in quorum ſingulis, inter geminas ex Jaſpide columellas, viſuntur expreſſa, picto, & cælato in argento Sancti Præſulis Facta nobiliſſima.

Anterior

## HISTORIÆ. Lib. III.

Anterior sepulchri facies, vt est prima venientibus objecta, ita ARCHI-pretioso inprimis, & magnifico splendidè fulget ornatu: patet hæc REMIGIA. prima frons duplici quadrangulari fenestrâ, quarum vtráque ingenti laminâ ex auro obrizo, & solido, lilijs aureis semitoreumate fusili prominentibus visenda rutilat; & inferior quidem inter duas ex porphyrite pretiosissimo columnas, tota, tota quanta est, ita liquatis ad auripigmenta metallis radiat, ita pellucidis, & pulcherrimo ordine Lapillis, Vnionibus, & ex his quibusdam inusitatę magnitudinis & pretij collucet, vt venustior appareat, quàm cœlum stellis: præter hæc sunt anaglypta in argento innumera serta gemmea, & rosæ Margaritariæ conflatiles, item ex Gemnis atque Vnionibus pulcherrimè auro inter se nexis, Leones, Aquilæ, Elephanti, Columbæ, Cruces ingentes, aliáque id genus sexcenta aurariæ artis, & gemmariæ opera præstantissima.

At tota hæc quanta est exterior Mausolei venustas, & elegantia, à centum circiter annis Lenuncurtij Cardinalis liberalitate extructi minor est, si cum his quæ intus sunt conferatur, continet enim, vt immortale depositum, inclyti Francorum Apostoli corpus suis partibus constans, ac velut corruptionis expers, in capsa argentea recèns affabrè elaborata, ad prædicti Mausolei figuram multùm accedente. In eodem, & ad pedes Sancti Remigij seruatur Chrisma cœlitùs missum, quod Ampullam vocant, in vase argenteo auro illito, lapillis, & vnionibus sparso, & illustrato, cui catenula affixa est, quam ad collum admouet Abbas, cùm à Monasterio ad majorem Ecclesiam insigni pompâ pro Regum inauguratione sacram vnctionem defert. Est etiam in prædicto Mausoleo Baculus S. Remigij laminis aureis coopertus, quem ferunt ab Hormisda missum cùm Remigius per regnum Clodouei legatus Apostolicus creatus est, quamuis in charta infra citanda cap. 14. dicatur per eum à Ciuitate Remensi dæmonem effugasse, quod tamen priorem traditionem non conuellit, de eo quiddam Geruasius disseruit in Philippi I. inauguratione, vt dicetur tomo 2.

Porrò tam Aræ Principi, quàm Mausoleo multùm nunc splendoris, & lucis adferunt Cancelli ex candido lapide, æreis, marmoreísque columnis mixtim collucentibus, cum epistylijs & deaurata Coronide, inter singulas adyti majores columnas, quæ chori fornices sustinent, exquisitâ arte positi, quibus perficiendis sedulò cura impenditur, adeò vt totum intercolumnium breui mirificè septum iri sperandum sit. Horum pulchrior, portam includens, quâ fit aditus ad Tumulum, ære publico, ac Remensis Senatus pietate structus est, alter V. C. D. Talon Aduocati Generalis in suprema Parisi. curia liberalitate, reliqui expensis R. D. Wilquin eiusdem cœnobij Prioris majoris mihi amicissimi, qui suos prædecessores æmulatus, à quibus parcè viuendo, Ecclesia Altaribus, Capsis, Statuísque argenteis, Odeo, pictis Tabellis, aliísque operibus exornata est, in hoc præsertim incumbit vt Cancellorum

cellorum elegantiâ, quæ hactenus deeſſe videbatur, ab abſolutum chori ornatum, vltimam ſuam perfectionem accipiat.

*Eccleſiæ Sancti Remigij Cimelarchium.*

## CAPUT X.

Ditatur inprimis, præter hæc tria in Mauſoleo vt vidimus recondita, pretioſi Sanguinis Chriſti nobiliſſimâ portione, qui de latere eius fluxit, cùm pro ſalute mundi penderet in ligno, vnde tanti pretij theſaurum hauſerint Remigiani ex ſequenti charta patebit.

*Principis Achaïæ teſtimonium de pretioſo Sanguine Chriſti, Eccleſiæ S. Remigij in muneribus dato.*

Viris religioſis, & deuotis Abbati, & conuentui Sancti Remigij Rem. *Guilelmus de villa Sardium Princeps Achaïæ, & Romanus Senator ſe totum, & eorum orationi, & ſuffragijs &c. Sanctitati veſtræ, & omnibus præſentes literas inſpecturis, dignum duximus ſignificandum, quòd in vaſculo, quod per Arnulfum de Loti Monachum veſtrum, & conſanguineum noſtrum vobis tranſmiſimus, credimus eſſe de illo pretioſo Sanguine, qui de latere Domini in Cruce pro ſalute fidelium emanauit, ſicuti nobis, & multis viris prudentibus fide dignis eſt intimatum: fuit enim pretioſus ille ſanguis inuentus in theſauro Domini Imperatoris Conſtantinopolitani, diuerſis ſuperſcriptionibus præſignatus.... Actum apud Larum-montem ſecundo Calend. Octobris ann. Domini* 1224.

Sunt qui dubitant an aliquid ſpectans ad humanitatem Chriſti in mundo remanſerit, ob quædam Athanaſij verba in ſeptima ſynodo recitata, at dubium eruditè ſoluunt Belarminus, & Suares, quos conſulat lector ſi velit.

Ibidem ſummâ veneratione cuſtodiuntur tres Vitalis ligni Saluatoris partes in totidem Crucibus diſtinctæ & ſeparatæ. Item aliquid.

De veſte Saluatoris.

De capillis Deiparæ.

De Sepulchro eiuſdem.

Brachium Sancti Philippi Apoſtoli, qui cùm penè omnem Scythiam ad fidem Chriſti conuertiſſet, apud Hierapolim Aſiæ ciuitatem Cruci affixus, lapidibus obrutus, glorioſo fine quieuit. Manus Brachio conjuncta adhuc pelle cooperta eſt, totúmque in eleganti lipſanotheca reconditur, per modum cuiuſdam Eccleſiæ binis turribus inſtructæ effigiata, donationis diplomata breuitati ſtudens hîc referre operæ pretium non putaui, quæ nomina præferunt Guidonis prioris Sancti Sepulchri

pulchri vrbis de Acona, & Jacobi l'Hermite equitis, qui Sanctum Ludouicum secutus est ad bellum sacrum, suntque mensis Septemb. ann. 1268. & Januarij 1269. ex autographo.

De ossibus sanctorum Apostolorum.
- Joannis Baptistæ.
- Petri, & Pauli.
- Bartholomæi.
- Andreæ.
- Matthæi.

Dens Sancti Petri.

Conseruatur ibidem Palla, quâ S. Remigij sepulchrum tectum fuit in signum sanctitatis, antequam corpus ex eo transferretur. Huius meminit Gregorius Turon. cap. 79. de gloria Confessorum, hæc albi coloris est, rubeis ramusculis ac leonibus discriminata, vulgò Sudarium vocatur, sed impropriè; cùm siccitate, vel morbo epidimico Campania laborat, circumferri solet per vicos vrbis ab Ascetis processionaliter, quò Deus malum, Sancti Præsulis intercessione, procul auertat.

Pars notabilis Sanctorum.
- Gibriani Confessoris in feretro auro infuso, & industriè elaborato, qui famâ virtutum S. Remigij pellectus, relictâ Hiberniâ, cum fratribus, & sororibus Remos venit.
- Sancti Oricoli, sororúmque eius Martyrum sub Wandalis.
- Marculfi Abbatis, & Confessoris.
- Ciliniæ Matris Sancti Remigij, in capsa laminis aureis cooperta.
- Multorum Innocentium, qui ab impijssimo Herode Ascalonita interempti sunt, horum Reliquiæ in quinque capsas sunt distributæ.

Item Caput Sancti Gibriani Confessoris.
Caput Sancti Germani fratris eiúsdem.
Brachium Sancti Gibriani.

Baculus sancti Gibriani, quo imbecilles artus sustentabat, hic die festo sodalitatis in ipsius honorem erectæ, populo exosculandus exhibetur à Monacho Sacerdote.

Aliquot ossa Sanctorum.
- Stephani Protom.
- Clementis, cum dente, & annulo Pastorali.
- Liuini, Sebastiani, Cosmæ & Damiani.
- Crispini & Crispiniani, Timothei, & Symphoriani.
- Martini, Hilarij, Gomberti.
- Lupi, Abelis, Theodorici.
- Bercharij, Germani Autis. Firmini.
- Christophori, Basoli, Mariæ Magdal.
- Agathæ, Agnetis, Margaretæ.
- Luciæ, Barbaræ, Vrsulæ, Catharinæ.

ARCHI-
COENOB.
REMIGIA.

His addendum singulis sextis ferijs magnum fieri concursum, seu peregrinationem populorum ad Sanctum Remigium, quæ hoc tempore eò frequentior est, quòd tam inclyti Tutelaris cultus in dies magis ac magis efflorescit. Ægidius Leodiensis in vita Sancti Alberti cap. 17. huius meminit velut receptissimæ consuetudinis, quam à tempore Leonis 9. ( qui Basilicam consecrauit, eámque visitantibus die veneris impertijt Indulgentias ) fluxisse testatur Larisvilla in libello de prædicta consecratione necdum edito, *Asserimus ( inquit ) inconcussæ veritatis antiquorum relatu, omnibus hebdomadarum sextis ferijs in prædicta Ecclesia plenarum vel maximarum Indulgentiarum secundùm Romanæ Ecclesiæ morem adesse virtutem.* Et in vita Sancti Remigij ab eodem rhytmicè scripta, an. circiter 1396.

> *Celsis fulcitur gratijs*
> *Hæc nobilis Ecclesia,*
> *Plenis ditatur venijs*
> *Certa res est, non dubia,*
> *Sanctus Leo cum gloria*
> *Hanc his ditauit munijs &c.*

Extat etiam Nicolai Cardinalis summi Pontificis Eugenij 4. legati Priuilegium, à Poncardo relatum ex MS codice, quo omnibus verè pœnitentibus & confessis, qui singulis sextis ferijs Ecclesiam Sancti Remigij deuotè visitauerint, & ad ipsius fabricam vel ornatum manus porrexerint adjutrices, quoties id fecerint, centum dies de injunctis ijs pœnitentijs misericorditer relaxauit datum Remis ann. Domini 1435. Pontificatus Dom. Eugenij Papæ anno quinto.

---

*Regum, & illustrium Virorum series, qui sepulturam apud Sanctum Remigium habere noscuntur.*

## CAPUT XI.

Carlomannus Pippini Regis filius, & Caroli Magni frater Suessionis coronatus, vt regalis munificentiæ specimen erga Francorum Apostolum viuens exhibuit, sic post obitum in eius Ecclesia voluit sepeliri. Hoc colligitur, tum ex Notitia de Nouilliaco ad calcem Frodoardi edita, cuius auctorem Hincmarum fuisse censet P. Pithæus V. C. tum etiam ex Frodoardo lib. 2. c. 17. vbi hæc habet. *Carlomannus sub Tilpino Archiepiscopo per chartarum instrumenta pro loco sepulturæ, vel remedio animæ suæ, villam Nouilliacum in pago Vrtinse sitam, ad Basilicam Sancti Remigij, vbi sepulturam habere dignoscitur, contulit.* His concinunt Annales Fuldenses, & Puteanus in sua
Bibliotheca

# HISTORIÆ. LIB. III.

Bibliotheca aduersùs Doubletium, qui incerto nixus codice manu scripto, & inscriptione quadam, quæ legitur in tumulo ad pedes sepulchri Philippi I. & Constantiæ, scribit Carlomannum è villa Salmontiaco ad Sanctum Dionysium in Francia delatum, vbi & sepulturam sortitus est, at Frodoardi, & Annalium potior auctoritas. Quidam putant Cenotaphium illud quatuor columnis subnixum, quod etiamnum cernitur ad latus dextrum S. Remigij, sub inferiori fornice versùs Austrum, sepulturæ locum Carlomanni indicare, at Leonis pugna Marmori insculpta penè similis ei quam in Jouini tumulo explicuimus, suadet potiùs occultæ cuiusdam antiquitatis esse monimentum, quod ab Ascetis post Ecclesiæ renouationem reseruatum est, præsertim cùm in veteribus chartis de hoc Cenotaphio nihil legatur.

Frederonna Caroli Simplicis vxor, ante sacratissimum Remigij pignus vncta & coronata, in eadem quiescit Ecclesia, latet tamen sepulturæ locus, nec tumulo peculiari exornatur, quem ferunt extitisse iuxta gradus Sanctuarij, 10 Februarij solemne pro ea fit Anniuersarium ex charta quam infra reponemus.

Ludouici IV. & Lotharij Regum prostant effigies hinc inde in Adyto paululum erectæ, Ludouici ad dextram, de quo Necrologium 10. Septemb. *Anniuersarium Ludouici Regis qui iacet in choro nostro dextro, quíque dedit nobis castrum &c.* sculpta est prædicta Regis effigies in lapide cum sceptio & corona, sedétque in throno pedibus terens Leones cum epitaphio in tabella ad parietem appenso, quod cùm antiquitatem non spiret, libenter prætermittimus.

Lotharius eâdem formâ ad læuam prominet cum Epitaphio eiusdem stili in tabella descripto, germanum à Gerberto positum dabimus infra, obijt Lotharius 6. nonas Martij.

Gerberga Ludouici IV. vxor Heurici Imperatoris, & Saxoniæ Ducis filia, jacet in medio chori cum hoc Epitaphio.

*Francorum specimen, Francis memorabile nomen,*
*Hoc regina sacro Gerberga locatur in antro,*
*Grandis honor regni, cui vita Monastica cordi,*
*Hæc ara Remigio sua rerum contulit almo,*
*Sol quintus May quam vidit carne resolui,*
*Remigij meritis, cui detur vita perennis.*

Juxta Gerbergæ tumulum, Ragenoldus primus Rociacensis Comes quiescit, vt sequentes versus indicant.

*Plebis amor, Procerúmque decus, pietatis amator,*
*Hîc Ragenolde, solueris in cinerem.*
*Inter opes, clarúmque genus, conspectus in armis,*
*Prætuleras ferro, pacis amore togam.*
*Sol quinto decimo radiabat velleris auro,*
*Cùm suprema tibi clauserat hora diem.*

ARCHI- Tumulo Albradæ Comitissæ Ludouici IV. & Gerbergæ filiæ Rage-
COENOB.
REMIGIA. noldi vxoris, hoc pariter in eadem Ecclesia scribitur Epitaphium.

> *Hoc Albrada locor, de puluere puluis in antro,*
> *Et genus heroum proteror hîc miserum.*
> *De primo qualem contraxi puluere sortem,*
> *At causam sortis hæc monimenta ferunt,*
> *Particulas sol quinque means lustrarat aquari,*
> *Hæc me cùm tenebris obruit vrna suis.*

Boso Rodulfi Regis frater, qui in expugnatione castri Sancti Quintini fortiter occubuit ann. 935. Remos relatus apud Sanctum Remigium quoque tumulatus est ex Frodoard. locus vbi quiescit latet, ob Ecclesiæ restaurationem.

Hugo Comitis Rotgerij filius, qui vallem Rodiginis contulit Ecclesiæ Remensi, sepulturam pariter in eadem Ecclesia nactus est ex Chronico Frodoard. ad ann. 961. tam inclyti Principis decora extant in charta Lotharij Regis, quam Coluenerius edidit ad calcem Frodoard.

In choro Ecclesiæ ad dextram, visitur tumulus Burchardi Comitis Angli, qui cùm Romam proficiscens diem clausisset in Gallia an. 1000. tumulari petijt apud S. Remigium, vt sepulchrales versus testantur.

> *Anglica quem genuit, hunc tellus Gallica condit,*
> *Clara stirpe cluit, Anglica quem genuit.*
> *Proh dolor exul obit, dum Romam pusio tendit,*
> *Dum te Petre petit, proh dolor exul obit.*
> *Se petijt reuehi Remis sub limine læti,*
> *Aula Remigij, se petijt reuehi.*
> *Dulcis Ephebe tuis, heu primi gratia floris*
> *Heu lugende nimis dulcis Ephebe tuis.*
> *Altera lux aderat, qua taurus sole flagrabat,*
> *Dum Pubeda meat, altera lux aderat.*
> *Quem tegit hoc taphium Burchardi nomen adeptum,*
> *Grande decus Procerum, quem tegit hoc taphium.*
> *Lector habes titulum, pete Petrum pandere regnum,*
> *Anglus adibat eum, lector habes titulum.*

Hic Monachis Sancti Remigij, Edouardi Regis assensu, quoddam contulit dominium in Anglia, ex quo erectus prioratus qui Lapeleia dicitur, dedit & librum Euangelij auro coopertum, in quo Burchardi Patris nomen, & consortis legitur.

> *Hic codex venia lapsis, legatio vitæ,*
> *Vobis Burchardi memorare magne Remigi,*
> *Postulat, vt cælus, tecum ceu commanet aruis*
> *Alegar dux anilis simul, & consors lateralis,*
> *Alegiea Pontificum summo dant munus amicum.*

Extabat

HISTORIÆ. LIB. III.

ARCHI-
COENOB.
REMIGIA.

Extabat olim tumulus Agnetis cuiúsdam, an ex familia Rosciacensi incertum, cui exarata talis inscriptio.

*Agnes quæ dormit sub tumba marmoris, agnum*
*Qui nunquam dormit mente sequuta fuit.*
*Huic petra lectus erat, cibus aridus, aspera vestis,*
*Somni rara quies, absque quiete preces.*
*Ferrea vincla ferens, ferrum mutauit in aurum,*
*Pro mœrore breui, gaudia summa metens.*

Ad gradus Capituli, Gisleberti militis, Ragenoldi Rociacensis forsan filij, mutilum adhuc legitur Epitaphium.

*Militiæ titulus, & sanguine clarus auorum,*
*Gisleberte jaces, hoc cinis in tumulo.*
*Vita fugax, pietásque breuis, malefida iuuentus.*
. . . . . . . . . . . . . . . . . . . . . . .

Sepultus quoque fuit in Clauſtro Monaſterij, Walterus Radulfi Comitis Creſpienſis filius, qui cùm Philippo I. ſuppetias ferret, iuxta Remos ab hoſtibus caſu interceptus fatalem obijt diem, delatúſque eſt ad Sanctum Remigium, vbi & ſepulturæ mandatus ex charta quam referemus ad annum 1072.

Sunt & alia virorum haud infimæ conditionis Epitaphia à nobis prætermiſſa, vt & Archiepiſcoporum & Abbatum, quæ commodiùs à nobis infra deſcribentur.

*Regum largitionibus eximiè dotatum Sancti Remigij Monaſterium, quot Cellarum parens, & Altarium patronus.*

## CAPUT XII.

PRæmiſſis quæ ad Remigianæ Baſilicæ vetuſtatem, & ornatum faciebant, veluti præludijs, nunc de ipſo Monaſterio, haud minùs priuilegijs, quam opibus, inter regni Francici illuſtriora nominatiſſimo ſeorſim agendum eſt. Huius exordium ſubſobſcurè quidem Frodoardus attigit, at tot Procerum donationibus ſuam aſperſit hiſtoriam, vt dubium non ſit quin multos ſub primis Regibus aluerit ſodales. Imo Beatæ Mariæ res, & Remigij mixtim vbique ſic copulauit, ac ſi tunc vna domus, & vtriuſque bona eſſent æqualiter Archiepiſcoporum curæ relicta. Fuit enimuerò tam propenſus in Sanctiſſimum Præſulem amor, & profuſa liberalitas, vt per omnem ferè Europam villas, & prædia fœderatæ hæ, & ſociales Eccleſiæ coniunctim habuerint, in Italia, in Toringia, in Voſago, in Regno Aquitanico, in varijs Galliæ regionibus, quæ hîc ſigillatim recenſere

**ARCHI-**
**COENOB.**
**REMIGIA.**

censere tædiosum esset, vnde cùm prolixioris testamenti Auctor, & forsan ex eo Frodoardus, nos ab hoc onere leuet, posteriora hìc tantùm legata, quæ nominatim Beatum Remigium spectant, breuiter referemus.

Et vt ab ijs abstineam, quæ sub Regibus primi stemmatis concessa sunt, de quibus supra nonnihil attigi, Carlomannus Rex Nouilliacum, & Bebriliacum villas sub Tilpino ad Basilicam Sancti Remigij condonauit Frodoard. lib. 2. cap. 17. Caroli Magni regium diploma descriptum à nobis, siluas & prædia commemorat ab Angelberto, & Momiana nepte data. Ludouicus Imperator Caroli filius immunitates sub Vulfario Archiepiscopo liberaliter indulsit, quas non approbauit modò Carolus Caluus, sed & ad suggestionem Hincmari, Ecclesiæ Sancti Remigij, vel Monachis ibidem seruientibus, res quasdam, hoc est in pago Pertinse, in villa Baildronis curte mensa duo, & in Dodelini monte mensa duo addidit, præter regalis munificentiæ pignus relatum in charta quæ extat apud Frodoardum lib. 3. cap. 4. Caroli simplicis liberalitas, & Frederonnæ consortis donationes infra referentur, cùm de Corbiniaco agemus, vt & Ottonis, & aliquot Imperatorum & Regum Germaniæ. Ludouicus IV. Castelli, quo Monasterium cingebatur, cùm extra vrbis ambitum esset, immunitatem concessit insigni diplomate, vbi sic loquitur. *Hanc chartam concessimus, pro Beatissimi Antistitis familiari deuotione, qui regali nostræ prosapiæ, quam per Dei gratiam ad fidem perduxit Catholicam, specialiter à Deo collatus est Pastor, atque Patronus.*

Has immunitates Lotharius chartâ Lauduni datâ, regni ann. 1. confirmauit, verbis quæ pietatem spirant, & deuotionem in Francorum Apostolum, *Pro ipsius* ( inquit ) *Beatissimi Antistitis familiari deuotione assensum præbemus, in cuius sacro templo genitor noster Dominus Ludouicus Rex tumulatus esse dignoscitur, vbi etiam ipsi Beato Remigio ab exortu natiuitatis specialiter oblatus, & ab omnibus Francorum Proceribus electus sum, ac regali diademate coronatus, quem videlicet locum, genitrix nostra Domina Gerberga Regina, præ cæteris veneratur & diligit.* Hugo Capetus eodem penè stilo regium diploma concessit pro immunitate Castri, quam Philippus I. extendit ad Burgi incolas in gratiam Beati Remigij, quem suæ coronæ Tutelarem agnoscit, & nominat ann. 1090. Quotquot ijs successerunt, præter hæreditariam in Remigium obseruantiam, addunt prærogatiuam, quâ idem fulget Monasterium, ob custodiam sacri Chrismatis quo Remis inunguntur, vnde Patentes Regum litteræ seu diplomata Monachis, pro iurium conseruatione passim collata, duobus his præsertim nituntur, velut peculiari concessionis argumento, vt & Archiepiscoporum, aliorúmque præsulum chartæ, Comitum quoque, ac Militum, quas hìc si vel compendio referre vellem, breuiarium illud præter spem, in immensum cresceret.

Quæret

## HISTORIÆ. LIB. III.

Quæret forsan hîc aliquis, an Remigianum Monasterium sit regalis fundationis, id enim tot Regum donationes opinor dubitare non sinunt, nisi quis in eiusmodi Monasteriorum classem scrupulosiùs tantùm hæc reijciat, quæ ab origine Regum sumptibus erecta sunt, inter quæ eminent potissimùm, Sancti Germani Pratensis, Medardi Suess. Corbeiæ &c. Etenim cùm Remigiani cœnobij primaria institutio clarè non pateat, incertúmque sit cuius beneficio lucem habuerit, certò quæsitum eo sensu solui non potest. At si benefactorum habeatur ratio, qui regali stemmate fulgent, inficias nemo ierit quin regalis omnino fundationis dici debeat, cùm Reges iam olim huius custodiam susceperint, extétque supremi Senatus decretum datum an. 1281 aduersùs Rem. Archiepiscopum, qui sede Abbatiali vacante eam vtique sibi deberi contendebat, vnde Reges summo honori ducunt dici, ac nominari fundatores, vt patebit ex Ludouici XI. diplomate, vbi hæc, quæ ad institutum spectant, inseruntur.

*Attendentes quòd per literas Regias, per prædecessores nostros dilectis nostris Abbati, & conuentui Ecclesiæ, seu Monasterij Sancti Remigij Remensis, ordinis Sancti Benedicti, à nostris fundati Progenitoribus, & dotati dudum concessas, in qua quidem Ecclesia, seu Monasterio idem Beatissimus Remigius Francorum Apostolus pretiosissimus requiescit corpore, quódque Sancta Ampulla de cælo eidem Beatiss. Remigio per Angelum in columbæ specie, miraculosè transmissa, in qua est Sanctum Chrisma, ex quo Francorum Reges prædecessores nostri fuerunt (& nos similiter fuimus) inuncti, venerabiliter fuerit, & sit collocata, & vsque in hodiernum diem cum maximis sollicitudinibus conseruata, idem Abbas & conuentus cum ipsorum membris & iuribus, qui per Progenitores nostros prædictos, & nos consueuerunt gardiari, sub nostra, & Successorum nostrorum perpetua debent protectione consistere.*

Præter hæc, Cellæ seu Prioratus ab eodem Monasterio dependentes, plurimùm ei splendoris adferunt. Sunt enim aliqui suâ origine illustres, & dote non spernendi, hos breuiter referam, vt inde pateat, quàm latè Remigiani suas colonias per Galliam propagarint.

1. Beati Marculfi Prioratus, & antiquitate, & famâ nominis meritò primus est, adhúcque claret apud Corbiniacum Laudunensis Diœcesis, de quo plura à nobis suo loco dicenda sunt.

2. Prioratus Sanctæ Mariæ de Regiteste in Diœcesi Remensi, peculiarem quoque tractatum postulat, Prioratus hi duo, mensæ Abbatiali pridem conjuncti, in Titulum non dantur, sunt tamen in singulis tres Monachi qui diuino incumbunt officio.

3. Prioratus Sindunensis in Dulcomensi pago, qui & Cella Sancti Oriculi vocatur, sub Geruasio Archiep. cœpit, aluítque plures religiosos, qui excubias agerent ad tumulum Sancti Martyris, est optimi reditus, & in Diœcesi Remensi.

4. Prioratus de Cosle, vel de Monte Sancti Remigij in Germania

**ARCHI-COENOB. REMIGIA.**

nia Diœcesis est Moguntinensis. Cortis de Cosla meminit prolixius testamentum S. Remigij, & Frod. lib. 4. c. 20. de ea Otto Senior regio diplomate an. 952. sic loquitur. *Nouerit omnium fidelium nostrorum industria, quod Artaldus Remorum Archiepiscopus reddens ad Ecclesiam Sancti Remigij quamdam Abbatiam nomine Coslam intra fines regni nostri sitam* &c. item an. 962. Otto 2. *Volumus vt Curtem Cosla vocatam, cum appendicijs à Domino genitore redditam, Monachi ibidem Deo famulantes teneant*; sunt qui putant Frodoardum huius Abbatiæ Præsulatum obtinuisse, quamuis alicubi postea prædium, vel curtis de Cosle simpliciter dicatur, forsan quod bellorum turbinibus coacti ab ea Monachi recesserint, at in Prioratum restitutam fuisse an. 1127. probat Adalberti Moguntini Archiep. priuilegium vbi sic habetur, *Notum sit omnibus qualiter Monasterium in Monte, qui vocatur S. Remigij, primitùs fuerit nostro assensu constitutum, inter prædia enim quæ B. Remigius in Diœcesi nostra habebat, circa villam quæ Cosla dicitur super fluuium Glan, erat mons eisdem prædijs adjacens, quem inuasores quidam munitione occupauerant &c. Cùmque Abbas Remensis, ad quem omnium prædiorum respiciebat cura, ad partes illas quosdam fratrum mittere consuescat, quatenus ibi sub monastica regula viuentes Deo seruirent, & de fructibus suis in regni Francorum meditullio non facile transferendus necessaria sumerent &c.* Prioratum hunc Ecclesiæ perduelles occupant, nihilque vestigij ampliùs restat, præter chartas quæ fundatorum memoriam æternùm conseruabunt.

5. Prioratus de Marsna, vel Marsana, vt Regino loquitur, primo lapide à Trajecto Mosæ, olim in Leodiensi, nunc in Ruremondensi Diœcesi, Gerbergæ Reginæ munificentiam prædicat: hæc prædicti loci alodium, Ottonis Imperatoris assensu, & consilio Gerardi Tullensis Episcopi, Monachis concessit, quò orationes fierent pro salute Gisleberti Mariti sui defuncti, & vt idem locus Sancti Remigij, qui semper ab antiquo regijs donationibus (vtpote caput Franciæ) fuerat honoratus, suis etiam donis regalibus ditesceret, & polleret vberiùs. Hanc Gerbergæ donationem confirmarunt Otto III. ann. 986. Henricus I. 1044. & Conradus Rex ann. 1046. vltimus hic sanxit vt Prioratus de Marsna, nullum specialiter Aduocatum agnosceret, præter Regem Romanorum, Canonicis qui ibidem horarias preces persoluebant, Monachi suffecti sunt sub Odone Abbate, permittente Innocentio Pontifice ann. 1134. fitque ex Capitulo præpositura, quæ Abbatiali mensæ & Conuentuali jungitur an. 1514. at pro ea, quòd extra fines regni esset, receperunt Remigiani in concambium, Prioratum *de Val Fleury* in Nouiomensi Diœcesi.

6. Prioratus Sancti Remigij in Prouincia Diœcesis Auenionensis, Arberti Episcopi munificentiæ debetur, qui Ecclesiam Sancto Remigio sacram, cœmeterium, oblationes, decimas ea conditione Abbati & conuentui cessit, vt decimarum medietas diuidatur, sicut sacri præcipiunt

HISTORIÆ. LIB. III.

cipiunt Canones, inter Episcopum, & Monachos, extat testamenta- ARCHI-
lis pagina Remigij cuiusdam Capellani, quâ sua omnia bona Prioratui COENOB.
legat cum onere, vt quotannis scil. argenti selibram Prior de Prouincia REMIGIA.
conuentui soluat pro Anniuersario. Prioratus hic auctoritate Summi
Pontificis pridem auulsus est à Monasterio S. Remigij, tenéntque eum
Canonici in Monachorum locum subrogati.

7. Prioratus de Lapeleia hac occasione sumpsit exordium. Albredo
Eboracensi Archiepiscopo Romam jussu Eduardi Regis proficiscente,
qui ad limina Apostolorum se personaliter iturum spoponderat, plures è
nobilitate secum duxit, inter quos Burchardus iuuenis quidem ætate, sed
egregiæ indolis, qui Remis in reditu febre correptus occubuit, hic, antequam
expiraret, sepeliri petijt apud Sanctum Remigium, cui villas, &
prædia ex patrimonio liberaliter concessit assensu Patris Algarij, &
Regis Eduardi, vnde erectus Prioratus de Lapeleia, cuius meminit Petrus
Cellensis Epist.... Charta concessionis sic incipit. *Notum sit Algarum
quemdam, Anglorum Comitem, consentiente Eduardo Anglorum
Rege, Sancto Remigio villam de Lapeleia dedisse pro anima filij sui
Burchardi, cuius corpus in Polyandrio Ecclesiæ quiescit.....* Prioratum
Heterodoxi, vt & alia bona Ecclesiastica pridem vsurparunt, quò Ministellis
stipem subministrent.

8. Prioratus de Hosdein in Diœcesi Atrebatensi, Aluisio Episcopo
debetur, qui Altaria de Hosdein, de Belgin, de Mouci, & Capellam
Delueres à laïco Sanctuarium Dei occupante abstulit, deditque
Remigianis sub Odone Abbate, quibus & concessum, vt decedentibus
Canonicis apud Hosdein, Monachi succederent ann. 1132. Theodericus
Flandriæ Comes, Aluisij rogatu, & Milonis Teruannensis lubens
huic donationi consensit, ditiórque Prioratus adhuc factus est accessione
Decimarum de Moucy, assensu Hugonis Castillonensis Domini
de Sancto Paulo ann. 1238. nunc permutatione factâ cum Prioratu
de S. Herme, transijt ad Laubienses.

9. Sancti Thomæ Prioratus, in finibus Remensis Diœcesis, fundatorem
agnoscit Manassem Archiepiscopum, qui pietatis intuitu Altare
prædicti loci Beato Remigio tradidit, vt ibidem Fratres Deo
militantes, prout Ecclesiæ facultas suppeteret, aggregarentur an. 1096.
Manassis donationem confirmat Raynaldus Archiep. petente Odone
Abbate 1152. cui Comes de Grandi prato, & Galterus quidam de
Vienna multa addiderunt. Ex Lucij Papæ Rescripto, patet aliquot
Religiosis, vltra Priorem, stipendium præbuisse, vt diuinum in eo
perageretur Officium.

10. Prioratus de Quercu Nicolai Trecensis Episcopi studio, &
liberalitate erectus est, vt vetustiores chartæ fidem faciunt, ea quæ
est ad P. Archidiaconum Arcejarum, & Decanum Trecensis Ecclesiæ
anno 1250. rationes exponit cur vtile duxerit ex consensu Capituli,
Hospitale, seu domum Dei de Quercu, cum appenditijs vnien-

dum

dum Monasterio Sancti Remigij : alia quædam à Garnero Comite Briennensi addita sunt, quæ Prioratus pariter dotem adaugent.

11. Prioratus de Condeda in Lingonensi Diœcesi originem reddemus sub Artaldo Archiep. ad annum 961.

12. Prioratus de Chaniaco primordia patent solâ ferè traditione in veteri MS consignatâ vbi sic habetur, *Seniorum relatione didicimus Fulconem Archiepiscopum dedisse Cineram*...... Prioris, iuriúmque ad se pertinentium in silua Regitestensi fit mentio in conuentione dudum facta inter Comitem Regitestensem, & Abbatem Sancti Remigij his verbis, *Statutum est etiam, quòd prior de Chaniaco ad reficiendam domum suam in nemore de Hois, cùm necesse fuerit, accipiet marimenta* 1202. Habet Prior in Villa de Chaniaco altam, & mediam iustitiam, terragium, & alia iura quæ breuitatis ergò prætermittimus.

13. Sanctorum Cosmæ & Damiani Ecclesia, cuius meminit B. Remigius in prolixiori suo testamento, inclusáque legitur à Seulfo Archiep. intra Castelli ambitum an. 922. Capellæ nomine indigitatur in bulla Callisti 3. in qua Herimarus Abbas duos Canonicos instituit, quibus & alij duo additi sunt à Petro Abbate, cum stipendio; at Nicolaus Robillart, ob certas rationes, præbendas antiquauit an. 1458. obtinuítque à summo Pontifice, vt officium in ea persolueret Monachus Remigianus, cui Prioris nomen inditum est sine dote. Carolus Cardinalis à Lotharingia R. Patribus S. Francisci de Paula tam Ecclesiam quàm loci ambitum, cum oneribus quibusdam, pro extruendo Monasterio, Remigianis consentientibus, liberaliter indulsit an. 1572.

14. Præpositura de Montana in prospectu vrbis Remensis opimos habuit reditus, eáque potiebatur Herimarus Abbas ante adeptam Abbatialem dignitatem, hæc Paulo 2. annuente Mensæ Abbatiali annexa est an. 1470. vt eiúsdem Pontificis bulla testatur, quæ & Ampullæ meminit his verbis, *Paulus Episcopus seruus seruorum Dei, Dilectis filijs Abbati S. Nicasij, & Hugoni Gobin Canonico Remensi &c. sanè pro parte dilecti filij Guilelmi Abbatis Monasterij Sancti Remigij ordinis S. Benedicti nobis nuper exhibita petitio continebat, quòd Monasterium ipsum vetustum, & laudabile plurimùm in partibus illis reputabatur, in eóque prælibati Sancti Remigij, & plurimorum aliorum Sanctorum corpora deuotissimè venerantur & requiescunt, ac Ampulla, quæ per Sanctos Angelos in columbæ specie de cœlo transmissa fuit.*

15. Præpositura de Courtizol suæ institutionis debet initium Guilielmo Catalaunensi Episcopo, & Hugoni Campaniæ Comiti, qui sui obsequij tesseram erga B. Remigium testaturus, quædam iura in prædicto loco sibi debita incolis gratuito remisit, cùm in Palæstinam proficisci vellet. Charta relaxationis sic incipit, *Cùm Hierusalem vellem expetere, de proprijs reditibus quamplurimis (asis Dei plurima mihi placuit condonare, inter quas Ecclesiæ Sancti Remigij Francorum Apostoli villæ*

HISTORIÆ. Lib. III. 347

villæ, quæ Curtifaurum nuncupatur, faluationes quas homines eiusdem villæ mihi dabant spontaneè condonaui ann. 1114. Henricus Campaniæ Comes in rescripto pro Burgensium custodia, Joscelini Præpositi meminit ann. 1151.

ARCHI-COENOB. REMIGIA.

15. Præpositura de Lupimonte in Diœcesi Catalaunensi statim erecta est, ac rogatu Raynaldi Archiepiscopi, prędicti loci Altare concessum à Godefrido Catalaunensi Episcopo ann. 1134. Hugonémque præterea Campaniæ Comitem benefactorem agnoscit.

17. Præpositura d'Escharson in Diœcesi Remensi nobilis quidem, sed obscuræ est fundationis, loci dominium ad Præpositum spectat, qui & justitiam habet mediam, & infimam.

18. Præpositura de Braux, in Diœcesi Catalaunensi vetus est, & optimi reditus. Comitissa Hildiardis villam de Braux dedisse legitur Sancto Remigio, & Erbertus Episcopus Altaria de Vernoul, de Capella, de Villers cum additamentis ann. 1128. vbi Præpositus quædam iura percipit, quæ in Chartis pleniùs referuntur.

Sunt & minores quædam aliæ Præpositurę, Beneficia item Claustralia quinque, & laïci Custodes quatuor, qui per vices in choro pernoctare solent iuxta vetustissimum Ecclesiæ morem, de quo Gregor. Turon. lib. 2. de gloriâ Martyrum cap. 46. & lib. 4. histor. Franc. cap. 11. Concilium item Aurelian. 2. can. 12.

Altaria seu Parochiæ ad præsentationem Abbatis in varijs Diœcesibus sunt sexaginta duæ, præter viginti quatuor Capellanias, & Canonicatus Sancti Timothei Remensis duodecim, quos Abbas pleno iure confert, & Conuentus sede vacante, de his omnibus fusiùs egi in historia vernaculè scripta, quam Ascetis Remigianis tradidi, vbi & verba illa *Altare impersonaliter tenendum, sine Persona, absque Personarum vicissitudine, Beato Remigio contradidi*, quæ passim in Chartis donationum leguntur, ad mentem Claromontani Concilij, & Iuonis Episcopi explicata sunt.

*Priuilegia Remigianis à summis Pontificibus indulta.*

## CAPUT XIII.

VT amplâ dote, sic haud vulgaribus titulis & honoribus Remigianum fulget Monasterium, id enim sacrum, venerabile, ac gloriosum passim nominatur in bullis summorum Pontificum, Callisti 2. præsertim, Paschalis, & Eugenij, ob loci, vel etiam regulæ sanctitatem, quæ constanter in eo multos annos viguit, Monasterium item Remense, vel Ecclesiæ Remensis ab Hincmaro vocatur epistolâ ad Carolum Caluum, quod Archiepiscoporum curæ

subesset,

ARCHI-
COENOB.
REMIGIA.
subesset, inde enim Archimonasterij nomen quidam fluxisse putant, in bulla Ioannis 13. ab Innocentio 4. confirmata luculenter ( vt creditur ) expressum; vel ob arctissimum cum Matrice Ecclesia foedus, societatem vocant, hactenus inuiolabiliter conseruatum, cuius meminit Leo 9. in suo diplomate de dignitate Altaris Sancti Remigij: ob id Remigiani Abbates, alijs Dioeceseos Abbatibus praeponi solent, chartisque omnium primos olim subscripsisse reperio, vel synodis interfuisse. Ius quoque habent Archiepiscopum in iucundo suo aduentu excipiendi, ac Capitulo praesentandi, deferendique sacram Ampullam cum insigni apparatu die inaugurationis Regum Francorum, quod illis peculiare est, velut depositi pignoris caelitùs missi custodibus. Monachi quoque parem habent praerogatiuam respectiuè, tam in eiusmodi functionibus, si Abbas abfuerit, quàm in Clero post Rem. Eccl. Canonicos, praesertim cum sacri Chrismatis distributioni intersunt, coetibus vrbicis, ac publicis supplicationibus; in quibus tamen mixtim incedunt cum Nicasianis, digniori loco Abbati vel Priori S. Remigij reseruato, quae omnia, cùm cunctis nota sint & obuia, prolixiùs referre operae pretium non duxi.

Tabulario gaudet Monasterium tot bullis summorum Pontificum, Regúmque chartis, ac Principum referto, vt ex his volumen integrum facile confici possit, priuilegia tamen ( si aliquot excipias ) vulgaria sunt omnino, & vt plurimùm obsoleta hoc tempore, & inueterata: nullum tamen est quo ab Archiepiscoporum iurisdictione eximatur, tot enim ab his cumulabatur beneficijs, vt Abbatum nemini venerit in mentem emancipationis priuilegium à Sancta sede Apost. postulare.

Priora vt Leonis 9. Paschasij, Callisti ad hoc concessa sunt, vt metum incutiant raptoribus bonorum Ecclesiasticorum anathematis comminatione, vel vt Monachorum quieti consulant, praedijs eorum in vniuersum confirmatis; at emergentibus subinde dissidijs pro decimarum partitione, quae ad Monachos Altarium concessu deuolutae sunt, expressioribus opus fuit, quae praedia, villas, ac decimarum iura sigillatim, iuxta schedulas ab Abbatibus Romam missas, exponerent, haec Pontificum mutatione renouabantur, recèns partis, aut collatis prioribus semper additis.

Generales hae Bullae viam strauerunt ad particulares, quibus seueriora regulae statuta aliquatenus temperata, Abbatum nouis indultis aucta dignitas, vexationésque repressae, quae sensim in Monachos auiditate saecularium inualescebant; primi generis instar sit haec Alexandri IV. quae sic incipit. *Dilecto filio Abbati Sancti Remigij &c. ex parte tua fuit nobis humiliter supplicatum, vt cùm obseruantia tui ordinis ab ipsa sui institutione multùm sit rigida, difficilis, atque grauis, fueritque postmodùm per felicis recordationis Gregorium papam praedecessorem nostrum, & quosdam alios, tam auctoritate sedis Apostolicae, quàm Legatorum*
*ipsius*

# HISTORIÆ. LIB. III.

ARCHI-
COENOB.
REMIGIA.

*ipsius superaddita statuta grauia, diuersarum pœnarum adjectione valla-*
*ta &c. præsentium tibi auctoritate concedimus; vt super obseruatione sta-*
*tutorum ipsorum, quæ de tuæ substantia regulæ non existunt, tu, &*
*successores tui cum Monasterij tui, eiusque membrorum Monachis, præ-*
*sentibus, & futuris, liberè dispensare possitis, ijs dumtaxat exceptis super*
*quibus in eadem regula est dispensatio interdicta, datum Neapoli XI. Ka-*
*lendas Februarij, Pontificatus nostri ann. 1.*

Item pro Electione Abbatis 11. Idus Octobris, Alexandri Pontificatus ann. 6. ita vt Remensis Archiepiscopus (nisi casu negligentiæ) in defuncti locum prouidere non possit. Pro augenda Abbatis dignitate extat Innocentij rescriptum Anagniæ datum 16. Kalend. Septembr. Pontificatus ann. 12. quo ei permittit mitræ, & annuli vsum, & vt duos minores Ordines conferre possit, Bullæ hic tenor est.

*Innocentius Episcopus seruus seruorum Dei, dilectis filijs Abbati, &*
*conuentui Monasterij Sancti Remigij ord. S. Benedicti salutem, & Apost.*
*Bened. vt pulchra, & decora filia Hierusalem fidelibus, & terribilis infi-*
*delibus appareat &c. Ea propter dilecti in Domino filij vestris supplicatio-*
*nibus inclinati, tibi fili Abbas, & successoribus tuis in perpetuum, vtendi*
*annulo, mitrà, tunicà, dalmaticà, chirothecis & sandalibus, benedicendi*
*calices, & pallas altaris, & alia ornamenta Ecclesiastica, dandique be-*
*nedictionem coronæ, ac duos minores ordines, Ostiariatum vid. & Lecto-*
*ratum, ac benedictionem solennem in diuinis officijs, & in mensa, plenam*
*concedimus auctoritate præsentium facultatem.*

Idem Pontifex eodem anno 3. nonas Septembris, Remigianis impertit facultatem, vt pileis ordini congruentibus vti valeant. Vt nullus Delegatus, vel Subdelegatus, Executor, aut Conseruator auctoritate sedis Apostolicæ, vel legatorum ipsius, in eos seu Monasterium excommunicationis, suspensionis, vel interdicti sententiam valeat promulgare, absque mandato sedis Apostolicæ speciali, faciente plenam de hac indulgentia mentionem, rescripto Lugduni dato 20. Kalend. Aprilis, Pontificatus an. 2. sunt & alia minoris momenti, quæ breuitati studens, prætermitto.

Honorius Papa prohibet nè Archiepiscopus Remensis plures sæculares, quàm duos, vel tres Canonicos visitando Monasterium in Claustrum inducat hâc chartâ. *Honorius dilectis filijs Abbati, & con-*
*uentui Sancti Remigij Rem. S. & Ap. B. vt iuxta illius supremi post Chri-*
*stum Pastoris edictum, Pastor forma futuri gregis ex animo dignoscatur &c.*
*attendentes igitur quod indecens est, vt venerabili fratre nostro Rem. Ar-*
*chiepiscopo in vos, vel Monasterium vestrum visitationis officium exer-*
*cente, sæculares intersint, per quos possit in claustro dissolutionis materia pro-*
*uenire, cùm nequaquam Claustralibus benè consulatur, auctoritate præ-*
*sentium firmiter inhibemus, vt nullos de cætero sæculares in Capitulum,*
*nisi duos vel tres Canonicos de Canonicis Ecclesiæ suæ in decenti habitu, vi-*
*ris alijs quot expedire viderit religiosis adjunctis, secum visitationis tempo-*

*re*

**METROPOLIS REMENSIS**

ARCHI-
COENOB.
REMIGIA.

*re introducat. Nulli ergo, &c. Datum Laterani 4. Idus Januarij, Pontif. ann. 3. Christi ann. 1219.*

Nicolaus IV. ad instar Honorij III. & Innocentij Prædecess. suorum, Remigianis indulget, vt nullus in eos vel Monasterium sine manifesta & rationabili causa, monitione præmissâ, excommunicationis susp. & interdicti sententias promulgare præsumat, Romæ apud Sanctam Mariam Maio. 5. Kalend. Februar. Pontif. an. 1. Eodem, 10. Kal. Februar. permittit vt ingredientes religionem apud S. Remig. bona largiri possint, feudalibus tantùm exceptis, quæ ijs contingere possent, si in sæculo diutiùs permansissent.

*Idem indulget Alexād. Pontificatus ann. 7. 10. Cal. Febr.*

His, & similibus Bullis, quas longum esset referre, tabulariorum cujusvis Monasterij cistulæ passim refertæ sunt, quæ si nonnullis velut quisquiliæ videantur, curæ tamen Abbatum, monastici ordinis status, ac vexationum, quæ nusquam deerunt, testes sunt, ac monimenta.

---

*Abbatum Sancti Remigij Remensis Catalogus.*

## CAPUT XIV.

945. Hincmarus post restitutam, Hugonis Archiepiscopi studio, apud Remigianos asceticæ vitæ normam, canonicè eligitur, sitque primus Abbas regularis ann. 945. vir magni nominis, & ad promouendam religionem, quæ nouos spiritus susceperat, perquàm idoneus. Eo annitente, Benedictini instituuntur in Mona-

948. sterio de Humbliers Diœcesis Nouiomensis ann. 948. ex charta Ludouici 4. quæ sic habet, *Fauente igitur Conjuge nostra, & venerabili Archiepiscopo Artaldo, cum Episcopis Widone, & Geduino, & Clarissimo Abbate Hincmaro &c.* Priuilegium obtinuit ab eodem Rege pro

954. immunitate Castri Sancti Remigij 954. & pro Curte de Cosle in Ger-

965. mania ab Ottone 965. vnde sequitur nullum Frodoardo relictum locum, quò Sancti Remigij Abbas dici possit, cùm hic præsulatum abdicarit an. 963. vt scribit in Chronico, Hincmarus verò post 22. annos

967. regiminis desierit 4. Martij anno 967. telluri in Ecclesia mandatus.

Hugo præfecturam adeptus est eo tempore, quo Principum largi-

970. tionibus mirificè splenduit Monasterium, completísque duobus annis, obijt 4. Augusti an. 970.

Rodulfus canonicè electus eodem anno, Benedictionis munus ab Odalrico suscepit: eo regente, vt Canonicis in Monasterio Mosomensi Monachi substituerentur, selecti sunt quidam è sodalitio Remigiano, quibus Leotaldus Prior de Tin præfectus est ab Adalberone Archiepiscopo, qui & Abbatiam S. Timothei ad vsum Hospitalitatis

Beato

## HISTORIÆ. LIB. III.

Beato Remigio concessit ex Bulla Joan. 13. Rodulfus interfuit synodo apud montem Sanctæ Mariæ an. 977. exemptus 30. Augusti 983.

Lethardus ab Ottone 3. priuilegium pro Curte de Cosle, & præpositura de Marsna obtinet an. 986. functus 19. Septemb. 989.

Arbodus ab Arnulfo Archiepiscopo Burgum accepit 3. sui Pontificatus anno ex charta donationis, quam Hugo Capetus suo diplomate confirmauit, cui, vt videtur, imago Regis impressa est, tum post viginti annos præfecturæ, naturæ pensum exoluit ex Epitaphio.

> *Hic iacet Arbodus Abbas egregius,*
> *Quem grege Pastorem de proprio vigilem*
> . . . . . . . . . . . . . . . . . . . . . . . . . . . .
> *Postquam bis denis veste senectutis,*
> *Hunc tibi Bernerus ornauit titulum.*

Airardus genere nobilis, Abbas ordine sextus, & ab Arnulfo benedictus, suæ Ecclesiæ restaurationem, Præsulum exemplo, qui post Millenarium huic rei studium impendebant, strenuè aggressus est, quam morte præuentus imperfectam reliquit, depositionis dies 11. Januarij notatur in Necrologio, annus clarescit ex Epitaphio, éstque 28. ab obitu prædecessoris.

> *Hic tumulatur Airardus, generosus, & Abbas,*
> *Ecclesiæ speculum, ac patriæ columen.*
> *Prudens, ac sapiens, humilis fuit iste, beatus*
> *Moribus, & meritis nobiliter viguit.*
> *Remigius præsul proprium hunc nutriuit Alumnum,*
> *Quem dolet amissum tota caterua pium.*
> *Octonis quoque bis denis his rexit ouile,*
> *Dic lector tituli, parce Redemptor ei.*

Theodoricus à Widone Archiepisco confirmatus, *Deductâ à Proauis pollebat generositate, morum etiam eximiâ nobilitate vigebat*, vt loquitur Anselmus: hic destructâ ædificij mole à prædecessore inchoatâ, quòd majoris esset impensæ, aliud seniorum consilio aggressus est, quod perficere non potuit: adhuc viuens Herimarum sibi successorem delegit, & obtentâ ab Henrico Imperatore donationum de Marsna & Cosle confirmatione ann. 1046. excessit 6. Octobris ann. 1048. in Odeo tumulatus ex sepulchrali hac inscriptione.

> *Stat Theodoricum decoris meruisse sepulchrum,*
> *Qui magnâ magnum sic munerat æde Patronum.*
> *Tum vir magnificus fuit, Abbas munere dignus.*
> *Quippe gerens habitus virtutis de speciebus,*
> *Fouit vt vndenos pater his commissa per annos*
> *Octobris sexta, sua quæque recepit origo,*
> *Clemens ergo stolam, reduci pater indue primam,*
> *Atque spei summam recreato trade secundam.*

Herimarus

**ARCHI-COENOB. REMIGIA:**

Herimarus præpositus de Montana, vt fertur, insignis vir prudentiæ, à Widone benedictionis munere suscepto, restaurationi Ecclesiæ à prædecessoribus feliciter inchoatæ, coronidem imposuit, obtinuítque vt à Leone 9. eadem Ecclesia consecraretur ann. 1049. vbi & Pontifex Concilium tenuit, illustríque priuilegio altare à se consecratum nobilitauit:

*Ex vita S. Theobald.*

hic hortante Geruasio Archiep. Canonicos restituit apud Sanctum Timotheum, Theobaldum in suo hospitio Remos transeuntem excepit, completísque 25. annis in Præsulatu, diem clausit extremum 7. Septembr. ann. 1071. huic mœrentes Ascetæ velut egregiè perfuncti muneris monimentum exhibituri, versus sequentes tumulo conscripsere.

*Hic jacet Herimarus, cui se si conferat alter,*
*Si se per meritum conferat, alter erit.*
*Per meritum dico, per quod Pater ordinis huius*
*Ordinis, & rerum commodus auctor erat.*
*Nil sibi virtutum, nil Sanctæ defuit artis,*
*Nec grauis incessus, sed neque sermo grauis.*
*Mille trecentenis decursibus hebdomadarum,*
*Appositis septem, rexit ouile suum.*
*Cùm ruit hic ipsà, noster ruit ordo ruinà,*
*Decidit & totus, hoc moriente, locus.*
*Qui si non tantùm ipsi quod facit est aliquantum,*
*Credimus hoc per eum deposuisse Deum.*
*Exuitur membris septena luce decembris,*
*Sed peperit meritum viuere post obitum.*

Sedem aliquot annos post Herimari obitum vacasse, probant Gregorij 7. Epistolæ ad Hugonem Cluniacensem, quibus etiam patet Abbatem S. Arnulfi Metensis ab Archepiscopo lectum fuisse ac Monasterio præpositum, *Admodum mihi placet* ( inquit Pontifex ) *hic Abbas, & si posset ferre onus vt vtrasque Abbatias regeret Metensem & Remensem, laudassem..... at eo hoc onus præ modestia recusante.*

1076.

HENRICUS, Archiepiscopo Simoniacum postea nequicquam vi intrudere nitente, eligitur ann. 1076. quo & chartæ in tabulario S. Basoli seruatæ subscripsit. Hic non literis, non genere clarus ( inquit Guibertus de Nouigento ) sed in rerum forasticarum fuit dispensatione conspicuus, trium Abbatiarum Abbas, S. Remigij, Hamaliarensis cœnobij, & Nouigenti, absumptus 17. Martij 1094. eo regente Philippus I. confirmat Justitiam Burgi 1094. florétque Wido thesaurarius pauimenti Ecclesiæ auctor, & Ægidius de Lagery Vrbani II. consanguineus ex Alberico. *Odo Castilloneus*, inquit, *habuit alium fratrem Radulfum patrem Gerardi, cuius filius alter Gerardus genuit Odonem patrem Gerardi & Ægidij de Lagery Monachi Remensis.*

1097.

Robertus vel Rupertus insignis vir literaturæ, impensè laborauit

pro

## HISTORIÆ. Lib. III.

pro prædecessoris Canonica electione tuenda aduersùs Manassem Archiep. ex epistolis Gregorij 7. ad Godefridum Parisiensem Episcopum, interfuit Concilio Claromontano, profectúsque est ad bellum sacrum cum Cruce signatis: at insimulatus quòd res Monasterij dissipasset, exauctoratur ann. 1097. secessítque ad Prioratum Senucensem vbi Gesta Dei per Francos, ac Hierosolymæ obsidionem stilo sat eleganti descripsit. Episcopi ad synodum Remis adunati, censuerunt Robertum ab hac solitudine ad primum Monasterium (vbi habitum religionis susceperat) remittendum, at Vrbanus horum iudicium antiquauit ex Epistola ad Manassem 2. Archiep. sic Robertus excidisse videtur à gradu an. 1097. Callistus 2. ob iteratas forsan querelas, non ab administratione solùm Abbatiæ pellendum iussit, sed & à præpositurâ Senucensis possessione, quæ ipsi permissa fuerat in solatium suæ exauctorationis per rescriptum Laterani datum 17. Calend. Junij ann. 1119. In Concilio Remis paulò post habito, S. Godefridus Abbas de Nouigento rogatur ab Episcopis, vt Cœnobij Sancti Remigij curam suscipiat, at is sua sorte contentus, sponsam minimæ dotis ditiori prætulit.

ARCHI-COENOB. REMIGIA.

*Hanc Vrbani Epistolâ to. 2. reddemus, vbi de ipsâ Ruperti exauctoratione agetur.*

1098.

Burchardus ex alieno claustro expetitus, Remigianis præficitur circa annum 1098. subscripsítque ann. 1100. donationi Altarium de Lageri, & de Ambleio in tabulario Dionysiano. Suspicor Robertum, & Burchardum Burgoliensis cœnobij Alumnos fuisse ex carmine prædicti loci Abbatis ad Odonem Hostiensem Episcopum, qui Odoni Remensi ad summum Pontificatum assumpto, successit, vbi de vtroque sic loquitur:

> *Et potes, & debes, nisi me contempseris Odo;*
> *\* Abbatem Sancto reddere Remigio:......*
> *Burchardum commendo meum, quem diligo multùm,*
> *Tutelaque tua, consiliòque tuo.*

\* *Robertum scil. exauctoratum.*

An post tres annos præfecturæ Burchardus abdicarit, vel ei Azenarius intenderit litem, aut certè is sit, qui eodem anno Basoliensis cœnobij prope Remos onus suscepit, certò affirmare non possum, cùm simul recessisse Burchardum, & rerum potiri Azenarium idem annus referat: legitur in Chronico Virdunensi, alias flauiniacensi, actum in Concilio Pictauiensi ann. 1100. de expulsione Abbatis S. Remigij iniusta, & Burchardi substitutione illicita, & cùm diu re ventilatâ, conuersatio eius sancta, introitus legitimus, promotio, atque sacratio inuenta essent Canonica, & literis Domini Papæ Vrbani 2. roborata, &c. At cuius? non explicat, de Burchardo Robertus in sui operis præfatione sic habet, *Quidam enim Abbas nomine B. literarum scientiâ, & morum probitate præditus ostendit mihi &c.*

*In præfatione operis de bello sacro.*

Azenarius igitur præsulatum iniit an. 1100. ex chartis authenticis. Hic claritudine generis fulsit, & affinitate Guidonis de Trimolio, qui

1100.

ARCHI-
CŒNOB.
REMIGIA.
redux ab expugnatione Hierusalem, quò migrauerat, Monasterium S. Remigij flammis exustum, ac deformatum ann. 1098. suis sumptibus restaurauit, vt habet schedula nuper reperta ponè Virginis Iconem supra gradus Oratorij Nouitiorum Azenarij curâ positam ann. 1100. Et quamuis ibi Guido vocetur Trimoliensis dux, id forsan dictum, quod Ducis Officio perfunctus sit in bello sacro, vt Raimundus Comes, Dúxque cohortis vocatur, item Balduinus Flandr. & alij.

Indices meritorum Azenarij, & viui præcones sunt ea quæ gessit pro dote Monasterij amplificanda, is enim à Paschali 2. in Concilio Trecensi 1107. confirmationem bonorum omnium obtinuit, & à Ludouico 6. præceptum pro mercato Burgi, & iustitia; exortam dudum cum Nicasianis pro banno Sancti Sixti discordiam composuit, datísque, vt dicitur, decimis de Vraux pro Anniuersario, diem clausit 30. Julij 1118. sepultus in Ecclesia, cum hac sepulchrali Epigraphe.

1118.

*Quæ non effari valet os, nec cor meditari,*
*His Azenari venerande Pater satiari*
*Te faciat Christi dignatio, quem coluisti,*
*Quem magis optabas, quàm viuere Dominus Abbas.*

Ex Chronico Mauriniac. & ex Surio in vita S. Godefridi.

Odo Mauriniacensis cœnobij Alumnus in Diœcesi Senonensi prope Stampas, & Abbas S. Crispini majoris Suessionensis, ab Azenario designatus successit an. 1118. vir eximiæ virtutis & prudentiæ, obtentis à Callisto 2. ann. 1119. Honorio 1126. & Eugenio 1145. generalibus ( vti moris erat ) priuilegijs, Monachos ad prioratum de Hosdein induxit, Alexandri Episcopi Leodiensis assensu, qui & honoris gratiâ, *Odonem Reuerendissimum*, in suo diplomate nominat; religionem quoque aliquatenus tepefactam in meliorem statum apud Remigianos reparare studuit ex epist. 91. S. Bernardi *Reuerendis Abbatibus apud Suessionem congregatis* inscripta. Studio eiusdem, & expensis Monasterij, erectum est Cartusiæ Montis Dei cœnobium in Diœcesi Remensi. Inita quoque cum Cluniacensibus societas tempore Odonis, & Petri venerabilis, decreto quod sic incipit, *Notum sit vniuersitati Cluniacensium, quod Ego frater Petrus Abbas indignus, cum assensu, & fauore Capituli nostri, concessi, & præsenti scripto confirmo, quatenus charissimus noster domnus Odo Sancti Remigij Abbas Venerab. cum societate nostra, & participatione bonorum nostrorum hæc habeat à nobis, Capitulum teneat in Cluniaco; & in nostris locis quemadmodum Abbates nostri vel nobis professi, post obitum suum agatur pro eo officium & Missa generalis, & similiter trigenarius Missarum in Cluniaco, fratribus verò Sancti Remigij Rem. Capitulum nostrorum concedimus, & pro defunctis ipsorum, cùm Breuis in Cluniaco aduenerit.*

Nec arcuatum opus alio translatum est.

Odo virtutibus plenus animam in manu Conditoris consignauit 10. Junij 1151. sub abside ( vt fertur ) in ingressu chori versus septentrionem tumulatus.

HUGO

## HISTORIÆ. LIB. III.

HUGO ex priore Clauſtrali lectus Abbas, à Samſone Archiepiſcopo benedicitur, qui & patronatus à Monaſterio dependentes nouo diplomate confirmat, additis oneribus, quæ in eo referuntur. Ludouicus VII. priuilegium quoque indulſit ann. 1151. vbi meminit Juſtitiæ Burgi S. Remigij, Caſtelli Corbeniaci, & prioratus Senucenſis. Henricus Comes Trecenſis ſe aduocatum faſſus eſt bonorum Eleemoſypariæ, hominibus exceptis extra ditionem ſuam commorantibus. Hugo ſocietatem contraxit cum Aſcetis Sancti Vedaſti: expletiſque vndecim annis in Præſulatu, depoſito carnis onere, migrauit ad Chriſtum 18. Aprilis 1162. viſitur tumba lapidea in capitulo, cui tale inſcriptum eſt Epitaphium.

*Hic iacet Hugo Abbas huius loci;*
*Anima eius requieſcat in pace.*

Petrus Abbas Cellenſis in Diœceſi Trecenſi ex Dampetræ familia, ad Sanctum Remigium transfertur ann. 1162. vir longè doctiſſimus vt Epiſtolæ à Sirmondo editæ, & alia nuper euulgata opera indicant; dignúſque præconijs, quæ in Epiſtola Petri Cardinalis ad Alexandrum III. recenſentur; aliquot religioſos à ſe enutritos ſecum Remos adduxit, inter quos eminet Fulco Eſtonum Epiſcopus in Dania, Anglóſque exules ad otium literarum, vt Joannem Sarisberyenſem, aut vim pro religione perferentes comiter ad ſe inuitabat his verbis, *Si magna vos bellua* (inquit) *euomuerit de terra veſtra, eſt apud nos vobis domus parata cum omni ſumptu, vbi & copiam librorum, & ſtudendi otium inuenietis.*

Hic caput Eccleſiæ & faſtigium exterius, vbi Campanilia, renouauit, cum monachis S. Benigni Diuionenſis ſocietatem inijt 1174. tandem Alexandro III. carus, cuius aliquot excepit Epiſtolas, poſt 18. annos præfecturæ, Joanni Sarisberyenſi ſibi amiciſſimo, ſubrogatur in Epiſcopatu Carnotenſi, Necrologium Remigianum refert hunc aliqua prædia reliquiſſe apud Cruſniacum pro ſuo anniuerſario, Harderici quoque Patris, & Hauuidæ Matris ſuæ, quod 19. Februarij, quo & obijt, quotannis celebratur. Jacet apud Sanctam Mariam de Joſaphat cum hoc Epitaphio.

*Mœnibus, & plateis vrbem inſigniuit, & auxit,*
*Et varijs poſuit, tecta ſuperba locis.*
*Hunc pia plebs habuit, tanti pietatis amore,*
*Oſcula mille ſuis, vt dederit pedibus.*

Simon Petro ſuffectus à Guilelmo Cardinale benedicitur an. 1182. hic vtiliter præfuit multa ædificando, & onera ad quæ Monaſterium tenebatur excutiendo, eo regente Guilelmus Cardinalis ſe munificum erga Remigianos exhibere cupiens, bona eorum in ſua ſuſcepit clientela, Altaria de Driencurte, de Louuoy & de *Ville en ſerue* impertijt

pro

**ARCHI-COENOB. REMIGIA.**

**1196.**
**1198.**

pro suo Anniuersario, fratrísque sui Henrici Comitis Campaniæ, ac ius habendi Burgensem liberum in Banno Archiepiscopi anno 1196. Simon post decem & octo annos regiminis excessit 24. Julij 1198. funeratus in naui Ecclesiæ sub tumba, cui tale inscriptum est Epitaphium:

*Sufficit in titulo, Simon mitissimus Abbas,*
   *Dormit in hoc tumulo, cui placet oda breuis:*
*Prudens, præclarus, largus, deuotus, abundans,*
   *Sensu, doctrinâ, munere, mente, bonis.*
*Erexit, rexit, dispersit, respuit, emit.*
   *Ecclesiam, Monachos, danda, cauenda, Deum.*

nuper cùm humus, & rudera effoderentur pro locandis noui Odei fundamentis, Corpus eius integrum inuentum est, casulâ indutum cum pedo Pastorali in sarcophago lapideo.

**1199.**

Petrus de Ribodimonte genere nobilis, rexit quinque annos, pacificauit cum Hugone 2. Regitestensi Comite pro iuribus assiliæ quæ sibi deberi contendebat in villis S. Remigij infra Comitatum sitis. Ab Innocentio 3. priuilegium obtinuit, vt vigente interdicto generali, diuinum Officium celebrari posset à Remigianis januis clausis, exclusis excommunicatis, & non pulsis campanis, migrat 30. Julij 1203. in Capitulo sepultus ad latus Hugonis 2.

**1203.**

Ingo maturus annis, è Priore claustrali lectus Abbas, breue est assumptus 9. Julij 1205.

Milo de Basochijs familiâ nobili post 10. menses præfecturæ, ad Sanmedardenses transijt in suburbio Suessionensi.

Guido statim ac renunciatus est, & benedictus, renouat societatem cum Nicasianis de qua infra dicetur, nouámque contrahit cum cœnobio S. Remigij Senonensis: orto inter Abbates & Burgenses banni Sancti Remigij dissidio pro vectigali seu tallijs immoderatioribus, quas hic ab ijs exigebat, Albericus Archiepiscopus eos ad concordiam reduxit, dictúmque est quid singuli soluere tenerentur, tam pro gisto, quàm pro obsequio Regis, de quibus in posterum Abbas solutâ summâ denariorum, vt condictum erat, oneratus maneret, hoc pactum Innocentius 3. an. 1212. & Philippus Rex 1219. confirmarunt, Guido hominem exuit 7. Septemb. 1212. relictis pro Anniuersario sexaginta solidis annuatim recipiendis die festo omnium Sanctorum.

**1212.**

*Hic prius apud Remigianos institutum monasticũ professus fuerat factus Abbas de Nouig. ann. 1201.*

Petrus Claudi ex Abbate de Nouigento, eligitur eo tempore quo statuta regulæ pessum ire cœperunt, Abbates in id potissimum attenti, vt eorum dignitas in dies clarior euaderet, obtinuit ab Honorio III. priuilegium nè Archiepiscopus Remensis in sua visitatione plures quàm duos vel tres seculares secum ducere possit intra Capitulum, quod in iure Canonico refertur, recepit quoque Constitutiones Gregorij IX. pro reformatione Monasteriorum latas ann. Pontificatus 6. Christi

# HISTORIÆ. LIB. III.

6. Christi verò 1233. quas consulat lector si velit, Abbates Remensis Diœcesis vni earum obstitisse probabile est, qua statuebatur. *Ne in aliquo prioratu vnus solus Monachus commoretur, sed ei qui solus est, vnus vel plures Monachi socij adjungantur.* Cùm ad petitionem eorum Pontifex hanc constitionem abrogarit rescripto, cuius hic tenor est. *Vniuersis Abbatibus Remensis Diœcesis &c. cùm in ordinatione pro reformatione vestri ordinis facta nuper à Sede Apostolica sit insertum, vt vbi vnus monachus commoratur alius associetur, eidem quieti vestræ prouidere volentes, auctoritate præsentium indulgemus, vt in huiusmodi locis, vltra id quòd hactenus est obtentum, nullus sibi de nouo præsumat hac occasione aliquid vsurpare, datum* 10. *Pontificatus.*

ARCHI-CŒNOBREMIGIA.

Petrus ætate confectus resignat in fauorem Adeodati ann. 1236. & sequenti occidit vndecimo Martij.

1239.

Adeodatus migrat 6. Augusti 1239. post tres annos regiminis.

1236.

Petrus de Sacy lectus mense Decembri, ab Innocentio IV. Lugduni degente confirmationem priuilegij de dignitate Altaris à Leone IX. consecrati obtinuit, aliáque minutiora priuilegia de quibus supra nonnihil diximus, tum, erecto Prioratu de Quercu, è viuis abijt 8. Octobris ex Necrologio ann. 1251. lapidi, quo tegitur, id exaratum pro Epitaphio.

1251.

*Largus, sensatus, mitis, isque vocatus,*
*E Saceio natus, jacet hic tumulatus.*

Sede diu vacante ob discordiam quæ pro electione Successoris emersit, ad supplicationem Prioris S. Remigij in Prouincia, quædam Reliquiarum particulæ decreto conuentuali concessæ sunt, ex sacrario extractæ, quò dicti Prioratus Ecclesia Matris suæ opibus ditaretur, vt constat ex actis Capitul. quæ sic habent. *Vniuersis præsentes literas inspecturis, Henricus prior, Joannes Cantor, totúsque S. Remigij Rem. conuentus &c. transmittimus vobis de Cilicio, de Casula, de Capillis, & de Sarcophago Beatiss. Remigij, de ossibus Sancti Clementis Papæ, & Martyris, de Capillis & Orario B. Virginis Mariæ, de S. Catharina, de S. Marculfo, de Sepulchro Domini, de Innocentibus; & dentem vnum Sanctæ Salabariæ Virginis de numero vndecim millium Virginum. De Baculo Sancti Remigij, per quem à Ciuitate Remensi Dæmonem effugauit..... Datum Remis ann.* 1251. *mense Januario.*

Fortè de Horario vel Oratorio.

Cum diu certatum esset pro deligendo Rectore; animis tandem ad concordiam reuocatis, Gislebertus renunciatur, qui mensibus vix quindecim in obeundo Pastorali munere exactis, diem obijt 25. Martij 1253. situs in sacello B. Mariæ.

1253.

Post Gisleberti obitum grauior oboritur difficultas pro custodia bonorum Monasterij Sede vacante; Rege hanc sibi deberi contendente aduersus Archiepiscopum, quòd Monasterium regalis esset fundationis: cùm lis ardesceret, & chartarum inspectione prorogaretur, Monachi

## METROPOLIS REMENSIS

**RACHI. COENOB. REMIGIA.**

nachi Pastore destituti, oblato supplici libello, vt moris erat, petunt ab Archiepiscopo licentiam Prælatum eligendi, hâc facilè obtentâ, dies omnium consensu indicitur eodem anno pro electione: visitur quædam schedula quâ Remigiani compromittunt, dántque potestatem prouidendi de Abbate vsque ad consummationem vnius candelæ in Capitulo accensæ, viris religiosis Petro Suppriori &c. *Ita quod quatuor prænominati possint eligere vnum de seipsis, vel aliam idoneam personam de gremio ipsius Monasterij, vel aliunde prouidere, promittentes se gratum habituros, quicquid prænominati concorditer duxerint faciendum, ita tamen quod vno discordante, nihil valeat processus aliorum,* vi compromissi huius electus est.

**1254.** Odo 2. Innocentij 4. vt fertur, Capellanus, hic totus fuit in dignitate Abbatiali altiùs promouenda, indultis à S.S. Apost. de nouo obtentis, quibus vti mitra concessum, dalmatica, sandalijs &c. Monachis verò pileis ordini suo congruentibus: facultas quoque ei data est suos eximendi à grauioribus statutis Gregorij 9. auctoritate sancitis: renouat ipse societatem cum Capitulo Laudunensi, & post quin-

**1269.** decim annos Prælaturæ defungitur vndecimo Januarij 1269. situs in capella Sanctæ Mariæ cum hoc Epitaphio.

*Iustus, mansuetus, morúmque probitate repletus,*
*Vermibus iste datus fuit Abbas Odo vocatus.*
*Pontificis more primus, celebrauit honore,*
*Hoc sibi concesso, damnorum pondere presso,*
*Isti cœnobio, prælatus munere diuo,*
*Debita persoluit, & post tria lustra resoluit,*
*Cum trino mense, vilis cinis in cinerem sese*
*Anno milleno centum bis LX. que noueno,*
*Hic obijt, Ianique die de vertice deno.*

**1270.** Bartholomæus ex Priore de hosdein in Artesia electus confirmatur à Joanne de Courtenayo ann. 1270. Sanctam Ampullam detulit mitrâ & cappâ indutus, & eques à suo cœnobio ad Ecclesiam Cathedralem in Philippi Audacis inauguratione, recepítque brachium Sancti Philippi Apostoli Remos è Græcia delatum, conditóque Anniuersario, fatalem obijt diem 4. Julij 1284.

Joannes de Clinchamp nobili ortus familiâ, & Geruasij Cardinalis tituli Sancti Martini Frater, à Nicolao 4. aliquot priuilegia excepit quæ nos inter vulgaria, & obsoleta rejecimus: accusatus coram Archiepiscopo, quòd bona Monasterij ob ipsius œconomiam minùs prouidam dilapidaret, cogitur ire Romam ad Bonifacium 8. qui ad inquirendum quosdam delegauerat, vbi morbo correptus migrauit

**1297.** à sæculo vltimo Aprilis 1297. sepultus iuxta fratrem in æde S. Martini. Cor Remos relatum conditur sub tumba nigra, cui exaratum sequens Epitaphium.

*Clari*

*Clari Prælati, generosâ stirpe creati,*
*Cunctis Principibus, Clinocampóque probati,*
*Conditur hoc tumulo cor nobile Joannis,*
*Qui Monachi titulo, bis quinis plúsque sub annis,*
*Hic regium tenuit Abbas, & vixit honore,*
*Se . . . . . . . . . . . . . . . . . . . . . cunctis amore,*
*Corpus & ossa piâ Romæ cum laude probati,*
*Montibus Ecclesiâ Martini sunt tumulata,*
*Qua simul egregij tenet ossa si specialis,*
*Fratris Geruasij, istius tituli Cardinalis*
*Mille trecenteno Domini ternis minus anno,*
*Hic Abbas humilis in fine migrauit Aprilis.*

Rogerus ex Priore claustrali lectus Abbas, Petro Barbet Archiepiscopo obedientiam vouit, à quo & benedicitur ann. 1297. huic vasalli seu homines Monasterij hominium faciunt eodem anno, Robertum de Courtenay, comitantibus religiosis, Capitulo præsentat in suo iucundo aduentu, & vt possessionem iniret sui Archiepiscopatus 1299. eo regente, Clemens 5. aliquot statuta dedit in Concilio Viennensi, quæ nostrâ etiam ætate apud Benedictinos Rem. Diœcesis, quoad habitum præsertim Monachalem, seruabantur. Rogerus renouatâ societate cum Capitulo Laudunensi ann. 1312. decessit 17. Octob. 1317. iuxta altare Sanctæ Trinitatis sepultus.

1297.

1312.
1317.

Joannes de Monte canonicè electus, sacramento se obstrinxit Ecclesiæ Remensi paulò post festum S. Ambrosij an. 1318. Comitissa de Regiteste ei præstitit hominium pro feodis à Monasterio in suo Comitatu dependentibus, ipso quoque annuente, erecta Confraternitas apud Remigianos sub inuocatione S. Gibriani Confess. à Guilielmo Archiepiscopo confirmata an. 1331. dies eius obitus notatur 4. Martij in Necrologio. Statuta per id tempus renouantur per Benedictum 12. quibus Capitula Prouincialia singulis triennijs celebrari decernit, Abbates Prouinciarum Rem. & Senonensis in vnum conuocati Parisijs primò apud Sanctum Germanum conueniunt, vbi lecta & publicata Benedicti statuta ann. 1337. tum Compendij ann. 1373. & 1379. & ibidem adhuc sub Alexandro 1409. at bellorum tumultus, & dissidia quæ subinde in Abbatum electionibus emergebant, obstiterunt quin ex ijs aliquid vtilitatis & fructus Ordo reciperet.

1318.

1331.

Joannes dictus Lescot vouit Archiepiscopo supra majus Altare Ecclesiæ Remensis ann. 1347. absumptus 29. Decemb. 1362. iacet in capella claustri ad infirmariam, sub tumba in qua effigies Abbatis cernitur vestibus Pontificalibus induti cum hoc Epitaphio.

1347.
1362.

*Conditur hîc dignus Abbas, pius atque benignus, &c.*

Petrus de Marcilly præstitit obedientiam 3. Aprilis 1363. interfuit Capitulo

1363.

ARCHI-COENOB. REMIGIA.
1379.
*Statuta sancita ab his extāt ad calcem regulæ Parisijs editæ an. 1604.*
1394.

Capitulo Prouinciali Benedictinorum Compendij indicto feria 3. post Dominicam Jubilate 1379. iuxta constitutiones Concilij Viennensis & Benedicti 12. cui Petrus Abbas Lætiensis præsedit, à quo Joannes à Guisia Abbas S. Vincentij Laudun. delectus, & quidam alij cum eo, qui singulis Archiepiscopatuum Remen.& Senon.Episcopis Bullas Vrbani IV. & Gregorij Pontific. significarent. Petrus renouatâ societate cum Sandionysianis in Francia 3. Januarij defungitur ann. 1394. eo viuente, claruit Poncardus de vindenissa qui Ecclesiæ S. Remigij, ac dedicationis à Leone IX. factæ dignitatem panegyrico sermone celebrauit, Nicol. item de Larisvilla, collectionis cuiúsdam vitæ ac miraculorum S. Remigij auctor; at horum lucubrationes olim in pretio, nunc plutei tineas pascunt.

Joannes Canart ætate quidem iuuenis, at ingenio maturus, & Doctor in decretis, se obsequentem futurum spondet Archiepiscopo 26. Octob. 1394. paruum campanile, & lignariam fabricam Ecclesiæ plumbo cooperuit, & Monasterium ab onere per regios Commissarios imposito pro Ecclesiastica vnione exemit, quòd tam in Anglia, quàm in Germania villas S. Remigij milites deuastassent, tum 45. annis, & 8.

1439.

mensibus functus præfecturâ, mortalitatem expleuit ann. 1439. Eo clauum tenente, Monachi Prouinciæ Rem. quos prolixior psalmodia plùs nimio onerabat, fastidiúmque ingenerabat animis (præter jacturam temporis quod studijs impendi posset) rogant Alexandrum VI. vt diurno penso aliquid detrahere velit, at is id negotij horum prudentiæ remittit rescripto Neapoli dato 5. Calend. Januarij, Pontificatus ann. 1.

1439.
1461.

Nicolaus Robillart iurat Ecclesiæ Remensi 21. Decemb. 1439. rexitque sapienter, & pacificè per spatium viginti duorum annorum, exemptus 1461. 21. Julij ex Necrologio.

1462.

Emericus Hoquede S. Theoderici Abbas propè Remos, à Remigianis eligitur an 1462. diem ei dixit Capitulum Remense, quòd in suo aduentu, & ante possessionem adeptam non vouisset more solito supra majus Altare obedientiam Principi Ecclesiæ, ex actis Capitul.

1463.
1464.

23. Martij, Regi Ludou. XI. dedit reditus sui Monasterij, ac iurium declarationem iuxta libros polypticos seu censuales, obiitque 36. Januarij an. 1464. post tres annos, & quinque menses præsulatus.

1465.

Guilielmus de Villers, dictus Guilielmus Monachi electus mense Octobri, præstitit iuramentum Ecclesiæ Remensi eodem mense ann. 1465. hic regularium Abbatum vltimus, imminentia mala præsentiscens, vnionem à Paulo 2. præposituræ de Montana obtinuit cum mensa Abbatiali insigni rescripto, vbi Pontifex de dignitate Ecclesiæ Sancti Remigij, de Ampulla cœlitùs missa, & de Monasterio Regum largitionibus dotato magnificè, & insigniter loquitur, excessit

1472.

Guilielmus post septem annos, & aliquot menses regiminis 15. Octob. 1472.

*Ex*

## HISTORIÆ. Lib. III.

Expleto Guilielmi funere, Remigiani eligunt in Abbatem Nicolaum de Auxenuillers nobili prosapiâ, & Priorem de Conde, quem ferunt benedictum & confirmatum. At à Ludouico XI. qui Pragmaticæ sanctionis abrogationem proposuerat, quæ à Genebrardo libertatum regni Palladium meritò nuncupatur, regiâ auctoritate selectus est.

ARCHI-COENOB. REMIGIA.

Guido cognomento Bernardi Lingonensis Episcopus, & Ordinis Sancti Michaëlis, tunc recèns instituti, Cancellarius; coactus tamen est Nicolao annuam pensionem super aliquot prioratus assignare, hic temporali reditu per octo annos, & decem menses potitus egit animam 27. Aprilis, 1480.

1480.

Robertus de Lenoncourt Theodorici Victoriensis Balliuij filius nominatus à Rege, fastigium lateris Ecclesiæ vereùs meridiem extruxit, prioratum S. Marculfi vniuit mensæ Abbatiali assensu Pauli IV. ann. 1503. egregia peristromata contulit, factus Remensis Archiepiscopus, Nepoti suo eiusdem nominis Abbatiam resignat 1523. sublatus ann. 1532. cum fama integerrimæ, & laudabilis vitæ, corpus eius quiescit in Capella Sancti lactis, ad latus majoris Ecclesiæ, cor verò ante majus altare Sancti Remigij.

1503.
1523.
1532.

Robertus de Lenoncourt, præcedentis nepos ann. 1523. indict. 2. die veneris Pontificatus Adriani Papæ ann. 1. regnante Francisco I. possessionem Abbatiæ inijt in Commendam, hic factus Catalaunensis Episcopus post Ægidium de Luxemburgo præclari operis Mausoleum B. Remigio extruxit ann. 1534. Cardinalis creatur ann. 1538. Episcopus Metensis 1551. quo Rege consentiente, B. Remigij Abbatia vnitur cum Archiepicopatu Remensi à Julio 3. in fauorem Caroli à Lotharingia.

1534.
1538.
1551.

Carolus à Lotharingia Remensis Archiepiscopus & Cardinalis fit Abbas vi vnionis 1551. quo exustum Dormitorium Remigianum, & restauratum sumptibus Henrici II. Regis, qui Remis tunc aderat, obijt mense Decembri 1574. in majori Ecclesia tumulatus.

1574.

Ludouicus à Lotharingia præcedentis nepos, Bullas à Gregorio XIII. obtinuit datas, Romæ 3. Februarij 1574. hic Bibliothecam à Carolo inchoatam multis ditauit voluminibus & MSS, absumptus 24. Decemb. 1588. post ipsius obitum vacauit sedes Archiepiscopalis per aliquot annos, licèt Philippum Lenuncurtium Cardinalem tunc Romæ agentem à Pontifice ad hanc promotum quidam asserant, at eo ob bellorum tumultus pacificè frui non potuit.

1588.

Vacauit quoque Abbatia vsque ad Henricum IV. qui eam contulit Ludouico Musa Presbytero Cadurcensi, in fauorem tamen Henrici de la Tour Ducis Bullionei, qui reditus velut pensionem pro obsequijs recipiebat nullâ habitâ ratione vnionis cum Archiepiscopatu, quem obtinuerat Nicolaus de Peluè à Summo Pontifice, de qua vide Chopinum lib. 2. de Juribus religiosorum, & Epistolam E. Cardinalis Dossat datam anno 1596.

1596.

Philippus

**ARCHI-COENOB. REMIGIA.**

Philippus du Bec à Clemente 8. difficilè bullas obtinuit, tam pro Archiepiscopatu, quam pro Abbatia cum onere soluendi 10000. libras annuatim Domino de la Mark, in quem ius suum transtulerat Henricus de la Tour, quòd sectæ esset Caluinianæ, extat pactum inter eos initum 27. Septemb. 1602. vt discordia pro pensione ad sanctius concilium remitteretur terminanda, resignat.

1602.

Ludouico à Lotharingia, qui Philippo adhuc viuente, inijt possessionem, tam Archiepiscopatus, quàm Abbatiæ ( vi vnionis vt dicitur ) rexítque per viginti duos annos, functus vndecimo Junij 1621.

1621.

Henricus à Lotharingia nominatus à Rege 25. Febr. 1622. abdicat an. 1642. eo annitente, & seniorum Religiosorum assensu, Congregationis Sancti Mauri in Gallia R. Patres aduocati, religiosi spiritus primitias renouant apud Sanctum Remigium ann. 1620. huícque rei impensiùs incumbunt, erecto ibidem Nouitiatu, vbi tyrones ad vitam asceticam sedulò exercentur.

1622.
1642.

Henricus à Sabaudia Abbatiam tenuit vsque ad annum 1657. quo, ob fratris mortem matrimonium contracturus, pariter abdicauit.

1657.

Carolus Paris d'Orleans Ducis de Longueuille filius, sup. Consilij decreto possessionem inijt 5. Aug. 1659. cum exhibitis Romæ literis nominationis à Rege, Sum. Pontifex ipsius promotionem ob pueriles annos comperendinaret, eo pariter abdicante, D. Colbert nominatur à Rege, at eo ad aliam Abbatiam promoto, sedes iterum vacat hoc an. 1665. reditus verò Abbatiales Oeconomi à Rege præpositi curæ, interim relicti sunt.

---

*Defuncto Tilpino, res Episcopij Remensis Carolus occupat, Witikindus in Attiniaco palatio Baptizatur, Saxones cum Francis fœdus ineunt, Leo 3. ab Imperatore Remis suscipitur.*

## CAPUT XV.

Sede Remensi vacante post Tilpinum, quid relatu dignum occurrerit in Diœcesi vsque ad Vulfarium, breuiter hîc referemus: tradunt Annales Carolum, ob frequentes Saxonum defectiones, vltra Rhenum sæpius bella mouisse, vt præsens horum superbiam, ceruicositatémque retunderet; ter enim & trigesies defecisse scribit Eginardus. De his insigni tandem Rex potitus victoriâ anno 785. præcipuos horum Duces Witikindum, & Albionem ad deditionem compulit, qui ad Attiniacum Palatium, quò cum regni Primoribus se receperat Carolus, venientes, Christianismum se amplecti velle libenter professi sunt, suscepto ibidem reipsâ Baptismate, multis præsentibus, ex Poëta Saxonico.

785.

Paulo post Sclauis Germaniæ populis, qui Oceani septemtrionalis ripam

789.

# HISTORIÆ. LIB. III.

ripam incolebant mare Balticum versùs, vbi est Pomerania, & insula Rugen, pariter descisentibus, & Hunnis anno sequenti: Carolus Saxonum armis opportunè in eos vsus est, Ducúmque operâ, quos finito bello, amplis muneribus ditauit ex eodem Auctore ad annum 793. Cúmque inter tot duces egregiam nauasset operam Anscherus quidam Saxo, huic in beneficium dedit terram de Neuillac siue Nouilliacum, quam Carlomannus Ecclesiæ Remensi pro sepultura impertierat, vt patet ex charta restitutionis ipsius, quæ ad calcem Frodoardi edita est, sícque incipit.

*Defuncto Pippino Rege 8. Kalend Octob. in Monasterio Sancti Dionysij, filij eius Carlomannus, & Carolus secundum dispositionem Patris sui, & consilium Regni Primorum, diuiserunt inter se regnum Paternum, & eleuati sunt in Reges 7. Idus Octob. Carlomannus Suessionis, & Carolus in Nouiomo, sicut in Annali regum scriptum habemus.*

*Anno 4. regni sui infirmatus est Carlomannus, infirmitate qua & mortuus est in Salmuntiaco, & ante obitum suum per præceptum regiæ suæ auctoritatis, quod habemus, tempore Tilpini Archiepiscopi, tradidit villam Nouilliacum cum omnibus ad se pertinentibus, pro anima sua remedio, & loco sepulturæ, ad Ecclesiam Remensem Sanctæ Mariæ, & Basilicam S. Remigij, in qua & sepultus est: post cuius obitum, Carolus frater eius Præcepto, quod habemus, sua auctoritatis, ipsam traditionem confirmauit.*

*Defuncto Tilpino Archiepiscopo anno 23. postquam Carlomannus Remensi Ecclesiæ villam Nouilliacum tradidit, tenuit D. Rex Carolus Remense Episcopium in suo dominatu, & dedit villam Nouilliacum in beneficio Anschero Saxoni, qui nonas, & decimas ad partem Remensis Ecclesiæ de ipsa villa, vsque ad mortem suam persoluit. Et defuncto Domno Carolo, sed & ipso Anschero, postquam præfatam villam cum omni integritate Remensi Ecclesiæ tradidit, semper ipsa Ecclesia inde vestituram, sicut prædictum est, per annos 37. habuit &c.*

Ex his patet post Tilpinum sedem Remensem vacasse, résque illius in suo dominatu, hoc est in sua potestate Carolum retinuisse, quas Patrum suorum exemplo militibus suis pro libito distribuit. Huius sacrilegij labes, quæ longiùs postmodum in Ecclesiæ perniciem serpsit à Carolinis orta creditur, infecítque ac miserè depasta est non solùm Remensis Episcopij villas & prædia, sed & Sancti Dionysij Parisiensis regale Monasterium, quo Ardulfus quidam, ob meritum seruatæ fidei, per hæc quoque tempora donatus fuit ex Eginardo, hinc Ludouicus Cæsar ingenuè fatetur & agnoscit in suo diplomate apud Frodoard. lib. 2. cap. 17. *Predecessores suos Episcopium Remense contra salutem suam aliquamdiu tenuisse, & in suos vsus contra Ecclesiasticas regulas, res ac facultates Ecclesiæ ipsius expendisse,* quod intelligendum puto post Tilpini obitum, & sic eo interuallo, quo sedes vacauit.

SEDES ARCHIEP. VACAT.
An. 790.

793.

*Poëta Saxonicus refert etiam Saxones à Carolo amplis muneribus ditatos ann. 793.*

Carolus

SEDES AR-
CHIEP. VA-
CAT.
An. 796.

Carolus iterum Romam pergere coactus anno 787; quò Longobardorum proteruiam frangeret, litem diremit Romanos inter & Francos pro cantu Ecclesiastico; illísque palmam adjudicauit; è quibus duos in arte canendi egregiè versatos apud se retinuit, quorum vnus Mediomatricum missus est, alter verò Augustam Suessionum, vt cantum Belgicum ad Romanæ Ecclesiæ normam reformarent.

Adriano Pontifice exempto, Leo III. ipsi suffectus Claues Beati Petri Carolo mittit per Legatos, cum vrbis Romæ vexillo, petiitque vt aliquem mitteret à quo suo nomine populi Romani sacramenta reciperentur: Engilbertus Centulensis Abbas eo munere perfunctus est, Regísque protectionem Pontifici ac populo spopondet. Pontifex apud se reputans quàm opportuna fuissent hactenus Francorum subsidia, Imperatoriâ dignitate Carolum (qui Romam iterum perrexerat quorumdam factiones repressurus) insigniuit, translato Imperio ad Francos; & sic Leonis indulto, Carolus Romanorum, Francorúmque concorporauit Imperium, vt ait Sergius Papa II. Epistola ad Episcopos transalpinos.

800.

Saxones tot bellis fessi, suis defectionibus finem imposituri humili deditione, fœdus pacti sunt cum Carolo, séque vnum deinceps populum fieri cum Francis petierunt, abjecto Dæmonum cultu per Baptismum ex Poëta Saxonico, qui de his sic loquitur.

*Vt toto penitus cultu, ritúque relicto*
*Gentili, quem dæmonicâ priùs arte colebant*
*Decepti, posthac fidei se subdere vellent*
*Catholicæ, Christóque Deo seruire per æuum.*
*At verò censum Francorum Regibus vllum*
*Soluere, nec penitus deberent, atque tributum,*
*Sed tantùm decimas, diuinâ lege statutas*
*Offerrent, ac Præsulibus parere studerent.*
*Tum sub judicibus quos Rex imponeret ipsis,*
*Legatísque suis, permissi legibus vti*
*Saxones patrijs, & libertatis honore.*
*Hoc sunt postremo sociati fœdere Francis*
*Vt gens, & populus fieret concorditer vnus,*
*Ac semper Regi parens concorditer vni.*

*Hæc eadem verba repetit Helmoldus in Chronico.*

Auguror ad hoc fœdus, quo conuentum vt cum Francis Saxones adunati vnius cum eis populus efficerentur, Auctorem Collectæ, quæ in Rituali cæremoniarum inaugurationis Regum Galliæ habetur, respexisse, cùm eam sic texuit. *Omnipotens sempiterne Deus Creator &c. vt regale solium videlicet Saxonum, Merciorum, Nordan-Cymbrorum sceptra non deserat, sed ad pristinæ fidei, pacísque concordiam eorum animos te opitulante reformet, vt vtrorúmque horum populorum debitâ subjectione fultus, & cum digno amore glorificatus, per longum vitæ spatium*

# HISTORIÆ. LIB. III.

*spatium tua miseratione vnatim stabilire & gubernare mereatur.* Est SEDES AR-
hæc oratio quarta, quæ ab Episcopo recitatur ante Regis consecra- CHIEP. VA-
tionem in rituali Remensi, quamuis Victorinum Parisi. hanc non ha- *An.* 800.
beat, sed loco illius Alteram quæ sic incipit, *Respice quæsumus su-* 801.
*per hunc famulum*, at cùm Remense vetustius sit, & eo vtatur Archiepiscopus, inquirendum cur, & quo tempore tot populorum nomina Collectæ inserta sint, tempus quidem certò definiri non potest, opinor tamen nomina hæc probabiliter referri ad prædictum
fœdus Saxonum initum cum Carolo, eò vel maximè quòd Beatum
Ansgarium tunc Saxonibus conuertendis laborem impendisse legamus, quos cum Sclauis veteribus permixtos fuisse quidam asserunt,
Carolíque curam & studium in erectione Hamburgensis Archiepiscopatus seu primariæ sedis eluxisse, quæ Metropolitana fuit Danorum,
& Normannorum.

Verum quidem est eidem Collectæ addita postmodum fuisse quædam nomina populorum majoris Britanniæ, vt Merciorum, forsan
sub Ludouico 8. at in alio rituali, quod Remis pariter seruatur, loco
Merciorum leguntur hæc verba. *Vt regale solium Saxonum, Noricorum,*
*Nordinambrorum, Danorum*, & ad marginem ritualis purpurei ( vt vocant) pro inaugurandis Regibus, exscriptor addidit hæc verba *Nor-*
*dano-Cymbrorum, Normannorum, Danorum*, quibus iussu Caroli
Ansgarius Euangelium, velut Francorum socijs ac fœderatis, prædicauit, at pridem hi à Francico Imperio defecerunt.

Leo 3. Pontifex se Francis deuinctum sentiens, Carolum monuit
se breui in Gallias venturum, & vt vrbem deligeret sibi cariorem, vbi
simul Natiuitatem Christi celebrarent: Imperator, qui tum in Arduenna silua venationi vacabat, lætus hoc nuntio, Remos venit cum
suo comitatu Pontificis expectaturus aduentum, illic, cùm paulò
post aduenisset, ab Imperatore cum ingenti gaudio, & animi gratulatione & reuerentia susceptus est ex Eginardo, & Reginone. Dolendum
quòd receptionis ac colloquij obiter tantùm meminerint: Frodoar-
dus de Epistolis differens, quas Lotharius Imperator ad Leonem quar- *Frod. lib. 2.*
tum pro Hincmaro scripsit, ait hunc commemorare in Ecclesia Re- *cap.* 19. *&*
mensi prædecessores eius Stephanum Pippino, & Leonem Carolo *lib.* 3. *c.* 10.
Magno Apostolica contulisse munia, de Leonis in vrbem Remos aduentu sic cecinit Poëta Saxonicus.

*Obuius Augustus Remensem venit in vrbem,*
*Susceptúmque satis, digno veneratur honore.*
*Duxerat ad sedem, cui nomen Carisiacus,*
*Natalis Domini festis ibi ritè peractis.*

Quid sibi velint verba hæc in Chronicis sæpius repetita, *Imperator ce-*
*lebrauit Pascha, vel Natale Domini in Attiniaco Palatio, in Carisiaco,*
& quâ pompâ, & celebritate id fieret, curiosè satis explicant Falcetus
præses

*Politia, seu ciuilis status Prouinciæ Remensis sub secundæ stirpis Regibus.*

## CAPUT XVI.

Missi Dominici dignitas, & officium, quo Vulfarius egregiè perfunctus est ante præsulatum, postulare videtur vt quiddam de eo prælibemus; quo Remensis Prouinciæ ciuilis status Vrbiúmque politia sub Carolinis Regibus, clariùs enitescat. Quidam referunt, Neustriâ, & Austrasiâ, sublatis Palatij præfectis, vnico Principi parentibus, Gallias à Carolo Magno, qui politicis has legibus imbuit, in duodecim regiones sectas fuisse, Aquitaniâ exceptâ, & Britanniâ: rursúmque dictas regiones partitas in Comitatus, quibus Administri præerant, velut iudices ordinarij, Ducis interdum, sæpius verò Comitis titulo insigniti, sub quibus Vicarios & Centenarios ad recta iudicia facienda tanquam adjutores & Ministros extitisse discitur ex Concilio Cabilonensi 2. can. 21. item ex Capitulis apud Siluacum, & ex Hincmaro Epist. 4. pro Carlom. cap. 15. certis enim diebus, & cùm opus esset, tam hi, quàm Comites, placita constituere, iuri dicendo præesse, & ex officio lites dirimere tenebantur. Administrorum hæc subordinatio & varietas elucet adhuc ex priuilegijs Ecclesiarum à Regibus concessis, in ijs siquidem Rex frequentiùs decernit, vt nullus iudex publicus terras Ecclesiæ, cui immunitatis præceptum indultum est, audeat ingredi, Frod. lib. 2. cap. 17. vel vt nullus, *Iudex, Comes* aut *Missus,* vel aliquis alius ex iudiciaria potestate, vllam inquietudinem Ecclesiæ inferre præsumat, in præjudicium scil. Ecclesiasticæ iurisdictionis per Vicedominos Episcoporum, vel Monasteriorum Aduocatos exerceri solitæ.

Ex triplici hoc Administrorum gradu euidenter sequitur, præter Missos dominicos, & Comites, Iudices adhuc publicos extitisse, qui rerum popularium curam gererent, quos vulgari nomine sub Carlouingis, vt reor, nato, Scabinos lubet interpretari, hósque certis vrbibus à Francis sponte relictos, quæ ariete non expectato, horum clientelæ vel dominatui vltrò se submisissent. Hinc in charta Wilelmi Cardinalis Campaniæ dicitur Remos eiusmodi iudices habuisse à têmpore Clodouei I. quem Remigius Baptizauit. Fauinus idem aserit de Parisiensibus

Parisiensibus in historia Nauarræa, & Louuetius de Bellouacis in suis Annalibus.

*SEDES AR-CHIEP. VA-CAT.*
*An. 802.*

Tam Comites, quàm Scabini, imò & Ecclesiarum Aduocati, ac Vicedomini, Missorum lustrationi subijciebantur, erat enim horum auctoritas amplissima, per integram ferè Prouinciam Ecclesiasticam diffusa, nisi protensior esset, vt Remensis, similes his hodiéque à Regibus nostris ad Prouincias ordinandas mitti consueuerunt. Comites vrbium, & adjacentis territorij præfecturam obtinebant, cum ciuili, & militari, vt quidam volunt, iurisdictione : horum fit mentio in additione 4. Capitul. cap. 78. *Vt bonos nummos nullus respuat*, & sæpius apud Frodoard. libro præsertim 3. cap. 26. De Scabinis, quos à voce germanica *Scheffen* aliqui deducunt, alij verò à *Schepen*, vel *Schepper* lingua Teutonica, quod creare significat, vel eligere, multoties sermo occurrit in Capitul. Caroli M. vbi statuit Imperator, *Vt Missi, vbicumque malos Scabinos inueniunt, eijciant, & totius populi consensu in eorum locum bonos eligant, & cùm electi fuerint iurare faciant.* Sic à populo vtplurimùm eligebantur, quod Remis adhuc fit, Suessionis, & alibi. Ad omnia placita septem Scabini præesse debebant lib. 3. Capit. cap. 40. & in Notitia de mancipijs S. Remigij octo Scabinos interfuisse postea videbimus sub Hincmaro. Quomodo se Missi gererent in prædicta lustratione, seu judiciorum per Prouinciam inquisitione, dicetur capite sequenti, vbi & patebit Comitem semper adjunctum fuisse Episcopo, quod Meldense adhuc Concilium indicat his verbis. *Videtur nobis vtile, vt fideles, & strenuos Missos ex vtroque ordine per singulas Ciuitates regni vestri mittatis, qui omnia diligenter inbréuient.* Ex Missoru n delegatione relata in Capitul. lib. 2. cap. 15. multa colliguntur quæ Ciuilem non modò Prouinciæ Remensis statum illustrant, & aperiunt, sed etiam indicant hactenus retentam fuisse in administratione Ciuili Prouinciarum Ecclesiasticarum distributionem, quæ facta fuit sub Romanis. Sic autem ibi habetur. *In Remis, Ebo Archiepiscopus, quando potuerit, & quando non potuerit, Ruotadus Episcopus* ( *Suessionensis* ) *eius vice, & Ruotfridus Comes, sint super sex Comitatus, videlicet Remos, Catalaunum, Suessionem, Siluanectum, Beluacum, & Laudunum.* Super quatuor verò Episcopatus qui ad eamdem Diœcesim ( *Prouinciam* ) pertinent, Ambianum, Cameracum, Teruannam, & Nouiodunum, alij ibidem Missi designantur scilicet, Rangarius Episcopus ( *Nouiomensis* ) & Berengarius Comes.

*Floris Vander Haer loco infra citando.*

*Can. 20. & 42.*

Igitur tota Remensis Prouincia in decem Comitatus distincta, nam sub Nouioduno Turnacum, & sub Cameraco Atrebatum computabantur, præter Francorum Regem, supremum Dominum neminem agnoscebat à Sequana vsque ad oram maritimam, vbi vetus Flandria fuit, ex Audoëno in vita S. Eligij, tunc diœcesis Nouiomensis & Turnacensis : tota, inquam, quanta est, Francorum Regum nutu regebatur, vt egregiè agnoscit, & ingenuè fatetur Floris Vander Haer Ecclesiæ

**368** METROPOLIS REMENSIS

*SEDES AR-CHIEP. VA-CAT.*
*An. 802.*

Infulenfis Thefaurarius lib. de Caftell. Inful. qui & addit prædictum Berengarium à quibufdam vocari primum Comitem Flandriæ, faltem eorum qui nobis innotefcunt, & hunc non quidem hæreditarium, fed velut adminiftrum à Rege toti regioni præpofitum. Vnde cùm Frod. ait, *Juditha Balduinum Comitem, ipfo lenocinante, fecuta eft*, more fui fæculi loquitur, vt fæpius alibi. Cùm in fragmentis Epiftolarum Hincmari Balduinus fimpliciter nominetur, & fine addito: de Miffis Dominicis erit adhuc dicendi locus fub Hincmaro.

Præterire tamen hîc non poffum, quod citatus Floris Vander pag. 42. retulit; anno fcil. 35. regni Caroli Calui, è latere eius Miffos adhuc fuiffe Renhelinum Epifcopum (*Nouiomenfem*) & Odelricum Comitem, per Turnacenfem Diœcefim, interfuifféque Mallo publico in Fiuis, vbi nunc celebris eft Prioratus, ab Afcaterio Nicafiano Rem. dependens, in amœno & arridenti loco fitus, vt patet ex literis Giflæ Caroli Calui fororis, & vxoris Euerardi, quibus Eccleſiæ Cyfonienfi multa legat pro fepultura, & quæ fic finiunt. *Datum Fiuis mallo publico 1. July, Caroli Regis ann. 35. affiftentibus Ranelino Epifcopo, & Odelrico Comite*, huius Comitis fit mentio in Capitularibus: Gifla placitum forfan tenebat mariti defuncti loco Comitis pagi Medenentenfis, Balduino iam Matrimonij fœdere cum Juditha copulato.

*Mallū vox germanica, locum indictum vel defignatum fignificat apud Mirau.*

Comitum munus fat clarè depingit Hincmarus, de Judicibus & Confiliarijs, quibus Rex vti debet, differens Epift. 4. cap. 10. & 15. *Qui autem poft Regem populum regere debent, id eft Duces, & Comites, neceffe eft vt tales inftituantur, qui fine periculo eius, qui eos conftituit, quos fub fe habent cum juftitia, & æquitate gubernare intelligant, atque cum bona voluntate quod intelligunt, adimplere procurent, fcientes fe ad hoc pofitos effe, vt plebem faluent & regant, non vt dominentur, & affligant, neque vt populum Dei fuum æftiment* &c. ex quibus liquidò patet quantùm hi Comites difcrepent ab illis, qui Carolinâ ftirpe ad occafum vergente, per Prouinciam Remenfem claruerunt, de Comitibus & Scabinis fub alijs Archiepifcopis adhuc nonnihil dicetur, nunc hiftoriæ filum profequamur.

---

*Vulfarius ex Miffo Dominico XXXI. Archiepifcopus, Concilium Remis celebrat fub Carolo magno.*

## CAPUT XVII.

802.
803.

Ilpino Vulfarius, Imperante Carolo Magno, fuffectus legitur anno circiter 802. vel 803. iuxta Albericum: hic ex munere quo functus eft ante Epifcopatum, quàm ex profapia, aut electione notior, cùm facri profanique iuris peritiâ clarus, ab Imperatore Miffus

# HISTORIÆ. LIB. III.

fus Dominicus primùm conftitutus fit, cuius Officij dignitas & præ-ſtantia à nullo, quòd ſciam, accuratiùs deſcribitur, quàm à Frodoardo, qui ciuilem huius ſæculi ſtatum gnauiter expreſſit; iuuat igitur hunc loquentem audire. *Vulfarius* (inquit) *à præfato Magno Carolo Miſſus Dominicus ad recta iudicia determinanda fuerat ante Epiſcopatum conſtitutus ſuper totam Campaniam, in his quoque pagis; Dolomenſi ſcilicet, Vongenſi, Caſtricenſi, Stadonenſi, Catalaunenſi, Otmenſi,* (fortè Remenſi) *Laudunenſi, Vadenſi, Portiano, Tardunenſi, Sueſſionenſi, ſicut & alij quidam ſapientes, & Deum timentes habebantur Abbates per omnem Galliam, & Germaniam à præfato Imperatore delegati, quò diligenter inquirerent, qualiter Epiſcopi, Abbates, Comites, & Abbatiſſæ per ſingulos pagos agerent; qualem concordiam & amicitiam adinuicem tenerent, & vt bonos & idoneos Vicedominos & Aduocatos haberent, & vndecúmque neceſſe fuiſſet, tam regias, quàm Eccleſiarum Dei iuſtitias, viduarum quoque & orphanorum, ſed & ceterorum hominum inquirerent, & perficerent, & quodcumque emendandum eſſet, emendare ſtuderent, in quantum meliùs potuiſſent, & quod emendare per ſe nequiuiſſent, in præſentiam Imperatoris adduci facerent, & de his omnibus eidem Principi fideliter renunciare ſtuderent.*

De Miſſis Dominicis actum capite præcedenti, vbi & díximus horum munus ſatis conſtare ex Capitularibus lib. 2. c. 6. & 25. At quænam Campania ibi deſignetur à Frodoardo, ſuper quam Vulfarius iudex conſtitutus eſt, quinam fines illius, & vtrùm Trecas vſque protenderetur, non ſatis compertum. Diſſimilem ſanè huic noſtræ fuiſſe, quæ regni Præfecturam nunc conſtituit ſub Chriſtianiſſ. Regibus, arguunt Pagi illi ab Auctore citati, ſiue vulgata lectio retineatur, ſiue mendum in eam irrepſiſſe dicam, legendúmque ſit, non, *In his quoque pagis*, ſed *in his ſcilicet pagis*. Quaſi Campania, cui velut iudex Vulfarius præfuit, ex relatis dumtaxat Comitatibus, ſeu Pagis coaleſceret; alioquin ſi vulgatam lectionem ſequamur, dicendum eſt, præter Campaniam, quæcumque illa fuerit, alios quoque Pagos luſtrationi eius ſubjectos fuiſſe, quorum nonnulli quidem ad noſtratem Campaniam pertinent, alij verò ad alias ciuiles Prouincias Picardiæ ſcil. & Inſulæ Francicæ, omnes tamen cum Campania nobiliorem partem efficiunt Prouinciæ Remenſis Eccleſiaſticæ, cuius ratio præſertim hoc tempore habebatur in regni partitione, quod adhuc clariùs conſtabit ſub Ebone, & Hincmaro. Quicquid ſit, quatuor priores pagi cum Portiano ſunt in Diœceſi Remenſi, Vadenſis, & Tardunenſis, in Sueſſionenſi, omnéſque hi, cum vrbibus, & Abbatijs, amplam miniſtrabant ſegetem Miſſis Dominicis, accuratè perfungi officio cupientibus.

Quid porrò reſidens præfatus vir illuſtris Vulfarius ad injuncta ſibi definienda iudicia, cum Comitibus in Mallis publicis, ante, & poſtquam ordinatus eſt Epiſcopus, egerit, & quomodo res Eccleſiæ per

*VVLFAR. XXXI. ARCHIEPISC. An.803. Lib.2.c.18.*

*Vozenſis, & Moſomagenſis pagi erant contermini, Annal. Bertini. ad ann. 762.*

*Campania quoque hæc, vt à Frod. deſcribitur diſſimilis eſt illi quæ fuit ſub Auſtraſijs Regibus, vide lib. 2. cap. 17.*

Ccc 2 Aduocatos

VVLFAR. XXXI. AR-CHIEPISC.
*An.*810. 811.

Aduocatos & Actores apud regiam Majeftatem vindicarit, breuiter idem auctor profequitur, addítque tanto in pretio habitum apud Imperatorem, vt illuftres Saxonum obfides XV. quos adduxit ex Saxonia, ipfius fidei cuftodiendos commiferit, quod adhuc infinuat Adonis Chronicon ad an. 802. Vulfario Præfule, duo coacta Concilia tradit Frodoardus, primum, quod pofteriùs refert, plurimorum fuit Epifcoporum fub Carolo Magno, ac Remis celebratum poft triduanum de more indictum jejunium, vbi ad correctionem totius Chriftianitatis Imperij, conftituta leguntur XLIIIJ. Capitula, quibus de fidei ratione, de Ecclefiæ Dei honore, Rectorúmque ipfius, ac Miniftrorum difpofitione, de Canonicis, ac regula S. Benedicti, de exhibenda Regi fidelitate, ac litibus finiendis tractatum eft. Hæc, quæ Frodoardus omifit, integra extant in tomis Conciliorum, nec in his exfcribendis fruftra laborandum, cùm cuíque obuia fint, & palam expofita. Obferuandum tamen Can. 41. petitum ab Imperatore, fecundùm ftatutum Domini Pippini, nè folidi, qui in lege habentur, per quadraginta denarios difcurrerent, id eft nè folidi pro 40. denarijs, ( folidis fcil. noftris duodecim denariorum ) expenderentur, quod de nummo aureo intelligi debere tradit Pap. Maffo lib. 2. Annalium. Porrò quod Card. Baronius in Notis ad Martyrologium 7. idus augufti refert in Concilio Remenfi fub Carolo Magno calicem vitreum vetitum fuiffe, ídque laudabiliter, ob periculum quod immineret materiæ fragili, in vulgatis exemplaribus non legitur, verifimile tamen eft, fi non Remis, faltem alicubi per illud tempus id fuiffe prohibitum, cùm Leo 4. qui Sergio 2. fucceffit ann. 847. in homilia de cura Paftorali, ftrictè, ac nominatim præcipiat, inter alia, vt nullus in ligneo, plumbeo, aut vitreo calice audeat Miffam celebrare.

814.

Anno fequenti Carolus Imperator Aquifgrani 5. Calend. Februar. ad Deum migrauit ætatis 72. regni Francorum poft mortem Pippini 47. Imperij verò anno decimo quarto inchoato: recitat Eginardus teftamentum ab eo factum anno 811. quo omnia mobilia fua in tres partes diuidens, illarum duas rurfum in vnam & viginti alias partes fubdiuifit, quas totidem Metropolitanis Ciuitatibus, quæ ditioni eius erant fubjectæ, iubet impertiri; Ex quibus tamen Metropolitani, tertiâ parte fuis Ecclefijs referuatâ, aliarum partium fuffraganeas participes reddere tenebantur. Nomina Metropolitanarum Ciuitatum in eodem teftamento recenfentur hoc ordine, Roma, Rauenna, Mediolanum, Treueri, Senones, Lugdunum, Remi, Arelatum &c. cui teftamento inter alios fubfcripfiffe legitur Vulfarius Epifcopus. Ceterùm quòd ab Auctore vitæ Caroli ( quem Tilpinum quidam putant ) dicatur bona ipfius opera, & mala ftatim poft egreffum animæ à corpore, appenfa fuiffe, & à Beato Jacobo, cuius præcipuè cultor fuit, tot lapides, & ligna ftateræ injecta, vt malis bona præponderarint, adeò infulfum eft, & commentitium, vt longiori refutatione non indigeat.

*Concilium*

*Concilium Nouiomense, Stephanus Papa; & Ludouicus Imperator Remis colloquuntur, Vulfarius Archiepiscopus obit, Clericis & Monachis Statuta præscribuntur.*

## CAPUT XVIII.

POst obitum Caroli, quem velut Orbis Patrem, etiam Paganos planxisse Theganus refert: Ludouicus filius eius, ob insignem pietatem dictus cognomento pius, Imperator iam ante creatus, Aquisgranum veniens ex Aquitania, amplissimi regni suscepit administrationem, huic Vulfarius Archiepiscopus fuit à secretis, imò & summus Cancellarius ex charta Sancti Dionysij, quâ Ludouicus confirmat data eidem Monasterio regni sui anno 5. vbi sic habetur in fine, *Audacer Notarius ad vicem Wlfadi recognouit.*

Tradit Frodoardus, anno 1. Ludouici, Vulfarium in Nouiomensi Ecclesia Concilium congregasse, quo de terminis Episcopatuum Nouiomensis, & Suessionensis actum est, item & de Parochijs, quas vterque Episcopus ad Diœcesim, administrationémque suam pertinere contendebat. Quænam autem hæ fuerint, & quæ cuilibet Diœcesi adjudicatæ, patet ex eadem synodo, cuius fragmentum idem auctor recitat his verbis.

*Congregatis, & considentibus* (cum Vulfario) *suffraganeis Episcopis, Hildoardo, Ermenone, Jesse, Ragumberto, Grimboldo, Rothardo, Wendilmaro, Ostroaldo, & Chorepiscopis Waltario, Speruo, nec non & Abbatibus Adalbardo, Nantario, Fulrado, Ericho, Hilderico, Remigio, Ebbone, Sigbaldo, cum cætero Clero, Presbyteris, & Diaconibus: conuocatis etiam Comitibus Gunthardo, Rotfrido, Gisleberto, Otnero, sententia ventilata est inter Wendilmarum & Rothardum Episcopos de terminis Parochiarum suarum, & requisitum, ac definitum est, quod hæc loca trans fluuium Isaram in pago Nouiomensi pertinere deberent ad Parochiam Ecclesiæ Nouiomensis, id est Varina, Vrbs campus, Trapiacus Jerusalem &c. Cætera verò loca trans supradictum fluuium in prædicto pago, pertinere deberent ad Parochiam Ecclesiæ Suessionicæ. Hæc diligentissimè inuestigata consenserunt suprascripti Episcopi, & Chorepiscopi, Abbates, Presbyteri, ac Diaconi, & pars Ecclesiæ Nouiomensis, Clerici, & Laïci, & pars Ecclesiæ Suessionicæ, similiter Clerici, & Laïci, & vno animo, vnóque consensu confirmare decreuerunt.* Huius synodi meminit Chronicon Cameracense lib. 1. cap. 37. extátque in tomis vltimæ editionis Conciliorum.

Post hæc, Vulfarius eundi Romam causâ orationis ad Sanctum Petrum licentiam ab Imperatore accepisse tradit Frodoardus, sed vtrùm ierit

VVLFAR. XXXI. ARCHIEPISC. An. 815.

*Doubletius in Hist. San-dionyf. fol. 267. & Colluen. in indice Archiep.*

**VVLFAR XXXI. ARCHIEPISC. An. 816.**

ierit meritò dubitat, quòd tunc prouectæ esset ætatis, Demochares tamen profectum asserit, & honorabiliter à Paschali Papa susceptum anno 820. supponit enim anno 822. obijsse, quod adhuc incertum est. Quàm verò munificum se præbuerit dignissimus Antistes erga Ecclesiam Remensem, quibus priuilegijs ab Imperatoribus obtentis exornarit, auxerítque ædificijs, & ornamentis, obiter idem Auctor perstringit, quæ tamen ex chartis vberiùs potuisset declarare.

Vulfario ægrotanti, & annoso, Suffraganeus datus est, seu vicarius generalis Ebo sacri palatij Clericus, & Abbas, qui Stephanum V. Papam, aliàs IV. & Ludouicum Imperatorem Remis suscepit anno 816. quâ verò pompâ id factum sit, docent Francici Auctores, & ex his Frodoardus in hunc modum.

*Adamarus seu auctor vitæ Ludouici fusiùs id refert, aitq́, Leone Ponti sublato 8. Cal. Iunij ann. 819. Stephanum successorem vix duobus mensibus exactis à consecratione, festinanter ad Imperatorē venisse.*

*Vix Leoni Stephanus successerat, cùm legatos suos ad Imperatorem destinans intimauit ei quod libenter eum videre vellet in loco vbicumque ipsi placuisset. Quod audiens Rex, magno repletus gaudio, iussit obuiam Missos suos ire summo Pontifici, & seruitia præparare, post quos, & Rex ipse perrexit: obuiauerúntque sibi in campo magno Remensium, & descendit vtérque ab equo suo, & Princeps prostrauit se in terram tertiò ante pedes tanti Pontificis, salutauerúntque se inuicem magnificè, & amplexantes se deosculati sunt pacificè, perrexerúntque ad Ecclesiam, vbi, cùm diu orasset, erexit se Pontifex & excelsâ voce cum choro suo fecit Regi laudes regales: Postea Pontifex honorauit eum magnis, & multis honoribus, ac Reginam pariter Hirmingardim, dein & Optimates, atque Ministros eorum: proximáque die Dominicâ in Ecclesia ante Missarum solemnia, coram Clero, & omni populo consecrauit, & vnxit eum in Imperatorem, coronam miræ pulchritudinis auream pretiosissimis gemmis ornatam, quam secum detulerat, imponens super caput eius; Reginam appellauit Augustam, & coronam auream posuit super caput eius, & quamdiu mansit ibi Apostolicus Papa, quotidie colloquium habuere de vtilitate Sanctæ Dei Ecclesiæ; At postquam Imperator eum maximis munerauit donis, amplioribus quàm suscepisset ab eo, dimisit eum cum legatis suis Romam reuerti, quibus præcepit vbique in itinere honestum ei seruitium exhibere.*

*Auctor vitæ Ludouici Pij addit, Expletis susceptionis cæremonijs, intra domus penetralia scil. S. Remigij, concessum, tū Imperatorē, in Ciuitatē redijsse, Dominū verò Apostolicum mansisse ibidem.*

Hæc ijsdem ferè verbis ex Thegano Frodoardus, qui Vulfarij non meminit cùm insigne hoc colloquium Remis peractum est, ac Ludouici & Irmingardis celebrata inauguratio; silétque an tunc obierit, vel peregrè iuerit: sanè post colloquium diu vitam non protraxisse, multò minùs vsque ad an. 822. vt vult Demochares, colligitur ex Caroli Calui Epistola ad Nicolaum I. quæ sic habet. *Cùm Ludouicus Imperator venit ad vrbem, vbi Stephanus eum consecrauit, Vulfarius validâ tunc vexabatur infirmitate, quâ & mortuus est.* Antequam expiraret, propriæ salutis memor, multa pauperibus in eleëmosynam distribuenda curauit, quæ leguntur apud Frodoardum, vasis quoque argenteis, & codicibus propriam instruxit Ecclesiam, ac reditibus ditauit, auxit dotem Orbacensis

## HISTORIÆ. LIB. III.

bacensis Monasterij, & sufficientia largitus est ad opus Fratrum; sic bonis operibus iugiter studens, ingrauescente morbo, animam Deo virtutibus plenam reddidit 15. Calend. Septemb. vt est in Necrologio Rem. Ecclesiæ, vbi sepultus creditur anno 816. quamuis alij scribant hunc 5. Junij obijsse, 817. ac tumulatum in Ecclesia S. Remigij.

*VVLFAR. XXXI AR- CHIEPISC. An.816.*

Metropoli Remensi suo Rectore destitutâ, Ludouico Cæsari verè pio curæ fuit primùm Episcopos, tum Abbates, ac Proceres pro Clero rectius instituendo ad Comitia Aquisgranum euocare. Facto illic conuentu, circa eos potissimùm impensus labor, qui Numini diuino consecrati, in Ecclesijs Cathedralibus, vel intra Coenobia vitam degunt. Quòd enim plerique prauis moribus transuersi agerentur, ac inter eos Præpositi, abjectâ subditorum curâ, minùs iusto hospitalitatem diligerent, & in quosdam ab his duritiâ vel penuriâ sæuiretur, ea tempestiuè, & seriò resecanda visa est pernicies. Collatis igitur sententijs Patrum, Conciliorúmque decretis, multa sanctiùs agitandi capita conscripta, pro Canonicis, & Sanctimonialibus canonicè viuentibus. Tum anno proximè sequenti, pro Monachis Benedictinis, permissâ vtrisque respectiuè Episcopos, vel Abbates ex seipsis iuxta Canones eligendi facultate Capitulis pariter Aquisgrani editis, quæ Sirmondus retulit lib. 2. Concil. Galliæ. Et vt ex horum præscripto vita, moréfque componerentur, per totam Galliam, & Germaniam, Imperator viros sapientes amandauit, qui ea proponerent describi & diligentiùs obseruari, cum Epistola Imperatoris ad cuiúsque Prouinciæ Metropolitanum.

817.

*Hinc fit vt ad calcem Martyrol. ferè omniũ, statuta hæc descripta habeantur.*

Erant tunc infra Metropolis Remensis terminos, præter Episcopatus, & Collegiatas aliquot Ecclesias, haud pauca magni nominis Monasteria, vt Remis Sanremigianum, Sancti Petri ad Moniales, Sancti Theodorici duabus leucis, Sancti Basoli tribus, & Altumuillare quatuor ad vrbe semota. Suessionis Sanmedardense, Sancti Crispini majoris, & parthenon Sanctæ Mariæ, Lauduni Vincentianum, Ambiani Corbeiæ, Atrebati Vedastinum, & Martianense, Teruannæ Bertinicum, Turnaci, Martinianum, Blandiniense, Bauonicum vtrúmque Gandaui, & in pabula ditione, Amandinum, seu Elnonense, in quibus vel canonicè, vel regulariter viuebatur. His igitur, vt & alijs vniuersis ex Ludouici pij scitis cautum fuit, vt tam viri quàm Moniales piam ac religiosam vitam agerent: latiùs quoque Ludouici labor diffusus est, cùm paulò post in singulas Prouincias Episcopos & Comites misit cum mandatis, vt omnia, tam Ecclesiastica, quàm Ciuiliâ statuta explorarent, quid rite obseruaretur, quænam iusti æquíque cura, quid jaceret, aut quid conuulsum esset, vt mox sub Ebone dicetur.

*Ebo*

*Ebo XXXII. Archiepiscopus, Remensem Ecclesiam à fundamentis instaurat; hortatur Alitgarium Cameracensem libros de peccatorum remedijs edere, ad Danos disseminandi verbi Dei gratiâ proficiscitur.*

## CAPUT XIX.

*Sanctorum Canonũ non ignari, vt in Dei nomine Sancta Ecclesia suo liberiùs potiretur honore &c. Capit. I. lib. I. cap. 84.*

Ecclesijs Gallicanis Præsules eligendi libertate redditâ, & à Ludouico lege sancitâ, quæ extat in Capitularibus, Clerus Remensis, misso Visitatore qui electioni præesset, Gislemarum quemdam in Archiepiscopum nominat, hominem prorsus illiteratum, rudem, & ita stupidum, vt Euangelij textus ab Episcopis oblati sensum reddere non potuerit : eo igitur ob inscitiam rejecto, omnium acclamatione Ebo liberalibus disciplinis eruditus; & vt fert Caroli Regis Epistola, ad Nicolaum I. pro suæ scientiæ capacitate, meritorúmque reuerentia ( sub Vulfario siquidem aliquod horum specimen præbuerat ) postulatur. Hic natali prætermisso, Transrhenensis ac Germanicus dicitur à Frodoardo, Ludouici item collactaneus & conscholasticus. Theganus ipsi infensus ob perfidiam, rusticum eum vocat ex originalium seruorum stirpe, à quo haud multùm dissentit Carolus citatâ Epistolâ, *Familiâ regij fisci ( inquit ) oriundus, ac regiâ pietate gloriosi Caroli susceptus, palatinis negotijs adnutritus, libertate donatus, ob nobilitatem vehementis ingenij, in sacris ordinibus gradatim promotus est vsque ad infulas.* Patet etiam ipsius eruditio, quod Regius ipse Bibliothecarius primùm ibidem fuisse dicatur, deinde Abbas; hac siquidem fulgens dignitate, Nouiomensi synodo interfuit ann. 814. tum Rem. Ecclesiæ factus suffraganeus; Remis summum Pontificem, Vulfario ægrotante, suscepit, ac tandem Archiepiscopus anno 817. Folquinum Teruannensem Episcopum solemni sacro, & carmine consecrauit apud Joan. Malbranc de Morinis folio 182.

Præsulatus Ebonis primordia clara fuerunt, non enim Ecclesiam ædificijs modò, aut immunitatibus, sed & vrbem Remensem Artificibus instruxit, quibus vndecumque collectis sedes dedit & beneficijs munerauit, Archiuum quoque, seu tabularium Ecclesiæ cum crypta multorum pignoribus sanctorum locupletata, decenti opere construxit; cupiénsque Beatæ Genitricis ædem vetustate collabentem ab imo reparare, in qua Stephanus II. Papa Pippino dudum, & Leo III. Carolo Magno Imperatori Apostolica munia contulerant, petijt à præmisso Imperatore Ludouico, ad renouandam, & amplificandam eamdem Basilicam, murum Ciuitatis, & portas sibi concedi, quæ idem Princeps, quietissimâ pace fruens, & Imperij præclarissimâ potestate subnixus, nullas

nullas Barbarorum metuens incursiones, benignissimè, ac liberaliter indulsit, hoc suæ præceptionis decreto, quod est apud Frodoardum, cuius hic synopsim damus.

*In nomine Domini Dei, & Saluatoris nostri JESU CHRISTI, Ludouicus &c. Notum sit omnibus quod Ebo venerabilis Archiepiscopus Remensis Ecclesia, & Reuerentissimæ sedis Sancti Remigij, gloriosissimi Pontificis, & specialis Patroni nostri Præsul, Clementiæ nostræ innotuit, quia vetustatis senio contrita iam dicta Metropolis vrbis Sancta Mater nostra Ecclesia, in honore Sanctæ, sempérque Virginis Mariæ consecrata existeret, in qua Auctore Deo, & cooperatore Sancto Remigio gens nostra Francorum, cum æquiuoco nostro Rege eiusdem gentis, sacri fontis Baptismate ablui, ac septiformis spiritus sancti gratia illustrari promeruit, sed & ipse Rex nobilissimus ad Regiam potestatem perungi Dei clementia dignus inuentus fuit, vbi etiam & nos diuina dignatione per manus domni Stephani Romani summi Pontificis, ad nomen, & potestatem Imperialem coronari meruimus. Quam pro tantis beneficijs nobis ibidem à Deo collatis renouare cupientes, & ad id exequendum loci incommoditatem cernentes, concedimus ad hoc opus, & ad cætera quæque pro Seruorum Dei ibidem degentium necessitatibus ædificanda, murum omnem, cum portis ipsius Ciuitatis, & omnem operam, cum cunctis impendijs, quæ ex rebus ipsius Ecclesiæ, & Episcopatus Remensis Aquis Palatio nostro regio peragi, & exolui solitum fuerat &c. vias etiam publicas omnes, quæ circa ipsam Ecclesiam vadunt, & impedimento esse possunt ad claustra, & seruorum Dei habitacula construenda, vt transferri, atque immutari possint concedimus.*

Præter hæc, & immunitates quasdam locis sacris impertiri solitas à Missorum, seu Comitum præsertim iudiciaria potestate, in regia charta recensitas, Imperator, quò sibi prædicta renouatio cordi esse clariùs significaret, fabrum quemdam Rumaldum nomine, Ebonis rogatu, Remensi dedit Ecclesiæ, ne quid deesset ad cœptum opus eleganter perficiendum, quam cessionem apicum adnotatione sigillóque roborauit, vt & aliud præceptum de vijs publicis transmutandis, ob quasdam clausuras in locis vicinis ipsius vrbis faciendas, & varia Ecclesiæ compendia. Ei denique sedi, vnà cum filio Lothario Cæsare, de prædijs quæ illi quondam fuerant ablata, restituendis, talem præcepti dedit auctoritatem, Ebone vt reor iam exauctorato, cùm huius in diplomate non meminerint Imperatores, Cathedralis verò Ecclesiæ structuram penitus completam significent his verbis.

*In nomine Domini Dei, & Saluatoris nostri JESU CHRISTI, Ludouicus & Lotharius diuina ordinatione Imperatores Augusti. Si liberalitatis nostræ &c. Notum fieri volumus quòd Sanctam Remensem Ecclesiam, in qua prædecessores nostri Reges vid. Francorum, fidem, & sacri baptismatis gratiam perceperunt, in qua & nos per impositionem manus domni Stephani Papæ Imperialia sumpsimus insignia, ob reuerentiam fidei*

EBO XXXII ARCHIEP.
An. 818.

fidei Christianæ, & ob animæ nostræ salutem, ab imo construi fecimus, eámque in honorem Domini nostri JESU CHRISTI Saluatoris mundi, simul & in honorem eiusdem Sanctæ, & intemeratæ genitricis Mariæ consecrari decreuimus. Itaque diuinâ inspiratione compuncti, & cælestis patriæ amore succensi, quædam prædia, quæ eidem Sanctæ sedi quondam ablata fuerant, deuotâ mente restitui iussimus: id est in suburbanis ipsius Sanctæ Ecclesiæ titulum Sancti Sixti, nec non & titulum Sancti Martini, cum appendicijs eorum; exterius etiam in eadem Parochia, in castro Vonzensi titulum baptismalem, & titulum in eadem Parochia S. Joannis similiter baptismalem, suis cum appendicijs, & Breciniacum; villam quoque Sparnacum, cum appendicijs suis, & in villa quæ dicitur Lucida, nec non & in Prouiliaco in eodem pago Remensi &c. Vbi fit quoque mentio de pagis Dulcomensi, & Vertudensi, in quibus villas quasdam dudum ad Ecclesiam Remensem pertinentes restitui procurant, quam ab imo se construxisse Imperatores profitentur.

Tam præclari operis mole sese à fundamentis altiùs proferente, Ebo Pontifex, quò Ludouici Imperatoris à Stephano ibidem coronati memoriam posteritati commendaret, frontis seu propylæi fastigium, horum imaginibus, ac titulo, qui auctoris nomen præferret, insigniuit.

*Ludouicus Cæsar factus coronante Stephano,*
*Hac in sede, Papa Magno, tunc & Ebo Pontifex.*
*Fundamenta renouauit cuncta loci istius,*
*Vrbis iura sibi subdens, Præsul auxit omnia.*

Himiltrudis quoque Ebonis Mater in eadem legitur Ecclesia sepulta cum hoc epitaphio, quod & filij natale solum, sedisque Rem. renouationem pandit, & explicat.

*Mea fortè si requiris temporis initia,*
*Scito Karoli fuisse regni sub primordia:*
*Ludouico Triumphante dies fluxit vltima,*
*Rhenus primos lauit mores, alueus Germanicus.*
*Hinc nutriuit, & secundos Liger amnis Gallicus,*
*Sequana fouit inuentam, sordes sordens Vidula.*
*Præsul erat vrbis huius mihi natus vnicus,*
*Idem me conduxit sibi sociam laboribus,*
*Proximum ruinæ locum renouandi cupidus,*
*Decem fermè nuper annos simul hîc peregimus.*
*Ebo rector, ego Mater Hilmitrudis humilis,*
*Fundamenta sedis Sanctæ pariter ereximus,*
*Deo debitum laborem dum gerebat Pontifex,*
*Fessa quietem quærebam: ecce sub hoc tumulo*
*Quinto me september mensis Kalendarum rapuit,*
*O viator, esto cautus semper ab excessibus.*

*Fateor*

## HISTORIÆ. Lib. III.

*Fateor non profuisse, vt debui; dum potui,*
*Veniam dic pro vindicta, da Deus peccantibus.*

EBO XXXII
ARCHIEP.
An. 820.

Ebonem ædificijs non modò reparandis animum applicuisse, sed & ritibus Ecclesiasticis ad Dei cultum spectantibus in melius promouendis, gesta quæ sequuntur ostendunt. Ac primùm ipsius hortatu Alitgarius Cameracensis Episcopus libellos de remedijs peccatorum & ordine iudicij pœnitentiæ conscripsit, vt videre est ex ipsius Ebonis ad Alitgarium, & viciſsim Alitgarij ad eum Epistolis, quas iisdem libris præfixas Canisius edidit tomo 5. antiquæ lectionis, quibus hoc singulare mihi videtur, quòd Ebo Cameracensem Episcopum fratrem & filium vocet, Cameracensis verò Archiepiscopum Patris nomine salutet. Porro ante hunc Alitgarium, nonnullos de eodem argumento scripsisse constat ex prædicta Ebonis Epistola, quos sigillatim recenset Coluenerius in Notis ad Frodoardum, concluditque ex hoc Alitgarij opere, per id temporis pœnitentias adhuc imponi solere secundum exigentiam Canonum.

*Epist. sic incipit.*
*Reuerētiſs.in Christo fratri ac filio, Haligario Episcopo,..... arripe quæso sine excusationis verbo, huius sarcinæ pondus, à me tibi impositum, ex Epist. Ebonis apud Frodo.*

Coactæ synodo apud Theodonis villam aduersus percussores Clericorum anno Incarn. 821. mense Octobri, Ebo cum Aistolfo Moguntiacensi, Hadaboldo Coloniensi, & Hettone Treuirensi Archiepiscopis, interfuit, aſsistentibus pariter singulorum Suffraganeis, nunciisque reliquorum Episcoporum Galliæ, & Germaniæ: refert Eginardus in eo conuentu Lotharium Ludouici Imperatoris primogenitum Irmingardem Hugonis Comitis filiam, solemni ritu duxisse vxorem.

821.

Anno sequenti apud Attiniacum villam Remensis Diœcesis, totius Imperij synodus congregatur, cui sedis Romanæ legatos adfuisse tradit Hincmarus libro de diuortio Lotharij, & Tetbergæ; hanc idem synodum vniuersalem vocat post vitæ Ludouici auctorem, qui de ea breuiter sic loquitur. *Anno 822. Imperator conuentum generalem coire iuſsit in loco, cuius vocabulum est Attiniacus; in quo conuocatis ad Concilium Episcopis, Abbatibus, spiritualibúsque viris, nec non regni sui Proceribus; Primò quidem fratribus reconciliari studuit, quos inuitos attonderi fecerat, deinde omnibus quibus aliquid læsurâ intuliſse videbatur. Post hæc, palam se errasse confeſsus, & imitatus Theodoſij Imperatoris exemplum, pœnitentiam spontaneam suscepit, tam de his, quàm quæ in Bernardum nepotem proprium gesserat, & corrigens si quid talium, vel à se, vel à Patre suo gestum reperiri alicubi potuit, etiam plurimarum eleëmosynarum largitione, sed & seruorum Christi orationum instantiâ, nec non propriâ satisfactione, adeò Diuinitatem sibi placare curabat, quasi quæ legaliter super vnum quemque decurrerant, suâ gesta fuerint crudelitate.*

822.

*Bernardus nepos Caroli magni ex filio Pippini Rex Italiæ creatus post obitum Patris, quòd patruo struxiſset insidias, oculis orbatus est, & ex dolore excæcationis inflictæ, post triduum interyt.*

Quid præterea in eodem Attiniaco conuentu actum sit, ex Capitularium

EBO XXXII. ARCHIEP. *An.* 822.

larium libro 2. peti debet, præsertim verò de scholis instaurandis cap. 5. *Scholæ sanè ad filios & ministros Ecclesiæ instruendos, vel edocendos, sicut nobis præterito tempore ad Attiniacum promisistis, & vobis injunximus, in congruis locis, vbi necdum perfectum est, ad multorum vtilitatem, & profectum à vobis ordinari, non negligantur.* Meritò igitur Capitula hæc putat Agobardus lib. de dispensatione rei Ecclesiasticæ, in conuentu Attiniacensi edita fuisse, vnde à multis Capitulare hæc continens, Attiniacense vocatur.

Sancitum quoque reperitur ibidem cap. 25. vt Archiepiscopi, & Comites à Cancellario Capitularia accipiant, & vnusquisque per suam Diœcesim cæteris Episcopis, & Abbatibus transcribi faciant, & in suis Comitatibus coram omnibus relegant; Vnde etiam dicitur, *in Remis Ebo Archiepiscopus quando potuerit* ( in Daniam tunc iter meditabatur ) *& quando ei non licuerit, Ruotadus Episcopus eius vice, & Ruotfridus Comes sint super sex Comitatus, videlicet, super Remos, Catalaunum,* 

*Ibi Diœcesis sumitur pro Prouincia Metropolitano subjecta.*

*Suessionem, Siluanectum, Beluacum, & Laudunum.* Super quatuor verò Episcopatus qui ad eamdem Diœcesim pertinent, alij ibidem Missi designantur: hîc ex conjunctione Episcopi cum Comite patet quanta tunc fuerit inter Ecclesiasticas, & sæculares personas concordia, iubente Carolo Magno Capitul. lib. 2. cap. 6. *Vobis verò Comitibus dicimus, atque commonemus, quia ad vestrum ministerium maximè pertinet, vt reuerentiam, & honorem Sanctæ Ecclesiæ exhibeatis, & cum Episcopis vestris concorditer viuatis.*

An Ebo conuentui Attiniacensi interfuerit haud satis compertum, cùm ibi desint Episcoporum subscriptiones. Imò ex his 25. Capitul. verbis, *in Remis Ebo Archiepiscopus quando potuerit,* videtur iam in Daniam profectus, aut iter saltem tunc meditari, quod Ludouici consilio, Paschalisque Pontificis auctoritate suscepisse docet Frodoardus post Eginardum: putat Coluenerius Ebonem adhuc Remensis Ecclesiæ suffraganeum ad Danos profectum anno 818. huicque muneri incubuisse vsque ad annum 822. quo Remensis ordinatus est Episcopus; at, vt vidimus, Archiepiscopatus iam fulgens auctoritate, synodo

823.

ad Theodonis villam interfuit cum suffraganeis anno 821. deinde Eginardus de Heriholto Normanno conquerente apud Imperatorem, quòd Godefridi filij eum Patriâ pellere minabantur, verba faciens, refert Theotharium, & Rotmundum Comites illuc Missos, qui statum regni explorarent, cum quibus Ebo Remensis Archiepiscopus (qui verbum Dei prædicaturus ad terminos Danorum accesserat, & æstate præteritâ multos ex eis ad fidem venientes Baptizauerat) regreditur anno 823. aut igitur bis in Daniam profectus est Ebo intra sex annos, aut adepto iam Archiepiscopatu, & Pallio plenioris potestatis tesserâ

826.

insignitus. Reuersus in Galliam Ebo in munere obeundo totus fuit: audito quod Deruensis Monasterij Ascetæ regularem vitam pertæsi, cucullum exuere niterentur sub Abbate Herilone, hos in meliorem

frugem

## HISTORIÆ. LIB. III.

frugem reduxit Ludouici Imperatoris auctoritate, qui eius operâ vtebatur ad disciplinam Ecclesiasticam conseruandam, vnde hic ex præcipuis fuit, qui ob id Concilio Parisiensi interfuerunt ann. 829. cùm enim Carolus Magnus vltimo imperij sui anno Concilia per Galliam in quinque Ciuitatibus haberi iussisset, Ludouicus Patris exemplo ad malorum deprauatorum correctionem, quatuor imperauit, vt Numine diuino hâc ratione placato, malum imminens à populo sibi subdito procul auerteret, vnde in synodica præfatione sic habetur, *Principis iussionibus obedientes, imò nostræ, ac totius populi sibi commissi saluti iuxta ministerium nobis collatum consulere cupientes, nos indigni Episcopi ex Diœcesi scilicet Duroortorum, nec non ex Diœcesi Senonica, Turonica, & Rotomagica apud Parisios vrbem conuenimus.* Concilij huius ex Belgica 2. Lugdunensi 2. 3. & 4. Canones duobus libris comprehensi, extant in tomis Concil.

*EBO XXXII ARCHIEP. An.829.*

*Concilium Parisi 6. ub Episc. quatuor prouinciarū Remēsis, Senoniæ, Turonicæ, & Rotomagonsis.*

Refert Coluenerius Ebone procurante, Ludouicum statuisse festiuitatem omnium Sanctorum in Gallia celebrari ann. 830. idque Calend. Nouemb. quod vbi hauserit, non video, cùm Sigebertus è contra, monente Gregorio Papa, & omnibus Episcopis assentientibus, Ludouicum Imperatorem, vt eadem festiuitas in Gallia, & Germania celebraretur, sanxisse tradat, quam hactenus Romani ex Bonifacij Papæ instituto, celebrare consueuerunt.

*Ad annum 835.*

Ex scheda R. P. Sirmondi de Karoffensis cœnobij priuilegijs, discimus Ludouicum, suggerente Lothario filio, concessisse Monasterio Karoff. res propietatis suæ, villam scil. quæ dicitur Fraxindis in pago Beluacensi, & villam, quæ dicitur Dominica villa, vernaculè *Ville-Demanche*, in pago Remensi anno Imperij Ludouici 17. Lotharij 8. indictione 8. inde prædictæ villæ Dominicæ beneficium regulare, præpositura titulo insignitum, habet originem, villa autem Dominica seu Dominicata & regalis, vocatur ea quæ est Patrimonij regij, oppoturque villis vasallorum, vt mansus Dominicatus apud Aimoinum lib. 5. cap. 25.

Ebo, qui laboris multùm Danis conuertendis impenderat, iterum ad eos reuersus est cum Anschario circa annum 832. hortatu & auctoritate Gregorij 4. vt est in vita prædicti Anscharij, meritámque Apostolatus lauream consecutus esset, nisi patriæ amor, vel nimia sese Principum negotijs immiscendi cupiditas, eum infaustè ab incepto cursu reuocasset, vnde hanc Eboni gloriam Anscharium præripuisse censet Baronius ad annum 826. additque hunc, ob perseuerantiam & exantlatos in Gentilium conuersione labores, à Gregorio primum Archiantistitem illarum regionum Aquilonarium creatum, sede in Hamburgensi ciuitate constitutâ anno 832. quo pariter, Pallio plenitudinis potestatis insigni ad eum misso, legatus Apostolicus per Sueuiam, Daniam, & Sclauoniam efficitur.

830.

*Ebo conspirationis in Imperatorem, aliorúmque criminum conscius, apud Theodonis villam Archiepiscopatu propriâ sponte se abdicat.*

## CAPUT XX.

VIx inter illustres Ebone clarior, si majori fato, & fide prioribus extrema junxisset; at ortâ simultate, inter Ludouicum Imperatorem, & filios, quòd Pippinus à patre priuatus esset Aquitaniâ, quæ Carolo Iudith filio data fuit, (magnam enim sibi ob id Imperator cum odio, concitauit inuidiam, tam Pippini, quàm fratrum suorum) Ebo qui priùs immobilis steterat, non modò filiorum conatibus fauit, sed & incentor, & turbarum Architectus fuisse traditur; Nam, cùm maxima pars Ludouici exercitus ad filios defecisset, ipse potestati eorum relictus, Compendium ductus est, ac pessimè habitus ab Episcopis, quos Ebo in sententiam suam traxerat, à quibus cùm vehementiùs sollicitaretur Monasticum habitum induere, id ipse omnino renuens, coactus est pleno eorumdem Consilio Compendij habito, gladium deponere, & cilicio sumpto, reum se in multis capitibus de malè administrato regno confiteri, atque pœnitentiam publicam suscipere.

Ebonis frequentiorem pro exauctorando Principe in Curiam aditum Deo vehementer displicuisse, probat visio facta Raduino cuidam Monacho intentiùs oranti, ac velut soporato, post matutinale officium ante sepulchrum Sancti Remigij, quam pluribus suo more recitat Frodoardus, indéque colligit, vt regni Gallici, sic & Regis curam sanctissimo Præsuli cœlitùs datam, quòd Francos, infidelitatis caligine depulsâ, doctrinæ suæ luce ad fidem conuerterit.

Ceterùm Imperij Francorum Proceres cum vniuerso populo Ludouici abrogationem improbantes, de ipsius restitutione sedulò cogitare cœperunt: Cúmque ad Imperatorem liberandum vndique conflati exercitus scirentur, Lotharius se excusans cuncta esse peracta iudicio Episcoporum, relicto Patre in Monasterio Sancti Dionysij prope Parisios, Viennam se contulit: Ludouicus igitur in eadem Ecclesia per manus Episcoporum gladio accinctus est, & in Imperium restitutus ingenti omnium populorum lætitiâ, & elementorum gratulatione, quæ cùm per aliquod tempus acerbissimè sæuissent, in pristinam se tranquillitatem receperunt. Post hæc Ludouicus filios suos in gratiam recepit, vxorem quoque suam Iudith, quæ à priuignis in Italiam relegata fuerat: generalémque cogit conuentum in Attiniaco palatio tempore Missæ Sancti Martini pro restituendo statu Ecclesiastico, atque politico penè collapso, missis per singulas Ciuitates

tates viris prudentibus qui id curarent. Ebo horum quæ fiebant factus certior, quod potuit de facultatibus Ecclesiasticis in argento, & auro secum assumens, celeriter, nullo impellente, cum paucis domesticis aufugit: itineris duces quosdam habens Normannos, quibus maris, ac fluuiorum portus probè erant cogniti, sícque Parochiam suam non modó, sed & Belgicam regionem deserens, rectà ad Danos perrexit, quibus dudum à Paschali Papa, & ab Eugenio eius Successore Prædicator fuerat destinatus. Est tamen schedula quæ refert Ebonem apud S. Basolum aufugisse, quòd vtroque pede claudus Lotharium sequi non potuerit; quicquid sit, Imperator, quem Ebonis fuga non latebat, eum per Episcopos Rothadum Suessionicum, & Erchenradum Parisiensem illico reuocatum, in Monasterio Sancti Bonifacij, sub custodia teneri jussit, synodúmque expectare cum Hildelmanno Beluacensi Episcopo perfidiæ pariter insimulato, cui S. Vedasti Monasterium pro custodia datum est vsque ad synodum.

EBO XXXII ARCHIEP. *An. 834.*

*Ebo in fuga comprehensus perductus est ad Imperatorem, Theganus.*

Conuocatâ igitur apud Theodonis villam Synodo, anno Incarnat. 835. omnes Episcopi qui illuc conuenerant, singillatim libellos de restitutione Imperatoris communi assensu ediderunt, cum quibus & Ebo (in suo statu adhuc manens) libellum manu suâ cum additamento Archiepiscopi scriptum edidit, quò liberè professus est, quicquid in Imperatorem gestum fuerat, injustè ac mendaciter factum fuisse: post datos libellos, apud Mediomatricum congregatis Episcopis, cum Imperatore, & alijs regni Primoribus, in Basilica Sancti Stephani à Drogone Episcopo publicè relecta sunt, quæ de restitutione Imperatoris concordi animo edita fuere: tum Ebo Archiepiscopus, prædictæ factionis signifer, conscendens eumdem locum, vbi Drogo steterat, clarè coram omnibus fassus est Augustum injustè & nequiter depositum, iustéque proprio Imperij solio reformatum.

835.

His quæ ibidem agenda fuerant peractis, ad Theodonis villæ palatium regressi sunt, ibíque Hildemannus Beluacensis, à calumnia sibi impacta se regulariter exuens, satisfecit synodo, & per eam Imperatori; at Ebo, Imperatore præsente, grauiter accusatur, quòd eum falsò criminatus fuerit, ac falsis criminibus appetitum à regno non dejecerit modó, sed ab Ecclesiæ aditu, & Christianorum societate nec confessum, nec conuictum eliminauerit. Et cùm essent alia etiam crimina Eboni objicienda, de quibus iam apud Imperatorem fuerat accusatus, & non canonicè purgatus, & pro quibus extiterat à consilio Imperatoris ejectus, petijt secessum, vt absente Imperatore, liceret ei in synodo Episcoporum, suam agere causam, quo obtento, quosdam ad se conuocauit Episcopos, & nullo cogente vt sibi iuxta Affricanos Canones parceretur, enixè postulauit, nè, si publicè conuictus fuisset, sæcularium insultatione dignitas Sacerdotalis pollueretur: illicò suæ depositionis libellum dictauit, eúmque propriâ manu subscriptum in abdicationem sui, synodo porrexit hoc modo.

*Nullo cogente (inquit Frod.) ex Epistola Hincmari ad Nicol. I. at fabulosa narratio Clericorum Rem. contrarium asserit apud Andream du Chesne tom. 2.*

*Ego*

**EBO XXXII ARCHIEP. An. 835.**

*Ego Ebo indignus Episcopus recognoscens fragilitatem meam, & pondera peccatorum meorum, testes confessores meos, Aiulfum, vid. Archiepiscopum, & Badaradum Episcopum, nec non & Modoinum Episcopum, constitui mihi iudices delictorum meorum, & puram ipsis confessionem dedi, quærens remedium pœnitendi, & salutem animæ meæ, vt recederem ab officio, & ministerio Pontificali, quo me recognosco indignum, & alienum me reddens pro reatibus meis, in quibus peccasse secretò ipsis con-*

*MS alio. fessus sum. Eo scil. modò; vt ipsi sint testes alij* succedendi, & consecrandi in loco meo, qui dignè præesse, & prodesse possit Ecclesiæ, cui hactenus indignus præfui, & vt inde vltra nullam repetitionem, aut interpellationem auctoritate Canonicâ facere valeam, manu propriâ meâ subscribens firmaui. Ebo quondam Episcopus subscripsi.* †

Et vt omnia secundum leges, quibus moderatur Ecclesia, in synodo legaliter adimpleret, simul cum eis ( quos secundum Affricæ Prouinciæ Canones legerat sibi iudices. ) asciuit alios tres Episcopos, veritatis de sua accusatione, & testificatione conscios in testimonium suæ professionis, Theodericum scil. Episcopum, & Achardum Episcopum Diœceseos suæ, & Nothonem Archiepiscopum, & sic ipse professus, & sex Episcopis suæ professioni attestantibus, libellum synodo porrexit,

*Nomina Episcoporum qui huic synodo interfuerunt, recensentur ab Hincmaro l. de prædestinatione cap. 36.*

cunctique Episcopi, qui aderant, singillatim, ac viritim dixerunt illi, secundum tuam professionem & subscriptionem cessa à ministerio.

Acta est hæc Ebonis professio, eiúsque propriæ manus subscriptione roborata in conuentu synodali generaliter habito apud Theodonis villam anno incarn. 835. Imperij gloriosi Ludou. ann. 21. Libellum sibi ab Ebone porrectum post damnationem eius, synodus Fulconi Presbytero, qui eidem Eboni in Episcopij Remensis susceptione successerat, cum synodali notitia, dedit, vt in Remensis Ecclesiæ scrinio ad futuram memoriam seruaretur.

Hæc de Ebonis exauctoratione ob fidem Imperatori non seruatam Frodoardus ex Episcoporum Galliæ Belgicæ Epistola ad Nicolaum I. cui synodica Tricassini conuentus valde conformis est, nec aliunde, quàm ab Hincmaro, qui Clericorum Remensium occasione, quos Ebo post suam deiectionem illegitimè ordinauerat, ex schedis Rem. Ecclesiæ seduló excerptam pluribus in locis sparsit, quid verò postmodum egerit Ebo, vt sedi Remensi restitueretur postea dicemus, de eo Carolus Rex ad Nicolaum I. sic loquitur, *Ebo omni temporali destitutus auxilio, misit per Framegaudum Genitrici nostræ Iudith gloriosæ Imperatrici annulum, quem ab ea quondam acceperat, quem etiam quotiescúmque aliquo tangebatur incommodo mittere solebat, & vt sui misereretur flebiliter perorauit. Eumdem verò annulum genitrix nostra in ipso nostræ Natiuitatis articulo ( quia Archiepiscopus erat ) pro sua religione, & sanctitate, vt nostri iugiter in suis orationibus memor esset, ei miserat:* quæ verba tanti viri præstantiam indigitant, magni nominis apud principes, si vitæ reliquum sine labe peregisset.

*Quid*

*Quid actum toto decennio quo vacauit Remensis Ecclesia, Remigiani cum Sandionysianis societatem ineunt, Ebo Lotharij decreto restituitur.*

## CAPUT XXI.

EBone à suo gradu dejecto, Remensis Ecclesia decem annos sine benedictione fuit, nec enim Fulco Abbas, aut Notho, quos successiuè Episcopium tenuisse legimus, Pontificali charactere fulserunt, vnde illegitimi Pastores, ac nomine tenus passim ab Auctoribus nominantur. Interpontificij tempore multa scitu digna contigerunt, quæ breuitatis gratiâ contrahimus: ac primùm Helenæ Imperatricis matris Constantini reliquiæ Româ in Dioecesim Remensem allatæ sunt, de quibus an. 849. Odoacer Flandriæ Saltuarius obijt, cui Balduinus ferreus Judithæ Caroli Regis filiæ raptor successit. Euerardus Comes Cysoniensis, vt fertur, pulchrâ propagine, opibus quoque, clientelis, ac vitæ sanctimoniâ illustris, Cysoniense coenobium extruxit tribus leucis à Lila dissitum, quod Ecclesiæ Remensi haud multò post annexum est. Normanni in Frisiam irrumpentes Prouinciam Remensem deprædationibus infestant, quos Ludouicus repressit, &, vt interim diuinum Numen placaret, sanxit Canones synodi Parisiensis ante annos septem celebratæ seruandos quibus cautum, nè Reges contra fas in Ecclesiasticos prosiliant; aut Ecclesiastici, Christi gregis curâ relictâ, sæcularibus negotijs vacent. Conuentum quoque Ludouicus Carisiaci habuit mense Septembri, vbi arma & coronam cum parte regni Carolo dedit; sunt qui dicant Amalarij de corpore & sanguine Christi deliramenta ibidem ab Episcopis fuisse damnata. Eódem anno Fulcone Monasterij Sancti Remigij præfecturam obeunte, inita societas est cum Sandionysianis, non ita pridem Ludouici auctoritate per Senonensem, & Remensem Archiepiscopos ad meliorem frugem reuocatis, vt sequens charta ex veteri codice excerpta testatur.

*Interpontificium. An.837.*

*Folco Rem. Ecclesiã per nouẽ annos, & post eum Notho per annum, & dimidiũ tenuerunt, ex scheda Concilio Suessio. porrecta an. 866.*

*Euerardus Marchio nominatur à Frodoard.*

*Can. 3. & 4.*

*Societas Remigianorum cum Sandionysianis Parisiensibus.*

Cùm enim sæculi amatores ad suam alijs ostendendam dilectionem, multa sæpe inter se caduca, &, vt illis videtur, pretiosa largiantur, spirituales viri, & à sæculi actibus alieni, ac nihil penitus in sæculo, præter victum & vestitum habentes, vt Deo magis placeant, rebus spiritualibus, & ad suarum salutem animarum pertinentibus, vim dilectionis suæ multò magis roborare debent, vt sicut ab illis habitu, & moribus discrepant, ita etiam inter se potiora, sicut & præcelsiora caritatis munera exhibeant, quoniam in Saluatoris IESUS CHRISTI disci-

Eee *pulatu*

**INTER-PONTIFI-CIVM.**
*An. 837.*

*pulatu nemo computari poterit, quisquis hoc dilectionis munere caruerit, ipso testante qui ait*, in hoc cognoscent omnes quia mei estis discipuli, si dilectionem ad inuicem habueritis. *Monet etiam Apostolus dicens*, Caritas fraternitatis maneat in vobis. *Æquum siquidem visum est Fratribus in Beati Confessoris Christi Remigij Monasterio sub Sanctissimo, ac venerabili Patre Fulcone manentibus, cum Fratribus de Monasterio præclarissimorum Sanct. vid. Dionysij, Rustici, & Eleutherij, cui venerabilis Pastor Hilduinus præesse videtur, tale decretum de pacis, ac dilectionis conjunctione facere, & quid vnusquisque pro salute, atque obitu agere debeat, quod neque ab ipsis, neque à successoribus eorum vllo vnquam tempore corrumpatur, sed firmum atque inuiolabile permaneat.*

*839.*

*Igitur anno vigesimo quinto Imperij domni ac serenissimi Gludouici, nos omnes fratres ex Monasterio Sancti Remigij hoc scriptum pari consensu, atque communi voluntate fecimus, quod & nos omni tempore completuros pollicemur, & vt à successoribus nostris conseruetur obnixè flagitamus. Primùm nàmque volumus, vt talis inter nos, & supradictos fratres nostros feruor caritatis, & tanta vis dilectionis maneat, ac si vno si fieri posset conuersaremur loco. De cetero vt, quando aliquis ex ipsis corporis nexibus absolutus à sæculo migrauerit, vnusquisque nostrùm, infra triginta dies, psalterium pleniter compleat, ac sacerdotes nostri missas eidem psalterio congruentes pro eo celebrare studeant; & tres vigilias, id est primo, & septimo, atque trigesimo die communiter pro eo, & deuotissimè peragamus. Si verò quidam ex eis aliqua corporis incommoditate occupatus fuerit, mox, vt nobis nuntiatum fuerit, omni die quo vsque conualescat, aut ab hac luce discedat, vnusquisque quinque psalmos pro eo sollicitè compleat, & vt nomina defunctorum illorum inter nomina nostrorum defunctorum inserantur, vt sicut pro nostris, ita etiam pro illis cotidie Domino sacrificium offeratur.*

*840.*

Anno 840. cùm filios sæpius rebellantes ad spontaneam reconciliationem Imperator adegisset, rursúmque Ludouicus, quòd in diuisione regnorum Carolus natu minor ei fuisset præpositus, defectionem moliri videretur, idem Imperator in Germaniam properans perturbatorem insecuturus, ex incommodis intempestiui itineris morbum contraxit, eóque crescente mortalitatem expleuit 12. Cal. Julij, cui Lotharius dudum Monarchiæ cupidus successit, qua vt solus potiretur bellum Fratribus infert. Ciuili igitur bello flagrante Galliâ, Eboni certa spes affulget pristinam dignitatem recuperandi, vnde ad Lotharium Wormatiam veniens, rogat vt ob præstita recèns obsequia, suâ auctoritate ad præsulatum Remensem, quo se abdicauerat, restitueretur, quod lubens annuit sequenti edicto, cuius exemplar est apud Frodoardum.

*Lotharij*

## HISTORIÆ. LIB. III.

*Lotharij Imperatoris edictum cum subscriptionibus Episcoporum de Ebonis restitutione.*

INTER-PONTIFI-CIVM.
An. 840.

IN nomine Domini nostri IESUS CHRISTI Dei æterni. Lotharius diuinâ ordinante prouidentiâ Imperator augustus. Quia confessio delictorum non minùs in aduersis necessaria est, quàm in prosperis, & cor contritum & humiliatum Deus non despicit, gaudium etiam esse Angelorum in cœlo super vno peccatore pœnitentiam agente non dubitamus, nos mortales in terris eos nequaquam despicimus, pro quibus gaudere Angelos in cœlo diuino testimonio non ignoramus, accusantes & reprehendentes in excessibus semetipsos, diuina nos benignitas non condemnare, sed recreare docuit; qui Meretricem non solùm à legali damnatione eripuit, verùm etiam Publicanum humiliatum & accusantem se non condemnauit, sed magis iustificando exaltauit: qui non dixit omnis qui se humiliat condemnabitur, sed exaltabitur. Potestatem ergo quam pro causa nostra raptus perdidisti, repetentibus Ecclesiæ tuæ filijs, præsentibus quoque adstantibus. ac decernentibus Præsulibus sedem, ac diœcesim Remensis Vrbis tibi, Ebo, restituimus, vt pristino Sanctæ largitatis Apostolicæ Pallio indutus, concordiam, átque gratiam Diuini officij nobiscum, humili satisfactione expletâ, solemni nostrâ largitate recipiendo exerceas. Drogo Episcopus assensi, Otgarius Archiepis. Hecti Archiepis. Amalwinus Archiepis. Audax Archiepis. Joseph Episcop. Adalulfus Episcop. Dauid Episcop. Rodingus Episcop. Giselbertus Episcop. Flotharius Episcop. Badaradus Episcop. Hagano Episcop. Hartgarius Episcop. Ado Fpiscopus. Samuel Episcop. Rambertus Episcop. Haiminus Episcop. Ratoldus Presbyter vocatus Episcop. Amabricus vocatus Episcop. cum cæteris plurimis Presbyteris, ac Diaconibus publicè assistentibus. Actum in Engilenheim palatio publico. In mense Junio vij. Kalend. July, regnante, & Imperante domno Lothario Cæsare, anno reuersionis eius 1. Successor factus Patris in Francia, indict. III.

841.

Hoc edicto armatus Ebo, Remos confestim redijt, post sex annos à sua abdicatione, sedémque recepit, quo tempore Carolus à Lothario pulsus vltra Sequanam profugerat. Caroli Regis Epist. ad Nicol. I. & supplex Libellus Clericorum Remensium à Sirmondo editus referunt, eum ingenti alacritate, & applausu ab Episcopis Diœceseos restitutum, 8. idus Decemb. Clero, & populo, qui ei obuiam processerant, cum ramis palmarum & candelis accensis laudes Deo occinentibus, ob felicem ipsius reditum, quem eodem ordine prosecuti sunt vsque ad gradus Ecclesiæ, comitantibus eum Episcopis, Canonicis, Monachis, ac infinitâ propemodum diuersæ conditionis & sexus multitudine. Addunt præterea Rothadum Suessionensem ex suggestu prenuntiasse Ebonem Concilij decreto, ac Imperatoris restitutum, quod Ingobertus Monachus, eo iubente, vnà cum Episcoporum assensu, Treodorici præcipuè Cameracensis, recitauit. Hisque sine contradictione peractis, *Te Deum*

*Deum* inchoatum à choro pulsantibus campanis, & Ebonem Pontificalibus indutum ornamentis ad altare solemniter celebraturum processisse, Rothado Suessionensi, & Lupo Catalaunensi Episcopis hinc inde eum, cum è sacristia egrederetur, sustinentibus, tum coram sacro altari, annulos, & baculos Episcopis in absentia sua ordinatis dedisse, vt ipsius auctoritate eorum roboraretur ordinatio, quod factum Ebonis, exagitat Hincmarus Epist. ad Anastas. Biblioth. scriptâ ann. 867. Sic redintegratus Ebo, sacros ordines multis impertijt, Vulfado præsertim Remensis Ecclesiæ œconomo, quem sibi infensum Hincmarus postmodum sensit, quòd hic, & socij, ob illegitimam ordinationem, ab eo fuissent interdicti.

At Ebonis felicitas breuis admodum fuit, inito siquidem atroci prælio ad Fontaniacum in Autisiodorensibus septimo Calend. Julij, quòd Lotharius stirpis maximus, spretis Patris constitutionibus, omnia ad se reuocaret, nullo habito fratrum respectu, cessit victoria fratribus, eóque Carolus potitus est regno, sibi à Patre priùs assignato, cuius fines gnauiter & accuratè describit Ado in Chronico.

Expulso igitur Lothario à Francia, Ebo sibi cauens eum secutus est in Italiam, à quo S. Columbani Abbatiam obtinuit, Romámque petens cum Drogone Metensi, postulat à Sergio Papa, qui nuper Gregorio successerat, reconciliari, Palliúmque sibi dari, at gnarus eorum quæ acta fuerant apud Theodonis villam Pontifex, renuit, communione tantùm concessâ. Ebo spe suâ frustratus in Italiâ tantisper moram traxit, donec Imperatoris mandato Constantinopolim ire recusans, suâ Abbatiâ priuatus, cogitur in Germaniam secedere. Albertus Crantzius refert Ansgarium Ebonis fortunæ miseratum, ei Heildernensem Episcopatum, Ludouici assensu, procurasse in Saxonia, quem sapienter & moderatè rexit per 12. annos, haud sine vitæ discrimine, quòd Saxones legibus Ecclesiasticis necdum essent assuefacti; de eo occurret adhuc dicendi locus sub Hincmaro.

Ebone igitur iterum rejecto ab Archiepiscopatu, postquam tres Fratres Lotharius, Ludouicus, & Carolus regnum sibi Francorum diuisêre, villas Episcopij Remensis quas tenebat Fulco Presbyter, non quod, vt perperam vertit Querculus, nusquam enim hic Titularis fuit, Carolus Rex suis distribuit militibus, Juliacum præsertim Ricuino cuidam Comiti ex Frod. lib. 1. cap. 20. addit Hincmarus lib. de iure Metropolitanorum cap. 6. Metropolim Remorum propter Ebonem insidijs appetitam, ac suis reditibus priuatam, imo fœdè conculcatam sæculi malo, quod vt penitus auerruncarent ad synodum conuocati Episcopi, sæpius apud Regem grauiter conquesti sunt de neglectu Canonum, de vsurpatis per vim Ecclesiæ bonis, ac de publicis alijs sceleribus, ob quæ Normanni in Galliam à Deo creduntur immissi: inter hæc Remensis Ecclesiæ orbitas, bonorúmque iactura, & dilapidatio horum sic angebat animos, vt iteratis querelis tandem in Verno

Verno Palatio coacti Præsules, obtinuerint à Rege Hincmari promotionem ad Archiepiscopatum, vt capite sequenti dicemus.

*Hincmarus XXXIII. Archiepiscopus, à Clero & populo expetitus, consecratur, in Concilio Meldensi strenuè se gerit, laborat pro rebus vindicandis à sua Ecclesia dudum subtractis.*

## CAPUT XXII.

INter sæculi mala ab Episcopis in Verno Palatio iussu Caroli conuocatis, vt eis ocyùs mederetur, recensita, Remensis Ecclesiæ lugubris status, haud vltimum fuit: hæc siquidem diu, frequentérque Pastore viduata, nuper spoliata rebus, & onerata injurijs, quotquot aderant Præsulum sic perstrinxerat animos, vt nimio dolore affecti, Regem pro ea, grauioribus his verbis, reuerenter tamen, conuenerint, quæ extant Can. 9. *Vestram sublimitatem, & nostram paruitatem eruere desiderantes periculo, obsecramus, vt tam fœdè lacerata Ecclesia redintegretur, atque iuxta venerabilium Canonum constitutionem, dignus ei celeriter quæratur Episcopus: vt Clerus, & populus tantis attritus, & spiritualibus, & corporalibus incommodis, consolatione receptâ, cum suo præsule, pro vestra salute, & prosperitate communi, Domino studeat supplicare.*

Rex horum flexus querelis, tandem acquieuit, vt Canonicè quispiam eligeretur, datâ facultate synodum conuocandi apud Beluacum mense Aprili ann. 845. cui ipsemet cum Episcopis interfuit, vbi inter cætera Ecclesiæ, regníque negotia, actum de sede Metropoli Remensi (quam Fulco Presbiter, ac Notho sibi in eodem regimine successor, diu tenuerant) in pristinum statum restituenda. Episcopi horum memores, quæ circa Ebonem nuper contigerant, auctoritatísque Sanctorum Patrum, communi decreuere consilio, vt tandem post Ebonis abdicationem in eadem Ecclesia ordinaretur Episcopus. Igitur à clero, & plebe ipsius Metropolis, nec non ab Episcopis eiúsdem prouinciæ, Archiepiscopo Senonensi, & Parisiorum Episcopo annuentibus, cum consensu Abbatis, & Fratrum Monasterij S. Dionysij, fauente quoque Carolo Rege. Hincmarus prædicti cœnobij alumnus electus est: decretóque peracto eligentium manibus roborato, decora Pontificatus, regiménque suscepit, sacris operante Rothado Suessionensi Episcopo, die Dominica 17. Maij, ex posteriori volumine aduersùs Gothescalcum cap. 36. & ex libello Concilio Suessionensi oblato cap. 4. suíque Præsulatus exordium auspicatur à fidei professione, quam Romam misit, cum regalibus Epistolis pro Pallio obtinendo Pontificiam dignitatem confirmante, cuius hic tenor est.

**HINCMAR. XXXIII. ARCHIEP.**
*An. 845.*

Ego Hincmarus huius sedis ordinandus Archiepiscopus, & sacro Ministerio vestro, Sancti Patres, prædicationis officium suscepturus; Confiteor Sanctam atque ineffabilem Trinitatem Patrem, & Filium, & Spiritum Sanctum, vnum Deum naturaliter esse, vnius substantiæ, vnius naturæ, vnius majestatis, atque virtutis. Dominum quoque nostrum IESUM CHRI-

*Ex MS Remensi.*

STUM de Deo Patre ante tempora genitum, eumdémque sub tempore de Spiritu Sancto conceptum, & de Maria Virgine natum credo. Qui passus pro redemptione humani generis, ad Inferna descendit, indéque victor resurgens, & in cœlos ascendens, venturus est in fine sæculi, vt reddat singulis, prout gesserunt in corpore positi, siue bonum, siue malum: Præterea constitutiones quatuor principalium Conciliorum, Nicæni, Constantinopolitani, Ephesini, & Calchedonensis: Canones quoque synodorum, & decreta, quæ orthodoxa fides suscipit, & complectitur, me suscipere, tenere, & prædicare velle confiteor. Hæreses verò, & schismata, quæ Catholica Ecclesia anathematizat, & quicquid sanæ fidei aduersatur, condemno, respuo, & anathematizo, Beato verò Petro, & Vicario eius, debitam subjectionem, & obedientiam, suffraganeis verò nostris adjutorium me exhibiturum profiteor: & huic professioni meæ coram Deo, & Angelis eius, sub testimonio quoque præsentis Ecclesiæ, subscribo.

*In Monasterio ab ipsis rudimentis infantia sub canonico habitu educatus ex Epist. ad Nicol. I.*

Fuit autem Hincmaro nobilitas generis, animi celsitudo, ingenij vis acris, & præferuida, in rebus gerendis vigor ex natura, ac memoriæ felicitas ad quæuis ex tempore depromenda, quod pluribus infra patebit exemplis, de ipsius educatione, gestorúmque primordijs hæc obiter Frodoardus; A pueritia (inquit) in Monasterio Sancti Dionysij sub Hildnino Abbate Monasteriali religione nutritus, & studijs literarum imbutus. Indéque tam pro sui generis, quàm sensus nobilitate in palatium Ludouici Imperatoris deductus, familiarem ipsius notitiam adeptus est, ibíque, prout potuit, cum Imperatore, & præfato Abbate laborauit, vt ordo monasticus in prædicto Monasterio, quorumdam voluptuosâ factione diu delapsus, restauraretur. Et vt opere seruaret, quod verbo suadebat, etiam se cum alijs vitæ asceticæ subdidit. Paulò post cùm Hilduinus ab Imperatore ( quòd in eum conspirasset ) ablatis Abbatijs in Saxoniam fuisset relegatus; hic obtentâ proprij Episcopi licentiâ, eum secutus est in exilium, tantámque Deus pro hac nutritori exhibitâ charitate contulit gratiam apud Imperatorem & regni Proceres, vt obtinuerit eum, redditis Abbatijs, ab exilio reuocari, quin & Hilduino cum alijs à debita fidelitate iterum deficiente, Hincmarus, blanditijs eius nequicquam prouocatus, in Imperatoris obsequio fideliter & infracto animo perstitit, sícque deinceps in Monasterio sine querela, custos sacrorum pignorum, & Ecclesiæ perseuerans, Monasteriorum Sanctæ Dei genitricis Compendij, Sanctíque Geremari præfecturam à Rege obtinet, rerúmque aliarum, ac mancipiorum possessionem, quam consecratus iam Præsul,

Ecclesiæ

# HISTORIÆ. Lib. III.

Ecclesiæ Sancti Dionysij ( vbi à pueris Christo militauerat ) per testamenti paginam delegauit.

 Ob tot à Rege suscepta beneficia, quæ Aulicorum mulcent animos, elinguésque reddunt aduersùs vitia, nihil Hincmaro detractum, quin tunc, & quamdiu vixit, in scelerum auctores, cuiuscumque conditionis, etiam Regalis, palam, generosè, ac vehementer inuectus sit. Vnde cùm Galliam Nortmanni homines Ethnici duce Horich hoc anno inuasissent, sacra, prophanáque, cæde, rapinâ, incendio miscentes, Senonensis, ac Remensis Prouinciarum Episcopi prauos fidelium mores, quibus diuina vindicta concitabatur correcturi, in vnum Meldis 15. Calend. Julij conuenerunt, vbi, qui præ cæteris scientiâ eminebat, Hincmarus fidenter dixit in emendatione peccatorum Ecclesiæ filiorum, ab ipsis Regibus inchoandam esse correctionem, quæ si negligatur vanus cedat omnis labor de Ecclesia reformanda susceptus. Eo igitur agente monetur seriò Rex, vt Capitula ab Imperatore Carolo Magno, & Ludouico Pio recenter promulgata accuratè obseruari præciperet, Ansegisi Abbatis Lobiensis studio pridem collecta, & in lucem quatuor distincta libellis edita, postmodum verò, exigente Concilio, à Benedicto Leuita magno impendio locupletata, verùm tantùm abest, vt his correcti fuerint regni Proceres, qui Abbatias à Rege Carolo in beneficium acceperant, quin potiùs apud ipsum Regem pro virili egerunt, nè cunctos Canones in Concilio Meldensi sancitos ipse reciperet: extant aduersùs eiúsmodi illicitas vsurpationes plurimæ Lupi Ferrariensis querelæ ad Reges missæ, tum ad ipsum Hincmarum qui apud Carolum gratiâ, & auctoritate pollebat, Epistolâ præsertim inter recens editas 42. quæ Hincmari natales, & eruditionem egregiè commendat his verbis.

*HINCMAR. XXXIII. ARCHIEP. An. 846.*

*Ex Concilio Meldensi.*

*Hic Abbas Ferrariæ præficitur an. 844.*

### Ad Hincmarum Episcopum Remensem.

**N**On sum nescius ( cùm tantis gratiæ muneribus abundetis ) vltrò vos cogitare apud Principem inuandi bonos facultatem diuinitùs accepisse, vt quod in se non habent, in vobis possideant, & remuneranda vestræ industriæ materiam præbeant: proinde familiaritatis fiduciâ moneo, vt dum tempus habetis vsuram talenti multiplicare curetis, vt instar Solis beneuolentia vestra splendor cunctis irradiet, nec quemquam excipiat, nisi qui superbâ cæcitate lucem iustitiæ aspernatur, Nobilitatem vestræ generositatis ornat eruditio salutaris, altitudinem officij commendat religio professionis, hæc vestræ celsitudini, non arrogantiæ vitio, sed amicitiæ studio scripsi, vt quoniam in vobis, & Nobilitas, & sapientia conuenerunt, quantùm hæc societas valeat, etiam nolentibus emineat, qui ipsa quoque lumina Ecclesiæ obscurare contendunt. Loci nostri iactura vobis nota est, vt scil. Rex Cellam nobis nullâ meâ culpâ subtraxerit, quam Pater eius etiam edicto contulerat, quod comperisset Monachicam

*Epist. 42.*

religionem

*HINCMAR.*
*XXXIII.*
*ARCHIEP.*
*An.846.*

religionem apud nos durare non posse, nisi facultatum fulciretur augmento, &c. Quod Lupus enixè postulabat, strenuè ab Hincmaro præstitum par est credere, cùm Epistolâ 76. hac de re ampliùs non loquatur Lupus, & in rebus Ecclesiæ vindicandis, multùm enituerit Hincmari sagacitas; Etenim inter Episcopos primus ipse hoc anno in synodo Parisiensi cum suffraganeis Corbejensi priuilegio subscripsisse legitur, quo Monachis proprium Abbatem eligendi, rerúmque suarum dispensationis libertas concessa, laborauit quoque pro Beluacensis Episcopi electione post obitum Hildemanni, directâ ad Carolum Epistolâ, quâ Regem studet à simoniaca hæresi compescere. Item pro Cella, vel Monasterio Flauiaco sibi dudum à Rege dato.

*Frodoard. l.*
*3. c. 18.*

*Id est ex Capitulis quæ prius ab Episcopis collecta fuerãt, remotis à Concilio Episcopis, hæc tantum obseruãda censuerunt Primores cum Rege apud Sparnacum, quæ sibi placebant.*

Tradunt annales Bertiniani, Carolum apud villam Sancti Remigij (Sparnacum nomine) contra morem, conuentum populi sui generalem mense Junio habuisse. In quo Episcoporum regni sui pernecessaria admonitio de causis Ecclesiasticis ita flocci pensa, vt vix vnquam reuerentia Pontificalis Christianorum dumtaxat temporibus sic habita inueniatur; factione enim quorumdam motus erat animus Regis aduersùs Episcopos, dissentientibus Primoribus regni sui ob eorumdem Episcoporum admonitionem.

Hincmarus memor jacturæ bonorum, quam passa fuerat Remensis Ecclesia Interpontificij tempore, ea primùm per Aduocatos vindicare aggressus est, tum per se ipsum. Imprimis verò hoc egit nè mancipia Ecclesiæ, quorum hactenus seruitium vel retentum, vel neglectum fuerat, ab ea auferrent, cuius rei instrumentum extat à Sirmondo sub finem Capitularium Caroli Calui editum, quod hîc, velut historiæ Remensis appendicem, reponimus.

*Notitia de mancipijs S. Remigij, per Judicium Scabinorum euendicatis in placito Missorum Hincmari Archiepiscopi.*

*ORdinante Hincmaro Archiepiscopo, venerunt eius Missi in Curte acutiori, Sigloardus scil. Presbyter, vel Caput scholæ Sanctæ Remensis Ecclesiæ, & Dodilo vir nobilis vasallus eiusdem Episcopi, residentes ipsi in placito publico, inuestigantésque Justitiam S. Remigij, vel Senioris iam dicti, audierunt sonum de his mancipijs, quorum subter continentur nomina, & de eorum Genealogia, quòd serui, & ancillæ meritò deberent esse, eò quòd Berta, & Auida eorum auia, de pretio dominico fuissent comparatæ. Missi enim supradicti, vt hoc audierunt, requisierunt diligenter eamdem rationem, & hæc nomina eorum qui præsentes interrogati fuerunt, Grimaldus, Warimbertus, Leutholdus, Ostroldus, Adelardus, Iuoia, Sildiardis filia. Ipsi enim respondentes dixerunt non est ita, quoniam ex natiuitate ingenui esse debemus. Præfati verò Missi interrogauerunt si aliquis ibi fuisset, qui ex hac ratione veritatem sciret, vel approbare voluisset, tunc accesserunt testes senissimi, quorum hæc sunt nomina, Hugdierus, Tedicus, Odelmarus, Serulfus, Gisinbrandus, Gifardus,*

*Gifardus*, *Tendericus*, & *testificauerunt quòd de pretio Dominico eorum origo comparata fuit, & magis per iustitiam, & legem serui, & ancillæ deberent esse, quàm ingenui, & ingenuæ. Missi autem interrogauerunt, si testes contra eos verum dicebant, ipsi enim videntes, cognoscentésque rei veritatem, atque comprobationem, statim se recrediderunt, & per Iudicium Scabinorum, quorum hæc sunt nomina Geinfridus, Vrsoldus, Fredericus, Vrsiandus, Hiodorans, Herlcherus, Ratbertus, Gislehardus, renuadiauerunt seruitium multis diebus iniustè retentum, vel neglectum. Actum in Curte acutiori* 111. *Idus Maias in placito publico an. VI. regnante Karolo Rege glorioso, regente autem Hincmaro Archipræsule Sanctam sedem Rem. an.* 111. *Ego Sigloardus Presbyter omnibus his veris iudicijs rogatus interfui, & manu propriâ subscripsi. Ego Dodilo propriâ manu subscripsi. Ego Herouodus Cancellarius scripsi. Signum Leidradi Monachi, signum Adroini Maioris, signum Goffredi vocati &c. Ego Hairoaldus Cancellarius recognoui, & subscripsi. Testes supra scripti comprobauerunt etiam Teutbertium, & Blithelmum originaliter esse seruos, & per iudicium Scabinorum, quorum nomina supra videntur scripta, renuadiauerunt seruitium in eodem placito.*

Similem Notitiam habes in Chronico Besuensi fol. 504. quæ sic incipit. *Notum fiat posteris, & memoriæ commendetur, quòd ante illustrem virum Hildegarium Comitem, seu iudices, quos Scabineos vocant, & quàm plures personas, quæ cum eo aderant in Mallo publico ad multorum causas audiendas &c. ann. 4. Imperij Ludouici Imperat.* 817.

De mancipijs ac seruorum manumissione fusè agunt Iurisconsulti, quos consulat lector, si lubet, vt & incerti cuiusdam auctoris formulas apud Marculfum cap. 1. vbi habetur, *Notitia de Colono euindicato apud Comitem, vel ipsos Racimburgos.* Ceterùm obseruat iurium quidam peritiâ clarus è Laudunesio, in villis Ducatus & Ecclesiæ Laudunensis, hominum magnam partem seruilis olim seu caducariæ conditionis extitisse, quod etiam patet ex Breuiori testamento S. Remigij: vt enim apud Romanos olim, sic longè post stabilitum in Gallia Francorum Imperium, constat Dominos integras familias colonijs seu etiam agriculturæ affixas tenuisse, quarum manumissio ex vetustioribus chartis colligitur hâc formâ, quam Marculfus describit, *Te ad cornu altaris ingenuum reddo ad omnes effectus, sublato omnis seruitutis, & libertinitatis vinculo, nisi soli Deo, cui omnis anima subjecta est, cum arbitrio te dedendi inuitis me, & hæredibus meis.* Celebris hæc quæstio Romæ agitata legitur Neronis quinquennio, an Manumissio seruo data reuocari posset, ingrati animi vitio. Addit prædictus auctor, Laudunensis Ducatus accolas, vt plurimùm seruos non fuisse ab ortu, sed ingenuos, ac proinde sic vocari ob prædia seu facultates iure clientari subditas, vnde cùm è dominio Ecclesiæ penderent, æquum erat in libertatem vindicari non posse, nisi sub conditione, quòd eidem fideles in posterum permanerent, quare vulgatior Manumissionis

**HINCMAR.** forma ea est, quam idem refert contigisse sub Roberto Episcopo Lau-
**XXXIII.**
**ARCHIEP.** dunensi.
*An. 846.*

 *Robertus miseratione Diuinâ Episcopus Laudunensis, Noueritis quòd*
*P....... De Capitagio primo de Laudunesio, pietatis intuitu, manumisimus,*
*De Manci-* *ad hoc vt Clericus fiat, & domino seruiat; ita quòd de cætero tanquam ad-*
*pijs, & eorū* *uocatus, vel procurator, vel alio quouis modo contra nos, vel Ecclesiam*
*Manumis-* *nostram consilium, auxilium vel patrocinium impertiri non possit, alioqui*
*sione vide*
*Ferreolum* *ingratitudinis notam incurret. Item bona sua, quocumque possideat titulo,*
*Locrium in* *in Laudunesio extra manum suam ponere non possit; nisi alijs quàm eiusdem*
*Chron. Belg.* *vel arctioris conditionis hominibus in Laudunesio nobis astrictis, quæ erat*
*ad an.* 868.
*fol.* 129. *ante præcedentem libertatis gratiam illi concessam, quòd si contra præ-*
*missa attentare contigerit, præsentis gratiæ concessionem viribus ca-*
*rere volumus ipso facto, & esse redactam in pristinæ statum seruitutis,*
*quibus omnibus assensum præbuit, & ea omnia inuiolabiliter seruaturum*
*promisit.*

 Ex huius conditionis asperitate multi tumultus exorti sunt vasallos inter, & dominos, donec ea penitus sublata est Communiarum erectione, imposito quodam censu seu vectigali agrarijs possessionibus,
quod annuatim Feodi Dominis adhuc soluere tenentur.

---

*Dejecti Ebonis causam retractari petit Lotharius; at hic judicij aleam su-*
*bire non audet, Inchoatum Remensis Ecclesiæ Templum Hincmari*
*studio perficitur & ornatur, qui & Francorum Apostolo*
*egregium extruit Mausoleum.*

## CAPUT XXIII.

ANnis ab Hincmari ordinatione vix duobus emensis, lis haud benè sopita pro Remensi Archiepiscopatu recruduit, Lothario
adhuc in armis Ebonis partes tuente, nihil enim hic intentatum
reliquit quominus prædictus Ebo sedi suæ restitueretur; forsan quòd
Hincmarus exquisitæ prudentiæ vir, Caroli fratris obsequijs tenaciùs
adhæreret. Scriptâ igitur ab eo Epistolâ ad Sergium Papam pro repa-
rando Judicio de Ebonis exauctoratione: Pontifex Carolo literis mandat, vt Guntboldum Rotomagensem Episcopum, cum cæteris Episcopis, quos ipse Guntboldus seligeret, legatis Apostolicis obuiam Treuiros ad hanc discutiendam querelam cum Hincmaro citiùs dirigeret.
Hoc cùm ex parte Regis ad amussim esset expletum, nec legati Sergij
Papæ, iuxta condictum venissent, Guntboldus, annuente Rege Carolo,
synodum condixit, ad quam Ebo vocatus per literas, cùm se præsentem
non sisteret, nec per vicariam personam, Guntboldus, & cæteri
Episcopi, qui apud Parisios tunc conuenerant, Wenilo scilicet Senon.
                   Lantrannus

## HISTORIÆ. LIB. III.

Lantrannus Turonensis, & Hincmarus Remensis Archiepiscopi, cum suffraganeis literas suas ad eum miserunt, Dioecesim ei Remensem interdicentes, vt non haberet deinceps licentiam ex ea quempiam sollicitare scripto, vel verbo, donec aut secundùm iussionem Sergij Papæ ipsis occurreret, aut iuxta Canones definitiuam sententiam ab ipsis, coram generali conuentu, perciperet. At ille ad nullam synodum, vel sedem Apostolicam vlterius vocem reclamationis emisit, quamuis per aliquot annos posthæc superuixisse feratur.

*HINCMAR. XXXIII. ARCHIEP. An.847.*

Sublato litigij fomite, quod præstantes Hincmari curas, animúmque alio poterat auocare, vel etiam obtundere, obtinet hic à Rege Carolo, vt res Ecclesiæ, quas ipse ex Episcopio Remensi fidelibus suis, ob impensum sibi obsequium, commendauerat, chartis apud Frodoard. editis sine cunctatione redderentur. Quarum prima, quæ est regni Karoli an. 6. testamenti S. Remigij meminit, quod, ipso iubente, coram coetu fidelium suorum, tam Ecclesiastici, quàm Laicalis ordinis lectum est, villarum quoque Sparnaci, Juliaci, & Culmisciaci, quas restitui curauit, ac ea omnia quæ ex eodem Episcopatu, quando de manu Fulconis illum recepit, alicui præstito beneficio concesserat. Huic addita est, & alia Charta pro Nonis, & Decimis ad Ecclesiam Sanctæ Mariæ, vel Sancti Remigij pertinentibus, quas maleuoli quidam abstulerant, aut soluere penitus detrectabant, data 3. nonas Septemb. anno regni Caroli 10.

*Hincm. refert Ebonem obijsse ann. 855. indic. 14. 12. Kal. Aprilis epist. ad Nicol. 1. Coluen. vero 853. ex Alberto Crantzio.*

At nihil Hincmaro antiquius fuit, quàm Virginis Deiparæ templum à prædecessore quidem inchoatum, sed ob ciuilia bella nonnihil intermissum, ad felicem exitum perducere. Erat enim is procurandi Dei cultus incredibili succensus ardore, & vltra quàm credi potest ornatus Ecclesiarum amans. Obtentâ igitur cessionis confirmatione de exactione regia, de operarijs, & vijs publicis ad Canonicorum claustra propaganda, item de muro Ciuitatis pro restauratione Principis Ecclesiæ, à Ludouico Imperatore pridem concesso, seriò manum operi admouit, eo potissimùm tempore, quo Regi carus erat, & in sede Remensi perfectè stabilitus, nullis parcens sumptibus & labori, donec Ecclesia ad fastigium omnimodè perducta est, ac singulari decoris perfectione consummata. Ædificij siquidem opere completo, ad illud vndique exornandum mentem deinde appulit, incepítque à B. Dei Genitricis Ara, quæ adyti pars nobilior est, quam auro vestiuit extrinsecùs, ac pretiosis lapidibus mirificè consperfit, cum hac epigraphè eleganti structuræ præfixa.

*Hanc Aram Domini Genitricis honore dicatam,*
*Cultor vbique suus decorauit Episcopus Hincmar*
*Muneribus sacris, functus hac sede Sacerdos*
*Jam benè completis centenis octies annis,*
*Quadraginta simul quinto voluente sub ipsis,*

*Cùm iuuenis Karolus regeret diademata regni,*
*Hunc sibi Pastorem poscentibus vrbis alumnis.*

Et ad imaginem Dei genitricis in ipso Altari.

*Virgo Maria tenet hominem, Regémque, Deúmque,*
*Visceribus proprijs natum de flamine Sancto.*

Quàm verò deinceps pretiosâ supellectile prædictam Basilicam munificus Antistes ditauerit, plumbeis texerit tabulis, pictis cameris decorarit, fenestris etiam illustrauerit vitreis, pauimentis denique strauerit marmoreis, Frodoardus, qui stantem vidit, ornatúmque miratus est, eleganter persequitur: Crucem eminentiorem ( inquit ) gemmis auróque cooperuit, alias item Cruces tam auro, quàm argento, Calicem majorem cum patena, sumptuorióque fecit ex auro, lapidúmque pretiosorum illustrauit nitore, qui Calix postea pro salute Patriæ in redemptionem Normannis datus est. Libellum quoque de ortu Beatæ Mariæ, sed & sermonem B. Hieronymi de ipsius assumptione scribi fecit, tabulísque eburneis, ac auro vestitis muniuit, Locellum etiam quemdam, hoc est, Capsam majorem, quæ à duobus Clericis ferri solet, Sanctorum pignoribus refertam ad vrbis præsidium, argento imaginato auro infuso fabricari curauit, plurima quoque Altaris vasa, tam aurea, quàm argentea præparauit, Euangelium aureis, argenteísque describi fecit literis, aureísque muniuit tabulis, & gemmis distinxit pretiosis, cum versibus qui datoris votum exprimunt.

*Sancta Dei genitrix, & semper Virgo Maria,*
*Hincmarus Præsul defero dona tibi.*
*Hæc pia quæ gessit, docuit nos Christus JESUS,*
*Editus ex vtero, casta puella, tuo.*

Librum quoque sacramentorum, & Lectionarium, quos egregiè scribi fecit, ebore, argentóque decorauit, Templum denique varijs ornauit Lampadibus, Candelabris tectis argento, Coronis, diuersísque tam palliorum, quàm cortinarum ornamentis, vestibus quoque sericis & auro textis, quibus sacra facientes Altaris vterentur Ministri.

Tum accitis suæ Diœcesеos, seu Prouinciæ Episcopis, Carolo quoque Remos adueniente, prædictam Basilicam in honorem Virginis Deiparæ ( vt antiquitùs fuerat ) sub omnipotentis inuocatione Trinitatis insigni pompâ consecrauit anno ab orbe redempto 862. vt est in Annalibus Bertinianis. Ceterùm quot, quantísque Virgini recèns dicata Basilica coruscarit miraculis, citatus Auctor prolixiùs in sua historia retulit, quo cunctis euidenter pateat Deo gratum fuisse tanti Præsulis obsequium, cui Matris honor, cultúsque cordi erat, & semper fuit.

Nec minori in Francorum Apostolum per id tempus idem Antistes amore flagrauit. Ampliatâ siquidem ipsius Ecclesiâ, cryptáque præclari

clari operis ad pedes Sanctissimi Præsulis præparatâ, Corpus eiusdem, vnâ cum sepulchro de loco cryptæ prioris in eam, collectis Remensis Dioeceseos Episcopis, solemniter transtulit. Integrúmque illud cum Brandeo, quo priùs inuolutum fuerat, argenteo locello collocauit, Sudarium verò, quod super caput ipsius erat, cum parte prædicti Brandei scriniolo reconditum eburneo, Remis abinde in Ecclesia Beatæ Mariæ tradidit reseruandum: In loculo, vbi depositum corpus, hi versus ab Hincmaro leguntur inscripti.

HINCMAR. XXXIII. ARCHIEP.
An. 847.
Translatio hæc contigit an. 852. ex Chron. Remensi.

*Hîc famulus Hincmar, Domini sacra membra locauit,*
  *Dulcis Remigij, ductus amore pio.*
*Qui priùs est Sanctus, mundo quàm Matre creatus,*
  *Et magnus dictus cælitus ore Dei.*
*Bis denos, binósque gerens feliciter annos,*
  *Sorte Dei sumpsit Pontificale decus.*
*Sexaginta simul bis septem manserat annis,*
  *Istius vrbis honor, Præsul, & orbis amor.*
*Vitam defunctis, reddens quoque lumina cæcis,*
  *Egerat & viuens plurima mira satis.*
*Nam domuit fera corda animo priùs, ore profusus,*
  *Sicambriæ gentis regia sceptra sacrans.*
*Nonaginta quidem sex cùm compleuerat annos,*
  *Splendida lux nostris deseruit tenebras.*
*Idus iam plenas cùm Janus mensis haberet,*
  *Emeritus miles præmia digna capit, &c.*

Ante ipsius sepulchrum opus egregium auro pariter edidit Hincmarus, gemmísque distinxit, cum fenestella, per quam sepulchrum Sancti videri posset, circa quam, hos versus simul indidit.

*Hoc tibi Remigi fabricauit magne sepulchrum,*
  *Hincmarus Præsul, ductus amore tuo.*
*Vt requiem Dominus tribuat mihi, Sancte, precatu,*
  *Et dignis meritis, mi venerande, tuis.*

Prædictam Ecclesiam, cuius & Abbas erat Hincmarus, libro Euangeliorum aureis literis insignito, ac parietibus aureis, gemmarúmque nitore distincto locupletauit, cruce item auro coopertâ, libro sacramentorum, aliísque ornamentis, quæ longum esset enarrare. De corpore autem ipsius Beatissimi Remigij, non est ausus aliquid sumere, vt ipse testatur in Epistola ad Ludouicum Regem transrhenensem, qui id sibi ab eo petebat muneris, insigne piaculum ducens aliquid ex tam illustri deposito decerpere, quod Deus per tot annos integrum conseruasset.

*De pallij cotidiani vsu à Leone Papa concesso, & scriptis ad eum literis.*

**HINCMAR. XXXIII. ARCHIEP.**
*An. 847.*

Extruendis, ditandísque Ecclesijs cùm se totum impenderet Hincmarus, agens in Pontificatu annum tertium, pro suæ sanctitatis, ac sapientiæ reuerentia, Lotharij Imperatoris rogatu ( sancito secus municipium Trejectum apud Marsnam, cum Ludouico, & Carolo fratribus, pacis fœdere ) pallium ad quotidianum vsum suscepit à Leone IV. à quo iam aliud perceperat in designatis sibi solemnitatibus debitè fruendum, quem quotidianum pallij vsum nulli vnquam Archiepiscopo se concessisse, vel deinceps concessurum esse, idem Pontifex Epistolâ ad eum directâ testatur. Baronius ad ann. 849. & 852. putat Nicolaum I. negasse Hincmaro concessum vnquam fuisse pallium ad vsum quotidianum à Leone, quòd ille quâdam Epistolâ hunc reprehendat de prædicto quotidiano pallij vsu. At Hincmarus ei rescribens, licèt ingenuè fateatur id neutiquam à se factum, vt ab aduersarijs relatum fuerat, contendit tamen sibi toties concessum fuisse pallio vti, ad quod vlteriùs nihil intulit Pontifex, quamuis eum de multis postmodum minoris momenti redarguerit : fertur Brunoni Coloniensi Archiepiscopo, & Ottonis Germaniæ Regis fratri simile pallium ab Agapito Papa concessum, ob pietatis eius, ac doctrinæ præstantiam, olim quoque Joanni Rauennensi Metropolitano ; at cùm hic dicatur à Valentiniano Imperatore eiusmodi priuilegium vtendi pallio quoties libuerit accepisse, meritò E. Card. Baronius suspectum illud habet in Annalibus, at de Hincmaro, cùm id sibi concessum fuisse candidè referat in citata ad Nicolaum I. Epistola, & coëtaneus Scriptor testetur, non est quòd hic scrupulum cum Nuperis moueamus.

*Epistola Hincmari ad Nicolaũ extat apud Cordesium fol. 511.*

*Ad an. 432.*

*Spondanus in epitome.*

Scripsit idem Hincmarus ad Leonem Pontif. sexties, inquirens primùm de his quos temeritas Chorepiscoporum ordinare, seu etiam Spiritum Sanctum consignando tradere præsumebat, ita vt Episcopo quolibet defuncto, per Chorepiscopum solis Pontificibus debitum ministerium perageretur, quod nuper vetitum fuerat in Concil. Parisiensi 5. ann. 829. can. 27. sancitúmque, *vt Chorepiscopi modum mensuræ non excederent* : id autem ab Hincmaro præsertim scriptum puto, ob Rigboldum Rem. Ecclesiæ Chorepiscopum, qui sacris ordinibus, sede Rem. vacante, Gotheschalcum girouagum Monachum initiauerat. Item & de ordinatis ab Ebone postquam à sua sede exciderat, ac de priuilegijs Remensis Ecclesiæ, quæ habuit ab initio, quo priuilegia sedes habere cœperunt. *Et quia Remorum Episcopus Primas inter Primates semper, & vnus de primis Galliæ Primatibus extitit, nec alium se potiorem præter Apostolicum Præsulem habuit*, vt scilicet ea, quæ tanto tempore ab Antecessoribus ipsius huic sedi sunt concessa, & conseruata, conseruare, & augere dignetur.

Sed & Lotharius ( ad quem prædictus Præsul Hincmarus scripserat pro rebus abstractis ab Ecclesia Remensi tempore Caroli Imperatoris )

toris) suæ beneuolentiæ specimen exhibere cupiens, apud Leonem Papam eum honorificè commendauit, vt ipsum Romam ire disponentem decenter, & amicabiliter reciperet, at volentem proficisci, tam ipse, quàm frater eius Carolus Franciæ Rex retinuerunt, quòd hic necessarius esset ad perturbationes, quæ recèns emerserant, sopiendas, vt idem Imperator aliâ Epistolâ suggerit, in qua commemorat quòd in hac sede Remensi Beati Sixti primi eiusdem Episcopi, & Apostolorum discipuli, prædecessores ipsius Papæ, Stephanus Pippino, & Leo Karolo Magno, Apostolica contulerint munia; Alius quoque Stephanus Ludouicum Augustum in eadem sede Imperiali diademate coronauerit. A Karolo quoque Rege præceptum accepit de via quæ impediebat ad Claustrum Canonicorum Sanctæ Remens. Ecclesiæ (quoniam & numerum eorumdem auxerat) amplificandum. Res præterea quasdam quæ ab eodem Rege dudum fuerant Episcopio subtractæ, Ecclesiæ redintegrari laborauit, villam præsertim Nouilliacum, quam Karlomannus ad Ecclesiam Sancti Remigij pro animæ suæ remedio contulerat, cuius restitutionis charta (quæ Hincmari studium pandit) extat ad calcem Frodoardi.

*Hospitale, seu Xenodochium Remis condit Hincmarus, dotátque pro susceptione peregrinorum, & pauperum.*

## CAPUT XXIV.

INter tot Hincmari curas pro vindicandis suæ Ecclesiæ prædijs apud Principes, nè quid gloriæ suæ deesset, vt summæ pietatis, sic & immensi meriti rem aggressus est, Nosocomium dico pro suscipiendis peregrinis, alendisque pauperibus, Frodoardi verba in re tanti momenti iuuat referre. Canonicis quoque huius Remensis Ecclesiæ *Lib.3.c.10.* Hospitale constituit ad susceptionem peregrinorum, vel pauperum, congruis ad id rebus deputatis, cum consensu Coëpiscoporum Remensis Diœceseos, atque subscriptionibus eorumdem: eâ conditione vt nullo vnquam tempore, quilibet Episcopus, vel quælibet persona easdem res, cuiquam in beneficium dare, vel in alios vsus abstrahere præsumat, neque aliquem censum vel redhibitionem exinde accipiat, sed totum quicquid ex ipsis rebus iustè adquiri poterit, in vsus pauperum, atque Canonicorum secundùm modum descriptum in priuilegio à se, & cæteris Episcopis confirmato, expendatur.

Hospitali seu Xenodochio Remensi, Nosocomij quoque nomen hic indidimus, quamuis inter hæc discriminis aliquod sit, si etymon spectes, at apud Gallos Xenodochiorum duplex vsus fuit, in ijs enim hospites seu perigrini, & pauperes, ac inter eos languentes, & vlcerosi excipiebantur, quod in Nosocomijs, & Ptochijs, vt plurimùm, fiebat,

de

de quibus auctor prolixioris testamenti Remigio attributi. Notum ex Concil. Aurelian. V. can. XV. Xenodochium à Jugali Childeberti Regis Vltrogotho Lugduni conditum, vt in eo cura ægrotorum haberetur, & peregrinorum ; item & Augustodunense à Siagrio Episcopo, & Brunichilde, at Frodoardus auctor mediæ ætatis Hospitalis nomen vsurpat ; quod in Capitularibus frequens est, Gregorius Turon. hospitij meminit seu hospitioli pauperum lib. 6. cap. 45. ab hospitalitate ; quam Fideles, (Episcopi inprimis) sectari tenebantur ex Concil. Aquisgran. 2. cap. 3. Remisque postliminiò forsan reuocasse Hincmarum, aut amplissimâ domo, rebus ad id necessarijs instructâ, stabiliuisse certissimum est.

At dubitare quis posset, an Nosocomium seu Xenodochium generale (quod adhuc stat) opus sit Hincmari ; laborat scilicet in hoc Annalium fides vt huius esse credatur, cùm tabulæ non extent, priuilegium voco sigillis Episcoporum Diœceseos munitum, regiæ item auctoritatis præceptum, quæ nobis inuidiosa vetustas abstulit, fuerintque pridem alia Xenodochia seu Matriculæ ante Hincmarum, quæ Remensis Ecclesiæ, seu Beatæ Mariæ nomen prætulerint, vt probant hæc verba prolixioris testamenti Sancti Remigij, *Matricula Beatæ Mariæ, quæ dicitur Xenodochium, vbi duodecim pauperes stipem expectant, solidus dabitur*, vbi Matricula pro Xenodochio euidenter ponitur, nec indiculum significat, cui pauperum inscripta erant nomina, qua significatione pariter vtitur Gregor. Turon. lib. 2. de gloria Martyr. cap. 37. Sonnatius etiam, Sanctæ Remensis Ecclesiæ matriculam nominat in suo testamento apud Frodoard. lib. 2. c. 5. sub qua minores alias fuisse, testantur alia verba S. Remigij, *Xenodochijs, Ptochijs, omnibúsque matriculis sub tua ditione degentibus*. At octauo sæculo hæc pauperum hospitia, tempus edax rerum penitus absumpserat, senio detrita corruerant, rebúsque hinc inde distractis, languens hospitalitas benignam manum expectabat, quæ hanc ab interitu vindicaret. Hoc magnificè præstitit pius Antistes Hincmarus, eíque hoc pietatis opus omnino adjudicant, etiam silente Frodoardo, Capitula nuper ab Imperatoribus sancita quibus præcipitur, *Vt hospites peregrini, & pauperes susceptiones regulares, & canonicas per diuersa loca habeant*: Expostulatio Episcoporum apud Sparnacum pro iísdem, Hincmaro suadente ; Capitula ibidem Regi oblata de hospitalibus ordinandis, quorum obseruantissimus fuit Hincmarus, Principis Ecclesiæ vicinitas, cuius restructor ipse fuit, Hospitalis Ecclesiæ Remensis nomen, ipsa Xenodochij structura, quæ vetustatem spirat, innuítque Hincmari æuum, ædificij amplitudo, recipiendis hospitibus & ægrotis capacitas, hæc inquam omnia sibi inuicem collata, Hincmari, nec alterius, magnificentiam prædicant, præsertim cùm aliorum Xenodochiorum, quæ sunt Remis, origines pateant, huius verò fundationem nemo sibi hactenus post tot sæcula vendicarit.

Illustre

Illustre igitur dubio procul caritatis Hincmari opus est, & monimentum, quo certissimos sibi de mammona amicos comparauit, constructum quidem ab eo, congruis ad susceptionem peregrinorum & pauperum locis deputatis, cum amplissima dote vt ex Frodoard. verbis conjectari licet, successorum tamen eius in Archiepiscopatu, vt probant tabulæ, Principum quoque, Canonicorum, & Ciuium largitionibus auctum & locupletatum, adeo vt censu, structura, & gubernatione cum celebrioribus Galliæ Xenodochijs facilè comparari possit: In eo Velatæ plus minùs viginti per vices ægrotis necessaria subministrant, & regulares Clerici quatuor, quibus animarum cura relicta, sacramentorum, funerum, diuini officij, & anniuersariorum pro benefactoribus. Sunt enim pro amplitudine loci, plures Capellæ seu Oratoria, vbi certis diebus preces exoluunt, iuxta laudabilem, & receptum morem, quamuis nonnihil in prædictis Moderatorum prudentia, & pro ratione temporis immutatum sit, ob recentium bellorum atrocitatem, ægrotorúmque numerum è varijs partibus aduectorum, quibus curandis insumptum penitus ærarium, exausta quoque promptuaria, ærèque alieno oppressum Xenodochium.

Huius Alexander Papa III. Guidoni Abbati Sancti Nicasij, & M. Radulfo Canonico rescribens, opinor, meminit his verbis. *Cùm se quidam homo Sancti Remigij, diuini amoris & caritatis ardore succensus, hospitali Sanctæ Mariæ Remensis ad seruiendum hospitibus pro anima sua remedio, cum quadam parte hæreditatis suæ reddidisset, parentes eius Monasterium, & Ecclesiam Remensem, super dicta eleëmosyna inquietare nituntur &c.* Extat etiam charta Ambianensis Episcopi in codice MS maioris Ecclesiæ, vbi formulæ iuramentorum cuiúsque Dignitatis, & Canonicorum describuntur, quâ aliquot altaria hospitali Ecclesiæ Remensis data confirmat ann. 1150. ex quibus planè sequitur hospitale illud omnino esse quod Cathedrali contiguum est.

HINCMAR.
XXXIII.
ARCHIEP.
An. 847.

*Moderatores, seu Administri sunt sex, duo à Capitulo leguntur, alij quatuor à senatu vrbico, ex recentiori Curiæ Parisiensis statuto.*

*Sic S. Landericus hospitale Parisijs instituit iuxta maiorem Ecclesiam, Rob. in Gallia Christi fol. 101.*

### Sacræ aliquot Reliquiæ quæ in Xenodochij Remensis sacrario continentur.

IN capsa argentea seruatur pars brachij Sancti Maurilij Andegauensis Episcopi, & ossa aliorum sanctorum quorum nomina exciderunt.

In varijs lipsanothecis.

Os cruris Sancti Quirini Martyris.
Digitus Sancti Fiacrij Confessoris.
De toga, & capillis Sancti Joannis Baptistæ.
Os brachij Sancti Pontij Martyris.
Os item brachij, & pars capitis Sanctæ Restitutæ Virgi.
Annulus Sancti Lupi Episcopi.
Os item brachij eiusdem.
Cingulum Sancti Thomæ Cantuariensis Episcopi.

HINCMAR.
XXXIII.
ARCHIEP.
*An.*848.

Duo offa Sancti Nicolai.
De oleo quod è tumba eius fluxit.
De mammilla Sanctæ Catharinæ.
De toga Sanctæ Annæ matris Virginis Deiparæ.
Os sat longum Sanctæ Berthæ Virg. & Martyris.
De toga, & cingulo Sancti Augustini.
Os integrum Sancti Quintini.
Os etiam notabile Sancti Sebastiani in capsula inclusum.
Aliquot offa Sanctarum Barbaræ, Agnetis, & Catharinæ.
Os Sancti Bertulfi Confess. in cista lignea.

Horum diuorum ope, & apud Deum intercessione adjuti peregrini, è varijs locis deuotionis ergò huic confluunt, diebus præsertim natalitijs eorum, lætique plurimi propria repetentes, grates pro beneficijs per Sanctorum intercessionem collatis, deuotè exoluunt.

---

*Sanctæ Helenæ corpus Româ in Diœcesim Remensem per Teudisum Altuillarensis cœnobij Monachum transfertur.*

## CAPUT XXV.

*Testatur Almannus historiâ translationis S. Helenæ scripsisse iussu Hincmari, Epistolâ prolusoriâ ad lectorem.*

Sacratissimis Helenæ Magni Constantini matris Altumuillare cœnobium eo tempore contigit ditari pignoribus, quo Remis Hincmarus, præstantissimum Francorum Apostolo parabat Mausoleum. Sigebertus scribit ea in Gallias aduecta anno 849. at Auctor synchronus, qui translationis seriem Hincmari iussu posteritati consignauit, refert id factum Archiepiscopali sede vacante, probatas verò Reliquias aquæ judicio ( vt Frodoardus loquitur ) Hincmaro ad Præsulatum assumpto, quo fit vt in hunc locum totius rei narrationem consultò remiserim.

Vnde verò Imperatrix Helena fit orta, non idem iudicium apud historicos, Græcorum recentiores ( Eusebius enim hoc tacuit ) affirmant eam Bithynam fuisse genere, filiámque hospitis cuiusdam Drepanensis, ex qua Flauius Valer. Constantius ad Persas Legatus Drepano iter faciens Constantinum suscepit. Huic opinioni præter Nicephorum, adstipulatur R. P. Petrus Morinus Congregationis Oratorij Presbyter libro de Ecclesia liberata per Constantinum, & Dionysius Petauius S. J. Theologus. Baronius è contra in Notis ad Martyrologium 18. August. & in Annalibus Britannam censet, putátque Scriptoris incuriâ alicubi Bithynia pro Britannia Scriptum, nititurque eius sententia in hoc, quòd Constantinus in Britannia ortus dicatur à celebri Gallicano Oratore in publicis nuptiarum Con-

stantin

## HISTORIÆ. Lib. III.

stantini cum Fausta solemnitatibus, coram amplissimo contentu pronuntiata, *Nobilem* ( inquit ) *ortu tuo Britanniam fecisti Cæs. Opt.* ortu dixit, non Imperij, sed Natiuitatis. Huic opinioni liberè concinunt Angli, quòd eorum gentem illustret, Pithius inprimis libro de Viris illustribus folio 81. Sancta Helena Flauia Augusta vnica proles, & hæres Regis Coëli secundi; At Almannus cœnobita Altuillarensis, qui ab octingentis & ampliùs annis vitam prædictæ Imperatricis stylo sat eleganti texuit, Treuirensem hanc fuisse testatur his verbis.

*Beata igitur Helena oriunda Treueris, tantæ fuit nobilitatis, secundùm honestatem, & dignitatem præsentis vitæ, vt penè tota ingentis magnitudinis Ciuitas computaretur in agrum sui prædij, quod vsque hodie demonstrat domus eius facta Ecclesia pars maxima, in honore Sancti Petri Apostolorum Principis in sedem Episcopalem Metropolis dicta, adeò vt vocetur, & sit prima sedes Galliæ Belgicæ, necnon, & cubile Regiæ ambitionis factum in eadem vrbe opere mirabili: siquidem pauimenta varijs marmoribus, velut in regia Xerxis Assueri pario sunt lapide strata, & parietes auro fuluo velut hyalino textu perlucidi fuerunt facti &c.*

Almanni opinionem longè probabilem confirmant Otto Frisingensis, Godefridus Viterbiensis, & Berengosus Abbas libro de inuentione, & laude Sanctæ Crucis cap. 1. & lib. 3. cap. 1. Albericus item ad annum 332. vbi Sanctam Hildam Helenæ Imperatricis discipulam in Episcopatu Treuirensi quiescere tradit, posse'tque ex historiæ circumstantijs adhuc stabiliri, quas hîc lubens omitto, vt & quæ præfatus Auctor subdit de ipsius Imperatricis itinere ad loca Sancta, de Crucis miraculosa inuentione, de conuiuio ab ea Ancillis Christi in Hierusalem exhibito, & in extruendis Ecclesijs magnificentia ex Eusebio, Ambrosio, Sulpitio, aliísque veteribus diligenter collecta; at silentio tegendum non est, quod idem habet cap. 18. de supremo, S. Helenæ excursu, & obitu. *Ergo Sancta Helena opera charitatis, viscera misericordiæ sibi induens & proficiens de die in diem, redijt ad filium Romam, de qua mittens Patriæ suæ, nempe Treueri, Sanctorum Martyrum pignora, quæ ipsa voluisset afferre, si filius permisisset, non annuente Domino, fortè quia Gallia tanto priuilegio fuerat indigna, in hoc adimplere votum suum Regina nequiuit, sed in Dunio flumine, Nauis quæ Arcam ferebat, naufragium passa, super quod flumen Vesontionum Ciuitas est sita, facta est aqua multo tempore custos Arcæ sacratissimæ, de quibus Reliquijs pretiosissimis, post plurimum tempus cum magna difficultate ab aqua sublatis, meruit insigniri prædicta ex parte Ciuitas.* Quænam porrò fuerint hæ Reliquiæ, hoc capite non aperit Almannus, at præcedenti, præter sacra aliquot Martyrum pignora, notat fuisse Cultellum quo Dominus noster JESUS CHRISTUS in sacratissimæ cœnæ conuiuio vsus est.

Eusebius octogenariam ex hac vita Helenam migrasse censet, anno,

HINCMAR.
XXXIII.
ARCHIEP.
*An.* 848.
*Sancta Helena Flauia prænomen à viro suo Flauio traxit, Iulia nunquam.*

*Sancta Helena Treuirorum indigena ex Almanno.*

vt suspicantur quidam, 326. Alberico 332. felicémque obitum, ac funus prædictus Auctor describens ait delatam ad Ciuitatem, quæ principem locum tenet, sepeliendam, quòd Socrates de vrbe Constantinopoli interpretatur; At vrbem Romam ijs verbis Eusebium intelligere solitum, declarant non solùm quòd alibi, dum agit de legatis ad Nicænum Concilium missis, Siluestrum Romanum Pontificem designet asserens hunc illius vrbis Episcopum esse, penes quam Imperium staret, sed etiam quòd longè post ædificatam Constantinopolim, eamdem Romam antonomasticè Imperatoriam vrbem appellare consueuit. Cùm autem agit de Constantinopoli, nuncupat simpliciter vrbem Imperatoris, nempe Constantini nomine appellatam, quamuis Zonaras aliter loquatur, vocétque Constantinopolim vrbem regiam & Imperatoriam.

*HINCMAR. XXXIII. ARCHIEP. An. 848.*

*Id ex Spondano ad annum 326. 114.*

Ceterùm Nicephorus non Romæ tantùm Helenam sepultam esse, sed & defunctam affirmat, translatam verò post biennium Constantinopolim, Suidas quoque Romæ sepultam confirmat, Anastasiíque liber de munificentia Constantini; Romæ igitur cùm sepulta dicatur, de translatione facta Constantinopolim apud antiquos nulla est mentio; Imò, quod mirum est, Paulus Aringhus Romæ subterran. lib. 4. c. 9. agens, de Mausoleo Sanctæ Helenæ matris Constantini Magni ex actis MSS; videtur asserere Sacras Helenæ exuuias Romæ adhuc extitisse an. 1140; At præter Sigebertum, qui cum Nicephoro consentit, ab vrbe Roma ex Ecclesia Sanctorum Petri & Marcellini viâ Lauicanâ inter duas lauros positâ, vbi Constantinus corpus eius posuerat in Sarcophaco Porphyretico, in Gallias translatum, & in Diœcesi Remensi collocatum, idem pariter tradunt Almannus, qui tunc viuebat, & Frodoardus lib. 2. cap. 8. vbi innumera quæ singulis in vrbibus & villis fiebant miracula, dum sacræ à Teutgiso Monacho transferebantur Reliquiæ, suo more describit. Cùm autem ab Almanno oculato teste nonnihil hauserit, præstat ipsius narrationem proprijs verbis exhibere, quam mihi pro sua humanitate transmisit R. P. Chiffletius Societatis JESU vir insignis litteraturæ, vt ex MS codice Sancti Benigni Diuionensis, & vallis Lucensis propriâ manu transcripsit, est autem huiusmodi.

*Operis huius meminit Sigebertus de viris illustribus cap. 99. & Trithemius.*

*Qualiter corpus Sanctæ Helenæ allatum sit, ad Patriam Galliæ Cap. XXII.*

EVoluto igitur plurimo tempore à die mortis suæ, quæ accidit inter vicennalia, & tricennalia Augusti filij sui, vsque ad annum Dominicæ Incarnationis octingentesimum quadragesimum. Cùm iuxta bonum placitum diuinæ dispensationis placuisset Domino Deo de Reliquijs tam pretiosi corporis nobilitare, insignire, & exaltare partes Belgicæ secundæ, illius scilicet corporis, quæ fuerat nata in partibus primæ: accidit vt inspiratione diuinâ quidam Sacerdos Remensis Parrochiæ nomine Theogisus,

*Frodoardus Presbyterū hunc Tetgisum vocat, at Sigebertus Theogisū Monachū.*

*Theogifus, causa suæ salutis suum festinaret Domino reddere votum Romam eundi, visere limina Apostolorum ob remedium animæ, & incolumitatem corporis sui. Talique instinctu cùm cælitùs fuisset accensus, eo vsque fuit animatus, vt lustrans Apostolorum limina, etiam Sanctæ Helenæ sibi quæreret suffragia. Et licet priùs per quinquennium continuum tanta debilitatis laborauerit morbo, vt de vita desperaret, nedum Romam eundi vllam spem habere potuisset.*

HINCMAR. XXXIII. ARCHIEP. An. 848.

*Arrepto tamen itinere cœpit de sanitate pristina recuperare, iuit igitur, tandémque pro voto suo peruenit ad Vrbem meritis Sanctæ Helenæ, fidens & nitens ingentibus votis, atque inter cæteras Sanctorum Basilicas, multa circumspectione cœpit sollicitus perlustrare, indagare, gratia orationis Ecclesiam in qua Sanctæ Helenæ corpus erat regia dignitate sepultum, si fortè aditum inueniret.*

Frequẽs tũc erat Monachorũ peregrinatio ad limina Apostolorum.

*Ergo agens se in hunc modum, & secreta cordis nemini pandens, sed Deo soli pro efficaci munere committens, secundùm placitum bonitatis eius, concedente diuina clementia, opportunitatem inuenit, & velut cum Syrophenissa furtum fidele peregit. Neque in hoc longa extitit temporis difficultas: siquidem vespertino tempore ingressus orationis gratia, tribuit ei Deus egregia dona rapinæ, sícque per secreta noctis silentia, festinauit remeare ad suum diuersorium. Mane autem facto aggressus est iter redeundi ad propria.*

*Vt verò prolixitas dedit spem securitatis, quanta valuit reuerentia sanctarum Reliquiarum thecam leuauit, & populi adeptus debitam frequentiam, Sanctæ Helenæ notum Patriæ fecit aduentum, ipsa manifestante debitam magnificentiam operibus virtutum, quas per illius merita operabatur Dominus ad laudem & gloriam nominis sui, nec mirum Sanctam Helenam clarere virtutibus almi, iam regnantem cum Christo in cælis, cui datum est per sanctæ Crucis inuentionem de Diabolo triumphare, cùm adhuc viueret in terris, ergo iure comitabantur signa & virtutes illud iter per merita Beatæ Helenæ facta, ad laudem & gloriam Domini Dei nostri.*

*Verùm, vt peruenit ad dispositos nostræ Patriæ fines, vtilitas dubietatis innascitur pectoribus plurimorum, quomodo posset fieri, vt fœmina tanta sanctitatis, quæ signum Sanctæ Crucis meruerit inuenire, & tam magnæ altitudinis, & nobilitatis in sæculo, adeò vt fieret Mater Imperij, & Domina Orbis, tam exigui Presbyteri manibus tractaretur. Ergo in hunc modum dubitantibus multis præ magnitudine rei, & dicentibus non posse fieri, vt, quæ extiterat Filia Ecclesiæ conuersione & fide, Soror autem deuotione & conuersatione, Mater verò propter inuentionem Sanctæ Crucis, & hoc secundùm Deum à quo consecuta est regnum æternum, ceterùm secundùm dignitatem & honestatem præsentis vitæ Mater Imperij & Domina totius Orbis, tam modici sacerdotis manibus posset aliquo modo contingi, & ad nostram patriam deferri.*

Helena Crucem Domini inuenit, itéq; Clauos quibus Crucifixus est.

*Ergo in eiusmodi dubitationis, altercationísque conflictu persistentibus multis, nè populus huius erroris næuo illuderetur, fit conuentus Remensis Ecclesiæ,*

*Ecclesiæ, reuoluuntur historiæ, profertur in medium Mappa Romanæ vrbis, sciscitantur ad inuicem, interrogant, quærunt, consulunt, & veritatis auxilio perducuntur ad certitudinem omnimodam, reuersam eam fuisse Romam ad filium, & sic obijsse, ibidémque in loco notissimo habuisse nobilissimum sepulchrum. Et quoniam mirabili suorum meritorum virtute quâ rexerat se, ferentes per tenebrosa pericula mortis, cùm haberent vtique exitium si deuiarent patululum, iam erat deportata à villa Falesia ad Cœnobium Altumvillare dictum, nascebatur inde facilis inuidentia, quòd debebatur tantum pignus potiùs vrbi excellentissimæ, quàm Monasterio, vt dicebant, paruulo, ea de causa grassabatur infidelis contentio; sed Monachi Altouillarenses, freti pietate, Deum timentes, & veritati per omnia adhærentes, tam pro conflictu totius Ecclesiæ, quàm pro adipiscenda rei veritate, confugerunt ad Dominum, qui eos dignatus est tanto suffragio honorare, & consensu religioso decreuerunt fieri, & exegerunt à seipsis ieiunium, letanias sibimet indixerunt, & Missas pro hoc ipso multâ deuotione Domino celebrauerunt, átque ieiunio peracto, quæritur iudiciali examinatione veritas huius rei, & per gratiam Dei panditur veritas, & omnifariam roborata triumphat veritas, átque à manifesta veritate destruitur omnis inuidens, paritérque inficiens falsitas.*

*Nam Deus Omnipotens, qui Beato Niuardo contulit gratiæ suæ dono, vt prædictum Monasterium Angelicâ reuelatione, & manifestatione construeret, in quo iustè & piè viuentes in monasticâ religione viri probati expectarent beatam spem, & aduentum gloriæ magni Dei, & Saluatoris nostri JESU CHRISTI. Contulit etiam ipsius Monasterij fratribus incrementa salutis, dirigens illis Venerabile pignus Beatæ Helenæ, & defendens illos super hac re ab omni liuida falsitate. Gaudeant igitur in Domino fratres prædicti Monasterij etiam pro tanto beneficio, seruiántque illi in iustitia & sanctitate, quoniam per multa Charismatum dona dignatur Dominus se manifestare illis fore propitium in æternum, si contenderint illi placere exhibitione bonorum operum, sed ad proposita redeamus.*

*Verùm, nè præfata examinatio minor esset quàm sufficere posset, ad certitudinem totius populi, ex edicto & consensu totius Ecclesiæ Remensis, & Vicedomini nomine Parduli auctoritate, qui fuit postea Laudunensis Episcopus. Nam sine benedictione Episcopali Remensis (ciuitas tunc temporis erat, necnon ex consensu prædictæ Congregationis, mittuntur ad vrbem Romam de eodem Altovillari Monasterio, quod iam pollebat Reliquijs pretiosi corporis, duo fratres & monasticâ religione probati, & sacerdotali munere conspicui, & tertius tantùm Monachus, vt in ore duorum vel trium staret etiam hoc verbum, qui hæc omnia in quibus dubitatio fuerat de Beata Helena, tum secretò, tum diligenter inquirerent, & sibi quantocius renunciarent.*

*Post non multos igitur dies prædicti fratres redeuntes ab Vrbe, non solùm veritatis indaginem, sed etiam geminatum gaudium retulerunt: attulerunt*

*lerunt enim Sacrum corpus Beati Policarpi Presbyteri, qui in collegio B. Sebastiani, prædicatione, baptismate, & exemplo multis fuit ducatui ad fidem rectam, & per hoc pariter ad vitam æternam. Itáque attulerunt illud cum Reliquijs præfati Beatissimi Martyris Sebastiani, & Sancti Vrbani, atque Quirini, qui vterque Papa gloriosus existens Martyrij palmâ mercati sunt gloriam sempiternam.*

HINCMAR. XXXIII. ARCHIEP. An. 848.

*Sic Deo omnipotenti placuit misericorditer visitare, insignire, & exaltare Altumuillare Monasterium, quod ipse quondam Angelicâ (vt dictum est) reuelatione & manifestatione, quam vidit venerabilis Abbas Bercharius postea pretiosus Martyr domino effectus, à Sancto Niuardo constructum, voluit deputare lucris animarum electorum suorum ad perhennem gloriam, & vitam æternam, vbi est à deuotis fratribus Ecclesia constructa in honore & veneratione atque nomine Beatæ Mariæ semper Virginis, & Beati Ioannis Baptistæ, & hoc antiquo primóque loci ipsius fundamento, in qua Ecclesia habet Sancta Helena pro loci possibilitate Mausoleum, vbi piè petentibus, bonáque fide, & deuotione quærentibus, dantur salutis auxilia, & præstantur sanitatis beneficia, auxiliante Domino nostro IESU CHRISTO pro nobis Crucifixo, cui est cum Deo Patre, & Spiritu Sancto Paracleto, omnis salus, honor, & virtus, omnis gloria, potestas, & Imperium, omne decus, claritas, & regnum, omnis gratiarum actio, laus, & Iubilatio, summa fortitudo, sublimitas, & benedictio per immortalia, æterna, atque infinita sæcula sæculorum, Amen.*

Ecclesia Altiuillarens. B. Mariæ, & S. Ioanni Baptistæ dicata.

*Præterea non incongruum nobis visum est, huic opusculo ad laudem Beatæ Helenæ subnectere quod meritis eius, Domino largiente, credimus contigisse. Eâ itaque nocte quâ in crastinum die Natalis eius recitari primo habebant coram fratribus, hæc quæ de ipsa nostro labore collecta sunt, Piscatores fratrum vti expediebat, noctu in piscando laborabant,* &c. Quæ prolixiori narratione idem Auctor prosequitur, ac Frodoardus obiter tetigit lib. 2. Vbi miraculi loco habendum dicit, quod cùm piscando per totam noctem nihil proficerent, tædérétque eos laboris, per merita Beatæ Helenæ magnum Piscem derepente, in retia insiluisse, quem Esocem vocant, & alium minorem, qui cùm priùs, scisso reti, se recepisset in aquam, iterum velociter insiliendo quadam feritate funem superiorem, cui rete hærebat, morsu firmiter apprehendit, donec à Piscatoribus caperetur. Porrò Esocis vel Exocis Sulmo dictus, Piscis marinus est, & ossibus caret, de quo Seuerus Sulpitius lib. 3. Dialog. de virtutibus Sancti Martini cap. 13. semélque gustatâ aquâ dulci fluuij, quem subire contingit, vix vnquam in mare regreditur. Vnde mirum non est, si in Matrona iuxta Altuillare cœnobium inuentus sit.

Translationis collecta narratio in Matutinis à fratribus legebatur.

Prædicta narratio translationis Reliquiarum Sanctæ Helenæ, in Diœcesim Remensem ab Almanno Monacho Altuillarensi scripta, egregriè concordat, cum his quæ breuiter retulit Baronius ex Sigeberto.

*HINCMAR.*
*XXXIII.*
*ARCHIEP.*
*An. 848.*

*Translatio; sede Remen: vacante; facta est ann. 840. probatio vero reliquiarũ sub Hincmaro, 848. dies aduentus reliquiarum adnotatur 7. Februar. à Molano in additione ad Vsuardum.*

*Aquæ indicio veritatẽ probat Frod.*

berto, si Reliquiarum probationem excipias, quam vterque confundit cum translatione, quæ necessariò distinguendæ sunt : extat apud Altumuillare cœnobium MS codex de ipsa probatione, in quo sic habetur. Cum diuinæ placuit bonitati Monasterium Altuillarense Sacris Sanctæ Helenæ ditare pignoribus, ad illud varijs ex locis confluere cœpit ingens populorum multitudo, opem à Deo per ipsius merita postulantium. Tanti concursus famâ ad Regem Carolum perlatâ, persuadere vix sibi potuit quòd exigui nominis Ecclesia, tam exquisitum pignus possideret, & vt de hoc certior fieret, Hincmarum Archiepiscopum, aliósque magni nominis Præsules ad se accersit, qui cum eo huius fuerunt sententiæ, vt Monachus (qui illud Româ se attulisse dicebat) rei veritatem aliquo signo probaret, quod & factum est. Nam hic liberè, præuio trium dierum jejunio, in aquam calidam ingressus nihil doloris sensit, Deo eum protegente, quò id quod asserebat cunctis innotesceret, sícque sublatâ omni dubietate, creuit in dies cultus, & reuerentia erga Sanctiss. Imperatricem, locúsque adhuc celebris est peregrinorum appulsu, ac miraculorum frequentiâ, quibus recensendis supersedimus. Reperio capsam sepiùs apertam fuisse. 1. Sub Archipræsule Raynaldo 1095. vt infra dicemus. 2. Sub Joanne de Cramando quò insignis hæc gemma in ditiorem capsam transferretur ann. 1410. an tunc sequens inscriptio laminæ plumbeæ incisa fuerit, incertum, quòd annus Incarnationis Christi desideretur. *Truncum corporis Beatæ Helenæ Reginæ Matris Constantini Imperatoris, quæ Crucem Domini inuenit dudum circa annum 849. de Basilica Beati Marcellini & Petri Româ in Diocesim Remensem per Teugisum Monachum translatum, vt ex antiquis documentis accepimus, ex veteri theca in aliam argenteam transtulimus.* Ante quinquaginta annos, vt à senioribus accepi, coram Episcopo..... eâdem capsâ reseratâ, corpus vestitum carne, sed exsiccatum repertum est, sine capite & pedibus, quæ forsan Venetijs adseruantur, licèt quidam asserant Caput Treuirenses possidere.

*Veneti corpus Helenæ ab Oriente delatũ possidere se gloriantur Baron.*

---

*Conuentus Carisiacus in quo Gothescalcus ab Episcopis Germaniæ ad proprium Metropolitanum remissus, suæ perfidiæ pœnas soluit.*

## CAPUT XXVI.

EXimij Præsulis partes obeunti Hincmaro, nunciatur è Germania Gothescalcum Orbacensis Monasterij Monachum, de Prædestinatione pravè sentientem, in Moguntina synodo circa Calendas Octobres habitâ anno 848. ob labem Hæreseos damnatum fuisse, & cum ignominia solum vertere iussum, addito juramento nè vltra

tra in regnum Ludouici rediret. Cuius rei adhuc certior sit Rabani HINCMAR. Mognutini Epistolâ ad eum missâ, quam ipse retulit capite vndeci- XXXIII. mo posterioris operis aduersus Gothescalcum & Prædestinatianos hoc ARCHIEP. modo. *An.*849.

*Reuerentissimo fratri, & consacerdoti Hincmaro Archiepiscepo, Rabanus seruus Christi, & seruorum in Domino salutem.*

Notum sit dilectioni vestræ, quòd quidam gyrouagus Monachus no- Ex codice S. mine Gothescalc, qui se asserit sacerdotem in vestra parochia or- Remigij Redinatum, de Italia venit ad nos Moguntiam, nouas superstitiones, & noxiam mensis. doctrinam de prædestinatione Dei introducens, & populos in errorem mittens, dicens quòd prædistinatio Dei, sicut in bono sit, ita & in malo, & tales sint in hoc mundo quidam, qui propter prædestinationem Dei, quæ eos cogat in mortem ire, non possint ab errore, & peccato se corrigere: quasi Deus eos fecisset ab initio incorrigibiles esse, & pœna obnoxios in interitum ire. Hanc ergo opinionem nuper in synodo apud Moguntiam habita ab eo audientes, & incorrigibilem eum reperientes, annuente, atque iubente pijssimo Rege nostro Ludouico, decreuimus eum, cum perniciosa sua doctrina damnatum mittere ad vos, quatenus eum recludatis in vestra parochia, vnde primùm inordinatè recessit, & non sinatis eum ampliùs errorem docere; & seducere populum Christianum, quia iam multos, vt audiui, seductos habet, & minus deuotos erga salutem suam, qui dicunt, Quid mihi proderit laborare in seruitio Dei? quia si prædestinatus sum ad mortem, numquam illam euadam, si autem malè egero, & prædestinatus sum ad vitam; sine vlla dubitatione ad æternam requiem vado. Hæc ergo vobis paucis scripsimus, intimantes qualem eius doctrinam reperimus. Vos etiam valebitis de ore eius quod sentit pleniùs audire, & quid inde agendum sit iustè decernere, Dominus omnipotens sanctitatem vestram bene valentem, & pro nobis orantem, in æternum conseruare dignetur.

Gothescalco igitur ad Hincmarum transmisso, vt habent Annales à Pithæo editi, statim Hincmarus synodum apud Carisiacum cogit, vt iterum attentiùs audiretur ab Episcopis, & cæteris quamplurimis viris Ecclesiasticis, & Abbatibus Benedictinis, quos sigillatim nominant ex Hincmaro, qui nuper in Gothescalcum & sequaces eius scripserunt, à quibus hi referuntur hoc ordine.

| | |
|---|---|
| Vuenilo Sennensium Archiepiscopus. | Hincmarus Remorum Episcop. |
| Fulcoinus Morinensium Episcop. | Teudericus Camerac. Episcop. |
| Hrothadus Suession. ciuit. Episcop. | Ragenarius Ambianens. Episc. |
| Immo Nouiomagensium Episcop. | Erpoinus Siluanectens. Episc. |
| Lupus Catalaunensium Episcop. | Yrminfridus Beluacens. Episc. |
| Pardulus Laudunensium Episcop. | Teutboldus Prouinciæ Lugdunensis, & Lingon. Ciuit. Episc. |
| Gernobrius Turonensium Prouinciæ Episcop. | Rigboldus Remor. Chorepisc. |

Hhh　　　　　　　　Vuitaus

*Vuitaus* Cameracen. Chorepiscopus, & alij qui dictæ synodo cum Episcopis suis secundum Ecclesiasticum morem adfuerunt, postea verò sunt ad ordinis fastigium promoti. Vuenilo scilicet cum Ragenario patre suo postea Rotomagensis Archiepiscopus, Æneas notarius sacri palatij, inde Parisiensis Episcopus, Isaac diaconus Parduli, postmodum Lingonicæ ciuitatis Episcopus. Sed & Venerabiles Abbates Ratbertus Corbeiæ, Bauo Orbacis, & Halduinus Altiuillaris Monasterij, aliíque Domini sacerdotes & diaconi, Vulfadus quoque Remorum metropolis Oeconomus, & Rodoaldus Archidiaconus, cum alijs sequentibus Cleri ordinibus, huic pariter synodo apud Carisiacum interfuerunt.

Erat autem Carisiacum seu Carsiacum villa publica, fiscalis seu regia ad ripas Isaræ sita, à Nouiomago millia passuum circiter sex disparata, vernaculè *Quierzi* dicta, non *Creci*, vel Creciacum supra Saram, vt quidam vertunt; sat enim Carisiacum in capitulis, & apud Guibertum à Crisiaco, vel Cresiaco Laudunensis pagi castro distinguitur. In hanc igitur villam palatio insignem, Carlouingis principibus carissimam, ac notissimam sedem, cum Episcopi conuenissent Gothescalci errores excussuri, adductus quoque est Gothescalcus ipse, vt præsens ad interrogata responderet.

Ductum videtur à moribus initium, iísque breuiter tractatis, quoniam facto continebantur, plus laboris, & otij positum in doctrina per se sat difficili, & versipellis logici artibus intricata, quis enim dubitet respondisse, quæ ad stabiliendam cadentis causæ imbecillitatem faciebant? Augustini dicta detruncata sine respiratione aliqua memoriter decantasse, libellum obtulisse ad vmbilicos refertum: & quidem non de prædestinatione solùm, vt opinantur quidam, quasi capitalis hæc propositio tantùm agitata fuerit. *Deus, sicut quosdam ad vitam æternam, ita quosdam prædestinauit ad mortem æternam*, & huic mordicus hæserit Gothescalcus, sed de quæstionibus quatuor propositas quoque fuisse difficultates colligitur ex Epistola ad Lugdunenses scripta, monétque Hincmarus contra Chrysostomum declamatum esse à Gothescalco: fuit ergo auctoritas eius proposita, & sic de quæstionibus Theologicis disputatum, priùs enim omnia expendi seriò oportuit, quàm certi quicquam in alteram partem definiretur.

Dum premitur vaniloquus, ac genuina Patrum, Augustini præsertim, dicta proferuntur, subsidente mendacio, & rigente hæresi, furor ex desperatioue vincendi, ac superbia, innatum hæreticis malum, homini ad extremum conuitia, & effrænem impudentiam suggerunt, multis audientibus nihil dignum ratione vel dixit, vel interrogatus respondit, sed vt arreptitius in contumelias singulorum prorupit.

Abbates insolitâ hac impudentiâ commoti, frænum petulanti linguæ inijciendum exclamant, eúmque flagello, iuxta Canones Agathenses, & regulam Sancti Benedicti coërcendum; Nec Gothescalcus

cus aliàs superbiâ tumens, leges appellauit: lite contestatâ, & Reo vltra clepsydras audito, Hincmarus cum Concilio loquitur sententiam pronuntiat, hominémque condemnat hæreseos, & morum improborum; dictantur pœnæ criminibus conuenientes, vtrisque, depositio, & excommunicatio: hæresi præterea carcer, & silentium, improbitati virgæ, quæ tamen omnia verbo vno, & retractationis libello redimere liceret: in hanc sententiam omnes pedibus iuerunt, Patribus audaciam viri indignè ferentibus. Eius sententiæ primùm à Camuzatio repertæ tenor hic est, & iste titulus.

*Ecclesiastica sententia in pertinacissimum Gothescalcum.*

HINCMAR. XXXIII. ARCHIEP. *An.*849.
*A Belgicâ Remorū & Galliarum Prouinciarū Episcopis auditus, & inuentus hæreticus, Hincmar. Epist. ad Nicol. I. apud Frod. lib.3.c.14.*

*Frater Gotescalc, sacrosanctum sacerdotalis mysterij officium, quod irregulariter vsurpasti, & in cunctis moribus, ac prauis actibus, atque peruersis doctrinis eo hactenus abuti non pertimuisti, iudicio Spiritus Sancti, cuius gratia munus est, sacerdotale officium per virtutem sanguinis Domini nostri JESU CHRISTI noueris tibi esse, si quo modo suscepisti, sublatum, & nè vlteriùs eo fungi præsumas penitus interdictum &c.*

Quamquam hoc opere statuerim à controuersia manum abstinere, confert tamen ad historiam quam verso quærere, quænam essent Gothescalci dogmata. Sunt enim, vt dixi, qui putant Moguntiæ, & Carisiaci actum dumtaxat de gemina prædestinatione: innocua scil. in speciem, chartula professionis Gothescalci ( qua velut Ægide se contexit ) huius tantùm meminit, háncque velut totius negotij cardinem excutiunt Ratramnus, & Galindo Prudentius, nec Hincmarus ipse ad palinodiam Gothescalcum inuitans aliud ab eo petit, nisi vt credat Deum & bona præscire, & mala, sed mala tantùm præscire, bona verò & præscire, & prædestinare, vnde præscientia esse potest sine prædestinatione, prædestinatio autem non potest esse sine præscientia, & quia bonos præsciuit, & prædestinauit ad regnum, malos autem præsciuit tantùm, & non prædestinauit, sequitur neutiquam eos, vt perirent, suâ præscientiâ compulisse.

*Frod. lib. 3. cap. 28.*

Oculatiores tamen opinantur ex hac propositione pessimè intellecta, ( *Sicut Deus quosdam ad vitam, ita quosdam prædestinauit ad mortem* ) ventum ad alias quæ ex ipsa fluunt, & dependent, ad quid enim tantâ contentione agere de sanguine fuso pro omnibus, nisi mens Gothescalci esset, aliquos prædestinatos esse ad interitum merâ Dei voluntate, cùm aliàs nihil veneni sit, si aliter interpretetur. Nec suberat ratio tam acriter litigandi, *an velit Deus omnes saluos fieri*; nisi de subsidio omnibus dando, aut quibusdam negato, quæstio verteretur. Nusquam igitur apud Carisiacum, & in scriptis, nisi horrore antecedentis, & in absolutam necessitatem trahentis prædestinationis, est negata ab Hincmaro gemina prædestinatio. Et si hic malis prædestinari supplicia, non malos ad supplicia dixit, iustus erat metus à fatali prædestinatianorum

*Sic Concil. Valent. can. 3. ait pœnâ malum meritum sequētem, Deum prædestinasse,quia prædestinatione tantū statuit qua factis rus est.*

**HINCMAR.**
**XXXIII.**
**ARCHIEP.**
*An. 849.*

necessitate, tanquam impios non alio consilio crearet Deus, quàm vt damnarentur, quod reuerâ intendisse Gothescalcum patet ex his verbis cùm de Reprobis loquitur. *Non est prorsus voluntatis Dei vt saluentur.* Quæ cùm crudè & indigestè Gothescalcus euomeret, aduenit, licèt serò, Ratramnus, qui velut palpamento ea condiret, Gothescalcum, & sequaces docens quomodo saltem linguâ possent esse Catholici, vt ipse quidem se fingit, in prolixiori confessione, quæ venit in vulgus, cùm iam hæresim de Trina Deitate animo combibisset : Gothescalcana igitur hæresis, quibusdam licèt tecta inuolucris, alias virtute complectebatur, è qua velut infectâ palude, turpiores adhuc sordes defluebant, quas paucis persequitur Hincmarus ad Nicolaum primum.

*Ex Epist. Hincm. ad Nicol. 1. apud Frod. lib. 3.*

*Si vestra Catholica sapientia vult scire, quæ contra Catholicam fidem ex veteri hæresi prædestinatianâ dicere videatur, de multis pauca vobis numero, sed non pondere capitulatim significamus ; Dicit, quod & veteres prædestinatiani dixerunt, quoniam sicut Deus quosdam ad vitam æternam, ita quosdam prædestinauit ad mortem æternam. Dicit quoniam non vult Deus omnes homines saluos fieri, sed tantum eos qui saluantur, omnes autem saluari, quos ipse saluare voluerit, ac per hoc quicumque non saluantur, penitus non esse voluntatis illius vt saluentur. Quoniam si non omnes saluantur, quos vult Deus saluos fieri, non omnia quæ voluit fecit, & si vult quod non potest, non omnipotens, sed infirmus est; Dicit quod & veteres prædestinatiani dixerunt, quòd non pro totius mundi redemptione, id est pro omnium hominum salute, & redemptione Dominus & Saluator noster* JESUS CHRISTUS *sit Crucifixus & mortuus, sed tantùm pro his qui saluantur. Dicit quoquomodo dispari traditione, sed pari errore quod veteres prædestinatiani dixerunt, exponens sententiam Apostoli Petri, eum qui emit eos Dominum negantes Baptismi ( inquit ) sacramento eos emit, non tamen pro ijs crucem subijt, neque mortem pertulit, neque sanguinem fudit. Quod autem Baptismi perceptio redemptio nuncupatur, Doctor gentium manifestè fatetur.* Nolite contristare ( inquit ) Spiritum Sanctum Dei, in quo signati estis in die redemptionis. *At illa quæ propria & specialis est solorum omnium electorum, quam eis tantummodo Crucifixus impertiuit, Pius Redemptor ipsorum, sicut à præteritis, ita nimirum & à præsentibus natos, & nascituros, viuos & mortuos videlicet omnes pariter Electos redemit, eruit, abluitque peccatis &c. Quod prædestinatiani veteres non dixerunt, iste vt audaciùs, ita & perniciosiùs dicit, Deitatem Sanctæ Trinitatis trinam esse.*

Ob prædictas igitur Hæreses, quæ incalescente disputatione prodierant, Gothescalcus vt priùs à Germanis Episcopis, sic & à Wenilone Senonensi, Hincmaro Remensi, aliísque Episcopis, ( Abbatibus, ceterísque Ecclesiæ ordinibus tacitè sententiam approbantibus ) qui apud Carisiacum conuenerant, meritò damnatus est : nec tamen ob id duplici pœnâ mulctatus ( vt Neoterici nugantur, ) qui virgarum atrocitatem

trocitatem in immensum sic exagerant, ac si diceres hominem Persarum scaphis, aut Tauro Phalaridis inclusum, pane arcto, & aquâ breui in lachrymis pastum fuisse, cùm diurnum Monachi cibum acceperit, nec laniena tanta fuerit vt fingunt post lugdunensem Epistolarium, cùm quadragenariùs Presbyter extra ictum virgarum esset, nec aliter quàm supra vestem cæsus Gothescalcus ex vsu legum interprete, & iuxta Aquisgranense capitulum 14. vnde nusquam de hac in scriptis conquestus est.

*Saniores articulos quatuor edit Hincmarus aduersus Gothescalcum, iurgia hinc nata inter eum, & gloria sua Æmulos, prolatis vtrimque veterum sententijs in posterioribus synodis comprimuntur.*

## CAPUT XXVII.

VT Lugdunensis Ecclesiæ scriptor Gothescalci opinationes sibi ex asse cognitas non esse ingenuè fatetur, libro aduersus Joannem Scotum c. 4. sic & alios, qui Hincmarum incessendi libidine libellos scripserunt, multa latuisse certissimum est, ob id præsertim, quòd Carisienses Episcopi decretis condendis iuxta morem abstinuerint, quo Carisiaci iudicij æquitas ad absentes liquidò perueniret. Hincmarus postea se velut Synodi præsidem alterum, vt sæpe fit, & loci Metropolitam à Gothescalci fautoribus impetitum cernens, plurimos subinde literis conuenit Rabanum, Prudentium, Ecclesiam Lugdunensem, Remigium quoque huius sedis Archiepiscopum de his quæ Carisiaci gesta fuerant certos rediturus. At cùm hæ literæ tardiores essent, & multi ob defectum Canonum, vel ambigerent, aut quod actum fuerat peruersè interpretarentur, Capitula in horum subsidium edere postmodum compulsus est, totúmque deinceps Theologicæ pugnæ pondus pro sua Ecclesia sustinere, & qui Carisiensi synodo velut clypeo tectus esse poterat, hanc à pluribus per suum peti latus haud sine mœrore conspexit.

Igitur quæ in priori synodo Carisiacensi coram Episcopis, & Rege fusiùs disputata fuerant, eodem iubente in posteriori coacta ann. 853. festinanter quidem & subitaneè (quòd librorum copiam non haberet) sed absque suæ sententiæ dispendio ex Sanctorum Patrum Oraculis in Capitula quatuor collegit, & concinnauit, quæ postea, cùm licuit per otium, luculenter ostendit, si non iisdem omnino verbis, saltem sensu à Patribus fuisse prolata.

**HINCMAR.**
**XXXIII.**
**ARCHIEP.**
*An.853.*

Primo igitur Capitulo expositâ Protoplasti ruinâ, & omnium in eo perditione, docet quale fuerit æternum Dei decretum pro aliquibus eligendis, alijs ad vitam, alijs in interitum deserendis, hoc pacto.

*Sic Concil. Valentinum ait malos perire, nõ quia boni esse non potuerunt, sed quia boni esse noluerunt, & can. 3. fatetur prædest ad pœnam.*

*Deus omnipotens hominem sine peccato rectum cum libero arbitrio condidit, & in paradiso posuit, quem in sanctitate iustitia permanere voluit, Homo libero arbitrio male vtens peccauit, & cecidit, & factus est massa perditionis totius humani generis. Deus autem bonus, & iustus elegit ex eadem massa perditionis, secundum præscientiam suam, quos per gratiam prædestinauit ad vitam, & vitam illis prædestinauit æternam. Ceteros autem, quos iustitia iudicio in massa perditionis reliquit, perituros præsciuit, sed non vt perirent prædestinauit: pœnam autem illis, quia iustus est, prædestinauit æternam, ac per hoc vnam Dei prædestinationem tantummodo dicimus, quæ aut ad donum pertinet gratiæ, aut ad retributionem iustitiæ.*

Capitulum 2. de libero arbitrio hominis corrupto, & sanato per gratiam, quod in prædestinatianos texuit Hincmarus, ac perperam carpunt Lugdunenses, sumitur ex August.

*Enchiridij c. 30. epist. ad Vitalem, de dono perseuer. c. 7.*

*Libertatem arbitrij in primo homine perdidimus, quam per Christum Dominum nostrum recepimus, & habemus liberum arbitrum ad bonum præuentum, & adiutum gratiâ, & habemus liberum arbitrium ad malum desertum gratiâ, liberum autem habemus arbitrium, quia gratiâ liberatum, & gratiâ de corrupto sanatum.*

Capitulum 3. hæresi prædestinatianorum, quam Gothescalcus renouarat, directè opponitur, estque fide certum, & indubitatum.

*Deus omnipotens omnes homines sine exceptione vult saluos fieri, licet non omnes saluentur, quòd autem omnes saluantur, saluantis est donum, quòd autem quidam, pereunt pereuntium est meritum.*

Capitulum 4. est æque certum, si castè exponatur, hausit illud Hincmarus ex Ambrosio, Augustino, & Prospero, è quorum lectione ingentem supellectilem collegerat, vnde hoc ex tempore, & absque librorum subsidio concinnauit.

*Christus JESVS Dominus noster, sicut nullus homo est, fuit, vel erit, cuius natura in illo assumpta non fuerit, ita nullus est, fuit, vel erit homo pro quo passus non fuerit, licèt non omnes Passionis eius mysterio redimantur. Quòd verò omnes Passionis eius mysterio non redimuntur, non respicit ad magnitudinem, & pretij copiositatem, sed ad Infidelium, & ad non credentium eâ fide, quæ per dilectionem operatur, respicit partem. Quia poculum humanæ salutis quod confectum est infirmitate nostrâ, & virtute diuinâ, habet quidem in se vt omnibus prosit, sed si non bibitur, non medetur.*

Hæc

# HISTORIÆ. LIB. III.

Hæc in posteriori Carisiaca synodo condita sunt ex annalibus Bertinianis, quam furtiuam, clandestinam, & fraudis Hincmarianæ conuenticulum vocat nuperus quidam Dissertator, & à Capitularibus vt spuriam meritò rejectam. At Valentini Patres, & Capitulorum Aristarchus veram agnoscunt, nec diffitetur Prudentius : quòd Capitularibus verò inserta non sit, hoc ideo factum, quòd in ijs tantùm colligebantur quæ omnium Ecclesiarum æquè, ac laïcorum Procerum consensu recepta & confirmata, Missis Dominicis agenda, vel populis obseruanda imperabantur ex Concil. Meld. can. 80. quæque non speculatiuam, sed practicam materiam, aut externum populorum regimen continerent.

HINCMAR. XXXIII. ARCHIEP.
An. 853. 854.

Ceterùm incredibile dictu est, quot rixas Gothescalci reclusio, & Carisiensia hæc capitula mouerint, quas inuidiosè hoc sæculo renouarunt Gothescalcaneæ hæreseos vindices, & asseclæ. Etenim licèt in his præsertim Hincmarus (solemne enim ei fuit, vt nihil proprio genio scribere, sic nec agere) Rabanum Moguntinum magni nominis, & prudentiæ virum, consilij sui consortem habuerit, Æmuli ipsius, quòd gratiâ valeret apud principem, specie Augustinianam doctrinam tuendi, & sub religionis sipario, stylum acriter in eum exacuerunt, Ratramnus Corbejensis Monachus, acris quidem ingenij, & elimati, sed critici, primùm statim à reclusione Gothescalci Capitulum de gemina prædestinatione, superaggestis Sanctorum Patrum citationibus, excutere aggressus est, nihil pensi habens an hæc verba, *Deus quosdam prædestinat ad mortem*, fidelium animis scrupulum ingenerarent. Quasi incumberet ei potiùs, quàm Metropolitano Remensi, modum præscribere in sua Prouincia, pro ratione temporis, diuina interpretandi?

Nec hoc contentus, delibatam à socio de trina Deitate controuersiam auidè arripuit, corrogatis ex Hilario, & Augustino sententijs, sed corruptis, & detruncatis, non modicum volumen scripsit ad Hildegarium Meldensem Episcopum, probè sciens id Metropolitano displicere, qui, vt errorem præcluderet, extremam Hymni strophen *Sanctorum meritis* iusserat amputari.

Post hunc classicum personante Prudentio Tricassino, cuius tractoriam à Sirmondo editam tom. 2. Concil. Galliæ, Capitulorum Hincmari quasi theriacam ferunt à synodo Senonensi receptam, sed non probatam, imò rejectam, plurimi velut auxiliares copiæ in hanc luctam turmatim ingressi, Seruati duo, Florus magister, Lugdunenses Clerici, vel sub horum larua, Ebo Gratianopolitanus, stilis armati, & obelis Capitulorum Hincmari verba omnia, syllabásque confodiunt. Quantùm verò strenuissimi hi pugiles, non in futili modo, & nugatoria quæstione de gemina prædestinatione, sed etiam in alijs longè grauioribus de voluntate Dei, & Christi sanguine fuso pro omnibus, velut pro aris & focis insudarint, Hincmaro nihilo secius obnitente, ob scandalum

*Iunior hic Ebo auctor dicitur libri de tribus Epistolis, Capitulorum Concil. Valentini, & Censura in Capitula Hincm.*

lum, peruersásque consequentias, quæ inde deducebantur ab argutis litigatoribus, non est quod prolixiùs referam, suborti siquidem hac tempestate de gratiâ efficaci, & de merito Christi conflictus, horum lucubrationes è tenebris in lucem, velut exoticas merces extulere, additis tot vtrimque de nouo libellis, vt Ptolemęi, vel ingens Bibliotheca hos capere non possit.

Sunt qui putant aculeatis aduersariorum scriptis, Hincmarum excitatum, Scotum Erigenam sui studiosissimum ad scribendum impulisse, quod opus suum 19. distinctum capitibus, sed ineptijs & erroribus refertum, prædicto Hincmaro, ac Pardulo Laudunensi nuncuparit, at cùm nullibi huius rei faciat mentionem Hincmarus, nec in Epistolis, quas vsque ad nauseam, vt nuperus quidam auctor loquitur, Frodoardus retulit, imò erroris eum acriter arguat in posteriori opere aduersus Gothescalcum, figmentum esse puto. Etenim horum Episcoporum nomina Scotus libello suo haud dubiè præfixit, quò famam sibi conciliaret, vt quidam dicunt alteri lucubrationi de Eucharistia à se editæ, Ratramni nomen ob eam rem callidè imposuisse: prædicti tamen Scoti Erigenæ cauillationes trium Prouinciarum Episcopi apud Valentiam coacti meritò notarunt, vt & Carisiensia Capitula, quod hic animaduersione dignum est, facítque ad historiam, vt inde pateat quantum negotij Hincmaro facesserint laudis ipsius Æmuli.

Cum igitur apud Valentiam ( quæ Lothario in diuisione fratrum obtigerat, iussu Principis conuenissent Metropolitani, Lugdunensis, Viennensis, & Arelatensis, collaborante eis quàm maximè venerabili Ebone Gratianopolitano, de redemptione Christi aliquot canones seu capitula ediderunt, quæ si ritè expendantur, in specie tantùm Hincmaro sunt contraria, si quartum excipias, in quo gratis omnino, & perperam Hincmarus velut non Catholicus reprehenditur, quasi dixisset Christum passum fuisse pro ijs, qui exigentibus meritis pœnis infernalibus ęternùm addicti sunt: verba hic lubet referre Concilij Valen. can. 4. *Item de Redemptione sanguinis Christi, propter nimium errorem qui de hac causa exortus est, ita vt quidam, sicut eorum scripta indicant, etiam pro illis impijs, qui à mundi exordio, vsque ad Passionem Domini in sua impietate mortui æterna damnatione puniti sunt, effusum eum definiant, contra illud Propheticum &c. Porrò capitula quatuor, quæ à Concilio fratrum nostrorum minùs prospectè suscepta sunt, propter inutilitatem, vel etiam noxietatem, & errorem contrarium veritati: sed & alia XIX. syllogismis ineptissimè conclusa, à pio auditu fidelium explodimus.*

De ineptijs Scoti nihil disputo, cùm Hincmarus ipse posteriori libro de prædestinatione censurâ dignas iudicet, at certissimum est Patres Valentini Concilij gratis Hincmaro prædictam calumniam de Sanguine Christi fuso pro damnatis ( agente inprimis Ebone Gratianopolitano Episcopo, sibi infensissimo ) impegisse, sícque in facto errasse Concilium, vt pluribus ostendit Hincmarus in posteriori libro aduersus Gothescalci stolones. Vnde ab Episcopis re maturiùs perpensâ, in

synodo

synodo Lingonensi can. 4. verba illa, *Porro Capitula quatuor quæ à concilio fratrum nostrorum &c.* consultò prætermissa sunt. Et in Tullensi apud Saponarias, quò se pacis studiosos exhiberent can. 10. sic habetur, *Relecta sunt denique in eadem synodo quædam capitula, super quibus quorumdam fratrum sensus dissentire videntur. Vnde conuenit inter Episcopos, vt Deo fauente, pace, & tranquillitate recuperatâ, simul conueniant, & prolatis Sanctarum scripturarum, atque Catholicorum Doctorum sententijs, quæ saniora sunt, concordi vnanimitate sequantur.* Quod Tullensi Concilio 2. apud Tusciam ann. 860. egregiè præstitum fuisse, prædicti Concilij synodicam accuratè perlegenti patebit.

HINCMAR. XXXIII. ARCHIEP.
An. 852. 855.

Interim Hincmarus, quòd prædictæ altercationes, tam in Curia, quàm Romæ multas turbas excitassent, maléque audiret maleuolorum factione, qui trium Prouinciarum capitula aduersùs eum edita Regi obtulerant, quæ Rex ei cognoscendæ veritatis studio statim tradiderat, nè suo nomini parum consulere videretur, collegit, atque composuit Volumen ingens plures continens libros de prædestinatione Dei, & libero arbitrio contra prædictos reprehensores suos Episcopos, maximè contra Gothescalcum, atque Ratramnum Corbejensem, ad eumdem Regem Carolum, cuius extat nuncupatoria tantùm Epistola apud Frodoardum, quæ sic incipit. *Domino glorioso Regi Karolo, Hincmarus nomine, non merito Remorum Episcopus, ac plebis Dei famulus, vnà cum collegis &c. Deo gratias agimus, qui cor vestrum ad amorem suum accendit &c.*

Hîc conqueritur primò, se velut non Catholicum, & sine fraternitatis respectu reprehensum ab Episcopis trium Prouinciarum, Capitula quoque sua Carisiensia velut inutilia, immò & noxia repulsa, & alio sensu excepta, in quo à Beati Augustini humilitate multùm abhorrere videbantur, & post quædam alia præfationis loco posita, de Caritate quæ inter Episcopos vigere debet, & de Ebonis Episcopi nomine jactanter cum Archiepiscopis posito, quasi præ cæteris in eum collaborauerit, dicit se capitula Carisiensia è Patrum scriptis, & sensibus, quibus ea excerpserat, probaturum &c.

Item aliud edidit volumen insigne ad eumdem Regem aduersus Gothescalcum, & Prædestinatianos, quod è Remigianæ Bibliothecæ pluteis nuper extractum R. P. Sirmondus publici iuris fecit, sed mutilum, vt reor, nec numeris omnibus absolutum, quòd eo adhuc elucubrante, dissentientes animi in Concilio Tullensi 2. apud Tusciam in concordiam redierint. Remigio Lugdunensi cum alijs approbante, vt Hincmarus synodicam conscriberet, quâ Deum velle omnes homines saluos fieri disertè asserit, ac pro omnibus mortis debitoribus Christum occubuisse.

Nicolao I. Pontifici, quem sibi infensum sentiebat Hincmarus, ob Rothadi Suessionensis exauctorationem, damnationis & reclusionis Gothescalci rationem reddidit, primò per Odonem Beluac. Episcopum

**HINCMAR. XXXIII. ARCHIEP.**
*An.* 854. 855.

pum, tum per Epistolam, vbi mores ipsius, genium, errores graphicè depingit, & qualiter contra ipsius pestiferi hominis opinionem sentiat, rogans vt attendat solertiùs, & quæ inde tenenda sunt, docere, ac definire dignetur. Quid ad hæc responderit summus Ecclesiæ Hierarcha non constat: Augurari quis posset tot anxietates Hincmaro, iura Metropolitanorum ardentiùs tuenti, deuorandas reliquisse, nisi Bertinianorum annalium scriptor testaretur ad annum 859. *Nicolaum Papam de gratia Dei, & libero arbitrio, de veritate geminæ prædestinationis, & sanguine Christi, vt pro credentibus omnibus fusus sit, fideliter definiuisse*, scil. contra Gothescalci Patronos, quod rursum hac ætate aduersus quinque propositiones sibi oblatas similem ferè doctrinam continentes, Innocentius X. luculenter præstitit bullâ Romæ datâ apud Sanctam Mariam Majorem sub annulo Piscatoris die 31. Maij 1653. Pontificatus ann. 9. quâ tandem aliquando veteri controuersiæ, inter Gothescalcum, eiúsque scholam, & Rabanum Maurum, atque Hincmarum efflictim agitatæ, finis est impositus.

Quod spectat ad litis huius auctorem Gothescalcum, studuit quàm maximè Hincmarus eum à sua hæresi ante obitum reuocare, corpori necessaria subministrans, & animæ per ascetas Altuillarenses, at contumaciter perstitit, negátque Vsserius Caluinista post fortiter exantlatos labores, in extremo actu defecisse, qua de ἀποθέσει iudicet Deus, vel Ecclesia. Sunt qui seueriùs Hincmarum animaduertisse dictitant, quòd dogmata Gothescalci, licet intricata, & noxia benignè possent interpretari, at cùm Hæreticis admodum procliue sit verborum anfractus quærere, inuolucrísque tegere mentem, standum potiùs est Episcoporum iudicio, qui præsentem eum audierunt, quàm seriùs ei blandientium, nec Hincmari acerbitas vituperio digna: nulla enim hactenus per indulgentiam sopita hæresis, leniter palpata, augescit, recalcitrat, furit, quare si quoties alicubi exorta, pari diligentiâ & seueritate in Auctores fuisset animaduersum, Dominicus ager ab Apostolis excultus, tot zizanijs, lappiísque passim vbíque succrescentibus, summo Reip. Christianæ damno, non scateret.

*Hincmari Archiepiscopi Capitula ad Presbyteros Parochiæ suæ.*

## CAPUT XXVIII.

Hincmarus inter grauiores curas, sui muneris haut immemor, vocatis ad synodum suæ Diœceseos Presbyteris, vt præscribunt Canones, salubria eis Capitula dedit memoriæ commendanda, quò major apud eos vigeret ritè administrandi disciplina, sacerdotalísque dignitas, & modestia studiosiùs seruaretur, breuiora hîc

HISTORIÆ. LIB. III. 417

hic, quæ pridem R. P. Sirmondus è Remensis Ecclesiæ membranis HINCMAR.
in lucem edidit, referam, nè penitus ea prætermisisse videar. XXXIII.
ARCHIEP.
*An. 852.*
*855.*

### CAPITULA Presbyteris data anno DCCCLII.

ANno DCCCLII. Kalend. Nouemb. conuentu habito Presbyterorum in Metropoli ciuitate Remorum, inter cætera monita saluberrima, dum de legibus, atque rebus Ecclesiasticis ab Hincmaro præsu'e tractaretur, hæc in vltimo prolata sunt memoriæ commendanda, & summopere obseruanda.

CAP. I. *Vt Presbyteri discant expositionem symboli, & Orationis Dominicæ &c. cum symbolo Athanasij.*

VT vnusquisque Presbyterorum expositionem symboli, & Orationis Dominicæ iuxta traditionem Orthodoxorum Patrum penitus discat, exinde prædicando populum sibi commissum sedulò instruat, præfationem quoque Canonis, & eumdem Canonem intelligat, & memoriter, ac distinctè proferre valeat, & orationes Missarum, Apostolum quoque, & Euangelium bene legere possit, psalmorum etiam verba, & distinctiones regulariter, & ex corde, cum canticis consuetudinarijs pronuntiare sciat. Necnon & sermonem Athanasij de fide, cuius initium est, *Quicumque vult saluus esse*, memoriæ quisque commendet, & sensum illius intelligat, & verbis communibus enuntiare queat.

II. *De scrutinio & ordine Baptizandi.*

VT scrutinium, & omnem ordinem Baptizandi, nulli penitus liceat ignorare.

III. *De exorcismis Catechumenorum, & de Baptismo infirmorum, item de fontibus, ac vasis ad corporalia, & pallas abluendas.*

EXorcismos, & orationes ad Catechumenos faciendum, ad fontes quoque consecrandum, & ceteras preces super masculos, & feminas, pluraliter, atque singulariter distinctè & rationabiliter memoriæ commendet, similiter & ordinem Baptizandi ad succurrendum infirmis: & qui fontes lapideos habere nequiuerit, vas conueniens ad hoc solummodo Baptizandi officium habeat, & similiter ad corporale lauandum, & ad pallas altaris, propria vasa habeantur, in quibus nihil aliud fiat·

IV. *De ordine reconciliandi, & vngendi infirmos, déque exequijs defunctorum, & de benedictione salis, & aquæ.*

ORdinem reconciliandi, iuxta modum sibi canonicè reseruatum, atque vngendi infirmos, orationes quoque eidem necessitati competentes memoriter discat: similiter ordinem, & preces in exe-

Iii 2 quijs,

quijs, atque agendis defunctorum, nec minùs exorcismos, & benedictiones aquæ, & salis.

### V. *De aqua omni die dominico ante Missam benedicenda.*

VT omni dominico die, quisque Presbyter in sua Ecclesia ante Missarum solemnia, aquam benedictam faciat in vase nitido, & tanto ministerio conuenienti, de qua populus intrans Ecclesiam aspergatur, & qui voluerint in vasculis suis nitidis ex illa accipiant, & per mansiones, & agros, & vineas, super pecora quoque sua, atque super pabula eorum, nec non & super cibos, & potum suum conspergant.

### VI. *De thuribulo & incenso.*

VT omnis Presbyter thuribulum, & incensum habeat. Vt tempore quo euangelium legitur, & finito offertorio super oblationem incensum, vt in morte videlicet Redemptoris, ponat.

### VII. *De pane ad eulogias benedicendo.*

VT de oblatis, quæ offeruntur à populo, & consecrationi supersunt, vel de panibus, quos deferunt fideles ad Ecclesiam, vel certè de suis, Presbyter conuenienter partes incisas habeat in vase nitido, & conuenienti, vt post Missarum solemnia, qui communicare non fuerunt parati, eulogias omni die Dominico, & in diebus festis exinde accipiant. Et illa, vnde eulogias Presbyter daturus est, ante in hæc verba benedicat, & sic accepturis distribuat, & micas, nè incautè defluant, custodiat: *Domine sancte pater omnipotens æterne Deus, benedicere digneris hunc panem tuâ sanctâ & spirituali benedictioe, vt sit omnibus cum fide, & reuerentia, & gratiarum tuarum actione sumentibus salus mentis, & corporis, atque contra omnes morbos, & vniuersas cunctorum inimicorum insidias tutamentum. Per Dominum nostrum Jesum Christum filium tuum, panem vitæ, qui de cælo descendit, & dat vitam, & salutem mundo, & tecum viuit, & regnat Deus in vnitate Spiritus sancti, per omnia sæcula sæculorum, Amen.*

### VIII. *De homilijs S. Gregorij, & de computo, cantúque Ecclesiastico.*

HOmilias XL. Gregorij quisque Presbyter studiosè legat, & intelligat: & vt cognoscat se ad formam septuaginta duorum discipulorum in ministerio Ecclesiastico esse promotum, sermonem prædicti Doctoris de LXXII. discipulis à Domino ad prædicandum missis plenissimè discat, ac memoriæ tradat. Compoto etiam necessariò, & cantu per anni circulum, plenissimè instruatur.

IX. *De Matutinali officio, & Horis explendis, & post Missam quid agere debeat Presbyter ante prandium.*

MAnè matutinali officio expleto, penfum feruitutis fuæ canendo primam, tertiam, fextam, nonámque perfoluat, ita tamen, vt poftea horis competentibus, iuxta poffibilitatem, aut à fe, aut ab Ecclefiafticis publicè compleatur. Deinde peractis Miffarum folemnijs, & feffis infirmis vifitatis, ad opus rurale, & quod fibi competit exeat ieiunus: vt iterum neceffitatibus peregrinorum, hofpitum fiue diuerforum commeantium, infirmorum quoque, átque defunctorum fuccurrere poffit, vfque ad ftatutam horam pro qualitate temporis & opportunitate.

X. *De cura hospitum, & peregrinorum.*

VT curam hofpitum, maximè pauperum átque debilium, orphanorum quoque, átque peregrinorum habeat, hófque ad prandium fuum quotidie iuxta poffibilitatem conuocet, eífque hofpitium competenter tribuat.

XI. *De facris ministerijs ad Vuadium non dandis.*

VT nullus Presbyter præfumat calicem, vel patenam, aut pallam altaris, vel veftimentum facerdotale, aut librum tabernario, vel negotiatori aut cuilibet laico in vadimonium dare, quia tanta eft fanctitas facri minifterij, vt falua altioris myfterij intelligentia, etiam per Prophetam Dominus prohibuerit, nè cum Sanctis veftimentis facerdos procedat ad populum, fed intra fancta illa dimittat ad eum à colloquio diuino rediens. Et cui in tabernas ad bibendum à facris canonibus ingredi prohibetur, fanctificata facro minifterio nec ad contingendum immundis, quanto minùs in vadimonium exhibere debet? ficut Stephanus Sanctus Papa, & Martyr ad Sanctum Hilarium in fuis decretalibus docet.

XII. *Vt in Ecclesia sine consultu Episcopi nullus sepeliatur, & vt pro sepeliendis nihil exigatur.*

VT nemo Presbyterorum quemquam in Ecclefia fepeliat fine confultu Epifcopi, exceptis huiufcemodi perfonis, quas fingillatim & priuatim in fynodo fignauimus, nec pro fepeliendis quiddam exenij exigat vel extorqueat, fi quid autem altari, vel Ecclefiæ, aut fibi gratis oblatum fuerit à deuotis, cum benignitate recipere non interdicimus.

XIII. *Ut Presbyteri à publicè peccantibus, vel à pœnitentibus, quò eis faueant, munera non accipiant.*

UT nemo Presbyterorum exenium, vel quodcumque emolumentum temporale, imò detrimentum spiritale, à quocumque publicè peccante accipiat, &c.

XIV. *Quomodo in conuiuijs defunctorum, aliarumue collectarum gerere se debeant.*

UT nullus Presbyterorum ad anniuersariam diem, vel tricesimam tertiam, vel septimam alicuius defuncti, aut quacumque vocatione ad collectam Presbyteri conuenerint, se inebriare præsumat.

XV. *Quid castendum sit Presbyteris, quando per Kalendas inter se conueniunt.*

UT quando Presbyteri per Kalendas simul conuenerint &c.

XVI. *De confratrijs, earúmque conuentibus, quomodo celebrari debeant.*

UT de collectis, quas geldonias vel confratrias vulgò vocant &c.

XVII. *Ut defuncto Presbytero nullus sine consultu Episcopi Ecclesiam illius, aut capellam appetat.*

UT si quilibet Presbyterorum defunctus fuerit, vicinus Presbyter apud seniorem nullâ precatione, vel aliquo exenio, Ecclesiam obtineat, quæ titulus per se constans antea extitit, sed néque Capellam sine consultu nostro, quod si fecerit diffinitam sententiam sibi prolatam suscipiat, sicut de Episcopo canonica decreuit auctoritas, vt qui per ambitionem majorem ciuitatem adpetierit, & illam perdat quam tenuit, & illam nequaquam obtineat, quam vsurpare tentauit.

*CAPITULA QUIBUS DE REBUS MAGISTRI, ET Decani per singulas Ecclesias inquirere, & Episcopo renuntiare debeant.*

HÆc omni anno inuestiganda sunt à Magistris & Decanis Presbyteris per singulas matrices Ecclesias, & per Capellas Parochiæ nostræ, & nobis Kalendis Julijs renuntianda. Similiter etiam inuestigandum, & renuntiandum est nobis, qualiter obseruentur, & custodiantur illa, quæ capitulatim obseruanda Presbyteris dedimus.

I. Inquirendum in qua villa, aut cuiuslibet Sancti honore, prætitulatus sit Presbyter, vel à quo fuerit ordinatus.

II. Si habeat mansum habentem bunnuaria duodecim, præter cœmeterium, & cortem, vbi Ecclesia, & domus ipsius continetur, aut si habeat mancipia quatuor.

III. Quot

III. Quot manfos habeat in fua parochia ingenuiles, & feruiles, aut accolas, vnde decimam accipiat.

IV. Qualia funt indumenta altaris, quot noua, & quot vetufta, qualiter nitida, quo metallo fint capfæ, & cruces coopertæ, aut fi diligenter reconditæ funt Reliquiæ in altari, aut fi ipfæ capfæ feris munitæ funt.

V. Quos, & quot libros habeat, & fi bene fint recitati.

VI. Qualia, aut quot facerdotalia veftimenta habeat, & qualiter fint nitida, aut in nitido loco collocentur.

VII. Si habeat locum præparatum, vbi effundi poffit aqua quando abluuntur vafa altaris, aut os, vel manus poft perceptionem facræ communionis, aut fi ipfe Presbyter proprijs manibus, aut diaconus, aut fubdiaconus eius, lauet primò corporale.

VIII. quo metallo fit calix, & patena, aut quâ diligentiâ cuftodiantur, aut fi habeat pixidem, vbi congruè poffit recondi facra oblatio referuanda ad viaticum infirmis.

IX. Vt Crifma, & Oleum confecratum fub fera recondantur.

X. Si ipfe Presbyter vifitet infirmos, & inungat oleo Sancto, & communicet per fe, & non per quemlibet, & ille ipfe communicet populum, nec tradat communionem cuiquam laïco ad deferendum in domum fuam causâ cujuflibet infirmi.

XI. Si habeat clericum, qui poffit tenere fcholam, aut legere Epiftolam, aut canere valeat, prout neceffarium fibi videtur.

VII. Inueftigandum de luminaribus Ecclefiæ, aut quot cerarios habeat ipfe titulus.

XIII. Qualiter fit cooperta Ecclefia, aut fi fit camerata, & vt ibi columbæ, vel aliæ aues non nidificent propter immunditiem.

XIV. Quo metallo habeant ibidem figna.

XV. Si atrium habeat munitum, aut fi cellam propriam habeat iuxta Ecclefiam, aut fi fufpiciofa in circuitu oftiola fint.

XVI. Vt ex decimis quatuor portiones fiant iuxta inftitutionem canonicam, & ipfæ fub teftimonio duorum aut trium teftium fidelium ftudiosè, & diligenter diuidantur, & vt de duabus portionibus, Ecclefiæ & Epifcopi, ratio reddatur per fingulos annos, quid inde profecerit in Ecclefia.

XVII. Vt matricularios habeat iuxta qualitatem loci, non bubulcos, aut porcarios, fed debiles, & pauperes, & de eodem dominio, nifi fortè ipfe Presbyter habeat fratrem, aut aliquem propinquum debilem, aut pauperrimum, qui de eadem decima fuftentetur, reliquos autem propinquos, fi iuxta fe habere voluerit, de fua portione veftiat atque pafcat.

XVIII. Inueftigandum fimiliter, fi nihil patrimonij habens, quando prouectus eft ad ordinem Ecclefiafticum, poftea emerit prædia, cuius iuris fint, quoniam Ecclefiæ ad quam de nihil habentibus

bentibus promotus est, esse debent, iuxta canonicæ auctoritatis decretum.

XIX. Inquirendum si occasione huius præcedentis Capituli, aliquis Presbyterorum abhinc de reditibus Ecclesiæ, vel oblationibus & votis fidelium, alieno nomine res comparauerit, & ibi structuras fecerit &c.

XX. Si de tabernis, & de commessationibus, & de familiaritate indebita mulierum se custodiant Presbyteri. Hîc multa congerit de illicito Clericorum accessu ad feminas, & quâ ratione arguendi, vel purgandi sunt, & accusatio aduersus Presbyterum non recipiatur, nisi sub duobus, vel tribus testibus.

Sunt & quædam Capitula anno duodecimo Episcopatus Hincmari his superaddita IV. idus Junias, quæ fratribus ac consacerdotibus suis obseruanda tradidit, vt & alia in synodo Remensi anno incarn. 874. in mense Julio, quæ consulat Lector si velit apud Sirmondum tom. 3. Concil. nè præsens historia aliorum excerptis nimium excrescat.

---

*Concilium Suessionense 2. de Clericis ab Ebone post depositionem perperam ordinatis, & de legitima Hincmari successoris ordinatione, de priuilegijs quoque à Benedicto 3. & à Nicolao I. eidem concessis.*

## CAPUT XXIX.

FLagrante dissidio inter Hincmarum, & fautores Gothescalci, haud semel ei improperatum fuit Remensi Ecclesiæ subrogari non potuisse, viuente adhuc Ebone Archiepiscopo, nec canonicè, vt dicebatur, deposito: Quidam enim occultè in eum mussitabant, alij velut raptorem, hunc palam aspernabantur, Clerici præsertim ab Ebone ordinati eo breui tempore, quo Lotharij auctoritate restitutus est, ægrè ferentes se à Concilio Meldensi suspensos, nec hactenus restitutos ab Hincmaro. At hic, cui non minus strenuitatis, quàm Pontificiæ mentis inerat, hos rumores compressurus, statuit tam suæ promotionis, quàm eorum interdicti litem, Episcoporum iudicio discutiendam relinquere.

Anno igitur incarn. 853. regni Caroli 13. indict. 1. Episcopis iuxta instituta Canonum ad vrbem Suessionum in Monasterio Sancti Medardi & S. Sebastiani 10 Calend. Majas iussu Caroli congregatis, vbi & ipse Rex adesse dignatus est, vt æquè se protectorem, ac Ecclesiæ filium ostenderet.

Actum de Clericis ab Ebone post depositionem perperam ordinatis, & de legitima Hincmari successoris eius ordinatione. Serie depositionis

tionis memorati Ebonis, coram omnibus, pleniſſimè perlatâ, patuit HINCMAR. hunc Epiſcopale officium illicitè repetijſſe, & quos per breue tempus XXXIII. Remis ordinauerat, damnationi potiùs obnoxios, quàm verè ſacris *An.*853. initiatos reddidiſſe. Hincmarum autem ſucceſſorem eius, canonicis ſanctionibus cautè & ſubtiliter obſeruatis; iure ſublimatum, & præter decreta majorum in hac parte nihil omnino moliri.

Concilij eiuſdem Sueſſionenſis ex ſingulis actionibus excerpta, vbi Epiſcoporum nomina referuntur, fuſiùs totum hoc negotium pandunt, quod paucioribus verbis ſic contraho. Reſidentibus in ſynodo venerabilibus Epiſcopis, Hincmaro Rem. Eccleſiæ Archiepiſcopo, Vuenilone Senonenſi, Amalrico Turon. Archiep. Theodorico Cameracenſi, Rothado Sueſſionicæ vrbis, Lupo Catalaunenſi, Immone Nouiomenſi, Erpuino Siluanectenſi, Ermenfrido Beluacenſi, Pardulo Laudun. Hilmerado Ambian. Hucberto Meldenſi; Agio Aurelian. Prudentio Tricaſſinæ ciuitatis, Herimanno Niuernenſi. Jona Auguſtod. Godelſado Cabilonenſi. Dodone Andegau. Guntberto Ebrocenſi, Hildebranno Sagenſi Epiſcopis.... Rigboldo Remorum Chorepiſcopo: Reſidentibus etiam Presbyteris, & Abbatibus, Dodone Abbate S. Sabini, Lupo Abbate Monaſterij Bethleem, quod Ferrarias dicitur, Bernardo Abbate ex Monaſterio S. Benedicti, Odone Abbate Corbeiæ, Bauone Abbate Orbacenſi, & alijs quamplurimis ſacerdotibus, Abbatibus, Diaconibus, & reliquorum graduum Clero: Reſidente etiam in cœtu Epiſcoporum glorioſo Rege Carolo, qui in eadem ſynodo ſuam exhibere dignatus eſt præſentiam, anno, & indict. ſupradictis, 6. Calend. Maij.

Dum, actione primâ, quædam ab Epiſcopis Eccleſiaſtica negotia ventilarentur, venit Sigloardus ſeruans locum Archidiaconi Remenſis Eccleſiæ, dixítque filios eiuſdem Eccleſiæ, & Hincmari Archiepiſcopi ſtare pro foribus, qui ſe pro ſua neceſſitate in ſynodum introduci petebant; cui Hincmarus ait, *recita illorum nomina, vt audiat Dominus Rex, & ſacra ſynodus, & quod iuſſum fuerit in nomine Domini fiat.* Et recitauit Sigloardus hæc nomina, Rodoldus, Giſlaldus, Vulfadus, Fredebertus, ex Canonicis ipſius ſanctæ matris Eccleſiæ, Sigiſmundus ex Monaſterio Sancti Theodorici; ex Monachis autem Sancti Remigij, Nortuinus, Heinradus, Mauringus &c. quibus iuſſu ſynodi & Principis introductis, Hincmarus dixit, *Quæ eſt petitio veſtra fratres?* reſponderunt, *miſericordiam petimus nobis à veſtra paternitate impendi, de miniſtratione ordinum Eccleſiaſticorum, ad quos à Domno Ebone quondam prouecti, à veſtra autem auctoritate ſuſpenſi ſumus.* Hincmarus ait, *habetis libellum reclamationis, aut poſtulationis, ſicut Eccleſiaſtica ſe habet traditio,* his præ manibus ſe non habere reſpondentibus, injunctum eſt, vt libellum de more conſcriberent, quòd ab illis ex tempore præſtitum eſt, editúmque libellum, ac omnium ſigillis, etiam Vulfadi, roboratum, vt iuſſum fuerat, ſynodo porrigunt; Hincmarus hunc relegens coram omnibus dixit, *iſtorum fratrum ſententia*

Kkk *manifeſtè*.

HINCMAR. XXXIII. ARCHIEP.
An. 853.

*manifestè me tangit, & quia de iudicio meo queruntur, oportet vt libellari subscriptione ad electos prouocent iudices, quatenus causa illorum debitum, ac certum finem accipiat. Vtrarumque igitur partium eligendi sunt iudices, qui nostras rationes audiant, & consultu ac sententia synodali definiant.* Ab Hincmaro electi sunt Vuenilo Senon. Archiep. Amalricus Turon. & Pardulus Laudun. Coëpiscopus eius, qui Metropolitanæ sedis in hoc iudicio prærogatiuam seruaret, saluo in omnibus Remensis Ecclesiæ primatu, & Apostolicæ sedis reuerentiâ, quæ ei in omnibus causis debet exhiberi; Et nè proclamantes quererentur se illius opprimi auctoritate, eis licentiam facit, vt eosdem si vellent, vel alios quoslibet de cœtu eligerent judices, qui, prænominatis à se pariter delectis, superaddidere Prudentium Tricassinæ ciuitatis Episcopum, quòd Hincmarus non abnuens, Pardulo in locum suum statuto, recessit.

Actione secundâ, iudices iussu Principis, & coram omnibus, sic sunt voce liberâ locuti. *Fratres, & consacerdotes nostri, manifestum est quia si Ebo quondam Episcopus, in suo statu manens hos canonicè ordinauit, debent vtique ministrare, si iniustè dejectus est, & canonicè restitutus, & post suam canonicam restitutionem hos fratres ordinauit, possunt sine vlla quæstione officio fungi; Nunc doceant fratres ac Coëpiscopi nostri Hincmari ordinatores, si iustè & rationabiliter Ebo dejectus est, nec iuxta regulas Ecclesiasticas restitutus;* quod è vestigio præstitum est, Theodorico Cameracensis Ecclesiæ Episcopo proferente volumen, quo constabat Ebonem Episcoporum iudicio pro reatibus confessis ministerio Episcopali exutum, nec canonicè restitutum, sed potiùs dejectionem eius à Sergio Papa confirmatam, cum decreto, vt in communione laica permaneret: Probata quoque est Hincmari legitima promotio, Rothado Suessionensi canonicam auctoritatem proferente, qualiter Metropolitanus Episcopus debeat ordinari, decretum quoque cleri & plebis, & alia de iure requisita quæ in electione Hincmari ad amussim fuerant obseruata. Ostensum quoque coram synodo diploma sacrum venerandi Principis manibus insignitum, & sigillo subtersignatum ex approbatione suæ ordinationis ad sedem Apostolicam Ecclesiarum omnium Matrem. Et quia præfatus Ebo post suam depositionem absque vlla legitimâ restitutione præsumpserat ordinare. Immo Nouiomensis Episcopus addidit ex Apostolica auctoritate, eos qui ab ipso ordinati fuerant, per prauam manus impositionem, damnationis vtique eius fuisse participes.

His auditis, quintâ actione decretum est à sacratissima synodo, vt quicquid in ordinationibus Ecclesiasticis Ebo post depositionem suam egerat, secundùm Apostolicæ sedis traditionem, præter sacrum baptisma, irritum haberetur, & ordinati ab eo gradibus Ecclesiasticis priuati perpetuò existerent. Tunc vnus ex prædictis fratribus, nomine Fredebertus, libellum proclamationis relegens, voce omnium dixit, *Se ideo ab eodem Ebone permisisse ordinari, quia viderat Remensis Ecclesiæ suffraganeos Rothadum Suessio. Simeonem Laudun. Erpuinum Siluanect.*

Silvanect. Episcopos in Metropolim Remensem Ecclesiam conuenisse cum litteris domni Lotharij, & eundem Ebonem restituisse, ac de his litteras plurimorum Episcoporum manibus confirmatas habere, quæ cùm falsissimæ repertæ fuissent, silentium ipsi ob id imponitur, & quòd ad accusandum, iuxta canones, non esset idoneus. Actione sexta ex præscripto iudicum, atque consensu Principis, Hincmarus Archiepiscopus primatus sui locum recepit, actúmque statim de Hilduino Abbate Altiuillarensi, qui ab Ebone pariter Diaconus ordinatus, à Lupo Catalaunensi Episcopo postmodum Presbyter ordinatus fuerat. At ipse volumen seu schedulam protulit in medium, quâ Rex iusserat ei vt Metropoli Remorum Pastore viduatæ in confectione Chrismatis, aliísque negotijs Ecclesiasticis consuleret, vnde Principis iussioni obtemperans, Hilduinum sibi ab Archidiacono Remensi oblatum Presbyterum ordinauerat, eúmque sacrarat in Abbatem. Hoc audito, iudicatum est Lupum nihil damnationis de illius ordinatione contraxisse, sed qui saltu sine gradu Diaconij ad Sacerdotium prosilierat, in degradationem debitam resilire debere.

Requisitum deinde de his qui Eboni post depositionem suam communicauerant, & recitatâ auctoritate qualiter sanari deberent, repertum est ex Canonicis institutis, eos post satisfactionem, datâ illis indulgentiâ, & communione sacrâ cum benedictione, per proprium Episcopum, operante Domino, purificari, átque sanari posse, quod & actum est per vener. Hincmarum Archiep. His ita peractis, benignus princeps Carolus petijt Hincmarum Archi. reliquósque pontifices, vt, quia præfati fratres gradus Ecclesiasticos obtinere non valebant, communionem saltem recipere possent per synodi indulgentiam; quod, & pietas sacerdotalis licenter assensit, & misericorditer eisdem fratribus veniam concessit. Omnia hæc gestis inserta, & in conspectu synodi recitata, Episcoporum manibus, & aliorum qui interfuerunt subscriptione firmata, Leoni 4. confirmanda missa sunt, at hic id facere distulit, iteratis licet Hincmari pulsatus legationibus, vt ipsemet fatetur Epistolâ ad Nicolaum I.

*Cur synodi Suessionensis confirmationem Leo Papa non dederit.*

CAusas pro quibus hoc vsque ad tempus suspendimus, caritati vestræ dicemus. Prima hæc est, quia sicut ab Episcopis prænominata synodus vtiliter ventilata, siue sopita est, ita per aliquos ex eis, vt dubitatio foret radicitùs euulsa, statuta vestræ synodi destinare debuistis: Alia autem iuxta votum vestri desiderij id nos perficere minimè permisit, eò quòd legati sedis Apostolicæ præsentes ibidem non fuerunt. Neque Imperialis Epistola nobis talis est præsentata, quæ hoc quod expetendum misistis, specialiter indicare potuisset. Quarta scil. causa hæc est, quia hi, quos depositos caritas vestra auctoritate synodi fore affirmat, per proprias litteras, sedem Apostolicam appellarunt

*HINCMAR. XXXIII. ARCHIEP. An.855.*

& volunt iterum nostrâ se Apostolicâ audiri præsentiâ & tunc si culpabiles inuenti fuerint, non se abnuunt canonicam sustinere censuram.

Leone hac luce subtracto, Hincmarus à Benedicto 3. dolum nesciente, præfati synodi confirmationem surripuit ( vt Baronij verbis vtar ) cum illustri priuilegio; quod Sirmondus edidit, éstque huiusmodi.

*BENEDICTUS EPISCOPUS SERVUS SERVORUM Dei Reuerentissimo, & Sanctissimo confratri nostro Hincmaro Archiepiscopo Sanctæ Remensis Ecclesiæ.*

*Huius priuilegij meminit Frod. lib. 2, c. 11.*

PRobabilium, sacrorúmque definitiones gestorum, audientium mentes exhilarant, faciúntque alacres; & in tantum mortalium lætitiâ corda replent, vt in conditoris omnium exuberent laudes, facilíque intuitu illarum confirment proficuas intentiones, & actus, validóque & inconuulso propagare fundamine, certamine ingenti procurent. Nostri quemadmodum Pontificij cor dulcisonis tuæ benignitatis apicibus lætius effectum est; & hilarius: strenuâ quos perlegentes inquisitione, nostræ te esse conjunctum dilectioni internis nouimus oculis, diuinísque prosperitatibus efficacem synodi textum imminenti ventilantes intuitu, eiúsque actus, quam apud Suessionis Ciuitatem tua beatitudo studuit celebrare, cum Episcopis tuæ Diœceseos, venerabilibúsque Archiepiscopis, Vuenilone scil. Senonensi, Amalrico Turonensi, aliísque Episcopis vt scriptis in ea contulisti subtilíque demonstratione pandere procurasti, quæ ad profectum Sanctæ noscuntur Ecclesiæ &c. Et quia vt deuotus fidelísque in omnibus filius, pro instructione, seu confirmatione gestorum... semper ad hanc sedem te recurrere contemplamur, definitiones fraternitatis tuæ, & ceterorum Episcoporum... ratas Apostolicâ fore promulgamus auctoritate... Sancimus quoque nè quilibet tuæ Diœceseos regulis subjectus Ecclesiæ, te contempto impunè audeat seu valeat aliena expetere aut expectare iudicia &c.

Nicolaus Benedicto suffectus ann. 858. quò aduersus falsos fratres Hincmaro manum porrigeret, vt scribit epist. 46. rogatu eiúsdem, prædictæ Suessionensis synodi Acta confirmauit, nouúmque priuilegium Ecclesiæ Remensi contulit, cuius hic tenor est.

*NICOLAUS EPISCOPUS SERVUS SERVORUM Dei Reuerentissimo, & Sanctissimo confratri nostro Hincmaro Remorum Archiepiscopo.*

PAstoralis sollicitudinis curâ constringimur, & loci sublimitate &c. proinde, quia dilectio tua, sequens instituta Majorum, ea quæ possunt aliquam recipere quæstionem ad nos, quasi ad caput, & apicem Episcopatus referre Episcopaliter studuit... Synodum illam quæ à te, & ceteris Venerabilibus Archiepiscopis, atque Episcopis in vrbe Suessorum, anno Incarn. Dom. 853. indictione prima, 5. Kal. Maij fuerat celebrata,

HISTORIÆ. LIB. III. 427

lebrata, & à decessore nostro beatæ memoriæ Benedicto Papa est con- HINCMAR.
firmata, sicut idem Sanctæ recordationis Pontifex illam confirmauit, ARCHIEP.
ita & nos eam confirmatam, & irrefragabilem, perpetuóque mansuram *An.855.*
Apostolicâ auctoritate decernimus, saluo tamen Romanæ sedis in omnibus jussu atque judicio.

Præterea quidem, & hoc sancimus nè quilibet ex Remorum Durocortorum prouincia regionis Belgicæ, regulariter subjectus Ecclesiæ, te contempto, vel posthabitâ Coëpiscoporum ipsius Diœceseos Prouinciali synodo, impunè audeat, seu valeat aliena expetere, aut expectare judicia, aut alienas contra Canones ordinationes suscipere, vel ad alias prouincias irregulariter conuolare &c. Scriptum per manum Zachariæ Notarij regionarij, & Scriniarij Sanctæ Romanæ Ecclesiæ in mense Aprili indict. 11. bene vale. Data 4. Kal. Maij per manus Tiberij primicerij Sanctæ Sedis Apostolicæ, Imperante pijssimo Imperatore Augusto Hludouico, à Deo coronato, magno, pacifico, Imperij ann. 14. indict. 11.

De Clericis iussu Nicolai I. in suos gradus postea restitutis agetur ad annum 866.

Ceterùm prædicta Cleriorum à gradu dejectio in Hincmarum grauissimum odium concitauit, aluítque per plures annos, quod præsentiscere cœpit in Rhotadi causa, & Gothescalci: & licèt horum molitiones eum non laterent, decoquendum tamen sibi existimauit eam animi sui molestiam, cornuáque aduersariorum paulatim minuenda duxit, nè simul adunati vehementiùs in eum ferocirent.

---

*Quid item actum in concilio Suessionensi ob Normannorum grassationes: Et de Sancti Callisti reliquijs ab Euerardo Comite obtentis.*

## CAPUT XXX.

IN hac Suessionensi synodo, præter ventilatam de Clericorum ejectione quæstionem, actum quoque à Patribus de instaurandis Ecclesiæ bonis, & reparandis Monasterijs ab infidelibus igne absum- *Apud An-*
ptis. Normanni siquidem, quos nuper Carolus in regni partem coa- *tonium Au-*
ctus receperat, datâ quam colerent ad Oceanum non modicâ terræ *gust. & Ba-*
portione, cui ab gente Normanniæ nomen inditum est, in Franciam *ronium.*
rursùs odium, ferrúmque conuertunt, per Ligerim nauibus Turonos delati. Inter alia, circa cœnobia id statutum à synodo, vti à Rege Legati seu Missi Dominici coram Episcopis & Abbate in vitam morésque singulorum Monachorum inquirant, quæ praua corrigant, rationi consentanea præscribant, quid curandis hospitibus, quid subleuandâ egenorum inopiâ, erogandúmque sit statuant. Inbreuient etiam quid vnusquisque Ecclesiarum Prælatus, quando renunciatus est, ibi inuenerit,

Kkk 3

HINCMAR. XXXIII. ARCHIEP.
*An.*856.

rit, & quid exinde minus fit; Numerum etiam Canonicorum & Monachorum, siue Sanctimonialium vniuscuiusque loci describant, vt vbi minor sit numerus, maior addatur. In Monasteria siquidem laïcos nobiles vel per vim, vel Caroli conniuentiâ audacter penetrasse, synodi Meldensis & Beluacensis supra relatæ referunt.

Per id tempus hærebat in Italia vir illustris Eberardus, apud Lotharium Imperatorem magnâ pollens gratiâ, & auctoritate, ad quem insignes Hincmarus literas dedit, quarum fragmenta Frodoardus suæ intexuit historiæ lib. 3. cap. 26. ijs enim primùm gaudio se perfusum vehementer dicit, quòd præclarè potentiâ vteretur, quâ plurimum ex Lotharij voluntate in Italia valebat ad magnam nominis eius celebritatem: tum hortatur vt sincero Numen affectu colat, multa pietatis exerceat officia, constringendis arcto pacis vinculo Principibus det operam, Ecclesiæ quieti studeat, multos ad religionem & pietatem exemplo figat suo. An is Eberardus qui Lotharij Imperatoris Princeps vocatur à Frodoardo, idem sit, cum Euerardo Cysoniensis Monasterij fundatore, cuius meminit idem auctor lib. 4. cap. 1. varietas nominis ansam præbet dubitandi, quamuis Buzelinus id pro certo asserat. Floris Vander Haer, qui Euerardi testamentum edidit, actum in comitatu Taruisiano Imperante Ludouico Augusto an. Christi 837. censet hunc Cysonij tantùm fisci beneficiarium fuisse, vbi & aliquot prædia habebat, vt & in Italia & Germania, confinij verò Francici custodem seu Marchionem (vt à Frodoardo vocatur) hoc est Comitem limitaneum, eo sensu quo supra de Comitibus disserui, probabile est hunc stetisse à partibus Lotharij, ipsúmque Romam iuisse Callisti ossibus ab Romano Pontifice Leone impetrandis, à quo vt voti fieret compos, contra Christiani nominis hostes tolerati labores, pietas quoque & merita fecere,

*Euerardus Marchio obtento à Sum. Pontifice B. Callisti corpore, in eius honore Monasteriū in prædio suo constituit Frod. lib. 4. cap. 1.*

tanto igitur pollens beneficio Euerardus, ab Italia in Belgium humeris sacerdotum Callisti corpus deferri voluit, quò plùs venerationis afferret, rutilantibus circum luminaribus, idque ad B. Quintini oppidum in Veromanduis primùm delatum est, vbi varijs miraculorum signis eius virtus emicuit, ac paulò post Cysonium, condito in ipsius honore Monasterio & eleganti mausoleo, in quo & depositum est: hac insigni glebâ postmodum, & Cysoniensi Monasterio, Rodulfi Euerardi Marchionis filij, ac Berengarij Italiæ Regis fratris donatione, potita est Remensis Ecclesia ex Frodoard. vt postea dicemus.

857.

Haud ita post grauissima regnum Caroli flagitia obturbauere, quibus refrænandis Carisiacum concilium inditum est ann. 857. quo communi Episcoporum, aliorúmque Procerum consultu, à Carolo Rege edita constitutio de coërcendis rapinis, & depopulationibus quæ in regno grassabantur ad Episcopos & Missos Dominicos, quæ extat in Capitul. Caroli Calui tit. 20. interim plerísque Procerum Carolo aduersantibus, quos ipsius mores parum grati aueterant, majorem sæuiendi occasionem Normanni arripuere; ij námque iterato in Gallias effusi sunt, &

cum

## HISTORIÆ. LIB. III. 429

cùm aduersùs eos bellum gerit Carolus, augendis regni malis Ludouicus Germaniæ Rex à factiosis impulsus, in Franciam bellum infert, in quem relictis Normannis, Carolus copias ducit, quasi plus ab eo formidinis ingrueret, quàm ab infestis hostibus: igitur hi liberiùs interim grassati, multas Gallijs intulere clades, captóque Nouiomo in Prouincia Remensi, Immo Episcopus ad valuas Ecclesiæ suæ ferro cæsus occubuit ann. 860. quo pax inter Ludouicum, Carolum, & Lotharium Reges Hincmari studio feliciter composita, qui & propensum in se Caroli Regis ob id sensit animum in causa Rothadi Suessionensis, de quo fusiùs agendum est.

*HINCMAR. XXXIII. ARCHIEP. An. 858. 859. 860.*

*Vt se gesserit Hincmarus cùm Ludouicus Germaniæ Rex ad occupandum fratris regnum venit, dicam cap. 28.*

---

*Rothadus Suession. Episcopus à synodo quatuor Prouinciarum, cui Hincmarus præfuit, exauctoratus, Nicolai I. auctoritate, ad quem appellauerat, restituitur.*

### CAPUT XXXI.

EX susceptis ab Hincmaro sub Nicolai I. Pontificatu negotijs, quæ maximam ei molestiam pepererunt, Rothadi Suessionensis exauctoratio haud vltimum fuit, eo gratius ac insolens visum, quòd vera inter vtrosque simultatis causa lateat. Ferunt Annales Bertiniani primùm synodo comprouinciali apud Martyrium Sanctorum Crispini & Crispiniani secus Ciuitatem Suessionis Rothadum, quòd regulis Ecclesiasticis obedire nollet, Episcopali priuatum fuisse communione, secundum decreta Canonum ann. 861. tùm anno sequenti propter designatos excessus (vt vocant) & sui cordis duritiam, Concilio quatuor Prouinciarum præsentatum, in suburbio Suessorum depositum.

861.

Hincmari prolixior Epistola ad Nicolaum I. aliquot errata suggerit: at si conjectari liceat, cùm Rothadus solus superstes esset eorum, qui Ebonem Lotharij edicto restituerant, & is occultè Clericorum Remensium audaciam foueret, statuit Hincmarus cùm vtrisque jure contendere, quod legibus cuique licitum est. Quædam igitur animaduersione digna in Rothado reperiens, ob quæ Metropolitani jus habent in suffraganeos, post debitam monitionem, synodo apud Siluanectum quatuor Prouinciarum conuocata 863. abdicationis sententiam in eum protulit, quæ iterum in suburbio Suessorum confirmatur ex Annalium Bertinianorum auctore, cùm ad constitutos iudices à Concilio delegatos prouocasset.

863.

Hoc facto vehementer commotus Summus Pontifex, & quòd Apostolicam sedem appellanti Hincmarus surdas aures præbuisset, Carolum Regem primùm (qui Suessonicam Ecclesiam per triginta annos

*Epist. 28. ad Ludouicum Germani. Regem, & ad Carolum Caluum. ep. 20. & 26.*

annos ab infructuosa ficulnea, Rothado, inutiliter occupatam nuper eidem Pontifici scripserat) demereri studuit, tum paternè monet Hincmarum nè Rothadum Romam ire volentem impediat. Et, vt hoc sibi cordi esse clariùs ostenderet, addit se Remensis Ecclesiæ priuilegium non confirmaturum, donec id fiat, quæ cùm in Principis Ecclesiæ auctoritate nitantur, necesse est vt sarta tecta permaneant, nec in Rothado, ipsius patrocinium regulariter implorante, violetur: vnde iterum eidem Archiepiscopo scribit mellitis sermonibus aculeos miscens his verbis.

*NICOLAUS EPISCOPUS SERVUS SERVORUM Dei, Reuerentissimo, & Sanctissimo Confratri nostro Hincmaro Remorum Archiepiscopo.*

*Sanctitatem vestram, quam semper in virtutum exercitijs conuersantem comperimus, & in doctrinis Ecclesiasticis proficientem, famâ crebrescente didicimus, aliter Apostolicam reuerentiam præ oculis habere sperabamus, quàm frequens dictat opinio. Denique fidelium multorum exinde dolentium auditu veraci cognouimus, quod Rothadus frater, & Coepiscopus noster Ecclesiæ Suessionicæ pro quodam Presbytero, qui pro facti sui qualitate honoris proprij ante triennium fuerat priuatus officio, à vestra sanctitate fuit impetitus, & adhuc, quod nefas est, sedem Apostolicam appellans, iuxta quod sibi à Patribus constat esse permissum, Episcopatus etiam absens exspoliatus honore, & in exilium deportatus, hactenus in Monasterio detrusus existat; vnde gemimus, valdéque dolemus, nam cùm debuerat honoribus, pro sua senectute multiplicibus ampliari, & pro tot laboribus, ac obsequijs, & in Ecclesia Dei, pariter & principibus mundi, fideliter, & vtiliter impensis, majori dignitate frui, & iam tandem sine cuiusquam impulsione quietus existere, nunc.... Interim Dei summi, Sanctorum Apostolorum, ac per eos nostrâ auctoritate fraternitati vestræ injungimus, vt si nostræ caritatis & communionis, sicut hactenus, volueritis videri participes, iam dictum fratrem nostrum Rothadum Episcopio pariter, & pristino honoris sui officio restituatis.......... intra dies XXX. postquam hæc nostra Epistola ad vos delata fuerit, aut si justè vos in eum egisse putatis, Romam cum eodem vos, vel vester legatus vestram vicem in omnibus ferens, vt vtriusque partis causam ad liquidum sciamus, adueniat &c.*

Idem Nicolaus Carolo Regi rescribens indicat quid ad Hincmarum, & reliquos Episcopos scripserit, hortatúrque vt Rothadum Romam ocyus dirigat, quatenus iuxta decreta Sanctorum Pontificum Romanæ Ecclesiæ, causa ipsius coram se iterum ventilata vltimo terminetur. *Nam mihi credite* (inquit) *supra modum in damnatione prælati viri, & noster est animus læsus, & totius Ecclesiæ filiorum ad quorum notitiam peruenit vehementer offensus, maximè quod ante, & post damnationem suam, sedis Apostolicæ appellauerit iudicium, nec impetra-*

## HISTORIÆ. Lib. III.

*impetrauerit, & per talem præsumptionem summæ sedis videantur priuilegia violari.*

Cunctante Hincmaro Nicolai iussa complere, ob crebras Paganorum, vt dicebat, infestationes, & quod rimam à Rothado quæsitam arbitraretur, quâ meritam damnationem effugeret, imò petentibus Concilij Siluanectensis Episcopis, vt Apostolicâ auctoritate rata esse probarentur, quæ de eo apud illos acta fuissent, & ad eum per Odonem Beluacensem fideliter perlata, Pontifex productis Sanctorum Patrum sanctionibus in Epist. 32. quibus iubetur in tali casu renouari iudicium (nequicquàm contradicentibus Imperatorum constitutionibus) rescidit primò quæ in prædictâ synodo, ad injuriam, vt ait, sacrorum Canonum, & Venerab. Romanorum Pontificum aduersùs Rothadum facta fuerant, tum præcipit vt ab exilio reuocetur, Romámque ad retractandum iudicium, cum synodi legatis quamprimum dirigatur.

Per id tempus, quidam Gallicani Episcopi grauiter conquesti sunt, quòd causæ Episcoporum iudicandæ in synodis per Coëpiscopos, aduocarentur ad sedem Apostolicam, cúmque apud eos plerique dubitarent, num Epistolæ Romanorum Pontificum à Nicolao allegatæ essent insertæ in corpore Canonum; ad hos rescribens Epistola, quæ præfixa habetur concilio Romano 7. sic ait, *Vos diuersorum vtique sedis Apostolicæ Præsulum decreta in hoc contempsisse negotio non immeritò reprehendimus, absit enim vt cuiuscumque vsque ad vltimum vitæ suæ diem, qui in fide Catholicâ perseuerauit, vel decretalia constituta, vel de Ecclesiasticâ disciplinâ quâlibet exposita, debito cultu, & cum summa discretione non amplectemur opuscula.* Pluribus demonstrans decretales Summorum Pontif. debito cultu recipiendas esse, & licèt Canonum codici non sint compaginatæ, ex illis tamen infert majora negotia, & difficiliores causarum exitus Summo Pontifici merito esse reseruatos. Vnde nè quid detrimenti summæ sedis priuilegium in Rothadi negotio patiatur, ad eum pariter, quod mirum est, scribit, vt Romam veniat, statim ac ei data fuerit facultas, quòd si negetur, sedem Apostolicam appellare non cesset. Hincmaro verò indignatur, quasi eo procurante Rothadus ab itinere Romano prohibitus fuerit, vnde iterum iubet vt sine cunctatione dirigatur, interim loco ipsius Episcopum aliquem ordinari vetat.

Post sæpius inculcatam à Summo Pontifice Rothadi restitutionem, quid responderit Hincmarus peti debet ex prolixiori eius Epistola, quæ caput 13. lib. 3. conficit apud Frodoardum, vbi lectis suæ auctoritatis, *Nicolai*, Epistolis sibi per Odonem Episcopum transmissis, dicit, *A venet. Episcopis, antequàm synodus solueretur, mox suam iussionem de Rothado fuisse executioni mandatam, vicariósque suos cum eo destinatos, non vt accusatores ad configendum, sed vt à Rothado, atque à vicinis, qui causam pleniter, ac veraciter nesciunt, accusati,*

HINCMAR.
XXXIII.
ARCHIEP.
An. 863.

Rescribit ad Episcopos Galliarum Nicol. I. qui questi fuerant, quòd causa Episcoporum iudicanda in synodis per Coëpiscopos aduocarentur ad Apostolicam sedem.
Vide Spondanum ad an. 865. n. 2.

HINCMAR. *quid circa illum actum sit, & quod non in contemptum sedis Aposto-*
XXXIII. *licæ appellantem Rothadum, iuxta Sardicenses Canones, sed eum, quo*
ARCHIEP. *ad Electorum iudicium de certis capitulis iuxta Carthagin. & Afri-*
An. 864. *canos appellasset regulariter iudicatum intimarent. Absit enim ( in-*
*quit ) vt emergente aliqua controuersia, quam Canones à Metropolitano*
*præcipiunt terminari, ad summam auctoritatem fatigandam indiscretè, &*
*toties recurratur; nisi forte de Episcopis sit aliqua, vnde certa; aut ex-*
*pressa in sacris regulis non habeantur iudicia, & ob id in Prouinciali exa-*
*mine nequeat definiri; Quod si de Maioribus à Prouinciali Episcopo ad*
*Electorum iudicium non fuerit prouocatum, & is qui in comprouinciali sy-*
*nodo deiectus est, confugerit ad Episcopum Romanæ Ecclesiæ, scribendum*
*est ab his qui causam examinarunt eidem Summo Pontifici, & ad illius dis-*
*positionem renouabitur examen: Nam de Metropolitano qui ex antiqua*
*consuetudine ab Apostolica sede pallium accepit, sedis ipsius, etiam anni*
*iudicium, ex Nicæno concilio sententia est præstolanda &c.* Ibi Rothadi
contumaciam exagitat, qui cùm à suis obedientiam curiosiùs exigeret, eam suo Metropolitano denegaret. Addit præterea Abbatiam
valde bonam ei postquam deiectus est prouisam à Rege, nè qui hactenus molliter vixerat, inopiâ frangeretur, primúmque velut sibi
conscium sententiæ adquieuisse, consilio tamen Episcoporum regni
Lotharij, quos Hincmarus sibi infensos senserat in causa Vualdra-
dæ, persuasum, vt non se à seditione mouenda concrederet, sed
apud Summum Pontificem enixiùs pro sua restitutione laboraret. Vnde
subdit idem Hincmarus in eadem Epistola.

*Nunc autem sicut iussistis, ad vestram præsentiam illum perduci, apud*
*Dominum Regem obtinuimus, de quo quia benignissima dignatio vestra*
*mihi dignata est per Luidonem scribere, vt iuncto mihi integro fratrum*
*collegio, studerem illum pristino redintegrare decenter officio, sciat dulcissi-*
*ma vestra paternitas, hoc me agere nequiuisse, primò, quòd cum literis ad*
*vestram auctoritatem deferendis, idem Rothadus iam erat commissus ijs*
*qui deducerent. Secundò quia mihi non erat possibile integrum fratrum*
*collegium conuocare, sine illorum autem consilio regulariter restitui non*
*valebat. Deinde si, quando in vnum conuenirent Episcopi, qui sciunt*
*Rothadi negligentiam, & diuturnam in sacro ministerio inutilitatem, de*
*eius restitutione alloquerer, omnes me exsufflarent......* Et post nonnulla
de bonorum Ecclesiæ, ( calicis aurei præsertim ) apud Cauponem à
Rothado oppigneratione, concludit nec se, nec Coëpiscopos vllam
verecundiam habituros de illius restitutione si foret facta à Summi
Pontificis potestate, *Quia omnes senes cum iunioribus sciunt, omnes Ec-*
*clesias subditas esse Romanæ Ecclesiæ, &c.*

Suggerit deinde ex can. 7. Sardic. concilij, quomodo regulariter id
fieri debeat. *Summ. Pontifex ( inquit ) pro examinis renouatione ad se*
*reclamantis Episcopi, non statim singularitate priuilegij eum restituit,*
*sed remittens eum ad Prouinciam, vbi causa patrata fuerit, vbi po-*
*tes*

*teſt diligenter inquiri, nec difficile eſt teſtes producere, aut finitimis Epiſ- copis dignatur ſcribere, aut è latere ſuo mittit, qui præſentes cum Epiſcopis iudicent.*

Ex his ac ſimilibus oſtendere voluit Hincmarus, primam cauſę cognitionem, quam vocamus inſtantiam, Metropolitano deberi, à quo non ante cognitam, latámque ſententiam, ad Pontificem prouocari poſſe contendebat. Vnde euocationem cauſæ ab appellatione diſtinguit, euocat enim qui priuilegio negotium ſuum ab Ordinario ad alium non ęquè Ordinarium traducit, appellat autem qui poſtquam Ordinario ſuo ſe ſubjecit, de mala tractatione queritur, & à ſuperiori iudice refigi ſententiam poſtulat, vnus hic, tam aduerſus Rothadum, quàm Laudunenſem Hincmarum, cardo fuit difficultatis.

Summus Pontifex cernens Rothadi negotium ab Hincmaro in dies protrahi, tot feſſus Epiſtolis ac reſponſionibus, cenſuit hunc per nouem circiter menſes Romæ commorantem (cùm ex accuſantium parte nullus adeſſet) ſolemniter abſoluere. Porrecto igitur proclamationis libello, ac Nicolao Papæ oblato, in quo calamitatum ſuarum (vt ait) lugubrem hiſtoriam, excogitatis à ſe rationibus quæ ſuæ cauſæ prodeſſent, adornauit, die vigiliarum Natiuitatis Domini, quo ſecundùm olitanam conſuetudinem ſedis Apoſtolicæ, Præſul cum Clero & populo in Baſilica Dei genitricis ad præſepe, Miſſarum officia celebrare conſueuit, benignus Papa fecit in Ambone publicè de ipſo Rothado ſermonem, ſignificans qualiter ſedem Apoſtolicam appellans depoſitus fuerit, dein ſacerdotalibus eum ornamentis indutum iuſſit palam polliceri ſe ſuis infeſtatoribus omni tempore reſponſurum. Expectatis adhuc aliquot diebus vſque in diem natalitium Beatæ Agnetis, cùm nullus altercans aduerſùs Rothadum compareret, in Baſilica Virginis foris muros viâ Numentanâ eum inter miſſarum ſolemnia, promulgato ea de re decreto, publicè Summus Pontifex reſtituit.

Rothado ſic reſtituto, Nicolaus Epiſtolas ad Regem, ad Hincmarum Metropolitanum, ad Epiſcopos Galliæ vniuerſos, ad Clerum & plebem Sueſſion. pro Rothado, & ad Rothadum ipſum, ſcripſit, cùm is iam abſolutus, honorique ſuo reſtitutus rediret in Galliam, quæ omnes extant ſub finem Concilij Romani VII. ann. 865. hæc quoad Rothadi reſtitutionem ex multis ſufficiant collecta, quæ vtrùm omnimodam ipſius innocentiam, Hincmari vero fraudes, & contumaciam liquidò probent, cùm nullus Romæ cum eo litigauerit, certò affirmari non poteſt, & licèt forſan hîc non audiendus auctor annalium Bertinianorum, qui Rothadum canonicè à quinque Prouinciarum Epiſcopis dejectum, non regulariter, ſed potentialiter reſtitutum temerè ſcribit; Idem Hincmarus Nepoti dicenti ſe in poſterum de re aliqua in ſynodo rationem reddere coram eo non teneri, quòd iam duo eius iudicia à ſede Apoſtolica caſſata eſſent, ſuccinctè reſpondit.

Nostrum iudicium, per regulas executum, ſedes Apoſtolica non caſſauit, sed Rothado; qui ad eam fecit confugium, humiliter poscenti, quoniam legati nostri, qui causam eius examinauimus, cum literis, sicut præcipiunt canones, priùs non venerunt, Clusas venire prohibiti, quàm ab eo, sed & ab alijs plurimis suggestionem inde susciperet, sicut suo sapientissimo consilio iudicauit, solatij benignitatem impendit.

### Concilium Suessionense III. quo Clerici à gradibus suspensi restituuntur.

Rothadi causa, quæ Romæ felices successus habuerat anno 865. Remenses Clericos aduersùs Hincmarum, quem vndique bella premebant, audaciores fecit; hi ergo synodi Suessionensis sententia è suo gradu dejecti, vt vidimus, Romæ iterum audiri postulant, proclamationémque apud Nicolaum I. acriter persequuntur, Vulfadus inprimis Ebonis amicissimus, & Regi Carolo gratus, quòd eum expertus fuisset in educatione Carlomanni filij, & ingenio strenuum, & moribus probum, ac sibi in omnibus fidelissimum.

Pontifex querulis horum vocibus, ac iteratis libellis fatigatus, litem de integro persequi iubet, inspectísque diligenter Suession. concilij Actis; ob id gradu pulsos reperit, quòd Præpositis vltrò se obedientes exhibuerint, vnde Hincmarum salubribus per Epistolam hortatur affatibus, vt Vulfadum & Collegas clementi animo vocare studeat, depositáque omni funditus maleuolentià, de restitutione eorum serio cogitet. Quòd si ad hoc flecti munda conscientia non permittat, scribit se præcepisse Remigium Lugdunensem, Adonem Viennensem, Vuenilonem Rotom; vnà cum alijs Episcopis Galliarum, & Neustriæ in idipsum cum eo apud Suessionem vrbem conuenire, vbi cuncta de prædictis Clericis subtiliùs inuestigantes, si de illorum reformatione iustum quid vel pium senserint, sine contradictione perficiant.

Nec priuilegia sedis Apostolicæ, quæ de his statuta sunt confirmantia, gratis opponat, cùm firmitas eorum in eiusdem sedis Apostolicæ reseruata sit arbitrio potestatis &c. Idem rescripsit ad Herardum Turonensem Archiepisc. & ad Carolum Regem: Rex quoque intimauit Pontifici se gratam habiturum Clericorum restitutionem, Vulfadi præsertim ad Bituricensem Archiepiscopatum à se designati, in cuius electionem Episcopi, & Nobiles læti consenserant.

Hincmarus, cuius ingentes animos Rothadi Suessionensis Episcopi restitutio grauiter perculerat, collectis sacrorum Canonum auctoritatibus Pontificis votum interpellare nisus est, schedulis per vices synodo Suessionensi porrectis, subtiliter ostendens, Ecclesiæ Remensis filios de collegio Vulfadi ab Ebone post depositionem suam ordinatos, non à se, vel ab Episcopis Rem. Prouinciæ tantùm suspensos, & postea dejectos, sed à synodo Episcoporum quinque Prouinciarum, ad quam sponte prouocauerant, cuius gesta inconuulsis subscriptionibus subnixa,

Benedictus

Benedictus Pontifex, etiam addito priuilegio, confirmauerat, saluo *HINCMAR.* Romanæ sedis in omnibus iussu atque iudicio: Regulas autem Eccle- *ARCHIEP.* siasticas decernere, nè canonicè sic dejecti, ab alijs Episcopis numero pau- *An. 866.* cioribus restituantur. Aliâ schedulâ vulnus cordis aperit, queritúrque multos ei obstrepere, quasi sedis Remensis inuasor extitisset, duabus vltimis contendit semel sancita inconuulsa manere debere, aut eorum qui per contemptum deuiarunt, si mitiùs cum ijs agatur, aspirantes anhelius comprimendos.

Ventilata igitur est iterum Pontificis iussu, & annuente Rege, Clericorum causa in Suessionensi synodo 15. Calend. Septemb. cui interfuere Remigius Lugdun. Frotarius Burdeg. Herardus Turon. Vuenilo Rotom. Egilo Senon. Liutbertus Moguntiacensis Archiepiscopi, cum Diœcesanis consacerdotibus; vbi & Hincmarus cum suffraganeis suam exhibuit præsentiam. Sed non in omnibus satisfactum est Pontifici, constat enim ex synodica prædictos fratres restitutos non fuisse ab Hincmaro, à quo indubiè non fuerant primùm suspensi, sed néque ab Episcopis in synodo collectis, quòd ex priuilegio Romanæ sedis ab Hincmaro prolato, (cuius integritas obiter prædicatur) pateret clarissimè horum cognitionem Apostolicæ sedis reseruatam esse arbitrio; Addunt tamen synodi Patres ibidem, si suæ sanctitati placeat (cui cuncta bona placent) vt de his Clericis auctoritate sinceritatis eius præduce immutetur sententia, se voluntati eius confestim obtemperaturos; sed viderit nè per hoc vigor Ecclesiasticus nimium dissoluatur. Carolus quoque Rex suis ad Pontificem literis confirmat ea quæ ab Episcopis scripta fuerant, Hincmari integritatem extollit, rogátque Vulfado Ecclesiam Bituricensem commendari.

Pontifex synodicâ hâc Epistolâ commotus, Hincmarum grauiter perstringit, exprobrátque Benedicti Papæ Epistolas truncatas ab eo productas fuisse in synodo; quare Episcopos iterum conuenire præcipit, Clericorum historiam accuratè perscribere, Clericos verò iterum suis gradibus restitui iubet. Idem quoque ad Hincmarum scribens fraudes circa dejectos aperit, eò acriùs, quòd in multis minùs se Apostolicæ sedis iuribus obsequentem præberet. Concilio igitur Episcoporum Galliæ, Neustriæ, & Germaniæ, iubente Pontifice, conuocato, prædicti fratres cunctorum vnanimitate innoxij sunt comprobati, ac in pristinos gradus restituti; Quod Nicolaus Papa Epistolâ ad Vulfadum Clericum Remensem, & socios se gratum habere significat, monétque nè injurias vlciscantur, & vt Hincmaro præsertim reuerentiam exhibeant, Episcopi verò apud Trecas coacti vt Summus Pontifex iusserat 8. Cal. Nouemb. 867. Epistolâ synodicâ totam Ebonis, ordinatorúmque ab eo *867.* Clericorum historiam accuratè describunt, quæ cum Nicolao destina- *Hadr. Epist.* ta fuisset, Hadriano II. successori eius reddita est, qui Episcoporum *1. ad syno-* in colligendis gestis laudat diligentiam, Palliúmque Vulfado mittit ad *dum Tricass.* genium, & decus Ecclesiæ sibi commissæ.

**HINCMAR.**
**XXXIII.**
**ARCHIEP.**
*An.* 867.

De hac Trecensi synodo auctor Bertinianorum Annalium, à quo Frodoardus Caput 17. lib. 3. integrum hausit, hæc habet. *Anno Dom. Incarn.* 867. *synodus Prouinciarum Remensis, Rotom. Turon. Senonensis, Burdega. atque Bituric. apud Trecas* 8. *Calend. Nouemb. conuenit, vbi quidam Episcopi, vt assolet, gratiâ Regis Caroli Vulfado fauentes, quædam contra veritatem, & Canonum sacram auctoritatem aduersus Hincmarum moliri coeperunt, sed isdem Hincmarus eorum molitionibus ratione, & auctoritate obuians, plurimorum sententiâ præualente, rerum gestarum ordinem de quibus agebatur, communi consensu Epistolâ scriptum per Actardum Veneráb. Namnetensem Episcopum Papæ Nicolao Episcopi qui conuenerant transmiserunt &c.*

Carolus in cuius pectore Hincmari amor, ob Vulfadum sibi carissimum, intepuerat, immemor fidelitatis eius, & laboris, Epistolam suo nomine ad Nicolaum Papam dictari in contrarietatem Hincmari fecit, & cum Epistola synodali per ipsum Actardum Romam direxit. Hincmarus quoque suos Clericos sub peregrinorum habitu, propter sibi paratas insidias, Romam misit, at hi per deuia montium in mense augusto Romam venientes, Nicolaum Papam morbo laborantem, & nouo prælio aduersus Græcos occupatum inuenerunt, vbi per aliquot dies commorati Hincmari tandem literas ei reddiderunt, vt prædicti Pontificis rescripta testantur, quibus sibi de omnibus satisfactum esse asserit, significátque tam Hincmaro, quàm cæteris Archiepiscopis & Episcopis in regno Caroli constitutis, Græcorum Imperatores, & horum Clericos, in multis calumniari Romanam Ecclesiam, monens, Hincmarum præsertim, vt pro sua sagacite aduersus eos diligenter insurgat, quod an præstiterit, postea dicemus.

*Hincmarū aduersus Caroli Epistolam, Apologeticam scripsisse ad Nicol. I. refert Baronius.*

*Non extat hoc Nicolai rescriptum.*

Actardus Namnetensis Româ veniens, Carolum apud Siluacum inuenit, cui Hadriani Papæ obtulit literas, quibus responsum reddidit de his quæ Nicolao in contrarietate Hincmari mandauerat: inter alia ei inculcans vt de cetero ac perpetuò inutilis hæc quæstio de Clericis sopita maneret: Epistolam quoque Hincmaro detulit laudibus, & fidelitatis directionibus repletam, vt ipsius vice in istis partibus super Lotharij causa fungeretur. Et hic Clericorum Remensium proclamationis exitus fuit, maleuolis quidem Hincmari haud ingratus, ei verò admodum indifferens, aut saltem non ignominiosus, vnde Laudunensi Episcopo Vulfadi ac sociorum cassatum à sede Apostolica iudicium exprobranti sapienter respondit Opusculorum cap. 5. *Horum* (inquit) *iudex non fui, inter iudices connumeratus non extiti, in loco iudicis non sedi, iudicium inde non terminaui, cum iudicibus, vel alijs consentientibus non subscripsi, sed quoniam sedi Apostolicæ non placuit, inde cum his qui iudicauerunt rationem habere me voluit, quod sibi bonum videbatur, & Episcopi regionum nostrarum, & Princeps terræ volebat, vnanimiter consentire, secundum auctoritatem sacri Nicæni concilij lubens consensi &c.*

*Hincmarum*

*Hincmarum quo pretio habuerint summi pontifices Nicolaus I. & Hadrianus II. ob insignem pietatis, ac doctrinæ præstantiam; & sæpius exhibita in sedem Apostolicam officia.*

### CAPUT XXXII.

HIncmari tot curarum mole, æmulorum studio qui Romæ præualebant, oppressi, haud remissior fuit, ob sibi intentatas à Pontifice minas, erga sedem Apostolicam obseruantia, quod gestis interea comprobauit. Nam cùm Lotharius iuuenili ardore concupiscentiæ fræna laxasset in amorem Waldradæ, quam rejecta Teutbergâ duxit, essentque Germaniæ Episcopi elingues, trepidi, palpones: imò cùm ex illis quidam tanto facinori in prostibulo Metis coacto turpiter applausissent, nec ijs legati à Nicolao missi strenuiores reperti. Hincmarus, Dei Ecclesiâ turpis connubij næuo respersâ, Opusculum texuit de diuortio Lotharij, & Teutbergæ, vbi prædictum Lotharium adulterij reum strenuè aggreditur, eique consentientes multis rationibus refutat, & conuincit, egregiâ præfatione operi præfixâ, quæ Romanæ Ecclesiæ prærogatiuam, summique sacerdotij fastigium longè commendat, & exprimit his verbis. *De omnibus dubijs, vel obscuris, quæ ad rectæ fidei tenorem, vel pietatis dogmata pertinent, Sancta Romana Ecclesia, vt omnium Ecclesiarum mater, & magistra, nutrix, & doctrix est consulenda, & eius salubria monita sunt tenenda, maximè ab his qui in illis regionibus habitant, in quibus diuina gratia, per eius prædicationem, omnes in fide genuit, & Catholico lacte nutriuit, quos ad vitam præordinauit æternam.*

Hincmarum rem gratam Pontifici Nicolao fecisse in huius operis editione, pronum est credere, cùm lugubres hic ad Galliæ Episcopos paulò ante scripserit literas, quibus de illicito hoc coniugio grauiter conquestus est; at Hincmarus, qui Sanctæ sedi præstiterat obsequium, maximam sibi inuidiam illico peperit, Lotharienssium Episcoporum primò, quos infensissimos sensit in causa Rothadi Suession. tum Lotharij Regis, qui nullâ habitâ ratione jurium Metropolis Remensis, sedi Cameracensi ei subjectæ, quòd in finibus regni sui esset, Hilduinum quendam absque canonicâ electione intrusit, vetans ne debitam Remensi Metropolitano subjectionem vel obedientiam impenderet; at id Hincmari strenuitatem non fregit, os eius obstructum non est, imò acrior fuit quàm priùs, ad horum ignauiam fortiter persequendam.

Hadrianus siquidem, qui Petri solium conscendit Lothario adhuc in suæ turpitudinis cœno volutante, Hincmaro, quem omnis assentationis expertem, nec corruptioni obnoxium probè sciebat, Epistolam

*Nicolai Epist. 31. & 32. tom. 3. Concil. Gall.*

per

per Actardum Namnetensem Episcopum direxit laudibus plenam, monens vt eius vice in Germanicis Prouincijs super Lotharij causa fungeretur.

*REVERENTISSIMO, ET SANCTISSIMO CONFRATRI nostro Hincmaro Archiepiscopo Remensi.*

*Licet frequens sanctitatis tuæ fama, quæ nunquam nisi cum laude semper existit, te nobis dudum fecerit manifestum; tamen vt virtutum probabiliúmque morum tuorum prædicamenta liquidius agnosceremus, fratrum nostrorum, videlicet Arsenij venerabilis Apocrisiarij sedis nostræ, quin & Actardi sanctissimorum præsulum, nec non & dilectissimi filij mei, Sanctæ sedis Apostolicæ Bibliothecarij, fecit Anastasij multis præconijs plena delectabilísque relatio. Qua de re sic animam meam tuæ dilectionis ardorem concepisse cognosce, tanquam si millies mutuis frueremur alloquijs. Habeto ergo nostræ repromissionis pignus, & in nobis, vt in nostris Antecessoribus, fiduciâ totâ prorsus innitere. Præterea sanctitas tua bene nouit, quanta sedes habuerit Apostolica in causa Lotharij Regis certamina, & per præsules suos Benedictum scilicet, & Nicolaum, quot hinc labores assumpserit, vnde & nos habentes eundem spiritum, quem & ijdem patres nostri habuisse probati sunt, eadem hinc quæ illi sequimur, & decernimus. Quamobrem tuæ fraternitatis industriam specialiter admonemus, vti, quod super hoc olim negotio gessisti studium, nullatenus eneruari consentias, sed vice nostra fretus, coram Regibus, & præsidibus de testimonijs Domini loqui non cesses; ita vt quod auctore Deo destructum est, nullis dolosè machinantium reedificari valeat argumentis, in quo vid. pietatis opere, quia de Regibus idem dilectus filius noster Karolus, de sacerdotibus verò tu potissimùm sedi Apostolicæ sedulè laboranti concurristis, & concertastis, tuam propriè cohortamur insignem solertiam, quò & ipsa prauis viriliter obuiet, & prædictum pijssimum Regem, vti consummet bonum, quod inchoauerat, indesinenter commoneat, quatenus & variarum virtutum vestrarum tunica vsque ad talos pertingat, & sacrificium vestri boni operis Deo cum cauda oblatum holocaustum effici mereatur &c.*

Pontificis iussa mox explere cupiens Hincmarus, scripsit ad Lotharium, vt mandatis Hadriani Papæ pro dimittenda Vualdrada confestim satisfaceret, huicque negotio sic peruigil incubuit, vt Joanni Cameracensi Episcopo petenti commendatitias dari sibi Romam proficiscenti literas Hadriano Papæ offerendas, rescripserit se libenter tributurum, si redditurus Cæsari obsequium Dei obsequio haud aduersum, Romam velit pergere, sin autem pro causa Lotharij Regis, quæ inter eum, & ipsius vxorem diu ventilata fuerat, quoniam commendatitias in hac re dare literas non valebat, reprehensibiles dare non audeat, quia non debeat, præsertim cùm nuper dominus Hadrianus literas ei suæ auctoritatis per Actardum Namnetensem Episcopum miserit &c. pertinaci hac

hac constantiâ Hincmarum suæ strenuitatis, ac obsequij in sedem Apostolicam specimen edidisse nemo est qui non videat. At quòd Lotharingiæ Episcoporum probrosam adulationem grauiter perstrinxerit, hos postea sibi infensissimos expertus est, vt dixi, in causa Rothadi Suessionensis.

HINCMAR. XXXIII. ARCHIEP. *An.* 865.

Præter hæc, cùm idem Lotharius Rex, spretâ diuini vel humani iuris ratione, contemptis etiam sancitis inter ipsos Francorum Reges de seruanda concordia legibus, in suo regno nefarios homines multorum criminum reos reciperet, fouerétque, ac inter alios Engeltrudem nobilissimam natalibus feminam Mattefridi Comitis inter Francos filiam, sed moribus ignominiosissimam, quæ furore agitata libidinis, relicto Bosone marito, huc illuc per Gallias diuagans, iam per septem annos alienis viris inhæserat; Nicolaus I. sacrorum ei communione interdixit, iisque omnibus qui eam fouerent, ac reciperent, cuius rei Hincmarum certiorem fecit, aliósque regni Caroli Episcopos Epist. 54. *Vestram commonemus fraternitatem, imò & sanctitatem, vt vestram Diœcesim non sinatis pollui fornicarijs*, tum, nè scrupulosiùs se eamdem pœnam incurrisse arbitrarentur, qui innoxiè cum consentientibus communicassent, idem Pontifex Hincmaro dat facultatem eos absoluendi sequenti Epistolâ, quæ insignem tanti præsulis eruditionem mirificè commendat, & extollit.

Epist. 1. a- pud Sirmon. 3. tom. Concil.

### NICOLAUS REMORUM ARCHIEPISCOPO.

*Excellentissimus Rex Carolus Apostolatum nostrum consuluit, quid agendum sit de his, qui communicant cum his, qui cum Engeltrude sæpe damnata communicant femina, quoniam eos cum excommunicatis & fautoribus simul priùs vinculo Anathematis retineri constat restrictos, quapropter nunc beatitudini tuæ iniungimus, vt super hoc nostrâ auctoritate fretus, curam de his sumere studeas. Et quia* DOCTA DIVINITUS *sanctitas tua valde nouit, aliud esse ex necessitate, aliud ex ignorantia, atque aliud quod ex studio delinquitur, istúdque posterius duobus prioribus strictiùs esse puniendum, idcirco solerter inuigilet, & cautâ discretione singulorum mores dijudicet, quatenus hi, qui ex necessitate, vel ignorantia delinquunt, auctoritate nostrâ per te absoluantur.*

Extat apud Tnonem in suo decreto part. 14. c. 46. & Grat. 11. q. 3. cap. 102.

Nouâ ab Orientalibus in Latinos excitatâ discordiâ, summus Pontifex Nicolaus ad Regni Francorum Episcopos, præcipuè verò ad Hincmarum cæteris doctrinâ præstantem, scripsit epistolam, quæ data reperitur decimo Cal. Nouembris indict. 1. cuncta hactenus transacta cum Orientalibus in causa Photij inuasoris ordine temporis continentem, ac demum in Latinos decem criminationum capita, quæ sigillatim enumerat Frodoardus lib. 3. c. 17. eósque multùm hortatus est, vt strenuè contra huiúsmodi Græcorum obiectiones insurgerent Episcopi Gallicani; At in fine Hincmarum sic compellat, *Tua* (inquit) *Hincmare caritas, cùm hanc epistolam legerit, mox vt etiam ad alios Archiepiscopos,*

Epist. 70.

*qui in regno filij nostri Karoli gloriosi regis consistunt, deferatur, summopere agere studeat: & vt de his singuli in Diœcesibus proprijs, vnà cum suffraganeis suis, in cuiuscumque regno sint constituti, conuenienter tractare, & nobis quæ repererint suggerere curent, eos incitare non negligat, ita vt eorum omnium, quæ præsentis Epistolæ nostræ circumstantia continet, tu & strenuus executor illic existas, & apud nos verax, & prudens scriptorum tuorum serie relator inueniaris.* Hanc Epistolam Hincmarus suscipiens in Corbanaco palatio consistenti regi Carolo, cum pluribus Episcopis relegit, & ad alios Archiepiscopos, sicut in mandato acceperat, dirigere studuit. Idem etiam suffraganeos suos, vt Græcorum objectis gnauiter responderent, excitauit, ac inter alios Odonem Bellouacensem, ad quem Hincmari de hoc argumento extat Epistola 4. Cal. Januarias hoc anno scripta. Odo librum à se compositum Hincmaro examinandum misit, vnde ipsi de responsionibus ad objecta Græcorum gratulatur, *Deo gratias agens, quòd se, ipsúmque vno spiritu potatos inuenerit, & quid de his sibi videatur, simul conferendum esse significat.* Quibus verbis suspicatur Doctiss. Spondanus Hincmarum pariter aduersùs Græcos laborasse, eò vel maximè quòd idem Pontifex Nicol. aliâ Epistolâ, quâ rogat Regem Carolum pro conuocandis in hunc finem Gallicanis Episcopis, dicat se totius executionis summam, fratri ac Coëpiscopo Hincmaro commisisse.

Tandem expostulante Ludouico Imperatore, quòd Carolus Caluus Lotharij nepotis defuncti regnum inuasisset an. 868. ab Hadriano Pontifice decreta est ad eumdem Carolum legatio, quâ ipsum admonuit abstinere ab eiúsmodi inuasione, quòd prædictum Lotharij regnum pertineret, vt dicebat, ad Ludouicum Lotharij fratrem, & legitimum successorem: extant quædam Epistolæ ad Episcopos missæ nè id suaderent, imò ab eo consilio deterrerent, inprimis verò ad Hincmarum Remensem, quem regni incremento impensiùs studere nouerat, & quamuis, postpositâ Hadriani exhortatione, Carolum cum alijs Metis coronauerit, Epistolæ tamen fragmentum hîc subijciam, quòd Hincmari elogia ibidem contenta, cum alijs supra à Nicolao I. collatis, egregiè conspirent.

### HADRIANUS EPISCOPUS SERVUS SERVORUM
*Dei, Reuerentissimo, & Sanctissimo Confratri nostro Hincmaro Archiepiscopo Remensi.*

*Sanctimonia tua quàm fuerit Apostolica memoriæ Papæ Nicolai familiaris, non fortè dedit obliuioni. In cuius vid. familiaritatis sinum, nos quoque te recipientes, fiduciam penes Apostolatum nostrum fraternitati tuæ gratanti mente offerimus: præterea noueris misisse nos Epistolas quasdam in Gallicanarum partium regiones, tam Reges, quàm Præsules, & omnes omnino regnorum Primates, ad comprimendum ambitum, & vnicuique ius proprium reseruandum, competenter admonentes, cohortantes,*

*tantes, suadentes.... cuius rei sollicitudinem sanctitas tua speciali quodam-*    HINCMAR.
*modo certamine suscipiens, vice nostra tam Reges, quam ceteros Dei,*    XXXIII.
*vel mundi ministros, admonendo, suadendo, & prohibendo à cupiditatis,*    ARCHIEP.
*& auaritiæ vitio comprimat, & compescat. &c. Tua verò reuerentia,*    *An.*855.
*si in hoc strenuè secundùm datam sibi Diuinitus Sapientiam laborauerit,*    860.
*nostra sibi, vt prætulimus, familiaritatis fiduciam non dubitet modis*    862.
*omnibus tribuendam, nec diffidat beneuolentiæ nostræ benignitatem, cùm*
*necessitas exegerit, suis opportunitatibus adfuturam.* Hæc Hadrianus,
sed antequam legati peruenissent ad Carolum, qui apud Siluanectum
de Lotharij morte nuncium acceperat, collecto Metis Concilio, decernentibus Episcopis regni Lotharij, idem Rex Carolus ibi præsens    *Aimo lib. 5.*
coronam eiusdem regni accepit, vt patet ex ipsis synodi actis, quæ    *cap.* 21.
supersunt. Porro, quasi Hincmarus hortatorijs Hadriani Epistolis nihil detulisset, increpatorias statim ab eodem suscepit; quòd, ceteris illius regni Episcopis cùm honore, & dignitate esset sublimior, se ta-    *Epist.* 25.
men silentio opprimi passus fuisset, at saniore consilio ( vt Aimoinus
loquitur ) res peracta, infecta esse non poterat.

---

*Paci Reipublicæ, ac morum reformationi studet Hincmarus; Ludouicum*
*à bello fratri inferendo synodali deterret Epistolâ, Balduinum ob*
*raptam Iuditham anathemate percutit.*

## CAPUT XXXII.

NEc segniùs generosissimæ indolis Antistes, regni, populorúmque saluti, velut inter Proceres eminentior, incubuit, multis per
suam Prouinciam in villa Sparnaco, apud Vermeriam, Va-
lentianas, Attiniacum, & Carisiacum conuentibus celebratis, quo
pace inter Reges rursum firmatâ, publico bono consuleret. Curauit    *Missi Domi-*
etiam in placito regio apud Siluacum, belli ciuilis sublucentibus scin-    *nici Missi*
tillis, vt legati à latere Regis in diuersas regni partes ad iustitiam Vi-    *regales.*
duis, & Orphanis faciendam mitterentur cum amplissima potestate,
cuius neglectu, regna sæpius irato Numine corruunt, aut Barbaris diripienda traduntur: huiusmodi legationum exempla reperire est sub Vulfario, & Ebone Remorum Archiepiscopis; quod sequitur eo iubentiùs
subijciendum duxi, quòd veterem Pagorum diœcesis ac Prouinciæ Remensis nomenclaturam aperiat.

*Missi, & pagi per missaticos qualiter fuerint ordinati apud Siluacum*
*anno 853. mense Nouembrio.*

1. Hincmarus Episcopus, Ricuinus, Engiscalcus Missi in Rem-
ciaco, Vonziso, Stadiniso, Pertiso, Barriso, Calmiziso, Catalauno, Virtudizo, Bagansoniso, Tardaniso.

2. Par-

2. Pardulus Episcopus, Altmarus, Teodanus Missi in Laudunifo, Portiano, Sueffonico, Vrcifo, & Vadifo.

3. Inmo Episcopus, Adalardus Abbas. Waltcandus, Odelricus, Missi in Nouiomiso, Vermendiso, Adertiso, Curtriciso, Flandra, Comitatibus Engilranni, & in Comitatibus Waltcandi &c. Quæ pagorum nomina, licèt hîc mirum in modum deprauata sint, Pagos tamen aliquot denotant, in quibus capita sunt ciuitatum Prouinciæ Remensis, si minores pagos excipias, quibus Comitatus, seu territorij dignitas adempta, vt Vonzisi prope Reguliacam villam, quæ sita est super florigeras Axonæ fluminis ripas ex Alcuino in vita S. Vedasti. Ludouico, ab Aquitanis instigato, irruptionem in Caroli regnum parante, aliud placitum apud Attiniacum celebratur, quo actum præsertim, de fidelitate Regi promittenda, indictúmque sacramentum, quod V. Nonas Julias in Mallo Remis fideles seu vasalli quique jurare deberent, renouarúntque apud Carisiacum ann. 858. quo Ludouicus Karoli regnum inuasit, cùm suos non immeritò Rex suspectos haberet, post Gozberti Comitis interitum, quem ipse iufferat occidi.

*Annales Pithœani.*

Cùm igitur in Gallia vndíque ebullirent factiones, nullúsque locus legibus Ecclesiasticis, vel ciuilibus esset, scelerata licentiâ omnia sibi vindicante, suasit primùm Hincmarus vt Rex daret operam sibi conciliare populos defectionem parantes, publicatis Capitulis quæ hominum mores in melius reformarent. Cùmque nec sic infeliciffimus status cessaret, rogaréntque quidam Comites Ludouicum Regem, vt periclitanti populo tyrannide fesso subueniret, & hic multis comitantibus Franciam ingressus, Episcoporum concilium indixisset Remis: qui à Caroli partibus stabant Episcopi Prouinciarum Remensis & Rotomagensis, Hincmaro promouente ac suggerente, suspectum habentes illius aduentum, seorsum conuenerunt mense Nouembri in villa Carisiaca, vnde ad eum scripserunt Epistolam planè auream, ac multiplici, variáque doctrinâ refertam, quæ Hincmari genium, & pietatem redolet, eámque illi adscribit Frod. lib. 3. cap. 20. de Epistolis Hincmari agens. *Item* ( inquit ) *aliam de peruasione regni fraterni, cum ceteris huius regni Episcopis ad eumdem Regem Ludouicum scripsit Epistolam Episcopali moderatione refertam.* De qua Hincmarus Karolo Regi cùm fratri vices rependeret; *Nolite* ( inquit ) *negligere illa capitula, quæ synodus de Carisiaco per Wenilonem, & Erchanraum transmisit ad hunc Attiniacum conuentum præterito anno Ludouico fratri vestro... relegite illa diligenter, quia mihi credite, plus pro vobis, quàm pro illo facta fuere.*

Obseruatu dignum est Capit. 7. dictæ Epistolæ, Martelli damnationis historiam, quam à Neustrasijs acceperat Hincmarus, viuis coloribus depingi, quo Ludouici Caroli Pronepotis animum vehementiùs sauciaret. Hanc nec Rex, nec Aulici velut commentitiam exsufflarunt,

runt, vt post octo sæcula recentiores historici; Itali præsertim; quòd HINCMAR. Martellus in Longobardos subsidium miserit; at, vel nusquam missa XXXIII. est hæc Epistola ab Episcopis; vel si missa fuerit, vt Coætanei refe- *An*.862. runt, nescio quâ mente seriò ab Episcopis inculcata, velut somnium reijci possit, vtcumque res se habeat.

Ludouicus Germaniæ Rex perterritus literis Episcoporum regni Caroli, quibus eum acriter redarguerant de ipsius in Gallias grassatione, expetijt ab illis, vt legatos mitterent, cum quibus quæ pacis essent, in commune tractare posset, & absolutionem eorum quæ peccasset, percipere, Episcopi regiâ pœnitudine tacti, absolutionem indulgent, quam cum delectis secum à synodo, Hincmarus Remensis Mediomatricum conueniens impertijt, vt refertur in Capitularibus: haud multo post Carolus vim fratris tot malorum auctoris armis repulsurus, monetur ab Hincmaro nè militum rapacitate fideles sui ac loca quæ subsidium sibi aduersus Paganos exhibuerant opprimerentur Epistolâ nuper editâ, quæ sic incipit: *Domino glorioso salus & vita. Scio vos dolere de istis malis quæ non solùm à Paganis, sed quòd magis timendum, & dolendum est, à Christianis in regno vestro fiunt &c.* item & Presbyteris, Diaconibus in Palatio, Domino Regi, & Reginæ; ac illorum fidelibus Ecclesiastico ministerio consulentibus scripsit, vt darent operam nè in Parochia sua deprædationes, adulteria, aut quicquam simile à suis hominibus committerentur, sed radicitùs amputatis vitiorum fibris, virtutes colerent; quò puriores ad tremendum Christi mysterium accederent, vnde patet quàm cara esset & vtilis tanti Ministri præsentia in regno tunc admodum turbato, & inter ciuilia & externa bella fluctuante, quod Nicolao I. Carolus sæpius inculcauit, qui crimini dabat, quòd Hincmarus Rothadi depositionis rationem redditurus, Romam non pergeret.

Aliud celebre quidem & audax, at Regi ingratum facinus occurrit, cuius se vindicem mox præbuerat Hincmarus, si Papa non intercessisset. Iudith Caroli filia, quam Edelulfo occidentalium Anglorum Regi nuptui datam in Vermerio Palatio idem Hincmarus imposito capiti diademate Reginæ titulo insigniuerat ann. 856. post mariti obitum in Galliam reuersa, cùm apud Siluanectum moraretur, sub paterna, & Episcopali custodia, Balduino lenocinante, & fratre consentiente, mutato habitu se ab eo rapi permisit, & in Flandriam duci: Carolus ob id excandescens, habito cum Episcopis, & regni Primoribus Consilio post mundanę legis iudicium, Canonicam in Balduinum, & Iudith depromi sententiam ab Hincmaro Flandro-Belgicę Prouinciæ Metropolitano petijt: hic Regis iniuriam vltus anathemate; Theodorico Cameracensi præcipit, vt Balduinum à se excommunicatum; quòd filiam furatus esset, per suam parochiam denuntiet; Rorico etiam Normanno nuper ad fidem conuerso scribit, vt Balduinum à Dei spiritu, quo sacri Canones sunt conditi, per Episcopalem auctoritatem propter filiam Regis, quam in vxorem furatus fuerat, Anathematizatum nullo modo reciperet, aut folatium ei præberet, rogátque Hungarium Rotomagenſem Archiepiſcopum vt id Rolloni grauiter inculcare ſtudeat. Balduinus facti pœnitens non ad bella, ſed ad preces, & lachrymas flexit animum, Romámque proficiſcitur cum vxore Pontificem rogaturus, vt eum abſolueret. Pontifex ambabus eum vlnis excipit, intercedítque pro eo apud Carolum duabus Epiſtolis quæ extant in tomis Conciliorum. Rex conqueritur, quòd iura Eccleſiæ, & leges diſſoluat, at hic crimen ſe non probare reſpondit, ſed Balduinum ſigna pœnitentiæ exhibentem, repellere à ſe non potuiſſe, vnde ad Hincmarum ſcribit, quem pro Canonibus acriter certare nouerat, *Non leges* (inquit) *Eccleſiaſticas diſſoluimus, ſed preces pro eo miſimus, qui puniri ſecundum leges mundanas poterat, quatenus locum pœnitentiæ haberet, quod contra leges diuinas admiſerat.* Hincmarus, cui prædictæ nuptiæ Regno pernicioſæ videbantur, Pontifici (nè conquerendi de ſe occaſionem daret) ſe obtemperaturum pollicetur his verbis, *Veſtræ auctoritatis Epiſtolam, vt oportuit, reuerenter ſuſcepi, & Coepiſcopis noſtris eam relegi, & pro præfata Judith apud Patrem, & Matrem illius quantùm potuimus, vt mandaſtis, communiter interuenimus, & Paternis, ac Maternis obtutibus eam præſentare ſtuduimus, poſt quæ voluimus, quia ſic nobis ſecundum ſacras regulas, ſicut eas intelligimus, viſum fuerat, (non enim ſine dignis pœnitentiæ fructibus abſolui poſſe putamus, quod Anathematis vinculo à ſacris regulis innodatum videmus) vt iuxta Eccleſiaſticam traditionem prius Eccleſiæ, quam læſerant, ſatisfacerent, & ſic demum quod præcipiunt iura legum mundialium exequi procurarent.* &c.

Et poſt aliqua de horum coniunctione, à qua præſentiam ſuam ſubduxerat, addit, *Dominus Rex noſter filius veſter, huic deſponſationi, & coniunctioni intereſſe non voluit, ſed miſſis publicæ rei Miniſtris, ſicut vobis promiſit, ſecundùm leges ſæculi eos vxoris coniunctione ad inuicem copulari permiſit, & Honores Balduino pro veſtra ſolummodo petitione donauit,* ſic igitur ira Caroli mitigata Autiſiodori fiunt nuptiæ, ſacris operante Nouiomagenſi Epiſcopo, vbi in Regis verba Ferreus iurat (inquit Meyerus) qui per HONORES, totam vult regionem Scalde, Somonâ, & Oceano terminatam, dotalem à Rege Balduinum accepiſſe, appellátumque regni Comitem, alij Marquiſium, in hoc maximè, vt aduerſum Danos, omnémque ſeptentrionis barbariem perpetuus foret regni Galliarum propugnator. Hîc Belgici ſcriptores ob raptam Juditham bellum infauſtè ſuſceptum à Gallis in Balduinum, ſæpiúſque ab eo cæſos referunt, tandémque duce quodam Presbytero prælium redintegraſſe, quèm poſt ingentem militum ſtragem à ſuis captum, Balduinus virgis cædi iuſſit, ac laqueo ſuſpendi, citántque lib. 5. decretalium tit. de ſententia excommunicationis, quaſi cap. 23. *perpendimus ex literis tuis quod quidam Sacerdos, ob id con-*
fectum

## HISTORIÆ. LIB. III.

fe&um sit. Addunt præterea ab Anselmo ( fictitio quodam præsule ) promulgatam in Ferreum excommunicationem à Gallicis Episcopis latam, cuius Patruum, & duodecim Galliæ Proceres recens suspendio extinxerat; quæ omnia parùm sibi constant, nec Auctoris coætanei certâ relatione firmantur: de Presbytero iussu Balduini non Ferrei, sed Calui flagellato agam lib. 4. cap. 3. ceterùm quòd hoc eodem tempore Beati Donatiani Rem. Archiepiscopi reliquiæ in Flandriam translatæ sint, ac sub Ferreo firmator pacis idem sacer Antistes appellatus libri 1. cap. 25. retulimus, vbi prædictas Reliquias, non ab Ebone, qui iam excesserat, sed ab Hincmaro missas in Flandriam dictum, qui per id quoque tempus sancti Materniani pignora ad Ludouicum Germaniæ Regem transmisit, quò Germania, & Galliæ belgicæ pars septentrionalior versùs Oceanum, à Remis Tutelares haberent.

*HINCMAR. XXXIII. ARCHIEP. An.867. 868.*

### METIS CAROLUM CALVUM IN REGEM
*Lotharingiæ consecrat Hincmarus, arguitúrque à Baronio ob amariores literas scriptas ad Hadrianum.*

LOthario magni Lotharij filio, cui ea pars Austrasiæ forte obtigit, quæ Lotharium regnum siue Lotharingia dicta est, diuinâ se vindictâ ob Waldradam superinductam exerente, in Italia peste sublato, Carolus Metis properè, coactâ synodo, decernentibus regni Episcopis, & rogantibus pridie idus mensis Septembris solemni pompâ prædicti regni coronam accepit præsente; ( & ad id cæteros impellente Hincmaro Remensi, inquit Baronius ) imò veriùs non impediente, vt Hadrianus loquitur in Epistolis, procliuiores enim sunt Principum animi ad ditiones occupandas, quàm incitatoribus indigeant, nec res tunc in Aula ex nutu Hincmari pendebant, qui Carolum nuper sibi infensissimum senserat in causa Vulfadi, & sociorum; At sede Treuirensi vacante, Lotharienses Episcopi veteris societatis memores, quæ intercesserat Remensem inter, & Treuirensem Ecclesias, Hincmarum obnixè rogant vt Regi coronam imponat, quod, præuiâ admonitione ( vbi nonnihil de stirpe Caroli & cælesti Chrismate præfatur ) multis adstantibus solemniter præstitit, vt habetur apud Aimoinum, & in Capitularibus. Expostulante Ludouico Imperatore, quòd Carolus Caluus occupasset Lotharij nepotis regnum, ab Hadriano Pontifice ad eumdem Carolum legatio duorum Episcoporum decreta est, quâ ipsum, tum regni Episcopos, atque Proceres excommunicationis comminatione admonuit abstinere ab eiusmodi Lotharij regno, minaces quoque & increpatoriæ ad Hincmarum directæ Epistolæ; quibus cùm multa æmulorum dolo & suggestione Pontifex ei imponeret, his tandem satisfacere coactus est Epistolâ, quæ extat apud Joan. Cordesium, cui inserta primùm schedula, quam mandato ipsius ad Regem & Episcopos transmiserat, nè auaritiæ, ac cupiditatis vitio Lotharij regnum inuaderent. Tum ad peculiare respondet sibi à Pontifice objectum,

*869.*

*Stirpem hâc Caroli à Clodoueo per Arnulfum sugillat. H. Valesius to. 1. fol. 469.*

*Epist. 25.*

Forsan

**HINCMAR. XXXIII. ARCHIEP.** *An.* 869.

Forsan quidem verum esse, quòd filij quondam Ludouici Imperat. in vnum conuenientes regnum inter se diuiserunt, juréque jurando sibi inuicem promiserunt, vt nullus eorum regnum alterius fratris sibi vsurparet; At cùm Rex Carolus hoc non confiteatur, nec legali, vel regulari iudicio inde conuictus appareat, sed multis adstantibus hanc regni partem sibi à Patre Ludouico, consensu procerum totius Imperij traditam, & à fratre Lothario sacramento publicè confirmatam asserat, sequendum illi fuisse quod monet Africanum Concilium, vt magis caueat Episcopus, nè dicat in quemquam, quod alijs documentis conuincere non potest &c. ipsi igitur imputandum non esse, quòd Carolo statim accusator non fuerit & iudex, aut quòd ita siluerit, vt prædictæ tyrannidis auctor esse videatur, præsertim, cùm Rex seriò monitus se perjurum esse deneget, inuasorem, tyrannum, vel hæreticum. Vnde ad id quod à Pontifice addebatur, *Si in obstinationis suæ perfidia Rex post vestram conuentionem persistere maluerit, quàm resipiscere, ab illius vos consortio sequestrate, si communionis nostræ vultus esse participes,* sic respondet.

*Can.* 100.

*Cum Rex, & cohabitantes mecum vnà cum Rege non solùm in Parochiam, verùm in Ciuitatem meam sæpe conueniant, & ibi tamdiu, sicut Regi complacet degant, & cum tanta multitudine tam de regno, quod antea habuit, quàm & de regno quod Lotharius habuit, nec non de alijs regnis ad eum confluentibus, sicut Missi vestri viderunt, & hoc quàm sæpe illi videtur, in Ciuitate mea sustineo, qui Ecclesiam, & plebem mihi commissam deserere, & aliorsum, vt mercenarius, non valeo fugere, nec quo extra regnum eius fugiam habeo: sed regio cultu eo recepto, de Ecclesiasticis facultatibus, sicut præcipit, & quandiu præcipit, illi, & ipsi obsequentibus seruio, vt quietè secundum quod instat tempus, cum mihi commissis degere possim. Dicit enim hanc potestatem suos decessores habuisse, quam ipse nullius interdictione dimittet, quæ vt non ad accusandum, sic nec ad excusandum in aduocatione præfati Regis, ætatem enim habet, depromo, neque ad resistendum vestræ auctoritati, sed consulendum qualiter nos Episcopi, & ego præcipuè, in quem tantam comminationem intentastis, erga Regem nostrum gerere debeamus, quapropter, Domine pater Reuerendiss. consulite secundum priuilegium sedis vestræ subjectioni nostræ, nè talia nobis cuiuscumque suggestione mandetis, vnde inter Episcopalem auctoritatem, & regalem potestatem, inter Ecclesiam, & Remp. scandalum possit oriri.*

*Baronij acerbior stylus in viros illustrioris famæ, ac doctrinæ non probatur ab omnibus, vt optimè notat Tepes Hispa. tom. 2. suæ hist.*

Ceterùm quòd in eadem Epistola addat Hincmarus, *sunt & aliæ comminationes in nos jaculatæ, quas adhuc nolo proferre,* quasi defectionem à Pontifice Galli cogitarent, ob minas de regno Caroli interdicto supponendo, Baronius censet hunc amaro, & furenti animo prædictam Epistolam scripsisse, at si mens eius ritè expendatur, nihil hic profert, de quo Pontifex certior fieri non debuerit, nè tacendo, reus ipse fieret malorum impendentium, quæ vulgi sermone ferebantur,

ferebantur, de ijs igitur cum magno cordis dolore, & gemitu (vt ait) scribendum fuit, quò maturiùs solitâ suâ discretione prouideret.

HINCMAR. XXXIII. ARCHIEP. An. 870.

Carolo, & Balduino Ferreo ad Germanicas Ludouici Cæsaris ditiones profectis, vbi confectæ propalam tabulæ pridie idus Martij, quibus pars Lotharij regni Carolo concessa est, Beatæ Vualpurgis & Fratrum corpora è loculis, vbi per annorum centuriam iacuerant, extracta sunt, horúmque pars quædam tam Carolo, quam Ferreo tradita, quò Tutelares haberent aduersus Barbarorum, qui recurrere dicebantur, feritatem.... Beatæ Vualpurgis ossa, per hoc ab alijs discretâ, quòd stillarent oleum granioribus morbis medelam præsentissimam, in Dioecesim Remensem à Carolo delata sunt apud Palatium de Jona prope Attiniacum, vbi & sacellum instruxit cum dote sat pingui seruis Dei diuinum in eo officium persoluentibus designata, quod in Prioratum multos post annos versum est, vt tom. 2. commodiùs dicetur.

Per id tempus Odo Beluacensis Episcopus vir magni nominis, hortatu Hincmari, res à suis prædecessoribus collegio Canonicorum S. Petri collatas nouo diplomate firmaturus, sequentem donationis chartam subscribi fecit à Metropolitano, & Coëpiscopis in synodo Suessionis, vt creditur, habita, regni Caroli, an. 53. quam ex Beluacensi historico Sirmondus retulit tom. 3. Concil. Galliæ, Odonísque institutionem vocat, cum hoc lemmate.

*De rebus Ecclesiæ S. Petri congregationi destinatis, & de quinquagenario in ea numero Canonicorum. Charta sic incipit.*

*Odo gratiâ Domini nostri Jesu Christi Bellouacensis Ecclesiæ Præsul. Notum sit omnibus Sanctæ Dei Ecclesiæ fidelibus, maximéque successoribus meis, quoniam vnanimis congregatio, parique voto, scil. Canonici Sancti Petri iam fatæ Ecclesiæ, cui Deo auctore deseruio, expetijt nostram obnixè liberalitatem, quatinus res sibi à nostris prædecessoribus iuxta confinia singularum concessas, pariterque nostrâ sibi consolidatione firmatas, canonicè, iuxta aliarum morem Ecclesiarum, dono liberalitatis; regísque præceptæ absque vllius contradictione quietis concessa disponerem. Enimuero videns excedere huiusmodi negotium meæ diffinitionis vires .......... expetij Consilium tam Metropolitanæ Remorum Prouinciæ Hincmari, quam cæterorum venerabilium Archiep. seu Coëpiscoporum meorum, vt quorum sanctione Ecclesiastica pertractantur negotia, eorum taxatio, inspirante Numine, mihi, nostraque Ecclesiæ vtile afferret; ac salubre prouentum........*

*Hincmarus Sanctæ Metropolis Ecclesiæ Remorum Archiep. subscripsi. Ansegisus Senonum Archiep. subscripsi, Wenilo Rotom. Hrothadus Suess. Episcopus. Immo Nouiom. Lupus Catalaun. Folcoinus Morin. Theodericus Camerac. Ragenarius Ambian. Erpoinus Siluanect. Datum in ipsis Kalend.*

HINCMAR. *Kalend. Martijs in ciuitate Suessianis, ante altare Sanctorum Marty-*
XXXIII. *rum Geruasij & Protasij, ann. 35. regni Domni Karoli regis gloriosi*
ARCHIEP. *indict. 8.*
An. 870.

Meminit huiusce priuilegij ab Odone concessi Hincmarus, confirmationisque eius per Nicol. I. in Epistola ad Episcopos suæ Prouinciæ quæ extat tom. 2. operum eiusdem, vnde liquido patet mendum irrepsisse in annos Caroli, præsertim cùm Immo Nouiomensis, & Lupus Catalaun. Episcopi, qui inter subscriptores referuntur, ante annum 860. obierint.

Haud longè post, Sancti Cornelij Compendiensis collegiatam Ecclesiam in Diœcesi Suessionensi, modo, specie, ac præclari operis elegantiâ struxit Carolus, eámque opibus, ac omnimodâ supellectile studuit exornare, sumptibus non parcens, quò ceteras totius regionis nobilitate & gloriâ antecelleret. Ab Episcopis Prouinciæ Rem. regio præcepto conuocatis, consecrata refertur coràm legatis Apostolicis, quamuis alij scribant à Joanne Pontifice dicatam assistentibus 72. Episcopis.

Elinandus à Vincentio Bellouacensi laudatus in speculo lib. 24. c. 44. tantâ venustate Compendium super alias vrbes tunc emicuisse dicit Caroli munificentiâ, vt Carolopolis verè nuncupari possit, & debeat, sicut Bizantium meritò Constantinopolis dicta est, quòd Constantinus eam præ alijs vrbibus, titulis & honoribus cumularit. Et hoc ob Ecclesiam præcipuè, quam SS. Cornelij, & Cypriani pignoribus ditauit, Sudario quoque Christi Domini, & sat notabili parte Spineæ coronæ vt Sugerij Abbatis Epistola abundè testatur, quàm Robertus retulit in Gallia Christiana: Martyrologium Remense Sacras Cornelij reliquias illuc translatas tradit 18. Octob. *Cuius Sacrum Corpus ( inquit ) Româ translatum à Carolo Juniore Augusto, positum est in Monasterio, quod construxit infra Palatij ædes Compendij.*

Est autem Compendium vrbs gratissima situ ad Isaram iacens, auctum ex conjunctione Axonæ fluuij, qui paulò superius in eum influit, temperatissimo aëre, felici glebâ, & suauissimis fructibus abundans; venationi verò, ob siluas sibi contiguas præsertim, accommoda: loci amœnitas fecit, vt plures conuentus in ea coacti fuerint tam Ciuiles quam Ecclesiastici, quòd Regum aliquot inaugurationes ibidem peractæ, vocetúrque à Frodoardo Regalis sedis oppidum in Chronico ad annum 945. quòd Carlouingi Principes sæpius ibi confederint.

*Hincmarus*

*Hincmarus Laudunensis Episcopus, ob varias molitiones tribus synodis impetitus, in Duziacensi, Carolo instigante, deponitur. Iudicium in ea latum ab Hadriano II. improbatum, quòd reus Apostolicam sedem appellasset; probatur à Ioanne 8.*

## CAPUT XXXIV.

Iunioris Hincmari lugubrem casum posterior ætas miratur, ac horret. Qui Patrui, & Nepotis dissidentes animos, vtrímque aculeata scripta, & querelas norunt, facile adducuntur vt credant Patrui perfidiâ Nepotem oppressum: acrior ipsius indoles, & ad seueritatem prona, præter hæc quæ supra de Rothado vidimus, id omnino suadere videtur, at ex actis Duziacensis synodi luce clarius constabit, non nisi renitente Hincmaro Remensi, & lugente, Laudunensem exauctoratum.

Quis autem fuerit hic iunior Hincmarus, & qualiter à pueris in Patrui domo enutritus, variæ ad eum scriptæ Epistolæ, & 55. Capitul. liber satis indicant, vbi dicitur in agro Bononiensi natus, matre Hincmari Archiepiscopi sorore, patre ignoto de nomine, nobilibus quidem, at non copiosis parentibus, vnde matre amissâ in ipso pueritiæ limine, in Auunculi sinum nutriendus, & bonis artibus instituendus conuolarat, qui & ipsum sumptibus Ecclesiæ Remensis educauit, pannis infantiæ eluit, atque exuit, & ad Episcopatum prouexit, at quòd necdum maturâ virtute ad eum gradum euectus esset, pluribus eum monuit iuxta Canonicam auctoritatem commissam sibi Ecclesiam regere, ac eo inconsulto nihil aggredi.

Haut multò post præcocem eius fuisse ordinationem sensit Auunculus, sæpiúsque eum de leuitate morum, ac peruersitate arguere coactus est, prima iurgiorum occasio, seu congressus, in Regem extitit ann. 868. in placito quodam apud......... Laudunensis parochiæ, vbi derepente Lindonis filius, ad Regem supplex accedens, de præsente Hincmaro conqueritur, quòd cùm dato munere patris sui beneficium ab ipso impetrasset, ab illo deinde per iniuriam fuisset exclusus. Rex ob id irâ inflammatus conuicijs hominem proscindit, opprobrijs exagitat, eíque diem dicit, vt ad sæculare iudicium se sisteret, facti illius rationem redditurus. Excusantis per Ecclesiæ iura, & nec aduocatum pro se mittentis, bona omnia proscribit, & per Cancellarium palatij vetat subditorum quemquam Domino suo Episcopo vllum debitæ seruitutis obsequium deferre. *Ex Epist. 29. p. 316.*

*Ex Epist. 31. p. 598. & lib. 55. Capitulo c. 7.*

Acceptam à Rege iniuriam Hincmarus Laudunensis Auunculo Remensi per literas significat, non tamen sincerè, vnum admonens proscripta bona Ecclesiastica, quòd vocatus ad sæculare iudicium venire noluisset, cui Senior, vt Episcopo credens, sine mora pro iuribus Ecclesiæ vindex assurgit, & Regem grauissimis literis vehementer increpitum ad officium, & pœnitentiam reuocat: rursúmque assumpto secum nepote, Regem Pistas abeuntem, cum alijs Episcopis, oblatis quaternionibus, multis verbis ostendit, quantum præjudicium & Episcopalis auctoritas, & vniuersalis Ecclesia in tali facto patiebatur, obtinuítque vt reuestito Episcopo, quibus fuerat spoliatus, & priuatim Pauliacâ villâ redditâ, donec legitimo iudicio, lites omnes terminarentur, & pacata starent omnia.

*Annales Bertiniani ad an. 868.* Patrui immemor beneuolentiæ iuuenis Hincmarus, ac in dies magis ac magis aduersus Regem, & Metropolitanum insolescens, vtrumque in se concitauit, Regem præsertim, cùm præcipiti mentis impetu, aliquod eius facinus Pontifici Romano per literas significauit, quòd acerbissimè tulit Rex Christianissimus, improbarúntque Pontifices, vnde sæpius propter hoc per Episcopos vocatus à Rege, venire detrectauit, missâque ad eum militum cohorte, qui violenter perducerent, cum Clericis suis, nè ab Ecclesia extraheretur, iuxta altare resedit, at deprecantibus Episcopis nihil violentiæ illatum, liber tamen factus sui Episcopij liberos homines in verba sua iurare compellit.

*Ann. 869. indict. 2. cui interfuit pridie Kal. May.* Carolus ob id multùm commotus, synodum omnium Episcoporum regni sui 8. Kalend. Maij apud Vermeriam condixit, quò eumdem Hincmarum Laudun. venire præcepit. Quid autem tunc ei fuerit objectum, qui fuerint eius accusatores, quid responderit, nusquam proditur; vnum constat objectionibus tanquam laqueis irretitum non aliter extricari potuisse, quàm interjectâ Romanâ appellatione, cuius licèt nulla tum sit habita ratio, vlteriùs tamen processum non est, sed absque effectu prima illa cognitio conquieuit: de hac synodo Hincm. Remensis. opuscul. cap. 8. ad prædictum Laudun. *Nam, & quando principalis potestas, nec non & omnis præfectura totius regni sui, insolentiâ tuâ exigente, contra te fuere commota, in Vermeria Palatio, iterum inde scriptum quod legisti porrexi.*

At licet prædictæ synodi acta perierint, accusationis tamen capita aliunde peti possunt, ex schedula scil. seu libello expostulationis Hincmari Metropolitani aduersùs Laudun. in synodo Duziacensi recitato, vbi ei obijcitur, quòd post admonitiones ipsi factas coram Rege, & Episcopis, rotulam mendacijs & improperijs refertam Metropolitano misisset, quòd contra Canones Antioch. in Palatio Regis absque Metrop. & Coëpiscoporum conscientia suscepisset administrationem. quòd sæpius literis Canonicis euocatus ad ordinationem Episcopi Cameracensis non venerit, nec vicariam personam, aut literas vt sacræ regulæ præcipiunt, direxerit, quòd inauditas excommunicationes in alienos Parochianos, & in Regem ipsum, inconsulto Metropolitano, no, jaculatus sit, cùm falcem judicij in alienam messem mittere leges prohibeant, quòd propriæ injuriæ causâ, Presbyteros Ecclesiæ sibi commissæ ita excommunicarit, vt in sua Diœcesi Missarum solemnia celebrare, neminem etiam paruulorum in articulo mortis baptizare liceret, quòd quærens ipse adinuentiones, vt se à Metropolitana subjectione exueret, libellum de antiquorum Patrum scriptis, ante sacros Nicænę synodi, & aliorum Sanctorum Canones editis, collegisset, in quibus sententias inter se dissonas contra canonicam auctoritatem immiscuerat, quòd comprouincialibus omnibus neglectis, ad aliarum Prouinciarum Episcopos præsidium rogaturus confugerit, quòd à Normanno Comite Pauliacam villam per vim extorsisset, eumque velut raptorem excommunicasset.

Baronius aliter ex Hadriani Epistolis vltimum hoc intelligit. Præceperat (inquit) Pontifex, vt Hincmarus Remensis, & alij Galliarum Episcopi Normannum, qui à Carolo Rege bona Ecclesiastica in beneficium acceperat, excommunicarent; cùm Remensis Hincmarus non obtemperasset huic mandato, & Laudunensis satisfecisset, ille huic infensus hoc concilium coëgit, quo Laudunensem quasi Metropolitano inobediens foret, condemnauit. At Hincmarus Remensis Epistolâ ad Hadrianum ostendit Normannum res Ecclesiæ non inuasisse, imo potiùs Laudunensem res ipsas Regi absque suo, & Coëpiscoporum assensu, concessisse, vt eas Normanno beneficiaret; vnde Hadriano iterum iubente Normannum, ob prædictam inuasionem excommunicari, rogat Hincmarus, vt cùm talia ad eum veniunt, interponat in suis literis *Si ita est vt nobis innotuit*, quatenus iussio eius saniùs ponderata, perfici valeat. Quòd verò spectat ad id quod quidam ei suggesserant prohibuisse nè Laudunensis Hincmarus Romam pergeret, mendacij eos arguit, addit tamen explere non potuisse quod mandauerat, vt Hincmarum, & alios tres Episcopos regis vicem ferentes Romam ad synodum mitteret, eò quod mittendi nullam habeat potestatem, nec ipsemet vltra fines regni progredi possit, nisi Dominus Rex præceperit.

Hincmarus Laudunensis neutiquam sapientior effectus, sed immoderatis suis excommunicationibus, & cauillis Patruum suum lacessans, quasi subjectionem illi non deberet (ad hoc enim veterum Pontificum decreta excerpserat) ad synodum decem Prouinciarum in Attiniaco vocatur. Illic cùm se ab impetitis expedire non posset, de subjectione præsertim regiæ potestatis (nimirum violatæ) & inobedientia erga suum Archiepiscopum, libellum tandem propriâ manu subscriptum porrexit hoc continentem.

*Ego Hincmarus Ecclesiæ Laudunensis Episcopus, amodò, & deinceps domno seniori meo Carolo Regi fidelis, & obediens ero secundùm ministerium meum, sicut homo suo seniori, & Episcopus quilibet suo Regi esse debet, ac priuilegio Hincmari Metropolitani Prouinciæ Remorum Ecclesiæ*

*Annales Bertini.*

**HINCMAR.**
**XXXIII.**
**ARCHIEP.**
*An.* 870.

*Ecclesiæ secundùm sacros Canones, & decreta sedis Apostolicæ promulgata, pro scire & posse me obediturum profiteor.*

Altercationi finis impositus videtur per nouam hanc fidelitatis Regi, & Metropolitano iterum præstitæ professionem, in hócque Ca-

*Hincmar. Epist. 35.*

roli regis erga eum benignitas enituit, qui crimina illa iudiciario ordine, per testes, & per tabulas obijciendo, ac interrogando probari noluit, nè quid dedecoris Ecclesia pateretur.

*Annales Bertini.*

Carlomannus quoque perduellis Caroli Regis filius, & plurimorum Monasteriorum pater reputatus ( à partibus cuius Laudunensis Hincmarus stabat ) quoniam insidias infideliter erga Patrem suum moliebtaur, Abbatijs priuatus in Siluanectensi Ciuitate est custodiæ mancipatus. In Attiniaco deinde hoc conuentu Remensis parochiæ, Hincmarus Archiepiscopus, coram Episcopis, Laudunensi dedit libellum LV. Capitulor. auctoritates Ecclesiasticas complectentem, aduersus ea quæ in præfatis suis libellis collegerat, monens vt à talibus, & eiusmodi reprehensionibus se cohiberet, & se sacris regulis subdens, pacem, & sanctimoniam secundùm Apostolum sequi studeret. *Tu autem,*

*De appellanda sede Romana libellũ 1. ex veterũ Pontificum decretis collegit Laud. imperfectũ ac auctori pudendum, tum sapientiori cura aliquanto perfectiorem aggressus est, cui & versiculos dedicationis indices præfixit ad Carolum Regem, quem per Vueniloné Archiep. Rotomag. in Gundulsi. villa ad Auunculum misit.*

inquit, *nullam inde meæ admonitioni satisfactionem exhibuisti, quin potius rotulam prolixissimam contra veritatem, & auctoritatem, ac rationem contextam in eadem Synodo obtulisti.*

In prædictis collectionibus iunioris Hincmari, multa proferuntur de Romanæ sedis dignitate, quæ nunquam venit apud eos in quæstionem, de iure appellandi, de iudiciorum retractatione, de Metropolitanorum coërcendo imperio, nè curent aliena, nè quid extra parochiam absque comprouincialibus statuant, nè iudicent, ac deponant Episcopos, & id genus alia, quibus respondet Hincmarus Remen. lib. 55. Capit. differre Pontificum Epistolas, à Canonibus Conciliorum, decreta quæ producit Laudunensis vsu esse antiquata, reduxisse Ecclesiam in Canones quæ vellet obseruata, corruptos, & truncatos ab eo locorum plerósque, & in prauum sensum detortos, & cetera, quæ ex ijs collecta referuntur apud Frodoardum, vbi quoque dicitur, quòd cùm ab Episcopis propter iniustas excommunicationes, à Rege, ob violata sacramenta, à Normanno denique propter beneficia adempta, impeteretur, vt synodicam censuram euaderet, Regi, & Metropolitano supra scriptum professionis libellum dedisse: deinde cùm electos iudices expetijsset, designatósque Actardum, Ragenelinum, & Joannem Episcopos suscepisset, ante synodi definitionem fugâ lapsum excessisse, tùm pitaciolum, quo Romam eundi licentiam, vt priùs apud Vermeriam postulauerat misisse, qua de re Hincmarus in eadem Epistola. *Quod dicis* ( inquit ) *te in synodo apud Vermeriam, indéque apud Attiniacum licentiam eundi Romam petijsse, ac impetrare non potuisse, omnes Episcopi, qui in eisdem synodis fuerunt, liquidò sciunt quoniam cùm de tuis insolentijs increpabaris, timens regulare iudicium, vel Regis castigationem, licentiam eundi Romam petebas. Cùm verò videbas,*

*videbas, quia, & Rex, & Episcopi erant placabiles, de ipsa licentia nihil dicebas, sicut nec modò facis, donec aliquam nouitatem, vt soles, quam semper timendo expecto, iterum facias, de qua compellatus solitam cantionem de licentia tua recantes.*

Huc vsque Hincmarus Rem. acerbitatis nihil aut sæuitiæ aduersus Nepotem molitus fuerat, contentus subiectione sibi debitâ iuxta Canones, ac decreta Patrum, quorum ipse vindex ac vehemens assertor fuit. At Rex quòd sibi satisfactum non esset, synodum in mense Augusto apud Duziacum indixit, quatenus ibi aduersus Hincmarum Laudunensem regulare iudicium agitaretur, vbi leges, & Canones exortas causas agitari, & definiri præcipiunt. Prædictus Hincmarus, qui diu Regis animum in se concitauerat, cum multâ superbiâ in synodum venit, vbi porrecto secundum regulas Ecclesiasticas libello, Carolus Rex se accusatorem exhibuit, iustitiámque sibi ob rebelliones fieri postulauit, vt in gestis ipsius synodi continetur, quam nuper R. P. Cellotius S.I. publici iuris fecit, proclamationis petitione Dom. Caroli Regis ex parte suppressâ, quæ historiæ multùm lucis adferret, & sic nobile Concilium, vt editor fatetur, capite truncum est: excipit hanc prolixa admodum Hincmari Metropolitani expostulatio, quâ omnes suas cum Laudunensi contentiones enarrat. Sequitur iterum petitio regia, de singulis enim accusationis capitibus Episcoporum iudicium expetierat, atque illi dierum aliquod spatium ad respondendum rogauerant. Jámque diu inchoatâ synodo tandem Duziacum aduenit Hincmarus, vt præsens interrogatus, auditus, conuictus, quantumuis appellans, condemnaretur.

Est autem Duziacum, vbi indicta synodus, villa Rem. Diœcesis secus Mosomum, & in eodem pago super Charum fluuium sita, aliquot conuentibus Principum celebris, quam Duodeciacum Frodoa. frequenter nominat, alij Dusiacum, Dusicam villam, Dociacum, & Duziacum appellant, à Chlodoaldo filiorum Chlodomeris natu minimo Remensi Ecclesiæ, cum adjacentibus pagis, legata ex prolixiori testam. S. Remigij, in eâ castrum extitisse recipiendis hospitibus idoneum par est credere, satque insinuat idem Frodoa. in Chronico ad an. 947. Huic igitur synodo apud Duziacum congregatæ septem Metropolitani interfuerunt ( præter Hincmarum præsidem ) Episcopi tredecim, & aliquot Archidiaconi Prouinciarum Remensis, Bituricensis, Senonensis, Vesuntiensis ordine infra contento. Hincmarus Laudunensis monitus ab Archiepiscopo, qui præerat, vt objectis à Rege satisfaceret, nihil respondit, cúmque ei spatium temporis datum esset, ac eum, cunctationis Patres pertæsi, Archiepiscopo nunciassent cogendum esse viâ iuris, & nec sic obtemperasset. Præses Hincmarus ad Concilij Patres sic est locutus: *Sanctitas vestra Domini fratres, audiuit quid in petitione Domini Regis aduersus Hincmarum Laudunensem Episcopum contineatur, quam detrectante venire eodem*

dem Hincmaro, ad hanc synodum, ad quam tertio regulariter fuerat euocatus VIII. idus Augusti præsentis IV. indictionis, porrexit in synodo, quæ iterum, ternis Episcopis, ternis Presbyteris, ternisque Diaconibus eumdem Hincmarum ad synodum euocantibus, in præsentia illius est porrecta à Domino Rege, & coram eo conlecta, atque data, vt eam diligenter inspiceret, & singillatim ad singula regulariter responderet, & post datas sibi inducias, nunc regulariter respondere contemnit &c.

His dictis, Hincmarus Patrum rogat suffragia, horum siquidem in præsenti iudicio organum duntaxat fuit, ac minister, cunctisque per ordinem cordis duritiem, & contumaciam Hincmari Laudunensis detestantibus, eúmque dignitate Episcopali indignum iudicantibus, idem Præses, cui auditis singulorum placitis, incumbebat proferre sententiam, flexo in mœstitiam ore, verba hæc, quæ renitentis animi dolorem significant, addidit: *Nunquam vellem vt eum me iudicare oporteret, & vtinam me nec ordinare contigisset, de quo semper timui, quod nunc video, postquam enim sibi sæculum rapuit, & ei frequenter scriptum prædixi*, qui mentis est duræ corruet in malum: *sed quia ipse sibi iudicium ferri exigit, vestra vnanimitas dicat, si ego pro præmissis causis eum iudicauero, vtrum vos illum mecum vnanimiter iudicabitis an non?* Et sigillatim Episcopis respondentibus se illum vnà cum illo iudicaturos, & iuxta morem Ecclesiasticum subscripturos, lectis in synodo ab Adalgario Diacono Canonum Sardicensium capitibus, abdicationis sententiam Præses pronuntiauit, reseruato per omnia iuris priuilegio domni, & Patris Hadriani Papæ sicut sacri Canones decernunt, cui omnes qui aderant hoc ordine subscripsere.

*Hincmarus Remorum Episcopus iudicans subscripsi.*

*Harduinus, vel Harduicus Vesuntiensis, Episcop. iudicans subscrip.*
*Vulfadus Bituri. Epis. indi. subs.*
*Adalardus Rotom. Epis. iud. subs.*
*Acthardus. Episc. iudic. subsc.*
*Franco Tungr. Episc. indic. subs.*
*Aduentius Meten. Epis. iud. subs.*
*Hodo Belginago. Epis. iud. subs.*
*Willebertus Catal. Epis. iud. subs.*
*Hildeboldus Suess. Epis. iud. subs.*
*Ingenuus Paris. Epis. iud. subs.*
*Gerbaldus Presbyter ad vicem Patris mei Helmeradi ambian. Episcopi iudicans subscripsi.*

*Remigius Lugdu. Epis. relegi, consensi, & subscripsi.*
*Bertulfus Treuir. Epis. iud. subs.*
*Frotarius Burdegal. Episcopus iudicans subscripsi.*
*Ansegisus Senon. Epis. iud. subs.*
*Hildegarius Meld. Epis. iud. subs.*
*Goslebertus Carnut. Epis. iud. subs.*
*Ragenelmus Torna. Epis. iud. subs.*
*Walterus humilis Aureli. Episcop. iudicans subscripsi.*
*Ioannes Camer. Epis. iud. subs.*
*Bernard. Virdun. Epis. iud. subs.*
*Birico Chorepiscop. subscripsi.*

*Frothadus Presbyter ad vicem domni patris mei Erpoini Siluanectensis Episcopi subscripsi.*

*Ageteus*

## HISTORIÆ. LIB. III.

*Ageteus Presbyter ad vicem Dom. & Patris mei Erchambaldi Bajoca-* HINCMAR.
*genſis Epiſcopi ſubſcripſi.* XXXIII.
ARCHIEP.
*Ego Luderus vice Patris mei Arnulfi Tullenſis Epiſcopi ſubſcripſi.* An. 871.

*Eudo ad vicem Luidonis Sanctæ Æduenſis Eccleſiæ Præſulis ſub-*
*ſcripſi.*

*Helias Presbyter legatus ad vicem Patris mei Ottulfi Auguſtæ Treca-*
*rum Epiſcopi ſubſcripſi &c.*

*Sigloardus Rem. Eccleſiæ Archipresbyter, ſiue ſeruans locum Ar-*
*chidiaconi ſubſcripſi.*

*Hroldus Archipresbyter Remenſis Eccleſiæ ſubſcripſi.*
*Remfredus Burdegalenſis Archidiaconus ſubſcripſi.*
*Rado Sueſſionenſis Eccleſiæ Presbyter ſubſcripſi.*
*Rotgerus Sueſſionenſis Eccleſiæ Presbyter ſubſcripſi.*
*Rotgerus Cameracenſis Archidiaconus ſubſcripſi.*
*Wilebertus Sacerdos ſubſcripſi.*

Synodi Acta per Actardum Venerabilem Epiſcopum, qui eidem ſynodo interfuerat, ad ſummum Pontificem Hadrianum directa ſunt ex Annalibus Bertinianis, at hic quod Hincmarus ſedem Apoſtoli- *Epiſt.* 31. cam appellauerat, ea improbauit duabus Epiſtolis quæ extant in to- *& 32.* mis Conciliorum, vnde miſſo iterum libello Acta continente per eundem Actardum, cuius fragmentum ſupereſt à Cordeſio editum, reſcribens Hadrianus ad Carolum Regem (qui Pontificis verba in deteriorem partem interpretatus, amariſſimas ad eum literas reddiderat) dicit ſe de his certò non poſſe iudicare, donec Laudun. Hincmarus ad Apoſtolicam, quam appellauit, ſedem, ſpatium habeat veniendi. Tunc enim oſtenſo libello ſeriem continente ſynodi, ſi adhuc *Epiſt.* 34. putauerit habere proclamationem, aſſerens ſe iniuſtè damnatum, tunc electis iudicibus, (non tamen eo priùs in gradu reſtituto) aut ex latere directis legatis, cum auctoritate refricentur quæ geſta ſunt, & negotia in qua orta ſunt Prouincia terminentur: quàm verò in Regis, & Epiſcoporum omnium animis tempeſtatem, vetera mala ab Hinc- *Ex Epiſt.* maro Laudunenſi metuentium, excitarint Pontificiæ literæ, quid enim *Hadrian.* non mouebit dum lis pendet? probant reſcriptum Epiſcoporum ſynodi *ad Regem* 27.28.29. Duziacenſis, tum Caroli Epiſtola, cuius partem ex politico ſcriptore depromptam, tanti fecit Baronius, vt refutatione dignam exiſtimarit: quid verò ſtatim poſt ſolutionem ſynodi egerit Hincm. Laudunenſis, jacet in obſcuro.

Ex prædicti Epiſcopi libello coram Joanne Papa VIII. in ſynodo Trecenſi porrecto, refertur haud multò poſt ejectum fuiſſe in exilium, vbi ferreis diu detentus catenis, demum poſt biennium excæcatus eſt, at à quo, & quam ob rem, omninò reticuit. Carolus Epiſtolâ ad Hadrianum conqueritur prædictum Laudunenſem Epiſcopum poſt depoſitionem ſuam per ſe, & per quoſcumque potuit à ſua peruicacia non quieuiſſe, vnde cùm pridem Carlomanno graſſationes per regnum ex-

citanti

**HINCMAR. XXXIII. ARCHIEP. An. 871.**

citanti Hincmarus Laudun: addictus fuisset, & Carlomannus iterum cum complicibus turbas mouens, regium diadema niteretur arripere, vt hic omnium acclamatione luminibus pro nequitia orbari meruit, sic & Hincmarus iunior eodem supplicio plecti potuit iustitiâ ciuili, nê Christianitas Paganorum infestatione concussa, horum interim molitionibus turbaretur. Conjecturam iuuat quod vterque in eadem & rebellionis, & condemnationis cymba, naufragium idem, eodem penè tempore, passus fuerit, vnde nuperus quidam Dissertator, dum Epilogo atrocissimo sophisticæ suæ dissertationis finem imponens, excæcationis huius auctorem fingit Auunculum, à verò multùm aberrat, cùm tam graue vetustatis monimentum siluerint per hæc tempora æmuli Remensis Archiepiscopi, illúdque Nepos ei infensissimus, in sua reclamatione omnino tacuerit.

*Annales Bertin. ad ann. 873.*

*Moguinus in dissert. historica pro Gothescalco.*

**872.**

Ceterùm Hadriano ex hac vita sublato Calend. Nouembris 872. Joannes huius nominis octauus, qui ei successit, certior factus eorum quæ gesta fuerant in synodo Duziacensi ab Imperatore Carolo, sequentem Epistolam, quæ Bibliothecæ Sancti Remigij debetur, ad Hincmarum scripsit, quam ex Sirmondo recitat Coluenerius in notis ad Frodoardum cap. 22.

*JOANNES EPISCOPUS SERVUS SERVORUM Dei Hincmaro Archiepiscopo Remensi.*

*Quamuis de sanctitatis tuæ iudicio nihil dubitassemus, quia tamen carissimus filius noster Carolus inuictissimus Imperator, à nobis diligentissimè percunctatus, circumstantiam iudicij à beatitudine tua, Coepiscoporúmque tuorum in Hincmarum dudum Laudunensem Episcopum prolati Apostolatui nostro retulit, agnoscimus iustum omnino fuisse iudicium: neque enim tantus Princeps, nisi veritate fultum quicquam poterat affirmare: vnde nefas esse duximus eius relationi non præbere fidei incunctanter auditum. Noli ergo iam nunc Ecclesiam Laudunensem viduatam, & sine regimine Pastorali dimittere. Sed indifferenter electum, & de Laudunensis Ecclesiæ Clero virum idoneum, & in quo omnium vota consentiant, eidem Ecclesiæ præfice prorsus Episcopum. Cui electioni volumus etiam Missum præfati pijssimi Imperatoris interesse, vt sine sæcularium strepitu omni latere talis eligatur, qui aptus sacris Canonibus esse modis omnibus approbetur. Optamus sanctitatem tuam in Christo benè valere. Data est Romæ Theodericio iussu Papæ Joannis, & Domni Caroli noui Imperatoris per manus Anastasij Bibliothecarij in Secretario Ecclesiæ Sancti Petri anno Incarn. Dominicæ 877. nonis Januarij indict. 9. & delata est ab eodem Theoderico in Ciuitate Remis Hincmaro Remorum Archiepiscopo eodem anno, & eadem indict. 5. Idus Martij.*

Igitur Metropolitani Remensis curâ, Clerus & plebs Laudunensis Hedenulfum eligunt in locum Hincmari iunioris eodem anno 5. Nonas Aprilis indict. 9. extátque electionis ipsius decretum ad calcem Frodoardi,

Frodoardi, qui & huius meminit lib. 3. c. 23. quamuis ibidem non- HINCMAR. nihil vigoris facerdotalis in eo desiderari significet Hincmarus, vt in- ARCHIEP. fra videbitur. *An. 872.*

Sunt qui argutè discussis, quæ de Rothadi, & Hincmari Laudun. *Ex historiâ* exauctoratione narrantur, Hincmarum Rem. nimiæ seueritatis insi- *Treberorum* mulant, quasi Episcopalis moderationis metas omnino excesserit, at *Cordesium* id ea ferebat ætas ad duritiam prona, Metropolitanis suam vbique *ante Hincm.* certatim & acriter dignitatem, iuxta Canones, tuentibus; vt crebræ in *opuscula, &* Coëpiscopos prædicti Hincmari objurgationes, & Bertulfi Treuiren- *3. cap. 20.* sis in Walonem Virdunensem suffraganeum seueritas satis ostendunt: *& 23.* hic enim cùm à Joannne Papa pallium accepisset, cum literis docentibus quibus hoc festis foret vsurus, Bertulfus id non probans, suis literis Walonem Treberis euocat, lectóque Canonum Capitulo, quo dicitur nulli suffraganeorum nouum aliquid absque metropolitani consilio, & licentia præsumendum, interdixit ei per sanctam, quam in omnibus Ecclesiasticis negotijs sibi deberet obedientiam, nè vlteriùs, nisi ab eo petitâ, & concessâ licentiâ, pallio vteretur, cúmque Walo Apostolicam auctoritatem prætenderet, Archiepiscopus verò Metropolitanorum iura, graues vtrímque conflatæ sunt inimicitiæ, donec Hincmarus Remensis Epistolam Waloni transmisit sapientiâ, & sani consilij sale conditam, per quam ad Metropolitani sui instruxit obedientiam: fuit autem iste Bertulfus multùm acer & impatiens in talibus suffraga- *Idem quo-* neorum suorum præsumptionibus, & suæ Ecclesiæ priuilegium non est *que refertur* passus in aliquo temerari. De Episcopis verò ad synodum Prouincialem *Treuirensi* vocatis, & in eisdem ob aliquot errata, vel excessus, vt vocant, per Me- *in vita S.* tropolitanum depositis, quædam exempla profero in Apologia pro *Leonis ab* Hincmaro necdum editâ, nè id inauditum omnino in Ecclesia, vel in- *Archidiac.* solens quis existimet. *edita.*

---

*Hincmari V. Capitula in synodo Remis data anno DCCCLXXIV. mense Julio.*

## CAPUT XXXV.

874.

Hincmarus Principis Apostolorum memor præcepti, quo Pastores monentur pascere gregem Christi, synodis apud Siluanectum, & Duziacum celebratis, diœcesariam ipse synodum Remis habuit, vbi Presbyteris dedit quædam reformationis capitula, quorum hic synopsim tantùm subijcio, nè instituti mei metas excedam.

CAP. I. *Quòd Parochiarum Presbyteri, & Canonici in Monasterijs simul esse non possint.*

Quia non solùm illicita, sed etiam perniciosa sibi, ac commissæ plebi

plebi præsumptione, contra sacros canones Presbyteri nostræ Parochiæ dicuntur Ecclesias suas negligere, & præbendam in Monasterio Montis Falconis obtinere, sed & Canonici ipsius Monasterij Ecclesias rusticanarum Parochiarum occupare; necesse nobis est non solùm quid inde sacri canones definiant demonstrare, sed... vt igitur sileamus de his qui certis de causis ex alijs Parochijs in nostram veniunt, & regulariter à nobis suscipiuntur, vel qui vacantes Ecclesijs vacantibus incardinantur, vel causa regulis conueniente, de Ecclesijs ad alias Ecclesias transferuntur; de canonum transgressoribus, ijdem canones sacri decernunt, vt in illa Ecclesia tantummodo quique ministrent, in qua priùs ordinati fuerunt, &c.

### II. *Quòd pro loco matriculæ nihil à quoquam requiri, vel accipi debeat.*

Sæpe vos admonui de matricularijs, quales suscipere debeatis, & quam eis decimæ partem dispensare.... Interdixi enim vobis Dei auctoritate, vt nemo Presbyter pro loco matriculæ quodcumque xenium, ve seruitium in messe præsumat requirere, & matricularij debitam partem decimæ, quam fideles pro peccatis suis redimendis Domino offerunt, nemo præsumat vendere, quod esse illicitum diuina auctoritas demonstrat *Deus meus misericordia tua*, & decima à fidelibus data misericordia est, qui autem eleëmosynam vendit, Deum, id est misericordiam nostram vendit, & similis est Judæ, de quo in Euangelio scriptum est, quia loculos habebat Judas.

### III. *De indebito accessu ad feminas, & à ministerio deijciendis ijs qui se non correxerint.*

Jam vobis capitulum ex Sanctis Scripturis, & Catholicorum dictis donaui de inconuenienti accessu, & indebita familiaritate ad feminas. Sed video quosdam vestrûm illud parui pendere, vnde iterum illud in conuentu vestro volo recitari, cum sententia Zosimi Papæ dicentis: Sciat quisquis hoc postposita Patrum, & Apostolicæ sedis auctoritate neglexerit, à nobis districtiùs vindicandum &c.

### IV. *De ijs qui de facultatibus Ecclesiasticis Alodes comparant, & illos Ecclesiæ non derelinquunt.*

Quosdam vestrum Ecclesias vestras negligere, & Alodes audio comparare, & in eis mansos extruere, atque excolere, ac in eisdem mansis feminarum habitationem habere, eósque mansos non Ecclesijs sed propinquis contra Canones derelinquere, quod deinceps fieri prohibeo, nullum enim Alodem Episcopus vel Presbyter firmiùs potest habere, quàm qui est Ecclesiæ attributus, si secundùm suum ordinem viuere voluerit &c.

### V. *Quòd pro Ecclesijs viduatis præmia Patronis dari non debeant.*

Sæpè vos admonui de xenijs superfluis contra sacras regulas pro Ecclesijs

Ecclesijs viduatis non dandis, sed sicut audiui, vos non inde castigatis, sed vos ipsos, & vestros nutritos, in maledictionem simoniacæ hæreseos traditis, quam hæresim S. Petrus Princeps Apost. primam damnauit dicens ad Simonem, pecunia tua tecum sit, in perditionem.  HINCMAR. XXXIII. ARCHIEP. *An.874*

*CAPITULA eodem anno Archidiaconibus Presbyteris data V. Idus Julias.*

*Hincmarus Archiepiscopus dedit comministris suis hæc Capitula, quæ sequuntur Gunthario, & Odelhardo Archidiaconibus Presbyteris.*

Beatus Petrus Apostolus, cuius vice in Ecclesia funguntur Episcopi, & sub eorum dispositione ipsorum comministri, in Epistola sua commonet illos dicens, *Seniores qui in vobis sunt obsecro consenior, & testis Christi passionum, qui & eius quæ in futuro reuelanda est gloriæ communicator, pascite qui est in vobis gregem Dei, prouidentes non coactè, sed spontaneè secundum Deum; neque turpis lucri gratiâ, sed voluntariè: neque vt dominantes in Clero, sed forma facti gregis ex animo.* Cuius verbum atque exemplum secutus Sanctus Leo Papa, eum, cui suas vices commisit in partem sollicitudinis, non in plenitudinem potestatis, ab indebito appetitu præsumptionis per distincta Capitula coërcuit fræno discretionis. Iuxta quorum doctrinam, vos in exordio commissi ministerij paucis Capitulis patenter ac diligenter commoneo, à quibus vos, quantùm patitur humana fragilitas, non deuiare sub testificatione Christi præcipio.  1. *Petri* 5. · 1. *Pet.* 5.

CAP. I. *Vt non grauent Presbyteros quando parochias circumeunt.*

Egregius Doctor gentium discipulis suis dicit: *Imitatores mei estote, sicut & ego Christi*: & vos quando rusticanas parochias vobis commissas, vel mecum, vel per vos circuitis, sicut & ego, non graues sitis Presbyteris in paratis quærendis: neque ducatis superfluè vobiscum homines, vel vestros proprios, vel propinquos vestros, per quos illos grauetis in cibo, & potu, & fodro ad caballos, & prouidete nè homines vestri, qui vobiscum ibunt, illos dehonorent, vel hominibus illorum graues sint, nec diu in mansionibus ipsorum Presbyterorum immoremini, & si necessitas euenerit, vt in aliquo loco immorari debeatis, sic disponite victualia vestra per circummanentes Presbyteros, vt nemini graues sitis, & non otiosi & infructuosi stipendia Ecclesiastica insumatis, sicut nec ego grauis sum Presbyteris, per quos parochias circumeo.  1. *Corinth.* 12.

II. *Vt parochias non occasione victus, sed instructionis causâ circumeant.*

Vt non occasione victus parochias circumeatis, quatenus de aliorum stipendijs viuentes vestra stipendia conseruetis, sed verbo, & exemplo non solùm Presbyteros, sed & laicos, de vestra bona conuersatione & inquisitione secundùm ministerium vobis commissum instruatis.

III. Ne

HINCMAR
XXXIII.
ARCHIEP.
An.874.

**III.** *Ne munera à Presbyteris accipiant, ut eorum vitia dissimulent.*

Vt à Presbyteris xenia non accipiatis, quatenus illorum mala fama cooperiatur : sed omnibus verbo & exemplo notum facite, quia plus valet apud vos Dei, & proximi dilectio, quàm terrenum lucrum acquirendi occasio &c.

**IV.** *Ne à Presbyteris quidquam petant quod secum auferant dum redeunt.*

Quando parochias circuitis, nolite graues esse Presbyteris petentes friskingas, vel pisces, aut formaticos, aut annonam, aut alias quaslibet res, vt habeatis quando ad ciuitatem reuersi fueritis, vnde quasi fratribus refectionem faciatis, vt saluis stipendijs vestris habeatis vnde vos, & vestros conducatis.

**V.** *Ne denarios à Presbyteris, vel Eulogias exigant, sed sponte oblata tantùm accipiant.*

Nolite quasi pro aliquo adjutorio ad quamcúmque rem denarios apud Presbyteros postuletis* : neque quando ad synodum, vel pro inquisitione ministerij sui, seu pro Chrisma accipiendo venerint, eulogias exigatis : sed si cui fortè commodum fuerit pro sua voluntate, & commoditate aliquid gratis offerre, cum gratiarum actione accipite.

* *Forsan postulare, sed Sirmodi lectionē mutare nolui.*

**VI.** *Ne pascendis suis vel amicorum Caballis Presbyteros grauent.*

Nolite quasi per precationem caballos vestros, vel amicorum vestrorum, ad pastum Presbyteris commendare præsumatis, neque annonam, vel fodrum ab eis exigatis, ideo enim vobis de facultatibus Ecclesiasticis, iuxta quod Apostolus de lege dicit, *Non obturabis os boui trituranti*, solatium præbeo, vt Presbyteros non grauetis.

1. Tim. 5.

**VII.** *Vt parochias rusticanas confundere, vel diuidere non præsumant, & vt Ecclesias omnes, Capellásque illis subjectas describant.*

Expresè vobis in nomine Christi præcipio, vt rusticanas parochias pro alicuius amicitia vel petitione, aut pro aliquo præmio non præsumatis confundere, nec diuidere, neque Ecclesias illas, quæ ex antiquo Presbyteros habere solitæ fuerunt, alijs Ecclesijs quasi loco Capellarum subijciatis, neque Capellas de illis Ecclesijs, quibus antiquitùs subjectæ fuerunt, ad alias Ecclesias subijcere præsumatis, & per omne ministerium vestrum, vnusquisque vestrum describat omnes Ecclesias & titulos quæ antiquitùs Presbyteros habuerunt, & Capellas antiquitùs illis subjectas, & mihi scripto renunciate.

**VIII.** *Vt nulli capellam domi habere, aut Missam in domo celebrari sine Episcopi licentia concedant : & vt capellas eiusmodi omnes describant.*

Nemo vestrum capellam alicui in domo sua habere concedat sine
mea

meâ licentia, neque in domo sua Missas celebrari concedat sine mea licentia, & vnusquisque vestrùm describat per suum ministerium, quicumque Capellam extra Ecclesiam principalem habet à tempore Ebonis vsque ad tempus meum, & à tempore meo, vel meâ, vel alterius licentia factam, & in cuiuscumque Presbyteri Parochia quæcumque, vel cuiuscumque capella sit facta.

### IX. *Ne pœnitentes pro munere aliquo ad reconciliationem adducantur, vel post eam negligantur.*

Sollicitè prouidete, nè vos, vel Presbyteri, negligenter pœnitentes pro aliquo munere ad reconciliationem adducatis, vel post reconciliationem eos negligatis, quod simoniacum est.

### X. *De relapsis post publicam pœnitentiam.*

Sollicitè prouidete, vt si aliqui post reconciliationem publicam in publicum peccatum ceciderint, ad notitiam meam perferatis, vt sciatis qualiter inde & vos, & Presbyteri agere debeatis.

### XI. *Ne ad ordinationem pro aliquo munere adducantur non idonei.*

Sollicitè prouidete de vita, & scientia Clericorum, quos ad ordinationem adducetis, nè pro aliquo munere tales ad ordinandum introducatis, qui introduci non debent, quoniam Simoniacum est.

### XII. *Vt videant quomodo Capitula sibi data obseruent Presbyteri.*

Sollicitè prouidete secundum Capitula Presbyteris à nobis data, de portione Ecclesiæ, quid inde in Ecclesijs pareat; sed & de matricularijs, de alijs Capitulis Presbyteris à nobis datis, qualiter illa teneant, & conseruent.

### XIII. *Quomodo eligendus sit Decanus in locum defuncti, vel inutilis.*

Si Decanus in ministerio vestro, aut negligens, aut inutilis, & incorrigibilis fuerit, vel aliquis eorum obierit, non inconsideratè decanum eligite. Et si ego in propinquo sum, ad me illam electionem referte, & si ego in longinquo sum, Decanum illum, qui electus est, interim constituite, donec ad meam notitiam electio illa referatur, & meâ constitutione aut confirmetur, aut immutetur.

*De*

*De Archidiaconorum Remensium dignitate, & officio.*

## CAPUT XXXVI.

*S. Augustinus serm. 1. de Sanctis.*

ARchidiaconorum dignitas vetus, & longè præcellens à beato Stephano, vt fertur, ducit originem, quòd ipse Leuitarum princeps, vt & Apostolorum caput Petrus, electus sit à Deo, primiceriúsque Diaconorum, & Archidiaconus, passim nominetur à Græcis. Romæ olim certis à Clemente, & Fabiano distinctis regionibus præerant, Martyrum gesta diligenter excepturi, vnde plures postmodum instituti sunt in quolibet Episcopatu Archidiaconi, & Diœceses in varios Decanatus sub eorum cura partitæ. Dicuntur Oculi Episcoporum ab Isidoro Pelusiota, Ministerij eorumdem adiutores à Concilio Remensi sub Ludouico primo, & Coadiutores in ordinatione Clericorum.

*Oculi sunt Episcoporum ac veneradi altaris Diaconi Isid.l.4. Epist.188.*

Libellus de Ministris Remensis Ecclesiæ ab Ebone quondam editus, Archidiaconorum quædam officia complectitur, ex quibus liquet in solos Diaconos, & inferioris ordinis ministros antiquitùs auctoritatem habuisse, vt & Petrus Blesensis sentire videtur Epist. 123. at quinto sæculo supra Presbyteros horum dignitas sic accreuit, vt de Presbyteris etiam inquirant. Imò Hincmari capitula ad Guntharium, & Odelhardum relata superiùs, his adscribunt ius visitationis & synodi, cæteráfque ferè prærogatiuas, quas Chorepiscopis Ebo attribuit.

*Sapientiss. D. Hallier.*

Vnde vir quidam eruditione clarus, qui nuper de Ecclesiastica Hierarchia luculentissimè disseruit, putat Archidiaconos Remenses simul Archipresbyteros fuisse, & Chorepiscopos, dignitatémque Presbyteralem, quòd alibi liberè sit, cum Archidiaconatu semper fuisse conjunctam. Duo hactenus in Ecclesia Remensi fuere, Archidiaconus Christianitatis, qui & Major vulgò dicitur, & Archidiaconus Campaniæ, hi eminentiorem, in Choro obtinent locum, primíque in veteribus chartis ante alias Dignitates subscripsisse leguntur, & concilijs vice Episcoporum, velut vicarij nati interfuisse: horum prærogatiua adhuc elucet in hoc, quòd Archidiaconalis curia Remis olim fuerit cum Officiali pro causis ciuilibus & Ecclesiasticis ex bulla Innocentij IV. qui ortum inter Thomam de Bellomanso, & Cardinalem Ottobonum majorem Archidiaconum dissidium pro certis iuribus in ea relatis, composuit ann. 1258. vt dicam tomo 2. at prædicta curia sub Guidone de Roya, Clementis VII. assensu, extincta est, & Archiepiscopali conjuncta, cum onere soluendi annuatim Majori Archidiacono summam 1100. aureorum Francorum probatissimi valoris,

quam

quam ad sexcentas libras Turon. Reginaldus de Carnoto reduxit, nequicquam contradicente Adriano Cardinale Archidiacono 1425. hic bullam plumbo sigillatam à Sancta sede obtinet ad hoc vt promoueatur. Archiepiscopum, & Episcopos Prouinciæ Remensis in possessionem inducit, vulgaribúsque alijs iuribus gaudet in decretalium libro, titulo de officio Archidiaconi contentis, quæ vtrisque, imo omnibus respectiuè applicari possunt, seorsim enim lustrant rurales Decanatus sibi subjectos ritu à iure præscripto. Archidiaconi sigillo, quo velut insigni olim vtebatur, impressa est Diaconi effigies cum dalmatica, & manipulo, dextrâ gestans calamum, sinistrâ librum cum hoc inscripto, *Sigillum Remensis Archidiaconi.*

*Archidiaconorum Remensium series ab anno 306.*

Primigenius Concilio Arelatensi interfuit cum Betausio Metropolitano ann. 314.

S. Jocundus Wandalorum persecutione occubuit, cum Beato Nicasio 407. Caput eius in sacrario Majoris Ecclesiæ conseruatur.

Sanctus Vedastus, interfuit Concilio Viennensi sub Mammerto 2. missus à B. Remigio, ex Chronico Cameracensi ann. 486.

Vrsus Archidiaconi titulo insignitur in testamento Sancti Remigij, claruit ann. 510.

Agricola Sancti Remigij nepos, hæres, & testamenti eiusdem procurator ann. 530.

Protadius Mappinij Archidiaconus interfuit concilio Aurelianensi ann. 549.

Sonnatius Romulfi Archidiaconus apud Frodoard. ann. 590.

Teboldus legitur in Necrologio Sancti Remigij.

Pardulus interfuit concilio Meldensi ex Epistola Hincmari ad Nicol. I. de eo codex translationis reliquiarum S. Helenæ, fit Episcop. Laudun. ann. 846.

Rodoaldus interfuit concilio Carisiaco ann. 849.

Ragamfridus Diaconus Ecclesiæ Rem. illi interdicitur ob crimen aliquod, ne à Parochia Remensi abscederet in concilio Suession. 853. huius locum seruauit Sigloardus action. 1. 853.

| | | |
|---|---|---|
| Richardus & Sigloardus. | Apud Frodoardum lib. 3. cap. 28. | |
| Sigloardus & Ansoldus. | Ibidem, & in opusculis 55. Capitulor. cap. 2. | |
| Guntharius & Odelhardus. | Ibidem, ad hos scripsit Capitula Hincmarus quæ extant apud Sirmondum. | 886. |
| Fulco & Seulfus. | Ex Frodoard. hi successiuè Archiepiscopi, fuerunt. | 900. |

HINCMAR.
XXXIII.
ARCHIEP.
*An.*874.

| | | |
|---|---|---|
| Sigeboldus & Gislebertus. | In Concilio apud Engulenheim ann. | 948. |

Rotfridus legitur in charta donationis Burgi Sancti Remigij ab Arnulfo Archiepiscop. ann. 989.

Joannes Archidiaconus literarum Hugonis Capeti lator ad Joannem 13. pro exauctoratione Arnulfi. 992.

Rogerus Archidiaconus Campaniæ laudatur in charta Manassis Archiepisc. quòd erga cœnobium S. Dionysij se munificum præbuerit, obijt in itinere Hierosolymitano 4. Idus Augusti ex obituario.

| | | |
|---|---|---|
| Letholdus & Arduinus. | Hic nonis Nouembris obijt ex Necrolog. | 1000. |
| Richardus & Petrus. | Nominantur in charta donationis Parochiæ Sancti Stephani Rem. | 1036. |
| Warinus & Odo. | In donatione Altaris de Cruniaco, & de Baïna, & in obituario S. Dionysij Rem. pridie Nonas Aprilis. | 1067. |
| Rodulfus & Odo. | Vocat hunc Odonem de Castillóneo Abbericus, fuítque summus Pontifex, sub nomine Vrbani II. | 1070. |
| Guido & Garinus. | Donationi Altaris de thie per Manassem subscripserunt. | 1076. |
| Arnulfus & Manasses. | Memorantur in Charta, Raynaldi Archiep. pro restituenda regula apud S. Nicasium, Manasses Arnulfo alicubi præponitur. | 1090. |
| Geruasius & Manasses. | In varijs leguntur Chartularijs. | 1100. |
| Geruasius & Ebalus. | In varijs item Chartularijs horum nomina extant ann. | 1104. |
| Geruasius & Fulco. | Geruasius hic Hugonis Comitis Regitest. & Melesindæ filius ad Archiepiscopatum post Manassis 2. obitum prouectus, regiâ fultus auctoritate, postea abdicauit. | 1107. |
| Nicolaus & Fulco. | In Chartulario Sancti Petri ad Moniales. | 1115. |

Nicolaus Archidiaconus inde Monachus ex obitu. Rem. Idibus Septemb.

Ciricus legitur in charta Rodulfi Archiep. & in Chartular. Remig. 1118. & 1119.

Albricus subscripsit fundationi de Monte Dei 1137. erat is Witerj Regitest. Comitis filius.

Hugo Nepos Rodulfi Archiepiscopi, ex obitu. Rem. 1139. 4. Idus Septembr.

Guilelmus

## HISTORIÆ. Lib. III.

Guilelmus floruit sub Samsone 1142.

Bartholomæus cum Bosone legitur in Chartularijs SS. Remigij, Nicasij, Symphoriani 1146. 49. 1153. 1160. 1162. postmodum Episcopus Bellouacen. ex Chronico Roberti de Monte.

Guido de Janivilla ex Archidiacono Remensi fit Episcopus Catalau. 1162. Robertus in catalogo Episcop. Lingon.

G. Archidiaconus ex Epist. 124. Stephani Tornac. an. 1170.

Philippus in rescripto Alexand. 3. an. 1153. & apud Petrum Cellensem, adhuc legitur ann. 1173. in chartis Nicasij.

Alexander major Archidiac. ex sententia arbitrali lata inter Abbates S. Remigij, & de Sparnaco 1193. Hic multa bona contulit Eccles. Rem. Necrol. 3. idus Decemb.

Henricus regali genere ortus, ex Archidiaco. Rem. Catalaunensis Præsul electus. Cantipr. libro Apum. Ægid. Leod. in vita S. Alberti profert insigne humilitatis specimen editum ab eo, quòd sine habitu Canonicali chorum esset ingressus die exequiarum Sancti Alberti. 1192.

Philippus major Archid. iudex delegatus à Celestino Papa pro componenda lite inter Abbates S. Nicasij, & S. Vincentij Laud. 1196.

Thomas de Pertico in Chartulario Majoris hospit. 1206.

Hugo Burgundus legitur annis 1212. 22. 24. 29. 33. functus 5. Calend. Aprilis.

Hugo de Sarqueux 12. Calend.

Nicolaus natione Anglus de castro Sancti Albani, vir apprimè doctus, ex Archid. Rem. & Episcopo Alban. fit Sum. Pontif. dictus Hadrianus huius nominis quartus ann. 1153.

Boso migrat 13. Januarij ex necrologio, vbi sic habetur. *Hic deargentauit coronam quæ est ante Altare Sanctæ Crucis.*

Petrus de Riga nominatur Rem. Archidiaconus à Coluenerio, at nullibi hunc scriptum reperio.

Boso, idem fortè qui supra, iudex delegatur ab Alexand. 3. pro sopienda lite inter Warinum de Warmericourt, & vxoris suæ Sororem. 1169.

Gontramnus Archidiaconus dedit Antiphonarium, & Martyrol. absumptus idibus Augusti, Necrol.

Hilduinus Archid. Campaniæ decimas de Tassiaco dedit Monachis Remig. ann. 1180. obijt 30. Octobr. 1196.

Theobaldus de Pertico vixit sub Wilelmo Cardinale, aliquótque suffragia habuit pro Archiepiscopatu post ipsius obitum 1202. functus 11. Calend. August. ex obitu.

Guilelmus de Janivilla Archid. Campaniæ, post Archiepiscopus Rem. legitur in histor. Drocensi fol. 53. & in Chartul. Nicas. 1211.

Blihardus scripto fassus est se ius non habere gistum exigendi in domo Sancti Hilarij. Ex tabul. Nicas. 1213.

Henricus de Brena Archidiac. Campaniæ legitur ann. 1226. in tabulario majoris hospit. fit Remensis Archiepiscop. ann. 1227.

Yuo in pluribus extat Chartula 1228. 1232. 34. habet Officialem 1235. nominatur vir literatus & discretus in obitu. 13. Calend. Januar.

HINCMAR.
XXXIII.
ARCHIEP.
*An.874.*

Januarij

HINCMAR. XXXIII. ARCHIEP. An. 874.

Januarij in obituario Remensi, legitur 1223. 28. 1236. 38. 42. cum Officiali.

Gemmetius major Archidiaco. in tabulario Nicaſ. 1244. 1248. cum Officiali.

Reginaldus de Corbolio in Chartu. Majoris hoſpit. & Nicaſi. 1249. fit Epiſcopus Pariſ. eodem an. huius animam in cœlum aſcendentem vidit Odo Bajocenſis Epiſcopus.

Joannes Dehcet in Chartis FF. Prædicatorum Rem. & Nicaſian. 1249. & 50.

Ottobonus de Fiaſco Nepos, Innocentij IV. & Capellanus, primùm Cancell. Eccleſiæ Rem. Archidia. Cardinalis, tandem Summus Pontifex Hadrianus huius nominis quintus, legitur ann. 1250. 51. 56. 60. 67. 70. 74. ſigillum eius ad notulas impreſſam habet columbam cum phiala in roſtro.

Guilelmus de Braio Major Archidiaconus poſt Ottobonum.

Nicolaus de Chaalon legitur in chartulario Dionyſiano 1300. 1302. & 1305. cum Officiali.

Albertus de Lauanna in Chartul. Sancti Timothei, & Majoris hoſpit. 1281. 91. 95. 1304. 1395.

Bertrandus de Sancto Dionyſio ex officiali fit Archidi. ann. 1299. in Chartular. Sandionyſiano.

Neapoleo de Romangnia vel Neapoleon Vrſinus Joannis Juuenal. filius ex illuſtri Vrſinorum familia 1309. & 1319. 27. in chartis Dionyſia.

Petrus Bonauentura 1334. & 44.

Jacobus Rouſſeleti vel Rouceleti ſupplicum libell. Magiſter ſub

Henricus de Siluanecti legitur cum Officiali 1230. 1248. ſubſcripſit conuentioni factæ inter Archiepiſc. Rotoma, & Vicarium de Pontiſara, Rege Ludouico præſente, 1237. & 7. Idus Nouembr. in Necrol.

Joannes de Bleſis vocatur Campaniæ Archid. in Chartul. Nicaſ. 1250. anno 1255. habet Officialem, obijt 4. Julij.

Adrianus Cardinalis tituli Sancti A. driani.

Guilelmus de Braio Cardinalis Sancti Marci ſub Vrbano IV. legitur 1259. 1263. 66. 73. in conuentione facta cum Epiſcopo Leodienſi pro Caſtello Duziacenſi 1259. & 1263. cum Officiali, de eo auctor Auguſtæ Verom. Guilelmus de Braio Magiſter in diuinitate, Decanus, & Officialis Laudun. & Archidiaconus Rem. cui purpuram donauit Vrbanus IV. ſub titulo S. Griſogoni, obijt ſenex vrbe veteri ann. 1282. tumulo marmoreo conditus cum elogio ſepulchrali ad Prædicatores eiuſdem Ciuitatis.

Simon Matifrede 1286. & 1289. cum Officiali, vocatur Simon de Bucy à Sammarthanis in Pariſienſ. hic ex Archid. Remenſi, & Canon. Pariſienſ. fit Pariſienſ. Epiſcop. ann. 1290.

Ruffinus de Sicelo, legitur habens Officialem ann. 1284.

Haimo de Sabaudia 1131. 1321. cum Officiali.

Ademarus de Montil fit Epiſcopus Metenſis.

Philippus de Melun, vel de Meleduno Duciſſæ Brabantinæ conſanguineus legitur in hiſtor. Leodienſi fol. 416.

Philippo

# HISTORIÆ. Lib. III. 467

Phillippo Rege, Major Archid. Rodulfi Rousseleti Episcopi Laudun. Nepos in Chartul. Nicasia. ann. 1364.

Ludouicus Thesart Archid. & Episcopus Bajocensis, dein Remens. Archiepis. 1370.

Guido de Bolonia Episcopus Portuen. Cardinalis, & Archidi. 1366. 1471.

Amedeus Cardinalis tituli Sanctæ Mariæ nouæ 1384. 93. 1416. functus an. 1419. sub eo extincta est curia spiritu. Archid.

Nicolaus de Brancharijs Doctor in decretis, & Sanctæ S. A. protonota. & referendarius Papæ, 1420. 26.

Ardianus vel Ardoinus Cardina. tituli SS. Cosmæ, & Damiani ann. 1425 Maj. Archid.

Guilelmus de Holande, vel de Gellande præcedentis resignatione 1426. fit Episcopus Beluac. 1444.

Jacobus Juuenalis de Vrsinis ad effectum obtinendi Archiepiscopa. 1444.

Joannes Burelli præcedentis renunciatione factus Biterrensis Episcopus, Joanni Iuuenali de Vrsinis Canonicatum reliquit, cui locus assignatur in choro, in subsellijs puerorum. 1457.

Joannes Dauuet Maj. Archid. demissione præcedentis, Regi à consilijs, suppl. libell. Magist. 1471.

Robertus Dauuet. 1487.

Petrus Burelli, Archidi. inde Episcopus Biterrensis.

Guilelmus Briçonnet Archid. & Cardinalis Albanensis.

Dionysius Briçonnet Episcop. Maclouiensis ann. 1520.

Ægidius Bohier. 1536.

HINCMAR. XXXIII. ARCHIEP. An.874

Joannes Archid. Camp. in Chartul. Nicasia. 1345.

Jacobus de Mantenay Archid. an. 1372. Cardinalis sub Clemente VII. 1373. erat hic Jacobus, Gebennensis, & Cubicularius Papæ.

Guilemus Cardinalis tituli S. Vitalis ann. 1376. 1382.

Episcopus Abricensis consiliar. & Confessor regis Archid. Rem.

Baldazar Cardinalis de Florentia Archid. Campan. 1388.

Antonius de Chalans Cardinalis. 1397. & 1403.

Matthæus Dauuoy abdicatione præcedentis.

Simon, & Ægidius d'Apremont, leguntur. 1410. 1411.

Joannes des temples Cardinalis. 1420.

Joannes de Monte, 1445. 49.

Joannes Juuenalis de Vrsinis Junior regis Cancellarij filius. 1457.

Sauaricus de Monte Beronis 1459. 48. legitur tamen Joann. Diuellus Episcopus, & Rem. Archidiac. ann. 1462.

Ludouicus Juuenalis 1487.

Harduinus le Masle Vicarius generalis Roberti de Lenoncourt. 1508.

Ludouicus Juuenalis de Vrsinis in curia Parifiens. Consiliar. 1509.

Joannes Doulcet. 1512.

Carolus de Vrsinis Archid. Camp. & Abbas Commend. Sancti Nicasij. 1540.

Joannes Gaultier. 1555.

Antonius Bauchaine. 1560.

Theodoricus Moet. 1565.

Ppp 3 Christo-

Christophorus Richer. 1547.

Thomas Cauchon Vicarius generalis Caroli Card. à Lotharingia, suam Ecclesiæ Remensi reliquit Bibliothecam. 1568.

Antonius Bauchaine ex Archidiacono Campan. 1565.

Petrus Remy. 1570. 86.

Franciscus Brulart. 1586.

Joannes Aubert. 1596.

Joannes Domartin. 1615.

Nicol. Bernard. 1635.

Georg. Dey juris vtri. licent. hodie superstes in munere obeundo strenuam nauat operam. 1665.

Franciscus Bruslart Abbas Vallis Regiæ. 1579.

Petrus Scrual. 1586. apud Cartusianos secessit.

Thomas Boucher. 1597.

Claudius Aubert. 1610.

Claudius Violart. 1630.

Petrus Dozet, vir multo nomine, de quo Diœcesis, quam Vicarij generalis titulo plures annos sapienter rexit, & Academia Rem. cuius Cancellarius, est & doctor, multa suggerunt quæ præstat silere iuxta sapientis Oraculum, *Lauda post mortem.*

---

*Carolo in Italiam proficiscente, Hincmarus Francos in officio continet, iura Metropolitanorum generosè tuetur apud Pontigonem. Remis Carolus de regno disponit, B. Memmij sepulchrum nouis claret miraculis.*

## CAPUT XXXIV.

875.

LVdouico Imperatore senioris Lotharij filio Veronæ sublato, Joannes 8. honorificam misit ad Carolum Caluum legationem, monens nè cunctetur ad limina Apostolorum accedere, quod sine mora præstitit, ibique coronatus est Imperator, vt Hadrianus 2. ei pridem fuerat pollicitus. Ludouicus Germaniæ Rex Caroli frater, auditâ eius ad inuadendum Italiæ regnum profectione, Carlomannum filium suum illuc properare iussit cum exercitu, eo interim cum altero filio æquè Ludouico dicto, Caroli regnum deuastante, vt eum ex Italia redire celeriùs compelleret.

*Aimoinus l. 5. cap. 32.*

*Ex Chron. Besuess. Ludouicus frater Caroli cupiens inuadere Monarchiã regni, bellum côcitat, Normannósque in regnum Caroli enocat.*

In hoc rerum statu, Hincmarus valdè prolixam scripsit Epistolam ad suæ Prouinciæ Episcopos, quâ sedulò hos hortatur confugere ad arma spiritualia, & in obsequio proprij Regis, licèt absentis, fideliter permanere, Reges de erratis liberè arguere, & si parere nolint, eosdem à piorum cœtu separare, quòd eis licitum esse probat multis Sanctorum Patrum exemplis. Inania hæc non fuisse probauit euentus, siquidem Ludouicum, Christi natali apud Attiniacum celebrato, post multas grassationes compunctum, in Germaniam rediisse testantur post Aimoinum, Annales Bertiniani.

876. Carolus Româ exiens, Ticinum petijt, vbi coacto Episcoporum, & Comitum conuentu, in Imperio confirmatur, tum de reditu cogitans

tans per Remos, & Catalaunum apud Pontigonem venit, vt in generali Concilio firmarentur ab Episcopis Gallicanis, quæ gesta fuerant in Italia. primâ sessione, lectis Epistolis Joannis Papæ, quibus Ansegiso Senonensi Archiepiscopo vices suas ita demandarat, vt is primatum teneret per vniuersas Gallias, & Germanias, tam in conuocandis synodis, quàm definiendis controuersijs, reclamarunt alij Galliarum Archiepiscopi, inprimis verò Hincmarus Rem. hæc fieri contra antiquos Canones, & sedium suarum prærogatiuam dictitans, vt pluribus ostendit libro de iure Metropolitanorum : verùm Carolus Ansegiso fauens, eum supra alios omnes ordinatione antiquiores sedere fecit iuxta legatos Apostolicos, vnde Hincmarus qui primus, vt senior, alijs synodis subscripsisse legitur, in hac, Carolo iubente, cessit Ansegiso, at eum statim præcessit in Concilio Trecensi, vnde sequitur Ansegisi primatum breuem admodum fuisse, quod Joannis 8. Epist. 31. ad Episcopos Galliæ clariùs adhuc testatur, quæ sic incipit. *Hincmaro Archiepiscopo Remensi, Ansegiso Archiepiscopo Senonensi &c.*

Ceterùm cùm sextæ sessioni apud Pontigonem interesse noluissent Episcopi Gallicani, septimâ interpellati de obedientia præstanda Ansegiso Senonensi, Respondent ita se ei obedituros, quemadmodum sui antecessores eius prædecessoribus regulariter obedissent, Octauâ demum ( cui solemni habitu interfuerunt Imperator, & Augusta Richildis ) post renouatam frustra de Primatu Ansegisi quæstionem, finis impositus est synodo, cum solitis acclamationibus.

Post hæc legit Odo Belgiuagorum Episcopus quædam Capitula à Missis Apostolicis, & ab Ansegiso, sine conscientia synodi, nullam vtilitatem habentia, & ob id à veteribus omissa, sed quæ nuper ex codice Sancti Remigij edita sunt, quibus conqueritur synodus quòd Ludouicus spretâ monitione sibi factâ nè inruptionem faceret in regnum fraternum, hostili tamen manu tyrannico more cuncta depopulando vastasset, vnde censuram quam domnus Apostolicus super nefandissima prædicti Regis acta & Complicum eius, nisi resipuerint, statuerat, vnanimi Patrum consensu firmat atque decernit. At quòd prædictâ vastatione, Diœcesis Remensis presertim, pessumdata fuisset, Deputati ab Ecclesia Remensi sequentem synodo expostulationem aduersus Ludouicum obtulerunt.

HINCMAR.
XXXIII.
ARCHIEP.
*An.876.*
*Pontigo nomen pagi Catalaun. qua Lingonas spectat.*

*Ansegisus hic fuerat Rem. Diœcesis Monachus Frod.l. 3. cap. 23.*

*Ex Aimoino.*

*Annales Bertiniani.*

*Libellus proclamationis Ecclesiæ Remensis aduersus Hludouicum Regem, Carolo Imperatori oblatus in synodo Pontigonensi.*

*Paternis magisterij instruimur, vt si quæ majora negotia, vel majores causæ exortæ fuerint, ad sedem Apostolicam, prout auctoritas docet, & mos antiquus obtinuit, semper referantur. Ideóque; quia Imperialem excellentiam vestram synodo præesse, & vicarios sedis Apostolicæ præsto nobis adesse gaudemus, calamitates, & miserias Ecclesiæ nostræ, ac filiorum nostrorum, quas hoc anno ab Hludonico Rege, itémque Hludouico*

*HINCMAR.*
*XXXIII.*
*ARCHIEP.*
*An.876.*

*douico filio eius; & complicibus eorum, cædes videlicet, & homicidia, adulteria, fornicationes, rapinas, sacrilegia, & cætera flagitia, quæ nullus enumerare potest, Ecclesia nostra perpessa est, vestræ serenitati innotescimus, obsecrantes, vt pro Dei omnipotentis amore, & pro ingenita vobis benignitate, ac pro ministerio imposito, nobis & Ecclesiæ nostræ, ac filijs nostris secundum promulgatam omnibus vestram sapientiam, consulatis pariter, ac succurratis: nè de cetero talia, ac tanta mala Ecclesia nostra, ac regnum patiatur, qualia hactenus passum est.*

His subijcitur iuramentum Carolo imperante ab Hincmaro extortum, quodque apud Pontigonem edere iussus est ( Pithæus generale omnium fidelium sacramentum vocat ) quasi ab omnibus exactum fuerit, est autem eiusmodi.

*Sic promitto ego, quia de isto die in antea isti seniori meo, quamdiu vixero, fidelis, & obediens, & adiutor, quantumcumque plus, & meliùs sciero, & potuero, & consilio & auxilio secundum meum ministerium in omnibus ero, absque fraude, & malo ingenio, & absque vlla dolositate, vel seductione, seu deceptione, & absque respectu alicuius personæ. Et neque per me, neque per missum, neque per literas, sed neque per emissam, vel intromissam personam, vel quocumque modo, ac significatione contra suum honorem, & suam, Ecclesiæ, atque regni illi commissi quietem, & tranquillitatem atque soliditatem machinabo, vel machinanti consentiam. Neque vnquam aliquod scandalum mouebo, quod illius præsenti, vel futuræ saluti contrarium vel nociuum esse possit, sic me Deus adiuuet, & ista sancta patrocinia.*

Cur verò ab Hincmaro fideli, hoc tempore, postulatum sacramentum? an ob recens regiæ additam imperialem dignitatem? an quòd tanto conatu Hincmarus obstitisset primatui Ansegisi, quem Carolus in gratiam Pontificis promouere nitebatur? vel certè quòd auctor fuerit alijs Episcopis, Carolo absente, Ludouicum Regem è Germania venientem, amicè suscipiendi, Lectoris esto iudicium.

*Vide Hincmari Epistolam ad Diœcesis Remensis & regni Primates.*

Ceterùm idem Hincmarus in libello ad Carolum Imperatorem, quem Patri Sirmondo debemus, singula iuramenti huius membra, vt inepta, & aliena exagitat, queritúrque à se post tot annos requisitum, cùm satis esse deberet professio quam vt Archiepiscopus ediderat. *Piæ* (inquit) *memoriæ Pater vester ab Episcopis, qui vel voluntarij, vel inuiti in sua deiectione consenserunt, sed nec ab ipso Ebone, qui auctor, & incentor ipsius deiectionis duntaxat inter Episcopos fuit, non aliud sacramentum nisi libellos professionis à se subscriptos, quos ego habeo, requisiuit. Et à me qui ante professionem, & subscriptionem, & post professionem & subscriptionem, professa, & subscripta per tot annos à iuuentute vsque ad hanc senectutem seruaui, nunc iuramentum aliud non debuisset requiri. Sed non mirum est, si per bajulos inuidiæ sine causa animus benignitatis vestræ commotus, nunc à me requirit, quod nec Pater vester in vita sua, qui mihi per octo circiter annos scripta sua indubitanter*

## HISTORIÆ. LIB. III. 471

bitanter credidit, requisiuit, nec vos per triginta & sex annos hactenus requisijstis.

Ex Capitulis apud Carisiacum ann. 877. 18. Calend. Julias indict. 10. constitutis, patet Carolum Remos post prædictam synodum redijsse, quod & annales Bertiniani testantur, & charta de Nouilliaco, quæ, eo Romam profecto, Donati & Landradæ filijs, Richilde reginâ, & Ludouico filio conniuentibus data fuerat. Hincmarus de ijs quæ ibidem gesta sunt ad Ludouicum Balbum sic scribit. *Vos scitis quia Pater vester priùs de constitutione vestra post illum, in regimine regni disposuerit*, vnde & in placito apud Carisiacum, *Est etiam professio* (inquit) *quam Remis de vestra fidelitate, & de regni vestri dispositione, ac defensione, & de vxore vestra; & de filio vestro quem habetis, & quem habebitis, si Deus alterum dederit, professi sumus.* Item & cap. 12. Rex ita statuit, *Si nos in Dei, sanctorúmque ipsius seruitio mors præoccupauerit, Eleemosynarij nostri (secundum quod illis commendatum habemus) de eleemosyna nostra decernent, & libri nostri, qui in thesauro nostro sunt, ab illis, sicut dispositum habemus; inter S. Dionysium, & Sanctam Mariam in Compendio, & filium nostrum dispertiantur; id est, Hincmarus Veneralis Archiepiscopus, Franco Episcopus, Odo Episcopus, Gozelinus Abba, Arnulfus Comes &c.*

Ex quibus infero Hincmarum tunc redijsse in gratiam, & magni Eleemosynarij, Archicancellarij quoque dignitate à Carolo insignitum, cùm iterum in Italiam proficisci statueret, vnde, eo profecto, idem Archiep. dedit operam nè motus orirentur, scripsítque ad Gozelinum, vt Bernardum Aruerniæ Comitem auerteret à foedere, quod Principes inierant aduersùs Imperatorem.

Ecclesiâ Laudunensi per Hincmari junioris exauctorationem Pastore viduatâ, Clerus totius diœcesis, simul & plebs Hedenulfum iuxta Canonicas regulas à se electum Metropolitano præsentarunt, vt eorum vota comprobaret, electionis decretum Coluenerius in appendice ad Frodoard. edidit, cuius hic tenor est.

*Decretum Cleri Laudunensis de Hedenulfo Electo Episcopo.*

*Domino Reuerentissimo, & Sanctissimo Hincmaro Archiepiscopo, ceterísque nostra diœceseos sanctis Patribus, & Episcopis, Clerus Laudunensis cum totius parœciæ plebibus, & sibi conjunctis Præsulibus, æternam in Domino JESU CHRISTO salutem, & pacem. Canonicis regulis, & Apostolicis institutionibus statutum esse recolimus, vt quoties quælibet Ciuitas ministerio Pontificalis dignitatis caruerit, proprióque Pastore vacauerit, cum decreto electionis, singulorum petentium manibus roborato, Metropolitanum adire Pontificem debeant, & de substituendo in loco eius qui decessit Pastore petitione supplici commonere: quatinus & Ciuitas sollicitudine Pastorali destituta proprio recuperetur Pontifice, & qui ordinandus est, gratiosiùs possit accedere; quia cui debet ab omnibus obediri,*

HINCMAR. XXXIII. ARCHIEP.
*An.*877.
*Hoc anno Ludouicus Rex Germaniæ frater Caroli Calui obyt, reliquítque Ludouicum juniorem, Carolum Crassum paulo post, Imperatorem, & Carlomannum Patrem Arnulfi Imperatoris.*

Cap. 4.

*Hincmarus Cancellarius Caroli vocatur in historia Ducum Vasconiæ fol. 22.*

obediri, vtique debet, & ab omnibus eligi: nè Ciuitas non optatum Episcopum aut contemnat, aut oderit, & fiat minùs religiosa quàm conuenit, cui non licuit habere quem voluit. Hi verò qui ordinaturi sunt, in quem viderint omnium vota propensiùs concordare, protinus liberiúsque illi manus imponere possint. Quapropter cum decreto nostræ Electionis manibus singulorum nostrorum corroborato ad paternitatem vestram accedentes, Hedenulfum Ecclesiæ nostræ filium, & in Ecclesia nostra suffragantibus stipendiorum meritis ad onus vsque sacerdotale promotum, vitâ & moribus, ac sanctâ conuersatione idoneum approbatum, quem per licentiam vestram, fauente Christianissimo Imperatore Carolo, pari consensu, ac concordi deuotione, atque vnanimâ voluntate elegimus, per manus vestras, & cæterorum vestræ diœceseos Sanctorum Episcoporum consecrari, nobísque & Ecclesiæ nostræ doctorem atque Pontificem institui imploramus, precamur, & petimus. Eligimus autem eum nobis fore Pastorem, quem Apostolicæ formæ, qua Episcopum ornatum B. Petrus esse debere demonstrat, congruere, & sacris non obuiare canonibus, Christi gratiâ cooperante, confidimus. Oramus Sanctam paternitatem vestram nunc, & semper in Christo bene valere. Actum 5. Kalend. Aprilis in Basilica S. Mariæ genitricis Dei, & Domini nostri JESU CHRISTI, anno Incarn. eiúsdem Domni nostri JESU CHRISTI 877. regni Domni Caroli Imperatoris 37. ac Imperij 1. indict. 9.

Decreto huic præponi debet Joannis Papæ Epistola, quâ jubetur, vt Episcopum idoneum, & in quo omnium vota consentiant, Hincmarus Archiepiscop. viduatæ Laudunensi Ecclesiæ præficiat: at hanc supra reddidimus, quamuis ex indictione quidam ad annum 876. vtrumque remittant.

Nouis per hos dies Beati Memmij primi Catalaunensis vrbis Episcopi sepulchrum inclaruit miraculis, Deo Sanctitatem eius attestante, quò debitus honor sacris eius Reliquijs impensiùs ab incolis redderetur. Hactenus enim per plures annorum centurias hæ humi defossæ latuerant, quamuis manicæ, & furcularum ingens numerus, vincula quoque seu catenæ meritorum eius indices ad tumulum appensæ, cunctis apparerent ex Gregorio Turon. & Fons aquæ viuæ ex eo prodierit sub Dagoberto, cùm nimius solis ardor viciniæ riuulos exsiccasset: vnde cùm inclyti Tutelaris memoria in cultu esset, miraculorúmque signis admodùm clara, Carolus Rex, ad cuius aures hæc dudum peruenerant, iubet vt corpus è tumulo extractum in eminentiori loco poneretur, quò omnibus deinceps esset venerationi. Cùm inter Canonicos, Teudonius præsertim pietate spectabilis sedulam ad id nauaret operam, humúsque ad aliquot pedes effossa esset, lapidea quædam & quadrangularis crypta reperta est, & in ea feretrum plumbeum sex circiter pedum longitudinis, nullis innixum fulcris, sed penitus libratum in aëre, quasi humus hoc miraculo se indignam fateretur tam præclaræ dignitatis gazam contingendi. Teudonius qui præsens

præsens aderat, hócque prodigium cum socijs miratus est, scripto  HINCMAR.
posteritati mandandum censuit, missísque ad Almannum Altiuillaris  XXXIII.
cœnobij Monachum literis, rogat vt pro sua sagacitate, erat enim inge  ARCHIEP.
nio solers & facundiâ celebris, B. Memmij vitam, gestáque in vulgus  An.877.
prodere velit, de miraculo, quod nuper claruerat, in Epistola sic disserens.

*Noueris quòd non absque occulta diuinæ dispositionis ratione accidit, ablato Mausoleo, & aggere terræ semoto, perlustrasse nos Beati Memmij sepulchrum in quadrangula & cæmentaria pretiosi corporis fossa, & hoc est factum iussu Karoli anno ab Incarnatione Domini octingentesimo septuagesimo octauo, octauo Calend. Aprilis; quæ fuit quarta feria ante mediam quadragesimam, eiúsque Sanctum Sepulchrum est inuentum, minimè ex vlla parte hærere ad terram, sed virtute Omnipotentis Dei, & apud quem merita tanti Patroni refulgent; in ipsa fossa velut libratum in aëre pendere quatuor digitis à terra, quo miraculo stupefacta mortalium corda depromunt dicentes, ô quàm magno pietatis studio cœlesti vitæ se conformem reddidit, dum vixit in terra, cuius nunc tanta est gloria in cœlo, vt eius sepulchrum, nedum corpus tangere, indignam se fateatur terra &c.*

Almannus piâ Teudonij suasione pellectus, B. Memmij vitam describere aggressus est, stylo sat eleganti, & candido, omnium quæ extant, vetustissimam, meminítque in ea prodigij fideliter ac ingenuè relati à Teudonio, quod Caroli Regis anno vltimo contigisse necesse est, & non eo tempore quo Trecis Joannes Papa concilium habuit, cùm tunc Carolus è viuis excessisset.

*Ludouicum cognomento Balbum Hincmarus vngit compendij; interest Concilio Trecensi vocatus à Joanne VIII. in quo Hincmarus cæcus porrecto reclamationis libello, licentiam obtinet Missam celebrandi.*

## CAPUT XXXVIII.

SArracenis Apuliam ingressis, ac totam penè Italiam armis infestantibus, Joannes Papa Carolum monet auxilium ferre Vrbi periclitanti. Hic susceptis Compendij legatis, generalem conuentum habuit Calendis Junij, in quo disposuit de regni gubernatione, tum proficiscens in Italiam, paulò post ex insperato accidit, vt pridie nonas Octobris veneno potatus anno Imperij II. excesserit. Extat cuidam Bernoldo facta visio de statu animæ Caroli post mortem in MSS. Sanctorum Remigij, & Nicasij, quam nuper R. P. Sirmondus ex codice Hariuallensi edidit, qui graui depressus ægritudine, adeò vt vix halitum haberet, se duci visus est in latebrosam specum, obscuram, & fœtidam, è qua

*Legitur etiã apud Frod. l.3.c.18.sed cõtracta, vbi & descripta fuisse ait ab Hincmaro, ac per diuersa loca missam.*

lucidus

HINCMAR. lucidus ex opposito locus apparebat, amœnus, & sparsus odoribus;
XXXIII. & in specu Carolum se vidisse narrauit, limo demersum ex sanie putre-
ARCHIEP. dinis eius, & tot opertum vermibus, vt nihil in eo, præter neruos, &
*An.*877. ossa, restaret. In hoc lugubri statu, pro solatio Carolum petijsse ab eo,
vt lapidem capiti eius supponeret, nuntiarétque Hincmaro Archiepiscopo se his plecti supplicijs, quòd consilia eius viuens fuisset aspernatus:
fiduciam tamen se habere in illius orationibus, fidelíumque suorum, quò
ab his pœnis ereptus, in locum lucis & quietis, quem ex aduerso cerne-
bat, citiùs transferretur.

*Cúmque sciscitaretur quis locus esset, vnde lux resplendebat, audiuit
sanctorum esse requiem: & conatus propiùs accedere, vidit hominum
inibi multitudinem diuersi ordinis in albis vestibus collætantium, &
quædam sedilia lucida, ingressus deinde cùm esset Ecclesiam, reperisse in
ea visum ipsi est Hincmarum Episcopum præparatum cum Clericis, vt
Missam celebraret, dixítque ei quòd Karolus mandauerat: mox regressus in locum, vbi iacentem Regem viderat, inuenit eum in loco
lucido sanum corpore, & indutum regijs vestibus &c. similia ferè retulit Beda lib. 5. histor. Anglor. c. 13. Lupoldus, & Vincentius in speculo citati à Coluenerio, Sanctus quoque Bonifacius Epist. 12. & Serrarius in notis ad eamdem de visione hominis rediuiui.

Ludouicus Caroli filius, & hæres accepto nuntio de morte patris Primores quos potuit, festinatò sibi conciliauit, dans eis Abbatias, Comitatus, & villas: discurrentibúsque nuntijs pro inauguratione promouenda, Richildis ad Regem Compendium venit, præceptum ei adferens per
quod pater suus regnum ante mortem illi tradiderat, & sphatam, quæ vocatur Sancti Petri, per quam eum de regno reuestiret, regium item ve-
stimentum, coronam, fustem ex auro, & gemmis, sícque sexto idus
Decembris, consensu omnium, consecratus, coronatúsque est in Regem ab Hincmaro Remensi, vt in actis prædictæ coronationis videre
est apud Aimonium, quibus adijciuntur Episcoporum postulationes,
*In notis ad* Ludouici promissio, & cæremoniæ ab Hincmaro, vt verisimile putat
*Capitulari.* Sirmondus, cùm Reges Reginásque coronaret, conceptæ, quas posteri
*fol.* 119. secuti sunt.

His rite peractis, ad Ludouicum de regno bene disponendo,
Epistolam scripsit Hincmarus, quæ extat adhuc integra, cum alijs quas
nuper edidit R. P. Sirmondus, quo etiam tempore alia prolixior scripta
videtur ab eodem ad Episcopos Franciæ, pro noui Regis institutione,
in qua primò docet, mundum duplici potestate regi, Pontificiâ, & Regali: Episcoporum, & Regum, & omnium qui alijs præsunt officium
esse, Canones & leges non ignorare, & iustitiam colere. Deinde
ex Beati Adelhardi Abbatis Corbejensis Caroli magni propinqui, &
Consiliarij libello, copiosè exponit, quis ordo, & modus in Palatio
regio, & toto regno administrando olim fuerit vsurpatus, tum omnia
officia palatij describit, ac demum declarat, quibus rebus pax regnorum

rum conseruata fuerit, nempè binis annuis Comitijs, & eorum Con- HINCMAR.
siliariorum delectu, qui nihil Deo, suæ saluti, Regis, & regni in- XXXIII.
columitati anteponerent. ARCHIEP.
An. 878.

Hic etiam inclytus Præsul Hincmarus, cuidam synodo in Neustria præfuit, vbi querelæ expositæ aduersus Hugonem Lotharij defuncti Regis filium nothum, qui auditâ morte Caroli, collectâ factiosorum manu, Ludouici regnum magnopere infestabat; à quo & delatus est: Hincmarus Præsul, synodi mandato; ad Hugonem literas scripsit, *Agit de ijs* quibus post multa egregia monita excommunicationem comminatur *Frod. lib. 3.* nisi resipiscat. *c. 18. & 25.*

Caroli obitu, Joannes Papa se auxilio destitutum sentiens, quò seipsum à Sarracenis, jam jam vrbem ingressuris faciliùs liberaret, summo Christianorum dedecore tributi pensitatione eos placare statuit: tot præterea ciuilibus bellis à Lamberto Comite Spoletano nequiter excitatis erat fatigatus, vt Romæ cùm tutus non esset, in Galliam necessariò proficiscendum cogitarit, quod anno sequenti impletum est, prædicto Lamberto, & Adalberto Marchione Tusciæ Romam validâ manu ingressis; & pessimè quotquot Clericorum repererunt habitis. Joannes igitur nauem conscendens Arelatum peruenit die Pentecostes, vlteriúsque intra Galliam progrediens, ad Metropolitanos, Hincmarum Remensem, Ansegisum Senonensem, Frotarium Bituricensem, & alios literas dedit, quibus ad generalem synodum Trecis celebrandam omnes iussit adesse. Inter has, peculiaris extat ad Hincmarum, quâ spondet se nihil negotij tractaturum, donec præsens adfuerit.

### HINCMARO VENERABILI ARCHIEPISCOPO.

*Fama tuæ fraternitatis longo exacto jam tempore bonâ notitiâ nos quoque celeberrimè lætificauit: quantóque te desiderio contemplari cupimus, explicare verbis nullatenus possumus, præsertim cum causa exigendæ vtilitatis Ecclesiasticæ petere has partes decreuerimus; quapropter præsentiam religiosæ sanctitatis vestræ diu desideratum miramur à nobis hactenus dilatari. Vnde Apostolicâ atque paternâ auctoritate monemus, ad synodum præsentem, quam Deo auctore Trecis sumus celebraturi absque mora cum cunctis suffraganeis Diœceseos vestræ studeatis occurrere. Ad locum prænominatum iterum, iterúmque hortamur, omni postpositâ tarditate, quantocius properate venire, quoniam antequam ipse nobis carior, atque vtilior veneris, Sanctarum Dei Ecclesiarum causas tractare differimus. Tantùm monemus, rumpe moras, & satage properare celerrimè, atque agiliter. Data 4. Idus Iunias indict. 11.*

Conuenerunt igitur Episcopi Trecas constitutâ die mensis Augusti, in *Cum Episcopis Galliarū* qua synodo ab omnibus approbata est excommunicatio, quam idem *& Belgicarū* Pontif. Romæ promulgarat aduersus Lambertum, & Adalbertum grassa- *Ioannes concilium egit* tores, nec non in Formosum Episc. Gregor. nomenclatorem, & Com- *Aimoin. l. 5.* plices. Actione primâ post allocutionem Pontificis de Lantberti in Ro- *cap. 37.*

manam Ecclesiam crudelitate conquerentis, Hincmarus omnium primus inter Gallos sic respondit.

*Secundùm sacros Canones, spiritu Dei conditos, & totius mundi reuerentiâ consecratos, quos Apostolica sedes per Beatum, & Dominum nostrum Papam, & Sancta Romana Ecclesia, omnium Ecclesiarum mater, priuilegio Sancti Petri damnat, damno, quos Anathematizat, Anathematizo, quos excommunicat, excommunicatos habeo, & quos priuilegio Beati Petri receperit, & ego recipio, & quod in omnibus, secundùm Sanctarum Scripturarum tramitem, sacrorúmque Canonum decreta, sedes Romana tenet, per omnia, & in omnibus pro scire, & posse meo, iuuante Domino, perpetuum prosequor, & teneo.*

Septimo die ante idus Septembris à Joanne Papa Ludouicus coronatur, qui & eumdem Papam opiparé excepit in domum suam, petiítque vt vxorem suam in Reginam coronaret, sed non obtinuit; sunt qui hac secundâ vice Ludouicum vt Imperatorem coronatum putant, at ipsemet Pontifex Epist. 87. dicit tantùm in proauis Imperij infulas suscepisse, vnde in vita Sancti Gundulfi de eo sic legimus. *Decedente glorioso Rege Carolo Caluo, regnum quoque eius à sua Celsitudine corruit, nullus námque post eum Imperium tenuit Romanorum, eius filius Lodouicus cognomine Balbus tantùm regnum obtinuit Francorum, tunc Bajoariorum surrexit regnum, apud quos hactenus constat Imperium Romanorum.* Et in Chronico Besuensi, *Ludouicus Patris in solio successit biennio vix regio nomine vtens.*

Junior Hincmarus, quem depositum vidimus in synodo Duziacensi, Summo Pontifici, antequam concilium solueretur, supplicem libellum obtulit, in quo injurias sibi à Patruo illatas, validiori quâ potuit oratione, exagerat his verbis.

*Reclamatio, & proclamatio Hincmari, qui quondam praerat Ecclesiae Laudunensi.*

Domine, & summe pater patrum, & rector Pontificum, Joannes nomine, & meritis vocate, audi vocem proclamationis meæ, & exaudi vocem deprecationis meæ, compassus causæ calamitatis meæ.

1. A Remorum Archiepiscopo ad synodum sum vocatus. 2. ad Duziacum villam, quam constituit hebdomadâ primâ mensis Augusti,& monuit me de certis causis paratum esse ibidem vt responderem, ad quam cùm festinassem, violentiâ hostili 3. in medio itinere segregatus sum ab ouibus meis, priuatus sum, & spoliatus omnibus rebus meis, perductus sum

*Interest veritatis, & iustitiæ vt saltem primam partem proclamationis Hincmari ad Ioannem, conferat lector cum cap. 4. Actorum synodi Duziacensis, quem edidit facundissimus Cellotius S.I. Presbyter: Ex his enim apparet quanta in ea sint corruptela, quarum aliquot ad marginem reiecimus.*

1. *Hic Metropolitanum suum vocare non audet, nec vult Auunculum.*
2. *Non Metropolitani tantùm, sed pluribus regis literis toties venire iussus est.*
3. *Si quæ vis fuit, non à Metropolitano, sed à Rege profecta.*

ab eifdem hoftibus vfque ad præfatam villam.

4. In qua cùm confifterem. 5. Jam ftabat Rex Carolus ante ipfum Archiepifcopum meum. 6. tenens in manu fcripturam, reputans me effe perjurum, quia Romam fine fua voluntate miferim, & imputans quòd eum accufauerim.

7. Ad quæ idem Archiepifcopus me refpondere iuffit, cui ego refpondi, quia pro his, de quibus me admonuerat in eadem fynodo effe paratum vt refponderem, paratus eram fcriptis refpondere.

8. Quæ fcripta præ manibus tenui, fed ipfe non permifit vt fynodus fcripta mea fufciperet.

9. Quia fibi dari iubebat, fed ego fufpecto dare nolebam.

10. De Clerico autem meo nomine Bertario, quem fubitò requifiuit, fed requifitus non adfuit. 11. Refpondi quia ipfi homines mecum veniebant, qui eum comprobaturi effent, fi eis venire licuiffet.

12. Sed idem Archiepifcopus de his nihil me poftea appellauit, fed ad accufationem Regis me refpondere iterum atque iterum præcipiebat, & Ego reclamaui, quia non docebat canonica auctoritas nudatum, & fuis rebus fpoliatum, infuper & ab hoftibus detentum, refpondere vllatenus debere. Sed & addidi, quia non folùm fufpectum, fed manifeftiffimè illum infeftum habebam, vnde & Apoftolicam fedem appellaui pro amore Dei, & honore Sancti Petri, tam de ipfa accufatione Regis, quàm de præjudicio quod ab ipfo patiebar Archiepifcopo.

13. Legi manibus tenens auctoritates Julij Papæ, & Felicis Papæ, vid. ea quæ ipfi in eis præfigunt de appellationibus Epifcoporum, quæ mihi feruari appellando fedem Apoftolicam proftrato corpore expetij; fed nihil horum mea petitio obtinuit, fed neque literæ Apoftolicæ quas mihi præfentialiter dederat, quoniam me vocabant, vt procraftinando venire non differrem, fi ftatus mei ia-

HINCMAR. XXXIII. ARCHIEP. *An.*878.

4. Inuitatus fex legationibus, & citatus.

5. Quafi iam primùm effet inchoata fynodus.

6. Ex omnibus articulis vnum delegit, quem fcil. inuidiofiffimum, miniméque Romani faporis, atque illum ipfum malitiosè prauat.

7. Imò verò in actis Concilij Duziacenfis præcisè negat fe refponfurum.

8. Legiffe acta teftantur, & inter cætera Felicis verba de appellatione, & fi rotulam integram non perlegit, non à Metropolitano, fed à fynodo interpellatus eft, vt ad objecta refponderet.

9. Petita, & recufata ad eum modum fcripta, in Actis Concilij non leguntur.

10. Bertarium ne nominant quidem acta, fed Haimeraldum.

11. Huius refponfionis ne apicem quidem acta præferunt.

12. Hic tandem vera loquitur.

13. Id iamdudum factum acta narrarunt, deinde quæ ab obftrepente forfan repetita, probant Metropolitano per omnia fecundum facros Canones fubjectum effe debere.

cturam

cturam sustinere non vellem, quicquam præualuerunt.

14. Iudicium præfatus Archiepiscopus super me imposuit, vt ab Episcopali remouendus essem officio.

15. Sed alij gemebant, flebántque, inter quos nullum merebar pati inimicum.

16. Scripta quidem ab eodem Archiepiscopo ipsis imposita manibus tenentes, sed ore proferre nolentes inuiti vix verba singultiebant.

17. Aditum tamen ad sedem Apostolicam minimè sperantes mihi posse denegari, vnde, saluo per omnia sedis Apostolicæ iudicio, ipsi lectionis finem terminauere.

18. Post hæc transmissus sum in exilium, in quo per duos annos sanus, sed aliquanto tempore ferro vinctus custoditus sum, duobus annis fermè peractis insuper cæcatus sum, & vsque modo retentus, ad vos, & ad vestræ pijssimæ serenitatis præsentiam, mox vt venire dimissus potui, protinus accessi.

Nunc autem vestram clementiam suppliciter exoro, à vestra summa paternitate parari de me æquitatis iudicium, cui secundum Canonicam institutionem, & decreta Romanorum Pontificum, reseruatus, & seruandus sum, & fueram, quod ob amorem Dei, & venerationem Beati Petri, apud vestræ paternitatis pietatem obtinere efflagito, tum pro multitudine miseriæ meæ, tum pro magnitudine pietatis vestræ, quæ accendatur clementissimi Redemptoris amore, qui me proprio acquisiuit sanguine, & qualemcumque sancto suo sacrauit munere.

14. Auditis viginti circiter Archiepiscopis, & Episcopis illud decernentibus.

15. Quò iustius, sinceriúsque illorum iudicium fuisse confitetur.

16. Tanquam de puer, loquitur, etiamne Remigius Lugdunensis, qui tum aberat, postea relegens, & subscribens fleuit, & singultijt?

17. Si ex ea clausula rectè colligatur alios appellationem comprobasse, quare hic Metropolitanus solus impediisse censetur? Si formulas cæteras dictauit, probabile est prædictam clausulam ad singulorum sententias, & consilio, & voluntate Hincmari præsidentis additam fuisse, quòd eam in decretis Pontificum legeret, & Canonibus, quos summopere venerabatur.

18. Excæcationem hic cùm in Metropolitanum non reijciat, certissimè ac merito opinamur à iustitia ciuili fuisse inflictam, à qua etiam in custodia per aliquot annos ipse detentus est.

Quidam, auditâ hac lugubri queretâ à summo Pontifice, censent iuniorem Hincmarum in suam sedem ab eo restitutum fuisse, vt Baronius ex Aimoino lib. 5. c. 37. & P. Pithæus in summario Comitum Campaniæ, ex fragmento historiæ Francicæ apud And. du Chesne tom. 7. fol. 336. Adonis Chronici auctor sat obscurè loquitur, aitque Hincmarum Episcopatu donatum fuisse, quasi exclusus à Laudunensi, ad alium Episcopatum transierit.

At Annales Bertiniani clarissimè referunt permissum tantùm ei fuisse celebráre Missam, & partem redituum Episcopatus in solatium ipsi assignatam. *Post excommunicationem Hugonis* ( inquiunt ) *vim facientibus quibusdam Episcopis, & consentiente Rege, dixit Papa Ioannes,*

## HISTORIÆ. LIB. III.

*ut Hedenulfus suâ auctoritate ordinatus Episcopus sedem suam teneret,* HINCMAR. & *Episcopale ministerium ageret, & Hincmarus cæcus si vellet, Mis-* XXXIII. *sam cantaret, & partem de rebus Episcopij Laudunensis haberet : &* ARCHIEP. *cùm Hedenulfus apud eumdem Papam peteret, ut eum ab illa sede ab-* An.878. *solueret, dicens se esse infirmum, & velle intrare Monasterium, hoc obtinere non potuit, sed præceptum est illi ab eo consentiente Rege, atque Episcopis, Hincmari fautoribus, ut sedem suam teneret, & Episcopale ministerium ageret. Qui fautores Hincmari, audientes quòd Papa Joannes dixerit, ut, si vellet Hincmarus cæcus Missam cantaret, insperatò aliarum Prouinciarum Episcopi, sed & aliarum regionum Metropolitani, sine præceptione Papæ, Hincmarum vestimentis sacerdotalibus indutum in præsentiam ipsius Papæ adduxerunt, indéque sublatum cantantes in Ecclesiam illum duxerunt, & signum benedictionis super populum dare fecerunt, sicque synodus soluta est.*

Quæ omnia probant Hincmarum cæcum partem de rebus Episcopij retinuisse ex Pontificis decreto, Edenulfum verò quoad vixit habitum fuisse pro legitimo Laudunensi Episcopo, imò, quod mirum est, ambo, forsan quòd Hincmarus particeps esset redituum, Episcopi Laudun. titulo gaudent apud Frodoard. lib. 3. cap. 23. his verbis, *Item Waltero,* Edenulfus, *Gisleberto, & Angeluino Episcopis, ut conuenirent secum* (cum Hinc- hic visitatoris officio in *maro Remensi*) *ad peragendam iussionem præfati Papæ Joannis inter He-* Camerâ ele*denulfum, & Hincmarum Laudunenses Episcopos.* Prædictus Hedenul- ctione fungebatur. Vifus Metropolitani mandato, dedit operam, ut post obitum Joannis Ca- de Sirmond. meracensis Episcopi, alius canonicè subrogaretur an. 878. & eodem He- to. 2. Concil. denulso è viuis erepto 880. apud Richildem Reginam Hincmarus Rem. pro sufficiendo successore laborauit.

Hincmarum Remensem posthæc, quidam criminati sunt apud Joan- Frod. lib. 3. nem Papam, quòd nollet auctoritatem recipere decretorum Pontificum cap. 21. sedis Romanæ, at hic conuiciatores suos in synodo Tricassina egregiè refellit, & adhuc posteà in Apologetico, asserens & se decretalia Pontificum Romanorum à sanctis Concilijs recepta, & approbata recipere, & sequi discretè, prout sunt sequenda. Etenim cum acris disceptatio ei fuerit cum Hincmaro Laudunensi, qui ex antiquis decretalibus probare nitebatur se nullam Metropolitano debere obedientiam, tantùm abest, ut earum auctoritatem exsufflarit, quin potiùs in eum aliquot harum allegat. Præsertim libro 55. Capitulorum cap. 15. vbi Clementis, & Anacleti citat Epistolas ; & cap. 20. *Apostolicæ* (inquit) *sedis Pontifices ante constitutiones sacrorum Conciliorum, etsi non fide sibi aduersâ, tamen stylo diuerso in suis Epistolis ad diuersos, pro diuersis causis emergentibus datis, de Episcopis statuere iudicia, considerantes qualitatem personarum, necessitatem rerum, & opportunitatem temporum &c.* Hinc certum est Hincmarum de Epistolarum antiquitate, nihil dubitasse. Immò nec de earumdem auctoritate, quamuis mens ipsius fuerit, eorum quæ in Concilijs definita essent, majorem præ illis habendam esse rationem.

R r r  Quod

*HINCMAR.*
*XXXIII.*
*ARCHIEP.*
*An.878.*

Quòd clarissimè demonstrat libro allegato cap. 25. vbi agnoscit ipse in ijs vtilia quidem præcepta contineri, sed pro ratione temporum quandóque immutata, & quoad quæ immutata sunt, posthabenda Conciliorum Canonibus. Vnde quòd sugillet alicubi collectionem Hincmari Laudunensis, non eò factum est, quòd vel fraudem in illis Epistolis subolfaceret, vel saltem eas contemneret, sed quòd Laudunensis decreta exinde collegisset, quæ nullius tunc roboris existerent, vtpotè per subsequentes synodos abrogata. Vnde subtiliter & acutè sic claudit laudatum Capitulum in Hincmarum Laudunensem, *Ecce habes secundum leges, & Euangelium plenitudinem testium testificantium de sequendis inconuulsè Concilijs, & de non studendis peregrinis assertionibus:* peregrinas vocans, cum Innocentio, *quia ex quo sacra Concilia in Ecclesia Catholica celebrari cœperunt, illa quæ suo tempore partim viguerunt, nisi quantum ex eis sacra Concilia assumenda viderunt,*

*Ibi agitur de libro collectionis Isidori, quem non Mercatori*

*ab Ecclesiastico vsu effluxerunt, quæ tamen retines, vt ad ea quæ adspiras libenter, transire possis in affectum cordis licenter, & à nullo coerceri, vel iudicari valeas regulariter.*

(vt vocant) tribuit Hincmarus, sed Hispalensi Epist. 7. apud Buzæum, scriptum námque est (inquit) in quodam sermone, sine exceptoris nomine, de gestis Sancti Siluestri excerpto, quem Isidorus Episcopus Hispalensis collegit, cum Epistolis Romanæ sedis Pontificum à Sancto Clemente vsque ad Beatum Gregorium.

---

*Nouis Regibus Ludouico & Carlomanno benè administrandi præcepta dat Hincmarus, pro Nouiomensi & Tornac. Episcopo eligendo egregiè decertat, synodum cogit apud Sanctam Macram, de cultu imaginum optimè sentit.*

## CAPUT XXXIX.

879.

Ludouicus Rex ann. 879. viuis exemptus, ex Ansgarde priore conjuge Ludouicum, & Carlomannum ex Adelaide verò Carolum posthumum cognomento Simplicem reliquit. Antequam expiraret, missis per Odonem Beluacensem Episcopum, & Albuinum Comitem coronâ, & spathâ, ac reliquo apparatu regio ad filium suum Ludouicum, mandat ipsis, qui ipsi familiares erant, vt absque mora cùm primùm egisset animam, coronaretur, quod, vt præceperat, accuratè perfectum est. Nam Hugo Abbas, & alij Proceres certiores facti aduentus Ludouici Germaniæ Regis Mediomatricum, quosdam Episcopos, & Ansegisum miserunt ad Ferrarias Monasterium, vt ibi Ludouicum, & Carlomannum defuncti Regis filios sacro oleo imbuerent, & coronarent.

Difficillimis igitur his temporibus, & Ludouico cum exercitu vsque ad Duziacum perrecto, Remis inauguratio celebrari non potuit,

potuit, nec ab Hincmaro infirmâ tunc valetudine, at horum is ele-　HINCMAR.
ctionem approbauit ex Frodoard. cap. 19. vbi de Tornac. Episcopi　XXXIII.
promotione verba faciens, *Ostendit qualiter in electionem eorum consen-*　ARCHIEP.
*serit, quando electi sunt ad regni principatum.* Et cap. 23. *Item pro*　An. 879.
*constitutione Regum filiorum Ludouici, vnde mandauerant ipsi Episcopi,*　Tunc Hinc-
*Abbates, & Comites qui cum ipsis erant, vt ad eos, literas, & Missum*　marum de-
*suum dirigeret, quòd & fecit &c.* An filij legitimi, vel naturales fue-　tentū infir-
rint, quidam dubitant : At hic legitimos agnoscit apud Frodoard.　ex Epist. ad
cap. 19. Gosleno dans rationem quare Ansgardim vxorem abjectam　Ludou. 3.
Ludouicum II. recipere non coëgerit, & Adelaidim ab eo retineri　pro Odoacro
non prohibuerit. Prædicti Reges Ambianis anno sequenti regnum　Beluac. ele-
paternum inter se diuiserunt iuxta Annales Bertinianos.　Idem asserūt
　　　　　　　　　　　　　　　　　　　　　　　　　　　　　　　　Annales
Interea loci Reynelino Tornac. & Nouiom Episcopo viuis subla-　Metenses.
to, de Successore eius inter Hincmarum, & Nouellos Reges graue　Vel Rage-
certamen exoritur, plerísque dictitantibus ex aula petendum esse Pon-　nelino.
tificem, quorum vt apud Reges cōnatibus obsisteret Hincmarus scriptis ad hos literis arguebat. *Non ex aula petendos gubernandis Episco-*
*patibus viros, Episcoporum graue onus esse, ipsis à Deo incumbere*
*subjectarum regimen animarum : haud facile mortalium mentes ad vir-*
*tutem inflecti, plus virtutis & pietatis, quàm opum & nobilitatis ad hanc*
*moderationem opus esse, ideóque non tam Regum sententiâ ex aulis, quàm*
*Cleri & populi voluntate ex schola virtutum petendos esse Pontifices :*
*vbi ex Canonum Ecclesiasticorum præscripto lecti fuerint Episcopi, cuncta*
*melius ex voto ad salutem cedere.*

Hæc aliáque id genus ad Reges scribebat Hincmarus ; Catalaunen-　Boso Richil-
sem Episcopum & Hugonem Abbatem eódem literis exciuit, illud　dis Caroli
etiam ingerens abs re vtriusque Ecclesiæ esse tamdiu carere Pastore,　vxorillæ frater
vbi Normanni, luporum instar, eorum Ouibus ingruerent. Igitur　Arduenna
Hincmaro stimulante, ad Hetilonem clerus populúsque Nouiomen-　Comes vxo-
sis aspexit, eúmque sibi dari Episcopum voluit : lætus eâ re Pontifex　rem duxit
animum & studium celeriter intendit ad eius consecrationem.　Hirmingar-
　　　　　　　　　　　　　　　　　　　　　　　　　　　　　　　　dem Ludo-
Sed mox ei ab Regibus vehementer obrogatum fuit, ideóque gra-　uici Germa-
ues injectæ sunt consecrandi cæremonijs moræ, quòd in Hetilonis　niæ Regis fi-
electione multa peccasse Hincmarum quidam arbitrarentur, indignè　liā, sitq, Rex
enim ferebant electionem ab ipso Archiepiscopo fuisse dispositam, in　Arelat. ann.
præjudicium regiæ potestatis : sauciauit grauiter hoc factum ingentes　879.
Hincmari animos, idque propter acribus ipse Reges literis incessit,　Frod. lib. 3.
quoniam sese facilem ijs ad obtinendum regni fastigium præbuisset.　cap. 19.

Haud debere se hoc in negotio ab ipsis constringi, aliud Regum esse
munus, aliud Pontificum ; penes Episcopos, non penes Regem ius
esse statuendi, qui Pontificio decore digni sint, quando, & quibus
modis ad eam dignitatem electi sacro imbuantur oleo, haud mediocrem apud Deum noxam contrahere, qui sanctis ad consecrandum
Episcopum ritibus adhibendis, moras tanto dispendio innecterent.

**HINCMAR.**
**XXXIII.**
**ARCHIEP.**
*An. 880.*

Et Abbatem Hugonem simili epistolâ perculit, addens nihil se aliud egisse quàm quòd annis quinque & triginta in tali negotio, præstiterit, igitur post diuturnam altercationem, obtinuit tandem quod vrgebat Hincmarus,& sacro Hetilonem oleo in Episcopum vnxit. Ob prædictam fortè altercationem, scripsit Meyerus ad an. 878. tunc temporis Episcopum primò Flandris concessum, eò quòd Flandri vnà cum Tornacensibus fuerint Nouiomagensi Episcopo attributi, at cur id dictum ab eo non explicat, nec verum est, cùm præter B. Eligium, Mommolinum, & alios, sanctus Immo Viromandensis, Tornacensis, & Nouiomensis præsul nominetur in charta Caroli Calui, fueritque Tornacensis Episcopatus, sub quo Flandri, cum Nouiomensi conjunctus, saltem à tempore Sancti Eligij.

*Extat hæc Epist. apud Andr. du Chesne tom. 2. huius meminit Frod. cap. 20.*

Belli ciuilis motus idem præsagiens Hincmarus, Carolo Regi recèns ad Imperium proueĉto parænetica scripsit Epistolam, quâ ei Gallicanam commendat Ecclesiam, vt eam penè collapsam restituat, regni dissidia tollat, tribuátque Francorum Regibus idoneos è regni Primoribus Consiliarios, qui doceant hos priuilegia Ecclesiastica tueri, sacerdotes venerari, diuinum implorare auxilium, orphanorum & pupillorum patrocinium suscipere, iustitiam in omnibus colere &c.

Ac vt ipse iam senex, quòd longo vsu didicerat ad Dei cultum Ecclesiæ, & regni optimam gubernationem spectans, scripto relinqueret, synodum apud Sanctam Macram cum suffraganeis, aliarúmque Prouinciarum Episcopis celebrauit, quæ extat in tomis Conciliorum, cuius hîc quædam Capitula subijcimus.

881. *Concilium apud Sanctam Macram, in loco qui dicitur Finibus Remensis Parochiæ, tempore Ludouici Regis, filij Ludouici Caroli filij, die 4. Nonas Apriles ann.* 881.

### TITULI CAPITUM.

I. Quòd distinctę sint potestas regia, & auctoritas pontificum.
II. Increpatio torporis, & negligentiæ sacerdotum ex sancto Gregorio.
III. De honore, cultúque Dei, & Ecclesiarum.
IV. De suscipienda cura Monasteriorum.
V. De rapinis compescendis, & pace restituenda.
VI. Admonitio ad Regem, & ministros reipublicæ.
VII. De præstanda per pœnitentiam emendatione.
VIII. Ad Regem, vt bonos deligat consiliarios.

### PRÆFATIO.

Diuersarum Prouinciarum Episcopi, quorum nomina tenentur subter adscripta, qui antè nequiuimus, diuersis occupationibus tam paganorum infestationibus, quàm prauorum Christianorum infectationibus

tionibus præpediti, nunc an. Incarn. Domi. 881. indict. 14. 4. Nonas **HINCMAR.**
Apriles maximâ necessitate compulsi apud Martyrium sanctæ Ma- **XXXIII.**
cræ in loco qui dicitur Finibus Remensis Parochiæ, in nomine Christi **ARCHIEP.**
conuenimus, ab omnibus qui iustè, & piè in communione Catholi- *An.*881.
cæ Ecclesiæ, quæ Christi est corpus viuere volunt, ea quæ sequuntur,
Domino mediante, obseruari decernimus, non noua condentes, sed
quæ à majoribus nostris secundùm tramitem sanctarum scripturarum
statuta, & à Christianis Imperatoribus, ac Regibus promulgata, &
vsque ad hæc periculosa nostræ infelicitatis tempora fuere seruata,
quasi lumina in malignorum operum tenebras, quæ excæcant diffiden-
tiæ filios, deuocamus; vt falce Sancti Spiritus, per diuinum ministerium nostri officij, pérque regiæ sollicitudinis potestatem, ac ministros
Reipublicæ, malè pullulantia rescindantur, & fructuosa Christianis
mentibus inferantur.

CAP. I. *Quòd distinctæ sint potestas regia, & auctoritas pontificum.*

Hæc námque sunt sacerdotalis officij, & regij ministerij, quia *Gelasius E-*
sicut in sacris legimus literis, duo sunt, quibus principaliter mundus *pist.* 10.
hic regitur, auctoritas sacra pontificum & regia potestas; Solus enim
Dominus noster JESUS CHRISTUS verè fieri potuit rex & sacerdos. Post incarnationem verò, & resurrectionem, & ascensionem eius
in cælum, nec rex pontificis dignitatem, nec pontifex regiam potestatem sibi vsurpare præsumpsit, sic actionibus proprijs, dignitatibúf-
que ab eo distinctis, vt & Christiani reges pro æterna vita pontificibus indigerent, & pontifices pro temporalium rerum cursu regum
dispositionibus vterentur: quatenus spiritalis actio à carnalibus distaret incursibus, & ideo militans Deo minimè se negotijs sæcularibus im-
plicaret, ac vicissim non ille rebus diuinis præsidere videretur, qui
esset negotijs sæcularibus implicatus. Et tanto est dignitas pontificum
major, quàm regum, quia reges in culmen regium sacrantur à pontificibus, pontifices autem, à regibus consecrari non possunt, & tantò grauius pondus est sacerdotum quàm regum, quanto etiam pro ipsis
regibus hominum in diuino redditurí sunt examine rationem, & tantò
in humanis rebus regum cura est propensior, quàm sacerdotum, quantò pro honore, & defensione, ac quiete sanctæ Ecclesiæ, & rectorum
ac ministrorum ipsius, & leges promulgando, ac militando, à regum
Rege est eis curę onus impositum. Et legimus in sacris historijs, quia cùm
sacerdotes in regimine regni reges vngebant, & diademata capitibus illorum imponebant, legem in manibus eis dabant, vt discerent, & scirent
qualiter se, & subjectos sibi regere, & sacerdotes Domini honorare debeant. Legimus etiam in sacra historia, quia Ozias rex presumpsit incensum ponere (quod non regij, sed sacerdotalis erat ministerij) leprâ est
à Deo percussus, & de templo à sacerdotibus ejectus, & in domo sua est
vsque ad mortem reclusus, &c.

*Vltimo*

*Vltimo Capitulo sic concludit.*

Tandem ad vos, Domine Rex dilectissime nobis, sermonem conuertimus, quia & isto temporali regno vos prosperari cupimus, & post istud regnum ad æternum peruenire desideramus. Sicut quidam nostrûm ab illis audiuit qui interfuerunt, Carolus magnus Imperator, qui regnum Francorum nobiliter ampliauit, & per annos quadraginta sex feliciter rexit, & sapientiâ tam in sanctis Scripturis, quàm & in legibus Ecclesiasticis, & humanis, reges Francorum præcessit, nullo vnquam tempore sine tribus de sapientioribus, & eminentioribus consiliarijs suis esse patiebatur, sed vicissim per successionem, vt eis possibile foret, secum habebat, & ad capitium lecti sui tabulas cum graphio habebat, & quæ siue in die, siue in nocte, de vtilitate sanctæ Ecclesiæ, & de profectu, ac soliditate regni meditabatur, in eisdem tabulis adnotabat &c.

Quid vobis sit agendum attendite, qui adhuc in ætate immatura estis, & tantos comparticipes, atque æmulos in ista particula regni habetis, vt nomine potiùs, quàm virtute regnetis. Quæsumus, cum consilio, & auxilio fidelium vestrorun, eligite qui vobiscum per singulos menses de vtroque ordine consiliarij maneant, quibus aurem & cordis, & corporis libenter accommodetis, quíque vos & Deum timere, & sanctam Ecclesiam ac rectores eius secundum sacras leges doceant honorare, & regnum ac fideles vestros secundum voluntatem Domini gubernare, & vestram domum, sicut tempore Antecessorum vestrorum fuit, quando benè fuit, illam vobis insinuent ordinare, nè vos illuc trahat necessitas, quò ducere non debet voluntas &c.

*Extat apud Cordesium fol. 603.*

Synodi apud sanctam Macram meminit Hincmarus Epistolâ ad Ludouicum Francorum Regem pro electione Beluacensis Episcopi, quâ Aulicos perstringit, qui, post concessam à Rege eligendi facultatem, dicebant clerum & plebem teneri illum eligere, quem Rex vellet aut iuberet. Res item Ecclesiasticas ita esse in Regis potestate, vt cuicumque voluerit eas dare possit, quod gloriosorum Caroli & Ludouici Imperatorum sanctionibus aduersari pluribus ostendit. Monet etiam ibidem & rogat prædictum Regem vt recordetur professionis suæ, quam in die consecrationis promiserat, & quam propriâ manu subscripserat coram Episcopis qui ei adfuerunt. Cúmque Hincmari fiduciæ subijcere se velle Rex scripsisset, & secundùm ab eo datum consilium regni iura componere, respondet in eadem Epistola vt Domini voluntatem suæ voluntati præponere in omnibus studeat, cuius voluntatem per sanctas Scripturas, & per eos qui iam in cœlo cum illo regnant facilè potest agnoscere, sed & per scripta ab Episcopis ex synodo apud Martyrium sanctæ Macræ habita, & per Consacerdotes ipsi directa, nisi plus intenderet sequi propriam voluntatem, quàm diuinam

diuinam auctoritatem, aut eorum qui se importunè ingerunt cupiditatem.

HINCMAR. XXXIII. ARCHIEP.

Vix annos tres Ludouicus 3. in principatu expleuerat, cum fatalem obijt diem anno 882. Hincmarus vt solitam nauaret operam pro Ecclesiarum, ac regni felicitate, & pace, egregiam scripsit Epistolam ad Carolomannum adolescentem, quà eum hortatur vitam secundum leges Dei componere, à sacrilegijs abstinere, regnum moderari iuxta Capitula recèns in synodo apud sanctam Macram constituta, tum accuratè exponit quis ordo, & modus in regio Palatio, totóque etiam regno pacificè administrando debet obseruari.

*An. 882. Mœrore Ludouicus obijt, quòd superueniente hoste, solo impellente metu, fugere cum exercitu coactus fuisset.*

In immensum cresceret hoc opus si tam inclyti Præsulis omnia gesta, lucubrationes, & ingenij monimenta referre vellem, quæ Frodoardus obiter tantùm, & summatim tetigit. Hîc tamen omittere non possum flagitantibus Episcopis librum scripsisse, qualiter Imagines Saluatoris nostri, vel Sanctorum ipsius venerandæ sint, cum Epilogo quodam metricè digesto, qui si extaret impietatis hæc, vel hæreseos labes, quam falsò quidam ipsi aspergunt facilè dilueretur, constarétque verba illa, *Auctoritate huius synodi* ( Constantinop. ) *nonnihil repressa est imaginum veneratio, sed tamen Hadrianus, aliique Pontifices in sua opinione perseuerarunt, & mortuo Carolo, suarum Pupparum cultum vehementius promouerunt,* ab eo non esse, quæ meritò E. Cardinalis Baronius reprehendit, Auctorémque temeritatis damnat tom. 9. ad annum 794. art. 63: sed non satis consultò: siquidem verba illa apud Hincmarum non habentur, imò sunt Centuriatorum Magdeburgensium, vt ingenuè fatetur Dalæus Pseudomagister de imaginibus lib. 4. cap. 3. Sunt igitur hæc ab Heterodoxis callidè Hincmarianis opusculis inserta; si enim tam prauè de cultu Imaginum scripsisset, Hincmarus Laudunensis, Rothadus Sueßion. Germaniæ Episcopi, & quotquot hostes habuit, statim eum velut hæreticum sugillassent coram Joanne Papa in Trecensi synodo. At perpetua ipsius erga Cælites obseruantia, & egregiæ lucubrationes, in quibus nihil nisi à Patribus & Concilijs acceptum immiscuit, vt ipse Epistolâ 58. fidenter, & verè profitetur, eum à tali calumnia vindicant, & si Gregorij nixus auctoritate Epistolâ ad Serenum Episcopum Massiliensem, nimiùm forsan Imaginum cultum reprehendit Opusculorum cap. 20. & 25. non fuit illi hoc singulare, sed Regum & Episcoporum eadem mens erat, qui à Concilio Francofordiensi vixerunt, vt sapienter aduertit R. P. Sirmondus in præfatione ad prædictam synodum, vbi hic, & Binius fusè explicant quo sensu septima synodus Græcorum de adorandis imaginibus à Francis reprobata fuerit, & rejecta.

*Frod. lib. 3. cap. 29. & cap. 18. sub finem.*

*Opusculorū 55. Capit. cap. 20.*

*Ingressis*

*Ingressis in Prouinciam Remensem Barbaris, Hincmarus ad Sparnacum pergit, vbi moritur.*

## CAPUT XXXX.

Eterum excrescentibus flagitijs, contra quæ veluti murus inexpugnabilis semper obstiterat Hincmarus. Gens Normannorum per omne Francorum diffunditur regnum : Quænam verò hæc fuerit, vnde orta, quàm miserè sub Carolinis Regibus sæpiùs ab ea vastata Gallia, satis supérque alij dixerunt. Dominandi cupiditas inter Principes, ac pro finibus regnorum frequens & acre dissidium, viam ipsi facilè strauit ad inuadendas Prouincias : *Inter Reges* ( inquit Chronicon Metense ) *æqualitas generositatis, dignitatis, & potentiæ discordiam augebat, nemine tantùm præcellente, vt eius se dominio reliqui submittere dignarentur.*

Carlomanno igitur cum suis aduersus Bosonem occupato, & Normannis vndique in Prouinciam Remensem irruentibus, Hetiloni Nouiomagensi scripsit Hincmarus vt in adjutorium, & fidelitatem Regum, & orationibus, & auxilio, quo potuerit, satagat, significans in magna se tribulatione vallatum à Barbaris esse ; & quòd ceteris omnibus deprædatis, tanta quærebatur pro Ciuitate redemptio, quantam explere non valebat. Item quia Ludouicus Rex Germaniæ mandauerat illi, vt iret ei obuiam, quod tamen non esset acturus in cippo infirmitatis detentus, mandans huic Episcopo, vt & per se, & per sibi commissos precibus insistat pro pace, & defensione Ecclesiæ, & si quid vtilitatis contra Paganos facere potuerit, agat cum Primoribus regni quantùm valuerit, de incensis quoque vrbibus & Monasterijs, quòd ille mandauerat, grauiter se dolere, & de his quæ nondum erant incensa formidare.

*Frod. lib. 3. cap. 23.*

Quos autem in Belgio ad internecionem populos, vel ciuitates, ac Monasteria vltimis hisce temporibus Normanni redegerint, Jac. Meyerus post Sigebertum, Menapios, ac Sueuos notat, hoc est maritimæ oræ Flandrorum accolas, vrbésque sigillatim recenset, Fanum Audomari, Teruannam Morinorum, cum Monasterijs sanctorum Richarij & Vualerici, Tornacum vnà cum Martiniano, Hasnoniensi, Marcianensi, ceterísque Cœnobijs, Bononiam, Casletum, Baliolum, Cominium, Harlebeccam, Hypram, Duacum, Ariacum, & alia circum loca incensa vel euersa : vastata quoque Ambianorum vrbs, Corbeia, & in ea situm Monasterium, Cameracum, & Atrebatum vrbes captæ, & interfectis ciuibus depopulatæ, incensúmque Sancti Gaugerici templum ; at Vedastini Ascetæ, imminentium malorum metu,

*Sigeb. ad an. 882.*

Bellouacum

Bellouacum confugerant assumpto B. Vedasti corpore, Tornacenses Nouiomum nouo propugnaculo cinctum cum B. Eleutherij feretro; addunt Martyrol. per id etiam tempus Cal. Januarij Sanctorum Quintini, Victorici, & Cassiani membra ad Lauduni Clauati montem delata, item & S. Balderici Virdunum ex Frod. lib. 4. c. 4. vbi ait è capite eius, cùm è sepulchro extraheretur, tres guttas sanguinis ita recentes & calidas effluxisse, ac si de viuente profluxissent corpore.

Hoc in discrimine Hincmarus, quò à Remensi territorio Normannos procul auerteret, Calicem sancti Remigij, qui ad hæc tempora religiosè fuerat conseruatus, fusum Normannis in redemptionem obtulit, alium quoque ex auro, lapidúmque pretiosorum nitore illustratum, quem Remensi Ecclesiæ dederat, idem pro redemptione, & salute patriæ exposuit.

Carolus Imperator rogatus suppetias ferre, venit quidem cum copioso exercitu, at in procinctu, cùm bellandum esset, concidit cor eius, indignatione cælesti super populum Christianum religionem Christianam profanantem desæuiente. Miserrima erant tempora per intestina nostrorum odia: disceptantibus enim Hugone Abbate, & Carolo, cum Ludouico pro partitione regni Lotharij, quod Carlomanno debebatur, & eo interim omni ope destituto, Normanni in Diœcesim Laudunensem facilè irrumpunt; disponebántque Remos venire, inde per Suessiones, & Nouiomagum, totam sibi subijcere regionem, cùm id pro certo audiens Hincmarus, cuius homines ad Carlomannum properabant, solus enim ipse ex Episcopis Galliæ Regi auxilium præstitit, vt notant Annales Bertin. & quod Remorum Ciuitas absque propugnaculis esset, & sine muro, Corpus sancti Remigij, quo nihil carius in thesauris habebat, & aliam Ecclesiæ supellectilem celeriter accepit, &, vt corporis eius infirmitas poscebat, sellâ gestatoriâ deportatus, Canonicis, Monachis, & Sanctimonialibus hac, illácque dispersis, trans Matronam fluuium per siluestria loca, vix tandem fugâ lapsus, ad villam Sparnacum peruenit.

Normannorum cohors interim Campaniam ingressa, villas circa viciniam Remorum ferro, flammísque deuastat, at Ciuitatem ingredi non est ausa, quam nec murus, nec humana industria tuebatur, sed Dei potentia, precesque Tutelarium, donec Carlomannus Rex cum quibus potuit hostes aggressus, magnam partem iuxta Remos occidit, ab alijs verò, ad socios vltra Axonam fluuium redire cupientibus, excussit prædam: Hincmarus hoc rerum statu mœrore confectus, adhuc ad Coëpiscopos scripsit, monens vt lectioni sacrorum Canonum darent operam, simoniam fugerent, insisteréntque diligenter Christi pascendis ouibus. Cygnea hæc fuit ac frequentior diuini hominis vox, & oratio, donec superueniente vocationis tempore, mœstitudine oppressus ob solutissimos Gallorum mores, & patriæ excidium, apud eamdem villam mense Septembri diem clausit vltimum: Corpus eius,

*HINCMAR. XXXIII. ARCHIEP. An. 882. Ita paulò post ob eam causam ad Diuion. Castrum à Suessione corpus B. Medardi, & à Taruanensibus corpus B. Silluini ex Chronico Besuensi pag. 527. Frod. lib. 1. cap. 10. & lib. 3. cap. 5.*

*Annales Metenses.*

*Aimoinus l. 5. cap. 41.*

haud

haud multò post, Remos ad Monasterium Sancti Remigij relatum est, & post ipsius Sancti tumulum in sepulchro priùs à se præparato honorificè sepultum, cum hoc epitaphio, quod lapidi incisum adhuc cernitur.

> *Nomine non merito, Præsul Hincmarus ab antro*
> *Te, lector, tituli, quæso memento mei.*
> *Quem grege Pastorem, proprio Dionysius olim*
> *Remorum populis, vt petiere, dedit.*
> *Quique humilis magnæ Remensis regmina plebis*
> *Rexi pro modulo, hîc modo verme voror.*
> *Ergo animæ requiem nunc, & cum carne resumpta.*
> *Gaudia plena mihi, hæc quoque posce simul.*
> *Christe tui clemens famuli miserere fidelis,*
> *Sis pia cultori, Sancta Maria tuo.*
> *Dulcis Remigij, sibimet deuotio prosit,*
> *Qua te dilexit pectore, & ore, manu.*
> *Quare hîc suppetijt supplex sua membra locari,*
> *Ut benè complacuit, denique sic obijt.*

Anno incarnationis Dominicæ DCCCLXXXII. Episcopatus autem sui XXXVII. mense septimo, & die quarta.

Præsul celebri famâ, &, si iuris peritiam, quæ in eo magna fuit, promptam eius & fluentem eloquentiam, studium, ac inuicti animi robur spectes, inter sæculi istius præstantiores viros meritò connumerandus. Ingens Metropoleos regendæ in eo cura fuit, amor in patriam, ac in veteris disciplinæ violatores odium, cuius acrior ipse vindex semper fuit: vnde quòd adeo propositi tenax, ac iurium Metropoliticorum assertor, multos tam Romæ, quàm in Gallia æmulos sibi comparauit. Cúmque procul esset ab omni assentatione, Principum iras interdum expertus est, quos sæpiùs tamen laudum suarum præcones habuit. Ceterùm scripta eius æquè pietatem spirant, ac eruditionem, horúmque varietas ingenij vbertatem arguit, adhuc caritatis eius, ac profusæ munificentiæ apud nos prostant monimenta, quæ tanti viri nomen æternùm conseruabunt.

*Hincmari Eleëmosynas, quæ pauperibus in ipsius anniuersario distribui debent, recitat Igniacensis codex his verbis.*

Remensi Metropoli, & Monasterio B. Remigij multipliciter contulit præfatus Hincmarus. Anniuersarius dies defunctionis eius annuatim, & diligenter in vnoquoque conuentu recolitur, vestimenta etiam, & calceamenta à procuratore Remensis hospitalis in vsus pauperum quinque præparata, ipso die transitus eius in prospectu Altaris deponuntur, ibique præordinatis pauperibus distribuuntur, viginti

ginti quoque, & quatuor solidi à prædicto Clauigero hospitij, Canonicis obsequium celebrantibus similiter diuiduntur.

*Decani dignitatis origo, eorúmque series, qui hactenus eâ dignè perfuncti sunt in Ecclesia Remensi.*

## CAPUT XXXXI.

Decani officium seu dignitas longè celebris est in Ecclesia, quam, additis etiam honoribus, Capitula constanter retinuerunt. A militia deductum nomen creditur, quòd Decanus is fuerit qui velut contubernij caput decem militibus præerat, inde vox ad Ecclesiasticum vsum deriuata ex Isidoro. Tradit August. lib. 1. de moribus Ecclesiæ Catholicæ, veterum Anachoritarum Rectores hoc eodem nomine antiquitùs vocari solitos, quòd denis præponerentur, quo sensu Decanorum meminit B. Benedictus in regula cap. 21. & Concilium Moguntiacum can. 11. *Decreuimus, sicut sancta Regula docet, vt Monasterium per Decanos ordinetur*, sic nominis huius promiscuè vsus erat, tam apud cœnobitas, quàm Canonicos; imò & in aula Regis Decanos sub Comite Palatij, & Camerario extitisse testatur Hincmarus lib. de ordine Palatij. Nunc peculiari titulo Cathedralium, seu etiam Collegiatarum Ecclesiarum Capitulis dignitas hæc reseruata est, quam citatum Concilium Magistri nomine videtur expressisse can. vndecimo. *Canonici Clerici.... nihil sine licentia Episcopi sui, vel Magistri eorum compositè agere præsumant in vnoquoque Episcopatu.* Ministrorum tamen Ecclesiæ Remensis indiculus, morum correctionem Præposito attribuit, eiúsque officij, prudentiæ, & circumspectionis esse vult, vt Decanis sibi suppositis inuigilet, ex quo quis augurari posset plures olim Decanos fuisse in Ecclesia Remensi, & singulos decem Presbyteris prælatos, vt indicat libelli auctor, qui inscribitur *Gemma animæ*, at eiusmodi Decanorum pluralitas, si quæ fuit, dudum apud nos exoleuit, vnicumque passim Decanum reperio, cuius dignitas est electiua; incumbítque ei à multis retro sæculis de moribus & disciplina, iuuenum præsertim, curam gerere: videatur Ægidius Aureæ vallis in historia Leodiensi, & Stephanus Tornacensis. Hic præest Capitulo, absente Præposito, conjunctímque cum eo, & Cantore, in schedulis à Capitulo decretis nominatur, vt supra monui, à quo & jurisdictionem suscipere, & ei sacramentum præbere solitum, quædam Memoriæ referunt, quod indiculo conforme est, vbi de culpis etiam leuioribus omnium fratrum iudicio vindicandis sermo agitur. Porrò Decanorum Ecclesiæ Remensis series hæc est.

Hildradus

HINCMAR.
XXXIII.
ARCHIEP.
An. 882.

Hildradus Presbyter & Decanus legitur in obituario Remenſi 8. Calend. Maij.

Gerardus claruit ſub Hincmaro, Frodoard. lib. 3. cap. 28. An is Canonicorum Decanus, incertum mihi eſt.

Otbertus ſubſcripſit libello Clericorum Eccleſiæ Remenſis pro electione Fulconis Archiepiſcopi tomo 2. Concilio. Galliæ, anno 883.

Adalgerus nominatur in donatione Burgi Sancti Remigij per Arnulfum Archiepiſcop. facta, ann. 989. & in Necrologio Remenſ. Eccleſiæ.

Richardus inſignis vir pietatis & literaturæ floruit ſub Arnulfo Archiepiſcop. hic abdicato Decanatu, & Cantoriâ, vt Domino liberiùs famularetur, habitum ſuſcepit Monachalem Virduni apud S. Vitonum ann. 1000. obiitque 3. nonas Junij cum opinione ſanctitatis, de eo Bertharius hiſtoricus, & nos fuſiùs tom. 2.

Paſchaſius Decani nomine decoratur, in Obituario 5. Nonas Maij.

Conrannus vel Contrannus approbat donationem Altaris S. Stephani Remenſis à Widone Archiepiſc. factam Monaſterio Sancti Petri ad Moniales ann. 1045.

Conſtantius inter ſui ſæculi illuſtres pietate fulgens, & doctrinâ, Eccleſiam Sanct. Martyrum à Remigio ædificatam ſuis ſumptibus reſtruxit, &, vt in ea Diuinum Officium perſolueretur, quatuor Canonicis ſtipendium aſſignauit, de eo plura tom. 2. legitur in collatione Altaris de Cruny ſub Widone ann. 1040.

Gunthramnus in Chartulario Sancti Petri ad Moniales anno 1045.

Richardus memoratur in chartul. Igniacenſi, & in Appendice ad Frodoard. 1051.

Lieuinus vel Leuuinus ſubſcripſit donationi Altaris d'Athie 1076. & abſolutioni Comiti Regiteſ. impertitæ ſub Raynaldo Archiepiſc. ann. 1095. functus 17. Calend. Maij ex Necrologio Rem. Lezelinus legitur in obituario Rem. Calend. Maij.

Odo Decanus Ciuitatis in fundatione Prioratus de Turre ſupra Maternam, fortè Chriſtianitatis, ann. 1121.

Leo Richeri Cantoris nepos, in charta Raynaldi II. pro Religioſis Sancti Remacli 1130. & 1143. in charta Samſonis Archiepiſc. pro Signiaco, cui Sanctus Bernardus ſubſcripſit in Chartul. Nicaſiano. Erat etiam caput Scholarum Remenſ. ex Bulla Adriani Papæ.

Radulfus ex illuſtrioribus diſcipulis fuit Sancti Thomæ Cantuari ad quem Stephanus Tornac. ſcribit pro Refectorio, hoc eſt, ne Rem. Canonici à communi more ſimul conuiuendi diſcedant : de eo Joann. Sarisbery. Epiſtol. 230. *Precor vt. pro Magiſtro Radulfo*

*per*

per Dominum Papam, & alios ab Archiepiscopo, & Canonicis Decaniam obtineatis, iam enim de eo eligendo sermo est habitus, nec credo quòd sit aliquis apud eos literatior, aut honestior moribus, aut liberalior in pauperes Christi, huius etiam meminit Petrus Cellensis Epistolâ 7. libro 6. Cantiprat. libro 2. Apum, capite 39. & charta Sancti Leodegarij in tabul. Nicasiano ann. 1176. de eo hæc habet Necrolog. Rem.

*Radulphus Decanus, & Canonicus noster obijt 13. Cal. Septemb. vir honestus & literatus, qui dedit decimam de Gothis, quam emerat, hospitio Sanctæ Mariæ, ut inde infirmi, & non conuersi habeant pitantias in aduentu Domini, & in quadragesima, vestes eis Procuratores hospitij singulis annis distribuere debent, & hoc de consilio Presbyteri Sancti Michaelis.*

Petrus Cantor Parisiensis à Capitulo eligitur, petente Wilelmo Cardinale, ad quem gratulatoriam mittit Epistolam relatam à nobis tom. 2. ann. 1196. de eo Robertus in Gallia Christiana fol. 106.

Leo II. legitur in Chartul. Nicasiano ann. 1206. hic abdicato Decanatu transijt ad Sandionysianos Remens. ex Obituario 8. Idus Octobris.

B......... Decanus ex eodem Chartul. 1204. & 1210. in tabulario Sancti Symphoriani.

Wihardus in Chartul. Sanctæ Nutricis 1210.

Petrus interfuit pacto cum Milone de Nanteüil Episcopo Bellouacensi inito pro custodia terræ de potestatibus mense Decembri 1222.

Stephanus innotescit ex Chronico MS. ad annum 1341. vbi sic habetur. *Ann. 1209. post Cancellarium Parisiens. magistrum Prepositiuum virum mirabilem natione Lombardum, qui fecit sermones, & quasdam postillas sententiarum, fuit Cancellarius magister Joannes de Candel. & post eum, Magister Stephanus Decanus Remensis.* Legitur in Chartul. Nicasian. pro domo villæ de Sermiers 1234.

Hubertus in Necrolog. Rem. 17. Calend. Januarij.

Nicolaus de Sailly, Thomæ Cantoris frater, hoc præconio dignus, quòd nascentem Vallis Scholarium ordinem Remis adhuc vagientem exceperit, extructo suis sumptibus & fratris Prioratu, vbi hos post obitum funeratos dicam tom. 2. Nicolaus legitur 12. Calend. Decemb. in obituario Rem.

Guilelmus de Græffort ad Bellouacenses infulas ex Decano Rem. prouectus ann. 1238.

Joannes dictus Normannus ex obituar. Remensi 4. Calendas Maij, subscripsit chartæ Juelli Archiepiscop. pro decima villæ de Singly 1248. curámque impendit pro sopienda lite quæ exarserat

HINCMAR. rat inter Thomam de Beaumets Archiepiscop. & Capitulum Re-
XXXIII. mense. Erat is filius Joann. 3. Comitis Suessionens. Archidiacon.
ARCHIEP. Laudunensis, & Capellanus Domini Papæ ex chartul. Sancti Sym-
An.882. phoriani, & majoris Xenodochij 1254.

Joannes de Perona, deposito Canonicali habitu, colobium induit Monachale apud Valcellenses Diœcesis Cameracensis ex Necrolog. Rem. 9. Calend. Junij.

Reginaldus de Nanteüil, quem pietate & doctrinâ insignem vocat Jacobus de Vitriaco lib. 3. historiæ Orientalis, ad Bellouacensem Episcopatum transijt ann. 1260. exemptus ann. 1285. huius meminit etiam Matthæus Paris. in sua historia.

Hugo la Barbe, legitur in Chartul. majoris Xenodochij 1261. & pro decima sancti Sixti, in tabulario Nicasiano 1274. tumulatus in Ecclesia S. Petri ad Moniales ex obituario 7. Januarij.

Nicolaus de Ferrarijs gente Italus nominatur in chartul. Nicasiano pro Juribus Capellaniæ Sancti Leodegarij, in Actis pro inquirenda veritate Reliquiarum Sancti Nicasij 1307. & in Fundatione Cardinalis Sancti Cyriaci 1312.

Petrus de Lageri elucet in supplici libello Guillelmo de Tria pro sopiendis litibus oblato ann. 1326. ab obituarij auctore his laudibus excipitur. *Hic Decanus noster vir bonæ recordationis dedit nobis quartam partem decimæ de Teline, & viginti libras pro emptione reditus de Orme, obijt 14. Calend. Aprilis.*

Hugo de Juliaco Decanus ab ann. 1331. interfuit visitationi Reliquiarum Sancti Nicasij sub Joanne de Credonio 1359. quò pax coalesceret inter Capitulum, & Ascetas Nicasianos, reliquit decem libras annuatim recipiendas pro vestiendis pauperibus.

Nicolaus d'Hermonuille præsens adfuit nomine Capituli, cùm Petrus Laudunensis Episcopus sacramento se Remensi Metropoli obstrinxit ann. 1386. inquisitor is à Gregorio XI. nominatur pro vnione Prioratuum de Ham, & de Betanacurte cum reditu Abbatiali sancti Nicasij, appendet in excriptis rei gestæ sigillum ex cera rubra, cui impressa est Icon Beatæ Virginis.

Guilielmus Filastre vir magni nominis, ex Decano S. Symphoriani, & Officiali spiritual. Curiæ, fit Decanus Remensis, Cardinalis postea, tum Turnacens. Episcopus, solâ virtute, ac proprijs laboribus ad supremos honores euectus. Ecclesiam Rem. suæ Bibliothecæ multis codicibus instructæ hæredem fecit, de Jure Canonico præsertim, in quo admodum excelluisse dicitur: in plerísque insignia eius adhuc visuntur depicta, caput Cerui aureum in scuto coccineo.

Cardinalis de Sancto Marco Decanus Rem. indigitatur in bulla vnionis de Aureo monte cum hospitali Sancti Antonij Rem. ann. 1410. abdicat in fauorem Dominici de Chaillon Doctoris Parisi. ann. 1414.

Dominicus

Dominicus de Chaillon possessionem inijt per Procuratorem 27. Junij, interfuitque coetui Capitulorum Parisijs coacto ann. 1414. eique præfuisse legitur, necdum præstito sacramento ex actis Capitularibus.

Turianus de Proesle ann. 1421. Guilielmus Eurie 1423. Albericus 1426. Robertus des Champs 1428. Yuo Gruyaut 1430. abdicat hic an. 1440. Parisijs absumptus 1463.

Dionysius de Clamecy 1457. Hugo le Large in Necrologio 7. idus Januarij.

Briccius Bobile literarum Apostolicarum abbreuiator, primus canonicatum obtinuit per gratiam expectatiuam post Concilium Basileense, factus Decanus ann. 1464. Vicarius generalis, & Abbas S. Basoli 1482. de eo acta Capitul. 14. Octob. *Comparuit personaliter in Capitulo Briccius Bobile Decanus, & Can. Rem. à Romana curia reuersus, qui benignè receptus in manus Domini Cantoris Præsidentis fecit, & præstitit Capitulo sacramentum fidelitatis, & fecit homagium ad quod tenetur flexis genibus, manibus plausis, & osculo pacis,* plura de eo eadem Acta ad ann. 1479. 18. & 20. Octob. fuit hic solers ingenio, & in iure optimè versatus, fundauit dimidiam præbendam siue paupertatem in Eccles. Rem. ad collationem Capituli, è viuis abijt ann. 1484.

Joannes Berthelot in Curia Parisiensi Consiliarius, Vicarium habuit Joannem Doubleau eiusdem Remens. Ecclesiæ Thesaurarium 1310.

Reginaldus Caushon legitur ann. 1517. & 1533. migrat vltimo Julij 1536. iacet in Ecclesia S. Petri veteris.

Joannes Grossane viâ scrutinij ad Decanatum assumptus ex Actis Capitul. 1537.

Guilielmus Noblin Officialis legationis Apostolicæ Remis institutæ sub Carolo Lothar. Cardinale anno 1570. vitæ finem imposuit 3. Julij 1593. ætatis anno 93. Canonicatus 64.

Petrus Frizon Decanus & Abbas Vallis regiæ, incredibili auitæ religionis succensus ardore, quam in Gallijs periclitari credebat, inter foederatos nomen aliquod sibi comparauit, adhuc officio fungebatur anno 1595.

Claudius Dorigny Doctor, & Professor in decretis cessit ann. 1608.

Guilielmus Parent Doctor Parisiensis & Decanus, Ecclesiastis officium per quadraginta & ampliùs annos dignè obijt, quibus indefesso labore ad cultum religionis & studium virtutis ardentiùs capessendum populos hortatus est, suam bibliothecam multis codicibus refertam Ecclesiæ Remensi legauit, absumptus anno 1649.

Petrus Serual æque pietatis amans, ac nitoris, & decentiæ quæ

HINCMAR. XXXIII. ARCHIEP. *An.*882.

Remis in Officio diuino perfectissimè obseruatur, è succentore lectus à Capitulo, Decanum egit, donec ingrauescentibus annis abdicat ann. 1656.

Antonius Fremin præcedentis renuntiatione possessionem nactus, mox, quòd prouectæ esset ætatis, in Robertum le Large ius suum transcribit, fuit is singulari comitate præditus, & honestate.

Robertus le Large supremo doctrinæ gradu suscepto in Academia Remensi, professoris Theologici partes egit, in Decanum deinde assumptus, fit Vicarius generalis Capituli sede vacante, majora obiturus, si vitam Deus ad plures annos prorogarit.

# METROPOLIS
## REMENSIS
### HISTORIÆ
## LIBER QVARTVS.
### DE
# REMORVM
## ARCHIEPISCOPIS,
### REBVSQVE SCITV DIGNIS,
#### PER PROVINCIAM,
##### ET DIOECESIM
### A FVLCONE CAROLI
#### SIMPLICIS TUTORE,
##### ET ADMINISTRO,

Vsque ad Adalberonem vltimi Regis secundæ Dynastiæ,
& primi tertiæ inunctorem.

# LIBRI QVARTI
## EPITOME.

ACTENVS inter asperas noni sæculi vices, interdum pace sequeſtrâ, rebus componendis sat proſperè Præſules incubuerant, Concilijs opportunè per Prouinciam celebratis, quò mala Eccleſię, totíq; regno impendentia procul amolirentur. At Hincmaro humana relinquente, & Fulcone ad Metropolis apicem promoto, tanta rerum confuſio, temporiſq; acerbitas ſecuta eſt, Normannis numeroſo exercitu, atque ingentibus animis, ſacra, prophana, igni, ferróque in Gallia crudeliter vaſtantibus, vt finis huius, initiíſque ſequentis ſæculi, etiam propiùs intuentibus, non Regum modò, ſed cuiúſque Ciuitatis Pontificum difficilis viſa ſit hiſtoria. Habet hoc Remenſis, quòd ſibi, ac ceteris facem fœneret, ob ſuorum Archiepiſcoporum, Fulconis præſertim, ac Heriuei præſtantiam, penes quos ſub vltimis Carolinæ ſtirpis principibus, bellum, pax, ac regni diadema fuiſſe traditur, & ob ſtructas in Regem Principum molitiones, eorúmque ditioribus Epiſcopijs potiundi cupiditatem, quibus adipiſcendis, mirum dictu eſt, quantâ animi contentione inhiarint.

Nec enim atrociùs vnquam, Seulfo obeunte, inter Mortales pro vno Archiepiſcopatu, ac pro Remenſi dimicatum, nec vllibi puer quinquennis cleri ſuffragio infulas obtinuit: vnde totum hoc ſpatium octoginta annorum, quod liber hic poſtremus percurrit, plenum varijs caſibus, atrox prælijs, diſcors ambitione, ipſâ etiam pace ſæuum, cœlo, terráque prodigia, Reges captiui, bello interempti, captę, & abruptæ vrbes, aliquot incenſæ, ſacri conuentus coacti, latæ in reos comminationes, Anathemata, quæ breuiter, licèt ingens nouis rebus materia ſit, referenda ſunt, nè ſcriptorum prolixitate Lectoribus tædium adferam.

# INDEX CAPITVM
## LIBRI QVARTI.

**Cap. I.** *VLCONIS nobilitas, & electio ad Remensem Archiepiscopatum, B. Remigij corpus hic ex Orbacensi Monasterio Remos reducit, scribit ad Summos Pontifices Marinum, Hadrianum 3. & Stephanum 5.*

**Cap. II.** *De Prioratu apud Doncherium in Castrensi Comitatu Caroli Imperatoris liberalitate fundato, & quis sit hic Castrensis Comitatus.*

**Cap. III.** *Odo regni tutelam suscipit post Caroli Imperatoris excessum, Concilium Remense aduersus Balduinum Flandrensem, & pro Caroli 3. inauguratione, Fulconis Epistolæ ad Formosum Papam, Stephanum VI. & Prouinciæ Remensis Episcopos.*

**Cap. IV.** *Scholæ Remis à Fulcone restituuntur.*

**Cap. V.** *Fulco Sanctorum pignoribus Remos munit, & ditat: indignatur Carolo quòd fœdus cum Normannis inierit, Cœnobia, nè in profani Principis potestatem veniant, regenda suscipit, ob id à sicarijs trucidatur.*

**Cap. VI.** *Heriueus 35. Archiepiscopus prolato in Fulconis interfectores Anathemate, corpus S. Remigij in suum Monasterium Rege præsente reducit, Munitiones per Diœcesim ob ingruentes bellorum motus reparat, Normannorum conuersioni præ cæteris incumbit.*

**Cap. VII.** *De villa Corbiniaco, & Prioratu ibidem à Rege fundato occasione reliquiarum Beati Marculfi.*

**Cap. VIII.** *Regia Diplomata quæ B. Marculfi reliquias Ascetis Corbiniaci vendicant.*

**Cap. IX.** *Heriueus synodum cogit apud Trosleium, creatur legatus Apostolicus, ac Summus Franciæ Cancellarius.*

**Cap. X.** *De vicedominatu Remensi.*

**Cap. XI.** *Heriueus Carolo subsidium mittit, desciscit ab eo cùm Hugone*

# INDEX CAPITUM LIB. IIII.

*Hugone & alijs, Roberto vix Remis consecrato defungitur.*

CAP. XII. *Seulfus 36. Archiepiscopus Ecclesiæ feudatarios ob fidem non seruatam priuat Dominijs, Emmam Reginam coronat, S. Remigij Monasterium Castello instruxit, moritur.*

CAP. XIII. *Hugo quinquennis fit Archiepiscopus, synodus apud Trosleium, Caroli Regis captiuitas, Artaldus in Hugonis locum subrogatur.*

CAP. XIV. *Artaldus 37. Archiepiscopus Ludouicum transmarinum vngit, & hic Comitatum Remensem, & ius Monetæ Artaldo confert, ac Remigianis priuilegium.*

CAP. XV. *Remensis Ecclesia prædiorum diues ante concessum à Rege Comitatum, & Monetam.*

CAP. XVI. *De Comitatu & Moneta Remensi Artaldo concessis.*

CAP. XVII. *De Sanctis Merolilano & Flotilde virgine.*

CAP. XVIII. *Vrbis Lauduni situs & nomenclatio, & cur Principes tam acriter pro ea tunc obtinenda decertarint.*

CAP. XIX. *Vrbe Remorum à fœderatis principibus obsessâ & captâ, Hugo Heriberti filius, Artaldo abdicare coacto, consecratur Archiepiscopus.*

CAP. XX. *Vrbem Remorum tres simul Reges obsident, eáque per deditionem recepiâ, Artaldum, reiecto Hugone, sedi suæ restituendum decernunt.*

CAP. XXI. *Concilium Engilenheimense in quo Ludouicus Rex de Hugonis tyrannide grauiter conqueritur, & Artaldus de Hugone Heriberti Comitis filio illicitè sibi substituto.*

CAP. XXII. *De his quæ in Prouincia Remensi contigerunt post adjudicatum Artaldo synodali sententiâ Pontificatum, item de Ottonis, & Ludouici Regum priuilegijs Monasterio Sancti Remigij concessis.*

CAP. XXIII. *Lotharius Rex ab Artaldo Remis consecratur, dátque Castri immunitatem Remigianis; Fulcharius fit Episcopus Nouiomensis, & quid de eo sentiant Flandrici scriptores, Artaldi studium pro vindicandis Remensis Episcopij prædys; eiúsque obitus.*

CAP. XXIV. *De Hugone Comite qui Beato Remigio Cortem de Condedâ reliquit, & de Prioratu eiúsdem nominis in Diœcesi Lingonensi.*

CAP. XXV. *Viriziacum vetus cœnobium Artaldi Remensis Archiepiscop. studio instauratur, exactísque Clericis, qui cœnobitis antiquioribus successerant, Benedictini subrogantur.*

Ttt 3   CAP. XXVI. *Ab-*

## INDEX CAPITUM Lib. IIII.

**Cap. XXVI.** *Abbatum cœnobij Viriziacensis, seu Sancti Basoli Nomenclatura.*

**Cap. XXVII.** *Odalricus 38. Archiepiscopus, eius prosapia, dignitas, in rebus gerendis prudentia, & obitus.*

**Cap. XXVIII.** *Viri pietate & Doctrinâ insignes qui Remis claruerunt sub Artaldo.*

## HIS ADDITUR.

*Epitome Chronicon celebris Monasterij S. Nicasij Rem. initia, successus, dignitatem, restaurationes, & Abbatum indicem ad nostrum hoc sæculum continens.*

# METROPOLIS REMENSIS HISTORIÆ LIBER QVARTVS.

FVLCO XXXIV. ARCHIEP. *An.*882.

*Fulconis nobilitas, & electio ad Remensem Archiepiscopatum, B. Remigij corpus hic ex Orbacensi Monasterio Remos reducit, scribit ad Summos Pontifices Marinum, Hadrianum, & Stephanum.*

## CAPUT PRIMUM.

HINCMARI funeris Solenni celebrato, Clerus, Populúsque Remensis Fulconem, cuius nobilitas, virtus, & eruditio probè cognita erant, conspirantibus votis, ad Archiepiscopatum post visitatoris aduentum eligunt. At cùm Suessionensis Episcopus, ceterique Metropoleos suffraganei id priùs factum non expectato visitatore quererentur, excusatoriam hanc Epistolam ad eos mittunt, quam R. P. Sirmondi collectaneis debemus.

*Excusatio Remensium, qui ante visitatoris aduentum, Episcopum post Hincmari mortem elegisse dicebantur, ad Hildeboldum Suessionensem, & ceteros Rem. Prouinciæ Episcopos.*

Sanctissimo, & Reuerentissimo Patri, domno Hildeboldo venerabili Episcopo, vnà cum ceteris Episcopis huius Sanctæ sedis Metropolis Ecclesiæ, Canonici, & Monachi, & etiam quidam Laici sanctæ sedis Remensis Ecclesiæ, quorum nomina subter adscripta patebunt, præsentem felicitatem, æternámque beatitudinem.

Nouerit paternitas vestra, ad exiguitatem nostram peruenisse quosdam

**FVLCO**
**XXXIV.**
**ARCHIEP.**
*An.*882.

dam, qui, ficut ait Apoſtolus, in hac parte, *A nobis exierunt, ſed non erant ex nobis*, vobis nuper, & domno Hugoni Abbati, & Angeluino venerabili Epiſcopo, & alijs quibuſque, de parte noſtra generale mandatum pertuliſſe: videlicet à majori vſque ad minimum omnes electione factâ, contra omnem conſtitutionem Canonicam, antequam Viſitator ad nos peruentus ſit, conſenſiſſe, & nomine tenus quemdam deſignaſſe, & hanc falſitatem vſque ad Regias aures peruenſſe, quod nos non tam præſumptuoſè, & vt apertiùs dicamus, ſtolidè vllo modo egiſſe, quæſumus vos primùm ſcire, ac per vos & præfatum domnum Abbatem, vel Epiſcopum Angeluinum, ceteróſque omnes, ad quos hæc prauitas diuulgari potuit, certos reddere flagitamus: & ſicut hactenus abſtitimus ab vllius certæ perſonæ electione, ita deinceps, donec pietas diuina, & regia clementia nobis conceſſerit Viſitatorem, abſtinere pro certo noueritis, vnde & vno parique conſenſu vnum è nobis, non minùs fidum, quàm fidelem, fratrem noſtrum nomine Guntramnum, venerabilem Monachum, & ſacerdotem, atque præpoſitum Altiuillarenſis cœnobij, cum his pariter apicibus vobis direximus, qui viuâ voce, ea etiam, quæ hic longum fuit inſerere, verbis per ſingula manifeſtet. Et hæc ſunt nomina eorum qui huius excuſationis, & præfatæ culpationis, vno conſenſu ad vos hæc dirigunt, valeat ſancta paternitas veſtra, ad vota noſtra ſemper in Domino. Data Nonis Februarij.

*Nomina Canonicorum de Congregatione Sanctæ Mariæ.*

*Vicedominus ſede vacāte primas tenebat in Eccleſia Remenſi.*

Framericus Presbyter, atque Vicedominus S. Teuto Presbyter, atque præpoſitus S. Odelhardus Archipresbyter pro ſe, & ad vicem Hildradi Archipresbyteri S. Otbertus Decanus S. Rodoardus Presbyter S. Sichelmus indignus Presbyter S. Seulphus Presbyter S. Teutericus Presbyter S. Rothardus Presbyter S. Caleſtus Presbyter S. Walthadus Presbyter S. Hardierus Presbyter S. Romoldus Presbyter S. Guntbertus Presbyter S. Rodoaldus Presbyter S. Samuhel Presbyter S. Heribrannus Diaconus S. Erchamnelis Diaconus S.

*Monachi Sancti Remigij.*

Tetboldus Presbyter, atque præpoſitus S. Rotfridus maior Monachus S. Boſo Presbyter, & Monachus S. Rotgerus Presbyter, & Monachus S. Rotfridus Minor, & Presbyter S. Flodouuinus Presbyter, & Monachus S. Beroldus Presbyter, & Monachus S. Guntherus Diaconus, & Monachus S. Bernerus Diaconus, & Monachus S.

*Canonici de Sancto Baſolo.*

Ramigilus Presbyter S. Amabricus Presbyter S. Waningus Diaconus S.

*Canonici*

## HISTORIÆ. LIB. IV.

*Canonici de Sancto Theodorico.*

Erboldus Presbyter S. Odelbertus Presbyter S. Eugericus Diaconus S. Totherus Diaconus S. Vualtharius Diaconus S. Agenardus Diaconus S.

*Monachi de Orbacis.*

Rambradus præpositus S. Helimardus Decanus S. Lautherus Diaconus S. Rodoardus Diaconus S. Sicfridus Diaconus. S.

*Vasalli.*

Luido †, Odalricus †, Fidentius, Gibuinus †, Rotmarus †, Vto †, Geroldus †, Gislemarus †, Sidrach †, Allo, Hadericus †, Rodulfus, Hagano †, Rumbertus †, Wido †, Adroldus †, Gerardus †, Framericus †, Rothardus †, item Hadericus †, Berno †, Magembodus †, Bruuerus †, Nodilo †, Amabraus †, Amalbertus †, Agbertus †, Gerbertus †.

*Hactenus excusatio Rhemensium, ex veteri codice Sancti Laurentij Leodiensis, his verbis inscripta:* Consensus Canonicorum & Monachorum Rhemensis Ecclesiæ de electione Domni Fulconis, qui Hincmaro successit.

Fulconis initia Frodoardus paucis attigit, valdè nobilem nihilominus eum memorat, & Palatinis officijs assuetum, affinem quoque Widonis Ducis Spoletani, posteà Imperatoris, & Lamberti. Coluenerius scribit ex Canonico Sancti Audomari in Diœcesi Teruannensi (vbi primitias Deo consecrauit) factum Monachum in Abbatia Sancti Bertini illustrium virorum matrice, cuius haud ita post Abbas fuit, quod Frodoardo non aduersatur, cùm ab ipsis penè cunabulis Canonicis eum educatum fuisse disciplinis asserat. Fertur villam de Sithiu (nunc S. Audomari oppidum) muris vallasse, quò à Nortmannorum incursionibus tutior esset, tantámque sui famam concitasse, ob studium tuendis, & exornandis Ecclesijs impensum, vt à Monachis S. Vedasti Abbas lectus fuerit, post Adalongi obitum an. 851. at Matefredum, qui pridem Abbatiæ inhiabat, aduersum sensit, quem tamen post adeptam excutere coëgit, frugi homine in locum eius subrogato ex consensu Capituli. Sunt qui volunt Fulconem Remensem Canonicum & Archidiaconum fuisse, Hincmari quoque suffraganeum, ac eo titulo Rothadum Cameracensem Episcopum sacrasse ann. 879. inde verò, vt habet Frodoardus, à Carolo assumptum in aula Palatij perseuerasse ad tempora Carlomanni Regis Ludouici Junioris filij, donec ab Episcopis Prouinciæ Remensis electus est.

Suscepto consecrationis munere, fidei suæ tenorem Marino Papæ delegans, Pallium ab eo de more accepit, cui & Ecclesiæ suæ priuilegia, & Carlomannum Regem literis commendauit, significans

**FVLCO**
**XXXIV.**
**ARCHIEP.**
*An.* 883.

*Frod. lib.* 1.
*c.* 21. *& l.*
2. *cap.* 15.

se dudum ab eodem Papa cognitum tempore Joannis VIII. cùm in Karoli Imperatoris comitatu Romam pergeret. Scripsit etiam pro Monasterio, quod frater ipsius nomine Rampo ab eo construi testamento delegauerat &c. Irruentibus hinc inde Barbaris vrbem Remorum nouo circumdedit muro, veteri priùs ab Ebone in majoris Basilicæ structuram impenso, Ecclesiámque S. Dionysij, quòd munimento obesset, paulò post funditus euertit, quædam etiam castella à fundamentis erexit, Altimontem scil. in Dulcomensi pago, & aliud apud Sparnacum, quod Odo Rex, quia desciuerat ab eo propter euectionem Karoli, subuertit, quò Normannis resisteret.

Vrbe nouis propugnaculis firmatâ, Corpus Beati Remigij ex Orbacensi Monasterio, in quod è Sparnaco delatum fuerat, idem Antistes anno sui præsulatus primo, Remos per Calmiciacum, adsistentibus Coëpiscopis & Clero, referre curauit, quo in itinere, quot miracula meritis ipsius eluxerint, Frodoardus copiosè retulit lib. 1. c. 22. Mansit autem in æde Beatæ Virginis sacratissimum pignus vsque ad Episcopatum domni Heriuei, sub quo, cessante Normannorum persecutione, ad propriam sepulturam relatum postea dicetur.

*Frod. lib.* 1.
*cap.* 7.

Per idem quoque tempus corporis partem Beati Martyris Nicasij, simul cum corpore beatæ sororis Eutropiæ, ab Ecclesia B. Agricolæ in vrbem, recèns muris vallatam, idem Fulco transtulit, retróque post altare Dei genitricis Mariæ, vbi ea modo venerantur, iuxta Beati Papæ Callisti pignora, quæ non ita pridem ob Paganorum infestationem illata fuerant, recondidit.

884.

Auditâ Hadriani 3. ad summum Pontificatum prouectione, literis eum visitare studuit Fulco, congaudens ipsius honori, Romámque se petere velle significat, si Deo pacem tribuente, valuerit: Rogat interim vt à Leone, Benedicto, & Nicolao Pontificibus concessa Remensi Ecclesiæ priuilegia corroboret, & augeat, Carlomannum Regem iterum commendat, & Frotarium Bituricensem Archiepiscopum à quodam suæ Diœcesis Monacho audaciùs accusatum, quasi euersa à Paganis suâ Ciuitate, in alterius sedis inuasionem temerè insiluerit, ostendens hunc ab Episcopis ipsius Diœceseos, omníque clero & populo eiúsdem ciuitatis postulatum fuisse, ac Canonicè electum, à Joanne 8. translatum ann. 876. & à Marino Summ. Pontifice pallio donatum.

*Frotarius hic postea Stephani Papæ decreto ad propria sedem, Burdigalensem, remeare compulsus est. Frod. lib.* 4. *cap.* 1.

Hadrianum his respondisse patet ex alijs literis ad Stephanum successorem à Fulcone missis, quarum synopsim habemus quidem apud Frodoard. integras verò retulit Baronius, quas hîc lubet referre ex Annalibus.

*Accepi Antecessoris tui literas, me totum, cum omni mea Prouincia, ad grates ex animo rependendas infinitis prope nominibus obstringentes. Dignatus est enim eloquio prorsus Apostolico, & omni gladio ancipiti penetrabiliore nos inter medias Normannorum afflictationum procellas solari, &*

ri, & me fratris, & amici vocabulo afficere, cùm Pontificiâ foleâ calcari haud commerear. Ad ipsum, & iam ad te, sanctissime parens, votis omnibus aueo properare, sed prohibet Danorum, quibus vallamur, & vellimur incursatio, qui ab annis iam octo, ita hocce regnum infestarunt, vt soli beati essent, qui se castellis possent tueri, & hæc etiam prohibuere, quominus insidias, quas pestiferi homines bonæ memoriæ Pontifici moliebantur, possem dissoluere.

FVLCO XXXIV. ARCHIEP. An.883.

Si quid tamen potuere miseri homuncionis preces, ijs sanè non defui; qui porro deesse possem illi, qui affinem meum Widonem in filium quodammodo adoptarat? quod cùm Consanguineis meis denuntiassem, statim omne obsequium suum, ac reuerentiam sedi Apostolicæ deuouerunt. Et ego vnâ cum Coepiscopis meis, etsi eorum nonnulli, vti Morinensis, ciuitatem suam ambustam ad tempus deserere cogantur, in cultu Romanæ sedis ad vsque lethum perseuerantes, quæcumque Ecclesiæ Dei necessaria occurrent, cum rei domesticæ, atque etiam corporis dispendio perficiemus, vti condecet REMENSEM, QUEM ANTECESSORES VESTRI, PRÆ OMNIBUS GALLICANIS PENSI HABENTES, PRIMATU DONARUNT IN SIXTO PRIMO TOTIUS REGIONIS PRÆSULE, A BEATO PETRO APOSTOLORUM PRINCIPE HUC DESTINATO, etiam Hormisdas Papa Remigium per omnem Galliam vices suas obire voluit, quæ modo adijcienda videntur, nè forsan Remi nostri sub Nortmannorum ruinis, quod Deus auertat, sepulti, etiam Pontificum obliuione sepeliantur.

S. Xystus à Petro destinatus.

Propterea commendata velim quæ Marino, & Hadriano supplex proposui priuilegia, necnon Ramponis fratris mei munificam pro erigendo Monasterio donationem, & cùm Bruinifridus non desistat donata de peculari, tandem anathemate feriatur: Sunt & alij qui Remensi Ecclesiæ bona corrodant, in quos Karolus Imperator, si verbulo Pontificio præmoneatur, facilè animaduertet.

Carlomanno, quem ab Apro inter venandum in Aquilina silua fœdo vulnere conscissum occubuisse, vel potiùs casu à Satellite arma ferente lethaliter vulneratum tradunt Annales Metenses anno 884. successit Ludouicus IV. nihili ridiculè à quibusdam vocatus, perperam tamen, cùm vitæ breuitas eum rem gerere non siuerit; eo sublato Carolus ex Ludouici II. posteritate solus relictus est, cuius tutelam sumpsit Fulco Archiepiscopus. At tanta mox subijt rerum confusio, Normannis turmatim irruentibus in Diœceses Remensem, Suessionensem, & Nouiomensem, vt Hugo Abbas horum infidelitatem palam, & intrepidè exprobrarit; at hi Regum excessu inducias expirasse dicunt, & si pax placeret, rursum nouo fœdere sanciendam. Ijs vbique passim debacchantibus, regni Proceres Carolum Imperatorem conueniunt, spondéntque fidelitatem, si regni tutelam suscipere velit, quod Fulconis rogatu, qui totius regni curam gerebat, præstitit ab anno 885. vsque ad Odonis inaugurationem, Hugonis Capeti Patrui anno 887.

884.

Normanni dicunt se cũ Rege Francorum, non cum Francis pepigisse. Sigebert.

885.

Vuu 2

Regiminis

FVLCO
XXXIV.
ARCHIEP.
*An.*885.

Regiminis Caroli primordia sat prospera fuere, strenuéque Ecclesias tutatus est, at malis increbrescentibus Arnulfi defectione, vel ipsius Caroli incuriâ, aut imbecillitate, spem ex eo conceptam fefellit: nam ad primum ferè Gentis Barbaræ conspectum ita prorsùs animo concidit, vt pacem, quàm bellum mallet, vnde pecuniæ, quàm hostilis profusior sanguinis, auro pacem emit, vtque Normannorum è regno discessum ocyùs impetret, Godefrido eorum Duci Frisiam donat, eíque ( vt fertur ) Gillam Lotharij filiam Matrimonij nexibus copulat.

*Frodoard. l.*
*4. cap. 5.*

Cùm nec sic quies parta esset, Fulco Remensis ad eum literas mittit pro acriori Francorum tutela, & deffensione, quos miserè Normannorum arma premebant, asserens regnum Francorum, auxiliante Deo, hactenus fuisse protectum, quamdiu Patris, & Æquiuoci eius, ac filiorum regebatur dominatione, his verò è medio sublatis, postquam Proceres regni eius se Imperiali commiserant tuitioni, tantus eos miseriarum turbo inuoluerat, vt vbíque varijs labefactata cladibus pessum irent omnia.

886.

Memorat deinde ciuitatem Parisiorum, quam caput asserit, & introitum regnorum Neustriæ, atque Burgundiæ Barbaricâ cingi obsidione, citóque capiendam nisi Dei subuentum fuerit clementiâ, quæ si capiatur, totiùs regni dispendium se perpessuros. Addit tam periculosè hæc per totam regionem mala grassari, vt à prædicta vrbe Remos vsque, nihil tutum omnino remanserit, nulla nisi peruersorum Christianorum, Barbarísque consentientium secura sit habitatio, quorum multi Christianam ignauè deserentes religionem, Paganorum se societati turpiter conjunxerunt. Scripsit & ad eumdem Imperatorem pro percipiendo à sede Romana Pallio, roborandísque datis olim à Romanis Pontificibus, Ecclesiæ Remensi priuilegijs.

887.

*Frod. lib. 4.*
*c. 24. & l. 4.*
*cap. 8.*

Ex Fulconis ad Stephanum VI. & Carolum Imperatorem litteris, patet hoc anno vrbis Parisiensis obsidionem contigisse quam Abbo metricis versibus descripsit, vnde Normannis totius viciniæ terras depopulantibus, plures tam Sacerdotes, quàm Clericos, & Monachos intra Remensis vrbis septa confugientes prædictus Fulco, qui nouis eam cinxerat propugnaculis, benignè suscepit, aluit, & paternè fouit, ac hos inter S. Dionysij Parisiensis Ascetas exules, cum sui Patroni, & aliorum sanctorum pignoribus, nè generali hac, & subitâ consternatione hostium præda forent. Mansit autem B. Dionysij feretrum Remis in Basilica Hincmari studio à Cononicis Rem. in honorem ipsius erecta, & quæ stat adhuc, per trium curricula annorum ex Chronico Remensi, quo etiam patet sedulò imploratâ virginis ope, & Tutelarium, Remos aleam istam Normannicam feliciter exiuisse.

Obeunte Isaac Lingonensi Episcopo, Egilonem quemdam Monachum nuper de sæculo venientem, inconsulto Clero, & populo, Aurelianus Lugdunensis Archiep. ordinauerat, at hi concordi voto Teutboldum ipsius Ecclesiæ Diaconum eligentes, à Stephano Papa sibi
Episcopum

Episcopum consecrari petierant. Hic Lugdunensis Ecclesiæ priuilegium temerare nolens id agere distulit, mandátque Aureliano, vt si cleri, populíque vota in eum concordarent, manus ei confestim imponeret: Cúmque Lugdunensis sæpius à Pontifice monitus nollet adquiescere, ad Fulconem Remensem tandem sic rescripsit.

*Fragmentum Epistolæ Stephani Papæ ad Fulconem pro Teutboldo Lingonensi Episcopo.*

*Nos autem qui omnium Ecclesiarum in B. Petro Apostolorum Principe curam suscepimus, scientes inter Episcopos non haberi eum, qui neque à Clero electus, neque à populo est expetitus, sæpe dictum Teutboldum venerabilem Diaconum ipsorum lamentabilibus precibus inclinati, Lingonensi Ecclesiæ Episcopum consecrauimus, condignâ sententiâ prauaricatoribus illatâ, licèt & alijs prauaricationibus fuerint impediti, quapropter tuæ injungimus sanctimoniæ, vt his nostris Apostolicis literis perceptis, postpositâ dilatione, ad Lingonensem accedas Ecclesiam; & eúmdem Teutboldum à nobis solemniter consecratum Episcopum, exinde reuestias, omnibúsque Archiepiscopis, & Episcopis innotescas pro tantæ contumaciæ vltione, nos eiúsdem Ecclesiæ specialem solicitudinem suscepisse, pro tanti laboris maceratione, & oppressionis illatæ releuatione; quicquid autem idem venerabilis Episcopus Teutboldus vobis ex nostra parte retulerit, credite, & effectu mancipare nullo modo ambigite, vt pote tuam reuerentiam circa nos deuotam consistere credimus.*

Fulco Pontificis iussa explere nequiuit iniquitate temporum, & vicissitudine Regum intercurrentibus. Nam Franci Karoli imbecillitate fracti animo, ad alium sibi Regem præficiendum animos appulerunt, vnde eidem Papæ rescribens gratias agit pro consolatione literarum ipsius, asserens se paratum esse quæcumque ab ipsius celsitudine injuncta fuerint adimplere, præfatámque de Teutboldo præceptionem sine mora explere voluisse, sed Odonis Regis sui consultu interim intermissam, dum idem Rex Legatos suos ad eumdem Papam dirigeret. Priuilegium diu à sede Romana quæsitum, Stephanus tandem Fulconi concessit, super rebus Ecclesiasticis Rem. Ecclesiæ collatis, & conferendis, & vt post eius decessum, Episcopatum, vel res Episcopij, nullus illicitè occupare auderet.

Scripsit denique eidem pro altercatione quæ versabatur inter Herimannum Coloniensem Archiepiscopum, & Adelgarium Hamburgensem, & Bremensem Episcopum, pro qua suam Herimannus Papæ direxerat querimoniam, Adelgarius quoque suam aduersus Herimannum, ideóque vtrumque commonuerat ad suam præsentiam venire, sed quoniam, Adelgario veniente, alter defuit, nè quippiam præproperè iudicare videretur, Fulconi injungit ipsius vice synodum conuocare apud Wangionem ciuitatem, cum vicinis suffraganeis, limitaneísque Episcopis, ad quam Herimannum Coloni. Sonderoldum Moguntinum

cum

**FVLCO**
**XXXIV.**
**ARCHIEP.**
*An.* 887.

cum suffraganeis, & Adelgarium occurrere iubeat, quatenus quid cuique debeatur, diligens examinatio declararet, huius negotij Formoso Stephani successori rationem postmodum reddidit Fulco, vt est apud Frodoardum.

*De Prioratu apud Doncherium in Castrensi Comitatu, Caroli Imperatoris liberalitate fundato, & quis sit hic Castrensis Comitatus.*

## CAPUT II.

Doncherij Prioratus origo clara, & illustris, Caroli Crassi gloriosiss. Imperatoris munificentiæ debetur, qui Prædecessorum pietatem æmulatus, Villam de Doncherio in vsum, ac stipendia S. Medardi Suessionensis Monachòrum sponte & liberaliter concessit, cum facultate Sanctis ibidem Cellam extruendi, quò ingruentis persecutionis tempore, tutum trans Mosam haberent profugium fundationis tabula ad me ex prædicto Monasterio transmissa non mediocrem presenti historiæ lucem adferet, & est eiusmodi.

*Hic aliquid deest.*

*In nomine Sanctæ, & indiuiduæ Trinitatis. Karolus diuinâ fauente Clementiâ Imperator Augustus. Quia nobis eiusdem Dei prouidâ disponente clementiâ, vniuersalium regimen collatum videtur, eius cuius largifluo bonitatis munere illud consecuti sumus debet......... cultui sollicitâ intentione deseruire, atque omnibus prærogatiuis anteferre munificentia nostræ studijs. In quo auitum Augustorum (parentum scilicet) imitari peroptantes exemplum, prisca sanctorum loca venerabilia, quò inibi Deo militantes liberè famulatus sui pensum exsoluere valeant, sustentare, atque in cunctis prospicere cupimus.*

*Hic Normannorum per Galliam de Bacchantium persecutionem intelligit, a quibus Sigifrido Duce Sanctī Medardi Basilica incensa est.*

*Quocirca scire omnes fideles nostros, præsentes siquidem, & absentes volumus, quòd ob remedium animæ nostræ, ac progenitorum nostrorum Regum scil. prædecessorum nostrorum, suggestione fidelium procerum nostri palatij per hoc auctoritatis nostræ præceptum concedimus dilectissimis Monachis cœnobij SS. Medardi, atque Sebastiani, ad eorum scil. vsus, stipendia, atque refugium ingruentis persecutionis ex eadem Abbatia, villam nostram dominicalem super Mosam fluuium sitam in Comitatu Castrensi Doncherium nomine, cum omnibus mobilibus suis, & immobilibus quæ ad eamdem villam pertinere videntur, cum ædificijs, terris cultis, atque incultis, pascuis, syluis, aquis, aquarúmque decursibus, & vt præfatis sanctis inibi Cella construi possit ad diuertendam violentæ persecutionis rabiem. Itáque hoc nostræ magnificentiæ præcepto futuros eiusdem Monasterij Rectores iubemus, & omnimodis inhibemus, vt nullam vnquam inquietudinem seu molestiam inferre præsumant contra hanc nostra donationis*

*nis auctoritatem dilectissimis præfati nostri Cœnobij Monachis ; sed absque alicuius contradictione seu ordinatione ad proprios vsus quietè habeant, teneant, atque possideant. Et hoc vt veriùs credatur, & diligentiùs obseruetur ; manu propriâ nostrâ subter eam firmauimus, & annulo nostro insigniri iussimus.*

*Signum Domini Karoli Serenissimi Imperatoris Augusti.*
*Amalbertus Cancellarius ad vicem* * Liutvardi Archicancellarij recognouit.*
*Datum IX. Kalend. Julias anno Incarnationis Domini 887. indict. 5. anno Imperij Imperatoris Karoli XII. actum Ingelheim feliciter.*

FVLCO XXXIV. ARCHIEP.
*An.* 887.
*Per Rectores Abbates laicos designâ Heribertum scilicet, vnde prædicta donatio Monachis tantū facta est.*
* *Vel Liutardi.*

Quis hic Comitatus Castrensis in Diœcesi Remensi, cuius hîc fit mentio, cùm pridem sic vocari desierit, aliundè sciri non potest quàm ex Frodoardo, qui Castricensis vici primùm meminit lib. 2. c. 11. tum lib. 2. cap. 8. de Missis Dominicis sub Carolo Magno verba faciens dicit Vulfarium constitutum fuisse super totam Campaniam, in his quoque pagis, *Dolomensi, Vongensi, Castricensi, Stadonensi &c.* idem nomen reperitur in partitione regni facta à Ludouico pio : prædictúsque Comitatus Lothario obtigit ex Annalib. Bertinia. ad ann. 843. *Lotharius inter Rhenum, & Scaldem in mare decurrentem, & rursus per Cameracensem, & Hainnaum, Castricium, & eos Comitatus, qui Mosa citra contigui habentur, sortitus est.* Lotharij regno, post ipsius obitum inter Ludouicum transrhenensem, & Carolum Caluum partito ann. 870. Comitatus Dulcomensis, Mosomagensis, & Castricensis Francis cesserunt, vsque ad annum 879. quo pars illa Lotharij regni ad Ludouicum Germaniæ Regem redijt ex prædictis Annalibus, vnde fieri potest vt Castricensis pagus, & Doncherium sub Imperatorum dominio aliquot annos permanserint : meminit Frodoard. cuiusdam Castricensis Comitis qui Macerias inuasit sub Carolo simplice ann. 920. patet etiam ex conuentione Canonicos Remenses inter, & Manassem Comitem facta pro Villa Vindenissa, Castricensem Comitatum situm fuisse supra fluuium Bair, ac protensum vsque ad Mosam. Nunc tractus hic confusus est ac permixtus cum Regitestensi Comitatu, eiúsque nomen penitus exoleuit. Mosa autem in quem Bair fluuius delabitur, Doncherium lambit in solo pingui, & florido, eámque pons cum Rethellio aptè conjungit inter Sedanum, & Macerias Ciuitates æquè super Mosam. Charta Henrici Imperatoris fidem facit sub Roberto Rege, Imperatores apud Doncherium aliquid iuris retinuisse, cùm mercati immunitatem idem Henricus concedat rogatu Friderici Comitis, cuius hîc antigraphum damus.

*Charta Henrici Imperatoris pro mercato Villæ de Doncherio.*

In nomine Sanctæ, & indiuiduæ Trinitatis, Henricus diuinâ fauente Clementiâ Rex. Noscat omnium fidelium nostrorum præsentium

*FVLCO XXXIV. ARCHIE P.*
*An.* 887.
*A Godefrido Arduina Duce Ducatum Lotharingia, quē Ottone mortuo ab Henrico Imperatore habuerat, idem Henricus abstulit, deditq; Frederico Luxemburgensi. Huius meminit Frod. in Chronico ann.* 954.

tium scil. ac futurorum industria, qualiter nos interuentu Friderici dilectissimi Comitis, ac pro nostræ remedio animæ, Bosoni Abbati, qui Sancti Medardi cœnobio nunc præesse videtur ; cæterísque fratribus ibi Deo deseruientibus, eorúmque etiam successoribus licentiam concedimus hac nostrâ præceptali paginâ mercatum ædificandi in villa, quæ nuncupatur Doncherio, sita in Comitatu prædicti Friderici Comitis, qui vocatur Castrinsis, eâ videlicet ratione, vt nullus Dux, Comes, Vicecomes, judex, vel aliqua nostri regni major seu minor persona iam dictum Abbatem, aut fratres inde inquietare, molestaréue audeat, &, vt vèriùs credatur hæc, diligentiúsque ab omnibus obseruetur, manu propriâ corroborantes, sigilli nostri impressione subtus insigniri jussimus.

*Signum Domini Henrici Regis inuictissimi.*
*Egilbertus Cancellarius, Wiliginus Archicapellanus recognouit.*
*Trajectum anno Dominicæ Incarnationis* 1005. *anno verò Domini Henrici secundi Regis tertio, indictione* 2. *Data* 3. *Nonas May feliciter.* Amen.

Ceterùm codex translationis reliquiarum Sancti Sebastiani sub Henrico I. Francorum Rege, narrat Eudonem Campaniæ Comitem Doncherio famosissimâ Sancti Medardi possessione potitum fuisse, vt infra dicetur, Comites verò Regitestenses per totum hunc tractum latè dominantes, ab Abbatibus S. Medardi, vt tunc moris erat, aduocati seu protectores electi sunt, at specie protectionis in iurium possessionem sensim sese intrusere, vt ex sequenti charta constabit, quam hîc vernaculè scriptam profero.

*Je Gauchiers Cuens de Retteft, fas sçauoir à tous qui verront ces presentes lettres, que coin discors fut entre moy d'vne part, & l'Abbé, & le Conuent de Saint Maart de Soissons de l'autre part, sur ce que ie demandois, & volois auoir vinage par toute ma terre de ceux de la Ville de Donchery, & de ceux aussi de la terre de Saint Maart, entour Donchery qu'on dist la terre Saint Maart &c. Ce fut fait l'An de grace* 1257. *en mois de Januier.*

Carolus à Burgundia Regitestensis Comes, Abbati Sancti Medardi præstitit hominium pro Doncherij aduocatione, ex alia charta pari idiomate conscripta anno 1458. quæ sic incipit. *Charles de Bourgogne Comte de Rethel &c. Il est vray que comme Voüé, & à cause de la Voüarie de Doncherie, à moy appartenant, ie suis homme, & tenant en fief de l'Eglise Saint Medard de Soissons, & pour ce à vous, au nom de ladite Eglise, en veux faire les Foy, & hommage, & autres deuoirs tels qu'il appartient &c.* Hoc titulo, Regitestenses Comites cum alijs Monasterij hominibus supplicationi interesse debebant, quæ singulis quinquaginta annis celebrabatur apud Sanctum Medardum, & Baldachinum ferre supra capsam Sancti Sebastiani Martyris, vt alibi diximus.

Ex prædiuite prioratu de Doncherio, si Sacram ædem, aliquot pignoribus à Monachis ditatam, & vberes reditus excipias, amplius fere nihil superest præter semirutos parietes, & deploranda rudera, auitæ pietatis indicia, quòd minùs impendiosa hodie cordi sit, quàm sub veteribus religio.

FVLCO XXXIV. ARCHIEP. *An*.887.

*Reliquiarum quæ in Prioratus de Doncherio thesauraria continentur indiculus.*

Habet inprimis in theca laminis argenteis cooperta majorem corporis partem Beati Onesimi Suessionensis Episcopi, qui longum in suis membris pertulit Martyrium, vt est in gestis eius apud Molanum : hanc supra majus altare populorum venerationi expositam, aperuit Claudius Aubertius Vicarius generalis illustrissimi Ludouici à Lotharingia Rem. Archiepiscopi, dum lustraret Diœcesim 9. mensis Maij 1609.

Possidet præterea in lipsanotheca brachij figuram referente, iuncturam manus Sancti Medardi.

In brachio argenteo os Brachij Sancti Gildardi.

In reliquiari argenteo pegmati cupreo innixo sub crystallo, lapillis exornato, partem cranij gloriosi Martyris Sebastiani.

Item ossicula quædam eiusdem Martyris in lignea imagine.

In doliolo argenteo basi æneæ supposito, de oleo Sancti Nicolai ex vna parte, & ex altera, de oleo Beatæ Catharinæ.

In tabella lignea aliquot reliquias de Virginibus Sodalitij B. Vrsulæ, item de Sancta Margareta, corporis particulam Sanctæ Gertrudis è Florentia, & de Sancto Nicasio Martyre.

*Subsequentes item reliquias in lignea imagine.*

De sancto Simone Apostolo.
De capite sancti Aureliani.
De carbonibus sancti Laurentij.
De sancta Boua.
De sancto Ignatio Marty.
De Samuele Propheta.
De sancto Quintino.
De sancto Guntello.
De sancto Montano.

*In cistula lignea.*

De sepulchro Domini.
De vestimentis Beatæ Mariæ.
De capillis eiusdem.
De monte Caluariæ.
De lapide supra quem Sanguis Christi effusus est.
De horto Oliuarum.
De petra sancti Crispini.

*In arcula.*

De operimento capitis sancti Ludouici in lipsanotheca ænea formam pyramidis habente, de Innocentibus, de sancto Martino, de sancta Anna.

*In Cruce duplicata.*

De Alba, & Casula sancti Joannis Euangelistæ, & de Sancto Philippo.

*In alio item reliquiari cuius summitatem gemma exornat.*

De capite, sancti Fiacrij, & sanctæ Ceciliæ.
Item de sepulchro Domini, & de sanguine Innocentum.
De sancta Agnete, de sancto Simone Apostolo.
De costa sancti Laurentij, & de sancto Bartholomæo ossa duo.

*Odo regni tutelam suscipit post Caroli Imperatoris excessum, Concilium Remense aduersus Balduinum Flandrensem, & pro Caroli III. inauguratione, Fulconis Epistolæ ad Formosum Papam, Stephanum VI. & Prouinciæ Remensis Episcopos.*

## CAPUT III.

Post Caroli imperatoris obitum, quem regni Francici tutelam habuisse vidimus, Imperium miserè scissum est inter Widonem, Berengarium, & Arnulfum. Odo quoque Roberti Ducis filius, vasto vir animo, & virtute bellicâ notus, Caroli Simplicis patrocinium, mox à Caroli Crassi exitu suscipiens, titulum Regis (conniuentibus Francis) vsurpauit, quamuis id sibi deberi Arnulfus transrhenensis contenderet, &, vt ad gloriæ nitorem nihil desideraretur, tradunt Annales Compendij consecratum fuisse mense Januario à Galtero Senonensi ann. 888. renitente Fulcone Remensi Archiepiscopo, qui à partibus Guidonis stabat filij Lamberti Ducis Spoletani, quem Gerlonius Lingonensis Episcopus nuper vnxerat; at hic audiens Odonem coronatum, in Italiam auolauit disceptaturus cum Berengario: fertur Fulconem, & Balduinum Flandrensem, mutato consilio, Arnulfum rogasse, vt pupilli Regis tutelam sumeret, at victoriâ rursum ab Odone aduersus Normannos prope Axonam reportatâ, tantùm gloriæ consecutus est, (de eo enim canebatur, *qui totidem Danos perimit, quot spicula mittit*) vt habito statim colloquio Wormatiæ cùm Arnulfo, Remos reuersus, coronam gemmis splendentem ab eo missam receperit, qua ibidem Odo exornatur in majori Ecclesia, cunctis, *viuat Rex*, inclamantibus: Fulco, qui cum eo in gratiam redierat, secundæ huic consensit inaugurationi. Etenim licèt iunioris Caroli custos hic esset,

immatura

immatura ipsius ætas, & Odonis potentia, virtus, & plebis in eum amor, satis admonebant cedendum esse tempori; at Arnulfi animum id grauiter sauciauit, quem non modò Imperij tutorem ab ægritudine Caroli Crassi, sed & statim post ipsius excessum, fasces suscepisse falsò quidam asserunt, quòd Imperij hæres esset vi successionis, at certiùs est Widonem à Formoso coronatum, nec Arnulfum nisi post octo annos ad solium peruenisse.

<small>FVLCO XXXIV. ARCHIEP. An. 890.</small>

Flagrante Principum regnandi cupidine per sacri Chrismatis Vnctionem, quæ regiæ dignitatis character, seu sigillum videbatur, Fulco summum Pontificem Stephanum consulit, rogans, vt sibi rescriptis mandet, si liceat Coëpiscopis suffraganeis suis ordinationem vel Regis, vel alicuius alterius personæ, absque sua licentia, vel aliud aliquid, inconsulto Metropolitano, aut contra sui primatus interdicta præsumere. Cùm enim Odo ab Episcopis se inungi petijsset, timebat nè Arnulfus, quem natales commendabant, aliquid simile moliretur.

<small>Frod. lib. 4. cap. 1.</small>

Formoso Stephani successori grates referens Fulco, quòd sui memoriam dignatus sit habere per Bertham Abbatissam, subnectit de quibusdam Episcopis Galliarum, qui sibi pallium indebitè à Romana poscebant sede, asserens id absque caritatis dispendio concedi non posse; vnde precatur Metropolitanorum nomine, vt deinceps præcautâ sollicitudine vtatur, nè per hoc Ecclesiasticæ dignitatis honor vilescat. Hærebat tunc Odo Rex in Aquitania Prouinciæ rebus intentus, Arnulfus verò de subsidio mittendo in Italiam aduersus Widonem à Pontifice Cæsarem creatum, anxiè cogitabat, cùm vtrámque nactus occasionem Fulco, vehementer incubuit, vt Magnates ad Carolum ab Odone sensim animos verterent. Nihil igitur cunctandum ratus, Remis synodum cogit, specie Balduinum Flandrensem ob grassationes excommunicandi, at veriùs, vt solemni pompâ Carolus Rex dudum renunciatus coronaretur.

<small>891.</small>

Collecto igitur Remis Concilio, Carolus dictus Simplex Ludouici Balbi filius, ac legitimus hæres, Odone Comite, qui tyrannicè regnum inuaserat, rejecto, Rex Francorum inungitur à Fulcone Archiepiscopo. Et querentibus Episcopis de Balduino Flandrensi, quòd turbato regni statu, res Ecclesiasticas per vim occuparet, comminatoriæ ad eum datæ sunt literæ, vt postea dicetur. Huius synodi Acta sparsim leguntur apud Frodoard. huicque interfuisse dicuntur præter Fulconem Archiep. Dido Laudun. Episcopus, Hetilo Nouiomensis, Riculfus Suession. & Herilandus Morinensis ex Epistola ad Dodilonem Camerac. Episcopum, quâ ei significat præmissos Antistites in vrbem Remensem conuenisse ad tractandum de peruasione Balduini. Actum tamen in ea præsertim de euectione Karoli ad regimen regni, quem annum ætatis agentem 12. Heriberto, & Pippino Comitibus agentibus, Fulco solemniter consecrauit, quinto Calend. Februarij 892. ex charta prædicti Regis, quâ Remigianis præcipit suæ inaugurationis

<small>Dodilo hic Camerac. synodo interesse non potuit ob Norman. grassationes Frod. cap. 6. Annal. Meten.</small>

## METROPOLIS REMENSIS

**FVLCO XXXIV. ARCHIEP.**
*An. 892.*

tionis diem anniuersarium quotannis celebrari: huiusce vnctionis Formosum Papam certiorem fecit Fulco, Vuidonem quoque Imperatorem, & Arnulfum, rogans vt pupilli causam hic suscipiat aduersus Odonem, inter quem & Carolum infensa æmulatio exercebatur. At laborandum ei fuit, vt Arnulfi animum placaret querentis id se inconsulto factum fuisse, vnde strenuissimus hic Antistes de regni tranquillitate sollicitus, ac de eiusdem successione proprio hæredi asserenda, prædicto Arnulfo literas mittens pro Carolo, quem paruulum adhuc vnxerat in Regem, reddit causam eius prouectionis, me-

*Frod. lib. 4. cap. 5.*

morans quòd decedente Carolo Imperatore huius Arnulfi auunculo, in ipsius Arnulfi seruitium fuerit profectus, cupiens eius suscipere dominium, & gubernationem, sed ipse Rex eum sine vllo consilio, vel consolatione dimiserit, vnde cùm nec in eo sibi spes vlla remansisset, coactus fuit eius hominis, videlicet Odonis, dominatum suscipere, qui à stirpe regia existens alienus, id est à Carolina stirpe, potuit enim natales ducere à regib. primæ dynastiæ, regali tyrannicè abusus fuerat potestate, cuius & inuitus hactenus imperium sustinuit, & quoniam turbatis rebus (vt dixit) nihil subsidij in Arnulfo repererat, hoc tantùm quod restabat egit, eligens eum Regem habere, quem solum post ipsum de regia habebant progenie, & cuius prædecessores & fratres Reges extiterant &c.

*Lib. 4. c. 6. & 7.*

Porro ex hac eadem Remensi synodo, scriptum fuisse ad Balduinum Comitem Flandrensem res Ecclesiasticas inuadentem, liquet ex Epistola ad Dodilonem Cameracensem Episcopum scripta, quâ hortatur vt seriò Balduinum admonendo corripiat, nè in sua perseueret prauitate. Arguebatur Balduinus quòd Presbyterum flagellasset, quòd Basilicas Presbyteris quibusdam ablatas alijs inconsulto Episcopo dedisset, quòd Nouiomensis Ecclesiæ res, quas Rex ei dederat, inuasisset, eásque per violentiam retineret, & quòd Monasterium S. Vedasti vsurpasse non contentus, adhuc contra Regem insurgeret cum infidelitate, & perjurio, vnde ad eum Fulco scribens cum Coëpiscopis suis ex synodo Remis habita anno 892. acriter hunc iterum arguit, quòd

*Frod. cap. 7.*

Ecclesiastica simul & legalia iura contemneret, res Ecclesiasticas, & HONORES sibi non concessos, inuaderet, Dei timorem à se projiciens, & fidem, quam in Baptismate Deo promiserat, operibus abdicans, & locum sacri Monastici ordinis peruadens, Abbatis sibi nomen iniustè vendicaret: ob hæc, & alia ab eo prauè & nequiter gesta, nunciat ei qualiter Episcoporum decreto excommunicatione dignus inuentus sit, sed quoniam Ecclesiæ, ac publicis vtilitatibus regni videbatur accommodus, suspensâ censurâ, emendandi spatium ei dabatur, quatenus ab hac præsumptione animum reuocet, seque monitis obsequentem præbeat, quòd si his adquiescere nolit, ab omni se noscat consortio sequestrandum, perpetuóque Anathemate feriendum.

Rebus

## HISTORIÆ. LIB. IV.

Rebus ad regimen Reipublicæ optimè conſtitutis, Formoſo iterum Fulco reſcribens, adnotat qualiter Rodulfus Euerardi Comitis filius, priuſquam è viuis abiret, prædium Cyſonienſe, vnà cum Eccleſia, & S. Calliſti corpore Remenſi Eccleſiæ legauerit, cui rei Hucboldus Comes, qui Engeltrudem Rodulfi ſororem ſibi conjunxerat, vehementer aduerſabatur, ea ſibi vendicare contendens; vnde ab eo petit, vt quæ Rodulfus ſponte ſuâ legauerat, ſuo diplomate firmaret, hoc à Formoſo facilè obtento, ad corpus Sancti Calliſti Remos deportandum Fulco incubuit: igitur vti magnâ inde pompâ deferretur, ſublato iam metu Normannorum, ſacros viros miſit qui feretro ſubirent: Dodilonem quoque Cameracenſem Epiſcopum præſtò eſſe iuſſit, vt illud à Ciuitate Atrebatenſi vſque ad oppidum S. Quintini comitaretur.

Hetiloni verò Nouiomenſi, & Torniac. Pontifici, in cuius parochia ſitum erat Cyſonium, eam curam impoſuit, vt à Monaſterio S. Quintini tamdiu pompam educeret, donec ipſe Remos deducturus occurreret; At Dodilone Fulconi morem gerere detrectante, prolixas Archiepiſcopus ad Hetilonem literas dedit, ſignificans quantum ſtudij & laboris Dodiloni ad Epiſcopatum euehendo impenderit: tandémque effectum eſt, vt Remos Sancti Calliſti corpus peruenerit, Cyſoniíque Monaſterium ab inde multos annos Dominij fuit Remenſis Ecclesiæ, vnde abſque ipſius aſſenſu Abbas eligi non poterat, electúſque præſtabat Juramentum tam Archiepiſcopo, quàm Eccleſiæ Remenſi.

Formoſus multa pariter Fulconi ſcripſit, monétque eum compati debere Romanæ Eccleſiæ, atque imminenti eius ſubuenire ruinæ ob hæreſes vndique pullulantes, & ſchiſmata præſertim in Oriente, & Africa: rogat vt remotâ omni dilatione generali ſynodo ad diem Kalend. Martiarum indictæ interſit, vt colloquendo largiùs de his valeant pertractare. Interim mittit ei petitum ſuper quibuſdam præſtarijs priuilegium, commemorans Beatum Remigium genti Francorum Romanæ ſedis auctoritate cum gratia Dei Apoſtolum conſtitutum. Bernam quoque, Duodeciacum, Margolium, Virtudem, Abbatiam, quæ dicitur de Campellis, Atteias, Maniacum, aliáſque res dudum abſtractas, at Remenſi Eccleſiæ reſtitutas, auctoritate confirmat Apoſtolicâ.

Item ad ipſius Fulconis petitionem, miſit aliud eidem priuilegium pro Monaſterio Auennaco, & pro eo Monaſterio quod Rodulfus Abbas in honore Sancti Calliſti ex hæreditario ſuæ proprietatis iure conſtructum Remenſi conceſſerat Eccleſiæ. Item & pro euectione Caroli ad regimen regni, quem domnus idem Fulco ad regium culmen adhuc Puerum prouexerat, de criminibus quoque Odonis Regis, & de correptione ipſius, qualiter eſſet agenda pro quibus rebus idem Archiepiſcopus conſilium ab eo petierat, & auxilium; ſignificat etiam Widonem coronatum eodem anno Imperatorem indict. 10. & anno 2. ſui Imperij,

*FVLCO XXXIV. ARCHIEP.*
*An. 893.*

*Cyſoniũ, & corpus Beati Calliſti dantur Eccleſiæ Remenſi.*

*Concilio Romano ann. 893. coacto Fulconem interfuiſſe ſcribit Locrius ex Baronio Maio meſe indict. decimâ, ad hoc enim tẽpus remiſſam ait Frod.*

*Ibi Locrius ex Baronio euectionis Caroli in regnum cõfirmationem à Formoſo Fulconē impetraſſe dicit, cùm Papa corroborari benedictione Caroli poſtulaſſe tradat Frod. cap. 5.*

**FVLCO**
**XXXIV.**
**ARCHIEP.**
*An.* 894.

rij, Landbertum ipsius Widonis filium nouum Imperatorem factum: hi Fulconis consanguinei erant ex Frod. cap. 3.

Præsul quoque Fulco præter præmissa,eidem Papæ alia reperitur direxisse scripta,tam pro sua vocatione, quâ ab ipso ad sedem Apostolicam vocabatur, quàm pro discordia quæ exarserat inter Reges Odonem, & Carolum, nec non pro injuria Remensi Ecclesiæ illata, petens vt Pontifex Regibus scribendo, pacem impetraret.

895.

Arnulfo quoque transrhenensi auctoritate Apostolicâ præciperet, nè Caroli regnum popularetur, quin potiùs ei auxilio sit, vt propinquum propinquo apprimè decet. Odoni verò mandaret nè regnum istud inuadere, aut deprædari præsumeret.

*Odo Rex*
*Remos obsidet.*

Cùm verò post ipsius Papæ admonitionem nec Arnulfus orbitati Caroli subuenire voluit, nec Odo à peruasione regni cessare, sed hic Ciuitatem Remensem contrà obsedisset, cædes innumeras ac deprædationes exercens, donec Carolus cum valido exercitus apparatu ab obsessa ciuitate eum depulit. Fulco de his omnibus Formosum certiorem fecit, significans se tot perturbationibus obsessum, ad eius Apostolicam non posse properare præsentiam,dum semper expectetur bellum,nec aliter possint res inter eos componi, quamuis bellandi occasiones hactenus oppresserit,non quòd impar Carolus,aut de causæ iustitia dubitet,sed nè vires regni bellis attritæ, Paganorum proderentur inuasionibus &c.

897.

Stephano post Formosi obitum Sanctæ sedi Apostolicæ subrogato, statim egregius Antistes Fulco ei (licèt Petri solium inaudito sacrilegio deturpârit) suum erga Apostolicam sedem testatus est obsequium, significans Romam se adire non posse ob recrudescentes in Gallia motus.Cúmque Pontifex iuberet,vt omni remotâ excusatione, se præsentem mense Decembri indict. 15. synodo exhiberet sub pœna iuris, queritur se tam durâ inuectione mulctatum, cùm non nisi mellitum ac dulce à suis prædecessoribus venire consueuerit, vnde petit nè indifferenter omnibus personis accommodet aures, donec rem quam nescit diligentiùs inuestiget, adnectens qualiter se habuerit ante Episcopatum adeptum, & quanto studio pro pace & tranquillite laborauerit, si tamen Odo Rex permittat, nec viæ à Zendeboldo Arnulfi Regis filio obstructæ fuerint, spondet se ad beatitudinis ipsius vestigia confestim properaturum. Tantùm valuerunt apud Stephanum hi tam opportunè digesti characteres, vt plenissimam remanendi fecerit potestatem, modò per legatos expleret quod suâ se præsentiâ iudicaret effecturum, quare Pontifici fideliter obtemperans Fulco, Honoratum Bellouacensem, & Rodulfum Laudunensem suffraganeos ad Romanam Synodum mittit ann. 898.

*Fulcone studente Odo*
*& Carolus*
*ad concordiâ redeunt*
*cap.4.Frod.*

Episcopis quoque, Prouinciæ Remensis præsertim suffraganeis suis, & Abbatibus, idem Præsul diuersa reperitur direxisse scripta pio sale respersa, & diuinis auctoritatibus referta, Dodiloni Cameracensi primum pro Sancti Martyris Callisti corpore,deprecans eum

ad

ad Atrebatenſe caſtellum venire, vt inde præfati Martyris pignus vſ- que ad Sancti Quintini cœnobium deduceret; donec Remos ſeruandum honorificè transferretur, quod hic, poſtpoſitâ filiationis reuerentiâ, de manibus è contra geſtantium abripiens; apud ſe repoſuerat, dicens non illud ſe cuiquam redditurum; niſi Hetiloni Tornacenſi Epiſcopo, in cuius dignoſcebatur fuiſſe parochia depoſitum, hoc autem dolo egiſſe ſubnectit, quò valeret præfatum pignus Hucbolo Comiti reddere, in memoriam ei reuocans quomodo religionis & fidei intuitu, quam in eo fore credebat; illum abſque Regis expectatione, in ſede Pontificali locauerit.

FVLCO XXXIV. ARCHIEP. *An.* 897.

Didoni Laudunenſi Epiſcopo, pro reconciliatione animæ cuiuſdam Walteri, qui reus Majeſtatis inuentus ſupplicium mortis incurrerat, increpans quòd pœnitentiam per confeſſionem petenti; & ſacræ communionis viaticum in articulo mortis, inſuper & ſepulturæ beneficium, & orationes denegaſſet, cùm ſciret id non denegandum in vltimis, quod ſacrâ probat auctoritate; & exemplo B. Gregorij lib. 4. Dialogorum cap. 55. id quoque ann. 847. in ſynodo Moguntinâ præſide Rabano à patribus conſtitutum fuiſſe, patet ex Baronio in Annalibus.

*Walterum ſeu Wultgarium Odo Rex decollari iuſſerat quòd in conuentu publico contra Regem Dominum ſuū gladiū euaginaſſet, erat 15. Nepos ipſiusOdonis Annal. Metenſ. ad an. 892.*

Petro cuidam Romano Epiſcopo ſcribit pro his de quibus Formoſum Papam conſuluerat ſuper Herilando Morinenſi Epiſcopo, quem Catalaunicæ præficere decernebat viduatæ Eccleſiæ: petitque, vt ſuggerat Papæ quatenus ſuper hoc citiùs adipiſci mereatur reſponſum: reminiſcaturque Actardum Namnetenſem Morinenſi quondam à Nicolao I. ob Paganorum perſecutionem patriâ extorrem, fuiſſe præfectum, ac demum ſedi Turonenſi ipſius iuſſu incardinatum.

Rodulfo Didonis ſucceſſori, pro quodam ipſius ſubjecto, quem à ſe abjecerat, forſan zelo exercendæ vltionis, inferens Eccleſiam Remenſem hoc ex antiquo priuilegium habuiſſe, vt quicumque Diœceſanorum proprios Epiſcopos quolibet offendiſſe ſe modo ſenſiſſent, ad hanc ceterarum Matrem confugerent Eccleſiarum, auxilium ſibi ab ipſa veniæ flagitantes.

898.

Fratres Corbeiacenſis cœnobij literis ſuæ viſitans admonitionis, redarguit ac vehementer increpat ſuper abjectione ſui Abbatis, quem graui correptum infirmitate crudeliter abdicauerant, eúmque in viliſſimo extra ſepta Monaſterij loco retruſerant; communi ſtatuto firmantes, nè quis ad eum viſitandum accedere auderet, ac moriens ſepulturâ indignus haberetur. Vnde talem admirans ſenſibus eorum obrepere potuiſſe improbitatem, oſtendit non eis licuiſſe Abbati regulariter electo, & Archiepiſcopi ordinatione rationabiliter inſtituto, contra fas tantum dedecus imprimere, cùm non ſit in eorum arbitrio vel poteſtate cùm voluerint Abbatem deponere, & alium ad libitum inſtituere, ac proinde interpoſito ordinis ipſorum periculo, monet auctoritate, & miniſterio ſibi à Deo injuncto præcipiens, vt

*Abbas Corbej.Monaſt. Archiepiſc. auctoritate inſtituitur.*

eum

*Scholæ Remis à Fulcone restituuntur.*

## CAPUT IV.

SCholarum instauratio notior est apud nos, quàm natalis earúmdem, seu primæua institutio: quamuis scientiarum cùm religione arcta sit societas, & in optimè constituta Republica ingens vtriúsque semper cura fuerit, de ijs nihilominus non eadem copia differendi, nec satis sciri potest quænam Athenæ istæ fuerint Durocorto apud Consentium, quantoque nitore fulserint sub primis Archiepiscopis, penès quos recèns ad Clericatum admissos, sacris dogmatibus imbuere cura fuit: nisi forsan ex insignium virorum numero, doctrina, sanctitate, quibus suspicari licet, Remis non minus industriæ, ac laboris à Nicasio, Remigio, Niuardo & ceteris impensum, quàm in alijs Galliæ partibus, vbi per id quoque tempus literas floruisse narratur.

*Vide lib. 1.*

*Ab Hilario Pictaui. Lupo Tricassino, Alpino Catalaun. Theodulfo Aurelia. & Beroldo Virdun. Clericos literis imbutos referunt Vaseb. & alij.*

At torpescente studio ob bellorum motus, quibus miserè quassata Gallia sub Palatij Præfectis, literatísque viris intra Monasteriorum septa velut in portum sese recipientibus, quò à turbine pacatiores essent, Carolus Magnus, cui literarum otia cordi fuere, Scholas in Cathedralibus Ecclesijs restitui curauit ex Capitul. 72. *De Ministris Altaris, & Schola*: vnde Lupus ad Eurardum, *vestra memoria* (inquit) *per famosissimum Imperatorem Carolum, literæ cœpta reuocari aliquantulum quidem extulere caput*, quod rursum placito Attiniacensi impensiùs à Ludouico pio sancitum est, *Scholæ sanè ad filios, & ministros Ecclesiæ instruendos vel edocendos, sicut nobis præterito tempore ad Attiniacum promisistis, & vobis iniunximus, in congruis locis ad multorum vtilitatem à vobis ordinari non negligantur.*

*Monachus Eugolismi in vita Caroli Magni.*

*Ex Concil. Parisi. c. 12. & 30. ann. 829.*

At Angelolmus in præfatione super Cantica, & Ericus Autisidoren. Monachus, Carolum Caluum miris laudibus extollunt, quòd literas in Galliam postliminio reuocasset, addúntque viros eruditione præstantes aliunde ab eo euocatos, & cultos, quibus sese Mœcenatem exhibuit: extat synodi Tullensis illustre decretum de Scholis scripturæ, & amœnioris literaturæ instituendis, quod in Lingonensi priùs statutum est his verbis, *Vt Scholæ Sanctarum scripturarum, & humanæ literaturæ, vnde annis præcedentibus, per religiosorum Imperatorum studium magna illuminatio Ecclesiæ, & eruditionis vtilitas processit, restituantur, deprecandi sunt pij principes nostri, & omnes fratres*

*tres & Coëpiscopi nostri instantissimè commonendi, vt vbicumque Omnipotens Deus Idoneos ad docendum, id est fideliter & veraciter intelligentes donare dignetur, constituantur vndique Scholæ publicæ, scilicet vt vtriúsque eruditionis diuinæ scilicet & humanæ, in Ecclesia Dei fructus valeat accrescere, quia quod nimis dolendum est, & perniciosum maximè, diuinæ scripturæ verax, & fidelis intelligentia iam ita dilabitur, vt vix eius extrema vestigia reperiantur, & idcirco ingenti curâ & studio remedium procurandum est.*

FVLCO
XXXIV.
ARCHIEP.
*An.*898.

Hoc cùm Episcopi certatim in suis vrbibus singuli præstarent, Hincmarum, cui nihil frequentiùs in ore quàm Capitulorum obseruatio, prætermisisse nemo sibi persuadebit, præsertim cùm Isaaci Lingonensis Episcopi Nepotes apud eum eruditos fuisse legamus apud Frod. lib. 3. cap. 23. vt quondam Fulcricus vir insignis sub Ebone : hic autem Isaac Episcopus Remis sepultus est, ex Chronico Benigniano.

Ansegisus Abbas Sancti Michaelis ob nominis celebritatem, & ingenij ornamenta ad Pontificatum Senonensem euectus anno 871. pro quo Carolus Caluus à Joanne 8. per Gallias, & Germaniam primatum impetrauit, Presbyter Remorum Diœceseos nominatur in summi Pontificis rescripto, quo vices suas illi delegat apud Sammarthanos.

Ex Epistola quoque ad Aëneam Parisiensem Episcopum, patet Bernonem huius rei gratiâ ad Hincmarum missum. *Nostri fratres* ( ait ) *de Monasterio Sancti Dionysij, per licentiam Abbatis Ludouici ad educandum, atque erudiendum commiserunt mihi quemdam Adolescentem nomine Bernonem, quem vestra fraternitas Acolitum ordinauit.*

*Apud Sirmondū tom. 2. Concili.*

Hincmarus Laudunensis Remis pariter sub Auunculo rudimenta posuit, vt ei sæpius inculcat, ac reuocat in mentem Opusc. l. 1. c. 15. & Gozelinus multorum cœnobiorum Abbas apud Frod. lib. 3. c. 24. vbi sic loquitur. *Ecclesia Remensis eum regenerauit in Christo, tonsúmque in Clericum sub religione nutriuit ; & docuit, de captione Paganorum redemit, & ad gradus Ecclesiasticos vsque ad Diaconatum prouexit :* quæ omnia probant Remenses Scholas sub Hincmaro claruisse, at cùm animus tanti præsulis ad alia traheretur, sæpiúsque Regi per se seruitium exhiberet, quibusdam è Clero hoc onus imponendum fuit, ynde Sigloardus Presbyter Scholæ Remensis caput legitur in Notitia de Mancipijs S. Remigij, & vicarius Hincmari apud Frod. lib. 3. cap. 28.

Normannis vicos, & Colonias in vrbis vicinia fœdè vastantibus, discendi ardor languescere cœpit, & Scholæ præceptoribus orbatæ munifico reparatore indiguerunt, vnde idem Auctor de Fulcone Archiepiscopo magnificè sic scribit: *Præfatus denique præsul honorabilis Fulco, sollicitus circa Dei cultum, & ordinem Ecclesiasticum ; amore quoque sapientiæ feruens, duas Scholas Remis, Canonicorum scilicet loci, atque ruralium Clericorum, iam penè delapsas restituit, & euocato Re-*

Yyy

*migio*

**FVLCO**
**XXXIV.**
**ARCHIEP.**
*An.*898.
*Sic Chronicon Antisiod. de Walone Anségisi fratre disserens ad annum* 890. *huius studiũ fuit Magistros literarum chartatiuè amplecti, eorumque colloquijs vti.*

migio Autisiodorensi Magistro, liberalium artium studijs Adolescentes Clericos exerceri fecit, ipséque cum eis lectioni, ac meditationi sapientiæ operam dedit, sed & Hucbaldum Sancti Amandi Monachum, virum quoque disciplinis sophicis nobiliter eruditum accersiuit, & Ecclesiam Remensem præclaris illustrauit doctrinis.

Et hoc inter perennioris gloriæ monimenta haud infimum censeri debet, quod, sancito fœdere Carolum inter, & Odonem, ac pace Francis redditâ, Fulco Remis erexit, auxerunt posteri, felicitérque ad nostram ætatem conseruatum est. Restat vt illustrium virorum nomina, qui in prædictis scholis literas cum laude professi sunt, vel certè qui ingenij partu, aut insigni præfecturâ celebriores has reddidere, referantur, quod subinde faciemus parum solliciti an indigenæ, vel conuenæ, cùm Roma nihil sibi detractum putet, quamuis Gallos Rhetores, vel Africanos habuerit.

### Remigius Autisiodorensis.

Remigius Sancti Germani Autisiodorensis Monachus primus occurrit, plerísque nominibus venerandus, quem post Sigloardum scholis nostris præfuisse reperio, hunc in exponendis tam sacris, quàm prophanis scripturis excultissimum vocat Sigebertus ad annum 895. Frodoardus Magistrum antonomasticos, liberaliúmque Artium professorem lib. 4. c. 9. Virum in diuinis & humanis scriptiuris eruditissimum Trithemius, carmine, & prosâ scriptorem insignem, Sancti Odonis Cluniacensis primi Abbatis pædagogum, ac fœturæ cuiusdam literariæ famâ celebrem: præter lucubrationes ab omnibus receptas, quas ipse enumerat, quoddam circumfertur in minores Prophetas commentarium ab ipso editum, & aliud in Paulum, quod Remigio Francorum Apostolo quidam adscribunt, ex quibus ingenij ipsius vbertas clarè innotescit; at Trithemius malè Autisiodorensem Episcopum nominat, cùm in accuratiori indice non reperiatur.

### Hucbaldus Elnonensis.

Hucbaldus Sancti Amandi de pabula in Diœcesi Tornacensi Alumnus, Remenses scholas à Fulcone vocatus suâ doctrinâ illustrauit. Is Nepos fuit Milonis eiusdem Cœnobij Monachi cuius liber extat ad Carolum Caluum de sobrietate, fuit enim Philosophicis, Musicísque ad plenum imbutus, nec non vinctâ, solutáque oratione pollens: Hucbaldus docuit primò in Artesia apud Bertinianos, tum per aliquod tempus Niuernis degit, vbi Beatæ Ciliniæ Matris Beati Remigij vitam rogatu Episcopi, cuius erat familiaris, pulchro celebrauit carmine. Remos veniens Philosophiam cum fama nominis professus est, Trithemius refert hunc in Musica, Poëtica, Philosophia, & ceteris artibus humanitatis nulli suo tempore secundum fuisse, texuisséque mirabile quoddam opus CXXXVI. versuum ad Carolum Caluum Imperatorem, in quo omnia verba ab vna litera **C.** incipiunt vt illud.

*Carmina*

*Carmina clarisonæ Caluis cantate Camenæ.*

Obijt anno 930. iuxta Meyerum, iacétque apud Elnonenses cum hoc epitaphio.

FVLCO
XXXIV.
ARCHIEP.
*An.*898.
*Prænotatur
de laude
Caluorum.*

*Dormit in hac tumba, simplex sine felle columba,
Doctor, flos, & honos, tam Cleri, quàm Monachorum
Hucbaldus, famam cuius per climata mundi,
Edita Sanctorum modulamina, gestáque clamant:
Hic Cirici membra pretiosa reperta Niuernis
Aris inuexit nostris, scripsítque triumphum, &c.*

*Almannus Altiuillarensis.*

Almannus Altiuill. Cœnobij Monachus eodem vixit tempore, vir in diuinis scripturis eruditus, & in sæcularibus literis non ignarus, ingenio subtilis, & clarus eloquio: Opuscula ab eo edita recenset Trithemius, inter quæ elucet translatio Beatæ Helenæ Imperatricis, quam imperante Apostolico viro Hincmaro vrbis Rem. Episcopo, dicit se conscripsisse. Rogatus à Teudonio Catalaunensis Ecclesiæ Decano, miracula quæ in Beati Memmij eleuatione contigerant, scripto posteritati consignauit, huius meminit Frodo. lib. 3. cap. 28.

Sunt & alij quidam insigniores, qui sub Hincmaro claruerunt vt Ebo Gratianopolitanus Episcopus ex Monacho Remigiano, Vulfadus ex Oeconomo Remensis Ecclesiæ Primas Bituricensis, Anseglsus de quo supra, Isaac Lingonensis, Gozelinus Parisi. at præfecturas extra Prouinciam nacti, alijs scribendi materiam subministrant.

---

*Fulco Sanctorum pignoribus Remos munit, & ditat, indignatur Carolo quòd
fœdus cum Normannis inierit, Cœnobia, ne in profani Principis potestatem venirent, regenda suscipit, ob id à Sicarijs trucidatur.*

## CAPUT V.

REmorum vrbem nouo ambitu, scholis, ac literarum professoribus recenter instructam, sacratioribus adhuc propugnaculis dignissimus Antistes muniendam censuit: Sanctorum scilicet pignoribus, quò aduersus Normannorum frequentes impetus, Patronos haberet ac Tutelares. Et vt de sacris Remigij, Nicasij, Eutropiæ, & Callisti lipsanis ampliùs nihil dicam, de quibus suo loco, tradit Frodoardus S. Gibriani Confessoris reliquias è pago Catalaunensi in Basilicam S. Remigij per id tempus delatas.

Quis porro Sanctus hic Gibrianus fuerit, quo anno, & cur in Prouinciam Remensem cum fratribus & sororibus peregrinationis iter susceperit

**FVLCO**
**XXXIV.**
**ARCHIEP.**
*An.* 898.

susceperit satis copiosè dictum à nobis est lib. 2. cap. 14. nec vacat hîc repetere quàm celebris populorum concursus fuerit ad ipsius tumulum, nec mirácula, quæ ibi claruerunt, vsque ad Odonis Regis ætatem. Eo autem regni habenas moderante, cum Gibriani Ecclesia à Nortmannis ferro & igne Gallias vastantibus, simul cum alijs eiúsdem pagi cremata esset, Sanctíque sepulchrum inter rudera promiscuè haberetur auditę sunt voces inibi psallentium personarum non apparentium, radijs subindè noctu è loco vbi jacebat emicantibus, vnde factum est, vt Hadericus Comes famâ virtutum impulsus, ad Rodoardum Catalaunensis Ecclesiæ Episcopum accesserit, obnixè flagitans, vt quia Sancti Confessoris tumulus solo æquatus esset, daret ei licentiam, sacra ipsius pignora alió transferendi, vbi digniùs seruari possent. Annuente Pontifice, Missi ab Haderico Dei nutu ad Sepulchrum Beati Gibriani accedentes, aperto saxeo, in quo sacra membra jacebant, sarcophago, reuerenter eleuant, transferúntque in præparatum ad id opus scriniolum, sícque cum ingenti gaudio remeantes, deferunt ad vicum Balbiacum vbi per triennium constat venerabiliter conseruatum, donec ad Ecclesiam Beati Remigij delatum, Custodi Ecclesiæ traditur iuxta Sancti Patris sepulchrum honorificè collocandum.

Post biennium præfatus Comes, & vxor Herisindis à Fulcone Archiepiscopo sepulturæ locum obtinent, in dextra Ecclesiæ parte, iuxta cryptæ ostium, vbi altari statuto, átque argenteo decore cooperto, Venerabilia Gibriani Confessoris membra decenter collocantur: Nunc Principis altaris medium occupant, in diuiti capsa conclusa.

Dum hæc gererentur. Carolus Rex, elapso induciarum tempore, Odonem sibi inimicum bello aggredi statuit: at quo vires ei suppeterent ad decus regni faciliùs obtinendum, fœdus inijt cum Nortmannis, quorum copiæ hactenus Gallias vastauerant: Fulco praui huius consilij gnarus, Carolo grauiter indignatur, eúmque per literas Episcopali licentiâ, verbis asperioribus increpat, quò Regis animum altiùs hæc penetrarent, *Quis ille* ( inquit ) *qui vobis sicut oportet fidelis est, non expauescat, vos inimicorum Dei amicitiam velle, & in cladem, ac ruinam nominis Christiani, pagana arma, & fœdera detestanda suscipere? Nihil enim distat, vtrùm quis se Paganis societ, an abnegato Deo Idola adoret. Nam si* ( vt ait Apostolus ) *mores bonos corrumpunt colloquia praua, quantò magis corrumpitur castitas animæ Christianæ Ethnicorum consilijs, & societate? Néque enim poterit non imitari, quod assiduè viderit: quin potiùs assuescet paulatim, & quasi vinculo malæ consuetudinis trahetur ad facinus. Certè progenitores vestri Reges, deposito gentilitio errore, diuino cultui se sublimiter subdiderunt, & à Deo semper auxilium experiuerunt. Propter quod & feliciter regnauerunt, & regni hæreditatem ad suos posteros transmiserunt.*

*Vos è contra nunc Deum relinquitis. Dicam certè, licet nolens, quia Deum relinquitis, cùm vos eius hostibus sociatis. Vnde & meritò Prophetica*

phetica illa vox ad vos dirigitur, quæ quondam ad Regem Ifraël similia facientem directa est, Impio præbes auxilium, & his qui oderunt Deum amicitiâ iungeris. Et certè cum deberetis malis præteritis terminum ponere, & rapinis, & deprædationibus pauperum renunciare; ac pro his omnibus pœnitentiam agere, nunc ad majorem iram Dei prouocandam, his qui Deum ignorant, & in sua feritate confidunt, vos conjungitis. Credite mihi, quia nunquam sic agendo ad regnum peruenietis, immo velociter difperdet vos Deus, quem irritatis. Hactenus quidem de vobis meliora sperabam, nunc video vos cum omnibus consentaneis vestris periturum, si tamen hoc verè vultis agere, & talibus consilijs adquiescere. Reuera qui tale vobis dant consilium, non fideles, sed per omnia infideles esse comprobantur, quos si audire volueritis, terrenum simul, & cæleste regnum amittetis: &c. Quæ eo veriùs à Fulcone dicta sunt, quòd Normanni ob rapinas, cædes, & incendia, Francis omnibus essent execrationi, Carolo autem fœdus cum ijs sanciente, ampliffima illis dabatur occasio latiùs & profundiùs radices figendi in fœcundo Galliæ solo, è quo hos totis viribus, velut noxios hospites, Rex potiùs abigere debebat: seria autem hæc increpatio ab ore pijsimi Francorum Apostoli succefforis strenuè prolata, etiam cum Anathematis comminatione, Regi haud mediocrem motum incuffit, qui monitis eius sapienter obtemperans, Diuinum illico sibi adesse sensit auxilium. Nam Odo graui correptus ægritudine antequam expiraret, fassus est coram adstantibus, se regni administrationem, ac Regis titulum suscepisse, quò faciliùs turbato statui, malísque imminentibus ac rapinis subueniret, sícque à Regni inuasione, sibi conscius conscientiam purgans, curiæ suæ Proceres hortatur, vt deinceps Carolum pro legitimo Rege habeant, statímque diem clausit 3. Januarij eodem anno ex Reginone.

Angliæ Regi idem Fulco rescribens, grates refert quòd virum Ecclesiasticis regulis congruentem destinauerit Episcopum in Ciuitate Cantaburg. qui peruersissimam sectam paganicis erroribus exortam, & in illa gente tunc usque relictam, verbi mucrone satageret amputare, Richildi pariter Caroli Calui relictæ scripsit, monens, vt saluti suæ consulat. Alijs denique magni nominis Præsulibus, adeo vt peruigili curâ Dei Ecclesiæ, propriæ Diœcesi, ac regno prodesse nusquam destiterit, vnde quamdiu superstes fuit, Carolo prosperè, & pro voto cuncta successerunt, eo verò sublato, cùm Normannos nouo fœdere iterum sibi sociare vellet, Franci hoc dedecus indignè ferentes, Rodulfum supra se Regem constituerunt, vt hinc discant posteri probo ac sapienti Consiliario carius vel antiquius nihil esse, eíque velut fulcro frequentiùs inniti totius Reipub. felicitatem.

Rodoardo Catalaunensi præsule sublato, qui Gibriani reliquias Remos transferri consenserat, Fulco fortis Herilandi Teruannensis compassus, quem, Episcopio à Normannis depopulato, ad se venientem benignè susceperat, visitatorem viduatæ Ecclesiæ, *Catalaunensis*,

primum

FVLCO XXXIV. ARCHIEP.
*An.*898.

*Sigebertus refert Odonem obysse 899. rectius 97. vel 98. vt volunt Annales Metenses.*
899.
*Albradum corruptè legit Frodo.*

*Franci audito quòd Carolus ad se venire Normannos mandasset, Rodulfum eligũt Frod. in Chronico 922.*

*FVLCO XXXIV. ARCHIEP. An. 899.*

primùm constituit, vt visitando solatium aliquod reciperet, dum ibi Episcopus ordinaretur: & quia Teruannenses Barbaricæ videbantur feritatis, & linguæ, Formosum Papam consulit Fulco, vtrùm debeat hunc viduatæ præponere plebi, & alterum in præmemorata ipsius Ecclesia subrogare, qui acceptior propter parentelam, & linguam possit existere; At cùm clerus & plebs Catalaun. Regis Odonis consensu, Bertharium iam elegissent, quem Fulco ordinare recusabat, Pontifex grauiter tulit Episcopatum ab Archiepiscopo Herilando Teruannensi fuisse collatum. Pauló post, eodem etiam Berthario rejecto, & in exilium per Fulconis vasallum relegato, Mancionem quemdam nonnullis, vt dicitur, criminibus irretitum subrogare conatus est, ob quam rem Pontifex excandescens, iubet vt cùm Mancione, & aliquot ex Coëpiscopis non differat suam ei exhibere præsentiam. Formoso tamen è viuis abeunte, Mancio Catalaunensi Episcopatu potitus est ex Frodo. lib. 4. cap. 6. & 11. refert Surius Mancionem hunc in Palatio Caroli Calui educatum, & sub Manno insigni Philosopho, cum Radbodo Vltrajectensi, & Stephano Tungrensi literis operam dedisse tom. 6. in vita S. Radbodi 29. Nouemb.

Carolus ampliorem adeptus hæreditatem post fata Odonis, scriò monitus à Fulcone Abbatijs dudum rebus spoliatis meliorem statum procurare, vt erat bonæ indolis lubens acquieuit, inchoauitque à Vedastina, quam Balduinus Flandrensis Comes tenebat cum Atrebatensi castro, Rex, quòd sibi Comes infidelis esset, eam ab eo abstulit, deditque Fulconi Archiepiscopo, recepto per vim obsidionis à Balduino Atrebatensi castro, hanc tamen Commendam (vt vocant) ipse Fulco permutandam censuit cùm Abbatia Sancti Medardi, quæ magis quadrabat, Altmaro Comite (vt Regi se gratum præberet) eam abdicante, qui, ob id, vt creditur, Atrebati prætor constitutus est. At furore corripitur ipse Balduinus; & Aulici de ipsius comitatu permissu eius injuriam vlturi, fingunt amicitiam cùm præsule, quò faciliùs

*Balduini Flandr. insfiu vel permissu, Fulco interemptus est, Locrius in Chronico.*

dolum nescientem aggrediantur, explorantésque quot ab hospitio suo, ad Regis colloquium stipatoribus vallatus ire soleret, quadam die, dum paucis admodum comitatus Regis peteret alloquium, eum in via duce Winemaro Lilariensi aggredientes intercipiunt, & quidem primùm de resarcienda cum Balduino amicitia subdolè loquuntur, demum verò improuisum lanceis immaniter trucidant, & confodiunt:

*Fulco SS. Vedasti & Bertini Cœnobia, ne in profanis principis deuenirent potestatem administranda, & tuenda susceperat Meyer.*

quidam suorum decoris æmulatione, & caritate, præsulis corpus tegere cupientes, super eum pariter transfixi corruunt, ceteri in hospitijs relicti lugubrem casum audientes, armis sicarios persequi conantur, at fugâ dilapsis, corpus exanime immensis ejulantes plangoribus leuant, & cum ingenti omnium luctu Remensem deferunt ad vrbem, vbi lotum, vt moris est, & dignis exequijs honoratum, decenti sepulturæ traditur. Sic Ecclesiæ decus, ac regni columen vitam finijt, quod Balduinum Caluum res Ecclesiarum inuadentem, tam priuatis, quàm

## HISTORIÆ. LIB. IV.

quàm synodalibus literis arguisset: tanti præsulis decora inscriptum epitaphium graphicè depingit, quod hic encomij loco reponimus.

*Hoc tumulo magni Fulconis membra teguntur,*
*Remorum sedis præsulis egregij.*
*Germine Nobilium, quem Francia protulit ortum:*
*Auláque de scholis sumpsit, & excoluit.*
*Hinc Deus assumptum statuit virtute probatum,*
*Ecclesiæ speculum, pontificémque pium.*
*Septenos denósque simul cui præfuit annos,*
*Tres menses, denos insuper atque dies.*
*Auxit Episcopium superaddens plurima rerum,*
*Vrbis & istius mœnia restituit.*
*Orbis honor, patriæ tutor, pietatis amator*
*Pro studio pacis, confoditur iaculis.*
*Septenum, denúmque diem iam mensis agebat*
*Iunius, vt dirâ morte peremptus abit.*
*Cui Matris Domini, pariter quoque præsulis almi*
*Remigij pietas obtineat requiem. Amen.*

FVLCO XXXIV. ARCHIEP. *An.* 900.

17. *Iunij vt est in Martyrol.*

Regino Fulconem numerat inter Martyres, qui pro libertate Ecclesiastica fortiter occubuerunt, quamuis publico decreto necdum renunciatus sit, vt Molanus aduertit, quem & apud Sanctum Odomarum quiescere putat iuxta Beatum Bertinum; at certius est hunc terræ mandatum in Ecclesia Sancti Remigij vt posteriora Epitaphij verba sat clarè indicant: annus etiam quo obijt diuersimodè refertur: quidam volunt anno 901 alij 903. veriùs ann. 900. ex successoris ordinatione, quæ eodem anno contigit 6. Julij, & ex Anathematis decreto in sceleftum Winemarum.

Codex Igniacensis Fulconem testamentum condidisse narrat his verbis, quæ desiderantur apud Frodoardum. *At verò* (inquit) *præfatus Fulco, vtpote vir sapiens, ac timens Deum testamentum suum iamdudum ordinauerat, vt de iure patrimonij sui, quibusdam Ecclesijs distribueret, inter quas, Ecclesia Remensi pro anima sua remedio villam Nemincum* (quæ sita est in Episcopatu Nouiomensi) *contulit, cuius reditus pro illius memoria annuatim recolenda, Canonicis Remensibus diuiduntur, de censu prædictæ villæ Canonici Nouiomenses habent singulis annis solidos 60. illius monetæ,* quâ autem conuentione nummi isti Ecclesiæ Nouiomensi ab Ecclesia Remensi persoluantur, patebit ex charta, quæ ibi quoque subijcitur, quam anno 1051. reddemus. Ceterùm Rythmus à Sigloardo Remensi Canonico de Fulconis morte editus in eodem codice Frodoardi breuiarium continente refertur, & est eiusmodi.

*In margine scribitur nunc Euemaincum, at in Necrologio Rem. 15. Calend. Iulij, Dominus Fulco obijt qui dedit nobis Nemincum.*

O Fulco

**HERIVEVS XXXV. ARCHIEP.** *An. 900.*

O Fulco Præsul optime,
O cunctis amantissime,
Re Pontifex, & nomine,
Homo, sed major homine,
Vir nobilis prosapiæ,
Et tali sapientiæ,
Qualis nullus est hodie,
Toto formosus corpore,
Magnæque eloquentiæ,
In tuo flentes funere,
Vix possumus reprimere,
Det tibi Christus requiem,
Atque coronam perpetem, &c.

---

*Heriueus XXXV. Archiepiscopus, prolato in Fulconis interfectores anathemate, corpus S. Remigij in suum Monasterium, Rege præsente, reducit, munitiones per Diœcesim reparat, Normannorum conuersioni præ ceteris incumbit.*

## CAPUT VI.

*Rariores hoc tempore spiritales viri fuerunt, & vix vel vnus magna fama, aut sanctitatis extitisse fertur, qui poni possset in lucem gentiũ, Chro. Autisi. ad an. 920.*

*Enerardus Comes ex Gisla Caroli Calui Sorore reliquit Vuroch. Berengarium Italiæ Regẽ, Rodulfum, Adalarđũ, & Engelthrudem, Iudith, & Heiwich filias, ex his vna Hucbaldo nupsit, cuius filiam Pater Heriuei duxit vxorem.*

Heriuei ad sedem Remensem prouectio decimum auspicatur sæculum, quod sui asperitate ferreum, malique exundantis deformitate plumbeum, scriptorum verò inopiâ infelix, & obscurum passim ab historicis nuncupatur, ob Principum factiones, & intrusa in Ecclesiam monstra, quibus Remensis æquè ac Romana indignè fœdata est. Sæculo tamen Frodoardus lucem intulit, quem, vt diligentissimum ac probatissimum Auctorem, hîc ferè omnes, & nos pariter vsque ad annum 948. sequemur, quo suæ historiæ finem imposuit.

Episcopis Remos ad Fulconis exequias conuolantibus, quem Flandrensis Comitis iussu, aut eo conniuente, Winemarus interemerat, ibíque pro Successore diligendo existentibus, Heriueus omnium calculo in eius locum suffectus est ex Canonico Remensi ( vt vult Demochares ) forsan quòd Ecclesiasticis apprimè cantilenis eruditus esset, & Psalmodiâ præcipuus. Quamuis ex aula Regis hic ad Episcopatum adhuc iuuenis assumptus dicatur à Frodoardo, vir genere nobilis, nepos videlicet ex sorore Hucbaldi Comitis, Vrsi Campaniæ Comitis, & Berthæ filius, vnde præter Heriueum, Odo quoque frater eius prodijt, de quo postea nonnihil dicetur.

Heriueus igitur canonicè electus, consecrationis munus Remis suscepit à Riculfo Suessionensi, adsistentibus Dodilone Cameracensi,

# HISTORIE Lib. IV.

Otgario Ambianensi Episcopis, ac decretum ordinationis ipsius corroborantibus, cuius indolem, virtutes, œconomiam, mox idem auctor describit, narrátque eo spiritualia sapienter sectante, bonis omnibus Episcopium exuberasse, quibus horrea Ecclesiæ, & promptuaria breui repleta sunt.

HERIVEVS XXXV. ARCHIEP. *An. 900.*

Die consecrationis Heriuei, Episcopi memores perpetrati sceleris in Fulconem, excommunicationis decretum in conscios publicè recitari curarunt, quod ex veteri MS codice Nicolai Camusatij Trecensis prodidit Andreas du Chesne tom. 2. cuius hic tenor est.

*Anno DCCCC. dominicæ incarn. pridie nonas Julij, primo scil. die, quando ordinatus est Heriueus in Archiepiscopatu Remensi Episcopus, lecta est excommunicatio hæc quæ sequitur, in Ecclesia Sanctæ Mariæ Remis, præsentibus Episcopis infra scriptis.*

HERIVEUS *nomine non merito Remorum Archiepiscopus, Riculfus Suessionum Episcopus, Heidolo Nouiomagensium Episcopus, Dodilo Cameracen. Episcopus, Herinandus Morinensium Episcopus, Otgarius Ambian. Episcopus, Honoratus Beluac. Episcopus, Mancio Catalaun. Episcopus, Rodulfus Laudun. Episcopus, Otfridus Siluanect. Episcopus, Angelramnus Meldensium Episcopus. Notum sit omnibus vbique Sanctæ Dei Ecclesiæ fidelibus tam Clericis, quàm Laicis, quòd nos, & commissa nobis omnis Ecclesia nimiâ perturbatur tristitiâ, pro inaudita re post persecutionem temporis Apostolorum, eorúmque successorum, de occisione nimirum Patris, & pastoris nostri Fulconis ab impijs impiè perpetrata, qui pro regni vtilitate, & totius Sanctæ Ecclesiæ statu pro viribus die noctúque desudans, ac seipsum in defensione omnium Ecclesiarum in hoc regno consistentium muro protectionis opponens. Res enim earum à Balduino Comite filio Balduini ac Judith contra omnem legem, & diuinam, & humanam peruadebantur, ideo ab ipsius Balduini hominibus Winemaro, Euuerardo, & Ratfrido, ceterísque eorum complicibus interfectus crudelissimè occubuit. De eius morte totius Ecclesiæ ordo atque professio meritò contristatur, & lamenta compassionis ex intimis cordium suspirijs emittit. Quia igitur tale scelus nostris temporibus perpetrare non timuerunt, quod antea, nisi forte à Paganis, in Ecclesia non auditum, quia non est actum, in nomine Domini, & in virtute Sancti Spiritus, nec non auctoritate Episcopis per Beatum Petrum principem Apostolorum diuinitùs conlatâ, ipsos à Sanctæ Matris Ecclesiæ gremio segregamus, ac perpetuæ maledictionis Anathemate eos condemnamus: vt eorum aliquando per hominem non fiat recuperatio, nec vlla inter Christianos conuersatio, síntque maledicti in Ciuitate, maledicti in agro, maledictum horreum eorum, & maledicta reliquia eorum, maledictus fructus ventris eorum, & fructus terræ illorum. Armenta bouum suorum, & greges ouium suarum. Maledicti sint ingredientes, & egredientes, síntque in domo maledicti, in agro profugi, intestina in secessum fundant, sicut perfidus, & infelix Arrius, veniántque super illos omnes illæ maledictiones,*

quas

**HERIVEVS XXXV. ARCHIEP.**
*An. 901.*

quas Dominus per *Moysem* in populum diuinæ legis præuaricatorem se esse intentauit, sintque *Anathema*, *Maranatha*, & pereant in secundo aduentu Domini. Insuper quicquid maledictionis sacri Canones, & Apostolicorum virorum decreta decernunt super homicidis, & sacrilegis. Nam illos sacrilegorum nomine notamus, qui in hunc Christum Domini manum mittere ausi sunt, omne super illos, ad perpetuum interitum per iustissimam diuinæ animaduersionis sententiam congeratur. Nullus ergo eis Christianus vel aue dicat. Nullus Presbyter missas aliquando celebrare, nec si infirmati fuerint confessiones eorum recipere, vel sacrosanctam communionem eis, nisi resipuerint, etiam in ipso fine vitæ suæ præsumat vnquam dare, sed sepulturâ asini sepeliantur, & in sterquilinium super faciem terræ sint, vt sint in exemplum obprobrij, & maledictionis præsentibus generationibus, & futuris. Et sicut hæ lucernæ de nostris projectæ manibus hodie extinguntur, sic eorum lucerna in æternum extinguatur.

Ceterùm Winemarus ab Episcopis Franciæ excommunicatus, mox insanabili à Deo percussus vlcere, putrescentibus carnibus, & exundante sanie, viuus deuoratus est à vermibus, dúmque ob fœtoris immanitatem nemo ad eum accedere posset, miserrimam vitam infelici exitu compleuit: in Flandria quoque, ob idem scelus Comitis iussu patratum, multis hominum vestibus impressæ sunt diuinitùs cruces, ipso sanguine horribiles, quo præsertim formabantur, indéque tantus passim animos metus inuasit, vt multi consternarentur.

*Buzelinus ex Meyero.*

De sceleratis interfectoribus sumptâ vltione, Heriueus anno sequenti, corpus B. Remigij, è matrice Ecclesia, ad locum sepulturæ, Nortmannis quiescentibus, referre disposuit. Erat hyemale tempus, & ad celebrandum Christi natalem, Rex Carolus, Richardus Burgundiæ Dux, & alij Proceres Remos conuenerant. Cúmque ob inundantes pluuias, & lutum quererentur nonnulli id commodè fieri non posse, die sequenti festum Innocentium, ex improuiso boreâ insurgente, cœnum instar crystalli adeo congelatum est, vt humi, limíque humore siccato, sacra sicco vestigio deferri possent membra Pontificis: at vbi extra Ciuitatem ventum est, ad locum, vnde Monasterium ipsius directo iam peteretur itinere, Claudus quidam ariditate neruorum, poplitúmque contractus ( Abraham nomine ) qui scabellulis hærens humi repebat, vbi secus vrbem veniens, iter ad Sancti Basilicam inchoasset intendere, compagum duritia diuinitùs resoluta est, cœpítque incolumis ac erectus incedere. In eo loco, vbi salutis recepit donum, Crux lapidea erecta est, quæ stat adhuc, in præstiti beneficij monimentum, cuius suppedaneo hæc literis Gothicis exarata leguntur.

*Nongento primo anno Incarnati Domini, sub quarto Calend. Januarij, secundáque Sabbati, glorioso ab hac vrbe delato corpore, Domini nostri, ac Patroni Beati Remigij, cum honore dignitatis vtriusque ordinis concurrebat plebs deuotè Heriueo Præsuli, Carolo Rege subsequente, cum Richardo*

HISTORIÆ. LIB. IV.   529

*chardo Principe, Christo laudes vnâ mente iubilando consonè.* Cùm fuisset huc perlatum pignus sanctissimum, calitùs virtute lapsâ, illico prosilyt (miro dictu) quidam (laudes directis poplitibus, nouo gressu ab hinc suum prosequens Remedium, cuius ope adjuuemur hîc, & in perpetuum.

HERIVEVS
XXXV.
ARCHIEP.
*An. 902.*

*Sancte tui Sigloardi miserere Monachi,*
*Qui ductus amore istius patrati miraculi,*
*Ob istius monimentum hunc erexit titulum.*

Bello inter Carolum, & Robertum recrudescente, quòd hic regnum sibi deberi post Odonis fratris obitum contenderet, Heriueus munitiones, quæ Campaniæ securitati erant, vel reparauit sollicitè, vel de nouo construxit, inter has Mosomum castrum mœnibus cinxit, Ecclesiam quoque B. Mariæ dicatam inibi vetustate dirutam à fundamentis erexit, collocatis ibi Sancti Victoris ossibus, quæ haud procul ab eo fuerant Castello reperta. Munitionem quoque apud Codiciacum tuto loco constituit, & aliam apud Sparnacum. Remis Ecclesiam in honore S. Dionysij extra murum Ciuitatis à Canonicis vrbis constructam, consecrauit, vbi & SS. Rigoberti Episcopi, & Theodulfi Abbatis membra seruanda deposuit. Cryptam quoque sub ipsa sede majoris Ecclesiæ, quæ diu tellure manserat oppleta, vbi Sanctus Remigius secretò preces Deo fundere fertur assueuisse, mundatam & excultam in honore ipsius Sancti Præsulis consecrauit, multis præterea donarijs, coronis scil. atque lampadibus tam aureis, quàm argenteis, vasis preciosi vtriusque metalli, sed & gemmeis Remensem Ecclesiam locupletauit. Insuper, & altare in medio chori sub honore Sanctæ Trinitatis edidit, atque dicauit, & tabulis argento coopertis circumdedit: Crucem denique majorem auro, & gemmis, sacrosanctis pignoribus insignitam cooperuit, Frodoardo quoque & ceteris tam Canonicis quàm Monachis, & Sanctimonialibus multa largitus est; quòd hìc in grati animi tesseram prædictus auctor posteritati consignauit: probabile est munificum Præsulem ad altare aureum Ecclesiæ S. Remigij nonnihil contulisse, quòd ibi cum Fulcone Archiepiscopo repræsentetur supplicantis in modum ad pedes Saluatoris sedentis in throno, vt & aliquot Principes qui hac ætate vixerunt.

Normannis, flagrante inter Principes discordiâ, pedem in Gallia figentibus, Præsul Heriueus horum conuersioni seriò incumbendum duxit, quò gentis ferocitas Christi jugo mitigata, rapinis & grassationibus finem imponeret, tantúmque profecit, vt plagâ à Roberto Carnotensi receptâ, Christi fidem Normanni apud Rotomagum tandem receperint, concessis sibi maritimis quibusdam pagis, cum Rotomagensi, quam pene deleuerant, vrbe, & alijs eidem subjectis oppidis: extat Joannis IX. Pontificis Epistola ad prædictum Heriueum, quâ respondens ipsius consultationi de Normannis nuper in Gallia ad fidem conuersis, ait mitiùs cum eis agendum esse, nec contra eos seueritatem

*Aimoini cõ-*
*tinuator. l.*
*5. c. 42.*

Zzz 2

ritatem Canonum esse extendendum, nè fortè insueta onera portare recusantes, ad pristinam impietatem relaberentur.

*Ioannes Episcopus seruus seruorum Dei Reuerentissimo confratri nostro Heriueo Remorum Archiepiscopo.*

*Vestræ fraternitatis, vestræque reuerendæ sanctitatis mellifluas literas libentissimè suscipientes, ac diligentissimè pertractantes, & tristes admodum, & vehementer extitimus exultantes. Mœrentes itaque de tantis calamitatibus, tantisque pressuris atque angustijs, non solùm Paganorum, verùm etiam Christianorum in vestris partibus (vt vestrarum assertio literarum edocet) accidentibus: Gaudentes siquidem de ipsa gente Normannorum, quæ ad fidem diuinâ inspirante clementiâ conuersa, olim humano sanguine grassata lætabatur, nunc verò vestris exhortationibus, Domino cooperante, ambrosio Christi sanguine se gaudet fore redemptam, atque potatam. Vnde multipliciter ei, à quo procedit omne quod bonum est, immensas gratiarum actiones rependimus, suppliciter obsecrantes, vt eos in soliditate veræ fidei confirmare, & æternæ Trinitatis gloriam agnoscere faciat, atque ad suæ visionis inenarrabile gaudium introducat. Nam quod de his vestra nobis innotuit fraternitas, quid agendum sit, quod fuerint baptizati, & rebaptizati, & post Baptismum gentiliter vixerint, atque Paganorum more, Christianos interfecerint, sacerdotes trucidauerint, atque simulacris immolantes, idolothyta comederint. Equidem si tyrones ad fidem non forent canonica experirentur iudicia, vnde quia ad fidem rudes sunt, vestro vtique libramini, vestraque censura committimus experiendos, qui & illam gentem vestris confinijs vicinam habentes, studiosè aduertere, & illius mores, actúsque omnes pariter, & conuersationem agnoscere præ cæteris valeatis: quòd enim mitiùs agendum sit cum eis quàm sacri censeant Canones, vestra satis cognoscit industria, nè fortè insueta onera portantes, importabilia illis fore, quod absit, videantur, & ad prioris vitæ veterem quem expoliauerant hominem, antiquo insidiante aduersario relabantur. Et quidem, si inter eos tales inuenti fuerint, qui secundùm Canonica instituta se per pœnitentiam macerare, & tanta commissa scelera dignis lamentationibus expiare maluerint, eos canonicè iudicare non respuatis: ita vt in omnibus erga eos peruigiles existatis, vt ante tribunal æterni iudicis cum multiplici animarum fructu venientes, gaudia æterna cum Beato Remigio adipisci mereamini. &c.*

Eiúsdem argumenti prolixior est ab eodem Heriueo ad Witonem Rotomagensem Archiepiscopum scripta Epistola, cuius meminit Frodoardus, quam Cordesius edidit post Opuscula, & Epistolas Hincmari, constátque hæc ex sententijs Patrum, canonibus, & decretalibus Pontificum Romanorum, quibus inquiritur qualis pœnitentia debet iniungi non Baptizatis Gentilibus, & Baptizatis, & postea more paganico Ecclesias deuastantibus, & Christianitatem delentibus, sícque incipit.

*Reuerentissimo*

*Reuerentissimo ac dilectissimo fratri, & Coarchiepiscopo Witoni Heriueus* HERIVEVS
*Archiepiscopus, plurimam in omnium Saluatore salutem, æter-* XXXV.
*næque beatitudinis felicitatem.* ARCHIEP.
An. 905.

*Ut rogastis humilitatem nostram quærere diuinis in Oraculis qualiter consulendum vobis foret his qui rebaptizati sunt, & æquè ante Baptismum iuxta paganismi morem, quemadmodum sues sunt reuersi ad volutabrum, & canes ad vomitum, ludicras voluptates nefando paganorum ritu exercuere, seu de illis, qui nondum Baptismum percipere meruerunt, prout quiuimus, satisfacere precatui vestro sategimus, quantúmue temporis breuitas sinit, &c.* Quibus patet Heriueum multùm operæ contulisse ad molliendos Normannorum animos, sacrísque fidei Christianæ mysterijs initiandos, extinctáque in plurimis horum ferociâ & idolorum vanâ religione, ad morum comitatem, puriorémque cultum eos conuertisse.

---

*De Villa Corbiniaco, & Prioratu ibidem à Rege fundato occasione reliquiarum Beati Marculfi.*

## CAPUT VII.

COrbiniacum, Corbennacum, vel Corbanacum villam in Diœcesi 907. Laudunensi sex leucis à Durocorto, sub primis secundę Dynastiæ principibus, placitis regijs fuisse celebrem tradunt Annales, vbi de Carlomanni obitu, & Procerum regni eius ad Carolum profectione an. 771. Patet enim ex circumiacentibus locis, Salmuntiaco, Attiniaco, & Valentiana, hanc Corbiniacum Aduensem non esse, sed Laudunensem, quamuis Corbiniacum vtraque in chartis vocitetur. At longè clarior villæ, de qua loquimur, fama fuit, cùm Normannis, Neustriæ maritima loca deprædantibus, in eam B. Marculfi reliquiæ à Clericis Bajocensibus allatæ sunt, & in fisco regio depositæ. Carolus Rex incredibili gaudio perfusus, quòd tam insignis gaza Barbarorum manus euasisset, eam honorificè suscepit, quam hic cum inconsultis Episcopo Bajocensi, & Metropolitano retinere nollet; mittit à latere eius, qui horum assensum honestè requirerent: voti compos, statuit in suo Castello Monasterium extruere, quod & proprijs suis rebus ditauit, vt clerici, seu ministri, penes quos prædicti loci gubernatio permaneret, pro regni statu, & incolumitate æternùm Deo preces funderent. Charta fundationis è tabulario deprompta, totius rei seriem clariùs suppeditabit.

*Caroli Regis priuilegium quo probatur.*
*Normannis Gallias infestantibus, allatas fuisse B. Marculfi reliquias apud Corbiniacum, ac ibidem fundatum à Rege Monasterium.*

In nomine Sanctæ, & indiuiduæ Trinitatis, Karolus diuinâ proui-
Zzz 3 dente

HERIVEVS XXXV. ARCHIEP. An. 907.

dente clementiâ Rex. Si seruis Dei, ac locis diuino cultui mancipatis opem impendimus, id nobis profuturum omnino confidimus. Quocirca omnibus innotescat, quoniam ob nimiam, atque diutinam paganorum infestationem, quæ peccatis exigentibus per vniuersam debacchando grassatur Ecclesiam, Sanctissimum, veréque Beatissimum Marculfum proprio loco, eadem peste, cum Clericis profugis pulsum, pro Dei amore suscepimus, atque in fisco nostro Corbiniaco, prout tempus dictauit, reposuimus. Et quoniam incertum manebat vtrùm diuina dispositio tantum pignus nobiscum manere, an iterum vellet ad proprium deportari monasterium, à nostris tam Episcopis, quàm & laicis fidelibus responsa accepimus, nè sine proprij licentia Episcopi pretiosum corpus detineretur. Salubri itáque vsi consilio, & licentiam ab Episcopo Erleboldo retinendi nobiscum, eò quòd maneret regressus difficilis, impetrauimus, & Epistolam ab eodem Præsule, & ab Archiepiscopo Guidone, ac reliquis subscriptam Coëpiscopis de eadem re suscepimus: hac igitur de re diuino inspirati amore, nostrorúmque prædecessorum, non solùm in humanis, sed etiam in diuinis imitatores esse cupientes, ob animæ nostræ remedium, in iam dicto fisco Corbiniaco, in honore B. Petri Apostolorum principis, eò quòd in Basilica quæ est ipsius nomine dedicata, iam dictum corpus pretiosum foret locatum, Monasterium disposuimus facere, & de rebus proprijs ditare. *Clericósque, seu Ministros*, ad laudes omnipotenti Deo persoluendas, quíque pro statu Ecclesiæ, nostráque incolumitate, totiúsque regni stabilitate incessanter exorent, instituere curauimus, & vt hoc ibidem famulantibus Deo delectabiliùs implere delectet, concedimus Beato Petro Apostolo, & Sancto Marculfo Confessori, mansos duos in eadem villa in Comitatu Laudunensi, ad luminaria eiúsdem loci, & in vsus, & stipendia fratrum inibi seruientium, mansos quatuor in eadem villa, in Craonna mansum vnum, & dimidium, in Albiniaco dimidium, de terra verò indominicata ad summum tilidum mappaticos quatuor super fluuium Suippiam, in villa Condato alias septem, & molendinum vnum, & mensum in Fimmes vnum concedimus, quin etiam mancipia, quorum hæc sunt nomina, Grifo cum vxore sua Hroildi, & infantibus eorum, Ingelindis &c. Clericis etiam eiúsdem loci licentiam damus emendi &c. vt hæc nostræ corroborationis concessio firmior habeatur manu propriâ subterfirmamus, & annuli nostri impressione sigillari iussimus.

*Ea redintegratio regni, intelligitur capta mortuo Odone, qui Burgundiâ & Aquitaniâ potitus est.*

*Signum Karoli gloriosissimi Regis.*
*Ernustus Notarius ad vicem Noskerici Episcopi recognouit & signauit. Datum 8. Calend. Martij indict. 8. ann. 14. regnante Domino Karolo gloriosissimo Rege, redintegrante 9. actum Corbiniaco Palatio in Dei nomine feliciter. Amen. Amen.*

Anno sequenti apud Attiniacum, diploma, iubente Rege, aliud confectum est, quo patet Carolum à regni Proceribus monitum fuisse
Frederon-

Frederonnam Bononis Catalaunensis Episcopi sororem matrimonio HERIVEVS XXXV. sibi copulare, quam Heriueus Archiepisc. in Ecclesia Beati Remigij ARCHIEP. sacris ritibus abhibitis perunxit. Huic dotis nomine Corbiniacum de- *An.907.* dit cum Ecclesia, aliisque fiscis pro libitu disponendis, vt ex subjecto diplomate clariùs constabit.

IN NOMINE SANCTÆ, ET INDIVIDUÆ TRINITATIS, CAROLUS DIVINA PROPITIANTE CLEMENTIA REX. Omnibus Sanctæ Dei Ecclesiæ nostris præsentibus atque futuris compertum est fidelibus, quòd cum nostris nos regni nostri negotia tractantes Consiliarijs, de nostro nos commonuere conjugio, salubre, & opportunum fore ducentes, si coniunx condigna lateri adhæreat regio, ex qua filiorum, Deo largiente, totius regni profutura procederet propago. Horum ergo admonitionibus sollicitati, & consilio exhortati, quamdam nobili prosapiâ puellam nomine Frederonnam communi duntaxat consensu fidelium, Deo, vt credimus, cooperante, secundum leges, & statuta priorum nobis nuptiali connubio sociauimus, regníque consortem statuimus. Quocirca regio eam more, & proprijs rebus disponentes ditare, nos, & ei dotis nomine fiscos concedimus iugiter possidendos, & pro libitu disponendos, Corbiniacum videlicet in Comitatu Laudunensi cum Ecclesia, quæ est Sancti Petri Apostoli honore dicata, vbi Confessoris Christi Marculfi corpus quiescit, Ecclesiam vnam in Craonna, & Pontygonem, quin etiam in pago Peytensi super fluuios Pastum, & Bruxionem vtrumque concedimus, & de nostro iure ius, & proprietatem transfundimus &c.

*Signum Karoli gloriosissimi Regis.*
*Arnulfus Notarius ad vicem Aetherij Episcopi recognouit, datum 3.*
*Kal. May, indict. 10. regnante Domino Carolo gloriosissimo Rege*
*15. redintegrante 10. actum Attiniaco palatio.*
*J. D. N. F. A.*

---

*Regia diplomata quæ B. Marculfi reliquias Ascetis Corbiniaci certissimè adstruunt.*

## CAPUT VIII.

Sacras Marculfi reliquias Normannorum metu Corbiniacum adsuectas ann. 907. & à Carolo honorificè susceptas, necdum inito cum Frederonna connubio, sic elucet ex prioribus chartis, vt longiori probatione non sit opus, vnde sequitur grauiter hallucinari, qui, vt Bajocensibus perperam has attribuant, tradunt Nantonienses Cœnobitas Corbiniaci à Carolo & Frederonna comiter exceptos, necdum enim

HERIVEVS XXXV ARCHIEP.
An. 909.

enim Frederonna Simplici nupserat, vt ex sequenti tabula amplius patebit, cuius pericopen damus ex Compendiensi Chartulario.

CAROLUS DEI GRATIA FRANCORUM REX. Nouerint vniuersi quòd de consensu, & consilio fidelium nostrorum statuimus ducere in vxorem Frederonnam puellam de nobili prosapia ortam, cui ratione dotis concessimus duos fiscos iugiter possidendos, nempe Pontiacam, & Corbiniacum Castrum in Comitatu Laudunensi, cum Ecclesia Sancti Petri, in qua requiescit corpus Beati Confessoris Marculfi &c.

*Sic Ludouicus trãsmarinus Abbatiam Sancta Mariæ Laudunẽsis Gerbergæ vxori suæ dedit Frodoard. in Chron. ann. 951.*

Mireris Cellulam seu ædiculam, & quidem sacram nomine dotis Reginæ præpotenti assignatam. Sed hæc erant tempora, quibus nec ipsimet Reges parcerent altaribus, quorum reditus, vt & sublatas sacrilegâ manu fidelium oblationes, in proprios vsus conuertebant, quòd fecisse Carolum est suspicandi locus, percrebuerat enim miraculorum fama quæ Corbiniaci fiebant, vbi vidisses lumen cæcis restitui, chœradum siue strumarum, & ceteris id genus morbis laborantes feliciter sanatos, Dæmoniacos sano sensu, pulsis Dæmonibus, redire, & innumera alia, ob quæ frequentior in dies peregrinorum turba Corbennacum aduolabat, quorum eleëmosynis Beati Marculfi sensim ditatam Ecclesiam, Carolus munere dotalitio dedit vxori suæ, hoc pacto rebus suis prouidè consultum existimans, tantumdem ærario suo, seu Domanio reseruari, quod aliàs in conjugis dotem detrahendum fuisset.

Verùm Frederonnam bonorum Ecclesiæ potitam, sacrilegi huius pacto pudescere cœpit, & vt pia conjux, Deo, & B. Marculfo reddere statuit, quod Maritus Simplex abstulerat. Monachis autem Nantoniensibus vitâ sublatis, vel, rebus pacatis, in Neustriam reuersis, qui ex Nantholio in pagum Laudunensem aduenerant. Cœnobitis S. Remigij Francorum Apostoli, ante cuius sacratissimum pignus olei consecratione fuerat in Reginam delibuta, non modò ædiculam Sancti Marculfi cessit, sed etiam Corbeniacum, enixè Carolum obtestans, vt hanc donationem ratam, & gratam haberet, quod & fecit, ac regio diplomate firmauit, cuius hæc series est ex tabulario Sancti Remigij Remensis exscripta.

*Præceptum Caroli Regis pro Corbiniaco Remigianis concesso.*
*In nomine Sanctæ & indiuiduæ Trinitatis.*

CAROLUS REX FRANCORUM DIVINA PROPITIANTE CLEMENTIA. Notum esse volumus omnibus hominibus præsentibus scilicet, & futuris, quia Frederonna quondam Regina conjunx mea charissima, pro Dei omnipotentis amore, sanctíque Remigij Francorum Apostoli veneratione, ante cuius sacratissimum pignus benedictione olei, & consecratione in Reginam fuit delibuta, dedit Monachis eò loci Deo strenuè militantibus, ad mensam illorum pro animæ suæ remedio, quicquid visa fuit habere in suæ ditionis dominio, quoad vita eius artus rexerit, ex dote scilicet nostri Regalis connubij, hoc est Corbiniacum in Comitatu Laudunensi, exceptâ Cellulâ, quæ est in Beati Petri Principis Apostolorum

rum honore dicata, vbi etiam corpus confessoris Christi Marculfi quiescit, quámque præfati cœnobitæ mihi in vita mea sub censu decem solidorum singulis annis soluendorum generaliter concesserunt. Dedit etiam illis Ecclesiam vnam in Craonna, petens nostram obnixè munificentiam, vt sæpe satis Monachis secundùm morem legalem traderem, ac præceptum nostræ auctoritatis eis facerem, quò securiùs per successus temporum absque vllius refragatione, immo inquietudine tenere valerent, suúmque tantùm nepotem nomine Ernustum in vita sua flagitans relinquendum, eâ scilicet ratione, vt singulis annis annuâ illius depositionis die soluat pro vestitura ad mensam fratrum libram vnam argenti, post cuius denique obitum mox absque vllius refragatione propinquorum, recipiant idem fratres cum appendicijs omnibus ad mensæ conuiuium.

Cuius spontaneæ petitioni, vt par erat benignè per omnia fauentes, prout petiuit, & anima eius desiderauit, Domino largiente, in omnibus executi sumus. Si quis ergo in postmodum, quod minimè futurum fore credimus, fuerit, qui hanc traditionem frustrari conatus fuerit, & præfatis fratribus mutilare, immo auferre molitus fuerit, prout ipsâ totâ mentis auiditate, viuorum atque mortuorum Judicem imprecata fuit, eius incurrat offensam, & ante tribunal eiusdem iudicis sit Anathema, Maranatha. Et vt hoc nostræ auctoritatis præceptum firmius habeatur, veriúsque credatur & hactenus obseruetur, manu propriâ subter firmantes, nostro præcepimus annulo insigniri.

*Signum Karoli Regis gloriosissimi.*
*Goslinus Regiæ dignitatis Notarius ad vicem Heriuei Archiepiscopi, summíque Cancellarij recognouit, & subscripsit.*

*Actum decimo sexto Kalendas Martij, indictione quinta, anno vigesimo quinto, regnante gloriosissimo Rege Karolo, redintegrante vigesimo, largiore verò hereditate inadeptâ sexto.*

*Actum Monasterio Sancti Remigij, in Dei nomine feliciter, Amen.*

Est & aliud diploma ibidem concessum, quo Rex Monachis dat facultatem bona dudum à Monasterio ablata in Comitatu Porcinse ab vsurpatoribus vindicandi, eâ conditione, vt singulis annis suæ consecrationis anniuersarium diem celebrent.

*In nomine Sanctæ, & indiuiduæ Trinitatis.*
KAROLUS DIVINA PROPITIANTE CLEMENTIA FRANCORUM REX. Pateat cunctis Sanctæ Dei Ecclesiæ fidelibus, atque nostris præsentibus scil. & futuris, quòd deuoti Cœnobitæ almi Remigij Francorum Apostoli ex multis iam præcedentibus annis sæpius se reclamantes apud Regias nostrorum prædecessorum aures, de quibusdam rebus illorum generalitati potestate regali injustè sublatis, consistentibus in Comitatu Porcinse, hoc est Mansionile quod vocatur ad Niueseias, minimè vnquam vllis partibus à quolibet horum impetrare quod flagitabant valuerunt.

**HERIVEUS XXXV. ARCHIEP.**
*An. 909.*

valuerunt. Postremo verò venientes ad nostram regiam Majestatem, ascitis sibi fidelibus nostris, super hoc negotio; nostram munificentiam supplicaturi, mox, vt comperti fuimus rei veritatem, quæ ab eis quærebatur, flexi ad misericordiam super illorum petitione, consultu fidelium nostrorum Procerum, decreuimus illis præsentialiter res quas rectè quærebant reddere ad illorum stipendia mensæ, pro Dei omnipotentis amore, sanctique Remigij patroni nostri veneratione, hac videlicet connexa ratione, vt singulis annis anniuersariâ *inunctionis nostræ die*, quæ est 5. Calend. Februarij paretur illis plenaria refectio pro rei memoria, & conjuge carissimâ piæ recordationis Frederonnâ, nec non infantibus nostris prole regiâ, exorantes pro nobis Dei Omnipotentis Clementiam prece assiduâ. Reddimus præterea ad venerabile domni, & patroni nostri Remigij sepulchrum, cuius sacris precibus nos vbíque confidimus, atque toto mentis affectu credimus adiuuari imò saluari, quasdam res, quæ simili modo iamdudum regali ditione fuerunt iniquè sublata, consistentes in Comitatu Porcinse in loco qui dicitur Drunneias ad luminaria concinnanda, videlicet mansos quatuor pro animæ carissimæ Frederonnæ, próque animæ meæ salute, & infantibus nostris similiter mansos quatuor, quo mereamur interuentu Beati Remigij lucernas ardentes, cum lampadibus in manu tenere, quando occursuri sumus obuiam sponso, & sponsæ, &, vt nostræ auctoritatis præceptum firmius habeatur, manu propriâ subterfirmantes, nostro præcepimus annulo insigniri.

*Similis chartæ pro donatione Abbatiæ Crucis Sancti Audoëni extat apud Aimoinum lib. 5. vbi dies anniuersarius Frederonnæ 4. idus Febr. celebratur fol. 351.*

*Signum Caroli Regis gloriosissimi.*
*Goslinus regiæ dignitatis Notarius ad vicem Heriuei Archiepiscopi, summíque Cancellarij recognouit. Actum 15. Calend. Martias indict.*
*5. anno 25. regnante Carolo Rege gloriosissimo, reintegrante.*
*20. largiore adeptâ hæreditate 6. Actum Monasterio Sancti Remigij.*
*In Dei nomine feliciter. Amen. Amen.*

Ex tot regijs diplomatibus palàm fit quanto Rex Carolus, & Frederonna vxor flagrarint amore erga Beatum Remigium Francorum Apostolum, quem regni, stirpísque Regiæ meritò tutelarem agnoscunt, villam quoque Corbennacum seu Corbiniacum, quæ dotis iure Frederonnæ obuenerat, Monachis in stipendium datam, quod adhuc constare potest tum ex Frodoardo cap. 26. lib. 4. vbi prædictam villam Ludouici 4. auctoritate ab Heriberti subditis vindicatam legimus, quòd Pater eius S. Remigio, & Monachis eam tradidisset, tum ex Lotharij priuilegio, prædictam donationem confirmante, cuius hic antigraphum proferre non pigebit.

*In nomine Sanctæ & indiuiduæ Trinitatis.*

LOTHARIUS GRATIA DEI FRANCORUM REX. Si sanctam Dei Ecclesiam temporalis beneficij incrementis subleuemus, & res Ecclesiasticas vbi possumus nostræ liberalitatis largitate augere procuremus, vt quæ

Sanctorum

Sanctorum Ecclesijs à præcedentibus Regibus sunt concessa, nostrâ au- HERIVEVS
ctoritate rata maneant & intacta. Dum profectò hoc facimus Regalem ARCHIEP.
morem iustè seruamus, & in æternâ felicitate præmium vitæ perpetuæ *An. 909.*
inde Domino largiente nos habere confidimus. Quapropter notum
fieri volumus omnium nostrorum industriæ fidelium, quoniam Dominus Karolus Francorum Rex, auus vid. noster, atque inclyta Conjux
eius Frederonna Regina, patrocinia S. Remigij Francorum gentis Apostoli, & Ducis gloriosi speciali affectu diligentes, & dignâ familiaritate complectentes, locum ipsius augere, & sublimare deuotè studuerunt, & beneficij sui largitate plura libenter impenderunt: Inter quæ
munificentiæ suæ votiua donaria, prædictâ Reginâ annuente, idque
confirmante glorioso rege Karolo, villam Corbiniacum, quam eadem
Regina iure dotalitij acceperat, atque liberâ hæreditate possidebat, pro
Regis ac sua salute, nec non & peccatorum remissione cum mansionilibus, & appendicijs suis integrè Sancti Remigij loco tradidit, ac
ibidem in perpetuum habendum, tenendum, atque possidendum regiæ auctoritatis præcepto legaliter sanxit, atque confirmauit: Cúmque post eius obitum, interlabente temporis spatio, Dominus genitor
noster dulcis memoriæ Ludouicus Rex, ad regni Gubernacula Deo
dispensante proueheretur, eius fuit petitio, omniúmque præfati loci
fratrum voluntas, vt eamdem, quam prædiximus, villam, in dicto,
atque denominato sibi à fratribus censu recipere debuisset, quod &
fecit per voluntatem atque consensum Monachorum, sub protectione
Sancti Remigij Deo famulantium, tenuítque villam superiùs nominatam sub constituto censu per aliquot annos. Cùm verò diuinæ Majestati placuisset, vt idem genitor noster ab hac luce ad immortalitatis
vitam migrare iuberetur, conspiciens sibi imminere diem mortis vltimum, ac sollicitè animæ suæ desiderans obtinere remedium, per
Sancti Remigij aliorúmque sanctorum optabile suffragium, iubens venerabilem sacri loci Abbatem, nomine Hincmarum, cum quibusdam
suis congregationis conuocari fratribus, eamdem villam plenâ deuotione ad locum reddidit, genitrice nostrâ domnâ Gerbergâ reginâ
præsente, necnon & pluribus fidelium suorum astantibus, vnde & nos
petentibus supradictis fratribus cum summa alacritate, & liberâ voluntate pro eiusdem genitoris nostri remedio præsens eius decretum
nostrâ regiâ auctoritate corroboramus &c.

*Signum Domini Lotharij Regis.*
*Guido Regiæ dignitatis Notarius ad vicem Artoldi Archiepiscopi recognoui. Actum Lauduni publicè Calendis Januarij, indictione decima
quarta, anno primo regnante Domino Lothario Francorum Rege.*

Et hæc satis supérque Corbiniacum, & Ecclesiam, Sancti Marculfi
corpore ditatam, Remigianis à Carolo, petente Frederonna, concessas
adstruunt, quamuis de Prioratu ibi stabiliendo pauca dicantur, quem
Abbatum curæ relictum arbitror, vnde haud ita post cellulas ab his

instru-

**HERIVEVS**
**XXXV.**
**ARCHIEP.**
*An.* 909.

instructas pro seruis Dei collocandis certissimum est, ex Leonis 9. priuilegio, quo possessiones monachis ibid. Deo famulantibus datas confirmat, perseuerarúntque ab hinc ad nostram ætatem, licèt beneficij titulus pridem extinctus sit. Ex Remigianis, qui illuc mittuntur, vnus est sacrorum pignorum Custos seu thesaurarius ad peregrinorum oblationes excipiendas, qui ex varijs mundi partibus frequentes in prædictum locum aduolant, sanitatem à Scrofulis per B. Marculfi meritum recepturi. Cúmque Beati huius Confessoris virtus in hoc præsertim eniteat, Christianissimi Reges, qui hanc à Deo specialiter obtinuerunt, statim post inaugurationem Remis celebratam, illuc à multis retro temporibus peregrinari solent, vbi Nouenam per se, vel per vnum ex eleëmosynarijs perficiunt, cultúmque suum erga prædictum Confessorem testantur quibusdam donarijs, & immunitatibus Ecclesiæ ac Ciuibus loci impertitis, cuius rei libellus extat nuper editus, ab Asceta Remigiano.

*Huius peregrinationis ratione hanc nonnulli arbitrantur, quòd Regibus Gall. datum sit,* vt solo tactu fœtidum morbi genus Græci cherades, nos strumas vocamus, sanent, & hoc B. Marculfi precibus, at id Huberto Mauro non placet lib. 1. de sacris vnctionibus c. 5. quod Clodoueo 1. curandarum Chiradem virtutem diuinitùs datam esse contendat ex historia Laniceti, beatum verò Marculfus eo posterior sit, vnde B. Thomæ opinionem probat qui id cælesti oleo tribuit lib. 2. de regimine princ. de hac consuetudine tangendi ægrotos Guibert. de Nouigento, Nangius in vita Ludo, & plures alij disserunt.

---

*Heriueus synodum cogit apud Trosleium, fit legatus Apostolicus, & summus Franciæ Cancellarius.*

## CAPUT IX.

*Trosleium vici nomē est paucis millibus distantis ab Augusta Suessorum, vbi plura hoc sæculo habita sunt Concilia.*

Galliâ cis Sequanam à bellorum turbinibus paululùm respirante, Heriueus, vt labenti Ecclesiæ, & regno Episcopali auctoritate succurreret, conuentus synodales sæpe cum Coëpiscopis suæ Diœceseos habuit, quos Frodoardus nominatim non designat, quòd ea pars Chronici mutila sit, generatímque loquatur in historia, at longè celebris est ille, ac omni laude dignus, quem apud Trosleium vicum, aliquot millibus à Suessione separatum, hoc anno conuocasse dicitur, cuius Acta, cùm in tomis Conciliorum à Sirmondo edita sint ex Codice Sancti Remigij Rem. Capitulorum titulos hic referre tantùm sufficiet, quæ quindecim numerantur cum hac præfatione diem, & annum indicante.

*Indict. 12. 6. Cal. Iulij ann. 909.*
*Concil. Nic. can. 5.*
*Concil. Anti. can. 14.*

Sanctum, & Deo auctore celebratum, generaliter, & sine vlla exceptione Nicænum præcipit Concilium, vt omnibus simul Episcopis Prouinciæ congregatis, discutiantur quæstiones necessariæ, & quod regulariter omnibus placuerit in commune, hoc omnes tam Metropolitani, quàm ceteri sequantur Episcopi. Simili modo & Antiochenum Concilium, si quæ sunt agenda, peragere iubet Prouinciales Episcopos sui consilio Metropolitani, & Metropolitanum
consilio

consilio Coëpiscoporum Prouincialium, sicut est ibidem designatum, &c.

## TITULI CAPITUM.

I. De honore, & cultu Ecclesiarum Dei.
II. De statu regni, & fidelitate Regis.
III. De regulari statu iam pene collapso.
IV. De sacrilegis, & eorum damnatione.
V. De vexatione & inhonoratione sacerdotum.
VI. De dotibus, & decimis Ecclesiarum, & de censu preo eis non exigendo.
VII. De rapinis.
VIII. De raptis, & occultis nuptijs, & incestis.
IX. De accessu, & frequentatione, & cohabitatione Presbyterorum, & Clericorum cum feminis.
X. De fugiendo luxuriam.
XI. De perjurijs cohibendis.
XII. De discordantibus, iracundis, & litigiosis.
XIII. De homicidis, & mendacibus.
XIV. De non diripiendis Ecclesiæ rebus defuncto Episcopo.
XV. Epilogus ad Episcopos, & generaliter ad omnes.

His etiam præficitur Heriuei Præsulis ad locutio ad Episcopos, quæ sic incipit. *Quoniam per aliquot annos, partim infestatione paganorum, partim etiam grauissimis regni perturbationibus; ac quorumdam falsorum Christianorum infestationibus præpediti, iuxta decreta Canonum nequiuimus congregari; Nunc quia, annuente Domino, nobis congregandi facultas data est, cum Dei gratia conuenientibus nobis in unum primò, & ante omnia necessarium est &c.* Tum Capitula sequuntur multiplicibus Canonibus, & Patrum sententijs contexta, quæ miserrimi status Ecclesiarum, Monasteriorum, totiúsque regni Francorum; quod bello, fame, aliísque cladibus destructum erat, ideam graphicè sic depingunt, vt quot capita, tot dixeris esse Catecheses ad restituendam collapsam Ecclesiasticam disciplinam, & ad euellendos qui irrepserant in omnes hominum ordines prauos mores. Inter quæ & ipsi Regi præscribitur recta secundum pietatem viuendi forma: quòd verò etiam sicut Romæ, ita in Gallijs sacrilegij illud genus inualuisset, vt defunctis Episcopis, eorum bona publicè ab omnibus diriperentur, nè id fieret ampliùs, conati sunt Patres reprimere, canonicarum obice sanctionum.

Cúmque pariter accepissent, ab Apostolica sede admonitionem de peruersa Orientalium doctrina, auctore Photio, circa processionem Spiritus Sancti à solo Patre, egerunt etiam de eiusmodi errore cap. 14. eiúsque auctore Photio profligandis, quibus quidem inprimis declaratur perseuerasse illos, qui quomodocumque præsidebant Romanæ Ecclesiæ, in Photij detestatione, & anathemate, deinde verò commendatur reuerentia Gallicanorum Episcoporum erga Romanam Ecclesiam;

## METROPOLIS REMENSIS

*HERIVEVS XXXV. ARCHIEP. An. 909.*

dum haud merita Sergij attendentes, sed ea tantùm quæ ab eo dicerentur, ipsius obedierunt iussionibus, quòd videlicet sederet in Cathedra Petri, à qua ( vt ibidem fatentur ) Catholicam fidem accepissent, & hactenus illibatam conseruassent. Huic autem concilio die VI. Kalend. Julias, Caroli Simplicis ann. regni XVIJ. celebrato subscripserunt.

HERIVEUS REMORUM ARCHIEPISCOPUS,
WITO ROTOMAGENSIUM EPISCOPUS.

| | | | |
|---|---|---|---|
| Rodulfus Laudunens. | Episcop. | Stephanus Cameracens. | Episcop. |
| Erluinus Beluacens. | Episcop. | Hucbertus Meldensis | Episcop. |
| Raubertus Nouiom. | Episcop. | Otfridus Siluanectensis | Episcop. |
| Letholdus Catalaun. | Episcop. | Stephanus Morinorum | Episcop. |
| Abbo Suessorum | Episcop. | Otgarius Ambianensis | Episcop. |

Tradit Coluenerius Heriueum à Sergio 3. creatum legatum Apostolicum quò impensiùs Normannorum conuersioni laboraret, quod gnauiter præstitisse ex supra dictis clarum est, vnde paulò post horum dux Rollo, icto fœdere cum Rege Simplici, sacris fontibus admouetur, Robertúsque ex Rollone dictus. Ludouicus Arnulfi Imper. filius vltimus ex Carolina stirpe, qui regnarunt in Germania, hoc anno obijt, ac per ipsius obitum Lotharingia ad Carolum iure successionis deuoluta est, qui ab hinc Chartis hæc verba addidit, *Largiore possessione inadeptâ*, quò noui accessionem Dominij sibi factam indicaret, poterátque integram Auorum possessionem ad se reuocare, si par Saxonibus bello fuisset, nec Hugo, & Heriberti bellis intestinis regnum fœdassent.

*Conradus hic alterius Conradi filius cõsecratus Imperator non fuit, sicut nec Ludouicus qui eum præcessit. Sigeb.*

Carolus Heriuei fidelitatem, & obsequia remuneraturus, Summi Cancellariatus prærogatiuâ eum insigniuit, vt chartæ probant Remigianæ, & Sangermanenses apud Aimoinum. Per id tempus in somnis apparuit S. Remigius Herigario Moguntiæ Præsuli, præcipiens, vt iret ad Conradum Germaniæ Regem, qui Ludouico nuper successerat, pro rebus Ecclesiæ suæ vindicandis, quas Warnerus quidam Comes injustè retinebat, de quo Frodoard. lib. 1. cap. 20.

*In Chron. ad ann. 919.*

Narrat idem auctor hoc anno, cereum, quem ciues Remenses collatâ cerâ Deo obtulerant, quòd Sospites Româ rediissent post lustrata ab his Apostolorum limina, igne cœlesti ter diuinitùs accensum, prædictúmque se vidisse cereum in Ecclesia S. Petri ad portam Collatitiam: addit æuo quoque suo, puellam nomine Osanne, vbertim sudasse sanguinem, adeo vt tota ad collum facies eius eo conspersa fuerit, immotámque jacuisse, velut mortuam, integrâ hebdomadâ, cui sic à sensibus raptæ, à duobus enim annis nec panem aut carnem gustauerat, visa ostensa sunt, vt postea retulit, quæ nusquam tamen prodere voluit.

Refert Andreas du Chesne Heriueum ob crebras Normannorum in
Prouinciam

Prouinciam Remensem graſſationes, aduocationem Villarum de Ca- HERIVEVS
ſtellione ſupra Maternam, & de Baſochijs fratri ſuo Odoni commi- XXXV.
ſiſſe, ac inde nobilem dominorum de Caſtellione familiam ſumpſiſſe ARCHIEP.
exordium, qui ob id Eccleſiæ Remenſis beneficiarij erant, teneban- *An.* 909.
túrque terras eiuſdem tueri, ac defendere, quod ex capite 18. Frod. *Sub Carolo*
colligit, vbi Odo frater Heriuei quondam Archiepiſcopi, & Heriueus *ſimplici feu-*
nepos eius ad Seulſum delati dicuntur, quòd fidelitatem non ſeruaſſent. *dorum pri-*
Addit præterea Vicedominatu Remenſi multos annos prædictam fa- *nūtur exor-*
miliam potitam fuiſſe, eóque majores natu inſignitos, quod ampliùs *ta.*
ex ſubjecto indice patebit.

*De Vicedominatu Remenſi.*

## CAPUT X.

Eterùm quid Vicedomini vox ſignificet notiùs eſt ex Canonibus, quàm longiori indigeat explicatione. Antiquitùs in Eccleſia Remenſi, Vicedomini, & Oeconomi promiſcuè habebantur nomina, vt videre eſt apud Frodoard. quamuis Gloſſa velit Vicedominos curam habere rerum, quæ ad Epiſcopos, Oeconomos verò quę ad Canonicos ſpectant. Vicedomini erat Epiſcopij res curare ſic quies Epiſcopalis ab oratione, & prædicationis ſtudio ſæcularium cauſarum tumultibus exturbaretur, vt videre eſt in Charta extinctionis Vicedominatus Laudunenſis. Vigebat præſertim eius auctoritas ſede vacante, vnde Vicedomini arbitrio Epiſcopium hoc tempore diſponendum cenſet S. Greg. Epiſt. 9. ad Clementiam patriciam. Remis ſede vacante omnium primus in chartis nominabatur, vt vidimus ex Almanno in narratione tranſlationis Reliquiarum Sanctæ Helenæ, & in Epiſt. excuſatoria Clericorum Rem. Eccleſiæ ad Epiſcopum Sueſſion. Aduocati quoque munus geſſit & actoris apud Frodoard. lib. 2. cap. 19. de Ebone diſſerentem, *Mancipia* (inquit) *& colonos quoſdam Eccleſiæ deſertores tam per ſeipſum, quàm per Radulfum Vicedominum, & Eccleſiæ Aduocatum apud iudices publicos legibus euendicatos, & obtentos Eccleſiaſtico iuri reſtituit.* Alia Vicedomini munia lubens omitto, de quibus Canoniſtæ, & B. Gregorij Epiſtolâ ad Anthemium Diaconum: hic autem (vt primitùs apud nos) ex laicis non erat, ſed è ſacro cœtu eligebatur, vt idem Doctor innuit: Sanè Vicedominatus Rem. ante Heriueum Eccleſiaſtica dignitas fuit, laicaliſque facta eſt per aliquot annos, donec tandem ad primum ſtatum redijt, forſan non cum eodem munere, & emolumento. Veterum nomina, cùm exciderint, quæ ſequuntur ex Abbatiarum Chartophylacijs excerpſimus.

*Vicedominorum Remenſium Catalogus.*

Radulfus omnium primus eſt qui proprio hîc nomine inſcribi poſſit,

plures

HERIVEVS XXXV. ARCHIEP.
An. 910.

plures enim eum præcessisse notum est ex Frodo. vixit sub Ebone Archiepis. idem auctor lib. 2. c. 19.

Geroldus legitur in obituario Remensi 3. Calend. Decembris.

Pardulus nominatur in tabulario Deruensis monasterij, & apud Almannum tractatu de translatione reliquiarum Sanctæ Helenæ anno 840. fit Laudunensis Episcopus 846.

Vulfadus Metropolis Remorum œconomus in synodo Carisiaca ann. 848. transit ad sedem Bituricensem ann. 860.

Framericus claruit sub Fulcone Archiepiscopo, primúsque nominatur in Epistola excusatoria Cleri Remensis ad prouinciales Episcopos 882.

Odo Heriuei Archiepiscopi frater, in eo Vicedominatus ex Clericali laicalis factus est, ac familiæ suæ adiunctus. 907.

Heriueus Odonis filius & Archiepiscopi eiusdem nominis nepos, Castellum extruxit supra Maternam, & ab Artaldo excommunicatur ibid.

Rainerus legitur in actis Concilij Sancti Basoli cap. 15. an. 991.

Joscelinus in Chartophylacio Sancti Theodorici prope Remos, sub Ebalo Archiepiscopo, 1026.

Geruasius Remensis Vicedominus ibidem nominatur ann. 1055.

Manasses Caluus præcedentis filius in Chartis Remigianis 1060.

Erlandus Manassis filius legitur post subdiaconos in Charta S. Nicasij pro vineis de monte Valesio ann. 1100. subscripsítque inter laicos in conuentione inita inter Azenarium Abbatem Sancti Remigij, & Ciricum Guidonis Castillonei filium 1103. memoratur quoque in Necrologio S. Dionysij Rem. 4. idus Januarij cum Leuidi vxore, Mathildis item vicedomina 19. Calend. Febr.

Cirinus, Ciriacus, vel Ciricus Vicedomini titulo gaudet sub Rodulfo Archi. & in Charta fundationis prioratus de Ruminiaco, 1112.

Fridericus gradum tenet inter dignitates Ecclesiasticas in Chartulario Nicasiano pro nemoribus montis reguli 1121. dubium an Rem. Vicedom.

Thomas 1129.            Petrus ann. 1153.

Petrus in Chartul. Nicasiano pro villa de Nogento 1164. adhuc sub eo Vicedominatus dignitas laicalis erat seu militaris, vnde subscripsit inter laicos, forsan de eo Joan. Sarisbery, Epist. 214. *Ciues in vltionem dirutarum domuum, funditùs euerterunt domos Militum fauentium Archiepiscopo, Vicedomini scil. sui, & eius qui in vrbe gesserat præfecturam.*

Hilduinus Ecclesiasticus fuit ex Epistola 5. Petri Abbatis S. Remigij. *Thomas Canonicus Sancti Timothei, & frater Hilduini Vicedomini, & Canonici Sanctæ Mariæ Rem.* vocatur Hildeuuinus in tabulario S. Nicasij, vbi subscripsit inter Ecclesiasticos 1176.

Magister Melior vir eruditione præstans, legitur in arbitrali sententia

tentia inter Capitulum Laudun. & Abbatem S. Vincentij pro iure sepulturæ ann. 1183. fit S. R. E. Cardinalis anno sequenti apud Robertum de Monte, *Lucius Papa feriâ quartâ Cinerum ordinauit plures Cardinales, inter quos Magistrum Meliorem, quem etiam fecit Camerarium suum anno* 1184.

Philippus vixit sub Guillelmo Campaniensi, de eo Stephanus Tornacen. Epist. 211. de Elnonensibus, *Inobedientes fuerunt nobis, sed inobedientiæ eius maculam, purgauit interuentus Abbatis Aquisgrani, & Domini Philippi Vicedomini vestri*, legitur etiam in vita S. Alberti apud Ægidium Aureæ vallis 1192. *venit ad domum viri præcipui Philippi Rem. Vicedomini*.

Bonifacius in tabulario Remigiano 1238. & 5. Nonas Octobris in Necrologio Rem.

Geruasius in obituario S. Dionysij idibus Nouemb.

S..... Vicedominus in Chartul. Majoris hospit. 1254. Guermondus 1280.

Thomas de Albo monte Vicedom. Rem. & Virdunensis primicerius, permittit Dionysianis vt domus projecturam augere possint, quæ ad eos spectabat in mercato Rem. 1280.

Gerardus subscripsit visitationi reliquiarum S. Nicasij sub Roberto de Courtenay 1317.

Guars de Plaisance Viced. Rem. & Papæ sacellanus, projecturam quinque pedum Dionysianis quoque permittit fieri in domo ad eos pertinente 1316.

Guilelmus de Courtenay eamdem licentiam indulsisse reperio 1322. adhuc legitur in Actis pro inquisitione reliquiarum Sancti Nicasij ann. 1356.

Simon dictus Pes Lupi 7. Calend. Aprilis in Obitu. S. Timothei 1366.

Simon de Burits 1406.

Petrus Cauchon vocatur compatriota Joannis Gersonij Cancellarij Parisien. in Concilio Constantiensi ex parte Regis, fit Episcopus Beluacensis ann. 1420.

Robertus de Salione 1421. Joannes benè Natus 1438. Joan. Biduis 1453.

Jacobus Beneuent promotus per Eugenium Papam 1456.

Jacobus Bouron 1457. & 1462. fuit vicarius general. Richardi Cardinalis Constanti. Abbatis S. Nicasij 1466.

Eustachius Iuuenalis inijt possessionem 1468. adhuc legitur 1482.

Ludouicus Iuuenalis, de eo Conclus. Capitul. præstitit iuram. an. 1484.

Joannes le Roy Thesaurarius, & Vicedominus 1492.

Gobertus lescot Vicedominus, & vicarius general. Archiep. 1493. obijt 1509.

**HERIVEVS**
**XXXV.**
**ARCHIEP.**
*An.*916.
917.
918.

Joannes Briçonnet permutat cum Canonicatu Turon.
Robertus de Baudricourt 1509. exemptus 1521.
Joannes Cename 1522. Joannes Patè 1524. Philippus de Lenoncourt 1532.
Robertus de Lenoncourt Abbas S. Remigij 1532. Petrus Pineau. 1534.
Jacobus Beleau 1547. Joan. Gerardi 1548. Petrus Remi. 1556.
Richardus du Pré Doctor Theol. in Concil. Triden. & Rem. an. 1564.
Jacobus Archadet ann. 1564. Ludouicus le Goix 1568.
Jacobus Lugeri Doctor Medicus 1570. Ludouicus de Gouay 1587.
Nicolaus Robillart à Carolo 10. promotus 1590. Carolus Durant 1593.
Petrus Gilbaut vtriúsque iuris Doctor, & officialis Rem. 1597. & 1610.
Joannes Domartin, postea major Archidiaconus 1615.
Claudius Violart 1622. Joannes Violart precedentis frater 1640.
Joannes le Gentil iuris vtriúsque Doctor, Vicarius generalis Leonorij destampes Archiepiscopi, officialis Rem. Comitijs generalibus Cleri Gallicani interfuit à synodo prouinciali deputatus annis 1656. & 1660.

*Heriueus Carolo subsidium mittit, descissit ab eo cum Hugone, & alijs, Roberto vix Remis in Regem consecrato, defungitur.*

## CAPUT VI.

919.
HUngaris transito Rheno Lothariense regnum deprædantibus, Heriueus suæ fidelitatis & obsequij in Regem præclarum specimen exhibuit, quod huius æui auctores extulere. Etenim cùm Francorum Proceres vt suppetias ferrent, sollicitè Rex per seipsum, ac per nuncios conuocasset, solus hic in hoc rerum discrimine, cum suis Regi occurrit, habens armatos secum ex casatis seu fidelibus mille quingentos.

920.
Paulo post, cunctis penè Francorum Optimatibus apud vrbem Suessionicam descicentibus propter Haganonem, quem inconsultè, ex mediocribus, vt dicitur (erat is patriâ Laudunensis) super Principes Carolus euexerat, hic Pontifex fidelis, pius, atque strenuus Regem ab eo loco susceptum, per hospitia sua prudenter ac securè deduxit, indéque Remos comitatus est, vbi per septem ferè menses eum tenuit, donec illi Comites suos, eumdémque regno restitueret, quod, præter Frodoardum, testatur quoque auctor fragmenti historiæ Francicæ, à Ludouico pio ad Ro-

ad Robertum Regem his verbis, *Igitur* (inquit) *Hagano, quem in-* HERIVEVS
*sperata opes nimiùm prouexerant, regni negotia disponebat, vnde Ro-* XXXV.
*bertus Burgundiorum dux contra Regem rebellare cœpit, sed & omnes* ARCHIEP.
*Francorum proceres illum etiam apud vrbem Suessionicam reliquerunt;* An.920.
*at Heriueus Remorum Archiepiscopus suscipiens illum, deduxit per hos-* Alibi legi-
*pitia sua, id est in Carisia, & in Crusiniacum Remensis Episcopij villas,* tur in villâ
*ac demùm Remis illum tandiu tenuit, donec illi quosdam regni principes* quæ dicitur
*reconciliauit.* Carisiaca.

Per id tempus Erlebaldus Castricensis pagi Comes Anathemate per- 921.
cutitur ab Heriueo, quòd Remensis Episcopij villas peruaderet, muni- Excommu-
tione, seu Castello supra Mosam constructo, vnde mala Ecclesijs fre- nicatur Co-
quentiùs ingerebat, insuper quòd castrum Altimontem furtim irrupisset. mes Erlebol-
Eo acriùs in dies ferociente, prædictam munitionem, Macerias dictam, *dus quod*
Archiepiscopus per quatuor hebdomadas obsessit, recepítque Erlebaldo *Macerias*
eam deserente, qui ad Regem cum suis fugiens, à superuenientibus ho- *firmasset,*
stibus haud procul à Wormatia interemptus est: hunc paulò post He- *Alberic.*
riueus, synodo apud Trosleium cum Diœcesanis conuocatâ, rogatu
Caroli, qui & synodo præsens intererat, à vinculis excommunicationis absoluit.

Verùm anno sequenti, cùm Rex Carolus otio nimiùm indulgeret, 922.
Haganoni totius regiminis curâ relictâ, venenum discordiæ, quod inter
præfatos Carolum, & Burgundiæ Ducem Rotbertum, sensim irrepse-
rat, manifestiùs cœpit exundare, cui & accessit illud intempestiuè factum, à Simplice, cùm Rothildis Hugonis socrus Calæ monasterio, eo
iubente, exuta est, vt Haganoni conferretur, hoc enim prædicti Hugonis, & Procerum animos, imò & ipsius Heriuei Archiepiscopi sic per-
strinxit, vt fœdere inito apud Fimmas, palam in Carolum conspirare
non dubitarint. Carolus statim ac id accipit reuersus à Lotharingia
(quò cum Haganone confugerat) villas Ecclesiæ Remensis deuastat,
nonnullas incendit, diripit Altimontem, & Sparnacum, castrísque
circa Remos positis, regij milites cum Ciuibus acriter decertant. Audito quòd Roberti copiæ Laudunum cepissent, vbi Haganonis opes, &
amici, Carolus illuc è vestigio contendit, at vrbis aditu sibi denegato,
resedit super fluuium Saram, ac inde trans Mosam. Crescentibus in dies
Roberti copijs, & Caroli decrescentibus, Franci indignè ferentes Haganonis potentiam, Robertum Seniorem eligunt, eíque fidelitatem pollicentur, Robertus itáque Remis apud Sanctum Remigium ab Episcopis, & Primatibus regni insignia suscipit, at Heriueus haud multo post
languore depressus, sexto nonas Julij, tertia die post consecrationem
Roberti Regis, quarto verò die antequam vicesimum secundum sui
Episcopatus expleret annum, obijt, quem plures Episcopi, qui Remos
aduenerant, exequijs eius rite celebratis, cum maximo suorum, sed &
exterorum luctu, decenti tradiderunt sepulturæ.

Bbbb 2 *Seulfus*

*Seulfus XXXVI. Archiepiscopus Ecclesiæ Feudatarios ob fidem non seruatam priuat dominijs, Emmam Reginam coronat, synodos tenet, S. Remigij Monasterium muris & Castello instruit, moritur.*

## CAPUT XII.

SEulfus ex Canonico, & Archidiacono Remensi, Roberti Regis recèns electi studio, ad Pontificatus honorem assumitur anno 922. insignis hic meriti vir fuit, & si conjectari licet, ex his quæ sub Roberto, & Radulfo Regibus prudenter gessit, inter sui sæculi primarios meritò est computandus: Frodoardus de eo disserens, liberalibus studijs primùm hunc sub Remigio Autisiodorensi, tùm Ecclesiasticis disciplinis operam dedisse tradit, quæ præsulatus candidatos apprimè decent. At natales ipsius, & patriam silet suo more, quæ ob id hactenus incognita manent; addit tamen, iúbente Rege, ab Abbone Suessionico aliísque Remensis Prouinciæ Episcopis consecratum, confirmatúmque à Joanne X. à quo & Archiepiscopalem infulam, quæ pallium nominatur, cum suæ sedis priuilegijs anno sequenti recepit.

Apud Cameracum eodem anno, visi sunt quasi tres soles apparere, item duo in cælo spicula, contra se vtrimque propinquantia, donec nube cooperta sunt, quæ turbati regni scissuram inter duos haud dubiè portendebant; tot enim ab hinc dissidia, & rerum fluctus ad mortem Caroli extitere, vt vix certò sciri possit quis potissimùm regnauerit. Etenim, Roberto à Francis pro legitimo Rege habito, Carolus, vltro ei relicta Franciâ, aduersus Gislebertum Lothariensem trans Mosam perrexit Capræmontem obsessurus; at Robertus misso Hugone filio, obsidionem soluit, pacificátque cum Lothariensibus.

Dum hæc gererentur, delati sunt Odo, frater quondam Heriuei Archiepiscopi, & Heriueus nepos eius, Domini de Castellione & Basochijs, quòd promissam fidelitatem non seruarent ob terras in beneficium acceptas ab Ecclesia Remensi. Sunt qui putant prædictos nobiles infidelitatis accusatos à Seulfo, quòd à partibus Roberti, relicto Carolo, stare detrectarent, Frodoardus scribit Odonem singulare certamen ( vt tunc moris erat ) decernere noluisse cum accusatoribus, vndè sublatis illi Ecclesiæ possessionibus per Heribertum Viromandensem, qui auxilio Remensi Ecclesiæ venerat, deducti sunt ad Robertum regem, & sub custodia vsque ad ipsius mortem detenti, Odo quidem penes Heribertum, Heriueus verò Parisijs: fertur tunc ab Archiepiscopo, & à consiliarijs suis Heriberto Comiti depactum de electione filij sui in sede Remensi pro prædictorum virorum expulsione, & hoc forsan ( si Binio credatur in vita Joannis 10. ) vt potestate vngendi Reges penes
Ecclesiam

Ecclesiam Remensem constitutâ, Rex Galliarum vngeretur, quem ipse electum vellet, at id reticet Frodoardus.

Robertus inducias pepigerat cùm Lothariensibus, nec ab his quicquam sibi timendum arbitrabatur, cùm Carolus Lothariensium ope suffultus, Mosam transiens ad Attiniacum venit, & antequam Robertus copias adunare posset, super Axonam insperatè castra posuit, tum die Dominicâ inter Francos de rerum summa acriter disceptatum, hoc in prælio, multi ex vtraque parte ceciderunt, Robertus Rex inprimis lanceis perfossus generosè decertans occubuit. Carolus victor, perinde ac si victus esset, animo demisso cum Lothariensibus fugit ad Germanorum Regem, offertque ei Lotharingiam quò majùs auxilium ab eo impetret, relicto pugnæ campo Principibus, qui exercitus reliquias studiosè collegerunt, dehinc Carolus, Heribertum Comitem, Seulfum Archiepiscopum, ceterósque regni Primates, multis legationibus, vt ad se reuertantur exorat; at iacta erat alea, hi siquidem pro Rodulfo in Burgundiam miserant, qui collectâ militum manu ocyùs illis occurrit, séque cum Francis super fluuium Isaram Normannis, quos Carolus acciuerat, opponit: Carolo, nè per insidias interciperetur, trans Mosam refugiente, Rodulfum Franci eligunt, Réxque solemni pompâ consecratur 13. Julij apud vrbem Suessionicam in Monasterio Sancti Medardi per Walterum Senonensem Archiepiscopum, si Chronico Sancti Petri fides, vel per Abbonem, loci Episcopum, Pallio ad Seulfum Remensem necdum à Joanne misso.

Heribertus Comes, turbato regni statu, res suas augere cupiens, Bernardum Consobrinum suum, cum alijs legatis, dolum ignorantibus, ad Carolum mittit, qui ab ijs sacramento persuasus, ad Heribertum cum paucis proficiscitur, eíque temerè se credit; At hic Regem apud Sanctum Quintinum honorificè susceptum, deductúmque postea ad Castellum Theodorici super Maternam fluuium, ibi eum sub custodia, subministratis victui necessarijs, detinet, tum ad Rodulfum in Burgundiam pergit. Interea Ragenoldus Normannorum princeps Caroli frequentibus missis excitus, cum copijs opem laturus aduolat, & per Remensis prouinciæ Diœceses Atrebatensem, & Beluacensem prædatur. Huic fideles Heriberti per Castella relicti primùm sese opponunt, tum Rodulfus è Burgundia ab Hugone filio Roberti vocatus, illò transit cum Seulfo Archiepiscopo, Heriberto Comite, alijísque quibusdam, & electis viris fortibus, ac superato Ittâ fluuio, terram ingressus est, quæ Normannis ad fidem venientibus data fuit, quam ipse igne, ac cædibus deuastat: eum his rebus intentum, legati Lothariensium adeunt, se suáque ipsi subdere spondentium, quorum legatione reuocatus, cùm Procerum consilio qui aderant, Lothariensibus obuiam pergit, Hugone, & Heriberto ad præsidium patriæ relictis.

Rodulfi vxor nomine Emma Regis Roberti filia Remis interim

*SEVLFVS XXXVI. ARCHIEP. An. 923.*

*Regino tradit Robertũ à Carolo lãceâ per os transfixum obijsse.*

*Frodoard. & fragmentum hist. Fráciæ apud Chesne tom. 3. tacent à quo Robertus victus sit.*

*Materna recentius nomẽ æquè fluuiũ la Marne, ac Matrona significat apud Frod. l.2.c. 7. & l.4.c.9. & 13. Matrona tamen vocatur à Gregor. Turon. lib. 6. cap. 26.*

**SEVLFVS XXXVI. ARCHIEP.**
*An.923.*

*Fauchet lib. 12. cap. 4.*

à Seulfo Archipræsule Regina consecratur, transmissâ ad eum Archiepiscopali infulâ, quæ Pallium nominatur, à Joanne Pontifice, quo Remenses Archiepiscopi præsertim, Sanctæ sedis Apostolicæ legati constituebantur, magnæ tunc per orbem Christianum existimationis, purpurâ Cardinalitiâ ad summum honoris apicem necdum prouectâ. Normanni rursum trans Isaram terras deprædantes crebris legationibus pacem Heriberto Comiti, & Seulso Archiepiscopo pollicentur, Rodulfóque obsides mittunt : inducijs vsque ad medium Maium productis, pax tandem sacramentis sancitur per Heribertum, Hugonem Comitem, & Seulfum Archiep. absente Rege Rodulfo, ipso tamen consentiente, terrâ illis auctâ vltrâ Sequanam vt petierant.

Rodulfus susceptâ Wilelmi Aquitanici fidelitate, placitum tenuit apud Attiniacum, actúmque ibi de profectione in regnum Lotharij, at Rex grauissimo languore mox corripitur, cuius vi recidiuâ, cùm paululum conualesceret, rursum acriùs agitari visus est, vnde, velut à Medicis desperatus, Remos ad Sanctum Remigium se deferri petijt, vbi nonnulla dona largitus est, & quicquid deinde sibi, præter vxoris partem thesaurorum superesset, per Monasteria Franciæ, & Burgundiæ distribuit, quatuórque hebdomadibus apud S. Remigium demoratus, tandem redintegratâ sanitate in Burgundiam regreditur.

*Comitatus Austrebatensis sub Rodulfo.*

Extat in S. Amandi tabulario Charta Rodulfi Regis, quâ Monasterio Sancti Amandi confirmat bona à prædecessoribus Regibus concessa sita in Comitatu Austrebatensi iuxta Scaldim fluuium, & in pago Tornacensi, in fine cuius habetur, *Annulus nostrum punxit suppressus Agalma. Signum Rodulfi gloriosiss. Regis, Ragenoldus Notarius ad vicem Abbonis Episcopi ann. 2. regnante glor. Rod. actum Laudunu Castro publico in Dei nomine.*

Comitibus cis Rhenum Castella pro sui dominij securitate, & vt se aduersus quoscumque vallarent, extruentibus, Isaac quidam, qui iuxta Ragenarium Gisleberti fratrem haud procul à Cameraco sedem fixerat, Castellum Stephani Cameracensis Episcopi, dolosâ infestatione comprehensum, incendit. Cùm de Comite Præsul Stephanus ad Seulfum Metropolitanum conquestus fuisset, synodus Episcoporum Remensis Diœceseos ab eo cogitur apud Trosleium mense Octobri, in qua vocatus Isaac Comes ad emendationem, & satisfactionem compellitur à Seulfo præside, pro his quæ prauè aduersus Ecclesiam Cameracensem perpetrauerat, & vadatus argenti libras centum, pacaturcum Stephano præfatæ vrbis Episcopo, præsente Heriberto, & pluribus Franciæ Comitibus.

Synodum hanc confundit N. Camusatius cum ea in qua pœnitentia indicta est ijs qui bello Suessionico inter Carolum, & Robertum Reges interfuerant ; At Sirmondus, censet distinguendas ex codice MS Sancti Remigij Rem. putátque actum de pœnitentia indicenda statim post

pugnam

## HISTORIÆ Lib. IV.

pugnam Suessionicam anno scil. 923. intra fines Prouinciæ Remensis loco tamen incerto, vtriusque auctoris codex de prædicta pœnitentia hæc habet.

*Anno Dominicæ Incarnat. 923. vel 924. Episcopatus autem Domni Seulfi secundo, conuenientes Sancti Patres, Seulfus scil. Rhemorum Archiepiscopus, Abbo Suessionicæ vrbis Episcopus, Adelelmus Laudunensis, Stephanus Camerac. Item Adelelmus Siluanectensis, Airardus, tunc inibi ordinatus Nouiomagensis, cum ceterorum eiusdem Remensis Diœceseos Episcoporum legatis, decreuerunt hanc pœnitentiam his qui bello Suessionis inter Robertum, ac Carolum acto interfuerant injungendam, videlicet, vt tribus quadragesimis per tres annos agant pœnitentiam. Ita vt prima quadragesima sint extra Ecclesiam, & cœnâ Domini reconcilientur. Omnibus verò his tribus quadragesimis secundâ, quartâ, & sextâ feriâ in pane solo, & aqua abstineant, aut redimant. Similiter quindecim diebus ante Natiuitatem Sancti Joannis Baptistæ, & quindecim diebus ante Natiuitatem Domini Saluatoris, omni quoque sextâ feriâ per totum annum, nisi redemerint, aut festiuitas celebris ipsâ die acciderit. Vel eum infirmitate siue militiâ esse detentum contigerit.*

Anno sequenti Normannis rupto fœdere, pagos Beluacensem, Ambianensem, & Nouiomagensem populantibus, Rodulfus Rex cum eis bellum redintegrandum censuit: cœptâ igitur expeditione, Heribertus, cum Militibus Remensis Ecclesiæ, Arnulfus quoque Comes, & ceteri maritimi Franci horum præsidium secus mare *Auga* vocatum fortiter aggrediuntur, in quo multi vtrimque interempti. Seulfus videns quòd bellandi finis nullus esset, Monasterium S. Remigij, cum adjacentibus Ecclesijs vel domibus muro cingens, Castellum ibidem instituit, domum quoque Episcopalem cameris reparans picturis excoluit. Fecit & calicem aureum majorem cum gemmis in honore Dei genitricis pondo decem librarum, sed & alia quædam Ecclesiæ præparauit ornamenta. Ciborium etiam super altare Sanctæ Mariæ argento aggressus est operire, quod subitâ morte præuentus explere nequiuit. Fertur enim veneno potatus à domesticis Heriberti moræ impatientis vitam finijsse, expletis in Episcopatu annis tribus, & diebus quinque.

De Seulfo codex Igniacensis hæc habet. Sanè præfatus Seulfus, vt scriptum habetur, immunitatem Claustri nobis largitus est, videlicet domos vendendi, emendi, seu inuicem commutandi, pro qua largitione annuatim defunctionis eiusdem diem recolimus, cui etiam obsequio Tilpini, atque Widonis memoriam, qui pridie quàm iste decesserunt, & multa bona Ecclesiæ contulerunt non immeritò adjungimus, at Demochares Seulfum 7. Augusti obijsse tradit.

*GENE-*

## GENEALOGICA SERIES VEROMANDENSIUM Comitum, unde Hugo Archiepiscopus.

**PIPPINUS CAROLI MAGNI FILIUS ITALIÆ REX.** Obijt anno circiter 790. à quo

- **Bernardus Rex Italiæ**, quem Ludouicus pius excæcauit *an.* 820. qui & tertio die post euulsionem luminis obijt. *Vide Theganum, & Concil. Attinia. an.* 822. Inde simultatis origo Heribertorum in stirpem Carolinam donec ipsa funditus euersa est.
  - **Pippinus Veromandensis Comes**, cuius vxoris nomen latet, ab eo sequentes relicti liberi, *ex Reginone*.
    - **I. Bernardus Vermandensis, Comes**, cuius nudum nomen reperitur.
    - **II. Herbertus I. Veromadensis Comes, & Abbas S. Quintini** *an.* 890. stetit à partibus Comitum Andegau. Odone in Rege electo, *Frod. tamen & Annales Met.* referunt Carolum simplicem eo agente, vnctum in Regem à Fulcone ann. 892. Ex eo prodijt.
      - **Heribertus II. Veromadensis Comitis, Hildebrādem, Roberti Parisiensis Comitis filiā duxit vxoré**, interfuit prædicti Roberti inauguration. & pugnæ Suessionicæ, eóque annitente Rodulfus Rex proclamatus. Peronæ sit Dominus Roberti donatione, *ex Frod.* vbi Carolus simplex custodiæ mācipatur, ex eo plures filij prodierunt.
        - **I. Odo Dominus de Ham ante Patrem decessit.** *Frodoard.* 944.
        - **II. Albertus Veromand. Comes**, *Adalbertus vocatur à Frodoard.*
        - **III. Robertus Trecensis Comes**, *apud Frod.* 953. & 954.
        - **IV. Heribertus Meldensis Comes, & Trecensis, S. Medardi Suess. Abbas** *ann.* 963.
        - **V. Hugo Remensis Archiepiscop.**
        - **VI. Lindulfus N...iomēsis Episc.** 978.
        - **VII. Gislebertus Suessionens. Comes & familiæ caput.**
        - **VIII. Rainaldus, vel Reginaldus Comes Albradæ** marit. stirps Comitū Rociacensium.
        - **IX. X. XI. Alix, Ludgardis Guilelmi Normaniæ ducis vxor, tum Theobaldi I. N..Theobaldo de Monte acuto nupsit,** *Frodoard.*
      - **Herbertus 3. Veromand. Comes, à quo**
        - **Hebertus Vcromandensis, juuenis obijt, Alix.**
        - **I. Stephanus Trecensis Comes**, absque liberis decessit 1039. sic Trecensis comitatus ad Theobaldū transijt.
        - **II. Agnes Lotharingiæ duciss.**
        - **I. Guido Suession. Comes.**
        - **II. Reginaldus Suess. Comes, à quo**
        - **I. Gislebertus Comes Rociacensis.**
        - **II. Bruno Lingonensis Episcopus.**
      - **I. Albertus II. Veromand. Comes.**
        - **II. Otto Veromandens. cuius filij**
        - **I. Ebaltus Rociacēsis Comes.**
        - **II. Lethardus de Marle.**
        - **Herbertus 4. Veromand. Comes, Odo, Petrus.**
        - **I. Alix Rociacensis comitissa.**
        - **II. Adela Domina de Couciaco.**
    - **III. Pippinus Comes Siluanectensis.**
      - **Bernardus Siluanectensis Comes.**
      - **Herbertus Siluanectensis Comes. Sprota Siluanectens. Normaniæ Duciss.**

*Hugo*

*Hugo quinquennis fit Archiepiscopus, synodus apud Trosleium, Caroli Regis captiuitas, Remorum vrbe Rodulfo reddita, Artaldus in Hugonis locum subrogatur.*

## CAPUT XIII.

Heribertus Comes auditâ Seulfi morte, Archiepiscopatus spe potiundi, cui dudum inhiabat, Remos venit, & vasallis eiusdem Ecclesiæ, Clericisque ad Præsulis electionem conuocatis, eò animos flexit, specie tuendi res Episcopij ab externorum inuasione, vt Hugo filius suus à majori parte eligeretur. Sic tum primùm contigit in Ecclesia Dei videri monstrum nusquam hactenus visum, vel auditum, imò nec mente conceptum, vt loquitur E. C. Baronius, cùm prædictus Hugo puer nondum quinquennis esset, nondum alicuius inferioris ordinis capax, vixque loqui sciens. Rodulfus Rex Abbonis Suessionensis, & Bononis Catalau. Episcoporum consilio, qui electioni ab Heriberto vocati interfuerant, hoc factum approbans, Remensem Archiepiscopatum Heriberto committit æquitatis censurâ regendum: qui legatos Ecclesiæ cum Abbone Suessionensi Romam mittens, à Joanne 10. decreti confirmationem obtinet, decernente interim, vt, quæ sunt Episcopalis ministerij, ab eodem Abbone tractarentur.

Hæc Frodoardus qui Remis aderat, queritúrque se cum multis alijs ab Heriberto pulsum, ac beneficijs spoliatum, quòd Hugonis electioni, se præsentem exhibere detrectasset.

Sub initium anni sequentis Rodulfus Rex, adjuncto sibi Heriberto, & quibusdam maritimis Francis, in pago Atrebatensi manum cum Normannis conserebat, cùm Hungari Rheno mox transgresso, in pagum Vozinsem prædis, incendiísque desæuiunt, trepidatúmque in vrbe Remensi, aliísque villis contiguis, & sacra Sanctorum pignora, Remigij præsertim, è suis sunt locis, & Monasterijs Remos delata, inter quæ Sanctæ Walpurgis reliquiæ, cuius meritis in ægrotos tunc quædam fiebant miracula.

Haud multò post, Rotgario Laudunensis pagi Comite vitâ sublato, inter Rodulfum Regem, & Heribertum pro Laudunensi Comitatu, quem Heribertus Odoni filio suo dari petebat, grauis exoritur discordia, Henricúmque Germaniæ Regem hic sibi per legatos conciliare studet, ad quem confestim properat, cum Hugone Rotberti filio, foedúsque init ac firmat muneribus. Luna 14. die Calend. April. passa defectum in pallorem conuersa est, & anno sequenti Acies ignitæ Remis in cælo visæ sunt die Dominicâ, Martio mense ingenti conflictu

*Vide Iuonē de puero in Aurelia, sedem promoto Epist. 68.*

*Episcopatū Rem. sibi à Rege commendatum tenuit Heribertus. Frod. lib. 1. c. 20. & in Chronico. Lib. 4. cap. 20.*

926.

927.

flictu discurrente; hæc malorum impendentium præsagia fuere: pestis enim, quasi tussis, è vestigio per Germaniæ & Galliæ oras subsequitur, quâ paucis mensibus magna Galliæ pars hausta fuit.

*HVGO XXXVII. ARCHIEP. An. 927.*

Interim synodus iubente Heriberto, ciuili, an Ecclesiasticâ auctoritate ob Episcopatum sibi commendatum? apud Trosleium celebratur, renitente Rodulfo Rege per Missos Comitis, & mandante, vt synodum differret, sibíque obuiam ad Compendium properaret; at hic obtemperare renuit (en simultatis causa altera) sed prædictæ synodo præsens adfuit cum sex Episcopis, vbi Herluinus Comes ad pœnitentiam venit pro vxore quam duxerat aliâ viuente. Absolutâ synodo Heribertus Laudunum ingredi cupiens, à Rodulfo occupatam repererit, missis illò militibus ad custodiam loci; at ille negotium Regi facessurus, Carolum è carcere educit, pergítque cum eo ad Sanctum Quintinum: Rotgeri filij cum Rodulfi vxore & præsidio ad custodiam Lauduni relicti, loca quæque hostiliter vastant, circa Codiciacum Episcopij Remensis Castrum.

*Hic Erluinus filius erat Hilgaudi Comitis Monasterioli, & vocatur Pontini Comes apud Rober. de monte, obijt 972.*

928.

Anno sequenti Heribertus Remis existens cum Carolo, literas Romam mittit, ac Pontificem certiorem reddit se Carolum, vt ille sub excommunicationis interminatione mandauerat, pristinæ libertati, ac dignitati restituisse. At, vt se habent Mortalium animi, Rodulfus & Heribertus nouo iterum fœdere junguntur, recipítque mox Laudunum Heribertus in pignus amicitiæ, tum Normannis obuiam proficiscitur pactum cum ijs icturus, verùm Odo filius, quem Rollo habebat obsidem, ei non redditur, donec se Carolo obsequentem præbeat, cum alijs quibusdam Franciæ Comitibus, & Episcopis.

Per id tempus Odalricus Aquensis in Prouincia Metropolitanus, qui ob Sarracenorum persecutionem à sede sua recesserat, in Ecclesia Remensi recipitur ab Heriberto Comite ad celebrandum Episcopale dumtaxat ministerium, vice Hugonis adhuc paruuli, cui data in stipendium Sancti Timothei Abbatia, cum vnius tantùm præbenda Clerici: Henrico Germaniæ Regi supra Mosam venienti, Heribertus & Hugo ad colloquium occurrunt: inde reuersi pergunt obuiam Rodulfo, eíque se fidelem spondet Heribertus, redacto iterum sub custodia Carolo.

Rodulfus Rex Remos veniens vbi Carolus custodiebatur, reuerentiam ei exhibet, pacificatur cum eo, eíque reddit Attiniacum fiscum, regiísque honorat muneribus. At hic paulò post sub custodia redactus, apud Peronam anno 929. multâ oppressus tristitiâ mortem oppetijt.

*Carolus exul & Martyr. obijt. Sigeb.*

Interea loci, Heribertus Victoriacum Castellum Bosonis Rodulfi Regis fratris capit, deinde cum Hugone Monasteriolum munitionem Erluini Comitis iuxta mare situm obsidet, obsidibúsque tandem receptis discedit. Pax inter eiusmodi Principes, quos regnandi cupido æqualiter excæcabat, diu non stetit, frangitur primùm inter Hugonem,

# HISTORIÆ. LIB. IV.

nem, & Heribertum, recepto Erluino ab Hugone cum terra sua, & Hilduino, nec non Arnaldo, qui erant Hugonis, ab Heriberto. Rodulfus Rex, amiciter hos per diuersa placita componere studuit, Heribertúsque Bosoni Victoriacum reddiderat, cùm hic anno sequenti, nouâ simultatis injuriâ à Rodulfo palam descisit, pacificatur cum Lotharensibus, eóque iubente, milites ab vrbe Remensi profecti Brainam Hugonis Principis Castrum super Vidulam, quod tulerat ab Episcopo Rotomagensi, capiunt, ac diruunt.

HVGO XXXVII. ARCHIEP. *An.* 930.

Rodulfus, tot Heriberti defectionibus prouocatus, litteras mittit ad Clerum & populum Remensem pro electione Præsulis celebranda, ad quas respondent se id agere non posse, saluo suo Electo, & electione, quam fecerant, permanente. Heribertus ad Henricum Germaniæ Regem auxilium petiturus proficiscitur, Rodulfus ad Attiniacum, nec morâ, hic cum Hugone, & Bosone, ceterísque suis militibus, Remorum obsidet vrbem; quam tertiâ tandem hebdomadâ post obsidionem, aperientibus sibi eis, qui erant in Ciuitate, ingressus, ordinari ibi fecit Præsulem Artaldum Monachum ex cœnobio sancti Remigij, qui eodem anno, relicto Heriberto, in partes Hugonis secesserat. Inde Rex Laudunum pergit; obsidétque ibi Heribertum, qui aliquandiu resistens egrediendi tandem locum obtinet, relictâ vxore in arce, quam infra vrbem ipse construxerat, ad quam obsidendam multùm laboris, ac sumptus impensum, eâ tamen potitus Rex in Burgundiam reuertitur.

931.

*Artaldus XXXVII. Archiepiscopus Ludouicum transmarinum vngit, & hic Comitatum Remensem, & ius Monetæ Artaldo confert, ac Remigianis priuilegium.*

## CAPUT XIV.

ARtaldus igitur ex Monacho (ob insignem animi virtutem) factus Remensis Archiepiscopus ordinatur ann. 931. Palliúmque recepit anno sequenti à Joanne XI. seu veriùs ab Alberico fratre, qui Joannem Apostolicæ sedis inuasorem detrusum in carcere tenebat, cum Matre Marozia, vt præter Frodoardum narrat Luitprandus lib. 3. cap. 12. apud Baronium. Præsulatus initia auspicatus est Artaldus à consecratione Episcoporum pro vacantibus Ecclesijs, quibus præficiendis plurimùm incubuit. Walbertus Abbas Corbejensis Airardo suffectus est in Episcopatu Nouiomensi, rejecto quodam Clerico, quem Adelelmus Comes per vim intrudere conabatur. Ingrannus quoque Sancti Medardi Decanus Ecclesiæ Laudunensi datur post Gozbertum: Wifridus Teruannensi; & Bono nuper expulsus à Rege

*Artaldus vir sanctissimus vocatur à Baronio.*

ARTALDVS XXXVII. ARCHIEP.
An. 932.

à Rege, sed in gratiam reuersus Catalaunensi redditur, Milone rejecto, qui repulsam vlturus per Episcopium Catalaunense insolenter desæuijt, at ei participatione sacrorum interdicunt Artaldus Archiepiscopus, ceteríque Remensis Prouinciæ Episcopi.

933.

Heriberto trans Rhenum ad Henricum Germaniæ Regem profecto, Hugo accitis Lotharienfibus Peronam obsidet, Rodulfus Rex Hamum Castellum, & Castrum Theodorici hebdomadas sex, donec Walo eidem præfectus in fidem Emmæ Reginæ se contulit: inter obsidendum,

934.

synodus celebratur congregatis nonnullis Franciæ, & Burgundiæ Præsulibus, cui præsederunt Domnus Artaldus Remorum Antistes, ac Teudoldus Turonensis, quid autem in ea præcipuè actum sit nescitur, præter Hildegarij Episcopi ordinationem pro Beluacensi Ecclesia ab Artaldo factam, qui & paulò post Fulbertum pro Cameracensi consecrauit.

Heribertus & Odo collectis viribus munitiones supra à Rege expugnatas, recuperare contendunt, dúmque bellum vtrimque accenditur, Remis in Ecclesia beatæ Mariæ Sacrum Missarum Artaldo ibidem celebrante, quidam iuuenis contractis poplitum neruis, extendentibus se genuum compagibus repentè assurgit, ac diu oblita recipit vestigia. In Ecclesia quoque Sancti Hilarij ante portam Martis, cæcus quidam illuminatur. Ignitæ item Remis per aërem acies visæ sunt discurrere, & quasi serpens igneus, & quædam jacula ferri pridie Idus Octobris ante gallicinium, vnde mox pestis subsecuta est, illustriorúmque virorum obitus, nam Emma Regina eodem anno defungitur, & Boso Comes frater Rodulfi Regis in obsidione Castri sancti Quintini, cuius corpus Remis apud Sanctum Remigium sepulturæ

935.

traditur: Rodulfus quoque Rex graui per totum autumnum decubat ægritudine, & anno sequenti cessit è vita nullâ prole relictâ, nam Ludouicus, quem ex conjuge Emma susceperat, ante patrem obijt. Artaldus quò rerum Ecclesisticarum peruasoribus metum incuteret, synodum septem Episcoporum celebrat apud Sanctam Macram, eósque ad correptionem venire compellit.

936.

Rodulfo igitur vitâ functo impertitæ salutis ann. 936. Hugo Comes mare mittit pro accersiendo Ludouico Caroli filio, quem Alstannus Rex auunculus ipsius nutriebat: hic à Francorum legatis accepto juramento, cum magnifico apparatu eum in Franciam abire sinit: ac mox è naui egressum, in ipsis littoreis arenis apud Bononiam profecti Francorum Proceres ( vt condictum erat) læti suscipiunt, fidémque pollicentur. Inde Laudunum deductus regali benedictione ditatur, vngitur, atque coronatur ab Artaldo Rem. Archiepiscopo, præsentibus regni Principibus, & Episcopis ampliùs viginti, ita Frodoardus, qui &

Tom. 2. fol. 99.

rationem inaugurationis factæ extra Remos reddit in Chronico. Hinc patet Iuonem Carnoten. & Scipionem Duplex egregiè hallucinatos fuisse, cùm spreto auctore Coætaneo, & oculato teste, Ludouicum ab Ansegiso Senonensi, & ficto quodam Guilelmo vnctum scripserunt.

Probabile

Probabile est Artaldum à Ludouico statim post susceptam sacri Chrismatis Vnctionem, regni Archicancellarium institutum ex charta quâ idem Rex Ecclesiæ sancti Mederici Parisiensis manufirmas probat ab Adelardo Comite factas Lugduni Clauati, cui Geraldus Cancellarius subscripsit ad vicem Artaldi Archiepiscopi apud Sammarthanos in Gualtero Parisiensi.

ARTALDVS XXXVII. ARCHIEP.
*An.*936.

Sub eodem Artaldo, Episcopatus Laudunensis datur Rodulfo eiusdem loci Presbytero à Ciuibus concorditer electo, quem ibidem præfatus Artaldus consecrauit, sed & per alias Remensis Diœcesis sedes, exceptâ Catalaunensi, & Ambianensi, diuersos quoque hic ordinauit Episcopos, vt Bernuinum S. Crispini Monachum pro Siluanectensi, & Transmarum pro Turnacensi.

Henrico Germaniæ Rege sub iisdem diebus obeunte, contentio inter filios de regno ipsius agitatur: rerum tandem summa natu Majori nomine Ottoni obuenit, Henrico patri pietate & militari fortitudine non absimili. Hungarorum irruptio in Franciam statim subsecuta est, quâ villæ, & agri depopulati, incensæ Basilicæ, & Captiuorum abducta multitudo. Ecclesiam tamen Sanctæ Macræ apud Fimmas, duabus segetum metis vel aceruis, quæ parietibus penè ipsius adhærebant exustis accendere nequiuerunt: In Ecclesiam Beati Basoli, cùm quidam Hungarorum ascendere super altare nitens, Aræ manum applicuisset, ipsa manus eius Altaris adhæsit lapidibus, nec omnino quiuit auelli, donec ceteris Hungaris Aræ saxum circa ipsam manum incidentibus, partem lapidis, qui manui eius inhærebat, in admirationem proferre coactus est Ethnicus.

Refert quoque idem auctor accepisse à Presbytero de Bauonis curte, qui captus ab iisdem Barbaris fuerat, vidisse in sua captiuitate quendam Orbacensis cœnobij monachum nomine Hucbaldum, quem frequenter Ethnici trucidare voluerunt, ab ijs percuti non potuisse, licèt vndique sagittis esset appetitus, resiliebant enim ab ipsius corpore, vt ab adamante relisæ sagittæ, nec signum ictus vllum eius apparebat in cute, vnde cùm nec gladio perimere possent, Deum eum esse dixerunt.

Annus agebatur 938. cùm Rex Ludouicus Castrum, nomine Montiniacum, vi cepit, vnde Serlus quidam ipsi præfectus latrocinia exercebat, cui (petente Artaldo) vitam concessit, & oppidum euertit, tum Heriberto per Hugonis deprecationem ad pacem recepto, Corbenacum Castellum veniens, quod Pater eius Sancto Remigio tradiderat, peruaserátque Heribertus, Rex sibi commissum à Monachis per vim recepit, & homines Heriberti qui erant, in eo comprehensos, rogante Domino Artaldo Archiepiscopo, abire permisit. Dum maritima loca peragrat, moratúrque cum Arnulfo Flandrensi, homines Heriberti quoddam Castrum Remensis Ecclesiæ, quod vocatur Causostem super Maternam fluuium ab Artaldo Præsule constructum proditione capiunt, villásque circumpositas crebris prædantur infestationibus.

938.

Interea

**ARTALDVS XXXVII. ARCHIEP.**
*An.940.*

Interea Ludouicus Rex, euocatus ab Artaldo, regreditur, ingreſsúſque Laudunum, arcem nouam nuper ab Heriberto inibi ædificatam obſidet, multíſque machinis ſuffoſſo muro capit, relicto ibi Odone Heriberti filio, qui in verba Regis iurauerat: tum Artaldus Archiepiſcopus, cum alijs quibuſdam Epiſcopis collocutus, Heribertum, quòd oppida, villáſque Remenſis Eccleſiæ peruaſiſſet, à piorum communione, præſente Rege, ſeparat. Qui reuerſus Laudunum, poſtquam Wilelmo Normannorum Principi obuiam ijſſet in pagum Ambianenſem, dedit Artaldo Archiepiſcopo, & per eum Eccleſiæ Remenſi, per præceptionis regiæ paginam Remenſis vrbis monetam, iure perpetuò poſsidendam, ſed & omnem Comitatum Remenſem eidem contulit Eccleſiæ, vt clariùs poſtea dicetur.

Idem Rex Ludouicus, rogatu Hugonis principis, diſsidentes Artaldi, & Heriberti animos ad concordiam reuocare ſtuduit, tum ad Caſtrum Caſtilloneum, quod Heriueus nepos Heriuei quondam Archiepiſcopi ſuper fluuium Maternam tenebat, vnde & villas Epiſcopij Remenſis circumquaque poſitas deprædabatur, pergit cum Artaldo, acceptíſque ab Heriueo obſidibus, Remos reuertitur, pergénſque in craſtinum ad Sanctum Remigium, ſeſe ipſius Sancti committit interceſsionibus, promittens vadibus libram argenti ſe daturum annis ſingulis, Monachis quoque eiúſdem loci præceptum de Caſtello dedit immunitatis, quod ex tabulario excerptum hîc inſerere profuturum iudicaui.

*Meminit quidem hoc anno huiuſce priuilegij Frod. l. 4. c. 27. & in Chron. at datum eſſe vltimo regni Ludouici, patet ex eodem.*

*Ludouici tranſmarini priuilegium Aſcetis Remigianis conceſſum.*

IN NOMINE SANCTÆ ET INDIVIDUÆ TRINITATIS.

LUDOVICUS DIVINA ANNUENTE CLEMENTIA FRANCORUM REX. Vniuerſis fidelibus noſtris, tam præſentibus ſcilicet, quam futuris. Notum fieri volumus quoniam regiam celſitudinem noſtram Reuerendus Abbas Hincmarus, atque ſibi ſubdita Beati Patris Remigij Monachorum congregatio humiliter expetierunt, quatenus immunitates ab anterioribus Francorum Regibus ſacro loco conceſſas, ex rebus quas Eccleſia iure quieto poſsidet, noſtræ auctoritatis decreto concedere ac confirmare placeret, quorum fideli voto libenter aſſenſum præbentes, præcipuè pro ipſius beatiſsimi Antiſtitis familiari deuotione qui regali noſtræ proſapiæ, quam per Dei gratiam ad fidem perduxit Catholicam, ſpecialiter à Deo collatus eſt paſtor atque Patronus, fieri quod petebant conceſsimus, ſimúlque hoc prouidere neceſſarium duximus, vt Monachi ſub regularis Abbatis paſtorali ſollicitudine viuentes, abſque vlla perturbationis inquietudine Deo in ſanctitatis propoſito, liberâ ſecuritate militarent, átque ex noſtræ beneficio largitatis, vnde meritò pro nobis, filiorúmque noſtrorum incolumitate, nec non & regni noſtri proſperitate Deum exorare debuiſſent, haberent.

Igitur

Igitur, sicut mos est Regum, & ab antecessoribus nostris sæpius dignoscitur fuisse constitutum, regiæ præceptionis auctoritate decernimus atque sanciendo constituimus, vt in primis Castrum, in quo ipse beatissimus Pastor corpore quiescit, omnino sit immune, ac sub eorum solummodo ditione liberè constitutum, nullúsque intra eiusdem Castelli ambitum quamlibet iustitiariam audeat exercere dominationem contra voluntatem ipsorum, sicut præcedentes Francorum Reges constituerunt, quæ & nos, nostrâ clementiâ, renouamus & confirmamus : simul etiam omnes ipsius Sancti Cœnobij villæ, quas monachi liberâ firmitate ante possidebant, siue quoque illæ, quæ postea ad tenendam sanctam religionem, locíque restaurationem additæ sunt, id est Crusniacus, villáque quæ dicitur Basilica curtis, necnon & aliæ terræ diuersis partibus iacentes, simul etiam & Cosla cum omnibus intra Vosagum, átque in pago Roslinse, in Comitatu Blisinse integrè ad eam pertinentibus ab omni exactione, & Teloneo, nec non à viatico, vniuersáque Quæstoris petitione sint absolutæ, & liberæ publicè & priuatim, & hoc in omne tempus.

ARTALDVS XXXVII. ACHIEP. *An.* 940. *Castellum seu Castrum illud à Seulpho supra constructum diximus.*

Vt verò eumdem Patronum nostrum Sanctissimum Beatum Remigium in vltimæ discussionis, & tremendo examine mereamur inuenire adjutorem, hoc etiam congruum addere censuimus, vt in omnibus vbicumque locis intra, aut extra regni nostri fines; idem monachi aliquid habere & possidere cernuntur, nostræ corroborationis decreto firmiter constituto, nullus omnino Rex, nec Episcopus, nec Comes, néque alicuius personæ inconsiderata audacia aliquod præjudicium, vel quamlibet indebitæ oppressionis violentiam in omni terra ditionis eorum contra fas præsumat inferre. Eos autem, qui nobis in Francorum successuri sunt regno, benignè rogamus, vt pro suarum redemptione animarum, hunc sacrum locum augmentare procurent. Quod si non fecerint, nemo tamen eorum, ne Deum Regem Regum offendat, perditionémque sibi perpetuam adquirat, ex omni proprietatis eorum possessione quippiam aufferendi minuendíque licentiam vllatenus tanquam præsumptor temerarius habeat. Vt autem hoc nostræ immunitatis, constitutionísque regale decretum per succedentia tempora maneat, & à cunctis credulitatis firmitatem veraciùs accipiat, manu nostrâ, omniúmque fidelium nostrorum præsenti assertione corroborari, ac annuli nostri jussimus subtersignando impressione firmari.

*Alludit ad reformationem studio Hugonis factam.*

*Signum Domini Ludouici gloriosi Regis.*

Et sigillatum majori sigillo ex cera alba cui impressa facies instar Numismatis cum regali corona, & in circuitu habetur *Ludouicus Francorum Rex.* Infra verò lineâ directâ.

*Oydilo Regiæ dignitatis Notarius ad Vicem Artoldi Archiepiscopi recognouit & subscripsit.*

*Actum Lauduni Montis 6. Calend. Aprilis indict. ij, anno autem regnante Ludouico Rege* 17.

Castelli,

**ARTALDVS XXXVII. ARCHIEP.**
*An. 940.*

Castelli, cuius hic mentio fit, & Seulfi opus creditur, restant semiruti parietes cum turriculis, retro Monasterium præsertim, & porta prope Ecclesiam Sancti Iuliani, cuius excesi lapides structuræ vetustatem produnt, & indicant.

*Remensis Ecclesia prædiorum diues ante concessum à Rege Comitatum, & Monetam.*

## CAPUT XV.

EX Castellis, munitionibúsque per Diœcesim ob Paganorum grassationes pridem statutis, vel de nouo constructis sub Fulcone, Heriueo, & alijs, patet euidenter Archiepiscopos pluribus dominijs excelluisse ante concessum à Rege Comitatum Remensem, iurgiúmque pro Archiepiscopatu inter Hugonem & Artaldum, studiosè à Frodoardo descriptum, non ob sacerdotij præstantiam exarsisse, cùm eiusdem præstantiæ ac dignitatis non deessent in Gallia, nec item ob ius Reges inungendi in hoc secundæ stirpis deliquio, maximi habitum apud Principes qui de regia Majestate acriter contendebant, cuius veluti character vnctio putabatur. Sed ob Castella, Munitiones, & reditus ab Ecclesia dependentes in Prouincia & Diœcesi, vbi profundas latásque figere radices Hugo & Heribertus tunc vehementer optabant. Et vt ea omittam quæ varijs in locis Frodoardus aspersit lib. 1. cap. 20.

*Sic Gregorius I. commendat patrimonium Sancti Petri in Africa Gennadio Patricio Epist. 73. & in Gallia Epist. 5. & 7. ad Brunichildem.*

præsertim, & lib. 3. vbi Hincmarum rescripsisse ait ad Manigaudum pro villis in Vosago positis, & pro villis in Toringia ad Brunaldum Moguntiæ suffraganeum, pro villis denique in partibus Massiliæ, in Rodomico, Gaualitano, Aruernico, Turonico, Pictauico, Lemouicino &c. Certum est plures occupasse ditiones non in Campania modò, quam Matrona interfluit, sed versus Axonam, inter quas idem auctor numerat Sparnacum ab Eulogio emptum, Couciacum, & Luliacum à Clodoueo data, Vanderam à Theodorico Rege, Celtum à Sobrina, Regiteste à Quiriaco B. Arnulfi Patre, Viriziacum ab Suauegotta regina, villas quoque iuxta Faram quas Clodoueus, Beatę Genouefæ contulerat pro compendio itineris cùm Ecclesiam Remensem sæpissimè visitaret, in Thierarchia fontem Mauberti cum villis de potestatibus ex patrimonio Sancti Remigij, Victuriacum & Calmiciacum à Grimoaldo Palatij Præfecto, Cruciniacum Curbam villam, & Aciniacum in Tardonensi pago à Waratone: prope Luxembur. ducatum in finibus Campaniæ, Duziacum super Charum fluuium à Clodouualdo cum tis pagis & Castellis cis, & trans Mosam quæ Mosomensem pagum conficiunt, vbi conditæ, Mosomum in Alode, hoc est pleno iure possessa, Maceriæ, Sedanum, & aliæ vrbes, Altus Mons in Dulcomensi pago, Vindenissa, Virtutum, Margolium, Nouigentum, Fimmæ,

Culmisia-

Culmisiacum, Castellio, Creciacum, quarum major pars quibusdam Nobilibus in precariam primò data est, lapsu deinde temporis in beneficium concessa sub censu, vel clientela, demùm penitùs subtracta, aut inuasa.

Vt verò pateat eiusmodi Ditiones opimi fuisse reditus, Rex cum suo Comitatu Remis moram faciens, sumptibus Ecclesiæ sustentari debebat, vt Hincmarum Nicolao I. rescripsisse diximus lib. 3. cap. 33. & hoste regnum inuadente, Archiepiscopus copias suis sumptibus cogere tenebatur, vt prædictum Hincmarum, Fulconem, & Heriueum sæpius fecisse testatur Frodoardus, de Hincmaro sic habet, *Theoderico Comiti* (scripsit) *mittens ei nomina suorum in expeditionem, Regísque seruitium*, lib. 3. cap. 28. ibidem, *Domino Hincmaro rescripsit Rex, non solùm de rebus Ecclesiasticis, sed & de populo in hostem conuocando* &c. in fragmento historiæ Francicæ ab And. du Chesne edito tom. 3. *Heriueus Rem. Archiep. suscipiens Carolum, deduxit eum per Hospitia sua, id est in Carisia, & in Crusnia*, addit Frod. mille quingentos è suis armasse in Regis obsequium, quibus aliquot obsessæ vrbes supra Mosam; hos, Fideles Ecclesiæ Remensis vocat in Chronico, & lib. 3. hist. cap. 28. Aimoinus Homines simpliciter lib. 5. cap. 41. *Homines de potestate Remensis Episcopij cum Carlomanno erant*, alibi Clientes nominantur, Vasalli, Casati à casis seu domibus quas ab Ecclesia in beneficium acceperant ex Capitul. lib. 1. cap. 68. quocumque nomine vocentur, patet ex pluribus chartis obsequium eos præstitisse Archiepiscopis, cùm opus esset pro iuribus Ecclesiæ gnauiter tuendis, vel seruitio Regi præstando.

Horum etiam operâ vtebantur, cùm præsidium munitionibus seu Castellis imponendum esset aduersus hostium grassationes: Episcopi siquidem latis præditi Dominijs, Castella solicitè per Diœcesim extruere cœperunt, Normannis Galliam deprædantibus, quò plebi salutis portus essent & perfugium; quod in Italia quoque Longobardorum metu præstitum fuisse narrat Ennodius de Episcopo Nouariensi sic differens.

*Pontificis castrum spes est fidissima vitæ,*
 *Cui tutor Sanctus, quæ nocitura petant?*
*Hic Clypeus, votum est, procul hinc Bellona recede,*
 *Quod meritis constat, præmia nulla grauant.*
*Conditor hic muros solidat, munimina factor,*
 *Nil metuat quisquis huc properat metuens.*

Fidem facit Frodoardus in Chronico plures eiusmodi munitiones, & Castella ab Episcopis, & potentibus viris extructa Carolinis vergentibus ad Occasum, maximè cis Mosam, qui regni limes fuit, quæ manifestè probant Archiepiscopos prædijs, opibus, & potentiâ valuisse, habuisséque administros seu officiarios non paucos qui ius dicerent cum meri mixtíque Imperij potestate in vasallos per villas & Castella constitutos, quæ

**ARTALDVS XXXVII. ARCHIEP.** *An.* 940.

omnia adhuc aucta sunt Comitatus Remensis accessu, quem in alta Baronia tenuerunt, tenéntque hactenus, cui & Castellaniæ quædam postmodum additæ sunt, Comitatu in Ducatum erecto, vt dicemus.

*De Comitatu, & Moneta Remensi Artaldo concessis.*

## CAPUT XVI.

COmitatum Remensem & Monetam Artaldo Præsuli à Ludouico 4. data fuisse inficiari nemo potest, cùm omni exceptione major Frodoardus testis accedat, ipsáque Dominij interrupta possessio id manifestè probet; hactenus enim vt Comitis pridem, sic & Ducis titulo gaudent Archiepiscopi. At in quo consistat Comitatus hic, quousque protensi limites, an idem ac pagus Remensis, quænam iura, reditus, appendices, citatus auctor non explicat. Opinor ea Artaldo concessa, quæ veterum Comitum subjecta erant ditioni, de quorum officio, prærogatiua, & in Scabinos iurisdictione, pluribus in locis Regum Capitularia disserunt, præsertim Caroli Magni, quæ cuilibet cùm obuia sint, ea consulat qui volet.

Hoc igitur temporali aucta Dominio Remensis Ecclesia, nam antea villas, Castella, Colonias habuisse clarius est quàm probatione sit opus, inter illustriores Galliæ, quæ hac ætate pari Regum munificentiâ vrbium principatus obtinuerunt, clarescere cœpit, longéque nobilior reddita est cùm in Ducatum Comitatu erecto primi Pariatus Franciæ dignitate fulsit: partita tamen postmodum ditio fuit, & sensim imminuta, cùm pars haud ignobilis data est Capitulo, & Monasterijs etiam recèns erectis. Vicecomitatus quoque ablatus dicitur per eos qui se Comites hæreditarios venditabant sub Roberto Rege, donec Archiepiscopi dato pretio (vt creditur) ab his hunc vendicarunt, éstque nunc ditior prouentus quem habent in vrbe.

*Rainaldi Remorum Comitis meminit Aimoin. lib. 5.*

Quod spectat ad Monetam, etiamsi ius pridem exoleuerit, adhuc tamen vestigia restant, constátque ex Frodoardo permissam Archiepiscopo Rem. proprij Numismatis percussuram, vt quondam Archiflamini Hebræorum ab Antiocho ex 1. Machabæorum cap. 15. quod & alibi factitatum reperio. Refert Meyerus Chilpericum Crasmero Episcopo fiscum Regium in Tornaco, cum temporaria iurisdictione in Flandris concessisse. Viromandenses eodem iure potiti sunt ex chirographo de Majoria de Maligni, Ecclesia item Turonensis sub Ludouico Pio &c.

Ceterùm monetam antiquitùs Remis cudi solitam, non tantùm sub Austrasiorum Regibus, qui regiam ibi sedem constituerant, vt ostendimus, sed etiam sub Carlouingis, probat Caroli Magni edictum, quo vetat nè præter eam quæ in Palatio fit, alia apud populum in vsu sit ex lib. 2. Capitul. tit. 18. de admonitione vnius Monetæ. Hinc enim

sequitur

## HISTORIÆ. LIB. IV.

ARTALDVS XXXVII. ARCHIEP. An. 940.

sequitur tunc diuersis in locis solitam fabricari, quamuis verisimile sit vnum locum Imperatorem designasse Romanorum exemplo, apud quos in templo Iunonis Moneta nuncupatæ cudebatur, vel constitutionem intelligendam esse de ea quæ Palatina dicitur, non verò de communi, vel vsuali quæ varijs in locis fiebat, ex Capitul. Caroli Calui titulo 3. num. 21. vbi habetur, *Sequentes consuetudinem prædecessorum nostrorum, sicut, in illorum Capitulis inuenitur, constituimus, vt in nullo alio loco in omni regno nostro moneta fiat, nisi in Palatio nostro, & in Quentonico, & in Rotomago, & in Remis, & in Parisio &c.* Hoc loco cùm nihil noui statuatur à Rege, sed approbet hic percussuram fieri solitam in denominatis vrbibus, inter quas Remorum Ciuitas numeratur, apertè sequitur eo priuilegio vsam fuisse sub præcedentibus Regibus, præsertim sub Carolo, & Ludouico pio. Numismata Remis cusa nobis pro sua humanitate commodauit olim vir insignis doctrinæ Georgius Dey Doctor Sorbonicus, quæ ad prædicta tempora referri possunt, quorum hic typum damus.

   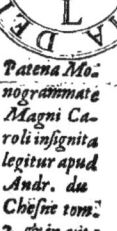

Priora duo Caroli Magni, & Ludouici Imperatorum Numismata esse patet ex eo, quod integra eorum nomina in ijs legantur, cùm Carolus Caluus à plerisque dicatur primùm Monogrammate vsus, saltem in sigillis, & Numismatibus. Porro cudendi potestas, quæ hactenus Regum fuerat, multis illo tempore impertita est, nam præter Ludouicum IV. qui Remensis vrbis Monetam Artaldo dedit iure perpetuo possidendam, Otto Imperator, mundi deliciæ, & orbis felicitas meritò nuncupatus, Cameracensi Episcopo idem concessisse legitur, vt & Fridericus Comes Virdunensis eiusdem vrbis Episcopo, & plures alij, vnde à quoquam fingi non debet, ius Monetam conflandi ab his furtiuè vsurpatum.

*Patena Monogrammate Magni Caroli insignita legitur apud Andr. du Chesne tom. 2. & in vita S. Boboleni fol. 665. sub Clodo 2.*

Sunt qui putant Episcopos, & Comites Monetam ex auro non cudisse, sed ex argento, aut viliori alio metallo, ob idque Ludouicum XI. Britanniæ Duci bellum indixisse, quòd auream fabricasset. Prædicta Regum Numismata sunt ex argento, Archiepiscoporum verò vt plurimùm ex ea materia, quâ Solidi vsuales cudi solent.

Hoc igitur iure Remenses Archiepiscopi plures annos potiti sunt

ARTALDVS XXXVII. ARCHIEP. *An.* 940.

velut Comitatus appendice, erátque vicus in vrbe, qui percuſſuræ hactenus nomen retinet Gallicè *Mark.* Trapezitæ ſeu Telonarij tuguria habebant in foro Ciuitatis iuxta Balliuij auditorium, Ægidius Leodienſis Monetarum ſtationes vocat in vita Sancti Alberti, cap. 15. vetuſtiores chartæ Tabulas : tributum quoddam percipiebant Archiepiſcopi, Trecenſum dictum in charta Wilelmi Campanenſis. *Si quis* (inquit) *cambierit, qui Trecenſum nobis ſicut Cambitores non ſoluerit........ per LX. ſolidos emendabit.* Id propriè Telonium dicitur vernaculè *Tonneu*, indè timonagium. Juxta prædictas Monetarum ſtationes ſeu tabulas, erat lapis rotundus vbi bona ciuium, qui debitores erant, voce præconis haſtæ ſupponebantur, adhuc patriâ linguâ vocatur, *La pierre au change.*

Ceterùm in pactis inter contrahentes apud nos vulgò apponebatur, vt ſolutio fieret in Moneta Remenſi, ſic in appendice apud Frodoardum pro villa Virtutis, ſtatuitur vt Heribertus pro reſpectu annuatim, *Soluat libram vnam denariorum Remenſis Monetæ,* quòd ea apud Remenſes eſſet in vſu,& intra fines ditionis Archiepiſcopi: extat decretum in Archiepiſcopali tabulario à Præfecto Balliuiatus Viromandenſis,quo iuxta mandatum ſuperioris Curiæ Computorum, Remenſis Archiepiſcopus conſeruatur in iure Telonarios Remis conſtituendi anno 1317. En typi Numiſmatum quæ ſub Samſone,Henrico, Guilemo, & Roberto de Courtenay Archiepiſcopis cudebantur.

*Littera X. denarium numerum ſignificat. Sic Numiſmata argentea cum eodem charactere Romæ cuſa anno Fundationis 585. decem æneos aſſes valebant apud And. Theuet.*

Sunt alij nummi qui expreſſam Virginis Deiparæ imaginem ex vna
parte,

parte, ex alia Crucem cum nomine Archiepiscopi, quod in alijs Parietatibus subinde seruabatur. Refert Andreas Theuet in Cosmographia nummum Lauduni cusum, quem etiam vidimus, ab vna parte Regis Ludouici Hutini, ab altera Gazonis de Campania 55. Episcopi vultum repræsentantem, quod factum puto ob regalem iustitiam Episcopi consensu in eadem vrbe stabilitam. Nunc verò quandonam ius illud cessauerit, an pedetentim, vel regio edicto, postea dicemus.

*De Sanctis Merolilano, & Flotilde Virgine.*

## CAPUT XVII.

MIssis Hugonis Magni, Artaldum Heriberto reconciliare studentibus, contigit diuinâ quadam reuelatione reperiri Corpus Sancti Merolilani Martyris, quam Frodoardus recitat sub finem libri quarti, vbi de veteri Ecclesia Sancti Hilarij pro foribus Martis sita, & ad sepulturam Clericorum Remensium ab Rigoberto data, differit, quæque ante prædicti Præsulis Artaldi abrogationem, crebris illustrabatur miraculis.

In huius igitur Ecclesiæ cœmeterio, quidam Dei seruus è Scotia oriundus terræ mandatus est; sed cùm nomen, ac sepulturæ locus memoriâ pridem excidissent, apertis se coepit manifestare visionibus. Etenim cùm Ciuium quidam honestæ familiæ, sed censu tenuis objisset, Parentes eius ab Hildegario huius Ecclesiæ Presbytero petunt sibi sepulturæ locum gratis concedi, cùm sarcophago, in quo defuncti cadauer condi posset: eo annuente, casu incidunt in viri Dei sepulturam; cuius effossâ humo, statim sarcophagus apparuit; quem totis viribus conantes aperire non potuerunt. Presbyter audito hoc, propiùs accedens operimentum sarcophagi paululum submouit, de quo mox tantæ suauitatis fragrantia emanauit, vt nunquam se delectabiliorem testatus sit hausisse odorem, introspiciénsque videt corpus integrum Sacerdotalibus infulis redimitum, recomponénsque sepulchri pallam, sepulturam ampliùs violare non est ausus; permisit tamen vt prædictum cadauer depositis quibusdam supponeretur tabulis.

Ipsâ nocte visus est ei Auunculus suus Presbyter in somnis, qui dudum decesserat, asserens eum rem Deo ingratam, ac minùs acceptam fecisse, quòd sancti sepulchrum temerare præsumpsisset: idem beatus cuidam sub ipsis diebus apparuit, monens vt indicaret Presbytero se superjecti sibi cadaueris pondere & indignitate grauari, darétque operam, vt quantociùs illud à sua sepultura repelleret. Presbyter hac admonitione territus, cadauer, quod sepulturæ Sancti superpositum fuerat, ocyùs eijci curauit, & apertâ alibi sepulturâ recondi.

**ARTALDVS XXXVII. ARCHIEP.**
*An. 940.*

Visus quoque est paulò post cuidam Rustico præcipiens vt Artaldo Episcopo fidenter nunciaret nè corpus suum extra Ecclesiam iacere diutius pateretur, sed in eam illud absque mora transferret: eo mandatum sæpiùs sibi factum exequi cunctante, idem Sanctus Presbytero in eadem Ecclesia seruienti apparens, sepulturæ locum, aduentus sui causam, & mortis genus reuelauit, significans se Scotigenam esse, Romámque orationis gratiâ cùm proficisceretur, à latronibus super Axonam fluuium interemptum, indéque huc delatum à socijs, ac ibi terræ mandatum. Addiditque se Merolilanum vocari, iubens vt id nomen, nè fortè memoriâ laberetur, cretâ describeret, quod & fecit in arca, quæ lectum proximè erat, quam ipse cretam visus est accepisse, noménque descripsisse.

Visis his ac reuelationibus motus Præsul Artaldus, Ecclesiam quidem Ciuibus suffragia ferentibus, tectis, nouísque fecit instrui laquearibus, at corpus Sanctum, vt à prædicto sacerdote intimatum ipsi fuerat, transferre neglexit. Hinc Deo volente haud ita post contigit, vt in eadem Ecclesia coram Hugone Principe, coactus fuerit se abdicare Episcopij præfecturâ. Merolilani corpus postmodum ab hoc loco in vrbem translatum est, quiescítque in Ecclesia Sancti Symphoriani, vbi festum ipsius quotannis celebratur. De eo Martyrologium Gallicanum his verbis, 18. *Maij Merolilanus Martyr natione Scotus super Axonam fluuium interceptus à latronibus occiditur &c.*

*Extant Flotildis visiones à Petro Pithæo edita apud And. du Chesne tom. 2.*

Per id quoque tempus celebris quædam puella claruit apud Lauennam Remensis territorij villam, cuius somnia siue visiones referuntur in Diuionensi codice, harúmque meminit Frodoardus in Chronico ad annum 940. his verbis, *Puella quædam Virgo Paupercula nomine Flotildis, visiones sanctorum manifestè vigilans, & in spiritu vidit, & quædam futura prædixit.* Ex ijs quæ in prædicto habentur codice, hæc ad institutum faciunt. Quadam nocte Flotildis Sanctum Remigium, & Sanctum Landbertum vidisse se asserit, cum multitudine albatorum Clericorum libros tenentium, & pedibus nudis assistentium, inter quos erat Artaldus Episcopus: Beatum verò Remigium audiuisse dicentem cum mœrore, quòd Francica terra decorem, & potestatem suam perdidisset, nisi adunatim populi Dominum feruentiùs deprecarentur, jejunantes certis ferijs, & Dei misericordiam implorantes, ipsúmque grauiter Artaldum increpantem quòd, cum inter tot rerum discrimina se diuino cultui totum impendere deberet, id omnino remissè ageret: Ad quam Remigij increpationem velut jaculo percussus Præsul foras egressus, ab igne illico absumi visus est. Beatum deinde Remigium conquerentem cum alijs audiuit, quid Franci de suo Rege facere vellent, qui rogatus ab his mare transierat, eíque ad regni solium prouecto fidelitatem promisissent, horum acta se Deo ac Regi egregiè mentitos esse probare &c. Flotildis eadem alterâ vice vidit Beatos Petrum, & Martinum præcipientes ei vt confestim iret ad Hugonem Heriberti Comitis filium, cui tunc reddendus erat Episcopatus Remensis,

HISTORIÆ. LIB. IV. 565

fis, dicerétque illi nè tot iuramenta committi pateretur...... visa quo- ARTALDVS
que sibi est die purificationis Beatæ Mariæ cum Hugone Præsule lo- XXXVII.
qui, de Ecclesia Beatæ Virginis decentiùs exornanda, déque alijs rebus ARCHIEP.
ad cultum Dei spectantibus, quas hic breuitati studens omittto: præ- *An.948.*
fata hæc puella postquam prænotatas visiones habuit in mense Martio, & quadragesimali ieiunio, non longum superuixit tempus, sed
hæc post duorum annorum circulum in ipsa nocte vigiliarum Natalis
Domini obijt, & eodem die in Ecclesia Sancti Landberti de Lauenna
sepulta est. Auctor Martyrologij Gallicani 4. Calend. Martij, & 25.
Decemb. putat Flotildem Monialem factam ex reuelatione in Auennaco Monasterio, idque forsan suspicatur, quòd in prædicto codice
dicat vidisse se esse in quodam amœno loco, velúmque nigrum se
super caput habere, de quo cùm requisijsset, audijsse quòd Nonna
fieri deberet, at ex his reuera velum sumpsisse non satis constat, cùm
ibidem dicatur in Ecclesia Sancti Landberti sepulta apud Lauennam:
de ea Martyrol. Remigianum 8. Calend. Januarij.

*Urbis Lauduni situs, & nomenclatio, & cur Principes tam acriter
hoc tempore, pro ea obtinenda, decertarint.*

## CAPUT XVIII.

PErtinax pro sede Remensi, & ambitiosa disceptatio, quæ toti
prouinciæ cladem intulit, hortatur, vt Lauduni, cuius hic occurret frequens mentio, situm, ac decora paucis explicem, quòd
nostræ Metropolis vrbs longè celebris sit, ac particeps miseriarum
fuerit quæ infra referentur. Hæc in colle summo, editóque loco sita
est, quem vndique planities ambit, foris ad meridiem pari altitudine
fastigio habens colliculum proximè sibi adjacentem, vbi Sanuincen-
tianum Monasterium à Brunichilde Regina, vt fertur, constructum.

Pleríque hanc Laudunum dictam putant à λαὸς, & *Dunum*, quasi *Hincmarus*
mons populi, vel populosus. Dunum enim veteri gallico idiomate *Frod. lib. 3.*
montem significat, quòd bellis regionem vastantibus, ingens popu- *c. 22.*
lorum multitudo in eum confugeret, vnde *Luych dunem*, vel *Lugdunum* Germani speculatores colles dixere, à Dunis scil. hoc est spe-
culis, vt faciliùs quid molirentur hostes acciperent, vel etiam ab excubijs: ob id Lugdunum sæpius hanc vocatam reperio, in prolixiori
testamento S. Remigij præsertim, & in actis Concilij Suessionensis
ad annum 857. vbi Pardulus scribitur Lugdunensis Episcopus: Nomen hoc, quod ei commune est cum Lugduno Galliæ Celticæ Metropoli, fecit, vt Auctores quidam erroneè pleráque huic attribuant,
quæ alteri, hoc est Belgicæ, meritò debentur, vnde veteres, vt opinor,

ARTALDVS XXXVII. ARCHIEP. An. 948.

nor, quò discrimen foret inter vtráſque, Clauati nomen addiderunt, vt Grego. Turon. lib. 6. cap. 4. legitúrque in moneta ibidem ante annos 1300. cuſa *Lugduni Clauati*. Mons Clauatus etiam nominatur in Breuiario Laudunenſi, vbi de Sancto Chanoaldo, & Lugdunum palatium in diplomate Caroli ſimplicis apud Miræum.

Fredegarius tamen, & Concilia frequentiùs habent Laudunum Clauatum, vt & acta tranſlationis Sancti Quintini, cuius etymon ſatis obſcurum eſt. Vaſſeburgus de Virduno differens pariter terminata in Dunum, ait *Chobos* antiquitùs vocatam fuiſſe; ob clauorum multitudinem muris infixam, quaſi vrbs clauorum dicenda eſſet, vt à Berchario reuera vocatur, qui Epiſcoporum eiuſdem vrbis indicem texuit ante Vaſſeburgum: quæ nomenclatura Lauduno facilè applicari poſſet, niſi Clauatum potius nuncupatam dicas, à veſte prætoria, hæc enim quibuſdam coloribus velut clauorum aculeis promicantibus verrucata, veſtis clauata à Romanis dicebatur, & eò conuenientiùs ad mentem Hincmari, qui Laudunum à Marcobio vel Marcobrio Prætore conditam ſcribit, cuius etiam Marcobrij meminit Eutropius.

Vrbs etiam Lugduni dicitur in vita Sanctæ Salabergæ, & Laudunis nomine indeclinabili lib. 3. hiſtoriæ Eccleſiaſticæ apud And. du Cheſne, vbi inter vrbes famoſas Galliæ Belgicæ numeratur. An vetus Bibrax ſit de qua lib. 1. egimus, quidam pro certo aſſerunt, quaſi Remorum antiquitùs propugnaculum fuerit, perinde ac Alexia Manubiorum, probántque ex Dudone lib. 3. de Lotharij Regis Lauacro differente in vita Wilelmi Ducis. *Wilelmus* (inquit) *Rege* (Ludouico) *exercitúque ſuo Lugdunenſi pago relicto, Laudunum Clauatum, qui & Bibrax dicitur, petit citò, antecedente Epiſcoporum Franciæ choro, quem omnis Clerus Laudunenſis ſedis, omniſque populus, cum ingenti, apparatu Monaſtico, cum Epiſcopis præpollentibus reuerenter ſuſcepit, puerúmque nuncupatum nomine Lotharium, ſacroſancto rore, oleóque & chriſmate innouatum, & purificatum de fonte extraxit.* At ex natura loci, & ſitu delineatis in vita Sanctæ Salabergæ Laudunum Bibrax Cæſaris appoſitè vocari non poſſe ſupra oſtendi, veriúſque eſt à Romanis ortum habuiſſe ex Caſtro in montis vertice poſito, vbi milites excubias agerent inter Remos, & Ambianum ex Notitia Imperij, ſicque domibus auctum in vrbem ſenſim coaluiſſe, vel à Marcobrio prætore, vt cenſet Hincmarus nobile Municipium effectum, cui fidei lumen affulſit beatorum Xyſti & Sinicij prædicatione, quòd territorij ac Diœceſis Remorum eſſet. Sæuientibus perſecutionum procellis, inſignem pietate virum in crypta ibidem latuiſſe lib. 1. retulimus, cuius Reliquias, nè Vindocinenſes gratis ſibi vindicent, ſub Anſelmo Epiſcopo in ditiorem thecam tranſlatas fuiſſe anno 1228. docet Martyrologium Laudunenſe his verbis. *Sabbatho poſt feſtum S. Matthæi Mr. Littardus, & Simon de Triangulo Canonici Laudunenſes collocauerunt honorificè in capſa argentea, ſacra pignora glorioſi Confeſſoris S.*
*Beati*

Beati *re*, *& nomine*, *& cum diuino thesauro reposuerunt coxam Sancti* ARTALDVS *Genebaudi cum costis, sinistrum brachium S. Montani, & caput Sanctæ* ACHIEP. *Probæ Virginis & Martyris.* An.948.

Honorio Imperante, Laudunum necdum amplam fuisse ciuitatem probat Notitia imperij, vbi inter ciuitates Metropoli Remensi subjectas non numeratur, sed nec sub Clodoueo, cùm B. Remigius Africanorum Conciliorum auctoritate vsus dicatur pro Episcopatu in eo constituendo, quòd Canones in illis editi tam specialiter de populo frequentiori, vel minùs frequenti non cauissent, vt Laodic. Concil. can. 37. & Tolet. can. 12. quibus vetatur nè in Vicis & Castellis instituantur Episcopi: sensim tamen, ob sedem Episcopalem præsertim, sumpsit incrementa, & ex Castello vt ab Hincmaro vocatur Opuscul. c. 15. vrbs populosa euasit, Principum sedes, ac Francici limitis propugnaculum. Huic Caribertum quemdam Comitis titulo præfuisse tradunt Annales Bertiniani, cuius filiam Bertradam vel Bertam nomine, Pippinus duxit vxorem ann. 749. ex qua Carlomannus, Carolus Magnus Imperator, & alter Pippinus.

Fecit loci prominentia, & celsitudo, vt Lupo Campaniæ Duci sub Brunichilde, Martino Palatij Præfecto sub Theodorico, & Grifoni Caroli Magni natu majori filio portus fuerit in aduersis, ac refugium, móxque videbimus quanto ardore fœderati Principes, & Rex ipse decertarint quò vrbem hanc sibi propriam facerent, quæ, post varios fortunæ casus sæpius obsessa, rarò expugnata legitur, sponte dedita aliquando, rursum inuasa; interdum Reginis concessa in pignus firmandæ fidei, tandem secundæ stirpis vltimis Regibus relicta, quibus opportunum aduersus sibi illatas vexationes præbuit hospitium.

Carolinis igitur ad occasum vergentibus ea vrbs arx fuit tutissima, quam tantâ animi contentione, & armorum viribus sibi asserere conati sunt, alijs vrbibus vel in beneficium datis, aut vi, vel dolo distractis, vt qualiscumque regio quæ eam ambit reliquum Monarchiæ Francicæ videretur, Laudunum verò regni Caput, vt Guibertus loquitur lib. 3. vitæ suæ cap. 11. regia sedes lib. 1. cap. 12. regiæ ambitionis thalamus, & vnicum hac ætate propugnaculum. Fuit quoque per idem tempus ob naturam loci, sanctarum Reliquiarum, cùm Normanni atrociùs Galliam Belgicam popularentur, receptaculum, in eam enim S. Bauoni ossa translata sunt ex Molano 10. Octob. Sanctæ Pharaildis Virginis 4. Januar. S. Alouini, vt tradit Yepes in hist. Bened. fol. 156. Sanctorum etiam Quintini, Gassiani, Botiani, Marculfi, & aliorum. Cathedralis Ecclesiæ moles orientem versus sita, vbi paulatim cliuus assurgit, intuentium sic rapit oculos, ob structuræ elegantiam & sublimitatem, vt inter totius regni venustiores meritò computetur. De ea, vt de sacris reliquijs, Capitulo, immunitatibus, & amplissimâ ciuili iurisdictione, erit commodior alibi dicendi locus, nunc ad discordiam quæ pro sede Remensi inter Principes exarsit, redeamus.

*Vrbe Remorum à fœderatis Principibus obsessâ, & captâ, Hugo Heriberti filius, Artaldo abdicare coacto, consecratur Archiepiscopus.*

## CAPUT XIX.

VT spinis rosæ, sic curis frequentiùs dignitates vallantur & anxietatibus, quas Artaldus mox sensit, ac sui præsulatus primitias delibauerat. Harum seriem, quòd vrbi Remorum æquè, ac ciuibus damnosæ fuerint, breuiter expedio. Pace haut satis stabilitâ, Missorum Hugonis principis studio inter Artaldum & Heribertum: Hugo princeps Roberti filius adjunctis sibi quibusdam Episcopis tam Franciæ, quàm Burgundiæ, cum Heriberto Comite, & Wilelmo Normanno Remensem obsidet vrbem, eámque sextâ obsidionis die, omni penè militari manu Artaldum Archiepiscopum deserente, & ad fœderatos transeunte, Heribertus victor ingreditur, Artaldus Præsul terrore concussus, ac consilij expers, monetur ab Episcopis qui aderant, ad Sanctum Remigium confestim accedere, vbi Principum blanditijs, seu etiam minis coactus est Episcopij se procuratione abdicare post annos octo, & menses septem in eo peractos, concessâque, sibi Abbatiâ Sancti Basoli, & Auennaco Monasterio in solatium suæ exauctorationis, ad Sanctum Basolum secedere.

Hugo, & Heribertus inde cum Lotharensibus copijs, & Wilelmo Principe ad obsidionem Lauduni proficiscuntur, relicto Remis Hugone Diacono Heriberti filio, dudum ad Archiepiscopatum electo, qui que tertio postquàm regressus est mense, Presbyter à Widone Suessionensi Præsule ordinatur. Priùs enim hic per annos quindecim, à sua electione, Autisiodori commorans apud Widonem eiusdem vrbis Antistitem (à quo & Diaconus est ordinatus) literarum studijs dederat operam.

Artaldus audiens Ludouicum Regem è Burgundia regressum (illuc enim perrexerat cum Remorum vrbs obsessa est) relicto Sancti Basoli cœnobio, ad eum mox accessit, cum quibusdam sibi consanguineis, à quibus Ecclesiæ beneficia Heribertus Comes pariter abstulerat. Tunc Frodoardus simili pœnâ mulctatus à Comite, disponebat orationis gratiâ sepulchrum visere Beati Martini, nè tot miseriarum spectator esset ac testis, at retentus est ab ipso Heriberto, quibusdam insimulantibus eum, quòd sui causâ vellet aliò proficisci, sícque per aliquot menses (ipso iubente) in custodia partim liberâ retinetur, donec cum præfato Hugone electo Heriberti filio ad vrbem Suessionicam profectus est, vbi conuenientes Episcopi Remensis diœcesis cum principibus Hugone, & Heriberto, synodicè tractarunt quid facto opus esset, super

*Heribertus vt ab Artaldi propinquis beneficia, sic à Frodoardo Colmiciaci vici Ecclesiam, quod Hugonis electioni non consensisset, abstulerat. Frod.*

Episcopali

Episcopali prædicti Hugonis ordinatione. In hac synodo iussus est cessare Artaldus, quòd olim iurasset nunquam se in eum Archiepiscopatum intromissurum, Hugóque receptus, eò quòd Clero, populóque petente, vocatus esset. Itaque Remos profecti Episcopi, in Ecclesiam Sancti Remigij eumdem Hugonem dignitate sublimant Archiepiscopali, cui anno sequenti à Stephano Romano Pontifice missum est pallium à Remensibus publicâ legatione petitum, subscripsisseque legitur diplomati Hugonis Abbatis Turon. anno 5. regnante Hludouico Rege apud Sammarthanos in Archiep. Paris. fol. 414.

ARTALDVS XXXVII. ARCHIEP. *An.*949.

Hugone, & Heriberto Laudunum obsidentibus, Ludouicus Rex sumptis secum quos vndecumque colligere potuit, in pagum Porcensem venit, quo audito, Hugo, & Heribertus, obsidione relictâ, pergunt obuiam, & insperatum Regis inuadentes exercitum, sternunt nonnullos, reliquos in fugam vertunt, Réxque se bello eximere coactus, cum paucis vix euasit. Artaldus perditis rebus, quas ibi habuerat, ad Hugonem, & Heribertum denuo accessit perductus ab amicis, redditisque sibi Abbatijs Sancti Basoli, & Auennaci, cum Villa Vindenissa, & pactâ pace cum Hugone Præsule, ad Sanctum Basolum illic habitaturus recessit.

950.

Anno sequenti, Francorum proceribus aduersus Ludouicum Regem palam rebellantibus, Stephanus Papa per legatos præcipit vt Regi suo se subijciant, qui sine cunctatione Pontificis iussionibus paruerunt. Subinde colloquentes Episcopi Remensis Diœceseos cum Heriberto Comite, deprecati sunt eum vt intercederet apud Hugonem Principem pro receptione Regis, quod optimè cessit, nam Wilelmus Normannorum dux Ludouicum Regem regaliter apud Rotomagum suscipiens, super Isaram eum comitatus est; vbi Hugo, Heribertus, & Otto dux Lothariensium pacificè cum eo sunt conlocuti, induciæ factæ inter eos, & obsides vtrimque dati; tum Ludouicus amicitiam inijt cum Ottone Rege, qui & ipse plurimùm laborat, quò Hugonem Ludouico conciliet.

951.

Per id tempus Heribertus Comes Hugonis Præsulis pater obijt, quem sepelierunt ad sanctum Quintinum filij sui: tunc Artaldus spe amissam dignitatem recuperandi, relicto cœnobio Sancti Basoli, ad Regem profectus est, qui se ei Remensem Archiepiscopatum redditurum pollicetur, hic regiâ fretus auctoritate, assumptis secum fratribus suis, & alijs, qui præualentibus Heribertis, abjecti fuerant ab Episcopatu Remensi, Altmontem Castrum occupat, cum quibus mox Ludouicus Rex Mosomum obsidere aggressus est; at repellitur à fidelibus Hugonis, multis suorum interfectis. Inde Rotomagum repetens, bellum mouet in Turmodum Normannum qui turpiter ad Idolatriam defecerat, eóque prostrato, & interempto, Compendium redijt, vbi Hugo Dux, ac filij Heribeti Nepotes ipsius, fidelitatem ei velut beneficiarij promittunt. Rex Hugonem quidem Episcopum mediatoribus Ottone

952.

*Hic Otto post Gisleberti obitum fit Dux Lothariens. ab Ottone rege an.* 942.

Lotharinsi

**ARTALDVS XXXVII. ARCHIEP.**
*An. 953. 954.*

Lotharienſi Duce, Adalberone Præſule, Hugone quoque Duce, eo tenore recepit, vt redditis Abbatijs, quas Artaldus dimiſerat, ad Regem profectus, aliud quoque Epiſcopium ei prouideretur. Ceteri verò Heriberti filij fidem ſpondentes admittuntur à Rege.

Subcreſcente ſimultatum ſegete, inter Regem & Heriberti filios, ob Ambianenſem vrbem, quam Rex ab Odone abſtulerat, fauente Deroldo Præſule, & quòd Bernardus Siluanectenſis Comes, & Tetbaldus cum Heriberto Caſtellum regis Montiniacum Paſchæ diebus, Compendium quoque regalis ſedis oppidum peruaſiſſent, cum villis eidem ſedi ſubjectis, Rex Ludouicus collecto ſecum Normanno-

*Hugoni Rex ducatū Frāciæ dederat, omnémque Burgundiā ann. 944.*

rum exercitu tranſiens Veromandenſem pagum deprædatur. Tum aſſumpto cum illis Erluino, cum parte militum Arnulfi Flandrenſis, ſed & Artaldo Epiſcopo & alijs, qui dudum Remis ejecti fuerant, Comitibus quoque Bernardo, & Theoderico Nepote ipſius, Remorum obſidet vrbem. Vaſtantur circumquaque ſegetes, villæ diripiuntur, pugnatum inde ad portas & circa muros, vulnerati ex vtraque parte non pauci, quidam interempti. Hugo dux pro pace ad Regem mittit, dat obſides vt Ragenoldus ex parte Regis ſibi ad colloquium occurrat, quo accedente, depactum eſt, vti Rex contentus promiſſione facta ab Hugone Epiſcopo de reddenda geſtorum ratione, obſidionem ſoluat: quod ita factum eſt, poſt quintam decimam, quo Ciuitas obſeſſa fuerat, diem. Igitur, circa Miſſam Sancti Joannis, Hugo dux placitum cum Rege per ſequeſtres habuit, in quo nihil certum de pace inter eos componenda geſtum, ſed induciæ depactæ, quibus ſancitis, Ludouicus Rotomagum petit, vbi à Normannis, quos ſibi fideles putabat, dolo Hugonis, interceptus ſub cuſtodia detinetur ferè per annum apud Tetbaldum Comitem, donec agente prædicto Hugone Francorum Duce in regnum reſtituitur, dato eidem Hugoni (quod petierat) caſtro Laudunenſi. Hoc eodem anno

*Meyerus putat Ludouic. Lugdun. Clauatum in cuſtodiam miſſum.*

plaga ignis in homines Pariſienſis territorij cælitùs immiſſa, ſanantur quotquot, ad ſanctorum loca, ac præcipuè ad Eccleſiam Beatæ Mariæ ſe recipiunt.

Fatiſcente regulari, inter bellorum motus, vt fieri ſolet, apud Remigianos diſciplinâ, Hugo Præſul hanc in integrum renouare ſtatuit, ſtudio Ercamboldi Monaſterij Sancti Benedicti Abbatis, quem ob id aduocauerat, conſtituítque ibidem Abbatem Hincmarum, eiuſdem loci Monachum, cùm hactenus ſub Archiepiſcoporum cura prædictum cœnobium à ſua fundatione permanſiſſet.

*Vrbem*

*Vrbem Remorum tres simul Reges obsident, eáque per deditionem receptâ, Artaldum, rejecto Hugone, sedi suæ restituendum decernunt.*

## CAPUT XX.

Gerbergâ Ludouici vxore, apud Ottonem Germaniæ Regem per legatos grauiter conquestâ de Hugone Principe, cui Laudunum nuper ipsa reddiderat, vt Ludouico libertatem daret, opémque ab eo deposcente, Otto prædictæ Gerbergæ frater ingenti collecto exercitu suppetias ferre statuit, cui mox præsto fuerunt Conradus Cisalpinæ Galliæ Rex, & Ludouicus, iunctísque copijs tres Reges simul Laudunum aggrediuntur; at visâ Castri firmitate & prominentiâ in montis fastigio positi, Remensem petunt vrbem, quam repentinâ cinxerunt obsidione.

Hugo Præsul sentiens se tanto exercitui parem non esse, consilio habito cum Arnulfo Flandrensi, & Widone consanguineis, quid hoc in discrimine agendum esset, pactum namque erat vt eruerentur ipsius oculi si vrbem vi capi contigisset; sibi cauens, post tertium obsidionis diem, cum suis liber excessit, sícque Reges vrbem ingressi comitantibus Episcopis, Domnum Artaldum Præsulem, qui dudum ejectus fuerat, iterum intronizari fecerunt per Robertum Treuirensem Archiepiscopum, & Fredericum Moguntiacensem, relictáque Remis Gerbergâ, cum militum præsidio, Hugonis ditiones, igne, ac cædibus deuastant.

Anno sequenti Ludouicus Rex Mosomum Castrum (quod Hugo Remis ejectus sibi retinuerat) obsidet, sed nihil pro votis efficiens, recedentibus post aliquot obsidij hebdomadas Lotheriensibus, ipse Remos reuertitur, eóque paulò post ad Ottonem circa festum Paschæ profecto, quidam Hugoni Principi suggerunt Remos facilè capi posse, hic conscripto milite, quasi mox capturus esset, eam cum Hugone Præsule aggreditur; at regis & Artaldi militibus fortiter sese opponentibus, octauo postquam aduenerat die, illusus recessit.

Interim tractant inter se Reges Ludouicus, & Otto de finienda controuersia pro Archiepiscopatu Remensi, indictóque conuentu super Charam fluuium, Episcopi eam vtrimque discutiunt, at quia synodicè coacti non fuerant, altercatio terminari non potuit. Igitur circa medium mensis Nouembris synodus habenda denunciatur, relictóque inter moras Archiepiscopatu Artaldo, Hugoni Mosomi remanere permittitur, at hic repulsam vlturus veniens cum Theobaldo de Monte Acuto sororis suæ marito, villas Remis contiguas vindemiæ tempore deuastauit.

*Vocatur Tetbaldus de Lauduno in chron. Frod. & in hist. Tetbaldus de monte acuto.*

ARTALDVS XXXVII. ARCHIEP.
An. 955.

956.

**ARTALDVS XXXVII. ARCHIEP.**
*An. 956.*

Synodus igitur Virduni celebratur præsidente Rotberto Treuirensi Præsule, cum Artaldo Remensi, Odalrico Aquensi, Adalberone Metensi, Gozlino Tullensi, Hildebaldo transrhenensi, Israële Britone, præsente quoque Brunone Abbate Regis Ottonis fratre, Agenoldo etiam, & Odilone Abbatibus cum alijs nonnullis, ad quam Hugo canonicè vocatus cùm venire noluisset, Remense Episcopium Artaldo adjudicatum est; at cùm res nimium implexa esset, nec commodè per Prouinciales Episcopos videretur posse componi, placuit

*Alia synodus idibus Ianuarij in prospectu Mosomi an. 948.*

anno sequenti plenum concilium, conuocari in Ecclesia S. Petri iuxta Mosomum ex Dioecesi Treuirensi atque Remensi: veniens autem illuc Hugo Præsul, & locutus cum Rotberto Archiepiscopo, synodum noluit ingredi: literas verò Agapiti Papæ misit ad Episcopos per Clericum suum qui eas Româ detulerat, nihil auctoritatis canonicæ continentes, sed id tantùm præcipientes vt Hugoni Remense redderetur Episcopium, quibus lectis responderunt Episcopi congruum non esse, vt Apostolicæ legationis mandatum à Rotberto Archiepiscopo coram Regibus & Episcopis susceptum intermitterent propter has literas, quas insidiator, & æmulus Artaldi Præsulis exhibebat, sícque recitato Carthaginensis Concilij capitulo 9. & 10. *De accusato, & accusatore*, iudicatum est, vt Artaldo Parochiam Remensem retinente, Hugo, qui ad duas iam synodos vocatus venire contempserat, à communione, & regimine Remensis Episcopij abstineret, donec ad vniuersalem synodum se purgaturus occurreret, ipsúmque capitulum mox in charta descriptum, definitionémque suam Hugoni miserunt, qui die sequenti eamdem Rotberto Pontifici chartam remisit, adijciens se eorum iudicio nusquam obtemperaturum.

Interea literis proclamationis Artoldi à summo Pontifice Agapito susceptis, misit hic vicarium suum Marinum Episcopum ad Ottonem Regem pro euocanda generali synodo: literæ quoque ab eodem Papa mittuntur quibusdam Galliæ, & Germaniæ Episcopis, vt eidem intersint synodo, de qua capite sequenti.

*Concilium Engilenheimense, in quo Ludouicus Rex de Hugonis tyrannide grauiter conqueritur, & Artaldus de Hugone Heriberti Comitis filio, illicitè sibi substituto.*

## CAPUT XXI.

957.

Præcepto igitur Agapiti Papæ synodus cogitur apud Engulenheim regale palatium in Ecclesia Beati Remigij honore dicata VII. idus Junij ob dissentiones diu ventilatas Regem Ludouicum inter, & Hugonem Principem, inter Artaldum quoque Rem. Archiepiscopum,

# HISTORIÆ. Lib. IV.

piscopum, & Hugonem illicitè substitutum eidem vrbi Præsulem. Ad quam synodum celebrandam, adueniente prædicto Marino sedis Apostolicæ vicario, conuenerunt etiam Germaniæ præsules cum quibusdam Galliarum Episcopis.

<small>ARTALDVS XXXVII. ARCHIEP. An. 948.</small>

Rotbertus scilicet Treuirensis Archiepiscopus, Artaldus Remensis, Fredericus Maguntiacensis, Wicfredus Coloniensis, Adeldacus Hammaburgensis, Hildebaldus Mirnegardonurdensis, Goslenus Tullensis, Adalbero Metensis, Berengarius Virdunensis, Fulbertus Cameracensis, Rodulfus Laudunensis &c.

<small>Aliter Præsules referūtur in concilij præfatione apud Sirmondum.</small>

Residentibus his in prædicti loci Ecclesia, post præmissas preces secundùm ordinem celebrandi concilij, & post lectiones sacræ auctoritatis, ingressis gloriosis Regibus Ottone & Ludouico, & simul considentibus, post allocutionem præfati Marini S. A. legati, exsurgens Rex Ludouicus è latere & confessu Domini Regis Ottonis, proclamationis suæ querimoniam propalauit coram præmisso R. S. Vicario, ceterísque adstantibus Episcopis; referens qualiter accersitus fuerit à transmarinis regionibus per legatos Hugonis, ceterorúmque Franciæ Principum, ad paternæ suæ hæreditatis regnum suscipiendum; cunctorúmque votis, & acclamationibus procerum, militiǽque Francorum sublimatus, & consecratus ad apicem regalis moderationis obtinendum, postea verò vt ejectus fuerit à præfato Hugone, dolis appetitus, comprehensus, & per annum integrum sub custodia ab eo detentus, à qua priùs absolui non potuit, donec Laudunum Castrum, quod Gerberga Regina tunc ex omnibus suis regijs sedibus solùm retinebat, Hugone illud vi occupante, coactus dimitteret; de his quæ violenter passus est, si quis obijceret sibi ob nequam facinus iustè quædam illata fuisse, hic iuxta synodale iudicium, & Regis Ottonis præceptionem iuridicè se purgaret, vel singulari certamine coram cœtu defenderet.

<small>Ex Frodoardi Chron.</small>

<small>Laudunum regia sedes.</small>

Deinde surgens Artaldus Archiep. protulit secundùm iussionem Papæ Romani, quam ei delegauerat, litis initium, atque tenorem quæ versabatur inter ipsum, & Hugonem sibi subrogatum his verbis.

*Sanctæ Rom. & Apost. sedis Vicario D. Marino, vniuersǽque synodo apud Engulenheim congregatæ, Artoldus diui. propitiante Clementia Rem. Episcopus.*

*Domnus Agapitus Papa literas nobis, & ceteris Cœpis. nostræ Diœceseos direxit, in quibus præcepit vt ad hoc vestræ sanctitatis Concilium conuenire studeremus, ita instructi de omnibus vt rei veritas miseriarum nostræ sedis, quas patimur, coram sanctitate vestra manifesta fieri posset. Quocirca propalare prudentiæ vestræ commodum duximus, qualiter res exordium cœperit litis huius quæ adhuc inter me, & Hugonem miserrimè ventilatur.*

*Defuncto siquidem Heriueo Archiepiscopo, Seulfum, qui Archidiaconatus*

ARTALDVS XXXVII. ARCHIEP. *An*.948.

*conatus vrbis nostra tunc officio fungebatur, ad præsulatum eiusdem sedis elegimus, qui Pontifex ordinatus assumens zelum contra proximos prædecessoris sui, cùm eos per semet à loco depellere non valeret, consilio inito cum quibusdam laicis scilicet consiliarijs suis, amicitiam quæsiuit Heriberti Comitis, quam dato jurejurando, per eosdem consiliarios obtinuit, eo tenore, vt post obitum ipsius, ad electionem Pontificis milites Ecclesiæ nullatenus aspirarent sine consilio ipsius Heriberti, idem verò Comes fratrem Heriuei Præsulis, & Nepotes ipsius à participatione rerum Remensis Episcopij separaret. Quibus patratis, insimulati sunt iidem propinqui Heriuei Præsulis à Consiliarijs Seulfi Episcopi de infidelitate ipsius senioris sui, accersitóque Heriberto Comite cum pluribus suis, iubentur ad rationem reddendam coram ipsis venire; & quia contra eos, à quibus accusati fuerant singulari congredi certamine noluerunt, sublatis ab eis rebus, quas ex Episcopio possidebant, comprehensi sunt, atque deducti per Heribertum Comitem ad Rotbertum Regem, à quo etiam sub custodia sunt detenti vsque ad mortem ipsius Rotberti. Tertio demum sui Episcopatus anno Seulfus Episcopus ( vt plures asserunt ) ab Heriberti familiaribus veneno potatus defungitur.*

*Vide c. 18. & 19.*

Cetera, quæ gestorum eius vsque ad synodum Mosomensem, velut Anacephalæosim, continent, prætermitto, quòd à me priùs relata sint, exténtque in tomis Conciliorum.

Post harum literarum recitationem, interpretationémque Theotiscâ linguâ, quò faciliùs has Reges intelligerent, ingressus synodum quidam Sigeboldus, præmissi Hugonis Clericus, literas obtulit, iam in alia synodo apud Mosomum propalatas, quas Romæ sibi à Marino datas contendebat: Marinus has suscipiens, iubet easdem coram synodo recitari, repertúmque est haud ita pridem à Widone Episcopo Suessionensi, Hildegario Bellouacensi, Rodulfo Laudunensi, ceterísque Remensis Dioeceseos Episcopis ad sedem Apostolicam directas fuisse pro restauratione Hugonis in sede Remensi, & expulsione Artaldi. Artaldus mox exurgens, & præfatus Rodulfus qui in eisdem nominabantur, Fulbertus quoque Cameracensis Antistes publicè professi sunt, se nusquam eas vidisse, quibus cùm idem Clericus contraire non posset, licet in eos calumnijs obstrepens, Domnus Marinus vniuersę synodo præcepit vt sibi consilium daretur super huiusmodi calumniatore, & calumniarum in Episcopos delatore, at illi postquam delator publicè confutatus est falsò detulisse, lectis Capitulis de eiusmodi calumniatoribus, censuerunt eum qui fruebatur honore priuari debere, ac in exilium detrudi. Diaconatus igitur quo fungebatur ministerio multatus à conspectu synodi reprobatus abscessit, Artaldo verò Præsuli, qui omnibus se synodis præsentem exhibuerat, Episcopium Remensę, iuxta Canonum constituta, & Sanctorum Patrum decreta omnino retinendum, atque disponendum decernunt, laudant, atque corroborant.

Secundo confessionis die, post recitatas diuinæ auctoritatis lectiones,

nes, & Marini Vicarij allocutionem, suggeſsit Dominus Rotbertus Treuirenſis Archiepiſc. vt quoniam iuxta ſacræ legis inſtituta reſtitutum fuerat Rem. Epiſcopium Artaldo, in eiuſdem ſedis inuaſorem ſynodale perageretur iudicium: præcipit igitur Marinus vt Canonicam ſuper hac præſumptione ſynodus proferret ſententiam, lectiſque Sanctæ legis Catholicæ coram omnibus capitulis, ſecundum ſacrorum Canonum & ſanctorum decreta Patrum Xyſti, Alexandri, Innocentij, Zoſimi, Bonifacij, Cæleſtini, Leonis, Symmachi, ceterorúmque Doctorum excommunicauerunt, atque ab Eccleſiæ Dei gremio repulerunt prædictum Hugonem Rem. Eccleſiæ peruaſorem, donec condignâ pœnitentiâ ſatisfaceret.

ARTALDVS XXXVII. ARCHIEP.<br>An. 948.

Ceteris diebus, actum de inceſtis conjugijs, & de Eccleſijs quæ in partibus Germaniæ Presbyteris dabantur indebitè, & ab eis per laicos auferebantur illicitè, prohibitum igitur, nè id de cetero fieret. Nonnulla quoque de alijs Eccleſiæ vtilitatibus ibidem definita reperiuntur, quæ extant in tomis Conciliorum cum Epiſcoporum indice, qui præſenti ſynodo interfuerunt, & Marini præfatione.

*Sunt Canonum tituli decem, quorum primus*

*ſic incipit.* Hugo Comes, qui Ludouici regnum infeſtabat, excommunicatur, *id eſt, decernitur excommunicationis gladio feriendus, niſi ſtatuto tempore ad ſynodale iudicium accedat.*

Interea loci Ludouicus Rex petit ab Ottone vt ſubſidium ſibi ferat aduerſus Hugonem, & aſſeclas, qui poſtulata concedens, iubet illicò Conradum Ducem præſto eſſe, donec delectus haberetur. Interim verò dum congregaretur exercitus, Ludouicus Rex cum ipſo duce maneat, & Epiſcopi, ſcil. Artaldus & Rodulfus, nè quid in via paterentur aduerſi. Collecto igitur exercitu, Lothaſienſes Epiſcopi, qui cum Ludouico erant, Moſomum obſident, compelluntque Hugonis Milites ad deditionem, receptis obſidibus, pergunt obuiam Regi, & Conrado: hi Laudunenſium ingreſſi, Montem acutum Theobaldi munitionem fortiter oppugnant, quòd hic Laudunum inuito Rege detineret, Caſtro reddito, Laudunum verſus intendunt, cùm obſideretur, coacti apud Sanctum Vincentium Epiſcopi Theobaldo ſacrorum participatione interdicunt, Hugonem verò Principem literis ex parte Legati & ſuâ paternè monent, vt emendet, quæ contra Regem, & Epiſcopos peruerſè egerat.

*Moſomum poſtea ab iſdem Lothariensibus euerſum eſt.*

Hugo his excitus, collectâ ſuorum Normannorum manu, Sueſſionicam obſidet vrbem, injectiſque ignibus domum Matris Eccleſiæ, Canonicorum clauſtra, & partem Ciuitatis ſuccendit, inde munitionem Ragenoldi Comitis ſuper Axonam fluuium, loco qui dicitur Rauciacus, adhuc imperfectam inuadit, at eâ relictâ, vaſtatis circumjacentibus Remenſis Eccleſiæ villis, ad propria regreditur.

*Hugo Sueſſionem obſidet, eo quod Wido Epiſcopus paulò ante Regi ſe ſubmiſerat.*

Artaldus interim quibuſdam militibus, qui à partibus Hugonis excommunicati ſteterant, impertitâ veniâ, Treueros proficiſcitur ad ſynodum cum Widone Sueſſionico recèns in gratiam recepto, Rodulfo Laudunenſi, & Wintfrido Morinenſi Epiſcopis, vbi Marinum præſtolantem

ARTALDVS
XXXVII.
ARCHIEP.
*An.* 948.

stolantem reperiunt, cum Rotberto Archiepiscopo. Considentibus illis sciscitari cœpit Marinus, vt se præbuerit Hugo post præmissam synodum ergà ipsos & Regem, & an canonicè vocatus synodo interfuerit. Cúmque Artaldus perlatas Hugoni per gerulum vocationis literas respondisset, nec tamen per se, vel per legatos adfuisse, à synodo excommunicatur, donec de injustè perpetratis satisfaceret.

Excommunicati quoque sunt duo Pseudoëpiscopi ab Hugone inuasore Remensi post ipsius expulsionem ordinati, Tetbaldus & Iuo, prior in Ambianensi vrbe, alter in Siluanectensi. Excommunicatur etiam quidam Clericus Laudunensis nomine Adelonus, eo quòd Tetbaldum excommunicatum in Ecclesiam introduxerit. Vocatur Hildegarius Beluacensis Episcopus vt coram Marino se sisteret, aut Romam rationem redditurus coram Pontifice proficisceretur, pro illicita prædictorum Pseudoëpiscoporum, cui interfuerat, ordinatione. Wido Suessionensis se culpabilem prostratus coram Marino, & Artaldo Archiepiscopo profitetur, & veniam obtinet; Wicfridus Morinensis se immunem ab hac noxa probauit, Transmarus Nouiomensis, quòd aduersâ esset valetudine per missum excusatur, vocatur denique Heribertus Heriberti Comitis filius ad satisfactionem pro malis quæ aduersus Episcopos agebat. His ita gestis Episcopi quique reuertuntur in sua.

*Præcedentis litigij Epilogus.*

Et hic discordiarum finis fuit inter Artaldum, & Hugonem pro Archiep. Remensi, quas eo acuratiùs cum Frodoardo describere oportuit, quòd nullibi tot conflati exercitus, vrbes obsessæ, depactæ induciæ, rursúmque bellorum motus exorti, ac conuentus intra tam breue tempus coacti reperiantur. Nec acriùs vnquam pro vno Archiepiscopatu inter Principes disceptatum cum totius regni dispendio, donec expulso Hugone, qui annos quinque ad summum rexit, Artaldus synodali decreto restitutus est. Ex his ( quæ vtrimque acta sunt ) Rem. Archiepiscopatus præstantiam agnoscas, vel certè, regiæ auctoritatis contemptum, cui tam impensè aduersarij obnitebantur, imò potiùs horum audaciam & cupiditatem. Etenim cùm Galliæ Megistanes sibi regum facilitate, & socordiâ, ampliores principatus vindicassent, sub Simplice námque feudorum primordia ponuntur exorta, Cœnobiarchias, beneficiorum prouentus, Episcoporúmque iura inuadere cœperunt, adeò vt abstractis sensim à Francorum Monarchia ditioribus toparchijs, pauca admodum restarent vbi Rex absolutam haberet auctoritatem, vt grauiter ipse conquestus est apud Engulheim coram Romanæ Ecclesiæ Legato, vnde Lauduno regiâ sede cis Sequanam ab Hugone occupatâ, coactus est Remos cum Curia Rex secedere, vbi tam mœrore, quàm morbo confectus spiritum exhalauit. Quàm verò potentes primarij illi Proceres essent testantur Dynastiæ seu Comitatus illis sponte vel inuitò concessi, Normannis Neustria,

Neustria, & Britannia, Odonis & Roberti hæredibus Burgundia, major Picardiæ pars Heribetis, Theobaldo Comitatus Campaniæ, & Carnutensis, Hugoni Ludouici hosti cum Ducis Francorum titulo, Parisiensis ager, ipsa etiam vrbs quæ Caput regnorum Neustriæ & Burgundiæ vocatur à Frodoard. lib. 4. cap. 5. Quàm latè Hugo hic regni affectator dominaretur, Vignerius luculenter aperit his verbis, *Inter hos* (Proceres regni scilicet) *Parisienses priorem dignitatis, & potentiæ gradum habuisse deprehensi sunt, ob principatus, dominiique sui amplitudinem, cuius fines Sequana, Ligerique fluminibus, nec non etiam Normannico limite, & parte eius prouinciæ quam Picardiam nominamus, quandóque visi sunt comprehendi.*

E contra quàm angustæ tunc Regum res essent, quisque noscere potest ex vrbibus Remis, Lauduno, Compendio, quæ his vel regiæ sedes erant, vel in extremis profugium, ex Archicancellarij dignitate Artaldo data, ex Castellis circum has vrbes Attiniaco, Corbiniaco, Sanremigiano, vbi diplomata passim confecta, & ex Regum eorumdem sepultura.

Hunc annum clausit Rodulfi Laudunensis obitus, cui Frodoardus historiam suam nuncupat, & filij Ludouici Regis ortus ex Gerberga, quem Præsul Artaldus de sacro fonte suscipiens, præsentibus viginti, & ampliùs Episcopis, vt est in vita Sancti Odonis Cluniacensis, Patris ei nomen imposuit. Et hîc desinit Frodoardi historia. Cetera quæ Artaldum spectant, & successorem eius Odalricum, ex Chronico quod longiùs excurrit, ex appendice, & ex alijs monumentis subijciemus.

ARTALDVS XXXVII. ARCHIEP. *An.*948.

---

*De his quæ in Prouincia Remensi contigerunt post adjudicatum Artaldo synodali sententiâ Pontificatum, item de Ottonis, & Ludouici Regum priuilegijs Monasterio S. Remigij concessis.*

## CAPUT XXII.

Rebus igitur Patrum sententiâ rite compositis, quam Agapitus Papa Romano Concilio comprobauit, latóque in eos qui à partibus Hugonis stabant, Anathemate, cùm spes tranquillioris status illucescere videretur, patuit omnibus, anno sequenti, morbo remedium succubuisse, nec in eo satis extitisse roboris ad eum radicitùs euellendum. Etenim Hugo princeps, Heriberto viuis exempto, filiorum sororis suæ curam suscipiens, accitâ Normannorum manu per prouinciam sæuire non desijt, villásque & oppida inuadere ac deprædari, Artaldo interim haud segniùs laborante pro vindicandis possessionibus auulsis ab Episcopio Remensi, Heribertis vero ægrè eas abdican-

*Hugo Capeti pater duxit Hauidem Ottonis I. sororem, & Henrici Imperatoris filiam, sic ex parte Matris stirps Saxonica verè dicitur.*

ARTALDVS XXXVII. ARCHIEP.
*An. 949.*

abdicantibus, in quas durante litigio pro Archiepiscopatu latenter se intruserant.

Laudunenses hactenus Regis obsequio fideliter addicti, post Rodulfi Episcopi obitum, eligunt sibi Roriconem Diaconum, non minùs sanguine, quàm eruditione, rerúmque gestarum gloriâ clarum ( erat enim Regis Caroli naturalis filius, & Ludouici frater, quem Artaldus Remis consecrauit ) at cum Laudunum pergeret, Episcopale officium expleturus, quorumdam factione non receptus apud Petræpontem munitionem resedit.

Subinde Ambianenses Tetbaldum, quem eis iuturusus Hugo præfecerat, Episcopum exosi, castrum Arnulfo Flandrensi Comiti produnt à quo Rex euocatus confestim aduolat, expulsóque Tetbaldo, illuc Ragembaldum Atrebatensem quendam Monachum à Clero & populo Canonicè electum inducit, qui Remos à Rege perductus ab Artaldo consecratur.

Interea temporis quidam milites Remensis Ecclesiæ haud comiter forsan ab Artaldo recepti, Altimontem munitionem custodiæ Dodonis Artaldi fratris delegatam furtiuâ capiunt proditione, ac, in eam Hugone admisso, inde per villas Episcopij circum positas ferro, ac rapinis desæuiunt. Gerberga malis in dies recrudescentibus ad Ottonem fratrem suppetias petitura se contulit, quibus promissis, Ludouicus Rex ex improuiso Laudunum aggreditur, & noctu muro clam à suis conscenso, diruptísque portarum seris, oppidum capit, custodes dissipat, præter eos qui turrim regiæ domus conscenderant, quam ipse ad portam Castri fundauerat; hanc expugnare non valens ducto intrinsecus muro à Ciuitate secludit, missâ interim legatione ad Conradum ducem pro accelerando auxilio. Inter moras, Hugo Comes Laudunum profectus cum suis ante portam Arcis metatur, auctóque ac renouato præsidio cum victu sufficiente recedit. Bellum redintegrari cœperat, cùm, adueniente ad Regem Lotharensium duce Conrado, induciæ fiunt vsque ad mensem Augustum donec idem Rex locuturus pergat ad Ottonem, cum quo, curiâ eos persequente, Remos reuertitur, vbi Adalbertus Heriberti 2. filius ad Ludouicum veniens in eius verba se deinceps iuraturum promittit. Ex charta Humolariensis Monasterij palam fit hoc eodem anno, mense Octobri, Regem adhuc Remis agentem cum regni Primoribus, consensisse subrogationi Monachorum in locum Monialium, quæ regulæ subijci detrectabant, Reginâ mutationem hanc procurante, cum Artaldo Archiepiscopo, Magnatum nomina ex præcipua Nobilitate in diplomate inserta exigunt vt saltem fragmentum hîc ex Augusta Viromanduorum exhibeatur, quod sic incipit.

*Ex chartul. Monaster. Humolar. apud Dom. Dhemeré in Augusta Veromand. pag. 29.*

IN NOMINE SANCTÆ, ET INDIVIDUÆ TRINITATIS.
*Ludouicus Francorum Rex, si diuinis cultibus &c. quatenus quibusdam sanctimonialibus inibi non satis honestè viuentibus, & regulari discretioni subijci*

# HISTORIÆ Lib. IV.

*subjici nolentibus inde remotis, substituerentur Monachi qui obedirent regulæ & Abbati &c. fauente igitur Conjuge nostrâ, & Venerabili Archiepisc. Artaldo, cum Episcopis Widone, & Gebuino, & Clarissimo Abbate Hincmaro & Monachis eiusdem Congregationis, & Comitibus Adalberto, & Ragenoldo, cunctisque fidelibus nostris qui aderant precantibus & laudantibus &c.*

*Signum Ludouici gloriosissimi Regis.*
*Oydilo Notarius ad vicem Artaldi.*

*Actum Remis Ciuitate, in Monasterio Sancti Remigij Calend. Octob. indict. 6. ann. 14. regnante Ludouico Rege anno 949.*

ARTALDVS XXXVII. ARCHIEP.
An.949.
Guido Sueff.
Epif. Gebni.
Catalan. Epifc. Adalb.
Heriberti filius, Ragen.
Comes Roci.

Ragenoldus junctis sibi fidelibus Artaldi Præsulis, munitionem construit in fluuio Materna apud Maroillum, Codiciacúmque castrum prædicto Archiepiscopo redditur consentientibus Hugone & Tetbaldo ab his quos ibi præfecerant, séque illi committunt. Altmontem ab Hugone Pseudoëpiscopo occupatum obsident Dodo Artaldi frater, & Comes Theodericus, castrísque vallant, & muniunt, at Hugo Princeps collectâ Normannorum manu suis in arce Laudunensi victus suppeditat, tum profectus in pagum Porticensem supra Caldionem castra metatur, indéque ad Regem Ludouicum Remis degentem specie pacis obtinendæ mittens, Laudunum inuadere nititur, infectóque negotio discedit. Rex accito Arnulfo Flandrensi, & quibusdam Lothariensium, eum vsque in pagum Siluanectensem prosequitur, suburbiúmque Ciuitatis igne succendit: Hugo res suas in pejus ruere sentiens, multo vallatus agmine Suessionem venit, missísque ad Regem Widone Autisiodorensi, & Ansigiso Tricassino, induciæ iterum fiunt, mediante Ragenoldo Comite, quem accersiri fecit, vsque ad Pascha, ijs expletis Ragenoldus Castellionem, quondam Heriuei castrum, conscenso noctu muro capit. Dodo Artaldi frater Altimontem, & vt nihil deesset ad hostibus terrorem incutiendum, Summus Pontifex Agapitus exauctoratione Hugonis Pseudoëpiscopi confirmata in concilio apud Sanctum Petrum, Hugoni Principi sacrorum communione interdixit donec Ludouico Regi satisfaciat.

Ludouicus bellis his ciuilibus finem imponere cupiens, Ottonem consulit pro pace ineunda inter se & Hugonem totius belli caput, qui ad id curam impensurum pollicetur: misso siquidem Conrado Duce cum Lothariensibus, qui vtriúsque animos exploret, colloquium inter eos indicitur supra Matronam fluuium, vbi residentes, Rex ex parte fluuij, Hugo veró princeps ex altera, mediantibus, atque sequestris Conrado Duce, Hugone Nigro, Adalberone, ac Fulberto Episcopis, Hugo Regi fidelitatem spondet, pacatur cum Arnulfo Comite, cum Ragenaldo, atque cum Artaldo Remensi Archiepiscopo, reddítque Regi turrim Lauduni, quam hactenus occupauerat. Pax iterum firmatur colloquio apud Compendium habito, vbi Rodulfus

**ARTALDVS XXXVII. ARCHIEP.**
*An.950.*

dulfus fit Nouiomensis Episcopus, quem Nouiomenses sibi delegerant, Remísque consecrationis munus suscipit ab Artaldo.

Vix vnius anni requies nam Ludouico Lauduni morbo laborante, Hugo cum exercitu Ambianensem petit vrbem, ibíque in turrim à Ragemboldo Episcopo occupatam recipitur, & alteram in qua Arnulfus Comes præsidium posuerat obsidet. E contra Ragenoldi Milites Munitionem Rodomensis Ecclesiæ super fluuium vidulam sitam, Brainam nomine, furtiuò capiunt ingressu, at Rex paci studens, Hugone Principe conquerente, illò profectus inuasores expellit, cúmque de pace renouanda cum Principe seriò ageretur, Custodes Castri Codiciaci, qui desciuerant ab Artaldo, Tetbaldum Comitem recipiunt, à quo expelli non potuit, etiam precibus Hugonis à Rege missi.

*951.*

His peractis pax breuis secuta est, quasi ad recipiendum spiritum, totius belli mole aliò translatâ, donec Otgiuâ Ludouici Regis mater egressa Lauduno, conducentibus se quibusdam, tam Heriberti, quam Adalberti fratris ipsius hominibus, ad Heribertum proficiscitur, qui eam, Rege inconsulto, duxit vxorem. Rex ob id excandescens, Abbatiam Sanctæ Mariæ Laudunensis ab ipsa ablatam, Gerbergæ vxori suæ contulit, fiscum quoque Attiniacum suo mancipauit dominio. His discordiæ seminibus bellum de nouo inter eos exoritur. Etenim Hugo cum suis supra Maternam fluuium veniens, Conradum ducem sibi cum Lothariensibus occurrentem excipit, simúlque obsident Maroillum, quam Ragenoldus Comes cum vasallis Artaldi Præsulis intra ipsum fluuium nuper erexerat, eámque absque suorum jactura & dispendio instructis machinis expugnant & incendunt. Subinde He-

*Nepotes vocantur à Frodoardo, at erant fily sororis Hugonis principis.*

ribertus, & Rotbertus Hugonis Nepotes apud montem felicem Castrum instrunt. Rex vt vicem rependat, cum Artaldo, & Ragenaldo Comite supra Maternam fluuium profectus, munitionem à præfato Principe succensam restituit, cùm Victriaco Castro ( quod Walterus nuper à Rege deficiens neglectâ sacramenti reuerentiâ Heriberto subdiderat ) & Pontigone in Catalaunensi campania exploratis, aliam eis munitionem opponit, quam Odalrico Abbati è Burgundia custodiendam commisit, sícque Laudunum, & inde Remos cum Regina reuertitur.

Hugo princeps tot fessus malis, pro pace Feciales mittit, eámque à Rege obtinet: itaque Otgiuâ in gratiam receptâ, præsidióque prope victoriacum Castrum soluto, placitum concordiæ ac pacis Rex &

*952.*
*953.*

Hugo quadragesimali tempore iniere Suessionis, eodem quoque anno Clericis apud Sanctum Basolum ab Artaldo, Monachi substituuntur, vt dicam infra, illúdque contigit quod habet Frodoard. in historia de Conrado Duce seu toparcha Lothariensium ab Ottone constituto. Nam cùm rerum Sancti Remigij aduocationem, quæ in Vosago sitæ sunt, ab Artaldo Archiepiscopo suscepisset, & eosdem Raimbaldo

cuidam

cuidam sua vice fideliter regendas delegasset. Is nimiâ vsus seueritate in Colonos seu agricolas, eos tandem coëgit supplices recurrere ad suum patronum, Remósque venire suppetias ab eo ac patrocinium flagitantes: Artaldus oppressionis eorum certior factus, Frodoardum illuc ablegauit, qui de Raimbaldo apud Ottonem, & Conradum grauiter conquestus est, sed, vt idem Raimbaldus ab inceptis desisteret, impetrare nequiuit. Donec sub finem anni dum quodam Sabbatho eosdem Colonos ad opus peragendum de more congregatos impensiùs vrgeret, præciperétque Presbytero nè vespertinale signum vsque ad noctem pulsaretur, accidit ipsum percuti ab inuiso, ac dum anxiùs percutientem quæreret, furijs agitatum spiritum exhalare. Quo comperto Dux Conradus nimiùm territus ad S. Remigium venit, eíque res ipsas sponte restituit, quas præfatus Artaldus Hincmaro Abbati, & Monachis in supplementum victus statim attribuit. Huic autem collationi ab Artaldo factæ consensit Otto primus 17. regni sui ann. 952. vt ex charta sequenti patebit.

*Præceptum Ottonis Regis.*

IN NOMINE SANCTÆ, ET INDIVIDUÆ TRINITATIS OTTO DIVINA CONCEDENTE CLEMENTIA REX. Nouerit omnium fidelium nostrorum præsentium scilicet, & futurorum industria, quòd Artoldus Remorum Archiepiscopus reddens ad Ecclesiam B. Remigij quandam Abbatiam nomine Coslam intra fines regni nostri sitam, misit ad nostræ presentiæ Clementiam Hincmarum cœnobij eiusdem Sancti Remigij Abbatem, petens, vt quoniam terra ipsa Imperij nostri ditione clauditur, nostræ auctoritatis præcepto concessionem ipsius Episcopi confirmare deberemus, cuius legationi clementer annuentes, & benignam super hac re Conradi Ducis nostri petitionem suscipientes, pro animæ nostræ remedio supra nominatam Coslæ Abbatiam Monachis sacro loco sub regula Sancti Benedicti deseruientibus cum Villis, siluis...... reddidimus. Præterea quicquid intra Vosagum ad ipsam Abbatiam pertinere videtur, sicut ipsi videlicet Beatissimo adhuc superstiti Remigio *à Chlodomiro Rege* primi Francorum Regis Ludouici filio, aliísque Francorum Regibus, nostris sanè antecessoribus, traditum dignoscitur, decreto nostræ regiæ auctoritatis renouamus, & redditum esse confirmamus. Vnde ex hoc nostræ corroborationis præcepto tam præscripti Abbatis Hincmari, Monachorúmque sub illius regimine degentium ad petitionem fieri iussimus prout volumus atque sancimus, quatenus nostris, successorúmque nostrorum temporibus præfatæ res ad præscriptum Sanctissimi Remigij locum perpetuâ stabilitate inuiolabiliter permaneant. Nullúsque habeat licentiam eandem terram de nostræ liberalitatis dapsilitate ad prænotatum, sicut ante exaratum est, sic firmiter concessum Monasterium subtrahere, vel sibi aliquid inde ampliùs vsurpare: & vt hæc nostræ auctoritatis perfectissimam perpetualiter accipiat firmitatem,

ARTALDVS XXXVII. ARCHIEP.
*An.*952.
*Lib.*1.*c.*20.

*De villa de Cosle, & terris in Vosago sitis Frod. lib.1.c.20.*

*Item de Ottone & Conrado Duce in Chronico ad annum 953. & 955. quo anno Conradus obijt.*

tem, & veriùs ab omnibus credatur, ac diligentiùs obseruetur, manu propriâ subter eam firmauimus annulíque nostri impressione consignari iussimus.

*Signum Ottonis Serenissimi Regis.*

*Otbertus Cancellarius ad vicem Brunonis Archiepiscopi Capellani recognoui, & subscripsi, data 5. Idus Septemb. ann. Incarn. Domini nostri JESU CHRISTI 952. indict. 10. anno regni Ottonis sereniss. Regis 17. actum in loco Paterbon. Amen.*

Pacis fœdere inter Francorum Regem & Hugonem Principem depacto, vt vidimus, exoritur inter Ottonem, ac Lindulfum filium, Conradum quoque, ac regni Germanici primates discordia, Nato siquidem Regi filio ex moderna conjuge, ferebatur eidem puero Rex regnum suum promittere, quod olim priusquam Italiam peteret Lindulfo delegauerat. Sed & Conradum à ducatu Lothariensium, forsan quòd fidelitatem infanti spondere detrectabat, remouit, vnde simultatis ac belli semina succreuerunt inter prædictum Ottonem & Conradum, quibus hic Ragenarium Montensem & Brunonem Archiepiscopum Regis fratrem sensit aduersarios. Interim synodum quinque Episcoporum apud S. Theodoricum in territorio Remensi cogit Artaldus Archiepiscopus, ad quam vocatus Ragenoldus Comes de Rociaco ob res Ecclesiasticas ab eo peruasas venire distulit, deprecatúsque est Regem pro auertendo Anathemate, Rex misso ad eam nuntio, Patres rogatu eius eo supersederunt.

Conradus memor injuriarum, quas à Ragenario & Brunone acceperat, & vt de his grauiter vlcisceretur, pacto cum Hungaris inito, eos per regnum Lotharinse deducit in terram prædicti Ragenarij æmuli sui, atque Brunonis Episcopi, cui Otto Rex regnum Lotharinse commiserat, nimiáque peractâ deprædatione, & captiuorum numero, hi prædis onusti, regnum ingrediuntur Ludouici, sícque per agros veromandensem, Laudunensem, atque Remensem ( vbi Monasterium S. Theodorici duabus leucis à Durocorto combusserunt, Catalaunensémque transeuntes, Burgundiam intrant, quorum quidam morbis interiere, ceteri per Italiam languidi, & inopes reuertuntur.

Ludouicus Rex egressus Lauduno, Remensem, velut ibi moraturus repetijt vrbem, antequam verò ad Axonam fluuium perueniret, apparuit ei quasi lupus præcedens, quem admisso insecutus equo prolabitur, grauitérque sauciatus Remos defertur, vbi rogatus ab Ordilone Capellano, vt suæ celsitudinis præcepto confirmare vellet donationem ab se factam B. Remigio cuiusdam prædij in Comitatu Remensi, lubens assensit sequenti diplomate, quod è Chartophylacio desumptum hîc reponimus.

*Ludouici Regis præceptum de alodio in Comitatu Remensi.*

IN NOMINE SANCTÆ, ET INDIVIDUÆ TRINITATIS, DIVINA DISPONENTE CLEMENTIA HLUDOVICUS FRANCORUM REX. Si nos, qui

regia

regiâ Majestate præminemus, Sanctæ Dei Ecclesiæ opportunitatibus prouidemus, & vota fidelium quæ offeruntur ad loca Sanctorum regalis auctoritatis munimine roborantes confirmamus, æterni procul dubio Regis nos inde consecuturos speramus gratiam remuneratoris. Quapropter ad vniuersorum fidelium nostrorum, tam præsentium scilicet quàm futurorum peruenire volumus industriam, quòd pro delictorum suorum indulgentia, & adipiscenda vita perpetua, quidam fidelis noster, atque Capellanus nomine Ordilo quandam proprietatis suæ terram in Comitatu Remensi in villa quæ dicitur Villare sitam, Sancto Remigio glorioso Antisti iure hæreditario perpetuò tradidit possidendam, nostram Celsitudinem deprecans, vt regiæ auctoritatis præsens exinde ad memoriam siue notitiam futurorum fieri præceptum, per quod decernimus, atque sanciendo constituimus seu confirmamus, quatinus omnibus nostris, successorúmque nostrorum temporibus, præfatæ res sacro loco vel fratribus regulari ordine ibidem Deo famulantibus, à præscripto Ordilone quondam Capellano nostro traditæ, perpetuâ stabilitate, inuiolabiliter, firmitérque permaneant: vt verò hoc nostræ regalis auctoritatis, vel ex facta donatione constitutionis præceptum, per succedentia tempora veraci corroboratione seruetur ab vniuersorum temeritate illæsum, manu illud propriâ subter firmamus, atque secundum morem Regum indictâ proprij annuli impressione assignari iussimus.

*Signum D. Ludouici Serenissimi Regis.*
*Odilo regiæ dignitatis Notarius ad vicem Artoldi Archiepiscopi recognouit & subscripsit, actum Remensi palatio, pridie idus Nouemb. indict. XI. anno autem 18. regnante Domino Ludouico Rege.*

ARTALDVS XXXVII. ARCHIEP.
*An.*954.

*An.* 18. ab Inauguratione Ludouici, alias si anni numerentur ab obitu Caroli simplicis ad annum 946. præceptum illud reponendum erat.

Rex ex lapsu in cubili, protracto languore, per aliquot dies decubans, elephantiasis peste perfunditur, quo morbo confectus diem clausit extremum, sepultúsque est apud Sanctum Remigium, vbi è regione summi Altaris prostat Regis effigies sedentis in throno, manu sceptrum gestantis absque Epitaphio quod ætatem spiret, nam versus in appensa tabella descripti, sunt recentioris auctoris prolixiùs Ludouici gesta narrantis.

*Lotharius Rex ab Artaldo Remis consecratur, dátque Castri immunitatem Remigianis, Fulcherus fit Episcopus Nouiomensis, & quid de eo sentiant Flandrici Auctores. Artaldi studium pro vindicandis Remensis Episcopij prædijs, eiúsque obitus.*

## CAPUT XXIII.

*Ex Gerberga Ottonis sorore reliquit Ludou. Lotharium, & Carolum.*

POst Ludouici Regis excessum, funereósque Remis expletos honores, Gerberga de promotione majoris natu filij ad regni fastigium vehementer sollicita, Hugonem consulit magnæ tunc auctoritatis principem, quid maximè tunc facto opus esset, hic Reginæ mœstitiam solatur, spondétque se ei in omnibus adfuturum.

Eo igitur fauente, Lotharius Ludouici filius puer tredecim annorum apud Sanctum Remigium Rex insigni pompâ consecratur ab Artaldo Præsule, præsentibus Hugone prædicto, Brunone Archiepiscopo Regis auunculo, ceterísque Episcopis, ac Proceribus Franciæ, Burgundiæ, & Aquitaniæ: Rex susceptis regni insignibus multa suis largitus est, ac inprimis Hugoni Burgundiam, & Aquitaniam; Castrum

*Rociacum vel Rauciacum vt scribit Frod. Roucy.*

Rociacum Ragenoldo reddendum censuit, datis quibusdam villis Heriberto, quas nuper turbido regni statu à Ragenoldo abstulerat. Multùm in id incumbens Inclytus Rex cum Matre, vt sopitis discordijs pax inter Principes perfectè sarciretur, amoris quoque sui tesseram erga Francorum Apostolum exhibuit, in cuius Ecclesia sacratissimæ vnctionis pignus susceperat, excellenti priuilegio, quo immunitatem Castri à prædecessoribus concessam confirmat, quod hîc, ob præclara sanctissimi præsulis decora, & regiæ majestatis celsitudinem, ex autographo depromptum euulgamus.

*Præceptum Lotharij Regis de immunitate Castri Sancti Remigij Rem.*

*In nomine Sanctæ, & indiuiduæ Trinitatis.*

LOTHARIUS DIVINA ANNUENTE CLEMENTIA FRANCORUM REX. Vniuersis fidelibus nostris tam præsentibus scil. quàm futuris. Notum fieri volumus, quoniam regiam nostram celsitudinem Reuerendus Abbas Hincmarus, atque sibi subdita Beati Patris Remigij Monachorum congregatio humiliter expetierunt, quatinus immunitates ab

*Lotharius Rex B. Remigio sistum ab exortu Natiuitatis oblatus, & in eius Ecclesia coronatus.*

anterioribus Francorum Regibus sacro loco concessas, ex rebus quas Ecclesia iure quieto possidet, nostræ auctoritatis decreto concedere, & confirmare placeret, quorum fideli voto libenter assensum præbentes, præcipuè verò pro ipsius Beatissimi Antistitis familiari deuotione, in cuius sacro templo genitor noster Dominus LUDOVICUS REX tumulatus esse dignoscitur; vbi etiam ipsi Beato REMIGIO ab exortu

Natiuitatis

Natiuitatis specialiter oblatus, & ab omnibus Francorum proceribus ARTALDVS electus sum, ac regali diademate coronatus, quem videlicet genitrix XXXVII. ARCHIEP. nostra Domina Gerberga Regina locum præ ceteris veneratur, & di- *An.954.* ligit, fieri quod petebant concessimus, simúlque hoc prouidere necessarium duximus, vt Monachi ibidem sub regularis Abbatis pastorali sollicitudine viuentes, absque vlla perturbationis inquietudine Deo in sanctitatis proposito liberâ securitate militarent, atque ex nostræ beneficio largitatis vnde meritò pro nobis, filiorúmque nostrorum incolumitate, nec non & regni nostri prosperitate Deum exorare debuissent, haberent.

Igitur sicut est mos Regum, & ab antecessoribus nostris dignoscitur fuisse constitutum, regiæ præceptionis auctoritate decernimus, atque sanciendo constituimus, vt in primis Castrum, in quo Beatissimus Pastor Remigius corpore quiescit, omnino sit immune, ac sub eorum solummodo ditione liberè constitutum: nullúsque intra eiusdem girum, *Castelli*, quilibet iudiciariam audeat exercere dominationem, contra ipsorum Monachorum voluntatem; sicut in priuilegijs eorum, præcedentes Reges Francorum constituerunt, quæ & nos nostrâ clementiâ renouamus, & confirmamus. Simul etiam omnes ipsius sacri cœnobij villæ, quas Monachi liberâ firmitate ante possidebant, siue quæ postea additæ sunt, vt Crusniacus, villáque quæ dicitur Basilica curtis; *Atque Corbiniacus, quam Carolus auus meus, nec non & Frederonna ipsius Coniux ex dotalitio suo Sancto Remigio pari voluntate, & consilio tradere decreuerunt;* ab omni exactione, & teloneo, & viatico liberæ publicè & priuatim permaneant: Vt verò eumdem Sanctissimum Patronum nostrum B. Remigium in vltimæ discussionis tremendo examine mereamur inuenire adjutorem, addere censuimus vt in omnibus vbicumque locis intra, aut extra regni nostri fines iidem Monachi aliquid habere cernuntur; nostræ corroborationis decreto firmiter constituto, nullus omnino nec Rex, nec Episcopus, nec Comes aliquod præjudicium &c.

*Actum Lauduni publicè regali Palatio Calend. Januarij anno Domini 954. indict. 14. anno primo regnante Lothario Rege.*
*Signum D. Lotharij Regis.*
*Wido regiæ dignitatis notarius ad vicem Artaldi Archiepiscop. recognouit.*

Vix Gerberga regina, cum filio Rege nouo, Laudunum concesserat, cùm discordiæ scintilla rursum exarsit inter Ragenoldum Comitem de Rauciaco, & Viromanduos Principes; qui dominatum suum longè latéque per fas, & nefas propagabant: Captâ siquidem munitione Montis felicis trans-Maternam fluuium clandestinâ irruptione à militibus Ragenoldi, Heribertus & Rotbertus fratres hanc confestim obsident, missísque legatis ad Ragenoldum Remis agentem pro reddendo sibi oppido, & eo renuente nisi ab obsidione recedatur,

*ARTALDVS XXXVII. ACHIEP.*
*An.954*

tur, examénque fiat inter eos de subreptis sibi mutuò Castris, tandem amicè paciscuntur, villásque recipit Ragenoldus ab Heriberto, quas pro prædicto Castro dederat, & Montis felicis oppidum Heriberto redditur, sícque finitis eorum deprædationibus dudum fessa prouincia quieuit.

Hoc eodem anno Fulcherus Monasterij S. Medardi Decanus, Nouiomensium Remis ordinatur Episcopus, cui post octodecim menses defuncto, Hadulfus quidam Laudunensis Clericus subrogatur. De hoc Fulchero portenta referunt Flandrici auctores, Meyerus præsertim Brugis Ludimagister, ac Francis, proprio gentis vitio, grauiter infensus ad ann. 953. *Fulcherus homo spurius* ( inquit ) *filius existimatus Principis coquorum Ludouici Regis, Nouiomensem malis artibus adeptus Episcopatum, omnia fecit deteriora, administrauitque menses omnino octodecim, morbo absumptus pediculari.* Et anno 955. *Phthiriasi consumitur Fulcherus Episcopus Nouiomensis, cuius exanime corpus, quando non cessarent ex illo scaturire pediculi, ceruino insutum est tergori, atque ita sepultum, magnum exemplum puniti ambitus, si nos timeremus Deum.* Hæc Meyerus ex Hermanno fabellarum consarcinatore æquè suspecto. Quòd enim ab vtroque ei Natalium deformitas obijciatur, id famæ eius omnino nihil derogat, cùm multi eiusdem notæ egregij Præsules euaserint. Nec Archimagiri, cuius filius esse dicitur, seu Principis coquorum dignitas in aula Regis tam sordida fuit vt arbitrantur aduersarij, imò verisimile est auctoritate quâ in Curia pollebat, Fulcherum ex Monacho lectum fuisse Monasterij Sancti Medardi decanum, id est Vicarium Abbatis, húncque frugi fuisse hominem, eò magis mihi persuadeo, quòd per id tempus Abbatiæ vxoratis commendarentur, vt refert Aimoinus lib. 5. cap. 4. de Roberto Comite sub Rege Carolo, sícque pro spirituali harum regimine non viros nihili, sed egregiè moratos, & pietatis opinione celebres seligebant, quales extitere Remigius apud Sangermanos Parisienses, & Ingrammus apud S. Medardum Suession. cui Fulcherus successit, quem Nouiomenses, ob illis probè notas ingenij dotes, in Præsulem postularunt.

*Per somniū à B. Virgine accusatū se sensit ob cōmissas rerū sacrarū rapinas, ac æternis ignibus adiudicatum Buzel. ex Herm. & Meyer.*

Hermanni commenta de pessimè administrata Diœcesi refutatione non indigent, sed ipsa ex sese nullâ specie veri nixa facilè corruunt: qui enim fieri potest vt intra octodecim menses, quibus præfuit, susdéque omnia peruerterit, sacra, profana? Ecclesiæ facultates, prædia, altaria, reditus absumpserit, profuderit, obligurarit: tuebitur se forsan prædictus fabellarum nundinator auctoritate Ademari Bremensis Archiepiscopi, qui Epistolâ ad Frodoardum ( cui Nouiomensem sedem surripuerat Fulcherus ) de eo sic loquitur, *Fient in desolationem, subitò deficient qui te oderunt, cognoscetur Dominus iudicia faciens, & in operibus manuum suarum comprehendetur peccator*: quasi verò ex his inferri debeat quod Fulcherus malis artibus ad Episcopatum peruenerit, fueritque

# HISTORIÆ. LIB. IV.

rítque bonorum Ecclesiasticorum decoctor nefandissimus, aut hæc sub- ARTALDVS
obscurè dicta euidens sint testimonium malæ mortis, aut æternæ dam- XXXVII.
nationis, cum Frodoardus qui ingressum, egressúmque eius studiosè ARCHIEP.
refert in Chronico, nihil de eo scripserit quod vel leuem pessimæ vitæ *An.955.*
suspicionem moueat, sed ad institutum reuertamur.

Lotharius Parisijs cum Gerberga Regina ab Hugone post inaugurationem honorificè susceptus, anno sequenti in pagum Remensem reuertitur, munitionémque super Charum fluuium, quam Ragenarius Comes ab Vrsione quodam Remensis Ecclesiæ vasallo furtim abstulerat, obsedit, expugnatámque; abductis priùs secum Ragenarij pueris ac militibus in ea inuentis, diripuit, & incendit, hi tamen paulò post assensu Lotharij regis Patri gratuitò redditi, à Carolo Regis fratre, & Hugone Capeto, expulsis Gauffrido & Arnulfo à Comitatu Mon- *Montensis* tensi paternæ hæreditati restituuntur, Hugo Princeps póstquam sibi & *Comitatus* toti Prouinciæ pro Heribertis desudans, per multos annos molestus *initia.* fuisset, vitæ tandem suæ finem imposuit, Fulbertus quoque Cameracensis eodem anno obijt, cuius Episcopium cuidam Berengario trans- *956.* rhenensi Clerico tribuitur nepoti Bononis Catalaunensis quondam Episcopi, quem Remis Artaldus consecrauit.

Ann. 857. circa mediam noctem, quâ tunc ex móre Clerici matutinas *957.* preces exsoluebant, Ecclesia Remensis magno splendore diuinitùs illustratur, Artaldo præsente, & mirante Witardo custode; per id quoque tempus grauis simultas exoritur inter Brunonem ex Præsule Ducem, & Ragenarium Comitem, ceterósque Lotharienses, & in Prouincia Remensi inter Balduinum Flandrensem, quem Arnulfus Pater rerum Gubernaculis admouerat, & Rotgarium quondam Erluini filium ob Castrum Ambianense. At Rotbertus Heriberti filius post Hugonis excessum se deinceps in verba Lotharij iuraturum promittit. Rex susceptâ fidelitate, obuiam auunculo suo Brunoni proficiscitur futurus ei auxilio in Ragenarium, qui tam copioso agmini resistere non valens *Ragenarius* supplex ad Brunonem venit, cúmque quæsitos dare nollet obsides, *expellitur à* captum Bruno retinuit in custodia, nec multò post trans Rhenum in *Comitatu* exilium ablegauit. Lindulfus quoque Ottonis filius, de quo supra, *Montensi.* qui penè totam subegerat Italiam, diem clausit extremum sepelitúrque Moguntiæ.

Artaldo interim nulla quies, donec Ecclesiæ oppida ab inuasoribus *958.* quoquo modo vendicet, quidam eius Milites Castrum Codiciacum dominij Ecclesiastici furtiuâ capiunt inruptione. Harduinus (qui *Codiciacum* huic præerat vice Theobaldi) oppido capto, cum suis fugit in arcem, *expugnatur* erat enim ingenio loci tutissima, quam statim Ludouicus Rex, cum *ab Artaldo.* Artaldo, aliísque Comitibus, & Episcopis per duas ferè hebdomadas obsidet, cogítque Harduinum dare obsides, sícque ab expugnatione disceditur: Tetbaldus Harduino suppetias laturus adueniens, cùm in arcem admitti non potuisset, per pagos Laudunensem, & Suessionensem

**ARTALDVS XXXVII. ARCHIEP.**
*An. 958.*

*Fara proditione capitur.*
*959.*

*Fridericus Lothariensibus præficitur.*

nensem hostiliter desævijt, quidámque è suis Militibus, munitionem quæ Fara vocatur, proditione capiunt, ad quam obsidendam Rorico Præsul Laudunensis confestim cum militibus Remensis Ecclesiæ, aliisque quos nancisci potuit aduolat, Rege tamen adueniente ( mediantibus Heriberto & Rotberto fratribus ) Castrum iussione Theobaldi redditur. Lotharius inde Compendium venit, vbi pax inter Principes pro quibusdam Castris à Rege è Burgundiâ receptis, agente Brunone Archiepiscopo, componitur, tum Coloniam cum matre Regina profectûs, mansit ibi vsque ad pascha, donec à prædicto Brunone Auunculo, datâ illi securitate de regno Lothariensium, quibus ob insueta onera commotis, idem Bruno Fridericum Comitem vice suâ præfecit, Laudunum reuertitur.

Per id tempus Arnulfus Comes Remos venit, illícque vota soluturus multum Ecclesiæ Deiparæ Matris auri pondus dedit, vnde vetustiores arcæ, quibus Callisti, Nicasij, & Eutropiæ ossa, & aliquot sanctorum quorumdam pignora continentur, decentiori opere fabricatæ sunt. Euangeliorum quoque librum eiúsdem Ecclesiæ auro, argentóque idem Comes decorauit, ac Monasterio S. Remigij haud

*Arnulfus Flandr. Comes.*

modica dona contulit. Tum adnitente Wicfrido Morinorum Episcopo, corpora SS. Gudimari, & Bertulphi à Bononia Harlebeccam, atque inde Gandauum reuerenter transtulit in coenobium Blandiniense ex Meyero, qui & eodem anno prædictum Wicfridum obijsse tradit, & Ragenarium Comitem Montensem seu Hannoniensem, quem Comitatu suo spoliatum à Brunone Ottone fratre Lothariensium Duce supra vidimus.

*960.*

Pacis quædam spes illucescere videbatur, cùm ecce Rotbertus, qui se fidelem Regi fefellerat, Diuionem dolo ingressus, expulsis custodibus inuadit. Apud Altimontem Castrum proditores quidam deprehensi à Manasse D. Artaldi Præsulis nepote supplicio damnantur. Maceriæ supra Mosam sita, infra terram Remensis Ecclesiæ, eidem Artaldo redditur à Lantberto coram Friderico Lothariensi Duce: hunc enim Bruno Coloniensis Archiepi. Lotharingiæ Dux post Conradum præfecerat super quædam oppida, dúxque Lotharingiæ vocatur à Frodoardo. Rex accito Brunone cum Lothariensibus, Diuionem, & Trecarum Ciuitatem, qua præfatus Rotbertus potiebatur, obsidione vallat, receptísque à Rotberto obsidibus, vnus eorum Oldarici Comitis filius proditor comprobatus decollatus est. Otto, & Hugo, ambo Hugonis Principis filij, agente Brunone Auunculo, Lothario fidelitatem vo-

*Magni Hugonis filij.*

uent, & Hugoni quidem Ducatus dignitate insignito, pagum Pictauiensem, Ottoni vero Burgundiam concessit, tum Diuione receptâ, positóque in ea præsidio, reuertitur.

*961.*

Annum 961 celebrem reddidere placitum regium Franciæ, & Burgundiæ procerum Suessionis habitum, insigniúmque virorum obitus, Widonis præsertim Autisiodorensis Episcopi, qui Hugonem Pseudo

doarchiepiscopum educauerat, & Hugonis Rotberti filij quondam Co- | ARTALDVS XXXVII. ARCHIEP.
mitis apud Sanctum Remigium sepulti, Artaldus quoque in tanta mo-
le curarum valetudine aduersâ correptus mortalitatem expleuit pridie | *An.* 961.
Calend. Octobris, viginti & octo annos regiminis emensus inter prof- | *Ex Chronico virdun.*
pera, & aduersa quibus mortalis hæc vita compingitur, sepultúsque | *obyt Artold.*
est ad pedes Sancti Remigij. | 961.

Præsul ingentis ac erecti animi, strenuus, acer, & variante fortunâ sibi semper similis, in Reges quos vnxerat obsequio clarus, ac titulorum, Comitis scilicet, & summi Cancellarij prærogatiuâ sublimis, felix si alio vixisset sæculo, nec tot sibi infensos sensisset Principes, implicitósque successus in asserendis sui Episcopij prædijs, quæ tamen ab inuasorum manibus fortiter erepta, suis reliquit successoribus, Guibertus Abbas de Nouigento illud veluti dignum miraculo refert de eodem Artaldo, quod à Manasse Archiepiscopo, vel certius à Monachis S. Remigij didicisse se asserit, nimirum cum pro restauratione ædificiorum aggeres mouerentur, inter rudera sepulchrum eius tandem fuisse retectum, in quo de corpore eius seu vestibus nihil repertum est, præter planetam solam, quæ cùm illæsa oculis adstantium apparuisset, manifestissimum indicium fuit cum corpore non tabuisse, nam si corpus eius ibidem putruisset, tabes vtique capsulam corrupisset, vnde corpus, quò Deo placuit à suo loco exportatum opinatur Guibertus, vt sentit de quodam Monacho alio pariter translato, cuius paulò ante meminerat. | *Lib. 1. de vita sua c. 22.*

---

*De Hugone Comite qui Beato Remigio Cortem de Condeda reliquit, & de Prioratu eiusdem nominis in Diœcesi Lingonensi.*

## CAPUT XXV.

His annectendum quod de Hugone Comite apud S. Remigium etiam sepulto produnt Chartophylacia; is cùm ante obitum, Ecclesias rerum suarum testamentali paginâ fecisset hæredes, Lotharius Rex, cui erat consanguineus, in id maximè curam impendit, ne res ipsæ præter defuncti voluntatem à maleuolis subriperentur, vnde rogatu Gerbergæ Reginæ, Roriconis & Gibuini Episcoporum, Ragenoldi quoque Comitis, gratam non modò habuit donationem cortis de Condeda à prædicto Hugone factam Monasterio S. Remigij, sed & suo diplomate eo lubentiùs confirmauit, quòd ob suffragia tanti Præsulis, & Ludouici Regis amorem in dicta Ecclesia tumulari disposuerit, Chartæ autem regalis tenor sic se habet.
*Præceptum Lotharij Regis.*
IN NOMINE SANCTÆ, ET INDIVIDUÆ TRINITATIS, LOTHARIUS
GRATIA

ARTALDVS XXXVII. ARCHIEP. *An.*961.

GRATIA Dei Rex. Notum sit omnibus fidelibus nostris tam præsentibus, quàm futuris, quoniam Hugo Comes, nostérque consanguineus, tactus infirmitate quâ hominem exuit, possessiones quas aut possidebat, aut sibi iniustè sublatas iure acquirere, legalitérque nitebatur, quibus Sanctos faciens hæredes, nostræ ditioni contulit, nostræque potestati largitus est, quò duntaxat nostrâ regiâ auctoritate, atque stipulatione, Ecclesijs, quibus ipse adhuc valens dare designauerat, distribuerentur, nè videlicet quod pro remedio animæ eius sanctis conferebat, à malorum hominum fraudulentijs tolleretur, qui Deum penitus nescire se ostentant in peruersorum actibus morum, quíque hæreditate Domini sanctuarium possident vili quodam tenore ducunt, nescientes illud Regis & Prophetæ Dauid, qui tales in tempestatem sempiternam, in inquietem ignominiam, atque in perditionem æternam ire damnatos imprecatur, quas imprecationes vniuersalis Ecclesia intonat.

Quapropter per consensum nostrorum tam Episcoporum, quàm Comitum ceterorúmque nostro in palatio degentium, placuit nobis ex supradictis rebus iam dicti Hugonis Comitis vnicuíque Ecclesiæ secundùm quod ipse disposuerat, per nostrum res dare præceptum, vnde gloriosa mater nostra Gerberga Ecclesiarúmque conatrix, adiens nostram præsentiam, cum venerabilibus Episcopis Roricone, & Gibuino, nec non Raginaldo Comite, vt ex supra dictis rebus, quandam Cortem, sicut præfatus Hugo denominauerat Sancto daremus Remigio, vbi ipse videlicet bonæ memoriæ vir, tam suffragio Sancti Remigij, quàm amore senioris eius gloriosissimi Regis Ludouici, genitoris scil. nostri tumulari disposuerat, quorum petitionibus, prout dignum est, annuentes, Cortem quæ dicitur Condeda, sitam scilicet in Comitatu Lingonensi, cum omnibus appenditijs suis pratis, syluis, terris cultis, & incultis, pascuis, aquis &c. Sancto daremus Remigio, prout ipse Hugo denominauerat ad victum Monachorum, vnde hoc præceptum fieri iussimus, vt nulla introducta persona aliquam illis molestiam inferat. Quod si tentauerit, sciat se facere contra decretum nostrum, vnde iram Dei, Sanctorúmque omnium, & nostram incurrat, & quod ceperit non euendicet. Si quæ in ius venerit centum libras auri conferat Sancto Remigio, fratribúsque ad seruitium frustratus abscedat.

Et vt firmiùs permaneat manu propria subterfirmantes annuli nostri impressione iussimus insigniri.

*Signum Dom. gloriosissimi.* ⊕ S. *Lotharij Regis.*

*Gezo Cancellarius recognouit, & subscripsit.*

*Actum 3. Octobris indict. 4. regnante Domino Lothario Rege anno 7. in villa Condeda Actum feliciter.*

Cùm seruis Dei à fidelibus, bona præsertim temporalia impertiantur,

tur, vt ipsis post mortem viuorum suffragia profint, sacratiúsque nihil sit apud omnes defunctorum voluntate. Remigiani memores tantæ liberalitatis statim ac prædicto de Condeda nobili alodio potiti sunt, Cellam seu Prioratum in eo condidere, vbi multos annos ab eis persolutum est officium; incruentáque victima pro Hugonis salute, vt testamento constituerat, regulariter oblata.

Quòd autem non vnus ( quod à Concilijs pridem reprobatum est ) sed plures Monachi hunc locum antiquitùs incolerent, probat inprimis declaratio Henrici Comitis Trecarum ab incolis loci pro Aduocato suscepti, vbi ex tallia, quæ à Religiosis aliquando super eos inponebatur, tertiam partem ad se pertinere contendebat anno 1187. Priuilegium item Monachis ab Episcopo Lingonensi concessum, quo vetat nè Episcopus Lingonensis, Archidiaconus, aut Decanus in Ecclesia de Condeda, vel sibi adjacente Atrio, aliquam iustitiam exigat, vel consuetudines requirat, permittítque vt, si quis viuus de Diœcesi Lingonensi religionis intuitu ad eos accedere voluerit, vel defunctus in Atrio eorum sepeliri, nisi in capite proprio fuerit excommunicatus, vel à Capitulo Lingonensi villa, è qua erit, interdicta, eum recipiendi, saluo iure sacerdotis sui liberam habeant facultatem; idem pariter asseuerant literæ Willelmi de Joinuilla Episcopi Lingonensis, quibus domum suam de Machineis Ecclesiæ Sancti Remigij concessit, conditione hac in eis apposita; *Egó Willelmus Lingonensis Episcopus concessi Deo, & Ecclesiæ Sancti Remigij pro remedio animæ meæ, & Antecessorum meorum domum de Machineis cum appenditijs suis, ita quòd in Ecclesia Deo dicata ibidem diuinum celebretur officium per aliquem Monachorum de Conde &c.*

Verùm nobilis hic Prioratus, quibusdam alijs Monachorum studio auctus reditibus, pristini tantùm splendoris vmbram retinet, eliminatis siquidem Dei seruis, qui diuino incumbebant officio, ac sorte iuxta morem sæculi mutatâ, stipem haud ingratam exhibet ijs, quos fauor seu fortuna benigniùs respicit & adulatur.

## VIRIZIACUM

*vetus cænobium, Artaldi Remensis Archiepiscopi studio, instauratur, exactísque Clericis, qui cænobitis antiquioribus successerant, Benedictini subrogantur.*

## CAPUT XXV.

ARtaldi secessus apud Viriziacum, pendente lite pro Archiepiscopatu, celebris huius Monasterij renouationem peperit, quæ, cùm varias in eo, eásque notabiles successu temporis mutationum

ARTALDVS
XXXVII.
ARCHIEP.
An. 961.

tionum vices supponat, altiùs à nobis repetendæ sunt, vt harum connexio, cum præsenti statu clariùs enitescat, & has quidem non ab ipsius cœnobij origine, cùm de ea satis abundè dixerimus lib. 2. cap. 23. sed ab his quæ post S. Niuardi Præsulatum contigerunt, vbi desiuimus. Prætermissis igitur Heroicis S. Basoli gestis, & cœnobij primâ restructione per Niuardum factâ, quam Frodoardus obiter potiùs delibauit, quàm retulit, de secunda hic agendum est, & tertia, inquirendúmque primò à nobis est, quo tempore Monasticus ordo apud Viriziacum cessauerit, quod ex MS codicis auctore superiùs à me citati lib. 2. facilè deprehendi potest, cùm statim hic postquam hinc ad superna cœlorum B. Basolus transijt regna, Perrone Abbate præterito, cuius meminit Frod. lib. 2. cap. 7. narret in illo duodecim Monachorum Cœnobio quod ad radices, montis situm olim fuisse retulerat, *Longo defluenti tempore, ob incursus Barbaricos, vel certè ob frequentes principum discordias, omnem penitus antiquorum exoleuisse instituram traditionem*; satis enim hinc datur intelligi cum regni casu, Cœnobiorum quoque Diœceseos, ac regularitatis exitium fuisse conjunctum, Monachísque spoliatis, ac dispersis, Clericos fuisse subrogatos, qui diuino officio incubuerunt statim à Perrone Abbate ( cuius successores non leguntur ) vsque ad regnum Ludouici 4. vnde opinor valde probabiliter, Benedictum, & Speruum Abbates, quos sub Ebone Archiepiscopo vixisse tradit Frodoardus, Prælatos fuisse sæculares, quorum studio, & impensis alibi restructa est Ecclesia, quamuis idem Frodoard. de his differens, Cœnobij ac Fratrum nominibus semper vtatur sui sæculi more, neque enim verisimile est hanc Cœnobij cladem accidisse sub Hincmaro Ebonis successore, qui nouam ab his Abbatibus structam Ecclesiam dedicauit, præsertim cùm, eo vix mortuo, tres Canonici Viriziacenses legantur in schedula Cleri Remensis, qui Fulconis electioni interfuerunt, cum alijs an. 882.

Igitur per hæc verba, quæ subsequuntur in MS codice, *Redditâ Ecclesiæ pace, rursum in deuexo Montis latere aliud est Monasterium congruè satis ac decenti opere fabricatum*, Auctor illius quietem hanc dubio procul intelligit, quæ ciuilia bella inter fratres Ludouici Pij filios secuta est, cùm hæc alia verba statim addat, *Habitaculis in circuitu iuxta cultum religionis aptè dispositis, consummatóque totius loci opere, venerabilis Hincmarus sanctissimi Basoli corpus conuocato Clero, & populi magnâ frequentiâ, de loco superiori, in quo priùs iacuerat, cum hymnis & canticis magnificè transtulit, ac eodem die ad introitum sacri corporis nouam sacrauit Ecclesiam idibus Octobris in honore Sancti Martini, & Sancti Basoli, corpúsque eius reposuit post sacram B. Martini aram loco eminenti, cum scrinio suo debitè Christianorum cultu frequentandum.*

Quod subdit idem auctor, haud procul à suo tempore virum religiosum, nomine Benedictum, familiam S. Basoli rectè & sapienter rexisse,

# HISTORIÆ. LIB. IV.

rexisse, præposterè ab eo relatum est, cùm hic sub Ebone vixerit, cui Speruus germanus frater eius successit moribus omnino dissimilis, & qui ob vexationes illatas incolis Viriziacensibus diuinam in se vindictam sensit, ob eiusmodi ( inquit ) & similes nequitias, & quòd omnia vbique pessum ire cœpissent, has Galliarum regiones diuina vltio gentili gladio tradidit feriendas.

<small>ARTALDVS XXXVII. ARCHIEP. An. 961.</small>

Hungarorum siquidem gens, antehac incognita, tantâ feritate vltra Rhenum desæuijt, vt villis exustis, agrisque fœdè depopulatis, populum hinc inde dispersum in vrbes confugere coëgerit: Viriziacenses in hoc rerum statu sibi consulendum rati, statuunt capsam sui Tutelaris Remos deducere, nè præda fieret hostibus, cùmque ad vicum, cui Puteolos nomen est, Vidulæ contiguum peruenissent, adfuit vicinorum ingens multitudo, qui sui Patroni absentiam effusis lachrymis Lamentabantur: Clericis in orationem prostratis, Dei placitum statim innotuit hoc miraculo. Nam capsa tanto pondere humi defixa est, vt ijsdem conantibus deferri vlteriùs non potuerit, vnde in crastinum mutato consilio, cum plebe ad propria redierunt, hac vice nihilominus Campania Remensis nihil quicquam à Barbaris detrimenti passa est.

<small>Hungari vsque in pagũ Vonzinsem progressi sunt Frod. ann. 926. in hist. Itõ vsque ad Ecclesiam S. Mauritij quæ est in cõfinio Campaniæ seu siluæ Arduennæ.</small>

Haud multò post, sæuior prædictorum Hungarorum irruptio contigit, villæ immaniter vastatæ, direptæ domus, Basilicæ exustæ, & ingens captiuorum abducta multitudo: Viriziacenses etiam tum perterriti, cum sacro S. Basoli corpore è Monasterio velociter egressi, vacuum illud reliquerunt, in quod e grassatoribus quidam ingressus, cum ascendere super altare nitens aræ manum applicuisset, ipsa manus eius Altaris adhæsit lapidibus, nec omnino quiuit auelli, donec ceteris Hungaris aræ saxum circa ipsam manum incidentibus, partem lapidis, quæ manui eius adhæserat, in admirationem omnium secum deferre miles coactus est.

<small>Anno 937. ex Chron. Frodoardi.</small>

Rebus postmodum in pejus ruentibus, ob deprauatos sæculi mores, Abbatiæ Sancti Basoli titulum seu Commendam, Heriberto Comiti traditam à Rege, eáque potitum esse, cùm Hugo filius eius quinquennis ad sedem Remensem fuit intrusus, prædictus auctor MS non obscurè indicat, colligitúrque ex actis Concilij apud Engulheim indicti, pro sopienda lite inter prædictum Hugonem & Artaldum de Archiepiscopatu: At eâdem necdum compressâ, & Hugone Principum studio præualente, Artaldo in solatium exauctorationis Abbatia Sancti Basoli ab Heriberto relicta est, vbi explorato per aliquot menses viuendi modo Canonicorum, subijt ei in mentem Monasterium prædictum in pristinæ dignitatis formam reparare, quod & feliciter præstitit, Ludouici Regis assensu & auctoritate, statim ac sedi suæ restitutus est, vt habet Frodoardus in Chron. ad annum 952. *Artoldus Archiepiscopus in Monasterio Sancti Basoli Monachos mittit, expulsis Clericis qui seruiebant ibi, committens illud Hincmaro, & Rotmaro Abbatibus:*

*batibus*. Clariúfque cónſtabit ex charta Lotharij Regis, quâ gratam habet donationem omnium rerum eidem Monaſterio ab Artaldo factam, quam hic euulgare iuuabit.

*Lotharij Regis priuilegium.*

IN NOMINE SANCTÆ, ET INDIVIDUÆ TRINITATIS, LOTHARIUS DIVINA ORDINANTE CLEMENTIA FRANCORUM REX. Cùm anteceſſores noſtros Francorum Reges, circa Eccleſias Dei deuotos fuiſſe recolimus, nos quoque, qui per Dei prouidentiam regni gubernacula ſuſcepimus, eadem veſtigia tenere debemus, vt ſanctitatem, & religionem per Monaſteria reſtauratam, noſtrâ auctoritate confirmemus, quia nimirum cùm hæc ordinamus, quæ ad cultum veræ religionis pertinere cognoſcimus, profectò voluntatem Dei adimplemus, & ab ipſo mercedem in futuro nos recipere ſperamus.

Quapropter ad notitiam omnium tam præſentium, quàm futurorum peruenire volumus, quòd à venerabili Artaldo Remorum Archiepiſcopo dominico & ſpeciali noſtro interpellati ſumus de quodam Monaſterio in vico Virziaco ſito, antiquis temporibus ad religionem benè inſtructo, ſed vetuſtate quidem temporis deficiente, cultu iuſtitiæ penè ad nihilum vſque deducto, quem ſcil. locum prædictus venerabilis Artaldus Remorum Archiepiſcopus ad honorem Dei, & Sancti Confeſſoris Baſoli, ibidem Sancto corpore quieſcentis, reſtaurare cupiens, per voluntatem, & conſenſum Anteceſſoris noſtríque genitoris Domini Ludouici Francorum Regis, præſente, & confirmante genitrice noſtrâ domnâ Gerbergâ Reginâ, quoſdam Canonicos ſæculariter viuentes, qui ibi poſt monaſticam conuerſationem reſederant, inde eliminans ejecit, pro eis viros regulares collocauit, quibus & Abbatem regularem præfecit, virum iuſtum, & monaſticæ inſtitutioni fideliſſimum nomine Odeleum, cui & locum ex integro, ad regularem dominationem tradidit, & terram, quæ prius ſub manu Canonicorum fuerat, ei delegauit, & ex rebus proprijs eiſdem fratribus frequenter more fraterno prouidit, inſuper & ex eo quod ipſe ſub manu ſua tenebat, alios ſexaginta menſos addidit per diuerſa loca in circumjacentibus villis ſitos, id eſt in Viriziaco, in curte Vizana, in Carnoco, in Marcedonno, in Circumeleno, cúmque hæc omnia fideliter, & deuotè pro amore Dei, & ſedis ſuæ ſalute compleuiſſet, noſtram regiam celſitudinem adijt, & vt noſtrâ auctoritate votum ſuum confirmaremus humiliter expetijt, quod & nos libenter audientes, & ſummâ alacritate collaudantes, noſtræ regiæ præceptionis ſtabili decreto conſtituimus atque confirmamus quicquid idem Vener. Archiepiſc. ad laudem & gloriam Dei fecit, ſit ratum, ſtabile, firmum, & tam noſtris quàm ſuccedentibus temporibus immutabile, incorruptum : totus verò locus, & quicquid ibidem deputatum eſt ad victum Monachorum ſub prouidentia, & gubernatione Abbatis ſit conſtitutum.

tum. Nullúsque ex succedentibus Pontificibus Rem. Ecclesiæ habeat licentiam exinde aliquid minuere vel auferre, sed quietâ pace Monachi regulariter sub tutela Sanctiss. Confessoris Basoli Deo seruiant, & sub regulari Abbate per futura tempora viuant, & pro nobis domini pietatem securâ tranquillitate exorent. Vt autem nostræ hoc auctoritatis regale decretum in futuras ætates more præcedentium Regum custodiatur, illud sub manu nostra corroborari placuit & annuli nostri impressione signari collibuit.

*Signum Domini Lotharij Regis.*

*Ego Wido Regiæ Majestatis Notarius, ad vicem Artaldi Archiepiscopi scripsi, & recognoui.*

*Datum* 12. *Calend. Junij indict.* 14. *anno primo regnante Domno Lothario Rege Francorum. Actum Compendio Palatio.*

Ex hoc priuilegio patet Regem, annitente Reginâ, rogatúque Archiepiscopi Rem. Monachorum restitutioni apud Viriziacum assensum præbuisse, nouellæque congregationi ab eodem Artaldo recèns dotatæ, suffectum Odoleum, quem inter Abbates sequenti nomenclaturâ primum collocamus.

*Abbatum cœnobij Viriziacensis, seu Sancti Basoli nomenclatura.*

## CAPUT XXVI.

ODoleus vir sanctimoniâ, & eruditione clarus, Hincmari & Rotmari Abbatum consilio, vt par est credere, cœnobitis S. Basoli præficitur anno 953. in promouenda religione optimè meritus ex charta Lotharij. An is sit Odoleus ille, qui titulo Abbatis S. Medardi Suession. subscripsit synodo Sanctæ Mariæ in pago Tardonensi haud satis compertum.

Quidam suspicantur Frodoardum historicum post Sanctæ conuersationis tyrocinium huic successisse, cùm Monasterium cui prælatus fuit, infra terminos Dicecesis Remensis assignari debeat, ob verba Chronici alibi citanda, aliud autem excogitari non possit præter illud S. Basoli in quo filij Auunculi matris suæ Canonicatum obtinuerant, sícque Frodoardo ipsi vnum ex illis fuisse suffectum, quod conjecturâ tantum nititur, nec aliunde probari potest.

Asso, Adso, vel Adzo doctrinæ ac pietatis famâ illustris Monasterium annis bis denis rexit cum aliquot mensibus, struxítque Ecclesiam nouo schemate ex Epitaphio, legitur in actis concilij prouincialis apud montem Sanctæ Mariæ ann. circiter 976. superstes adhuc eo anno, quo ab Episcopis apud S. Basolum Arnulfus Archiepisc. præsente Rege, exauctoratur, ipsi maxima necessitudo fuit cum Assone altero Deruensis Monasterij

**ARTALDVS XXXVII. ARCHIEP.**
*An. 961.*

nasterij Abbate doctrinâ Philosophicâ spectabili, qui gesta S. Basoli præfationibus facundis interpositis, lepidè digessit ad liquidum ex Alberico, & N. Camusatio in vita S. Bercharij, quíque Gerbergæ Reginæ librum de Antichristo obtulit, cum hac epigraphe, quâ ipsius propensionem in seruos Dei extollit.

*Asso Deruiësis Abbas profectus in terram sanctam cum Hilduino 2. Comite de Arcies, & Ramerù. ibi egit animam ann. 992.*

*Excellentissima Regina, ac regali dignitate pollenti, Deo dilecta, omnibúsque Sanctis amabili, Monachorum Matri, & Sanctarum Duci Dominæ Reginæ Gerbergæ frater Asso suorum omnium seruorum vltimus, gloriam, & pacem sempiternam. Ex quo domina mater misericordiæ vestræ germen promerui &c.* Deruensi Abbati morienti parentauit Viriziacensis Asso hoc versu in pignus amoris & laboris suscepti.

*O fœlix Asso titulum tibi condidit Asso.*

Fuit etiam alius id nominis Terdonensis Abbas apud Gerbertum epist. 8. at Asso Viriziacensis, extructâ Basilicâ eo schemate quo nunc visitur, insignique Bibliothecâ instructo Monasterio, cuius meminit idem Gerbertus epist. 7. defungitur 6. Decembr. sepultus iuxta gradus sanctuarij cum hoc Epitaphio.

*Quem vitæ probitas, quem morum fouit honestas,*
 *Pastor in hoc Adso, conditur in tumulo.*
*Traximus hanc sortem, per primum námque parentem,*
 *Et sic ab ingenito puluere, puluis homo.*
*Bis denis siquidem Monachis prælatus in annis*
 *Mensibus & quinis, rexit ouile gregis.*
*Ecclesia celebrem renouauit funditus ædem*
 *Ac vario rerum auxit honore domum.*
*Idibus Octobris flueret cùm meta Decembris*
 *Hic datur illius membra tenere locus.*
*Basole Sancte Dei clemens miserere iacenti,*
 *Et per te placidam obtineat veniam.*

Wenricus interfuit inaugurationi Philippi I. sub Geruasio Archiep. vixítque ab anno 1040. ad 1060. ex Chartularijs.

Waleranus cum Abbatis S. Basoli titulo legitur 5. idus Januarij in Necrologio majoris Ecclesiæ Remensis.

Stephanus claruit an. 1076. quo Manasses I. Rem. Archiepiscop. Altaria de Atheia, & Caprilla Cœnobio sancti Basoli concessit cum onere celebrandi quotannis suum anniuersarium.

Burchardus memoratur in Charta Philippi I. pro immunitate Canonicorum Compendiensium an. 1085. & in donatione Altaris de Harmondiuilla sub Rainaldo 1093. legitur item in obituario Remensi 16. Martij, & in fundatione Prioratus de Alto monte 1095. quidam putant hunc ad regimen Cœnobij Remigiani assumptum, Roberto Abbate exauctorato.

Richerus

Richerus, de eo Chartularium S. Dionysij Rem. an. 1100. & Charta donationis Altaris de Insula cui subscripsit anno 1102.

ARTALDVS XXXVII. ARCHIEP.
An. 961.

Burchardus 2. ex Monacho Altiuillarensi, hic composuit Eleëmosynam ex Necrologio Sancti Basoli, subscripsitque donationi de Pombar & de Tanay in tabulario S. Remigij 1104. & 1106. fato functus 1108.

Hugo electus an. 1109. Corpus B. Basoli in ditiorem capsam transferri curat sub Rodulfi viridis Pontificatu an. 1121. vt sequens inscriptio testatur in suppedaneo majusculis literis exarata.

*Facta est hæc theca à Domino Hugone Abbate secundo, in qua positum est corpus Almi Basoli anno incarnati verbi 1121. regnante Ludouico Rege Francorum, anno regni decimo tertio, Archiepiscopatus verò D. Rodulphi 14.*

Richerus II. legitur 1122.

Albricus subscripsit fundationi Prioratus S. Mauritij Rem. 1124. migrat 9. Septembris 1143.

Manasses electus an. 1144. petente Samsone Archiepiscopo subscripsit cum Guilelmo Abbate S. Nicasij pro molendinis de Regitefte 1145. absumptus 9. Nouemb. ex Necrologio.

Robertus ex tabulario S. Remigij colligitur an. 1153. Joannes I. an. 1160.

Anselmus nominatur in Charta Henrici Archiepiscopi pro institutione Castellaniæ de *Septsaux* 1171.

Theobaldus eximiæ virtutis vir, & prudentiæ, ex priore Crespiensi fit primò Abbas S. Crispini Suessionensis, tum S. Basoli, S. Petri Cluniacensis 1179. ac tandem Episcopus Ostiensis, & Cardinalis 1183. ex Bibliothecâ Cluniacensi: obijt pridie Nonas Nouembris 1188. Cluniaci sepultus ex Roberto, vel Romæ apud S. Paulum in via Ostiensi vt scribit Frizo, vide Vionem & Ciaconium pag. 491.

Joannes memoratur in Charta Wilelmi Archiepiscopi, quâ commutationem à decessore factam pro villa de *Septsaux* approbat, Lamberto Cancellario an. 1181.

Radulfus ann. 1190. Richerus ann. 1200.

Petrus cuius fit mentio in Chartulario S. Nicasij pro villa de Hundiliacurte 1204. & in Chartis Hospitalis Remensis, migrat ad Altiuillarenses electus in Abbatem.

Joannes inijt societatem cum Ascetis S. Theodorici, & Mosomensibus an. 1216. cuius Charta sic incipit, *ad vniuersam notitiam,* adhuc legitur in tabularijs 1227. quo mortalitatem expleuit.

Adam electus anno 1228. interfuit translationi Sancti Marculfi ab Anselmo Laudunensi factæ apud Corbiniacum 1229. mense Julio.

Eurardus paucis annis præfuit, in Ecclesia tumulatus cum hoc Epigrapho, *Hic iacet Abbas Eurardus* 1233.

Joannes

**ARTALDVS XXXVII. ACHIEP.**
*An.961.*

Joannes III. Abbatis partes explebat ann. 1236. defijt 1244.

Hugo laudatiſſimæ vitæ, ac inter ſui ſæculi Abbates ſpectabilis, multùm adlaborauit pro vindicandis augendiſque Monaſterij reditibus, cœpit an. 1243. defijt verò cum magno ſuæ Congregationis mœrore 1. Septemb. 1264. ſepultus iuxta S. Joannis Altare ſub tumba lapidea, cui tale exaratum Epitaphium.

*Abbas Hugo iacet intus, vir religioſus*
*Mitis, vrbanus fuit, & nullis oneroſus,*
*Nomine, reque bonus, Domini viuendo colonus*
*Chriſtum dilexit, propriúmque gregem benè rexit*
*Moribus ornatus, Domino ſeruire paratus*
*Continuè vixit. V. B. V. C.*

Hæc quoque verba leguntur in circulo ambiente caput Hugonis in tumulo cælatum, *Obijt anno 1264. prima die Septemb.* & in altero circulo è regione poſito.

*Sacræ dos trinæ labor fuit huic ſine fine*
*Gaudeat cœlis, prudens fuit, atque fidelis.*

Stephanus multos præfuit annos ex Chartularijs, quibus legitur an. 1271. 1275. 1276. eo ſedente Monachicus ordo à priſtino feruore paululum deflexit, bonáque Monaſterij minùs prouidè adminiſtrabantur, cùm anno 1283. Petrus Barbet Remenſis Archiepiſcopus ad antiquum morem reuocare illud ſtuduerit.

Milo munus Abbatis obiuit ann. 1300. & 1304. ex Archiuo Archiepiſcopali colligimus Robertum de Courtenayo hoc anno Monaſterium luſtraſſe, cui duos œconomos aſſignauit, eò quòd reditus Abbas forſan dilapidaret, aut ijs regendis non eſſet idoneus.

Theodericus electus ann. 1311. exceſſit 1325.

Joannes legitur 1325. abſumptus 1331.

Petrus præſtitit obedientiam Eccleſiæ Remenſi menſe Decembri 1331. ſuâ præfecturâ priuatur 1347.

Reginaldus vouit die Dominica poſt feſtum Sanctæ Magdalenæ 1343.

Joannes iurat menſe Februario 1350.

Hugo fidelitatem præſtitit Archiepiſcopo menſe Aprili 1354.

Reginaldus de Tibijs ſacramento ſe obſtrinxit 1356. ceſſit 1359.

*Nicolaus Abbas Sancti Pharonis vocatur etiã alicubi Abbas S. Baſoli an. 1357.*

Guido promittit obedientiam 21. Januarij 1359. adhúcque legitur 1362. 63. 77. in Chartulario Noſocomij Remenſis: quidam dicunt prælaturâ cecidiſſe iudicio Officialium Rem. ob ipſius œconomiam minùs prouidam, at Clemens VII. ei adhuc Abbati reſcripſit vt inquireret de validitate vnionis prioratuum de Hamo Monachorum & de Betanacurte à S. Nicaſio dependentium 1379. ex prædicti Monaſterij Chartulario. migrat eodem anno.

Guillelmus

## HISTORIÆ. LIB. IV.

Guilelmus de Illinijs vouit Archiepiscopo 7. Julij 1379. postmodum Abbas S. Nicasij, & Episcopus Viuariensis.

Radulfus de Marcilly ex Monacho Remigiano obedientiam spondet ann. 1381.

Guido de Illinijs per gratiam expectatiuam promotus, vt decessores, mense Augusto an. 1387. Remensi Ecclesiæ fidelitatem pollicetur, huic Clemens rescripsit pro vnione Prioratuum de Ham & de Betan. cum mensa Abbatiali S. Nicasij 1390.

P........ vouet Archiepiscopo 1397.

Ægidius Jeunart ex priore Senucensi fit Abbas S. Basoli, præstátque juramentum in Capella Castelli de porta Martis 14. Nouemb. 1400. postmodum Abbas S. Nicasij 1416.

Arnaldus de Alneto vouit 20. Aprilis 1417. hunc captum ab hostibus tempore belli Anglici, Monachi duodenis librarum millibus solutis ( vt ei libertatem procurarent ) redemerunt, cúmque Anglis impensiùs faueret, Rex ab administratione bonorum Monasterij amouit ann. 1418.

Joannes de Nantholio iurat 18. Augusti 1425. cui litem intendit Theobaldus Moet Camerarius S. Basoli electus à Monachis, at Joannes Regis auctoritate in præfectura perstitit.

Joannes Samoti, egit animam anno 1451.

Nicolaus de Faigno è Doncherio oriundus, eligitur mense Maio 1451. iuxta Officialium Rem. exscripta, à quibus inquisitum de vita & moribus illius auctoritate Joannis Rem. Archiepiscopi, auditis testibus, inter quos extitit Jacobus Champion Abbas Nicasianus, prædictus Nicolaus ex priore de Houppeline confirmatur in Abbatis dignitate, interfuítque Concilio Suession. 1455. functus an. 1457.

Joannes de Cusan, ex Eleëmosynario S. Basoli, canonicè electus tempore quadragesimæ 1457. occidit vltimo Decemb. 1460. sedes vacauit anno integro post ipsius obitum.

Richardus Cardin. Constantiensis tituli S. Eusebij, Regis nominatione Abbatiam adeptus est, vt & S. Nicasij, & S. Cornelij Compend. 1461. absumptus 1470. Monachis de successore sufficiendo inter se disceptantibus, Rem. Archiep. nominat Humbertum de Montheriue vallis Dei Abbatem ordinis præmonst. at Antonius de Sauigni, pariter nominatus à Rege, Humberto se opponit, quòd ordinis non esset professus.

Inter moras Briccius Bobile S. Sedis Protonotarius, & in beneficijs corrogandis optimè versatus, Abbatiam in commendam obtinuit, contendítque Nicolaum le Roux pacificè reditibus Monasterij potitum fuisse per demissionem Cardinalis Constantiensis, sic.

Nicolaus le Roux ex resignatione Cardin. Abbas S. Basoli, tum Sancti Cornelij Compendiensis ann. 1470.

Antonius Sauigni auctoritate regiâ bonis temporalibus potiuur 1476.

ARTAIDVS
XXXVII.
ARCHIEP.
*An.* 961.

ARTALDVS XXXVII. ARCHIEP. *An.* 961.

Briccius Bobile Decanus Ecclesiæ Rem. in Curia Romana educatus Abbatiam obtinet per gratiam expectatiuam, iurat 18. Octobr. 1481.

Jacobus d'Albret Toparchæ Campaniensis filius Episcopus Niuernensis renunciatur 1505. fato functus 22. Aprilis 1539.

| | |
|---|---|
| Joannes Cardinalis à Lotharingia. | 1541. |
| Guilelmus de la Marck Archidiaconus Leodiens. | 1545. |
| Carolus de Rouci Episcopus Suession. | 1564. |
| Joannes le Moine S. Theologiæ Doctor obijt 23. Febr. | 1580. |
| Petrus Monjot. | 1590. |
| Joannes Gendre titularis pro D.......... | 1598. 1618. |

Joannes de Vienne Canonicus iure deuoluto 1624. Abbas postmodum S. Martini Niuernensis 1630.

Nicolaus Franciscus Bruslart de Sillery per abdicationem præcedentis 1646. hic tanquam Vicarius Generalis Leonorij Archiepisc. & vnus ex deputatis à Clero, interfuit Comitijs Prouincialibus apud Siluanectum, anno 1650. eo regente religiosi spiritus primitiæ instaurantur apud Viriziacum studio ac laboribus R. P. congregationis S. Mauri, cui & prædictum S. Basoli cœnobium, Senioribus monachis consentientibus, conjungitur anno 1647.

*Sanctiores Gazæ quas apud se reconditas seruant eiusdem loci Cœnobitæ.*

Possident velut insignem thesaurum Corpus Sancti Basoli amantissimi tutelaris obuolutum pannis sericis in capsa argentea super altare, quam adstantibus plurimis venerandæ dignitatis Canonicis, me etiam indigno præsente, Illustrissim. Episcopus Catal. Claudius Clausse tanquam Vicarius Generalis Archiepiscop. Rem. visitauit, & in arcam ligneam, veteri suppositam, idem corpus integrum recto inter se ordine connexis & compactis membris transtulit 15. Octob. ann. 1632. ossiculo excepto ab eodem Episcopo pro consecrandis Altaribus reseruato.

Adseruatur item apud eos in arca lignea sudarium prædicti Confessoris Basoli, id est tela linea, quæ sacra eius membra obuoluebat ante prædictam translationem.

Caput vnius Virginis ex Sodalitio Sanctæ Vrsulæ Virginis & Martyris in theca ænea.

In theca quoque Pyramidali Chrystallo condecorata, aliquot habent Capillos Beatæ Mariæ Magdalenæ.

Brachium Sancti Leodegarij Martyris, qui longum in suo corpore Ebroini nequitiâ pertulit Martyrium.

Brachium Sancti Tresini Confessoris Hiberni fratris S. Gibriani, qui sub Clodoueo I. in Gallias appulsus, vitam Heremiticam duxit in Diœcesi Remensi.

Baculus

Baculus Sancti Basoli lamina ænea obuolutus, cuius meminit Frodoardus lib. 2. cap. 3.

ODALRIC. XXXVIII. ARCHIEP. *An* 961.

Habent etiam in rosa ænea suppedaneo affixa de reliquijs plurimorum sanctorum inter se ita dispositis, vt quælibet folia partes earum decenter includant, & in medio scriptum habetur de filo Beatæ Virginis.

Ostendunt quoque in pronao seu naui Ecclesiæ locum sepulturæ B. Confessoris Basoli, vbi lapidea eiusdem restat repræsentatio tumbæ innixa tribus à solo pedibus eleuatæ, ac super eam prominens & extensa sub qua apparet quædam crypta in quam febricitantes procumbunt, vt per merita Sanctissimi Confessoris sanitati restituantur.

---

*Odalricus XXXVIII. Archiepiscopus, eius prosapia, dignitas, in rebus gerendis prudentia, & obitus.*

## CAPUT XXVII.

962.

ARtaldo viuis sublato pridie Calendas Octobris, de subrogando successore in Archiepiscopatum Remensem dissidium fuit. Cùm enim ægrè ferrent Comites Veromandui Hugonem fratrem suum satis indignè, sed iustè repulsum per sententiam Concilij Engulheim ab Agapito Pontifice confirmatam (vt vidimus) occasione acceptâ obitus Artaldi, omnem mouerunt lapidem, vt pristinæ tandem, à qua ciderat, dignitati restitueretur. Hugo princeps prædictorum Consobrinus in hunc finem paciscitur inducias cum Rege, vt interim synodus fieret, quæ statim coacta est in pago Meldensi super Matronam fluuium, ex Remensi videlicet, & Senonensi Prouincijs, præsidente Senonensi Præsule Archambaldo.

*Vocatur in MSS. Vlricus, Vdelricus, Odalricus, & Odelricus.*

In hac duas in partes scindebantur Episcopi, quidam pro Hugone stabant, vt ei redderetur Episcopium Remense, alij verò renitebantur, vt Rorico Laudunensis, & Gebuinus Catalaunensis, asserentes quòd à tot Episcopis excommunicatus, à minori numero absolui legitimè non poterat. Re denuo ad Papam remissâ, rescripto declarat Hugonem quondam Archiepiscopum tam à Romana synodo, quàm ab alia apud Papiam celebrata canonicè exauctoratum: huius responsi certiores redditi Remenses per Brunonem Coloniensem, eligunt Odalricum illustrem Clericum Hugonis Comitis filium, fauente Lothario Rege, cum Regina, præfatóque Brunone.

Cuius autem prosapiæ fuerit Odalricus, quamuis ad amussim hactenus veterum prodiderit nemo, ex Charta tamen donationis villæ de Laya in Comitatu Caluimontensi, quam Eua Comitissa, & idem Odalricus Ecclesiæ Sancti Arnulfi Metensis dederunt abundè colligitur,

**ODALRIC. XXXVIII. ARCHIEP.** *An. 962.*

tur, quam fideliter, vt credimus, retulit Andreas Valadarius in Augusta sua Basilica cui subscripserunt reuerendæ auctoritatis, & insignis excellentiæ Adalbero Metensis Episcopus, Fridericus dux Lotharingiæ, Sigefridus Comes de Luxemburgo, Gislebertus, & alij, sic autem incipit.

IN NOMINE SANCTÆ, ET INDIVIDUÆ TRINITATIS &c. *Notum sit qualiter Ego Eua Comitissa, & filius meus Uldericus Dei gratia Remorum Archiepiscopus in eleemosyna dilectissimi conjugij mei Hugonis nobilissimi Comitis, filiique nostri dulcissimi æque strenuissimi Comitis Arnulfi ab impijs, & inimicis Sanctæ Ecclesiæ, à primæuo iuuentutis flore trucidati, & ad Basilicam S. Confessoris Arnulfi tumulati, villam meam Layam à prædicto Seniore meo mihi datam dotis iure, sitam in Comitatu Caluimontense condonauerim, & confirmauerim perpetuò possidendam &c. Actum Metis publicè sub die 17. Kalend. Septemb. in præsentia Adalberonis Metensium Episcopi an. ab Incarn. Domini* 965. *indict.* 9.

*Id etiam colligitur ex schedula MS. S. Remigij, vbi ob necem cuiusdam ipsius consanguinei in suburbio Remigiano patratam eo iubète, ignis suburbio illatus est.*

Ex his patet Odalricum è Lotharingia oriundum parentes habuisse vt sanguine; sic & moribus ac pietate clarissimos. Hunc præpositum, & Canonicum Rem. Ecclesiæ vocat Demochares, ac Odalrici Aquensis Nepotem: at non desunt qui putant eumdem esse cum prædicto Aquensi Odalrico, priùs Autisiodorensi Archidiacono ann. 911. ac Præposito S. Lupi Trecensis 925. postquam à Saracenis ejectus fuit : inter hos reperio R. P. Philippum Labbeum S. I. in indice suæ Bibliothecæ. At Odalricus Aquensis qui Concilio Virdunensi interfuit 947. distingui debet ab Odalrico Remensi, cùm hic Clericus tantùm in Concilio Meldensi vocetur, nec ex veteribus vllum sciam qui eos confundat.

Remenses adeptus infulas Odalricus, mox Remis ordinatur ab Episcopis Widone Suessionensi, Roricone Laudunensi, Gebuino Catalaun. Hadulfo Nouiomensi, & Wicfrido Virdunensi : acceptóque Pallio ex prædecessorum more à Joann. 12. haud ita post ob claritudinem generis, & suæ dignitatis prærogatiuam summus sit regni Cancellarius à Rege Lothario, vt ex sequenti diplomate colligitur, quod nè temporis contumelia posteris præripiat, huc adijciendum curauimus.

*Præceptum Lotharij Regis pro Villa Marsella Canonicis Sancti Theodorici prope Remos concessa, quibus Ascetæ Benedictini successerunt.*

963.

IN NOMINE SANCTÆ, ET INDIVIDUÆ TRINITATIS LOTHARIUS DEI GRATIA REX. *Notum sit omnibus fidelibus nostris tam præsentibus quàm futuris, quod Canonici Sancti Theodorici detulerunt nobis præceptum aui nostri Caroli, rogantes vt more Prædecessorum de Villa Marsella confirmaremus illis per nostrum præceptum, quod ex eadem Villa fuerat compactum, quod & nobis facere placuit, tùm pro remuneratione Sanctorum omnium, quàm rogatu gloriosissimæ Matris nostræ*

*nostræ Gerbergæ: quam ibi vnà nobiscum orationes habere speciales decreuimus.*

ODALRIC. XXXVIII. ARCHIEP. An. 963.

*Quapropter damus iam dictis Canonicis supradictam villam, ad vsum tamen fratrum illorum, confirmantes Aui nostri ex eadem re actum præceptum, cum Ecclesia, syluis, pratis, vineis, atque mancipijs vtriusq́; que sexus, vt in Dei seruitio adsistere melius valeant, illíque seruire modestius. Cum rebus pertinentibus omnibus ad supradictam villam: & vt firmius permaneat, inconuulsúmque seruetur, hoc illis præceptum fieri iussimus, & annulo nostro insigniri. Vt nullus exinde habeat potestatem, nisi cui Præpositi committere voluerint. Et si quis illis exinde aliquam injuriam fecerit, Anathema sit, nobísque centum libras auri soluat, & quod cœperit non euendicet.*

*Signum Domini Lotharij ✠ gloriosissimi Regis.*
*Azzo Notarius ad vicem Domini Odalrici Archiepiscopi, & Cancellarij recognouit.*

*Datum VI. idus Decemb. regnante Domino Lothario anno IX. indictione IV. Actum Remis feliciter.*

Hanc Lotharij donatione confirmauit Philippus pulcher Ann. 1292.

Eadem Archicancellarij dignitate Odalricum Archiepiscopum præfulsisse patet iterum ex priuilegio Abbatiæ Sancti felicis de Guizoles in Catalonia à Lothario Rege concesso, cui Gelo Cancellarius subscripsit ad vicem Odelrici Archiepiscopi apud vrbem Laudunensem 16. Cal. Junij ann. Incarnationis 908. Domino verò Lothario Rege regnante decimo sexto indict. 10. *Sig. D. Lotharij Regis gloriosiss. Gelo Cancell. ad vicem D. Oderici Archiepiscopi, summíque Cancellarij recognouit, & subscripsit.* At error irrepsit in Chronologia, non enim anno 908. confectum est, vt habet Antonius Yepes Chronicorum lib. 3. sed 968. vel 969. qui Pontificatus Odalrici vltimus fuit.

964. 965.

Quantæ verò strenuitatis vir fuerit, & prouidentiæ circa bonorum suæ Ecclesiæ deffensionem, Frodo. in Chronico breuiter retulit ad annum 965. nam cùm ortâ simultate pro Episcopio Remensi graues bellorum motus inter Ludouicum 4. & Heriberti familiam exarsissent, in quibus tota penè prouincia rapinis, incendijs, & vrbium direptionibus attrita fuit, nonnulli Procéres qui villas iuris Ecclesiastici nomine regio tueri videbantur, eas sensim ad se velut hæreditarias traxerunt, inter quos Theobaldus Comes extitit, quem vocari fecit Odalricus, & renuentem excommunicationis mucrone percellluit, propter Codiciacum Castrum, & quædam prædia Sancti Remigij, quæ improbè obtinuerat, & pertinaciter retinebat. Ille ad meliorem mentem rediens, quòd malè partum fuerat, bonâ fide restituit, quem idcirco Pontifex non absoluit modò, sed prædictum Castrum filio eius, qui eidem se commiserat, liberaliter indulsit. Hoc motus exemplo Heribertus Comes villam Sparnacum lubens reddidit, at Ragenoldus pertinax excommunicatur pro villis Ecclesiæ, quas pariter injustè retinebat,

ODALRIC. XXXVIII. ARCHIEP. An. 965.

tinebat; ipse verò loca quædam eiusdem Episcopij cum suis hostiliter peruadens, rapinis, incendiisque deuastat.

Odalrico etiam clauum Remensis Ecclesiæ moderante, Otto Imperator Gerbergæ Reginæ frater priuilegium Ascetis Remigianis concessit pro Corte de Cosla vocata, quod hic attexere libuit, vt hinc posteritas discat, quanto amore Germanici Imperatores prosecuti sint nusquam satis laudatum Francorum Apostolum.

*Priuilegium Ottonis Imperatoris pro Corte Cosla vocata Monachis Remigianis concessum.*

IN NOMINE SANCTÆ, ET INDIVIDUÆ TRINITATIS, OTTO DIVINA FAVENTE CLEMENTIA IMPERATOR AUGUSTUS, quoniam imperatiuæ dignitatis officium esse constat, vt Monasteria Deo, & Sanctis eius dicata ad conseruandum Sanctæ religionis statum nouis semper priuilegijs contra omnes infectantium incursiones muniantur, idcirco nos interuentu dilectæ Conjugis nostræ Adalherdæ, fidelis etiam nostri Archiepiscopi Wilelmi, regiæ nostræ auctoritatis scriptum siue præceptum Monachis Deo, sanctóque Remigio eximio Francorum Doctori sub regulari disciplina in suburbio Remorum militantibus, olim à nobis ante concessum, Imperatorij etiam nominis auctoritate à Deo, sanctóque Petro nobis collata, roborare decreuimus. Vnde volumus, & firmiter jubemus, vt Curtem Cosla vocatam, cum omnibus appenditijs suis ad ius, & proprietatem eiusdem Beati Remigij pertinentem infra regni nostri terminos constitutam; quam omnibus retro temporibus sub antecessoribus nostris beneficiariam pro statu, & incolumitate regni, & Imperij nostri nos ad vsum prædicti cœnobij remisimus, & absoluimus, Monachi ibidem Deo, & Sancto Remigio famulantes absque vllius contradictione teneant & possideant, & quicquid vtilitatis ex inde prouenerit, suis vt libuerit vsibus adjungant. Nullus etiam iudex, vel aduocatus hinc aliquid exigendi habeat potestatem, nisi quantum Abbas, aut Monachi eiusdem cœnobij dederint vel permiserint. Et vt hoc nostræ auctoritatis præceptum firmum & stabile permaneat, hanc chartam conscribi, & annuli nostri impressione signari iussimus, quam & propriâ manu subter firmauimus.

*Imperatoria dignitas à Deo & Sancto Petro concessa.*

*Signum Domini Ottonis Magni, & inuictissimi Imperatoris.*
*Hudolfus Cancellarius ad Vicem Brunonis Archicapellani recognoui. Data 10. Kalend. Junij anno Domini, Incarn. 965. indict. 8. anno autem Domini Ottonis 30. Imperij vero 4. actum Ingelheim in Palatio in Dei nomine. Amen.*

*Priuilegium item de eadem Corte Ottonis Regis, Magni Ottonis Imperatoris filij.*

IN NOMINE SANCTÆ, ET INDIVIDUÆ TRINITATIS OTTO DIVINA AUXILIANTE CLEMENTIA REX. Nouerit omnium fidelium

fidelium nostrorum, tam præsentium, quam futurorum industria, qualiter Hincmarus venerabilis Abbas, qui cœnobio Sancti Remigij, almi Francorum Doctoris in suburbio Remorum præesse videtur, nostram adijt regalitatem, rogans vt pro conseruando Sanctæ religionis statu, priuilegia Domni genitoris nostri Imperatoris Augusti Ottonis eidem Monasterio concessa, nostrâ etiam auctoritate roboraremus. Cuius nos petitioni assensum præbendo annuimus, & nostræ serenitatis aures libenter accommodauimus; vt beneficia Domini genitoris nostri Monachis, Deo, Sanctóque Remigio famulantibus collata, nostrâ quoque auctoritate rata fieri decreuimus: id scilicet instituendo & iubendo, vt Cortem Cosla vocatam, cum appendicijs suis, ante quidem beneficiariam, sed à Domno genitore nostro redditam & restitutam præscripto cœnobio; Monachi ibidem Deo, Sanctóque Remigio famulantes teneant, & possideant, & ad vsus ac necessitates suas vt libuerit adjungant, & vt hoc auctoritatis nostræ præceptum firmum, & stabile permaneat, hanc chartam conscribi, & annuli nostri impressione signari iussimus, quam & propriâ manu subtus firmauimus.

*Signum Domini Ottonis inuictissimi Regis.*
*Hunodolfus Cancellarius ad vicem Brunonis Archicapellani recognouit.*
*Data 10. Calend. Junij, an. Dominicæ Incarn. 965. anno Domini Ottonis Regis 5: actum ingelheim in Palatio.*
*In Domino feliciter Amen.*

ODALRIC.
XXXVIII.
ARCHIEP.
*An. 965.*

Bruno hic sacri Palatij Archicapellanus, de quo suprà nonnihil diximus, Henrici I. Imperatoris Aucupis dicti filius fuit, Ottonis, & Haluidis Saxonicæ Hugonis Capeti Francorum Regis Matris frater; Lotharingiæ dux creatus, & Coloniensis Archiepiscopus an. 953. Remis diem clausit 5. idus Octob. 966. ex Martyrol. Remensi. Corpus tamen eius à Theodorico Metensium Episcopo Coloniam refertur tumulandum in Monasterio S. Pantaleonis quod extruxerat anno Pontificatus 5.

*Preclara de Brunone Coloniensi refert Baron. ad ann. 965. Ditmarus, & alij.*
966.

Hoc eodem anno Lotharius Rex post Arnulfi senioris Flandriæ Comitis obitum, agente Roricone Laudunensi Episcopo, Fecialem mittit oppida Flandriæ cis Lisam sita repetitum, quædámque primo impetu capit Hauam, Atrebatum, Duacum, eo nullam aliam causam prætexente (ait Buzelinus) quàm hunc terræ tractum ab Comitibus Flandriæ suis majoribus ereptum fuisse, Carolo Simplici scilicet in teneris agenti, vt ex his augurari licèt quæ diximus sub Fulcone cap. 3. at Francis per legatos Flandriæ auro corruptis, Rex copias in Franciam remisit. Ottone Imperatore Pentecosten Aquisgrani celebrante, eò Gerberga Francorum regina, & Hathuidis Hugonis Parisiorum Comitis vxor prædicti Ottonis Sorores illuc aduolarunt illum inuisendi & congratulandi gratiâ. Gerberga quæ intimo cordis ardore B. Remigium diligebat, suæ obseruantiæ pignus erga eum celebri eleëmosynâ testari cupiens, Alodium de Marsem cum appendicijs liberaliter

ODALRIC. XXXVIII. ARCHIEP. *An.* 967.

ter ei contulit chartâ in Comitatu Mesango confectâ, quam hîc, ob insignem de Francorum Apostolo factam mentionem, quamuis alijs prolixior sit, inserere non pigebit.

*Præceptum Gerbergæ Reginæ de Marsna.*

IN NOMINE SANCTÆ, ET INDIVIDUÆ TRINITATIS, GERBERGA DIVINA DISPENSANTE CLEMENTIA HUMILIS FRANCORUM REGINA. Cùm omnis Sancta Ecclesia ab exordio Christianæ religionis, ritè dispositis quibúsque Ecclesiasticis donis sit maximè dotata regalibus, dignum profectò ducimus, si morem antiquorum sequentes, ex rebus nostris eamdem honorantes sublimamus, sperantes à Domino bonis æternalibus remunerari, cuius pietatis consilio actus nostros optamus in salutem dirigi. Quocirca præsentium fidelium vniuersitati simul, & sequutorum notum sit posteritati, quoniam locum Sancti Remigij magnifici Doctoris Francorum Apostoli admodum gaudentes rerum incrementis feliciter prosperari, ac multiplicari, bonorum copiâ fortunatum haberi, sôlemniter delegantes per manus fidelis aduocati nostri Comitis Arnulfi legitima vestitura, cum consilio, pietate quoque, ac benigno assensu Domini Ottonis Imperatoris Augusti, tradimus Sancto Remigio quoddam iuris nostri prædium in Alodio in honorem Sancti Petri consecratum vocabulo Marsnam in Comitatu Mosango, cum omnibus ad ipsum pertinentibus, idest Clumam & Littam cum appendicijs suis Hertram, & Angieduram cum appendicijs suis, superadditis etiam rebus alijs quæcumque ex ipso fisco in ius Dominicum iam olim deuenerant, Astantibus etiam imo collaudantibus, atque confirmantibus Gerardo Tullensi Episcopo, atque Comitibus Emmono, & Auffrido, nonnullísque alijs nobilibus viris fidentes vtique tanti Patris, & Patroni nostri plurimùm meritis adjuuari, totúmque hoc agentes pro salute vid. nostra, & remedio Senioris nostri piæ memoriæ Gisleberti, suíque parentum patris scil. & matris, Ragenerij, & Albradæ, eâ scilicet ratione vt idem locus Sancti Remigij, qui semper ab antiquo regijs donationibus vt pote *Caput Franciæ* fuerat honoratus, nostris etiam donis regalibus ditescat, & polleat vberiùs, ipsiúsque Alodium vt sui proprium legitimo iure firmiter tenendo in perpetuum possideat, quatenus memoriam nostri, & præfati viri Senioris nostri Gisleberti apud se iugiter fixam idem locus habeat, suíque orationibus perpetuis, & sacrificiorum muneribus & votis in conspectu Dei, eiúsdem memoria pijssimè recolatur, ipsum autem Alodium sub omni rerum integritate legitimâ æstimatione constat habens Mansos LXXXIJ. cum terris videlicet cultis & incultis, syluis, pratis, vineis, campis, molendinis, aquis, aquarúmque decursibus, exitibus, & regressibus.

Ceterùm si quis fortè olim tentauerit hanc traditionem regiam inquietare, eíque nefas aliquod ex aduerso irrogare, pœnas temeritatis suæ obnoxias,

*Mersen, alias palatiü in quo municipium amplum secundo lapide a Trajecto, in quo præpositura, quam Remigiani cesserunt pro alijs prædijs Canonicis de Eaucourt in Artesia.*

obnoxias, vt reus Majestatis exsoluat. Imò etiam Deo, & Sancto Remigio cum omni emendatione iuxta legis decretum satisfaciat, & sic hæc legalis donatio nostra inuiolabiliter semper permaneat & inconcussa. *Actum 4. idus Februarij, anno incarnationis Dominicæ 968. in præfato Comitatu, in villa quæ dicitur Hacta anno 32. regnante Domino Ottone inclyto Imperatore, & Cæsare Augusto, filio quoque eius æquiuoco regnante ann. 7.*

*Signum Dominæ Gerbergæ gloriosæ Reginæ, quæ regiæ auctoritatis manu hoc scriptum, quod fieri iussit, dignanter corroborauit, & alijs confirmare mandauit.*

*Signum iuuenis magnæ indolis Caroli.*
*Signum Arnulfi Comitis qui vice Dominæ Reginæ hanc traditionem fecit.*
*Signum Emmonis Comitis, Sig. Auffridi Comitis, Sig. Huberti, Sig. item Huberti, Sig. Gotranni, Sig. Isaac, Sig. Theoderici, Sig. Oneulphi, Sig. Vulberti, Sig. Rotlandi, Ragenerij.*
*Datum pridie idus Februarij manu Dominæ Reginæ, & susceptum à Domino Abbate Hugone, qui ibi affuit cum suo aduocato Emmone prædicto Comite.*

ODALRIC. XXXVIII. ARCHIEP. *An.* 968.

Hæc Imperatores, & Reginæ in gratiam Francorum Apostoli: sed nè primaria vrbis Ecclesia indotata maneret, quæ aliarum matrix est & princeps, venerabilis Odalricus eam nouis reditibus amplificare cupiens, quò numerus seruorum Dei augeretur, villam Vindenissam, quæ præcedentium fuit Archiepiscoporum, donatáque dicitur Artaldo in solatium suæ exauctorationis, Canonicis liberaliter concessit, pro cuius largitione beneficij, memoria eius annuatim recolitur, & pro animæ eius remedio, viginti quatuor pauperibus singuli panes, totidémque vini metretæ, singuli etiam denarij distribuuntur.

Hanc postmodum Regitestenses Comites, quòd suæ ditionis limitibus concluderetur (est enim in Parochia Remensi sita) commutatione factâ cum alijs prædijs pro commodo Ecclesiæ, à Canonicis sub Adalberone obtinuerunt, eámque Witerus Comes sub trecensu triginta solidorum tenebat, cùm Appendicis Auctor hæc scriberet, qui & fideliter pro Ecclesiæ sibi commissæ vtilitate Odalricum laborasse asserit: quamuis de ipsius operibus (inquit) apud nos pauca supersint monimenta.

Vehementer quoque institit idem Pontifex pro restitutione Vallis Rodiginis, quam Hugo filius Rogeri Comitis Ecclesiæ Remensi donauerat, nam quidam malefactores de stirpe eius cùm hæreditatis iure hanc sibi vendicare vellent, eorum conatui vt vir nobilis, & potens viriliter restitit, prædictámque villam ad ius Ecclesiæ immunem reuocauit, instrumento ad hoc Remis confecto Lotharij Regis anno 14. Archiepiscopatus autem Dom. Odalrici 6. quod cùm extet integrum in appendice ad Frodo. hic de nouo transcribere operæ pretium non putaui.

*De Villa Vindonissa vel Vindenissa Frod. lib. I. cap. 23. & in Chron. ad an. 941. uté in prolix. testam. Agathimero vineam dono, quam posui Vindonissa, & meo labore constitui, sic villa hæc in Diæcesi Remensi esse debuit, est enim alia Vindenissa in Laudunesio.*

Kkkk His

ODALRIC.
XXXVIII.
ARCHIEP.
*An.* 969.

His rebus peractis, insignis Præsul Odalricus, cùm septem annos summâ cum laude Remensem rexisset Ecclesiam, vt habetur in Appendice, & probat Albericus, vel nouem, quod veriùs est, diem vltimum clausit 9. mensis Nouemb. 969. de illo breuiter Necrologium Remense.

> *Odelricus, siue Odalricus Archiepiscopus octauo idus Nouemb. obijt, qui dedit nobis Vindenissam, pro cuius anima dantur pauperibus de communi 24. nummi, cum totidem panibus, & vino, sex pauperes Clerici reficiuntur in refectorio.*

*Odalricus obijt an. 967. ex Chronico Remensi, vel 968. ex Alberico, an. 969. vel 970. ex conuentione pro villa Vindenissa: 971. ex Reginone. Chronico Mosom. & Demochare, qui nouem annis sedisse scribit, obijsse vero 19. Augusti.*

Quidam putant Odalricum primum ex Archiepiscopis fuisse qui in majori Ecclesia terræ mandatus est, sub tumba alba iuxta Aquilam, sed adeò detrita, vt nihil in ea legi possit.

*Viri pietate & doctrinâ insignes, qui Remis claruerunt sub Artaldo.*

## CAPUT XXVIII.

Decimi sæculi rubiginem pauci admodum suâ diligentiâ deterserunt, víxque, si Gallorum annales excutias, alium præter Frodoardum reperies, qui in hoc studium impenderit, meritóque à sequioris æui historicis laudatur, quòd ferè solus hic, & egregiè, præcedentium temporum caligini lucem attulerit, discusseritque sui sæculi tenebras vt Pithœus loquitur apud Coluenerium: tam inclyti viri encomia iure ipsi debita vt operi suo, sic & huic coronidem imponent.

*Frodoardus Historicus.*

*Frodoardus vocatur à Pithœo, & Valesio.*

Frodoardo siue Floardo, Flodoardo, vel Flaualdo, his enim nominibus apud Auctores promiscuè vocitatum reperio, patria Sparnacum fuit, Remensis Diœcesis oppidum, quinque leucis distans à Durocorto. Illuc missus à Parentibus literis ac pietati tanto studio operam dedit, vt ob ingenij præstantiam, & alias animi dotes beneficijs Ecclesiasticis ab Heriueo, & Seulfo Archiepiscopis, obse-

*Id etiam colligitur ex hist. suæ lib. 3. cap. 6.*

cundationis gratiâ, vt loquitur, remuneratus sit: fuisse Presbyterum, & Canonicum Remensem testantur MSS. codices, qui illum his titulis exornant, Martyrologium item Remense, & quotquot extant historiæ suæ exemplaria manu exarata, in quorum calce legitur

tur explicit Floardus vel Flohardus Presbyter, & Canonicus Remensis, quamuis se Rectorem Colmiciaci vici tantùm nominet, & Sanctæ Mariæ de Colrido, vernaculè *Coroy* libro 4. capite 28. Ceterùm vir fuit literis & moribus insignis, magnæ diligentiæ, & indefessi laboris, nihilque prætermisit quò historiæ suæ sub Artaldo conscriptæ fidem conciliaret, quam in præfatione asserit ex scripturis sacris & prophanis vndecumque perquisitis, gestis Martyrum, vitis aliorum sanctorum, actis conciliorum, & Epistolis Pontificum, quas ex Archiuis Ecclesiæ deprompserat se collegisse, eúmque commendant doctissimi Annalium scriptores Baronius, Papirius Masso, Pithœus, abéstque ab ipsius stylo, & latinitate veteratorum rubigo, nouorúmque auctorum asperitas, vt sapienter aduertit Emi. Cardin. Grimanus, qui autographum nactus est, dum Remis ageret tempore Roberti Briçoneti.

ODALRIC. XXXVIII. ARCHIEP.  
*An.* 969.  
*Vel Culmisciaci ex Chronico Frod. ad an.* 940.

Turbato rerum statu sub Artaldo, & Hugone in eum præualente, Monasticem induit apud Sanctum Remigium, vt creditur, vbi regularis disciplina recèns à Floriacensibus restituta fuerat, ibíque adhuc degebat ann. 951. asceticæ vitæ dans operam; ex Epistola Adelagi Bremensis Archiepiscopi, quæ sic incipit, *Frodoardo Patri Remensi verbum pacis. Qui dudum deposuisti beneficium, vt tecum mundanæ gloriæ contemptorem animum in solitudinem, & Monasterij latebram deferres ex voto non ante finem discessurus &c.* Postea cuiusdam prælaturæ titulo insignitum patet ex eo quod de se scribit in Chronico ad annum 963. *Ego verò fractus ætate, & attritus infirmitate, ministerio me abdicaui prælaturæ coram eodem Præsule,* scil. Odalrico, *quique me hoc absoluens iugo, imposuit illud per electionem fratrum meorum, Nepoti meo Frodoardo, septuagesimo ætatis meæ anno.* Cuius autem Monasterij Abbas fuerit, an Sancti Remigij, vt vult Coluenerius, vel Sancti Basoli, non satis liquet: sanè Beati Remigij Cœnobiarcham non fuisse probat Abbatum series, quam supra retulimus, Diœcesis tamen cœnobio præfuisse probant ea quæ de seipso scribit ad annum 962. de Odalrico loquens, qui Artaldo successit. *Elegimus,* inquit, hoc est ego & alij, *ad Episcopatum Rem. Odalricum*: Mortuo Rodulfo Tornacensi, ab vtroque Capitulo Nouiomensi & Tornacensi ob famam virtutis, electus fuit in Episcopum die 20. Julij ann. 950. ex eiusdem Adelagi Epistola, at hic confirmatus non est, quòd Ludouicus transmarinus sui Archimagiri deceptus fraude, Fulcherum simoniacum Clericum, vt fertur, in sedem vtriusque Ecclesiæ, clam introduxisset, quod resciens Bremensis Archiepiscopus, consolatoriam ad eum transmisit Epistolam, quæ operi suo præfixa est, ex qua pariter infertur, cùm à Clero Nouiomensi postulatus est, apud Remigianos adhuc vix expleto tyrocinio latuisse.

Præter historiam de gestis Remensium Archiepiscoporum, quam laboris sui quadrifidum opus nominat, quòd totidem constet libris,

**ODALRIC. XXXVIII. ARCHIEP.**
*An. 969.*

ac Rodulfo Laudun. vt putat Sirmond. nuncupauit, ante susceptum vt reor Monachismum, scripsit etiam Eremum ingressus Chronicon ætatis suæ acuratissimum ab anno 919. vsque ad annum 966. quod primus edidit Pithœus inter 12. scriptores coëtaneos historiæ Francorum, quamuis dubitet an vtriusque idem auctor sit, at id sole ipso clarius est, maximè si conferantur ea quæ habentur in eodem Chronico ann. 940. cum ijs quæ sunt in historia lib. 4. cap. 28. scripsit quoque de triumphis Italicis Martyrum & Confessorum metricè lib. 15. item de triumpho Christi, & Sanctorum Palestinæ, metricè lib. 3. & de triumphis Christi Antiochiæ gestis lib. 2. præter miracula suo tempore facta in Ecclesia Beatæ Mariæ ab Hincmaro ædificata, quæ versibus exarasse testatur ipse lib. 3. cap. 6. at hæc adhuc latent, quamuis haud ita pridem in MS codice quædam Lauduni reperta fuisse à religioso Ordinis Carmelitarum Discalc. dicantur, quæ vtinam publico Ecclesiæ bono in lucem emittat. Obijt autem plenus dierum, ætatis anno 73. Incarn. Domin. 966. quinto Calend. Aprilis, vel 28. die Martij ex supplemento Chronici ipsius, quamuis aliter habeatur in Remensi Martyrologio, & Remigiano; idem supplementum Frodoardi decora breuiter sic perstringit.

*Martyr. Rem. 16. Kalend. Iunij obyt Frodoardus Presbyter, & Canonicus, an is sit historicus, cùm plures eo nomine vocati, & ex eadem familia, reperiantur, non satis cō pertum.*

*Ipso anno, videl. 966. vir vitæ Venerabilis, & Rem. Ecclesiæ Presbyter nomine Frodoardus, honore sanctitatis venerandus, castitatis splendore Angelicus, fulgore sapientiæ cælicus, ceterarúmque virtutum insignibus abundanter oppletus, præcedentis libelli, aliorúmque librorum dictator egregius, quintâ Kalend. Aprileis terrenæ peregrinationis relinquens exilia, ciuica, vt credimus, adeptus est iura.*

## AURELIANUS.

De Aureliano Remensi musices peritiâ insigni, quæ apud Græcos tanti fuit, vt ijdem musici, & vates, & sapientes iudicarentur, hactenus nihil nanscisci licuit, præter id quod Trithemius nobis suppeditat lib. de viris illustribus, *Aurelianus* (inquit) *Ecclesiæ Remensis Clericus, in scripturis sanctis admodum studiosus, & in sæcularibus literis nobiliter doctus, Musicus suo tempore excellens, & insignis, scripsit ad Bernardum Archicantorem postea Episcopum, de regulis modulationum quas tonos vel tenores appellant, & de ipsarum vocabulis volumen insigne, cui titulus est Tonarius regularis, & alia quædam;* claruit ann. 900. ex eodem auctore.

### Hugo Veromandensis.

Hugo Veromandensis Heriberti Comitis filius, præmaturè ad infulas prouectus, cùm adhuc quinquennis esset ab Archiepiscopatu ejectus in Burgundiam concessit, ibique sub Widone Autissiodorensi Episcopo annis quindecim literis ac pietati operam dedit: probabile est insignium Ascetarum illic conuersatione vsum, Odonis præsertim

Cluniacensis

Cluniacensis, quem multorum Monasteriorum restauratorem, sanctæ-  que regulæ reparatorem vocat Frodoardus, cùm statim ac suæ sedi restitutus est, horum exemplo collapsam apud Remigianos disciplinam Ercamboldi Floriacensis operâ in meliorem statum reuocarit, at hic Principum suæ familiæ partibus impensiùs fauens, synodorum decretis contumaciùs restitit, donec anathematis mucrone velut stimulo excitus, totum se pijs operibus mancipauit. Suspicatur vir multæ lectionis & doctrinæ, prædictum Hugonem relicto Mosomo, quod post exauctorationem occupauerat, iterum repetitâ Burgundiâ latebras quæsisse, ac in Monasteriolo de Cessi sylua Autisiod. Diœcesis, reliquum vitæ exegisse, obijsséque in cellula prope Cessiacum, Nanningus cognominata, vbi quiescit cum opinione sanctitatis, saltem cultus ibi ab incolis Hugo vocatur, at acta desunt, quæ huic antiquitati lucem præbeant.

*ODALRIC. XXXVIII. ARCHIEP.*
*An. 969.*

*Noël Dauy Antissio. Canon. & summi Franciæ Eleēmosyn. Vicar. general.*

### Bruno Canonicus Remensis.

Bruno, non Hugonis Burgundiæ, vt Robertus scripsit, sed Ragenoldi Rosciacensis Comitis filius, ex Albrada Ludouici vltramarini, & Gerbergæ saxonæ filia, Nepos ex sorore Arnulfi Remensis Archiepiscopi, virtutum primitias Deo sub Canonicali habitu consecrauit. Hic cùm egregiæ esset indolis, & singularis modestiæ, tanta ei cura fuit nobilem animum excolendi, vt in eo rerum Ecclesiasticarum scientia, & pietas, religionisque amor certare viderentur, vnde his fulgens dotibus è gremio Remensis Ecclesiæ matris, annitente Lothario, cuius erat consanguineus, ad Lingonense Episcopium facilè peruenit anno circiter 981. Chronici Benigniani auctor tanti præsulis decora copiosè persequitur his verbis. *Erat in eleēmosynis largus, in vigilijs sedulus, in orationibus deuotus; in Charitate perfectus, in humanitate profusus &c..... Censuram auctoritatis benignâ mansuetudine humiliter temperans, non personæ potentiam, sed morum elegantiam attendens in singulis &c.* interfuit pseudosynodo Remensi ann. 991. 15. Cal. Julias in Ecclesia S. Basoli, reparauit Ecclesiam S. Benigni cum Monasterio, nauúmque Lingonensis Ecclesiæ (vbi situs est) suo tumulo exornat, cui incisus baculus Pastoralis cum breui hoc Epitaphio. *Bruno Episcopus*, diem mortis notat Obituarium 2. Calend. Febru. ann. 1016. quamuis depositio eius in prædicta Lingonensi Ecclesia celebretur 3. Calend. Septemb.

*Anno 980. Lotharius Rex dedit Brunoni Remensis Ecclesiæ Clerico, suo verò parenti propinquitate consanguinitatis Lingonicæ ciuitatis Episcopatum obijt 2. Cal. Feb. ann. 1016. Ex Chronico Benigni.*

### Rorico Laudunensis Episcopus.

Rorico Caroli simplicis naturalis filius, & Laudunensis Ecclesiæ Diaconus, doctrinâ quoque per id tempus, & pietate claruit. Laudunensis Episcopij solium adeptus ann. 949. insignem se præbuit Dominicæ vineæ cultorem, cúmque industriâ polleret, Lothario fit à Concilijs, plurimúmque laborauit, post Arnulfi Senioris excessum

*Frodoar. ad annū 965.*

ODALRIC. XXXVIII. ARCHIEP. *An.* 969.

cessum quò Comitatus Flandrensis Proceres Regi se liberaliter, & placidè submitterent, quod Meyerus inuidiosè detorquet cùm ait Arnulfo decedente, Francorum armis Flandriam patuisse, ob immaturam nouelli Principis ætatem, ac tunc (Francos) studuisse Flandris præcidere alas, eorúmque fines reddere arctiores... Porro Roriconem eruditissimum fuisse testatur Asso Monachus libro de Antichristo, quem rogatu Gerbergæ Reginæ conscripsit, vbi totius scientiæ lumen Rorico vocatur, obijt 13. Calend. Januarij ex Necrologio Remensi ann. 976.

### Albricus, vel Albericus Remensis.

Albericus legitur in vita Sancti Berchariji apud N. Camusatium in promptuario Tricassino, vbi ortus dicitur ex claris parentibus in vrbe Remensi. Hic Monachismum professus in cœnobio Sancti Apri Diœcesis Tullensis, lectus est ob virtutis famam pro reformando Deruensi Monasterio, cuius & Abbas fuit post Bosonem exauctoratum sub Gausleno Episcopo Tullensi, & Odone Cluniacensi, vide Deruensis Ascceterij Rectores collectos ab eodem auctore, vbi pariter, Nobilissimis ortus parentibus prædicatur, & indigena Remensis.

**LIBRI QUARTI FINIS.**

# EPITOME CHRONICON.

Celebris Monasterij S. Nicasij Rem. ordinis S. Benedicti, initia, dignitatem, successus, ac restaurationes ad nostrum hoc sæculum continens.

---

*Jouiniæ Basilicæ initium & dignitas, & an Regulares in ea antiquitus fuerint.*

## CAPUT PRIMUM.

QVÆ de veteri SS. Agricolæ, & Vitalis Basilica in suburbio Remorum pridem condita, & de B. Nicasij tumulo, sacrísque eius Reliquijs libro primo pertexui, postulare videntur, vt ad calcem huiusce voluminis, celebris Monasterij, quod ibidem Geruasij Archiepiscopi sumptibus restructum est, initia, variósque successus subnectam, quamuis pleráque ad aliud tempus incidant : sic enim res ad propriam originem aptiùs referentur, & lucem prioribus posteriora, Lectoribus, vt spero, non ingratam ministrabunt. *Ann. 340.*

Vt igitur ab ouo, vt dicitur, sed paucis, quæ de prædictæ Basilicæ fama, & nobilitate narrantur repetam : Frodoardus, & MSS. codices fidem faciunt, hanc à Iouino Romanæ militiæ Præfecto per Gallias sub Constantini magni Filijs, ac Nepotibus ann. circiter 340. conditam fuisse, dicatámque Beato Martyri Agricolæ, sub Diocletiano Bononiæ in Italia pro Christi fide agonem passo, in qua, & ipse Christianissimus Iouinus post obitum funeratus est, cuius Cenotaphium vetustatis insigne, ac totâ Galliâ celeberrimum in proano Ecclesiæ tribus columnis iuxta parietem erectum adhuc prominet, de quo Nicolaus Bergier in elaboratissimo suo opere de Aggeribus publicis, seu Vijs imperij, & D. Tristan lib. de Numismatibus curiosè disserunt, figurámque in tumulo sculptam Principis Leonem ferientis ingeniosè explicant, cum quibus in ænigmate sat difficili detegendo, symbolum quoque meum contuli lib. 1. cap. 28.

*Iouiniana vel Iouiana, Basilica hæc vocatur ab auctore prolixioris testam. S. Remigij, rectiùs Iouinia dici potest à Iouino, & eo verbo vtar in hoc Chronico.*

Quàm verò eleganti structurâ, Iouinus prædictam Basilicam construxerit, Codex MS. infra citandus sat clarè indicat ; sed & Frodoardus lib. 1. cap. 6. addit diuino instinctu ab eodem magnificè fundatam fuisse, & ornatam, frontémque,

LIII

témque, seu pinnaculum aliquot versibus condecoratum quos lib. 1. iam ex eodem Auctore transcripsi, nec vacat hîc repetere. Porrò Iouini clarissimi praeclarè meminerunt Ammianus Marcellinus lib. 21. Cassiodorus in Chronico, & Necrologium Nicasianum septimo Septemb. quo anniuersarius dies obitus eius solemniter in eadem Ecclesia quotannis celebratur.

*An.*350.    Sed quòd inprimis scitu dignum est, vix Iouiniae structurae moles, tanquam insigne quoddam sepulti Ethnicismi, & religionis Christi latè regnantis trophaeum in prospectu Rem. vrbis, Orientem versus, sursum caput erexerat, cùm Remorum Archipraesules, eâ scilicet aetate, quâ in vrbibus moris necdum erat condi corpora, sepulturam in ea delegerint, dicíque coepta est Coemeterium S. Agricolae, seu vetus Archiepiscoporum Coemeterium: vnde plures sanctitate conspicui, qui Beatiss. Nicasium immediatè praecesserunt, in eadem Ecclesia leguntur tumulati. Aper videlicet, Maternianus, Donatianus, Viuentius, Seuerus, quorum sacris cineribus, quamuis ossa inde, ob bellorum motus, translata sint, adhuc mirificè splendet, & nobilitatur. Postmodum tamen longè clarior effecta est, cùm praedicti Nicasij sub Vandalica persecutione Martyris laureâ donati, & Sororis eiusdem sacratissima Corpora feliciter excepit anno 407. De his certius ac illustrius testimonium adferri non potest eo, quod ex S. Remigij testamento sumitur, cuius fragmentum hîc lubet subnectere.

407.    *Ecclesiae Iouinianae tituli Beati Agricolae, vbi ipse vir Christianissimus Iouinus, & Sanctus Martyr Nicasius, cum plurimis Societatis suae Christi Martyribus requiescunt, vbi etiam quinque Confessores proximi Antecessores Domni Nicasij, cum Sanctissima Virgine, & Martyre Eutropia conditi sunt solidos tres.* Eidem quoque Ecclesiae proprium quòd fuerat Iouini in solo Suessionico, cum Ecclesia Beati Michaelis rebus prioribus superaddidi.

Ceterùm idem splendor, quo vetus Iouini Basilica à suis natalibus inclaruerat, per multa tempora indubiè perstitit, idem concursus populorum ad tumulum Martyris, memorabili Francorum Apostoli exemplo, qui cùm secus altare diuinae speculationis hostiam immolaret, comperto vrbis incendio, sanctorum sultus suffragijs citò properans laturus opem, lapidibus graduum Ecclesiae expressa deinceps reliquit vestigia: eadem Successorum religio testamentorum Sonnatij, & Landonis Archiepiscoporum paginis consignata, ac penè eadem miraculorum operatio à Nicasij funere, ad vltimam, vt dicetur, Basilicae restaurationem, adeo vt quae priùs Agricolae & Vitalis nomine audiebat, Nicasij nomen sensim induerit, quo passim indigitatur apud auctores.

480.
560.

900.    Quae veteris huius Basilicae per subsequentes deinde annorum centurias fata fuerint, quibus haec pollens opibus, an incolis vel Rectoribus clara, & quinam illis temporibus ad B. Nicasij sepulchrum vel memoriam excubias egerint, scriptorum inopiâ certò sciri non potest. Sanè *Fratrum* coetu Frodoardi aeuo celebrem fuisse sat clarè eruitur ex lib. 1. cap. 7. cùm die solemni, quae hiemali tempore quotannis celebratur 14. Decemb. *Fratres* maturiùs solito ad nocturnas preces agendas surrexisse is Auctor narrat, vbi diuinitùs factum ait, vt Ecclesiae Aedituis seu Custodibus somno sepultis, ac Presbytero responsa non dante, quamuis portam domus eius crebris pulsassent ictibus, templi ianuam hi spontè patentem inuenerint, & accensa luminaria, nemine intus reperto, qui reserationis, seu accensionis auctor esset: inde enim clarissimè infertur Dei laudes in ea Ecclesia tunc à multis peractas fuisse, sed an hi, quos Frodoardus *Fratres* vocat, Clerici, vel Regulares dici debeant, non satis compertum, cum *Fratris* nomine, Clerici aequè ac Monachi plerùmque designentur apud auctores.

960.    Certiùs tamen est Clericos *Fratres* à Frodoardo solitos non dici nisi cum addito, vt lib. 3. c. 28. *Rodoardo praeposito* ( scripsit Hincmarus ) *& caeteris fratribus Canonicis Ecclesiae Rem.* Monachos verò simpliciter ab eo *Fratres* appellari, vt lib. 3. cap. 25. vbi de S. Richarij & Corbeiae Monachis disserit. Deinde ( quòd magni ponderis esse puto ) lib. 1. cap. 3. & lib. 4. cap. 49. de

Basilicis

Basilicis SS. Xysti, Timothei, & Martini, verba faciens, hac Clericorum enituisse ministerio decoratas, vel Congregationem quandóque Clericorum habuisse asserit, quòd omnino non siluisset agens de Iouinia Basilica, quæ his proxima est, si pariter eam Clerici, quos *Fratres* vocat, incoluisset. Igitur cùm *Fratrum* nomine hos appellet, Regulares omnino fuisse, cuiuscumque ordinis fuerint, mihi persuadeo, vt de Veteribus Galliarum Basilicis Doctissimus Valesius inquirens an in ijs pridem Monachi fuerint, ex *Fratris* nomine in actis sanctorum reperto, optimè quæsitum resoluit cap. 6. libelli de Basilicis, qui & Basilicæ nomen pro Monasterio ibidem positum nihil officere fusius probat, nec item *Fratris* pro Monacho, quamuis Clerici, Apostolico more, seipsos *Fratres* interdum nominent, vt videre est apud Frodoard. lib. 4. cap. 28.

Quicquid sit, prædictam Iouini Basilicam à primæuo statu, seu nobilitate paulatim deflexisse, vt sors est rerum humanarum, non abnuerim, cùm sacra Beatorum Martyrum, & Confessorum lipsana è tumulis effossa, aliò translata sunt, quod accidisse reor, vel Rectorum incuriâ, vt in Philippi I. diplomate legitur, vel incolarum forsan inopiâ, & securitate. Hæc in Abbatiæ titulum, vt de B. Timothei Ecclesia refert Frodoard. postmodum redacta est, eáque sub prædicto Rege potiebatur Comes Theobaldus Archiepiscopi collatione, cùm Geruasius hanc in ius Sanctæ Mariæ de manu eius transtulit. Vt postea dicetur. *Lib. 4. cap. 22.*

*Jouiniam Basilicam senio detritam Geruasius Præsul instaurat, nouámque condit Abbatiam, quid actum à Raynaldo successore, vt monasticus ordo in ea perfectè stabiliretur.*

## CAPUT II.

Geruasio igitur ad Remenses infulas assumpto, cùm flueret annus 1056. Iouiniæ Basilicæ decor omnis erat extinctus, & quæ dudum ob venustatem sibi nomen aliquod peperarat, senio satiscens sic attrita erat, & imbribus deformata, vt tecta vndique & parietes ruinam ingredientibus minitarentur. Geruasius statim post initam possessionem suburbanas lustrans Basilicas, viso tam magnifici operis casu, statuit suis opibus labenti huic subuenire, & sic vbi corruerat à fundamentis restaurare, quod & egregiè præstitit Henrici Regis assensu, & conatum eius regali magnificentiâ mox promouente Philippo I. cuius diploma multis testibus roboratum postea referemus. *An. 1056.*

Ex vetteri item MS. constat prædictum Geruasium recèns à se restructam seu ædificatam Ecclesiam, Reliquijs Beati Nicasij nuper ab vrbe Turnacensi postliminio reportatis ditatam consecrasse quinto Calend. Octobris, ac in ea nouam Benedictinorum instituisse Abbatiam, quam amplis possessionibus, vt ibi dicitur, vel innumerabilibus diuitijs, quamdiu vixit, studuit exornare: sed proprios filios non habentem, coactum fuisse hanc exrraneis Procuratoribus, vtriusque conditionis Monachis committere &c. quibus verbis sat clarè infertur, *Fratribus* diu exactis, qui Frodoardi ætate horarias preces explebant, nouam à Geruasio aggregatam familiam, cui extraneos præfecit Procuratores, Abbatiali dignitate sibi velut Fundatori reseruatâ, vt tenelli gregis ac vix adunati paternam curam gererent. At eo obeunte, Oues legitimum ductorem non habentes, ad propria loca redeunt, possessiones à Geruasio relictæ à peruersis hominibus distrahuntur, & recèns Abbatia in lugubrem adeò statum redacta est sub Manasse primo, vt ipsa Missarum solemnia, nemine in Ecclesia existente, qui hoc ipsum expleret, à forensibus, seu conductitijs sacerdotibus celebrarentur; horæ etiam regulares seu Canonicæ à quodam iuuene nomine Ioranno, in eodem loco à teneris enutrito, recitabantur potiùs, quàm cantabantur, vndè sibi illustrio- *1060. 1070.* rem

rem locum in Ecclesia perseuerando promeruit, cùm ex Abbatiali dignitate, qua egregiè perfunctus est, ad Romanam purpuram peruenit.

*An.* 1080.

Post Manassem simoniâ intrusum, qui per dioecesim sacra profanáque foede conculcauerat, Raynaldus Pontificale culmen adeptus est anno à partu Virginis 1080. sub quo noua lux regioni Remorum visa est exoriri; dispersa siquidem hic, & exterminata congregans, & dissipata restaurans, Venerab. Geruasij exemplum secutus, in hoc vnum præsertim incubuit, vt præfatam Iouiniam Ecclesiam rebus spoliatam, destitutámque Rectore, & Ouibus, ad meliorem statum reuocaret: profectúsque apud Aruernos in Comitatu Regis, Casæ Dei Monasterium adit nuper à Beato Roberto reformatum, summísque precibus à Seguino ipsius successore postulat, vt selecti sodales sibi concedantur cum experto duce ad vix inchoatum apud Nicasianos Monachicum ordinem postliminò reuocandum, quod facilè obtinuit, vt mox ex Authentico videbimus.

*Festum eius 24. Aprilis agitur ex Martyrol.*

1090.

Rebus in integrum Raynaldi studio breui restitutis, ipsemet Seguinus Casæ Dei Abbas (vt creditur, vel alter eiusdem nominis quicumque sit) Remos veniens cum duodecim Monachis, curam suscepit animarum, hísque, seu nouello gregi mutuatas à Casa Dei constitutiones imposuit, quò ab alijs Monasticen profitentibus, veluti tesserâ distinguerentur, quas diu religiosè, ac tenaciter obseruarunt, donec languescente disciplinâ Gregorij IX. Nicolai IV. & Benedicti 12. constitutionibus, partim à Cluniacensi ordine depromptis, & partim de nouo conditis, Remensis, & Senonensis Prouinciarum Abbatiæ reformatæ sunt.

Peculiare autem Nicasiani in habitu præsertim hoc habuerunt, quòd Almutijs de pellibus nigris Capitiorum loco vterentur, de quibus Clementina, & Viennense Concilium his verbis. *Almutijs de panno nigro, vel pellibus, Caputiorum loco, cum Caputijs habitus, quem gestauerint sint contenti.* Id factum crediderim, quòd cùm Cucullus (froccum vocant) cui soli Capitium erat assutum, tenuioris esset materiæ ad tegendum caput hyemis tempore, non sufficeret, inde Almutijs vti concessum fuerit: Capitio deorsum ferè ad talos pendente, etiam cùm pileos *Ordini, ac regulæ congruentes,* vt Alexander IV. loquitur, hoc est Clericales, Monachi per Galliam ferre coeperunt.

*Almutijs pariter nigris vsos fuisse Turnac. Canonicos ab an.*

1252. docet *hist. Turnac. fol.* 59. vnde putat *Molanus de Almutijs Canonicorum differens, Canonicos, velut argumentosas Apes multa sanctissima instituta ex regula S. Benedicti sumpsisse. Nam Capitium (inquit) pelliculis suffultum, quod ipsi Cappæ super imponitur, magnam omninò habet similitudinem cum caputijs Cucullæ Benedictinæ. Addo & cum melote Sanctiss. Patris, cuius meminit B. Gregor. in ipsius vita cap.* 7.

Pelliceis verò vtendi consuetudo admodum vetus est apud Benedictinos, ortáque dicitur ab Ægyptijs Monachis apud Haepthenum lib. 2. fol. 476. imo ab ipso Patre Benedicto, eiúsque meminit Hincmarus lib. de Trina Deitate, vbi ait inualescente frigore, Gothescalcum petijsse pelliceam & focum. Botis etiam tomento fartis Nicasiani, quod singulare fuit, de nocte cùm ad matutinas surgerent vtebantur, cum quibus etiam nostrâ hac ætate post obitum sepeliebantur. Harum sit mentio in charta Tetbaldi Carnutensis pro velatis Fontis Ebraldi, quâ centum solidos confert annuatim soluendos *ad Botas foderatas emendas.*

Porrò vigente obseruantiâ regulari, & virtutem Monachis sedulò excolentibus, sensim ditescere coepit Asceterium Nicasianum, factúmque est quandóque octo Cellarum parens, pro quibus debitè instruendis, sat copiosum Monachorum numerum aluit Abbas, quos Canonicè electus, additis sub se quatuor Decanis, seu Prioribus Claustralibus, quatuor quoque administris Thesaurario, Præposito, Camerario, & Eleëmosynario, laudabiliter rexit, donec pragmaticâ sanctione penitus abrogatâ, ordo monasticus per totam Galliam pessum abijt ac regularis obseruantia vbique ferè neglecta est, quam tamen à triginta annis seniores Monachi pro ea propensione animi, quam habent in Sanctam Regulam summo studio renouare conati sunt, euocatis ad id Reuer. Patribus

bus Congregationis S. Mauri, quibus non vi coacti, nec ditiori fortunâ pellecti, sed ingenuâ, & simplici caritate Ecclesiam sacris supellectilibus locupletatam, tabularium vetustioribus chartis refertum, omnes reditus Claustrales, & iura, quæ hactenus illæsa conseruarant, paucis omnino contenti, cesserunt, vt sarta tecta in perpetuum tueantur. Hinc factum est, vt Abbatia Nicasiana, quæ independens ab origine extiterat, exemplo Regalium Abbatiarum regni Franciæ, in omnibus innouata, huic Congregationi auctoritate summi Pontificis erectæ, iuncta quoque sit, & incorporata, cui prosperum, & felicem successum adprecantur.

Et hæc de Asceterij Nicasiani primordijs strictim, & compendiosè. Nunc quod obiter à nobis dictum est tabulis fundationum, alijsque manuscriptis codicibus, quæ antiquitatem redolent, stabiliemus.

*Philippus primus renouationem à Geruasio cœptam adprobat dono villæ Hundilicurtis pro anima Patris sui Henrici I. in vsus Deo Militantium, hoc diplomate.*

IN NOMINE SANCTÆ, ET INDIVIDVÆ TRINITATIS PHILIPPVS DIVINA PROVIDENTIA FRANCORVM REX. Si diuinorum munerum largitatem erga nos pensare volumus quicquid ad eorum quasi recompensationem molimur infra esse, imo nihil esse non ambigimus, vt licèt diuinis beneficijs simus impares, in gratiarum tamen actione, cùm verbis, tum etiam factis laborare debemus, nec quia non sufficimus, ideo deficiendum nobis est. Igitur more Patrum nostrorum, consilióque dilectissimæ Matris nostræ Annæ, & fidelium nostrorum rogatu, Domni videlicet Geruasij Remorum Archipræsulis, & cæterorum Curialium nostrorum pro anima *Patris nostri Henrici*, & pro salute animæ nostræ in vsus Deo militantium in Ecclesia Beati Nicasij Martyris, in qua prædictus Archiepiscopus diuino instinctu Abbatiam suorum prædecessorum negligentiâ destructam instaurauit, villam nomine Hundilicurtem perpetuò habendam eidem Ecclesiæ tradimus, mansum Indominicatum, Ecclesiam, seruos, aquam, & aquæ decursum, cum molendino; Et postremo omnia ad eandem villam pertinentia, eidem Ecclesiæ concedimus. Et vt hoc nostræ concessionis edictum per omnia tempora inuiolabilem in Dei nomine obtinere valeat soliditatis vigorem, manu nostrâ propriâ illud firmamus, sigilli nostri impressione subtersigillari iussimus. Quicquid etiam Domnus Geruasius Archiepiscopus eidem Ecclesiæ dedit, & daturus est, simili modo firmantes ratum esse præcipimus.

*Ante Geruasiũ, B. Nicasij Ecclesia Abbatia erat in beneficium ab Archiepisc. dari solita, vt adhuc patebit sequenti diplomate.*

1061.

Signum *Philippi gloriosissimi Regis*.
Signum *Elinandi Laudunensis Episcopi*.
Signum *Quiriaci Nannetensis Episcopi*.
Signum *Roberti fratris Regis*.
Signum *Rodulfi Comitis*.
Signum *Manassæ Comitis*.

*Actum Remis anno Incarnati verbi millesimo sexages. primo Philippi Regis secundo, Geruasij Archiepiscopi sexto, in Ecclesia Sanctorum Agricolæ, & Nicasij Martyrum 11. Idus Maij indictione 14.*
Signum *Annæ Reginæ*.
*Balduinus Cancellarius ad vicem Geruasij Archiepiscopi subscripsit.*

Chartam hanc S. Ludouicus cùm Remis ageret anno 1257. regiâ etiam auctoritate stabiliuit his verbis.

IN NOMINE SANCTÆ, ET INDIVIDVÆ TRINITATIS LVDOVICVS DEI GRATIA FRANCORVM REX. Nouerint vniuersi tam præsentes, quàm futuri quòd nos litteras inclitæ recordationis Regis Philippi prædecessoris nostri vidimus. In hæc verba. *In nomine Sanctæ, & Indiuiduæ Trinitatis Philippus &c.* Nos autem pijs ipsius vestigijs inhærere volentes, præmissa omnia, prout superius continentur, volumus, concedimus, & auctoritate regiâ confirmamus, saluo iure

iure in omnibus nostro. Quod vt perpetuæ stabilitatis robur obtineat præsentem paginam sigilli nostri auctoritate, ac regij nominis charactere fecimus communiri. *Actum Remis anno Dominicæ Incarnationis millesi. ducentesimo septimo, mense Martio, regni nostri anno 32. adstantibus in palatio nostro; quorum nomina supposita sunt, & signa, Dapifero nullo. Signum Ioannis Buticularij. Signum Alfonsi Camerarij. Signum Egidij Constabularij. Data vacante Cancellaria.*

Hac Philippi donatione sub initium restaurationis à Geruasio cœptæ, probatur Monasterium Nicasianum, esse regiæ fundationis, quamuis prædictus Archiepiscopus multùm contulerit. Cuius primariæ institutionis charta desideratur, nec studiosè à me quæsita reperiri potuit, at abundè suppletur Philippi Regis diplomate, totum (vt moris est) ad amussim referente, quod vt posteris integrum, & illibatum relinquatur, exscriptum ex membrana hîc inserendum duxi, nè temporum injuriâ pariter intercidat.

1066.

*Præceptum Philippi I. Francorum Regis, quo renouationis à Geruasio factæ, donationúmque eius series exponitur.*

*Charta hac Philippi Regis extat in veteri & nono Chartulario.*

IN NOMINE DEI SVMMI, ET SALVATORIS MVNDI IESV CHRISTI PHILIPPVS DIVINA DISPENSANTE CLEMENTIA FRANCORVM REX. Quoniam fouendis Ecclesijs Dei, exaltandis, & protegendis operam dare regalis est excellentiæ, nósque ad hanc dignitatem Diuina Clementia sublimare dignata est, si quid pro earum incolumitate patimur, id eis, prout tempus exigit, regali nostrâ liberalitate debetur. Nouerit igitur fidelium nostrorum, tam præsens ætas, quàm futura posteritas, Geruasium venerabilem Remorum Archiepiscopum quandam Abbatiam in Archiepiscopatu suo construxisse, & quæ ei suo labore, & industria adquisita sunt, vt eidem nostræ confirmationis scripto corroboremus, nostram regiam serenitatem sedulò postulare. *Est enim Ecclesia in suburbio Remensi posita*, miro opere quondam à Iouino Præfecto ædificata, quæ in primordio Archiepiscopatus sui ab eo inuenta est vetustate, & incuriâ magna parte consumpta. Et quia de nomine sancti Martyris Nicasij appellabatur, quamquam qui primò eam fundauerat sub titulo Sancti Agricolæ condidisset, ob amorem Dei, & Sancti prædecessoris suo studuit, quæ in ea omnino corruerant à fundamentis restaurare, quæ semirupta pendebant artificio quodam redintegrare, & in speciem noui operis ruinosam Ecclesiam decentissimè reformare. Ad hæc Refectorium, Dormitorium, & cetera habitacula seruorum Dei vsibus necessaria (*quæ antea ibi nunquam fuerant*) insigni opere superaddidit, fratrésque sub Abbate, & regula Sancti Benedicti domino militantes ibidem congregauit, & reditus vnde viuerent sufficienter delegauit. Quibus ita peractis, nunc tandem (vt dictum est) nostram petit regalem Celsitudinem, vt suo operi quasi extremam manum apponentes, præcepti nostri solemni confirmatione roboremus, & vt eius precibus annuamus, scientes à prædecessoribus nostris Francorum Regibus per suos Antecessores ceteris Abbatijs ad Remensem Ecclesiam pertinentibus simile robur confirmationis esse impetratum. Nos sanctam eius, ac religiosam petitionem intelligentes ei adquieuimus, & nostræ auctoritatis præcepto, quæ sequuntur, prædictæ Ecclesiæ perpetuò possidenda firmamus.

*Loca vsibus seruorû Dei, quæ nunquâm ibi fuerant, Geruasius superaddidit.*

Comes Theobaldus Abbatiam (fuit enim in hoc loco Abbatia) in beneficio de manu Remensis Archiepiscopi habuit, sed Comes quamuis res modica esset, centum tamen libris à Venerabili Geruasio acceptis, de iure suo, in ius, & dominium Sanctæ Mariæ, & ipsius Geruasij transferens, se omnino ab ea alienauit; At Pontifex loco Sancto reddidit. Et vt hoc factum regali confirmatione roboraremus serenitatem nostram exorauit: hanc itáque Abbatiam isti loco regalis vigore mandati restituimus, & perpetualiter habendam roboramus. Claustrum verò, & suburbia, quæ circa Monasterium sunt ad ipsum pertinentia, ita ab omni exactione sint, libera, vt ab eis nemo quicquam exigat nisi Abbas loci aut cui ipse

*Claustrû & suburbia, antè Geruasium.*

## S. NICASIJ REMENSIS.

ipse præcepit; Ecclesiam verò de Nouiento, quam Comes Suessionensis Raynoldus ab Archiepiscopo Remensi in beneficio habebat, Hubaldo in pignus dederat, & vsurâ diuturnitate pignerationis nimiùm accrescente eam amiserat, dictus Pontifex eam ab Hubaldo redemptam, cum terra à se in eadem Parochia empta, loco Sancto contulit, conniuentibus Comite Wilelmo, & vxore suâ Alaide filiâ paulò ante dicti Comitis Raynoldi: quod factum nos quoque probamus, & Ecclesiæ perenni iure possidendam regio statuto sancimus.

Porrò Hundiliacam curtem cum Ecclesia, Piscatorio, ceteris appendicijs, mancipijs vtriusque sexus, huius Ecclesiæ vsibus perpetualiter profuturam statuimus, atque roboramus; quamuis ex eadem villa donationem huic loco ante hoc quinquennium, ob animæ Patris nostri, & nostræ salutem fecerimus, & literas super hac donatione editas, & nostro sigillo insignitas, manu quoque nostra firmauerimus. Ceterùm Alodia, quæ idem Præsul huic sanctuario adquisiuit, eiusdem sanctuarij iuri atque dominio irrefragabiliter addicimus atque confirmamus. Alodia de Sancto Hilario super fluuium Sopiam sita à pluribus empta, cum Ecclesia, Piscatorio magno, & sedibus molendinorum postea ab eo factorum. Iuxta hæc majora Alodia, alia plura minora super fluuium Pidam in parœcia Sancti Sulpitij, & super fluuium Arnam in parœcia Sancti Petri. Alodium de Mundrisiaca curte, cum Piscatorio, & sede Molendini quod ipse postea construxit: Alodium de Donisiaco, in parœcia de Medarco, Alodium de Liringa, cum pratis, sylua, & vineis, Alodium de Tramerio cum piscatorio pratis, & vineis, & quàm delectabilibus arboretis. Et prope istud Alodium de Bonolio, Alodium de Brazoncurte Mansos scilicet quatuor, Alodia de Muronis villari, & de Ponte fabricato, & de Bacunna, quæ ipse Præsul suscepit, de donna Leginde, & quendam seruum Theodericum nomine. Altaria quoque idem liberalis Præsul huic Ecclesiæ largitus est absque persona, quod nos etiam probamus, & nostra regiâ confirmatione munimus; Altare de Nouiento, altare de Sancto Læto cum terra, & vineis in eadem Parochia, & altare de Sancta Eufrasia, altare de donno Trajano, altare de Fraxineto, altare de iam dicta Hundiliaca curte, altare de Pauli curte, *altare Sancti Sixti cum Parochia & suburbio*, altare de Sancto Hilario; terras verò arabiles, & vineas ab eo datas, vel emptas circa Ciuitatem in pluribus locis sitas: in Parochia villæ quæ dicitur Besanna terram pictorum sufficientem duabus carrucis, Muriniaci terram Richardi sufficientem vni carrucæ &c. Hæc & si quæ huius Pontificis prouidentiâ, vel aliorum bonorum virorum munificentiâ, huic Monasterio adquisita sunt, vel ad quirenda in regno, cui auctore Deo præsidemus, cuncta ei huius nostri præcepti munimento stabilimus atque firmamus. Et vt hoc nostræ corroborationis statutum, ratum, & inconuulsum, inuiolabile maneat per sæcula, manu nostrâ subterfirmauimus, atque annuli nostri impressione insigniri præcepimus.

*Eorum quæ Geruasius Ecclesiæ B. Nicasij concessit meminit, Manasses Archiep. in suo diplom. ann. 1102. fol. 29. Chart. noui. Alex. Papa 1167. Paschalis quoque ibid.*

*Suburbium S. Sixti. de hoc maxima contèio fuit cum Remigianis.*

| | |
|---|---|
| Signum Philippi Regis Francorum. | Signum Rogeri Catalaun. Episcopi. |
| Signum Geruasij Archiepiscopi. | Signum Balduini Nouiom. Episcopi. |
| Signum Adelardi Suessio. Episcopi. | Signum Widonis Beluac. Episcopi. |
| Signum Elinandi Laudunensis Episcopi. | Signum Cameracensis Episcopi. |
| | Signum Vualteri Meldens. Episcopi. |

*Actum Remis anno Incarnat. verbi millesimo sexag. sexto Philippi regis septi, Geruasij Archiepisc. vndecimo, in Ecclesia Sanctorum Agricolæ & Nicasij Martyrum quarto Calend. Octobris. Balduinus ad vicem Geruasij Archiepiscopi subscripsit. Signum Herimari Abbatis.*

His subnectam quæ ab auctore Coëtaneo de instauratione Basilicæ Iouiniæ, prodita sunt, déque regularis obseruantiæ vario successu ab exordio fundationis, vsque ad Pontificatum Raynaldi I. Remorum Archiepiscopi.

*Herimarus hic Abbas S. Nicasij forsan fuit sub Geruasio.*

*Renouationis*

*Renouationis per Geruasium factæ series è veteri MS excerpta, euocationisque Monachorum à Casa Dei veritas Raynaldi chartâ comprobatur.*

## CAPUT III.

*An.* 1066.

Est quædam Ecclesia in Suburbio Remensi posita, miro columnarum ornatu, arcubus auro, & vitro lapillis interposito micantibus à Iouino vrbis Romæ Præfecto, ad Gallias verò à Romanis destinato, à quo & Iouiniana dicitur, quondam gloriosè fundata, quæ ad tantam desolationem, & annulationem, præ nimia antiquitate, & ciuium incuriâ deuenerat, vt tempore quo Venerabilis Geruasius Remis deuenit, eiusdem vrbis factus Episcopus, nullius pretij haberetur. Erant etenim confracta & aperta ostiola, destructi per loca parietes, domus desuper rimis creberrimis patefacta, nil aliud, si quando petebatur, nisi ruinam sui ingredientibus in eam minitans, & quæ diuino cultui dedicata fuerat, circa manentibus è medio factis, cubile ferarum, & pecudum existebat.

*Status Ecclesiæ Iouiniæ, cum Geruasius ad Archiep. electus est.*

Itaque Venerabilis Geruasius primitùs Cenomannis Episcopus, post modum nutu diuino Remensis vrbis ordinatur Archiepiscopus, vt speramus ad restaurationem, & meliorationem locorum sanctorum infra, & extra vrbem positorum missus. Erat siquidem vir ille Catholicus, linguâ facundus iustitiâ insignis, humilis ad merita, ad vitia rigidus, nobilis genere, nobilior moribus, auri, & argenti infinitarum diuitiarum copiâ non mediocriter redundans. Hic itaque quodam die diuersa in circuitu vrbis ioca circuiens, inter alia cum multo comitatu ad præfatam Ecclesiam deuenit: Interrogans autem se sequentes cui titulo, & quibus Sanctis dedicata extiterat, inquiunt, Domine Ecclesia hæc Iouiniana dicitur in honore Agricolæ, & Vitalis in vrbe Bononiensi docollatorum à Iouino ( vt creditur ) ipsius Agricolæ cognato dedicata, in qua gloriosus Victor Nicasius cum commisso sibi grege à Wandalis decollatus, cum sorore sua, & alijs multis ipsius gregis traditus sepulturæ dignoscitur. *Ingressus autem in eam*, incomparabilis operis videns fabricam prædecessorum suorum negligentiâ penitus annulatam, atque diuinitùs intelligens à se readificandam intimo cordis alta suspiria trahens ait, O domus gloriosa? quantâ negligentiâ plenè destructa jaces? Ab illa autem die sumptus necessarios & operarios exquirens, interjecto modico tempore, ad id quod factum fuerat pro posse reuocaturus adem sacram aggreditur.

*In vetustiss. vitro prope sacrarium haud ita pridem delineatus cernebatur Geruasius læuâ bursas tenēs, dextrâ verò nummū aureum, quem pro arrha prety operis architecto porrigebat, & è regione plenispateris vinum hauriebant operarij, vt moris est, cum extruendum aliquod ædificium suscipitur.*

Volens igitur benignitas & humanitas Saluatoris nostri ipsi, & omnibus in circuitu positis demonstrare gratissimum opus esse quod inceperat, à solo Tornacensi partem quandam corporis gloriosi Pastoris Nicasij Ecclesiæ præfatæ voluit reuocare, quæ quomodò, aut à quo, vel quo tempore illuc sit deportata hactenus incertum habemus &c. Quæ addit prædictus codex de relatione reliquiarum Sancti Nicasij, earùmque probatione per ignem, commodiùs infra ponentur. Opus autem præfatæ Ecclesiæ ad finem vsque perducens, GLORIOSA MARTYRVM PORTIONE REDOTATVM IN MAGNA GLORIA QVINTO CALENDAS OCTOBRIS DEDICAVIT. Atque Canonicos in ea constituens, sed interjecto aliquanto tempore, ad Ecclesiam Beati Dionysij positam in suburbio Remensi translatos, Abbatiam Monachorum inibi instituit ad laudem Domini nostri JESV CHRISTI: hanc quamdiu vixit possessionibus amplis, & inumerabilibus diuitijs studuit exornare. Sed filios proprios non habentem, extraneis procuratoribus vtriusque conditionis Monachis compulsus est committere. Congregat iste, labores suos secuturæ generationi credens profuturos, illi contra distrahebant varijs gulæ & ventris illecebris seruientes: exaltare & ditare hic quærebat, plebs illa inutilis

&

& inualida conculcare satagebat, & dum prauè à prauis habitatoribus hæc & *Ann.* 1067.
huiusmodi aguntur, non locum, sed habitantes iam iámque plurimùm fastidiens
Episcopus Venerabilis, vniuersæ viam carnis quarto nonas Iulij ingreditur.

Itáque percusso Pastore, & è medio facto, oues erroneæ DVCTOREM non haben- *Externi Pro-*
tes, per diuersa disperguntur, qui vendiderant, qui dederant, quos dimittere com- *curatores &*
pulerat, sua quæq; violenter atque fraudulenter repetentibus proh dolor! quæ nuper *Monachi è*
post Babilonicam struitutem, Deo facto propitio, reuocata per IESVM sacerdotem *varijs cœno-*
magnum fulgebat, nunc iterum per incuriam & ignauiam peruersorum habitato- *bijs mutuati*
rum pretiosis vasis & ornamentis in Persidem asportatis, horrore & squalore sub *post Geruasij*
Antiocho impio Principe sordebat... & licèt ad tempus super locum istum Majestas *obitum Ab-*
Domini videatur irata, tamen non in finem, credo, interuentu gloriosi Martyris *batiam de-*
eam repulit. *serunt.*

Nam post multa genera dissentionum, post varias oppressiones diuitum & hu- 1080.
milium, post innumeras distractiones ornamentorum Ecclesiarum, quæ à quodam Manassede iniustè nomen Episcopale affectante, Deo, & omnibus hominibus 1083.
pro viribus resistente infra & extra vrbem facta sunt, subitò quædam noua lux
omni Remensium regioni visa est exoriri, Domino Raynaldo moribus & doctrinâ
clarissimo à Turonis veniente, & Cathedram Episcopalem obtinente. Hic itáque
adeptus (vt dictum est) culmen Episcopalis honoris, non solùm vrbem, sed etiam
in circuitu ipsius omnem regionem exterminatam, & à Barbaris conculcatam reperit. Igitur dispersa, & exterminata congregans, dissipata, & annulata
restaurans, Venerabilis Prædecessoris sui Geruasij exemplum memoriâ dignum imitatus, inter alia præfatam Ecclesiam Iouinianam ad priorem statum reuocare libuit. Hæc quoque, vt diximus, ad tantam calamitatem deuenerat, vt non solùm qui præesset, sed nec qui regi potuissent penè in ea inuenirentur. Ipsa quidem
Missarum solemnia nemine in Ecclesia existente qui hoc officium explere posset, à
forensibus sacerdotibus mercede conductis multoties celebrabantur: horæ etiam
regulares à quodam iuuene nomine Ioranno in eodem loco nutrito, & vno conuerso
psalterium manibus tenente recitabantur potius, quàm cantabantur, ipsum autem *Hinc patet*
iuuenem Ecclesiæ ipsi postea præesse vidimus, laboribus suis & fidelitati iustam mer- *codicis au-*
cedem Domino retribuente. Iustum quippe, fuit vt qui sub alterius Imperio pauper- *ctorem per*
rimè viuens alijs discedentibus non discederet pondus diei, vt æstus portauerat, vt *id tempus*
totiùs Ecclesiæ prælationem, & dominio potiretur, & qui subditus alijs deuotissimè *vixisse.*
ministrauerat, ipsi postmodum Prælato ab alijs ministraretur, & qui in dolore,
& miseria in ipso loco minister fidelis extiterat, in eodem loco, visa beatitudine,
quæ miseriam subsecuta est, Prælatus alijs lætaretur.

Igitur præfatus Pontifex Raynaldus quemdam Monachum A CASA DEI, quæ
in Auernico territorio posita est, accitum, Ecclesiæ Abbatem præfecit, sub qua regulariter, & honestè viuentes ab omnibus vicinis magnificabantur &c.

HAC CHARTA probatur, iuxta id quod Superiori narratione relatum est, regularem obseruantiam à Geruasio vix benè inchoatam per Discipulos B. Roberti
Casæ Dei fundatoris, restauratam fuisse, ac penitus stabilitam.

IN NOMINE SANCTÆ, ET INDIVIDVÆ TRINITATIS RAYNALDVS DEI
GRATIA REMORVM ARCHIEPISCOPVS. Cùm nos dispositionis censura Ecclesijs suis præfecerit, & Pastorem populo suo vocari, & vtinam esse statuerit,
certum est ad nos respicere quicquid à subiectis delinquitur, vt per nos subditorum errata, iuncta iudicio misericordia corrigantur, quia enim Pastores ouium
rationabilium esse cernimur, quibus tamen nobis prodesse potius expedit, quàm
præesse debemus in quantum scimus & possumus commissa ouilia circumspectu
prouidentiæ circuire, & ab eis luporum insidias pro viribus, modis omnibus
inhibere, vnde vt quòd dicimus altiùs repetentes, manifestâ rerum luce pan-
damus.

Notum esse volumus cunctis Sanctæ Remensis Ecclesiæ filijs & fidelibus quia 1090.
Abbatiam

Abbatiam Sancti Nicasij Martyris Christi Pontificisque, in suburbio Remorum sitam, & à bonæ memoriæ prædecessore nostro Geruasio in melius restauratam contigit nostris temporibus in tantum Abbatibus Monachisque destitui, & ita ex occasione frigescentis charitatis, & religionis penè ad nihilum desolari, vt neque quis inibi Abbas, vel quibus fieri deberet facilè apud ipsos reperiri valeret. Supérque cum satis supérque non immeritò doleremus, & Dei sanctorúmque in tanta necessitate consilium, & auxilium posceremus. *Visum est nobis, & vt credimus diuinitùs inspiratum dilectissimum fratrem nostrum, & pro merito sanctitatis & religionis bonis omnibus imitabilem, & venerandum Seguinum Abbatem Monasterij, quod dicitur Casa Dei, super hoc negotio compellare, vtq; pro Deo, & animæ suæ remedio laborem restituendæ ipsius Abbatiæ nobiscum susciperet, & ex sua congregatione fratrem ad præficiendum idoneum, aliósque in hoc ipsum cooperatores dirigeret, exorare.* Qui sanè cùm amore religionis, & obtentu nostræ petitionis inflexus esset, ac se rationabilibus postulatis assensum dare firmasset, gratias Deo inspiratori & effectori bonorum reddidimus, & per eum qui nobis, & dederat velle, & ministrabat posse meditata adimplere decreuimus. Visum est etiam nobis, & fidelibus nostris, huiusmodi conuenientias his statutis adjungere, & etiam nostrâ inscriptione authenticâ confirmare, vt ipse Abbas nobis ab Abbate Casæ Dei directus, & in sede sua consecratus, & intronizatus, si quippiam tale committeret, quod non satis suo ordine dignum existeret, primùm à nobis, & nostris familiaribus Abbatibus, & Clericis in eum quæstio secundùm rationis modum agitata procederet &c. Hæc omnia vti prælibata sunt, cum consilio fidelium nostrorum ordinari statuimus, vtque in perpetuum rata & inconuulsa permaneant, scripto nostræ auctoritatis, cum sigilli nostri impressione, & testium idoneorum afflictione signauimus.

*Signum Raynaldi Archiepiscopi.*

*Signum Arnulphi Archidiaconi, Sig. Manassæ Archidiaconi, Sig. Manassæ Præpositi. Sig. Lieuini Decani. Sig. Richeri Cantoris. Sig. Hugonis. Sig. Mainardi. Sig. Friderici. Sig. Guidonis. Sig. Ingelramni. Sig. Fultonis. Sig. Gerarde. Actum Remis in Archiuo Pontificali anno Domi Incarn.* 1090. *Indic.* 13. *regnante Francorum rege Philippo anno regni sui* 31. *Pontificante Domino Raynaldo Remorum Archiepiscopo anno sui Pontificatus Sexto.*

*Godefridus Cancellarius scripsit, & subscripsit.*

---

*Geruasio Jouiniam Basilicam renouante, è Turnaco Sacratissima Nicasij pignora Remos diuinitùs referuntur.*

## CAPUT IV.

An. 1064.

Nvlla foret dubitandi ratio circa annum relationis reliquiarum S. Martyris Nicasij ab vrbe Turnacensi, si authores Flandrici inter sese conuenirent, & à nobis non discreparent. Ioannes Cognatus, qui historiam Turnacensem accuratè contexuit, & quidam alij fatentur incendium prope Ecclesiam excitatum, quo tota Ciuitas mirè turbata est, cuidam Clerico præbuisse occasionem furtiuè eas auferendi, sed putant id accidisse anno 1053. iuxta annales Meyeri, quo Henricus secundus Imperator Balduino infensus, igni, ferróque vastatis Flandrorum agris, Turnacum obsedit, ipsúmque, Lamberto Comite Louaniensi nequicquam custodiente, expugnauit, diripuit, direptúmque incendit: at erroris conuincuntur supradictâ narratione, cùm hoc anno necdum Geruasius Remensis Pontificatus infulas suscepisset, sub quo vetustiora, quæ restant apud nos monimenta, Ecclesiam Turnacensem sacris Nicasij exuuijs spoliatam fuisse referunt; vnde cùm ex ijsdem habeamus statim post adeptam possessionem Geruasium

## S. NICASIJ REMENSIS.

uasium instaurationi Basilicæ Iouiniæ solerter incubuisse, prædictam relationem, de qua nunc acturi sumus, anno salutis 1062. vel 1064. contigisse haud dubiè *An. 1062.* credendum est.

Sed inprimis tanquam indubitatum supponimus Turnacenses non minimam corporis Sancti Præsulis Nicasij portionem sibi ab Ecclesia Remensi concessam plures annos olim adseruasse, id apertè tradit Frodoardus lib. 1. cap. 7. *Huius autem* (inquit) *Beati Pontificis, & Martyris pignera quædam, Nouiomagensium Episcopus quidam obtenta, suam pertulit in Ciuitatem, quæ tam apud Nouiomum, quàm & apud Tornacum Castrum, vbi quoque nunc seruari perhibentur, claris, multisque referuntur illustrata miraculis.* Quod quidem accidisse ante Pontificatum Fulconis probant ea quæ sequuntur. *Postea verò cetera corporis eiusdem Martyris Fulco Archiepiscopus, simul cum corpore Beatæ Sororis Eutropiæ, intra Remensia transuexit mœnia, &c.* Vbi cùm prædictus auctor eleuationis corporum mentionem non faciat, signum est sub aliquo ex Fulconis prædecessoribus Archiepiscopis contigisse, à quo Tornacensis Episcopus, qui exhumationi fortè aderat, partem Reliquiarum obtinuit.

Chartæ etiam tabularij Turnacensis id omnino testantur, quibus prædicti Martyris intuitu, nonnullas in ea fundationes factas esse constat, inter quas dignitate præminet Ludouici Regis vltramarini donatio villæ de Morcain Canonicis facta sub Radulfo Episcopo anno Domini 952. Tandem Annales Belgici, & quotquot sacrarum reliquiarum indicem texuere, fidem faciunt Turnacenses olim inter suas gazas prædicta pignora numerasse, ijsdémque se dudum orbatos esse non sine gemitu & graui dolore recordantur, sed quomodo id acciderit, codex manuscriptus, cuius partem (quæ negotium illud tangit) huc remisimus, luculenter aperit, his verbis.

*Volens igitur benignitas & humanitas Saluatoris nostri ipsi, & omnibus in circuitu positis demonstrare gratissimum opus esse quod incæperat, à solo Tornacensi partem quandam corporis gloriosi Pastoris Nicasij Ecclesiæ præfatæ voluit reuocare, quæ quomodo, aut à quo, vel quo tempore illuc sit deportata hactenus incertum habemus, & maluimus quod à quibusdam fingitur silentio præterire, quàm aliquid mendosè scribere. Igitur quidam è Clericis Tornacensibus, diuino vt credimus tactu admonitu, audiens Venerabilem Archiepiscopum Ædem sacram restaurare cœpisse, quomodo Ecclesiæ suæ pignus Venerabile restituat modis omnibus elaborat, & diutissimè voluntati suæ perficiendæ tempus, & locum aptum operiens non inueniebat. Quid faceret? per diem aggredi non valebat, accedere autem per noctem non audebat, ne deprehensus ad ignominiam verteretur. Cúmque anxius apud se cogitaret, subitò quadam nocte grauissimi tempestas incendij iuxta Ecclesiam B. Mariæ oboritur, quæ validis flammarum globis exurgentibus, Ecclesiæ & omni ciuitati ruinam, atque graue excidium minabatur. Exturbati verò custodes Ecclesiæ à voce clamantium, & currentium pretiosa quæque foris Ecclesiam asportare festinant. Præfatus verò Clericus tandem desiderio suo videns tempus aptum euenisse, audacter Ecclesiam ingressus, quò gloriosa membra quiescebant accessit, tollit, vrbem celeriter egressus arrepto itinere Remis secum gloriosum thesaurum deferens tendit. Eodem verò anno tanta fames Tornacensem regionem visa est depopulasse, vt nemo Tornacensium in tota vita huic similem vidisset euenisse. Et meritò tali pœnâ plectuntur qui Pastorem ad diuersa pascua deducentem,& reducentem sequi detrectantes incuriâ suâ amisisse dignoscuntur.*

*Ingressus itaque Remensem Ciuitatem Clericus in loco decenti hospitatur, ibíque vires aliquantulum refocillaturus piam sarcinam deponit vsque ad Crastinum. Posterâ die, Archiepiscopum adiens totum ex ordine pandit, vt fuerat executus, quod replicare nolumus, ne fastidium generet auditintibus, & securitate susceptâ, pro facto quod sibi diuinitus inspiratum dicebat, gloriosum thesaurum multis spectantibus profert in medium: Episcopus primò si vera sint quæ retulerat præmium spondet; mox cuidam ex suis Clericis iubet, vt onus venerabile suscipiat, cunctísque adstantibus,*

*Hoc anno 1062. fames intolerabilis Flandros premebat, grassiísque multitudo hominum panis inopia perijt, ita Meyerus, quod cũ nostra narratione optimè concordat.*

quid intus contineatur ostendat, quod & ab eo sine mora præstitum est: visis venerabilibus membris, aliquantulum hæsit Episcopus, merito dubitans an essent Beatorum Martyrum Nicasij, ac Sororis suæ, vel cuiusdam alterius, tunc ad iussionem allatis in sartagine prunis ardentibus, vt in ipsis proijciantur præcipit hæc addens, Nisi gloriose Pontifex te eripueris statim igne isto cremaberis.

Igitur mandatis Episcopi volens Clericus obedire, retrorsum cadit, pretioso thesauro quem manibus tenebat amisso, cum oculorum lumine: videntes autem in Clerico solo prostrato luminis amissionem, atque ossium sacrorum occultam ablationem, quinimo, quod admirationem auxerat, vnius ossis, quod ex alijs in sartagine deciderat celerem combustionem, omnes qui ad spectaculum illud conuenerant præ timore pariter, & admiratione percelluntur, super omnes verò Venerabilis Episcopus angustia ineffabili torquebatur, dolens tam citò amisisse, quod paulò ante gloriabatur inuenisse. Cùmque ad inuicem fabularentur & secum quæreret, subitò quidam ingreditur interrogans, quis, & cur illa ossa super altare, quod est in Ecclesia, quæ iuxta palatium posita est, posuisset, quod auribus attonitis percipientes, illuc celeri cursu omnes qui aderant, tendunt; atque vt dictum fuerat ad ipsos reperiunt; videntes verò pretiosa membra, & recognoscentes gaudent insperatò recepisse, quod amisisse doluerant.

*Idem etiam refert Guibertus de Brachio S. Arnulfi Martyris, quod ignibus ad probationem est iniectum, sed inde saltu subitò est ereptum, lib. 3. de vita sua, cap. 19.*

Audiens autem obcæcatus Clericus euenisse tale miraculum, illuc se protrahi flagitat, veniámque precatur se alieno parendo imperio, licet aliqua curiositas interuenisset, ad hanc præsumptionem deuenisse: nec pius Martyr deuotissimè confitentem diu laborare passus est. Nam dicto citiùs, quod quærebat obtinuit, sic demum tristitia in gaudium versa, duobus modis exhilarati magnificabant Deum in Reliquiarum gloriosarum inuentione, confratrísque miraculosa illuminatione.....
Adhuc verò mirabilis Pontificis animus nullam habens certitudinem aliquantulum fluctuabat quemlibet Sanctum hoc posse operari. Deposita itaque quadam arca, & aperta in qua reliquiæ corporis Beati Nicasij in Ecclesia Beatæ Virginis Mariæ hactenus honorificè seruatur, & os opponens ossi, vtpotè vnius corporis membra æqualia inuenit: sic demum satiata, atque certificata viri industria nihil ampliùs quærens quieuit. Opus autem præfatæ Ecclesiæ ad finem vsque perducens, REDOTATA GLORIOSA MARTYRUM PORTIONE in magna gloria quito Calend. Octobris dedicauit.

Hæc prædictus codex MS: in quo quædam permixta sunt, quæ fabulosa, aut forsam creditu difficilia videbuntur ijs, qui de hac probandi reliquias per ignem consuetudine nihil hactenus audierunt, at huius extat Canon 2. Concilij Cæsaraugustæ celebrati anno 592. Nec dissimilem historiam refert Baronius ex Leone Ostiensi ad annum 1014. de Monachis quibusdam Hierosolymâ redeuntibus, qui secum particulam lintei, quo pedes discipulorum Saluator exterserat apud Cassinum detulerant; Nam cum nonnulli eis fidem derogarent, ordinatum est, vt prædicta particula prunis ardentibus primùm imponeretur, quæ mox in colorem ignis versa est, amotis verò carbonibus ad pristinam speciem redijt, tum pretiosissimo scrinio collocata, magnæ in posterum extitit omnibus venerationi.

# S. NICASIJ REMENSIS.

*De reliquijs S. Nicasij grauis orta contentio, Capsarum inspectione litigantes inter amicè componitur.*

## CAPUT V.

Quæ de sacrorum pignorum relatione superiori capite notata sunt, si ad trutinam expendantur, non vsque adeò perspicua sunt, quin aliqua suboriri possit dubitatio, quænam harum Ecclesiarum, *Redotata sit gloriosâ Martyrum portione*. Cathedralis scilicet, an Iouinia, cùm illam Beatus Nicasius, cuius fidissimus Rector fuit, à seipso primitùs fundatam sanguine suo resperserit, hanc verò ob id maximè claram reddiderit, quòd eius corpus tanquam immortale depositum per quadringentos, & amplius annos vsque ad eleuationem sub tumba lapidea sepultum in ea permanserit, vnde Reliquijs eiusdem è Turnaco relatis, optimè redotata dici potest, quæ prius earum ablatione expers & indotata remanserat.

*Contentio orta dicitur ob verba illa in superiori narratione contenta Redotata gloriosâ Martyrum portione.*

Propter has, & similes aliquot rationes de sacrarum reliquiarum possessione grauis olim exarsit contentio, Canonicos Remenses inter, & Ascetas Nicasianos, maximè verò sub Roberto de Courtenay, cùm ab vtrisque pro corroganda pecunia ad structuram Ecclesiarum, quas miro schemate ædificare cœperant, Capsæ S. Nicasij vehiculo superpositæ, per vrbes Episcopales Prouinciæ mitterentur. Nam sæpius rixæ inter eos exortæ sunt, his negantibus, alijs verò asserentibus se possidere corpus Beatiss. Martyris, cuius intuitu Eleëmosynæ fiebant à fidelibus miraculorum claritudine pellectis, quæ longè latéque per id tempus percrebuerant, donec vt lis tandem comprimeretur, vtrimque capsæ apertæ sunt.

Et quidem Majoris Ecclesiæ feretrum coram multis magni nominis testibus reseratum est 26. mensis Septembris an. 1307. vt testimoniales litteræ Reuerendiss. D. Roberti de Courtenay Rem. Archiep. fidem faciunt, quas hîc ob majorem cert studinem præfiximus.

*1307.*

### In nomine Domini Amen.

Vniuersis has præsentes inspecturis, Robertus miseratione diuina Rem. Archiep. salutem in Domino. Notum facimus vniuersis nos anno Domini 1307. vigesimo septimo die mensis Septemb. iudictione sexta, Pontificatus Sanctissimi Patris Domini Clementis Papæ quinti anno secundo, in Capitulo nostræ Remensis Ecclesiæ, in præsentia dilectorum filiorum Præpositi, Decani, & Capituli Ecclesiæ nostræ prædictæ, ac etiam Notariorum publicorum & aliorum plurium fide dignorum ad hæc specialiter vocatorum, & rogatorum, quorum nomina inferius continentur; in quadam capsa seu feretro, inuenisse ligata in quibusdam pannis sericis sigillo bonæ memoriæ Domini Petri prædecessoris nostri, & sigillo Curiæ Remensis sigillata; *Ossa corporis Beatissimi Nicasij Martyris, vnà cum litteris bonæ memoriæ Domini Alberici prædecessoris nostri, quarum tenor sequitur, sub hac forma. Corpus Beati Nicasij Martyris Remorum Archiepiscopi translatum à Domino Alberico Archiepiscopo Remensi anno incarnati verbi millesimo ducentesimo tertiodecimo, mense Julio, decimo Calendas Augusti, quibus bis fidem plenariam adhibemus.* In sigillo verò quo hæ prædictæ erant sigillatæ sculpta erat quædam imago Archiepiscopalis stando tenens in sinistra manu baculum pastoralem, & in circumferentia dicti sigilli scriptum erat, *Sigillum Alberici Remensis Archiepiscopi*, Et in contrasigillo erat sculpta quædam imago Archiepiscopalis flexis genibus & iunctis manibus. Item quamdam petiam plombi in qua de multùm antiqua littera scripta erant hæc verba, *Corpus Sancti Nicasij*, Et prædicta omnia & singula de prædicta capsa seu feretro extraxisse, & eadem vidisse, tenuisse, & palpauisse.

*In alijs laminâ plombeam.*

Itaque

Itaque omnia & singula in prædicta capsa seu feretro, sub sigillo nostro, & sigillo curiæ *Remensis* nostræ integrè reposuisse, in quorum omnium testimonium, præsentes litteras per infra tres Notarios præsentes signari, & in prædictam formam redigi mandauimus, ac sigilli nostri appensione muniri.

*Nos autem Officialis Remensis presens, & nos Officialis Curiæ Domini Archidiaconi Remensis, ad relationem Radulfi Radli de pameyo Clerici Curiæ prædicti Archidiaconi Notarij, sigilla dictarum Curiarum præsentibus apponi fecimus, & in testimonium præmissorum. Acta fuerunt hæc Remis anno, die, indictione, Pontificatu, & loco prædictis, præsentibus.*

*Ioanne de Suessione præposito.*
*Nicolao de Ferarijs decano.*

I.......... *præposito.*
N.......... *Decano*
*Hugone Oudardi Presbytero.*
*Roberto Thesaurario.*
*Gerardo Vicedomino.*
*Egidio succentore.*
*Radulpho de Thelines Officiali.*
*Reginaldo de Carnoto.*
*Guillelmo de Monasterijs.*
*Gerardo de Auelliaco.*
*Guillelmo de Brayo.*
*Guillelmo de Sutono.*
*Drocone fabri Diaconis.*
*Petro de Trecis.*
*Hugone de Goussancourte.*
*Guillelmo Bardun.*
*Ioanne de Terleyo.*
*Guidone de Domina Maria.*
*Guillelmo de Bouilla.*
*Guillelmo de Niuernis.*
*Ioanne de Disseyo.*
*Roberto de Courtenayo.*
*Guillelmo de Courtenayo.*
*Friderico de Ianna.*

*Gregorio Tascha, subdiaconis Canonicis Remensis.*
*Domino Ioanne dicto Champenois.*
*Domino Ioanne de Bazerna militibus.*
*Guillelmo dicto Coralon Canonico Nouiomensi.*
*Guillelmo de Orengues.*
*Ioanne de Iargolio Presbyteris.*
*Ioanne de Carloone Canonico S. Simphoriani capellanis nostris.*
*Magistro Ioanne de Monasterijs Canonico Pontisarensi Clerico capituli prædicti.*
*Fratre Milone de S. Theoderico Priore.*
*Fratre Iacobo de Losauna lectore fratrum prædicatorum.*
*Fratre Odone de Bruerijs vicario.*
*Fratre Stephano dicto Molachar lectore fratrum Minorum.*
*Fratre Alberico, Fratre Gosuino Vallis Scholarum Remen.*
*Domino Petro de Sedent sigillifero curiæ Remen.*
*Domino Thoma de Trelodio.*
*Iacobo de Colloone Presbyteris perpetuis.*
*Capellanis in Ecclesia Remensi.*
*Prædicto Gregorio dicto le Cachal Balliuio Capituli prædicti.*

*Radulpho de Pameyo curiæ Archidiaconi Notario, Pyaltro Aurifabro de Remis, & Ioanne dicto de Camera testibus ad præmissa vocatis specialiter & rogatis.*

*Et ego Thomas dictus Seguin Clericus Sagiensis Diœcesis, Apostolica, & Imperiali auctoritate Notarius, suprascriptis & singulis omnibus dictâ die Martis per Reuer. Patrem R. Dei gratia Rem. Archiepisc. extractis visis, palpatis & repositis, vnà cum prænominatis testibus præsens interfui &c.*

1310.

Ex aduerso Ascetæ Nicasiani, vt hæreditatem, dotis nomine, à munificentissimo fundatore relictam generosè tuerentur, paulò post, an. scil. 1310. ab eodem Reuerendissimo Archiantistite Roberto de Courtenay obtinuerunt vt publicè & solemniter ipsemet eorum capsam, in qua pars illa notabilis Reliquiarum, quæ è Turnacensi solo ad eos relata fuerat, adseruatur, diligenter, inspiceret, quod & lubens præstitit, coram pluribus etiam venerandæ dignitatis testibus, vt literis sequentibus palam fiet, quas ex autographo fideliter exscripsimus.

*Vniuersis Christi fidelibus præsentibus pariter, & futuris. Robertus miseratione diuina &c. Salus in eo in cuius conspectu exultant insti, & in lætitia delectantur. Commissa nobis cura Pastoralis regiminis nos sollicitare non cessat, vt ea Christi fidelibus publicare curemus, quæ ad deuotionem populi, diuini cultus tis augmentum, sacrorum reuerentiam, & honorem sanctorum proficere dignoscantur. Cùm igitur sanctorum reliquiæ populum fidelem ad prædicta religionis opera non sit dubium prouocare. Per eas nàmque spes resurrectionis asseritur, vita sanctorum in memoriam reuocatur, fides Catholica confirmatur, dum coruscantibus in præsentia reliquiarum miraculis, animas non dubitamus regnare in cœlis, quorum corpora tantâ veneratione digna monstrantur in terris. Hinc est quod ea quæ nostris oculis perspeximus, & nostris manibus reuerenter tractauimus de venerandis reliquijs gloriosi Martyris Sancti Nicasij quondam Remorum Archiepiscopi prædecessoris nostri, cuius nunc* INNVMERA NON SOLVM PER NOSTRAM REMENSEM PROVINCIAM, SED ETIAM PER ORBEM TERRARVM MIRACVLA PRÆDICANTVR, *præsentibus literis ad perpetuam rei memoriam inseri fecimus, vt cunctis fidelibus Christi præsentibus, & futuris per nostram sollicitudinem innotescant. Sanè dilectorum filiorum Egidij Abbatis, & Monachorum Sancti Nicasij supradicti ordinis Sancti Benedicti deuotis precibus annuentes ad ipsam Ecclesiam declinauimus, & personaliter accessimus anno Domini millesimo trecentesimo decimo, Dominicâ post festum Annunciationis Dominicæ plenam & certam informationem recepturi de relatione reliquiarum, & ossium prædicti Martyris gloriosi, de qua festiuitas consueuit, à tempore, à quo memoria non existit, singulis annis 5. Calend. Octobris in dicta Ecclesia solemniter celebrari.*

*Vocatis igitur nobiscum, vnâ cum dictis Abbate, & Monachis Ecclesiæ prædicta, dilecto filio fratre Rogerio Abbate S. Remigij Rem. cum pluribus Monachis suis, ac fratribus Iacobo de Lausanna Priore fratrum Prædicatorum Remens. Odone dicto Molet de Bruerijs, Adam vasseret ordinis fratrum Minorum, Droardo Rectore Parochialis Ecclesiæ Sancti Martini Rem. Thoma Sagio auctoritate Apostolicâ publico Notario, & alijs fide dignis, inspeximus diligenter de verbo ad verbum quandam legendam de litera multùm antiqua scriptum in quodam libro antiquissimo dictæ Ecclesiæ, in qua inter cetera continebatur qualiter præfatus Sanctus Martyr Nicasius in dicta Ecclesia sepultus fuerat, & qualiter eiusdem præfatæ reliquiæ à solo Tornacensi, vbi quondam delatæ fuerant, post modum tempore Beatæ memoriæ Geruasij tunc Rem. Archiepiscopi Prædessoris nostri ad Ecclesiam memoratam relatæ fuerant & reposita in eadem. Quæ quidem legenda in multis alijs libris reperitur, vnde prædictus Abbas Monasterij Sancti Remigij supradicti consimilem legendam, & eiusdem tenoris ex sui Monasterij Bibliothecis antiquis nobis attulit, & ostendit ad majorem certitudinem præmissorum. Quibus attentè visis, accessimus ad antiquam capsam argenteam existentem in thesauro dicti Monasterij Sancti Nicasij, quæ vulgariter nuncupatur feretrum Sancti Nicasij Remensis, & in præsentia prænominatorum, serraturas ipsius capsæ cum magna difficultate fecimus aperiri. In qua siquidem capsa inuenimus Reliquias siue ossa inferius declarata vid. Quatuor costas, quatuor ossa de spina dorsi, mandibulam inferiorem, vnum os tibiæ, cui erat schedula annexa, in qua scriptum erat* SANCTI NICASII, *vnum os de tibia magnum, & longum, vnum os de spatula latum. Sex ossa alijs minora de tibijs, & brachijs, vnum os de hanca latum & magnum, & tria alia ossa minuta. Inter quæ ossa erat quoque alia schedula, alia à supradicta, in qua de antiquissima litera scriptum erat* SANCTI NICASII, *quorum ossium minutorum vnum accepimus. Supradictam vero mandibulam thesaurario dicti Monasterij S. Nicasij tradidimus in vase argenteo per ipsum honorificè recondendam, quibus sacris reliquijs fidelium multitudini copiosè præsenti ibidem prius per nos ostensis, continuò eas contrasigillo nostro signatas in capsa prædicta reclusimus reuerenter, quæ ossa seu reliquias secundum ea quæ audiuimus, & vidimus, piè credimus, & pro certo tenemus esse de reliquijs prædicti Martyris gloriosi, licèt credamus, & firmiter teneamus fuisse & esse corpus prædicti Martyris (pro majori parte) in quadam capsa seu feretro reposito in nostra Remensi Ecclesia, capite dicti Martyris in vase argenteo recondito in nostra prædicta Ecclesia connumerato. Et in testimonium præmissorum præsentes literas fieri fecimus,*

*Exstat Innocentij IV. bulla plombea data Lugduni anno Pontificatus 6. qua omnibus verè pœnitētibus & confessis qui ad Ecclesiā S. Nicasij in festo eiusdem Martyris, quod quinto Calend. Octobris ibid. venerabiliter celebratur, annuatim cōcedit.*

1310.

## EPITOME CHRONICON

mus, & nostri sigilli appensione muniri. Datum anno Domini 1310. die veneris in crastino Festi Ascensionis Domini.

**1359.** Eadem capsa, nunc supra maius altare exposita, publicè iterum aperta fuit die octauo mensis Octobris ann. 1359. auctoritate Reuerendiss. D. Ioannis de Credonio Rem. Archiepiscopi, & in eius praesentia, testiúmque subscriptorum in actis, quibus patet praeter S. Nicasij reliquias sigillatim, vt superius expressas, quas pannis sericis inuolui curauerat Robertus de Courtenay an. 1310. ac zona de filo albo circumcingi sigillo suo munita, reperta quoque fuisse alia quaedam ossa in duobus pannis lineis distinctè inuoluta, in quorum altero sex ossa satis magna inclusa erant, in altero verò tria minora, cum schedula literis Gothicis *Forsan pro* haec praeferente, *Ossa Sancti Ecleonardi Confessoris Christi*, quorum sex majorum *Ecleonardo* ossium, vnum os de brachio, vt apparebat, dedit Dom. Abbati S. Nicasij in *legendus E-* vase argenteo per ipsum honorificè reponendum. Alia quoque ossa reperta, sed *thelunoldus* sine indice ac schedula. Prioribus pannis, quibus reliquias S. Nicasij inuoluerat *Britanniæ* Robertus de Courtenay, praedictus Ioannes de Credonio Archiep. alium de seri- *Episcop. su-* co varijs coloribus contextum suppeditauit, quibus decenter Sacrae Reliquiae *blatus an.* post inspectionem & populo qui praesens aderat ostensionem, inuolutae sunt, quas *904. vide* praeterea ligamine de filo viridi cinxit, annulóque suo propriâ manu sigillauit, & *Surium* eidem sigillum sui secreti fecit apponi. *tom. 4.*

His quoque subnectendum est aliud instrumentum, quo praedicta capsa tertiò aperta dicitur per Reu. D. Richardum de Besançon Rem. Archiep. vt rogatu Christianissimi Regis Caroli, certa quaedam portio reliquiarum Carolo IV. Imperatori, qui eam sibi dari enixè postulauerat, concederetur : tanti siquidem Principis amor in B. Martyrem Nicasium, merita eius non mediocriter commendant, possessionémque reliquiarum indubitanter asserit, de qua praesens versatur controuersia, instrumentum autem praedictum totius rei negotium pandens est eiusmodi.

IN NOMINE DEI AMEN. *Per hoc praesens instrumentum cunctis pateat euidenter quod anno ab Incarnatione eiusdem, secundum cursum Ecclesiae Remensis, millesimo trecentesimo septuagesimo septimo, indictione prima, mensis Januarij die 14. hora decantationis magnae Missae in Ecclesia S. Nicasij Rem. Pontificatus Sanctiss. in Christo Patris ac Dom. nostri Gregorij diuina prouidentia Papae vndecimi anno octauo, in Notariorum publ. subscript. & testium inferius nominatorum ad hoc specialiter vocatorum praesentia, propter hoc praesentialiter constitutis Reuerend. in Christo Patre ac D. D. Richardo permissione diuina Rem. Archiepiscopo ex parte vna, & Venerab. in Christo Patre D. Petro eadem permissione Abbate Monast. S. Nicasij Rem. ex altera, praefatus D. Abbas verbum primitùs assumens & dirigens dicto D. Archiepiscopo, narrauit eidem qualiter ipse Dominus Archiepis. pridie ad dictum Dom. Abbatem & eius Conuentum miserat quasdam literas regias clausas, mentionem facientes qualiter Sereniss. Princeps Dom. Imperator Roman. qui per Remensium vrbem fecerat transitum, & qualiter idem D. Imperator magnam habebat deuotionem erga gloriosissimum Martyrem B. Nicasium, & voluntatem vt de suis reliquijs habere posset. Et etiam qualiter Dominus noster Carolus Rex Franciae rogabat dictum Dominum Archiepiscopum quatenus ipse tantum faceret erga Dom. Abbatem & Conuentum praedictos, vt ipsi modicam aliquam portionem traderent dicto Domino Imperatori de reliquijs antedictis prout in dictis literis Domini Caroli Regis Franciae, & eius nomine ac sigillo, vt iisdem dicebatur, & prima facie apparebat communitis, quarum tenor talis est.*

DE PAR LE ROY, Archeuesque de Reins nous sçauons que nôtre Oncle l'Empereur qui s'en va par Reins, si comme vous sçauez, à grande deuotion à S. Nicaise, & grande volonté d'auoir de ses Reliques, si vous prions biens actes que vous fassiez tant par deuers l'Abbé, & le Conuent dudit lieu, qu'ils luy en baillent aucune petite portion : Car nôtre dit Oncle y aura grand plaisir, & ce nous sera bien agreable, donné aux Bois de Vincennes le 17. iour de Ianuier   Charles à nôtre Amé & Feal Conseiller l'Archeuesque de Reins.

*Qui*

## S. NICASIJ REMENSIS.

*Qui quidem Abbas, & conuentus dictas literas diligenter cùm inspexissent regiæ voluntati satisfaciendum rati, Reuerendiss. D. Archiepiscopo similiter supplicarunt vt Reliquiæ, in ipsa capsa repositæ, eâdem formâ, qua à Prædecessoribus reperta fuerant, sub legitima recensione sigillo munita reducerentur, quod & factum est: vnde lectis authenticis chartis, quibus de prædicta Capsæ lustratione sub Reuerendiss. Roberto de Courtenay, & Ioanne de Credonio dudum facta constabat, ipsis proprium nomen, & sigillum primò apposuit Dom. Archiepiscopus, tum præfati Abbas, & Conuentus os magnum & oblongum de tibia B. Martyris Nicasij, in quo parua quædam affixa erat schedula scindi fecerunt per Aurifabrum, dimidiatámque partem Hennequino Cameræ Domini Regis famulo, qui literas detulerat sponte, ac liberaliter Augustissimo Imperatori deferendam tradiderunt. Factáque recensione reliquiarum iuxta schedulas repertas in Capsâ, Dom. Archiepiscopus pannis eas sericis inuoluit. præsentibus Venerab. in Christo Patribus D. Petro S. Remigij, Hugone S. Dionysij Monaster. Rem. Abbatibus, nec non Venerabilibus, & circumspectis viris Dom. Nicolao de Turribus præposito, Magistro Iacobo Courre Canonicis Ecclesiæ Rem. & Vicarijs dicti D. Rem. Archiepisc. fratribus Petro de Romagnia Sacræ Theolog. Doctore ordinis fratrum Augustini. Nicolao de Villa ad Nodos Priore, Ioanne Adam Lectore Conuentus Prædicat. Rem. Domino Simone de Villa Francoso Canonico, & vestiario Monasterij S. Dionysij Rem. Simone de Par Priore Conuentus Sanctæ Mariæ de Carmelo Rem. & pluribus alijs.*

Quid verò inde secutum sit, & quomodo lis aliquantum compressa, vt probant initæ societates inter Capitulum Remense, & Monasterium S. Nicasij ann. 1331. & 1362. rursum reuixerit occasione generalis cuiusdam supplicationis indictæ ann. 1405. per Reuerendiss. Guidonem de Roya Rem. Archiep. pro vnione Ecclesiæ, & sanitate Regis; in qua deferri debebant omnes vrbis Reliquiæ, ac tandem amicè composita, per Arbitros ex vtraque parte selectos 1406. docent exscripta seu processus verbales in tabularijs vtriusque Ecclesiæ adseruati, quos hic fusiùs referre superuacaneum iudicaui.

*Supplex libellus Capituli Remen. Henrico Regi Franciæ & Angliæ oblatus ann. 1425. 3. regni eiusdem, vt totum negotiū ad Curiam Parisi. deuoluatur, docet hoc an. necdū fuisse sopitas.*

✠✠✠✠✠✠✠✠✠✠✠✠✠✠✠✠✠✠✠✠✠✠✠✠✠✠✠✠✠✠✠✠✠✠✠✠

*Insigniores viri qui apud Nicasianos claruerunt, de horum statutis aliquid per reformationem immutatis.*

## CAPUT VI.

Beati Roberti discipulis Seguino Duce Remos, ex Casa Dei per Raynoldum Archiepiscopum adductis, Iouinia domus quæ prolis expers hactenus remanserat, velut rediuiua arbor sensim turgescere cœpit, ac per totum Belgium efflorescere: proprios siquidem nacta filios mirum dictu quantùm in virtute profecerit, & quàm perfecta paulò post ex noua plantatione prodierint germina Monachorum, adeo vt obarctam eorum disciplinam totius religionis sacrarium, & insignium virorum euaserit domicilium, vt testantur Pontificum diplomata, Regum etiam & Episcoporum, quibus se priuilegia indulgere, aut prædia data vel acquisita ob id præsertim confirmare asserunt, quòd eam vigore religionis admodum florere cognouissent.

*Radulfus 1115. Raynaldus 1128. Aluisius A-treb. 1143. Guilel. Cardin. 1199.*

Sed nihil æque spectatam hanc morum probitatem commendat, ac viri illustres inde ab Episcopis Prouinciæ ad regimen Monasteriorum asciti, vbi cùm religionis ardor ætatis vitio nonnihil intepuisset, admoto deuotionis æstu mirè per eos recaluit. Et vt Ioannum prætermittam, cuius mox encomia in Abbatum indice referentur, ordiar à Drogone prædicti Monasterij Priore Majore, qui Monialibus exactis ex Abbatia Sancti Ioannis Laudunensis, Innocentij Papæ auctoritate, & Ludouici Regis assensu, primus Abbas factus est nouellæ Congregationis

*Drogo.*

tionis Benedictinorum in earum locum subrogatæ. Quàm præstans hic doctrinâ fuerat, pietate, ac rerum gestarum gloriâ commodiùs infra dicetur, sufficiet interim fragmentum Chronici Laudunensis subijcere, nè Lector jejunus abeat.

*Assumens*, inquit, scilicet Bartholomæus Episcopus, *virum religiosum Dominum Drogonem Cænobij Sancti Nicasij Remensis Priorem, eum ibidem primum Abbatem ordinauit. & Monachos sufficienter ex diuersis Monasterijs posuit, sed cùm iam illic, Deo donante, non parum proficeret, bono odore sapientiæ, & probitatis eius longè latéque diffuso, præfatus Papa Innocentius obedientiæ vinculo constrictum, Romam eum ire coëgit, & vrbis Hostiensis Episcopum consecrauit.*

*Simon.*  Simon prædicti Monasterij Asceta, secundum inter insignes obtinet locum. Hic à Bartholomæo Laudunensi, qui Drogonis industriam expertus fuerat, pariter accitus, vt collapsam religionem apud S. Nicolaum de Bosco repararet, tantâ illuxit probitate & sanctimoniâ vt plures reliquerit suæ conuersationis Sectatores. Iuuat hìc referre ipsamet verba Hermanni vt assertis à nobis major fides habeatur. *In cænobio namque Sancti Nicolai, quod in silua vosago situm est, quodque aliquantulum in religione tepuisse videbat, quendam strenuissimum Monachum Sancti Nicasij Remensis nomine Simonem fecit Abbatem, per quem, Deo donante, intra breue tempus, sic meliorata est eadem Ecclesia, vt interius in religione, & exterius in multimoda floreret possessione. Vnde Comes Campaniæ Theobaldus consilio Domni Norberti quendam eiusdem cænobij Monachum nomine Radulfum à præfato Abbate susceptum Latiniacensi ditissimo Monasterio præfecit Abbatem. Domnus quoque Simon Nouiomensis Episcopus vir nobilissimus à præfato Pontifice Bartholomæo, petijt duos sibi ex eodem cænobio Sancti Nicolai dari Monachos, quorum vnum fecit Abbatem Sancti Eligij Nouiomensis, alterum S. Amandi Helnonensis in Episcopatu Turnacensi: qui quomodo sibi commissas Ecclesias tam interius, quàm exterius correxerint, & nobilitauerint visu potiùs quàm auditu potest hodie comprobari.*

*Lib. 3. de miraculis Sanctæ Mariæ Laudun. cap. 18.*

Ex his patet manifestissimè quantùm laboris insumpserit Simon Nicasianus ad excolendos tot insignes religiosos, quibus alijs subuentum est pro reparatione collapsæ regularitatis. In qua nihilominus tot perpessus est anxietates, & obstacula vt Sanctus Bernardus compatiens Epist. 83. ad eum sic scripserit, *Tibi Pater Reuerende consulimus, quatenus ad tempus propositi tui tibique consentientium rigorem sic temperes, vt infirmorum salutem non negligas, inuitandi quippe sunt ad arctiorem vitam, non cogendi, quibus vtique semel in ordine illo Cluniacensi præesse consensisti: illis autem qui altiùs viuere desiderant, aut condescendere imbecillioribus ex charitate, quantum sine peccato possunt, suadendum est, aut ibidem tenere quod cupiunt permittendum, si absque vtrarúmque partium scandalo fieri potest.*

*Gaufridus.*  Simonem excepit Gaufridus, qui Drogoni in officio Prioris apud S. Nicasium successerat sub Ioranno Abbate. Hic cum doctrinâ, & morum probitate polleret, lectus est Abbas Sancti Theodorici prope Remos vt priscum viuendi morem nouis statutis muniret: ex quo statim ob egregias animi dotes, quæ ipsi maximum nomen per totam Prouinciam pepererant, assensu Callisti II. translatus est ( Ludouico Rege petente ) ad Sanctum Medardum Suessionensem, vbi ordo Monachalis à consueto tramite pridem defecerat. S. Bernardus Epist. 66. ad prædictum Gaufridum non obscurè innuit exleges Monachos multum laboris Rectoribus facescere. *Ad me* ( inquit ) *iam dudum scripsisti conquerendo super tribulationibus vestris: scitis quia iuxta est Dominus his qui tribulato sunt corde : de ipso confidite, quia ipse vicit mundum, ipse scit inter quos habitatis :* paulò post prædictus Abbas Gaufridus Episcopatu Catalaunensi donatus est vt dicam alibi.

*Guilelmus.*  At inter insignes, quos Nicasiana domus aluit, fulget inprimis Guilelmus dictus

## S. NICASIJ REMENSIS.

&tus Abbas Sancti Theodorici ob eruditionis iuxta, ac pietatis præstantiam orbi Gallico notus. Hunc nuper ex Bibliotheca Rodoliensi vindicauimus, vbi gesta Wilelmi MS. habentur: statímque in initio Auctor de eo sic disserit. *Guilelmus apud Leodium natus clarus genere, & alter Simon dictus gratiâ non disparis. Hi Remis venientes cum aliquamdiu studuissent, in Abbatia Sancti Nicasij, quæ bonæ opinionis tunc erat, habitu religionis assumpto perseuerarunt, vnde cum synceritas conuersationis ipsorum odorem suauitatis efflaret, Simon factus est Abbas S. Nicolai in Bosco, vbi cum fratribus diu & religiosè conuersatus, plenus dierum, & virtute consummatus beato fine quieuit, at verò Wilelmus in Abbatem Sancti Theodorici, qui locus Vrbi Remensi imminet, assumptus est.* Plura de eo infra dicemus. *De Simone suprà.*

Synopsis Abbatum Monasterij SS. Petri & Pauli in oppido Aldemburgensi Diœcesis olim Turnacensis, nunc verò Brugensis, Hermannum ex Alumno Nicasiano ob virtutis famam in sextum Abbatem prædicti loci assumptum nobis suppeditat, quem 17. annos rexisse tradit, obijsse verò 1187. prima Octobris. De eo mira refert, atque tanta morum suauitate præditum fuisse, vt breui Philippum Elsatium Flandr. Comitem officijs sibi deuinxerit, à quo multa obtinuit in commodum Monasterij, quæ in registris fusiùs continentur. Addit hunc à sæcularium rerum tumultu semotum contemplationi se totum dare consueuisse, & veluti sua, suorúmque Monachorum suffragia non sufficerent, exquisiuisse aliena, vt quos temporalibus ditauerat bonis, ditaret & cœlestibus: quod præstitit arctam cum alijs Monasterijs iniens societatem, præsertim cum Ascetis Nicasiani Monasterij de quo huc lectus fuerat in Abbatem, cuius tenor hic sequitur. *Hæc est perpetua, & plenaria societas inter Ecclesiam nostram, & inter Ecclesiam Sancti Nicasij Remensis, vt omnia tam spiritualia, quàm temporalia bona communia sint. Cùm autem defunctus quis nunciatus fuerit, fiet officium cum præbenda pro eo: Vnusquisque sacerdos pro vnoquoque professo vnam Missam celebrabit, ceteri quinquaginta Psalmos dicent, conuersi centies Pater noster.* Et post multa alia sequitur. Sed & ipsius Abbatis Hermanni zelo & industriâ, locus interius noster tam præclaris moribus, & excellenti passim virtute efflorescere adeo cœpit, vt tanti odoris suæ fragrantia, etiam vtriusque sexus homines ad mutuæ secum societatis fœdus contrahendum allexerit, beneficiorúmque iam congregationis tam Sanctæ participes fieri anhelanter quique exoptarint &c. *Hermannus.*

Ceterùm Nicasiani tepefactam religionem in externis Monasterijs non reparârunt modo, sed eadem apud se optimè stabilitâ, seipsos etiam nouis ordinibus qui hac ætate florere cœperant consecrarunt. Narrant siquidem Cartusiæ Montis Dei MS. Iorannum Abbatem in ea Cellulam primùm condidisse, tum abdicato Præsulatu, eo tempore quo Asceterium Nicasianum viris ad regendum idoneis abundabat, sumpsisse habitum ann. 1137. in qua non vt Neophytum primis virtutum rudimentis operam dedisse putandum est, sed veluti vnum ex primarijs insigniter præfulsisse, cùm statim domus Sancti Petri in Tieraschia ipsius studio erecta dicatur ann. 1145. donec ab Eugenio III. purpurâ decoratus, titulo S. Susannæ ann. 1151. Legatus mittitur in Germaniam ad Conradum Regem 1157. expletáque legatione in Cartusiam Montis Dei rediens 25. Septembris obijt 1159. quæ omnia nihil omnino aduersantur Chartis in tabulario Nicasiano adseruatis, vbi nomen eius legitur ab anno 1104. ad annum 1137. quo Cartusiani tenent Præsulatum ejurasse, vt ordini eorum nomen daret. Ad eum scripsit S. Bernardus Epist. 32. vt querelæ eius satisfaciat quod religiosum quendam S. Nicasij eo inscio recepisset, quem Arnulfum fuisse arbitror generis nobilitate conspicuum ac fratrem Domini de Moriamnes: Hic enim strictioris vitæ desiderio, Guilelmi Abbatis Sancti Theodorici secutus exemplum, habitum Cisterciensis ordinis suscepit apud Signiacum, vbi tantùm profecit in virtute, cæterísque vitæ asceticæ exercitijs, vt cum fama sanctitatis obierit. Martyrologium *Iorannus.*

Benedictinum hunc Abbatem Sancti Nicasij nominat iuxta MS. Signiacense, at in Abbatum catalogo, nec vllibi cum ea dignitate legitur, imo Necrologium S. Petri Rem. ad Moniales de eo hoc tantùm habet, 14. Ianuarij obijt Arnulfus Monachus Sancti Nicasij. Nisi forsan hæc verba intelligenda sint de Arnulfo altero qui per id ætatis vixit, fuitque Milonis de Chimerio, & Idæ filius, qui duas partes decimæ eiusdem loci contulerunt Ecclesiæ S. Nicasij ex charta Rodulfi Viridis, vbi idem Arnulfus Monachus appellatur anno 1221.

Ex his, quos velut speciosas Margaritas compendiò selegimus, colligi potest, saltem per ducentos annos, Sanctam Regulam incaluisse apud Nicasianos sub B. Roberti constitutionibus, quarum ad nostram ætatem nonnullæ peruenerunt, pietatem omnino spirantes & grauitatem, quas hic sigillatim referre tædiosum esset, & forsan inutile, cùm statim vsurpari desierint, ac ritus nouæ Congregationis S. Mauri in Gallia sunt recepti: inducta enim ob virtutis amorem per omnes regni Prouincias reformatio, nouum habitum, distinctas consuetudines, hinc inde, ad normam tamen regulæ, collectas, regimen aliud, differentésque cæremonias penitus inuexit, adeò vt recens quidam ordo institutus esse videatur, si horum rationem habeas quæ tam in Claustro & Capitulo, quàm in choro prius obseruabantur, vbi sublatis prolixiori Psalmodiâ sensim introducta, prostrationibus, vigilijs circa mediam noctem, cantu cum notis, ac locali Breuiario, & Missali, Romanum benedictinum introductum est, consuetǽque preces in spiritualia quædam opera sunt commutatæ, quæ interiùs animum magis oblectant, & perficiunt.

Sed vt paucis contraham quæ Patrum solertiam haud mediocriter commendant. Chartæ fidem faciunt Ascetis seriò virtutem excolentibus, Monasterium censu tenue, facultatibus sic auctum fuisse, vt tractu temporis sexaginta Monachos tam Remis, quàm in Prioratibus alere posset. Cellas enim octo in diuersis Prouincijs ab his excitatas lego, ingentémque pecuniarum vim, quò sacram Basilicam à fundamentis extruerent, aggregatam, de qua capite sequenti, ac vt laboris eorum, & prouidentiæ monimentum ad posteros perueniret, tam Armaria Claustri manuscriptis Codicibus, quàm Chartophilacium priuilegijs Summorum Pontificum, Regum ac illustrium Virorum refertissima reliquerant, vbi autographa penitus integra, illibatáque cum sigillis adseruantur, quorum hic summam, licèt in plerísque Monasterijs ferè eadem reperiantur, attingere iuuabit.

*De priuilegijs à sede Apostolica, & à Regibus concessis.*

## CAPUT VII.

*In nouo Chartul. fol. 35. & 36.*

Vetustius omnium est Alexandri II. priuilegium, petente Geruasio, concessum, quo approbatâ Coenobij renouatione sub Beati Benedicti regula, prohibet Pontifex nè data ab eo Præsule, vel in posterum danda à fidelibus, quisquam ausu temerario minuat, vel vsurpet, sancitque vt, obeunte Abbate, alius non ordinetur, nisi quem Remensis Archiepiscopus, cum eiusdem coenobij Monachorum communi consensu, duxerit eligendum: Abbatem autem sic electum, suâ priuari non possit dignitate nisi criminis causâ exigente, quam Rem. Archiep. adhibitis secum alijs Episcopis examinet, iudicétque concorditer cum illis an Canonicè puniendus sit vel absoluendus. Idem cautum reperio Paschalis 2. diplomate, in membrana tantùm vt præcedens descripto, forsan quòd Archetypus temporum iniuriâ intercidit.

Alia Paschalis eiusdem, Innocentij III. Alexandri III. & IV. & Clementis III. priuilegia, enumeratis longâ serie Altaribus, villis, prædijs, & alijs datis, vel de nouo acquisitis possessionibus, quò in perpetuum omnia hæc sarta tecta permaneant,

neant, Monasterium sub B. Petri protectione suscipiunt, verántque nè Monasterio Abbas præponatur, nisi quem Fratres communi consensu, vel Fratrum pars consilij sanioris secundum Dei timorem, & Beati Benedicti regulam elegerit à Remensi Archiepiscopo consecrandum. His Ascetæ potissimùm vsi sunt, quò fortiter, incassùm licèt, primi Commendatarij conatibus & installationi intercederent, horum quoque bullis prohibetur (puto cùm admodum vigeret observantia regularis) nè vlli vnquam Monachorum, post factam in eodem loco professionem, absque libera Abbatis, & Fratrum licentia ad aliud Monasterium liceat pertransire (in Clementis & Innocentij rescriptis additur nisi *arctioris religionis obtentu*) si secus fecerit, Abbati, & Fratribus dat eandem interdicendi & excommunicandi facultatem.

Generalibus hisce priuilegijs, post cuiúsque Pontificis creationem, renouatis, quibus Abbatum studio recens acquisita veteribus identidem iungebantur. Minores bullæ seu rescripta successerunt, eo præsertim tempore, quo cessationes à diuinis per Prouinciam frequentiores erant, & in libertatis Ecclesiasticæ temeratores lata interdicta, dum lites etiam pro decimis in immensum pullularent, vexationes quoque à laicis, & alij abusus: indultum enim est ne Nicasiani excommunicari possint aut interdici à quocumque iudice delegato, nisi in mandatis S. P. expressa de ijs mentio haberetur, vt in communi excommunicari non possint, nec impediri, vt tempore interdicti generalis sacrum celebrent non pulsatis campanis, & Ianuis clausis, vt etiam Laicos in sua Ecclesia sepeliendi habeant facultatem, vt tam Clericos quàm Laicos à sæculo fugientes ad conuersionem possint recipere. Presbyterósque Episcopo præsentandos eligere, qui curam suscipiant animarum in Ecclesijs quæ à suo Monasterio dependent, vt compelli non possint ad recipiendum aliquem ad beneficia ab eorum Monasterio dependentia, vt immunes sint à Vinagio, Portagio, & Roagio, vt Noualia habeant vbicumque veteres decimas percipiunt. Vt Abbas possit dispensare in ijs quæ non sunt contra substantiam regulæ; & Subprior absoluere à minoribus casibus pœnitentiarijs curiæ Romanæ reseruatis, vt Monachi valeant succedere bonis paternis: vt Festum Sancti Nicasij celebretur per Prouinciam Remensem tam à Clero, quàm à Populo, gaudeántque fideles indulgentijs eorum Ecclesiam visitantes in Festo Sancti Nicasij 27. Septemb. omitto cetera nè prolixior descriptio Lectori onerosior euadat, fiátque fastidio.

Regum diplomata trifariam diuidi possunt, vel enim alodia, villæ, bannum cum iustitia, sylvæ, vel alia id genus Monasterijs regali munificentiâ conferuntur ad seruorum Dei sustentationem: vel legata à benefactoribus supremâ auctoritate confirmantur, quod commune est omnibus Ecclesijs regni, aut certè Monachi à quibusdam oneribus, vel iure caduci eorum prædia absoluuntur. Chartæ primi generis (vt rariores) sic indices sunt regalis dotationis, qualis est illa Philippi I. qua villam de Houdilcourt cum appendicijs largitus est Monasterio Sancti Nicasij pro anima Henrici I. Patris sui; inde enim intuli prædictum Monasterium esse Regale, quod Carolus VII. agnoscit alijs literis quæ salua gardia, veteri vocabulo dicuntur; datis Remis mense Octobri 1434. regni eius 12. his verbis. *Karolus Dei gratia &c. hinc est quod nos ad supplicationem dilectorum nostrorum religiosorum, Abbatis, & Conuentus Monasterij S. Nicasij Rem. in nostra salua protectione, & speciali gardia, ac nostrorum Prædecessorum ab antiquo, & de Regia fundatione existentium, ipsos tam in capite, quàm in membris ex abundanti, vnà cum familiaribus hominibus de corpore &c. in nostra salua gardia & protectione suscipimus.* Aliæ literæ bonorum confirmatrices frequentiores sunt, & in tabularijs, S. Nicasij præsertim, omnem excedunt numerum: maximi tamen beneficij loco reponendum arbitror, quod dilatato Rem. vrbis pomœrio Reges literis suis, quas Patentes vocant, iusserint vt B. Nicasij Monasterium murorum ambitu concluderetur, quibus & accessere Pontificum rescripta ad Scabinos, qui huic rei acriùs obsistere dicebantur; quòd verò spectat ad remissiones iurium Regalium, & immunitates, extant etiam ibi non paucæ, quibus sigilla Regum adhuc integra, & illibata conseruantur, à Philippo I. Benedictinorum substitutionis approbatoré, vsque ad Karolum VI. qui Nicasianos immunes esse declarauit à vehiculis, seu planstris, equis, & famulis (cum Rex Francorum in bellum proficisceretur) suppeditandis, diplomate dato Parisijs mense Maio 1412. regni eius 32.

*Jouiniæ Basilicæ instauratio eo schemate quo nunc visitur, præcipuarúmque eius partium descriptio.*

## CAPUT VIII.

VT morum peruersitas parit egestatem, in ædibus præsertim religiosis, sic bonorum subindè fit accessio, cùm in ijs viget obseruantia regularis, quæ tamen si affluant, pauperibus inprimis, aut certè pijs vsibus, & ædificijs debent impendi. Hoc à Nicasianis Abbatibus pridem diligenter obseruatum, vel ex hoc ostendi potest, quòd eorum cœnobio piorum largitionibus, aut propriâ œconomiâ, sat mediocriter licèt, ditato, residua sollicitè expenderunt ad Ecclesiam de nouo construendam, quæ cùm adhuc supersit, & omnibus ob elegantiam sit admirationi, eorum pietatem, ac in rebus gerendis solertiam longè prædicat.

Insigne hoc opus feliciter orsus est Simon Abbas id nominis primus, centum, & sexaginta annis post obitum Geruasij Fundatoris, quòd prior Ecclesia pro suscipiendis peregrinis ad eam confluentibus, forsan angustior esset, aut senio laberetur: probabile enim est Geruasium veteris Basilicæ, quæ corruerant, tantùm restaurasse, habito igitur concilio de noua hac & ampliori extruenda, effossáque humo pro locandis fundamentis, Henricus de Braina Remorum Antistes primarium posuit lapidem feriâ secundâ post Pascha ann. 1229. Iuxta vetustissimum Ecclesiæ morem à Codino relatum, cùm de ædificatione templi S. Sophiæ disserit. Ob id adhuc visitur idem Præsul in vitreo speculari Pontificalibus indutus vestibus supra peristylium, quod inferiorem fornicem separat à superiori in Pronao Ecclesiæ. Nouæ huic structuræ duos insignes Architectos operam impendisse reperio, quorum ingenium & industria elucent in qualibet parte operis ab vnoquoque successiuè constructa. Primus HVGO LIBERGIER nominatus Pronaon Ecclesiæ perfecit, vtrasque alas, frontem, propylæum, & turres, iacétque iuxta valuas vestibuli majoris sub albo tumulo, vbi incisus cernitur sinistrâ gestans Ecclesiam, dextrâ verò normam cum circino, ad marginem tumuli hæc leguntur gallico idiomate pro Epitaphio.

*Id pridem vsitatum vt princeps in Ecclesiæ structura lapidẽ primarium locaret, sic Georg. Codinus loquens de ædificatione templi S. Sophiæ, ait Imperatorẽ Iustinianum proprijs manibus calcem cum tegula accepisse, ac fundamenti initium posuisse.*

*Cy gist Maistre* HVGVE LIBERGIER, *qui a commencé cette Eglise l'an de L'Incarnation* 1229. *le Mercredy d'aprés Pasques, & mourut l'an* 1263. *le Vendredy d'aprés Pasque, pour Dieu priez pour luy.*

Alter Robertus cognomento DE COVCY Caput Ecclesiæ construxit cum sacellis quibus mirificè circumcingitur, latera quoque seu brachia, quæ cum superiori fornice crucis figuram efficiunt, sanè hunc operam impendisse anno præsertim 1297. probat Abbatis ac Conuentus Sancti Theodorici permissio Nicasianis data lapides extrahendi è latomijs vel saxeis fodinis ad hos spectantibus inter villas de TRIGNI, & de HARMONDIVILLA. Robertus hic quiescit in claustro Sancti Dionysij Remensis albo tectus sepulchrali, vbi effigies eius pariter sculpta est cum Epigraphe.

*Cy gist* ROBERT DE COVCY *Maistre de Nôtre Dame, & de Saint Nicaise qui trepassa l'an* 1311.

Horum meritò Remensis historia meminisse debuit ob egregiè nauatam operam

## S. NICASIJ REMENSIS.

ram in sumptuosissima hac Ecclesiæ fabrica, cui industriæ nihil, aut artis pepercerunt, tantùm enim venustatis præ se fert & cultus, vt inter insigniores totius Galliæ Basilicas facilè accenseri possit. Frons tribus vestibulis infernè distinguitur, per quæ patet aditus ad Ecclesiam, majus duabus valuis instructum ( vt & alia duo ) habet pro ornatu extremum iudicium lapidi supra fores insculptum. Paradisum ad dextram, Infernum ad læuam, cum effigie Saluatoris sedentis in throno ei omnino simili, quæ per id tempus è Constantinopoli relata est: Duodecim quoque Apostolorum Imagines hinc inde sub alis vestibuli majoris, duabus columnis marmoreis suffulti, collocatæ sunt: at Beatus Nicasius caput gestans manibus, medium occupat innixus supra columnam, quæ suppedanei vicem gerit. Vestibulum lateris dextri Martyrium B. Nicasij & Eutropiæ Sororis sculptum exhibet, sinistri Beatorum Agricolæ, & Vitalis quibus primùm sacrata fuit Ecclesia. Hæc tria vestibula capitellis ac floribus in lapide excisis intus & foris exornantur, quinquaginta quoque columnis marmoreis, quæ frontis inferiori parti insignem ornatum conciliant.

Supra hanc ædificij molem, seu propylæum, binæ turres elegantis admodum fabricæ, & æqualis omnino inter se altitudinis assurgunt, quarum anguli cuiusque quadraturæ, duplici ordine columnarum vno alium fulciente sustentantur, desinúntque in formam octanguli pyramidalis: prædictæ turres duobus perystilijs iunguntur quæ frontis summitatem attingunt, & permeant opere sumptuoso, & eleganti: ad quarum summitatem trecentis triginta gradibus ascenditur. Ecclesia aditur septem gradibus, éstque longa pedes 305. larga 130. alta à pauimento ad fornicem 95. columnis seu pilis majoribus ac separatis dumtaxat 28. at vitreis fenestris hyalino pellucentibus, & elegantissimis ex dono Regum & Procerum mixtim condecorata radiat, & splendescit. Solum item ante majus altare Oxygonijs & Rhombis, seu pauimento sclapturato stratum est, in quo vetus testamentum à diluuio egregiè repræsentatur, & chorus vario marmore, vbi sunt sedilia 76. in vtraque parte; è regione summi altaris piscina sacris vasis, vel manibus abluendis erecta cernitur, iuxta veterem Ecclesiæ morem, cuius sit mentio in quadam synodo apud Binium tom. 7. Concil. *Locus in sacrario, aut iuxta altare sit præparatus, vbi aqua effundi possit, quando sacra vasa abluuntur, & ibi vas nitidum cum aqua dependeat, ibíque sacerdos manus lauet post communionem.*

Tempus illud quod fluxit inter primam fundamenti positionem, & vltimi Architecti obitum, cogit vt credamus fabricam sæpius intermissam fuisse, factúmque, vt exausto Conuentus ærario, Abbates necessariò recurrerint ad fidelium largitiones, quibus B. Martyris Nicasij memoria cara erat: vt autem libentiùs hi aliquid erogarent, Innocentius IV. indulgentias omnibus concessit, qui manus adjutrices porrexissent ad suscepti operis complementum, rescripsítque Episcopis Ambianensi, Turnacensi, & Morinensi vt collectam fieri sinerent per suas Diœceses, iuxta præteriti sæculi morem à Petro Cellensi, & alijs auctoribus scripto studiosè consignatum: Mos autem ille corrogandi, seu colligendi Eleëmosynas hic erat. Reliquiæ Patroni Tutelaris carpento seu feretro suppositæ à duobus Religiosis per vrbes & villulas deducebantur, qui bullis Apostolicis muniti populum ex consensu Ordinarij adunabant, breuíque concione hortabantur ad aliquid impertiendum sub spe lucrandi indulgentias, & si interdicto Ecclesia loci alicuius supposita esset, cessabat pro tempore quo collectores cum Reliquijs ibidem morabantur.

Ceterùm Deo gratas habente piorum largitiones quæ fiebant ad extruendam de nouo S. Nicasij Basilicam, multa miracula in eius tumulo per id tempus patrata sunt, quorum indices adhuc extant, eáque palam testantur catenæ illæ, naues, lecticæ, pedes cerei sub inferiori fornice iuxta tumulum suspensi, quibus innotescit ægrotos, peste laborantes, & maris periculo expositos opem sensisse meritis Beatissimi Martyris Nicasij, quod Alexandri IV. diploma datum 3.

Pontifi-

*Ob ea miracula singulis diebus luna per annū fiebat cōcursus & peregrinatio populorum totius vrbis Rem. & viciniæ ad S. Nicasium ex processu verbali Reliquiarū eiusdē Martyris in Charthoph. Monasterij.*

Pontificatus ann. 1256. luculenter exprimit his verbis, *Cum ad Ecclesiam Monasterij vestri ob miracula quæ ibidem Dominus per Beati Nicasij Martyris merita operatur, de diuersis mundi partibus confluant peregrini, quorum nonnulli conferunt &c.* Et hæc quidem miracula videntur perseuerasse vsque ad annum 1310. quo ab opere perficiendo necdum cessatum erat, vt fidem facit charta visitationis Reliquiarum Sancti Nicasij factæ à Roberto de Courtenay Remorum Archiepiscopo vbi sic habet, *Tractauimus de Venerandis Reliquijs gloriosi Martyris Nicasij quondam Rem. Pontificis, cuius innumera, non solum per nostram Remensem Prouinciam, sed etiam per orbem terrarum miracula prædicantur.* Probátque rescriptum Guidonis Cameracensis Episcopi questam seu collectam adhuc fieri permittentis per suam Diœcesim anno 1328. necdum tunc cessatum fuisse ab opere.

Sed quod mireris, licèt per centum ferè annos, cœlum, Episcopi, Abbates, ac piorum vota ad insigne hoc opus perficiendum simul conspirarint, consummari tamen non potuit ob bellorum turbines, quibus post pugnam Creciacam miserè quassata est, & attrita Gallia, adhúcque restant brachia vt vocant seu latera imperfecta, & in eo latere, quod est versus meridiem fornix desideratur, in altero vero ad septentrionem fornix, cum rosa vitrea. Claustrum pariter ea parte qua Ecclesiæ adhæret inchoatum desinit prope Capitulum, supráque illud est Cella vnica, quæ sat clarè indicat, quàm elegantis structuræ fuisset Dormitorium.

Vltimus Abbas Titularis ac Canonicè electus, flagrans desiderio visendi hoc opus vndequaque perfectum, cogitauit apud se quo tandem modo rem tantæ molis posset aggredi: & quoniam majoris opus erat expensæ quàm reditus Monasterij ferre possent, Robertum de Lenoncourt Rem. Archiepiscopum supplex adijt petens ab eo, vt collectam per Diœcesim fieri more solito permitteret, cuius petitioni libenter annuisse colligitur ex sequenti diplomate, quo relata à nobis superiùs de structuræ magnificentia, & miraculis idem Archiepiscopus obiter disserit, ac authenticè comprobat his verbis.

*Robertus miseratione diuā Archiepiscopus Dux Remensis, & Sanctæ Sedis Apostolicæ legatus natus.... Vniuersis Dominis Abbatibus, Abbatissis, Capitulis, Curatis, Diœcesis Remensis S. Cum Abbas, & religiosi Ecclesiæ Sancti Nicasij Rem. ordinis Sancti Benedicti, ad honorem Dei, & ipsius Sancti,* CVIVS PRECIBVS, ET MERITIS DEVS IN TERRA MVLTA MIRACVLA OPERATVR, *prædictæ Ecclesiæ structuram mirificam, & ædificium sumptuosè incæptum perficere, & consummare desiderent. Et quia ad hoc non suppetunt facultates, idcirco vniuersitatem vestram monemus, & hortamur in Domino, quatenus nuntios seu Procuratores dictæ Ecclesiæ cum ad vos accesserint cum feretro, & sanctuarijs, quæ secum deferunt, benignè & honorificè, & sine aliqua contradictione, semel in anno dumtaxat, recipiatis, ac à subditis vestris recipi faciatis. Et eis tam in aduentu, quàm recessu dictarum reliquiarum conuocatis Clero, & populo vobis commissis, campanis pulsantibus, in solemnitate debita occurrere faciatis, orationes indulgentias, & subsidia benefactoribus ipsius Ecclesiæ concessis, nec non totum dictæ Ecclesiæ negotium populo vobis commisso ex ponere permittatis, populum vestrum monitis salutaribus inaucendo, vt ad dictum locum, & horam, quos lator præsentium vobis nominabit, omnes ad Ecclesiam conueniant, moram faciant, donec huiusmodi negotium fuerit totaliter expositum, populúmque vestrum in suorum remissionem peccatorum monendo, vt de bonis suis à Deo collatis, pias Eleēmosynas, & alia charitatis subsidia præfatæ Ecclesiæ ad opus fabricæ largiantur &c. Monentis insuper Parochianos vestros vt vota, legata, promissa,* CONTRAPONDERA, *confraternitates nuncijs prædictis soluant, insuper de gratia speciali concedimus quod præfati nuncij cum feretro ad aliquam dictæ Diœcesis Ecclesiarum venerint, quæ dumtaxat auctoritate Curiæ nostræ Remensis sit interdicta, possint diuina celebrare officia, mortuorum corpora sepelire, mulieres post partum ad Ecclesiastica slita recipi Sacramenta, nuptiǽq́ celebrari, quod quidem interdictum, quoad diem aduentus dicti feretri relaxamus, ac quadraginta insuper dies de injunctis pœnitentijs &c. Datum in Archimonasterio Sancti Remigij ann. 1531. 14. mensis Septembris.*

Mors Iacobi Abbatis, quæ paulò antè contigit, & Vrsini prouectio, cui auctoritate Pontificis & Regis, Abbatiæ primùm concessa fiducia omnium malorum seges, facultatem hanc cassam reddiderunt, adhúcque stat ædificium Commendatariorum quidem incuriâ aliquatenus detritum, sed eo statu, vt semper perfici possit, si Deo volente, benefactricem manum nancislatur.

✠✠✠✠✠✠✠✠✠✠✠✠✠✠✠✠✠✠✠✠✠✠✠✠✠✠✠✠✠✠✠✠✠✠✠✠✠✠✠

*Ecclesiæ Sancti Nicasij sacrarium, & quæ in ea visu, ac veneratione digna conspiciuntur.*

## CAPUT IX.

Supra majus altare sub Pyramide lignea, veteris, & exquisitæ structuræ, stat feretrum argenteum, Angelorum manibus subnixum, in quo Martyris Nicasij præcipua ossa recluduntur. Hæc sanguinei coloris sunt, tersa, & polita, in fasciculo simul collecta, pannis sericis inuoluta, & zonâ decenter circumligata, vt probant testimoniales Archiepiscoporum literæ, Roberti præsertim de Courtenay in eo inclusæ. Ibidem sunt aliquot Sancti Ecleonardi Confessoris reliquiæ, cuius patria, & obitus dies hactenus latent, in limbo seu margine feretri, sequentes versus antiquo exarati charactere leguntur. *Pyramis hæc a paucis annis ablata est, nudúque restat feretrum super altari.*

*Te sacer ordo Christe canit Propheticus iste,*
*Clarus in eloquio fulgens radiante metallo, &c.*

In abside ambonis seu pulpiti, quod proanon Ecclesiæ à choro separat, est sacrarium clatris ferreis per anticam egregiè munitum, vbi hæc conspicienda exhibentur.

Insignis vitalis ligni portio in formam & figuram Crucis effecta, quam veluti exosculandam præbet Angelus ex argento auro illito, alas habens itidem argento vermiculato, sublatus in pegmate eiusdem artis vndique pellucenti, crux ex puro auro, lapillis, & gemmis exornatur.

Adseruatur item pauxillum pretiosissimi Sanguinis Christi in Imagine Saluatoris sedentis in throno, & latus apertum digito monstrantis, vbi adoranda illa particula latet inclusa. Vnde verò, & qua ratione hæredes tanti pignoris facti fuerint Ascetæ Nicasiani? auguror id accidisse ex societate inita cum Remigianis, qui inæstimabilem hanc gazam eis in fœdus perpetuum concesserunt, quam paulò ante à D. G. de Villardouin è Constantinopoli redeunte acceperant, cuius testimonium suo loco reddidimus, cùm vtrobíque in Imagine Saluatoris includatur, huic omninò simili, quæ ex Constantinopoli aduecta est, vt narrat Albericus ad annum 1104. quæ cùm Venerantibus deuotionem inspiret, Ecclesiarum porticibus, vt plurimùm, vitreis fenestris, & sæpius in fornice depingebatur: iconis antiquitas patet ex libello de munificentia Constantini Magni lib. 2. Concil. vbi legimus Constantinum dedisse Ecclesiæ Constantinianæ Saluatorem in throno sedentem.

Habent item aliquid.
⎧ De Tunica Domini.
⎨ De Camisia Virginis.
⎪ De Zona Virginis.
⎩ De Capillis S. Ioannis Baptistæ.

Capsam quoque duorum pedum longitudinis, in qua hinc inde argenteis laminis & crustis insculpta habentur miracula Beati Nicasij, vbi minora ossa Martyris eiusdem, quæ ab vrbe Turnacensi sub Geruasio relata sunt, contineri credimus.

Et in altera eiusdem fabricæ, pedalis circiter longitudinis, quæ diebus Rogationum feria 2. & 4. à duobus Clericis super humeros defertur, sunt Reliquiæ Beatissimæ Virginis Eutropiæ Sororis prædicti Martyris, quæ capite abscisso Virginitatis palmam Martyrij corona eodem die, quo Beatissimus Frater, cumulauit.

*Habet Molanus in natalibus SS. Belgij die 4. Octobris. S. Quirinum cum stola Beati Nicasij Rotomagens. præmisso Crucis signo, pestilentem Draconem domuisse, vt de stola S. Folquini Teroan. scribit idem Molan. 14. Decembr. parturientibus subuenire, quod de stola pariter B. Nicasij dicemus, illúdque Poëta veridicum alioquin elogium mendax reperitur, tempus edax rerum, cùm stola B. Nicasij, vt D. Huberti, putredinem, aut interitum non sentiat.*

Christianis omnibus Sanctissimi Nicasij stola propter contactum eiusdem Martyris veneranda proponitur; hanc enim in collo pendentem habebat cùm à Wandalis super gradus templi, ob Christi fidem interemptus est : hæc prægnantibus mulieribus præstantissimum remedium, varijsque hoc in periculo miraculis illustrę, vt non ita pridem plures expertæ sunt, quæ sopito dolore feliciter partus ediderunt : arte phrygia contexta est paululum stricta, collo ad pedes protensa, & appendiculis in extremis duobus ornata ; Scriniolo includitur, vbi sunt Regis Galliæ, & Rem. Archiepiscoporum stemmata, lilia scilicet innumera in scuto cæruleo, vt antiquitùs.

Conseruant etiam in cista argento cooperta, caput Sanctissimi Xysti Confessoris Belgarum Apostoli, ac primi Remorum Archiepiscopi, qui à Beato Petro missus, Idololatriæ nebulis inuolutos ad lucem Euangelicæ prædicationis attraxit.

Habent mendibulam inferiorem seu mentum Beatiss. Nicasij eiusdem Ecclesiæ patroni Tutelaris in insigni, ac sumptuoso capite argenteo auro illito, cuius mitra vndique lapillis, & vnionibus condecoratur. Cranium possidet Matrix Ecclesia, Occiput verò Sancti Vedasti Attrebatensis Monasterium ex litteris testimonialibus Abbatis, & conuent, datis an. 1421.

Nuper à Ven. & C. Canonicis Ecclesiæ Claromontanæ in Aruernia receperunt Ossiculum & Cinerum portionem SS. Agricolæ & vitalis Martyrum, in quos præ humiditate ( vt creditur ) horum corpora redacta sunt, & ita reperta cùm feretrum supra majus altare depositum à prædictis DD. Canonicis reseratum est, pro quibus mnemosyni loco acceptis, immortales gratias agunt, seque beneficij memoriâ sempiterni obstrictos semper habituros spondent, & æternùm repromittunt.

Ostendunt præterea partem superiorem Cranij S. Aigulfi Martyris ordinis Sancti Benedicti, qui à Mummulo Abbate Floriacensi Cassinum missus, sacras inde reliquias Sanctiss. Patris in Galliam transtulit, vt acta eiusdem referunt, & Martyrologium Remense.

Mendibulam quoque virginis Eutropiæ, & Martyris inclusam sub capite argenteo, & quæ per crystallum conspicitur.

Os Majus brachij Sancti Nicasij insigniter reconditum in brachio argenteo deaurato, & lapillis exornato, quod expensis Thesaurarij factum est an. 1315. vt probant literæ testimo. in Chartophylacio adseruatæ. Olim duobus Angelis argenteis sustentabatur suppedaneo innixum.

Os brachij Sancti Sinicij Confessoris, B. Xysti in sede Remensi dignissim. Successoris argenteo brachio condecoratum.

Os item brachij S. Ecleonardi Confessoris Christi, separatim in brachio argenteo inclusum iussu R. D. Ioannis de Credonio Rem. Archiep. ex actis visitationis Reliquiarum ann. 1359. Brachium vnius ex Innocentibus pueris qui sub Herode Ascalonita pro Christo vitam amiserunt.

Ad

## S. NICASIJ REMENSIS.

Ad hæc accedunt subsequentium Sanctorum non minora Pignora.

Frustula ossium.
- Sancti Petri Apostoli, & Sancti Andreæ.
- Sancti Laurentij.
- Sanctæ Margaretæ.
- Sanctæ Agathæ.
- Sancti Vincentij, scilicet iunctura digiti.
- Sanctæ Elizabethæ.

Dentes.
- Sanctæ Agnetis.
- Sanctæ Margaretæ.
- Sancti Bartholomæi.

De oleo Sancti Nicolai Myrorum Lyciæ Antistitis, quod è sacro eius corpore, vt è perenni Charismatum fonte, in hodiernum vsque diem iugiter manare quidam asserunt.

De oleo item Sanctæ Catharinæ Martyris Alexandrinæ, quod ex ipsius pariter corpore stillauit.

Dens molaris & ex majoribus Sancti Nicasij, quam dexterâ tenet imago prædicti Martyris habens hinc inde duas Virgines suppedaneo satis amplo cum imagine defixas: vetus hæc lypsanotheca die Martis Rogationum defertur ad Ecclesiam Cathedralem, & olim vehiculo circumferebatur per Ciuitates, & villas Prouinciæ ad corrogandam pecuniam pro fabrica Ecclesiæ.

In ouo struthionis fasciolâ æneâ circumcincto continetur, vt ex inscriptione apparet.

De brachio Sancti Theodorici Abbatis.
De Sanctis Martyribus Crispino, & Crispiniano.
Pars brachij Beati Benedicti Aniani Episcopi.

Habent præterea cistas aliquot Sanctorum ossibus refertas, quorum nomina, cùm exciderint, & iam in varijs bursis recondantur, curiosiùs hic ea referre nihil proderit.

Visitur in naui Ecclesiæ locus sepulturæ Beatorum Nicasij, sororísque eius Eutropiæ, tumbâ lapideâ à solo paululum erectâ coopertus, è cuius quatuor angulis surgunt totidem columnæ, quæ arcam marmoream aliquot Sanctorum ossibus olim ditatam sustinent: tumulus hic Solemnioribus Festis à Celebrante, & eius socio in primis & secundis Vesperis ad *Magnificat*, & in majori Missa tempore quo *Gloria in excelsis Deo* canitur, à Diacono thurificatur, & statim ab ijsdem Sacrarium. *Tumulus die Festo Sancti Nicasij tapete colorato, accensis duobus cereis super eum, operitur.*

Sinistram Ecclesiæ partem è regione chori ingredientibus, sacellum occurrit Sanctæ Mariæ de Couciaco, nunc de Lætitia, in qua Deiparæ Virginis Imago super altare altiùs erecta conspicitur antiquitatem simul ac pietatem præ se ferens, ad eam frequens sit concursus populorum, qui preces fundant, & sacrosancta peragi mysteria procurent. An, vt fama tenet, quibusdam communicata sit gratia, aut mali quoddam genus per eam abstersum sit, scripto non comperi: quosdam tamen à trecentis circiter annis desiderio æstuasse sodalitium ibidem cogendi, quod & adhuc viget, & crescit in dies, probant Archiepiscoporum literæ, quibus additis indulgentijs illud confirmatur, forsan quod B. Nicasij in Virginem Mariam insignis religio fuerit, quam veteres Ascetæ piè æmulati, suum pariter cultum, breui post Sextam modulatione, flexis quotidie genibus, ætate nostrâ, testabantur.

Ad dextram se visendum exhibet sacellum Beatæ Martyri Eutropiæ sacrum, in quod infantes recenter nati ex tota vicinia deferebantur, vt voto Virgini nuncupato immunes ab omni ægritudine vsque ad virilem euaderent. Erat ad parietem affixa statera, in qua paruuli præponderabantur, Imagine Virginis ex alterâ parte depositâ, Sacristâ interim orationem cum Collectâ recitante, tum lotio fiebat reliquiarum contactu sanctificata. Horum meminit Robertus de Lenoncourt

noncourt in charta superius relata, qua permittit collectam fieri ad structuram Ecclesiæ perficiendam. Claudius de la Fons de simili lotione agit in historia B. Quintini, Eminentiss. Cardin. Peronius in replica ad responsiones Henrici Regis Britanniæ, imò & Gregor. Turon. cap. 74. lib. de gloria Confessorum de sepulchro B. Cassiani Confessoris disserens, *Abluuntur* (inquit) *ex puluere ægroti, & protinus virtutem magnitudinis sentiunt.*

*In omnibus Monasterijs sit adicula præter Basilicam majorem, qua oratorium dicitur, in quod, qui secretius meditationi vacare voluerit secedat. Huius etiam meminit B. Benedict. in regula c. 25. Vide Sirmo. tom. 2. Concil. pag. 156.*

Habent etiam magna in veneratione Capellam adhuc Virgini Deiparæ prope Capitulum consecratam iuxta Benedictinum institutum, & Capitularia Caroli Magni, quòd ab inclyto Martyre B. Thoma Cantuariensi Remis agente dedicata sit 25. Augusti, vnde quotannis Anniuersarius dies officio dedicationis celebratur; ibi seniores Abbates habent sepulturam, corpora etiam defunctorum in hanc deferebantur ante inhumationem, & certis diebus canitur officium B. Virginis cum Missa. Capellam hanc, quæ nunc in Sacristiam conuersa est, vltimus Abbas regularis fornice, fenestris, Altari, & Cathedris ligneis ampliauit.

Præter hæc quæ sanctitatem redolent, & deuotionem, visitur in naui Ecclesiæ prope valuas majoris vestibuli, Tumulus Iouini primi fundatoris tribus columnis innixus, vbi insignis præsertim equitis effigies telo ferocem leonem ferientis cenotaphio seu arcæ marmoreæ sculpta prominet, cuius explicationem planè historicam tom. 1. reddidimus.

In vna ex primarijs Cardinalibus pilis, quæ medium majoris fornicis sustinet inter latera, prostant Imagines Ioannis Ducis Normanniæ, vxorísque, & trium filiorum suorum, inter quas præsertim eminet statua eiusdem Ducis ex argento solido oblata à Philippo Rege patre suo, ibíque posita iuxta majus altare, vt meritis Beatissimi Nicasij, cuius fama miraculorum per Galliam increbuerat, Ioannes morbo periculosè laborans, vt habet Nangij Continuator ad ann. 1331. sanitati restitueretur. Cúmque per aliquot annos ibi stetisset, Abbas, & conuentus Regi humiliter supplicarunt, vt prædicta imago venum iret, quò pretium eius ædificio Ecclesiæ perficiendo impenderetur, quod Rex ob amorem B. Nicasij vltro probauit, sub conditionibus in charta appositis, quam hic patriâ linguâ scriptam subijcio.

*Philippe par la grace de Dieu, Roy de France à tous ceux qui ces lettres verront salut, comme par la grande deuotion que nous auons tousiours eu, & encore auons au glorieux Martyr Saint Nicaise de Reins, & à son Eglise, eussions offert, ou fait offrir vne Image d'argent pour nostre tres-cher fils Iean Duc de Normandie, laquelle a esté par long-temps en ladite Eglise, & les Religieux, Abbé, & Conuent d'icelle, ayans grand desir, & affection de parfaire icelle Eglise, & la fabrique de elle auancer, & accroistre, ausquelles choses il leur faut moult frayer, & faire grandes mises, si comme ils disent, sçauoir faisons que en consideration aux choses dessus dites, & pour le grand desir que nous auons de ladite fabrique accroistre, & multiplier, voulons & consentons par ces presentes lettres, que ladite Image d'argent, ainsi de par nous offerte à ladite Eglise, lesdits Religieux puissent penre, & conuertir en la fabrique dessus dite, & non en autres choses, parmy ce que iceux Religieux seront tenus à mettre & poser en lieu de l'Image d'argent dessus dite vne autre Image de fust ou de pierre, semblable à icelle, le plus prés que s'en pourra, lesquelles choses ainsi estre faites, nous chargeons les consciences desdites Religieux, donné à Poissy le cinquiesme iour de May l'an de grace mil trois cens quarante six.*

*Sigillatū in cera flaua vbi impressa est imago regis sedentis in throno.*

*Par le Roy*          *Present le Confesseur.*

Abbas iuxta Regis præscriptum, pretio ex statua collecto, aliam ex ligno, argento illitam fabricari fecit, quæ etiamnum cernitur ad lævam principis Altaris cum alijs imaginibus vxoris & filiorum, in cuius suppedaneo affixa sunt insignia Franciæ cum limbo coccineo per circuitum: tam Philippus Pater, quàm Ioannes filius, munificos se præbuerunt erga Monasterium S. Nicasij, vnde Necrologium de ijs 9. Augusti hæc habet, *Tenemur quotannis Anniuersarium celebrare*

brare *Philippi Valesij Regis*, eo quod cessit nobis ius extinctionis seu amortizationis cuiusdam siluæ prope *Nantolium*, permisitque expendere argentum conflatum ex statua, quam pro filio obtulerat, ad complementum chori nostræ Ecclesiæ. *Similiter & pro Ioanne Rege, qui dedit nobis trecentas libras pro restauratione dormitorij quod casu fuerat exustum*. Sic patet ambitum chori sub Philippo Rege necdum omnino fuisse completum.

Vitreis quoque fenestris, exquisitissimâ arte confectis ac pellucentibus ex summo ad ima mirè eadem fulget Ecclesia, quas hic describere non otiosum putamus. Et vt de multis pauca seligam, ordiar ab antiquioribus quæ Capellas retro chori ambitum structas mirum in modum exornant, & primùm à vitrea fenestra Mariæ secundæ conjugis Philippi Audacis, Erici Brabantini Ducis filiæ, quæ in sacello S. Nicolai visitur; Regina ibi depicta figuram fenestræ, quam manibus gestat, Beato Martyri Nicasio flexis poplitibus offert, habens propter se Ludouicum Ebroicensem Comitem, Margaretam, Regi Angliæ nuptam, & Blancham, ante matrimonium sublatam. Vestes Reginæ, filij, & filiarum, limbus quoque fenestram ambiens, Franciæ, ac Brabantiæ stemmatibus mixtim coruscant, prostátque Rex in fastigio fenestræ lilijs tectus, & equo insidens cum hoc lemmate, PHILIPPVS REX. Porrò Maria Brabantina Sancti Nicasij studiosissima fuit ex charta Philippi III. fauitque plurimùm vt Monasterium vrbis pomœrio concluderetur.

In Capella Sancti Andreæ insignis radiat Philippi Pulchri vitrea, cuius effigies in superiori parte cernitur, similis ei omnino, quæ est in sigillo Franciæ; Ioanna vxor Robertum paruulum gestans, & filij pariter depinguntur, Ludouicus, Philippus, Carolus, Blanca, Margareta, & Isabella Regi Angliæ iugata: in margine sunt Franciæ, Nauarræ, & Comitatus Campaniæ, vel Perticensis stemmata, at in vestibus quibus cooperti Rex, Regina, & filij, Franciæ & Nauarræ insignia tantùm emicant. Idem sacellum vitream habet Mariæ Hispanæ vxoris Caroli Valesij Comitis de Alenconio, ac Philippi Valesij fratris, cuius Anniuersarium notatur in Necrologio; est enim ex benefactoribus Monasterij: Franciæ insignia ad oram fenestræ, & in vestibus miscentur cum Hispanicis, Castiliæ scilicet, & Leonis: Comes in superiori parte equo insidet gladium vibrans, éstque suis insignibus vndique coopertus, quæ in Cappis pariter auro textis, & in pegmate calicis visuntur quæ horum liberalitate proueniunt, vbi & in scuto Comitis sunt lilia, cum limbo coccineo globulis argenteis consperso.

In Capella B. Mariæ de Couciaco vitrea fenestra conspicitur Ioannæ Reginæ Nauarreæ vxoris Philippi pulchri Comitissæ Campaniæ, & Pertici. Hæc manibus fenestram gestans, eam supplex Beato Nicasio offert, habétque Ludouicum filium à latere indutum veste violaceâ, lilijs aureis discriminata, limbus vndique Franciæ, & Nauarræ insignibus mixtim exornatur. Nec Pertici vel Campaniæ apparent nisi in vno dumtaxat loco bipartita cum Nauarreis, quæ extant pariter in sigillis chartæ solutionis à lege caducaria datæ anno 1286. pro terris de Betancourt, de Berù, & de Ruminiaco. Prædicta Capella Sanctæ Mariæ de Couciaco ideo vocatur, quòd Enguerannus de Couciaco Comes Suessionensis, cuius stemmata, leo scil. coccineus in scuto aureo, cernuntur in fornice, eam exornarit, conuentuíque reliquerit quinquaginta libras annuatim percipiendas in suo domanio, pro Missa singulis diebus in eadem Capella celebranda, sigillum chartæ mixtum est ex Suessionensi & Couciaco: illustratur quoque idem sacellum aliâ fenestrâ liberalitate cuiusdam benefactricis ex eadem familia.

Capella Sancti Remigij splendescit vitreis prouenientibus ex dono dominorum de Castellione supra Maternam, Galceri 5. scil. Domini de Creciaco Connestabuli Campaniæ primùm, tum Comitis Porcensis & Connestabuli Franciæ, & Isabellæ Drocensis filiæ Roberti IV. Comitis Drocarum, & de Braina, ac Beatricis Comitissæ de Monte forti regalis prosapiæ, videntúrque in fenestra cum insignibus vtriusque, viri scil. & conjugis. Est & alia fenestra in eadem Capella

*Ex alijs chartis in tabulario adseruatis, colligitur addidisse quingentas libras pro Anniuersario.*

*Dominis de Couciaco pro clamore bellico erat S. Maria, vel nostra Domina de Couciaco. Faucbet in suis collect. Couciacus hic captus in Nicopolitana clade, obijt 1496. corpúsque eius relatum est Nongentum Meyer.*

## EPITOME CHRONICON

*In hist. Genealog. Comitum Barren:*

pella Theobaldi Comitis Barrensis, & Ioannæ quam accuratè descripsit Andreas du Chesne vir insignis literaturæ, & antiquitatum solertissimus indagator. Omitto alias quæ expensis tam Abbatum, quàm aliorum Procerum factæ sunt, retro ambitum chori, quarum varietate mirum in modum nitet Ecclesia, habéntque nonnihil simile cum pauimentis Mosaïcis quæ à veteribus Emblemata vermiculata tessellata dicebantur, ob tenuissima vitri fragmenta quibus ingeniosè compactæ sunt. Vnde Poëta nostras ob eorum venustatem non ineptè cecinit alludens ad insignia Franciæ Hispanicis & Nauarricis permixta, Gallicis his versibus.

*D. Baussonet Bergery discipulus putat Hadrianum Imperatorem in Iouini tumulo repræsentari.*

> Ce beau temple, dont la structure,
> Rauit les yeux d'étonnement,
> Monstre assés que son batiment,
> Passe toute autrê Architecture.
> Outre son antique tombeau.
> Qu'vn grand Prince fit au cizeau,
> Ses vitres ont des rares marques,
> Puis que par leurs vielles façons
> Ils predisent à nos Monarques
> Le lien eternel de leur deux escussons.

Sunt aliquot sepulchrales versus tumulis inscripti in Claustro & Capitulo, quibus describendis supersedendum duxi, nè prolixiori horum relatione, quòd illustrandæ antiquitati nihil conferant, lectoris otio abuti videar.

✦✦✦✦✦✦✦✦✦✦✦✦✦✦✦✦✦✦✦✦✦✦✦✦✦✦✦✦✦✦✦✦✦✦✦✦✦

*Abbatum Sancti Nicasij Remensis accuratissima series, ac eorum quæ sub ipsis præclarè gesta sunt, Epitome.*

## CAPUT X.

*1060. Est schedula quædam chartacea, vbi Catalogus primorum Abbatum refertur à vero multū aberrans. 1067. Charta Philippi I. qua villam de Houdilcourt confert in vsus Deo militantiū an. 1061. Abbatis nō meminit: bulla Alexand. 2. quæ incipit, Dilecto filio Abbati S. Nicasij, nemine pariter nominat.*

Geruasius Monasterij reparator illustris, dignitate, ac merito primus Abbas, rexit per externos procuratores quandiu fuit in viuis, iuxta receptum sui sæculi morem in præcedenti narratione fideliter expressum, quâ Rectoris, aut Ductoris nomine insignitur. Chartula quædam ab incerto auctore, nullius tamen nominis, conficta, Remigium quendam, & post hunc Albericum, & Henricum è Claustro Remigiano emendicatos, tanquam primos Asceterij Nicasiani Abbates obtrudere conatur, sed perperam, cùm obeunte Geruasio fundatore, non tam Monasterij facies immutata sit, quàm dissipata congregatio, nullo penitus ex illa, Procuratorum recessu, permanente, qui regere, vel regi posset ex Chronico MS à Coëtaneo conscripto. Imò, quod pejus est, Monasterium amplis possessionibus à prædicto Archiepiscopo ditatum, instar Cornicis Horatij exutum, & spoliatum fuit, Manassis, vt credo, in sedem Remensem post Geruasium, intrusi, omnia latè depopulantis tyrannide, sub quo pariter Cœnobium Remigianum, eadem oppressum persecutione, legitimum Abbatem nancisci haud potuisse ex Epistolis Gregorij 7. colligimus, multò minus alijs prouidere. Adde quod Guibertus de Nouigento de posteriori hoc Henrico verba faciens, trium Abbatiarum Pastorem nominat, nusquam verò Cœnobij S. Nicasij, quod sanè, si pariter commendatum ipsi fuisset, non tacuisset, Porrò Geruasius 4. Iulij obijt, ex Nicasiano Necrologio, quo die, anniuersarium solemne à Monachis celebratur. 1067.

Ioannes hactenus ex authentico primus Abbas regularis innotescit, nobisque faustè suppeditat Chartophylacium Monasterij Sancti Theodorici prope Remos, in quo Elinandi Episcopi Laudunensis chartam vidimus, cui subscripsit an.

1093.

## S. NICASIJ REMENSIS.

1093. indictione I. & sic Seguinum præcedere debet, qui eodem anno indictione 2. titulo Abbatis S. Nicasij in chartis prædicti Monasterij pariter subscripsisse reperitur, vnde videtur à Casa Dei accitus statim ac Raynaldus Archiepiscopatum adeptus est anno 1084. an Ioannes abdicarit, vel apud S. Nicasium sit mortuus, incertum. 1084.

Seguinus memoratur in Chartulario S. Theodorici ann. 1093. indict. 2. fuitque (si bene auguror) discipulus Sancti Roberti, cuius festum agitur 24. Aprilis in Martyrologio, cum eo Raynaldus Remensis Archiepiscopus pepigit pro benedictino ordine apud S. Nicasium firmiter stabiliendo, vt supra vidimus: putant aliqui post aliquot annos regiminis apud Casam Dei reuersum, ac sepultum Auenione, de prædicto Casæ Dei Monasterio Chronicon S. Maxentij vulgò Malleacen. hæc habet an. 1043. *B. Robertus cœpit ædificare Monasterium Casæ Dei in Honorem SS. Agricolæ, & Vitalis, huic successit Durandus Monachus, postea Aruernorum Episcopus, eo viuente Seguinus successit tertius, vir illustris Lugdunensi castro Escustajaco appellato, oriundus, Deo & hominibus amabilis, cuius tempore Casa Dei, & religionis famâ, & amplissimis possessionibus extremuit, & idem signis clarescentibus mundo clarus apparuit.* 1093.

Ioannes II. ex eodem claustro, cuius meminit Guibertus Abbas de Nouigento in vita sua lib. 2. cap. 6. agens de Clerico deinde Canonico regulari facto, qui postquam pessimam egisset vitam, Monachicum schema petit à Ioanne Abbate S. Nicasij. quod Dæmones extorquere ab eo postmodum nisi sunt, absolutione tamen de suis erroribus impetratâ, optimo fine vitam compleuit. An Ioannes Abbas is sit, vel præcedens, qui vix adepto regimine in terram Sanctam profectus est, haud certò asserere licet, *Tunc* (inquit eodem cap. Guibertus) *Hierosolymitana expeditio mirè percrebuerat. Et multi hoc tempore Abbates, Eremitæ, Reclusi domicilijs suis non satis sapienter relictis, ire viam perrexerunt*, addit Ordericus Vitalis de itinere Hierosolymitano. 1096.

Guido I. pacificauit cum Nicolao Domino de Rumigni, pro decimis eiusdem loci ann. 1100. cui etiam Alodia, seu decimas de Monbaye, & de Liart dono dedit, vt cetera tanquam Aduocatus tueretur, vnde propter hoc Barones seu toparchæ de Ruminiaco Abbatibus hominium sæpius fecisse reperio. Guidoni Manasses II. Remorum Archiepiscopus decimas montis Valesij concessit anno Pontificatus VII. vt Monasterij tenuiorem censum, proprijs opibus subleuaret. Charta donationis, cui dignitates Ecclesiæ Remensis subscripserunt, sic incipit. 1100.

*Curam nos gerere pauperum, & Episcopalis exposcit sanctitas, & animæ simul inuitat vtilitas, quatenus iuxta Apostoli vocem, si illorum inopiam nostra suppleat abundantia, vt ex illorum abundantia, nostra in futuro suppleatur inopia, Pontificalem igitur domum indigentibus stipendiariam fore non ambigens. Ego Manasses indignus Archiepiscopus paucis fratribus in Monasterio S. Nicasij Deo religiosè famulantibus, tredecim vini sextarios de vinario in monte Valloso, ad mensam nostram pertinentes impertiui, & memoratis fratribus, successoribúsque eorum ibidem degentibus perpetuò tenendos concessi. Cupientes autem hanc nostræ largitionis eleemosynam inconuulsam æternaliter retineri, idonearum personarum testimonia cum nostræ imaginis impressione affiximus.*

*Signum Rodulfi præpositi. Sign. Joffridi Decani. Sign. Odolrici, Adæ Presbyt. Signum Olderici, Fulconis Diacon. Sign. Erlandi Vicedom. Heriberti Panneta. Signum Constantij Scabini. Sign. Herberti Majoris, Gerardi Decani. Actum Pontifica. Dom. Manassæ VII. ann.* 1100.

Alia superaddidit idem liberalis Archipræsul quæ postea referemus. Guido quatuor præfuit annis, sed quo die obierit, & vbi quiescat necdum reperi.

IORANNVS apud S. Nicasium à pueris educatus, & tenaciter obseruantiæ regulari adhærens, meruit ob eximias animi dotes, rarámque indolem à Præpositurę officio, ad Abbatialem dignitatem promoueri. Huius primum mentio habetur 1103.

*Auctor schedulæ suppositiitæ falsò hæc verba illorum inopiâ nostra suppleat abundantia &c. attribuit Abbatibus S. Remigij, quasi cœnobium Nicasianum suis opibus dictauerint.*

tur sub Manasse an. 1103. in Chartulario S. Theodorici. & in Charta Baldrici
Episcopi Turnacensis donùm Hermanni Insulensis Canonici confirmantis 1104.
item & an. 1106. quo altaria de Betanacurte, de Burimonte, & Alsontia ab Ottone
Rogeri Comitis filio data sunt, quæ Paschalis 2. suo diplomate confirmauit Pontificatus sui an. 14. addito etiam generali priuilegio de acquisitis & acquirendis.
Multa postmodum, eodem Ioranno boni negotiatoris munus obeunte, Rodulfus
viridis Remorum Archiepisc. Monasterio largitus est, ob strictioris regulæ iugem obseruantiam, quæ commodiùs alibi referentur, multa quoque Raynaldus II.
maximè verò altaria de Celto, & de Buxolio diplomate non dissimili à precedente,
quod sic incipit. *Ego Raynaldus considerans fratres qui in Monasterio S. Nicasij*
*degunt die noctúque desudantes, plurimis angi necessitatibus, altaria &c.*
Vnde factum est, vt Conuentus censu tenuis, multorum bonorum accessione creuerit, quin & Prioratus de Finia, de Ruminiaco in Tieraschia, de Betanacurte,
sylua item de Monte Reguli, Alodium de Cimaco sub eodem addita sunt; Bannum Sancti Sixti à Geruasio concessum, & bullâ Paschalis Papæ nuper confirmatum, conatus est idem strenuus Abbas Monasterio asserere, sed cùm vim aduersariorum vincere non posset, Pontificis arbitrio lubens se submisit. Villam de
Houdilcourt à Philippo I, Francorum Rege collatam vindicauit, vsurpatoribus
singulare certamen generosè offerens iuxta receptum morem necdum tunc ab
Ecclesia prohibitum, vt legere est in nouo Chartulario, vbi Ioranni testimonium
sic incipit.

In nomine Patris, et Filii, et Spiritvs Sancti. Notum sit
tam præsentis, quàm futuræ ætatis hominibus, qualiter ego Iorannus de Ecclesia B. Nicasij, cui non meis meritis præesse video, malum non modicum extirpans, Ebalo Comite viuente, & sua feliciter disponente, in villam nostram, quæ
Hundiliaca Curtis dicitur, Heribertus cognomine Ponherus aduocationem, quæ
vulgo Voaria dicitur, se habere, eámque ab Ebalo se tenere dicebat, ex qua occasione, auaritiæ facibus accensus, quòd in villam nostram placitum suum teneret,
& ab incolis loci quantum vellet tollendo, vel precando exigeret, nobis minabatur.

Quod cum semel, & iterum iniustè fecisset. Ego domus nostræ iam Præpositus, Ebalum Venerab. Comitem super hoc aggrediens negotium, diuino nutu,
malefactorem nostrum cum eo inueni, qui querelam nostram benignè suscipiens, à tanta, quam à se non tenebat, injuria, & tunc, & deinceps
dum vixit vtérque eum cessare coëgit. Sed vtroque defuncto, Heriberti vxorem
Guiterus, Pontius vero filiam ducens, prædecessoris sui tyrannidem prosequentes, prædictam villam nostram impudenter inuaserunt, adeo vt Pontius illam
deprædaretur, & nisi suo subjaceret Imperio, funditus euertere minabatur. Sed
Deus Sibillam Ebali Conjugem, & Robertum filium suum in nostram armauit
defensionem, in cuius Curia conuentu facto, cum in villam nostram prælibatam injustitiam proclamassent, consilio habito, præsentatâ Regis Henrici, & vxoris suæ Agnetis libera donatione, cum suo, & Successoris sui Philippi præcepto, & confirmatione, nec non & Apostolici sigilli cum Anathematis impressione, vnum de nostris hominibus præsentauimus, qui Dei auxilio confisus
Armis deffenderet ipsos, & prædecessorem illorum in villam nostram injuriam
quæsisse, & quærere, & nullum hominem siue Regem, siue Comitem, vel
cuiuslibet dignitatis voariam illam in nostram villam de qua agebatur habere,
quem cum illi non auerterent, & præter minas responsioni nostræ nihil objicerent, iussu Comitissæ, & filij sui à legalibus personis, quas subter notauimus
iudicatum est, Heribertum. Ponherum, & successores suos in villam nostram
nihil vnquam iuris habuisse, & quicquid fecerant injustè fecisse, quod iudicium
vt memoriter & inconuulsum teneretur. Comitissa litteris adnotare mandauit,
& Sigillo Domini sui Comitis, videlicet Ebali, confirmauit. Cuius rei iudices fuerunt.

*Guarmundus*

## S. NICASIJ REMENSIS.

*Guarmundus de Castellione*
*Milo de Nouo Castello*
*Blisardus, Gualcherus, Gerardus Filius eius*
*Albertus de Roccio, Odalricus de Ardolio.*

Testes, ipse Robertus Comes, Bartholomæus, Erlandus Vicedominus &c. Sine data.

IORANNVS præterea immunitatem à gistis, & procurationibus obtinuit à Raynaldo Archiepiscopo iuxta tenorem priuilegiorum Geruasij, & Philippi I. an. 1129. quam Innocentius III. authenticè confirmauit. Item à Paschasio Pontifice licentiam eligendi Abbatem ab Archiepiscopo Remensi consecrandum, & ab Innocentio II. vt nulli vnquam monachorum post factam apud Nicasianos professionem, absque libera Abbatis & Fratrum licentia, proprio monasterio relicto, ad alium locum liceat conuolare. Nec immeritò, cùm per id tempus asceticæ vitæ sanctuarium esset, insigniúmque virorum domicilium. Horum famâ pulsus Hermes Abbas Bergensis in Cœnobio diui Nicasij ( inquit Meyerus ) ad annum 1120. reliquum ætatis religiosissimè transegit. Raynaldus 2. Rem. Archiepiscopus res quasdam partim emptas, partim dono acquisitas ab Abbate Ioranno pro Fratrum sustentatione confirmans, eum honoris gratiâ nominat. *Virum suæ sanctitatis merito omnibus bonis imitabilem* 1135. Recens quidam auctor in indice Abbatum, tradit Iorannum fato functum 23. Maij anno 1137. sepultúmque iacere in Capitulo, prope ostium sacelli Beatæ Mariæ, sed nullum ibi restat vestigium quò illud conjectari liceat, imo habent Cartusiæ Montis Dei manuscripta Iorannum, majori deuotione tactum intrinsecùs, ante obitum abdicasse, & prædictum ordinem ingressum anno 1138. quo subscripsisse legitur chartæ Raynaldi II. pro Puteolis in tabulario Sancti Theodorici, vbi cunctis sic se præbuit admirabilem, vt ob famam sanctitatis in numerum Purpuratorum breui coaptatus fuerit ab Innocentio II.

*Meminit Concil. Lateran. sub Callisto 2. Abbatũ qui secundũ vsum Ecclesiæ suæ, consecrantur can. 22. vnde Oderius Abbas Casin. in Concil. Romano a Callisto Papa consecratus fuit ann. 1122.*

In Charta fundationis de Signiaco legitur quidam Arnulfus Abbas Sancti Nicasij Remensis, quem illuc cum Guilielmo S. Theodorici secessisse seuerioris vitæ studio commemorat, sed hic Abbatiali dignitate nusquam potitus est, suítque vnus ex insignioribus, qui sub Ioranno Abbate floruerunt.

NCOLAVS II. legitur in nouo Chartulario ad annum 1139. qui primus fuit regiminis eiusdem. Eo regente Arnulfus quidam Flandrensis miles Hierosolymam profecturus, concessit Monasterio mediam partem alodij de Ham, & de Rebais in Brabantia, quam & Romæ confirmauit coram Innocentio III. & prædicto Nicolao Abbate, qui tunc præsens aderat. Prioratus quoque de Honheste in Westphalia eidem cœnobio iunctus est an. 1142. & altare Sanctæ Mariæ de Castro Porcensi, Henrico Comite ius quod in eo habuerat, hortatu Sancti Bernardi, abdicante, vt ibidem sodales quatuor è gremio Nicasianæ familiæ missi diuinum officium sub Priore persoluerent: Prioratus erectioni subscripsit prædictus Clareuallensis Abbas anno 1141. Vitæ regularis, cui sedulò incumbebant, fragrans odor tam longè latéque sese effuderat, vt è remotissimis Prouincijs sibi benefactores conciliarint: inter quos non postremum locum obtinet Aluisius Atrebatensis Episcopus, qui vt suæ propensionis pignus ac dilectionis erga B. Nicasium exhiberet, altare de Ognies ipsius Ecclesiæ liberaliter indulsit ob egregiè cultam in ea sacri ordinis disciplinam diplomate Remis confecto, cuius hic tenor est.

1139.

IN NOMINE SANCTÆ, ET INDIV. TRINIT. *Ego Aluisius diuinâ miseratione Atrebatensis Ecclesiæ Episcopus licèt indignus. Omnibus Sanctæ Matris Eccl. fil. in perpetuum. Quia iuxta Apostolum Beneficientiæ, & Communionis reminisci debemus, Ecclesiæ B. Nicasij, quam ab antiquo dileximus, Et in vigore religionis eam florere cognouimus, altare de Ognies cum omnibus ad eam pertinentibus ad sustentationem fratrum.... Deo seruientium contulimus.*

**648**  **EPITOME CHRONICON**

*1144.*

*Amplius nihil legitur.*

NICOLAVS post quindecim annos prælationis, moribus, & annis maturus, desijt ab humanis 28. Septembris 1144. situs in Prioratu de Fuia prope Insulas sub tumba nigri coloris, cui insculptum est pedum Pastorale cum hoc breui Epitaphio. *Hic jacet Nicolaus quondam Abbas S. Nicasij Remensis.*

GVILELMVS Canonicè Nicolao subrogatus, interfuit translationi reliquiarum Sancti Gibriani apud Sanctum Remigium sub Samsone Archiepiscopo, mense Aprili anno 1145. rexit in omni doctrina & bonitate tribus annis, functus 21. Iulij , vt est in prædicti cœnobij Necrologio, & in Remigiano eodem die his verbis, 12. Calend. Augusti obierunt Wilelmus Abbas, Robertus &c.

*1147.*

*De hac satisfactione infra c. 11.*

IOANNES III. recepit bullam Eugenij III. pro vnione Prioratus castri Porcensis, bonorúmque de nouo concessorum apud Hamum in Brabantia per Arnulfum Dominum de Gest, & Ioannem fratrem eius solemni donatione facta in Capitulo Leodiensi coram Adalberone Episcopo, vt habetur in charta Henrici prædicti Adalberonis successoris *Guirpitionem, & effestucationem fecerunt in communi Capitulo* : At obeunte Arnulfo, cùm Ioannes frater eius contra fas, quod concessum fuerat, rursum sibi vindicare vellet, excommunicationis vinculo innodatur ab Episcopo, à quo absolui priùs non potuit, quàm legitimè satisfaceret. Ioanne etiam sedente, Alardus de Cimaco dat Henrici Leodiensis Episcopi assensu Ecclesiam cum Hospitali Nicasianis ann. 1148. quo verò die Prædictus Abbas obierit non satis compertum, eò quòd plures eiusdem nominis inscribantur in Necrologio : jacet iuxta Ægidium de Montcornet, vbi extremum tubæ clangorem præstolatur in sacello dicto la Verde , sub tumba alba in qua visitur Abbatis effigies.

*1158.*

*Id scribit Petrus Cellensis propter Societatē de nouo contractam inter vtrosque Abbates.*

*In veteri Chartulario art. 237.*

GVIDO II. eligitur ann. 1158. ex charta qua Caluomontensibus Canonicis concessit ea quæ habebat in territorio de Rumencourt pro quinque modijs frumenti annuatim soluendis. Hunc R. P. Sirmondus è Remigianorum sodalitio extractum putat , propter hæc verba Petri Cellensis Epistola 14. lib. 5. *Bene est amicis nostris, & vestris, Abbati Sancti Nicasij*... quod vix crediderim : Obtinuit priuilegium generale omnium bonorum Monasterij ab Alexandro III. maximè verò pro villa Sancti Hilarij Parui, quam Pontifex refert Nicasianos quietè, & sine calumnia possedisse à centum quatuor annis, quod egregiè quadrat cum anno fundationis superiùs ex diplomate Philippi I. annotato. Societatem primus contraxit cum Abbate & Conuentu S. Remigij Remensis decreto Capitulari vtrimque confecto, cuius tenor talis est.

Sciant vniuersi huius loci fratres, tam moderni, quàm posteri, quod auctore Deo, inter Ecclesiam nostram, & Ecclesiam Beati Nicasij, à Venerabilibus atque Religiosis Abbatibus videlicet Domno Petro, & Domno Guidone, Capitulis vtriusque Ecclesiæ generaliter consentientibus, integra atque plenaria Societas instituta, atque firmata est. Itàque decretum est quatenus quotiens ipsi ad nos venerint , siue nos ad ipsos, quod sæpe propter locorum vicinitatem contingit , vbicumque fratres cum fratribus ordinatè , & regulariter esse possint , nos eorum , & ipsi nostro vtantur consortio. Denique pro nostris professis communem vniuersæ carnis viam ingressis, quicquid facere solemus , pro eorum professis, dumtaxat absque vlla abstractione seu diminutione facere debemus , hoc tamen excepto , quod non nisi septem præbendas pro eis debemus , & breues non scribentur , ipsi verò hocidem integra vicissitudine nobis recompensabunt : quotiens nos submonuerint ad obsequium funerum eorum cum processione ibimus, & ipsi similiter ad nostram submonitionem ad nos venire non recusabunt.

Extat Epistola Alexandri III. ad Guidonem Abbatem Sancti Nicasij & M. Radulfum Canonicum Remensem, quæ est 28. ad calcem Petri Cellensis, vbi negotia quædam Ecclesiastica illi committit ; dedit etiam operam prædictus Abbas vt Wilelmus Archiepiscopus Ecclesiam Iouiniam secundò ab instauratione dedicaret , annò scil. 1175. ex manuscripto codice, tum post viginti annos regiminis naturæ pensum absoluit 3. Octobris 1179. quo etiam die scribitur in Martyrologio

*1179.*

# S. NICASIJ REMENSIS.

tyrologio Remigiano his verbis 3. Octobris, Wido Abbas S. Nicasij, qui pro Anniuersario suo emit stallum in foro nostro. *Hoc anno in Concil. Latera. prohibitum ne Monachi peculium habeant, nisi eis ab Abbate pro injuncta fuerit administratione permissum, nec singuli per villas ad quascumque Parochiales ponantur Ecclesias, sed in majori conuentu.*

PONTIUS memoratur vndecimo Iunij in Necrologio, & præfuit duobus annis, huius nudum dumtaxat nomen inuenio.

Reginaldus ritè, & solemniter electus ann. 1181. ius Patronatus in Ecclesia de Birbaco obtinuit, vt dicetur infra, terram de Domno Martino, ac decimas de Bezannes pro thesauraria ann. 1185. ei confirmat priuilegia Clemens III. relata in Chartulario, Reginaldus abdicat ann. 1193. quamuis adhuc legatur sub Drogone in veteri art. 67. iacet in Capitulo sub tumba alba, cui insculptum est tale Epitaphium. 1181. Legitur etiã in donatione dominæ de Nantolio pro duobus cereis qui ardere debẽt ante majus altare.

*Abbas Raynaldus iacet hîc, Patris ecce sepulchrum,*
*Viuere Christus ei fuit, & mors sibi lucrum.*
*Nam pius, & prudens, humilis, patiénsque, benignus,*
*Sobrius, & castus, vitâ fuit, atque modestus,*
*Bis oriente die Sancti post festum Mathiæ*
*Hîc feria sexta nonâ defungitur horâ.*

GALTERUS, post abdicationem præcedentis, ob eximias animi dotes, & pietatem, omnium calculis ad Præsulatus honorem eligitur anno 1193. erat is Wisandi, & Sophiæ filius Dominorum de Dontrian, & insignis prudentiæ, vnde statim ab Elnonensibus postulatur in Abbatem eleganti Epistola, quæ Galteri mores depingit, notámque toti Prouinciæ in tractandis negotijs solertiam prædicat, *Cuius* (inquit) *fama per totam percrebuit Prouinciam, quem apud nos sua loquuntur opera:* Translatus apud Elnonem siue Sanctum Amandum in pabula tribus leucis à Turnaco Neruiorum, in hoc maximè incubuit, vt cœnobium S. Nicasij, cui aliquando præfuerat, intimæ societatis nexu cum Elnonensi conjungeret, quod & præstitit decreto sigillis vtriusque Abbatiæ munito, cuius initium sic se habet, *Dilectis in Christo fratribus G. Dei gratia...... Venerabilibus Abbati, totíque Conuentui Ecclesiæ Sancti Nicasij Remensis Archiepisc. vniuersúmque Capitulum Ecclesiæ Sancti Amandi salutem in Domino, & fraternæ dilectionis affectum. Nihil difficile est &c.* Galterus licèt absens, Matris suæ nusquam obliuisci potuit, datísque quadraginta libris Remensis Monetæ pro emendis decimis de Warni, tria anniuersaria apud Nicasianos quotannis celebrari curauit, legitúrque 15. Augusti in Necrologio. Extat in veteri Chartulario.

HAIDERICUS nominatur in decreto societatis initæ cum Elnonensibus ann. 1193. Iámque ad occasum peruenerat cùm ei præfectura delata est, vnde parenti resignauit post tres annos regiminis, vt ex charta anni 1197. colligere licet, vbi sic habetur, *Huius rei testes sunt Raynaldus, & Haidericus quondam Abbates,* & in alia anni 1199. *huius rei testes sunt Drogo Abbas, & Haidericus quondam Abbas,* Obijt 22. Augusti, situs in Capitulo, tumbáque eius parieti affixa est prope ostium Capellæ, insculptam habens effigiem Abbatis cum hoc Epitaphio. 1193.

*Hîc jacet Haidericus quondam Abbas huius Ecclesiæ.*

DROGO filius Rambaudi & Heudæ ex Necrologio 12. Ianuarij, Abbatialem dignitatem adeptus est ex resignatione Patrui propter egregiam animi indolem: fuit enim perquam cordatus, & strenuus in rebus gerendis. Hic anniuersaria benefactorum, & præcedentium Abbatum in Necrologio conscribi curauit, vt Ascetæ ipsis satisfaciendis seriò incumberent. Sed cum Iustitiæ consulit prolixiores cantus, Cluniacensium more, inducendo, ac pensum diurnum augendo, ansam præbuit remittendi regularem obseruantiam: obtinuit à Wilelmo Archiepiscopo, 1196.

1200. chiepiscopo, cui valde carus erat, vt religiosi tam in Capite, quàm in membris numerum quinquagesimum non excederent hoc diplomate.

WILELMUS DEI GRATIA REMENSIS ARCHIEPISCOPVS. Nouerit vniuersitas vestra, quòd cùm dilecti filij Drogo Abbas, & Monachi Sancti Nicasij Remensis propter importunitatem petentium, & Ecclesiæ suæ necessitatem, communi consensu statuissent, quod de cætero nullum reciperent in fratrem, & Monachum, vel alicui præbendam qualemcumque in Ecclesia sua vel in appendicijs eius sub expectatione promitterent, & darent donec numerus Monachorum suorum tam in Capite quam in membris ad quinquaginta perueniret, & tunc etiam numerus Monachorum quinquagesimum non posset excedere, nos attendentes institutionem huiusmodi laudabilem sigilli nostri munimine duximus roborandam, actum anno 1200. mense Decembri. Vt Drogo sibi clientes compararet, dedit terram de Ribaldimonte cuidam Nobili, ea lege, vt sibi, ac successoribus suis hominium faceret, térque in anno Abbatem Sancti Nicasij in suo domicilio exciperet cum sex equitaturis, & duobus famulis, quod ab Episcopo Laudunensi Rogerio probatum fuit, & Officialium Remensium decreto confirma-

1201. tum anno 1201.

Hic societatem Remigianos inter, & Nicasianos sub Guidone primùm initam renouauit, qua nihil prærogatiuæ Remigianis reseruatur, præter Abbatis præcedentiam, ob antiquitatis honorem, vt ex loco in quem ituri ad supplicationes conuenire debebant deprehendi potest, qui ab vtroque Cœnobio æqualiter distat, & ex obsequijs eadem paritate vtrimque exhibendis, hæc autem sic se habet.

Hæc est societas inter Sancti Remigij, Sanctíque Nicasij Ecclesias à viris venerabilibus quondam Abbatibus Petro & Guidone, & Capitulis vtriusque loci solemniter instituta, & consensu vtentium approbata, processu verò temporis à successoribus eorum Domino Milone, & Domino Drogone modernis Abbatibus renouata, & ampliata: Communi itáque consensu, & Abbatum, & Capitulorum decretum fuit, & firmatum, quatenus, & quotiens isti illuc, vel illi huc venerint (quod sæpe propter loci vicinitatem contingit) vbicumque fratres cum fratribus ordinatè, & regulariter esse possunt, quamdiu ibi fuerint communi societate, & cohabitatione gaudebunt. Denique quicquid pro Monachis eius professis viam vniuersæ carnis ingressis alterutra facere consueuit Ecclesia, pro defunctis vtriusque loci, mutuâ vicissitudine inuicem fiet absque vlla diminutione: hoc dumtaxat excepto quod nonnisi septem præbendæ dabuntur, & breues non scribentur. QVOTIES ad obsequium funerum se inuicem submonuerint cum processione venire tenebuntur, nisi rationabilem prætendant excusationem. Si quis frater turbatus ad alteram istarum Ecclesiarum causâ discordiæ transierit, ibidem manebit, donec de ipsius reconciliatione tractetur, & vtrum talis culpa sit quæ reconciliationem mereatur possit agnosci, saluâ tamen pace vtriusque loci Abbatis, & conuentus.

*Vide c. 28. Constitutio. Cluniacensiū de societate nostra extraneis dandâ. Si breuis venerit de defuncto illorū ad nos &c.*

Hoc etiam statutum fuit ad incrementum dilectionis & societatis, vt feriâ secundâ ante Ascensionem, processionem inuicem faciant, sicut in Rogationibus fieri solet. Verum quoniam Altare Beati Remigij à Domino Papa consecratum, ita antiquitus priuilegiatum fuit, vt nonnisi septem ipsius loci sacerdotes & Archiepiscopus, ac Remenses Canonici, & cui Abbas iusserit diuina super illud possunt celebrare, ita dispositum fuit, & ordinatum, quod præmissâ die Rogationum, Abbas S. Nicasij, aut duo tantùm de Prioribus qui post eum primi ordini præsunt, ad altare S. Remigij celebrare poterunt. Et si necessitas processionis propter aliquam tribulationem, vel aëris temperiem emerserit, eodem modo & venire & celebrare permittentur. Hoc specialiter Abbati Sancti Nicasij reseruato, quod quotiens Conuentus Sancti Remigij ipsum propter aliquam necessitatem vocauerit, & venire voluerit, absque vlla contradictione ad altare Sancti Remigij cantare poterit: ad altare verò Sancti Nicasij vnus de septem memoratis, qui Cardinales appellantur, celebrabunt,

nisi

S. NICASIJ REMENSIS.

*nisi inopinatus casus venerit, vt alicuius eorum, quod rarò accidit, copia haberi non possit.*

Ceterùm quoniam vtriusque Ecclesiæ Conuentus ad funera Remensis Ecclesiæ, si requisita, & commonita processio est, ire tenetur, ita condictum fuit, quod in Ecclesia Sancti Timothei se inuicem expectabunt, & ibidem ex duobus cuneis, vnum fiet collegium, & illac simul reuertentur pòstquam funeris compleuerint obsequium, vt experiantur quàm sit bonum, & iucundùm habitare fratres in vnum. Prior ille qui processionem regit Sancti Remigij primus erit omnium, nisi alter fuerit Abbatum &c. actum anno gratiæ millesimo ducentesimo sexto. 1206.

Drogone item clauum tenente, Galcherus de Nantolio, qui sæpius terram de Monte Reguli peruaserat, consensu vxoris suæ, Milonis Canonici Rem. & post hac Episcopi Beluacensis fratris sui, ac Comitissæ Campaniæ, ius omne quod sibi deberi arbitrabatur, refutauit, ea conditione, vt pro eo anniuersarium annuatim celebraretur: media pars syluæ de Ruminiaco concessa, etiam Nicolao Baroni eiusdem loci, vt aliam tanquam Aduocatus tueretur. Molendinum item Viriliaci super Vidulam pretio emptum 1218. tum Præsul Drogo superueniente vocationis tempore defungitur 18. Nouembris 1221. sepultusque est in Capitulo sub tumba albi coloris cum hoc Epitaphio. 1221.

*Corpore facetus, felici sorte repletus,*
*Largus, amans, lætus, vir constans, vírque quietus,*
*Drogo fuit nomen, cui fœlix eius & omen*
*Cuius solamen sit spiritui Deus Amen.*

Simon de Lions vel de Lugduno electus anno 1222. eodem anno mense Maio confirmat reditus & eleemosynas ad refectionem conuentus assignatas chartâ quæ incipit. *Ego Simon Dei permissione S. Nicasij Abbas concedo reditus &c.* Anno septimo sui Præsulatus instaurat Ecclesiam ampliori structurâ ob Peregrinorum frequentiorem concursum, sed adeo excellenti & magnificâ, vt vix ei similem reperias, maximè si operis elegantiam spectes, ac propylæum, seu porticum binis turribus omnino æqualibus ornatam. Strenuus hic Abbas adepto priuilegio pro Noualium perceptione vbicumque conuentus majores possidet decimas ab Honorio III. emptísque decimis de Fasches in Castellania Insulensi, pro infirmaria, viam vniuersæ carnis ingressus est 13. Octobris 1230. situs in Claustro iuxta ingressum Capituli, sub tumba in qua nihil insculptum conspicitur. 1222.

*Erant tres tumbæ prope ingressũ Capituli, duæ rasæ scil. Simonis de Lions, & Simonis III. & alia marmorea Thomæ Florinensis, quæ omnes nunc alio translatæ sunt, & sub aliis retro majus altare positæ.*

Simon de Dampierre familiâ nobili, & egregiè facundus, omnium Ascetarum votis ad Præsulatus honorem peruenit mense Nouembri 1230, hic magnam curam impendit Monasterio, vnionémque obtinuit Prioratus Birbacensis in Brabantia, Infirmariæ obedientiam asseruit, Cameriariam auxit reditibus, seruorúmque Dei numerum ad sexaginta ex concessione Innocentij IV. tum morbo correptus, migrat à sæculo 8. Iulij 1241. funeratus in sacello Claustri sub tumba quæ præ vetustate nullum scripturæ vestigium retinet. Per id tempus deficiente religionis ardore, regula nouis constitutionibus vallata est Gregorij IX. ann. 1233. Nicolai IV. ac Bened. 12. quibus priores adauctæ, aliam viuendi normam pepererunt. Vnde Chronicon Sancti Petri de Gregorio IX. loquens an. 1241. *Obijt Gregorius Papa Monastici ordinis* (inquit) *& faciens præcepta noua.* Nonnihil etiam diuersitatis in habitu additum puto, fortsan vt sodales vrbici Clero se magis conformarent. Nam præter pilei clericalis vsum, qui tunc vsurpari cœpit, etiam almutijs nigris vtrobique pellitis caput texerunt, quod Clemens III. in sua Decretali approbat vt dixi. 1230.

1241.

Simon de Marmontier sic dictus, quod maioris Monasterij professus fuerit à Suessioà Suessionensi Episcopo, sede Archiep. vacante, Benedictus die Festo S. Thomæ Apostoli anno 1242. spartam à Deo nactam peruigili curâ non destitit promouere, tuendis rebus Monasterij æque intentus, ac quieti, & ornamento suæ Ecclesiæ, cuius ædificij moles paulatim assurgebat.

Ab Innocentio IV. priuilegium obtinet de Alodijs, & vt relationis Reliquiarum S. Nicasij à solo Turnacensi dies, qui in 27. mensis Septembris incidit, celebrior fieret, addita indulgentiarum illecebrâ, quas consequerentur qui Ecclesiam piè frequentassent… Thomas Archiepiscopus eidem Abbati confirmat immunitatem à Gistis, & procurationibus 1249. permittítque. vt murum ædificare possit super mœnia seu fossata Ciuitatis, nè à transeuntibus Ascetæ injuriam patiantur. Quod successor eius Petrus Barbet postmodum approbat hortatu Mariæ Philippi III. vxoris ann. 1280. Simon initâ societate cum Canonicis Regularibus S. Quintini de Insula 1249. cuius charta seu decretum sic incipit. *Simon Dei permissione S. Quintini in Insula Abbas humilis, totúsque eiusdem loci Conuentus, nouerint vniuersi, quod Simon Abbas S. Nicasij &c.* diem clausit extremum 17. Februarij 1254. tumulatus sub tumba rasa prope ingressum Capituli ex Necrologio, vetus codex diem obitus aliter designat his verbis, *5. nonas Julij die Passionis* ( forte translationis ) *Sancti Thomæ Apostoli, sepultus fuit bonæ memoriæ Domnus Simon Abbas S. Nicasij qui annos 14. rexit: hoc eodem anno successit ei Domnus Gerardus Abbas, & electus fuit die Beatæ Margaretæ Virginis.*

GERARDVS DE CERNAY, vel Cerni canonicè electus, priuilegium generale obtinet omnium bonorum Monasterij ab Alexandro IV. & vt festum S. Nicasij 14. Decemb. solemniter celebretur tam à Clero, quàm à populo in Prouincia Remensi: ob id à Thoma Archiepiscopo obtentum est; vt quædam Antiphonæ cum Prosa & responsorijs recèns editis publicè cantari possent rescripto ann. 1260. cuius hic tenor est.

THOMAS DEI GRATIA REMENSIS ARCHIEP. &c. *Diuinum cultum prout ad nostrum spectat officium augeri cupientes, ac vestris annuentes petitionibus, in hac parte vobis tenore præsentium duximus indulgendum, vt in festiuitatibus B. Nicasij, & alijs diebus, quibus memoria S. Nicasij fieri contigerit, quinque Antiphonas, quatuor responsoria, & vnam prosam, quæ ad honorem ipsius Sancti fieri fecistis, & nobis præsentari decantentur.* Gerardi tempore etiam lis mota est pro conseruatione vel custodia Clauium portæ Ciuitatis, quæ S. Nicasij dicebatur, iusque constituendi Ludi magistrum infra limites suæ iurisdictionis hic tuitus est aduersus Scholarcham Remensem, tum vergentibus annis ad occasum, in humanis esse desijt 17. May 1267. locúsque sepulturæ eius adhuc latet, Necrologium autem sic de eo: 15. Aprilis, Gerardus Abbas qui acquisiuit decimam de Ponte vallo pro anniuersario suo.

MILO CROISSART eligitur à Ioanne de Courtenay saluis Monasterij iuribus, vt lubens ipse agnoscit in charta proprio sigillo munita: ei confirmat bona Monasterij Clemens IV. priuilegio generali, concedítque indulgentias ijs omnibus qui Capellam S. Nicolai de Virlozet visitauerint diebus Festis Paschatis & Pentecostes, & post quinque annos præfecturæ, obijt 26. Octobr. 1269. jacet in Capella Claustri sub tumba, cui hæc verba scripta sunt.

*Gratus Milo vocitatus, factus Prælatus*
............................................
.........................................

Ioannis IV. dictus de Sancto Ferreolo præfuit vnico anno, notatúrque in Necrologio 21. Augusti.

GVIBERTVS AIMARDI filius adeptus Præsulatum anno 1270. augendis infirmariæ reditibus impensè studuit, decimas de Raucourt, & de Tasnier in alimentum Monachorum contulit, inijtque societatem cum Canonicis Præmonst. de Parco Diœcesis Leodiensis ann. 1271. tum splendidè excepit Philippum III. & Ma-

## S. NICASIJ REMENSIS.

& Mariam Reginam, à quibus murum ædificandi super fossata potestas confirmatur: vindicauit etiam ciuilem iurisdictionem sui Monasterij aduersus Archiepiscopum sententiâ à Balliuio Viromandensi Laudunj sedente obtentâ: at lubens fassus est Abbatiam esse in guardia seu protectione Archiepiscop. Rem. 1284. post decem & octo annos regiminis hic viuere desijt 13. decembr. 1289. sepultus in Capella claustri sub tumba alba, cui tale insculptum est Epitaphium.

*Anno Milleno C. bis, & octuageno*
*Nono, Guibertus Abbas hîc fuit tumulatus.*
*Vir bonus, & gratus, iustus, probus, atque disertus,*
*Luciæ Festo sibi propitius Deus esto.*

ODO le Plat è ciuitate Remensi oriundus, vt est in Necrologio, assumitur ad regimen Monasterij mense Ianuario 1289. Theobaldus Dux Lotharingiæ ei hominium fecit in Ecclesia S. Sulpitij de Ruminiaco pro feodis à Monasterio dependentibus die mercurij post Dominicam Lætare, & Ioannes de Braine pro feodis de Betheni, & de Burimont 1291. multum curæ impendit in rebus Monasterij egregiè stabiliendis, donec deposito carnis onere ad curiam regis æterni euolauit 28. Aprilis 1297. figura eius conspicitur in vitrea fenestra Capellæ Sancti Quintini, vbi quiescit tumulatus post nouem annos præfecturæ. 1289.

ÆGIDIVS de Landres rexit duobus mensibus cum dimidio sepultus in Capella dicta la Verde nunc boni nuntij 1298. sub lapide cui patriâ linguâ tale est insculptum Epitaphium. 1298.

*Cy gist ly Abbés Gilles, qui fut nés de Landres, & trépassa en l'an de grace*
*1298. deux iours en la fin de Iuillet, priés à nôtre Seigneur pour luy.*

ROGERIVS in viuis agebat an. 1299. legitur in processu Nicasianorum pro iure tenendi chorum in supplicatione ad Sanctum Mauritium, iacet in sacello B. Mariæ retro Cathedram Abbatis vbi sedet in processionibus ex Nocrologio. At non satis clarè loquitur, cùm sint tria sacella Virgini Deiparæ sacra in prædicto Monasterio. 1299.

ÆGIDIVS de Montecornuto ex gente Castilonea eligitur an. 1303. societatem contraxit cum Monasterio Sancti Petri Catalaunensis 1310. suscepitque hominium Domini Castilonei Comitis Castri Porcensis, & Connestabuli Franciæ pro feodo de Rumigni, quod ei præstitit nomine Mariæ consortis suæ an. 1313. tum probatis Sancti Nicasij Reliquijs coram Roberto de Courtenay qui capsam aperuit, fato functus est post decem & quatuor annos regiminis 16. Ianuarij ann. 1316. iacet in sacello S. Quintini, Castiloneæ familiæ, & Barrensis stemmatibus in vitreis decorato. 1303.

PHILIPPVS la Cocque fidelitatem præstitit Ecclesiæ Remensi die Lunæ ante dominicam in palmis 1316. vir ingentis animi, & summæ prudentiæ, quique hoc sæculo inter sacri prophaniquè proceres non vltimum locum tenuit: ei hominium fecit Ferricus Dux Lotharingiæ pro feodis de Rumigni in vico Remensi dicto, *Le Barbastre* 1327. (postquam idem Ferricus declarasset præstari debere in Burgo de Rumigni,) hac forma, *tenens igitur manum suam super quoddam Missale apertum, iurauit ad Sancti Dei Euangelia, quod ex se esset fidelis erga ipsum Abbatem, successores suos, & suam Ecclesiam, & quod iura, & quicquid habebat, & habere poterat idem Abbas in villis de Bayo, de Llardo, & de Ferrea, cum omnibus nemoribus, & appendicijs suis vniuersis, nec non chartas, & literas à prædecessoribus suis Dominis de Rumigni, dicto Abbati ac prædecessoribus suis, alias Ecclesiæ suæ prædictæ concessas, conseruaret fideliter, & teneret.* In præmissis præsentes fuerunt Ioannes, & Henricus de Bajona ann. 1329. 1316.

Roberto de Courtenay, qui multa contulerat ad opus fabricæ, promissum à Monachis anniuersarium sub eodem Abbate. Societasque inita cum V... Capitulo Remensi ann. 1331. cuius decretum sic incipit, *Vniuersis præsentes literas inspecturis, Steph. Præpositus, H. Decanus, Guilel. Cantor. cæterique Remensis Ecclesiæ* 1331.

*Ecclesiæ fratres ; Philippúsque permissione diuinâ Abbas S. Nicasij Rem. at eiusdem loci Conuentus Salutem. Cùm controuersia verteretur &c.* Quo prædictus Conuentus S. Nicasij in die dedicationis Ecclesiæ Sanctæ Mariæ, nec non in die funerum Canonicorum ibidem sepultorum agnoscit se teneri accedere, vnà cum religiosis S. Remigij horâ Missæ, dummodo dicta funera competenter nuntientur. Et versâ vice prædicti D. Canonici ad Ecclesiam Sancti Nicasij diebus funerum Abbatis, Prioris, Subprioris, Cantoris, Thesaurarij, & Præpositi eiusdem Monasterij &c. eadem societate præscribitur quem locum tenere debeant Nicasiani in choro Matricis Ecclesiæ, & quod feria 3. Rogationum, cum ad eam accedunt, nullus in Principe altari celebrare debet præter Abbatem, & vnum ex quatuor Clauſtralibus Prioribus.

**1332.** Fœdus quoque renouatum cum Remigianis ann. 1332. quo cautum est, quod quotiescumque supradicti conuentus ad Remensem Ecclesiam, vel aliquem alium locum accedere contigerit, cùm ad dictam Ecclesiam fuerint, ex duobus conuentibus Collegium fiet vnum, & tam stando, quàm sedendo, nec non incedendo, mixtim seu conjunctim antiquiores cum antiquioribus ordinatè, & deuotè debent procedere. Hoc adjecto quod prior Sancti Remigij regens conuentum alijs omnibus Commonachis dictorum conuentuum incedendo præferetur. Priore Sancti Nicasij post eum incedente, nisi alter fuerit Abbatum.

*Ex hiſtor. Leodien. fol. 384.*

Ea erat Philippi Abbatis dexteritas in litibus componendis, vt arbiter à Sancta Sede Apoſt. & iudex delegatus fuerit grauioris cuiusdam controuersiæ quæ exarsit inter Episcopum, & Ciues Leodienses, item litis inchoatæ inter Curatos vrbis Remensis & Mendicantes, ann. 1336. & inter Archiepiscopum Ioannem **1345.** de Vienna, & Galcherum de Cumieres pro villa de Ruffi 1345. Nec propterea curam Prouinciæ sibi concreditæ remittebat. Nam præter Syluam de Courtaignon, & de Sancto Imogio, pretio etiam emit Alodium de Cardenay, Ioannâ Reginâ iure caduco gratis abolente 1343. in fauorem fabricæ Ecclesiæ, & vt elegantissimum opus ædificij inchoatum aliquando perficeretur. Vnde Abbas in iucundo suo aduentu iurare debet ex charta, se daturum operam vt reditus de

*Hi prioratus vniri debent ex Concil. Viennenſi.*

Cardenay ad opus ædificij fideliter impendatur. Vnuit etiam Prioratus de Hamo Monachorum, & de Betanacurie mensæ Abbatiali ann. 1346. quòd singuli vnicum dumtaxat Monachum alere possent, eâ tamen conditione, vt annuatim quinquaginta libras soluat Abbas infirmariæ pro duobus Monachis recipiendis, supra numerum præscriptum. His atque alijs multis egregiè præstitis vergens ad occasum, successorem designat Guidonem Morel, diémque claudit 18. Ianuarij

**1348.** 1348. situs in sacello S. Eutropiæ, vidétúrque eius effigies in vitrea fenestra cum hac inscriptione, *Philippe de Rains jadis Abbé de cette Eglise.* Agnetis Philippi Sororis necrologium meminit 29. Iulij, & 28. Iunij.

**1349.** GVIDO Morel vouit 8. Decembr. 1349. & anno sequenti Hugo Lotharingus Dominus de Ruminiaco hominium ei fecit more solito. Ortâ contentione pro Reliquijs Beati Nicasij cum V. Canonicis, Possessionem sui Monasterij acrius tuitus est, Vnde Capitulum Remense societatem cum Nicasianis reuocauit, ipsis etiam gradu consueto in supplicatione Sanctiss. Sacramenti denegato. At sententiâ Balliuij Viromandensis res in integrum restitutæ sunt 1359. & 1362. ipso etiam regente porta Ciuitatis, S. Nicasij dicta, muro vallatur ob imminentem Anglorum obsidionem. Resignat Guido post 15. annos regiminis Petro Cocquelet, obítque 30. Ianuarij 1363. situs in Capella B. Mariæ de Couciaco, alias S. Geruasij, nunc verò Sanctæ Mariæ de lætitia, sub tumulo nigri coloris, cuius inscriptio penè obliterata est, vidétúrque eius effigies in fenestra vitrea.

**1363.** PETRVS Cocquelet adepto Præsulatu per resignationem, fidei clientelam Archiepiscopo profitetur 6. Maij 1364. ei Vrbanus V. confirmat priuilegia Monasterij, executórque nominatur à Gregorio II. cum Decano S. Agricolæ Auenionensis, bullarum prouisionis Prioratus Regiteſtensis in commendam pro Abbate Sancti Remigij 1371. tum post septem decim annos præfecturæ, hominem

exuit

exuit 17. Ianuarij 1381. funeratus in Sacello de Couci iuxta Guidonem Morel *381.*
fub tumba nigra, in qua pauca reſtant quæ legi poſſunt.

GVILELMVS de Illinijs ex Abbate S.Baſoli, per gratiam expectatiuam promotus 1381. iurat fidelitatem eodem anno in palatio Archiepiſcopali:ſumptibus ipſe non perpercit quò bene ſtipatus apud Auenionem in Curia Pontificiâ emineret, vnde non reditus modò temporales abſumpti, ſed regularis etiam obſeruantia nonnihil remitti cœpit ſub aulicis his Abbatibus, memoratur in Conſilio Regis ann. 1396. apud Andr. du Cheſne in hiſtoria Monmorenciaca, fortè tunc Epiſcopus Viuarienſis, vt in bulla Clementis VII. vocatur, reſignat in fauorem ſequentis, poſt 8. annos præfecturæ. *Vide Iunenalem de vrſinis an. 1375.*

IOSSERANDVS de Illinijs, præcedentis Nepos, vir illiteratus, præfuit tribus annis, nihilque dignum memoriâ geſiſſe legitur, abſumptus 28.Decemb. 1392.

SIMON Maubert Trecenſis, fidem clientelæ iurat menſe Ianuario 1392. quo & Benedictionis munus ab Archiepiſcopo conſecutus eſt. Huic Florentia de Ribemont Domina de Chini, & de Germigni hominium fecit pro Feodis à Monaſterio dependentibus, præſente Guilelmo Fillaſtrio Vicario generali 1398. eo ſedente Enguerannus de Couci Comes Sueſſionenſis legat conuentui quinquaginta libras Turon. cuius inſignia videntur in fornice ſacelli de Couciaco, nunc Beatæ Mariæ de lætitia. Simon qui Abbatiam obtinuerat iure reſeruationis, omnium malorum ſcaturigine, ſpartam ſuam parum extulit, vtpote ex alieno ſolo, & conuentu excitus, receſsítque ab hominibus poſt 7. annos regiminis 19. Ianuarij 1405. quieſcit in Capella dicta la Verde, nunc boni nuntij ſub nigro ſepulchrali, cui inſculpta effigies Abbatis cum breui Epitaphio. *1392.*

ÆGIDIVS Ieunart clientare ſacramentum exhibet Eccleſiæ Remenſi 24.Martij 1406. more Gallico. Viderúrque Abbatiam obtinuiſſe per reſignationem præcedentis ex Epitaphio, proceſſus pro Reliquijs S. Nicaſij Canonicos inter, & Religioſos iterum ſub eo retuixit, ob effuſæ licentiæ facinus in generali ſupplicatione commiſſum ann. 1407. cúmque iuri tuendo anxiùs incumberet, Pariſijs ſupremum diem exploit 18. Martij 1416. ex Necrologio. *1406.*

Poſt eius obitum Aſcetæ, qui portabant pondus diei & æſtus, ægrè ferentes externos ſibi præferri in Abbatiali dignitate, eligunt Nicolaum Largeſſe priorem de Fiuia prope Inſulas, rogántque ſcabinos Remenſes vt Summo Pontifici diſertè ſignificent multùm intereſſe Reipublicæ,vt,qui eligitur in Abbatem apud S.Nicaſium Remus ſit origine, & prædicti Monaſterij profeſſus, eò quòd Eccleſia mœnibus, ac munimentis proxima, editior eſſet cunctis alijs ædificijs, ſed nihil profecerunt, literis reſeruationis tunc vigentibus à Nicolao Duchet dudum obtentis. Igitur.

NICOLAVS Duchet lectus ex præpoſito de Montana, Camerario S. Remigij, priore Senucenſi, & Abbate Sancti Baſoli iurat ann. 1416. conatúrque ſuâ induſtriâ reſarcire, quod Deceſſorum oſcitantiâ concidarat, lite pro Reliquijs S. Nicaſij compoſitâ, abrogationem obtinet tituli Prioratus de Fiuia, inſtituítque ſupplicationem mortuorum ſingulis diebus Veneris quadrageſimæ per Clauſtrum,vbi litaniæ Sanctorum recitantur. E viuis abijt 22. Decembr. 1430. ſitus retro aquilam ſub nigro tumulo, vbi prædicta ſupplicatio finiri debet. *1416.*

IACOBVS Gueulart ex alumno Nicaſiano iuramentum de obedientia præſtandâ Eccleſiæ Rem. edidit 28. Iunij 1430. iudex delegatur à Summo Pontifice pro litibus dirimendis inter Curatos vrbis, & relig.Mendicantes 1440. æs campanum vaſtius,quod inſignis eſt Harmoniæ,eo curante fuſum eſt,conciliat,vt iudex delegatus, Galcherum & Stephanum de Cumiers cum Capitulo Remenſi pro detentione Præpoſiti Canonicorum, erectóque regiâ auctoritate populari Senatu pro negotijs Ciuilibus, quæ vrbis regimen, & cuſtodiam ſpectant, in quo ex 24. Conſiliarijs, ſex ſunt Eccleſiaſtici, præſens interfuit electioni Præfecti, aliorúmque officiariorum factæ in Capitulo Eccleſiæ Rem. ann. 1448. Cúmque viginti duos annos ſummâ cum laude præfuiſſet, animam Deo plenam virtutibus reddidit *Patet id ex libello tempore Philippi Abbatis edito, quo numerus Monachorum deſcribitur.*

*1448.*

## EPITOME CHRONICON

**1451.** reddidit 19. Aprilis 1451. vbinam verò quiefcat ignoratur. Eo ad Patres appofito, conflictus emerfit inter Officiarios regios, & Balliuium Archiepifcopi pro guardia feu protectione bonorum temporalium Monafterij.

IACOBVS Champion lectus ex eodem fodalitio rexit vndecim annis cum quatuor menfibus, obiitque 15. Septembr. **1462.** funeratus in choro prope Nicolaum Duchet.

Poft huius exceffum Guilelmus Bouille Canonicus Nouiomenfis obtentis literis Apoftolicis fe in Abbatem intrudere conatur; quibus Scabini vrbis cum Monachis intercedunt ex actis Capitularibus Ecclefiæ Rem. 14. Februarij 1465. vbi etiam habetur plures ex D. Canonicis fupplici libello fubfcribere noluiffe, nè Summo Pontifici difplicerent. Interim lite pendente, electionéque factâ Petri Boiffeau Eleëmofynarij vi pragmaticæ fanctionis, quâ ius fuum ftrenuè Monachi tuebantur contra fibi nociuas promotiones. Richardus de Longueïl Cardinalis Conftantienfis, & Abbas S. Bafoli, adeptis fimilibus literis per gratiam expectatiuam, poffeffionem adipifcitur redituum Monafterij, fed ftatim refignat in fauorem.

*Adhuc extant Richardi bullæ in Chartulario.*

IACOBI Iacquier, qui per fpontaneam demiffionem prædicti Cardinalis renunciatur ann. **1463.** Eum tamen Nicolaus Bouille Protonotarius & Decanus Nouiomenfis turbat in pacifica poffeffione; at ipfe à Paulo II. confirmatur **1467.** hic focietatem inijt cum Abbatia Sancti Cornelij Compendien. 1471. diémque claufit 14. Iulij 1483. fub tumulo Ægidij de monte Cornuto fepultus.

**1483.** IOANNES Franfquin Thefaurarius Ecclefiæ, ac iuris vtriufque Doctor canonice eligitur menfe Augufto 1483. at obftitit Iacobus Lefcot Rem. Ecclefiæ Vicedominus, Petri de Laual Archiepifcopi fretus auctoritate, regiífque literis quæ Abbatiam ipfi adjudicabant. Ioannes Vicariatu primùm potitur, tum redemptâ vexatione, admittitur ad fidem præftandam menfe Aprili 1484. obiítque Iulij 1500. poft 17. annos præfecturæ, iacet in facello de la Verde, nunc boni nuntij fub nigro fepulchrali cui infculpta manus geftans pedum cum Epitaphio.

**1501.** IOANNES Willemet Retellinus, vir integerrimæ, ac laudatiffimæ vitæ, præfecturam fibi canonicè delatam vix adeptus fuerat, cùm ecce aulici Harpyis rapaciores ipfi negotia faceffunt, fed innatâ dexteritate eorum conatus prudenter abegit, maximè verò Emardi cuiufdam de la Marolles qui Pontificis decreto fiduciam obtinuerat: Ioannes pulpitum erexit, Ecclefiámque pretiofiffimis ornamentis ditauit, Cappellas clatris feu cancellis ligneis claufit, facrarium capfis affabrè elaboratis, crucibus, & libris repleuit, eo præfertim tempore quo Abbatiæ regni Aulicis prædæ erant, dedit etiam conuentui prædium de Faulx & Luqui, emptum à fe pro anniuerfario, quod tam benefici Præfulis Afcetæ memores annuatim toto noftro tempore celebrarunt, extenfo mortuorum panno fuper tumulum cum duobus cereis accenfis dum cantantur Vigiliæ & Miffa defunctorum die obitus quem Necrologium notat 10. Octobr. **1521.** & infcriptio tumuli cui infculpta virga Paftoralis in medio chori & Epitaphium.

IACOBVS Ioffrin Abbatum regularium claudit agmen, ob morum probitatem electus; fed ei moleftiam intulerunt Philippus de Baujeu Prior S. Germani Antiffiodorenfis, & Oudardus Hennequin nominati à Rege vi concordatorum: vnde ab Archiep. Lenoncurtio confirmari flagitans repulfam tulit: Ex litibus quas æmuli fpe prædæ concitarunt obtentâ victoriâ, iuramentum præftitit menfe Iunio 1523. incredibile dictu eft quàm fe beneficum præbuerit Præful hic eximius, & quæ ab eo gefta funt, data, & conftructa intra nouem annos Præfulatus, diem obijt 13. Ianuarij 1530. tumuletus in Cappella clauftri, quam fornice, cathedris, & vitreis feneftris inftruxit. Anniuerfarium eius eodem die annuatim celebratur, expanfo pariter mortuorum panno cum duobus cereis fupra tumulum vt eft in Necrologio.

**1531.** CAROLVS de Vrfinis Rem. Ecclefiæ Archidiaconus, beneficiariâ fiduciâ primus per vim potitus eft. Iacobo fubrogatus fuerat à Monachis Georgius le Large

Prior

## S. NICASIJ REMENSIS.

Prior de Birbaco in Brabantia, at Vrsinus amicorum ope, qui erant in Comitatu Regis, fregit eorum peruicaciam. Cùm enim literis iussionis, vt vocant, à Rege sæpius concessis non obtemperarent, postremò imperatum, vt perfractis foribus Monasterij obnitentes in ordinem redigerentur, quod mense Maio 1531. violenter præstitum est summo Abbatiæ malo, cuius infelix præsagium, Deo Iubente, statim omnibus innotuit, cum Rosa vitrea, quæ est in proano præcipuum totius structuræ ornamentum, validissimo turbine corruens, Organa secum minutatim concisa prostrauit 8. Decembr. 1540. ab hac die lætitiæ cantus versus est in vocem flentium, totúsque Monasterij cœtus, cœpit lugubri lamentatione, hæc Prophetæ verba tacitè secum meditari. *Cecidit corona Capitis nostri væ nobis quia peccauimus.* Protofiduciarius, qui afflictis, etiam litibus, multum molestiæ intulit, senio confectus, post 38. regiminis, Claudio de Guise religioso S. Dionysij in Francia resignat, datis ei Prioratibus S. Petri de Couciaco, S. Theobaldi, & Præpositura de Louuemont in vitæ solatium, obiitque nec diues, nec ad Presbyterij gradum promotus apud Armentarium.

*Innitebātur Nicasiani bullis summorum Pontificum quibus eligendis facultas eis cōcessa erat: ys enim qui tali priuilegio gaudebāt eligendi ius relictū erat per Concordata. Chopi. l. 1. de iure religios.*

CLAVDIVS de Guise Filius Naturalis D... possessionem iniit mense Decemb. 1567. vouitque 1575. hic Rosam nauis Ecclesiæ sub prædecessore collapsam magnis sumptibus reparauit, vbi conspiciuntur in vitreis Lotharingiæ domus stemmata. Ædem Abbatialem nouis ædificijs ampliauit, pretiosísque sacristiam ditauit ornamentis, factus postea Abbas generalis Cluniacensis, hominem exuit 23. Martij 1612.

1568.

*A Remigianis in Nicasianos lis perperà mota pro quibusdam prærogatiuis, Senatus Paris. decreto compressa est, 14. Augusti anno 1907. dictúmque vt se vicißim pari, & mutuà comitate, & obseruantià deinceps exciperent.*

FRANCISCVS de Paris à Lotharingia præfectus regius in Prouincia nominatur à Rege 1612. sed nusquam Canonicam possessionem adeptus est; præmaturà morte sublatus 1. Iunij 1614.

DANIEL de Hottemant vitæ merito, & prudentià Venerabilis, possessionem adeptus mense Aprili 1616. resignat in fauorem Henrici à Lotharingia 1625. tum pacatioris, tranquillioríque vitæ amans, seso Patrum Oratorij sodalitio addixit, vbi & mortuus est anno 1634.

1612.

HENRICVS à Lotharingia possessionem iniit personaliter in Capitulo mense Maio 1626. eo probante, seniores Monachi veteris disciplinæ aliquatenus lapsæ renouandæ gratià, è Congregatione S. Mauri Patres duodecim liberè vocatos, & à R. Patre Superiore generali per D. Columbanum Prouinciæ Parisiensis missos intra septa Monasterij humanissimè ac liberaliter exceperunt, cui rei per totam Galliam seriò incumbunt, ac ædificiorum restaurationi, quæ passim imbribus, vetustate, seu etiam Commendatariorum incurià, deformata iacebant.

1634.

HENRICO A LOTHARINGIA Archiepiscopatum, & alia beneficia abdicante anno 1643. Ludouicus XIII. Francorum Rex Abbatiales reditus Sancti Nicasij V. D. Canonicis Sacræ ac Regalis Capellæ Parisiensis concessit in locum Regalium quæ percipere solebant post obitum Episcoporum, sic Iouiniâ domo Patris ac Præsulis subsidio orbâ manente, Nicasianorum Abbatum Catalogi hactenus finis erit. Sed quid iuuat tot illustrium virorum nominibus indices onerari, cùm pij ac vigilantis Rectoris studio, optimè viuendi norma potius floreat, quam eorum fastuoso & inutili stemmate.

1643.

*Cella seu Prioratus, & Parochiæ à Monasterio Sancti Nicasij dependentes.*

## CAPUT XI.

BEati Nicasij cœnobium nulli obnoxium congregationi ab origine, septenario Prioratuum gaudebat numero, quibus nexis velut inter sese partibus constans, stetit per multos annos, Abbatisque nutu regebatur, & ab eo tanquam regulari politico capite pendebat. Ad hos è gremio Matris domus quidam villicaturi ablegabantur, cum onere nihilominus consueta ibidem religionis opera exequendi, illis assignato Rectore, quos annuatim lustrabat Abbas, reuocabátque cùm opus esset, quò œconomiæ seu optimi regiminis commodo, paci inter suos, ac omnium quieti aptius consuleret : viguit autem hic viuendi ritus seu politia generatim in Benedictino ordine iuxta cuiúsque Monasterij statum & amplitudinem, donec canonicæ electiones penitus rescissæ sunt in Gallia, beneficiariáque fiducia sæcularibus sacro ordini plerúmque infensis, vel malè affectis concessa est, quæ omnium malorum fons fuit, ac certissimus regularis disciplinæ interitus. Etenim pro spiritualis lætitiæ cantu, tam in agris, quàm in vrbibus resonante, pro ædificiorum ornatu, pro viatoribus paratis hospitijs, quid nostra ætate non vidimus ? libet hîc Stephani Tornacensis vnius cellulæ lugubrem statum deflentis verba proferre. *Nunc in contrarium versa sunt omnia, diruta ædificia, silent officia diuina, redactus est locus in solitudinem, factus sicut vmbraculum in vinea, & sicut tugurium in cumerario, possessiones amplæ, & decimæ vberes, quibus alebantur Monachi, sub alieno premuntur dominio.* Id adhuc cernitur per omnem ferè Galliam vbi Prioratus, qui Abbatiolis vnde detracti sunt, indigentibus subsidio esse possent, incolis vacui sunt, reditus in alios vsus distracti, nihilque, proh dolor, in illis præter semirutos parietes restat, ac deploranda rudera, quæ transeuntium feriunt oculos, monéntque quotquot illorum bonis potiuntur, *Fidelium vota hæc esse, patrimonia pauperum, & pretia peccatorum.* Saltem nè in propriæ salutis perniciem his abutantur & in dedecus ordinis Ecclesiastici. Hæc de Cellulis obiter. Nunc earum quæ ab Asceterio Nicasiano dependent, initia detegamus.

*Steph. Torn. Epist. 199. pro Ecclesia de Bredenay ad Rem. Archiepisc.*

*In Paschalis 2. diplomate sic habetur, In territorio Tornacensi duas Capellas, confirmamus, Sancti Martini de Fiuis, & Sanctæ Magaretæ de Facis ann. 1114. At charta Baldrici duarū Capellarum personatum, seu duo altaria promiscuè appellat.*

PRIORATUS Sancti Martini de Fiuis prope Insulas, suæ dotationis initium debet liberalitati ac eleëmosynæ Vener. Hermanni Canonici Insulensis, qui Baldrici Turnacensis Episcopi assensu, duarum Capellarum personatum, seu duo altaria, S. Martini scilicet de Fiuia, & Sanctæ Margaretæ de Facis in pago Medenantensi posita, Ecclesiæ Sancti Nicasij in vsus Fratrum ibidem Deo seruientium contulit anno 1104. Et quidem licèt eiusmodi donatio sine onere Prioratum constituendi facta sit, vt chartæ indicant, Ioannus tamen Abbas benè affectus circa cultum Dei, statim Monachos illuc ablegauit, quorum studio, labore, ac piorum largitionibus præcedenti donationi facta est haud mediocris bonorum accessio, pro alendis ijs qui in prædicto prioratu diuino incumbunt officio : tam Comitum Flandriæ donationum confirmatrices literæ, quàm Turnacensium Episcoporum chartæ, quæ in tabulario Monasterij seruantur prædicti Prioratus exordia, & successus produnt, quas consulat lector si velit.

Habet Theodorici Elsatij Flandrensium Comitis diploma Insulis datum anno 1136. Ecclesiam de Fiuia Virginis Deiparæ nomen, ac B. Martini prætulisse, quod notatu dignum est, cùm priùs ex charta Baldrici Turnacensis tantum tùm Martino dicata referatur. Inde enim pronum est credere ab Ascetis Nicasianis cultum Virginis illuc delatum fuisse, aut certè impensiùs auctum & propagatum, iconémque eius in Principis Aræ medio positam, & aliam in sacello ad latus structo de more Benedictinorum, nè populorum concursu opem flagitantium in peragendo officio Monachi impedirentur: creuit in dies erga Sanctiss. Mariam religio, & reuerentia, vigétque adhuc quam maximè non incolarum modo, sed externorum frequentiâ, singulis diebus veneris, in prædictam Ecclesiam conuolantium, eorum præsertim quos febres cruciant, à quibus epota aquâ quæ à Presbytero sacro carmine sanctificatur, accensis candelis, & coram imagine fusis precibus, fama est hoc morbi genus abstersum fuisse, & alias curationes sæpius impertitas.

Ceterùm Finiensis Cellæ titulus pridem extinctus est, bonáque eius mensæ Abbatiali & Conuentuali adjudicata sunt Martini IV. auctoritate, cuius bulla plombea Guilelmo Cardinali S. Marci directa est, qui eam omnibus ritè expensis executioni mandauit: Abbas & Conuentus simul Priorem administratorem nominant, qui eorumdem visitationi subest, habétque sub se duos religiosos, qui de more, statis horis, potiores Diuini Officij partes cantu persoluunt.

Bello per Francos Caduceatores Hispanis indicto, quod totis 25. annis asperrimum fuit, bona Prioratus in Hispanico dominio sita, fisco adjudicata sunt, tum Cardinalis Austriaci Confessori in vitæ subsidium data, & eo obeunte Baroni de Merci Lotharingo S. Petri Insulensis Præposito, qui Regio diplomati collationem addidit Guisij Ducis S. Nicasij Commendatarij, & Bullas Pontificias facultatem ei præbentes Potiundi prioratu quoad viueret in Commendam, his enim titulis iura iuribus accumulando se securum omnino sperabat. At pace sancitâ inter Reges, & promulgatâ ann. 1660. in Flandriam missus sum, vt prædam ab eo ingratis etiam ferente, excuterem, lis in sanctiori Concilio Bruxellæ intentata fortunatò successit, Prioratúmque post decem menses vi fœderis vindicaui, cúmque ibi moram trahere opus mihi fuerit, vt collapsa resarcirem, captarémque occasionem Prioratum permutandi cum alijs reditibus seu prædijs in Gallia sitis, optimè ea vsus præsentem historiam Insulis edendam curaui, quò præsens correctioni faciliùs incumberem.

Prioratus Sancti Petri de Ruminiaco.    } ann. 1112.
Prioratus Beatæ Mariæ de Castello Porcensis. } De his agemus. ann. 1143.

PRÆPOSITURA seu domus de Ham, in Brabantia cœpit ex donatione facta per Arnulfum Dominum de Gest, qui, vt aliquod suæ observantiæ pignus erga B. Nicasij cœnobium testaretur, dedit ei quidquid possidebat in villis de Ham, Resbais, Hesbin... ann. 1144. donúmque illud Romæ existens Hierosolymam profecturus, coram Cardinalibus recognouit, & vt per manum Ioannis Abbatis, (qui illic pariter aderat) Ecclesiam Sancti Nicasij, ad sustentationem Fratrum ibidem Domino seruientium, inuestiret, in manu Domini Papæ reposuit. Ioannes frater eius huic quoque donationi liberè consensit, Henrico Leodiensi Episcopo præsente ann. 1153. At ægrè postmodum ferens hac sui Patrimonij parte priuari, eam ad se reuocare, vi etiam adhibitâ, conatus est, ob quam ab Episcopo Leodiensi excommunicationis sententia innodatur. Paulò post facti pœnitens suam culpam in synodo recognouit, Remósque pergens vt Beato Nicasio liberè restitueret, quod vi abstulerat, per librum receptus est in Capitulo, obtulítque de nouo eadem prædia super altare S. Nicasij per Ramum, & Cespitem præsente conuentu in odorem suauitatis.

*Vide caput 28. constitut. Cluniacensis de societate danda per librum.*

*Idex antiquo iure Ciuili, quo vnâ gleba in ius*

*delatâ in ea tanquam in toto fundo fiebat vindicatio. Anselmus ad edictum perpetuum Principum Belgij art. 15. num. 27. item Barbosa in collectaneis.*

Completâ hac ceremoniâ, Abbas & Conuentus nominarunt Fratrem Samuelem

muelem Præpositum terræ de Ham, pollicitíque sunt prædicto Ioanni, ob spontaneam restitutionem, se omnia quæ necessaria forent ad eius honestam sustentationem exhibituros quandiu Remis commorari voluerit. Fit mentio Raynaldi Monachi Præpositi de Ham, in charta Theodorici Domini de Birbaco ann. 1234. ac hic titularis non fuit, vt nec præcedens, sed Rector bonorum temporalium ad nutum reuocabilis.

PRIORATVS S. Hilarij in Brabantia prope Louanium munificentiæ cuiusdam Militis Domini de Birbaco Euan'j vel Yuanij nomine debetur, qui ius omne transtulit, quod habebat in Ecclesia Birbacensi, Monasterio Sancti Nicasij assensu Henrici Ducis Brabantiæ 1189. permisitque, probante Gregorio VIII. Pontifice, & Leodiensi Episcopo, vt decedentibus Canonicis, Benedictini Nicasiani in eorum locum sufficerentur. Henricus item Dux alius Lotharingiæ, & Brabantiæ eidem Monasterio ius Patronatus, quod prætendebat in Ecclesia Birbacensi, concessit anno 1234. petiítque vt fieret Abbatia, si reditus ad hoc sufficientes essent, & Abbas Sancti Nicasij congruum esse iudicaret. Theodoricus quoque Dominus de Birbaco Euanij successor prædictam donationem, eâ prius maturè examinatâ, super altare S. Nicasij obtulit coram Abbate & Conuentu an. 1234. omnibúsque Canonicis ad vnum sublatis, Monachi Prioratum instituerunt, iubente Duce Brabantiæ, & annuentibus Episcopo, & Canonicis Leodiensibus, eóque liberè, & pacificè potiti sunt, vsque ad ann. 1565. quo Doctores Louanienses pretextu reditus vniuersitatis amplificandi, ad stipem professoribus exhibendam, Prioratum vsurparunt, Monachis nequicquam reclamantibus, quin & terram de Ham, quasi Prioratus eiusdem appendix esset, pari iniustiâ occupare nituntur, cum sole clarius sit ab eo non dependere, Chartæ erectionis prædicti Priotus extant in veteri Chartulario.

PRIORATVS de Hamo Monachorum in Diœcesi Remensi supra Mosam, colligitur ex bulla Alexandri Papæ omnium bonorum cœnobij Nicasiani confirmatrice data an. 1168. qua patet Petrum de monte Cornuto dedisse iustitiam, molendinum, prata, seruos, ancillas, & totam syluam à cultura Monachorum de Ham, vsque ad peruis Ecclesiæ de Ham in die dedicationis eius. Bulla Innocentij confirmat prædictæ domus, & Ecclesiæ de Ham donationem, quæ Monachorum, ob Monachos eam incolentes, passim nominatur. Henricus de Monte Cornuto Petri filius, ratam habuit eleëmosynam factam à Patre, addidítque omnes census totius terræ suæ ad luminare duarum lampadum, quæ etiam noctu ardere debent pro anima vxoris suæ Beatricis, & pro anima Wilelmi aui sui an. 1203.

PRIORATVS de Betanacurte legitur in charta Manassis 2. vbi Otto Rogeri Comitis filius rogat prædictum Archiepiscopum, vt altaria quæ hactenus in territorio Porcensi tenuerat, dentur Monasterio Sancti Nicasij, cui & altare de Betanacurte concessit, eóque annuente ius omne abdicasse dicitur, quod habebat in Ecclesia de Betanacurte, & in Capellis S. Simonis, & S. Nicolai de Turno an. 1106. In charta tamen Samsonis Archiepisc. legitur, altare de Betanacurte, molendina, & piscaturam Nicasianos habere à Rodulfo Domino de Turno ex consensu Rodulfi filij sui ann. 1160. Innocentij V. diploma de eodem Prioratu sic habet, *Prioratum* ( confirmamus ) *quem habetis in villa de Bethancourt cum decimis, molendinis, reditibus, pischarijs & alijs pertinentijs suis*, & Pachasij Papæ priuilegium, *Ad opus Monachorum Deo, & Beatæ Mariæ de Betanacurte seruientium, totam decimam agriculturæ & nutrimenti ipsorum: qui etiam retentis ex more, & vsu eleëmosynis sibi dimissis, omnes Parochianorum eleëmosynas Parochiali Presbytero concessas, nec non & offerendas dimidiant, totúmque dimidium sibi vendicant, præter confessiones & duos nummos Nuptiarum &c.*

*Monachi nō singuli per villas, & oppida ponantur, sed in majori conuentu, aut cum aliquibus fratribus maneat. Concil. Lateran.*

Prioratibus de Hamo Monachorum, & de Betanacurte iuxta canones Concilij Lateran. abrogatis ann. 1340. quòd singuli plures Monachos alere non possent, horum bona mensæ Abbatiali eâ lege adjecta sunt, vt Monachorum numerus augeatur in cœnobio Sancti Nicasij ex illis qui esse solebant in prædictis

Prioratibus,

## S. NICASIJ REMENSIS.

Prioratibus, spopondítque Abbas se daturum annuatim quinquaginta libras pro duobus Monachis, quod Clemens VI. confirmauit. Non ita pridem Prioratus de Hamo Monachorum, cuius prædia locatione perpetuâ distracta erant, iisdem pretio à detentoribus vindicatis, solutâ vnione, Summi Pontificis consensu, Abbatis quoque & Conuentus, in pristinum statum restitutus est.

PRIORATVS de Honheste in Westphalia, nisi per chartam fundationis quæ habetur in veteri Chartulario, penè ignotus mihi est, nihílque hactenus de eo reperire potui quod statum eius, vel distractionem aperiat.

Officia claustralia in titulum nostra ætate etiam à Romana curia obtineri solita, nunc, vt in alijs Benedictini ordinis Monasterijs, ob restitutam iuxta mores pristinos regulam, Pontificio decreto extincta sunt. erántque,

*Thesauraria, Præpositura Cameraria, & Eleëmosynaria.*

De quorum antiquitate, prærogatiua, oneribus, & officijs sat copiosè egimus in historia vernacule scripta, & ad calcem libelli MS. qui inscribitur de regimine Monasterij S. Nicasij sub Abbatibus.

Parochias à Monasterio Sancti Nicasij dependentes, quæ passim in Bullis Pontificijs Altaria vocantur, vetus quædam Chartula anni 1300. refert hoc ordine.

Altare Sancti Ioannis in Vrbe Remensi, cum suo succursu de Cormonstreuil. Altaria Sancti Sixti pariter in Vrbe Remensi. De Branscourt cum succursu de Sapicourt. De Tramery, de Sermiers, de Bussolio.

Altaria de Dontrian, cum succursu Sancti Martini. De Sancto Martino Giloboso. De Sancto Hilario Paruo. De Bouconuille cum succursu de Sechault. De Raucourt, de Villers iuxta Raucort. De Singli cum suis succursibus de Buc, & de Villers.

Altaria de Rauco vado, cum suo succursu de Cleron. De Longny cum suo succursu de Courmonne. De Haifis cum succursibus de Murtin, & de Rimogne. De Anthenie, cum suo succursu de Oges.

Altaria de Noua villa in Tieraschia. De Fongis cum suo succursu de Hautvilliers. De Hanap cum suis succursibus Logni, & Bossu. De Ruminiaco. De Bayo. De Hanognia. De Cery in Porciano. De Turno. De Sancti Germani Monte. De castro Porcensi. De Pargni cum suo succursu Doulx.

Altaria de Bierme cum suo succursu Saux. De Aussonce, de Noua villa. De Poilcourt, cum suo succursu de Houdilcourt. De Vic, Daunix. De Rocroy, cum suo succursu de la Fere, vbi Vicarius est perpetuus.

*Altare de Branzonis curte datur Thesaurario ad luminaria concinnanda ex charta Rodulf. Archiep. ann. 1109. in nouo Chartul.*

### In Diœcesi Catalaunensi.

Altaria de Domno Martino, de la Chappe, & de Bussi.

*Hecbertus Episcop. Catalaun. Altaria de Cappa. & de villa quæ dicitur Sancti Basoli mensa Fratrum Sancti Nicasij dedit ann. 1128.*

### In Diœcesi Leodiensi.

Altaria de Ham prope Louanium. De Moriane. De Samelij. De Souuaing Sanctæ Genouefæ de Cimaco. De Birbaco. De .....

### In Diœcesi Atrebatensi.

Altare de Ognie. In Diœcesi Turnacensi. Altare de Facis cum succursu de Fiuia.

### Cappellaniæ ab eodem Monasterio dependentes.

De monte Cornuto. De Ruminiaco, in Castello de Resson. De Bouconuille. De Sancti Germani Monte. De Castello Porcensi. De Rumigni, Hospitalis de Turno. De Villers ante Raucourt, de Sancto Leodegario apud Houdilcourt

dilcourt, de Castellare in Arduenna. In Hospitali Castri Porcensis, in Turno, Bussi Castello Sancti Nicolai de Letré. De Antheneio. De Resson, in Leprosaria de Turno. De Velpa inferiore. De Virlozet quæ mensæ Abbatiali vnita est, nominatur hæc Ecclesia de Vilzeto in bulla Alexandri III. ann. 1168. & Cappella S. Nicolai de Vilezeto in bulla Innocentij III. ann. 1248. aut Ecclesia de Vilezeto in Bulla Paschalis Pontificis, hæc in prospectu Rem. vrbis structa est, statióque in ea nostrâ adhuc ætate fiebat feriâ 4. Rogationum.

Cæterum à restitutæ in pristinum vigorem apud Nicasianos regulæ an. 26. intermissum fabricæ opus per tria fermè sæcula, Ascetæ supra vires, & omnem hominum expectationem strenuè aggressi sunt, illúdque incredibili studio promouent: inchoatum à septis Monasterij versus Ciuitatis mœnia, tum, à Claustralibus locis, & Officinis senio labentibus structura sat eleganti, & ab ea quam seniores Monachi intenderant, parum discrepante, ad quod succisæ Arbores in nemore de Monte Reguli Seniorum curâ & magnis impensis seruatæ, vel pecunia inde conflata, pro parte quæ Conuentui competebat, sumptus quidem suppeditarunt, at ea multo magis quæ ex laudabili Ascetarum recentium parcitate & œconomia prouenit, quæ magnum procul dubio vectigal est & nulli noxium. Sedulò nunc feruentérque Claustro perficiendo incumbitur, pene simili Architecturâ cum Ala meridionali quæ pilis Ecclesiæ adhæret. Spondéntque se post aliquot annos, si Deus dederit, latera seu brachia vt vocant Ecclesiæ hactenus sine testitudine relicta, Rosámque septentrionalem quæ deest, perfecturos, totíque fabricæ, quod magnum est, coronidem imposituros. Laus sit his,& honor, ac præmium melioribus in locis esto.

## REMENSI METROPOLI
### ET
### CHRONICO NICASIANO,
# R. D. GVILLELMI MARLOT,
#### APPLAUDEBAT
### R. P. GREGORIVS LE GRAND
#### REMUS, AC MONASTERIJ S. NICASIJ
##### ALUMNUS CONGREGATONIS S. MAURI
##### IN GALLIA.

PAVCIS, ET VERIS HOC EPIGRAMMATE.

*Æclorum tenebræ, rerum & Cunabula Remis*
*Marloti modò sunt irradiata face.*
*Non potuit priscis tædâ iubar indere sæclis,*
*Quin quoque venturis proderet inde Caput.*
*Restat, vt admota quibus it de lampade Clarus,*
*His quoque pro claro munere Charus eat.*

PERELE-

# PERELEGANTIS
## BASILICÆ JOVINIÆ
# NICASIANÆ
## APUD
## REMOS EXTRVCTÆ
### ENCOMIUM ADONICUM.

**B**ARBARA Moles,
Testa perennis,
Pyramidum mons,
a Iactus Arenis,
Nec labor vllis
Vsibus aptus,
Laude vocatum
Sæpius ad se,
Conspicit Orbem.

Tu generosi
Prisca b IOVINI,
Sacra VITALI,
AGRICOLÆ-que
Nobilis Ædes,
Digna vel ipso
Cælicolarum
Lumine cerni,
Cognita paucis,
Nec nisi tantùm
Visa propinquis,
Clausa silenter
Vrbe manebis?

Inclyta sed te,
Frontis ab alto
Cæsa figuram,
c Æra perennant?

Esto fatebor,
Extima sunt hæc,
Quantula rerum
Portio? circum

Omnia, latè
Mole, vel arte,
Membra sequantur,
Frontis honorem;
Interiorum
Quanta venustas,
Luce carebit?
Abdita pictor
Quis reserabit?

Si tibi Musam
Religioni
Ducis, vt edat;
Noster d amor te
Castus, & æquè
Pictor operti,
Panget Adonis.

Ergo IOVINI
Quæ fuit olim
Degener haud nunc
e Post sua Phœnix
Fata renascens,
Nicasiano
Nomine culta,
Multis auiti
Splendor honoris,
Et pietatum
Digna superstes,
Fabrica durat.

Corpore quantùm
Præstat ocellus,

a Desertis Ægypti sabulosis.

b Galliarum olim præfecti qui Basilicam SS. Agricolæ, & Vitali curauit ædificari.

c Portas & integrâ Ecclesiæ faciem syncerè ac genuinè repræsentatia operâ inclytæ spei adolescētis Nicolai de Son Remi, qui & solerter, vti & Frontem Ecclesiæ Metropolitanæ, Beneficio specierum visilium in obscuratum conclaue admissarum, naturâ ipsa deli-

neante figurauit, & aquæ fortis beneficio Æri incidit, ac deinceps excudit; quem paulò post præmatura mors ad artis suprema fastigia iam euectum adhuc imberbem abstulit.

d Qui Monachum Remum S. Nicasij alumnum decet.

e Basilica Iouinia vetustate collapsa in honorê SS. Nicasij, & sociorū iterum ædificata est non inferiore structurâ, & venustate.

Fictio Diuæ
Sphærula mentis;
Ordine tantùm,
Artéque victrix,
Mole superbas
( Secta remotis
Marmora terris)
Edita Remis,
Nec nisi verno
f Condita saxo,
( Iugis acuti
Forma laboris)
Transilit ædes.

Subdita rupes
Creta, g locatam
Sustinet; inde
Firma lacertis,
Et cute tensâ,
Sub iuuenili
Pulchra senecta,
Lectior extat.

Qualis ab ipso
Sol rediuiuus
Prosilit ortu;
Talis in illam
Integer, omnis,
Fulgidus intrat;
Quippe ferendis
( Grandis hiatus)
h Absidis vsque
Summa retectæ,
Paucula restant
Ossa fenestris:
Vixque columnis
Ardua solis,
Exilibúsque,
Incubat ædes;
Et faciendos
Vndique circum
Vitrea muros,
Picta colorum,
Gloria Diuûm,
Stemmata Regum,
Dignius implent;
Perspicuóque
Clara lapillo,
Pulchrius ornant.

Est humus, olim
Fata beatis
Ossibus, illic
Prima nouorum
Christiadum plebs,
i Dormit ab æuo;
Et venerandis
Presbyterorum,
Pontificûmque est,
Haud titulatis
Plana sepulchris.
Sola NICASI
Prominet extus.
Vrna sepulti.

Gleba, polorum
Chara Beatis
Mentibus, ad se
Semper, egentes
Auxiliorum
Remopolitas,
Sola vocauit,
Ante sacer quàm
Remigius, nunc
Ipse superstes,
Largus opísque,
Longiùs inde,
k Indice Cælo
( Sacra deinceps
Vt bona duplo,
Idque perenni
Fonte, manarent)
Infoderetur.

Multus in isto
Cespite, noctes
( Iure) diísque,
Feruor Auorum;
Magnus, & illic
Flexerat orans
Remigius, cùm
Excitus altis
Ignibus orci,
Sulphura, tædas,
Et glomeratum,
Expulit vrbe,
Fortis Auernum.

Quanta parentum
Senserit ætas
Munera, grandi
Voce loquuntur,
l Crura, pedésque,
Vincula, lintres,
Pensiliúmque
Omnigenum grex,
Vix mediato
Prædita cultu.

f Eruto iuxta pagum de Trigny duabus ab vrbe leucis.

g A solo cui inædificata est Basilica vt potè rupe cretaceâ firmitas & diuturnitas, eiusdem Basilicæ sub allegoria corporis senilis pristinam iuuentutem retinentis describitur.

h Patent enim fenestræ vsque ad apicem, & absidum extrema.

i In hoc enim Cæmeterio SS. Agricolæ & Vitalis nuncupato humati fuerunt primi Archiepisc. Remenses ex quibus alij effossi vt S. Donatianus S. Vincentius & S. Nicas. alij adhuc incerto loco jacent ibidem vt Seuerus.

k Cùm corpus S. Remigij ad SS. Agricolæ & Vitalis Cæmeterium deferretur, feretrum illius ita aggrauatum est, vt ad illud transferri nullâ clericorum deportantium virtute potuerit, ex quo intellectum Diuinæ voluntatis esse, vt alibi sepeliretur.

l Ex voto ad tumulum Sancti Nicasij suspensa, & adhuc extatia quamquam ex parte squallentia, & semi consumpta.

*Stemmata*

*Stemmata Rerum;*
m *Réxque* IOANNES
(*Grandis imago*)
*Proximus Aris;*
*De pretioso*
*Se patiente*
*Facta metallo,*
*Nobile Lignum;*
*Amplior hinc vt*
*Cresceret Ædes,*
*Et properaret*
*Fabrica templi.*

*Itáque & olli*
*Promptiùs omnes,*
*Belgáque primus,*
*Ære minuto*
n *Symbola cùm dant;*
*Præsulibúsque*
(*Cura penès quos*)
*Fabrica crescit:*

*Ima Supernis,*
*Dextra Sinistris,*
*Quadra Rotundis,*
*Singula Toti*
*Sic sociantur,*
*Vt videantur*
*Prisca, Recentem*
(*Judice quouis*)
*Aut magis ipsam*
*Vel superasse*
*Cuncta Mineruam.*

*Et néque Pallas*
(*Cætera mitto*)
*Æde locatam,*
*Marmore quadro,*
*Ipsa* IOVINI
*Ossa tegentem,*
(*Sic Labor Artem,*
*Arsque Laborem*
*Vincere certant*)
*Finxerit Vrnam.*

*Quippe feroci*
*Sculpta Leone,*
*Quem fodit* HEROS,
*Prælio equestri;*
*Dum fugit inde*
*Barbarus excors,*
*Intrepidúsque*
*Sed Puer adstat,*
*Corpore nudus,*

*Cassidis amplæ*
*Debile Fulcrum,*
*Præter adeptos*
*Artis honores,*
*Ingeniorum*
*Insuper, vltrò*
*Lumina torsit.*

*Ac licèt olim*
*Hæsit acutis*
o *Mentibus, istud*
*Irradiare,*
BERGERIOque
(*Quale Remorum,*
*Et Latiorum*
*Lumen*) *inanis*
*Extitit Ardor;*
*Sicque futuris*
*Manserat hæc res*
*Abdita Sæclis;*
MARLOTUS *hanc ni*
*Metropolites,*
*Oedipus atque,*
*Semper Auorum*
*Tempora Doctus,*
p *Sic reserasset,*
*Vrna vt ab Illo*
*Major abiret;*
*Quin quoque Templum.*

*Námque* q *Tabellas,*
*Ipse recenter*
*Intulit Aldi;*
*Fecit Apelles.*

*Prima* r VANEKI
(*Gandauus Heros,*
*Quique Oleorum*
*Pinguia, primus*
*Fusa Colori*
*Miscuit*) *Aram*
VIRGINIS, *Ipsa*
VIRGO-*met ornat.*

*Altera* CHRISTVS,
*Cæsaris Æra*
*Reddere dictans:*
*Ars miserandi*
*Rara* ſ POTERI,
*Bruxela quem flet,*
*Mœnibus ipsis,*
*Flumine mersi.*

*Quid mage restat?*
*Restat apertè,*

m Cuius Statuam iustæ ac virilis magnitudinis Argenteam, Philippus Valesius pater eius, iuxtà Altare locandam vouerat; quâ deinceps ad Ecclesiæ vtilitatem, in Ligneam argento illitam conuerti permisit.

n Fuit enim Basilica, quæ nunc extat, vt plurimùm ædificata ex Eleëmosynis, quæ Monachis Reliquias per vicos & Prouincias deportantibus oblatæ sunt.

o Tristano videlicet, & alijs, adeóque ipsi Bergerio Remo, insignis operis viarum Cæsarearum Authori.

p In sua Metropoli lib. 1. cap. xxviij. Vbi de hac re tractat ex professo.

q In Belgio feliciter à se coëmptas anno 1665.

r Qui duorum Gandauensium fratrum vnus est, qui Pingendi methodum, coloribus Oleo dilutis, primi inuenerunt.

ſ Bruxellensis Pictoris, qui ex Italia recèns reuersus post vnam aut alteram Tabellam editâ, noctu lapsus in Fluuium interijt; hinc Rara eius opera, quæ & præstantissima.

*Turribus*

668 PERELEG. BASIL. JOVIN. NICASIANÆ. &c.

*Turribus altis,*
*Pendula lento,*
*Grandia rubro,*
*Clava sonoro,*
*Consona toto*
*Æra metallo,*
*Cætera vineunt:*
*Ut pene pulsu*
*Tacta canoro,*
*In sua fixum*
t *Prandia, secum*
*Non trahat extus,*
*Auris Ocellum.*

*Atque utinam sic:*
u *Orba relicti*
*Culminis Inde;*
*Hinc operis vix*
*Indiga parui,*
*Fabrica perstans,*
*Non studiosam,*
*Visa deintus*
*Manca, pupillam.*

*Corque feriret.*

*Siccine capto*
*Destitit Ardor?*
*Fata tulerunt.*

*Perficiendo*
*Fata quid obstant?*
*Disce Sybillam.*

*Aurea primùm*
*Sæcla redibunt,*
*Palladis Artes*
*Nactus, erit qui,*
*Fretus & Auro;*
*Sic Genitrici*
*Germina terræ*
*Plantet Honoris,*
*Ut Pietatis*
x *Turpe Relicta,*
*Soltes Auorum,*
*Munere casto*
*Compleat Orbem.*

t Structura, Tabellæ, & alia spectabilia, vocantur oculorum Prandia; quòd inde pascantur oculi cum voluptate.

* Absolutum est Basilicæ corpus, præter ea quæ deesse, & requiri dicuntur in Epitom. Cap. 8. Concameratio scil. seu fornix

Brachij Dextri, Sinistri verò præter Fornicem, Rosa vitrea, & adjacentis Muria liquid.

x Pro turpiter.

EXIM⁰. METROPOLIS HISTOR. REMENSIS AUTHORI,
Modulatus est Fr. GREGORIUS LE GRAND, Monachus Ord. S. BENED.
Congreg. S. MAURI, Nunc S. NICASII Remens. Alumnus.

✦✦✦✦✦✦✦✦✦✦✦✦✦✦✦✦✦✦✦✦✦✦✦✦✦✦✦✦✦✦✦✦✦✦✦✦

IN PRÆCLARUM OPUS
## METROPOLIS HISTORIÆ REMENSIS
### R<sup>DI</sup>. AC ERUDISS. D. GUIL. MARLOT
CARMEN ADONICUM.

QUANTULA doctò
Laudibus Ingens
Edita partu,
Remopolis Stat?
Vnde vetusto
Prædita cultu,
Quóve Recenter
Nata Parente?

Remopolita,
Jungere callens
Ordine claro
Postera Primis,
Nec violato
Numine, miscens
a Sacra Prophanis,
( Absit Auitæ
Gentis origo
Fabula REMUS )
METROPOLIM dans

MARLOTUS Author,
Ipse REMORUM,
Ipse Parentem,
( Rara facultas )
CONDIDIT VRBEM.

Fallor, ab Illo
Longius itur;
b Cæsaris Armis
Omnia latè
Belgica planans,
Moenia, Fines,
Rem, Populorum
Fœdera, Vires,
Imperiúmque
CONTULIT VRBI:
Donec Aperta c
Lecta Senectâ,
Religionis d
Inclyta Princeps,

Martyribúsque e
Florida multis,
Facta Polorum
Chrysmate ƒ diues,
Amplius Aucto
Nomine, totum
( Obuia Doctis g )
Impleat Orbem.

Ergò Remorum
MARLOTUS Author,
h OMNIA, i SEque
Cùm DEDIT VRBI;
Apprimè Prudens,
Hancsibi VIVUS,
NEC MORITURO
( Digna Piorum
Meta laborum )
COLLOCAT VRNAM. &c.

IDEM F. G. L. G.

a *Propter Ecclesiasticam, juxtà ac Ciuilem Metropolim unà edisam.*

b *Expeditione Gallucâ in Commentarios relatâ.*

c *In Codice Marlottano.*

d *Quia Metropolis Ecclesiastica.*

e *Quos partim Notos, partim Ignotos complectitur Vide L.1. Metrop c.21.*

f *Ad Reges inaugurandos.*

g *Quibus prostat typis excusa.*

h *Mœnia, Fines, Imperium, de quibus suprà.*

i *Historicum Laureatum.*

# INDEX.

## A.

**ABBATIS** S. Remigij prærogatiuæ, 348. ei facultas data est vtendi mitra, sandalijs, benedicendi calices &c. 349
Abbates non exempti Rem. Diœcesis ex consensu Rem. Archiep. eliguntur, 85. obedientiam ei præstant. *ibid.*
Abbatia S. Timothei. 350. 552
Abbatia S. Petri Rem. à quo fundata, 252. Antistitarum indiculus, 257. Gazophilacium Ecclesiæ. 256
Abbatia S. Ioan. Laudun. 249
Abbatia montis Falconis, 261. quando à Clericis occupata. 263
Abbatia Sanctæ Mariæ Suession. à quo fundata. 274
Abbatia de Cosle redditur Remigianis. 581
Abbatia S. Theodorici. *Vide* Monast.
Abbo Suession. Episcopus. 551
S. Abel, an Rem. Archiep. 293. & quando obierit. 294
S. Acharius Nouiom. Episcop. 249
Adela I. montis Martyrum Abbatissa prope Lutetiam. 255
S. Aderius apud Chaniacum. 121
Adriani Pontif. ad Tilpinum Epist. pro Ecclesia Remensi. 313
Aduocati qui dicebantur. 366
Ægidius Archiep. 217. arguitur à Patribus Concil. Parisi. 218. erga B. Basolum eius hospitalitas, 220. ob crimen læsæ Majestatis exauctoratur. 223
Ædificiorum apud veteres duplex genus. 12
Æmilius pater S. Remigij. 140
S. Agricola, 96. ipsius Basilica Remis à Iouino constructa, *ibid.* Reliquiarum eius pars à Canon. Claromont. Nicasianis data. 640
Ægyptij vetustatem suam jactabant. 7
Agricolaus Leodiensium Episcop. 173
Airardus Abbas S. Remigij Ecclesiam instaurat post millenarium. 328. 451
Albericus Rem. Deruensis Monasterij Abbas. 612

Almannus Altuillar. Monachus vitam B. Helenæ scribit, 401. Item. S. Memmij, 473. laudes eius. 521
Almutiæ Benedictinæ. 618
S. Alpinus Catal. Episcopus. 120. 128
Altare S. Remigij consecratur à Leone IX. 329. & priuilegium eidem ab eo Pontifice concessum.
Altumuillare cœnobium, à quo fundatum, 276. eiusdem Reliquiæ, & Abbates. 278. 279. 280.
Altus mons in Argonia. 504. 569
S. Amandus Gandaui concionatur. 249. & eiusdem gesta.
S. Amandus vel Altmundus Socius S. Bertaldi. 204
S. Amantius Rem. Archiepiscopus. 59
Ambianenses quando ad fidem conuers, 61. 72. 256. Per eorum Diœcesim B. Valericus, pro extirpandis idololatriæ Reliquijs, laborat. 250
Ampulla diuinitùs missa in Clodouei Baptismo, 150. probatur. 152
Anachoritica vita. 236
Anastasij Papæ Epistola ad Clodoueum. 152
Anglebertus Archiep. 258
S. Anianus Aurelia. 120
Ansegisus fit primas Galliæ & German. 469
Antimundus Teruannæ Episcop. 171
Appellationes ad Summum Pontif. 433. ad sedem Remensem. 517
Aquilinus Colonien. Episcopus. 173
A per Archiepisc. Remen. 93
S. Apollinaris Martyr. Rem. 57
Arcæ Remis repertæ pro condiendis corporibus. 19
Arca super tumulum S. Nicasij. 115
Archidiaconi nomen & officium. 462
Archidiaconi Rem. 463. quomodo Parochias visitare debeant. 459
Archiepiscopi fidem suam manu subscriptam ad Summum Pontificem mittebant. 314
Archiepiscopus Rem. an primati subjectus, 36. vel primas ipse dicatur, *ibidem.* 87.

Rrrr 3

# INDEX.

*&* 207. Fidei Sacramentum præstat Summo Pontifici, 388. 503. visitans Monasteria tres tantum Canonicos inducere potest in Capitulum. 349
Archimonasterij nomen vnde deductum. 347.
Arcus triumphales duo Remis. 18
Arelatensis synodus. 91
Arenæ Remis. 18
Aristocraticus status apud Remos. 21
S. Arnulfus S. Remigij discipulus. 194
S. Arnulfus asceta Nicasianus. 634
Arnulfus Comes Flandr. beneficus erga Rem. Ecclesiam. 588
Arrianus Hæreticus punitur. 166
Artaldus Archiepisc. 553. vngit Ludouicum transmar. 554. sepulchrum eius vacuum repertum. 589
Asso Viriziac. Abbas. 595
S. Athanasius Treuiris exulat. 93
Atolus Rem. 206. 12. Xenodochia fundat. *ibidem.*
Atrebati lana pluit. 107
Atrebatum à Vandalis capitur, 122. ad Atrebatensem vrbem Vedastus verbum Dei prædicaturus à Remigio dirigitur. 169
Atrebatensis Ecclesia cum Cameracensi conjuncta. *ibid.*
Atrabatensi Ecclesiæ dat B. Remigius Orkos & Sabucetum vnde Canonicorum initia. 193
Ad Atrebates B. Chylianus prædicandi gratia à Farone Meldensi mittitur. 249
Attila Gallias vastat. 137
Attiniacus fiscus. 552
Attiniaci Conuentus, 295. 777. 380. Item 442. 451. Ibi Widikindus Baptizatur. 392
S. Aubertus agente Dagoberto fit Camerac. Episcopus. 250
S. Audoënus Rotom. Archiepiscop. 251. in Brigeio Resbacense fundat Monasterium. 250
Audomarus annitente Rege fit Teruann. Episcop. *ibid.*
Auennacum Monasterium. 289. 569.
Augusta Veromanduorum à Vandalis euertitur. 122
Augusti Cæsaris laudes, 29. Viarum militarium auctor dicitur. *ibid.*
Aurelianus Musicus Rem. 610
Austrasia cur ita nominatur, 175. quæ vrbs ipsius regni caput. *ibid.*

## B.

Baculus S. Remigij. 335. 357
Baculus S. Gibriani. 337
Baculus S. Basoli. 601
S. Baldericus Remis condit Monasterium, 254. an Sigiberti Regis filius, *ibidem.* secedit ad montem Falconis. 261
Balduinus ob raptam Iuditham excommunicatur, 443. quid per Honores ipsi à Carolo delatos Meyerus intelligat. 444
Balduinus Caluus rerum Ecclesisticarum inuasor, 514. à Fulcone increpatur, *ibid.* Regi infidelis, conspirat in Fulconem, qui & eius iussu occiditur. 524
Balsennus vel Balsemius Nepos B. Basoli, 234. an distinguatur à Martyre. 235
Baptisteria olim in Ecclesia Matrice, 159. Baptisterium Remense. 160
Barisiacum S. Amando datur. 274
Barnabas Rem. Archiepisc. 125. an synodo Veneticæ interfuerit. *ibid.*
Baronij acrior stilus in Hincmarum. 446
Baruc Rem. Archiepisc. 123
Baruchius Rem. Archiepisc. 124
Basilicaris porta, cur ita vocetur. 16. 286
Basochia. 541
S. Basolus, 221. ipsius Monasterium, 224. corporis eius translatio. 592. *& seq.*
Bauacum. 1. *&* 169
S. Beatus Launduni in crypta delitescit, 60. translatio Reliquiarum eius. 566
Belgica vnde, 1. eius amplitudo & limites, 2. diuisio eiusdem, 3. subdiuisio. *ibid.*
Belgicæ Prouinciæ Metropolis quæ fuerit. 35
Belgicæ Prouinciæ fines. 83
Belgicæ populi. 2
Belgica 2. fere tota Campania dicta. 225
Belgicæ pars cis Rhenum cur Germania appellata. 3
Belgæ feroces, 2. quinam potentiores inter eos. 24
Belgicæ adhuc indiuisæ quæ vrbs Metropolis erat Remi vel Treuiri. 35. 36
Beligius Gallorum Rex. 1
Belgicæ lugubris status sub Diocletiano, & sub Valentiniano iuniore. 43
Bellouaci fortissimi inter Belgas, 24. ad fidem conuertuntur per B. Lucianum, 60. 249. per Diœcesim pro euertenda superstitione B. Amandus laborat. 249
S. Benedicti regula, 320. dispensatione temperatur. 348

S. Benedi-

# INDEX.

S. Benedictus an scripserit ad B. Remigium. 144
Benedictinorum Capitula gener. 359. 460
Bennadius Rem. Archiep. 127. condit testamentum. 128
S. Benedicta Lauduni claret. 105
Bercetum Monast. cuius fuit ordinis. 319
Bercharius I. Abbas Altiuillaris. 277. 278
Bergerius quid de Remorum conditore sentiat, 5. 9. scitè Durocorti vocabulum explicat, 11. Arcus item Triumphales apud Remos, 18. vias militares, *ibid.* 29. ipsius opinio de missione S. Xysti, 46. & de tumulo Iouini. 102
Bernardus Nepos Caroli Magni excæcatur. 377
Bernoldo facta visio de statu animæ Caroli Calui. 473
S. Berta, 287. Auennacum Monast. condit. 289
S. Bertaldus, 203. apud Caluum montem claret.
Bertulfus Treuirens. Archiep. 457
Betausus Archiepisc. Rem. synodo Arelat. interfuit, sub eo restituuntur Episcopatus Prouinciæ Rem. 92
Bibrax vrbs Reip. Rem. 13. expugnatur à Belgis. 25
S. Bonifacius Remens. Ecclesiam regit. 294
Bononia quando Episcopalis sedes facta. 131
Boso Arelat. Rex. 481
S. Boua Abbatissa, an Sigiberti Regis filia. 252
Brayum in Laudunesio vetus Bibrax. 14
Brennacum vel Braina, an Bibrax sit, 14. Brannacum castrum. 553
Bria vnde, 262. Brigeium. 251
Briccius Bobile Decanus Rem. 493
P. Brouuerij opinio pro sede Remensi. 89
Bruno Coloni, Henrici I. Imperat. filius Remis obit. 605
Bruno Canonicus Rem. & Lingon. Episcopus. 69
Brunichildis obitus, & an Vias publicas restruxerit. 240
Burchardus Anglus vbi tumulatus. 340. dat Prioratum de Lapeleia Remigianis. 345

## C.

Cæsar Belgis vtitur aduersus Pompeium, 28. à Remis Belgarum statum accipit. 23
Calix ministerialis, 140. vitreus. 370
S. Callisti corpus in Franciam defertur, 428. datur Ecclesiæ Rem. 515. 517
Caluus mons. 204
Cameracum vrbs à Vandalis capitur, 122. Vedastus ad eam dirigitur, 169. è Luxouio B. Aubertum recipit. 250
Campania Remensis, 215. 225. Duces ipsius. 216. 369
Candelabrum S. Remigij. 330
S. Candidus an Rem. Archiep. 62
Canonici Rem. à Regularibus distincti, 127. 129. horum disciplina à Rigoberto restituta, 282. & 295. quot in Ecclesia Remensi. *ibid.*
Capitula Hincmari ad Presbyt. 415
Capitula generalia Benedictinorum. 359. & 360.
Carlomannus Calui filius Abbatijs priuatur. 451.
Carlomannus Rex obit. 505
Carlomannus Caroli M. frater apud S. Remigium tumulatur, 338. dat Nouilliacum Ecclesiæ Remensi. 353
Cardinales septem apud Remigianos. 329
Carisiacum. 408
Carolus Magnus beneficus erga Benedictinos, & Ecclesiam S. Remigij. 321
Caroli Magni diploma quo Remigianis confirmat bona à Nepte data. 321
Carolus Martellus Rigoberto indignatur, & eum à sede sua expellit, 286. damnationis eius historia. 290. 442
Carolus Caluus Metis coronatur ab Hincmaro. 445
Caroli Crassi timiditas, 506. fundat Prioratum de Doncherio. 508
Carolus simplex sit Rex, increpatur à Fulcone quod foedus inijsset cum Normannis, quare. 523. Remis coronatur, 513, obit captiuus. 552
Carolus IV. Imperator petit sibi dari aliquid de Reliquijs S. Nicasij. 630
Casæ Dei Monasterium. 622. 645
Castellum Sancti Remigij à Seulfo conditum. 557
Castellio, 541. Castilloneum castrum. 556
Castella per Episcopos constructa, 559. quare. Castricensis pagus. 204
Castrensis Comitatus. 508. & seq.
Catalauni an veteres Catuaci, 10. ad fidem conuertuntur per B. Memmium, 52. Catalaunici campi. 128
Cereus miraculosè Remis accenditur. 540
Chaniacum. 122

Chanoaldus

# INDEX.

Chanoaldus Episcop. Laudun. 248
Chiffletij opinio de tumulo Faramundi, 20. de Dragone Campaniensi. 226
S. Chilenus ad Atrebates mittitur. 249
Childericus vltimus primæ stirpis Rex. 294
Childebertus Grimoaldi filius fit Rex. 272
Childebertus Rex Austrasiæ. 234
Chlotarius totius Monarchiæ Gallorum fit Rex. 240
Chors vel cort quid significent. 12
Chinichildis Regina Sigiberti Austras. Regis vxor. 274
Chorepiscopi officium. 94. 396
Christi sanguis apud S. Remigium. 336
Ciborium pensile vel per modum turris. 271
Cilinia Mater S. Remigij. 139. 140
Cisoniense Monasterium datur Ecclesiæ Remensi. 428. 515
Ciuitatis & vrbis quæ distinctio. 12
Ciuitates liberæ & stipendiariæ, 27. Sociæ item & benemeritæ.
Claui Martyrum capitibus infixi. 57
Cleri Remensis origo. 128
Clericorum religio intepuerat sub C. Martello. 283
Clerici ordinati ab Ebone, & suspensi. 422
Clodoueus Baptizatur, 149. quo anno, 167. an vnctus fuerit in Regem à Remigio, 191. obitus eius. 174
Cluniacensis ordo, 327. & constitutiones eius receptæ apud S. Remigium. ibid.
Codiciacum castrum Theobaldi filio datur ab Archiep. Rem. 603
Cœmeteria S. Xysti, & Timothei, 66. S. Agricolæ. 616
Collatitia porta. 15. 286
Collecta pro struendis Ecclesijs quomodo per Diœcesim & Prouinciam fiebat. 637
Collectæ quæ in Regum inaugurationibus recitatur explicatio. 364
S. Columbani in Belgium aduentus, 216. ipsius ope, ac discipulorum Christiana religio per Prouinciam refloruit, 248. cur quidam Monachi in Belgio sub S. Columbani regula vixisse dicantur. 221. 278.
Comitatus Remensis datur Artaldo. 560
Comites, & quodnam horum munus, 367. & 368. monentur concorditer cum Episcopis viuere. 378
Communio danda damnatis ad mortem. 517.
Compendiensis Ecclesia à Carolo Caluo fundata, 448. & Compendium. ibid.

Constantinus fidem hausit in Gallia, 41. 42. ibi Crucis signum vidit, 42. apud Beluacos leges condit. 92
Concilium 1. Arelat. 91
Concilium Aureli 1. 167. 174
Concilium sub Remigio. 166
Concilium Tullense. 212
Concilium Parisi. 218
Concilium Metense in quo Ægidius exautoratur. 231
Concilium Remense sub Sonnatio, 241. sub Wlfario. 370
Concilium Nouiomense. 371
Concilium Carisiacum, vbi condemnatur Gothese. 406
Concilium Valentinum. 414
Concilium Suess. 2. 422. & Suess. 3. vbi Clerici suspensi restituuntur. 434
Concilium Duziacense. 453
Concilium Rem, vbi Carolus simplex coronatur. 513
Concilium ad Sanctam Macram. 482
Concilium Attiniacense, 377. 389. Vide Attiniaci conuentus litera A.
Concilium apud Trosleium. 534. 548
Condeda Prioratus S. Remigij. 590
Corbeiense Monasterium, 274. huius Monachi corripiuntur à Fulcone quod Abbatem deposuerint. 517
Corbiniacum, 531. Prioratus, ibidem, erectus.
Corbeniacum Castellum. 555
Corona Ecclesiæ Sancti Remigij è fornice suspensa. 330
Corpora nuper Remis reperta quibus claui erant impacti. 75
Cort quid significet. 11
Cosle Abbatia redditur Remigianis, 581. 604. Vide Curtis Cosla.
SS. Crispinus & Crispinianus. 45. 70
Crotegandus Metensem Clerum reformat. 283.
Cultellus quo Christus vsus est in cœna. 401.
Curtis Cosla Prioratus, 344. redditur priuilegijs Ottonum Imperatorum. 604

## D.

Dagobertus fit Austrasiæ Rex, 240. Remis recipitur, 241. quo anno obierit. 264
Decanus ruralis quomodo eligendus. 461
Decani Remenses. 489

Decretales

# INDEX.

Decretales Pontificum Epiſtolæ, an Canonibus poſthabendæ. 480
Deidonus Abbas S. Remigij. 323
Democratiæ ſtatus. 22
Depoſitio quid ſit. 59
Deruenſes Aſcetæ reformantur. 378
Diaconiæ quæ dicebantur. 130
Dido Laudun. Epiſcopus arguitur quòd viaticum damnato ad mortem denegarit. 517.
Dignitates Eccleſiæ Remenſis. 295
Diœceſis Remenſis latitudo. 84
S. Diogenes Epiſcopus Cameracenſis. 108. 122.
S. Dionyſius Pariſi. 60. 71. 295. corpus eius Remos defertur. 506
S. Dionyſij Eccleſia Remis à Fulcone deſtruitur, 504. reſtruitur ſub Heriueo.
Diſpenſatio Benedictinis data ab Alexan.IV. qua regulæ ſeueritas temperatur. 348
S. Diuitianus Sueſſion. Epiſcopus. 51
S. Doda Abbatiſſa Rem. 257
Dominica villa prope Remos. 379
S. Donatianus Rem. Archiep. 105. eius Reliquiæ Brugas delatæ. 106. 445
Donatianus Catal. Epiſcopus. 92
Doncherium, 508. Prioratus ibi à Carolo Craſſo Imperatore fundatur, quare. 508
Drogo Campanienſis Dux. 226
Drogo S. Nicaſij Prior. 632
Dulcomenſis pagus, vel Dolomenſis. 121. 369. 376. 504.
Durocortum primaria vrbs Remorum 11. ipſius etymon, ibid. quomodo id nomen exoleuerit, 12. portarum eius deſcriptio, 15. an captum ab Hunnis, 127. antiqua Metropolis Eccleſiaſtica; quot Epiſcopatus ſub ſe habeat. 80
Duziacenſis ſynodus in qua Hincmarus iunior exauctoratur. 449
Duodeciacum vel Duziacum B. Remigio datur à Cloduualdo, 185. eſt in pago Moſomagenſi intra Diœceſim Rem. 453
Dyſcholius an Chorepiſcopus tantùm, vel Remenſis Archiepiſ. verè fuerit. 94

## E.

EBo Abbas S. Remigij, & Gratianopoli. Epiſcopus. 324
Ebo Rem. Archiepiſ. 374. ad Danos profectus quando. 378. an eo procurante feſtiuitas omnium Sanctorum inſtituta, 378. exauctoratus remittit annulum ad Imperatricem, 382. reſtituitur. 381. &c.

Eccleſiæ Romanæ prærogatiua. 437
Eccleſia Remenſis à Nicaſio ſtructa, 111. reſtruitur ab Ebone, 374. perficitur & ornatur ab Hincmaro, 392. Prædiorum diues ante conceſſum Comitatum, 559. in priſtinam dignitatem reſtituitur ſub Tilpino, 313. Mater Regum vocatur, 375. primatu donatur à Xyſto. 505
Eccleſia S. Remigij quos benefactores habeat, 318. viſitatur præcipuè ſingulis diebus Veneris, & quare. 388
Eccleſiæ nominis acceptio multiplex, 66. Remis plures fuerunt tempore perſecutionis, 67. ſub B. Remigio. 130
Eccleſiarum reditus dantur ſæcularibus ſub Carolinis regibus. 363
Electiones Epiſcoporum, 270. reſtituuntur, 373. 374. 484. à quibus fieri debeant. 481.
Electionis decretum. 472
S. Eligius Nouiomenſis Epiſcopus, 250. Sanctorum Martyrum thecas exornat. 269
Emma regina conſecratur à Seulfo. 548
Epiphanius Abbas S. Remigij. 231
Epiſcopatus per Belgium reſtituuntur à Remigio. 169
Epiſcopi non extranei, ſed loci indigenæ eligantur. 209. 245
Epiſcoporum iuramentum præſtari ſolitum Metropolitano, 81; eorumdem fidei profeſſio, 82. horum electiones. 270
Epiſcopi Metropolitanorum filij. 377
Epiſcopi Bellicoſi prælijs aliquando interfuiſſe leguntur. 315
Epiſcoporum cauſæ vbi agitandæ. 430. 431. 433.
Epiſcopi olim Clericos erudiebant. 518
Epiſcoporum Galliæ erga ſedem Apoſt. reuerentia. 539
Epiſcopatuum Remenſis Prouinciæ ordo. 81
Ercamboldus Flori. Abbas reformat Monaſt. S. Remigij. 327
Ercanraus præpoſitus S. Remigij. 323
Erlebaldus Macerias condit. excommunicatur. 545
Ermenfredus ad tumulum S. Remigij confugit. 268
Eſocis Piſcis in Matrona. 405
Eſſui vbinam ſiti. 9
Ethnicorum futile commentum. 109
S. Euerardus Cyſonium fundat. 428. an, Comes vel Marchio. ibidem.
Eulogiæ quid ſignificent. 285. 418
S. Eutropia S. Nicaſij ſoror à Vandalis occiditur. 114

Sfff Faramun-

# INDEX.

## F.

Faramundus prope Remos conditus, 20. regnat in Gallia. 124
S. Faro Meldensis Episcopus. 249
Ferricus Dux Lotharingiæ hominium præstat Abbati S. Nicasij pro Feodis de Rumigni. 653
Fines seu Fimmæ vrbs Rem. Diœcesis. 84
S. Firminus Ambian. 61. 72
Fiuia, 368. Prioratus, *Vide* P.
Flandria vnde, 227. à quibus cultior reddita. 241. 248. 249. 251
Flauius Rem. Archiep. 207
Flauius alter sub Dagoberto, an Rem. Archiep. 265
Flotildis Virgo. 563
Florentius Diaconus Martyr. 114
Fortunatus Poëta, 217
Francos habere Dominos Galli concupiscunt. 191
Franciæ status ante fidem Christi susceptam. 137.
Franci quando primùm noti in Gallia. 39. 122. 124. an sub Constantio in Remorum agros traducti, 41. cudunt aureos nummos. 208
Fratris nomine æque Clerici ac monachi designantur. 615
Frederonna apud Sanctum Remigium coronatur, 533. vbi tumulata, 339. dat Corbiniacum Remigianis. 533. *& seq.*
Fridericus Comes Castrinsis. 510
Frodoardus ad Conradum mittitur pro rebus S. Remigij, 581. priuatur suis beneficijs ab Heriberto, 568. an S. Remigij Abbas fuerit. 350. laudes eius, & opera. 608
Frotarius Bituricensis à Fulcone commendatur. 504
Fulcherus Nouiomensis quid de eo sentiant Flandrici scriptores. 586.
Fulco Archiep. 505. Vrbem Remorum muro cingit, 505. apud Vangionem synodum cogit tanquam Vicarius Apostolicus, 507. Carolum increpat quod fœdus inierit cum Normannis. 523
Fulconis testimonium pro sede Rem. 88
Fulco Chorepiscopus & Abbas. 324
Fuscianus & Victoricus. 70

## G.

Gallicanæ Ecclesiæ lugubris status sub Arcadio. 110
Gallicanarum Prouinciarum diuisio. 35
Gaufridus Asceta Nicasianus postea Episcopus Catalaun. 632
Gaugiacum dat Rex Theodoricus B. Theodorico. 176
S. Genebaudus primus Laudunensis Episcopus. 173
S. Genouefa B. Remigij filia Carissima, & sacellum eius. 174
Gerberga Regina dat Marsnam Remigianis, 344. 606. vbi tumulata. 339
Gerniaca curtis S. Rigoberto datur. 285
Gertrudis Virgo & Martyr in Diœcesi Remensi. 107
Geruasius Archiep. Basilicam S. Nicasij restaurat. 617
S. Gibriani Scoti in Prouinciam Rem. aduentus, 200. Reliquiarum eius translatio. 512
Gislemarus electus Rem. Archiep. respuitur. 374
Gothescalcus & eius errores. 407. 408. *& seq.*
Guibertus de Nouigento quid de MSS. sua ætate editis sentiat. 50
Guilelmus Nicasianus Abbas S. Theodorici. 632
Guilelmus de Brayo Cardin. & Archidiac. Rem. 466
Guilelmus Filastre Decanus Rem. & Cardin. 492
S. Gundebertus Monasterij S. Petri ad portam collatitiam fundator. 285. 287

## H.

Hagano Laudun. 544
Hannoniæ nomen vnde. 227
Hedenulfi Laudun. electio. 471
S. Helena apud Altumuillare colitur, 279. vnde orta, & quomodo in Diœcesim Rem. aduecta. 400
Heribertus Comes Carolum Regem in custodia detinet, 547. educit mandato Pontif. 552
Heriueus Archiepisc. 526. refert corpus S. Remigij ad proprium Monast. 528. pro Normannorum conuersione laborat, 530. fit legatus Apostolicus & Franciæ Cancellar. 538. Regi subsidium mittit. 544
Heriueus Dominus de Castilione. 546
Herluinus Comes. 552
Hermannus Asceta Nicas. 633
Hetilo Turnac. Episcopus consecratur. 482
Hibernia Scotia vetus. 200

Hildeboldus

# INDEX.

Hildeboldus Sueff. Episcop. 501
Hildemannus Beluacensis Episcopus. 381
Hilduinus Abbas Altuill. 281. & 425
Himiltrudis Mater Ebonis Archiep. Remis sepulta. 376
Hincmarus Archiep. 387. à Lupo Ferrariensi laudatur, 389. perficit Ecclesiam Rem. & exornat. 394. sepulchrum item S. Remigij, 395. fundat majus hospitale, 397. magni habitus à Summis Pontificibus, 437. & à Regibus, 441. quid de prædestinatione sentiat aduersus Gothescalcum, 411. Capitula eiusdem ad Presbyteros suæ Parochiæ, 416. Metis coronat Carolum Caluum, 445. arguitur à Baronio, 446. iura Metropolitanorum tuetur, 469. malè audit apud Carolum, 471. fit Archiep. & magnus Eleëmosynarius. Parænticam scribit ad Regem, 485. an Decretales Summorum Pontificum rejecerit, 479. de cultu imaginum optimè sentit. 485
Hincmarus Laudun. qualis, & cur exauctoratur, 449. à quo excœcatus, 455. 756. ipsius proclamatio apud Ioan. VIII. excutitur, 476. an restitutus fuerit. 478
Hondiliaca curtis datur Nicasianis à Philippo Rege. 619
Hormisdæ Epistola ad Remigium. 165
Hospitale Remense à quo conditum, Reliquiæ in eo conseruatæ. 397
Hugbaldus Elnonensis. 520
Hugo Libergier Architectus fabricæ Nicasianæ. 636
Hugo Comes Condedam dat Remigianis. 589.
Hugo Virom. adhuc quinquennis fit Rem. Archiepisc. 550. 611. regulam restituit apud Remigianos. 327
Hugo Capetus. 577
Humolariense Monasterium. 350. 578
Hungari Diœcesim Remensem diripiunt. 551. 555. 582. 593.

## I.

Imagines vt colendæ. 485
Imago Saluatoris sedentis in throno. 639
Imperium post Ludouici Arnulfi filij obitum Saxones occupant. 540
Immo Nouiomensis Episcopus à Normannis occiditur. 429
Interpontificium in Ecclesiâ Remensi probatur. 62. 65
Ioannes VIII. Pontifex in Galliam veniens hortatur Hincmarum vt Tricassinæ synodo intersit. 475
Ioannis Ducis Normanniæ statua apud S. Nicas. 642
Ioannis de Launoy opinio de missione S. Xysti. 48
Iorannus Nouitius apud S. Nicasium. 617. tum Abbas, & Cardinalis, 633. Laudes eius. 645
Iouinus à Iuliano Apostata cultus, 42. B. Agricolæ Basilicam ædificat, 96. Tumulus eius, seu Cenotaphium. 103
Iouinia Basilica Agricolæ dicata, 96. à Geruasio restaurata, 615. & à Simone Abbate eo schenate quo nunc est, 636. & seq. & nunc etiam ab Ascetis Recentioribus. 662
Iulianus Apostata Galliæ Belgicæ præficitur. 42.
Iulius Auspex è primoribus Remorum, 33. suâ prudentiâ motus Belgicos pacat. 34

## L.

Lampadius Neronis præfectus, 57. Martyres Remenses morti adjudicat. 58
Lando Archiep. Rem. 270
Lando alter Rigoberti tempore. 289
Laudunum an Bibrax, 13. expugnatur à Vandalis, & non capitur, 122. fit sedes Episcopalis, 172. Austrasiæ vrbs erat. 285
Lauduni vrbis descriptio. 565
Leo IX. consecrat altare S. Remigij, eique priuilegium concedit. 239
S. Leonardus B. Remigij Germanus. 194
Leudegiselus Rem. Archiep. 264
S. Leudomirus Catalaun. Episcop. 251
Lidericus Flandriæ Saltuarius, à Meyero, & à Recentibus Flandris memoratur. 241
Lithuuinus à Vasseburgo laudatus an Rem. Archiepisc. fuerit. 289
Lotharingiæ Dux hominium faciebat Abbati S. Nicasij ob villas de Monbaye & Liart prope Rumigniacum. 553
Lotharius ob Pellicem arguitur ab Hincmaro. 437
Lotharius Rex apud S. Remigium coronatur, 584. Flandriæ cis Lisam oppida repetitum mittit, 605. Canonicis S. Theodorici dat de villa Marsenna priuilegium, 602. & Ecclesiæ S. Remigij vbi quiescit. 339
S. Lucianus Bellouacorum Apostolus, 60. 70. an duo Luciani. 71

# INDEX.

Ludouicus Imperator Remis coronaturà Summo Pontifice. 372
Ludouicus Rex Lauduni coronatur, 554. Remigianis dat Castelli immunitatem, 556. quiescit ibidem. 583
Ludouicus Germaniæ Rex Caroli regnum inuadens deterretur Epistolâ Episcoporum Rem. & Rotom. Prouinciarum. 442
Ludouicus Balbus Compendij ab Hincmaro coronatur. 473. an Imperator fuerit. 476.
Ludouici ac Carlomanni inauguratio apud Ferrarias, quare. 480
Lues inguinaria Germaniæ & Galliæ fines deuastat. 179. 216
S. Lupus Tricassinus Episcopus. 120
Lupus Campaniensis Dux. 232

## M.

Maceriæ vrbs Rem. Diœcesis. 545
S. Macra Virgo & Martyr. 74. ipsius Ecclesia ab Hungaris cremari non potuit, 555. Concilium ibidem. *Vide* C.
Mallum quid, 368. Mallum publicum Fiuis, *ibidem*.
Manætho fabulator. 5. & 6
Mancio Catalaun. Episcopus. 524
Mancipia S. Remigij, 390. de horum manumissione. 391
S. Manna in Diœcesi Catalaun. 107
Manuscripta quædam Sanctorum gesta continentia quo pretio habenda. 47. 50
Mapinius Rem. Archiepiscop. cur ad Concilium Tullense venire noluerit. 212. scribit ad Villicum Metensem. 214
Mappulæ Remenses ad Bajazetum, & ad Carolum IV. Imperatorem missæ. 17
S. Marculfus, & ipsius Reliquiæ apud Corbiniacum, 533. ad eius Ecclesiam peregrinantur Reges post inaugurationem. 538.
S. Mariæ Remens. Ecclesia dedicata à Nicasio, 111. ab Hincmaro, 393. icon B. Mariæ Fiuiensis, 659. Nicasiana. 641
Marliani opinio de Essuis explicatur. 9
Marsen vel Marsna datur Remigianis. 345. 606.
Martinus Palatij præfectus interficitur, & quomodo. 285
S. Martinus in Belgio concionatur, 107. Remensis Prouinciæ vrbes peragrat, 109. cultus Remis, & apud Morinos statim post obitum. *ibid.*

Martis porta Remis, 16. templum ei Remi dedicant. 31. eius statua apud illos seruatur. *ibid.*
Martyres quo cruciatu affecti sub Rictiouaro. 70
S. Maternianus ad Treuiros missus à B. Petro. 49
Maternianus Rem. Archiep. 104. eius Reliquiæ in Germaniam delatæ. *ibidem.* & 445.
Matriculæ & Matricularij. 458
Matrona vel Materna Fl. 547
S. Maurus Martyr. 57
S. Medardus obit, 215. Basilica eius, & tumulus.
S. Medardi Suession. priuilegium excutitur. 207
S. Memmius Catalaun. Apostolus cum Xysto in Gallias venit, 48. & 49. gesta ipsius à Saussfeyo relata, 52. tumulus eius miraculis claret, 239. corporis eius eleuatio. 472
S. Merolilanus in cœmeterio S. Hilarij Rem. repertus. 563
Meroueus Samarobriuæ Rex salutatur. 126.
Metropoles quæ. 11. 44
Metropolis Rem. origo, 79. quot Ciuitates ei attributæ. 80
Metropolitanorum iura. 82
Milo Pseudo-Episcopus Rem. 287. 288
Missi Dominici. 366. 369
Missorium argenteum quid sit. 246
Moderamnus Redonensis Episcopus, 319. aliquot S. Remigij Reliquias obtinet.
Monachis Pileos ordini congruentes ferendi facultas datur, 358. 618. item & Almutias. *ibidem.*
Monasterium S. Theodorici cur Montis hor dicatur, 199. ab Hungaris incenditur. 582
Monasterium Altumuillare à Niuardo conditur, Reliquiæ in eo seruatæ, & Abbates. 276. & seq.
Monasterium S. Remigij an Canonici olim in eo fuerint, 318. cur dictum Archimonasterium. 348
Monasterij Sancti Remigij, descriptio, 318. 341. quid in eo scitu dignum contineatur, 342. & seq. an regalis fundationis. 343.
Monasterium S. Petri ad portam Collatitiam. 287
Monasterium Mosomense. 350

Monasterium

# INDEX.

Monasterium Humolariense. 350. 578
Monasterium S. Petri à Boua conditum 252.
Monasterij S. Basoli restauratio Lotharij præcepto confirmatur. 594
Monasterium S. Nicasij regalis fundationis. 635.
Moneta Remensis. 560
Mons Falconis, 260. eiusdem loci Canonici. 458
Montanus prædicit Remigij Natiuitatem. 124. 138.
Montensis Comitatus initium. 587
Morini prædicatione SS. Fusciani & Victorici ad fidem conuertuntur, 108. & per S. Victricium Rotom. ibid. Antimundum Episcopum recipiunt, 171. postea B. Audomarum. 250
Mosomagensis Ecclesia. 177. 529
Mosomum Castrum. 529. 569. 571

## N.

Neronis nomen infame. 57
Neruij qui. 24
S. Nicasius Rem. Archiepisc. 111. Rem. Ecclesiam Virgini M. dicat, ibidem. concionator eximius, 112. prædicit Vandalorum persecutionem. ibid. concio eius ad Barbaros, 113. an sub Hunis occisus, 116. ad ipsius tumulum orat B. Remigius, 115. Reliquiæ eius è tumulo extractæ Remos transferuntur, harum partem à Turnacensi solo relatam possident Nicasiani. 629.
S. Nicasij Ecclesia ante Geruasium Abbatia erat, 617. & 627. restauratur à Geruasio. 617
Nicolaus Bergier, & eius opinio de fundatione Rem. vrbis. 5. Vide Bergerium.
S. Niuardus Archiep. 272
Normanni per Prouinciam Remens. grassantur. 424. 505. 506. quas vrbes & Monasteria deleuerint in Belgio, 486. pro his conuertendis laborat Heriueus. 529. 530.
Nosocomium Rem. 397
Numismata Remis. 18
Numisma vetus tres Galliæ partes referens. ibidem.
Nouilliacum datur Ecclesiæ Remensi. 312. 363.

## O.

Oblati pueri Monasterijs. 325
Odalricus Aquensis donatur Abbatia S. Timothei. 552

Odalricus Archiep. 601. vnde ortus, 602. sit Archicancellar. Franciæ. ibid.
Odo Beluacensis scribit aduersus errores Græcorum, 440. numerum Canonicorum Bellou. confirmat. 447
Odo Heriberti filius. 556
Odo Heriuei frater Vicedominus Rem. 541
Odo regnum vsurpat, 512. Remis coronatur, 513. obitus eius. 346
Odoleus primus Viriziac. Abbas. 595
Oliua & Libertas Virgines in Dioecesi Rem. 204.
S. Onesimi Suession. Episcopi Reliquiæ apud Doncherium. 511
Orbacense Monasterium à B. Reolo fundatur. 286
S. Oriculus Martyr sub Vandalis apud Vicum Sindunum. 120. 121
Ottonis senioris priuilegium pro Corte de Cosle, 604. & Iunioris. ibid. Item & 581.

## P.

Palla quid. 179
Palla S. Remigij. 337
Pallium independentiæ argumentum, 89. quibus; & quando concessum. 125. pro quotidiano vsu Hincmarus obtinuit, 396. 548. per illud Remenses Archiep. legati constituebantur. 548
Parisiensis ciuitas obsidetur à Normannis. 506.
Paschasius Ratbertus quid sentiat de S. Piatone, Crispino, & alijs. 71
Pastoris nomen. 239
S. Patricius Hibernorum Apostolus. 201
Pauimenta tessellata Remis, 18. 342. scalpturata. 637
Pelliceæ Benedictinæ. 618
B. Petrus Remos mittit Xystum, Sinicium, & Eucharium Treniros, quare. 32
S. Petri Ecclesia quæ curtis Dominica dicitur, an in ea Baptizatus Clodoueus. 159
S. Petronillæ corpus forsan Monialis in Monasterio S. Petri Remensis. 256
S. Petronillæ S. Petri filiæ caput, vel pars capitis. 280
S. Philippi Brachium apud Remigianos. 336
Philippus I. confirmat data Nicasianis à Geruasio. 620
Philippus la Cocque S. Nicasij Abbas. 653
Photij errores. 539
S. Piato, 70. an Episcopus Turnacensis fuerit. 72. 73

Picardiæ

# INDEX.

Picardiæ nomen vnde. 227
Pippinus vngitur à Bonifacio, 294. corripiturà B. Remigio. 295
Piscina antiquitùs iuxta altare. 637
Politia seu ciuilis status Prouinciæ Rem. 366
Pontauaire in margine. 14
Pontigo. 469
Porta patens Remis quare sic appellata. 17
Portianus pagus. 369. 442
Porticensis. 579
Postica vetus porta Remis. 17
Præpositi vice Abbatum in Monasterio S. Remigij. 321. 323
Præpositi nomen quid significet. 297
Præpositi Remenses. 298
Primatus nomen qui significet. 48. 87
Prioratus per Galliam quare instituti. 658
Prioratus à Monasterio S. Remigij dependentes. 343
Prioratus à S. Nicasio dependentes. 658
Prioratus apud Corbiniacum. 431
Prioratus Crucis S. Audoëni. 265. 166
Prioratus de Finia ab Auctore huiusce operis vindicatur. 659
Priuilegia Remigianis data, 347. Nicasianis. 634
Priuilegia Rem. Ecclesiæ ab Adriano Pont. 313. à Benedicto 3. & à Nicolao 1. data 426.
Priuilegium Leonis IX. pro Altari S. Remigij. 329
Promotus malè ordinatus ab Ægidio. 219
Probatio Reliquiarum Sanctæ Helenæ per aquam calidam. 406. Sancti Nicasij per ignem. 626
Prouinciæ Belgicæ fines, 83. Gallicanarum Prouinciarum diuisio. 35
Psalmodia prolixior. 327. 360

## Q.

S. Qvintinus Veromandensium Apostolus, 70. ipsius Capiti Claui à Rictiouaro infixi, 77. corporis eius inuentio, 104. iterata eiusdem. 269

## R.

Raduini visio de Ebone frequentiùs in aulam eunte. 380
Radulfus S. Thomæ discipulus Decanus Remensis. 490
Ragenarius Montensis comes. 587
Ragenoldus Comes de Roceio, 581. vbi tumulatus. 339
Ratramnus Corbeiensis Monachus pro Gothescalco scribit. 415. 440
Raynaldus Archiep. 618. è Casa Dei Monachos ad S. Nicas. euocat. 621. in eosdem ipsius liberalitas. ibid.
Reformatio generalis Clericorum & Monachorum Aquisgrani facta. 373
Reformatio Monasterij S. Remigij per Ercamboldum, 327. per Gregorium IX. 651. per Ascetas congregationis S. Mauri. 362
Reformatio apud S. Nicasium per eosdem. 618. 634. 639.
Reclusorum vitæ genus. 236
Regitestenses an ijdem ac Essui. 9
Reges antiquitùs ab Episcopis solatium accipiebant. 446
Regis dignitas distincta à Pontificali. 483
Regula S. Benedicti. 320
Regulus I. Siluanectensis Episcopus. 61. 72
Reliquiæ Monasterij S. Petri Remensis. 256.
Reliquiæ Altiuillaris cœnobij. 279
Reliquiæ SS. apud S. Remigium adseruatæ. 336.
Reliquiæ Monasterij S. Basoli. 600
Reliquiæ in Prioratu de Doncherio. 511
Reliquiæ Sancti Nicasij Capsarum apertione probantur. 628
Reliquiæ item in eodem Monasterio conseruatæ. 639
Remorum Metropolis quot sub se Ciuitates habeat, 3. 36. latissimi fines eiusdem, 8.
Remorum politia, 21. & an Senatum & Principem habuerint, 22. eorum fides erga Romanos, 33. motus Ciuitatum per eos pacati sub Vespasiano. 33
Remus Romuli frater an vrbis Remensis auctor, 4. an Remus Celtarum Rex. 5
Remi Romanis se dedunt quare, 26. 27. Marti templum dicant, 31. Francis se subdunt, 148. à Vandalis capti, sed non excisi. 123. 118
Remi caput regni Austriaci, 175. cur præpotens vrbs vocetur à Hieronymo, 44. cur Metropolis facta. 44
Remorum vrbis situs, 17. è Remis viæ militares prodeunt. 30
Remis Gynæceum erat sub Romanis, ibique Spatariæ fiebant. 29. 30
Remos Chilpericus peruadit, 216. muro vallatur sub Fulcone, 505. Remorum vrbem simul tres Reges obsident. 371
Remorum Ecclesiastica Metropolis quot Episcopatus sub se habeat. 79
Remensis Ecclesia & Treuirensis cur sororores vocatæ, 49. in suam dignitatem Remensis

# INDEX.

mensis restituitur sub Tilpino, 314. primatus titulo gaudet. *ibid.*

S. Remigius prædictus à Montano nascitur, 124. eius studia, & electio ad Pontificatum, 141. eiusdem effigies, miraculorum patrator, 165. Clodoueum Baptizat & vngit, 148. *& seq.* fit Vicarius Apostolicus, 165. Episcopatus per Prouinciam Rem. restituit, 169. & aliquot per Germaniam, 173. testamentum eius excutitur. 180

Remigij Basilica miraculis claret & ad eam Rei confugiunt, 268. relatio Reliquiarum eius è Sparnaco, 504. ad proprium Monasterium, 518. eadem Basil. ædificatur de nouo sub Airardo & Theodorico Abbatibus & consecratur à Leone IX. 328. frons, & venter eius sub Petro Abbate. 328

Resbacense Monasterium ab Audoëno conditur. 251

Remigius Antissiodorensis Remis docet. 520

S. Reolus Rem. Archiepisc. 283. fundat Monast. Orbacence. 286

Rictiouarus in Christianos desæuit, 41. ipsius crudelitas in Crispinum & alios. 76

S Rigobertus Archiep. 282. *& seq.* collapsam Canonicorum disciplinam reparat, *ibid.* Pippino Eulogias mittit. 284. à sua sede expellitur. 286

Robertus de Leuoncourt Cardin. auctor Mausolei Remigiani. 334

Robertus Rex apud S. Remigium vngitur. 545.

Robertus de Lenoncourt Archiep. permittit fieri collectam per Diœcesim pro Ecclesia B. Nicasij perficienda. 638

Robertus de Couci Architectus Ecclesiæ S. Nicasij. 636

Rodoardus Catal. Episc. permittit S. Gibriani Reliquias Remos deferri. 522

Rociacum castrum. 584

Rodulfus Euerardi filius Cysonium Monast. dat Ecclesiæ Remensi. 585

Rodulfus Rex apud Suess. vngitur. 547

Robertus vel Rupertus Abbas S. Remigij exauctoratur. 352

Romanus Archiepiscop. 205

Romulfus Archiepiscop. 232

Rorico Laudun. Episcopus. 578. 611

Rotfridus præpositus S. Remigij. 324

Rotgarius Laudunensis pagi Comes. 551

Rothadus Suession. Episcopus exauctoratur. 429

Rufinus Martyr. 70. 73

Ruperti auctoritas pro sede Remensi. 87

## S.

Sacramentum fidelitatis præstant Archiepiscopi Summo Pontifici, 388. 503. Episcopi Metropolitano, 81. Abbates Diœcesis. 82

Salaberga ad tumulum S. Remigij voti causa excubat. 268. Sancti Ioannis fundatrix & Abbatissa. 248

Samarobriua Cæsaris æuo ampla Ciuitas fuit. 38. an Firminum 2. sæculo receperit. 61

Samothes an Iaphet filius. 5

D. du Saussay testimonium pro sede Rem. 89. opinio eiusdem de Xysti Martyrio. 53

Saxones sociati cum Francis cur, 364. post Ludouici è Carolina stirpe vltimi obitum Imperium occupant. 540

Scabini vnde. 367

Scariberga vxor S. Arnulfi. 195

Scholæ Remenses, 34. sub Hincmaro, 518. 519. de his instaurandis in Attiniaco Conuentu agitur. 378

Scotia vera quæ. 200

Scotus Erigena. 414

S. Seruatius quando obierit. 112. 120

Serni seu Seruitus apud Gallos. 391

Seuerus Rem. Archiepisc. 109

Seulfus Archiepisc. 546

S. Siagrius an vrbi Cameracensi datus. 62

Sidonij Apollin. laudes de Sancto Remigio. 140. 145.

Sigibertus I. dolo Fredegundis occisus apud S. Medardum Suession. sepelitur. 220.

Sigibertus II. cum fratribus & Brunichilde à Chlotario interficitur. 240

Sigloardus, 423. Caput Scholæ Rem. 519

Siluanectum S. Regulum recipit. 61

Simon Asceta Nicasianus. 632

Simoniaca hæresis. 240

S. Sindulfus reclusus. 236. *& 280*

Singulare certamen. 248. 546. 646

S. Sinicius Xysti successor. 51

Sindunensis vel Senuconsis Prioratus. 343

Sindunus Vicus. 121

Societas Remigianorum cum Sandionys. 381. cum Cluniacensibus, 354. cum Vedastinis, 355. & Monachis S. Benigni. 355.

Societas Nicasianorum, cum Rem. Canonicis, 654. cum Remigianis, 647. 650. 654.

cum

# INDEX.

cum Elnonensibus, 649. cum Aldemburgensi Monasterio. 633
Sonnatius Archiepiscop. 237. condit testamentum. 245
Sparnacum, 161. villa S. Remigij dicitur, 390. ad eam fit procerum Conuentus, ibi Hincmarus moritur, 487. Castellum in ea extruitur. 504
Stola Sancti Nicasij. 640
Strabonis locus pro Remis. 9. 11
Suauegotta regina Theodorici Regis posterior vxor. 214
Sudarium S. Remigij. 337
Suessionenses Remorum fratres, 22. fortes inter Belgas, 24. horum primaria vrbs Nouiodunum primo, tum Augusta Suess. 51
Suessionum Fines Remis attributi, 51. cur B. Xystus æque Suessionum ac Remorum Episcopus, Suessionum Episcoporum prærogatiua. ibid.
Superior Neruiorum Episcopus. 92
Susanna Abbatissa. 197
S. Symphoriani Ecclesia quæ dicitur ad Apostolos, 130. in ea pridem fuit sedes Episcopalis. 111. 271

## T.

Telæ Remenses. 17
Teruanenses ad Dei cultum reuocantur, 230. *Vide* Morini litt. M.
Testamentum S. Remigij, 190. Bennadij, 127. Sonnatij, 241. Landonis, 271
Teutbaldus Lingonensis Episcopus. 506
Textoria ars Remis. 17
Theobaldus Comes Abbatia S. Nicasij in commendam potitur. 617
Theodebertus Austrasiæ Rex. 208
S. Theodoricus Abbas montis Hor, 197. cuius ordinis fuerit. 199
Theodoricus Austrasiæ Rex, 176. 207. Sancti Theodorici precibus sanatur. 178
S. Theodulfus Abbas montis Hor. 209
Theodulfus à Trithemio relatus an Rem. Archiep. fuerit. 289
Theofridus Beati Auberti Successor in Camerac. Episcopatu. 284
Theophilus Alexandrinus quid sentiat de Manæthone. 7
Teutgisus Monacus Altiuill. 281. in Galliam corpus S. Helenæ transfert. 402
Tierarchiæ vnde deductum nomen, 9. 10. an Essui Cæsaris. ibidem.

Tilpinus Adriano scribit pro iuribus Eccles. Rem. 312
Tilpinus Archiepiscopus, 311. an libellum de morte Caroli M. ediderit, 315. quando obierit. 316
S. Timotheus Martyr, 38. & 56. ipsius Ecclesia & reliquiæ. 69
S. Tresanus Gibriani frater. 203
Titulus vel tituli Cardinales. 68. 131
Treuirensis porta Remis cur sic vocata. 15
Treuiri Metropolis Galliæ Belgicæ, 3. à Cæsare auxilium petit. 24. à B. Petro S. Eucharium recipit, *ibid.* fit Cæsarum sedes. 40. & quare.
Treuiri Remorum fratres. 15
Treuirensis Archiep. nullam prærogatiuam habet in Rem. 89
Treuirorum dignitas & casus. 113
D. Tristan opinio de Iouini posteritate & ipsius tumulo. 97. *& seq.*
Trithemius malè Theodulfum Rem. cum Treuirensi confudit. 210
Trosleium. 358
Turres Aureæ super altaria. 271
Tumulus Iouini. 101
Tumulus B. Nicasij. 115
Tumulus Remigij, 334. ad eum Rei confugiunt. 268
Turnacensis Ecclesia in pristinum statum restituta ope S. Remigij, 170. cum Nouiomo conjungitur. 170
Turnacum Piatonem recipit Episcopum. 70.

## V.

S. Valericus Ambianis prædicat. 250
S. Valerius Martyr. 70. 71. 73
Vallis Rodiginis datur Ecclesiæ Remensi. 607
Vandali per Diœcesim Rem. grassantur. 121.
S. Vedastus, 149. 208. Atrebatensis Episcopus. 169
Veromandensis vrbs à Vandalis euersa. 122. 170.
Veromandensis sedes Nouiomum translata. 170
Veromandensium Comitum Genealogia. 550.
Vertiscus Remus. 22
Vertudensis pagus, 376. Virtudisus. 441
Vicedomini sede vacante primas tenebant. 502. quodnam eorum munus, 366. *& 540*

Vicedo-

# INDEX.

Vide etiam commonitionem ad Lectores sub finem operis. §. 2
Vicedomini Remenses. 541
S. Victricius Rotomag. 107. Morinos ad fidem conuertit. 108
Vidula Fl. 17
Viæ Militares è Durocorto prodeuntes, 29. per eas forsan B. Petrus, & plures tam S. Episcopi quam Cæsares in Britanniam profecti sunt, 30. per Brunichildem restituuntur. 240
Vindenissa. 659. 607
Vineæ à Gallis coluntur. 40
Vinum Remense optimum. 17
Vitreæ fenestræ ex dono Regum & Procerum in Iouinia Basilica positæ explicantur. 643
Viriziacum cœnobium, 222. & 224. Artaldi studio instauratur. 591. & seq.
Visitator mittebatur à Rege pro Episcoporum electione facienda. 502
S. Viuentius Rem. Archiep. 108
Vrbis & ciuitatis quæ distinctio. 12
Vrsmarus Suession. Episcopus apud Flandros concionatur. 251

S. Walpurgis Reliquiæ in Diœcesim Rem. adductæ. 447. 551
Wandregisèlus Baldericum conuenit apud Montem Falconis. 262
Winemarus Fulconem interimit, 524. ab Episcopis excommunicatur. 526
Witikindus apud Attiniacum Baptizatur. 362.
Vulfadus Rem. Ecclesiæ œconomus. 434
Vulfarius Archiep. 368. Missus fuit dominicus, & Archicancellarius. ibid.
Vuonzisus vel Vozinsis pagus 441. 551

## X.

S. Xystus à B. Petro Remos mittitur, 32. 45. & 505. cur ibi sedem Archiepiscopalem instituit, 44. an Martyr vel Confessor dicendus, 55. Ecclesia ei Remis dicata, 69. Reliquiæ eiusdem. 69
Xenodochia Remis sub primis Archiepisc. 127.
Xenodochium Remense, 397. à quo conditum. ibid.

## FINIS.

## LECTORI.

NE errata tibi negotium facessant, quæ currente prælo, casu, vel ob mei distantiam irrepserunt, ferè omnia propriâ manu deleui, majusculis literis, accentibus, & punctis, vbi adesse non debent, exceptis, & Notâ numerali post folium 289. per aliquot paginas oscitanter à Typographo duplicatâ, si quid grauius oculos fugerit, amicè corrigito. Tantùm quatuor locis hæc addas velim.

1. Folio 338. linea 4. vbi habetur, *Cultus* (Remigij) *in dies magis ac magis efflorescit.* Adde, post doctissimas eximij, ac R. Patris Paulini Bellouacensis, Ordinis Capucinorum conciones, in Matrice Ecclesia quadragesimæ tempore habitas ann. 1646. quibus Auditores ad Remigium ardentiùs colendum, mirè singulis diebus hortatus est.

2. Folio 541. linea 16. loco horum verborum, *Vt legere est apud Frodoardum*, pone, si ex Frodoardi verbis lib. 2. cap. 13. sumpta conjectura vera sit, alioquin per Oeconomum Ecclesiæ Remensis, communi ærario per Rigobertum Canonicis iam concesso, rectiùs Præpositum intelligas, vel eum qui rerum temporalium curam gerebat, vnde glossa apposite vult Vicedominos &c.

3. Folio 634. linea 19. post hæc verba *Cantu sine notis*, adde in Matutinis scilicet, & quibusdam horis Canonicis, præsertim in locis vbi Monachorum minor est congregatio.

4. Folio 656. linea 25. post hæc verba *Abbatiam ipsi adjudicabant*, adde, Nicasiani qui fiduciariâ hac collatione magnam sibi perniciem imminere sentiebant, è gremio sui Monasterij Idoneum aliquem ad Plesseum prope Turonos, vbi Rex graui detinebatur

# LECTORI.

tinebatur infirmitate, cum deprecatorijs literis mittunt ; Commodùm eis fuit Remigianorum præsentia, qui sacri Chrismatis illuc delati, custodiæ incubabant: petunt enim ab eis quatenus, eâ quâ pollebant apud Regem gratiâ, satagerent pro Canonica ipsis obtinenda electione : Imprimísque agerent cum SANCTO VIRO, sic enim Franciscus à Paula tunc vocabatur, vernaculè, LE SAINT HOMME, vt id Regi fortiter persuaderet : res optimè successit. Nam Ioannes Fransquin Vicariatu primùm potitur, tum redemptâ vexatione &c.

*MONVIT me vir eximius, dignitate & doctrinâ spectabilis in Ecclesia, vt Ministrorum nostræ Metropolis indicem sæpius à me laudatum, & aliàs excerptum à R. P. Sirmondo ex MS codice Sancti Remigij Remensis, editúmque ad calcem Frodoardi, huic pariter operi meo attexerem; Votis eius, vt par est, annuendum duxi, ne quid desit, quod illustrandæ antiquitati, rebúsque à me recens euulgatis prodesse possit.*

## DE MINISTRIS

*Remensium Ecclesiæ, quos inordinatè Ebo Episcopus inuenit, & per deprecationem eorum, inspirante sancto Spiritu, hæc dictauit.*

### DE PRÆPOSITO.

*Hec ad an. 818. vel 820. referenda sunt lib. 3. c. 19.*

PRÆPOSITVM decet cura interior ac exterior. Exterior in rebus & familia saluandis, atque secundum Deum gubernandis, summa cum intentione, & pietate, & beniuolentia. Ibi etiam consistit omnis nutriendi industria, cuncta proficua ingenia laborandi in agris, in vineis, in siluis, in hortis, in diuersis emptionum generibus prouidè procurandis. Insuper & de qualitate ne-

*Præpositus erat verus Oeconomus Capituli.*

cessaria ædificiorum, siue quantitate. Interior verò sollicitudo eius esse debere manifestum est dispensatio fratrum publica, honestè disposita in victu & potu, siue omni subsidio corporali, quod administrat diuina pietas, siue per studium laboris eius, siue de eleemosynis fidelium, necnon & de dono propriæ procurationis publicæ. Cui non minor patet etiam alia dispensatio necessaria in infirmis & senibus, pro diuersitate vniuscuiusque necessitatis. Sequitur autem hinc studium omnem ornatum corporalem ac spiritalem continens fratrum. Corpo-

*Curam habebat eorum quæ fiebant extra Ecclesiâ, in Claustro scilicet & Refectorio.*

ralem primùm in clausura, inde in refectorio, & in dormitorio, in cellario, in coquina, siue in cunctis habitationibus necessarijs, nec non in vasculis omnibus. Spiritalem verò zelum talis minister veræ religionis habere debet sanctæ conuersationis nocte ac die canonicis partitis in horis. Correctionem morum, per grauitatem lenitatis motum deprehendens: vaniloquium secretis in locis & horis suo rigore omnino depellens: omnes negligentias omnium publicè de-

*Omnium fratrum iudicio negligentias corrigebat in Capitulo.*

prehensas in capitulo omnium fratrum iudicio puniens his tribus modis, id est aut carcere, aut separatione mensæ, siue in omnium verberum diuersitate. Cuius etiam prudentissima circumspectio Decanis sibi suppositis inuigilare debet, ne vnus quidem, à maximo vsque ad minimum, absque eius conscientia & licentia vnius diei spatio nequaquam ab officij sui loco desit.

ARCHIDIACONI officium est, gradus Ecclesiasticos summa cum prouidentia ætatum & meritorum ordinare : de tempore in tempore nominibus certis vniuscuiusque officium de omni regione præfigere, subtilitérve merito

*Archidiaconi erat Ecclesia Ministros erudire.*

probare, & gratiam sancti Spiritus vnicuique inuestigando ministrare : in omnibus diuinis officijs sanctæ Dei Ecclesiæ fideles ministros erudiendo & excolendo efficere : festiuitatum omnium ac feriarum, nec non totius anni officia in canticis & lectionibus, non solùm litteraturam corrigere, sed spiritalem intelligentiam

## DE MINISTRIS.

gentiam omni clero in Capitulo tradere, libertates liberorum cum testibus probare, alienorum seruorum ad gradus venire volentium exigere, potestatem etiam habens libertatem Ecclesiastica propria de familia facere, & alienis exigere. Pro neglecta lectione aut officio gradus sui à diacono vsque ad infimum excommunicare: etiam & iuuenculos talibus pro excessibus verberibus arcere: verbum etiam faciendi ad populum in diebus festis prouidere & facere: & sic omnia per ordinem dignè vsque ad consecrationem presbyteri studiosissima intentione veræ religionis perducere. Vinctorum etiam publicæ ciuitatis ex carcere curam in festiuitatibus solemnibus Domini gerere, id est in Natale Domini, in Epiphania, in initio Quadragesimæ, media Quadragesima, in Palmis, in Sabbato sancto, & in die sancto Paschæ, similiter in Ascensione Domini, & in Pentecoste summa cum diligentia eos excipere, & eis obsequia begnitatis corporalia spiritaliáque, ex diuinis & humanis beneficijs refectionem benedictionis parare. *Probare qualitatem eorum qui ad gradus Ecclesiasticos aspirant.* *Vinctorum curam habere.*

CHOREPISCOPI verò ministerium est, omnem sacerdotalem totius regionis sibi commissæ conuersationem corrigere atque dirigere, id est in conficiendis diuinis sacramentis & baptisterio omnium intellectum aperiens excitare, populum regionis prædicare, confessiones exigere, pœnitentiam cum discretione cautè imponere, hospitalitatem sectari, infirmos visitando obsequia benignitatis & benedictionis, & sanctæ vnctionis inferre. Communioni sanctæ dignos fieri populos assidua commonitione exercere, mortuos cum commendationibus animæ & orationibus dignis obsequijs sepulturæ venerabiliter tradere, pro viuis etiam ac defunctis totius Ecclesiæ filijs rationabili assiduitate exorare. Insuper verò omnia quæcumque intra Ecclesiam & extra Ecclesiam in claustro & in omnibus habitationibus a maximo vsque ad minimum quemcumque viderit negligere, secundum Ecclesiasticum correptionis modum semper corripiat, & omnem veram religionem, prior ipso faciendo, omnes facere doceat. Et hunc modum nequaquam, nisi præcipiente Episcopo, de causis subsequentibus excedat de omni iure consecrationis. *Chorepiscopi certarum regionum diœcesis speculatores erant. De his egi lib. 1. c. 27.*

EPISCOPVM verò ciuitatis propriæ disponere oportet de consecratione, de confirmatione, de reconciliatione, & de publico indicendo ieiunio, aut aliud aliquid publici iuris pro tempore digno Deo debito. Cuius officij summa speculationis hæc est, vt & subtilissimè prouidendo insistat qualiter omnium officia studiosissimè gubernando ad portum perfectionis dirigat; quibus in causis, nisi iussus, Chorepiscopus nullatenus excedat. *Episcopi speculatio circa omnium officia versatur.*

APPRO-

## APPROBATIO

*Doctorum Sacræ Facultatis Theologiæ Remensis.*

Nos infrascripti Sacræ Facultatis Theologiæ, in Vniuersitate Remensi, Doctores, Librum, cui titulus est, HISTORIÆ METROPOLEOS REMENSIS, Auctore S. M. N. D. GUILELMO MARLOT, eiusdem Facultatis Doctore, Asceterij Nicasiani in eadem vrbe M. Priore, & Cellæ Fiuiensis administratore perpetuo, *Tomus primus*, perlegimus accuratè, nihílque in eo reperimus, quod Orthodoxæ fidei, aut pijs moribus aduersetur; Imo omnia testatam lucubrationibus alijs Auctoris pietatem, eruditionem, & in hisce Gallicanæ antiquitatis monimentis πολυιδρίαν spirant. Opus itáque diu expectatum, prælo ocyus, vt mandetur, exoptamus, quo & populares nostri sibi Præpositorum intuentes exitum conuersationis, eorum fidem imitentur, & istius Belgicæ, quin & aliarum regionum eruditis, in obscuris veteris istius ætatis sæculorum tenebris, aliquando cæspitantibus, fax noua collucescat. Remis septimo idus Maij anni 1666.

R. LE LARGE *Doctor Theologus, Decanus & Canonicus Metropolis Remensis, ac sede Archiepiscopali vacante, Vicarius generalis.*

P. DOZET *Archidiaconus Ecclesiæ Metropolis Remensis, Academiæ Cancellarius, Decanus, & Doctor Theologus.*

N. OUDINET DOCTOR, ET RECTOR VNIVERSITATIS.

N. COLIN *Sacræ Theologiæ Doctor, S. Martini Rem. Pastor, & Christianitatis Decanus.*

P. OUDINET *Vniuersitatis Remensis Archididascalus, & Sacræ Facultatis Syndicus.*

## APPROBATIO

*Censoris Ecclesiastici Vrbis Insulensis.*

Primum METROPOLIS REMENSIS tomum, quatuor distinctum libris, ab admodum R.D.GUILELMO MARLOT Sacræ Theologiæ Doctore, & Fiuiensi Administratore P. Insulis editum, accuratè perlegi, in quo fidei Orthodoxæ aduersum, aut sacris Concilijs, vel bonis moribus dissonum nihil reperire est, sed omnia historicè ibi relata, sana sunt, & Catholica, nitido & eleganti stilo digesta. Securè igitur hunc quisque adire potest, qui fidei nostræ natales in Belgio scire voluerit, primos eiusdem regionis Apostolos, eorúmque in Belgica Metropoli successores, quàm firmiter radicata fuerit in vrbibus Episcopalibus à sanctis viris religio, aut eadem per diuini verbi præcones subinde restituta, cum vitijs alicubi, torpore, vel hæresi foedè intepuisset. Dignum prælo opus ac luce, vtilius adhuc, & illustrius futurum, si secundus tomus recentiora continens, vt promittit Author, ei postmodum addatur, quò nebulis infuscata quædam sæcula, admotâ face, clariora fiant. Datum Insulis 19. Maij 1666.

FRANCISCUS REQUILLART *S. T. B. F. Pastor Sanctæ Catharinæ, & librorum Censor.*

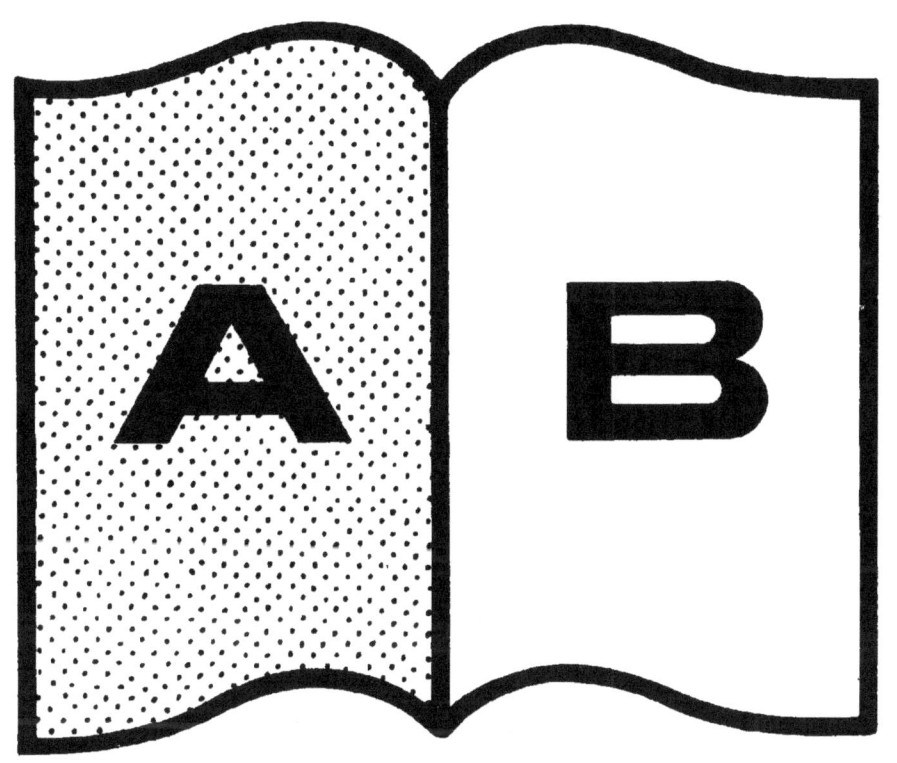

Contraste insuffisant

**NF Z 43**-120-14

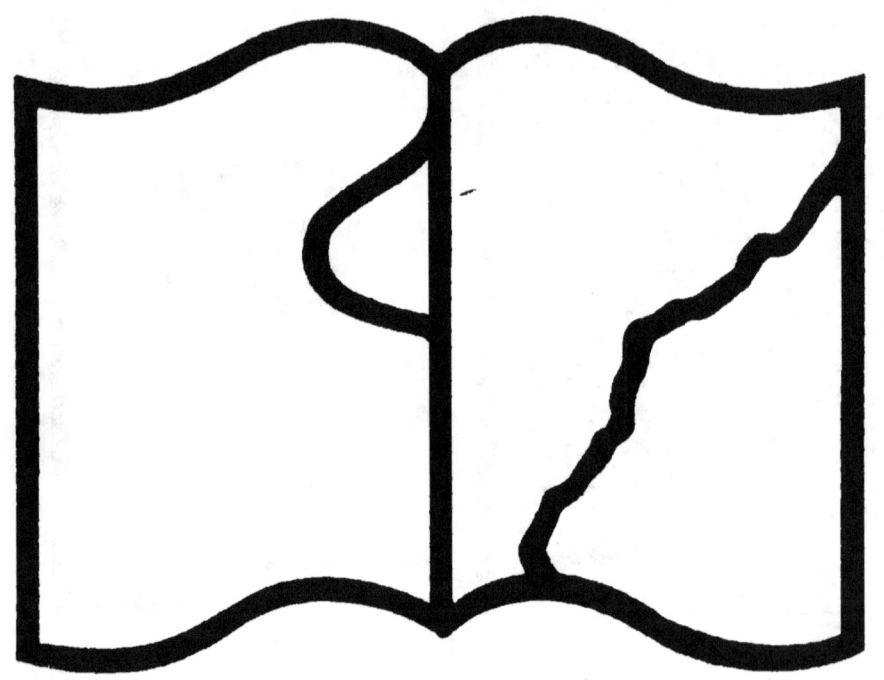

Texte détérioré — reliure défectueuse

**NF Z 43**-120-11

# Reliure serrée

www.ingramcontent.com/pod-product-compliance
Lightning Source LLC
Chambersburg PA
CBHW061955300426
**44117CB00010B/1348**